当代西方经济学流派与思潮

DANGDAI XIFANG JINGJIXUE LIUPAI YU SICHAO

吴易风 主编

首都经济贸易大学出版社
Capital University of Economics and Business Press
·北 京·

学术顾问

张培刚　胡代光　谭崇台　高鸿业

序

吴易风

当代西方经济学流派与思潮是指20世纪30年代凯恩斯经济学产生以来西方国家的经济学流派和思潮。在西方经济学界,学派林立,思潮迭起。本书将这些流派和思潮分成34个专题,每一专题邀请一位对此素有研究的学者撰写。全书是在国内多所大学和中国社会科学院的34位作者的通力协作和分工下完成的。这些专题包括四个组成部分:一是国家干预主义的各个学派,二是新自由主义的各个学派,三是介于或游离于国家干预主义和新自由主义之间的一些学派,四是西方经济学若干新的研究领域和若干研究领域的新进展。

本书可以看做是西方经济学教科书的扩展和延伸。西方任何一个经济学派都有其对立面。了解该学派的对立面,特别是了解对立双方的论战和相互批评,会有助于更全面、更深入地认识对立双方理论和政策主张的是非功过。西方有的经济学派由于反对西方正统经济学,因而一直受到西方正统经济学的排斥。在西方经济学教科书中,没有他们的地位。这不是因为他们的经济理论不科学,相反,被排斥的往往恰好是他们理论中比较科学的成分。例如,新制度经济学(请注意是 Neoinstitutional Economics, 而不是也译作新制度经济学的 New Institutional Economics)正视资本主义世界存在的各种问题,他们批判资本主义现存制度,而不是为资本主义现存制度辩护;他们认为资本主义制度是一种对抗的制度,而不是一种和谐的制度。正是这些有科学因素的思想遭到西方正统经济学的排斥,他们的理论才被西方主流派打入冷宫。西方经济学教科书中论述的西方经济学,主要是西方主流经济学。因此,即使熟读了西方经济学的初级、中级以至高级教科书,所了解的主要还只是西方主流经济学。事实上,在西方国家的经济学界,除了主流派,还存在许多学派。这些学派有各自的经济理论体系和经济政策主张。要想比较全面地了解西方各家各派的经济思想和政策主张,要想比较正确地把握住他们之间的分歧所在,要想比较客观地评论他们的是非功过,以便在借鉴西方经济学时能更全面地思考问题,少犯片面性错误,就很有必要了解和研究西方各种经济学流派和各种经济思潮。例如,在治理通货膨胀问题上,如果只读过西方经济学教科书,一说到治理通货膨胀的政策,大概就只会想到紧缩性宏观经济政策。但是,当你不仅读过西方经济学教科书,而且读过《当代西方经济学流派与思潮》这类教科书或著作,你的思路就会打开。因为你会发现,与后凯恩斯主流经济学即新古典综合派的政策主张不同,后凯恩斯主义经济学

序

的主张是，治理通货膨胀的办法不是宏观的紧缩性政策，而是微观的反垄断政策和价格调节政策。又例如，在收入分配问题上，读过西方经济学教科书的，一说到收入分配，大概就会想到按生产要素分配，也会想到西方经济学教科书为按生产要素分配所提供的那些理由。但是，当你研读了《当代西方经济学流派与思潮》这类教科书或著作，你的思路就会打开。因为你会发现，按照后凯恩斯主义经济学的逻辑，为保持较高的总需求水平和充分就业，政府应当进行收入再分配，扩大工资在国民收入中的份额，也就是收入分配要向非财产收入者倾斜。总之，在研读了西方经济学课程之后，很有必要再研读当代西方经济学流派与思潮课程。

《当代西方经济学流派与思潮》可以看做是经济思想史教科书的继续和发展。在研读了外国经济思想史课程之后，再研读当代西方经济学流派与思潮课程，就可以更深刻地认识经济思想史上的各种经济理论、学说和思想的意义和影响，更可以认识当代西方经济学家是如何继承和发展思想史上的经济理论、学说和思想的。

细心的读者会发现，本书的某些内容有些重复。例如，有的经济学家在这个学派中出现，在另一个学派中又出现。或者，一种理论，在有关学派中出现，在有关思潮中又出现。这种情况是客观事实的反映，因而可以说是必要的重复。如果硬要避免这种重复，反而不利于比较完整地把握每一个学派和每一种思潮。当然，我们已经尽可能地把这种重复降低到最低限度。

作为西方经济学流派和思潮课程的教科书，本书的内容较多，分量较重。采用本教科书的老师可以根据教学时数选择若干专题讲授。课堂上不讲授的专题，可以让学生在课外阅读。我们之所以选择较多的专题，是为了让读者通过这本书知道更多的流派和思潮。

主编此书，颇有力不从心之感。好在我约请的各位作者都对自己撰写的专题很有研究，功劳属于他们。当然，作为主编，本书的任何缺憾均与撰稿人无关，概由本人负责。竭诚地欢迎专家和广大读者斧正。

目 录

目 录

目　　录

目　　录

目 录

目　录

目 录

第 1 章

凯恩斯经济学

学习要点和要求

了解凯恩斯经济学产生的历史背景，把握住凯恩斯经济学的核心是就业理论。就业理论的逻辑起点是有效需求原理，有效需求由消费需求和投资需求组成。注意并思考为什么凯恩斯经济学承认资本主义市场经济存在有效需求不足问题，从而存在失业和经济危机问题，但是又把问题的根源归结为人的心理因素。研究凯恩斯经济学的政策主张及其借鉴意义。

第一节　凯恩斯经济学的历史背景和学术渊源

现代或当代西方经济学起始于凯恩斯经济学。凯恩斯经济学(the Economics of Keynes)主要指凯恩斯在《就业、利息和货币通论》(以下简称《通论》)一书中的经济理论，不包括经凯恩斯的追随者补充、修改和发展了的凯恩斯主义经济学(Keynesian Economics)。①

一、凯恩斯经济学的历史背景

凯恩斯经济学产生于20世纪30年代，它的出现有深刻的经济根源。凯恩斯经济学是20世纪30年代大萧条的直接产物，是国家垄断资本主义的必然产物。

1929～1933年，资本主义世界爆发了空前严重的经济危机。

---

①　参阅：Axel Leijonhufvud. *On Keynesian Economics and the Economics of Keynes.* New York：OUP，1968

在经历了长达4年之久的经济危机之后，资本主义世界又陷入了长期的特种萧条。西方国家把这次大危机和接踵而至的特种萧条称为20世纪30年代大萧条。大萧条震撼了整个资本主义世界。“萧条的年月所引起的人们的消沉、不满和怀疑是广泛而深刻的。”在大萧条中，“人们又恢复了对社会主义与共产主义的兴趣。许多人怀疑如果资本主义会这样容易地崩溃，那么，一个不以利润而以消费为目的进行生产的经济制度，和一个生产资料、运输和财政都不属于私有而属于公有的制度是否也许更有意义一些呢？人们把注意力集中到其他国家所作的试验上面去，特别是注意到俄国，在那个国家里，失业和萧条都不存在……许多事业受到萧条障碍的人，都转向‘科学社会主义’之父去获得鼓舞”。① 这种状况使资本主义国家统治阶级及其思想家深感忧虑。凯恩斯在《通论》中对资本主义经济制度有可能完全被摧毁深表担心。

大萧条也震撼了资本主义国家的经济学界。西方传统经济学就业理论的核心是萨伊定律——“供给创造自己的需求”。按照萨伊定律，既然供给创造自己的需求，就不可能出现普遍的生产过剩问题，也就是不可能出现大量失业和经济危机问题。到了20世纪初期，以马歇尔、庇古为代表的西方正统经济学即新古典经济学，仍然相信资本主义市场经济能自行调节，认为充分就业是正常状态，失业是偶然现象。庇古说：“在稳定的条件下，一切愿意工作的人实际上都会就业。”②这就是庇古的失业理论的核心。面对着30年代的大萧条，面对着流浪街头的几千万失业大军，这套陈腐的西方经济学教条使西方经济学界处于“可怜而又可笑的混乱状态”。③ 凯恩斯在《就业、利息和货币通论》的一开头就说：传统经济学的理论“会把人们引入歧途，而且会导出灾难性的后果”。④ 凯恩斯经济学的核心正是在于批判传统就业理论，创建新的就业理论。

凯恩斯经济学不仅是20世纪30年代大萧条的直接产物，而且是国家垄断资本主义发展的必然产物。19世纪末20世纪初，资本主义从自由竞争资本主义发展为垄断资本主义，垄断组织在主要资本主义国家的经济领域已经占据统治地位。垄断组织的统治要求同国家力量相结合，国家垄断资本主义是垄断资本主义发展的必然结果。第一次世界大战前，国家垄断资本主义开始出现。大战期间，国家垄断资本主义有了较大发展。帝国主义战争大大加速和加剧了垄断资本主义变为国家垄断资本主义的过程。大战结束后，各主要资本主义国家对经济的调节和控制曾有所削弱。20世纪30年代的大萧条，推动了国家垄断资本主义的迅速发展。与大战期间国家垄断资本主义被用来作为支持战争的手段不同，大萧条期间国家垄断资本主义被用来作为反危机的措施。在大萧条期间，各主要资本主义国家颁布法律，建立经济管理机构，通过财政、金融和其他手段全面干预经济。美国是用国家垄断资本主义反经济危机的典型国家。美国总统罗斯福在1933年3月4日就职时，正值经济萧条继续恶化的时刻。罗斯福政府广泛运用国家力量干预经济。美国国会通过一系列全面干预经济的法案，这些法案构成了后来称为“罗斯福新政”的基本内容。“新政”一语是罗

① 〔美〕H·U·福克纳.美国经济史.下卷.北京：商务印书馆，1989.373～374

② Pigou，A. C. *The Theory of Unemployment*. London：Macmillan. 1933.252. 参见：Pigou，A. C. *Employment and Equilibrium*. London：Macmillan. 1941.78

③ 〔英〕琼·罗宾逊.经济理论的第二次危机.现代外国经济学论文选.第一辑.北京：商务印书馆，1979.3

④ 〔英〕凯恩斯.就业、利息和货币通论.北京：商务印书馆，1999.7

斯福在1929年的一次演说中提出来的。罗斯福新政是罗斯福入主白宫后所推行的旨在摆脱大萧条的一系列社会经济政策的总称。新政的主要内容是:扩大财政支出,实行赤字政策;增加货币和信贷,实行通货膨胀政策;大兴公共工程,创造就业机会。面对着迅速发展的国家垄断资本主义,统治阶级和统治集团不再欣赏那种主张自由放任、反对国家干预的传统经济学,而是需要一种反对自由放任、主张国家干预的新经济学。面对着国家垄断资本主义发展的需要,凯恩斯经济学应运而生。关于凯恩斯经济学和罗斯福新政的关系,美国经济史学家福克纳说:"凯恩斯……是一个相信在必要时政府可以进行干预而不相信完全的放任主义这样一个人……他坚信要使经济周期上升,政府必须插足进来用减少失业的方法去维持购买力,从而领导着走上恢复商业投资的道路。这会意味着'赤字开支',但它也会恢复经济的平衡。事实上,这就是'新政'已经在做的事,而凯恩斯用高度的技巧和理论的根据在它的名著《就业、利息和货币通论》(1936年版)一书里加以阐述。这部书成了'新政'经济学家们的'圣经'。"①

二、凯恩斯经济学的学术渊源

研究凯恩斯经济学产生的学术背景,既要了解凯恩斯经济学批判了什么,又要了解凯恩斯经济学继承了什么。关于凯恩斯经济学批判了什么的问题,前面已经说过,凯恩斯经济学批判的是作为西方传统经济学就业理论的核心——萨伊定律,以及在20世纪初占据西方经济学正统地位的新古典就业理论。这里还要说明的是凯恩斯经济学继承了什么的问题。凯恩斯经济学继承的是重商主义的国家干预主义、马尔萨斯的有效需求不足理论、孟德维尔的高消费促进繁荣的寓言和霍布森的过度储蓄导致失业和经济萧条的学说。

重商主义从流通领域对资本主义生产方式作了最初的理论考察,是资本原始积累时期代表商业资产阶级利益和要求的经济思想和政策。重商主义者认为,利润只在流通领域中产生,只有对外贸易才是财富的真正源泉,因而主张国家干预经济和垄断对外贸易的经济政策。凯恩斯赞扬重商主义,认为重商主义有科学成分,重商主义的国家干预政策比新古典经济学的自由放任政策要高明得多。

马尔萨斯(1766~1834)是英国早期庸俗经济学家,以其人口理论而闻名。在经济危机问题上,他承认一般商品生产过剩的可能性,认为生产过剩的原因在于有效需求不足。凯恩斯在自己的论著中大量引证并竭力推荐马尔萨斯的理论。

孟德维尔(1670~1733)是英国作家和经济学家,他在《蜜蜂的寓言》中提出的高消费促进繁荣的经济思想,比马尔萨斯的有效需求不足引起一般商品生产过剩的经济思想要早一个世纪。孟德维尔寓言说:一群蜜蜂在高消费和生活奢侈时,社会富裕而繁荣;在实行节约和储蓄时,社会则走向贫穷和衰弱。凯恩斯大量引证孟德维尔的观点,并为他的经济思想长期遭受批评而大鸣不平。

霍布森(1858~1940)是英国经济学家,以研究帝国主义和有效需求学说而闻名。霍布森认为,经济萧条的原因在于有效需求不足。人人储蓄造成储蓄过度,储蓄过度造成消费不足,结果是经济萧条。他批判颂扬节俭、视节俭为美德的经济学。凯恩斯高度赞扬霍布

---

① 〔美〕H·U·福克纳.美国经济史.下卷.北京:商务印书馆,1989.375

森，认为他的经济思想是划时代的。

第二节　凯恩斯经济学的理论体系

一、生平和著作

约翰·梅纳德·凯恩斯于1883年6月5日生于英国剑桥市。1902年，伊顿公学毕业后，凯恩斯进入纽卡斯尔学院学习数学。为了准备参加文官考试，凯恩斯在剑桥大学第四学年开始学习经济学，听马歇尔讲课。1906年，他参加文官考试，进入英国政府印度事务部工作。1908年，凯恩斯离开政府机关回到剑桥大学，应马歇尔之邀聘任为经济学讲师。1911年，经马歇尔推荐，任《经济学杂志》主编。1914年，第一次世界大战爆发不久，凯恩斯进入财政部工作。1919年，作为英国财政部首席代表出席巴黎和会。不久，他辞去财政部职务，回到剑桥大学。凯恩斯还从事经商活动，从1921年起担任国民互助保险公司董事长。1942年，凯恩斯被封为勋爵。1944年7月，凯恩斯率领英国代表团出席布雷顿森林会议，即联合国货币金融会议。1946年3月，凯恩斯出席国际货币基金组织和世界银行第一次会议。1946年4月21日，凯恩斯病逝。

凯恩斯的论文、著作、小册子、短论、书信、报告、笔记、起草的建议等，已由英国皇家经济学会编辑成30卷的《凯恩斯全集》①出版。

凯恩斯的代表作是1936年出版的《就业、利息和货币通论》。《通论》的出版在西方经济学界引起了轰动。一些西方经济学家把《通论》的出版称为"凯恩斯革命"。

二、《通论》概述

凯恩斯的《通论》是为西方职业经济学家写的，晦涩难懂。一些西方经济学家纷纷从事《通论》的诠释和通俗化工作。这类读物中影响较大的有罗宾逊的《就业理论引论》、汉森的《凯恩斯学说指南》、迪拉德的《凯恩斯经济学》等。

凯恩斯《就业、利息和货币通论》开宗明义的第一章要解释什么是通论。通论的意思是一般理论。在凯恩斯看来，迄今为止的正统经济学不是通论，不是一般理论，因为这种理论的假设只适用于特殊情况，而不适用于一般情况。凯恩斯认为，只有他自己的理论才是通论即一般理论。它不仅适用于特殊情况，而且适用于一般情况。凯恩斯所说的特殊情况，是指充分就业的情况。按照凯恩斯的理论，充分就业只是各种就业情况中的特殊情况，非充分就业才是一般情况或正常情况。只有他自己的就业理论，才能既解释充分就业，又解释非充分就业。

凯恩斯《通论》的诠释者对通论作了进一步的解释。按照这一解释，《通论》之所以是通论，因为它既能解释失业，又能解释通货膨胀。有的诠释者还说："从凯恩斯著作的标题来看，'一般'这个名词还联系到另一个同样重要的意义。他的理论是关于整个经济体系的就

① *The Collected Wrightings of John Maynad Keynes*. Macmillan for the Royal Economic Society. London.

业和产量变动的，这与传统理论大不相同，后者主要是（但不完全是）关于个别商业企业和个别行业的经济学。”①

传统经济学把经济理论分成两个部分：经济学原理和货币学原理。前者又称价值理论，后者又称货币理论。凯恩斯不同意这种传统的二分法，他提出了新的二分法：一方面是单个行业或厂商理论以及既定数量的资源在各种不同用途之间的分配和报酬理论，另一方面是从整体上来看的产量和就业理论。他的这种二分法实际上接近于把经济学分成微观经济学和宏观经济学。

三、有效需求原理

凯恩斯经济学的核心是就业理论，而就业理论的逻辑起点是有效需求原理。按照凯恩斯的说明，资本主义未能实现充分就业的原因在于有效需求不足。

凯恩斯的有效需求中的需求是总需求，而不是个别企业或个别行业的需求。需求前面的“有效”二字是要表明，只有同总供给相等的总需求对实际就业量才是有效的。所以，凯恩斯的有效需求，是指总供给和总需求达到均衡时的总需求。

凯恩斯强调预期在决定产量和价格中的作用。资本家在雇用一定数量工人进行生产时，要对供给价格和需求价格进行预期，全体资本家要对总供给价格和总需求价格进行预期。当总供给价格和总需求价格相等时，产量和就业量达到均衡状态，全体资本家预期的利润总量达到最大。因此，有效需求也就是全体资本家预期的总利润达到最大化时的总需求。

凯恩斯的有效需求又是指投资等于储蓄时的总需求。总需求分为消费品需求和投资品需求。前者简称消费，后者简称投资。总需求等于收入。收入分为两个部分：一部分用于消费，另一部分用于储蓄。因此，收入等于消费加储蓄。收入减消费，等于储蓄。总供给等于产量。产量分为两个部分：一部分用于消费，另一部分用于投资。因此，产量等于消费加投资。产量减消费，等于投资。当总需求等于总供给时，产量等于收入。由于从其中减消费等于储蓄，从其中减消费等于投资，所以，投资等于储蓄。由此可见，有效需求既是总供给和总需求达到均衡状态时的总需求，又是投资和储蓄达到均衡状态时的总需求。

总之，只有当总供给等于总需求、投资等于储蓄时，全体资本家预期的总利润达到最大，产量、收入、就业才达到均衡状态。只有这时的总需求才是有效需求。

凯恩斯的有效需求原理企图说明，有效需求决定实际就业量，有效需求的大小决定就业水平的高低。由于基本心理因素的作用，有效需求不足，造成非自愿失业，达不到充分就业，从而出现“富裕中的贫困”的矛盾现象。只有政府干预经济，刺激有效需求，才能实现充分就业。凯恩斯围绕这一核心逐步展开就业通论的理论体系。

四、就业通论概要

凯恩斯经济学的诠释者迪拉德对凯恩斯的就业通论以定理形式作了如下提要：

- 总收入决定于总就业量。

---

① 〔美〕D·迪拉德. 凯恩斯经济学. 上海：上海人民出版社，1963. 3

● 按照消费倾向,消费支出量决定于收入水平,从而决定于总就业量。

● 总就业量决定于有效需求,有效需求由两个部分构成:①消费支出;②投资支出。

● 在均衡时,总需求等于总供给。因此,总供给超过消费有效需求的部分等于投资有效需求。

● 在均衡时,总供给等于总需求,总需求决定于消费倾向和投资量。因此,就业量决定于:①总供给函数;②消费倾向;③投资量。

● 总供给函数主要决定于供给的物质条件,它和消费倾向都是相对稳定的,因此,就业波动主要是由于投资量的关系。

● 投资量决定于:①资本边际效率;②利率。

● 资本边际效率决定于:①预期利润收益;②资本资产的重置成本。

● 利率决定于:①货币数量;②流动偏好状态。

迪拉德将就业通论的要点列示如下:(见图 1-1)

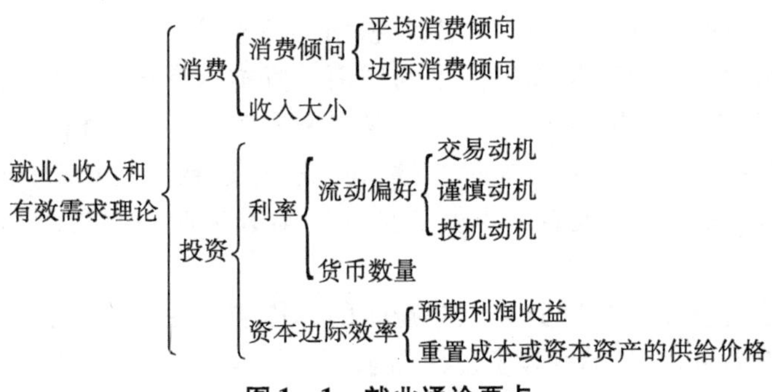

图 1-1　就业通论要点

迪拉德对就业通论的诠释,有助于初学者把握凯恩斯经济学理论体系的基本轮廓。

五、消费倾向和乘数

凯恩斯认为,决定就业量的因素,也就是造成有效需求不足的因素是三个基本心理因素:心理上的消费倾向,心理上的流动偏好和心理上的资产未来收益预期。此外,还有货币数量。

消费倾向是凯恩斯所说的第一个基本心理因素。消费倾向指的是收入和消费之间的函数关系,这种函数是一个相当稳定的函数。在论述消费倾向时,凯恩斯提出了第一个基本心理规律:当收入增加时,人们将增加自己的消费,但是,消费的增加没有收入增加的多。

凯恩斯把消费倾向分为平均消费倾向和边际消费倾向。平均消费倾向是指任一收入水平上总消费量与总收入量之比。平均消费倾向的数值取决于收支情况:入不敷出时,平均消费倾向大于 1;收支相抵时,平均消费倾向等于 1;收大于支时,平均消费倾向小于 1。边际消费倾向是指增加一个单位收入用于消费的部分所占的比率,而消费增量与收入增量之比,根据凯恩斯的心理规律,消费增量只是收入增量的一部分。所以,边际消费倾向的数值大于 0 而小于 1。平均消费倾向是递减的,边际消费倾向也是递减的。

从收入减消费等于储蓄这一关系中,很容易引出储蓄倾向和消费倾向的关系。储蓄倾向指的是收入和储蓄的函数关系。储蓄倾向分为平均储蓄倾向和边际储蓄倾向。平均储蓄倾向是指任一收入水平上储蓄量与收入量之比。边际储蓄倾向是指储蓄增量与收入增量之比。由于平均消费倾向和边际消费倾向是递减的,所以,平均储蓄倾向和边际储蓄倾向是递增的。

平均消费倾向和平均储蓄倾向是互补的,二者之和永远等于1。

引进储蓄概念,凯恩斯又对自己的第一条基本心理规律重新作了表述:当社会的实际收入增加时,社会的消费都不会按同一绝对量增加,所以储蓄的绝对量必定增加。凯恩斯认为,经济制度的稳定,本质上取决于这一条基本心理规律的存在。

凯恩斯利用边际消费倾向概念建立了投资乘数理论。乘数概念是凯恩斯的学生卡恩首先提出的,他的乘数是就业乘数。按照卡恩的就业乘数,当净投资增加时,总就业增量将是初始就业量的一个倍数。凯恩斯接受了卡恩的乘数概念,提出了投资乘数。投资乘数表示投资增量和收入增量之间的比例关系的系数:当总投资增加时,收入增量将是投资增量的一个倍数。投资乘数的大小,取决于边际消费倾向的高低。边际消费倾向越高,投资乘数就越大。乘数 =1/(1 - 边际消费倾向),即等于(1 - 边际消费倾向)的倒数。乘数是建立在消费倾向这一主观心理因素基础之上的。凯恩斯认为,乘数是公众心理倾向的函数。凯恩斯假设投资乘数等于就业乘数。他认为,只要边际消费倾向接近于1,投资的小量波动就会引起就业的大量波动,比较小的投资增量就会导致充分就业。

六、资本边际效率

资本边际效率是凯恩斯所说的造成有效需求不足的三个基本心理因素之一。资本边际效率指的是预期的增加一个单位投资可以得到的利润率。凯恩斯认为,资本家是否增加投资,取决于预期的资本资产的未来收益超过它的供给价格(重置成本)的比率。凯恩斯对资本边际效率下的定义是:一项资本资产在它的寿命期限内预期的一系列年收入按某一贴现率折成的现值,正好等于这项资本资产的供给价格,这一贴现率就是资本边际效率。凯恩斯认为,资本边际效率是递减的。这部分是因为这类资本的供给增加会使预期收益下降,部分是因为这类资本的产量增加会使供给价格上升。前者在长期内起主要作用,后者在短期内起主要作用。

投资引诱是凯恩斯经济学的重要概念。按照凯恩斯的看法,只有资本资产的预期收益超过资本资产的供给价格或重置成本,继续投资才是有利可图的,才能对资本家产生投资引诱。投资引诱还可以用资本边际效率与利率之差来说明。资本家决定是否增加投资时,会对资本边际效率和利率二者进行比较。只有当资本边际效率高于利率时,资本家才会增加投资,直至资本边际效率等于利率为止。凯恩斯十分强调对资本未来收益的预期这一基本心理因素的重要性,认为它对资本边际效率起决定性作用。他断言,大多数的投资决策,只是受一时血气的冲动、受一种油然自发的乐观情绪的驱使。资本边际效率的剧烈变动是对未来收益的预期这一基本心理因素作用的结果。经济周期的实质就在于资本边际效率的剧烈波动。需求不足,主要是投资需求不足。投资需求不足,主要是投资引诱不足,资本边际效率不高。因此,要增加就业,摆脱萧条,除了刺激私人投资外,国家应更多地担负起组织直接投资的责任。

七、流动偏好和货币数量

流动偏好,又译作灵活偏好,是凯恩斯所说的造成有效需求不足的三个基本心理因素之一。在凯恩斯经济学中,投资决定于资本边际效率和利率。利率决定于货币供给和货币需求。货币供给决定于中央银行,货币需求决定于流动偏好。所谓流动偏好,指的是公众愿意用货币形式持有收入和财富的欲望和心理。流动偏好起因于三种动机:①交易动机:指为了应付日常交易而持有现金的愿望。②谨慎动机:指为防止意外事故和抓住没有预见到的有利的购买机会而持有现金的愿望。③投机动机:指为了抓住有利的投资机会而持有现金的愿望。凯恩斯认为,出于交易动机和谨慎动机的流动偏好所需要的货币数量,大致取决于经济体系的一般经济活动和货币收入水平,对利率变动的反应不很灵敏。与此不同,出于投机动机的流动偏好所需要的货币数量,对利率的变动非常敏感,会随利率的变化而变化。出于交易动机和谨慎动机所需要的货币数量是收入的函数,出于投机动机所需要的货币数量是利率的函数。

在凯恩斯经济学中,利率决定于流动偏好和货币数量。当中央银行供给的货币数量既定时,利率水平的高低取决于流动偏好的强弱;当流动偏好不变时,利率水平的高低取决于货币供给量的大小。

凯恩斯不同意传统经济学的利息理论。传统经济学认为,如果储蓄超过投资,利率就会下降。利率下降,就会刺激投资。利率的完全伸缩性会使投资增量等于储蓄增量,从而会达到充分就业的均衡。凯恩斯认为,当人们减少消费来增加储蓄时,如果货币需求和货币供给没有变化,利率就不会变化。在这种情况下,储蓄和投资的均衡必定导致就业和收入的下降。这时,只有中央银行增加货币供给,降低利率,刺激投资,才能使就业和收入上升。但是,即使货币当局增加货币供给,也不一定能达到充分就业均衡。原因是,货币供给量大幅度增加后,公众在心理上对未来更感到难以预料,因而流动偏好变得更强。结果是,货币供给量的增加使利率降低到某一水平,例如,降低到2%时,货币需求就会趋于无穷。货币当局增发多少货币,公众就会吸收多少货币,利率因此就不再下降。这就是“流动性陷阱”。再者,即使中央银行增发货币能降低利率,但是长期萧条如果使投资前景变得十分黯淡,也难以达到充分就业的均衡。

凯恩斯的结论是,中央银行增加货币供给降低利率,以刺激投资,对增加就业有一定作用,但作用有限,最重要的政策还是财政政策。

八、货币工资和价格

凯恩斯在说明自己的一般就业理论时,先假定货币工资和价格不变。后来他又取消货币工资和价格不变的假设,说明货币工资和价格的变化对就业和产量的影响。传统经济学认为,货币工资有伸缩性,存在失业时,货币工资会自动下降,失业将随之减少,直至恢复充分就业。凯恩斯不同意传统经济学的这一观点。他认为,就业量取决于有效需求,而不取决于货币工资。在取消了货币工资和价格不变的假设时,凯恩斯认为,货币工资会影响就业,这种影响是一种反作用,是通过三个基本心理因素而发生作用的。

关于降低货币工资是否增加就业量的问题,凯恩斯认为,就业量取决于有效需求,有效需求是预期的消费需求和投资需求的总和,只要消费倾向、资本边际效率和利率不变,有效需求也就不变。因此,降低货币工资并不直接趋向于增加就业量。只有提高消费倾向,提高资本边际效率或降低利率时,降低货币工资才有增加就业的趋向。据此,凯恩斯不赞成传统经济学的弹性工资政策主张。他认为,在现代资本主义制度下,以刚性货币工资政策为目标,要比弹性工资政策更方便。刚性货币工资政策的核心是:不是降低货币工资,而是实行“温和的”通货膨胀,使物价上涨,以降低实际工资。

凯恩斯的价格理论研究货币数量和价格水平之间的关系。传统经济学把价值理论和货币理论分开,凯恩斯则把二者结合起来。传统经济学的价格理论认为,货币数量是价格水平的决定因素,货币数量的增加会直接影响价格水平。与此不同,凯恩斯认为,货币数量的增加不会直接影响价格水平,而是直接影响利率水平。货币供给量的增加可以降低利率水平,利率水平的降低可以提高资本边际效率,鼓励资本家增加投资,投资的增加可以增加就业和收入,就业和收入的增加可以增加消费需求。结果是,包括投资需求和消费需求在内的有效需求增加。有效需求增加可以刺激供给增加。供给和需求均衡时的价格不一定随货币数量的增加成同比例的变化。

凯恩斯认为,在短期内,货币数量和价格水平之间存在几种不同的情况。首先,当货币数量增加时,只要存在失业,价格水平就不会受任何影响。其次,货币数量增加后,一些商品和劳务的供给弹性变小,另一些商品和劳务的供给弹性仍然很大,这时增加产量就会遇到“瓶颈”现象。这就很可能出现若干商品价格的急剧上涨,凯恩斯称之为“半通货膨胀”。再次,当达到充分就业的临界点时,增加货币数量的供给就会影响货币工资和价格水平。凯恩斯把这时的价格水平上涨称为“绝对通货膨胀”或“真正的通货膨胀”。关于长期内货币数量对价格水平的影响,凯恩斯认为这不是纯理论问题,而是一个历史结论问题。至于在极长期中的情况,凯恩斯认为价格水平总是呈上升趋势。

凯恩斯从价格理论中得出的实际结论是,当失业存在时,增加货币数量来降低利率,增加有效需求,提高物价,以实现充分就业。但是,现代资本主义已不可能使利率降低到使大多数财富持有者不能接受的程度。因此,只采用货币政策,只实行适度的通货贬值,恐怕难以找到一条出路,重点还是要放在财政政策上。

九、经济周期

凯恩斯认为,他自己的就业理论是通论,他的经济周期理论则是就业通论在经济周期方面的应用。要对经济周期作出完全的解释,他的就业通论中的每个因素都是需要的。特别是,消费倾向的波动、灵活偏好的波动以及资本边际效率的波动,全都发生作用。但是,资本边际效率的波动是经济周期的主要原因。凯恩斯从经济周期的繁荣后期危机突然发生说起。在繁荣后期,投资者对资本资产的未来收益不是作理性的估计,而是作过于乐观的预期。当过度乐观、过度购买的市场上幻想破灭时,危机突然发生。从繁荣转入萧条时,许多资本的边际效率变得微不足道,甚至是负数。资本边际效率崩溃时常常连带出现利率上升,这使投资的下降更为严重。但是,凯恩斯不同意传统经济学用利率上升解释经济危机,而是主张用资本边际效率的崩溃解释经济危机。

凯恩斯的经济周期理论所引出的实际结论是,在萧条阶段,降低利率有助于经济复苏,但是,仅靠纯货币的补救办法并不能解决问题,重要的还是财政手段。既然资本边际效率崩溃是经济危机的主要原因,而成为资本边际效率波动的根源的心理又不可能根本改变,所以,不能把决定当前投资总额的职责放在私人手中,而应当由中央当局审慎地加以控制和管理。

第三节 凯恩斯的经济政策观点

凯恩斯经济政策观点的核心是反对自由放任,主张国家干预。凯恩斯要求扩大政府职能。他在这里所说的政府职能主要是指政府调节消费倾向和投资引诱的职能。调节消费倾向,目的是刺激消费;调节投资引诱,目的是刺激投资。有效需求是由消费需求和投资需求组成的,刺激消费和投资,就是刺激有效需求。不过,凯恩斯强调,不能太着重于增加消费,而应着重于投资。

在刺激消费需求方面,凯恩斯主张国家部分地通过税制,部分地通过限定利率,部分地通过其他手段对消费倾向施加导向性影响。凯恩斯认为,政府的财政政策会影响消费和储蓄,所得税、资本利润税、遗产税等,都同消费和储蓄有关。如果政府有意识地把财政政策作为更为平等的收入分配工具,财政政策对消费倾向的影响就会更大。至于货币政策,凯恩斯认为,在长期中,利率的重大变动会影响消费倾向;在短期中,利率的变动对消费没有多大的直接影响,而只有间接的影响——利率变动使证券或其他资产增值或贬值,从而引起当前消费的增加或减少。

在刺激投资方面,凯恩斯一方面主张国家采取措施提高资本边际效率,以刺激私人投资的积极性;另一方面主张投资社会化,由国家直接组织投资。在凯恩斯看来,货币政策对刺激投资有一定作用。但是仅仅利用货币政策不足以达到最优投资率,因为资本边际效率的大幅度波动不是利率的有限波动所能抵消的。在政府不能直接控制国内利率和其他投资引诱的情况下,增加贸易顺差是政府增加国内投资的惟一的直接办法,也是政府降低国内利率、提高国内投资引诱的惟一的间接办法。但是,凯恩斯强调的是扩大政府职能,加强政府对投资的控制。他说,他的结论是,不能把提供当前投资的职责留在私人手中。国家能从长期观点并根据一般社会利益计算资本品的边际效率,应更多地承担直接组织投资的责任,设法提高并补充投资引诱。凯恩斯主张实行"中央控制",推行"投资社会化",认为这是获得接近充分就业的惟一办法。不过,为了让资产阶级放心,凯恩斯特别声明,投资社会化并不是生产资料国有化,而是实行国家权威和私人主动性合作。

货币政策和财政政策都可以用来刺激消费和投资。凯恩斯认为,在这些政策中,仅仅依靠货币政策很难奏效,主要应当依靠财政政策。在财政政策上,凯恩斯不同意传统经济学保持国家预算平衡的观点,而是认为财政赤字有益。在货币政策方面,凯恩斯不同意传统经济学保持国内价格稳定的观点,而是认为温和的通货膨胀无害。尽管他在早期的著作中承认通货膨胀的危害性,可是在《通论》中却主张通过温和的通货膨胀来降低实际工资以增加利润,压低利率以刺激投资,把温和的通货膨胀看做是防止或缓和经济危机的手段。

第四节　简要评述

凯恩斯经济学是20世纪30年代的直接产物，是国家垄断资本主义的必然产物。与否认资本主义经济危机和失业的新古典经济学不同，凯恩斯敢于面对事实，大胆承认资本主义社会存在经济危机和失业。但是，凯恩斯的这一异乎寻常的行为，丝毫没有引起资产阶级的恐惧和不安。这是因为，凯恩斯在大胆承认上述事实的同时，小心翼翼地掩盖了资本主义经济危机和失业的真正原因。对垄断资本来说，凯恩斯的高明之处在于，他一方面割断了经济危机和失业同资本主义制度之间的联系，另一方面建立起医治经济危机和失业的方案同发展国家垄断资本主义之间的联系。

资本主义经济危机和失业的根本原因在于资本主义制度，在于资本主义的基本矛盾，在于社会资本再生产中的矛盾和冲突。可是，凯恩斯在解释经济危机和失业的原因时，只字不提资本主义制度和资本主义的基本矛盾，不提社会资本再生产的矛盾和冲突，而是把问题仅仅归结为社会资本流通中的一种现象，归结为流通领域中的社会总产品的供给和需求的关系。在这一点上，凯恩斯经济学与传统经济学的分歧只在于，传统理论认为总供给和总需求等于充分就业状态，从而充分就业是正常现象；凯恩斯经济学则认为，自发形成的总供给和总需求不一定等于充分就业状态，从而危机和失业也同样是正常现象。

在把危机和失业只作为流通领域中的问题来说明时，凯恩斯认为危机和失业的根源在于有效需求不足，包括投资需求不足和消费需求不足。这种有效需求不足论实际上是经济思想史上的消费不足危机论的变种，是一种特殊的消费不足危机论——包括生产消费不足和个人消费不足在内的消费不足危机论。

在说明有效需求不足的原因时，凯恩斯求助于主观心理因素：心理上的消费倾向、心理上的资本边际效率和心理上的灵活偏好。可见，这种有效需求不足论又是经济思想史上的心理危机论的变种，是主观心理危机论。

总之，危机和失业是消费不足造成的，而消费不足是主观心理因素造成的，同资本主义制度及其固有的矛盾无关。这就是凯恩斯在危机和失业问题上得出的令资产阶级感到放心的结论。由此也可以明白，为什么凯恩斯曾经直率地说："在阶级斗争中会发现，我是站在有教养的资产阶级一边的。"①

消费不足危机论和主观心理危机论的共同之处都是用现象的描述来代替对事物本质的揭示。广大劳动群众消费不足是包括资本主义社会在内的一切建立在剥削基础上的社会的一个必然结果，这种消费不足只是在资本主义社会才达到了发生经济危机的地步。问题的本质在于，资本主义制度，资本主义生产的社会性和占有的私人性之间的矛盾，才是资本主义经济危机存在的根本原因。同样，心理因素与经济的关系在一切社会都是存在的。相对于心理因素而言，经济因素是第一位的。当然，心理因素又会反作用于经济因素。但是，在资本主义生产方式出现以前，人类社会并没有因为出现了某种带普遍性的心理现象

① 〔英〕凯恩斯. 劝说集. 北京：商务印书馆，1962. 245

而发生过普遍生产过剩的经济危机。用一切社会都存在的所谓不变的主观心理来解释特定社会才发生的经济危机,无疑是一种逻辑悖论。

凯恩斯经济学在西方经济学中占有十分重要的地位。凯恩斯是迄今现代西方经济学家中最有影响的经济学家。在经济理论方面,凯恩斯经济学开创了西方宏观经济学的先河,西方宏观经济学的历史正是从凯恩斯经济学开始的。在经济政策方面,凯恩斯的经济政策主张有一定的实用性。为了寻找和确定资本主义宏观经济的主要可控变量,以便政府进行宏观管理,凯恩斯提出了宏观经济的均衡条件,指出市场机制的自发调节不能实现充分就业的均衡,必须实行国家干预,通过财政政策和货币政策调控经济,才能保持宏观经济的稳定和发展。对西方国家政府来说,凯恩斯经济学政策主张的重要性正在于此。对社会主义市场经济来说,凯恩斯经济学的借鉴意义也在于此。

思考题

1. 为什么说凯恩斯经济学是20世纪30年代大萧条的直接产物,是国家垄断资本主义发展的必然产物?

2. 凯恩斯经济学为什么承认资本主义市场经济存在需求不足问题?又为什么把需求不足的根源归结为人的心理因素?

3. 凯恩斯经济学的政策主张是什么?影响如何?

4. 试论凯恩斯经济学在西方经济思想史中的地位和作用。

参考文献

1. 迪拉德. 凯恩斯经济学. 陈彪如译. 上海:上海人民出版社,1963

2. 高鸿业. "就业、利息和货币通论"译者导读. 载凯恩斯. 就业、利息和货币通论(重译本). 高鸿业译. 北京:商务印书馆,1999

3. 哈罗德. 凯恩斯传. 刘精香译. 谭崇台校. 北京:商务印书馆,1995

4. 凯恩斯. 就业、利息和货币通论(重译本). 高鸿业译. 北京:商务印书馆,1999

5. 克莱因. 凯恩斯的革命. 薛蕃康译. 北京:商务印书馆,1962

6. 吴易风,王健. 凯恩斯学派. 武汉:武汉出版社,1996

7. Leijonhufvud, A. *On Keynesian Economics and the Economics of Keynes*. New York: Oxford Uiversity Press

第2章

后凯恩斯主流经济学（新古典综合派）

学习要点和要求

了解新古典综合派从“原始的综合”到“成熟的综合”的演变过程，把握新古典综合派的主要特征，熟悉、掌握并评论新古典综合派的经济理论体系——一般宏观经济理论模型、经济周期理论、通货膨胀与失业理论、经济增长理论、消费储蓄理论以及开放经济中的总需求模型，研讨新古典综合派的政策主张及其可供借鉴的成分。

第一节 新古典综合派的代表人物、著作、学术渊源和演变

1929～1933年的经济大危机，打破了以马歇尔为代表的新古典经济学关于市场机制可以对经济进行完美调节的神话，美国的“罗斯福新政”也在实践上开始了政府对经济的强有力干预。在此大背景下，凯恩斯的《就业、利息和货币通论》于1936年发表并且在美国被发扬光大。一大批著名的美国经济学家在传播和运用凯恩斯理论的过程中，对凯恩斯理论加以注释、补充和发展，并在美国经济学界长期占据主导地位，因而对美国政府的经济政策产生了持久的影响，从而在20世纪50年代逐渐形成新古典综合派（Neo-Classical Synthesis）或称后凯恩斯主流经济学（Post-Keynes Mainstream Economics）。

一、新古典综合派的主要代表人物和著作

新古典综合派的经济学家获诺贝尔经济学奖者甚多，很多曾出任美国经济学学会或计量经济学学会的会长，这更增加了其理

论的影响力和知名度。阿尔文·汉森(Alvin H. Hansen)、保罗·萨缪尔森(Paul A. Samuelson)、詹姆斯·托宾(James Tobbin)、劳伦斯·克莱因(Lawrence R. Klein)、罗伯特·索洛(Robert M. Solow)、弗兰科·莫迪利亚尼(Franco Modigliani)、阿瑟·奥肯(Athur Okun)、约翰·希克斯(John Hicks)和詹姆斯·E·米德(James E. Meade)等,都是新古典综合派的主要代表人物。

被称为"美国的凯恩斯"的阿尔文·汉森是新古典综合派的先驱者。他以哈佛大学政治经济学院为阵地,不遗余力地在美国传播凯恩斯的理论,并培养了一批凯恩斯主义者。汉森的主要著作有:《充分复苏还是停滞》(1938)、《财政政策和经济周期》(1941)、《经济政策与充分就业》(1947)、《货币理论与财政政策》(1949)、《经济周期与国民收入》(1951)、《凯恩斯学说指南》(1953)等。作为新古典综合派的领军人物和奠基人,保罗·萨缪尔森不仅发展了静态和动态经济理论,提高了经济科学的定量分析水平,而且还建立并完成了新古典综合派的理论体系。为此,萨缪尔森获得了1970年度诺贝尔经济学奖。萨缪尔森在1948年出版的《经济学》中,首次把凯恩斯理论和新古典理论进行了综合,这不仅标志着新古典综合派理论体系的形成,同时也使凯恩斯主义在美国得到了更为广泛而迅速的传播。萨缪尔森是一个成果丰硕的博学之士,仅1937~1979年间,他发表的论文总数在300篇以上,这些论文目前已编为5卷本的《保罗·萨缪尔森科学论文集》。他的主要著作除了那本著名的《经济学》教科书外,还有《经济分析的基础》(1947)、与多夫曼和索洛合著的《线性规划和经济分析》(1958)等。作为美国经济学界的领军人物,有人这样评价萨缪尔森:1946年凯恩斯逝世,标志着一个自亚当·斯密以来一直由英国人统治经济思想领域的时代结束了。他们的遗产传到了美国,保罗·萨缪尔森继承了英国人的衣钵。于是,随着一个伟大的剑桥经济学家的逝世,另一个伟大的剑桥经济学家崛起了。

詹姆斯·托宾在分析结构性失业和"滞胀"方面,对新古典综合派作出了重要的贡献。1981年,由于在资产组合选择理论方面的成就,托宾获得了诺贝尔经济学奖。托宾的主要著作有:《国民经济政策》(1963)、《经济学论文集:宏观经济学》(1974)、《十年来的新经济学》(1974)、《经济学论文集:消费和计量经济学》(1975)等。劳伦斯·克莱因首次完整地将凯恩斯经济理论数量化。他应用经济计量技术研究宏观经济模型,并运用宏观经济模型分析经济波动和经济政策,在预测模型方面进行了开拓性工作并产生了广泛影响。由于在上述方面的杰出工作,克莱因于1980年被授予诺贝尔经济学奖。克莱因的主要著作有:《凯恩斯革命》(1947)、《1921~1941年美国的经济波动》(1950)、《经济计量学教科书》(1953)、《论调查方法对经济学的贡献》(1954)等。作为1987年的诺贝尔经济学奖获得者,罗伯特·索洛的主要研究成果是资本理论和经济增长理论。他的代表作有:《线性规划和经济分析》(1958年与萨缪尔森和多夫曼合著)、《资本理论与报酬率》(1963)、《美国的失败性质和原因》(1964)、《增长理论:一种说明》(1969)等。弗兰科·莫迪利亚尼以他在宏观经济学上的两项创新最为著名。为了解释总的消费者支出,莫迪利亚尼创立了消费储蓄的生命周期理论。为了解释商业投资,他又参与创建了著名的莫迪利亚尼—米勒定理,阐述了为什么筹集资金的公司决策以及偿还投资者的公司决策不会影响到一个公司的市场价值。1985年,莫迪利亚尼被授予诺贝尔经济学奖。其主要著作有:《国民收入和国际贸易》(1953)、1980年出版的论文集《宏观经济学论》(第一卷)、《储蓄的生命周期假定》(第二卷)、《财政理论和其他论文集》(第三卷)等。阿瑟·奥肯是战后美国最有创见的经济政策制定者之一,他以善于利用直截了当的简单的语言说明经济观点而闻名。奥肯反复证明,一个被说的动听的故事胜过1 000个晦涩的方程式。奥肯的主要贡献是分析了平等与效率的替换关系,提出了估算 GDP 与失业率关系的"奥肯定理"。奥肯的主要著作有:《繁荣政治经济学》(1971)、《平等与效率》(1975)等。

除了以上这些美国的经济学家以外,新古典综合派还应该包括两位英国的著名经济学家约翰·希克斯(John Hicks)和詹姆斯·E·米德(James E. Meade)。有充分的理由把希克斯称为"经济学家的经济学家"。他的著作是专门写给经济学界同仁看的,他开发的大量的工具和图表使得经济学家能够更为清晰和简明地描绘经济学分析的原理。这些图表成为当代经济学的基础,特别是成为大学生的必修内容。希克斯最著名的成就是完善了凯恩斯的宏观经济学理论,他把凯恩斯的《通论》浓缩成代表商品市场和货币市场一般均衡的 IS—LM 两条曲线。同时,希克斯还对利率的期限结构和收益曲线进行了分析和描绘。在微观经济学上,希克斯还把无差异曲线融进标准的微观经济学理论中并引入了预算线,用无差异曲线去区分价格变化中的收入效应和替代效应。1972 年,希克斯与肯尼斯·阿罗(Kenneth Arrow)共同获得了诺贝尔经济学奖。希克斯的主要著作有:《价值与资本》(1939)、《社会结构——经济学入门》(1942)、《经济周期论》(1950)、《资本与增长》(1965)、《经济学论文集》(1981)等。由于在国际贸易理论与国际资本运动方面的开创性贡献,米德于 1977 年被授予诺贝尔经济学奖。米德曾发表《凯恩斯体系的简化模型》一文,早于希克斯提出了类似 IS—LM 的模型。米德的主要著作有:《经济分析与政策导论》(1936)、《国际经济政策理论》第一卷《国际收支》(1951)和第二卷《贸易与福利》(1955)、《国际贸易几何学》(1952)、《关税同盟理论》(1955)、4 卷本《政治经济学原理》(1976)等。

二、新古典综合派的学术渊源及其演变

1890 年左右,以马歇尔为代表的新古典经济学家把当时经济学的供求理论、节欲论、生产费用论、边际效用价值论等综合在一起,把完全竞争和充分就业假设为既存的条件,把单个消费者、单个厂商和单个行业当做分析单位,从供给和需求的角度来分析市场价格,以便解决资源的分配和报酬问题。他认为,国家不干预经济的政策是最好的选择,市场机制的作用完美无缺。1929 ~ 1933 年的"大萧条"使市场机制完美的神话破灭,而对付萧条的"罗斯福新政"一反新古典经济学的政策主张,对萧条中的经济进行强有力的政府干预并取得了一定的成效。1936 年,凯恩斯在其《通论》中宣称:由于有效需求不足,市场机制的自发作用不能达到充分就业的水平,国家必须对经济进行干预。新古典综合派的学术渊源可以直接追溯到马歇尔—凯恩斯理论传统。

20 世纪 30 ~ 60 年代,凯恩斯的经济理论在欧美国家传播和应用的过程就是新古典综合派形成的过程。1937 年,希克斯以局部均衡的图形和一般均衡的含义对凯恩斯理论进行概括,后经汉森的进一步完善,把高深的凯恩斯理论总体概括为现在普遍都能接受的 IS—LM 两条曲线。虽然他们仍然没有跳出新古典经济学的立场和角度,但已经有了把凯恩斯理论和新古典理论综合的倾向。新古典综合派理论体系的真正完成者当推有"哈佛神童"美誉的萨缪尔森。

萨缪尔森首创了新古典综合(Neo-Classical Synthesis)一词,在其《经济学》第 3 版(1955)中,他把自己的理论体系命名为"新古典综合"。"新古典综合"的实质就是将马歇尔

为代表的新古典经济学与凯恩斯主义经济理论综合在一起。1970 年的《经济学》第 8 版中,萨缪尔森又使用了"后凯恩斯主流经济学"这一新提法。在《经济学》第 12 版中,萨缪尔森则作了重大修改与补充,也就是以马歇尔为代表的新古典经济学与凯恩斯主义经济理论的混合物,再加上 1960 年以后以反主流经济学面目出现的影响较大的现代货币主义、供给学派和理性预期学派的经济理论。这些反主流的经济理论把 20 世纪 70 ~ 80 年代出现的令西方各国政府头痛的"滞胀"问题归罪于实施凯恩斯主义经济政策的恶果,更加倚重于新古典经济学的市场机制理论。萨谬尔森写道:"自从作为里程碑的第 1 版以来,这个第 12 版是最彻底的一次修订。"在本版中,这一理论体系更名为"现代主流经济学的新综合"。1992 年的《经济学》第 14 版又作了重要的修改和综合,主要是面对苏联解体后世界新的形势变化,强调了市场经济在世界各国的普遍适用性,提出了"市场再发现"的论点。2001 年的《经济学》第 17 版,在仍然对新、旧古典经济学、凯恩斯主义、现代货币主义、供给学派、理性预期等"诸子百家"进行综合的同时,还强调计算机信息技术所引起的经济和经济学领域的创新,网络经济对经济效率和市场力量的影响,对全球的公共产品——环境问题更加重视。可以说,《经济学》各版本推出的过程,就是从"原始的综合"到"成熟的综合"的过程。

三、新古典综合派的特点

从新古典综合派"原始的综合"到"成熟的综合"这一演变的过程来看,它的一大特征就是兼容并蓄,尽可能地把当时影响较大的"诸子百家"学说包括其反对派的学说综合进来。从把 20 世纪 30 ~ 60 年代影响最大的新古典经济学和凯恩斯主义综合在一起,到把 70 ~ 80 年代影响较大的现代货币主义、供给学派和理性预期学派乃至新凯恩斯主义综合进来,显示了其理论体系的包容性。这种包容性也是新古典综合派在西方久盛不衰,长期居于正统和主流地位的重要原因。其实,在西方经济学说史上,一直都是围绕经济自由主义和国家干预这两条轴线展开理论研究和提出政策主张的,而新古典综合派把这两者综合在一起,可以使其理论体系无所不包,政策主张左右逢源。

新古典综合派的另一特征就是及时反映不同时代不同时期世界经济现实的重大变化,力图使其理论研究反映现实并指导现实,从而使其总能跟上时代发展的步伐而不过时。萨缪尔森的《经济学》教科书 1948 年首版以来,至今已出到第 17 版,他本人还预料"这本《经济学》教科书会长久地保持到 21 世纪"。

第二节　新古典综合派的理论体系

由于其综合性和兼容性,并根据经济现实的不断变化而不断进行创新,新古典综合派形成了自己独特的理论体系。下面介绍新古典综合派的几个主要理论。

一、一般宏观理论模型——IS—LM 模型

IS—LM 模型又称希克斯—汉森模型,是在价格水平既定的条件下,利率和国民收入在商品市场和货币市场上的关系,从而反映出商品市场和货币市场的一般均衡。IS—LM 模型

在新古典综合派的收入—支出理论中占据重要地位，构成新古典综合派的一般宏观理论分析框架。IS—LM 模型采用新古典经济学的均衡分析方法，来说明凯恩斯的国民收入决定理论，是凯恩斯的“有效需求理论”和新古典经济学“一般均衡理论”有机结合的标准产物。

在商品市场上，根据凯恩斯投资等于储蓄的原则，可以得到以下三个方程式：$S=I$，$S=S(Y)$，$I=I(r)$。其中，储蓄 S 与国民收入 Y 呈正相关关系，投资 I 与利率 r 呈负相关关系。对这三个方程式联立求解，就可以得到利率和国民收入的关系。这种在既定价格水平下从商品市场上得出来的利率和国民收入的关系用几何图形表示就是 IS 曲线。见图 2-1。

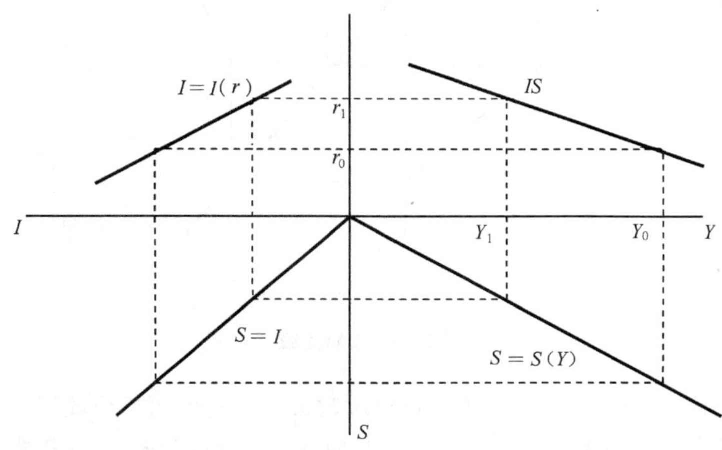

图 2-1　IS 曲线

IS 曲线反映出利率从 r_0 提高到 r_1，可以通过减少投资而使国民收入从 Y_0 减少到 Y_1，收入减少又使储蓄下降，从而使投资与储蓄重新相等，恢复商品市场的均衡；反之亦然。

在货币市场上，根据凯恩斯的流动性偏好原理，货币需求分为交易需求 $M_t(Y)$ 和投机需求 $M_{sp}(r)$。其中，货币的交易需求取决于交易动机和预防动机，与收入成正比；货币的投机需求取决于投机动机，与利率成反比。即：$M_d=M_t(Y)+M_{sp}(r)$。货币的供给 M_s 取决于中央银行，在这里可以作为外生变量，从而是个既定的常量。货币市场均衡时，即 $M_s=M_d=M_t(Y)+M_{sp}(r)$ 时，可以求出货币市场上利率和国民收入的关系。这种在既定价格水平和货币供给量下从货币市场上得出来的利率和国民收入的关系，用几何图形表示就是 LM 曲线。见图 2-2。

由于货币的供给不变，货币的交易需求和投机需求就要此消彼长。例如，利率从 r_0 提高到 r_1，可以减少货币的投机需求，在货币供给不变时，货币的交易需求就要增加。货币交易需求的增加可以使国民收入从 Y_0 增加到 Y_1，这样货币的需求和供给仍然保持相等，货币市场仍然均衡；反之亦然。需要强调的是，在利率高于 r_1 时，货币的投机需求量对利率的弹性为零，而在利率低于 r_0 时，货币的投机需求量对利率的弹性为无穷大，从而决定了LM曲线的三个不同区域：垂直的古典区域、倾斜的中间区域和水平的凯恩斯区域。

IS—LM 曲线共同决定均衡的利率和收入水平，同时包含着很强的需求管理的政策含义：在凯恩斯区域，由于 LM 曲线水平，扩张性财政政策使 IS 曲线往右移动，可以提高收入

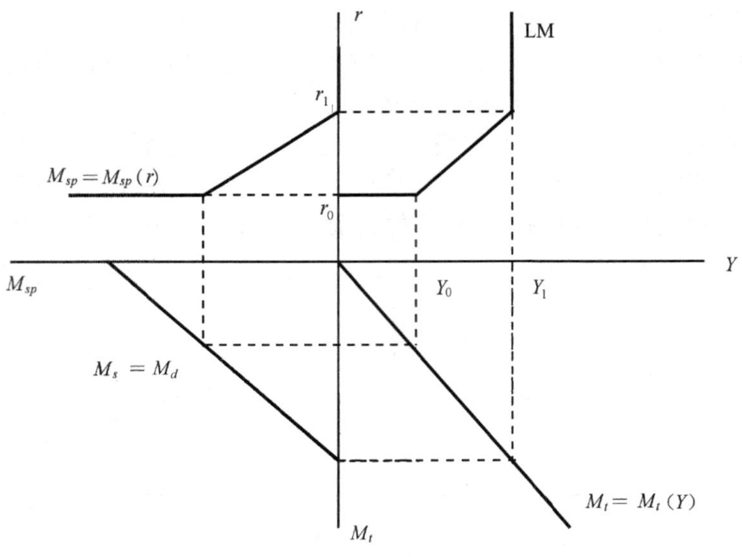

图 2-2 LM曲线

水平而保持利率稳定。所以,在凯恩斯区域财政政策最为有效而货币政策无效。在古典区域,由于LM曲线垂直,扩张性财政政策不能增加收入只会提高利率,此时扩张性货币政策可以既增加收入又降低利率。所以,在古典区域货币政策最有效而财政政策无效。在中间区域,由于 LM 曲线倾斜,财政政策和货币政策对收入和利率都有影响,为二者搭配使用提供了多种灵活的选择。由此可见,简洁而优美的 IS—LM 曲线在理论上和政策上都具有重要的意义。

二、经济周期理论——萨缪尔森的乘数—加速原理

乘数—加速原理是新古典综合派综合了凯恩斯的乘数原理和西方经济学的加速原理来解释经济周期性波动的一个重要理论。

(一)乘数原理

凯恩斯系统地阐述了乘数原理。乘数原理的主要含义是:在短期内,消费倾向是相对稳定的,不会发生大的变动。于是,凯恩斯把重点转移到投资方面,特别强调投资在就业量和收入变动中的作用。为了强调投资的作用,凯恩斯在边际消费倾向(b)这个概念的基础上建立了"乘数原理"。即在一定的消费倾向下,新增加的投资可导致收入和就业的多倍增加,倍数的大小直接取决于边际消费倾向数值的大小。如果只考虑居民户和企业两个部门,则:$Y=C+I$,其中 $C=a+bY$,$I=I_0$,于是,$Y=a+bY+I_0$,从中解出 $Y=(a+I_0)/(1-b)$。当投资从 I_0 增加到 I_1 时,即 $\Delta I=I_1-I_0$,则 $\Delta Y=\Delta I/(1-b)$。

从上式可以看出,边际消费倾向愈高,投资乘数就愈大;反之则反是。凯恩斯通过乘数论来说明增加投资对于减少失业、克服经济危机,以达到充分就业的重大作用。凯恩斯主义者利用这一原理来论证在私人投资不足时,增加政府开支和公共投资的必要性。并且认

为，即使增加非生产性、浪费性的开支，也能导致一系列派生性就业量的增加。这样，乘数理论就成了实行赤字预算的理论依据。

（二）加速原理

加速原理最早由法国经济学家阿夫塔里昂在《生产过剩的周期性危机》（1913）一书中提出。美国经济学家J·M·克拉克在1917年发表的《商业的加速和需求规律》一文中也提出了同样的理论。后来，哈罗德在1936年发表的《经济周期》一文中也把它作为决定经济周期波动的三个动态因素之一。加速原理是一种关于投资决定因素的理论。它的内容是：社会所需要的资本存量，不管是存货还是设备，都主要取决于生产的水平；资本存量的增加，即净投资，只有在产出增长时才出现。结果，繁荣时期的结束并不是单纯由于销售量的下降，而且它还可以仅仅由销售量停留于高水平这一事实所造成。加速原理可以用来补充乘数原理的不足。乘数原理只说明一定量新增投资如何引起收入和就业的变动，而没有说明收入（或消费）的变动如何反过来引起投资的变动。加速原理根据现代化机器大生产应用大量固定资本的技术特点，说明收入或消费的变动将引起投资量更剧烈的变动，而且认定这种"诱致投资"的变动不取决于收入或消费变动的绝对量，而取决于收入或消费量变动的比率（增减百分率）。资本增量与收入增量（或产品增量）之比（$\Delta I/\Delta Y$）被称为加速系数。

投资有两种情况：一是新投资或净投资，主要取决于收入的变化，上面所讲的投资即指这种新投资而言；另一是用来补偿资本设备消耗（折旧）的重置投资，主要取决于原有资本设备的数量、构成、使用年限等。实际上，这两种投资因素大都混杂在一起，难以严格区分。所以，在研究投资变动时，必须同时考察收入变动引起的投资变动和补偿资本设备损耗引起的投资变动。

由此得出一个重要结论：投资变动的幅度特别大，投资变动的剧烈程度往往大于消费需求的变动。而且在变动的时机上，投资一般不是在消费需求变动之后再变动，而经常是预先发生变动。因此，加速原理是造成经济不稳定的一个强有力的因素。当企业销售量上升或下降时，加速原理可以加强它们的波动：在经济活动上升时导致净投资，在经济活动下降时造成净负投资。

根据这个原理，要想使投资保持继续增长，消费必须继续快速增长。如果消费不再以那么快的速度增长，或仅停留在原来的高水平上，那么净投资的增长会大大下降，甚至下降为零。由此可见，仅仅由于销售量停止快速增长，衰退也可以到来，虽然在这种情况下，销售量并没有绝对地下降，而不过只是停留在一个高额的水平。

（三）乘数—加速原理

受汉森的启发，萨缪尔森于1939年发表了《乘数分析与加速原理的相互作用》一文，将乘数原理与加速原理结合在一起，提出了乘数—加速原理的动态经济模型，用以解释经济周期性波动的原因和波动的幅度。

假定在失业的情况下，产出重新开始增长，不断提高的产出通过加速数引致新的投资，新投资进一步通过乘数使产出增长。因此，产出增长率可以是自行维持的。

在某一点，自行维持的复苏最终必然碰到充分就业上限，碰到这个最高限度后，经济就从充分就业上限弹回到衰退，因为只要经济停止了它的迅速增长，加速数的作用便会减少支持繁荣的高额投资。就像飞机的速度减慢到失事的程度就会坠落一样，经济也会骤然下跌。

相同的乘数—加速分析可以说明衰退的最终结束和回升的开始。当产出骤然下跌时，加速原理要求负的投资。但是，对整个经济来说，用于工厂和设备的总投资不可能是负数，所以它为投资的跌落设置了下限。所以，萧条包含着自身复苏的源泉，一旦投资碰到下限，它必然停止下降，然后产出也必然停止下降。那么在这一点，厂商可能需要某种更新投资，所以总投资再次上升，再一次新的周期可能开始。在这里，我们的想像物从飞机转换到软木塞，一旦我们不再把软木塞压入水中（即一旦产出不再下降），它就会重新浮起来。

这就是乘数—加速原理所描绘的一个简单的经济周期模型。在其中，外部力量使周期开始运动，但是，运动一旦开始，内部的加速数和乘数的力量将使之维持下去。当它被现代经济的其他现实因素——像存货、金融市场和通货膨胀——扩大时，乘数—加速机制可以解释现代商业周期的许多特点。

三、通货膨胀与失业理论——菲利普斯曲线、托宾的市场结构理论

（一）菲利普斯曲线

英国经济学家A·W·菲利普斯1958年在研究1861～1913年工资变化率与失业率的实际资料时发现，这两个变量之间存在着非线性的负相关关系。在此基础上他断定，1913～1957年货币工资变化率和失业率的关系也可以用同样的负相关关系函数进行解释。根据这个函数，失业率上升时，货币工资变化率下降；反之亦反是。菲利普斯为通货膨胀决定因素的定量化所作的开拓性工作，受到了新古典综合派的重视。萨缪尔森和索洛在1960年发表的《达到并维持稳定的价格水平问题：反通货膨胀政策的分析》中对原始的菲利普斯曲线进行了重要修改和发展。

首先，原来的菲利普斯曲线是表示失业率与货币工资率之间的交替关系的。萨缪尔森和索洛则运用它来解释失业率和通货膨胀率之间的交替关系。他们认为，决定价格的原则是成本加值法，即在成本的基础上加一个固定比率的利润。当短期中工资是惟一的成本时，工资增加也就会相应地提高价格水平。具体而言，企业是以对每个单位产量的平均劳动成本固定“加价”的方式来确定价格的。这意味着P总是与（WL/Q）成比例，其中P为价格水平，W是工资率，L是劳动小时，Q是产量。进一步假定，平均劳动生产率（Q/L）稳定地每年增长2%。因此，如果工资每年增长8%，价格将会每年增长6%（=工资的增量8－生产率的增量2）。更一般的公式为：通货膨胀率=工资增长率－生产率增长率。通过这一关系，可以确定货币工资增长率和通货膨胀率之间存在同向变动关系。根据原始菲利普斯曲线，货币工资增长率与失业率之间成此消彼长的反比关系，从而通货膨胀率与失业率之间也就存在此消彼长的反比关系。

其次，萨缪尔森和索洛使菲利普斯曲线成为决策的工具。他们提出了“通货膨胀对换论”。根据这一观点，在进行决策时，如果一个国家愿意支付较高的通货膨胀率的代价，那么，它就可以得到较低水平的失业率；或者以高失业换取低通货膨胀率。决策者可以运用菲利普斯曲线进行相机抉择。正如他们所说的，决策人所面临的是“一个在通货膨胀和失业之间进行选择的菜单”。此外，在20世纪70年代之前，这一对换关系被认为不论在长期还是短期中都是成立的。这样，就使菲利普斯曲线得到了广泛的应用。

由于萨缪尔森和索洛的这两点重要发展，菲利普斯曲线成为分析失业与通货膨胀之间

的关系并进行政策选择的重要工具,从而也就成为宏观经济学中的一个十分重要的概念。

(二)托宾的市场结构理论

20世纪70年代以后,在经济"滞胀"的情况下,被视为重要的政策选择工具的菲利普斯曲线不再有效了。通货膨胀和失业同时增长,菲利普斯曲线大幅度地向右上方移动,甚至有人宣称:菲利普斯曲线现在是向右上方倾斜的。面对"滞胀"局面,不仅菲利普斯曲线无法对此加以解释,就连凯恩斯经济理论也无法解释。新古典综合派经济学家们从不同角度运用微观经济学补充宏观经济学来解释失业和通货膨胀并发症。其中主要有:华尔特·海勒的微观经济部门供给的异常变动说、萨缪尔森的微观财政支出结构的变化说和托宾的微观市场结构说。其中,托宾的学说被新古典综合派认为是现代凯恩斯主义在"滞胀"理论方面的一个突破。

托宾在1972年发表的《通货膨胀与失业》一文中,提出了关于"劳工市场上的均衡和失衡"的观点,用市场结构的变化来解释失业和通货膨胀并发症。托宾认为,劳工市场的均衡(既无失业也无空位,劳工的供求一致)是极少见的情形,在大多数时间里,劳工市场是处于失衡状态的。不论什么时候,市场在过度的需求或供给中广泛地变化,整个看来,经济显示既有空位又有失业。而造成这种失业与空位并存的原因则是劳动市场的结构特征,例如,由于劳动市场的技术结构特点(有各种技术不同的工人),某种劳动是供过于求,另一种劳动是供不应求,劳动市场的地区结构和性别结构也同样会引出这种结果。在工资向下刚性的情况下,空位的存在使工资增加,而失业的存在工资并不下降。这样,整个社会的货币工资增长率就有向上升的趋势,从而引起物价水平长期上升的趋势。换言之,如果劳动市场是完全竞争的,不存在结构特点对流动的限制,就没有失业与空位并存,也不会引起工资长期上升。但正因为劳动市场的结构特点限制了劳动力的流动,而失业对货币工资增长率的减缓作用又大大小于空位对货币工资率的推动作用,从而就由于货币工资增长率的上升而产生长期通货膨胀的趋势。

四、经济增长理论——索洛经济增长模型

新古典综合派的经济增长理论最初由美国经济学家R·索洛提出,对这一模型作出贡献的还有澳大利亚经济学家T·斯旺(T. Swang)和英国经济学家J·米德。

(一)索洛经济增长模型的假设前提

新古典综合派的经济增长理论又被称为新古典经济增长模型。该模型包含以下几个假设:①全社会只有一种产品;②资本—产量比率是可以改变的,从而资本—劳动比率也是可以变动的;③规模收益不变,但资本或劳动的边际生产力递减;④完全竞争,工资率和利润率分别等于劳动与资本的边际生产力;⑤先不考虑技术进步。

(二)索洛经济增长模型的推导

索洛经济增长模型的出发点是柯布—道格拉斯生产函数:

$$Y = AK^{\alpha}L^{1-\alpha} \tag{1}$$

产量的增加取决于资本投入量的增加和劳动投入量的增加:

$$\Delta Y = f(\Delta K, \Delta L) \tag{2}$$

为了说明当资本和劳动投入量增加一定的单位时产量增加多少,首先要了解资本和劳动对产量的影响是多少,即它们各自在生产中作出了多大贡献,或者说在产量中占多大份额。根据假设,全部产品是由资本和劳动生产出来的,它们在全部产品中所占的比重是由

各自的边际生产力和投入量决定的，所以有：

$$Y = MP_K \cdot K + MP_L \cdot L \tag{3}$$

在上式中，MP_K 为资本的边际生产力；K 为资本投入量；MP_L 为劳动的边际生产力；L 为劳动投入量。

根据(3)式可以推导出：

$$\Delta Y = MP_K \cdot \Delta K + MP_L \cdot \Delta L \tag{4}$$

经济增长率 $G = \frac{\Delta Y}{Y}$，所以可以写出：

$$G = \frac{\Delta Y}{Y} = \frac{MP_K}{Y} \cdot \Delta K + \frac{MP_L}{Y} \cdot \Delta L \tag{5}$$

整理上式可以得出：

$$G = \frac{MP_K \cdot K}{Y} \cdot \frac{K}{K} + \frac{MP_L \cdot L}{Y} \cdot \frac{\Delta L}{L} \tag{6}$$

在(6)式中，$\frac{MP_K \cdot K}{Y}$就是资本在总产量中所作的贡献，称为资本的产量份额，亦是柯布—道格拉斯生产函数中的 α，所以，可以写为：

$$\alpha = \frac{MP_K \cdot K}{Y} \tag{7}$$

$\frac{MP_L \cdot L}{Y}$是劳动在总产量中所作的贡献，称为劳动的产量份额，亦是柯布—道格拉斯生产函数中的 $1-\alpha$，所以，可以写为：

$$1-\alpha = \frac{MP_L \cdot L}{Y} \tag{8}$$

把(7)(8)代入(6)式则有：

$$G = \alpha \cdot \frac{\Delta K}{K} + (1-\alpha)\frac{\Delta L}{L} \tag{9}$$

(9)式就是新古典经济增长模型的基本公式。

该公式的基本含义是：在技术水平既定的条件下，经济增长率取决于资本增长率($\frac{\Delta K}{K}$)和资本的产量份额 α 的乘积与劳动增长率($\frac{\Delta L}{L}$)和劳动的产量份额 $1-\alpha$ 的乘积之和。

(三)索洛经济增长模型的进一步分析

由于经济均衡增长的条件为 $S = I$，而资本增长量 ΔK 就是投资量，即 $I = \Delta K$；$S = s \cdot Y$，所以，

$$\Delta K = s \cdot Y \tag{10}$$

$$\frac{\Delta K}{K} = \frac{sY}{K} = s \cdot \frac{1}{K/Y} \tag{11}$$

(11)式表明，资本增长率等于储蓄倾向(s)与资本—产出比率之比。假定储蓄倾向给定，则(11)式与哈罗德—多马经济增长模型相同。

$$\frac{\Delta Y}{Y}=\frac{\Delta K}{K}=s\cdot\frac{1}{K/Y}=\frac{s}{V} \tag{12}$$

在 s 一定的条件下：

如果，$\frac{\Delta Y}{Y}\phi\frac{\Delta K}{K}$，则降低资本—产出比率 V 可使二者相等；

如果，$\frac{\Delta Y}{Y}\pi\frac{\Delta K}{K}$，则提高资本—产出比率 V 可使二者相等；

$$\frac{\Delta Y}{Y}=\alpha\frac{\Delta K}{K}+(1-\alpha)\frac{\Delta L}{L}=\alpha\frac{\Delta Y}{Y}+(1-\alpha)\frac{\Delta L}{L}$$

于是，$(1-\alpha)\frac{\Delta Y}{Y}=(1-\alpha)\frac{\Delta L}{L}$，从而$\frac{\Delta Y}{Y}=\frac{\Delta L}{L}$

这个结果表明，储蓄等于投资时的均衡增长率不仅将社会储蓄全部吸收为投资，而且还把劳动力全部吸收进生产过程，从而可以实现充分就业。

通过上述分析可以看出，索洛增长模型强调了经济稳定增长的条件是$\frac{\Delta Y}{Y}=\frac{\Delta K}{K}$，如果$\frac{\Delta Y}{Y}\neq\frac{\Delta K}{K}$，就可以调整资本数量从而改变资本—产出比率来使二者相等。这样一来，资本与劳动的投入比例就可以根据需要随时进行改变以保证经济的稳定增长，资本与劳动的比例调整是通过市场机制在市场上自发调节的，即通过市场上资本与劳动的相对价格的变动来实现的。

如果$\frac{\Delta Y}{Y}\pi\frac{\Delta K}{K}$，表明生产中使用的资本量多，资本的供给就会小于需求，资本的价格就会上升，从而可以用较便宜的劳动来替代资本。

如果$\frac{\Delta Y}{Y}\phi\frac{\Delta K}{K}$，表明生产中使用的资本的数量少，资本的供给就会大于需求，资本的价格就会下降，从而可以用较便宜的资本来替代劳动。

索洛经济增长模型就是通过这种方式把新古典经济学的市场机制原理和凯恩斯的储蓄等于投资这一宏观经济均衡条件综合在一起，否定了哈罗德—多马经济增长模型中资本—劳动比率固定不变的假设，使经济稳定增长摆脱了哈罗德—多马经济增长模型中的“刃锋”式道路，走上了充分就业增长的宽广道路。

在前面的分析中先不考虑技术进步，如果考虑到技术进步在经济增长中的作用，并以$\frac{\Delta A}{A}$代表技术进步，则索洛经济增长模型可以修正为：

$$G=\alpha\cdot\frac{\Delta K}{K}+(1-\alpha)\frac{\Delta L}{L}+\frac{\Delta A}{A}$$

这样，即使资本和劳动的增长率为零，经济也可以由于技术进步而实现增长。同时，该式说明，技术对经济增长的贡献率为百分之百。这说明了技术进步在经济中的重要作用。

五、消费储蓄理论——莫迪利亚尼的生命周期理论

生命周期理论又称消费与储蓄的生命周期理论，是由莫迪利亚尼等人提出来的。在凯恩斯的消费函数理论中，决定消费的收入为绝对收入；而在莫迪利亚尼这里，决定消费的收

入是人一生中的全部预期收入。

（一）生命周期理论的基本内容

莫迪利亚尼等人根据新古典经济学理性消费者和效用最大化的假设，使用边际效用分析工具对个人消费行为进行分析，然后从个人消费之和中得出社会总消费，从而建立起生命周期理论。

生命周期理论把人的一生分为工作时期和退休时期，人一生的劳动收入就是整个工作期间的劳动收入。除了劳动收入之外，消费者还有财产收入。这二者是人一生中能够用于消费的全部收入。因此，消费函数的基本形式可以写为：

$$C = a \cdot WR + c \cdot YL$$

公式中，WR 是财产收入；a 是财产收入的边际消费倾向；YL 是劳动收入；c 是劳动收入的边际消费倾向。消费者为了使一生的消费总效用最大化，就要使每年的消费都相等，这样，现期的消费就不取决于现期的收入，而是取决于一生的收入。于是，工作期消费者不会消费掉全部收入，而会储蓄一部分用于退休期的消费，从而保证退休期的消费与工作期的消费相等。在工作期，收入大于消费，储蓄不但为正，而且还是一个增加的过程；退休期，收入小于消费，储蓄不但为负，而且还是一个减少的过程。当生命结束时，储蓄用完，一生的收入等于消费，工作期的正储蓄等于退休期的负储蓄。消费者一生中消费与储蓄的这种规律，也就是消费与储蓄的生命周期的含义。这正是生命周期理论对凯恩斯绝对收入假说的重要修正。

（二）生命周期理论的重要含义

生命周期理论的重要含义主要包含以下方面的内容：

1. 经济增长是国家储蓄率的主要决定因素。当经济增长迅速时，人们会感到至少不必为未来储蓄，因为将来的收入会更好。这样储蓄率会骤然下降。相反，当收入和经济产出缓慢增加时，人们就不得不从收入中挤出钱来储蓄，那么储蓄率就会提高。

2. 当想要对消费者支出进行解释和预期时，财产应当被考虑在内。对任何人而言，财产的价值仅仅是未来会从财产中获得的预期回报。财产可以算作未来预期收益的一部分，也将会既影响家庭的支出行为又影响家庭的储蓄行为。财产总额发生较大变化将意味着人们有更多的财产且可以减少为退休而准备的储蓄。

3. 生命周期理论支持凯恩斯理论。该理论能解释为什么对未来收入的预期提高会刺激个人消费，而对未来收入较差的预期会减少消费。

4. 生命周期理论同样能解释为什么暂时的政策变化既不能影响支出也不能影响整个经济活动。例如，税收暂时的变化可能对当前的收入有很大的影响，但它对一生的收入却没有什么影响，所以，暂时的税收变化不太会影响消费者的支出。

5. 生命周期理论对宏观经济学分析是一个非常有用的理论性工具，因为它使经济学家们在试图解释和预期家庭所作的消费决策时将财产和对未来收入的预期考虑在内，正是这个原因使得经济学家们从生命周期理论开始理解总的消费和储蓄行为。

生命周期理论不仅可以用于分析货币政策和财政政策的效应，而且还可以用于研究人力资本投资、社会保障的效果、收入分配和劳动力供给的生命周期等许多问题。因此，生命周期理论被认为是莫迪利亚尼最重要的贡献，也是新古典综合派的重要理论内容之一。

六、开放经济中的总需求模型——蒙代尔—佛莱明模型

前面,新古典综合派的理论都是在封闭条件下的分析,然而,在经济全球化的背景下,各国经济都日益成为开放经济。因此,对总需求的分析就要扩大到包括国际贸易、国际金融和国际投资领域,从而在理论模型中应该反映出国际收支、汇率和国际资本流动等变量对国内利率和收入的影响。否则,就难以建立真正完备的一般均衡理论。

蒙代尔(Robert A. Mundell)和佛莱明(J. Marcus Fleming)在这方面进行了开创性的研究。他们认为:国际资本大规模单向流动或经常项目赤字会通过国际收支和外汇市场引起一国的汇率水平波动,而汇率的波动将会对利率、通货膨胀、货币供应量产生全面的联动效应。据此,蒙代尔和佛莱明立足国际资本流动,首先将汇率制度引入货币理论分析框架,将封闭经济下的IS—LM模型扩展到开放经济下的IS—LM分析,建立了开放的宏观经济理论,即蒙代尔—佛莱明模型。该模型又被称为小型开放经济的IS—LM模型,它丰富和发展了新古典综合派的理论。和封闭经济下的IS—LM模型相比,蒙代尔—佛莱明模型也强调商品市场和货币市场之间的相互作用,也假设物价水平是固定的,并说明什么因素引起国民收入的短期波动或者总需求曲线的移动。但它们的关键差别是:IS—LM模型假设一个封闭经济,而蒙代尔—佛莱明模型假设一个开放经济。

蒙代尔—佛莱明模型的著名特征是考察价格不变和资本完全自由流动时利率、汇率、国际收支与国民收入的关系。其基本假设是小型开放经济,这个假设意味着这个小型开放经济中的利率等于世界利率。因为在这样一个小型开放经济中,国内利率如果较高,资本流入将使国内利率降到世界利率水平;国内利率如果较低,资本流出将使国内利率回升到世界利率水平。因此,国际资本的迅速流动足以使国内利率等于世界利率。蒙代尔—佛莱明模型由IS曲线、LM曲线和BP曲线组成,这三条曲线可由与其对应的三个简明的方程式表示:

$$Y = C(Y-T) + I(r) + G + NX(e,Y) \qquad (1)$$

$$M/P = L(r,Y) \qquad (2)$$

$$B(e,Y) + K(r) = 0 \qquad (3)$$

其中,(1)式表示商品市场均衡,国内产出(Y)为私人部门投入消费 $C(Y-T)$、投资 $I(r)$、政府支出(G)和贸易余额 $NX(e,Y)$ 之和。(2)式表示货币市场的均衡,实际货币需求(M/P)与国内利率(r)负相关,与国民收入正相关。(3)式表示在汇率自由浮动制度下,经常账户 $B(e,Y)$ 和资本账户 $K(r)$ 之和等于零,国际收支 $B(e,Y)$ 总是处于均衡状态。上述三式中 e 为汇率。

IS和LM曲线的含义与其在原IS—LM模型中所代表的意义基本相同,而BP曲线则是表示不同汇率水平下国际收支的平衡。蒙代尔—佛莱明模型说明,均衡利率和均衡收入不仅取决于国内产品供求和货币供求,而且取决于汇率和国际收支。更特殊地来看,蒙代尔—佛莱明模型说明了货币与财政政策影响总收入的力量大小取决于汇率制度。

在固定汇率制度下,财政政策对国内需求和产出的影响有效,而货币政策对国内需求和产出的影响无效。在浮动汇率制度下,货币政策对国内需求和产出的影响有效,而财政政策对国内需求和产出的影响则无效。在此基础上,蒙代尔还进一步论证了无论是在固定汇率制度还是在浮动汇率制度下,资本自由流动、汇率稳定、独立的货币政策三者不可兼

得，这就是所谓“蒙代尔不可能三角”。

蒙代尔—佛莱明模型说明了几乎任何一种经济政策对小型开放经济的影响都取决于汇率是浮动的还是固定的。表2－1概括了财政、货币和贸易政策对收入、汇率和贸易余额的短期影响。令人吃惊的是，在浮动汇率和固定汇率之下所有结果都不同。

表2－1 蒙代尔—佛莱明模型政策效应总结

政策	不同汇率制度对以下各项的影响					
	浮动汇率			固定汇率		
	Y	e	NX	Y	e	NX
财政扩张	无	升	降	升	无	无
货币扩张	升	降	升	无	无	无
进口限制	无	升	无	升	无	升

注：这个表表示各种经济政策在不同汇率制度下对收入Y、汇率e以及贸易余额NX影响的方向。

通过引入大国经济条件可以把蒙代尔—佛莱明模型直接推广为大国模型。由于大国在世界经济中是价格制定者，因此其财政政策和货币政策都会影响世界利率水平。在固定汇率下，大国的货币政策具有一定的效力，但其财政政策的扩张效应则会受到削弱。在浮动汇率下，大国的货币政策扩张效应会减弱，而财政政策扩张效应则不是全部流到国外，而是由大国和其他国家分享。

蒙代尔—佛莱明模型是第一个将开放经济体系中最核心的变量纳入到简单方程中的开放模型，它为当代经济学家在发展和重建开放宏观经济理论和政策方面提供了一个理论平台，许多新的理论都是在对该模型修正和批判的基础上提出来的。因此，蒙代尔—佛莱明模型是开放宏观经济理论和政策的基准模型，它进一步丰富了新古典综合派的理论体系。

当然，蒙代尔—佛莱明模型也存在一些缺陷。其中主要的问题是该模型采用的是单纯流量分析法，只看到了利差引起资本流动，并且是引起资本持久流动，忽略了存量、风险等其他因素对国际资本流动的影响。并且，蒙代尔—佛莱明模型中的外部平衡指的是国际收支的平衡，这样就意味着可以通过吸收外资流入来弥补经常项目赤字，以达到国际收支平衡，这种做法不但在长期不可行，而且还会带来许多负面后果。因此，许多学者从不同角度对这一模型进行了修正、扩展和完善，主要表现在以下几个方面：一是由短期分析转变为短期分析与长期分析相结合；二是由偏重流量分析转变为流量分析与存量分析相结合；三是由宏观分析转变为宏观分析与微观分析相结合。

第三节 新古典综合派的主要政策主张

在凯恩斯主义看来，成熟的市场经济往往表现为有效需求不足。因此，新古典综合派政策主张的核心就是“需求管理”，即通过财政政策和货币政策调节总需求，同时配合以收入政策来调节总供给，从而增加产出与就业，保证物价水平的稳定。以20世纪70年代初期出现“滞胀”为分界线，在此之前的50年代和60年代，新古典综合派的政策目标从着重于消除经济危机、实现充分就业，推进到加速经济增长；在这之后，又加上了稳定物价的目标，试图找出一条既保证经济增长又不导致严重通货膨胀的途径。

（一）20世纪50年代的“补偿性”财政与货币政策

根据希克斯—汉森模型，增加政府支出或减少政府税收，可以导致IS曲线往外移动，增加产出与就业；增加货币供给量可以使LM曲线向右移动，降低利率并增加产出，二者都导致总需求增加；反之则反是。据此，20世纪50年代，新古典综合派的主要政策主张就是补偿性财政政策和货币政策。所谓补偿性财政政策，就是在经济繁荣时期，要压缩政府财政支出，提高税率，增加税收，抑制社会总需求。在经济萧条时期，增加政府支出，降低税率，减少税收，增加总需求。繁荣时期形成的财政盈余可以补偿萧条时期的财政赤字。所谓补偿性货币政策，就是中央银行在经济繁荣时紧缩银根，减少货币供给量，提高利率，抑制总需求；经济萧条时期中央银行放松银根，增加货币供给量，降低利率，刺激总需求。

（二）20世纪60年代的“增长性”财政与货币政策

新古典综合派的托宾和奥肯等人在20世纪60年代打破正统的平衡预算原则，提出财政政策的长期目标应该建立在“潜在国民生产总值”和“充分就业预算”这两个新概念的基础之上。经济政策不能仅仅以经济是否在扩张为标准，而应该以经济是否达到了充分就业、充分发挥出它的潜力为标准。

奥肯还通过“奥肯定理”来解释经济周期的产生是因为潜在的产出与实际的产出之间的缺口（称为奥肯缺口）扩大或收缩，从而进一步影响就业和失业。“奥肯定理”证明：如果失业率保持不变，实际GDP将每年增长3%左右。这种正常的增长率是由于人口增长、资本积累和技术进步引起的。失业率每上升一个百分点，实际GDP一般减少2个百分点。或者反过来，实际GDP相对于潜在GDP每下降2%，失业率就在自然失业率基础上上升1%。即：实际GDP变动百分比＝3% －2×失业率的变动。

托宾也认为：政府的财政、货币政策应该立足于使奥肯缺口等于零，即使为此付出财政赤字的代价也在所不惜。

托宾和奥肯提出的盯住充分就业或潜在产出水平的政策主张修正了原来只在经济萧条时才实行扩张性经济政策的凯恩斯的政策观点，因而被称为“新经济学”。“新经济学”的政策主张受到了肯尼迪政府的重视，托宾和奥肯均出任过肯尼迪总统的经济顾问。肯尼迪政府实行“新经济学”政策主张的结果是使当时美国的生产和就业都得到了恢复和增长，使20世纪60年代成为“增长性”财政与货币政策的年代。

（三）20世纪70年代反“滞胀”的经济政策

为了对付20世纪70年代的“滞胀”，新古典经济学提出了宏观经济政策微观化的主张，在坚持经济增长仍作为第一位目标的同时，把治理通货膨胀也提上了议事日程。具体表现在以下两个方面：一是宏观政策的“松紧搭配”，二是宏观政策的微观化。

宏观政策的“松紧搭配”中，所谓“松”，是指扩张性政策，“紧”是指收缩性政策。补偿性财政、货币政策历来对这两种政策在时间上分开使用，即对付经济萧条时宜“松”，对付经济过“热”时宜紧。现在，新古典综合派把“松紧搭配”改变成另一种方式：一是以“松”的财政政策和“紧”的货币政策相配合；二是以“紧”的财政政策和“松”的货币政策相配合。

关于宏观政策的微观化，主要是针对单个市场和单个部门的具体情况而制定区别对待的财政与货币政策，在对付失业和通货膨胀时往往有所侧重。这种微观变化灵活多样：一是区别对待的征税方案，即按不同的干预目标，实行不同的征税方法，制定不同的税率，个别地调整征税范围。二是区别对待的政府支出。斟酌后果，适时增减，主要是用于促进生产能力的项目、用于创造就业机会减少失业的项目等。三是改进福利支出。如按失业期限长短实行差别的失业补助，督促失业者积极寻找职业；又如实行“负所得税”方案，对低工资收入家庭实行有差别的收入补贴等。四是区别的货币政策。如规定不同的利率，控制不同行业、不同部门的信贷条件和放款量。五是收入政策。直接采取措施影响工资收入和物价水平，减缓物价的上涨速度。六是人力政策。对非熟练工人或技术不对口的失业工人进行再训练，用来对付结构性失业。

第四节 简要评述

新古典综合派之所以能在西方经济学诸流派中长期占据主流地位，与该学派的综合性、开放性和兼容性以及发展性密切相关。

第一，新古典综合派综合了以个体为主的新古典经济学的市场机制理论和凯恩斯宏观经济学的政府干预理论，并认为现代经济是一个混合经济体系。在这一体系中，以最大化为目标的私人部门受市场机制调节，而传统的微观经济学对解释私人部门的经济行为仍然起作用；公共部门的行为受到政府的调节，因而需要由国民收入决定理论和宏观经济政策理论加以说明。新古典综合派在传统的研究范式之内将凯恩斯主义经济学推向了历史的巅峰。这一派别力图使宏观经济学和微观经济学二者有机地协调起来，这在一定程度上也适应了二战以后生产力进一步社会化和国家垄断资本主义发展的客观要求。这是新古典综合派的经济理论能够较好地解释当时的经济现象，其政策主张也被历届美国政府采纳并取得成效的重要原因。

第二，新古典综合派是一个开放的学派，它并不排斥同时代的西方经济学其他学派的理论观点，而是随时注意吸收以补充和修正本学派的理论及政策主张，力争做到兼容并蓄，保持其综合的特征。这一点在萨缪尔森的每几年更新一版的《经济学》教科书中表现得最为明显。

第三，与西方经济学的其他学派相比，新古典综合派注重根据现实经济的发展变化不断进行理论创新和发展，敢于否定自身的某些过时的理论观点和政策主张，从而总能保持在西方经济学诸流派中的主流地位，这也是新古典综合派较其他流派的高明之处。

当然，20 世纪 70 年代的“滞胀”问题使新古典综合派及其所坚持的凯恩斯主义陷入极大的危机之中，理论的困难和政策的无能严重动摇了新古典综合派的统治地位，其理论和政策主张受到了反对派的猛烈攻击。经过了二三十年的争论，目前，西方经济学界已经在几个方面达成共识，其中最重要的一方面就是“宏观经济学要有其微观基础”。这种寻找宏观经济学微观基础的努力结果使西方经济学呈现出一种新的发展趋势：宏观经济学微观化或微观经济学和宏观经济学的一体化。西方经济学家们都热衷于从微观层面的经济当事人的行为出发来解释宏观经济现象,从而使宏观经济学和微观经济学的界限越来越不明显。而这一点与新古典综合派殊途同归。所以,当年主张把凯恩斯的宏观经济学和新古典的微观经济学综合起来的萨缪尔森发现:微观经济学和宏观经济学这两个领域一度界限分明,但是近来,这两个子学科逐渐融合起来,因为经济学家们已经运用微观经济学的工具来分析诸如失业和通货膨胀这类属于宏观经济学领域的问题。萨缪尔森还断言:经过20年对新古典主义宏观经济学的消化吸收,新旧理论的综合过程已开始启动。斯诺登和温预言:如果实际经济的其他重要特征,如货币因素、价格刚性和实际的经济周期模型融合为一体,将会产生一种"新新古典综合"(New Neoclassicall Synthesis)。

思考题

1. 新古典综合派的"综合性"体现在哪里?它有何特点?
2. IS—LM 曲线如何得来?
3. 乘数—加速原理是如何解释经济周期的?
4. 通货膨胀和失业之间有何关系?
5. 索洛经济增长模型是如何将市场机制原理和凯恩斯的储蓄等于投资这一宏观经济均衡条件综合在一起的?
6. 何谓生命周期理论?
7. 简析蒙代尔—佛莱明模型的政策含义。
8. 1950~1970 年代新古典综合派的政策主张是如何演变的?

参考文献

1. Samuelson, P. A. Nordhaus W. D. *Economics* (*Seventeenth Edition*). New York. McGraw-Hill Press,2001
2. 〔美〕保罗·A·萨缪尔森,威廉·D·诺德豪斯. 经济学. 第12版. 北京:中国发展出版社,1992
3. 〔美〕N·格里高利·曼昆. 宏观经济学. 第4版. 北京:中国人民大学出版社,2000
4. 〔英〕J·R·沙克尔顿,G·洛克斯利. 当代12位经济学家. 第1版. 北京:商务印书馆,1999
5. 〔日〕现代经济学研究会. 世界十五大经济学. 第1版. 北京:求实出版社,1990
6. 〔日〕现代经济学研究会. 三十个世界大经济学家. 第1版. 上海:上海译文出版社,1989
7. 〔美〕史蒂文·普雷斯曼. 思想者的足迹——五十位重要的西方经济学家. 第1版. 南京:江苏人民出版社,2001
8. 刘涤源,谭崇台. 当代西方经济学说. 第1版. 武汉:武汉大学出版社,1983
9. 蒋自强,史晋川. 当代西方经济学流派. 第2版. 上海:复旦大学出版社,2001
10. 王志伟. 现代西方经济学流派. 第1版. 北京:北京大学出版社,2002
11. 胡代光. 西方经济学说的演变及其影响. 第1版. 北京:北京大学出版社,1998
12. 丁冰,张连城. 现代西方经济学说. 第2版. 北京:中国经济出版社,2002
13. 方福前. 近20年来西方宏观经济学的发展. 经济学动态. 2001(12):56~61
14. 王耀中,童文俊. 凯恩斯主义经济学研究范式的演进. 经济学动态. 2003(6):79~83

第3章

后凯恩斯主义经济学

学习要点和要求

了解后凯恩斯主义经济学的形成和发展过程，注意其方法论的特点，把握后凯恩斯主义经济学的理论体系——价格形成理论、收入分配理论、产量和就业理论、货币理论、经济增长理论，研讨后凯恩斯主义经济学的政策含义，并试将后凯恩斯主义经济学与后凯恩斯主流经济学（新古典综合）的理论和政策进行比较。

第一节　后凯恩斯学派的形成、学术渊源和方法论

一、后凯恩斯学派的形成

后凯恩斯经济学（Post Keynesian Economics）兴起于20世纪50年代和60年代。当时，西方经济学界试图把凯恩斯理论的比较静态分析长期化和动态化。在这个背景下，凯恩斯主义经济学出现了两个相互对立的思潮：一是以美国经济学家萨缪尔森为代表的新古典综合派和以英国经济学家罗宾逊夫人为代表的后凯恩斯学派。前者试图把凯恩斯理论与新古典经济学综合为一体，形成当代西方经济学的主流派；而后者力求坚持凯恩斯本人的观点并在此基础上发展后凯恩斯经济学[①]。20世纪60年代至70年代，两派进一步就资本理论问题进行了一场为西方经济学界所瞩目的论战。这场争论促进了后凯恩斯学派的资本理论、分配理论

---

① 宋则行．英国后凯恩斯经济学（新剑桥学派）．载"宋则行经济论文集"．沈阳：辽宁大学出版社，1987．533～534

和增长理论的形成。70 年代至 80 年代，西方经济出现“滞胀”现象，主流经济学也随之陷入危机，而后凯恩斯学派认为他们可以提供一个替代新古典经济学的分析结构①，这一背景导致后凯恩斯学派向主流经济理论提出全面的挑战，从而促使后凯恩斯货币理论、就业理论和通货膨胀理论形成。90 年代以后，在前苏联解体、金融市场自由化以及经济全球化的背景下，后凯恩斯经济学家在其理论框架下更为关注的问题是，公共政策、经验分析和经济全球化的效应②。此外，后凯恩斯经济学不仅在理论分析上，而且在经验验证方面也有相应的发展。各种计量经济模型涉及投资、收入分配、价格、货币和金融资产、就业以及增长差异等问题。

后凯恩斯学派的主要阵地是20 世纪 70 年代在西方一些发达国家创办的理论刊物，专门发表后凯恩斯经济学家以及与之相关的文章。这些刊物主要有：美国的 Journal of Post Keynesian Economics，1978 年创刊；英国的 Cambridge Journal of Economics，1977 年创刊；英国的 Tames Papers in Political Economics，1977 年创刊。此外，意大利的 Banca Nationale del Lavora 和英国的 British Review of Economic Issues，Contributions to Political Economics 等也特别倾向于发表后凯恩斯经济学家的文章。

二、后凯恩斯学派的学术渊源

这个在 20 世纪 50 年代兴起的学派之所以被称做后凯恩斯学派，有两个理由：一是这个学派以凯恩斯思想为基础，致力于把凯恩斯的思想推向全面的发展；二是它从主流经济学以外的其他理论汲取营养，试图超越包括凯恩斯本人在内的局限性。从学术思想渊源的角度看，后凯恩斯学派理论形成的轨迹可以追溯到李嘉图、马克思、马歇尔、凯恩斯和卡莱斯基的理论。

马歇尔与后凯恩斯经济学之间的联系主要通过凯恩斯这个中间环节。后凯恩斯经济学家认为，凯恩斯分析的出发点就是马歇尔式的短期。在这个短期意义上，资本设备存量、劳动技术训练程度和企业组织等，都是过去的产物，现在要以这些条件为前提，根据对未来的预期进行有关融资、生产、定价和分配等方面的决策。但后凯恩斯经济学家认为，凯恩斯的短期分析与马歇尔的短期分析不同。马歇尔的短期分析是从长期分析中派生出来的，短期出现的超额利润会刺激生产能力增长，直到利润降到正常水平。而凯恩斯在短期分析中增加了预期不确定性这个概念。一旦有预期的不确定性，短期的超额利润可能会刺激生产能力过度增长，从而导致利润急剧下降，而不是返回到正常水平。换句话说，经济不可能趋向于长期均衡，有意义的是从理论上描述一系列短期活动。

在后凯恩斯经济学家眼中，波兰的经济学家卡莱斯基是一个至少与凯恩斯并驾齐驱，甚至在某些方面比凯恩斯更出色的人物③。卡莱斯基独立于凯恩斯发展了一个强调需求重要性的经济周期理论。凯恩斯的产量和就业理论假设一个给定的竞争程度。这样，产量和就业就取决于需求，而独立于竞争程度。与凯恩斯不同的是，卡莱斯基假设厂商之间的竞

① Davison，P(1981)，Post Keynesian Economics. in Bell, D and Kristol, I (eds): *The Crisis in Economic Theory*, Basic Books, pp. 171

② Holt，R and Presman, S，eds(2001): *A New Guide Post Keynesian Economics*, Routledge，pp. 1 ~2

③ Sawyer，M(1985): *The Economics of Michal Kalecki*，Armonk, NY

争程度是不同的，特别是有些厂商处于垄断的市场结构，然后他根据不同的阶级（例如，工人和资本家）和不同的部门（例如，投资品生产部门和消费品生产部门）来阐述经济周期理论。这样，垄断的程度就影响定价，从而影响收入在工资和利润之间的分配。反过来，收入分配又影响需求。这些思想后来成为后凯恩斯学派理论的基本逻辑。

卡莱斯基的分析结构实际上来源于马克思经济学，而马克思的经济学又来源于古典经济学，由于这样一些关系，后凯恩斯经济学家在扩展凯恩斯理论的过程中，从古典经济学家如李嘉图和马克思理论中学习了价格、分配、积累和增长关系的分析结构，发展了后凯恩斯学派的价格理论、分配理论和增长理论，并与凯恩斯本人的产量和就业理论构成一个不同于新古典综合派的理论体系。

三、后凯恩斯学派的方法论

方法论涉及经济分析方法的选择，同时也是区分不同理论的工具。因此，没有一套普遍使用的方法论原则，每一个学派都有自己的方法论，特殊的方法论也是一个学派的标志。方法论的特殊性来自于学派自身。后凯恩斯经济学派的方法论可以概括为以下几个方面①：

其一，经济过程被理解为是一个历史时间的过程，而不是一个没有时间概念的因果逻辑的过程。历史时间的特征是指经济过程是不可逆转的，随着时间的移动，经济运行的制度环境和条件也会随之发生变化，因而不存在像新古典经济学理论所说的在给定的环境下，经济运行由不均衡返回到均衡状态。制度环境和条件的变化具有不确定性。由于这种不确定性，经济结构就具有内在的不稳定性。因此，尽管后凯恩斯经济学家也会使用均衡的概念，但这仅指稳定状态，而不是市场出清的概念。

其二，经济过程作为一个历史时间过程的不确定性，不可避免地导致人们对经济关系认识的局限性，这种局限性也可以说是对不可知未来预期的不确定性。正确地、充分地预计经济事件发生的结果是不可能的。由于社会系统的演变具有不可预测性，因此，不确定性成为一种常态。实现预期的均衡说法没有任何意义。

其三，货币是解决不确定性问题的一种制度设计。货币不仅能够便利交换，而且可以作为财富储藏。现代经济是货币购买商品，商品购买货币的经济。由于未来具有不确定性，经济当事人完全可能在一段时间内延迟各种决策并把购买力转移到未来，即把货币作为一般购买力的暂栖地。因此，货币是连接现实与未来的桥梁。

其四，经济的驱动力量是生产而不是交换。因此，研究的重点是货币性质的生产经济，而不是实物性质的交换经济。在这个经济中，供给和需求是相互依赖的，并且不完全竞争是要素市场和产品市场的正常结构。

其五，收入分配和更一般意义上的经济权力的分配，是理解经济运行过程和经济结果的基础，也是需要经济学解决的最重要的社会问题。

后凯恩斯学派的方法论表明，他们要研究的是真实世界，而不是虚构的世界。在真实世界中，经济过程是随着真实的时间而不是逻辑的时间演进的。客观环境的不确定性和主

① Dow, S (1985): *Macroeconomic Thought: A methodological Approach*, Blacwell; Dow,S (2001): Post Keynesian Methodologe, in Holt,R and Presman, S. eds(2001): *A New Guide Post Keynesian Economics*, Routledge, pp. 19

观预期的不确定性交织在一起,使经济结果具有不可预测性。在这个意义上,市场出清的均衡概念失去了价值。在真实的经济世界里,货币具有重要的意义。真实经济世界里的各种经济问题来源于经济权力的分配,而经济权力的分配一定是与特定的政治、经济、制度相关的,它们影响着经济结果。

第二节 后凯恩斯学派的理论体系

一、后凯恩斯学派的价格形成理论

后凯恩斯学派的价格形成理论包含两个方面的内容:一个是研究基于垄断市场结构的成本加成定价问题,另一个是研究相对价格的形成与收入分配之间的联系。

(一)定价与寡头垄断市场结构

与新古典经济学根据边际成本和边际收益均等进行定价的规则不同,后凯恩斯学派认为,工业品的市场结构一般是寡头垄断的。在这个市场结构下,垄断厂商是根据成本加成方法进行定价的。按照这种方法定价,就有了不同于新古典价格形成机制的含义。首先,价格并不反映稀缺程度。其次,价格是一个反映再生产条件的价格,而不是反映利润最大化的行为。最后,价格并不是市场出清的,因为成本加成是在厂商感觉到实际需求条件之前加到成本上去的。

卡莱斯基创立了一个最简单的后凯恩斯的成本加成定价(markup pricing)理论。他把市场分成两类:原材料或初级产品市场和制成品市场。在初级产品市场上,短期供给缺乏弹性,需求决定价格水平。而在制成品市场上,生产能力处于过剩状态,供给是有弹性的,价格的变化主要取决于生产成本的变化,因而价格是由成本决定的①。价格取决于单位直接成本,而单位直接成本包括直接劳动的成本、中间产品和原材料成本。由于卡莱斯基的模型假设厂商的生产能力一般处于过剩状态,单位直接成本在生产能力达到充分利用之前是不变的,因此,在成本之上加成的比例反映了厂商的垄断程度。卡莱斯基的这个模型也可以说是垄断程度定价理论。另一位后凯恩斯经济学家阿西马克普罗斯(Asimakopulos,A)解释了卡莱斯基模型中加成的因素。垄断加价一方面要弥补间接费用,另一方面还包含一个预期的资本收益率或利润率。实现了的资本收益率反映厂商的垄断程度②。

(二)定价与投资融资决策

后凯恩斯学派认为,寡头垄断确定价格的目的不是追求短期利润最大化,而是追求其自身长期增长最大化。在直接成本不变的条件下,加价的变动就与企业追求长期增长有关系。企业的增长需要投资增长支撑,而投资资金来自外源融资和内源融资两个渠道。外源融资包括发行股票和银行贷款,内源融资就是企业的保留利润。埃克纳(Eichner,A)认为,

---

① Kalecki, M (1971): *Selected Essays on Dynamics of the Capitalist Economy*, Cambridge University Press, pp. 43.

② Asimakopulos, A (1975): A Kaleckian Theory of Income Distribution. *Canadian Journal of Economics*, No. 3, pp. 315.

在不同融资方式的成本给定的前提下，垄断加价变动的行为动机就是为投资支出获得内源融资的资金。外源融资的成本主要取决于支付债券的利息和普通股的价格与红利的比例，二者的加权平均数是外源融资的成本。内源融资的成本包括提高加价引起政府对价格的管制，给厂商带来的现金流量的损失，这部分成本可以转换成隐含的利息。加价的最优条件是内源融资供给的成本等于外源融资的成本①。

这个模型的逻辑是把厂商的定价决策、投资决策和融资决策联系起来，在其他条件不变的前提下，投资支出水平决定加价规模，从而决定价格水平。然而，根据经验观察，投资支出水平是经常变动的，垄断厂商的价格水平却保持刚性。伍德(Wood，A)研究并解释了这种不一致性问题。厂商有一种弹性的短期财务政策，即根据需要购置或处置金融资产。当加价带来的现金流量超过计划投资的融资需求时，厂商购置金融资产，吸收余额部分。反之，当现金流量不足以满足投资资金需求时，厂商就处置金融资产，为不足的部分筹措资金②。除此之外，哈考特和凯尼恩(Harcout，G and Kenyon，P，1976)还研究了定价与技术选择的关系。其基本论点是，在一种技术条件下，技术选择与价格无关，只有投资支出水平影响加价，从而影响价格。而在生产同一产量水平有多种技术可供选择的条件下，技术选择不再独立于价格。夏皮罗和翁乃飘(Shapiro，N，1981；Nai-Pew Ong，1981)还研究了后凯恩斯学派的定价、融资与厂商的产品生命周期之间的关系。夏皮罗认为，新产品的定价较低，主要是服从于厂商扩展市场的战略目的。一旦产品成熟，需求缺乏价格弹性，厂商就可以通过定价服务于投资融资的需要。按照这个分析，通过加成定价进行内源融资的模型即能适用于厂商产品成熟的阶段。而翁乃飘则强调厂商定价较低是为了挤出边际竞争对手，服务于竞争的目的。

(三)利润率与相对价格

均衡的相对价格形成的条件是资源投入的边际价值在不同的商品生产上是相等的，货币支出的边际效用在不同商品消费上也是相等的。按照这个逻辑，产量的决定和价格的决定是在同一个过程中完成的。因此，相对价格的主要功能是资源配置。

后凯恩斯的价格形成理论选择了不同于新古典经济学的逻辑，实际上，这个逻辑来源于古典经济学家和马克思。假设实际工资、产量的规模和产量的构成以及再生产条件都是给定的，从而排除了需求的作用。这是古典经济学分析的传统。马克思假设有一个同一的利润率分配到每个部门的资本(不变资本加上可变资本)价值上去，然后形成生产价格。然而，经济学家发现，一个部门是按照生产价格而不是价值购买另外一个部门的产品，从而形成该部门的资本品，因此每个部门的资本都应当按照生产价格而不是价值衡量。但是，一旦按照生产价格衡量资本，利润率就不可能是事先给定的，而是同生产价格一道决定的③。

斯拉法完善了这个分析过程④。假设有一个能够生产出超过再生产需要的物质剩余的经济，包括 k 个部门，生产 k 种商品。任何一个部门在生产 k 种商品之一时都要使用 k 个部

---

① Eichner，A (1985)：*Toward A New Economics：Essays in Post-Keynesian and Institutionalist Theory*. Macmillan, pp.42 ~43.

② Wood, A (1975)：*A Theory of Profit*, Cambridge University Press，pp. 24 ~32.

③ Garegnani，P(1984). Value and Distribution in the Classical Economist and Marx. *Oxford Economic Papers*，Vol. 36，pp. 308 ~309.

④ 斯拉法. 用商品生产商品. 中译本. 北京：商务印书馆，1979. 9 ~17

门的产品作为“不变资本”。在同一工资率的假设下，k 个部门的“可变资本”由其各自使用的劳动量（如人数）和给定的实际工资构成。然后，把同一利润率分配到各个部门的“不变资本”和“可变资本”上去，这样就有 k 个方程。再从 k 个部门的产品之和即总产品中减掉各个部门生产中消耗掉的产品，形成剩余或称做“合成商品”，设其为工资和价格的标准，形成另一个方程，由此构造一个线性的价格等式体系。这个体系有 $k+1$ 方程和 $k+1$ 个未知数，即 k 个生产价格和 1 个同一的利润率。显然，利润率和生产价格是同时决定的。相对价格的主要功能是满足经济体系再生产和剩余的存在。

如果上述模型略加改动，假设工资和利润率都是未知数，就会有 $k+1$ 个方程和 $k+2$ 个未知数。模型的求解需要事先给定工资或利润。在这个前提下，收入分配决定相对价格的形成。

二、后凯恩斯学派的收入分配理论

（一）投资与收入分配

凯恩斯的理论强调有效需求特别是投资需求影响国民收入水平，但他并没有研究投资如何影响收入分配问题。投资影响收入分配的模型是由卡莱斯基提出来的。假设在封闭的条件下，抽象掉政府的税收和支出，并假设经济有两个阶级：工人和资本家。相应地，国民收入分为工资和利润。进一步假设工资全部用于消费，利润用于资本家的消费支出和投资。从整个经济的角度看，国民收入和国民支出是平衡的。由于工人的消费依赖于工资，工资是由资本家决定的，因此，按照凯恩斯的逻辑，资本家的投资支出和消费支出决定收入在工人和资本家之间的分配。卡莱斯基把这个结论通俗地表述为：“工人花费他们所得到的，资本家得到他们所花费的①。”

阿西马克普罗斯（Asimakopulos，A）和罗宾逊夫人分别拓展了卡莱斯基的分析，认为投资与收入分配的关系不仅仅局限于投资决定利润这一单向的因果链条，而是存在着双向关系，即现期的投资支出决定现期利润，而现期利润也将积极地影响现期对未来投资的预期，从而影响现期的投资决策②。

（二）投资乘数与利润份额

凯恩斯的《通论》假设收入分配或价格与工资的关系是给定的，研究的是产量和就业问题；而《通论》问世前出版的《货币论》假设产量和就业是给定的，研究的是收入分配关系，但《货币论》并没有把投资乘数在其中的作用说清楚。卡尔多（Kaldor）为此构建了一个模型③。假设经济处于充分就业，产量和就业水平是给定的。收入分解为工资和利润，并且工资的储蓄倾向小于利润的储蓄倾向。总储蓄是来自工资的储蓄额和来自利润的储蓄额之和。设投资等于储蓄，就可以建立一个方程，在工资和利润的储蓄倾向给定的条件下，方程

---

① Kalecki, M (1971): *Selected Essays on Dynamics of the Capitalist Economy*, Cambridge University Press, pp. 78 ~ 79.

② Asimakopulos, A(1962): Profit and Investment: A Kaleckian Approach. in Harcourt, G(ed): *Microeconomic Foundation of Macroeconomics*, Macmillan, pp. 339 ~ 340.

③ Kaldor, N (1955): Alternative Theories of Distribution. *in Essays on Value and Distribution*, Gerald, Duckworth, 1966, pp. 229.

可以显示出,投资在国民收入中的份额决定了利润在国民收入中的份额。如果在一个极端的假设下,工资的储蓄倾向等于零,方程就简化为利润份额等于投资份额乘以利润储蓄倾向的倒数。储蓄倾向的倒数就是投资乘数。模型得出的结论与卡莱斯基的说法是一致的。这个模型的实质是,利润份额或收入分配关系依赖于总需求和总供给平衡的条件。模型中一个重要的机制是价格相对货币工资的弹性。当投资大于储蓄时,消费品的价格相对货币工资上涨,实际工资下降,利润份额上升。利润份额的上升提高了储蓄额(因为利润的储蓄倾向大于工资的储蓄倾向),直到投资等于储蓄为止。

(三)工资储蓄倾向与利润份额

在卡尔多的模型里,收入在工资和利润之间的分配与收入在工人和资本家之间的分配是等价的。帕西内蒂(Pasinetti,L)发现,如果模型假设工资的储蓄倾向大于零,它们实际上是不等价的。帕西内蒂论证的逻辑是,如果工资的储蓄倾向大于零,工人就会通过储蓄拥有一部分资本存量,从而拥有资本收益权(如获得利息的权利),就会参与利润的分配。此时利润会分成两个部分:归属于资本家的部分和按照储蓄额归属于工人的部分。这样一来,收入在工资和利润之间的分配与收入在工人和资本家两个阶级之间的分配是不等价的。帕西内蒂把这种不等价性纳入卡尔多的模型中,重新仔细地推导了分配模型的结论:一是无论对工资的储蓄倾向做什么样的假设(等于零或大于零),卡尔多假设工资储蓄倾向等于零时的结论仍然成立。二是工资储蓄倾向大于零时,不影响投资份额决定利润份额之间的关系,换句话说,不影响收入在工资和利润之间的分配,但会影响收入在工人和资本家之间的分配①。但是,这个结论适用的范围是来自工资的储蓄要小于全社会投资总额。

三、后凯恩斯学派的产量和就业理论

(一)有效需求与失业均衡

一般的宏观经济理论认为,产量和就业水平取决于总供给和总需求的平衡。在总供给一定的情况下,总需求的作用至关重要。但后凯恩斯经济学家契科(Chick, V)认为,总需求涉及两个方面:一方面,它涉及实际消费和投资支出的总和;另一方面,它涉及厂商在决定适当的产量规模时对实际支出的估计的总和。当产量已经生产出来时,实际的消费和投资支出很重要,而当决定实际产量和就业水平时,厂商对实际支出的估计有举足轻重的意义。尽管凯恩斯在研究产量和就业决定问题时强调预期的不确定性,但他没有探讨预期是如何形成的②,并且还简单地假设厂商对计划的总需求的估计基本上是正确的,这是新古典综合学派把实际支出和对实际支出的估计视为一致的主要原因。而后凯恩斯学派工作的重点是将二者分离开,强调预期或估计的不确定性对产量和就业的影响。

在后凯恩斯学派的产量和就业理论中,最重要的是三个基本函数:总供给函数、预期的收益函数和总需求函数(或支出函数)。总供给函数是根据加成定价理论形成的。假设厂商的成本主要是工资,在此基础上有一个利润加价形成产品价格。把这个关系式变成货币

---

① Pasinetti, L (1974): *Growth and Income Distribution: Essays in Economic Theory*, Cambridge University Press, pp. 109.

② Chick, V(1983): *Macroeconomics after Keynes*, Philip Allan, pp. 64

收益等式，在工资率和加成比例给定的条件下，总供给函数就表示货币收益与就业之间的关系。预期收益函数是就业水平的函数，反映厂商对市场条件的预测和估计。而总需求函数是由消费支出和投资支出构成的，反映以消费支出和投资支出形式归属于生产者的实际收益流量。

威尔斯（Wells，P）的一个模型论证①，总供给函数与厂商预期收益函数的交点决定了日常的产量和就业水平，这个交点下的需求水平被称做是"有效需求"。因此，有效需求不是一个函数，而是一个点。如果预期的收益和水平低于实际支出水平，并且厂商预期实际支出水平会保持下去的话，短期的预期就会被调整，这种调整不会一步到位。当总供给函数、预期收益函数和总需求函数彼此相等时，预期得以实现，偏差已经消除，从而经济体系处于一个产量和就业水平的短期均衡状态。这个短期均衡也可以是非充分就业的均衡。在货币工资给定的情况下，预期的收益函数与实际的支出函数吻合决定就业水平，而就业水平决定了劳动的边际产品和实际工资②。

这个模型与新古典综合的模型比较，有三点值得注意：一是没有忽略总供给问题，而是根据成本加成定价的机制研究了总供给形成的条件。二是抛弃了生产者的预期始终是正确的假设，分离了实际总需求与有效需求的概念，重点考察实际需求在不同时间和条件下对生产者预期的影响。三是实际工资是在产品市场上而不是在劳动力市场上决定的。因此，这个分析提供了非充分就业均衡形成的内在机制和行为基础。

（二）长期的产量和就业理论

实际上，后凯恩斯学派的短期产量和就业理论还不能构成对新古典理论的根本性挑战，因为，新古典经济学有一个解释生产能力和需求在长期如何平衡的理论。按照这个理论，在要素禀赋和技术条件约束给定的前提下，由个人效用最大化和利润最大化而形成的价格机制，将使需求调整到生产能力的水平。在长期中，竞争力量导致价格趋向于由效用和利润最大化决定的水平，而这个趋势也使产量水平与所有生产要素的充分利用相一致。然而，新古典经济学并不认为经济总是处于充分就业均衡状态，他们的理论也包含着大量的偏离充分就业均衡的短期模型。因此，伊特威尔（Eatwell，J）认为，凯恩斯对新古典经济学革命的实质是要提出一个长期产量决定的理论③。一些后凯恩斯经济学家在《通论》中找到了关键的话语。凯恩斯说，他构筑经济理论的目的是"解释我们现实经历的显著特征，即为了避免就业和价格在两个方向上波动的最极端的情况，我们是在围绕着一个中间的位置而上下摆动的。这个中间位置低于充分就业水平，但又高于一个比此还低就会危及我们生活的最低就业水平"。"这是由'自然趋势'即那些持久的趋势所决定的中间位置。"④这个"自然趋势"的概念实际上是古典经济学长期分析的概念。

后凯恩斯学派的长期产量和就业理论是把由斯拉法表述的带有古典经济学特征的相

---

① Wells, P (1977): Keynes's Disequilibrium Theory of Employment, in Weintraub, S (ed): *Modern Economic Thought*, University of Pennsyvania Press, pp. 96 ~ 101

② Wells, P(1987): Keynes's Employment Fuction and the Marginal Productivity of Labor. *Journal of Post Keynesian Economics*, Summer, pp. 510, pp. 514

③ Eatwell, J (1983): The Long-Period Theory of Employment, *Cambridge Journal of Economics*, No. 7, pp. 271

④ 凯恩斯. 就业、利息和货币通论. 北京：商务印书馆，1977. 213

对价格形成理论和收入分派理论与凯恩斯的有效需求原理结合起来构成的。假设工资的储蓄倾向为零,来自利润的储蓄与投资平衡决定利润水平。或在技术、储蓄倾向和利润率给定的条件下,投资决定净收入水平。在这个模型中,利润来自卡莱斯基的垄断加价水平。但是,一个厂商的加价是另一个厂商的成本,考虑厂商之间的相互依赖性,任何一个部门的加价都是那个部门的特定环境和一般利润率的结果,而一般利润率在价格形成过程中是占绝对支配地位的持久性力量。按照这个思路,就可把用投入—产出方式表述的多部门投资决定收入的方程与斯拉法的多部门相对价格形成模型结合起来,从而形成一个后凯恩斯的长期产量和就业理论模型。在这个模型中,斯拉法式的模型决定利润率和价格,而进入模型中的投资通过乘数(即利润储蓄倾向的倒数)决定与利润率和价格相适应的产量和就业水平。由于投资需求有增加总需求和生产能力两方面作用,强调投资需求作为自变量在逻辑上不能解释长期中生产能力适应需求所作出的调整,因此,伊特威尔认为,作为自变量的不是投资需求,而是凯恩斯所说的"长期预期状态"。给定长期预期状态,就有一个与之相应的生产能力水平。如果现实的生产能力偏离这个水平,利润前景就会引致投资改变生产能力,产量和就业也就随之改变了。

四、后凯恩斯学派的货币理论

(一)货币的特性与交易契约

货币是与不确定性相联系的。从逻辑的角度说,货币的特性依赖于商品货币与信用货币的区分。在商品货币(如金银)中,货币供给的增长直接与商品(如金)的生产相联系。在这种场合,货币的行为类似于任何其他商品。而在信用货币场合,货币是中央银行公开市场业务和银行系统信用创造的产物,而不是带来收入的生产活动的结果①。根据这个区别,履行交易和储藏职能的信用货币具有两个基本特性:一是它们的生产弹性为零(或微不足道),即对货币需求的增长不会刺激厂商利用资源(如劳动力)去生产货币,因而不会增加就业。二是它们的替代弹性为零(或微不足道),即对货币需求的增长导致货币价格上升,但不会产生替代效应使公众的需求转向可以由劳动力生产的产品和劳务上来,因而也不会增加就业。这两个货币特性实际上是说,如果公众减少了对商品和劳务的需求,必然导致失业增加,但失业者不会因为公众转向对货币的需求而得到"再就业"的机会。在后凯恩斯学派的理论中,货币的这两个特性同样适用于一般的流动性资产(公债、信用债券和公司股票等)。

在市场导向的经济中,决策权是分散的,生产是由一系列远期契约组织起来的。所有契约都是以货币形式签订的,清偿债务的需要导致签约方产生了保持一定流动性能力的需要②。而按照货币和一般流动性资产的两个特性,经济系统不可避免地产生失业问题。

(二)货币需求与融资动机

后凯恩斯学派货币需求理论的思想主要来源于凯恩斯的《货币论》,而不是《通论》。在《货币论》中,凯恩斯把货币需求分为产业流通和金融流通两个部分。在产业流通中,企业

---

① Kaldor,N(1982):*The Scourge of Monetarism*, Oxford University Press, pp.45

② Rousseas, N(1986): *Post Keynesian Monetary Economics*, Macmillan, pp.21

和居民户因收入与支出的不完全同步性而产生了对货币流量的需求,或称"活动余额"。而《通论》仅从居民户角度分析交易性货币需求,忽视了企业行为。在金融流通中,对货币的需求是因存款者对证券市场的主观判断而产生的对金融存款的需求,或称"闲置余额"。新古典综合经济学按照《通论》的分析方法简单地假设居民户计划的支出主要是收入的函数,这就有了主流经济学的交易余额是依赖于收入的模型①。与《货币论》的分析相比,新古典综合经济学不仅没有在货币交易需求中考察企业的货币需求行为,而且还简单地假设预期的或计划的支出等同于总收入,使货币需求变成一个在静态框架下讨论的问题。但凯恩斯在《通论》发表后的次年提出了"融资动机"的概念,即企业为履行购买新资本品的远期契约而产生的交易性货币需求。特别在经济扩张时期,计划的投资支出突然增加,额外的融资要求就构成了对货币追加的需求。

按照上述逻辑,戴维森(Davidson,P)构造了一个后凯恩斯的货币需求函数。交易性货币需求函数(反映产业流通中的契约承诺对活动余额流量的需求)直接依赖于计划的消费支出和计划的投资支出,而间接地通过计划的消费和计划的投资分别与收入和利息率相联系。这样一个需求函数首先是不稳定的,因为计划支出是不确定的;其次,在每一个收入或产量水平上,任何计划活动的增长都会导致货币需求的增长,货币需求与实际部门(消费和投资)活动的变化密切相关;最后,由于强调融资动机,这是一个非均衡的动态分析结构。谨慎和投机性货币需求函数(反映金融流通对闲置余额存量的需求)依赖于当前利率、预期证券价格的变化、资本风险反感程度、证券变现的信心程度、交易费用和财富储藏价值等。交易性货币需求、谨慎和投机性货币需求之和构成货币总需求。

(三)货币供给的内生性

从货币需求的分析看,货币供给量的一部分作为"活动余额"满足交易和融资需要进入产业流通,另一部分作为"闲置余额"满足价值储藏需要进入金融流通。对于前者来说,货币供给将内生性地扩大,这与把货币供给看成是由中央银行外生决定的新古典综合理论完全不同。

一般来说,后凯恩斯经济学家并不否认货币供给的变化与名义收入变化之间的统计关系,但他们强调因果链条是从名义收入到货币供给,而不是相反。温特劳布(Weintraub,S)的货币供给内生理论是从成本加成定价理论中派生出来的。按照加成定价理论,价格水平取决于加价率、工资率和平均劳动生产率,或者说,企业的名义收入取决于加价率、货币工资率和就业人数。在真实产量和就业人数给定的条件下,货币工资率的增长导致名义收入增长。假定货币流通速度是不变的,对交易性货币余额的需求就会增长。如果中央银行不能适应这一情况增加货币供给,产量就会下降,失业会增加。避免出现这种局面,央行将被迫增加货币供给,因此,货币供给是内生决定的②。

穆尔(Moor,B)把后凯恩斯的货币供给内生理论向前推进了一步,认为不仅货币存量是内生的,而且货币基数(商业银行存入中央银行的准备金与流通中的通货之和)也是内生的。穆尔的模型论证是,银行从事业务活动的市场结构由小额存款放款市场和大额存款放

① Davidson, P(1972): *Money and Real World*, Macmillan, pp. 161

② Weintraub, S(1978): *Keynes, Keynesian and Monetarist*, University of Pennsylvania Press, pp. 154

款市场构成。在大额市场上，银行是价格(利率)承受者和数量(放款)的制定者。当工商企业因工资成本、原材料成本上涨，或因未来预期看好为新增投资融资时，对信贷的需求就会增长。如果银行适应这种需求，放款数额就会增长。而贷款无疑会创造存款，因此，货币供给的存量就随之扩大了。在贷款从而存款增长的条件下，银行可以从联邦资金市场或联邦系统的贴现窗口融通所需要的储备，以保持合意的总贷款与储备之间的比例。但如果联邦资金利率与贴现率的差距因储备需要的增长而扩大时，联邦系统就不得不通过公开市场业务去创造银行系统所需要的储备。在这种情况下，货币基数将随着货币存量的变化而进行相应地调整，货币基数必然是内生决定的①。

(四)流动性压力与金融不稳定性

如果内生的货币供给是完全有弹性的，金融部门的行为就没有特别重要的意义，它仅仅是被动地适应实际部门经济发展的节奏。然而，从现实角度看，货币供给不是百分之百地适应信贷货币的需求。因此，当金融部门不能完全适应实际部门的要求时，金融部门将会陷入非均衡状态。测度非均衡状态的指标是流动性压力，即对银行放款的总需求与银行存款总额的比率。对银行放款总需求反映厂商和居民户对信用的需求，而银行存款的总额反映银行系统的贷款能力。当前者相对后者增加时，商业银行系统就变得缺乏流动性。流动性压力的直接影响是一些厂商难以获得所需要的资金，间接影响是对长期利率有一个向上的压力。

这说明金融部门和实际部门是相互影响的。明斯基(Minsky,H)就此提出了一个金融不稳定性假说，认为当金融部门的融资政策发生周期性变化时，整个经济体系也会发生周期性波动。他论证的逻辑是，投入到生产过程中的投资品被称做资本资产，而货币、债券和股票为金融资产。获得资本资产的所有权或控制权需要通过借债、发行股票或拍卖现有资产来筹措资金。每一种资本资产的未来收入是现金流量，而筹措资金形成的债务承诺也是一种现金流量。利润规模本身可以证实为资本资产所担负的债务承诺和支付承诺是否合理，而且利润还会影响企业家和银行家的预期，从而影响投资和融资决策。所以，关键的问题是利润流量的规模与负债的现金承诺之间的关系②。这种关系体现为三种不同的融资类型：①套利融资，即每个时期由资产带来的现金流量超过了因负债必须偿付的现金流量。套利融资单位所预期的现值对每一有限利率来说，都是正数。②投机性融资，即近期来自资产的现金流量不足以抵偿近期契约规定的支付承诺，但根据核算习惯，近期现金流量中的收入部分要超过债务的利息成本，而且预期长期现金收益要超过未偿的现金支付承诺。投机性融资单位需要延期债务或再融资来偿付其近期债务。③庞兹(Ponzi,C)融资，即近期来自资产的现金流量不足以抵偿现金支付部分，而且收益中的净收入部分小于支付承诺中的利息部分。庞兹融资单位必须增加其未偿债务才能偿付它的金融负债。当经济平稳发展时，长期预期看好，套利融资向投机性融资转化。当经济接近充分就业时，短期利率上升，投机性融资会向庞兹性融资转化，而对庞兹性融资单位来说，较高利率下累积的债务会使初始的短期亏空转变成持久的现金流量赤字，庞兹单位必须拍卖资产所有权才能抵偿债

① Mor, B(1988): The Endogeneous Money Supply, *Journal of Post Keynesian Economics*, Spring, pp. 381

② Minsky, H(1982): Can "It" Happen Again? A Reprise, *Challenge*, July-August, pp. 9 ~ 10

务。如果此时资产拍卖的价格不足以抵消债务，一场偿还债务的危机就演变成金融危机。明斯基认为，金融不稳定性是资本主义经济行为内生的结果①。

五、后凯恩斯学派的经济增长理论

（一）收入分配与经济增长

在哈罗德的经济增长模型中，增长率由储蓄率和资本—产量比率决定。但是，由于实际增长率、有保证的增长率和自然增长率分别是由不同的因素决定的，因此实际增长率与有保证增长率之间的不一致性被称做“不稳定问题”，而有保证增长率与自然增长率之间的不一致性被称做“不协调问题”。撇开后者，实际增长率与有保证的增长率相一致的轨道就像“刃锋”一样狭窄。罗宾逊夫人说，“刃锋”问题出现的关键是与外生给定的储蓄率和资本产量比率相符合的有保证增长率，只有一个惟一可能的值②。由于资本—产量比率只能在一个有限的范围内调整，因此，假设资本—产量比率不变问题并不大，关键的问题是哈罗德（Holt，R）假设有一个给定的储蓄与收入的比率，并且这个比率独立于收入分配。而按照后凯恩斯学派的分配理论，储蓄与收入的比率独立于收入分配就等于假设来自工资的储蓄倾向和来自利润的储蓄倾向是相同的，无论收入分配怎样变化，储蓄与收入的比率不受影响。因此，后凯恩斯学派认为，只要在哈罗德的增长模型中引入分配问题，并且假设工资的储蓄倾向与利润的储蓄倾向是不同的，“刃锋”的问题就可以解决。一个简单的后凯恩斯学派增长模型的结构是，在资本—产量比率不变的条件下，经济增长率等于资本积累率（投资于资本存量的比率）。如果假设工资的储蓄倾向为零，利润率就取决于增长率（或积累率）与利润储蓄倾向之间的关系。换句话说，均衡增长或有保证的增长所需要的储蓄条件可以通过收入分配格局的变化来满足。即使假设工资储蓄倾向不为零，结论依然成立。

（二）积累率的决定与经济增长

按照上述模型，利润率取决于积累率，那么积累率由什么因素决定呢？积累率决定的关键是投资如何决定。凯恩斯说投资主要取决于投资者的“血气冲动”，这个论点把投资决定归结为人性的某种固有的抽象特征，而忽视了投资行为所依赖的社会环境。罗宾逊夫人说，为了考察影响积累率高低的历史、政治和心理因素，凯恩斯的“血气冲动”概念可以转换成一个生产资本存量的合意增长率与预期的利润水平之间的函数关系③。按照罗宾逊夫人的讨论，积累率和利润率之间有双边关系：一方面，积累率的变化决定利润率的变化，正如简单增长模型所表明的那样。另一方面，预期的利润率的变化引致积累率的变化，这是一个投资函数。投资决定的利润率是一个实现了的利润率，而这个实现的利润率又形成了未来利润预期的基础。预期的利润率将影响积累率高低的选择。如果实际的积累率恰好是预期利润率所要求的水平，经济就会有一个均衡的积累率或合意的积累率。如果这种状态保持下去，经济就处于均衡增长道路。但罗宾逊夫人认为，即使短期合意的积累率与实际的积累率一致，也不能保证它们将继续保持下去。哈里斯（Harris，D）说，影响合意积累率

---

① Minsky，H（1985）：The Financial Instability Hypothesis：A Restatement，In Arestis，P and Skouras，T（ed）：*Post Keynesian Economic Theory*，Wheatsheaf Book，pp. 30

② Robinson，J（1971）：*Economic Heresies：Some Old-Fashioned Questions in Economic Theory*，Basic Book，pp. 111

③ Robinson，J（1962）：*Essays on the Theory of Economic Growth*，Macmillan，pp. 37 ~ 38

与实际积累率不一致的约束条件要么是最低的利润水平，要么是最低的实际工资率①。就后一个约束条件来说，比较高的利润可能要求价格相对货币工资上涨，从而降低实际工资，但如果遇到最低实际工资边界，价格就不可能继续上涨。这种情况有时称遇到了“通货膨胀壁垒”。简言之，在其他条件不变的情况下，分配格局的调整只在一定的范围内允许经济稳定增长，越过了这个范围，分配利益的冲突会使经济增长偏离均衡轨道。

（三）技术进步函数、投资函数与经济增长

经济增长与技术进步是不可分的。新古典经济学假设，在技术知识给定的情况下，沿着生产函数的移动反映了资本和劳动的替代关系；而在技术知识变动的情况下，整个生产函数都要发生移动。换句话说，技术进步只是时间的函数，技术进步和资本积累是分离的。卡尔多认为，这种区分至少在经验上是不太可能的。绝大多数提高劳动生产率的技术进步都要求提高人均使用资本，如果新增资本中没有物化技术进步，就不可能有资本加深。为此，他构造了一个技术进步函数替代新古典的生产函数。卡尔多的技术进步函数反映了每个工人人均资本增长率与每个工人人均产量增长率之间的关系，在人均资本增长率为零的条件下，仍然会有一定水平的人均产量增长率。这是因为，在初始条件下，生产力水平不是资本积累增长率而是累积的产量的函数。在现代经济学中，这被称做是阿罗（Arrow，K）式的“边干边学”的结果。但是，超过了这个初始点之后，生产力的增长就取决于人均资本增长率。一条技术进步函数曲线反映了一个稳定的技术动态或一定速率的新思想的流量。一旦技术动态或接受新思想的敏捷程度发生变化，技术进步函数曲线就会发生改变②。

经济若要持续增长，不仅要求资本增长推动产量增长，而且还要求产量增长和利润率的变化引致资本投资的增长③。技术进步函数概括了前者关系，投资函数概括了后者关系，并且投资函数可以同储蓄函数和收入分配联系起来。经济增长就是投资函数和技术进步函数相互作用的结果。例如，假设某一时期产量的增长超过了该期资本的增长，按照投资函数的定义，下期的资本增长率就会在产量和利润率的作用下提高，然后较高的投资按照技术进步函数增加产出，接着又会出现一轮投资的调整，但这个调整过程是逐渐收敛的，直到收入增长率与资本增长率彼此相等。而资本增长与产量增长相等时的生产力增长率为生产力均衡增长率，这个增长率仅仅取决于技术进步函数。在均衡中，增长率、利润率和资本—产量比率随时间的进程保持不变。

卡尔多增长模型的特点在于，他利用收入分配理论中关于利润和工资储蓄倾向的假定，使哈罗德的有保证增长率变成不是惟一的，收入分配的调整可以使实际增长率与有保证增长率协调起来。此外，由于模型假设技术进步不是外生的，而是投资的函数，这样，模型运转的结果会使经济趋向于自然增长率与有保证增长率彼此相等的均衡增长率。

（四）经济增长的供给约束和需求约束

后凯恩斯经济学家康沃尔（Conwall，J）发现，卡尔多的增长模型有一个缺陷，即最大产量水平的增长率是由技术进步函数决定，或者说是由供给决定的，但需求并不影响最大产

① Harris，D（1978）：*Capital Accumulation and Income Distribution*，Stanford University Press，pp. 200～201

② 卡尔多. 论经济稳定与增长. 中译本. 北京：商务印书馆，1966. 274～276

③ Kardor，N（1978）：*Further Essays on Economic Theory*，Duckworth，pp. 44～46

量水平的高低。当需求特别是投资需求偏离最大产量水平增长时,它仅导致价格与货币工资之间关系的变化,从而引起收入分配格局的调整,以适应最大产量水平增长率。因此,这是一个供给决定增长的框架①。然而,在长期增长中,往往是某些部门需求的变化引起这些部门生产力的增长,从而引起资源在不同部门之间的转移和整个社会生产力水平的提高。因此,康沃尔认为,应当在增长模型中考虑需求对最大产量水平增长的影响。

康沃尔的模型假设最大产量水平增长率影响长期需求行为,据此可以构造消费、投资、资本存量和最大产量水平的关系。在这个模型中,消费不仅取决于实际产量水平,而且还受最大产量水平的影响。投资、资本存量和最大产量水平按照一般通行的方式定义关系式,实际产量水平由消费和投资需求构成。但在模型的参数给定的条件下,实际产量的长期行为通过参数由最大产量水平的行为决定。这套关系式表达的是需求行为适应最大产量或供给增长率的行为。然后,也是最关键的,构造一个最大产量水平是实际产量水平和时间趋势的函数式,或最大产量增长率是实际产量增长率的函数,表示需求对最大产量水平的影响。按照这个模型,在几何图形上,横轴表示实际产量或需求增长率,纵轴表示最大产量或供给增长率,45°线表示二者相等。另外一条需求影响供给增长率的曲线穿过45°线。无论需求影响供给这条曲线是高于还是低于均衡线,都会导致经济体系的自动调整,经济的均衡增长就是在供给因素和需求因素相互作用下实现的。

(五)经济总量增长与结构动态变化

从上面的后凯恩斯增长模型看,无论是卡尔多的模型,还是康沃尔的模型,基本上属于总量模型。这个总量模型虽然引入了技术进步因素,但隐含假设技术进步在所有部门以同一速率发生变化,因此,增长不会引起结构变化。类似地,这个总量模型虽然引入了需求因素,但需求在各个部门(或产品)发生的变动率也被暗中假设是一律的。康沃尔在分析需求作用时已经认识到需求在各个部门的变动是不同的,但由于他仍然使用总量模型,因此,需求非比例变化对结构的影响没有被引入增长模型中。帕西内蒂改变了技术进步和需求的变动在各个部门以同一比例变动的假设,研究了经济总量增长与结构动态变化的关系②。

帕西内蒂把列昂捷夫的投入—产出模型转换和改造成一个"垂直一体化模型",这个模型成为帕西内蒂分析增长与结构变化关系的基本框架。这个垂直一体化模型与投入—产出模型的区别是,首先,投入—产出模型是以"产业"为分析单位,研究产业之间的关系。由于包含中间产品,因此,不能简单地把产业的结构与按最终产品(投资品和消费品)总量形式分解的结构相对应。垂直一体化模型是以"部门"为分析单位,剔除了中间产品,可以把每一项最终产品归结为它们的最终构成要素即劳动流量和资本品存量。其次,投入—产出模型的系数具有固定性或不变性,因此,它只是分析经济体系在某一时点上的结构,或不同时点上经济结构的比较,不适于分析时间过程中结构的动态变化,而垂直一体化模型克服了这些缺陷。当然,二者之间也有联系。用投入—产出模型直接劳动系数行向量乘以技术系数逆矩阵的转置矩阵,就可以获得垂直一体化模型的劳动系数。同样程序还可获得垂直一体化模型的资本存量系数等。

---

① Conwall, J(1972): *Growth and Stability in a Mature Economy*. Martin Robertson, pp. 60

② Pasinetti, L(1982): *Structural Change and Economic Growth*. Cambridge University Press.

假设封闭条件下有 $n-1$ 个最终产品生产部门，经济系统的所有成员都集中在最后一个部门 n 中，最终产品由消费品和投资品构成，资本品生产不使用资本品，消费品生产使用劳动量和资本品存量。最终部门 n 提供劳动服务并拥有资本品存量。由此，模型可以获得产出系数、价格系数、消费系数、资本品生产和消费品生产的技术系数以及资本品需求系数。假设技术变化在各个部门是不同的，但在每个部门内部随时间稳定变化，消费需求的变化按需要的等级次序演变。据此，可以构造出多部门的保持充分就业的动态资本积累均衡条件方程式和动态有效需求条件方程式。

按照这两个方程式，如果需求的变化与生产力增长率是不一致的，如需求系数的增长赶不上或不能抵消技术系数的下降（即技术的增长是稳定的），就会出现长期有效需求不足的局面，由此导致的失业是“技术性失业”。同时，通过这两个方程式还可以观察经济增长过程中的生产结构、价格结构和就业结构的动态变化。帕西内蒂由此得出基本结论，即经济的长期均衡增长不仅需要总量的动态平衡，而且还要求有与总量平衡相适应的结构动态变化。尽管驱动经济增长的基本力量（如生产力）是平稳的，但消费者偏好的变化是突进的，因此，经济结构的动态变化将导致总量失衡，总量与结构的动态平衡不能自动形成，政府的干预成为保证经济长期均衡增长不可缺少的力量。

第三节　后凯恩斯学派理论的政策含义与简要评述

一、通货膨胀与失业的非交替性

后凯恩斯学派的价格形成理论表明，在制造业中，由于市场结构是寡头垄断型的，厂商在成本之上进行加成定价，这个定价机制意味着是大公司而不是政府当局在操纵价格，而且在企业就业人数不变的条件下，任何成本的上升或加价比例的提高都会导致价格上涨。这也意味着价格的上涨与失业之间没有主流经济学所说的替代关系。在逻辑上，价格上涨完全可以在就业率或失业率不变的情况下出现，因而，政府采用扩大失业降低通货膨胀的办法是无效的。按照后凯恩斯学派的理论，治理通货膨胀的办法不是采用宏观的紧缩政策，而是微观的反垄断政策和价格管制政策等。这个分析及其政策含义对于因垄断原因而导致价格上涨的经济来说，尤为重要。

二、收入分配格局影响总需求和经济增长

后凯恩斯学派的收入分配和经济增长理论表明，总需求水平与收入分配有密切的联系。经济体系若要保证实现充分就业水平下的产出，就必须有相应的总需求水平特别是投资需求水平。而较高的投资水平在均衡的条件下要求有相应的储蓄水平，由于来自利润的储蓄倾向大于来自工资的储蓄倾向，在逻辑上要求利润在总产出或总收入中的份额上升，因此，收入分配的格局要求适应需求水平和经济增长。按照这个逻辑，如果投资需求下降而消费需求上升，为保持较高的总需求水平和充分就业，就需要扩大工资在国民收入中的份额，换句话说，收入分配要向非财产收入者倾斜。如果要素市场价格机制的作用不能实

现所要求的分配格局，政府就需要采取有效的收入再分配政策以适应经济增长和充分就业的要求。这一分析的政策含义对经济增长过程中伴随着收入差距拉大的经济来说，具有重要的理论价值和应用价值。

三、货币供给的内生性导致经济过热和经济危机

后凯恩斯学派的货币理论表明，货币的供给并不像主流经济学所说的完全由中央银行或货币政策当局来控制。按照他们的理论，货币供给产生的逻辑是，经济的发展和投资者的预期都会导致扩大融资的需要，而银行从赢利性的角度考虑（或在其他体制下的考虑），必然会扩大贷款，而贷款又会增加存款和增加准备金的需求，结果导致货币存量和货币基数的扩大，货币供给由此而内生地扩大了。货币供给的内生性会导致更多的项目融资，由此导致经济过热。但是，融资的主观需要并不意味着融资具有客观的合理性，因为融资的项目事后可能证明并不是有利可图的，来自项目的现金流量不足以偿还融资的资金和利息，一旦还款的链条中断，经济过热就会最终演变为金融危机。这一分析的政策含义是，不能简单地实行所谓的“单一规则”，即将货币供应量的增长率与国民收入的增长率挂钩，那只是一个事后的结果，重要的是在事前完善银行贷款对融资者的资质审查、银行自有资本金和准备金数额以及银行保险等制度规定。这个分析和结论已被拉美和东亚金融危机的经验所证实，在有些采取赶超战略的国家中，融资的冲动更多地来源于各级政府而不是企业，由于政府与银行之间的密切关系，货币供给的扩张和经济过热的形成更容易，从而也更容易导致经济泡沫和金融危机。

四、经济结构的动态变化也会导致经济增长的波动

后凯恩斯学派的经济增长理论表明，经济体系能否保证持续、稳定和均衡的增长，不仅需要有保持稳定的总需求水平和相应的收入分配格局，而且还需要有产业结构或部门结构的调整。因为在增长过程中，技术和需求都会随着经济的增长而发生变动，也可以说，经济增长的实质就是结构的变动，没有结构的变动也就没有经济的持续增长，这是由技术变动的特征和需求演变的规律决定的。由此，后凯恩斯学派推出结论：经济结构如果不能适应经济增长的要求也会导致经济增长的波动。因此，在政策含义上，为了保持经济增长，政府不应仅仅简单地盯着总需求水平，而应更多地关注产业结构的调整。影响结构的经济政策同影响总量的经济政策一样重要，而当结构问题制约经济增长时，结构性政策就变得更重要。这个分析基于经济增长过程的一般规律，因此，对发展中国家同样重要。而且，经验证明，在人均收入由较低向中等水平发展的经济中，结构的变动会更剧烈，因此，制定结构政策对保持这些国家经济持续和稳定增长更重要。

思考题

1. 与后凯恩斯主流经济学（新古典综合派）相比较，后凯恩斯主义经济学有哪些特点？
2. 后凯恩斯主义经济学的方法论有什么特点？
3. 试述后凯恩斯主义经济学的价格形成理论、收入分配理论、产量和就业理论、货币理

论、经济增长理论的要点。

4. 试评后凯恩斯主义经济学的政策含义。

参考文献

1. 李平. 后凯恩斯经济学. 沈阳：辽宁大学出版社，1994

2. 罗宾逊. 凯恩斯以后. 北京：商务印书馆，1985

3. 罗宾逊，伊特韦尔. 现代经济学导论. 北京：商务印书馆，1982

4. 宋则行. 英国后凯恩斯经济学(新剑桥学派). 载"宋则行经济文集". 沈阳：辽宁大学出版社，1987

5. Davison, P. Post Keynesian Economics, in Bell D. and Kristol I. (eds): *The Crisis in Economic Theory*. Basic Books, 1981

6. Holt, R. and Presman, S. eds. *A New Guide Post Keynesian Economics*, Routledge, 2001

第4章 凯恩斯主义的非均衡学派

学习要点和要求

凯恩斯主义的非均衡学派是战后主流经济学在20世纪七八十年代发生阶段性转变过程中出现的一个重要流派。该学派既延伸和扩展了凯恩斯经济学经济“非均衡”的思想，又继续坚持了瓦尔拉斯一般均衡的分析方法，将传统的新古典理论分析和传统的凯恩斯非均衡分析结合在一起。非均衡学派的理论和分析方法对于今天占据主流地位的新凯恩斯主义经济学和新古典宏观经济学，都在一定程度上具有先导意义。

第一节 凯恩斯主义非均衡学派的产生和发展

一、凯恩斯主义非均衡学派的特点

凯恩斯主义非均衡学派（以下简称“非均衡学派”）是20世纪60年代以后受凯恩斯主义经济学的启发并借鉴瓦尔拉斯的均衡分析方法而发展起来的一个当代西方经济学流派。

非均衡学派在当代西方经济学的发展历史上具有十分重要的意义。一方面，非均衡学派是对第二次世界大战后长期以来以美国的新古典综合派为代表的凯恩斯主义经济学的一种纠正，同时，也是对凯恩斯本人的经济学理论和方法的一种引申和发展。这主要表现在，它为主要表现为宏观经济理论和分析方法的凯恩斯经济学提供了分析的微观基础。“非均衡分析”既丰富了凯恩斯经济学的分析方法，也扩展了凯恩斯经济学分析的范围。另一方面，非均衡学派则是从20世纪70年代以前的原凯恩斯主义经济学向20世纪80年代以后的新凯恩斯主义经济学发展和过渡的桥梁。从某种意义上说，非均衡学派的理论和方法也和现代新古典宏观经济学派存在一些相同之处，因而它也可以被看做是当代西方主流经济学各流派之间出现某种“趋同”现象的表现。

长期以来，均衡的思想和分析方法一直是西方经济学界的重要思想和基本的分析方法。亚当·斯密以后，古典经济学家们，特别是新古典的经济学家们，对市场调节机制的作用推崇备至。他们认为，市场机制这只“看不见的手”会调节所有的经济活动，当事人在各自追求自己最大利益的过程中，达到一种各方面均衡与和谐的结果。在价格、工资、利息等的灵活迅速的调整下，每个市场的供给与需求都能达到均衡，社会的资源会得到最有效率的配置和使用，人们都会达到在现有条件下的利益最大化，经济会在和谐稳定中发展。对于这种思想的经济理论上的集中表述，就是局部均衡与一般均衡的理论体系，尤其是瓦尔拉斯一般均衡体系，更把这种理论和方法在形式表述上推向一种严密而完整的程度。

但是，关于市场一般均衡的瓦尔拉斯体系要求一系列相当严格的假定，比如说：①经济体系中有一个知识完备、信息灵敏、无所不知的拍卖人（或喊价人）。他会根据市场供求双方的情况喊出相应的价格，并不断进行调整，以达到使供求双方完全均衡的结果。②在达到均衡价格之前，市场上没有任何交易发生。③市场上只有价格信号。价格可以充分而及时地调整，直至达到供求均衡为止。④市场上的经济活动当事人都是价格的接受者，他们只对价格信号作出反应。上述这些条件在现实经济活动中是无法真正找到，也是无法全部找到的。这样一来，一般均衡的理论体系和分析方法，在严格意义上说，充其量只具有理论意义，而不具备现实意义。19世纪末期到20世纪西方国家的经济震荡与萧条更证明了这一点。

正是在现实条件与瓦尔拉斯一般均衡所要求的条件有很大差别的情况下，凯恩斯的经济理论才显示出了一定的“现实性”和“创新”性。凯恩斯在《通论》中提出的几个理论要点，都与传统的赞成一般均衡的理论有所不同。比如：①凯恩斯认为，在商品市场处于某种水平的均衡状态时，在劳动市场上却存在着非自愿失业。这就表明，经济体系中至少有一个市场是处于供求不相等的非均衡状态的。②凯恩斯认为，在现实的市场调节过程中，不仅有价格变动的调节机制，而且也有同样重要的数量变动的调节机制（甚至还有收入变动的调节机制）。③经济活动的当事人不仅会对价格信号作出反应，也会对数量信号和收入水平的信号作出反应。在这些认识的基础上，凯恩斯认为，经济中出现非均衡现象应该是常见的通例，而古典经济理论所描述的随时随处都可以实现一般均衡的经济恰恰是一种特例。在现代西方经济学中，正是凯恩斯的理论，对非均衡经济思想的发展和完善，对非均衡学派的产生发挥了极为重要的作用。

第二次世界大战以后，一些经济学家对非均衡理论和分析方法开始进行探讨。但是，从主要方面来看，在20世纪60年代以前，对“非均衡”的探讨基本上是零星的和不成系统的。

以新古典综合派为代表的凯恩斯学派的经济学家曾经为了克服凯恩斯经济学没有涉及微观经济学的问题（这个问题被凯恩斯以后的经济学家们看做凯恩斯经济学的缺陷），将新古典经济学的微观理论直接连接到凯恩斯的宏观经济学理论上，构筑起了一个“新古典综合”的理论体系。在相当长的时间里，这些经济学家们似乎已经逐步习惯了用一般均衡的分析方法来阐述凯恩斯经济学。他们抛开了凯恩斯理论中的非均衡的思想，将凯恩斯的理论完全回归到传统的新古典经济学的均衡框架中去了。IS—LM模型和“收入—支出理论”也就成了凯恩斯经济学的同义词。但是实际上，任何一种宏观经济学理论都需要有与其真正在内容上协调一致的微观基础。而凯恩斯的宏观经济学理论所包含的非均衡经济思想，却无法与一般均衡的微观经济学理论真正相一致。融入了 IS—LM 模型的新古典综合的经济学体系，也不能真正解决凯恩斯消费函数理论中关于收入既定的假定与传统均衡分析中关于收入可以内生决定的假定之间的矛盾。

为了给凯恩斯的经济学提供一个真正和谐一致的微观经济学基础，也为了对现实经济生活中的问题给出令人满意的解释，一些经济学家在这方面进行了努力探索，他们力图依据凯恩斯本人的经济学理论来批评那些后来的推崇凯恩斯学派经济学的经济学家。在这一过程中，他们逐渐形成了一个新的经济学派别，也就是我们所说的“凯恩斯主义的非均衡学派”。

非均衡学派最主要的特点在于其基本理念和分析方法方面。非均衡学派的基本理念是，经济生活中的绝大部分情况都是处于“非瓦尔拉斯均衡”状态，而不是新古典经济学家所说的一般均衡状态。因而，在经济学的研究和分析中，不能使用新古典经济学家所惯用的瓦尔拉斯一般均衡的分析方法，而只能使用“非均衡的分析方法”。这种方法就是以“价格—数量调节机制”为基础的分析方法。这种方法强调经济过程中的“溢出效应”和“短边均衡”。“溢出效应”(spillover effects)即一个市场的不均衡情况会传递到其他的市场上从而使全部市场的均衡状况发生改变的机制。“短边均衡”是指在市场交易中最终能够实现的交易数量，一定是在交易中处于数量要求最少的一方(无论是需求方，还是供给方)。供求均衡的情况可以被看做是“短边均衡”的特例。非均衡学派的全部理论分析和结论就是依据上面这样的分析方法得出来的。

就“非均衡分析方法”的基本假设来说，无疑应当归功于凯恩斯经济学的启发，这是与新古典经济学完全不同的。但是，就其分析工具来说，显然应该归功于瓦尔拉斯一般均衡的分析手段。当然，我们也不能将“非均衡分析方法”看做是与“瓦尔拉斯分析方法”完全相同的。正像法国的非均衡学派经济学家让－帕斯卡尔·贝纳西所指出的那样：“非瓦尔拉斯方法不是‘反瓦尔拉斯’的，相反，借助于更一般的假设，它应用了在瓦尔拉斯理论中已获得成功的一些方法。”①

在凯恩斯主义非均衡学派的形成与发展过程中，以色列的唐·帕廷金(Don Patinkin)，美国的罗伯特·W·克洛沃(Robert Wayne Clower)、瑞典的阿克塞尔·莱荣霍夫德(Axel Leijonhufvud)、美国的赫谢尔·格罗斯曼(Herschel I. Grossman)，法国的让－帕斯卡尔·贝纳西(Jean－Pascal Benassy)、马林沃德(E. Malinvaud)、格兰蒙特(J. M. Grandmont)，比利时的德雷兹(J. H. Dreze)、英国的波兹(R. Portes)、匈牙利的科尔内(J. Kornai)等经济学家都先后发挥了重要的作用。后来成为新古典宏观经济学派重要代表人物的罗伯特·巴罗(Robert Barro)也对非均衡分析方法的发展和应用作出了贡献。

二、凯恩斯主义非均衡学派的最初起点

最先涉及非均衡问题研究的是以色列经济学家唐·帕廷金。唐·帕廷金是一名美籍犹太人，早年就读于美国芝加哥大学，1945 年获得硕士学位，1947 年获得经济学博士学位，

---

① 〔法〕让－帕斯卡尔·贝纳西. 宏观经济学：非瓦尔拉斯分析方法导论. 上海：上海三联书店，1990. 4

从1949年起一直在耶路撒冷的希伯来大学担任经济学教授。帕廷金曾经担任美国计量经济学会会长,1969年成为美国科学发展协会外国荣誉会员,1970年获得以色列奖,1975年成为美国经济协会荣誉会员,1976年成为以色列经济学会会长。

帕廷金的研究领域主要在于货币理论方面。他在经济理论方面的主要特点是抛弃了"古典二分法",将"实际余额效应"引入商品和债券需求函数,并且运用这些需求函数对货币理论的核心问题进行静态和动态分析,从而实现了价值理论和货币理论的结合。在经济学界,正是他较早地系统阐述了"实际余额效应"(即通常所说的"庇古效应")理论,同时阐述了"凯恩斯效应",并且力图在一般均衡的框架内对货币市场、产品市场、劳动市场和债券市场作出相互贯通的理论解释。帕廷金的主要著作有:《货币、利息与价格》(1965)、《以色列经济:第一个10年》(1959)、《货币经济学研究》(1972)和《凯恩斯货币思想发展的研究》(1976)。

帕廷金的主要倾向是赞同一般均衡分析。不过,他在1965年出版的《货币、利息与价格》一书中,综合了一个被称为凯恩斯一般均衡的经济模型,涉及了非均衡的问题。在该书第13章"非自愿失业条件下的模型运行"中,他专门谈到了非自愿失业的问题。他认为,在工资和物价刚性条件下,在工人们被迫离开他们的劳动供给曲线时会发生非自愿失业。非自愿失业的程度与当前实际工资率下面劳动的过度供给的程度相一致。他举例说明,如果政府在印刷新货币时,对绝对工资和物价进行管制,就不可能产生"实际余额效应"。这时,就会出现一个通货膨胀缺口。商品市场这时的特征就是"持久性非均衡"状态。在相反的情况下,如果货币减少时,工资和价格不下降,同样会出现"持久性非均衡"状态。①

在帕廷金的分析中,总需求曲线向左移动将会产生一个物价和工资不变条件下供给过剩(或者需求紧缺)的缺口。这时,厂商会减少产量,或者增加存货。他认为,在这种情况下,经济自动调整的过程比较缓慢,厂商的反应多半是削减产量,而不是调整价格。这就必然导致对劳动需求的减少,因而出现非自愿失业。同时,劳动市场出现的变化还会通过"溢出效应"而影响其他市场。即使实际工资发生变化,这时的就业量也要比一般均衡状态下的就业水平低一些。可见,帕廷金认为,造成非自愿失业的原因是总需求不足和工资与物价的刚性,而不是实际工资太高。

帕廷金也分析了数量制约对劳动需求的影响。他对工资率的刚性与价格的刚性对商品市场与劳动市场的均衡所产生的影响,进行了详细的分析。他认为,只要两个刚性中有一个存在,整个经济体系就一定会处于非自愿失业状态。② 当然,即便在完全竞争的体系中,在价格和工资具有灵活性的情况下,非自愿失业也可能存在。

对于预期和劳动供给方面的"货币幻觉",帕廷金也给予了适当的注意,并且进行了适当的分析。

帕廷金的分析框架具有"动态非均衡"的性质。他认为,对非自愿失业进行研究就需要这样的框架,"非自愿性是动态分析的非自愿性核心内容:它所分析的领域只在偏离需求或供给曲线的位置"③。

尽管从总体来看,帕廷金的理论体系仍然是以一般均衡为主的,但是,他对非均衡问题

① 参见:D·帕廷金.货币、利息与价格.北京:中国社会科学出版社,1996.285

② 参见:D·帕廷金.货币、利息与价格.北京:中国社会科学出版社,1996.337

③ D·帕廷金.货币、利息与价格.北京:中国社会科学出版社,1996.333

的初步研究却开启了凯恩斯主义非均衡学派正式集中研究的大门。而且,他对于预期、货币幻觉、工资和价格刚性、“溢出效应”等问题的分析,对于20世纪80年代以后经济学的发展都具有某种先驱的意义。

三、凯恩斯主义非均衡学派的奠基

1965年,美国经济学家罗伯特·克洛沃发表了《凯恩斯主义的反革命:理论评价》一文,对凯恩斯学派以一般均衡理论来解释凯恩斯经济学提出了尖锐的批评。克洛沃被经济学界认为是第一位明确反对一般均衡分析而主张非均衡分析方法的经济学家。他也被公认为是非均衡学派的主要奠基人之一。

罗伯特·克洛沃(Robert W. Clower)是美国洛杉矶加利福尼亚大学教授。1926年,克洛沃出生于美国华盛顿州普尔曼,1948年获华盛顿州立大学文学学士,一年后获硕士学位,1978年获英国牛津大学博士学位。克洛沃曾经先后任教于西北大学、埃塞克斯大学和加利福尼亚大学,曾任西安大略大学、莫纳什大学、维也纳高级研究所、华盛顿州立大学等校的客座教授,《经济探索》、《美国经济评论》杂志的主编。他还是英国皇家统计学、美国经济学和计量经济学等学会的会员。克洛沃是最先向美国流行的凯恩斯主义经济学派观点发起挑战的主张非均衡的经济学家。克洛沃关于货币理论以及整个宏观经济学的微观基础的讨论,在西方经济学界都有相当大的影响。克洛沃的主要著作有:《数理经济学入门》(与D·W·布萧合著,1957)、《货币理论》(1969)、《微观经济学》(与J·F·迪合著,1978),以及《投资动态学的研究》(1954)、《凯恩斯主义的反革命:理论评价》(1965)、《对货币需求交易理论的再思考》(1978)等论文。

克洛沃在其著名的《凯恩斯主义的反革命:理论评价》那篇文章发表之前,他在另一篇有代表性的文章中,便考察了凯恩斯经济学体系与古典学派经济学体系之间的分歧,对他的非均衡观点进行了探索。那篇文章是《凯恩斯与古典学派》(1960)。

克洛沃认为,古典学派的一般均衡理论假定:所有的经济活动当事人都可以按照各自的计划供给函数或计划需求函数办事,数量信号对这些函数不起作用。但是,现实情况却是,在均衡价格达到之前,市场中就有交易活动存在,而且这种非均衡的交易是不应该被忽略的。通常情况下,这种交易的数量等于计划的供给与计划的需求中的最小量,这也就是所谓的“短边均衡的原则”。克洛沃说:“我们可以合理地认为,正统经济学提供了一种均衡状态的通论,也就是说,它充分考虑了市场经济中决定着均衡的价格与均衡的交易计划的各种因素。进一步说,这些分析也为非均衡价格与非均衡交易计划的理论提供了开端。但是,很显然,正统分析未能提供一种非均衡状态的通论。”①

克洛沃认为,在非均衡情况下,有必要区分计划的量(观念的量)和现实的量(有效的量)。计划的量是经济活动当事人事前的意愿,现实的量是事后在市场上实际达成的交易量。这两类概念的区分对于分析家庭行为十分重要,而对家庭行为的分析正是凯恩斯理论与古典均衡理论的重要分歧所在。

克洛沃提出了一种非均衡分析的家庭“二元决策假说”模型。该模型中有两个部门(企

① R·克洛沃.凯恩斯主义的反革命:理论评价.选自“货币与市场”.英文版.1985.39

业和家庭)和两类产品(商品和生产要素),其中,商品有 m 种,要素有$(n-m)$种。企业提供商品,需要生产要素;而家庭提供生产要素,需要商品。企业计划的供给和需求函数分别以 $s_i(i=1,2,\cdots,m)$ 和 $d_j(j=m+1,2,\cdots,n)$ 表示。家庭计划的供求函数则分别以 s_j 和 d_i 表示。其中,i 代表商品,j 代表生产要素。市场价格以 $p_1,p_2,\cdots,p_{n-1}(p_n\equiv 1)$ 或者向量 p 表示。企业追求最大化利润 r。家庭力求达到消费效用 $U(d_1,d_1,\cdots,d_m;s_{m+1},s_{m+2},\cdots,s_n)$ 的最大化,但同时需要满足预算约束条件 $\sum_{i=1}^{n}p_id_i-\sum_{j=m+1}^{n}p_js_j-r=0$。

只要 $\sum_{j=m+1}^{n}p_js_j^0\geqslant\sum_{j=m+1}^{n}p_j\overline{s_j}$,也就是只要家庭实际收入不低于计划收入,就可以得到计划的需求函数 $\overline{d_i}(p,r)$ 与计划的供给函数 $\overline{s_j}(p,r)$。这种决策过程是一种单一决策。

如果家庭中某个成员处于非自愿失业状态,那么,该家庭的实际收入就会小于计划收入,即 $\sum_{j=m+1}^{n}p_js_j^0<\sum_{j=m+1}^{n}p_j\overline{s_j}$。这样,就需要进行第二轮决策。这时问题就变成了在使上述效用函数最大化的同时,满足新的约束条件 $\sum_{i=1}^{n}p_id_i-\sum_{j=m+1}^{n}p_js_j^0-r=0$。对上式求解,可得到一组"被约束的"需求方程 $\hat{d}_i=(p,y)(i=1,2,\cdots,m)$。按照定义,$Y\equiv\sum_{j=m+1}^{n}p_js_j+r$,当并且仅仅当 $\sum_{j=m+1}^{n}p_j(s_j-\overline{s_j})=0$ 时,被约束的需求函数 $\hat{d}_i$ 的值才能等于相应的计划需求函数 $\overline{d_i}$ 的值。否则,"被约束的需求函数 $\hat{d}_i(p,y)$ 与观念上的供给函数 $\overline{s_j}(p,r)$,比观念上的函数 $\overline{d_i}$ 与 $\overline{s_j}$ 更适合充当市场信号的载体"。①

克洛沃认为,凯恩斯正是看到了价格调整的有限性,才在市场过度需求的函数中将价格和数量同时作为独立的变量(特别是引入了收入变量),从而建立起一种"更加一般的理论"。古典的均衡理论只是它在充分就业条件下的一个特例。克洛沃认为,凯恩斯的经济理论实际上是一种短期动态的非均衡理论。

克洛沃还进一步指出,在当代的货币经济中,存在着多种多样的货币中介,使供给与需求在时间上和空间上都极大地被分离了,而市场的多样性与交易的复杂性又使得经济中到处充满了非均衡交易,充满了经济波动的诱发因素。而当代货币经济体系是无法通过自我调节来实现一般均衡的。但是,传统的一般均衡理论却强调市场机制完美的自我调节能力,这离现实实在是太遥远了,根本不能作为描述现实世界的有效的分析工具,应该被"一般过程分析"(即非均衡分析)所替代。而非均衡分析恰恰更接近于现实,它包含了有各种货币中介与行为人特征的模型,描述了货币经济中的动态调整过程,从而呈现出市场机制无法进行自动完善的调节。经济中处处有非均衡现象与波动的情况,这种非均衡分析是有利于对凯恩斯经济学进行更深入研究的。

总之,克洛沃对古典均衡理论及方法进行了有力的批评和质疑,对凯恩斯经济学给出了令人信服的重新解释,指出了古典分析方法与凯恩斯分析方法之间的重要差别。克洛沃毫无疑问地成为了凯恩斯主义非均衡学派的真正奠基人,为给凯恩斯宏观经济学增添适当的微观基础作出了贡献,也为后来该学派的形成与发展指明了方向。

① R·克洛沃.凯恩斯主义的反革命:理论评价.选自"货币与市场".英文版.1985.39

四、凯恩斯主义非均衡学派的发展

1968 年瑞典经济学家、克洛沃的学生阿克塞尔·莱荣霍夫德出版了其博士学位著作《论凯恩斯学派经济学和凯恩斯经济学》。他认为,流行的美国凯恩斯主义经济学派对凯恩斯经济学作了错误的解释,曲解了凯恩斯经济学。莱荣霍夫德认为,《通论》的本质是“不均衡性”。① 而以均衡分析方法作为主导思想和基本分析方法的美国凯恩斯学派(即新古典综合派)的经济学,却只是对于凯恩斯经济学的一种“庸俗化”。在其著作中,莱荣霍夫德沿着克洛沃指出的方向对非均衡分析方法进行了更深入的探讨,并且对凯恩斯的经济学与凯恩斯主义的经济学进行了深刻的剖析和区分。

此后,美国经济学家巴罗和格罗斯曼在 20 世纪 70 年代综合了克洛沃的消费函数和帕廷金的就业函数,提出了著名的“非均衡”的宏观经济学模型。

非均衡分析方法主要是由法国经济学家贝纳西、马林沃德、德雷兹和尤内等人在 20 世纪 80 年代完成的。他们提出了一些非瓦尔拉斯均衡的微观经济学概念,将瓦尔拉斯一般均衡分析方法运用到市场非出清状况下,为非均衡分析领域提供了一个坚实的微观经济学基础。其中,贝纳西对于非均衡微观经济学基础、非均衡宏观经济学框架的建立作出了十分重要的贡献。

再往后,非均衡分析方法主要是在宏观经济中的运用和经济计量学方面获得了显著的发展。比如,匈牙利经济学家科尔奈和波兹运用非均衡分析方法具体研究了社会主义计划经济下的非均衡问题。

目前,非均衡分析方法已经渗透到了更多经济学家的理论分析和研究当中。

第二节 凯恩斯主义非均衡学派的主要理论内容和方法

一、对凯恩斯理论和一般均衡体系的比较

1937 年,凯恩斯曾在《经济学季刊》上发表了题为《就业的一般理论》一文。该文被一些经济学家认为是《通论》的续篇,凝聚了凯恩斯《货币论》(1930)和《通论》中的思想精华。在该文中,凯恩斯明确指出,他在《通论》中提出的经济理论和古典学派的经济理论之间存在着两大基本差异:①他认为,人们关于未来的知识是被动的、含糊的和不确定的。而古典经济学家却认为,人们对未来的知识是非常清楚的。事实当然不像古典经济学家所说的那样。结果,古典学派的货币和利率理论发生了错误。②他还认为,经济萧条的现实表明:是需求决定了供给水平,而不是相反。但古典学派却信奉瓦尔拉斯的一般均衡理论和“萨伊定律”,认为供给能自动创造需求,整个社会的总供求总能自动达到均衡状态。结果,古典学派由于缺乏有效需求理论,因而无法解释就业水平和总产量的波动问题。②

非均衡学派的经济学家认为,瓦尔拉斯一般均衡理论体系存在着两个问题:①拍卖人

① 莱荣霍夫德:《论凯恩斯学派经济学和凯恩斯经济学》,1968 年英文版,第 31 页。

② 凯恩斯. 就业的一般理论. 载英国“经济学季刊”,1937(2):209 ~223

必须掌握完全的市场信息,并将各种信息无偿地、及时地传达给交易者。这样就在一般均衡体系中完全排除了经济生活中的不确定因素,瓦尔拉斯体系因而成了一个无时间概念的体系。②由于排除了不确定因素,货币在经济中的作用会被置于一种可有可无的地位,瓦尔拉斯体系实际上成了一种物物交换的经济理论。

莱荣霍夫德认为,在凯恩斯与瓦尔拉斯体系的两大基本差异中,不确定性问题是最重要的。这个问题直接影响到对货币的作用、交易者的行为等许多其他问题的分析和结论。

第一,针对"瓦尔拉斯定律"(总供给与总需求在各种价格下的相等)和瓦尔拉斯所提出的试探过程能够使经济达到一般均衡的观点,克洛沃认为,在现代货币经济中,必须区分名义需求和有效需求。名义需求指交易者能以现行价格买卖他想买卖的商品和劳务时的需求,它是以计划销售总是能实现的假定为基础的,计划销售的实现保证了计划购买也总是能顺利进行。有效需求是指以实际支付能力为支柱的需求,它是以当前销售的物品和劳务所得到的收入可能与计划销售的收入有偏差,从而会对当前的支出形成某种限制这一事实为基础的。克洛沃认为,瓦尔拉斯体系考虑的是名义需求,是一种单一决策假说,而有效需求分析则考虑到交易者供给决策对其本身需求决策的限制,因而是一种双重决策假说。

根据二次决策理论,只有在所有的市场都已出清时,名义需求与有效需求才一致,否则,实际消费完全可能与意愿消费相偏离,使瓦尔拉斯定律不适用。克洛沃认为,最关键的问题是名义需求的信号并不能传递到生产者那里,因而无法在实际上影响产量和就业水平,但瓦尔拉斯所关心的恰恰只是名义需求。与之相反,凯恩斯以有效需求作为经济理论分析的基础,因而得出了经济可能处于"非充分就业均衡状态的结论"。

第二,莱荣霍夫德认为,瓦尔拉斯一般均衡理论的一个根本弱点是忽略了信息传递中的不确定因素和信息成本问题。在市场信息不完全或不能无代价提供和获取的条件下,价格的瞬时调节不可能成为市场调节的最有效方式,因而市场对需求变化的最初和最直接的反应并不是价格调整,而是数量调整。莱荣霍夫德认为,价格调整和数量调整是瓦尔拉斯体系和凯恩斯理论的重要区别之一,而数量调整的结果往往是经济的非均衡状态,即导致资源闲置和生产能力过剩等现象的发生。凯恩斯和瓦尔拉斯关于失业问题的分歧仅在于,在瓦尔拉斯体系中,价格调整会立即消除失调;而在凯恩斯的理论中,不完全的市场信息等因素会使价格调整推迟进行,相反,经济体系会对数量调整作出反应。

二、对凯恩斯经济学和凯恩斯主义经济学的区分

莱荣霍夫德认为,凯恩斯在《通论》中论述有效需求时,提出了流动偏好的学说,认为流动偏好是影响有效需求变动的一个极其重要的因素。但是,流行的凯恩斯学派的经济学家在解释凯恩斯的经济理论时,却曲解了凯恩斯的理论,错误地推论出流动性陷阱和投资缺乏利率弹性,因而忽视了凯恩斯对货币和货币政策的论述,得出了凯恩斯重视财政政策的结论。莱荣霍夫德认为,造成这一错误的关键原因是,流行的凯恩斯主义经济学派的"四物品经济模型"是建立在对凯恩斯经济学的错误理解基础上的。

(一)四物品经济模型

为了比较凯恩斯经济模型和流行的凯恩斯主义经济学派的经济模型,莱荣霍夫德先列

举了五种物品:消费品、资本品、货币、政府债券(或公债)和劳动。他认为,凯恩斯和流行的凯恩斯主义经济学派的一个重要差异就在于,把这五种物品归类为四物品经济模型时,他们各自所依据的标准和建立的经济模型是不同的。

在流行的凯恩斯主义经济学派的"四物品经济模型"(或称"标准模型")中,是单纯以总量生产函数来决定产品和产量的,所以,他们将消费品和资本品合并为一类物品,统称为商品。他们的"标准模型"所包含的四种物品是:商品、公债、货币和劳动。莱荣霍夫德认为,在凯恩斯的经济模型中,消费品是被作为单独一类物品的,而资本品与公债(包括股权资产)被合并为一类物品,称为非货币资产。莱荣霍夫德认为,凯恩斯这种划分和归类的理由在于,公债和资本品都与预期收益流量有关,可以用同一利率(长期利率)来计算它们的现值。此外,非货币资产是一种长期资产,它们与货币和消费品这些短期因素决定的资产是有区别的。根据这一归类,凯恩斯经济模型中所包含的四种物品就是:消费品、货币、非货币资产和劳动。

莱荣霍夫德的比较分析表明,流行的凯恩斯主义经济学派的"标准模型"与凯恩斯模型具有以下几点不同:

第一,"标准模型"中只包含一种商品,是"单一商品模型",而凯恩斯模型中包含两种商品(消费品和非货币资产中的资本品被区分开了),是"二元商品模型"。莱荣霍夫德认为,在《货币论》(1930)和《通论》中,凯恩斯都主张将消费品和资本品区别开,而流行的凯恩斯主义经济学派所建立的"标准模型"显然违背了凯恩斯的原意。

第二,流行的凯恩斯主义经济学派"单一商品模型"的重大缺陷是排斥了相对价格及其对经济生活的影响。莱荣霍夫德认为,相对价格问题在凯恩斯的经济学中是十分重要的。例如,资本品和劳动之间的相对价格是决定投资的重要因素,而资本品与消费品之间的相对价格是决定消费的一个重要因素。此外,凯恩斯把经济危机也看做是由错误的相对价格和预期引起的。莱荣霍夫德批评流行的凯恩斯主义经济学派时指出:"如果相对价格的变动被看做是没有什么重要影响的,或者说是没有什么可以预见的重要影响的(例如对就业总量而言),那么就没有理由把它们拼凑成一个主要目的在于说明决定就业的各个力量的模型,从而这些'次要的'价格变量就可以被那种相应类别的商品的加总计算所代替。"①

第三,"标准模型"在将物品归类时,特别重视物质资产(商品)和金融资产(货币和债券)的区别,而凯恩斯经济模型所注重的是流动资产(消费品、货币)和非流动资产(资本品、公债)或固定资产的区别。流行的凯恩斯主义经济学派在资产划分上的这种差异必定会使他们对资产选择形式、利率和货币政策作用等问题的看法与凯恩斯经济学产生分歧。

(二)投资、利率和货币政策

流行的凯恩斯主义经济学派的经济学家在讨论投资与利率的关系时,一般都依据凯恩斯的流动偏好学说,把利率看做是放弃一定时期内的流动性的报酬,并由此推论由于存在流动性陷阱和投资缺乏利率弹性,货币政策在经济危机时期是无效的,从而得出了必须依赖财政政策的结论。

莱荣霍夫德针对流行的凯恩斯主义经济学派的这种观点指出,凯恩斯本人的著作中从

---

① 莱荣霍夫德. 论凯恩斯学派经济学和凯恩斯经济学. 1968 年英文版. 第 39 页

未出现过货币政策无效的思想。流行的凯恩斯主义经济学派关于这个问题的分析实际上是片面地和错误地理解了凯恩斯的思想。

根据凯恩斯《就业的一般理论》一文中的论述,关于流动偏好函数及其在利率决定中的作用,只是凯恩斯利率决定分析的第一阶段。仅依据这点作出判断,自然会被诱导到流行的凯恩斯主义经济学派的分析,而忽视凯恩斯的资产选择理论和关于货币政策作用的分析。

凯恩斯在《就业的一般理论》中指出:"现在让我们进入第二阶段的讨论。财富所有者若不以货币形式保存其财产,仍有两种可供选择的方式,他可以将货币按照当前的货币利率贷出,或者用货币来购入某些资本资产。"①所以,可供人们选择的财富持有方式,不只流行的凯恩斯主义经济学派根据凯恩斯关于利率决定的第一阶段分析所得出的货币与公债两种金融资产形式。除此之外,人们还可以在流动资产和非流动资产、金融资产和物质资产之间进行选择。

凯恩斯接着说:"现在转入第三阶段。一般来说,资本资产都是可以再生产出来的。它的产量规模取决于其生产成本与其预期在市场上所能出售的价格。因此,倘若利率水平与资产预期收益一起使资本资产价格上升,当期投资量将增加;反之,若使资本资产价格下跌,则当期投资量将趋于减少。"②

由此可见,利率对投资的影响,并不像流行的凯恩斯主义经济学派所论述的那样:货币供求决定利率,利率与资本边际效率决定投资。利率的作用并不只在于它能够直接影响投资决策,它主要是通过影响资本资产价格来影响投资决策,是一种间接的影响作用。莱荣霍夫德认为,在凯恩斯经济学中,资本品是非流动资产的一个重要组成部分,其价格随利率的上升而下降或随利率的下降而上升。由于投资对资本品价格的弹性相当高,所以利率对于投资有重要的影响。

另外,从对失业原因的分析来看,莱荣霍夫德认为,失业的原因在于资本资产与劳动两者的相对价格发生了问题,是在相对价格关系中资本资产的价格过低了。假定在一个充分就业均衡的经济中,储蓄开始较以前有所增加,如果人们对未来的变化有确定的知识,市场信息极为完全,那么用于当时消费品生产的资源马上可以转移到别的生产部门,经济将仍然保持充分就业均衡。可是,生产者可能并未收到这种信息。同时,当储蓄者增加储蓄,使得非货币资产(包括资本资产)价格上升时,投机者也可能并未接到储蓄者改变储蓄意愿的信息,在非货币资产价格上升时卖出资产,换取存款,以致利率不能下降,资本资产价格不能继续上升至保持充分就业均衡的水平,导致经济危机和失业的出现。据此,莱荣霍夫德进一步分析指出,在凯恩斯理论中,为了避免失业,必须控制住长期利率,从而控制住投资、国民收入和就业水平。因此,只要中央银行能够迅速将长期利率调整至充分就业所需的水平,货币政策仍是有效的。凯恩斯从未怀疑过货币政策的作用,只是认为,"不能惟一地(仅仅)依靠货币政策"③,财政政策也是对付经济危机的有效手段。

---

① 凯恩斯.就业的一般理论.载英国"经济学季刊",1937(2):219

② 凯恩斯.就业的一般理论.载英国"经济学季刊",1937(2):220

③ 莱荣霍夫德.论凯恩斯学派经济学和凯恩斯经济学.1968年英文版.第404页

三、微观非均衡分析

在克洛沃和莱荣霍夫德提出的理论观点基础上，美国经济学家巴罗(Robert J. Barro)、格罗斯曼、法国经济学家贝纳西和马兰沃德等人也分别建立起非均衡理论模型。非均衡理论一方面为凯恩斯宏观经济理论奠定了微观基础；另一方面，从宏观经济学角度进行非均衡分析促进了西方经济学宏观经济理论本身的发展。

非均衡学派认为，凯恩斯理论的精髓就在于把非瓦尔拉斯均衡作为现实经济的常态，而把瓦尔拉斯均衡看做一种特例。流行的凯恩斯主义经济学派的经济学家却试图把凯恩斯理论强行纳入一般市场均衡结构，结果使凯恩斯理论更加远离现实世界和缺乏微观基础。为此，非均衡学派试图在不完全信息、不完全竞争和价格缺乏完全弹性的前提下，在一个明确的非均衡关系中重建凯恩斯主义宏观经济理论及其微观基础。

非均衡学派对凯恩斯理论的重新解释和拓展，是从微观非均衡分析入手的。瓦尔拉斯需求函数分析中的重要因素是一定的预算、市场价格约束、效用函数最大化的行为假定。这样，给定预算约束，需求就是价格的函数。由于价格被假定为具有充分弹性，价格信号调整可以保证市场全部出清，家庭实现的需求就等于意愿的需求。但是，现实生活中，价格并不一定具有充分弹性，并使市场出清。这样，家庭消费行为不仅受价格信号调节，而且受非价格信号调节。

克洛沃在家庭消费行为的双重决策和自愿交换的前提假定下，分析了劳动过度供给条件下的家庭消费行为。[①] 他认为，家庭消费计划不仅取决于实际工资，而且受劳动供给量的约束，家庭有效需求函数为 $C=f(w/p\ N)$。当不存在劳动供给约束时，家庭消费受价格信号调节；当存在劳动供给约束时，家庭将根据能够实现的劳动供给量来决定消费品的购买数量，即家庭消费计划取决于实际收入水平($W/P\ N$)。克洛沃还认为，劳动市场的数量限制导致家庭就业不足及家庭收入减少，这又将进一步导致商品市场上的有效需求不足。这就是宏观经济处于非均衡状态的微观原因。

巴罗和格罗斯曼分析了商品过度需求条件下的家庭消费行为。[②] 他们认为，在这种情况下，由于实现的消费需求小于其意愿需求，家庭对不能实现的商品需求可能会作出两种不同的反应，一是把不能消费掉的收入储蓄起来；二是通过减少劳动供给来增加闲暇。如果长期存在过度需求，储蓄和闲暇对不能消费掉的收入都具有替代性。一般来说，两种反应的某种组合将是最理想的。在商品过度需求条件下，家庭的第二种反应会导致劳动供给量的减少，从而引起产量下降。

克洛沃、巴罗、格罗斯曼等人还引入预期和存货两个因素，假定价格和工资率具有刚性，分析了非均衡条件下的企业行为。他们认为，在非均衡条件下，企业可能受到市场销售量和就业量的约束。

如果说巴罗、格罗斯曼等人的上述微观非均衡分析的目的在于建立宏观非均衡模型的话，法国经济学家贝纳西的微观非均衡理论则试图给非均衡的宏观经济学提供一个非均衡的微观经济学基础。可以说，贝纳西是当前非均衡学派最重要的代表人物。

① 克洛沃.凯恩斯的反革命.载于汉恩等“利息理论”.伦敦麦克米伦公司出版，1960

② 巴罗和格罗斯曼.收入和就业的一般非均衡模型.载“美国经济评论”，第61期

让-帕斯卡尔·贝纳西是法国国家科学研究中心的研究员，巴黎高等师范学院政治经济学研究室主任，经济学教授。贝纳西曾经获得美国加利福尼亚大学（伯克利）和法国巴黎第一大学的经济学博士学位，是后起的非均衡学派的重要代表人物。他从20世纪70年代以来发表了很多关于非均衡理论的论文，像《非均衡理论和宏观经济学中的微观经济学基础》、《数量信号和有效需求理论基础》等，都很有影响。其主要著作有：《市场非均衡经济学》（1982）、《宏观经济学与非均衡理论》（1984）、《宏观经济学：非瓦尔拉斯分析方法导论》（1986）等。

贝纳西在《市场非均衡经济学》一书中系统分析了货币经济条件下的单个市场和多个市场的非均衡状态，并进而用这一理论框架进一步探讨宏观经济学中的就业理论、指数化、开放经济的经济政策、国际收支、通货膨胀、菲利普斯曲线、周期理论、预期等相关模型。所以，非均衡理论在贝纳西这里被发展到了一个新的阶段。

贝纳西首先考察了固定价格条件下的单个市场非均衡状态。他提出了两组不同的需求和供给概念。他认为，只要总需求不等于总供给，交换过程中就总有一些需求或供给是不能实现的，市场就会处于未出清状态。这时，行为人将通过数量调整（即配额计划）来实现"短边均衡"。他还在单个市场的非均衡分析基础上，引入"溢出效应"概念对多个市场进行了非均衡分析。"溢出效应"是指行为人由于在别的市场上的需求或供给受到了配额限制，从而在某一个市场上想要发生的交易受制于其他市场的配额约束，结果实际发生的交易额低于想要发生的交易额。贝纳西通过对单个市场和多个市场的非均衡分析，进一步分析了企业行为和家庭行为，并得出了与克洛沃等人基本一致的结论。贝纳西的微观非均衡分析为宏观非均衡分析创造了新的微观经济分析基础。

四、宏观非均衡分析

巴罗和格罗斯曼在《收入和就业的一般非均衡模型》一文中，首次将商品市场和劳动市场统一起来进行综合考察，并建立了过度需求和过度供给条件下的宏观非均衡模型。马兰沃德在《失业理论的再思考》一书中，把商品市场和劳动市场上可能出现的过度需求和过度供给的非均衡状态进行了不同的组合，得出了四种不同的宏观非均衡状态。非均衡学派重点分析了以下三种宏观非均衡状态并提出了相对应的政策。

（一）凯恩斯的失业均衡

这是指商品市场和劳动市场都存在过度供给的非均衡状态。在这种情况下，由于企业意愿出售的商品量多于家庭意愿购买量，而企业意愿雇用的劳动量却少于家庭意愿实现的劳动供给量，所以，家庭只能根据劳动市场的就业限额决定其对商品的需求，根据商品市场的供给限额决定其劳动供给；企业则只能依据市场上的供给限额决定其对劳动的需求，依据劳动市场上的供给限额决定其对商品的有效供给。这种现象是由于有效需求不足引起的，实际供求均衡由有效需求确定。在这种情况下，政府应该通过增加财政支出、减少税收等措施来刺激有效需求。

（二）抑制的通货膨胀均衡

这是指劳动市场和商品市场同时出现过度需求的非均衡状态。在这种情况下，劳动市场上达到充分就业，企业不能通过增加劳动投入来增加供给。家庭不能得到想要购买且有支付能力的商品，在商品市场上就只好采用正式的或者非正式的数量配额，这样，家庭会降低劳动供给量，增加闲暇时间，从而导致劳动供给量低于理想的劳动供给水平，进一步加剧商品短缺程度。而企业生产不足又会进一步造成劳动市场上的供给不足。这种恶性循环被格罗斯曼和巴罗等人称为“供给乘数”。在价格刚性条件下，由于供不应求的市场潜在压力无法通过物价上涨的方式释放出来，于是，物价上涨的潜在势能转化为强迫储蓄和闲暇替代。这种情况被称之为抑制性通货膨胀。对于这种情况，政府应该通过增加劳动力来源、提高生产率等供给管理措施来改变过度需求状况。

（三）古典型失业均衡

这是指劳动市场上出现过度需求，商品市场上出现过度供给的非均衡状况。古典失业理论认为，由于劳动力市场上的工资过高，一方面引起消费需求增大，并使商品市场出现过度需求；另一方面又引起企业对劳动的需求下降到保证充分就业的需求水平之下，于是，就出现了商品市场上的供不应求与劳动市场上的非自愿失业同时并存的现象。在这种情况下，政府的有效需求管理不仅不能增加就业，反而会进一步加剧商品市场的供不应求。因此，政府应通过收入政策来降低实际工资水平。

由此可见，凯恩斯的失业均衡模型事实上仅仅描述了非均衡学派宏观非均衡模型中的一种非均衡状态。所以，巴罗和格罗斯曼等人的一般非均衡模型，是对凯恩斯宏观经济学的重新解释和扩展。

第三节　凯恩斯主义非均衡学派的政策主张

凯恩斯主义非均衡学派的经济学家们都曾经在非均衡分析理论模型的基础上引申出他们的政策主张。这些政策主张主要可以通过贝纳西的著作集中反映出来。因此，我们在这里主要以贝纳西的观点作为代表来加以说明。

贝纳西在其 1986 年出版的《宏观经济学：非瓦尔拉斯分析方法导论》中较为广泛和集中地分析了几个基本的经济问题，并且引申出其政策主张和观点。

一、关于封闭经济中的就业问题

贝纳西将古典的失业理论和凯恩斯主义的失业理论综合在了一个具有向上弹性和向下刚性价格和同样具有向上弹性和向下刚性工资的宏观经济模型中，从而使古典情况和凯恩斯情况成为同一模型的子区域。这样，就既可以通过决定就业的因素，也可以通过减少失业的经济政策措施来区别这些子区域。

第一，在劳动市场和产品市场都存在超额供给的凯恩斯型失业区域。

y^* 代表与市场上总有效需求水平相等的，或者是实际能够实现的总销售水平，商品市场的超额供给使得 p 处于最低的物价水平 $\bar{p}$，g 为政府公共支出水平，τ 为政府的税收，则该有效需求函数为：

$$y^* = K(\bar{p}, g, \tau)$$

l^* 代表市场上实际能够实现的劳动就业量，也就是市场上的实际劳动需求量，而它应该是市场上能够实现的总有效需求水平的函数，即：

$$l^* = F^{-1}[K(\bar{p},g,\tau)]$$

y_0 代表瓦尔拉斯均衡条件下的总供给，在凯恩斯情况下，总需求水平必定小于（至多等于）这种总供给水平，即：

$$K(\bar{p},g,\tau) \leqslant y_0$$

$F[F'^{-1}(w/p)]$代表瓦尔拉斯均衡条件下的总供给函数 y_0，其中，$F'^{-1}(w/p)$等于古典经济学意义上的对劳动的需求 l_c，也等于市场上实际能够实现的劳动需求（就业）量 l^*，而 l_c 又取决于边际劳动生产率（即实际工资水平）。所以，凯恩斯情况下的总需求小于（至多是等于）总供给的情况也可以表示如下：

$$K(p,\bar{g},\tau) \leqslant F[F'^{-1}(w/\bar{p})]$$

第二，在劳动存在超额供给，而商品市场出清的区域：

$$y^* = F[F'^{-1}(w/p)] \quad l^* = F'^{-1}(w/p)$$

$$K[w/F'(l_0),g,\tau] \leqslant y_0 \quad (l_0 \text{ 为劳动的供给数量})$$

$$F[F'^{-1}(w/p)] \leqslant K(p,g,\tau)$$

第三，在劳动市场存在超额需求，商品市场出清的区域：

$$y^* = y_0, l^* = l_0, l^* \leqslant F'^{-1}(w/p)$$

$$y_0 \leqslant K(p,g,\tau)$$

$$y_0 \leqslant K[w/F'(l_0),g,\tau]$$

这三个区域可以用二维平面图形加以描述（参见图 4－1），凯恩斯区域用字母 A 表示，新古典区域用字母 B 表示，充分就业区域用字母 C 表示。

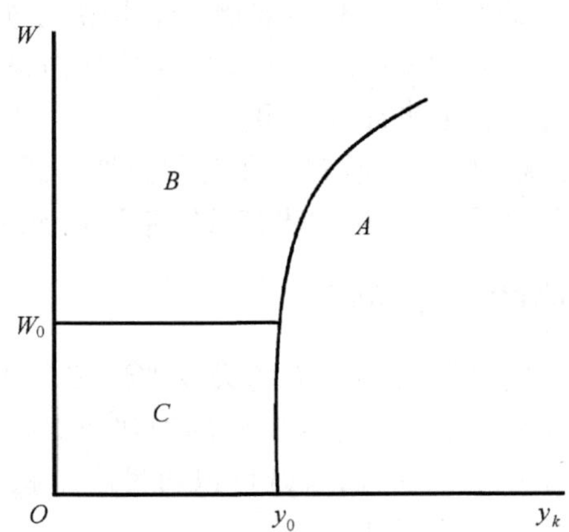

图 4－1　不同经济政策所对应的三个经济区域

贝纳西认为，由于在古典区域中，就业水平只取决于实际工资，而实际工资又涉及厂商有利可图的生产水平（在销售不存在障碍的情况下），因此，只有减少实际工资才能改善就业状况。这样，在古典区域中，或者说在古典情况下，传统的凯恩斯主义经济政策措施就难以取得明显的效果，减税或者增加公共支出的政策措施只会增加超额需求，而不会增加就业。

但是，在凯恩斯区域，或者说在凯恩斯情况下，增加公共支出或者减少税收，都会减少失业，甚至增加个人消费。这就是说，扩大总需求来减少失业的宏观经济政策是有效的。这时，减少工资却没有什么效果。但是，降低价格却会由于刺激消费从而有助于减少失业。

依据上面的经济区域划分的图形，贝纳西进一步指出，即便在短期，也仍然存在相类似的三个区域，而就业政策的有效性，就取决于哪个区域占支配地位。在区域 A，可以得到凯恩斯主义固定价格模型的传统结论，即需求政策是充分有效的。而在区域 C，需求政策只会引起价格上涨，就像在充分就业的新古典模型中一样。在区域 B，凯恩斯主义的需求政策虽然会减少失业，但却会使价格上涨；反之，降低工资的古典政策却能够在就业和价格水平方面都产生有益的作用。

不过，贝纳西认为，当涉及价格向下的刚性的更为动态的形式时，这种不对称的向上价格弹性导致了乘数本身的不对称，从而使得在区域 B 和区域 C，乘数的增加明显地低于乘数的减少。所以，“一个重要的结论是，瞬时冲击在就业和价格水平方面可能会有持久的滞胀效应”。[①]

贝纳西还进一步指出，如果实行工资的指数化，就能够显著地修正各种反失业政策的相对有效性。特别是在区域 B，当指数化的程度增加时，凯恩斯主义需求政策的有效性就会减弱；在名义工资按照价格实行完全的指数化时，其政策甚至会完全无效。但是，同样情况下，收入政策却充分有效。特别值得注意的是，这是在一个非自愿失业区域内得出的，那里的商品市场是出清的。

二、关于开放经济条件下的就业问题

贝纳西还通过同一商品的简化的开放经济模型，研究了在开放经济条件下就业政策的有效性问题。他认为，“开放经济能够极大地修正反失业政策的相应效应”。[②] 他指出，在可变汇率下，当资本不流动时，如果汇率也不变，国际收支均衡的假设就会导致与封闭经济相同的结果。在固定汇率下，开放经济降低了凯恩斯主义政策对于解决失业问题的有效性。而且，凯恩斯主义的需求政策所造成的国际收支逆差，可能迫使政府在将来实施限制需求的政策。相比较之下，收入政策创造的是国际收支顺差，而且，它比在封闭经济中更加有效。

三、关于通货膨胀问题

通过模型分析，贝纳西认为，需求型通货膨胀是政府税收不能为公共支出的增加提供资金的结果，而成本型通货膨胀则是工人的目标实际工资同厂商的实际毛利之间不一致的结果。如果不是政府采取货币调节政策的话，成本型通货膨胀就不可能无限持续下去。而需求型通货膨胀的解决办法，当然应该是实行压缩公共开支或增加税收的

① 贝纳西. 宏观经济学：非瓦尔拉斯分析方法导论. 上海：上海三联书店，1990. 110

② 贝纳西. 宏观经济学：非瓦尔拉斯分析方法导论. 上海：上海三联书店，1990. 156

政策。

至于菲利普斯曲线所具有的经济含义，贝纳西认为，随着工人的目标实际工资同厂商的实际毛利之间不一致程度的增大（二者的比值大于1），失业和通货膨胀率都会增大。政府公共支出的增大（或税收的缩小），则会使失业减少和通货膨胀增加。不过，在通货膨胀预期完全充分或准确的情况下，上述政策就无法对失业产生作用，而只会提高通货膨胀率。

四、关于预期对经济政策的影响问题

贝纳西认为，即便是充分预期的假定，也不意味着经济政策对经济活动完全没有影响，无论对于价格、数量，还是政府行为的充分预期都是如此。“实际上，在经济处于某些区域时，古典政策或凯恩斯主义政策在对付失业方面相当有效，一些乘数甚至比单时期模型里的乘数更大。”①

综上所述，非均衡学派在经济政策方面，是以其微观基础分析和宏观模型的分析为前提的。因而，他们的政策主张既和传统凯恩斯主义政策不完全相同，也和新古典经济学家的政策主张有所不同。在这方面，他们似乎也为后来新凯恩斯主义经济学派的出现提供了先导。

第四节　非均衡分析观点和方法的扩展应用

一、波兹对非均衡分析的应用

非均衡学派不仅用非均衡分析方法研究了西方国家的市场经济运行，也在研究社会主义国家的计划经济运行方面进行了有益的探讨。在这方面，英国经济学家波兹的成果最为显著。

在《集中性计划经济中的内在平衡和外在平衡》（1979）和《集中性计划经济中的宏观均衡与非均衡》（1981）两篇文章中，波兹系统地分析了集中性计划经济的非均衡特征。他认为，传统的计划经济是一种特殊的非均衡经济。计划部门不仅直接控制消费品供给，而且也通过工资和就业计划间接控制消费需求。所以，波兹用计划者取代了巴罗和格罗斯曼模型中的企业，建立了由家庭和计划者组成的两部门模型。

波兹的模型中有一个类似于凯恩斯模型中需求函数的家庭消费需求函数，其公式为：

$$C_t^d = f(S_{t-1}, Y_{t-1}, \Delta Y_t)$$

其中，等式左边为 t 时期家庭所希望的消费需求；右边括弧内第一项为上期储蓄，第二项为上期可支配收入，第三项为 t 期收入变动率。该家庭消费需求函数与凯恩斯模型中的需求函数相类似。

决定总供给水平的计划供给函数为：

$$C_t^s = g(C^*, N^*, N, P^*, D, I^*, I, M)$$

① 贝纳西. 宏观经济学：非瓦尔拉斯分析方法导论. 上海：上海三联书店，1990. 244～245

其中,C^*,N^*,P,I^*分别为上期末宣布的现期消费计划、净物质产量计划、国防支出计划和投资支出计划;N,D,I分别为实际的净产量、实际国防支出、实际投资支出,M为家庭持有的实际货币余额。波兹通过引入计划供给函数,试图在计划消费品供给与计划者在计划年度前一期所观察到的非均衡状态之间建立起一个明确的关系。在计划供给函数中,消费的供给将由实际发生值对计划值的偏离所决定,计划者通过不断地缩小这些偏离来调整下期计划。当实际市场高于计划供给时,计划制定者发现高于原增长率的计划比较容易实现,因而提高计划供给总额;当实际生产低于计划值时,计划制定者比较容易接受一个低于长期增长率的计划。

波兹认为,在传统计划经济体制下,不管计划者是实行平衡计划还是非平衡计划,都不可能完全出清市场,实现瓦尔拉斯均衡。市场的实际均衡是按照"短边规则"确定的。其公式为:

$$C_t = \min(C_t^D, C_t^S)$$

波兹模型的一个最大特点是他通过引入一个计划供给函数,把计划者的行为公式化,描述了计划者在集中性计划经济中的作用和计划经济的运行机制。该模型的一个缺陷是忽略了计划经济中的企业行为。

二、科尔奈对非均衡分析的应用

匈牙利经济学家科尔奈也对非均衡经济分析作出了重要贡献。

亚诺什·科尔奈是匈牙利科学院院士、经济研究所教授。1929年科尔奈出生于匈牙利的布达佩斯,1961年获得匈牙利卡尔·马克思大学的经济学博士学位,1966年又获匈牙利科学院科学博士。他曾经担任世界经济计量学会会长、联合国发展计划委员会副主席,曾经担任美国、英国、瑞典等国的客座教授,而且是这些国家的科学院或经济学会的国外成员或名誉会员。科尔奈的主要著作有:《经济管理中的过度集中》(1957)、《结构决策的数学规划》(1967)、《反均衡论》(1971)、《突进与和谐的增长》(1972)、《短缺经济学》(1980)、《非价格控制》(1981)、《短缺、增长和效率》(1982)等。

科尔奈在1971年发表的《反均衡论》一书,从认识论和方法论角度对以阿罗—德布鲁模型为代表的一般均衡理论进行了系统地批判。到20世纪80年代,科尔奈又出版了《短缺经济学》、《非价格控制》等书。科尔奈在《短缺经济学》中曾经说到:"我的书试图传递的信息,在许多方面都同这个学派有关。我的观点在某些方面同他们的观点相近,而在另一些方面却同其明显不同。"①贝纳西在其《市场非均衡经济学》一书的中译本序言中写道:"非瓦尔拉斯均衡理论的另一个重要特征是,它是一种能应用于不同制度背景的非常一般的理论,既能应用于资本主义的市场经济,也能应用于社会主义的计划经济。当然,不同的制度将导致其所经历的非均衡的性质有重大区别,但重要的是,一般方法仍然是相同的。"②科尔奈的研究表明,非均衡分析方法完全可以借鉴过来分析社会主义的经济问题。

科尔奈在他的书中,从微观角度系统地分析了传统的计划经济体制下的企业行为和家

① 科尔奈.短缺经济学.北京:经济出版社,1986.96

② 贝纳西.市场非均衡经济学.上海:上海译文出版社,1989

庭行为,并在这一基础上,建立了不同于西方经济学家的计划经济宏观非均衡模型。在科尔奈的模型中,他以短缺代替传统的供求变量。这样,该模型就省略了计划者的参数调整,而让企业直接对短缺这个变量作出积极反馈。模型中没有计划者,只有生产者作为供给者与需求者相对应,而把计划者的调整行为放到短缺这个变量中去制约生产者的行为。

需要指出的是,科尔奈的理论是在借鉴和吸收了西方非均衡理论的基础上形成的。科尔奈的分析具有极大的吸引力,曾经在中国经济学界引起了热烈的反响,对中国的改革开放发挥了重要的启发借鉴作用。受本书的主旨和篇幅所限,对于科尔奈经济理论的分析,在这里难以详述。

第五节　简要评述

总之,凯恩斯主义的非均衡学派是一个重要的经济学流派,它是在新老凯恩斯主义经济学转换过程中出现的理论流派。由于西方国家的非均衡理论较之于瓦尔拉斯均衡理论具有较强的现实性,它不仅为凯恩斯的宏观经济学的分析方法提供了微观基础,而且为宏观经济学和微观经济学的有机结合提供了现实基础。由于该学派更多地强调了经济分析中信息及信息成本的作用、不确定性以及预期的作用,为后来的信息经济学及经济博弈论的发展提供了某种启发和前提,也为经济分析的进一步发展创造了条件。新凯恩斯主义经济学派理论的形成,实际上就是得益于凯恩斯主义非均衡学派的某些理论观点和方法。所以,我们可以说,凯恩斯主义非均衡学派的努力和贡献,对于推动西方经济学的进一步发展具有重要的意义。当然,在20世纪60年代到80年代期间,由于非均衡分析在整个西方经济学中不属于主流,而且其分析主要属于初步的非均衡分析,其发展远未达到较理想的适当程度,因此,影响还不能说很大。从理论学派角度看,它也基本处在一种开拓发展方向的阶段。今天,非均衡的经济分析方法已经更广泛地渗透到经济分析中,无论在主流的新古典宏观经济学中,还是在新凯恩斯主义经济学当中,都可以看到非均衡的经济分析方法的运用。从更长远的角度看,非均衡分析在今后仍然会有较大的发展余地。

当然,非均衡仍然是一种均衡。这正像著名的法国非均衡学派经济学家贝纳西所说的:“非瓦尔拉斯方法并不是‘反瓦尔拉斯’,相反,它只是在更为一般的假设下应用那些在瓦尔拉斯理论中一直很成功的方法。”①

具体说来,非均衡理论对西方经济学发展的贡献主要表现在以下几个方面:

第一,非均衡理论打破了长期以来在西方经济学中占据支配地位的均衡观念,使人们的认识更接近非均衡的现实。

第二,非均衡学派指出,由于获取信息需要成本,当信息成本很大时,人们便无法得到充分的信息。这样,以完全信息为前提的完全竞争,便无法成为现实。因而,只有在完全竞争条件下才成立的均衡理论,便失去了合理的依据。

非均衡学派还区分了经济中计划的量和实现的量,指出市场的出清只不过表明了有效

---

① 贝纳西.宏观经济学:非瓦尔拉斯分析方法导论.上海:上海三联书店,1990.4

需求与有效供给的一致，但是，有效的供给（需求）却与计划的供给（需求）未必相等。于是，在现实中，实现的只是“短边均衡”。这与传统的瓦尔拉斯均衡理论是不同的，但却是对瓦尔拉斯均衡的补充和拓展。

非均衡学派指出，在市场达到均衡价格之前，仍然会有自愿的交易发生。而且，调节市场的信号不仅有价格，还有数量（比如存量）。短期内，数量调节的过程要比价格调节的过程快，因而，数量信号在非均衡理论中占有相当重要的地位。它不仅影响和调节所在市场的交易水平，而且通过“溢出效应”向其他市场扩散。

非均衡学派还将预期概念引入非均衡理论，从而通过不可避免的预期误差来证明非均衡理论的合理性和现实性。

第三，从实践上来说，非均衡理论为解释失业和通货膨胀等非均衡问题提供了一个微观分析基础，它也为分析计划经济下的某些现象提供了基础。

第四，从分析方法上说，非均衡学派重视采用动态分析的方法来分析经济现象的因果关系。

非均衡学派的不足之处，主要表现在以下方面：

第一，非均衡学派仍然没有跳出西方经济学主流派所盛行的在数学模型中绕圈子的局限性，因而，未能从更多的方面对现实经济问题加以更深入的分析。

第二，非均衡学派的某些研究仍然处于比较简单的阶段。

第三，非均衡学派的理论仍然属于不成熟的理论，因而，仍然需要进一步发展和深化。尽管非均衡学派事实上启发和推动了西方经济学理论和分析方法的发展，但还没有达到替代其他理论和分析方法的程度。

无论怎么说，凯恩斯主义的非均衡学派都是凯恩斯主义经济学发展过程中的一个重要流派，也是战后主流经济学在20世纪七八十年代发生阶段性转变过程中出现的一个重要流派。该学派引人注目的最大特点是，它既延伸和扩展了凯恩斯经济学提出的经济“非均衡”思想，又继续坚持了瓦尔拉斯一般均衡的分析方法，将传统的新古典理论分析和传统的凯恩斯非均衡分析结合在一起。这样，“非均衡学派”就在某种意义上将凯恩斯主义的宏观经济学和新古典的微观经济学结合在一个分析框架之内，从而在某种意义上完成了新古典综合派曾经希望做到但又没有真正做到的工作。“非均衡学派”的理论和分析方法对今天占据主流地位的新凯恩斯主义经济学派和新古典经济学派，都在一定程度上具有先导意义。尽管其理论分析尚待进一步完善，但其分析中所涉及的许多重要因素，都是今天的经济学分析中予以强调的。此外，非均衡分析方法对于社会主义中央计划经济也具有较好的解释力。所以，非均衡分析方法应该具有更为普遍的理论意义，值得我们认真研究。

思考题

1. 非均衡学派是如何产生的？其主要代表人物有哪些？
2. 非均衡学派的主要理论特点是什么？
3. 非均衡学派是如何看待凯恩斯经济学与瓦尔拉斯体系的关系的？
4. 在非均衡学派看来，标准凯恩斯理论与后来的凯恩斯学派之间有何不同？

5. 非均衡学派是如何从微观非均衡分析方面重新解释和拓展凯恩斯理论的？

6. 非均衡学派是如何从宏观非均衡分析方面重新解释和拓展凯恩斯理论的？

7. 非均衡学派的政策主张是怎样的？

8. 我们应该如何看待非均衡学派的理论方法及其发展进程。

参考文献

1. 胡代光主编. 西方经济学说的演变及其影响. 北京:北京大学出版社,1998

2. 王志伟编著. 现代西方经济学流派. 北京:北京大学出版社,2002

3. 新帕尔格雷夫经济学大辞典(1 ~4 卷). 北京:经济科学出版社,1992

4. 〔以色列〕D·帕廷金. 货币、利息与价格. 北京:中国社会科学出版社,1996

5. 〔法〕让-帕斯卡尔·贝纳西. 宏观经济学:非瓦尔拉斯分析方法导论. 上海:上海三联书店,1990

6. 〔法〕让-帕斯卡尔·贝纳西. 市场非均衡经济学. 上海:上海译文出版社,1989

7. 〔匈〕科尔奈. 短缺经济学. 北京:经济出版社,1986

8. R. J. Barro and H. I. Grossman. A general disequilibrium model of income and employment, *American Economic Review* 61, pp. 82 ~83

9. R. J. Barro and H. I. Grossman. *Money, Employment and Inflation*. Cambridge: Cambridge University Press, 1976

10. R. W. Clower. The Keynesian counterrevolution: a theoretical appraisal. In *The Theory of Interest Rates*, ed. F. H. Hahn and F. P. R. Brechling. London: Macmillan, 1965

11. A. Leijonhufvud. *On Keynesian Economics and the Economics of Keynes*. Oxford: Oxford University Press, 1968

12. R. Potes(1981): Macroeconomic equilibrium and disequilibrium in centrally planned economies. *Economic Inquiry* 19, pp. 559 ~578

第 5 章 新凯恩斯主义

学习要点和要求

新凯恩斯主义基本假设：非市场出清、不完全竞争市场、经济当事人最大化原则、理性预期。新凯恩斯主义的理论主要包括：菜单成本论、不完全竞争论、市场协调失灵理论、劳动市场理论、信贷配给理论等。要求掌握并分析新凯恩斯主义的基本假设、主要理论和政策主张。

20 世纪 80 年代，一个主张政府干预经济的新学派——新凯恩斯主义经济学在西方经济学界崭露头角。此后，其发展势头强劲，正在重振凯恩斯主义昔日雄风。凯恩斯主义曾在西方宏观经济学领域长期处于主流经济学地位。但是，20 世纪 70 年代以后，凯恩斯主义由于不能解释当时的滞胀现象而受到与其对立的经济学派的批评。凯恩斯主义无力应付现实和理论的挑战而陷入困境，从主流派正统经济学宝座上跌落下来。新凯恩斯主义的出现则使凯恩斯主义从困境中走了出来。新凯恩斯主义坚持了凯恩斯主义的基本信条，以独辟蹊径的研究方法和新颖的理论观点复兴了凯恩斯主义，其影响正在逐渐扩大，大部分理论已被写入西方经济学教科书。

新凯恩斯主义和新古典宏观经济学已成为美国经济学界两大主流学派。新凯恩斯主义对克林顿政府制定经济政策有很大的影响，不仅许多新凯恩斯主义学者，如斯蒂格利茨等人成为克林顿政府的要员，而且这些学者的不少政策主张也被克林顿政府所采纳。

第一节 新凯恩斯主义概述

新凯恩斯主义的主要成员有:哈佛大学的格里高利·曼昆和拉里·萨墨斯,麻省理工学院的奥利维尔·布兰查德和朱利奥·罗泰姆伯格,哥伦比亚大学的艾德蒙·费尔普斯,伯克利加州大学的乔治·阿克洛夫和珍妮特·耶伦,斯坦福大学的约瑟夫·斯蒂格利茨,威斯康星大学的马克·格特勒以及普林斯顿大学的本·伯南克等人。格雷戈里·曼丘和戴维·罗默主编的《新凯恩斯主义经济学》两卷本是具有代表性的新凯恩斯主义论文集。斯蒂格利茨将新凯恩斯主义的理论融入当今广为流传的《经济学》教科书中。

一、凯恩斯主义的衰弱与新凯恩斯主义的兴起

新凯恩斯主义诞生于一个学派林立、经济学家们寻求共识又无法达成共识的时代。凯恩斯主义失去主流经济学地位后,经济自由主义和政府干预主义两大思潮的争辩又趋白热化,两大思潮内部又涌现出许多学派。如,主张经济自由主义的学派就有货币主义、供给学派、新古典宏观经济学等。在新古典宏观经济学中,又有货币经济周期学派和实际经济周期学派,呈现出繁杂而又变化多端的经济学理论谱系。凯恩斯主义的衰弱曾使经济自由主义风行一时。当凯恩斯主义备受冷落,经济自由主义思潮席卷西方宏观经济学各领域时,一批被西方经济学家们称为"新凯恩斯主义者"的中青年学者敢于反经济自由主义潮流,坚持凯恩斯主义的基本信条,在经济研究中引入大量最新的分析方法,对各种有用的经济理论观点,包括论敌的观点兼收并蓄,提出了许多新颖的观点。他们推动了凯恩斯主义的研究,取得了大批研究成果。在他们的不懈努力下,新凯恩斯主义开始崭露头角。

新凯恩斯主义不是对凯恩斯主义的简单因袭,而是对它进行批评、继承和发展。凯恩斯主义理论的没落源于以下两个主要原因:一是凯恩斯主义理论模型在统计检验上的失败。凯恩斯主义的 IS—LM 模型与菲利普斯曲线结合,很容易说明通货膨胀与失业的替代关系,即高通货膨胀率能降低失业率;反之,低通货膨胀率导致失业率提高。然而,利用 20 世纪 70 年代的数据所做的统计检验证明,通货膨胀与失业是正相关的,两者不存在替代关系。经济现实是高通货膨胀和高失业并存,这给凯恩斯主义以沉重的打击。二是主张经济自由主义的新古典宏观经济学从理论上动摇了凯恩斯主义,指出凯恩斯主义理论缺乏微观经济学基础,违反了微观经济学关于经济人是理性的假定;在凯恩斯主义模型中,经济人所做的是适应性预期而非理性预期,而且,其理论模型中个人行为不能协调一致等。

新凯恩斯主义者认真对待各学派对凯恩斯主义的批评,对凯恩斯主义的理论进行了深刻的反省,同时吸纳并融合各学派的精华和有用的概念、观点,有批判地继承、发展了凯恩斯主义。正像格林沃德和斯蒂格利茨所指出的,新凯恩斯主义和凯恩斯主义在以下三个命题上是一致的:劳动市场上经常存在着超额劳动供给;经济中存在着显著的周期性波动;经济政策在绝大多数年份是重要的。然而,在具体的经济分析方法和经济理论观点上,新凯恩斯主义和凯恩斯主义之间存在着重要差别。新凯恩斯主义在分析中引入了凯恩斯主义所忽视的厂商利润最大化和家庭效用最大化的假设,吸纳了理性预期学派所强调的理性预

期假设,试图给凯恩斯主义宏观经济学奠定微观经济基础。新凯恩斯主义经济学阐明,在经济中出现需求或供给冲击后,工资和价格的黏性使市场不能出清,经济会处于非均衡状态;即使有理性预期的存在,国家的经济政策也有积极作用,能影响就业和产量。

二、新凯恩斯主义形成的理论背景

新凯恩斯主义产生的客观条件是,凯恩斯主义的理论缺陷和新古典宏观经济学在解释现实问题时效微力乏。凯恩斯主义理论的缺陷是宏观经济理论缺乏微观基础。凯恩斯主义用需求不足和名义工资刚性解释失业的存在和持续,然而,没有很好地说明名义工资刚性的成因。正如新凯恩斯主义者在批评凯恩斯主义时所指出的:"凯恩斯主义的一个微妙之处是当它在考虑失业时,几乎不讨论劳动市场。"凯恩斯主义既没有很好地阐释名义工资刚性的原因,也没有阐明价格刚性的成因。新古典综合派在"综合"时,也"忽视"了微观经济基础。虽然萨缪尔森等人把"古典"微观理论与凯恩斯主义宏观理论结合在一起,但是,新古典综合派只是对宏观经济学和微观经济学做了机械的组合,没有构成有机的联系。而后的凯恩斯主义者如莫迪利亚尼、乔根森和托宾等人虽然从微观经济的视角分析了消费函数、投资需求函数和货币需求函数,但他们所作的分析都是局部均衡分析,只论及单个供求函数,而未解决宏观经济学的微观基础问题。新古典宏观经济学明确地将微观经济理论作为宏观经济理论分析的基础,从微观经济和宏观经济的结合中得出宏观经济学结论,发展了一种有微观基础的宏观经济理论。新古典宏观经济学的引人之处在于它保持了微观经济学和宏观经济学的一致性和相容性。正是在这一点上,它动摇了凯恩斯主义的统治地位,开拓了西方学者研究宏观经济问题的新思路。但是,新古典宏观经济学过于追求理论结构和分析方法的完美性,忽略经验检验。它的市场出清的微观分析完全脱离了资本主义现实,政策无效性的宏观结论也缺乏说服力。西方发达资本主义国家的现实是产品市场和劳动力市场经常存在着超额供给,所谓市场出清只是一种短暂的和偶然的现象。随着经济的发展,政府规模日益扩大,对社会经济生活的介入日益深入。由于新古典宏观经济学脱离实际,把市场出清当做常态,主张取消国家干预经济政策,经济理论在实践上缺乏经验支持,不能为政府所接受,所以其影响主要是在学术方面。

凯恩斯主义的不足和新古典宏观经济学在理论上的进展给新凯恩斯主义者以有益的启迪。新古典宏观经济学在现实面前的苍白无力又诱导新凯恩斯主义者们运用独特的方法和思路对劳动市场、产品市场和信贷市场进行分析,以期寻找出宏观经济波动和失业的原因。新凯恩斯主义者以工资黏性和价格黏性代替凯恩斯主义工资刚性和价格刚性的概念;以工资黏性、价格黏性和非市场出清的假设取代新古典宏观经济学的工资、价格弹性和市场出清的假设,并将其与宏观层次上的产量和就业量等问题相结合,建立起有微观基础的新凯恩斯主义经济学。

在凯恩斯主义受新古典宏观经济学打击之后,新凯恩斯主义汲取凯恩斯主义与其对立学派斗争中的经验教训,并在与新古典宏观经济学的斗争中不断发展,重塑和复兴了凯恩斯主义。

三、新凯恩斯主义的假设条件和特点

非市场出清假设和市场不完全竞争假设是新凯恩斯主义最重要的假设,这些假设来自凯恩斯主义。非市场出清假设和市场不完全竞争假设使新凯恩斯主义和凯恩斯主义具有相同的基础。

非市场出清的基本含义是,在出现需求冲击或供给冲击后,工资和价格不能迅速调整到使市场出清的状态。缓慢的工资和价格调整使经济回到实际产量等于正常产量的状态需要一个很长的过程,例如,需要几年的时间,在这一过程中,经济处于持续的非均衡状态。

新凯恩斯主义和凯恩斯主义都坚持非市场出清的假设,但两者的非市场出清理论存在着重大差别。其表现为:首先,凯恩斯主义非市场出清论假定名义工资和价格刚性,工资和价格易升难降;而新凯恩斯主义假定名义工资和价格黏性,即工资和价格不是不能调整,而是可以调整的,只是调整十分缓慢,需耗费相当的时日。其次,新凯恩斯主义模型增添了凯恩斯主义模型所忽略的两个假设:一是经济当事人最大化原则,即厂商追逐利润最大化和家庭追求效用最大化,这一假设源于传统的微观经济学;二是理性预期,这一假设来自于新古典宏观经济学。经济当事人最大化原则和理性预期的假设使新凯恩斯主义突破了凯恩斯主义的理论框架。

新凯恩斯主义经济学的理论特征是:否认古典经济学的两分法,认为经济是非瓦尔拉斯均衡的,市场不完全竞争性是重要的。古典两分法是指经济中的名义变量对实际变量没有实质性影响。经济中的变量可以分为两类:一类是名义变量,如货币量;另一类是实际变量,如就业、实际产量等。按照古典经济学的观点,市场机制是有效的,价格、工资等都有弹性。所以,货币等名义变量变化只影响名义价格等名义变量,对产量和就业等实际变量没有实质性的影响。因此,国家的货币政策是无效的。新古典宏观经济学坚持古典的两分法,认为名义变量的变化不影响实际变量,市场能够出清,所以经济中存在着瓦尔拉斯均衡。而新凯恩斯主义对上述两个问题的回答恰恰同新古典宏观经济学相反。新凯恩斯学派认为,货币等名义变量的变动会导致产量和就业量等实际变量的波动,所以,古典的二分法失效;工资和价格有黏性,出现黏性的原因是由于市场不完全竞争、经济人只能获得有限信息和相对价格刚性等原因引起的,所以市场是非出清的,有明显的非瓦尔拉斯均衡特征。

四、新凯恩斯主义的主要内容

新凯恩斯主义的理论主要包括:菜单成本论、交错调整价格论、不完全竞争论、市场协调失灵理论、劳动市场理论和信贷配给理论等。

第二节　菜单成本论

菜单成本论又称为有成本的价格调整理论。该理论认为,变动价格要耗费实际成本或考虑调整价格的机会成本。这类成本虽然很小,但会导致名义价格出现黏性,引起宏观经济周期性波动。有关菜单成本论的文献很多,其中的代表性理论为:菜单成本和经济周期论、近似理性与经济周期论等。

一、菜单成本和经济周期论

菜单成本论阐明,在非竞争市场中,小的菜单成本能引起大幅度的经济波动。菜单成本是指厂商每次调整价格要花费的成本，这些成本包括研究和确定新价格、重新编印价目表、通知销售点更换价格标签等所费的成本。因为改变产品价格如同餐馆变更菜单价目表，所以新凯恩斯主义者将这类成本称为菜单成本。

该理论通过一个单位产品和价格、总需求有相互独立关系的线性模型，论证了菜单成本对价格调整的影响。在总需求增加时，厂商提价会增加收益，厂商有调整价格的激励。在总需求减少时，如果厂商调整价格以后的收益小于菜单成本，那么，厂商不会降价，价格有黏性。由于厂商在总需求扩张时有较大的调整价格的刺激，在总需求收缩时厂商只有较小的调整价格的刺激，总需求的扩张和收缩对价格的影响是非对称的，所以，价格有黏性。

菜单成本和经济周期论认为，小菜单成本引起价格黏性，进而引起经济周期性波动，菜单成本阻滞了厂商调整价格，厂商不是通过变动价格来适应总需求的变化，而是通过产品数量的变化来吸纳总需求的改变。当总需求收缩时：一是厂商调整价格，经济中产量的减少相当于菜单成本所对应的产量；二是厂商不改变价格，经济中产量的减少大于菜单成本所对应的产量。因此，虽然菜单成本很小，但是，产量会随着总需求的变化而剧烈地波动，二阶小量的菜单成本引起产量的一阶变化，经济出现周期性波动。

二、近似理性与经济周期论

近似理性与经济周期论阐明，如果厂商以近似理性方式调整价格和工资，总需求的冲击会引起产出和就业的波动；名义货币量供给的变化在短期内是非中性的。因此，货币政策能够影响产出和就业。

近似理性行为是指厂商在总需求变化时，维持价格和工资不变或极缓慢地调整价格和工资，厂商产量偏离价格随着需求变动而确定最优产量点，从而会蒙受一些小损失，这样的决策行为是次优行为或近似理性行为。此种调整价格和工资的方式被称为近似理性方式。货币非中性，是指货币名义量的变动引起市场中各种产品价格比以不同的比例变化，经济均衡点随之移动，经济结构改变。

在不完全竞争市场中，当货币有非中性时，厂商对价格和工资进行调整是颇费成本的，所以，厂商不会随着需求的变动而迅速地调整价格或工资，通常是保持价格或工资不变或非常缓慢地调整价格和工资。如果需求的变化是货币名义量变动引起的，但由于货币的非中性，厂商难以准确地预测各种产品价格比的变化，厂商会采取近似理性的方式调整价格，保持价格不变或缓慢调整，这样，厂商虽然要蒙受一些损失，但这种损失与最优调整方式相比显得很小，小到可以被认为是需求冲击的二阶小量。各厂商都采取近似理性方式调整价格，价格就会有黏性。而且，在不完全市场中，信息不完备，厂商对工人的生产过程没有完全的信息，实际工资的削减可能损害劳动生产率。为了保持较高的劳动生产率，每个厂商都力图将工资提高到单位劳动成本最低的水平上。最小化的单位劳动成本称为效率工资。效率工资高于市场出清的工资水平，以激励工人努力工作，诱导工人忠于厂商，防止工人跳槽。虽然厂商支付工资的最优决策是工资水平等于产品边际收益，产品边际收益随着需求的变化而变化，但是，厂商实际支付的是效率工资。在需求收缩时，效率工资高于产品边际收益；在需求扩张时，效率工资低于产品边际收益。所以，工资有黏性。工资黏性和价格黏性是厂商近似理性方式行事的结果。

在价格有黏性时，厂商对需求变动的反应是改变产出，产出随需求的变化而改变。采用近似理性行为，厂商的损失小于社会福利的损失。各厂商都采取近似理性方式调整价格，总产出随需求变动出现周期性波动。货币名义变量变化引起需求变动，在价格和工资有黏性时，产出随需求变动，相应地劳动引致需求改变，就业率也随着总需求的增加或减少而上升或下降。因此，货币名义量的变动能导致产出和就业等实际变量的变化。

第三节　不完全竞争论和市场协调失灵论

新凯恩斯主义的不完全竞争论、市场结构和宏观经济波动论、市场协调失灵论分别论证了不完全竞争市场对总需求波动的影响、市场结构和宏观经济波动之间的相关性、市场对策行为引起的市场协调失灵，从不同的视角阐明了市场低效率、市场失灵与经济周期波动之间的相互关系和相互影响。

一、不完全竞争论

新凯恩斯主义的不完全竞争论运用模型首先说明不完全竞争市场的无效性和总需求的外部性，然后说明菜单成本和名义货币量变动的经济效应，最后考察不变成本和总需求的波动。

（一）不完全竞争市场的无效性

完全竞争市场的价格和工资都低于不完全竞争市场，总产出水平大于不完全竞争市场的总产出，因此竞争市场效率高于不完全竞争市场。不完全竞争市场的效率与劳动和产品的弹性系数有关：不同劳动之间的替代弹性、要素之间的替代弹性越大，市场越接近于竞争市场，效率越高；反之，效率越低。边际成本对产出的弹性、劳动边际负效用的弹性越大，效率越高；反之，效率越低。

（二）总需求的外部性

总需求的外部性是指生产不足通过经济中的经济行为者的相互作用而放大。在竞争市场中，厂商之间的竞争导致价格下降，总需求会增加，每个厂商的需求也随之增加，厂商实际价值变大，社会福利提高。在不完全竞争市场中，厂商会利用垄断力将价格调整到高于竞争市场的水平，总需求会减少，每个厂商都面临下降的需求曲线，厂商会减少其产量，厂商利润随之下降，居民户从市场中得到的消费者剩余减少，导致总需求进一步缩减。如此循环影响，使总产出处于偏离最佳配置资源的低产出水平上，资源利用效率低下，社会福利减少，总需求有外部性。不完全竞争的无效性可以视为总需求的外部性。

（三）菜单成本和名义货币量变动效应

当名义货币量小幅度地变动时，菜单成本能有效地阻止价格和工资的变动。在名义货币量小幅度地变动时，厂商实际价值对名义货币量的微分等于实际价值对名义货币量的偏微分，其经济意义是：不论厂商是否调整价格，都不能增加厂商利润。同样地，小幅度地改变名义货币量，居民户调整工资不能增加其效用。因此，小菜单成本阻止厂商和居民户改变价格和工资，名义价格和名义工资有黏性。此时，实际货币均衡与名义货币变动率同比例地变化，货币增长引起实际货币均衡地增长，实际货币均衡增长导致总需求增加，提高了厂商的利润和居民户的效用，总产出扩张，就业率提高。

在名义货币量变动幅度比较大时，厂商和居民户都调整价格和工资。在名义货币量大幅度地变动时，厂商不调整价格会丧失潜在的获利机会。要素替代弹性越大，不调整价格的损失就越大。同时，厂商会增加产量，直到价格趋近边际成本时，产量的扩张才停止。一般地说，只要存在菜单成本，产出就难以达到竞争的均衡点。

（四）固定成本和总需求波动

考虑到市场中的厂商数量处在不断的变化中，新厂商可能进入，原有厂商可能有一部分消亡，为了考察可变厂商数量情况下总需求对产出的影响，在模型中引入固定成本。固定成本可以用总产出中的一部分来表示。厂商数量的增加降低了每个厂商的生产规模和利润。就业水平随着不变成本和厂商数量的增加而递增，降低了厂商的实际利润。

总需求是名义货币对名义工资之比的函数，名义货币量对名义工资之比的运动引起总需求和总就业的变动，经济出现波动。由于存在固定成本，生产率顺周期地变化。利润率是产出的递增函数，当产出随需求波动时，利润率也顺周期地变化。

不完全竞争和总需求波动论非常接近凯恩斯模型的结论：在不完全竞争条件下，由于需求的外部性，产出低于充分就业时的产出水平。这种外部性和小菜单成本的存在，导致总需求能影响产出的波动，名义货币的增加引起产出和就业的增加。当经济中厂商数量变化时，生产率和利润率同方向地变动。

二、市场结构和宏观经济波动论

市场结构和宏观经济波动论，是在统计分析的基础上得出有关市场结构分析的结论，然后阐明这些结论在宏观经济学中的意义。

（一）市场结构分析的理论和方法

市场结构和宏观经济波动是相互联系、相互影响的。宏观经济波动显示了市场结构的特征，市场结构在传递宏观经济波动中有重要的作用。所以，可以通过与经济周期相联系的各产业的边际成本和价格的时序变量，考察各产业的市场结构。宏观经济波动引起边际成本和价格的变动，这两个变量的运动可以揭示市场结构，这是统计分析所依据的原理。

（二）市场结构和宏观经济周期

通过对美国近50个产业的统计分析可知：首先，美国经济中的大部分产业有非竞争性市场的特征，只有很少几个产业是竞争性的。非竞争性市场在美国经济中占有重要地位，大部分产业的价格高于边际成本，毛利率大于1，这些产业的厂商有相当的市场力。这种市场力常与过剩的生产能力相联系，过剩的生产能力构成行业壁垒，阻止新厂商进入该行业。其次，生产的顺周期性。在非竞争市场中，实际工资不等于劳动边际产品。当经济景气时，厂商支付给工人的名义工资可能会提高，但实际工资低于劳动边际产品，产出的增长幅度比劳动的增长幅度大；反之，在经济萧条时，名义工资虽然下降，但是实际工资高于劳动的边际产品，产出下降的幅度比劳动减少的幅度大，所以，生产率显示顺周期性。再次，生产率的波动和经济周期性。虽然生产率有顺周期性，但生产率的变动不是引起经济周期的原因。经济周期波动是由价格、市场不完全性、贸易条件、消费倾向、投资和经济政策等经济原因引起的。最后,劳动市场不完全性。统计分析还指出,有市场力的厂商不但在产品市场上,而且在劳动市场上也有相当大的买主独家垄断权,这时,劳动的边际产品收益将高于实际工资。当实际工资不等于劳动的边际产品时,劳动市场是不完全的,但劳动市场的结构不一定与产品市场相同。实证分析还指出了以下五个在宏观经济学中有重要意义的问题。

1. 总供给的弹性。由于不完全市场中厂商有过剩的生产能力,生产通常在低于最优规模的低产量点上进行,每个厂商都能通过增加新工人来提高生产率和增加产出,所以总供给会有相当大的弹性。当需求增加时,市场价格远高于边际成本,厂商利润提高,有市场力的厂商会提高产量,总产出随之增大;反之,则相反。

2. 回复充分就业的激励。在不完全竞争市场中,价格是刚性的。这是因为:当利润是价格的函数时,利润点附近是平坦的,在这个区域内,厂商小幅度地改变价格不能增加厂商利润,因而厂商不愿意调整价格,所以价格有刚性。当价格不变时,厂商往往通过改变产量来适应需求的变化,实现利润最大化。当厂商发现产量处于低产出均衡时,调整价格的激励取决于与产出相联系的利润线的形状:当利润线比较平坦时,厂商不会改变价格,经济也不会在市场机制作用下回到充分就业的水平;当利润线比较陡峭时,厂商迅速地调整价格,经济在市场机制作用下回复到充分就业的水平。美国经济中许多厂商有过剩生产能力的情况表明,经济中只有很少或几乎不存在使经济回到充分就业的激励。

3. 边际成本的不变性。沿着厂商的边际成本线平坦部分达到均衡点的产业,比沿着厂商边际成本线陡峭部分到达均衡点的产业有更不确定的均衡态。对厂商来说,如果边际成本线是较陡的,产出增长会推动厂商进入边际成本迅速递增的区域,利润会迅速地下降,利润最大化点很容易确定;如果边际成本线是平坦的,厂商利润在产量相当大的变化范围内,大体不变,利润最大化点是个区域而不是个点。在这个产量区域内,厂商能在产量变化时维持价格黏性。

4. 不变边际成本的经济学意义。不变边际成本的经济学含义是,当需求弹性为常数或随产出递增时,为实现利润最大化而调整价格的激励是相当弱的,产出水平在需求曲线上的大范围内是不确定的。假定每个厂商需求曲线上的某个区域内需求弹性不变,并且对应着不同的利润产出线,各条利润产出线上的利润对产出变化的敏感度不同。在不变需求弹性值附近,不变成本与利润线平坦部分相对应,利润线在最优利润点周围的较大范围内都非常平坦,即最优利润点附近产量的大幅度变动对利润影响不大。

由于不变的边际成本与产出的不确定性相对应,厂商在不能掌握产出的不确定性时,要以稳定利润为目标,以此作为调整产出和价格的出发点。当调整产量和价格不能增加利润时,厂商就不会改变价格和产量,其结果是,价格有刚性,产量的增长受到制约,经济处于高价格低产出的均衡态,效率低下。

5. 不变边际成本与经济波动。如果冲击减少了有不变边际成本产业的产出,经济中不存在驱动产出回到原先产出水平的力量。负的冲击可能会降低利润,但是,有市场力的厂商不像竞争厂商那样调整它的价格,因为降价不一定能提高厂商利润。厂商为了现在和将来都获得较为稳定的利润,会采取稳定价格的策略,以产量变化来追踪需求变化。所以在不完全竞争中,价格稳定是厂商普遍采用的方式。只要价格没有弹性,市场机制就无力推动经济向充分就业的均衡点运动。价格稳定时，产量会随着需求变化，经济出现周期性波动。

三、市场协调失灵论

新凯恩斯主义的市场协调失灵论以市场对策模型分析交易和需求的外部性引起的协调失灵，在此基础上说明经济周期性。

市场对策模型描述了现代市场经济中经济人理性行为所形成的经济运动过程，揭示了非出清市场中的对称纳什均衡有多重性，经济中的两个重要特征是溢出和策略补偿。溢出说明了经济中的外部性。正溢出是当一个行为者以外的其他行为者的策略增加时，会给该行为者带来好处；负溢出的定义正好与之相反。策略补偿的意义是，某一行为者以外的所有行为者的策略增加时，会提高该行为者的收益。

交易的外部性是指市场随机成交的概率依赖于市场中交易者的数量。当寻找交易者的概率是潜在交易者人数的递增函数时，市场对策出现策略补偿。经济中生产和交易的人数增加时，其更多的生产机会被视为有利可图，个人的期望报酬随之提高，所以经济中出现策略补偿。此时，由于个人无力协调市场交易，导致市场出现多重均衡，需求或供给的冲击会使经济从某种均衡态向另一种均衡态运动，经济出现波动。

需求的外部性源于各部门之间的相互联系。假设多部门经济进行分散的专业化生产，不同部门生产不同的产品，每个经济人不消费自己的产品。经济人的理性行为是追求利润最大化，各部门有相似的生产函数和需求函数，这些函数构成的方程组能求解经济的均衡态。生产者的销售率随着潜在交易者人数的增加而提高。起始时，整个经济处于纳什均衡。如果经济中除了一个部门外，所有其他部门都增加了产量，那么，收入总水平增加，未增加产量的部门的需求也增大，这个部门的生产就会扩张，部门之间出现策略补偿。当部门之间有策略补偿时，经济显示正溢出。在一定范围内，经济的正溢出有利于消费者，能增进消费者的效用。厂商对需求的外部性有各种可选择的反应，经济中出现多重均衡。当某个部门因需求增加而扩张生产时，由于经济中存在需求策略补偿，会引起其他部门需求增加，生产随之扩张，总产出和就业都会增加。所以，特殊部门的冲击与需求溢出和策略补偿相结合，就会使经济出现周期波动。

第四节　劳动市场理论

新凯恩斯主义在劳动市场理论方面颇多创新，这些理论思路独特，观点新颖，在微观经济基础上说明了劳动市场失灵和经济滞胀现象，丰富并发展了西方微观经济学中的劳动市场理论。其代表性理论是失业滞后论、效率工资论、隐含合同论和交错调整工资论等。

一、失业滞后论

失业滞后论是一个迥异于传统理论的新就业论。传统经济学认为，长期就业均衡是充分就业的均衡，它与短期实际就业率无关。而失业滞后论以局内人—局外人模型说明：就业均衡与实际就业率的滞后量相关,长期失业者对就业率几乎没有影响。

下面简述一下局内—局外人模型。局内人是指目前在职的雇员或暂时被解雇但与在职雇员同属于某一利益集团(如企业或行业工会)的人。局外人是指长期失业的工人或短期工作的临时工,不受工会等组织的保护,与局内人分属于不同的利益集团。局内人受到各种劳动转换成本的保护,这些成本包括:培训熟练在职工人的费用;局内人在长期的工作中形成的默契配合所产生的较高的生产效率;局内人会加强团结去伤害企业中的局外人,导致劳动生产力下降;等等。由于转换成本的存在,厂商在用局外人代替局内人时要付出高昂的代价。因此,尽管局外人愿意接受比局内人低的工资,然而,由于转换成本较大,减少工资的所得不足以弥补转换成本,厂商不愿意雇用低工资的局外人,而愿意继续雇用局内人。这样,局内人在劳动市场上具有实际的优先权,从而使局内人在劳动市场上获得市场力,而且,局内人的市场力还因局内人的团结而加强。

在局内人市场力非常强、局外人不能影响工资水平时,局内人能够单方面地与厂商进行工资谈判,提高在职工人的工资。局内人通过与厂商谈判,能够使期望的就业人数等于局内成员的数量。如果经济中的需求变动仅是货币数量的改变,工人代表在与厂商谈判时只关心局内人的利益,那么,现期的就业率等于上一时期就业率加上需求变动引起的就业率的变化。在需求减少时,在职工人不愿意削减工资,保持工资不变,那么,需求减少会引起对劳动引致需求的下降,失业率增加;在需求增加时,局内人都被雇用后仍有对劳动的需求,此时,愿意接受较低工资的局外人才被雇用,失业率下降。需求的冲击引起实际就业的变化,需求冲击过去后,就业率并不回到长期均衡状态,仍停留在现有的实际就业状态,这种状态直到新的需求冲击出现才改变。简言之,就业率随着需求的变化而改变,经济中不存在任何使经济回到长期均衡就业的机制,长期均衡就业只是传统经济学的理论想像,而不是经济现实。

当局内人的力量不是很强,局外人能够对工资调整产生影响时,局外人对工资调整的影响越强,工人对就业的期望值越高,名义工资越低,就业率就越高。需求的改变能够通过调整工资水平来减小偏离长期均衡就业点的幅度,但就业率仍然随着需求变化而变动,失业率一旦偏离长期均衡点后,不会自动地恢复到长期均衡点。

短期和长期失业对工资调整有不同的影响。短期失业者能对工资调整施加压力,使局内人不能将工资提得过高。而长期失业者对在职工人的影响很小,几乎不能影响工资水平。长期失业工人因为专业技能不适应新工作岗位的要求,求职十分困难,长期寻求工作不得,使他们逐渐将生活水平调整到与失业保险救济金相适应的水平,再就业难的沮丧情绪增长,这进一步削弱了他们对工资调整的影响,导致失业的持续和失业率居高难下。

失业滞后论阐明:市场机制不会自发地让实际就业率回到长期均衡就业水平,由于长期失业者对工资调整的影响力较小,局内人的市场力增强,他们可以迫使厂商增加工资、少雇用局外人,所以劳动市场会出现高工资和高失业率并存的现象。通过扩张货币供给增加需求后,由于长期失业工人再就业困难,就业率增加有限,通货膨胀和失业并没有替代关系,所以经济出现滞胀现象。

二、效率工资论

新凯恩斯主义的效率工资论在微观经济学基础上说明了劳动市场失灵,颇受西方学者好评,曾被誉为劳动理论发展中的“80 年代的新热潮”。效率工资论主要包括三方面内容:效率工资和失业,效率工资的微观基础,效率工资和经济周期。

(一)效率工资和失业

效率工资研究了效率工资和失业的相关性,说明了工资黏性和就业的关系。设在经济中的每个厂商的行为都相同,其生产函数是厂商雇员数量、工人劳动效率和工资的函数。厂商在利润最大化水平上确定工人的工资,当工资对效率的弹性为 1 时,它被称为效率工资。此时工资增加 1%,劳动效率也提高 1%,在这个工资水平上,产品的劳动成本最低。当效率工资超过工人的最低期望工资时,总需求减少的冲击将引致劳动需求减少,厂商实际雇用工人的数量低于最优雇用工人的数量,就业率下降,劳动市场的均衡有非自愿失业的特征。

效率工资论认为,厂商采用效率工资是因为它有激励工人生产积极性、提高劳动生产率的作用。劳动生产率极大地依赖厂商支付给工人的工资,如果工资削减损害了生产率,引起产品劳动成本的提高,那么,为了保持效率,厂商宁愿支付给工人较高的工资,而不愿意降低工资,工人的工资高于或等于效率工资。高工资使劳动市场不能出清,从而出现失业。

(二)效率工资的微观基础

效率工资论在微观经济学基础上,从四个不同的角度阐述了效率工资的微观基础。

1. 怠工模型。在实际生产过程中,完全地监督工人是不可能的,工人总会有怠工的机会,一旦怠工行为被雇主发现,工人就会受罚。如果厂商对怠工者的惩罚是解雇,那么,解雇就是工人怠工的成本。工人在解雇的威胁下,产生一个不怠工的刺激。当所有的厂商都支付同样的工资,而且经济处于充分就业时,怠工无成本。这对磨洋工者是有利的,解雇作为怠工的成本太低,工人被解雇后很快可以重新找到工作。为了消除怠工,加重对怠工者的惩罚,厂商会提高工资,这样,怠工者感到磨洋工被发现后的损失太大,从而积极地工作。高工资产生一个不愿意怠工的激励。当经济中所有的厂商都采用这种高工资的办法去阻遏工人怠工、提高劳动生产率时,工资水平就会上升,就业率下降,失业的威胁成为工人的纪律机制。这时,为怠工而失去工作的代价很大:既失去了高工资,又陷入难以重新就业的困境。在高失业率环境中,被解雇工人即使愿意接受较低的工资,也难以获得新工作。

2. 劳动转换模型。厂商曾为熟练工人支付过一定数量的培训费,这些工人“跳槽”是厂商人力资本的贬值。效率工资超过市场出清水平,不仅能诱导工人忠于厂商,不愿意辞职和跳槽,而且能吸引其他厂商的熟练工人来此就职。工资高于市场出清水平,劳动市场必然存在着过剩的劳动力,出现非自愿失业。

劳动转换成本还阻碍着厂商雇用新工人。实行效率工资时,厂商要付给新工人和熟练工人同样多的工资,但新工人的工资高于他的劳动边际收益,两者之差是劳动力的边际训练费。劳动的边际训练费是对厂商利润的扣除,所以,厂商不愿意雇用新工人,劳动市场上的新工人就业困难,从而导致失业率上升。

3. 反向选择模型。设生产过程中每个工人的能力有差别,工人的能力与他的期望工资正相关,较高的工资能够吸引能力较强的工人,因而,厂商依据求职者提出的工资高低衡量其能力。厂商认为,求职者提出低工资的申请是无能的表现,厂商将高工资付给能力强的人,而摒弃那些要求低工资的求职者。这种选择雇员的方法与一般厂商以低工资雇用工人的做法相反,因此被称为反向选择。厂商要设计自我选择机制,引导新雇员显示他的真实能力,在了解雇员实际能力的基础上作出解雇还是继续留用的决策,保证高工资高效率。所有厂商都作反向选择的结果是,在职工人的工资远高于市场出清水平,劳动市场供给大于需求,失业增加。

4. 社会模型。以上三个模型都是从个人行为最大化角度考察劳动市场问题,社会模型认为,劳动市场失灵可能源于社会习惯而非个人行为。社会学经验分析的结论是,每个工人的努力程度依赖于他所在组织的工作规范。因此,厂商能通过提高工人群体的工作规范来提高劳动效率。厂商可以制定一个略高于工人最低需求水平的工资,在这个工资以上是奖励工资。为了提高工人的生产积极性,通常将与最低工资相对应的产品产量标准定得比较低,使大多数工人能超过这个标准,以获得奖励工资。社会模型以此来解释为什么计件工资的定额一般都比较低,易为绝大多数工人超过,工人大多可得到奖励工资,发挥了工资刺激工人生产积极性的作用。

(三)效率工资和经济周期

效率工资较好地解释了名义工资黏性和经济周期。在垄断竞争市场中,厂商有调整工资和价格的能力。选择效率工资的厂商与选择利润最大化工资的厂商的利润误差是二阶小量,这意味着实行效率工资厂商的利润与利润最大化厂商的利润差别不大。实行效率工资时,工资有黏性,工资水平不会随着需求的变化而迅速地调整。工资黏性导致价格也出现黏性。价格调整后,利润的增量也是利润的二阶小量,与最优地调整价格的厂商的利润之差很小。当货币供给减少引起总需求下降时,支付效率工资的厂商会保持名义工资和价格不变,在工资和价格近似不变时,厂商必须通过调整产出来适应需求的变化,因此,总产出和就业水平都会随之改变,经济出现周期性。

三、新凯恩斯主义隐含合同论

隐含合同论弥补了凯恩斯劳动市场理论缺乏微观基础的不足,拓展了西方微观经济学的劳动市场理论。隐含合同是风险中性的厂商与风险厌恶的工人之间存在的稳定工人收入的非正式协议。最初的研究是从公开信息出发研究隐含合同,而近年来多从非对称信息来分析隐含合同。

(一)公开信息隐含合同论

公开信息隐含合同论又称完全信息条件下的隐含合同论。该理论认为,工资和就业不能像凯恩斯主义那样简单地被视为劳务和货币的交换,也不能如人力资本论那样被当做劳务和货币交换的时序点的变动,从长期来看,工人向厂商提供劳务、厂商支付工人工资,实际上是一个保险合同交易,这个保险合同保护工人免受随机的、公开观察到的劳动边际产品收益的影响。

隐含合同论模型假设厂商内部由以下三个部门组成:生产部门购买劳务,每个工人生产劳动边际收益产品;保险部门将一个净保险保护贷给工人或作为一个净保险预付而成为欠工人的款项;会计部门付给工人的工资等于工人的边际收益产品加上净保险保护。经济景气与较高的劳动边际收益产品相联系,净保险保护是负的,工资低于劳动边际收益产品。相反的状态是工资高于边际收益产品,工人有正的净保险。

在隐含合同模型中，工人工资不再由劳动边际收益决定，这会引起失业。如果投入生产过程的劳动为常数，每个工人的消费与工资率成正比，由于工人得到净保险保护，稳定了各种生产状态下的工资购买力，消费与劳动的边际收益产品的相关性减弱，实际工资出现黏性。当总需求下降时，工资黏性导致工资易升难降，不能迅速调整，因而，厂商对劳动的派生需求减少，出现失业。

在完全信息条件下，最优隐含合同使就业和失业工人的边际效用相同。此时，厂商为了利润最大化不向工人说明真实或修改最优合同的欺骗行为很快会被工人识破，合同会重新达到最优。为了满足就业和失业工人边际效用相同的条件，工人和厂商之间的最优合同可能有两种：一是在需求减少时，每个工人少干点活，大家分摊工作；二是解雇一部分工人。由于技术的原因，厂商觉得后一种方式较为有利可图。当工人不工作时，厂商给工人的净保险保护是厂商的损失，厂商通常将其转移到企业外部去，由社会救济负担这笔保险费用。这时，工人们愿意短期失业的条件是为了变得有资格从政府部门得到救济金。如果工人的工资低于救济金，工人都不愿意就业，因此，所有在职工人的工资必须高于救济金。然而，在职工人的工资高于失业者的救济金，会引起短期失业工人妒忌和羡慕在职的同事，这种情况被称为"非自愿"失业。

由于政府不能精确地确定工人的实际收入，政府支付救济金不是必然有效的，可能引起收入分配不公。在这种情况下，工人不去接受其他厂商提供的工作，是因为隐含合同中可能包括了不跳槽的内容，工人在失业期间拒绝其他厂商的雇用是为了使他们自己建立起一个可靠者的声誉，以后厂商会与他们签订更优惠的工资合同。

（二）非对称信息隐含合同论

非对称信息隐含合同论认为，厂商和工人只能获得有限信息，信息是不完全的、非对称的。在这种情况下，厂商能够修正合同，与工人签订非最优合同，以获得最大化利润。即使工人比厂商有更多的信息，厂商仍然可以从经济中存在的多种合同中，选择能够最小化单位产品成本的非最优合同。在非最优合同存在时，经济中出现非自愿失业。当经济出现扰动时，需求冲击会引起经济波动和对劳动引致需求的改变，出现与经济周期相伴的失业周期。

非对称信息隐含合同可以较好地解释工资黏性。工资黏性可以看做是一个信息失灵过程。在工资谈判中，通常确定了几年的货币工资水平。在隐含合同建立后，信息在合同期内不断积累，但这些信息不能影响实际工资。隐含合同的存在忽略了公众有效信息对工资的调整作用，所以工资有黏性。解释信息失灵过程能持续的说法有两种：一是信息成本论。完全准确地确定信息对工资的影响需要耗费较高的成本，这对厂商和工人来说都显得代价太高。根据几个简单的经济参数确定隐含合同对双方而言成本都比较低。所以，不随公众信息而变化的隐含合同能存在，工资有黏性。二是隐含合同可视为债券，具有承受风险的性质。作为债券的隐含合同使厂商和工人共担风险，分散了双方所面临的风险。工人不能在经济景气时得到高收入，也不会在经济萧条时得到极低的收入，工人收入比较稳定，工资有黏性。

四、交错调整工资论

新凯恩斯主义交错调整工资论对工资黏性和失业等问题作了探索性研究，解释了通货膨胀与失业并存的现象。

(一)交错调整工资导致工资总水平出现惯性

交错调整工资是指所有的厂商与工人不是在同一时期内而是在不同时期内交替地签订劳动合同。工资调整的决策是交替做出的,形成一个交错调整工资的序列。合同一旦签订后,总需求的变动对未到期的工资合同没有影响,只影响那些到期合同的工资调整,所以工资总水平有惯性。工资总水平的惯性影响着总产量和就业,使工资的稳定性和总产量稳定性之间有替代关系。

(二)总工资稳定性和总产量稳定性的替代

当政府发行的货币量与总工资增长相适应时,货币政策能使工资总水平保持较高的稳定性,其代价是通货膨胀率较高。当工资水平稳定时,货币供给的变动会引起需求较大的波动,相应地,总产量和就业率会出现较大的波动。总工资水平越稳定,总产量和就业波动就越大;反之,工资总水平越不稳定,那么,总产量和就业就越稳定。

(三)交错工资合同有助于稳定工资总水平,工资出现较大的黏性

当政府的货币政策与工资的相关程度很低时,交错调整的工资合同使名义工资随着价格水平的改变而作出相应的调整,工资会维持在较高的水平上,保持工人的实际工资近似不变。合同机制维持工资稳定的作用越大,工资黏性也越大。当工资有较大黏性时,劳动市场不能出清,经济中存在较高的失业率。

(四)工资合同中理性预期对工资黏性的影响

在签订合同时,如果双方都重视未来较近期的理性预期,那么,工资的黏性就比较大,产出和就业的波动也比较明显;如果双方比较重视未来较远期的理性预期,那么,工资水平不太稳定,工资的黏性比较小,产出和就业比较稳定。

综上所述,当政府力图稳定工资或理性预期要求工资稳定时,必然要求货币政策与总工资的增加相对应,结果出现通货膨胀。由于增加的货币发行量与工资水平相关程度高,需求波动剧烈,总产量并不随着需求的增加而增长,失业率难以下降,所以,高通货膨胀率与高失业率并存。

第五节　信贷配给理论

新凯恩斯主义的信贷配给论,坚持了凯恩斯主义非市场出清的假设,阐明了信贷市场的无效性,论证了政府干预能够修正信贷市场失灵。

一、信贷配给

信贷配给是指当信贷市场需求大于供给时,银行不是通过提高利率满足市场对信贷的需求,而是以配给的方式,在低于市场利率的利率水平上鼓励一部分企业贷款,限制另一部分企业贷款,使一部分企业即使以高利率申请贷款也得不到银行贷款。银行运用信贷配给机制,有助于实现利润最大化。在现实经济中,银行面对着一个不完善的金融市场体系,其中的信贷市场是一个不完全竞争、不完全信息的市场。在信贷市场中,银行和企业对贷款

风险持截然相反的态度:银行希望贷款风险越小、还贷概率越高越好,对贷款是风险厌恶的;企业仅希望多借款,不太关心贷款风险,较少考虑利率高低和还款概率,它对贷款是风险偏好的。因此,银行仅仅依靠利率无法调整企业行为实现利润最大化,它需要运用信贷配给机制,才能实现银行利润最大化。

在不完善的金融市场上,银行与企业的信息是非对称的:企业在拖欠贷款方面的信息比银行多。银行向企业发放贷款时,每个企业比较清楚地知道本企业贷款的期望收益和还款概率,各个企业贷款的期望收益和还款概率都不相同,但是,银行却难以从众多的贷款申请者中间分辨出哪些企业有较高的还款概率,哪些企业有较高的拖欠概率。银行只能通过利率或贷款抵押的反向选择效应来确定企业还款概率,推测贷款风险,在此基础上,对企业实行信贷配给,实现利润最大化。

二、利率的选择效应

利率的选择效应包括正向选择效应和反向选择效应。利率的正向选择效应是指,银行的收益随着贷款利率的提高而增加。利率的反向选择效应是指,银行收益随着贷款利率的上升而递减。利率出现反向选择效应的原因是:随着利率的提高,还款概率高、资信度高、愿意从事较安全投资的企业考虑到融资成本上升而不愿意多贷款,这些企业会随着利率的上升而逐渐退出信贷市场;而乐于从事风险投资、还款概率低、资信度低的企业会继续申请贷款。因此,利率上升后,企业贷款的还款概率会下降,银行贷款的风险会增加,收益会减少。当利率的正向选择效应超过反向选择效应时,银行收益随着利率的提高而增加;当利率的反向选择效应超过正向选择效应时,银行收益随着利率的提高而下降。

银行能通过改变利率来分辨企业贷款的风险度。假设有两组企业,一为低风险组,一为高风险组;有两个临界利率,临界低利率和临界高利率。企业贷款有以下几种情况:一是当银行利率低于临界低利率时,高风险组和低风险组企业都借款,银行难以区别哪些企业属于高风险组,哪些企业属于低风险组,此时,利率的正向选择效应大于反向选择效应;二是当银行利率高于临界高利率时,两组企业都不借款,金融市场崩溃;三是银行利率处在高于临界低利率和低于临界高利率之间的区域内,低风险组企业退出信贷市场,高风险组企业继续向银行申请贷款,利率的反向选择效应大于正向选择效应。银行可以据此判断,退出信贷市场的企业是厌恶风险的,留在信贷市场的企业是偏好风险的。

银行可以将利率的反向选择效应作为检测机制,帮助其辨识贷款的风险度。显然,越偏好高风险投资的企业,越愿意以高利率获得贷款,高风险投资项目失败的可能性大,还款概率比较低,银行贷款风险大,收益也低。反之,偏好低风险投资的企业,只愿意以低利率贷款,投资项目的风险小,还款概率高,银行贷款比较安全,收益比较高。因此,银行从较低的临界利率开始,不断地提高利率,申请贷款的企业就会逐渐减少,银行根据利率提高过程中企业退出的顺序,就可以判断企业贷款项目的风险性。在退出序列中,排序越往后的企业,投资风险性越大,还贷的可能性越小。所以,银行只要设置不同的利率,就可以分辨出不同企业的贷款风险度和企业还款的概率。

银行还依据利率的正、反向选择效应确定银行的最优利率。在利率很低时,高风险企业和低风险企业都申请贷款,由于利率低,企业还贷概率高,利率的正向选择效应起主要作用，银行的收益随着利率的上升而增加。当利率不断增加时，利率的正选择效应逐渐减小，反向选择效应变大，银行贷款的还款概率下降、风险增大，银行利润率随着利率提高下降，但是，银行的总利润仍然在增加，银行可以继续提高利率。当利率提高到某个临界水平后，利率反向选择效应超过正向选择效应，企业拖欠贷款的概率增大，贷款的风险剧增，银行利润锐减。因此，银行在提高利率的过程中，在利率的正向选择效应等于反向选择效应时的利率是最优利率，在这个利率水平上，银行利润达到最大化。

利率不仅有选择效应，还有激励效应，它能刺激企业偏好较有风险的项目。企业与银行的利益不同，企业仅考虑企业不会破产时的投资收益，银行仅在企业破产影响银行收益的范围内考虑企业的投资决策。因此，利率的提高引起借款者与贷款者采取相反的策略：对企业来说，原先偏好低风险的企业，在银行利率上升后，为了维持较高的利润水平，会从低收益低风险项目转向高风险高收益的项目。高利率改变了企业对于风险的态度，企业偏好风险投资项目。对银行来说，企业从事风险项目增加了拖欠贷款和破产的可能性，银行为了实现利润最大化和保证贷款安全，更注重信贷配给。

银行利率还有动态选择效应，影响银行多期贷款的总收益和企业的投资风险。假设银行在两个时期内对企业贷款。如果银行第一期贷款的利率高于第二期追加贷款的利率，企业将会以风险方式投资。第一期利率越高，利率的反向选择效应越大，企业越偏好风险投资，而且企业还期望在第二期得到更多的贷款。反之，如果第一期利率比第二期利率低，企业将会以较安全的方式投资，第二期所需的追加贷款少。第一期利率过高对银行有双重不利影响：一是刺激企业投资于风险项目，增加了贷款拖欠的概率；二是企业会迫使银行增加追加贷款。企业投资于风险项目后，项目失败的可能性变大，倘若企业在得到第一期贷款后，投资项目失败，银行不给企业追加投资、让企业摆脱困境，银行的第一笔贷款就可能血本无归。因此，银行只得追加更多的贷款，以追加贷款挽救初始贷款。第一期的利率越高，还款概率越低，贷款风险越大，银行被迫追加的贷款越多，银行贷款的收益也越低。所以，对银行来说，比较明智的办法是在第一期以低利率贷款并采用信贷配给的方式发放贷款，不仅能减少欠款概率，而且能够改善银行资产质量，增加银行利润。

在完全竞争的信贷市场上，信息公开、透明、完备，银行根据信贷市场贷款供求均衡时的利率，即市场出清时的利率发放贷款，此时信贷配给机制不起作用。然而，完全竞争的信贷市场仅是经济学家们的理论抽象，完全竞争的信贷市场不仅在发展中国家不存在，在发达市场经济国家也不存在，因此，银行“惜贷”，即信贷配给是所有市场经济国家的常态。相应地，按信贷市场出清时的利率发放贷款仅是经济学家的理想，而且，市场出清时的利率既没有选择效应，也没有检测和激励作用，不能防范贷款风险，提高贷款效益。

信贷配给论指出，由于信贷市场中利率机制和配给机制同时起作用，信贷市场会出现多重均衡，信贷市场失灵。政府推行信贷补贴，提供贷款担保等政策，可以降低市场利率，提高借款者的还款概率，改善资源配置效率，增进社会福利。当借款者之间还款概率有差异时，借款者之间的差异越大，市场失灵越严重，政府对信贷市场的干预就越有效。

第六节　新凯恩斯主义的经济政策主张

新凯恩斯主义和凯恩斯主义都承认市场失灵，认为政府的经济政策有积极作用。新凯恩斯主义对凯恩斯主义政府干预经济的政策作了重新表述。凯恩斯主义认为，宏观经济政策可以有效地防止、医治失业和通货膨胀。而新凯恩斯主义倾向于更灵活、更易为人们接受的提法：没有紧缩性宏观经济政策，通货膨胀会进一步上升；没有扩张性宏观经济政策，失业会更严重。新凯恩斯主义的政策主张包括价格政策、就业政策、货币和信贷政策等。

一、价格政策

新凯恩斯主义者在论述价格黏性成因的基础上，提出了一些价格政策建议，这些政策建议的主旨是抑制价格黏性，使价格富有弹性，以修复失灵的市场机制，稳定总产量。新凯恩斯主义在交错调整价格和菜单成本论中提出了大体相似的政策建议。

交错调整价格论指出，经济中盛行交错方式调整价格会导致物价总水平有黏性，而当经济中流行同步调整价格时，物价水平有弹性，总产出和就业稳定。因此，政府需要制定能诱导同步调整价格的政策，减少经济中交错调整价格的行为，克服物价总水平的惯性，抑制通货膨胀。

菜单成本论者认为，小菜单成本会引起经济的大幅度波动，社会福利会有较大的损失。因此，为稳定经济、增进社会福利，国家应制定抑制价格黏性的政策，恢复价格的弹性，以纠正市场失灵，稳定总产量。

交错调整价格论和菜单成本论提出通过政府经济政策修复价格弹性、纠正市场失灵的建议是比较合理的。当价格有黏性时，价格不会随着需求的减少而迅速地下降，市场出现过剩产品，市场不能出清。市场不能出清导致产品大量积压，最终迫使厂商削减产量，以适应需求的变动。厂商不改变价格而变动产量，导致总产出大幅度波动，社会资源不能得到充分利用，社会处于无效率状态。只有当价格有弹性时，市场才能出清。在价格有弹性时，价格会随着需求的减少而下降，价格下降刺激了需求的增加，吸纳了需求的冲击。在价格下降到一定水平时，市场上供求相等，市场出清，社会总产出趋于稳定，社会资源得到充分利用，市场机制有效地发挥作用。

二、就业政策

新凯恩斯主义的交错调整工资论和失业滞后论等劳动市场理论，在微观经济学基础上阐释了工资黏性和失业问题，并提出了一些工资和就业政策建议。

交错调整工资论说明，经济中存在长期重叠和时间错开的合同制度，造成工资总水平有黏性。在总需求下降时，工资不能随着总需求的变化而迅速地调整，进而导致失业增加。政府应当干预劳动合同，货币政策应使得工资较有弹性，以增加就业。

失业滞后论指出，由于局内人在劳动市场上的市场力大于局外人，局外人在劳动市场上处于劣势，他们愿意接受比局内人低得多的工资仍然得不到就业机会。政府的就业政策应更多地考虑长期失业者的利益,为他们多提供就业机会,这样才能提高就业率。

新凯恩斯主义的就业政策着眼于增加工资弹性,减少失业。政府就业政策向长期失业者倾斜,对缓解发达市场经济国家中的失业现象有积极意义。长期失业者大多是非自愿失业者,让非自愿失业者就业,有助于实现政府的充分就业目标。政府干预劳动合同和运用货币政策,增加工资总水平的弹性,这些措施都有利于就业。当工资水平能随着劳动引致需求的变动而变化时,就业率的变化比较小,劳动市场上过剩的劳动供给也较少,就业水平比较稳定。

三、货币政策和信贷政策

(一)货币政策

新凯恩斯主义认为,货币政策能够稳定总产出和就业率,提高社会资源配置效率。在市场失灵时,价格和工资对总需求变化的反应过于迟钝,经济处于无效的状态,只有政府干预才能改变经济中的这种状态。在政府的货币政策已众所周知的情况下,货币政策仍然能够稳定就业和产出,至少能够在稳定物价方面发挥积极的作用。

(二)信贷政策

新凯恩斯主义的信贷配给论认为,银行为了实现自身利益最大化,不愿意将贷款发放给那些愿意以高利率申请贷款的厂商,这些厂商往往投资于风险比较大的项目,还款概率低。然而,从社会角度看,这些项目是有效的。当市场利率比较高时,厌恶风险的厂商不愿意申请贷款,退出信贷市场;而愿意申请贷款的厂商又得不到贷款。这样,那些社会效益高、风险大的项目因得不到贷款而无法投产,社会福利受到损失。所以,信贷配给论的政策建议是:政府从社会福利最大化出发,应该干预信贷市场,利用贷款补贴或提供贷款担保等方法降低市场实际利率,使得有社会效益的风险项目能够得到贷款。

四、克林顿政府的主要经济政策

克林顿政府在吸收新凯恩斯主义经济理论和政策主张的基础上,起用一批新凯恩斯主义学者,制定了一整套经济发展政策,主要为:

第一,美国政府将一批国防高新技术转为民用,增加研究开发基金,资助和鼓励民间高新技术发展。

第二,采取灵活的货币政策,并根据国际金融市场的变化,简化金融规制和强化金融监管并重,规范美国金融市场运营,吸引国际资本流入,保持资本市场景气,允许金融机构混业经营,以提高美国金融机构在国际金融市场上的竞争力。

第三,实行有效的财政政策,压缩财政支出,调整支出结构,减少军费开支,财政收入中除对极少数富人提高所得税外,降低中等以下收入者及公司所得税,减少财政政策的挤出效应,刺激企业投资和个人消费。这些有效政策,使得美国于 1998 年实现财政盈余。

第四,移民政策帮助企业争夺人才。美国的移民来自全世界 100 多个国家,硅谷 40% 的人才是移民,1/4 诺贝尔奖获得者是外国移民,政府的移民政策在人力资源利用上突破了国界限制,帮助美国高新技术企业网罗世界各地的人才。

第五,政府促进经济结构和产业结构的战略性调整,鼓励高新技术企业发展和风险投资，给经济的可持续增长注入了活力。

第六，政府推动国际贸易自由化，如建立北美自由贸易区，支持新兴市场国家加入世界贸易组织（WTO），通过自由的国际贸易，增加海外投资，充分利用外国廉价的劳动力、人才和自然资源，掠夺发展中国家科技资源，加大高新技术产品的出口，抢占发展中国家市场，从自由贸易中获得更加丰厚的利润。

第七，政府加强基础设施建设和市政建设，给企业发展提供良好的外部环境，降低企业经营的社会成本，有利于企业低成本地经营和扩张，刺激经济发展。

第八，推行适宜的就业政策，加速劳动力市场建设，改革就业服务体系，提高就业服务机构效率，就业服务实现自动化和个性化，资助企业进行职业教育和转岗培训，鼓励妇女就业，扩大劳动力市场。

思考题

1. 简述新凯恩斯主义的理论假设。
2. 综述新凯恩斯主义的主要经济理论。
3. 概述新凯恩斯主义的经济政策和克林顿政府的经济政策。

参考文献

1. 高鸿业，吴易风. 现代西方经济学（上、下册）. 北京：经济科学出版社，1990
2. 胡代光. 西方经济学说的演变及其影响. 北京：北京大学出版社，1998
3. 吴易风，王健，方松英. 市场经济和政府干预——新古典宏观经济学和新凯恩斯主义经济学研究. 北京：商务印书馆，1998
4. 丁冰. 现代西方经济学说. 北京：中国经济出版社，1998
5. 厉以宁，吴易风，丁冰. 经济全球化与西部大开发. 北京：北京大学出版社，2001
6. 黎诣远. 西方经济学. 北京：高等教育出版社，1999

第6章

瑞典学派

学习要点和要求

了解瑞典学派的形成和发展过程，熟悉瑞典学派的独特理论体系和分析方法，掌握瑞典学派的主要经济理论和政策主张，特别是国际贸易理论和福利国家理论以及政策主张，弄清它们的是非和实质。

瑞典学派(The Swedish School)是以瑞典斯德哥尔摩大学为主要阵地的当代资产阶级经济学的重要流派，又称斯德哥尔摩学派或北欧学派。这个学派形成于20世纪二三十年代，第二次世界大战后又有很大发展。它有着独特的理论体系和分析方法，对当代世界经济和经济思想有重要影响。

第一节　瑞典学派的形成、发展和特点

一、瑞典学派的形成和发展

瑞典是北欧一个有约900万人口，45万平方公里土地的国家，同时又是资本主义经济发达的对外高度开放的国家，并且有着深厚的民主传统，特别是在社会民主党长期执政的影响下，民众的民主意识较强。瑞典学派就是在这样的国家和社会经济环境中孕育出来的。20世纪二三十年代，发达资本主义国家的垄断统治已建立起来，同时资本主义的固有矛盾也非常尖锐，导致了空前严重的经济危机，使得新古典经济学派的自由经营论彻底破产。在此情况下，资产阶级经济学家不得不在理论上另辟蹊径，以维护资本主义统治。瑞典学派就是为适应这种形势的需要而

形成并发展起来的。

瑞典学派从其形成和发展过程来看,可以分为三个时期:19 世纪末 20 世纪初的萌芽时期;20 世纪 30 年代的形成时期;第二次世界大战后到现在的发展时期。

萌芽时期的主要代表人物有纳特·魏克塞尔(Knut J. G. Wicksell,1851 ~ 1926)、卡尔·古斯塔夫·卡塞尔(Karl Gustav Cassel,1866 ~ 1945)、大卫·达维逊(David Davidson,1854 ~ 1942)等。其中,魏克塞尔是瑞典学派主要的先驱和奠基人。他在 1898 年出版的《利息与价格》(后修订为《国民经济学讲义》第二卷)一书中提出的所谓积累过程原理为瑞典学派的经济理论体系奠定了重要基础。该书首先批评了旧的货币数量论,认为它是一些同实践很少有关系,甚至完全没有关系的理论。他把利息率区分为货币利息率(即市场利息率)和自然利息率(natural rate in interest)两种,企图从区分这两种利息率的差异出发说明经济周期波动的原因。这就是所谓积累过程原理,即宏观动态均衡分析。

魏克塞尔提出积累过程原理的重要意义在于,他把传统的静态经济均衡分析方法动态化,并以利息率为纽带,将货币理论与经济理论联系起来,建立起统一的货币经济理论,用以说明经济周期性波动的原因;同时把旧货币数量论的“二分法”,改变为货币与经济相结合的“一分法”。魏克塞尔的这种宏观动态均衡分析方法成为后来瑞典学派普遍沿用的最基本的分析方法。同时,由于他的积累过程原理是通过货币利息率对经济周期产生影响,而不是通过货币数量对经济周期产生影响,因此,他在政策建议方面,也是企图借助于调整利息率,而不是借助于控制货币数量来克服经济周期性的波动。这点显然对凯恩斯的货币政策产生了重要影响。这就是说,魏克塞尔的经济理论,不仅为瑞典学派奠定了重要基础,而且在某种意义上也是凯恩斯主义的先驱。

与魏克塞尔同时代的卡塞尔、达维逊分别从不同角度对他的积累过程原理作了一些修正和补充,他们的理论共同构成了瑞典学派的思想渊源。

瑞典学派形成时期的主要代表人物有:卡尔·冈纳尔·缪尔达尔(Karl Gunar Myrdal,1898 ~ 1987)、埃里克·罗伯特·林达尔(Erik Robert Lindahl,1891 ~ 1960)、伊里克·菲利普·伦德贝格(Erik Filip Lunberg,1907 ~)、贝蒂尔·奥林(Bertil G. Ohlin,1899 ~ 1979)等人。其中,以缪尔达尔影响最大。他在 1927 年出版的《价格形成问题与变动因素》和 1939 年出版的《货币均衡论》两书标志着瑞典学派的形成。在前一书中,缪尔达尔在传统的静态均衡价格理论基础上,加进了预期(expectation)因素,强调企业家对未来的主观预期及不确定性和风险等因素在价格形成理论中的重要作用。在后一书中,缪尔达尔又把一些经济变量区分为事前估计(ex-ante)与事后计算(ex-past)两种,从而丰富和发展了魏克塞尔所开创的宏观动态均衡分析方法。此外,20 世纪 30 年代中其他一些著作,也显示了瑞典学派已趋于形成和成熟。一是林达尔在 1939 年出版的《货币和资本理论的研究》,试图对预期因素进行分析,建立一个一般动态理论体系;二是伦德贝格在 1939 年出版的《经济发展理论研究》,作者用过程分析或序列分析的方法来研究资本主义经济周期性的波动和增长;三是瑞典政府失业调查委员会于 1933 ~ 1935 年发表的《失业委员会最后报告书》。参加该委员会最后撰写的瑞典学派经济学家有缪尔达尔、奥林、哈马舍尔德、阿克曼等。他们采用瑞典学派的分析方法和观点,得出了需要通过政府干预来消除失业的结论。

战后发展时期的主要代表人物是阿萨尔·林德伯克(Assar Liandbeck,1930 ~)。他于

1971 年出版的《新左派政治经济学》和 1974 年出版的《瑞典经济政策》两书,在全面评述激进派经济学的理论观点的同时,系统地总结了瑞典近百年来,特别是第二次世界大战后的经济政策,既保持了瑞典学派的理论传统,又加强了瑞典学派理论中的社会民主主义的经济思想。

二、瑞典学派的特点

前面说过,瑞典学派是在 20 世纪二三十年代资本主义固有矛盾已非常尖锐并爆发了空前严重的经济危机,新古典学派理论破产的形势下兴起的,因而它的理论体系已在一定程度上摆脱了新古典学派的理论框架,显示出自己在分析方法和理论观点上不同于新古典学派的特点,这主要表现在:

第一,“一分法”的经济分析方法。新古典学派信从萨伊定律和旧货币数量论,把货币的变动与经济的变动视为互不相干的两回事,瑞典学派则最先把二者结合起来创立了“一分法”的货币经济论。

第二,倡导动态经济学,用以修补静态经济理论的缺陷。而他们的所谓动态经济学,则是与他们的货币经济理论密切联系在一起的,称为货币均衡论。

第三,为了完善动态经济的分析,在经济分析的方法和工具方面,他们编造了一系列新的经济术语和经济范畴,倡导把一些经济变量如资本价值、所得、投资、储蓄、成本等区分为事前、事后两种数值,主张用所谓期间分析或称过程分析、序列分析来阐释资本主义经济的运动变化过程。

第四,把预期纳入经济分析之中,强调预期在经济运行中的“决定性”作用。

第五,着重纯理论的研究,并从经济理论引申出政策建议,主张国家干预经济。这个学派的主要成员大都直接参与瑞典政府经济政策的制定和执行工作。因此,瑞典学派的理论对瑞典经济政策有重要指导作用;而在其纯理论的研究方面,对其他资本主义国家的经济思想也有重要影响,如其对凯恩斯学派的宏观经济理论和国家干预思想的影响就比较明显。

第六,注重国际经济理论和经济制度理论的研究。瑞典是一个高度开放的国家,同时又是一个社会民主主义传统很深的国家。瑞典学派经济学家们从国情出发,自然对国际经济理论和社会民主主义经济制度理论的研究比较注重,并取得了相当多的成果。其中的一些理论在西方产生了广泛而深远的影响,如其国际贸易理论、国家福利理论等。

第二节 国际经济理论

瑞典作为北欧一个经济发达的高度开放型的国家,对外经济联系十分密切,瑞典学派在国际经济理论包括国际金融理论和国际贸易理论上有颇多创见。其中,最引人注目的是卡塞尔的购买力平价理论、魏克塞尔的国际收支理论和赫克歇尔 - 奥林的国际贸易理论。

一、卡塞尔的购买力平价理论

卡塞尔在 1922 年出版的《1914 年以后的货币和外汇》一书中提出了购买力平价理论。这是一种阐明浮动汇率如何决定的理论,它表明,两国的货币汇率应以两国货币购买力相等的原则来确定。卡塞尔认为，两国货币之所以能够互相交换，是因为它们在各自国内具有购买力，因而两国货币的汇率应该等于这“两种通货的内部购买力之商”，①这被后人称为购买力平价理论。

卡塞尔把购买力平价论分为购买力绝对平价论和购买力相对平价论。

所谓购买力绝对平价论，是指汇率由两国货币各自在其本国内所具有的购买力的比率来决定的理论。我们知道，货币购买力是与物价水平的高低成反比例的，因此，汇率归根结底由两国当时的绝对物价水平的比率来决定。

假设 S 为 A，B 两国货币的汇率，P_a，P_b 分别为 A，B 两国的物价水平，则：

$$S=\frac{P_a}{P_b}$$

例如，假定德国的物价水平是美国物价水平的两倍，即 1 美元的购买力与 2 马克的购买力相等，那么，两国货币的汇率 S 便为：

$$S=\frac{2\text{ 马克}}{1\text{ 美元}}$$

所谓购买力相对平价论，是指在报告期的汇率由于对基期来说物价已发生变动，则须把基期的旧汇率与物价变动后的购买力平价结合起来决定的理论。卡塞尔认为，在两国都发生通货膨胀、物价上涨的情况下，“新标准汇率等于旧汇率乘以两国通货膨胀程度之商”。②

假设以 S_t，S_o 分别表示 A，B 两国货币新标准汇率和旧的汇率；P_{at}，P_{bt} 分别表示 A，B 两国新的报告期的物价水平，P_{ao}，P_{bo} 分别表示两国基期的物价水平。则：

$$S_t=S_o\cdot\frac{P_{bt}/P_{bo}}{P_{at}/P_{ao}}$$

例如，假定美国与德国的货币汇率在基期第一年以 1 美元兑换 2 马克，即 $S_o=2$ 马克/1 美元。在这种情况下，$P_{ao}=1$，$P_{bo}=2$。若报告期第二年两国物价都发生变动，$P_{at}=2$，$P_{bt}=3$，即美国物价变动率为 $P_{at}/P_{bt}=2/1=200\%$；德国的物价变动率为 $P_{bt}/P_{bo}=3/2=150\%$。于是：

$$\begin{aligned}S_t&=S_o\cdot\frac{P_{bt}/P_{bo}}{P_{at}/P_{ao}}\\&=2\times\frac{150\%}{200\%}\\&=1.5\end{aligned}$$

即 1 美元兑换 1.5 马克。这表明美元的汇率已由原来 1 美元兑换 2 马克，下降为只兑换1.5马克。

以上说明，两种购买力平价理论的形式，实际是以购买力平价为基础来决定两国货币在基期和报告期的汇率。卡塞尔认为，这里说的无论是基期的汇率，还是报告期的汇率，都是指均衡汇率，即一般正常汇率，而非实际的市场汇率。实际市场汇率以此均衡汇率为中心，依两国货币市场供求状况而上下波动。报告期与基期均衡汇率的变动，乃是同一期间

① 卡塞尔. 1914 年以后的货币和外汇. 1922 年英文版，第 129 页

② 卡塞尔. 1914 年以后的货币和外汇. 1922 年英文版，第 140 页

两国物价水平变动或者说两国通货膨胀率变动的反映。这就是说,汇率的变动应该与两国相对物价水平的变动相一致。可见,卡塞尔的购买力平价学说,乃是关于如何决定浮动汇率的理论。

但是卡塞尔又认为,购买力平价对均衡汇率来说虽然是其最主要的决定因素,却并不是惟一的决定因素。因为决定均衡汇率的还有外汇市场的投机因素和单向资本流动因素等。当然,这些因素比起购买力平价因素来仅仅居于次要地位。因此,卡塞尔在均衡汇率的决定上,既反对把购买力平价视为惟一因素的观点,也反对把购买力平价视为各种因素中毫无特殊作用的一个普遍变量,认为其具有最主要的决定性作用。总之,在卡塞尔看来,汇率在本质上并且首先是由购买力平价所决定的。

二、赫克歇尔—奥林的国际贸易理论

赫克歇尔—奥林模型是由瑞典经济学家赫克歇尔和奥林于20世纪二三十年代提出来的以要素禀赋论为基础的现代国际贸易理论。它的产生不仅是批判地承袭传统国际贸易理论的结果,同时也是当时瑞典所处时代的产物。

在20世纪国际贸易的论坛上,与资本主义世界经济发展的不平衡性相适应,自由贸易主义与保护主义之争一直很激烈。1929~1933年,经济危机使帝国主义各国之间为争夺国外市场而发生更激烈的关税贸易战,从而建立起新的关税壁垒。瑞典是个经济发达的小国,对国际贸易依赖性很强,因此对新的保护主义抬头深感不安,迫切需要有自由贸易主义的理论与政策支持。奥林的以宣扬国际自由贸易为宗旨的《地区间贸易和国际贸易》一书,便于1933年为适应这种形势的要求而问世。奥林在这部著作中高举自由贸易的大旗,以传统的比较优势理论为依据,大谈国际分工和自由贸易的好处。同时又以新的要素禀赋论为基础,建立起一整套国际自由贸易理论体系。它的诞生,既迎合了瑞典经济发展的需要,又在很大程度上符合国际资产阶级的要求,因而受到普遍重视并产生了极其广泛、深远的影响,以致成为现代国际贸易理论的开端。

赫克歇尔—奥林理论模型的核心和基础就是要素禀赋学说。在奥林等人看来,各国生产的商品之所以有相对成本高低的差别,从而引起各国贸易的发生,主要是由于各国拥有的生产要素存在着不可改变的相对充裕或相对稀缺的差别,即要素禀赋的不同,以及在产品生产中使用的各种生产要素的比例或密集程度不同。具体说明如下:

就各国要素禀赋不同而言,这是指各国所拥有的劳动、资本、土地(自然)这些最基本的生产要素的构成比例不同。例如,像美国、日本、德国等国拥有相对较多的资本积累,另一些国家像印度、埃及,劳动力资源比较丰富。资本相对充裕的国家因资本供给较多,资本价格相对较便宜;劳动力相对充裕的国家,因劳动供给较多,劳动力价格相对较低。

就各产品生产所使用的要素比例而言,如果使用劳动的比例较大,称为劳动密集型产品;使用资本的比例较大,称为资本密集型产品。所以,这个条件实际是就产品的要素密集型而言的。奥林假定各国生产某一特定产品的技术水平维持不变,从而这种产品的要素密集型在各国之间都一样。在这种情况下,如果两国之间生产出来的同一种产品的相对价格不同,就一定是由两方面的原因引起的:一是由于包括消费者的欲望、要求、爱好和生产要素所有权的分配状况在内的商品需求情况不同;二是由于生产要素的禀赋不同。这就是说，各国生产同一种产品而价格不同，就是由于各国在国内对这种产品的供求状况不同。

综合这两个条件来看，一国拥有某种相对较丰富的资源去生产这种资源密集型的产品，其价格自然就比较便宜。例如，美国、日本、德国拥有的资本比较充裕，就生产资本密集型产品；印度、埃及拥有的劳动资源比较充裕，就生产劳动密集型产品。这样，在美、日、德生产的资本密集型产品的价格就必然比印度、埃及生产的资本密集型产品的价格便宜；同样，在印度、埃及生产的劳动密集型产品的价格就必然比美、日、德生产劳动密集型产品的价格便宜。

于是，美、日、德生产的资本密集型产品便与印度、埃及生产的劳动密集型产品相交换，国际贸易由此而生。这种国际贸易理论虽然能说明一定问题，但却存在很大缺陷，主要是它否定了劳动价值论，以致比以劳动价值论为基础的李嘉图的比较优势理论还倒退了一步；同时，它假定一种生产要素在各国都是同质的，其生产效率都是相同的，但这个假定前提并不符合实际。所以，要素禀赋论并不能真正科学地解释现代国际贸易的流向。因此，奥林的要素禀赋论在西方经济学中不可避免地受到种种责难和挑战。著名的"里昂惕夫之谜"（The Leontief Pradon）就是对其挑战的一个例子。

第三节　北欧经济模型

北欧经济模型是与瑞典这种开放型小国经济相适应而产生的。

所谓开放型的小国经济，是假定这个国家与世界市场有密切联系，在世界市场上是价格的接受者，因而其通货膨胀受世界通货膨胀的影响很大。小国开放经济模型把这种小国经济分为两大部分：一是开放经济部门，即与世界市场密切联系的部门，主要由加工工业部门组成，它的产品进入国际市场，这个部门以 E 代表；二是非开放经济部门，即与世界市场一般没有直接联系的部门，主要由服务业部门组成，它生产的产品和劳务不进入国际市场，这个部门以 S 代表。依据这两个部门生产的特点，可以假定前一部门 E 的劳动生产率较高，后一部门 S 的劳动生产率较低。若以 λ_E 代表 E 部门的劳动生产率，λ_S 代表 S 部门的劳动生产率，则 $\lambda_E - \lambda_S > 0$。

假设 π_W 代表世界通货膨胀率，π_E 代表 E 部门的通货膨胀率，由于 E 部门产品是进入国际市场的，因此，$\pi_E = \pi_W$，即开放经济部门的物价上涨幅度与世界市场的物价上涨幅度一致。

再假设 α_E，α_S 分别代表一国经济中 E 部门和 S 部门各自在整个国民经济中所占的比重，并以 π，π_S 分别代表全国的通货膨胀率和 S 部门的通货膨胀率，则有如下关系：

$$\pi = \alpha_E \pi_W + \alpha_S \pi_S \tag{1}$$

在瑞典学派看来，小国开放部门的产品由于是在国外销售，全部卖价都为国内所得，因此，从价值角度来看，国际市场上物价的上涨幅度，也可以看做该部门劳动生产率增长幅度的一个组成部分，即开放部门的劳动生产率的增长率被视为由两个部分组成：一是世界通货膨胀率（π_W），二是该部门的实际劳动生产率的增长率（λ_E）。而该部门的货币工资增长率（设为 W_E）又是随该部门的劳动生产率的增长而增长的。于是：

$$W_E = \pi_W + \lambda_E \quad (2)$$

又由于非开放部门的货币工资增长率(设为 W_S)会向开放部门的货币工资看齐,因为在已基本实现充分就业和劳动市场的自由竞争条件下,非开放经济部门这时如果不提高工人工资,就不能保证足够的劳动人手。于是,非开放部门的货币工资会随着开放部门工资的提高而提高,即:$W_S = W_E$。但非开放部门的企业主在货币工资上涨后,产品按成本定价,同时产品价格又会随劳动生产率的提高而下降。因此,非开放部门的物价要受该部门货币工资增长率和劳动生产率增长幅度两个因素的影响:

$$\pi_S = W_S - \lambda_S$$

或

$$\pi_S = W_E - \lambda_S \quad (3)$$

将(2)代入(3):

$$\pi_S = \pi_W + \lambda_E - \lambda_S \quad (4)$$

将(4)代入(1):

$$\begin{aligned} \pi &= \alpha_E\pi_W + \alpha_S(\pi_W + \lambda_E - \lambda_S) = \\ &(1 - \alpha_S)\pi_W + \alpha_S\pi_W + \alpha_S(\lambda_E - \lambda_S) \\ \therefore \quad \pi &= \pi_W + \alpha_S(\lambda_E - \lambda_S) \quad (5) \end{aligned}$$

(5)式便是北欧经济模型或小国开放经济模型。它表明一个小国的通货膨胀率等于世界通货膨胀率加上非开放经济部门在全国经济中所占比重乘以该国开放经济部门同非开放经济部门劳动生产率之差额。

第四节　二战后瑞典学派的经济理论

一、林德伯克的三种经济模式理论

瑞典是一个以实行所谓“混合经济”制度为特征的现代资本主义国家。在“混合经济”中最主要的成分是生产资料私有制经济,其次是与国家活动相联系的所谓公共经济,再次是有少量的合作经济。据统计,1981 年瑞典私人经济与公共经济成分的支出占 GDP 中的比重分别是64.62%和36.37%。[①] 可见,瑞典与其他资本主义国家稍有区别的是“公共经济”部分在整个国民经济中占有较大比重,而且还有不完全同于私有制经济的合作经济成分。瑞典学派后起的代表人物林德伯克则在此基础上提出了他的三种经济模式理论。

林德伯克在 1971 年出版的《新左派政治经济学》中首先给社会经济制度下了一个定义:“一种经济制度就是用来就某一地区的生产、投入和消费作出决定并完成这些决定的一整套的机制和组织机构[②]。”他认为,作为这样的经济制度可以有各种各样的经济模式,不过在当代世界上实际存在的只有三种经济模式。这就是:以瑞典为代表的西方混合经济模式,以前南斯拉夫为代表的市场社会主义经济模式,以前苏联为代表的中央集权经济模式。

---

① 丁冰. 瑞典学派. 武汉:武汉出版社,1996. 143

② 林德伯克. 新左派政治经济学. 北京:商务印书馆,1980. 130

林德伯克把这三种经济模式所各自具有的八个因素的表现绘成图表,见图6-1所示。

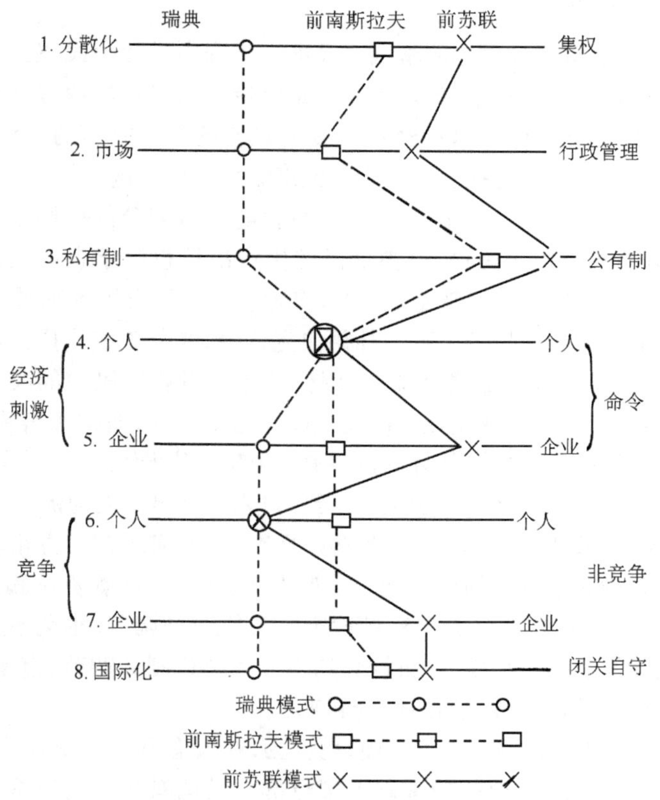

图6-1 三种经济模式

从图中可以看出,这三种经济模式具有如下不同特点:

第一,在集权和分权的关系方面(决策"结构"),西方混合经济模式偏重于分权,前苏联模式偏重于集权,前南斯拉夫模式介于二者之间,略偏重于分权。

第二,在市场和行政管理的关系方面(资源配置机制),西方混合经济模式偏重于市场制度,前苏联偏重于行政管理,前南斯拉夫模式模式介于二者之间,略偏重于市场制度。

第三,在所有制方面,西方混合经济模式以私有制为主,前苏联模式中公有制占统治地位,前南斯拉夫模式介于二者之间,略偏重于公有制——集体所有制。

第四,在经济刺激和行政命令的关系方面(调动积极性机制),对待个人,三种模式都偏重于经济刺激;对待企业,西方混合经济模式偏重于经济刺激,前苏联模式偏重于行政命令,前南斯拉夫模式介于二者之间,略偏重于经济刺激。

第五,在竞争与非竞争的关系方面,就个人方面而言,前南斯拉夫模式略偏重于竞争,而前苏联和西方混合经济模式都偏重于竞争;就企业方面而言,前苏联模式偏重于垄断,西方混合经济模式偏重于竞争,前南斯拉夫模式介于二者之间,略偏重于竞争。

第六，在对外经济关系方面，西方混合经济模式偏重于国际化，前苏联模式偏重于自给自足，前南斯拉夫模式介于二者之间。

二、社会民主主义经济制度理论

林德伯克在三种经济模式理论的基础上又进一步提出了社会民主主义经济制度理论。在他看来，在上述三种经济模式中，最理想的乃是以瑞典为代表的西方混合经济模式，即所谓社会民主主义经济制度。他对这种经济制度所包含的各个方面的经济关系和内容进行了分析，进而形成了自己的一套社会民主主义经济制度理论。这些关系是：

第一，分权和集权的关系。林德伯克认为，分权与集权划分的原则是：普通消费品的消费决策权归千千万万的消费居民；普通消费品的生产决策权归于企业；国民经济的统计研究、环境保护、公共产品的供应、经济稳定、财富和收入的公平分配等则属集权机构。

第二，市场调节和中央计划的关系。林德伯克认为，在分工相当广泛的社会里，为了使经济正常运行，必须交流情报、配置资源、协调亿万生产者和居民户的决策，使每一种产品的供应符合亿万居民和其他行业企业的需要。而要做到这些，通常都需要采取市场和计划相结合的办法。如果只有中央计划而没有市场机制的作用，即使借助于电子计算机也很难达到上述目的。结果必然是，社会资源配置不当、投入—产出不能均衡、计划调节不够灵活，于是出现商品短缺、排长队、供应票证泛滥成灾等现象，形成所谓卖方市场，并产生官僚主义。但是另一方面，没有中央计划也不能完全解决交流情报、配置资源和协调决策的问题。因为基层企业往往不能了解整个宏观经济情况。听凭市场调节，难免不带有生产盲目性。因此他认为，在现代发达的经济中，中央计划离不开市场机制的调节，市场调节也离不开中央计划的指导，需要的是把二者适当地结合起来。

第三，公有制和私有制的关系。林德伯克认为，在所有制问题上应实行社会民主主义方案，即在私有制经济占统治地位的基础上实行部分的国有化。在他看来，私有制是刺激企业主动性、创造性和克服官僚主义所必不可少的，但也需要实行部分国有化。这包含两方面的内容，一是对某些生产所谓公共产品和公共劳务的基础设施，如铁路、邮电、电站等行业应实行国有化；二是收入和消费国有化，即通过累进税制将一部分国民收入纳入国家政府预算，作为社会保险和供应集体消费的基金。

第四，经济刺激和指令的关系。林德伯克认为，在任何社会中，都必须把经济刺激与指令在不同程度上结合起来，以促使人们去从事工作、生产、储蓄和投资。当然，刺激除经济手段外，也有非经济手段，如友谊、威望、慈善心、权力欲、非常时期的爱国心等。但一般来讲，这些非经济的刺激不可能代替经济刺激，也不可能代替指令，所以经济刺激和指令是必不可少的。他认为，经济刺激有两种形式：一是利润差别，二是工资差别。但他认为，瑞典的经验证明，适当缩小工资差别，不但不会降低效率，反而有可能提高效率，因为它有助于保持整个社会的稳定，防止发生政治动乱。

第五，竞争与垄断的关系。林德伯克认为，竞争是普遍现象，是经济和社会发展的强大动力，在企业之间、国际之间、个人之间，都是如此。他还特别指出，企业彼此之间的竞争与中央计划经济并不矛盾，而是相辅相成的。因为企业彼此之间虽然存在竞争，但企业是有严密计划的，这可以被看做是分散的计划体系。所谓中央计划，无非是统一协调安排充分就业、经济增长、环境保护、公共消费、基本设施建设等等，而这些都是建立在私人部门普遍经济刺激的基础之上的，目的在于促进私人部门的发展，而且企业间的竞争是迫使企业提高效率，加速发展的强大动力。因此，企业竞争与中央计划的目标一致，二者之间不存在矛盾。

社会民主主义经济制度理论除了林德伯克作了如上论述之外，瑞典社会民主党理论家卡尔松（Karson，1934～　）也作出了自己独特的分析。他在《职能社会主义：瑞典的民主社会化理论》一书中提出了被称为"职能社会主义"的社会民主主义经济制度的理论，实际是走所谓"中间道路"的经济理论。他认为，目前社会主义与资本主义进行的意识形态的辩论，仍然在私人所有制和国家所有制上纠缠不休，但实际上，最重要的不是生产资料所有制形式，而是分配问题，要做到社会主义与资本主义两种制度和平共处，双方必须互相尊重，同时又要实行权力均衡，不以暴力解决社会问题。可见，卡尔松与林德贝克一样，都是以维护私有制为主旨的，只容许在分配问题上作一些调整或改良。

三、福利国家理论

魏克塞尔所开创的瑞典学派的理论传统在相当程度上与社会民主工党的改良主义思想相一致，即它们都反对新古典学派的自由放任，主张国家干预经济，通过国家的政策措施调节分配，消除收入分配上的两极分化，实现人人都能按照需要得到福利的"福利国家"。

瑞典福利国家理论认为，市场经济的基本原则之一是"按照努力得报酬"（Rewards According to Efforts）。由于人们所拥有的条件、能力和努力的程度不同，必将出现两极分化日趋严重的后果，而福利国家的基本原则之一是"按照需要得福利"（Benefits According to Needs）。例如，每个人都能在公共医疗系统中得到同等的、必要的医疗服务，小孩补贴和基本退休金都能自动地转移到需要者的账户上。在瑞典学派看来，市场经济原则如同飞机的引擎，没有它社会不能前进；而社会福利原则，如同飞机的稳定器，没有它，社会不能稳定。因此，只有把二者结合起来才能使社会获得稳步持续发展。

瑞典福利国家理论的发展与社会民主工党在瑞典的长期执政有着密切的关系，因为社会民主工党是以代表工人利益自居的，它从1889年4月成立后就力图依靠工会等各方面的力量，通过改良或和平的方式，建立一种以瑞典独特条件为基础的社会主义。它的第一代领袖和理论家、社民党主席佩尔·汉森在1928年的一次演说中提出了"人民家园"的思想。他说："我们追求的是一个平等、互相关心、合作和互助的家园。在当今社会，由于存在许多社会与经济障碍，公民们被分成了特权者与被遗忘者、统治者与隶属者、富人与穷人、饱食者与饥饿者、掠夺者与被掠夺者。而在属于大多数公民的家园里，所有这些障碍都将被彻底粉碎。"①这个"人民家园"的思想被认为是瑞典福利国家的理论基础。1932年，社民党在"人民家园"的口号下竞选上台，开始了迄今几乎是连续长达半个多世纪的执政（1932～1976，1982～1991，1994到现在），瑞典福利国家的理论和政策也得到丰富和发展。

社会民主党人埃兰德在1946～1969年担任首相期间，又提倡建立一个强人的社会，即强大的公共部门，运用广泛的经济资源提供社会福利项目，包括老年退休金、小孩补助、健康保险、租金补贴和教育改革等等。因此，如果说从20世纪20年代"人民家园"口号的提

① 转引自章念生：《社民党的理念》，载《人民日报》1998年9月22日。

出和三四十年代的实践意味着瑞典福利国家理论已经形成，那么到了60年代，该理论就已经处于相当成熟和巩固的时期了。

社会民主党人帕尔梅两度执政（1969～1976，1982～1986）和卡尔松执政（1986～1991）期间，也始终坚持福利国家的基本原则，直到1999年社会民主党人卡尔松再度上台执政时还公开宣布：要"给每个人有保证的社会保障"。社会民主工党1991年的党纲也明确规定"在护理、医疗和教育等方面，我们社会民主党人坚持给每个人平等的权利，我们要求每个人在生病、失业和退休时都有钱可用"。

可见，瑞典学派在其与社会民主工党的相互影响下，福利国家理论已成为其理论的重要组成部分和特点。

第五节　瑞典学派的经济政策主张

瑞典学派的经济理论是汇集不同时期的瑞典经济学家们的经济理论之总称。这些经济学家的理论虽然各具特色，但都保持着由魏克塞尔所开创的瑞典学派的理论传统。瑞典学派的经济政策主张，就是以这种理论为依据的，它的基本特征是要求实行国家干预，以维持经济均衡、充分就业和分配公平，进而实行自由的社会民主主义制度，建立所谓"福利国家"，试图使一个资本主义社会和平地转变为一个"自由社会民主主义"社会。

一、财政货币政策

早在20世纪初，瑞典经济学家们从魏克塞尔的积累过程原理出发，就强调国家干预经济。他们认为，国家应该利用货币政策来调节利息率；当货币政策不能保证经济均衡实现时，国家还应该采用财政政策来促使投资与储蓄相等，以达到实现经济均衡的目的。

在20世纪30年代，瑞典学派的其他经济学家也主张运用货币政策和财政政策来解决当时瑞典面临的经济危机与失业问题。例如，由奥林等参加的"瑞典失业调查委员会"所发表的《失业委员会最后报告书》中，就强调通过政策干预来消除失业。不过，货币政策与财政政策比较起来，瑞典学派更重视货币政策。

战后，瑞典政府在瑞典学派经济思想的影响下，一贯执行了国家干预经济的财政货币政策。但在各个不同的历史阶段，随着形势的变化，国家干预的力度和方法却处于不断变化之中。

二、充分就业政策

作为瑞典学派理论的重要组成部分和特点的福利国家理论认为，为了保证劳动者享有应得的福利，要尽可能实现充分就业。该理论甚至认为，实行"充分就业"原则乃是当代瑞典福利国家理论的主要思想。事实是：自20世纪30年代社会民主工党长期执政以来，瑞典政府也一向以充分就业作为自己宏观经济政策的首要目标。为此，他们采取的主要措施有：

第一，运用财政政策与货币政策来支持举办公共救济工程（如修建公路）、扩大住宅建造计划，借以安置失业人员和增加就业岗位。此外，国家还通过建立 SF 控股公司，依靠财政的帮助去拯救濒临破产或已经破产的企业，以维持劳动就业。

第二，运用财政补贴去扶持亏损企业，以减少失业和维持全社会既有的就业水平。

第三，加强对劳动力的再培训，以实现失业人员的再就业。最明显的例子是，瑞典政府在 1958 年经济衰退后，作为一种反对和防止经济危机的措施，愈加重视劳动市场政策的实施与作用。所谓劳动市场政策，主要是帮助失业者变换工作，如进行再培训，举办“公共工程”以吸纳工人就业等。

第四，在全国普遍设置职业介绍所，为求职者和雇工单位牵线搭桥。目前，瑞典已有职业介绍所 32 家，而且随着信息技术的发展，介绍所的许多服务项目已完全实现网络化。

三、社会福利保障政策

社会福利保障政策是瑞典福利国家理论的具体运用和集中体现，也是所谓瑞典模式或社会民主主义理论在对内经济政策方面颇具特色的重要内容，它强调要在国内居民中实行收入均等化和“从摇篮到坟墓”的社会福利保障制度，被誉为西方“福利国家”的典范。

所谓收入均等化，主要指利用累进所得税以及转移性支付，使社会各阶级、集团之间的收入和消费水平趋向于均等化。社会福利保障制度就是通过转移性支付来实现的。瑞典的社会福利保障制度主要包括如下几个方面：

第一，失业救济。瑞典的失业救济有两种：一是为那些参加了失业保险社的工人设置失业救济金。这种失业救济金按日计算发放，失业者领取的救济金一天最多不得超过其纳税后平均工资收入的 92%。二是为那些未参加失业保险社的工人设置的劳动市场现金救助。这是从 1974 年开始设置的救济项目，也是按日计发，在 1982 年，一个失业者一天领取的失业救济金最高不超过 75 克朗，如果失业者自有资产超过一定限额或有其他津贴时还要酌减。

第二，养老保险。对 65 岁以上者实行退休养老保险制度。退休养老保险金分为基本退休金和补充退休金两部分：前者指对退休公民一律按期发放等额的退休金，以保障其基本生活需要；后者是指与退休者在退休前工薪水平相联系的退休金，因而各退休者所得的这部分退休金额是有差别的，一般相当于退休前 15 个最高收入年份的平均年收入的 60%，但只有加入补充养老保险计划，并缴纳保养税达 30 年才能领取这份补充退休金。如果缴税不满 30 年，则按比例扣发补充退休金。

第三，住宅福利。瑞典居民住宅费用是比较高的。一个有自有住宅的中等收入家庭，所需支付的住宅日常维持费用占其可支配收入的 1/4；若租房，所需费用更高，租住三间一套的住房要占其可支配收入的 29.8%，租住四间一套的要占 35.9%。因此，政府设置了住宅福利津贴，以减轻居民的负担。这种福利津贴分为三种：一是由中央政府给予的，其多少视居住者收入和赡养孩子的多少而定。按 20 世纪 80 年代的标准，一个孩子最多一年津贴 1 500克朗。二是由中央与省政府共同提供的，其多少视居住者收入和住房费用的多少而定，最多可达住房费用的 80%。三是政府对老年住房费用的特别补充津贴，其多少视老年人的收入多少而定。在瑞典，差不多有约 50% 的退休老人可获得这种特殊津贴。收入很低的老年人所领取的各种住宅津贴加在一起，差不多可抵补全部住房费用。

第四，医疗保险。政府支出的医疗保险费用特别大，约占各地方政府财政支出的一半以上，从1974年起把牙病治疗也纳入了医疗保险之中。按规定，政府应向全国居民和入境外籍居民提供医疗保险。患者去医疗或门诊所就医，只需交少许挂号费和医疗费，一般每次挂号费为25～30克朗，而且每人一年只需交5次挂号费，超过5次者免交。医药费在10～40克朗之间由病人交付其50%，在40克朗以上者按同比例增加，但最多不超过40克朗。属抢救性治疗，医药费全免。住院费每天交30克朗，住食费全免。

第五，其他各种社会福利设施。这包括学生奖学金、护婴家长津贴、病孩家长津贴、子女抚养补助等。这些福利津贴一般都比较丰厚，特别是对低收入者更为优惠。

第六节 瑞典的“瑞典病”和经济改革与复苏

瑞典政府在战后所推行的一整套以收入均等化为目标的社会福利政策，成为西方所谓“福利国家”的典范，然而它带来的潜在的社会经济危机也是相当严重的，被称为“瑞典病”。这种“瑞典病”到20世纪90年代初发展到空前严重的地步，随后，由于瑞典政府对福利政策采取了一些改革措施，特别是通过实施新的大力发展高新信息技术的经济发展战略，才又使瑞典经济走上了复苏和快速发展的轨道。

一、“瑞典病”

“瑞典病”主要表现在：

其一，过度的社会福利支出。瑞典政府的公共开支中，绝大多数都是社会福利支出，如1981年，瑞典政府的社会福利支出为3 192亿克朗，占该年公共开支的84.98%和GNP的56%。

其二，过度的高额税收。庞大的社会福利支出是靠过度的高税收来支撑的。据报道，瑞典税收的最高边际税率，在20世纪70年代初为65%，1981年上升到87%，平均税率为68.9%。居民除缴纳个人所得税外，还要按参加各项社会保险，缴纳各种保险税。

其三，严重的通货膨胀。瑞典庞大的社会福利支出不仅必然伴随高额过度税收，还会带来严重的通货膨胀。因为社会福利具有下降刚性，特别在人为地不断提高社会福利水平的情况下，随着人口增加和经济疲软，使政府公共开支增加的速度超过GNP的增长速度，以致公共开支所占GNP的比重不断增大。据统计，这一比重在1950年仅为25%，到1983年已上升到70%。因此，尽管政府征收过度的高额税收，仍入不敷出，财政赤字不断增加，最终导致严重的通货膨胀。资料表明，瑞典的通货膨胀率1970年、1975年、1980年分别高达7%、9.8%和13.7%。

其四，生产增长率下降，失业增加，怠工严重。瑞典在战后实行高福利、高消费、高税收、高赤字、高通胀政策，导致的结果首先是生产增长率下降，甚至绝对下降。这是因为：一方面，高福利、高消费的结果过度地消耗甚至浪费了社会资源，使社会可用于资本形成、扩大再生产的能力大大减弱。同时，在严重通货膨胀的情况下，社会经济的正常秩序受到严重干扰，也会限制生产的快速、健康发展。

瑞典在战后一个相当时期内生产增长较快，但在20世纪六七十年代以后，随着高福利、高税收政策的推行，生产增长率便逐渐呈下滑之势。据统计，瑞典 GNP 年均增长率从1965～1973年的3.2%，下降到1973～1979年间的1.9%，即下降了40.6%；而同期美国的相应指标只下降了35.1%。进入90年代，情况进一步恶化，1990年瑞典的工业产值下降了2.8%，整个国民经济只较上年增长0.3%。到1991年还出现了国民生产总值第一次绝对下降1.1%，国际收支逆差高达334亿克朗之多的困难局面。

随着生产滑坡，经济不振，失业人数也在增加。本来瑞典政府通过国家干预，实行充分就业政策，使瑞典失业率一直较低，但在上述生产增长率下降的情况下，失业者在20世纪70年代以后总的却呈上升趋势。失业人数在1976年有6.6万人，1981年增至10.8万人。进入90年代，失业率更是居高不下，在1991～1994年间，失业率从2%直线上升到8%，打破了瑞典"充分就业"的神话。留在工作岗位上的职工，在高福利政策的纵容下，又普遍出现了缺勤、怠工的现象。

据瑞典经济学家托尔贝的统计，瑞典职工平均一小时工资为36～37克朗，一名工人如因病或照料病孩而缺勤一小时，其纳税后收入只减少6克朗，休闲的机会成本很低，因此职工就动辄请假、缺勤；有些工人甚至以病假为名从事"地下经济活动"，如从事非法的房屋修缮、汽车修理等工作，其所得收入超过6克朗，以致缺勤现象相当严重。据调查，到20世纪80年代，每天每4个工作人员中，就有一人缺勤。

以上所述便是"瑞典病"的种种症状，到20世纪90年代初，这些症状急剧恶化，以致执政的社会民主党在1991年竞选中不可避免地落选，而由以保守党为首的联合政府取而代之。

二、20世纪90年代的经济改革与复苏

以保守党为首的联合政府于1991年9月竞选获胜执政后，面对严重的经济衰退，试图着手经济改革，主要是压低税收，紧缩福利，以改变"瑞典模式"。在个人所得税方面，将原来最高税率可达72%的阶梯格局改为两个档次，1993年以年收入19.06万克朗为界，以下者税率为31%，超出部分最高边际税率不超过51%；企业所得税率从48%降到30%。在紧缩福利方面，要求在实现有效的基本保障的基础上，让个人也承担一定的责任；取消不少国家补贴的福利待遇，使无竞争力的企业倒闭；打破过去政府的垄断，逐步建立起多渠道办福利的竞争机制。然而，由于传统的瑞典模式已深入人心，保守党为首的联合政府3年来的改革，不仅没有使瑞典经济有所好转，反而使失业率直线上升，GNP下降了6%，财政赤字高达1 900亿克朗，国家负债1.1万亿克朗，约占GDP的80%。这对瑞典这样一个小国来说，无疑是一个致命的打击，以致保守党政府在1994年大选中失利，再次由社会民主党上台执政。

社会民主党再次执政后，1995～1996年又继续进行社会保障制度的改革，重点是削减和控制对社会保险费的支付。例如，用现金支付的育儿费用削减约15%；再如，对退休金的支付方式也进行了改革。瑞典高龄养老金的发放额是根据物价上升水平而增加的，由于人口老龄化加重，高龄人数增多，加之经济不景气与物价上涨，政府对退休金的支付额直线上升，不堪重负，于是便改变退休金支付的标准。以往的退休金包括基本退休金和补充退休金两部分，前者按退休者人头平均发放，后者以工龄和工资水平为依据按比例发放，改革后使二者合并为一种，按比例发放。为了摆脱经济衰退的困境，瑞典政府除了进行一些社会

保障制度的改革之外,更重要的是采取了新的大力发展高新信息技术的经济战略,并以此带动整个国民经济的发展。

1994 年 3 月,瑞典成立了由首相亲自牵头的国家信息技术委员会,通过制定相关方针政策、法规等,鼓励和促进信息技术的广泛应用,从而带动信息技术产业发展,以至推动整个国民经济各部门的发展和产业结构的调整、升级。1996 年,瑞典政府又进一步提出大力发展信息技术的战略。2003 年 3 月,瑞典政府还向议会提交了名为“全民的信息社会”的信息技术议案,它包括要求实现三大战略任务:①切实加强信息技术的安全性与可靠性;②为适应信息社会发展的需要,加大培养人才的力度;③兴建遍及全国的宽带网,提高信息传输能力,使每一个瑞典人都能享受信息技术的发展成果。近 10 年来,瑞典的信息技术产业在政府的大力推动下,获得了空前发展。据 1998 年的统计,瑞典国内计算机和因特网普及率已分别达到 68% 和 50%,特别是中小学学生群体,更分别达到 94% 和 86%。到 2000 年,瑞典每千人拥有的联网计算机有 89 台,居世界第三。信息技术的发展及其对整个国家经济的带动,瑞典的劳动生产率已明显提高。据美国劳工部的调查,1990 ~ 1999 年在西方 12 个工业化国家中,工业生产效率提高最快的是瑞典,达到 47%,超过美国 8 个百分点。在世界经济论坛 2000 年全球经济创造力指数排行中,瑞典的指数为1.36,位居世界第五,瑞典的整个经济增长率高达 4%,GDP 为2 770亿美元,人均 GDP 居世界第九位,失业率下降到 4%,通货膨胀率不到1.5%。① 不过,在资本主义世界经济普遍面临严峻形势的情况下,瑞典亦未能逃脱经济下滑的厄运。如 2001 年和 2002 年,瑞典的 GDP 只分别增长了 1.2% 和 1.5%。②

第七节　简要评述

瑞典学派从它的先驱者纳特·魏克塞尔的经济学产生算起,至今已有 100 余年的历史。这个学派与其他的一些西方经济学派比较起来,不仅时间最长,而且在理论的许多方面,也具有领先的或特殊的地位,这主要表现在它开创的宏观动态经济理论、国际经济理论和社会民主主义理论等方面,都有其独到的特色,特别是它包括经济和政治在内的社会民主主义理论,即所谓瑞典模式,更是引人注目。瑞典模式要求在政治上实行阶级调和,在经济上实行以私有制为基础的混合经济制度和收入均等化的社会福利保障制度,建立所谓福利国家,并试图由此使一个资本主义社会和平地转变为一个“自由社会民主主义”社会。

然而,瑞典模式实践中所产生的“瑞典病”已生动说明,企图使资本主义和平地转变为社会主义是根本不可能的,原因在于分配的条件是由生产条件决定的。贫富悬殊、两极分化,乃是资本主义私有制所固有的特征,即使人为地通过税收和个人转移支付的政策予以调节,最多也只能缓解其悬殊程度,而不能根本消除。因为当人们采取税收、福利政策予以调节时,必然要受到两方面的限制:一方面国家累进的所得税率不能无限地提高,过高会影响资源供给的积极性,甚至会出现资金、人才外流,不利于资源效率的提高;另一方面,对低

①,② 韩康等. 21 世纪:全球经济战略的较量. 北京:经济科学出版社,2003. 423,427

收入者的补助也不能无限增多，过多会形成社会“大锅饭”，抑制劳动潜力的充分发挥。所谓瑞典病，实际就是瑞典模式受到这两方面限制的最明显的表现。20 世纪 90 年代后期以来，瑞典经济之所以能复苏发展，实际主要并非由于实行了福利制度的某些改革，而是采取新的大力发展高新信息技术战略的结果。而这种经济发展又势必受到资本主义固有基本矛盾的制约而难以持久，瑞典的经济增长率刚达到 2000 年高峰之后就不可避免地立即大幅度下降。实践证明，瑞典模式并不能从根本上解决经济持续、健康发展的问题。

思考题

1. 瑞典学派的分析方法和理论有何特点？
2. 试分析说明卡塞尔的购买力平价理论和赫克歇尔—奥林模型的内容。
3. 林德伯克的社会民主主义经济制度的基本内容和实质是什么？
4. 如何理解瑞典福利国家的理论、政策和“瑞典病”？

参考文献

1. 奥林. 地区贸易和国际贸易. 北京:商务印书馆,1986
2. 丁冰. 瑞典学派. 武汉:武汉出版社,1996
3. 林德伯克. 新左派政治经济学. 北京:商务印书馆,1980
4. 魏克塞尔. 国民经济学讲义. 上海:上海译文出版社,1983
5. Assar Lindbeck, *Swedish Economic Policy*. Univ. Cal. Press,1974,Mancmillan,1975
6. J. M. Buchanan. Knut Wicksell on Marginal Cost Pricing. *Southern Economic Journal*,1951(2)

第7章

弗莱堡学派

学习要点和要求

了解弗莱堡学派的学术渊源和主要特征，熟悉、掌握并评论欧肯的研究方法论体系和形态学体系，说明并评论欧肯提出的经济政策应当遵循的“建立的原则”和“调节的原则”。

德国弗莱堡学派主要活动于20世纪30年代到50年代，但其对德国经济理论和经济政策的影响却一直延续到现在。通常把弗莱堡学派看成是当代新自由主义经济学在德国的主要代表，因为它反对国家干预自由竞争的市场价格机制；但是在另一方面，德国弗莱堡学派又是新自由主义经济学各流派中主张国家干预最多的一个学派，它主张依靠法治国家的力量来建立“竞争秩序”，防止垄断，在国家的保护下实行真正的“完全竞争”。

第一节　弗莱堡学派的形成、学术渊源和特点

一、弗莱堡学派的形成

经济学中的德国弗莱堡学派与19世纪末哲学上的“弗莱堡学派”无关。经济学中的德国弗莱堡学派是一个以德国经济学家瓦尔特·欧肯（Walter Eucken，1891～1950）为核心的学术集团，其成员主要是欧肯在德国弗莱堡大学的同事和学生。

经济学中的德国弗莱堡学派诞生于20世纪30年代，它以瓦尔特·欧肯为思想领袖和领导核心。与欧肯一起创立了这个学派的是法学家弗朗茨·贝姆（Franz Boehm，1895～1977）、汉斯·格罗斯曼－道艾尔特（Hans Grossmann-Doerth，1894～1944）。除了上述3

位创始人之外，这一学派的主要成员中还有欧肯的夫人艾迪特·欧肯－艾茨克(Edith Eucken-Erdsieck，1896～1985)、欧肯在柏林的老同学汉斯·盖斯特里希(Hans Gestrich，1895～1943)、弗莱堡大学教师伯恩哈特·坡菲斯特尔(Bernhard Pfister)、康斯坦丁·冯·迪策(Constantin von Dietze)，以及欧肯在20年代和30年代的学生弗里德里希·A·卢茨(Friedrich A. Lutz，1901～1975)，K·F·麦耶尔(K. F. Maier)、利昂哈特·米克施(Leonhard Miksch)、弗利茨·维·梅耶(F. W. Meyer)和恩塞尔(K. P. Hensel)。

在弗莱堡学派的这些主要成员中，除汉斯·盖斯特里希从未在弗莱堡大学工作和学习过之外，其他人在20世纪30年代初期或中期大都在弗莱堡大学工作，"弗莱堡学派"正是由此得名的。

在德国，还有一些独立的著名的新自由主义经济学家，如威廉·罗普凯(Wilhelm Roepke，1899～1966)、宗教社会学家和经济理论家亚历山大·吕斯托夫(Alexander Ruestow，1885～1963)、经济政策专家阿尔弗雷德·米勒－阿尔马克(Alfred Mueller-Armack，1901～1978)和路德维希·艾哈德(Ludwig Erhard)等也提出过一些经济理论及主张。如：米勒－阿尔马克在第二次世界大战后首先提出在联邦德国实行"社会市场经济"的主张，以后"社会市场经济"就成了战后联邦德国经济体制的正式名称。路德维希·艾哈德在第二次世界大战后长期担任联邦德国经济部长、总理，他在从政期间实行了弗莱堡学派的经济政策主张，而这个时期，联邦德国出现了经济超高速增长的"经济奇迹"，艾哈德由此而被称为"德国经济奇迹之父"。

罗普凯、吕斯托夫、米勒－阿尔马克和艾哈德在最基本的学术观点和经济政策主张上都与弗莱堡学派相近，因此人们有时也把他们算做弗莱堡学派的成员。但是实际上，他们并不属于弗莱堡学派。他们没有加入欧肯周围的学术圈子，与弗莱堡学派的成员没有密切的私人关系，因而不能按"学派"的严格意义成为弗莱堡学派的成员。更重要的是，他们各有自己独立的学说体系，在学术风格上与弗莱堡学派有较大的差异。

1950年，弗莱堡学派公认的领袖瓦尔特·欧肯和主要成员之一米克施先后去世，这大大削弱了弗莱堡学派的影响力。尽管此后弗·贝姆和恩塞尔还在努力支撑这个学派，但由于有影响的成员太少，弗莱堡学派实际上已经不成其为严格意义上的学派了。随着贝姆和恩塞尔的年老去世，弗莱堡学派逐渐消失。但是它在经济学说特别是经济政策上却一直对联邦德国有着深刻的影响，这种影响一直延续到现在。

二、弗莱堡学派的学术渊源

弗莱堡学派的学术渊源有经济学和法学两个方面。在创立弗莱堡学派之前，瓦尔特·欧肯是专业的经济学家，而弗朗茨·贝姆和汉斯·格罗斯曼－道艾尔特则是专业的法学家。他们分别从经济学和法学两个不同的角度各自独立地形成了相同的学术观点和经济政策主张，并据此创立了弗莱堡学派。

在经济学方面，弗莱堡学派的学术渊源既有欧洲思想传统中的秩序观念、使用边际分析的"现代经济学"理论和西方近代的个人主义哲学，还有德国经济学中的历史学派传统。

当瓦尔特·欧肯和汉斯·盖斯特里希这一代人在德国的大学中学习经济学的时候，历史学派还在德国的大学中占据着统治地位。欧肯在大学学习时已经对边际主义的现代经济学理论产生了兴趣，但是他最初的经济思想仍然不能不受历史学派影响，他在博士论文中所作的最初的经济研究,探讨的也还是历史学派式的课题。1923年以后,欧肯转向主要研究边际主义的经济理论,但是他仍然致力于将边际主义的理论分析与历史实际结合为一体。

弗莱堡学派承袭了欧洲思想文化传统中关于秩序的观念。欧洲传统的秩序观念直接起源于中世纪基督教会关于"秩序"(Ordo)的学说。欧洲基督教会将有关Ordo的概念演化成了类似于中国古代思想中的"道"那样的观念,由此产生的秩序观念强调如何将各种东西结合成一个整体,如何为各种东西在整体中安排一个适当的位置。弗莱堡学派的领袖欧肯进一步发展了欧洲传统的秩序观念,认定任何社会经济生活中都存在着某种"经济秩序",只有在具体的经济秩序下才能完成稀缺资源的配置,而经济政策的任务在于建立和确保一种最适当的经济秩序。

弗莱堡学派极端强调西方传统的个人主义社会哲学对当代经济生活的指导意义。西方文明中有着浓厚的个人主义文化传统,这种传统形成于古代的希腊和罗马,随着近代资本主义的兴起而在西方的思想界占据了统治地位。个人主义的社会哲学认为,个人本身就是目的,是最高的价值,社会只是个人的集合,是达到个人目的的一个手段。弗莱堡学派与哈耶克等著名的新自由主义经济学家一样,把个人主义的社会哲学视为社会和经济的最根本的指导原则。他们的所有经济政策主张都以保障个人自由为基本前提,致力于在这一前提下形成一种有运行能力的、合乎人的尊严的经济秩序。

在经济理论上,弗莱堡学派是使用边际分析的"现代经济学"理论的继承者。在边际主义经济理论的各个流派中,弗莱堡学派主要承袭了奥地利学派的传统。他们全盘接受并普遍运用了边际效用价值论,以此来说明各种社会经济现象。他们还特别忠实地信奉庞巴维克的时差利息论,致力于运用庞巴维克的"迂回生产道路"之类的理论观点来说明资本的积累和社会经济波动。瓦尔特·欧肯本人的经济理论研究主要集中在进一步发展庞巴维克的资本理论上,他后来构造的许多"经济秩序的纯粹形式"也来源于庞巴维克在理论分析中所假设的情况。这些工作构成了欧肯实证性经济研究的大部分。而欧肯的学生弗·阿·卢茨更是20世纪50年代按新古典经济学研究资本理论的国际权威。

三、弗莱堡学派的特点

秩序观念是弗莱堡学派的最主要特征,这一特征在思想上把该学派与所有别的新自由主义经济学家明确地区别开来。

瓦尔特·欧肯系统地阐发了弗莱堡学派的秩序观念。"秩序"的本意是指有一定规则的安排。欧肯在两重意义上使用"秩序"这个概念:第一重含义指的是历史上具体的、实际给定的事实,这重含义上的秩序是实证性的,它可以有许多种,欧肯称它们为"经济秩序"(Wirtschaftsordnung);第二重含义上的秩序只是许多种经济秩序中的一种,是那种最好的、真正合乎人与事物的本质的经济秩序,欧肯将其称为"经济的秩序"(Ordnung der Wirtschaft),它具有规范性。

欧肯把实际的经济区分为两个方面:"经济秩序"和"经济过程"(Wirtschaftsprozess)。第一重含义的、实证的经济秩序就是"控制经济的方式"(Art der Wirtschaftslenkung),就是一种社会性的安排,通过这种安排来"控制日常的经济过程"。实际上,欧肯把日常的经济过程看成是配置稀缺资源的过程,所谓"控制日常经济过程"就是配置稀缺资源以满足需要。

这样,欧肯所说的"经济秩序"实际上就是配置资源的社会机制,就是配置资源的社会安排或制度形式。

欧肯把第二重含义上的规范的秩序即"经济的秩序"看做是经济政策的目标,他提出这一概念的目的就是要建立一种合乎理性或人和事物自然本性的秩序。欧肯认为,他说的"经济的秩序"也就是欧洲思想传统中所说的"自然秩序"或"奥尔多"(Ordo)。1948 年,弗莱堡学派及其德国新自由主义经济学的盟友们开始编辑出版《奥尔多》年鉴。这一年鉴一直出版发行到现在,成为德国新自由主义经济学的机关刊物。由于"奥尔多"观念凝聚了弗莱堡学派的全部经济政策思想,人们也把弗莱堡学派的经济政策理念称做"奥尔多自由主义"。

弗莱堡学派经济学的另一大特点,就是区分具体的"经济秩序"及其"纯粹的秩序形式",在此基础上将边际主义的抽象理论分析与对具体历史实际的研究结合起来。瓦尔特·欧肯认为,边际主义理论原理的适用性受着现实存在的经济秩序的制约,而历史上具体存在的经济秩序又极其丰富多样。为了能够用边际主义的经济理论来解释复杂的社会经济过程,首先就必须将历史上各种各样的经济秩序还原为组合成它们的各种纯粹的形式要素。这些"纯粹的秩序形式"其实就是现代经济学中的各种纯粹的理论模型。

基于这种考虑,欧肯认为,历史上具体存在的经济秩序虽然十分丰富多样,但是它们都是由少数"纯粹的秩序形式"组合而成的。欧肯借用但又修改了马克斯·韦伯的"理想类型"概念,把自己的"经济秩序的纯粹形式"说成是"理想类型"(Idealtypus)。欧肯所说的理想类型并不反映具体的经济,不摹写具体的现实,而是思想上的模式、观念上的形式,它们虽然客观地存在于事物之中,但并不是纯粹地存在着,而是彼此融合地存在于现实当中。它们又不受时代限制,可以存在于任何时代、任何地方。这样,历史上任何一个具体的经济秩序都是由若干个不同的"理想类型"("纯粹的秩序形式")组合而成的。

借助于这样一套有关"理想类型"和"经济秩序的纯粹形式"的学说,欧肯认为:现实存在的、具体的经济秩序之所以千差万别,是由于组成它们的"纯粹的秩序形式"各不相同,这些秩序形式组合的方式各不相同;与此同时,尽管现实具体的经济秩序极其丰富多样,但是它们又全都可以由数目不多的"经济秩序的纯粹形式"组合出来,就像可以用 26 个字母组合成数目极多又复杂多样的单词一样。而这少数"纯粹的秩序形式"都是适于用边际主义经济理论进行分析的理论模型。通过把现实具体的经济秩序抽象化为"纯粹的秩序形式",欧肯从方法论上回答了如何从经济现实中提炼并在经济现实中运用边际主义的现代经济学理论。他把各种"纯粹的秩序形式"的总体总称为"形态学体系"(Morphologisches System)。

第二节　弗莱堡学派的经济学说体系

对于正统的西方经济学理论,弗莱堡学派很少有所发展。他们所作的值得一提的理论贡献,主要是瓦尔特·欧肯 20 世纪 30 年代对庞巴维克资本理论所作的某些进一步发展,弗·阿·卢茨后来对资本理论的深入研究,以及欧肯的学生恩塞尔运用主观效用价值论对"集中管理的经济"内部的经济过程所作的理论分析。弗莱堡学派在经济学说上的特殊之处，主要在于瓦尔特·欧肯对经济研究方法的系统总结和他们有关经济政策的学说。

一、欧肯的经济研究方法论体系

欧肯认为，搞清了某一时刻、某一地方的经济秩序的结构和经济过程中的各种联系，就完成了经济学的首要任务——认识经济现实。而为了认识经济现实的这两个方面，就要运用两类认识工具——有关经济秩序纯粹形式的“形态学体系”和经济理论，以“形态学体系”来说明经济秩序的结构，以经济理论来说明经济过程中的各种联系。

显然，要能够系统地运用“形态学体系”和经济理论，就要首先将它们提炼出来。这样分别地提炼和运用“形态学体系”和经济理论，就形成了系统地研究经济和经济学的四个步骤。欧肯通过完整地总结和论述经济研究的这四个步骤，提出了一个系统的经济研究方法论体系。

欧肯主张的经济研究第一步，是提炼经济秩序的“纯粹的形式要素”。

欧肯根据与他同时的著名“现象学”哲学家胡塞尔的观点，把这一步中使用的抽象方法称为“着重强调的抽象”（Pointierend-Hervorhebende Abstraktion），他又称这种方法为“孤立的抽象”。这种着重强调的抽象，其特点在于它的前提是观察具体的实际经济；它是针对个别事实而实施的，进行抽象时要深入到各个个别的事态、各个具体的家户和厂商中去；它着重强调个别现象的各个个别方面，要充分地突出个别之物，逐个地把一个具体事实的各个方面都上升为理想的类型，把每个具体的经济事实都分解为构成它的经济秩序的各种不同的形式要素；它的结果是“理想类型”即经济秩序的各种纯粹形式；它可以用来分析历史上任何时候、任何地方、任何民族的经济。

欧肯举例说，运用“着重强调的抽象”，我们可以从当时弗莱堡某工厂的某职员的家庭经济活动中，得出“交换经济”和“简单集中领导的经济”这两种“理想类型”；从1929年德国某城市的某棉纺厂的经济活动中，得出产品市场上的“供给垄断”，劳动市场上的“两方面垄断”等“纯粹的秩序形式”；等等。

运用“着重强调的抽象”分析历史上的具体经济所得出的最终成果就是欧肯所说的“形态学体系”。

欧肯主张的经济研究第二步，是提炼经济理论原理，而这种“经济理论研究”遵循的是边际主义理论分析的范式。欧肯系统地总结了这种经济理论分析的方法和程序。

在欧肯看来，理论原理是对必然的条件联系的一般适用的陈述，它的逻辑形式是假言判断，采取“如果……，就会……”的句式，这种判断的前件与后件之间的关系，主要反映了理论分析的各种条件与经济事件的状况（它表现为理论定律）之间的条件联系。

由于理论原理具有假言判断的性质，欧肯特别强调区分理论原理的“真”（Wahr）与“现实性”（Aktualitaet）。他认为，每个正确地提炼出来的理论原理都总是“真的”，但是只有当在一定的时间、一定的地点存在着它适用的条件状况时，它才会具有“现实性”。理论原理的现实性不断变化，它受时间约束，但是理论原理的真理内容、它本身的真理性却不受时间制约。

要想得出假言判断式的带必然性的理论原理，只能运用思维的力量去进行演绎推理。欧肯坚持提炼经济理论原理应当使用理性主义的演绎法。这种演绎必须以“经济秩序的纯粹形式"为基础,在单个的"秩序形式"的范围内进行,因而必须分别分析不同的经济体制、分析每一个"经济秩序的纯粹形式"。每次演绎都从一个经济分析条件的总体出发,运用一个或几个"经验规则",而每个经济分析条件的总体都包括一个经济秩序的纯粹形式和一套给定的资料。演绎要依据"充足理由律",充分利用思维和理性的力量,把上述理论分析的条件和经验规则当做根据来进行推导,而这种演绎得出的结果就是欧肯所说的理论原理,即对必然的条件联系的一般适用的陈述。

欧肯认为,经济理论原理应当回答经济过程内部的联系问题,这种问题的核心是如何克服现有物品的稀缺,也即稀缺资源的配置。这个资源配置问题本身又分为5个方面:①如何控制生产以满足不同的需要,为什么、怎样把现有的土地、劳动力、成品、半成品引导到一定的使用方向上去;②如何分配整个社会的消费品;③如何确立生产的时间结构;④如何从技术上可能的许多种生产方法中挑出应用的技术来;⑤如何安排经济的空间秩序。经济理论原理应当从这些方面说明经济过程中的必然联系。

欧肯的演绎性理论分析的出发点是所谓的"资料"(Datum),资料就是人们在经济活动中视为给定的事实。资料本身有"个别经济的资料"与"整个经济的资料"之分。在欧肯看来,任何资料都是"个别经济的资料",因为它总是个别经济的领导者在作计划时视为给定的事实。而"整个经济的资料"却是这样一些事实:它们决定了经济的世界,自己却不直接由经济上的事实决定。理论的说明止于实际的整个经济的资料。理论的任务就是把必然的联系一直追溯到资料的边缘,指出各个资料如何决定经济上的事件。但是经济理论不能解释这些资料如何产生。欧肯认为,"整个经济的资料"包括6项:需要、劳动、自然、过去生产出来的物品的存货、技术知识、法律和社会组织。

在欧肯看来,人们在制定经济计划时还必须考虑3个"经验规则"和风险因素,因而它们也是理论分析的依据。欧肯所说的3个"经验规则",就是边际主义理论分析所依据的那3个主要原理:"第一戈申定律"即消费上的"边际效用递减规律";"收益增量递减规律"即边际生产力递减规律;"迂回生产道路产出率更高定律",这是庞巴维克在其资本理论中从生产上解释利息源泉的一个特殊原理。

欧肯特别强调理论原理受"经济秩序的纯粹形式"制约。他主张为每种"秩序形式"提炼其特有的理论原理,反对在这样分别的研究之前就概括出不同经济秩序下"普遍适用的经济理论"。他指出,当时的"现代经济学"理论大都以分析"交换经济"的各种"秩序形式"(如"完全竞争")为基础,而奥地利学派的庞巴维克等人所设想的"鲁滨孙经济"的运行实际上是对"简单的集中领导的经济"的理论分析。基于欧肯的这种观点,欧肯的学生恩塞尔还对"集中领导的经济"作了专门的理论分析。

欧肯主张的经济研究第三步,是运用他的"形态学体系"去认识具体的经济秩序。他主张在这一步中使用所谓"概括的抽象"(Generalisierende Abstraktion),这一方法实际上就是经验主义的归纳法,它实施于通观许多具体的事实,要利用类概念来把握这许多具体事实的共同特征;使用这一方法的过程,也就是运用形态学体系以认识一定民族、一定时期的经济秩序的具体结构;进行概括抽象之后所得出的是"现实的类型",它说明了某时某国具体的经济秩序的结构。

欧肯主张的经济研究第四步,是运用经济理论原理以说明历史上具体的经济现实、具体的经济过程。这一步研究的前提是有了在经济秩序的纯粹形式基础上提炼出来的理论原理,又已经知道,在具体的经济现实中存在着哪些经济秩序的纯粹形式;而这一步的研究就是选取与存在的秩序形式相对应的、适当的理论原理去说明实际的经济过程。

二、"形态学体系"

欧肯以"形态学体系"来总括他所说的全部"纯粹的秩序形式"。他一方面力图运用这个"形态学体系"来说明所有实际存在的、实证的"经济秩序";另一方面又把其中的各个"纯粹的秩序形式"当做研究边际主义经济理论的基础。

欧肯以个别计划的特征为依据来区分各种不同的"纯粹的秩序形式"。他认为,任何时点、任何地方人类的经济活动都是在提出和执行经济计划的过程中进行的,根据个别计划如何产生这一点就可以确定各种"纯粹的秩序形式"的特征。

依据上述标准,欧肯区分了两大类最基本的经济秩序的纯粹形式——两种"经济体制"(Wirtschaftssystem):一种是"集中领导的经济"(Zentralgeleitete Wirtschaft),另一种是"交换经济"(Verkehrswirtschaft)。"集中领导的经济"的特征是:一个共同体的整个日常经济生活都由一个中心的计划来控制;而在交换经济中,整个社会的经济却是由两个或许多个个别经济组合起来的,这些个别经济中的每一个都提出和执行自己的经济计划。欧肯认为,这两种经济体制都不受时间约束,存在于任何时代、任何地方,并且总是互相融合着。在这两种经济体制之外,不存在、也不可能存在任何别的经济体制。

欧肯把集中领导的经济又分为两种基本的类型:一种是"简单集中领导的经济"(Einfache Zentralgeleitete Wirtschaft),它的规模很小,只包括例如有几十个人或百把个人的一个家庭,在这种经济中,领导者一个人就可以通观全部经济过程;另一种则是"集中管理的经济"(Zentralverwaltungs Wirtschaft),它的规模很大,需要特殊的管理机构来进行管理。

欧肯认为,集中领导的经济的这两种基本类型都存在于3种不同的"经济秩序的纯粹形式"之中,它们是:

第一,"完全集中领导的经济"。其特征是:在这种经济中,不允许进行交换,不允许自由选择消费品和工作地点,只由一个经济计划来指挥共同体的一切经济活动,由一个领导中心来使用生产要素、分配产品和消费品。

第二,"自由交换消费品的集中领导的经济"。这种经济与"完全集中领导的经济"几乎完全一样,惟一的区别是:它允许其成员彼此交换分配到的消费品。而如果经常进行消费品的交换,就得使用普遍适用的交换手段——货币,以形成市场和价格。

第三,"消费选择自由的集中领导的经济"。这种经济也与"完全集中领导的经济"几乎完全一样,二者的区别在于这种经济的成员有消费选择的自由。他们不是得到配给的消费品,而是得到对消费品的一般指令权——工资。个人在他收入的范围内购买他想买的东西,在这个范围内存在着消费选择的自由,但是中央机构可以通过自己的价格政策,使消费者的购买在很大程度上适应自己在生产和销售上的愿望。

欧肯所说的理想型的交换经济由纯粹的"厂商"(Betrieb)和"家户"(Haushalt)构成:厂商只进行生产,它购买劳动服务和物质生产资料,将它们结合起来生产产品和服务,并出卖这些产品和服务;而家户则只是单纯的消费单位,同时又向厂商提供劳动服务和储蓄的资金。在交换经济中,有许多厂商和家户共同生存着并彼此进行交换;它们中的每一个都是一个个别经济,但是每一个个别经济的计划都不可能是完全的,它只能是一种部分的计划。每个个别经济的领导者在制定他的经济计划时,都要注意把这个计划适当地安插到交换经济的总体中去。这样,交换经济就必须解决一个独特的问题:通过交换将各个个别的计划和经济活动协调起来,从而把整个经济过程协调起来。而交换经济中的各种"经济秩序的纯粹形式"之间的差别,就在于它们是协调经济过程的不同方式。

欧肯强调,在交换经济中,个别经济的经济计划和经济行为的协调,一方面由于市场形式的不同而不同,另一方面则由于"货币体系"和"货币经济的主要形式"的不同而不同。这两方面的各种不同的秩序形式,构成了交换经济之下的全部"纯粹的秩序形式"。市场形式决定个别经济之间的协调方式,是因为市场形式就是供给与需求相遇的形式,而一切交换经济的关系都存在于市场上的供给与需求中;而货币制度影响个别经济之间的协调方式,是因为货币制度的形式就是交换手段的形式,个别经济要方便它们之间的经济往来需要使用这些交换手段。

在区分不同的市场形式时,欧肯首先区别了"开放的"和"封闭的"这两种"供给和需求的主要形式"。如果准许每个人或每个较大的集团作为供给者或需求者进入市场,并且每个人都可以供给或需求他认为合适的数量,那么供给和需求就是开放的;如果每个人并不是都可以作为供给者或需求者进入市场,供给和需求就是封闭的。这种开放与封闭的区别也适用于资本市场和劳动市场。

欧肯认为,供给和需求的每一种主要形式又都分别有5种"纯粹的形式"。他主要依据"计划的资料"(Plandaten)来把握这些供给和需求的纯粹形式。欧肯指出,每个个别经济的领导者都根据一些他视为既定的事实来制定他的经济计划,这些事实就是他所说的"计划的资料"。依据计划资料的不同,供给和需求两方面各自都有5种"纯粹的形式":

第一,垄断。垄断供给者把预期的顾客反应作为他的经济计划中的资料,垄断需求者则把预期的卖方反应作为其经济计划中的资料。他们之所以能这样做,是因为在市场上只有一个供给者,或者只有一个需求者。欧肯还把"集体垄断"看做是垄断的一种特殊形式,而集体垄断是指相互达成了协议的许多个别经济作为一个单个的垄断者而出现在一个市场上。

第二,部分垄断(Teilmonopol)。这是指许多小厂商与一个大厂商或一个集体垄断者并存在同一个市场上。这些小厂商接受大厂商提出的价格,把它们当做计划的资料;同时,由于这些小厂商联合起来占了供给量或需求量的一个较大部分,大厂商也必须在自己的经济计划中考虑它们的反应。

第三,寡头垄断。这时只有少数几个供给者或需求者。每个个别经济只考虑两种资料,即预期的市场对方的反应,以及他的竞争者对他的行动的反应。寡头垄断者在考虑他的竞争者的反应时,不仅考虑他们的价格政策,而且考虑他们的全部营业条件,特别是投资政策。

第四,部分寡头垄断(Teiloligopol)。这时在同一个市场上同时并存着少数几个大的和一些小的供给者或需求者。小的个别经济根据大的个别经济提出的计划来决定自己产品的价格;而那些大的个别经济在行动的时候不仅要考虑预期的相互之间的反应,以及预期的市场对方的反应,而且要考虑预期的那些小的个别经济的反应。

第五，竞争。这时供给者或需求者从匿名的市场上接受价格。一个供给者（需求者）之所以这样做，是因为他的供给量（需求量）在市场总的供给量（需求量）中所占的份额太小，以至他不需要注意他的行为将引起的反应。

在这里，欧肯批评正统微观经济理论中通行的对"完全竞争"的定义，说它以企业数目多少来界定一个市场是否是"完全竞争"，这是十分武断的。他特别反对把"完全竞争"说成是一种单个企业在事实上根本不能影响物品价格的情况，在他看来，个别经济改变自己的供给量或需求量在事实上总会多多少少地影响相应物品的价格。竞争性的供给或需求的特征只能是：由于单个的个别经济相对于市场来说太小，它在自己的经济计划中就不考虑自己的行为所引起的反应，而只是把价格当成计划的资料并相应地行动。

由于市场是由供给和需求两个方面结合起来的，市场形式就总是供给形式和需求形式的结合。例如，如果需求和供给两方面都处于竞争之下，市场形式就是"完全竞争"的；如果需求处于竞争之下而供给处于垄断之下，市场形式就是"供给垄断"；而当需求处于垄断之下而供给处于竞争之下时，市场形式就是"需求垄断"。这样，由于供给和需求方面各有5种纯粹的形式，二者结合时就会产生25种市场形式。再考虑到供给和需求都有开放和封闭这两种不同的类型，上述的25种市场形式中的每一个又都有4种不同的类型，以区别其供给方和需求方的开放或封闭。这样，各种不同的"秩序形式"总共可以组合出100种互不相同的"市场形式"。

在区别货币制度方面的"秩序形式"时，欧肯的出发点是区别核算尺度（Rechnungsskala）与货币（Geld）。他把核算尺度看做交换经济正常运行的必要先决条件，认为个别经济的计划都向这个尺度看齐，它们的相互协调才有基础，因此任何交换经济中总是必定存在着一种核算的尺度。但是交换经济中不是都存在着货币，欧肯所说的货币只是普遍承认的交换手段。

欧肯首先根据是否存在着普遍承认的交换手段来划分货币制度方面的"纯粹的秩序形式"，由此区分了"自然交换经济"和"货币经济"。在"自然交换经济"中，所有的厂商和家户都不使用货币，而直接用商品或劳务去交换其他的商品或劳务，而在这时每个个别经济也都使用一种核算的尺度。而在"货币经济"中，厂商和家户在任何情况下都使用货币来进行交换。货币经济又有两种主要形式：一种是货币同时也用做核算的单位，另一种则是货币与核算单位不同。

欧肯还把历史上具体的货币制度区分为3种纯粹的"货币体系"（Geldsystem）。这3种货币体系之间的区别，在于它们以不同的方式创造货币：

在"第一种货币体系"中，货币是由某种物质物品转变成的，这就是历史上广泛存在过的把粮食、铜、贝壳、贵金属等用做货币的货币制度。在这种货币体系中，货币也是在"封闭的供给垄断"、"完全竞争"等不同的"市场形式"中创造出来的。这种货币体系下的"完全竞争"指的是任何人都可以自由地把贵金属铸造成货币。

在"第二种货币体系"中，货币在经济上是一种债券，货币的创造人则是信贷的接受者。这里的货币是作为对供给物品或劳动服务的报酬而产生的，它由买者们在购买商品和服务时创造。现代的银行券和汇划货币都是在这种货币体系中产生的货币。

而在"第三种货币体系"中，货币是由发放信贷的人创造的。这里的纸币在经济上也是一种债券,但它是由债权人自己对自己发行的债券。这种货币体系也同样存在于许多种市场形式之中,它在现代变得日益重要,成了占统治地位的货币体系。现在,大多数国家的银行券由中央银行创造,这种货币制度实行的就是“第三种货币体系”。

欧肯认为,在具体的货币制度中,上述3种货币体系通常是相互融合地并存着,但融合的方式常常不同,而每一种货币体系原则上又都可以处于任何一种市场形式之中。

第三节 弗莱堡学派的政策主张

弗莱堡学派把选择和建立一种最好的经济秩序当做经济政策的主要任务。欧肯认为,经济政策上的一切问题归根结底都是“经济的秩序”问题,并且也只有在这个问题的范围内才有意义;而所谓“经济的秩序”就是赋予“新的工业化了的经济一个有作用能力的和合乎人的尊严的”“经久不变”的秩序。① 因此,一切经济政策措施都必须服务于建立“经济的秩序”,都必须致力于塑造这样的经济秩序的形式。欧肯把这种经济政策称为“秩序政策”(Ordnungspolitik),秩序政策是弗莱堡学派经济政策主张的根本特征。

为了贯彻“秩序政策”,弗莱堡学派主张经济政策上的任何行动都要服从经济上的总的秩序;在采取任何个别的经济政策措施之前都必须认清,应该实行什么样的“经济宪法”(Wirtschaftsverfassung)。经济宪法是关于一个共同体的经济生活秩序的总决策,一旦作出了这一决策,就必须在经济政策的任何细节上都首尾一贯地按照这一经济宪法行事。

弗莱堡学派的“经济宪法”的核心是建立所谓的“竞争秩序”。在竞争秩序中,占统治地位的应当是完全竞争的市场形式;而“家庭经济”(即“简单集中领导的经济”)则是一种起补充作用的“经济秩序的形式”,它存在于个别家庭的那些自给自足的生产中。弗莱堡学派反对传统经济自由主义自由放任的经济政策主张,强调在“竞争秩序”下,个人没有任意规定竞争的规则或“经济秩序的形式”的自由,“经济秩序的形式”应当由国家的秩序政策规定。国家应当利用它的各方面政策来保障在一切非“家庭经济”的地方都实行完全竞争,在不可能靠完全竞争来协调各个厂商和家户的决策的地方,国家就应当采取特殊的经济政策措施,以使经济过程运行得“似乎”像在完全竞争下那样。

欧肯认为,由于各个经济政策行动与经济秩序相互影响,要想实现竞争秩序,就必须使所有方面的经济政策都合乎竞争秩序的要求。为此,他提出了经济政策应当遵循的一系列“原则”,主张将这些原则应用到具体的历史情况中去,以便建立和保障竞争秩序,使之有效运行。欧肯把经济政策应当遵循的这些原则分为两类:一类是所谓“建立的原则”(die Konstituierenden Prinzipien),另一类则是“调节的原则”(die Regulierenden Prinzipien)。

一、建立的原则

建立的原则涉及如何建立竞争秩序。在欧肯看来,贯彻了这些原则,就能够建立起竞争秩序。这些“建立的原则”包括:

① 瓦尔特·欧肯.国民经济学基础.北京:商务印书馆,1995.307

第一,建立一个有运行能力的、完全竞争的价格体系。欧肯强调,这是任何一项经济政策措施都必须遵守的基本准则,是"经济宪法的基本原则"。基于这个基本原则,弗莱堡学派不仅反对集中管理的计划经济,反对现代凯恩斯主义的各种反周期政策和充分就业政策,而且反对政府的销售税、财政补贴,主张禁止卡特尔。

第二,货币政策在各项经济政策中应占首位,其主要任务是建立一个自行发生作用的货币政策上的稳定器,以便始终保持物价总水平的稳定。强调货币政策在宏观经济上的决定作用,把物价总水平稳定看做是压倒一切的宏观经济政策目标,主张反通货膨胀比扩大就业重要,这标志着弗莱堡学派在宏观经济政策上完全站在新自由主义经济学一边,反对凯恩斯主义的宏观经济政策。

第三,开放市场。弗莱堡学派一贯主张国家用积极的经济政策来保证任何市场的供给和需求两方面的开放性,在这方面只能允许有极少数例外,例如,给予中央银行以发行银行券的排他性特权。它所主张的开放市场的政策措施,不仅包括取消对外贸易上的各种保护主义政策,而且包括取消专利权,为保护商标而限制转手买卖的价格等政策措施,因为这些措施不仅支持了私人权力封锁市场,而且造成了垄断和生产集中的强烈趋势。

第四,实行生产资料私有制,保障企业家对企业经营的领导权。欧肯一方面认为,主要生产机构的公有制与集中控制经济过程有着必然的联系,生产资料私有制是竞争秩序不可缺少的前提条件,另一方面又强调要通过竞争秩序、通过完全竞争的市场来限制私有者和企业家的权力。

第五,与完全竞争相一致的真正的契约自由。弗莱堡学派一方面重申自由主义的传统观点,认为契约自由对竞争秩序必不可少,另一方面强调垄断者可能利用契约自由的原则破坏竞争秩序,因而主张不准有签订限制或取消契约自由的契约的自由(如不准有签订卡特尔协议的自由),在供给垄断或需求垄断的情况下则不能保留契约自由。

第六,责任原则——经济活动的领导人应当对其活动的后果负完全责任。弗莱堡学派猛烈批评19世纪以来各种缩小经济责任的制度变化,如有限责任公司的出现,认为这是经济政策方面的失误。

第七,经济政策必须具有一定的稳定性,包括实行长期不变的税收、对外贸易协定和货币单位。

第八,各项"建立的原则"必须相互配套而不能相互冲突。

二、调节的原则

调节的原则涉及如何使竞争秩序能够正常地发挥作用。欧肯认为,之所以在"建立的原则"之外还需要这些"调节的原则",是因为即使严格遵循"建立的原则",也可能在个别市场上产生非完全竞争的市场形式,完全竞争下的经济过程中也可能在某些地方出现损害和缺陷,这都使竞争秩序不能够有效地运行,需要遵照"调节的原则"实行特殊的经济政策来加以纠正。

欧肯提出的"调节的原则"包括:

第一,原则上禁止垄断,在无法完全消除非完全竞争的市场形式之处,则依靠专门的政府机构来监督和控制垄断,以迫使垄断者和寡头垄断者都像在完全竞争之下那样行事。这种对垄断的控制包括：

- 只允许在市场上遵照国家的法律形成一般的营业惯例，而不准偏离法律规定去制定不利于契约对方的营业条件；
- 禁止以任何形式阻碍竞争，包括不准封锁市场，不准给予忠诚折扣以及不准使用垄断斗争价格等；
- 不准实行价格歧视，价格歧视针对不同的需求层次而对同种物品索取不同价格；
- 按照在完全竞争条件下起作用的价格形成的原则（如供给等于需求且价格等于平均成本等），由政府的垄断监管机构规定垄断企业的产品价格。

1957 年，联邦德国制定的《反限制竞争法》，体现了这一反垄断原则的基本精神，被视为是弗莱堡学派在经济政策上的重大胜利。人们甚至把这个《反限制竞争法》称为德国“社会市场经济的基本法”。

第二，实行累进的所得税，以便在不妨害投资意愿的前提下缩小收入分配方面的不平等。

第三，以政府的法律手段来抵消外部性的影响，在单个企业自己的经济计算没有反映其经济活动对整个经济的影响的地方使用政府的法律手段来限制单个企业制定经济计划的自由。

第四，当劳动市场的供给对工资有反常的反应，即工资下降会增加劳动供给时，由政府采取一系列干预劳动市场的经济政策，直到规定最低工资。

第四节　简要评述

弗莱堡学派的经济学说是一种系统化的综合。欧肯提出他的经济研究方法论和“形态学体系”，目的是解决德国历史学派提出的经济研究的任务与边际主义的理论分析的矛盾，把边际主义的理论分析运用到具体的历史实际中去。他用“形态学体系”来组合现实中具体的经济秩序，是为了把现实具体的资源配置机制抽象为边际主义理论分析的经济模型；他把日常的经济生活分为经济秩序和经济过程两方面，是为了能够提炼和使用抽象的边际主义经济理论原理去说明具体的经济实际。在经济政策上，弗莱堡学派主张实行“秩序政策”和“竞争秩序”，也是为了使实际的经济活动合乎边际主义经济学“完全竞争”的理论模式，这是因为边际主义理论证明了“完全竞争”是最好的“秩序形式”。

总的说来，瓦尔特·欧肯的经济研究方法论对边际主义经济学和现代西方经济学理论的研究方法、研究步骤都作了系统而恰当的概括。当代西方新古典经济理论的发展至今没有摆脱欧肯提出的方法论框架。特别是 20 世纪 80 年代在宏观经济分析中出现的“实际经济周期”模型，几乎完全是按照欧肯在《国民经济学基础》中说明经济波动的基本思路进行分析的。

思考题

1. 试述弗莱堡学派的思想渊源。

2. 试述弗莱堡学派的特点。

3. 叙述并评论欧肯的经济研究方法论体系和形态学体系。

4. 分析和评论弗莱堡学派的政策主张。

参考文献

1. 左大培. 弗莱堡经济学派研究. 长沙:湖南教育出版社,1988

2. 〔德〕瓦尔特・欧肯. 国民经济学基础. 北京:商务印书馆,1995

3. 〔德〕瓦尔特・欧肯. 经济政策的原则. 李道斌译. 上海:上海人民出版社,2001

4. 梁小民. 弗莱堡学派. 武汉:武汉出版社,1995

第 8 章 德国社会市场经济理论

学习要点和要求

德国社会市场经济是正在形成的欧洲大陆经济社会模式的主体，也是目前世界上与英美自由市场经济和东亚政府主导型的市场经济并列的三个最具特色的体制模式之一。学习和研究这种体制的理论基础，不仅对了解这种模式的产生、演变和发展趋势具有重要意义，同时对把握经济全球化背景下经济社会体制的区域化发展趋势，以及完善我国社会主义市场经济体制也大有裨益。

第一节 德国社会市场经济理论的形成、特点和学术渊源

一、德国社会市场经济理论的形成

第二次世界大战后，选择何种经济体制来替代战时的统制经济体制，成为德国经济界和理论界激烈争论的头等大事。在这次历时 3 年多的争论中，各种理论林立、莫衷一是，其主流大体可以分为两大营垒：以民主社会主义为核心的左翼势力沿袭魏玛时期的经济民主要求，主张较多地保留战时配给经济因素，实行一种民主的计划经济模式；以自由主义为代表的右翼势力主张彻底改造战时经济体制，实行市场经济。在战后“社会主义时代思潮”影响下，左翼思潮最初占有明显优势，就连基督教民主联盟也倡导一种“基督教社会主义”模式。后来，由于冷战端倪初现，英美占领当局改变了在争论中最初的中立态度，加之民主社会主义模式又很难在理论上与苏联模式完全划清界限，自由主义思潮开始占

了上风。在这种背景下,著名经济学家米勒-阿尔马克于1947年提出了“社会市场经济”模式。1948年6月,在英美占领当局首肯下,艾哈德政府以米勒模式为样板,以“货币改革”和“价格改革”为先导,将社会市场经济理论付诸实践。最初这种模式只是一个基本框架,许多细节不甚明了,它是在而后几十年联邦德国的实践和理论探讨中才逐步完善起来的。

二、德国社会市场经济理论的特点

(一)多种经济社会理论的综合

概括说来,社会市场经济的理论基础主要有三大来源:奥尔多自由主义、民主社会主义和基督教民主主义中的经济社会秩序理论。社会市场经济理论是米勒-阿尔马克为了弥合战后初期这些理论之间的对立而提出的折中主义模式,所以它一开始便具有明显的中间道路特征。它虽然以市场经济为基础,但也吸收了某些民主社会主义和基督教民主主义的主张。在后来的发展中,它仍然表现出混合模式的特征,各种思潮都力图进入这一理论以获得合法地位,进而影响联邦德国现实的经济社会体制。至于哪种理论能算做这种社会市场经济的组成要素,并无一个固定标准。一般说来,一种理论及其相关的政策主张在联邦德国的经济社会体制中被法律化、制度化,便被认为纳入到了社会市场经济理论之中。

(二)开放的、演进的经济社会理论体系

社会市场经济理论不是一种僵化的模式,它会随着制度变迁、实践和理论进展而不断调整和完善。自1947年社会市场经济理论出现以来,许多新的因素不断地加入进来,一些过时的东西被剔除出去。所以,现在的理论与创建之初相比已发生了很大变化,并还将继续发展演变。

(三)欧洲大陆经济社会模式的理论基础

随着欧洲一体化进程的推进,社会市场经济的影响跨出国界,先是波及到莱茵河流域国家,后来扩大到西欧大陆。伴随着欧盟东扩,现在其影响已经扩大到整个欧洲大陆。就连崇尚国粹的法国人都认为这种经济社会体制正日益成为欧洲模式的样板。社会市场经济成为欧洲模式样板的原因是:

首先,欧洲大陆国家具有共同的历史和文化基础,社会市场经济是最能反映这种共同性的经济社会模式。这些国家的经济社会体制虽然存在差异,但在关注社会公正、注重政府在经济社会发展中的积极职能、民主政治基础上的社会性协调机制、劳工权利保护、广泛的福利制度、大陆法系等方面却有一致性。这些共同之处最终可以追溯到基督教民主主义、民主社会主义、建构式的自由主义的共同理念上。由于德国人早在半个多世纪以前就开始把这些东西融入市场经济之中,这种模式自然成为欧洲联合的基础。

其次,社会市场经济的“中间道路”和“开放性”特征,使这种经济社会模式具有很大的包容性和可持续发展性,因此,这有助于接纳各国不同的经济社会体制,并有利于逐步融合和化解各国间的历史文化差异。

再次,德国在欧洲一体化进程中的特殊地位和积极作用,使欧洲模式被深深地打上社会市场经济的烙印。具体原因有以下几点:①德国是欧盟第一大国,在人口和经济实力等方面占有明显优势,在协调共同规则时具有其他国家所不具备的大国优势。②德国地处中欧,与西欧和东欧、北欧和南欧有着密切的地缘联系,其经济社会体制和历史文化具有整合

共同体的优势。例如，在近年欧盟东扩过程中，德国就表现出明显的主导作用。③与其他国家的经济社会体制相比，德国社会市场经济在许多方面具有优势，更容易为盟国所接受。如在欧洲货币同盟创建中，各个大国都想在新制度中有更多发言权，但经过多重的反复博弈，欧洲中央银行最像德意志联邦银行，欧元近乎是扩大了的马克。④在一体化进程中，德国处处表现出大国风范，经常使用以利益换规则的手法，在利益上做出让步，以换取其他国家更多地接纳自己的制度。⑤德国是联邦制国家，在中央与地方权责划分中给地方留下了更大的自主空间，与中央集权模式相比，这种联邦制规则更适合于不以主权国家为背景的欧洲联合。⑥由于历史原因，德国在政治问题上通常采取低调立场，这使它有更多的政治资本换取其他国家对其经济社会体制的认同。后两点优势在德法两国争夺一体化主导权方面表现得尤为突出。①

三、德国社会市场经济理论的学术渊源

社会市场经济的理论渊源最早可追溯到中世纪基督教中的“社会公正”和“行业秩序”、“职业秩序”思想，以及中世纪城市和行会生活中的经济思想。然而，直接构成其来源的思想却是19世纪德国工业革命后才产生的。

（一）旧历史学派的李斯特传统

社会市场经济理论受历史学派，尤其是以李斯特为代表的旧历史学派影响最大，主要体现在三个方面：首先，强调经济理论的国民性，不赞成当时英国经济学所倡导的一般规律的传统。社会市场经济理论是反映德国“国民性”的经济社会体制理论，实际上是李斯特的这一传统在新的历史条件下的表现。其不同之处在于：它与主体源于英美的一般经济理论之间的关系不再是对立的，而是互补的。其次，主张国家干预的传统。这一传统不仅在社会市场经济理论中被继承，而且被大大地丰富了。李斯特的国家干预思想主要集中在对内建立统一市场，对外实行贸易保护的秩序政策方面，而社会市场经济中的国家干预思想还吸收了凯恩斯主义和民主社会主义的内容。尤其值得一提的是，李斯特倡导的这种干预政策与社会市场经济理论中欧洲一体化政策有惊人的相似之处，不同之处仅仅是，对内一体化和对外保护的范围扩大到了整个欧洲。最后，历史的、结构分析方法。李斯特倡导的经济学范式是德国社会市场经济理论采用的基本方法。不过，现代德国经济学家不再像李斯特时代那样，对于外来的、建立在一定假设基础上的逻辑演绎方法采取排斥态度，两种范式在现代德国经济理论中相得益彰，互为补充。

（二）新历史学派

新历史学派对当代德国经济理论的主要影响有以下三个方面：

1. 社会市场经济理论遵循的第三条道路理念来源于新历史学派的阶级调和理论。19世纪的德国处在一个阶级斗争的时代，资本主义发展使阶级矛盾日益突出，当时的资产阶

① 在一体化过程中，英国的地位十分尴尬。从经济社会体制和文化传统上讲，英国是盎格鲁—撒克逊模式的开创者，与欧洲大陆国家的传统格格不入；从地缘上讲，英国却是欧洲国家，欧洲大陆历来是英国极其重要的市场，加入一体化进程与其国家利益息息相关。英国这种特定的制度传统和特殊地理区位，往往使它处于一种两难选择的境地。要想分享更多的一体化收益，不被排斥在欧盟相对封闭的市场之外，英国就不得不接受某些大陆规则，放弃一些自己的传统，但这是英国人极不情愿的。这正是英国在一体化进程中走走停停，与法、德等国若即若离的根本原因。

级奉行古典自由主义信条，无产阶级信奉社会主义的阶级斗争观念，两大阶级互不相让。新历史学派认为，两大阶级的激烈冲突会引发革命，并导致德国社会崩溃，阻碍近现代化进程。“第三条道路”的概念正是在此背景下由施莫勒于19世纪90年代初最先提出来的。

2. 社会市场经济理论中的雇员共同决策思想受新历史学派影响很大。基于阶级调和的理念，新历史学派经济学家根据一些欧文式企业家的做法，主张企业主与工人委员会用协商的方法来解决劳资矛盾，而不要采用阶级斗争的方式。因此，共同决策的理论来源可以追溯到阶级调和思想上。

3. 社会市场经济理论中社会福利思想的最初来源也可以上溯到新历史学派的社会政策主张上。新历史学派的经济学家对工业革命初期工人阶级的悲惨境遇予以同情，但不赞成工人用阶级斗争的方式来争取权益，主张由政府实行社会福利措施来解决工业化产生的社会问题。无论是俾斯麦推行的社会保障制度，还是现代福利制度都被打上了他们的烙印。时至今日，施莫勒当年创建的“社会政策协会”及其所办刊物仍是德国该领域中最有影响的机构和杂志。

（三）社会主义的经济社会理论

社会市场经济理论家认为，马克思对社会市场经济理论的影响很大，其左翼的理论渊源最终都可以追溯到马克思那里，但直接对社会市场经济理论发生影响的却是修正主义理论。其中介是民主社会主义对马克思理论的两次重大修正：第一次是伯恩施坦和希法亭的修正主义，它改变了建立社会主义制度的革命方式，主张用和平、民主的方式逐步过渡到社会主义。第二次是在第二次世界大战后，这次修正的重点是放弃民主的计划经济模式而转向市场经济，这使民主社会主义理论正式融入到社会市场经济理论之中。

（四）社会自由主义

经济自由主义是社会市场经济的重要理论来源，但这种自由主义与在英美占主导地位的自由主义有明显差别。自由主义可以分为“演进论”自由主义与“建构论”自由主义：前者源于英国，后来在美国被发扬光大；后者源于法国，后来成为欧洲大陆国家信奉的自由主义。在20世纪30年代危机以前，两种自由主义的区别并不明显。在如何复兴遭受危机冲击的自由主义传统时，二者的区别凸显出来。演进式自由主义更多继承了旧自由主义传统，它虽然认为个人自由应受到一定社会规则的约束，但强调这种规范个人自由的经济社会秩序形成的“自发性”。建构式自由主义则强调制度形成的“人为性”，认为自发形成的市场经济不是理想的秩序，它的形成和发展必须受到“社会理性”的限制，因而也称“社会自由主义”。社会市场经济正是在这种自由主义思潮影响下，按照社会理性原则人为建构出来的经济社会体制。①

第二节　德国社会市场经济的理论体系

社会市场经济理论体系由奥尔多自由主义、民主社会主义和基督教民主主义组成，这

① 在哈耶克看来，演进论自由主义与“真正的”个人主义相联系，而建构论自由主义则建立在“虚假的”个人主义哲学基础之上。由此他甚至说：“社会市场经济不是市场经济。”

里重点介绍前两种理论。

一、奥尔多自由主义

奥尔多自由主义的理论基础是在20世纪30年代危机后欧肯、贝姆、吕斯托、罗佩克等经济学家在对旧自由主义的批评和反思中奠定的。但它作为统一的经济学流派,却形成于战后初期。在选择德国未来经济社会体制的论战中,为抗衡民主社会主义主张的计划模式,这些德国最著名的自由主义者联合发起创办了《奥尔多》杂志,宣传自由主义所主张的市场经济,因此获得德国新自由主义这个称谓。“ordo”这个拉丁词的本意是秩序,以此命名这份杂志,既表明他们与“无序的”旧自由主义的区别,还暗含着他们继承欧洲大陆传统,与英美自由主义保持距离的心迹。他们因此也被称为“秩序自由主义”(Ordnungsliberalismus)。时至今日,这份杂志仍是德国自由主义最有影响的理论喉舌,奥尔多自由主义也因之扬名于世。

(一)奥尔多自由主义的特点

1. 继承德国传统的自由主义。奥尔多自由主义直接源于康德、歌德、洪堡等思想家倡导的个人主义哲学和国家法哲学思想。这种自由主义的特点是:在尊崇个人自由时强调个人的社会责任和义务,批评“无社会责任感的”和“极端利己主义的”个人主义,并认为个人自由需要国家来创造和呵护。奥尔多自由主义还继承了德国先哲的传统,常常把社会市场经济中的“社会”解释为“社会责任”,并把创造和维护个人自由的重任赋予了国家。

2. 坚决反对旧传统的自由主义。奥尔多自由主义是在20世纪30年代危机后主动批评旧自由主义基础上形成的,其对“自由放任”的激进批评态度甚至超过了国家干预主义。这与英美的新自由主义者出于维护自由主义传统目的,被动地修正某些过时教条的情况形成鲜明对照。难怪米塞斯等人怀疑奥尔多自由主义的基本立场,曾扬言要把他们开除出自由主义营垒。

3. 强调秩序的自由主义。在奥尔多自由主义者的观念体系中,秩序与自由是两个具有同等地位的核心概念。在他们看来,个人自由固然重要,但个人自由一旦离开“好”秩序的规范,少数人就会损害其他人的自由,最终将导致专制主义。他们还用自由竞争导致垄断,德国国民选出希特勒来说明理想秩序的重要性。英美自由主义者虽然不否认秩序的重要性,但却强调其次生性,认为秩序是个人自由协议的派生物。

4. 强调人为形成的秩序。与自由主义者一般崇尚“自然秩序”或“秩序的自然状态”不同,欧肯把秩序区分为自然“生长成的”和人为“设立的”两类,认为前者在历史上“完全占统治地位”,由于它引起经济生活中的垄断和政治领域中利益集团无休止的争斗,因而“现代的工业化世界不再容许放任它的秩序生长”。罗佩克则用“野生植物”和“人工培育植物”来形象地褒贬这两种秩序。后来的奥尔多自由主义者把他们的上述观点概括为“自由不会自发地产生,它必须由人为的和文化的社会秩序来加以维护”。

5. 强调国家和社会干预的自由主义。与主张人为秩序的观点一致,奥尔多自由主义重视国家在创造和维护竞争秩序与个人自由中的积极功能。他们不仅主张国家干预,而且认为在强大的垄断势力和利益集团面前,国家还必须是强大的。这种观点与自由主义通常反对国家干预的观念有很大差别。

6. 反对功利性的自由主义。经济自由主义与功利主义之间通常存在一种血缘联系，但奥尔多自由主义者却明确反对功利主义式的自由主义。他们认为，市场经济有两项功能：创造和维护个人自由的“最终性”功能，以及有效配置资源的“工具性”功能。在他们看来，功利性自由主义者看重的是市场的工具性功能，轻视甚至无视其最终性功能，常常在颂扬大企业在技术进步和效率方面的优势时，忽视消费者的自由和中小企业的经营自由，甚至不惜在维护经济自由幌子下放纵垄断。

7. 反对资本主义的自由主义。与自由主义者通常是资本主义制度的维护者不同，奥尔多自由主义者在反对社会主义的同时，也强烈抨击资本主义。在他们的术语中，资本主义实际上是一个贬义词。如罗佩克所说，如果人们非要使用“资本主义”这个词，它“只表现为市场经济的一种历史形式”，并“不表现市场经济原则的特征”。因此，他主张把“市场经济的本质和它的历史堕落和扭曲”形式“这两个完全不同的东西”区分开来。“社会市场经济”正是在这种观点影响下，有意回避资本主义这个术语而提出来的概念。

8. 最温和的自由主义。奥尔多自由主义是国际新自由主义营垒中保留自由主义传统最少的派别。其立场不仅受到英美自由主义者的怀疑，包括后来的德国经济学家也认为，把奥尔多自由主义简单地划归新自由主义有点勉强。“如果人们要把奥尔多自由主义者归入战后的新自由主义思潮之中，并把其归入‘新自由主义’的总概念之中，那么他们就构成这种新自由主义的极端的一极。新自由主义的另一个极端则可以米塞斯和哈耶克为代表。”

奥尔多自由主义并不是完全统一的团体，它可以分为弗莱堡学派、社会（学）自由主义和实用主义的自由主义三个派别。弗莱堡学派在前文中已述及，这里仅介绍社会自由主义和实用主义的自由主义两个学派。

（二）社会（学）自由主义

社会（学）自由主义的代表人物是罗佩克（WilhelmRoepke，1899～1966）和吕斯托（Alexander Ruestow，1885～1963）。与欧肯一样，他们在激烈批评旧自由主义信条中创立了自己的理论。纳粹统治时期他们曾流亡国外，战争结束后回国，成为社会市场经济的积极推动者。

与弗莱堡学派相比，这个派别在理论上更强调德国传统，主要表现在以下几个方面：首先，他们更多继承了历史学派的理论观点和分析方法，这与弗莱堡学派尖锐批评历史学派的立场形成鲜明对照，它因而也被称为本土自由主义。其次，他们的经济理论带有明显的社会学痕迹，强调市场经济必须有强大的社会秩序来支撑，也被称为社会（学）经济自由主义。再次，他们的学说受基督教民主主义影响较大，又被称为宗教新自由主义。最后，他们积极倡导德国走“第三条道路”，是自由主义营垒中主张中间道路的中坚力量。而弗莱堡学派则对第三条道路持审慎保留态度，既不提倡也不公开反对。

这一派别对社会市场经济理论的贡献主要在其“社会”内容方面。他们强调经济和社会的双重目标并重：经济秩序虽然是社会秩序的基础和前提，但它只是社会总秩序中的一个子秩序，即所谓的“经济是社会的亚体系”。具体到市场经济秩序与社会秩序的关系时，罗佩克认为：“市场经济是一个自由的、幸福的、富足的、公正的和有秩序的社会的必要条件，但绝非是其充分条件。”在批评传统的自由市场经济时，他认为，“与令人赞叹的和完全不可替代的供求机制联系在一起的市场经济的最终命运，取决于供给与需求的彼岸”。市场经济的新生"只有在一个建立在人类学—社会学框架的更大的牢固基础上的社会政策中才有可能"。罗佩克的这些观点对社会市场经济理论的影响极大。如果就这种体制的"社会"性质而言,这个派别的影响远远超过弗莱堡学派。

在社会政策方面,他们认为传统的、济贫性的社会政策虽然可以为社会成员提供基本物质生活保障,却只具有短期的、缓和矛盾的意义,不可能从根本上解决自由市场经济造成的严重社会问题,因此他们主张实施内容十分广泛的社会政策。这与欧肯主张的"增长政策是最好的社会政策"有很大差别。罗佩克把其社会政策概括为三个方面的内容:一是在全社会内动员一切力量来制止使个人丧失"独立性"的发展进程。二是在企业中通过"企业人道化"措施来降低"垂直式依附关系"的严酷性。三是消除赤贫化的政策,其重点是财产关系重建,使所有人都拥有自己独立的财产,为此他竟对小商品经济推崇备至。与之相应,社会(学)自由主义赋予国家的任务要比弗莱堡学派广泛得多,"强大的国家"除建立和维护竞争秩序和货币秩序外,还要有实施广泛的社会政策的任务。

(三)实用主义的自由主义

实用主义的自由主义的代表人物主要有米勒-阿尔马克(Alfred Mueller-Armack,1901~1978)和艾哈德(Ludwig Erhard,1897~1977)。

他们对社会市场经济的贡献是提出了这种经济社会模式,并把它付诸实践。这个派别的主要特点是:首先,理论立场的折中主义。为了使市场经济在当时得到更多支持,在政治上具有可行性,他们不惜对民主社会主义作出让步。其次,理论的实用化。为了让社会市场经济样板具有可操作性,他们强调理论"贴近经济"(Wirtschaftsnaehe),把奥尔多自由主义从理想天国落到人间尘世。由于从实用主义原则出发,他们在许多问题上与其他奥尔多自由主义存在较大差别。

首先,在市场经济的功能问题上,社会学派强调市场经济维护个人自由的"最终性"功能,把其配置资源的"工具性"功能放到次要位置;弗莱堡学派主张双重功能并重;而实用主义学派强调的却是市场经济在促进经济增长方面的"工具性"功能。艾哈德甚至把社会市场经济中的"社会"一词解释为促进发展的经济政策,认为"只有能使消费者从经济发展、从劳动收益增加和生产率提高中得到好处的经济政策,才能被称为'社会的'经济政策"。

其次,由于一定程度的垄断有助于促进规模经济和技术进步,他们对垄断采取了宽容态度。这与其他自由主义派别坚决反对垄断的立场形成鲜明对照。例如,弗莱堡学派追求一种"完全竞争"的理想的经济秩序,反垄断构成其秩序政策主张的最核心内容。罗佩克因垄断企业的层级组织结构会使个人失去个性和自由,不惜主张回到小商品经济社会中去。

再次,他们主张政府用"积极的经济政策"来干预经济。其经济政策大大超出了欧肯的"秩序政策"和罗佩克的"结构政策"(他对秩序政策的称谓)的范围,甚至不惜把欧肯等人反对的凯恩斯主义式的过程政策引入到社会市场经济中。

最后,在社会政策问题上,实用主义学派虽然赞成欧肯提出的"增长政策是最好的社会政策",却不同意其有限的社会政策的观点。在他们看来,在有广泛实施社会政策传统的德国,实行有限的社会政策即使在经济上具有"合理性",在现实中却行不通。

二、民主社会主义经济理论

进入20世纪50年代后,随着市场化改革的推进,联邦德国迅速从战后初期极度的经济困境中走出,“经济奇迹”初现端倪,自由主义者主导下的社会市场经济模式的声誉与日俱增。在战后初期“社会主义时代思潮”中曾一度风光的民主计划模式,日益成为明日黄花。在这种背景下,一批左翼经济学家对民主社会主义的传统经济模式进行了深刻反思,纷纷接受市场经济模式。这一转变使民主社会主义者从社会市场经济的反对者转变为支持者。在这一转变过程中,韦伯和席勒两位著名经济学家发挥了关键性作用,他们提出的理论模式对后来民主社会主义者用自己的方式来影响和改造社会市场经济有重大影响。

(一)韦伯的“社会主义市场经济”模式

阿尔弗雷德·韦伯(Alfred Weber,1868～1958)是著名学者马克斯·韦伯的亲兄弟,空间经济学“韦伯工业区位论”的创立者,早在20世纪初他就已经是享有世界声誉的著名经济学家。他虽不是社会民主党人,却是一位具有强烈民主社会主义倾向的左翼经济学家。二战一结束,他便投身于决定未来德国体制的大讨论之中,主张放弃民主的计划经济模式,实行一种“左翼的市场经济”。但当时其主张并未引起人们的重视,民主社会主义的主流仍然坚持传统的计划模式。韦伯对此痛心疾首,认为“社会市场经济”本来应该是民主社会主义追求的体制模式,却因其主导者思想僵化而被经济自由主义者占用了。为此,他撰写了题为《社会主义市场经济》(1950)的著名论文。在他看来,艾哈德等人在心里并不想真正实行社会市场经济,他们不过是借社会市场经济之名,行自由市场经济之实①。为扭转社会市场经济的这种非“社会”的发展趋势,他创造出“社会主义市场经济”的概念来再次提出自己的主张。由于这个新概念既反映了对社会主义传统的坚持,又在经济体制取向中实现了根本性变革,因而文章一发表便在联邦德国学术界引起轰动。韦伯模式的基本要点是:

1. 追求个人自由的社会主义。韦伯认为,个人自由全面发展是社会主义的本质要求,经济自由又是其他领域中个人自由的基础,而经济自由只能在市场经济中实现。根据这一逻辑,他在文章中开宗明义地指出:如果人们不想要“取消所有自由的、甚至到限制消费自由的计划经济体制……对社会主义来说,市场经济是必不可少的”。

2. 赞成市场经济,反对资本主义。韦伯从历史和理论逻辑的角度把市场经济与资本主义区分开来,认为社会主义反对的目标应是资本主义,而不是市场经济。同时,他不赞成采用传统的国有化措施来反资本主义,因为在市场经济中如果只是简单地改变企业的所有权,“来自不可消除的利润动机的旧的垄断的倾向不言自明地仍将在企业中发挥广泛影响”。

3. 反垄断是反资本主义的核心。韦伯认为,只有反垄断而不是实行国有化才是“通往出自自由精神的社会主义生产改造之路”。其反垄断的主要措施有:一是反垄断性的市场结构,“使市场上尽可能多地充满了竞争性的社会企业”。二是反垄断企业内部的“已经奴隶化和官僚化的超级结构”。三是反垄断利润,主张“在社会主义调节中应该始终不渝地坚持消除真正的垄断利润”,以“降低价格”和“提高劳动者收入”。

4. 主张对经济进行广泛调节。受凯恩斯主义的影响,韦伯强调“在社会主义调整经济过程时……不能不小心地考虑到经济循环机制的要求”。但他所主张的社会主义调节又比

① 米勒-阿尔马克在提出社会市场经济时吸收了某些民主社会主义的主张,这主要是基于政治上的考虑。至于艾哈德是否真正赞成并实施过这些主张,在德国一直是一个有争议的问题。

凯恩斯主义宽泛,同时保留了一些民主社会主义的传统调节政策。值得一提的是,他已注意到在宏观调节时应做到经济增长、充分就业与通货膨胀几大目标之间的协调。同时,他不仅关注封闭条件下的宏观调节,而且强调"所有对付危机的手段也必须是国际性的",并建议成立专司调节世界经济的"国际机构"。

5. 主张在尊重市场规则的基础上实施反贫困政策。韦伯"消除贫困"的措施主要有:其一,通过间接调节实现"充分就业",即用扩大就业来减少贫困人口。其二,"理性的提高工资",这种"理性"包括:一方面,"社会主义应该让劳动者与企业之间按照市场原则达成协议,但也应保证劳动者获得符合人性的起码工资"。另一方面,工资的提高必须以"经济合理化与个人经济效率提高"为前提。其三,主张通过反垄断来反贫困,认为降低以至取消垄断利润,"一方面可以以提高劳动者收入为目标,另一方面以降低价格为目标"。

6. 主张对外开放的社会主义市场经济。韦伯认为,社会主义市场经济必须主动与欧洲经济和世界经济融为一体。"所有封堵世界经济的行为、一切自给自足化的做法……不仅仅有一个把其正确地纳入世界经济之中的问题,而且它们也是防范危机的愚蠢手段。"

(二)席勒的"社会民主党的市场经济模式"

卡尔·席勒(Karl Schiller,1911 ~ 1994)是德国著名的经济学家和政治家,战后初期先后在基尔大学、汉堡大学任经济学教授,曾是社民党中央执行委员会委员和党主席团成员,是当时党内仅次于维利·勃兰特的二号人物,在20世纪六七十年代任联邦德国经济部部长和财政部部长,后来因与党内人士政见不合退出社民党,重返学术界。席勒的主要贡献是促使德国社会民主党放弃19世纪以来坚持的计划模式,接受市场经济,这集中体现在他主持制定的《哥德斯堡纲领》(以下简称《纲领》,1959)中。这个《纲领》标志着德国社会民主党从社会市场经济的反对者转变为支持者,为战后社民党上台执政扫清了最后一道障碍。席勒因之被誉为社民党市场经济的"精神之父",在德国的影响仅逊于被誉为"社会市场经济之父"的艾哈德。

与社会民主党的传统计划经济模式相比,席勒模式主要在所有制、经济调节方式和雇员共同决策三个方面发生了重大变化:

1. 所有制观的转变。在社民党的传统理论中,私有制被视为万恶之源,消灭私有制是建立社会主义经济制度的基本任务。席勒则承认私有制的合理性,"只要生产资料私人占有制不妨碍建立一个公正的社会制度,它有权得到保护和促进"。与之相应,国有化不再被视为社会主义的目标,建立公有企业被当成最终不得已而为之的措施。"只有不能借助于其他手段保证建立一种经济权利关系的健全制度的地方,公有制才是适宜和必需的。"

2. 经济调节观的转变。席勒主张实行一种受到法律严格约束和计划广泛干预的市场经济,但在市场能发挥作用的地方,就不需要计划。"在真正存在着竞争的地方实行自由市场经济,在市场受到个别人或集团控制的地方则需要采取各种措施,以维护经济领域的自由。"对此他有一句名言:"竞争尽其可能,计划以其必要!"(Wettbewerb soweit wie moeglich, Planung soweit wie noetig!)在计划方式上,他强调计划必须"与市场一致",计划手段应该"间接"发挥调节作用。

3. 共同决策观的变化。这主要表现在:一是由于放弃了国有化要求和采用凯恩斯主义方法来调节经济,在社民党传统的国有化、经济计划化和共同决策的三大秩序政策要求中,共同决策的地位明显提高,成为社民党追求的主要经济目标。二是雇员共同决策范围的收缩。从原来追求全社会范围内的共同决策转向重点要求企业内部共同决策。这是因为自凯恩斯革命以来,宏观调节已成为政府理所当然的职能,这使雇员参与宏观调节的决策成为多余。三是共同决策任务的重心转移。传统的共同决策有提高雇员福利和削弱依附关系的双重任务,由于战后雇员收入增加和社会福利的改善,这使其重心转移到企业内部经济生活民主化上。

第三节　德国社会市场经济理论的政策主张

在联邦德国,只要能够促进经济社会发展,任何政策主张都有可能进入社会市场经济理论之中。一项政策主张一旦被采纳,它便被认为纳入到这个理论体系中,尽管人们可能对这项政策有截然相反的评价。社会市场经济中的政策主张有如下独特之处:

第一,重视非政府、非市场的社会协调机制。社会市场经济中的"社会"不仅指通过社会政策实现的"社会公正",也指经济调节方式上的"社会调节机制"。这种调节的主体不是企业和居民等市场主体,也不是政府及其部门,而是被称为"第三领域"的各种非政府组织:如议会中的各种利益集团,代表企业主利益的雇主协会和代表雇员利益的工会,代表地区利益的商会,代表部门利益的各种行业公会和行业协会,代表各种职业集团利益的职业协会,以及各种消费者组织等。这种机制的调节目标既不以私利为目的又不以社会整体利益为目标,而是追求集团和局部的利益。其调节手段不是市场这只"看不见的手",也不是政府这只看得见的手,而是之外的"第三只手"。其游戏规则既不是市场交易规则,也不是建立在国家法律和行政力量基础上的强制性规则,而是通过斗争与妥协,协商达成共识,并采取共同行动一致对外的规则。各种利益集团一方面通过影响立法和政府决策,另一方面通过影响市场运行甚至改变市场规则来实现局部利益。

在西方民主政体下,这种社会协调机制虽然一直发挥着较为重要的调节作用,但在欧洲大陆尤其在德国,这种调节机制的作用显得更加突出,如德国的卡特尔传统与行业协会的强大协调能力有密切关系,对劳工市场有重大影响的"劳资协议"就建立在工会与雇主协会两大利益集团的协商机制基础之上。与之不同,在英美更自由的市场体制下,强大的市场力量往往抑制这种以协商为基础的社会调节机制的作用;在日本政府主导下的市场经济中,更强大的政府常常把这种社会调节机制纳入政府干预的轨道。在市场竞争相对不那么充分,政府受议会和利益集团更多钳制的欧洲大陆国家,这种协调机制的作用才更加突出。

第二,秩序政策与过程政策并重。由于德国人不崇尚经济秩序形成的"自发性",而强调国家在经济秩序形成中的积极作用,因而在社会市场经济理论中形成了以干预制度为目标的"秩序政策"(Ordnungspolitik)系统,它与以干预经济活动为特点的"过程政策"(Prozesspolitik 或 Ablaufspolitik)共同构成完整的政策主张体系。在崇尚经济秩序自发形成的英美经济学中,经济秩序的形成不被视为政府的职责,因而人们并不刻意区分这两类政策,经济政策通常仅指凯恩斯主义式的过程政策。在社会市场经济中,政府主要通过两个渠道来推行秩序政策:一是通过立法。一旦相关法律得以通过,秩序政策便取得了合法身份,可以利用法制体系得以贯彻。二是通过经济调节部门颁布行政性法规、指令来实施。其政策体系可用图 8－1 表示。

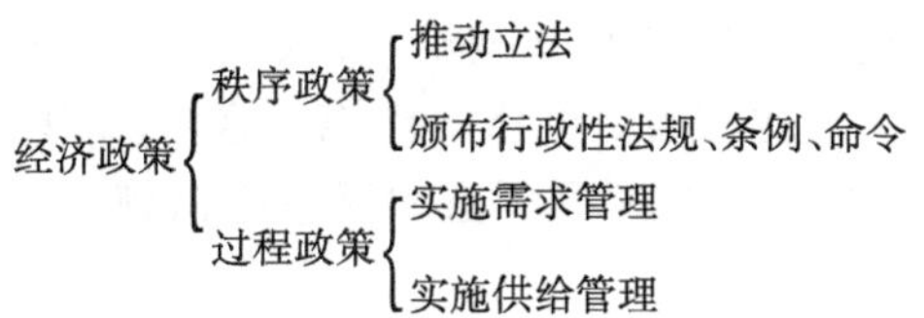

图 8－1　德国社会市场经济中经济政策分解示意图

由于秩序政策调整的是经济体制的基本框架和经济运行的规则，所以秩序政策在社会市场经济理论中不仅与过程政策一样受到重视，而且还有规范过程政策，甚至决定能否采取某项过程政策的功能。例如，中央银行的独立性和政府在货币政策上的发言权就属于秩序政策调整的范围，它规定谁有多大权力、在何种情况下、选择哪种政策工具、以多大力度来实施调整货币流通量和利率水平的过程政策的一般规则。

第三，弱货币政策与强财政政策。鉴于两次世界大战中恶性通货膨胀的教训，在社会市场经济中有最严格的立法来确保德意志联邦银行（中央银行）的独立性，以保证它不受政府干预，实施以稳定通货为基本目标的货币政策。在这种制度安排下，政府对货币政策的影响力很小，中央银行也无主动配合政府实施反周期政策的义务。如果政府的宏观政策走向与中央银行稳定通货的目标不一致，政府往往只能动用财政政策。由于政策工具上的"跛腿"，政府往往不得不加大财政政策的力度，因而使德国在宏观调节上呈现出弱货币政策与强财政政策并存的特点。

即使在 20 世纪 60 年代凯恩斯主义大行其道，其他发达国家频繁动用货币政策来实现"充分就业"之时，社会民主党政府也很难迫使联邦银行积极配合其"总体调节"方案。这种弱货币政策使德国获益匪浅，当西方国家普遍陷入"滞胀"泥沼时，德国经济则"只滞不胀"，这使马克成为当时主要货币中最稳定的通货，也使联邦中央银行制度获得普遍赞誉。这也是后来欧洲筹备货币联盟时，成员国支持以德意志联邦银行制度作为样板的重要原因。

欧洲货币一体化后，德国的货币政策到了几乎丧失的程度。因为成员国中央银行将货币发行权和制定货币政策的权力移交给欧洲中央银行后，德国与其他成员国一样，只能通过联邦银行行长在欧洲中央银行理事会中行使发言权和表决权的方式来影响欧元区的货币政策。不仅如此，德国财政政策在欧元启动后也出现了弱化趋势。为保证欧元的稳定，对成员国财政赤字的限额规定缩小了各国财政政策的自由度。德国沉重的社会福利负担和巨额财政赤字，使原来就已经很狭小的财政政策空间进一步缩小。

第四，反垄断政策。在德国，几乎所有经济学家和两大主要执政党都主张实行严厉的反垄断政策。联盟党从自由主义角度主张反垄断，社民党则从反对资本主义角度主张反垄断，这使反垄断成为社会市场经济中的一项基本秩序政策。但是由于德国具有卡特尔垄断传统，当 19 世纪末美国通过第一个反垄断法时，德国却通过了一个宣布卡特尔为合法的法律，企业界尤其是垄断集团往往能利用党派之争，阻碍相关立法通过和政策的实施。这使反垄断政策往往是雷声大，雨点小。例如，艾哈德政府在议会中经过"七年战争"，才勉强通过被称为社会市场经济重要支柱的《反限制竞争法》（1957）。虽然这部立法宣布卡特尔为非法，但实际存在的垄断大多以例外方式被排除在外。直到 1973 年社民党主政时期修订这部法律时，才将相当一部分例外方式纳入其调节范围内。

经过半个多世纪的不懈努力，德国在反垄断问题上逐步积累了一定成果，这使德国反垄断规定比许多欧洲国家更严厉。按照欧盟规定，成员国必须实行统一的反垄断规则，但允许成员国在本国范围内实行比欧盟更严格的措施。这样，德国在促进竞争和反对垄断政策上存在两个取向：一方面在国内推进更严格的反垄断措施，另一方面把德国的竞争规则更多地转变为欧洲规范。

第五，与经济政策并重的社会政策。社会市场经济中的“社会”常常被解释为“社会公正”以及实现这一目标的社会政策。在这一理论中往往把社会目标与经济目标相提并论，二者具有同等重要的地位。社会政策有狭义和广义之分：狭义的社会政策通常是指以社会保障体系为核心的社会福利政策，其主要目标是为社会成员提供合乎人的尊严的物质生活条件。广义的社会政策还包括公共教育、公共卫生保健、劳工权利保护、雇员共同决策等，这些社会政策不仅仅是福利性的，它们往往与宪法中基本人权的规定相联系。例如，德国人把受教育权视为一项基本人权，从而形成了所有层次上的教育均免费的制度，并惠及外国留学生。又如，德国几十个雇主协会曾经联合起来，以侵犯财产权和违反市场经济的立宪原则为由，把议会通过的一部关于雇员共同决策的法律告上宪法法院，但雇主的要求却被驳回。在宪法法院看来，被视为雇员人权的共同决策权利比财产权利更重要。

在这种背景下，使德国成为目前世界上实施最广泛的社会政策的国家之一，尤其是在劳工权利保护和雇员共同决策方面，德国雇员享有其他任何一个国家都无法比拟的权利。在社会市场经济这架效率与公平的天平上，它明显地向公平倾斜。这也是近年来社会市场经济理论中引起激烈争论的话题。

第六，欧洲经济一体化政策。德国历来是欧洲一体化进程最积极的推进者，一体化政策因而成为社会市场经济理论中的重要内容，它几乎涉及政策主张的所有领域。这些政策主张可以分为直接推进一体化的政策和涉及一体化的国内政策两类。前一类政策主张的基调是，在积极推进一体化进程的前提下，尽可能多地把德国规则变成欧盟规则。后一类政策主张虽然与一体化没有直接关系，但在提出政策主张时，人们往往都要考虑一体化进程与国内政策的双向互动关系：一方面在一体化背景下分析其效应，另一方面探讨其可能对一体化进程产生的正面和负面影响。

如前所述，欧洲一体化进程具有缩小成员国实施独立政策的效应，进而有削弱国家干预的趋势。这是因为任何一项一体化措施都意味着各国将相关政策的制定权交给了欧盟；同时，由于欧盟不以国家主权为背景，实际上是一个权力虚弱的“准经济政府”，其决策主要依靠成员国之间的协商机制，各国丧失的政策主权明显大于新形成的权力。迄今为止，这种效应还主要表现在货币政策和一些经济政策领域，随着一体化进程的推进，还势必扩大到财税政策和社会政策领域。对于这种趋势，经济自由主义者持积极态度，他们不仅看到在一体化进程中因市场扩大对竞争的积极促进作用，更关注其在弱化国家干预方面的作用。在他们看来，对市场干预过多是社会市场经济的一大弊病，一体化进程有助于削弱以往过多、过滥的政府干预，并可以防止产生新的不合理干预。国家干预主义者虽然对这种趋势不无担忧，但与英美经济学家对此持批评立场或审慎态度不同，德国经济学家主张通过改革欧盟过度民主的决策体制，提高经济政策的政治决策效率来解决这个问题。这种主张也是德国在欧洲一体化中的基本立场,但决策权的集中势必会削弱小国在欧盟中的发言权而遭到它们的抵制。近年来,欧盟在制宪过程中发生的纷争就与此有密切关系。

第四节 简要评述

社会市场经济是一种卓有成效的经济社会模式。一方面它保证了战后德国经济的增长和社会稳定和谐的发展;另一方面这种体制在欧洲一体化进程中正日益成为欧洲经济社会模式的基础。这种体制模式因此获得了世界性声誉,成为后发展国家可资借鉴的一种样板。伴随联邦德国经济由高速转向稳定低速增长,尤其是在20世纪90年代美国"新经济"的反衬之下,对社会市场经济体制及其理论的批评也日益增加。争议的焦点集中在这种体制的"社会"性质上:过多的政府和社会干预使市场配置资源的效率下降;社会协调型的"劳资协议"、劳工保护和共同决策等制度降低了劳动力市场的灵活性;过多的社会福利不仅增加了企业和政府的财政负担,而且造成了社会成员对政府和社会的依赖,削弱了其独立性和创新意识……社会市场经济体制及其理论将何去何从?它实际上面临着公平与效率、经济增长速度与社会和谐发展、市场经济规则与社会政策目标等经济学上很难两全的选择。由于社会市场经济具有十分稳定的内生结构,即使德国人作出艰难的抉择,其理论和体制的变迁也将是一个漫长的渐进过程。但可以肯定的是,其前景绝非像哈耶克早年所说的那样"只有黑暗而无光明",而是挑战与机遇同在。

思考题

1. 简述德国社会市场经济理论的主要特点。
2. 经济自由主义理论对德国社会市场经济的主要影响在哪里?
3. 简述韦伯的"社会主义市场经济"模式的主要内容。
4. 德国社会市场经济及其理论对欧洲经济一体化的影响有哪些?

参考文献

1. 沈越. 德国社会市场经济评析. 北京:中国劳动社会保障出版社,2002
2. 沈越. 德国社会市场经济探源. 北京:北京师范大学出版社,1999
3. 左大培. 弗莱堡学派研究. 湖南:湖南教育出版社,1988
4.〔法〕阿尔贝尔. 资本主义反对资本主义. 北京:社会科学文献出版社,1999
5.〔德〕格林. 联邦德国的社会市场经济. 北京:中央编译出版社,1994

第9章

法国调节学派

学习要点和要求

了解法国调节学派的理论渊源，认识该学派方法论的特点，熟悉、掌握和分析法国调节学派的基本理论，研究法国调节学派政策主张的内容和实际意义，分析法国调节学派的影响和局限性。

第一节 法国调节学派的产生及其代表人物

一、法国调节学派的产生及其发展

20世纪70年代末，在对现代经济危机的原因和形式进行研究的过程中，部分法国经济学家形成了一种以调节概念为分析工具的经济学流派。米歇尔·阿格利埃塔的著作《调节与资本主义危机》是调节学派产生的标志。调节理论认为，资本主义经历了不同的"积累体制"，每一种积累体制都有一种特定的"调节方式"，这种调节方式支配积累过程。从历史的角度来看，调节理论是要弄清为什么19世纪和两次世界大战期间的经济表现为周期性的经济危机，甚至出现20世纪30年代的大萧条？为什么从20世纪70年代开始发达国家经济出现了滞胀和结构性危机？从整体上看，上述时期资本主义经济的基本特征，例如，市场经济和雇佣劳动等等并没有改变，但是它们的运行方式却有明显的不同。由经济运行方式引起的社会经济生活、经济运动乃至经济危机形式的变化仅仅用资本主义生产方式的一般范畴已不能说明问题，因此产生了对不同时期不同调节模式进行历史分析的思想。这种分析力图通过战后30年"经济繁荣"时期凯恩斯主义、70年代结构危机时期以来新古典学派、新自由主义以及后凯恩斯主义的调节模式的变化来说明战后发达资本主义国家经济生活和经济运动的变化。调节学派最重要的理论成果就是运用其理论框架对战后资本主义从福特制向后福特制的转变进行了分析,当代西方经济学各学派都受到他们的影响。

调节理论最初以美国和法国的经济为考察对象,后来扩展到第三世界国家的经济,如阿根廷的经济。研究结果表明,阿根廷在20世纪50年代经济发展前景良好,它拥有丰富的自然资源、人力资源(熟练的工人和技术人员)和资金,但是由于没有解决好土地贵族、工业资本家和工人工会之间的社会冲突,使经济停滞不前。这说明良好的经济社会调节方式是经济发展模式取得成功的前提。

调节理论对俄罗斯和东欧国家的经济也进行了研究。研究结果表明,这些国家的积累制度是外延型的、僵化的,缺少调节机制,而发达国家战后所采取的福特积累制度则是集约型的、灵活的,把经济调节和社会调节有机地结合在一起,实现了经济、工人工资和社会福利的同时增长。

20世纪80年代以来,调节理论被运用到转型经济、发展中经济和经济全球化的研究之中,目前它已成为一个具有国际影响的经济学流派。

二、法国调节学派的理论渊源和方法论特点

调节理论主要受马克思主义和凯恩斯主义经济理论的启发和影响,但是它又力图"超越"前两者。它认为,现有的经济理论都有自身的缺陷:新古典学派以经济行为的不变性为前提,不考虑任何时间和地点,提供的是一种非历史的经济规律,从而把历史排除在外,因而它不能解释资本主义经济的历史演变过程;而马克思关于资本主义发展动力的学说虽然强调了社会关系和积累过程的历史特殊性,但使用的概念过于抽象,例如,马克思主义经济理论用价值代替价格,用剩余价值代替利润,因此只能应用于总体分析和一般计算,而无法应用于具体范围的研究;凯恩斯主义经济理论则偏重技术经济学,它没有充分研究经济增长所带来的各种矛盾,特别是社会矛盾,它着重研究短期的经济政策和管理,而忽视它所要说明的现象的规律性依据。此外,凯恩斯主义经济理论研究的是开放程度较低的经济,而我们现在面临的却是全球化经济。调节学派认为,为了发展一种对资本主义多样化经济形态的演变进行解释的理论框架,应该从高度抽象的概念(如生产方式等)分离出若干中介概念(如积累体制和制度形式等),用来解释经济行为体在相互作用时表现出来的规则性,然后再与观察到的经济现象进行比较。调节学派试图发展马克思的制度理论,把其与凯恩斯的宏观经济理论结合起来,开创一种不同于以前的历史的和制度的经济理论。调节理论以现实前提为基础,认为适用于任何时间和任何地点的理论是不存在的,相反,必须把概念工具和现实条件结合起来,因此必须不断创立新的调节方式和经济制度。

调节理论积极运用多学科方法,主张充分利用历史学、政治学、经济学、社会学和法学等各学科的研究成果。它认为没有纯粹的经济现象,各种经济行为都是在密集的社会关系和政治规定的网络的框架中进行的,例如,集体的约定,它不仅是经济必然性的产物,同时也是社会斗争的产物。调节理论主张把不同的但又相互关联的学科,把经济和非经济、宏观和微观结合起来,同时保持新古典学派理论形式的严格性,并创造出新的概念工具,为宏

观经济分析提供新的理论依据。调节学派的方法论特点是在对资本主义经济发展的研究中,运用历史的、理论的、比较的方法来探索积累体制和调节方式二者关系所表现出的规律性的东西。

三、法国调节学派的代表人物

法国调节学派的代表人物有米歇尔·阿格利埃塔(Michel Aglietta)、阿兰·利比茨(Alain Lipietz)、罗贝尔·布瓦耶(Robert Boyer)、保尔·波卡拉(Paul Boccara)、雷纳多·笛·卢查(Renato di Ruzza)、布鲁诺·特莱(Bruno Théret)、雅克·萨比尔(Jacques Sapir)、米歇尔·瓦卡路里斯(Michel Vakaloulis)等人。

米歇尔·阿格利埃塔是调节学派的主要代表人物。他是巴黎第十大学国际经济学教授、国际市场考察及信息中心顾问,其主要著作有:《调节与资本主义危机》(1997)、《货币的力量》(1982)、《雇佣劳动社会的嬗变》(1984)、《主硬通货的终结》(1986)、《金融全球化:迫不得已的历险》(1990)、《金融宏观经济》(1997)、《当代资本主义的变化》(载于《资本主义与社会主义的前景——经济体制的演进与变化》)(1999)。

阿兰·利比茨是应用数学、经济学制定计划远景研究中心主任研究员,其主要著作有:《危机与通货膨胀:为什么?》(1979)、《疯狂的世界——从价值到通货膨胀的起飞》(1983)、《调节方法与政治生态》(1994)。

罗贝尔·布瓦耶是法国科学研究中心和法国高等社会科学研究学校的主任研究员,其主要著作有:《世纪末的资本主义》(1986)、《调节理论:一种批判分析》(1986)、《欧洲的弹性劳动》(1986)、《后福特主义》(1993)、《调节理论:知识》(1995)、《话语与现实》(载《全球化——超越神话》)(1997)。

保尔·波卡拉是法国共产党著名经济学家、法国《出路》杂志和《经济与政治》杂志主编、法共全国委员会委员,其主要著作有:《国家垄断资本主义研究》(1976)、《资本的运动》(1978)、《新管理标准》(1985)、《就业和培训保障》(2002)。

法国调节学派同其他西方经济学流派一样,具有多元性的特点,学派内部既有共识,使用共同的理论分析工具,也有不同的理论观点、关注焦点和研究方法。在资本主义具有自我调节、自我更新、自我发展能力的问题上,学者们持共同观点,但对于资本主义制度的命运,看法却不尽相同。调节学派中大部分学者只是满足于在资本主义制度内部进行社会改良,只有法共经济学家保尔·波卡拉坚持社会主义必将取代资本主义的观点。在理论分析工具上,学者们都非常重视运用马克思的利润率下降趋势规律,认为这是分析资本主义经济运行机制最重要的理论工具,但在具体应用上又存在分歧。保尔·波卡拉认为调节学派内部的理论分歧是原则性的,因而又可划分为三个学派。他指出,最初调节学派都是从资本的过剩积累和结构性贬值入手来分析资本主义危机的。但是以米歇尔·阿格利埃塔为首的巴黎学派把马克思利润率下降趋势规律理论改造成"资本/产出"稳定关系理论、资本的内涵积累,甚至资本增长的理论。格勒诺布尔学派则仅仅把利润率当做一种传统的分析工具,而不重视资本和劳动、死劳动和活劳动之间的对抗。他们把利润率下降趋势规律理论改造成人力资本的组织理论。保尔·波卡拉自称是调节学派内部的体制学派。他认为马克思利润率下降趋势规律仍然有效,只不过作用的条件和形式发生了变化,因此他主张在马克思利润率下降趋势规律理论的基础上建立资本主义危机的长周期理论。

第二节　法国调节学派的基本理论

一、资本主义积累体制和调节方式的历史分析

（一）积累体制和调节方式种类的划分

调节学派认为，资本主义经历了一系列不同的历史阶段，每一阶段都以一种特定形式的积累过程为特征，从而形成特定的"积累体制"，而每一种积累体制又都具有特定的"调节方式"，并支配着积累过程。

调节理论把积累体制划分为3种：一种是外延型积累体制，这意味着在积累的同时劳动过程没有发生重大变化，积累主要是由劳动时间的增加和劳动力供给的增多来实现的。另外两种是内涵型积累体制，这意味着劳动过程在不断发生变化，劳动生产率持续地增长。其中一种是缺少群众大规模消费的内涵型积累体制，而另一种则是包含着群众大规模消费的内涵型积累体制。以上3种积累体制在历史上依次出现，外延型积累体制存在于19世纪，利比茨认为，美国和法国在1848～1914年期间的主要特征是生产能力的单纯扩张，资本的有机构成和生产率并没有太大的变化。布瓦耶也认为，1895～1920年期间的法国处于生产力近乎停滞的阶段，增长主要依赖劳动力的投入而非技术进步。之后，随着以劳动的同质化为基础的新的积累体制的巩固，内涵型的增长才代替了外延型的增长。缺少群众大规模消费的内涵型积累体制存在于20世纪初，而伴有群众大规模消费的内涵型积累体制则出现在第二次世界大战后。每种积累体制都在特定的调节方式的框架内运行，与之相应的调节方式分别为"旧调节"、"竞争性调节"、"垄断性调节"。

（二）调节方式对经济危机的影响

调节理论十分重视在特定的积累体制中调节方式对经济危机趋势的影响。例如，布瓦耶认为，一方面在缺少群众大规模消费的内涵型积累体制中，竞争性调节使竞争在工资决定中起着重要作用，这种竞争使工资非常容易随着产业后备军的规模而变动，并且排除了任何实际工资显著提高的可能，从而抑制了群众大规模消费的出现。另一方面，这种内涵型积累体制快速提高了劳动生产率，从而使积累体制由于资本有机构成提高、消费不足而产生矛盾和危机。利比茨认为，危机表明了调节方式不能满足积累体制的需要，这可能有两种情况：一是新体制的出现被过时的调节方式所阻碍；二是积累体制的潜力已经在占主导地位的调节方式内被耗尽。20世纪30年代的大危机是前一种危机的实例，一种过时的竞争性调节方式导致了危机，这种调节方式阻碍了包含着群众大规模消费的内涵型积累体制的出现。而20世纪70年代后当代资本主义经济危机则是后一种危机的实例，即福特主义的发展潜力被耗尽了。

调节理论认为，克服经济危机需要建立一种新的积累体制和与之相适应的调节方式，当资本主义建立了一种新的劳动关系和劳动组织以后，新的积累体制就有了活力。新的调节方式的建立，在某种程度上是积累体制演化的结果。例如，福特主义积累体制在20世纪

30～50年代伴随着世界经济危机和世界大战在美国形成。这种积累体制的基础是从一种外延型积累体制向一种内涵型积累体制即以泰勒制劳动组织和大规模生产消费品为特征的积累体制的转化。这种内涵型积累体制推行的泰勒制劳动组织形式对生产劳动过程进行科学分解,使劳动分工极度深化;与此同时,传统的熟练技术相对贬值,劳动强度大大提高,劳动生产率极度增长。泰勒制推动了消费品工业部门彻底的工业化,为资本大规模生产消费品提供了劳动组织和技术基础并扩大了劳动力再生产,而劳动生产率的提高又使雇佣劳动者的工资在一个较长时期内能够持续增长,从而使工人阶级多数成员成为大规模群众消费的主要对象。同时,为保证工人能够维持他们的消费水平,必须有新的金融机构提供长期贷款并改变工资的形成过程,为工人提供社会保险。新的调节方式就是在这种情况下产生的。调节理论关注积累体制与调节方式的关系对利润率和价值实现的影响。福特主义调节方式的主要特征是和谐的集体谈判、福利国家、凯恩斯主义的宏观政策和美国的霸权。福特主义的劳动过程带来了生产率的高速增长,而集体谈判和罗斯福新政则催生了大规模群众消费,这有利于产出的新增价值的实现。凯恩斯主义的宏观政策也有助于解决价值实现的困难。国家军备扩张产生的新技术带动了民用部门,提高了劳动生产率。价格制定中的寡头垄断模式,有利于积累体制的稳定,战后货币和信用制度的发展创造了信用扩张和积累所需要的流通手段,而美国的霸权则为资本积累创造了稳定的环境。

(三)福特主义积累体制危机的根源

调节学派认为,福特主义积累体制危机的根源在于它在现存调节方式内的发展潜力已被耗尽。按照阿格利埃塔的说法就是依靠泰勒制提高生产率的可能性已经耗竭。而利比茨则认为,福特主义生产组织最初在生产率上带来的收益超过了固定资本的增长,但其后由于成本高昂,这种效应消失了。布瓦耶对此也持同样的观点。他认为,福特主义在代替了旧的外延型积累体制以后,在劳动和资本生产率方面是相当有效率的,但问题在于深化而不是扩展这种劳动组织方法时,要达到同样的效果就越来越难了。福特主义生产组织能力的极限,造成了生产增长的停滞。此外,调节学派认为,福特主义积累体制危机也表现为社会领域阶级斗争的加剧。在资本增值日益困难和利润下降的情况下,在阶级妥协条件下所形成的社会再分配格局和政治调节模式难以为继。

在20世纪70年代滞胀危机的推动下,新自由主义登上政治舞台,对国家政策进行调整,摒弃凯恩斯主义,放宽管制,削减福利开支,实行紧缩的财政方针,从而宣告了福特主义积累体制的结束。

二、当代资本主义积累体制和调节方式的分析

(一)金融资产积累体制产生的背景

20世纪资本主义使雇佣劳动社会得以巩固和发展,而被称为福特主义的积累体制,则通过大众消费把雇佣劳动纳入社会财富再生产的循环之中。但20世纪70年代中期,在石油危机的冲击下,通货膨胀加剧,国际货币秩序动荡,福特主义变得不稳定,并陷入危机。资本主义发展的历史说明资本主义的运动不是自动调节的——资本主义经济以相对稳定的增长趋势发展,但它一再被危机所打断。福特主义的衰落引起资本主义多方面的变化。在此背景下,新的积累体制——金融资产积累体制应运而生。

金融资产积累体制的产生与经济全球化和新技术革命特别是信息革命有着紧密联系，因为这两个进程都来源于分工。国际交换将分工扩大，技术发展使其深化。这两种现象的相互依赖性主要表现为劳动生产率的提高和国际贸易的发展。分工引起的这两种变化的动力是资本主义逻辑发展的结果，即到国际上追求利润的结果。承载这种变化的行为体是正在实现全球化的企业。由于商品、可支配的和借贷的资金、技术和管理人才的流动性，企业把所有与全球化利润形成有关的流量都包括了进去。它们对各种资源的整合，扩大和加剧了在各类市场上的竞争。技术发展方向也发生了深刻变化。这些不同力矩之间积极的相互作用，产生了新的增长方式。

经济全球化引发了企业间全面的竞争。在产品市场上，企业丧失了影响价格构成的能力，而这一能力在过去可使它们控制产品成本与售价的差额率。在金融市场上，它们感受到资本成本的日趋国际化。在所有权市场上，企业发生了治理上的变化以实现自有资金赢利的目标。产品市场的竞争压力增加了产品需求的价格弹性。在大众化产品领域，降低生产成本是强制性的。企业不可能在继续使用过去技术的同时强行降低成本。它们通过取消许多非熟练劳动职位、外化各类服务（会计、维修、司法救助……）、减少中间层次和改变企业结构来降低生产成本。这些变化在劳动力市场引起了反应。生产结构中非熟练劳动的普遍节省使企业雇员数量趋于下降。此外，对非熟练劳动的需求随着工资的变化而更具弹性。非熟练劳动与熟练劳动之间的报酬差距扩大。特别是由于在国际上流动、其报酬由国际市场决定的专业人才市场的出现，国内或国外的劳动力市场的二元论受到质疑。这些动荡意味着，流动因素使不流动因素处于竞争状态。集体协议中所包括的许多社会福利条款受到质疑。在过去的国内劳动力市场中，支付的报酬中有几乎是固定的、不受经济波动影响的因素，而新的劳动力市场则重新使雇员在经济上丧失安全性，同时使依据利润来计算的或大或小部分的工资指数化。竞争的另一方面是产品的创新。因为把费用昂贵的技术以较高价格售出的惟一方法是创造消费品需求的多样化，以此刺激价格之外的竞争。但在过去批量生产技术中，产品多样化的成本很高，因为它不符合标准化生产的规模效益。相反，以信息技术为基础的新原则，则能够以标准化生产方式生产出多样化产品。这是通过产品设计中的标准系统获得的，它既可进行成批部件的生产，也可使产品生产最后阶段具有差异。把这一生产工艺与同时进入多功能统一体的有关产品需求的信息结合起来，就能实现订货的充分多样化选择和最大限度减少库存，同时也能解决质量问题。在等级结构中，对质量的监督费用很高，因为需要许多监督员。而每一个人都将对他为产品所做的一切负责的机制，则鼓励进行自我监督。多样化得到最大发展的领域是服务领域。这是信息技术得以充分展示其效力的领域，是美国发展最快的领域。信息技术密集使用的部门是那些创造了最多就业岗位（如，企业服务、社会服务、私人服务、商业、修缮服务、保安服务）的部门。信息技术将有利于对所有有助于资本增值的活动进行调节。这样，它就会减少不必要的资本存量和生产过程中因停工造成的损失。在福特主义时期，机械投资使工业生产中体力劳动发生巨大变革，提高了资本密集度和劳动生产率。信息投资是对结构的投资，它通过增加就业和提高资本生产率，使服务业中的脑力劳动发生巨大变革。这一产生于新的技术发展方向的资本经济，就是金融资产的积累体制。

（二）金融资产积累体制的特征

我们把金融资产积累体制同福特主义积累体制进行比较，就可以看到近20年来资本主义经济结构的变化（参见表9－1）。

表9－1　积累体制比较

特　点	福特主义积累体制	金融资产的积累体制
生产和技术	资本的密集性、机械投资提高劳动生产率	生产的密集性、信息投资提高资本生产率
治理	内部监督＋偿还能力	机构投资股份制
效益标准	企业扩大	股利
中期目标	自筹资金	股息
工资	通过集体协议确定国民工资标准	价格限制内降低工资成本
价格	生产成本＋一般边际率	国际计算标准＋汇率

在这一新的积累体制中，企业行为变化的中心是股利。机构股东的治理将促使企业最大限度地促进股利的最大化。这一效益标准又反过来对企业的战略选择、决策结构的组织、利润的分配和使用产生影响。由此，在股东的股息分配和管理人员占有的利润（它决定了管理人员为股东利益而使企业资产增值的能力）之间就产生了矛盾。治理的作用就是调解这一矛盾。在全球化企业中，治理的效率在于确认股份制的价值高于可能与其对立的国家干预。

企业应在股息分配和对于未来将使股利增长的各种创新的融资间套利。这就是企业对于改变了技术发展方向的回答。企业寻求使它们的生产结构向资本经济方向转变的投资，而转向服务性生产的信息技术投资则最符合这一目标。

在这一新的积累体制中，股票市场成为使企业投资产生社会效力的场所。对于股市行情的判断直接或间接地通过合同储蓄，比通常收入更快地使股民家庭的纯财产数额增加。家庭致富和产品价格的竞争压力相互配合以促进消费多样化。这一需求将维护产品创新并使企业不断变化的人员从创新中获利。同时创新利润也能实现机构股东使自有资金赢利的愿望。由此可以说，这一积累体制是结构紧密的。但它也存在一些问题，即对雇佣关系和金融不稳定性进行调节的问题。

（三）金融资产积累体制的调节方式

与金融资产积累体制相适应的调节方式面临两个主要问题：其一是如何对雇佣劳动制度进行调节。因为在全球化条件下，技术变化和企业系统地寻求降低成本对雇佣劳动制度产生了重要影响，其后果是生产章程分散化和重新使雇员在经济上丧失安全性。为了消除这一后果，必须对雇佣劳动制度进行调节。其二是如何对所有制关系进行调节。其途径是企业通过机构投资为中介的股份制，扩大社会投资。这种合同储蓄是对企业资本所有权的补偿。这一储蓄使企业资本所有权具有了社会性质。

1. 雇佣劳动制度的调节。对雇佣劳动制度的调节所要解决的主要问题是劳动制度弹性与就业安全的矛盾。

基于降低工资成本的迫切需要，新的技术发展方向打破了福特主义的就业模式。以男劳动力为核心的长期固定工制度虽然没有消失，但已被侵蚀。各种各样的就业形式随着弹性工作（如半日制合同、临时工、在家工作、自谋职业、兼职、两方情愿的人际关系服务）的增多而发展。

福特主义就业模式源于一种制度上的妥协，通过这一妥协，国内劳动力市场的雇员以等级服从换取了经济上的安全。他们同意增加工业生产强度，但要分享生产力的收益，增加实际工资。而现代企业则通过促使就业形式的弹性化，重新使雇员在经济上丧失安全性。就业形式的碎化使集体协议谈判内容或部门协议中的一般规定减少，最终使集体协议谈判分散化或工资个体化。对于雇员来说，工作的弹性意味着工资差异和经济上的不安全性加大。

生产结构中的变化导致了对雇佣关系的重新定义。就业形式的碎化使原先受劳动法保护的雇员，依据商业合同成为服务提供者。而劳动力的使用者则使劳动贬值，因为他们不支付社会成本，而只支付失去劳动保护的劳动力的直接成本。这样不稳定的就业形式比比皆是。劳动自由只是单方面有利于雇主。尽管这些就业形式明显降低劳动成本并非常有益于企业调整，但它们仍对积累体制的持续发展提出质疑。如果生产者不仅在临时工作中，而且在经济景气时受到威胁，那么他们就不可能支持企业目标。这一现象表明了具有现代劳动特征的雇佣关系。这一雇佣关系是以社会从属为表现形式的经济依附关系。劳动法应成为这种经济依附关系取得合法地位的社会保障。这一体现分工新特征的劳动法的演变，是使工作弹性与经济安全协调一致所必需的。它也是使集体协议谈判适应新的积累体制，从而恢复活力的基础。确保有利于雇员的劳动自由就是建立一种职业安全，以防止劳动自由受到弹性劳动制度的损害。这实际意味着个人在其职业生涯中应能连续从事多种职业，从而保证他们享有应得的社会权利。劳动法应提供一个共同准则以指导分散的集体协议谈判。这是一种集体价值，正是在它的基础上，把社会宪章改变为具有法律效力的共同的最高原则。

2. 所有制关系的调节。金融资产的积累体制主要依赖于储蓄的增长趋势。这种趋势在西方各国主要受人口老化的影响。一部分日益增多的储蓄，集体存放于公共基金、人寿保险公司和养老基金。这些机构投资者增加了它们组合证券中的股份，因而间接增加了家庭金融财产中的股份。由于人口老龄化，这种积累体制将受到人口冲击的影响，根本的问题是要在未来 10 或 15 年，实现经济的巨大增长，以使购买力重点向非就业人口方面转移。建立退休养老储蓄是实现财富真正转移的调节方式的重要因素。集体投资者作为机构股东拥有战略性货币和左右企业长期决策的能力。因为机构股东持有企业的多种组合证券，他们不介入治理，但关注对企业创造价值的组织能力的评价。

合同储蓄构成退休权。这是个人所获得的社会权利，以作为对其职业生涯中所提供的服务的补偿。这些在退休期间实现的权利是退休权享有者参与市民社会的条件，也是使他们享有公民资格的经济联系。因而退休权是对一种社会债务的补偿，是总体上对于其成员的集体债务。这样，这一债务以负债形式落在其身上的机构投资者，即使拥有私人实体的法律地位，也不是私人的财务代理人，因为它们的资产所有作为一种对社会债务的补偿，应被看做是社会所有。因而未实现这一资本所有制所带来的权利的风险是集体的风险。正如以负债形式管理着货币而受到特殊规定限制的银行一样，作为退休养老储蓄基金托管者的机构，也应受到公正与集体安全的制约。

这样，当代雇佣社会的金融体系就发生了根本变化，因为个人所有权在这里将作为一种对社会债务的补偿的权利，由此将导致金融调节向两个方向发展。第一个涉及公共调节，即国家应规定风险共担、权利转让和对就业者职业管理中的谨慎行为的一般条件。第二个涉及雇员—储户的利益体现问题。因为集体基金管理者和个人储户间的主要联系受信息不对称的影响。储户没有任何可能对执行长期合同的管理者的素质作出估价。在这种情况下，管理者有可能违背储户的意志，通过收取高昂的管理费，从事与其受托管理的储蓄不符的冒险，或在极端情况下，干脆窃取储户对其的委托，来谋取他们自己的利益。

为了使委托者的利益受到保护，应由工会填补在金融方面监管的空白。它们的责任就是使独立于金融市场投机行为的效益标准得到承认，这是调节方式的决定性领域。

第三节　法国调节学派的政策主张

一、国家与市场关系的调节

调节学派在国家与市场关系问题上持后凯恩斯主义观点。布瓦耶在《制度经济学的复兴—— 90年代的调节理论》一文中指出，事实证明，新自由主义从 20 世纪 80 年代开始的对凯恩斯主义国家干预主义政策的攻击以及向市场的复归无助于解决西方普遍存在的经济衰退和失业问题。他认为，现代社会的复杂性、社会—技术发展范式的内在要求以及各国经济发展相互依赖性的加强更加突出了国家干预的作用。他主张在加强国家干预的同时，通过制度建设规范政府行为，最大限度地减少寻租活动，充分发挥中介组织和机构的作用，使国家与市场的关系相得益彰。

米歇尔·阿格利埃塔特别强调了国家在积累体制中代表社会集体价值并对个人的意志和利益进行调节的观点。他指出，在资本积累作用下的各个空间，增长方式的发展形式不尽相同。因为各种冲突在隐蔽性地扩大，将社会凝聚力置于危险境地。而正是调节方式——作为规则、惯例和制度的总体对各类行为产生影响，以使私人利益符合社会生存的共同条件。这一调节方式既不是私人协议的结果，也不是社会契约的体现，它扎根于市民社会。任何市民社会都是每一代人作为社会资产接受的关系体系。基于每一个市民社会的历史深度，相同的增长方式会与一些调节方式即与一国不同于另一国的一些调解系统相互作用。在这些调节中，政治是突出的。它实际上是以一个社会的所有成员作为属于整个社会的原则所接受的集体价值（信条、共同信仰、法律准则）的形式，体现了构成市民社会的关系网。一旦国家成为这些集体价值的承载者，便具有了一种权威，使它的权力合法地高于其他权力。这样，调节方式便有了国家的身份。

二、政府与企业关系的调节

法国调节学派的代表人物米歇尔·阿格利埃塔认为，当代资本主义国家调节方式的转变始自20世纪80年代。其背景是发达国家遭遇20世纪70年代初两次能源危机冲击、战后“黄金30年”结束、主要发达国家经济进入“滞胀”时期、凯恩斯主义破产、国家垄断资本主义陷入危机。国家调节方式转变的目标和任务是改变战后经济增长方式,使之适应新技术发展和国际竞争日益加剧的需要。

阿格利埃塔称战后的经济增长方式为福特主义增长方式,它以凯恩斯的扩大财政预算、增加消费需求的理论为基础。其特点是:在生产和技术方面,强调对资本的集约投资,重视劳动生产率的提高;在企业治理方面,强调内部监督机制;在企业效益评估标准方面,注重企业规模的扩大;在劳资关系方面,采用集体谈判方式决定国民工资标准;在市场竞争方面,强调产品价格由生产成本加边际成本来决定。从20世纪80年代起,在发达国家,首先是在美国,在国家干预下形成了一种新的增长方式即金融资产增长方式,它以增加供给、扩大投资的理论为基础。其特点是:在生产和技术方面,强调对劳动的集约投资和信息投资,重视资本生产率的提高;在企业治理方面,推行雇员股东制和机构投资;在企业效益评估标准方面,强调股市赢利水平;在劳资关系方面,强调在价格的制约下,尽量降低工资成本,采用个别谈判方式决定工资标准;在市场竞争方面,强调产品价格由国际价格加汇率决定。金融资产增长方式是内生增长方式。从福特主义增长方式向金融资产增长方式的转变是国家宏观调控的结果。这一转变在微观层次的反映是:企业股权分散化,企业管理者把部分权利转让给股东,投资者把投资风险转让给企业,企业到资本市场寻求风险资本以分散风险,从而获得新的投资和发展动力。也有学者把这种国家调节方式的转变称为从财政赤字政府向企业投资政府的转变。

三、雇主与雇员关系的调节

调节理论认为,雇主与雇员关系的调节对积累体制的稳定具有关键性作用。雇主与雇员关系的调节包括以下内容:①雇佣关系的调节(国家制定的劳动法、雇主与工会的谈判和妥协、雇主与雇员的谈判和妥协);②劳动力使用和管理的调节(招工、劳动组织、技能等级的确定、流动、弹性工作制度、解雇等);③收入的调节(工资的调节、国民收入的再分配等);④就业保障(就业培训、再就业培训、终身教育、分担失业以及增强劳动力国际竞争力的措施);⑤社会保障(失业补助金、家庭补助金和防止自愿失业的措施)。对雇主与雇员关系的调节需要国家发挥重要作用。首先,为了确保由利润转化而来的投资增长与工人购买力增长相配合,需要凯恩斯主义国家干预政策的实施,以维持有效需求。其次,资本主义企业的雇主与雇员之间要建立起较长时期和稳定的合约关系,以避免失业、罢工等不安定因素危及资本主义制度存在的基础。

四、国际经济关系的调节

调节学派把国际经济关系的调节划分为三个层次。第一层次的目标是保护正常情况下市场资金的流动,保护消费者。担负这一调节职能的是竞争调节者,即有组织的市场票据交换所、国际私人中介机构、独立的公共事务所等。第二层次的目标是确保银行支付能力,监督支付能力比率和内部控制。担负这一调节职能的是谨慎调节者,即独立的银行监控机构或中央银行。第三层次的目标是处理金融危机,解决银行破产问题,抑制系统传染。

担负这一调节职能的是系统调节者,即解决破产问题的公共组织或以最后贷款人身份发挥作用的中央银行。

前两个层次的国际合作产生于金融全球化所决定的相互依赖性。对银行风险的管理主要是建立银行内部的监控系统,由于采用自控原理,这一系统使代理人负起谨慎的责任。相应地,监控者的作用更多的是对监控系统的性能作出评价。这就是实施受托的监控,它与银行建立的是相互影响而不是等级的关系。谨慎调节者之间为了实行全球性监控而进行的合作机构是国际清算银行。最后,国际最后贷款人的作用应充分肯定。当金融市场被流动资金危机侵害时,最后贷款人是惟一能使市场恢复正常运转的机构。最后贷款人配合有力的银行监控,会使大银行介入对市场的支援行动。最后贷款人具有特殊功能,即货币绝对权力机构的功能。因而它必须具有决定权并坚持建设性的立场,以避免道义上的风险,其目的是恢复信任。国际最后贷款人只能是超国家的机构,因为只有在世界货币空间统一的情况下,中央银行才能担负起共同的责任。因此必须在国际范围建立具有现代货币体系特征、分成等级的货币组织。而在此之前,国际货币基金组织应担负起国际最后贷款人的职责,并将成为金融全球化最终目标下的中央银行的雏形。

第四节　简要评述

法国调节学派是当前国际上较有影响的经济学流派之一,其主要学术贡献是对资本主义的积累体制作了历史地、理论地、比较地分析。它的理论成果集中表现在以下几个方面:

第一,阐述了资本主义积累体制和调节方式二者之间的关系。其中最重要的理论结论是资本主义具有自我调节、自我更新、自我发展的能力。调节学派从矛盾的对立和统一的观点出发,认为资本主义社会关系具有对立和统一两个方面。虽然矛盾有其对立和斗争的一面,但也有互为条件、互相渗透和互相依存的一面,因此,社会关系在一定时期内会保持稳定。调节理论所要解决的是,社会关系中对立面和统一面的张力关系问题:既然社会关系必然具有矛盾性,那么问题就在于如何通过这种矛盾性来实现社会关系的统一性。由此引出了调节方式问题。调节学派认为,资本主义经济的矛盾,并非只是市场现象,而是更广泛地受到各种社会制度制约的积累体制的矛盾。积累体制不仅受到货币制度、劳资关系、竞争、国家、国际关系等各种制度的影响,同时也受到个体与各个集团的特定意识和行为的影响。调节学派主张以社会制度为中介建立相应的调节方式。在这个方面,调节学派吸收了葛兰西关于改革资本主义积累体制时,要重视社会上各种制度与意识形态所起的作用的观点。为此,调节学派不仅分析了资本主义的宏观经济制度,并且还分析了微观经济制度,如企业的劳动管理制度等。

第二,阐述了资本主义积累体制发展的历史。在19世纪,资本主义依靠外延性积累体制,以延长劳动时间、增加雇佣劳动人数为手段,来增加绝对剩余价值的生产。进入20世纪以后,资本主义转而依靠以持续提高生产力为条件、扩大相对剩余价值生产为主的内生性积累体制。不过,这种内生性积累体制由于缺少大规模的消费市场,无法实现生产与消费之间的均衡，因而出现了20世纪30年代的经济大萧条。

二战以后，资本主义实行按照劳动生产率提高指数增加实际工资的协调性社会契约，形成了具有大规模消费的内生性积累体制，即所谓的福特主义模式。这种积累体制由于高生产率、高工资而扩大了有效需求，从而实现了高速的经济增长。不过20世纪70年代以后，这种积累体制由于科技进步遇到阻碍，以及社会分配矛盾的激化而陷入困境并形成了"滞胀"危机。调节学派认为，在信息革命时代，只有实行密集性的信息投资，大力提高资本的生产率，实行金融资产的增长方式，资本主义才能走出积累体制的危机。调节学派对资本积累体制发展的描述在一定程度上反映了社会化大生产的规律。

第三，分析了资本主义积累体制危机发生的原因。20世纪60年代以后，随着西方经济陷入危机，通货膨胀不断恶化，马克思主义经济学和新李嘉图学派对以边际效用论为基础的价格和资本理论提出了质疑。事实证明，凯恩斯主义已不能消除20世纪70年代以来的"滞胀"危机，在这种情况下出现了马克思主义的复兴。调节学派运用马克思利润率下降趋势规律的理论，从资本积累过剩和资本贬值角度出发，分析了资本主义经济危机发生的原因，指出这是产生于资本主义生产内部的必然趋势。其理论基础是：伴随着新科技革命和资本积累，资本有机构成必然提高，从而导致利润率下降，并引发经济危机。战后资本主义国家对市场的干预和通货膨胀政策，只不过缓和了这个规律的作用，但是无法改变这个规律。调节学派的这个分析对其他研究资本主义的经济学流派产生了很大影响。

国际学术界对调节学派在方法论方面的创新和贡献评价较高，认为同其他学派，如同积累的社会结构理论比较，它更坚持了马克思历史唯物主义的观点并对其有所发展。同时，也对他们的多学科、比较的研究方法倍加赞扬。此外，还高度评价了他们在把自己的方法应用于实证研究方面所取得的成果。

调节学派对资本主义历史和现实的分析，其中包括对资本主义的批判对我们有重要借鉴意义。他们在对资本主义经济进行实证研究时所提供的经验证明材料更是弥足珍贵。但是调节理论也有很大的局限性。从本质上说，它是一种改良主义的理论。它认为，资本主义经济制度虽然有许多弊病，但仍然是世界上最好的经济制度。因此，它的一切理论分析都是在资本主义经济制度的框架内进行的，特别是它丝毫没有触及资本主义的所有制。我国台湾学者陈明忠先生指出，调节学派重视现代资本主义各种制度的作用及其调节方式，但忽视了《资本论》中有关资本主义的原理性考察，因而认为经济学不需要"劳动价值理论"与"剩余价值学说"，甚至质疑研究资本主义原理的一般理论的必要性，并且认为将《资本论》视为资本主义的一般理论的看法，其实是"19世纪自由竞争的特权化"。例如，日本调节学派的代表性理论家山田锐夫就曾说过："把资本主义的变化，当做'原理表现形式的变化'的时代已经过去了，现在需要的是修正原理论或重新构造经济的时候了。"换言之，他们的意图是将他们的中介理论提高到"显现于资本主义所有发展阶段"的层次，进一步取代《资本论》的地位。

关于福特主义积累体制形成的原因，陈明忠先生认为调节学派的分析也不够充分。他指出，一战后资本主义的发展一方面受到世界大战的影响，另一方面也受到国内外社会主义力量压力的影响，因此，其体制的演化不能只从资本积累的内在逻辑来说明，但是在调节学派的文献中，却很难看到对上述两个方面影响的分析。

此外,调节学派虽然重视制度分析,但是他们对全球化条件下资本主义和社会主义制度的关系以及世界范围内南北关系的复杂性认识不足。因此,他们关于国际经济关系调节的理论和政策包含了很大的空想成分。

思考题

1. 法国调节学派的理论渊源是什么?
2. 法国调节学派的方法论有什么特点?
3. 法国调节学派是怎样对资本主义积累体制和调节方式进行历史分析的?
4. 法国调节学派是怎样分析当代资本主义积累体制和调节方式的?
5. 分析和评论法国调节学派的经济政策主张。
6. 如何认识法国调节学派的局限性?

参考文献

1. Michel Aglietta. *Régulation et crise du capitalisme, nouvelle édition augmentée d'une postface*dile Jacob, Paris, 1997
2. Michel Aglietta. Les transformations du capitalisme contemporain in *Capitalisme et socialisme en perspective – Evolution et transformations des systèmes économiques*. La Découverte, Paris, 1999
3. Alain Lipietz. *Ecole de la régulation et critique de la raison économique*. Futur antérieur, L'Harmattan, Paris. 1994
4. Robert Boyer. *La théorie de la régulation: une analyse critique*. La découverte, Paris. 1986
5. Paul Boccara. Etudes sur le capitalisme monopoliste d'Etat, *Edition sociale*. 1976
6. Paul Boccara. Sur la mise en mouvement du Capital. *Edition sociale*. 1978
7. Paul Boccara. *Une sécutité d'emploi ou de formation*, Le Temps de Cerises, 2002
8. Jacques Bidet. Théorie de la régulation. *Théorie des conventions*. PUF, 1995
9. 张宇,孟捷,卢荻主编. 高级政治经济学. 北京:经济科学出版社,2002
10. 贾根良. 法国调节学派制度与演化经济学概述. 经济学动态,2003(9)
11. 陈明忠. 战后几个主要的"现代资本主义论". http://www. china – tide. org. tw
12. 李其庆. 关于调节理论. 国外理论动态. 1998(1)

第 10 章

熊彼特经济学和新熊彼特学派

学习要点和要求

在了解熊彼特的生平、著作和分析方法的基础上，掌握其经济发展理论、经济周期理论、资本主义理论、社会主义理论和新熊彼特学派的主要经济理论，并运用马克思主义的立场、观点和方法对熊彼特经济学和新熊彼特学派的经济理论进行全面、客观地评价。

第一节　熊彼特的生平、著作和分析方法

一、熊彼特的生平和主要经济学著作

约瑟夫·阿洛伊斯·熊彼特（Joseph Alois Schumpeter）1883 年 2 月8 日出生于奥匈帝国摩拉维亚省（Moravia，今捷克境内）特利希镇（Triesch）的一个织布厂主家庭。熊彼特 4 岁丧父，7 岁后随母亲迁居维也纳。1901 ~1906 年间进入维也纳大学学习经济学和法学，师从欧根·冯·庞巴维克（Eugen von Bøhm-Bawerk），获法学博士学位。此时，他结识了奥托·鲍威尔（Otto Bauer）和鲁道夫·希法亭（Rudolf Hilfending）等人。这期间的学习为其《资本主义、社会主义与民主》一书思想的形成奠定了基础。1909 年，熊彼特去查尔顿威兹大学任副教授。1911 年，他成为捷尔诺维兹和格拉茨大学惟一的经济学教授。1913 ~1914 年，熊彼特作为奥地利交换学者去纽约哥伦比亚大学访学，被该校授予名誉人文科学博士学位。1918 年担任以卡尔·考茨基（Karl Kautsky）为首的德国“社会化委员会”顾问。1919 年春到同年 10 月，又以经济学家的身份在

伦纳(Renner)内阁担任奥地利财政部长。由于其主张与他的所谓社会主义朋友有很大的分歧,因此在任仅七个月后即下台。1921 年,他接受维也纳私人银行彼德曼银行总裁的职位,直至银行倒闭。官场上和商场上的失意使熊彼特再次转向学术领域。1927 年,他应邀去哈佛大学。1930 年,他与世界上一些著名经济学家共同倡导成立了计量经济学会。1938 年,他任美国计量学会副会长,1940 年任美国计量学会会长,1948 年,第一个以非美国人的身份被选为美国经济学会会长。1949 年西方经济学界筹设国际经济学会,一致推举他为第一届会长。1950 年 1 月 8 日,熊彼特在康涅狄格的塔科内克病逝。

熊彼特一生著作颇丰,共出版过 15 部书,发表过 200 多篇论文。他的主要经济理论著作有《国民经济学的本质和主要内容》(1908)、《经济发展理论:对于利润、资本、信贷、利息和经济周期的考察》(1912)、《商业周期:资本主义过程理论的、历史的、统计的分析》(1939)、《资本主义、社会主义与民主》(1942)。在他死后,他所著的《从马克思到凯恩斯十大经济学家》(1952)和《经济分析史》(1954)两本书由他的夫人伊丽莎白·布迪·熊彼特(Elizabeth Boody Schumpeter)整理出版。

二、熊彼特的分析方法

熊彼特进行经济学研究时,曾使用过理论方法、数学方法、历史方法、静态方法、动态方法、均衡方法和制度方法等。但他最基本的研究方法是理论方法、历史方法、数学方法和制度方法。

(一)理论方法

熊彼特认为,理论方法是指创造和使用概念与原理,并运用它们去陈述事实。陈述事实可采用静态的方式、动态的方式和社会文化发展的方式。他用抽象的理论方法分析了"循环流转"和商业周期"纯模式"。

(二)历史方法

熊彼特在各种方法中更倾向于使用历史方法。正如他说的那样:"如果让我重新研究经济学,如果在理论的、历史的、统计的三种方法中只能选一种,那我将选择历史方法。"①这是因为:首先,如果一个人不掌握历史事实,他就不可能理解任何时代的经济现象。其次,历史能反映那些不属于经济的"制度方面"的事实。最后,人们在经济分析中有时犯错误,大部分是由于缺乏历史经验。

(三)数学方法

熊彼特对数学方法的推崇,与他对经济科学以及一般科学的看法是密切相关的。他认为,经济学中之所以存在大量的分歧意见,就是因为它的精密程度不够,而数学方法是提高经济学精密程度的可靠途径,它可以使思想表达变得更具有条理性。但他同时指出,数学方法不是万能的,它不能揭示所研究对象的本质内容,应实现理论方法和数学方法的综合,用理论方法表达事物的本质。熊彼特在《商业周期》一书中以资本主义各个时期的主要技术发明和它们的应用以及生产技术显著发展的统计资料为基础,首次提出了长、中、短"三种周期"的理论。

---

① Schumpeter, J. A. (1954): *History of Economic Analysis*. NewYork: Oxford University Press. pp. 12

（四）制度方法

熊彼特认为，所谓制度方法是指通过一套归纳了的、典型化了的和具有某种风格的经济历史来研究私有财产、自由契约、政府调控等制度。熊彼特在《资本主义、社会主义与民主》一书中，采用制度方法考察了“社会制度形式演变”，探讨了不同社会制度的更替特别是资本主义制度产生、发展和灭亡的历史，预见了“和平进入共产主义”的历史发展趋势。

熊彼特分析方法的特色在于实现了历史方法和理论方法的结合、历史方法和统计方法的结合、理论方法和数学方法的结合。

第二节　熊彼特经济学的理论体系

一、经济发展理论

熊彼特在分析资本主义经济发展之前，研究了没有利润、利息情况下存在的“循环流转”的均衡状态，即资本主义的简单再生产。以此为铺垫，进而研究资本主义的经济发展，即资本主义的扩大再生产。

（一）发展的含义

熊彼特指出，所谓发展就是“执行新的组合”，即把人们所能支配的生产要素用新的方法、新的组织组合起来。这主要包括5种情况：①采用新产品；②采用新的生产方法；③开辟新市场；④掠取、控制原材料或半成品的新的供应来源；⑤实现新的工业组织。

（二）发展的源泉

熊彼特认为，经济发展的因素分外部因素和内部因素。外部因素主要有：战争，革命运动，金钱的大量供应源的发现，新地域、新国土的发现等。内部因素主要有：消费者品味的变化、生产要素数量或质量的变化和商品供给方式的变化。在内部因素中最主要的是商品供给方式的变化，即生产手段“执行新的组合”。在引起经济发展的内因和外因中，内因起决定性作用，外因起辅助作用。内因存在于资本主义体系内。

（三）实现发展的条件：企业家和信贷

1. 发展的主体动力——企业家。熊彼特认为，经济发展的关键因素是内部因素，而内部因素中最关键的是“生产手段的新组合”，而实现“新组合”的主体是企业家。所谓企业家，指的是实际履行“生产手段新组合”的人。他们不同于资本家和普通人，企业家以自我为中心，善于抓住机遇，具备专家知识和克服“新组合”困难的能力。企业家的职能就是组合各种生产要素进行创新，使企业财富不断增值。

2. 发展的必要条件——信贷。熊彼特认为，信贷是资本主义实现发展的必要条件，没有信贷就没有发展。信贷的本质是给予企业家购买力以进行创新，从而创造出更多的购买力。企业家为了实现新组合，需要进入生产资料市场，购买所需要的资源。这些生产资料他自己不能直接获取，而必须通过银行贷款（即提供信贷）来购买。也就是说，企业家在实现新组合之前，存在资金缺口，银行恰恰弥合了这个缺口。

（四）发展和利润

熊彼特认为，企业家利用自己的才能和银行信贷进行创新的结果是利润的实现。利润是一种超过成本的余额，即一个企业的收入与支出之间的差额。收入是企业家从事创新的全部收益。支出是企业家在生产中的直接和间接支付，包括企业家花费劳动所得到的工资、自己拥有的土地租金和风险的额外酬金。

利润具有暂时性、非剥削性和垄断性的特征。所谓暂时性，是指最先实行创新的企业家在没有其他竞争对手的情况下，可获得利润。但随着其他企业纷纷模仿，竞争使新产品价格下降，当价格跌到与生产费用相等时，利润等于零。所谓非剥削性，是指利润是企业家对生产所作贡献的价值，是正当报酬。所谓垄断性，是指新产品刚刚出现的时候，企业家没有竞争对手，新产品的价格完全按照垄断价格的原则来确定，利润含有垄断成分。

（五）发展和利息

熊彼特认为，所谓利息，是对企业家利润的一种课税。它是银行家将资产贷给企业家，企业家在获得利润后偿付给银行家的一种报酬，它是利润的一部分，是利润的新生物。①

利息来自企业家利润，利息是经济发展（企业家创新）的产物。企业家只有在创新中实现“新组合”，并使产品卖出的价格高于生产成本，获取营业利润，才可能向银行家支付利息，银行家也才可能获得利息。资本主义利息具有派生性和持久性的特征。所谓派生性，是指利息是企业利润的派生物，是利润的一个分支。② 所谓持久性，是指即使在一个充满发展的经济体系中，利息所依附的利润也是暂时的，而利息则是持久的。

二、经济周期理论

熊彼特在分析资本主义经济周期之前，先研究了以一般均衡体系为假设条件，仅包括繁荣和衰退的两阶段经济周期“纯模式”。以此为铺垫，他进而研究四阶段经济周期模式和三循环图式。

（一）四阶段经济周期模式

熊彼特认为，所谓四阶段周期模式，是指一个完整的经济周期。它经过繁荣、衰退、萧条和复苏四个阶段。

形成四阶段周期模式的原因是次级波和创新的共同作用。所谓次级波，是指经济代理人的“心理”方面“周期性的错误群”。过度的乐观和悲观等诸如此类心理的总和引发次级现象，这些现象以周期群体心理为中枢，它不仅依赖于外部因素，而且受心理因素的影响很大。失误和过度投资行为是次级波的主要特征。次级波本身并没有或很少具有推动力，它的推动力最终来自创新。

（二）经济周期的波长

熊彼特认为，有关四阶段周期模式的分析是对经济周期单一循环的分析。现实的经济波动并非像单一循环图示那样，它会呈现出好几个波状运动，形成三循环图式。

第一种是长达 50 多年的经济周期，又称长波。该周期与较大的技术创新浪潮及其消化

---

① 〔美〕熊彼特. 经济发展理论. 第 4 版. 北京：商务印书馆，2000. 234，176

② 〔美〕熊彼特. 经济发展理论. 第 4 版. 北京：商务印书馆，2000. 176

吸收过程相一致。资本主义的第一个长波大约从 1783 年到 1842 年,即第一次产业革命时代,以瓦特蒸汽机和冶炼技术的创新活动为基础;第二个长波大约从 1842 年到 1897 年,即世界铁路化时代,以钢铁和铁路技术的创新活动为基础;第三个长波大约从 1897 年到 20 世纪 20 年代末,即电气、化学和汽车时代,以电力、化工和汽车技术的创新活动为基础。第二种是平均 9 年到 10 年的中周期,又称中波。该周期与工商业一定的创新过程相结合。第三种是平均 40 个月的短周期,又称短波。该周期与商业存货的变化有关。

一个长周期大约包括 6 个中周期和 18 个短周期,一个中周期大约包括 3 个短周期。长周期和中周期之间的关系是:长周期所表现出来的整个经济的失衡状态对中周期起着制约作用,并影响着中周期借以发生的背景。中周期的繁荣阶段和萧条阶段表现出的强烈程度受长周期特定阶段的影响。中周期与短周期间也存在这种关系。三种周期中的任何一种都与一定的创新活动相联系。

(三)经济危机和危机救治

熊彼特认为,所谓经济危机就是经济生活使其自身适应新的情况的过程。在危机爆发阶段,生产极度过剩、产品严重积压、大批企业破产、大量工人失业、信贷制度崩溃、经济生活出现恐慌等等。经济危机也可称为非正常的清理过程,这一过程对资本主义来说是一次很好的"冷水浴"。

经济危机对经济既有消极影响,又有积极影响。危机带来了恐慌、破产和信贷制度的崩溃,但同时又将经济引向了新的均衡,实现了生产的部分改组,减少了生产成本,使利润转化为其他阶层的收入,提高了人民生活水平。

资本主义经济危机通过资本主义体系的自我调整就能救治。救治危机的办法有两种:第一种,发展资本主义国有企业或大联合企业,即发展托拉斯组织;第二种,改进经济周期的预测法。

三、资本主义理论

(一)资本主义的含义

熊彼特给资本主义下了两个定义。定义一指资本主义是经济变动的形式或方法。他说:"资本主义本质上是一种经济变动的形式或方法。它不仅从来不是、而且也永远不可能是静止不变的。"①定义二指资本主义是商品交换经济、自由竞争和私有财产占统治地位的经济形式。他说:"我们主要设想的是一个商业上有组织的国家,其中私人财产、分工和自由竞争居于统治地位。"②

(二)资本主义的发展阶段

熊彼特认为,资本主义的发展经历了两个阶段,即自由竞争的资本主义和托拉斯化的资本主义。自由竞争的资本主义指的是大约 1910 年前的资本主义,其特征是企业家自由活动,他们之间存在弱肉强食的竞争,具有实力的企业压制其他企业,资本主义反复出现企业的建立和倒闭,利润的获得和亏损等。托拉斯化的资本主义指的是大约 1910 年后的资本主

① 〔美〕熊彼特. 资本主义、社会主义与民主. 第 1 版. 北京:商务印书馆,1999. 146

② 〔美〕熊彼特. 经济发展理论. 第 4 版. 北京:商务印书馆,2000. 8

义,其特征是垄断化,企业规模的大型化,生产水平、生活水平的提高和商品价格的下降等。

(三)资本主义的自我毁灭

熊彼特认为,资本主义会灭亡并过渡到社会主义,促使资本主义走向瓦解的是自然规律,这个自然规律就是资本主义的创造性毁灭过程,即自我毁灭过程。

所谓自我毁灭过程,是指资本主义在创造了辉煌经济成就的同时却毁灭了资本主义自身的经济架构,即随着企业家职能的消失,资本主义围墙的倒塌,资本主义的保护层遭受破坏,防御工事遭到毁坏,警卫部队被驱散,理性主义态度攻击私有财产和资产阶级价值的整个体系。资产阶级堡垒在政治上变得没有抵御能力,对资本主义充满敌意的气氛变成合理化,因而资本主义的自我破坏、自我毁灭成为一个必然的过程。

(四)资本主义向社会主义过渡的形式

从资本主义向社会主义的过渡,由于各个资本主义国家处于不同的阶段,以及社会主义者所采取的方法不同,从而使过渡时期存在的困难程度也不同。熊彼特由此区分了成熟状态下的过渡、不成熟状态下的过渡和变法前的社会主义政策 3 种形式。

四、社会主义理论

(一)社会主义的含义和特征

熊彼特有两种社会主义的定义。一种是他所倡导、所推崇的社会主义,一种是他所反对、所攻击的社会主义。前者是指以洛克菲勒等人为开路先锋、在英美等国已实行的国家垄断资本主义,以及英国工党所推行的国有化等社会改良主义;后者是指在当时苏联已实践着的社会主义,“是指一种制度模式,在这个模式中对生产手段和生产本身的控制权都授予中央当局……原则上社会的经济事务属于公共范围而不是属于私人范围”。① 社会主义不是由私有或私人经营的企业,而是由公共权力机关控制生产资料,决定怎样生产、生产什么、为谁生产。社会主义可以同由国家来征服私人工商业等同起来。

熊彼特认为,在当时苏联正在实践的社会主义有如下几个特征:实行生产资料公有制;实行高度集中的计划经济体制;实行公共分配制;拥有竞争机制;生产效率高。

(二)社会主义实现的方式

熊彼特认为,资本主义向社会主义的过渡可采用 3 种途径:成熟状态下的社会主义化、不成熟状态下的社会主义化和变法前的社会主义政策。

所谓成熟状态下的社会主义化,是指社会主义在技术上、组织上、商业上、行政上和心理上的先决条件倾向于日趋成熟,向社会主义政权过渡已是瓜熟蒂落,资本主义将自动转为社会主义。

所谓不成熟状态下的社会主义化,是指从资本主义向社会主义过渡在物质上和精神上的条件还不成熟,必须通过暴力革命夺取政权来实现社会主义。

所谓变法前的社会主义政策,是指还没有达到“成熟状态”下的社会主义化时,虽然还不能通过修改宪法“和平”过渡到“社会主义”,却可以实行有助于推进“社会主义”实现的“广泛的国有化纲领”。如对银行、保险、铁路运输、采矿、电力、钢铁、建筑等行业实施国有化。

---

① 〔美〕熊彼特. 资本主义、社会主义与民主. 第 1 版. 北京:商务印书馆,1999. 258

第三节　新熊彼特学派

一、新熊彼特学派的主要代表人物、兴起和特征

第二次世界大战以后，美国经济迅速发展的事实使西方出现了许多熊彼特经济学的追随者和受熊彼特学说影响的经济学家。主要的代表人物有：爱德温·曼斯菲尔德（Edwin Mansfield）、莫尔顿·卡曼（Morton I. Kamien）、南赛·施瓦茨（Nancy Schwartz）、格里利克斯（Zvi Griliches）、内森·罗森伯格（Nathan Rosenberg）、谢里夫（F. M. Scherev）、克里斯托弗·弗里曼（Christopher Freeman）、乔瓦尼·多西（Giovanni Dosi）、厄特巴克（J. M. Utterback）等。他们坚持经济分析的熊彼特传统，强调技术创新在经济增长中的核心作用，承认企业家是推动技术创新的主要力量，承认经济结构对于技术创新的促进作用，从而形成了新熊彼特学派。新熊彼特学派的学者在技术创新中的共同特点是：强调影响技术创新的技术的、经济的因素，而忽视其赖以生存的具体历史环境和社会制度的影响。

二、新熊彼特学派的基本理论观点

（一）创新的含义

熊彼特将创新归纳为5种情况，其中既有技术创新的含义又有制度创新的含义。而新熊彼特学派所指的创新只是技术创新。例如，弗里曼将创新定义为“新产品、新过程、新系统和新服务的首次商业性转化”。曼斯菲尔德将创新看成“第一次引进一个新产品或新过程所包括的技术、设计、生产、财务、管理和市场诸步骤”。他认为创新自身有5个特点：一是不确定性。创新初期实施创新的人不能全面掌握与已知事件的发生有关的信息；创新过程中存在着尚不知道如何解决的技术经济问题；创新结束后实施创新的人不能全面地考察创新的结果。二是知识。创新建立在各种知识来源的基础之上。技术创新是从科学进步创造的机会中产生的，主要的新技术机会越来越依赖于科学知识的进步。三是一体化。创新复杂性的增加使得正式的组织（企业研究开发实验室、政府实验室、大学等）作为创新产生的最佳环境比个体创新者更加有利。四是“干中学”和“用中学”。人和组织，主要是企业，可以通过各种干的过程，通过解决生产问题、满足特殊顾客的要求、克服各类“瓶颈”等学习如何创新。五是积累性活动。在大多数情况下，企业、组织或者国家，实现技术进步的可能性由他们已经达到的技术水平决定。

索罗（S. C. Solow）在《资本化过程中的创新：对熊彼特理论的评论》一文中，提出了创新成立的两个条件，即新思想的来源和以后阶段的实现发展。这个“两步论”被认为是创新概念界定研究上的一个里程碑。

（二）决定创新成功的因素

熊彼特认为，决定创新成功的因素是企业家，而技术创新经济学家戴维·J·蒂斯（David J. Teece）则认为，创新成功的决定因素是满足市场需求和把握“门卫”职能。所谓满足市场需求，是指创新者在实施每一项创新时必须关注用户的需求，创新的成果必须得到市

场的认可。创新是一项复杂的活动,在创新过程中必然会遇到许多知识交叉,每一个交叉之处都是创新的潜在障碍,掌握“门卫”职能是创新成功的关键。“门卫”职能主要有技术门卫职能、市场门卫职能和制造门卫职能。技术门卫职能就是沟通技术组织和科学界。市场门卫职能就是了解竞争者在做什么,消费市场上正在发生什么样的变化,然后将这些信息传递给研究人员,这是确保技术机构沿着最终取得市场成功的目标进行活动的关键。制造门卫职能就是逐步熟悉制造厂所处的现实环境,以确保制造厂在材料、装配过程的现实方面处于最前沿。

(三)技术创新产生的原因

有关技术创新原因的论述,主要有3种学说:技术推动说、市场需求拉动说、市场需求与技术推动互动说。

1. 技术推动说。熊彼特在《经济发展理论》一书中提出了创新概念,认为创新的主体是企业家,创新的先决条件是在经济体系外存在科学和发明,企业家利用科学和发明导致创新的出现。英国著名技术创新经济学家弗里曼系统地研究了由技术推动产生的创新。他将熊彼特的企业家创新说概括如下:

其一,在现有企业和市场结构之外,存在一个与科学新发展相关但不能确定的基本发明流。

其二,一些企业家意识到这些发明的未来潜力,准备冒险进行开发和创新。

其三,一旦一项重大创新被实现,市场将由均衡走向非均衡,成功的创新者得到暂时的超额垄断利润。然而,随着大量模仿者的进入,最先实施创新的企业家的垄断利润消失,从而引起技术创新的群现象。①

在20世纪70年代初以前,西方学术界普遍认为只存在一个熊彼特技术创新模型。然而,奥尔本·威廉·洪西戈·菲利浦斯(Alban William Housego Phillips)在其所著的《技术与市场结构》一书中提出了第二个熊彼特技术创新模型,这就是熊彼特在其《资本主义、社会主义与民主》一书中所概括的大企业创新说。弗里曼在他的《工业创新经济学》中对此作了进一步的修改。他认为,熊彼特大企业创新说可以表述为:①科学和技术发明由企业内部的研究和开发机构承担;②成功的技术创新使企业获取超额利润,并暂时处于垄断地位;③大量模仿者的进入会削弱垄断者的地位。

熊彼特的这两个技术创新模型合称为“技术推动模型”。其共同之处在于:强调技术进步推动经济长期增长;更多的研究开发投入等于更多的创新产出;创新活动依赖于科学。它们的不同之处在于:第二个技术创新模型包括企业进行的内生的科学与技术活动,强调发明活动越来越处于大企业的控制之下,从而强化了大企业的竞争地位。

2. 市场需求拉动说。20世纪60年代末期,美国宾夕法尼亚大学经济学家雅格布·施穆克勒(Jacob Schmookler)出版的《发明与经济增长》一书动摇了技术推动说的核心地位。通过实证研究,他提出创新的动力来自市场或产品的生产者、研发人员对市场产品生产状况作出的反应,即市场需求导致创新。

3. 市场需求和技术推动互动说。戴维·莫厄里(David Mowery)和罗森伯格强调在技术

① Freeman, C. (1982): *The Economics of Industrial Innovation*. Cambridge, mass: The MJT Press, pp. 214

创新中技术推动和市场需求的共同作用,认为科学技术作为根本的、发展着的知识基础和市场需求的结构这二者在创新中以一种互动的方式起着重要的作用。① "创新活动由需求和技术共同决定,需求决定了创新的报酬,技术决定了成功的可能性及成本。"②尼尔·凯(Neil Kay)认为,在基础研究—应用研究—开发—利用这一序列中,一个项目越是靠近利用序列,它与创新的需求拉动理论的联系就越为紧密;一个项目越是靠近基础研究,科学和技术推动说越是具有说服力。

(四)影响创新的因素

新熊彼特学派的经济学家们指出,影响创新的因素有企业规模、市场结构、研发机构、市场集中度和企业垂直一体化等。在这些因素中,最主要的是企业规模、市场结构和市场集中度。

1. 企业规模。就企业规模对创新的影响,熊彼特的认识有一个转变的过程。在青年时期,他强调小企业有利于创新;但在他步入老年时期后,则强调大企业有利于创新。

加尔布雷·奈特(Galbrain Nutter)、弗雷德里克·迈克德·谢勒(Frederic Michad Scherer)和弗里曼发展了熊彼特有关大企业有利于创新的观点。他们认为:首先,大企业比小企业研发人员多,遇到问题时容易有多种思路,有利于问题的解决。其次,大企业在挖掘自我研究的产出能力方面比小企业强,因为他们更容易进入市场,了解市场需求。其三,大企业有充裕的研发资金,费用高的发明只能由他们完成。

沃尔特·托马斯·莱顿(Walter Thomas Layton)、威廉·康曼纳(William Comanor)、施穆克勒和查尔斯·库珀(Charles Cooper)则赞同熊彼特有关小企业有利于创新的观点。他们认为:首先,大企业易产生官僚作风和官僚习气,这将导致整个创造性贡献的气氛不和谐。其次,大企业易压制创新。其三,小企业领导层有很强的成本意识,有根据市场变化较快作出创新决策的能力。其四,小企业宽松的管理环境有利于创新活动的开展。

曼斯菲尔德却认为,不能简单地说大企业有利于创新或小企业有利于创新,应根据公司所在行业的不同来判断大企业与小企业谁更有利于创新。

基思·帕维特(Keith Pavitt)和巴巴拉·沃德(Barbara Ward)对20世纪60年代的企业状况进行实证研究后认为:大企业和小企业在创新过程中既相互补充又相互独立。大企业适合于在需要大规模研发、生产或市场的领域进行创新;小企业适合集中于专门的高精尖的元件和设备方面的创新。当大企业错过一些机会时,小企业往往实现了很重要的创新。

2. 市场结构。熊彼特认为,垄断的市场结构比竞争的市场结构更有利于创新。

赫伯特·西蒙(Herbert Simon)和施瓦茨赞同熊彼特的观点,认为垄断比竞争具有更大的创新优势。首先,具有垄断权力的公司能阻止模仿,并能在创新中获取更多利润;其次,垄断能更好地为研发提供资金援助,并使创新所需的资金实现内部化;最后,垄断能雇用到有创新能力的人。

鲍德温(Baldwin)和乔赛亚·蔡尔德(Josiah Child)指出,尽管垄断力量为寻求创新的公司带来了优势,但同时也带来一些负面影响。例如,公司更关心保护现有的垄断地位而

① Rosenberg, N. (1982): *Inside the Black Box*. London: Cambridge University Press. pp. 234

② Rosenberg, N. (1976): *Perspective on Technology*. London: Cambridge University Press. pp. 108 ~ 125

不急于用更优越的产品或生产过程来替代原有的技术。

3. 市场集中度。熊彼特只强调了技术对创新的影响，而忽略了市场集中度对它的影响。谢勒、康曼纳等人则研究了市场集中度对创新的影响。

市场集中度是指一家公司或一个产业的工业品销售所占市场工业品销售的比例。若一家公司或一个产业的工业品销售占市场工业品销售的比例高，则表明该公司或该产业的市场集中度高，反之则低。谢勒等人发现，创新的投入强度和市场集中度之间呈正相关关系，即集中度越高的公司或产业，越倾向于投入更大的创新努力。

费奈特（Finet）则认为，创新努力与公司的集中度呈负相关关系。在集中度高的公司，研究人员的数量随公司集中率的提高而降低。

（五）创新与经济长波

熊彼特认为，经济长波是由创新引起的。从20世纪70年代末开始，经济学家围绕着熊彼特的长波理论展开了热烈的讨论。

格哈德·门施（Gerhard Mensch）、范·杜因（Van Duijn）和弗里曼赞同熊彼特创新与经济长波存在因果关系的观点。门施认为，技术创新的周期与经济繁荣周期呈"逆相关"。经济萧条是创新高潮的主要动力，它能促使企业和政府寻求新技术以解决经济问题；技术创新是经济发展新高潮的基础。杜因认为，主要的或基本的创新的出现是导致经济长波型波动的主要力量。基本的创新会导致新的工业部门出现，这些部门按照S型生命周期模型发展。新的部门要求有它们自己的基础结构，随着对资本设备需求的增加，出现的是与创新有关的部门中对产出的需求。通过乘数加速作用，物质存货的过度积累将最终出现，而与创新有关的部门的需求下降将加剧资本部门的过度扩张。这两股力量的综合作用就是一个长波的下降。一个长波的下降意味着一个萧条的投资时期。当替代性投资创新出现，乘数加速在上升方向上再次起作用时，经济回升就开始了，并为新的创新高潮的到来提供了舞台。

门施赞同熊彼特经济萧条阶段有利于创新的观点。他在《技术的僵局》一书中指出，新的基本的创新群促使新工业部门的出现和生产能力的提高，但市场总有一天会饱和，此时经济就会处于萧条时期，要使经济从萧条中走出来，惟一的办法就是进行创新。在长期萧条期间，创新的数量不断增加，这主要是由发明到创新的过渡时间缩短的结果。

杜因则反对熊彼特萧条阶段有利于创新的观点。但他仿效熊彼特，将长波分为繁荣、衰退、萧条和回升4个阶段，将创新分为创造新工业的主要产品创新、现有工业中的主要产品创新、现有工业中的工序创新和基础部门中的工序创新。创造新工业的主要产品创新可能在萧条阶段进行，但在回升阶段会更明显。现有工业中的主要产品创新在萧条和回升阶段被采用。现有工业中的工序创新在长波下降阶段最明显，在长波上升扩张阶段被利用。基础部门的创新主要在长波扩张阶段被采用。也就是说，在回升阶段总的创新倾向最大，而在衰退阶段则最低。这主要是因为，当经济处于萧条时期时，虽存在创新的压力，但缺乏创新的条件。

（六）创新生命周期

范·杜因根据熊彼特对创新的定义，进而提出了创新生命周期的概念。所谓创新生命周期，是指一项主要的创新经历采用、增长、成熟和下降4个阶段。所谓采用，是指存在着大量的产品创新，存在着不同的技术选择，人们对需求的特征了解较少。所谓增长，是指消费者的认可不断增加，产品创新的数量不断减少。销售的增加导致技术上的标准化，出现了降低成本的工序创新。所谓成熟，是指产出率放慢，通过产品的演化使竞争变得越来越激烈，创新关注于改良，工序创新转向节约劳动。所谓下降，是指销售下降，人们试图通过改变技术而摆脱市场饱和的困境，继续运用节约劳动的工序创新。创新的生命周期曲线呈S型。

（七）创新的扩散

熊彼特认为，创新扩散实质上是一种模仿行为。英国经济学家斯通曼（Stoneman）认为，创新的扩散过程是一种学习过程，即在模仿的基础上进行不断的自主创新活动，它不同于一成不变的模仿。美国经济学家西奥多·威廉·舒尔茨（Theodore Wilhain Schultz）在《人力资本投资》一书中将技术创新扩散定义为“通过市场和非市场渠道的传播”，并指出，“没有扩散，创新就不可能有经济影响”。

第四节　简要评述

熊彼特把创新看成是经济发展的一个最重要的因素，这是他对经济理论的一大贡献。如果我们把其创新理论体系的资产阶级烙印加以革除，把他夸大资本主义企业家作用（实际上许多情况下是一身二任的资本家）、掩盖资本主义剥削关系的庸俗辩护加以扬弃，那么，他的创新思想，诸如创新对经济发展的作用、企业家对经济发展的作用、企业管理对经济发展的作用、技术创新和经济制度创新对经济发展的作用等，对我国今天的社会主义现代化建设有着重要的启迪和借鉴意义。当前，我国正处在各方面都在创新的时代，我们不仅需要理论创新、思想创新，而且需要进行制度创新、体制创新，尤其需要进行企业创新、技术创新。在这样的创新时代，研究熊彼特的创新理论，去其糟粕，取其精华，联系实际，为我所用，是一件很有意义的事情。

然而，在经济发展问题上，马克思认为，推动和决定历史发展的是生产力和生产关系两者之间的矛盾，阶级斗争和生产关系的变革是推动生产力和社会发展的决定性因素，劳动者是社会发展的中坚力量。而熊彼特完全忽略了生产关系和阶级矛盾的重要性，片面强调企业创新、生产技术和企业组织管理方式的作用，认为这是推动资本主义发展的惟一的和决定性的因素。熊彼特认为，企业家是社会发展的中坚力量，抹杀了广大企业管理人员、科技人员的作用，这是不正确的，是为资产阶级辩护的理论。在经济危机的根源上，他只看到物质技术的原因，看不到资本主义制度的原因，看不到资本主义经济危机的根源在于资本主义经济制度，在于这种制度的基本矛盾，而把资本主义经济危机的物质技术基础当成危机的根源，这是肤浅的、不科学的。马克思主义从社会制度方面和物质技术方面分析了经济危机爆发的原因。恩格斯指出，经济危机的根源在于资本主义基本制度。斯大林指出：“生产过剩的经济危机的根源和原因在于资本主义经济制度本身，危机的根源在于生产的社会性和生产成果的资本主义占有形式之间的矛盾。”①资本主义基本矛盾表现为个别企业生产的有组织性和整个社会生产的无政府状态之间的矛盾，资本主义生产无限扩大的趋势

---

① 斯大林. 斯大林全集. 第12卷. 北京：人民出版社，1955. 214

同劳动人民有支付能力的需求相对狭小之间的矛盾。这两对具体矛盾是产生经济危机的直接原因,"生产过剩的危机就是这种矛盾的猛烈破坏性的表现"。① 对资本主义的命运,马克思站在无产阶级立场上,以辩证唯物主义和历史唯物主义的观点分析了社会经济的发展,认为资本主义不可能自动崩溃,无产阶级作为资本主义的掘墓人,其使命在于领导推翻资本主义的革命斗争,在旧社会的废墟上建立崭新的社会制度。而熊彼特则认为资本主义将被它自身的技术进步所消灭,资本主义过渡到社会主义,不是通过无产阶级革命来实现,而是通过民主的方式及和平长入的方式来实现,资本主义可以自动地进入社会主义。很明显,熊彼特站在资产阶级立场上,否认资本主义社会的基本矛盾,否认资本主义社会中的阶级对抗关系,否认马克思的阶级革命理论,从历史唯心主义观点分析资本主义经济发展的动力和过程,从而得出庸俗的社会过渡论。

新熊彼特学派不仅在许多方面补充和发展了熊彼特的创新理论,而且也给整个西方资产阶级经济学增添了新的内容,从而丰富和发展了西方经济学。例如,蒂斯关于创新的决定因素是市场需求的观点;莫厄里等人关于引起技术创新的市场需求和技术互动说;弗里曼等人关于企业规模影响创新而大公司最有利于技术创新的观点;卡曼、施瓦茨等人关于市场结构影响技术创新而垄断竞争市场最有利于技术创新的观点;等等。这些理论有很强的实用性,他们的不少理论和方法不仅对发展资本主义经济有用,对在我国社会主义条件下改革和发展经济也很有借鉴意义。

新熊彼特学派仅强调技术创新是促进经济发展的惟一因素,而忽视了制度因素,这是不全面、不科学的。马克思指出,技术创新和制度因素都对经济发展起促进作用。虽然在一般情况下,在长期内技术创新对经济发展起决定作用,但制度在一定的条件下对经济发展也起决定作用。如当旧的制度已束缚经济发展时,改变旧的制度、创造新的制度就对经济发展起决定作用。

新熊彼特学派没有把技术创新归属于社会生产力的范畴,从而也不可能讲清楚技术创新在社会生产系统中的地位以及技术创新与社会生产力系统中其他因素的关系。在这方面,他们要比马克思经济学逊色得多。马克思曾经指出:"劳动生产力是随着科学和技术的不断进步而不断发展的。"②劳动生产力首先是科学技术。邓小平也曾指出:"科学技术是第一生产力。"③这样就把技术创新提高到社会生产力的高度,从根本上讲清楚了技术创新在社会生产力系统中的地位及其同生产力中其他因素的联系。

思考题

1. 试评述熊彼特的创新理论及其现实意义。
2. 试评述熊彼特的资本主义理论。
3. 简述新熊彼特学派的主要经济观点。

---

① 斯大林. 斯大林全集. 第 12 卷. 北京:人民出版社,1955. 215

② 马克思,恩格斯. 马克思恩格斯全集. 第 23 卷. 北京:人民出版社,1972. 664

③ 邓小平. 邓小平文选. 第 3 卷. 北京:人民出版社,1983. 377

参考文献

1.〔美〕熊彼待. 经济发展理论. 第 4 版. 北京:商务印书馆,2000

2.〔美〕熊彼特. 资本主义、社会主义与民主. 第 1 版. 北京:商务印书馆,1999

3.〔美〕Schumpeter, J. A. *Business Cycles*: *A Theoretical*, *Historical and Statistical Analysis of the Capitalist Process*. NewYork and London: McGraw-Hill,1939

第 11 章

当代西方经济学流派与思潮

新奥地利学派和伦敦学派

学习要点和要求

新奥地利学派和伦敦学派是新自由主义中最激进的学派，崇尚经济自由、主张自由竞争和实行私有制、反对社会主义和计划是其基本理论内容。在了解新奥地利学派和伦敦学派学术渊源和特点的基础上，把握其基本理论和观点，通过与其他学派比较，并联系现实经济发展的实际，分析他们的理论局限性以及具有的合理成分。

第一节　新奥地利学派和伦敦学派的形成、学术渊源和特点

一、新奥地利学派和伦敦学派的形成

新自由主义(也称新保守主义)，是 20 世纪 30 年代后逐渐形成和发展起来的西方经济学说。特别是在 20 世纪 70 年代以后，资本主义国家普遍出现了失业与通货膨胀并存的“滞胀”局面，凯恩斯主义已无力解决资本主义经济所面临的一系列新问题。在此背景下，新自由主义的经济思想得以重新复兴。

新自由主义有 4 大中心：奥地利的维也纳大学、德国的弗莱堡大学、美国的芝加哥大学和英国的伦敦大学经济学院。而伦敦学派被认为是最激进、最彻底的经济自由主义。

新奥地利学派是就奥地利学派而命名的。奥地利学派是 19 世纪 70 年代以后兴起的一个学派，主要代表人物是英国的杰文斯、奥地利的门格尔和法国的瓦尔拉。其主要特征是强调个人主义，注重心理分析和边际分析。第一次世界大战以后，出生于维

也纳的哈耶克在维也纳大学攻读法律、政治经济学和心理学，先后获得法学博士和政治学博士学位，后赴美国研究货币政策。1927～1931年期间，哈耶克任奥地利经济研究所所长；1929～1931年期间兼任维也纳大学讲师，讲授门格尔、庞巴维克及米塞斯的经济学说。在维也纳大学期间，哈耶克深受米塞斯的影响，致力于货币理论、资本与经济周期领域纯经济理论的研究，并与米塞斯等人组建了新奥地利学派。因此，新奥地利学派是指20世纪20年代以后兴起的，以哈耶克、米塞斯等人为代表的一个学派，它区别于19世纪的旧奥地利学派。1931年，哈耶克移居英国伦敦，任伦敦经济学院经济学与统计学教授直到1950年，在此期间他又组建了伦敦学派。正是因为新奥地利学派和伦敦学派的主要代表人物都是哈耶克，所以有人认为，新奥地利学派和伦敦学派实际上是合为一体的。①

英国是具有经济自由主义传统的国家，古典的自由放任的经济思想在英国相当长的时间里占据统治地位。推崇市场机制，主张自由竞争和自由放任，一直是英国经济学理论的基本倾向。20世纪30年代以后，以罗宾斯为代表的一批自由主义经济学家的思想日益成熟，在社会上的影响不断扩大，更由于哈耶克的加盟，伦敦学派就这样形成了。

但在伦敦学派产生后不久，1929～1933年，资本主义世界爆发了特大的经济危机，期间出现的种种现象是传统的自由主义经济理论所无法解释的。资本主义发展的现实说明，单靠市场机制的自发调节是不能达到经济均衡的，供给并不能创造自身的需求，社会的总供给和总需求也不是始终平衡的。在现实面前，主张自由放任的经济思想显得软弱无力，传统的经济自由主义思想由此退出了经济学的主流地位，取而代之的是凯恩斯主义。

凯恩斯通过建立一整套以论证有效需求不足为核心的经济理论，提出了国家应该对经济活动进行全面干预的政策主张，从而实现了对传统自由主义经济学的革命。凯恩斯主义兴起后，在西方经济学中迅速地占据了统治地位，使人们把自由主义的经济思想看做是一种过时的理论。但是，伦敦学派却仍然坚持自由放任的思想，并对凯恩斯主义的理论提出了尖锐的批判。由于在经济学理论界纷纷转向凯恩斯主义的时候，伦敦学派反其道而行之，反而扩大了其影响。在这期间，伦敦学派的主要代表人物罗宾斯、哈耶克等人，通过与凯恩斯主义的论战，大大提高了他们的声望。他们不但极力反对凯恩斯主义，而且也坚决反对社会主义，特别是对社会主义的计划进行了全面的批判。这就是哈耶克等人与奥斯卡·兰格就社会主义制度是否具有可行性和实行经济计划的可能性问题展开的论战。这些论战使伦敦学派的知名度越来越高，并在这一时期发展到了它的高峰。但是，在20世纪50年代以后，随着伦敦学派中的一些主要人物观点的改变，整个学派也随之走向衰落。

尽管伦敦学派存在的时间并不很长，其影响也不如其他学派那么大，但它所主张的经济自由主义的思想是很具代表性的。因而在研究新自由主义经济思想的时候，不能不提到新奥地利学派和伦敦学派。

二、新奥地利学派和伦敦学派的学术渊源

新奥地利学派和伦敦学派都是新自由主义的重要学派，它们的学术渊源也非常相近。英国是经济自由主义思想的故乡，崇尚自由竞争，强调私人企业和市场机制，反对国家干

① 傅殷才.新保守主义经济学.北京:中国经济出版社,1994.209～211

预,这些思想在英国有着悠久的传统。最初说明资本主义经济原则的就是经济自由主义。

在英国,自资产阶级古典政治经济学出现以来,经济自由主义在很长的时间里一直占据着统治地位。古典政治经济学的主要代表人物斯密和李嘉图都主张经济自由主义。斯密认为,自由竞争在经济生活中起着决定性的作用,限制自由竞争的任何企图都将阻碍经济发展。因为自由竞争可以使资本和劳动无限制地自由流动,能够最合理地利用生产资源,使社会财富迅速增长。李嘉图也认为,自由竞争是资本主义的经济规律,只有自由竞争才是人们经济联系的最合理的形式,必须反对国家干预经济生活。他主张自由贸易,认为自由贸易能够增加资本家的利益。这些经济自由主义的思想在当时的资产阶级经济学说中占有主导地位。

在资产阶级庸俗经济学派中,经济自由主义的思想得到了进一步的发展。他们认为,资本主义制度是"永恒"的,是合乎"自然"的。这一制度的基础就是经济自由和私有制,因此,经济自由和私有制就是人类社会存在的自然条件。在萨伊等人看来,在自由竞争的市场机制作用下,通过价格的自发波动,就能够保证商品市场中的供给和需求的平衡;通过工资的自发变化,就能够保证劳动力市场上的供给和需求的平衡;通过利息的自发变化,就能够保证资本市场上供给和需求的平衡;通过地租的自发变化,就能够保证土地市场上供给和需求的平衡。因此,国家没有必要干预市场,国家对经济活动的干预,只会使平衡遭到破坏,只会带来经济活动的低效率。

这些传统的经济自由主义所主张的对内自由放任、对外自由贸易,反对国家干预的基本思想,成为新奥地利学派和伦敦学派的重要理论基础。同时,奥地利学派的边际效用理论也是它们的一个重要学术渊源。

奥地利学派的方法论是抽象演绎法。这一研究方法具有以下特点:一是把"人类经济"抽象为人的欲望存在和满足欲望的物质有限性两个基本要素,经济学要研究的就是由于欲望无穷而物质有限所造成的人与物质财富的相互关系。二是把"国民经济"抽象为"个体"。把社会看成是个人简单相加,把社会经济看成是个体经济简单的机械综合。三是把人类经济活动的终极目标归结为根据个人的欲望对稀缺的资源进行评价,并以边际概念来判别效用,进行合适的选择。

奥地利学派的价值论是用主观价值来解释价值,把价值看做是纯粹的心理现象。他们认为,价值由主观价值和客观价值构成,主观价值可以理解为产品和人的福利的关系,客观价值可看做是产品和它的机械性或技术性的成果之间的关系,它不属于经济学研究的范围。因此,价值理论的核心问题是主观价值的来源以及决定标准。效用是价值的源泉,而效用又是由人们的主观感觉来判别的。

奥地利学派的利息论是时差利息理论。这是在主观价值理论、边际效用理论和时间偏好理论基础上建立起来的利息理论。其基本观点是:一切利息形态的产生和利息率的高低,都决定于人们对于等量的同一商品,在现在和将来的两个不同时间内主观评价的差异。利息是现在物品的价值高于等量的同一种类的未来物品的价值的差额,也就是财货价值的差额。

总之,方法论上的个人主义、主观主义、边际主义,价值论上的主观效用理论,消费和生产上的时间结构和偏好理论,共同构成了奥地利学派的基本学说和理论倾向,它们成为新奥地利学派和伦敦学派的重要理论渊源。

三、新奥地利学派和伦敦学派的特点

新奥地利学派和伦敦学派的学术渊源和发展背景,以及主要代表人物的理论观点,决定了这两个学派有着自己明显的特点。

第一,新奥地利学派和伦敦学派的理论观点带有明显的极端性,他们是新自由主义中最激进的学派。这主要表现在以下两个方面:一是他们极力反对凯恩斯主义,极力反对国家以任何形式对经济生活的干预,主张个人自由高于一切。尤其是这两个学派的代表人物哈耶克,被称为是“新自由主义的斗士”。二是他们极力反对社会主义,对其进行了全面的批判,并从理论上对社会主义制度存在的可能性进行了全面的否定。这些特点均体现在他们与凯恩斯和兰格的两次大论战中。无论是与凯恩斯的论战,还是与兰格的论战,他们都从非常极端的角度彻底否定国家干预的必要性和社会主义的可行性。

第二,新奥地利学派和伦敦学派的理论观点带有明显的伦理学和心理学色彩。在他们的理论体系中,哲学的议论多于政治、经济的主张,伦理学的探讨多于具体政策的设计,心理学的分析多于对客观经济现象的描述。他们所提出的平等观和理想社会的理论,更多的是从伦理学的角度加以论述。例如,他们把个人的绝对自由看做是理想社会的基础,认为理想主义者否定了个人的自由,往往带来的不是幸福而是灾难,所以,现在世界上许多最有害力量的根源往往不是坏人,而是思想高尚的理想主义者。由于改造社会的愿望出自高尚的动机,理想主义者在道德观念上自认为问心无愧,结果就会无所顾忌地朝着极权主义的方向走去。因此,世界上的坏事不一定都是坏人干出来的,而往往是一些“高尚的”理想主义者干的。为了防止这种悲剧,必须把个人自由作为理想社会的基础。

第三,新奥地利学派和伦敦学派在研究方法上带有明显的个人主义、主观主义的特点。新奥地利学派和伦敦学派的理论体系与其个人主义和主观主义的哲学思想和认识方法有着密切的关系。他们认为,社会科学所涉及的知识分散于一种社会制度的所有方面,只有允许单个行为者在总法则的范围内追求各自的目标时,这些分散的知识才能被最有效地利用。在社会科学领域里,不存在可以直接观察到的规律,根据某些规律确实能够理解社会和经济,但这些是非直观的,它们是从人们的各种观点、态度和信条中重新提炼出来的。像“社会”、“市场”、“法律制度”等这些词汇并不代表能够直接观察到的实体,而是用来解释人们行为的理论概念。在社会事物中,没有永恒的或固定的事情,只有众多的个体。主张主观价值论也是他们的主要特点之一。新奥地利学派和伦敦学派把价值看做是一种纯心理现象,认为价值论的核心问题是主观价值的来源及决定标准,价值的源泉就是效用,而效用就是人们在消费活动中的心理现象。社会科学的主观性在于它并不是按照客体所具有的共同属性,而是根据个人对经济现象以相同方式所作的主观反应去对经济现象进行分类和找出规律性的,所以,这只是一种精神构造,因而社会科学研究的关系是主观精神性的,是个人的信念、观点和态度。

第二节　新奥地利学派和伦敦学派的理论体系

一、坎南的经济理论

爱德温·坎南(Edwin Cannan,1861～1935)于1880年进入牛津大学贝利奥尔学院学习,1884年获文学学士学位,1887年获文学硕士学位。1897～1926年任教于伦敦经济学院,自1907年起担任教授,是伦敦学派的主要代表人物。1931年他受聘于牛津大学;1932～1934年期间,担任皇家经济学会会长。

坎南是亚当·斯密著作的编辑、校订和注释者。他编校的《国富论》一书,被认为是最好的和最标准的版本。在1896年他还编辑了斯密在格拉斯哥大学讲授法学的讲座稿。从此,坎南也就被学术界公认为是亚当·斯密学说最权威的解释者。

坎南深受英国经济学传统理论的影响,这在他长期从事传统经济学理论的传授中可以得到反映。他的经济理论观点与同一时代著名的经济学家马歇尔有许多相近的地方,如他赞同以第一次世界大战前的汇兑比率恢复金本位制,这一观点不仅表明了他在货币问题上的自由主义立场,而且直接导致了在以后的年代中他与凯恩斯的冲突,因而被称为是“正统经济学家”。由于其传统经济思想培养了一代学者,所以,他也就自然地成为伦敦学派的领袖人物。

坎南是一位经济学说史的专家,尤其对英国经济理论的产生和发展进行过深入细致的研究,这与他编校出版过斯密的《国富论》等著作是分不开的。由于把主要精力放在编校斯密的著作和撰写经济学说史的论著上,使他在经济理论方面并没有多少创见,但他培养了一大批学生,为20世纪30年代伦敦学派的建立和发展准备了必要的条件,这就使其在经济学界有着特殊的地位。

坎南作为保守的经济自由主义者,对资本主义经济的看法基本上与传统经济学和马歇尔的经济思想是一致的。他认为,资本主义本来有能力自行调节,可以避免严重的生产过剩,但由于在工会力量增强的情况下,工人提出了过高的工资要求,从而使雇主不得不减少雇员的数量,于是造成失业扩大。他还认为,实际工资率的高低决定着预期利润率的高低,因此也就决定着失业率的高低。这样,只要工人不再坚持要求过高的工资,或者只要能够实行降低工资的政策,雇主就可以增加雇佣工人的人数,直到实现充分就业为止。

关于社会主义的问题,坎南也有自己的看法。在接受了英国费边派思想的影响后,他认为资本主义现实中存在着若干弊病,有待于改进。他提出,社会主义的思想与正统经济学说之间是可以调和的。坎南站在英国资产阶级正统经济学说的立场上来认识社会主义,他着重从分配的角度来吸取费边派“社会主义”理论中的改良主义成分,主张从分配上着手改进问题,把社会主义看做是分配上的某种改良。

坎南在货币理论方面与剑桥经济学家有着重大的分歧。剑桥学派坚持货币数量论,认为货币数量与物价水平之间存在着因果关系,因此,通货膨胀问题主要是货币数量的问题。坎南针对剑桥学派的理论,提出了自己的理论。其内容主要包括以下几方面:

一是对通货需求的解释。他认为,要了解货币数量与物价水平之间的关系,应当首先了解什么是通货需求。他认为,人们对通货的需求表现为希望持有通货,这种需求不会因通货数量的增加而发生等比例的变化。根据这一看法,可以得出一个与剑桥学派完全不同的结论,即一种数量固定的通货能够有不断下降的价值,而一种数量不断减少的通货,其价值可能下降得更厉害。也就是说,从对通货需求的角度来看,并不是货币数量增加,其价值就下降。

二是对物价水平的看法。坎南认为,影响物价水平的因素复杂多样,剑桥学派的理论把影响物价水平的因素看得太简单化了,只看到货币数量一个因素,而忽略了货币以外其他因素对物价的影响,并把这些因素看做是不变的。但实际上这些因素的作用很大。所以,他们对物价水平的理解失于片面。他进而指出,既然决定货币价值或物价水平的因素是复杂的,货币数量论的观点是片面的,那么根据货币数量论来管理通货和稳定物价的政策主张自然也就失去了依据。

三是对通货管理的主张。坎南认为,剑桥学派的通货管理主张不仅在理论上站不住脚,而且在实际工作中会带来相当的弊端。因为无论是采取调整利息率的做法还是采取控制信贷数量的做法,都是不妥的。原因是它们都是对市场经济的人为干预。因此,他认为不能从货币数量出发来进行通货管理。

坎南从其货币理论出发,极力主张恢复金本位制。这一政策主张提出的背景是与当时英国的经济状况有关的。在第一次世界大战后,英国废除了金本位制,政府当局发行货币不受黄金数量的限制,从而使战后初期的货币流通量急剧增加,英镑不断贬值。20 世纪 20 年代初期,英国又陷入了经济危机之中,出口严重下降,经济形势十分严峻。针对这种状况,坎南提出了与剑桥大学凯恩斯为首的经济学家反对恢复金本位制相反的主张,认为应该尽快恢复金本位制。

他认为,恢复金本位制的最大好处在于货币流通的数量受到限制,从而保证物价水平的稳定。在伦敦学派的宣传和鼓动下,英国当局于 1925 年 4 月恢复了金块本位制。金块本位制是一种以金块办理国际结算的变相的金本位制,它与金本位制的不同之处主要表现在政府不需要生产金币,金币停止在市场上流通。流通中的纸币虽然也有确定的含金量,但却不能自由地兑换等量的黄金,因此,金块只能在国际结算时使用。

但是,恢复金块本位制,并没有解决英国的经济问题,相反,使英国经济遇到了更大的困难。进口增加、出口困难、投资减少、通货紧缩等严重的经济问题使得人们动摇了对金块本位制的看法。尤其是在 1929 年爆发了严重的经济危机以后,金块本位制更是无力解决一系列的经济问题。于是在 1931 年,英国政府被迫取消了金块本位制。但坎南与伦敦学派的一些经济学家仍然坚持恢复金本位制的政策主张。

二、罗宾斯的经济理论

罗宾斯(Robbins)1898 年出生于英格兰的一个贵族家庭。1920 ~ 1923 年在伦敦经济学院学习,毕业后在牛津大学任教;1929 年后任伦敦经济学院教授,直至 1961 年正式退休为止,长达 32 年之久;1961 ~ 1970 年,担任《金融时报》社社长。他还荣获许多大学的荣誉博士学位,担任过多个学会的负责人。罗宾斯在经济学方法论方面进行过大量的研究,同时在主流经济学理论方面也作出了一些极为重要的贡献。

在伦敦学派中，罗宾斯最有影响的领域是他的方法论。其经济学方法论集中体现在《论经济科学的性质与意义》一书中。他坚持抽象的演绎法，反对历史归纳法。他认为，经济学的命题应从各种不同的基本原理中推导而来，而其中最主要的基本原理则是以某种方式包含着简单而又无可争辩的经验事实的所有假设，这一经验事实与我们这门科学主题的物品稀缺性在现实世界中实际显示自己的方式有关。经济学的研究方法中包括理论、概念、特定命题的广泛推论等几个方面。他强调应该重视对经济理论的验证工作。他说，随着经济理论变得越来越先进和复杂，其验证的需要也变得越来越迫切。他认为，真实性与经验内容之间是有区别的，对经济关系的表述与对事实的表述无关。他还认为，经济研究应超越价值判断，使它成为一门反映客观真理的实证科学。由此，罗宾斯将经济学分成两类，一类研究财富或福利，要对福利作出主观价值判断，超出了经验科学的范围，不可能具有客观真理性质；另一类研究目的与手段的均衡关系，研究“是什么”的问题，因而具有客观真理性质。他认为经济学应该是后者，要和前者区分开，也要和其他社会科学区分开。

在微观经济学方面，罗宾斯最有影响的地方是他的劳动供给理论。在这方面的理论贡献主要在于他运用了收入需求弹性和收入价格这两个概念。

以 Y 代表收入，W 代表工资率（单位时间的工资数），L 代表工作时间，收入可表达为下列公式：

$$Y = W \cdot L$$

从上式中可以推出，收入的变化率等于工资率的变化率加上劳动时间的变化率。如用小写字母代表各自的变化率，公式为：

$$y = w + l$$

将上式两边同除以 l，可得到：

$$y/l = (w/l) + 1$$

罗宾斯把 y/l 定义为收入需求弹性，即收入变化率与劳动时间变化率的比值。若收入需求弹性大于1，那么，工资率的变化率与劳动时间的变化率将同方向变化，即工资率增长，劳动时间也会相应增加。这也可以认为，随着单位时间内的工资数量增加，劳动者也愿意花费更多的时间投入劳动。也就是罗宾斯所说的，随着工资率的提高，劳动者的努力程度也将增加。对于这个公式，罗宾斯自称是被人们广泛承认和接受的。

接着罗宾斯又指出，根据努力程度决定的收入价格是工资的相反数，工资越高，要取得一个单位的收入所必需付出的努力程度越低。罗宾斯把 w/l 定义为收入价格，它是工资率的倒数。他认为，在正常情况下，收入的需求将同价格呈相反方向的变化，即需求曲线向下倾斜。工资率越高，要取得一个单位的收入所花费的时间就越少，即努力的程度就越低。由此，劳动时间的供给决定于收入需求，也与收入价格或者工资率有着密切的关系。这就是罗宾斯的命题。

在序数效用论和基数效用论的争论中，罗宾斯坚持序数效用论的观点。他认为，效用是人们对物品的一种主观评价，不能用具体的数量标准来衡量。他由此建立的理论观点是不具有客观性质的，提出的种种政策也只是伦理的改革，而不是经济政策。

罗宾斯的宏观经济理论主要是经济自由主义的观点。他信奉和支持奥地利学派的经济周期理论,并在这方面受哈耶克的影响很深。在第二次世界大战以后,他部分地认可了凯恩斯主义的政策主张,支持通过控制总需求来达到充分就业的政策。

罗宾斯运用奥地利学派的经济周期理论,分析了 1929 ~ 1933 年的经济大危机,认为经济周期的原因是储蓄不足或消费过度。他指出,20 世纪 30 年代经济大萧条的原因,不能过多地归因于总需求的不足,主要原因是储蓄短缺。在储蓄短缺的条件下,建设项目投资所需要的资金没有保证,为经济崩溃创造了条件。他认为,在任何时候,需求和消费不足都不是危机的根源,只要价格与成本的变动一致,企业的获利能力和发展就不会遭到破坏,价格与成本的运动不一致是经济出现问题的主要根源。由此可以看出,罗宾斯对经济危机的分析与凯恩斯的理论有着本质的区别。

三、哈耶克的经济理论

弗里德里希·奥古斯特·冯·哈耶克(Friedrich August von Hayek),1899 年生于维也纳。奥地利的维也纳大学、英国的伦敦经济学院、美国的芝加哥大学、德国的弗莱堡大学分别以新奥地利学派、伦敦学派、芝加哥学派、弗莱堡学派而著称。这四个学派都把哈耶克作为是自己学派的人,并推崇他是本学派的主要代表人物之一。

哈耶克也是一位跨越数门学科的大家。在长期的学术生涯中,他对多种学科进行了深入的研究,并且作出了许多重大的贡献。除了研究经济学理论外,他还广泛涉足法学、政治哲学、社会哲学和伦理学等学科领域,并颇有建树。哈耶克一生都在维护自由主义经济理论,并把经济学放在社会科学这一大环境中进行研究,从社会科学的多角度来研究经济问题。他承袭了奥地利学派的理论传统,但又大大拓宽了这一学派的研究领域。他注重纯经济理论的研究,很少为政府提出经济政策,并反对经济理论数量化。

在 20 世纪 30 年代以前,哈耶克主要从事货币、商业循环和资本理论方面的纯理论研究。30 ~ 60 年代,哈耶克主要从经济制度上宣扬自由主义,反对社会主义和任何形式的国家干预。20 世纪 30 年代他参与了西方经济学家关于社会主义计划经济可行性的论战,并成为当时反社会主义的主将。《通往奴役之路》和《个人主义与经济秩序》这两部著作反映了他对社会主义制度的全面批评和与社会主义者论战的主要观点。60 年代以后,哈耶克主要转向法学、伦理学、政治哲学和社会哲学的研究,从更高层次上研究经济自由主义的问题。1974 年,他荣获诺贝尔经济学奖。

哈耶克的经济思想主要包括市场机制理论、通货膨胀理论、货币理论以及经济哲学思想和国际关系理论。

(一)市场机制理论

在哈耶克的市场机制理论中,他主要强调了以下两个观点:

1. 消费者主权论。消费者主权论在哈耶克整个理论体系中占有重要的位置,是他在个人主义和经济自由的基础上推导出来的。所谓消费者主权论,是指消费者在确定商品生产的数量和类型方面起着决定性的作用,生产者最终要听命于消费者。与消费者主权论相对立的观点是生产者主权论。

消费者主权的概念在亚当·斯密的著作中早已提出过,在奥地利学派、剑桥学派中都把消费者主权作为市场关系中一个重要原则。消费者根据自己的意愿和偏好在市场上选择商品时,也就把自己的这种意愿和偏好通过市场传达给了生产者,于是生产者根据消费者的这种意愿和偏好安排生产,提供消费者所需要的商品。因此,消费者在市场上支出的每一元货币,就等于是一张"选票",生产者根据消费者的"选票"对消费者和社会的消费趋势作出判断,并以此为依据安排生产资料和劳动力,改进技术,降低成本,提高质量,在满足消费者需要的同时,也实现了自身利益的最大化。哈耶克的消费者主权论以消费者的自由选择为基础,认为在此基础上,生产者在市场机制的作用下进行活动,从而实现了各种资源的最有效配置,这种资源配置是按照消费者的意愿进行的。

第二次世界大战以后,西方的一些经济学家提出了与此相反的论点。美国新制度学派的代表人物加尔布雷思在他的《新工业国》一书中,根据垄断资本主义发展的新情况,提出了生产者主权论。这一观点认为,在垄断大公司占据支配地位的条件下,生产者能够控制生产的数量和价格,然后通过庞大的广告网和推销机构向消费者进行"劝说",使消费者按照生产者设计好的销售计划和规定好的价格来购买。因此,在市场上起主导作用的是生产者,消费者最终将听命于生产者。

而哈耶克认为,在垄断资本主义时期,尽管出现了许多新情况,但这并不能构成对消费者主权论的否定。

首先,他认为,在垄断资本主义时期,大公司市场支配地位的加强并没有改变商品经济的性质,它们仍然要在市场上通过商品的买卖和交换来实现自己利润的最大化。因此,大公司的支配地位不应该与消费者主权的原则相抵触。大公司仍然需要根据消费者的意愿来安排生产。同时在社会化大生产的条件下,各个企业之间的联系又是非常密切的,每一个公司既是生产者,也是消费者。如果是消费者听命于生产者,那么,每个公司也就都处于听命于其他公司的地位,这也就谈不上什么生产者主权了。所以,不能因为垄断大公司的出现就否定消费者主权论。

其次,他从技术进步,特别是计算机技术的迅速发展和广泛应用的角度,论证了消费者主权的原则并没有失去其意义。他认为,计算机技术的发展及其在经济领域的广泛应用,为集中的计划管理提供了可能,也使经济学和经济工作发生了重要的变化。但是,这并不能改变消费者主权的原则。因为市场上的产品千差万别,消费者的需求复杂而多变,市场的供给、需求、价格变化无常。即使是最先进的计算机技术,也难以迅速、及时地处理这么复杂的信息,同时也难以判断计算的结果是否符合市场的实际情况。而要解决这一难题,市场机制却有着它的优越性。通过在市场上无数次的交换活动,消费者和生产者都从中得到自己所需要的信息,并在市场机制的作用下进行决策,这将比利用先进的计算机技术进行决策更有效率。因此,消费者主权的原则不会因为计算机技术的进步而失去效力。

再次,他认为国家对经济活动的干预也不能违反消费者主权的原则。如果违反了消费者主权原则,国家把自己的意志强加给市场和消费者,必然会损害资源的有效配置,而且时间越长,带来的危害就越大。对此,哈耶克严厉地抨击了凯恩斯关于国家干预经济的理论。

哈耶克的消费者主权论既是他主张个人主义和经济自由的重要论点,也是他批判凯恩斯国家干预主义的一个理论基础,因而在新自由主义理论中占有重要的地位。

2. 信息分散论。信息分散论是哈耶克推崇市场机制的一个重要理论依据,也是他反复强调市场机制比计划机制更具有优越性的重要基础。哈耶克认为,在市场经济条件下,由于有着众多的生产者和消费者，他们各自的经济活动和决策产生了巨量的信息，这些信息是进行资源配置所必需的。但是，这些信息分散在千百万人的手中，这是市场经济的特征，是客观的。因此，任何中央计划当局都不可能拥有或者收集到全面的信息。正是由于这种信息障碍，所以中央计划当局所作出的计划难以对资源进行合理的配置。这种分散的信息只能通过市场过程进行交换和传递。所以，让个人利用所掌握的信息去各自行动、相互竞争、分散决策，才是实现资源合理配置的最佳方式。

信息分散在市场中，通过市场过程进行传递。哈耶克认为，传递信息的媒介是市场价格体系。不同商品的价格变化，提供了各种不同的信息，消费者和生产者根据价格的变化，从中获取各自所需要的信息。因此，价格体系是一种传递信息的机制，价格越僵硬，价格机制发挥的作用就越不理想。由价格体系来传递信息，最重要的特点是，所需知识少，获取信息的代价小，参与这个体系的个人只需要掌握很少的知识，就能采取正确的行动。而且，通过价格体系来传递信息速度快、形式简短，并且它只把信息传递给有关人员。哈耶克认为，价格体系是一种人类偶然发现的、未经理解就学会利用的体系，但人类还未学会充分利用这一体系。到目前为止，人们还没有设计出一种可以保留价格体系优点的替代体系。

（二）通货膨胀理论

哈耶克的通货膨胀理论是直接针对凯恩斯主义的国家干预主义提出来的。他把政府对经济活动的干预看做是失业和通货膨胀的直接根源，并提出了一套极端自由主义的失业和通货膨胀理论。

哈耶克认为，市场经济本质上是一种私人的经济和自由的经济，市场机制充分发挥作用的主要前提是要有一个健全的货币制度。如果作为交换媒介的货币由私人提供，私人经济就必然会按照交易的实际需要来提供货币，因为这时私人自身要承担过度发行货币的严重后果。这样，就会有一个健全的货币制度。但是，如果国家垄断了货币的发行权，就破坏了私人发行货币的约束机制，从而使市场机制不能充分发挥作用。其结果是，一方面造成大规模的失业，另一方面造成通货膨胀。所以，政府对货币发行权的垄断，是造成经济不稳定的根源。

具体说，政府对货币发行权的垄断之所以会造成失业，是因为政府垄断货币发行权以后，私人的经济活动必然要受到政府货币发行政策的影响。政府过多地发行货币，将使社会的资源配置失调，私人的投资积极性受到挫伤，市场所能提供的就业机会减少。因此，失业并不是与资本主义联系在一起的，而是政府干预的结果。

关于通货膨胀，哈耶克认为这是政府垄断货币发行权的结果。他指出，政府垄断货币发行权以后，可以根据财政支出的需要把货币源源不断地抛向市场，其结果必然造成通货膨胀。在他看来，失业和通货膨胀是由同一个原因造成的，即是政府垄断货币发行权所产生的两个相联系的后果。因此，二者可以同时并存。资本主义出现的经济停滞和通货膨胀同时存在的现象，正说明了这一点。那种认为通货膨胀与失业可以彼此交替的论点是没有根据的。

（三）国际关系理论

在国际关系领域中，哈耶克也极力主张自由主义，反对实行经济计划，因此，可以把他的国际关系学说看做是国内经济学说的延伸和发展。他认为，国际政治经济关系的实质与国内政治经济关系的实质是一样的,也是“自由”与“组织”之间的关系问题。无论在国内还是在国际上,“自由”都是与市场机制的作用、竞争和经济效率相联系的,而“组织”则是与垄断、计划化、国家干预和无效率相联系。在国内,经济关系表现为私人企业之间或私人企业与国家当局间的冲突;在国际上,它表现为两个或几个国家之间的冲突。

哈耶克指出,由于一些国家独自在国内实行经济计划,因此国与国之间的经济摩擦加剧,影响到了国际关系。如果每个国家都自由地采取符合自我利益的措施,不去考虑这些措施对别的国家的影响,那国际秩序就难以有持久和平的希望。因为各个国家在国与国之间的关系中,都想用经济以外的手段来维护本国的利益,这就势必会引起国家之间在利益上的冲突,其结果甚至会酿成一场战争。如果各国的资源被当做整个国家的独占性财产来处理,如果国际经济关系不成为个人与个人之间的关系,而是越来越成为组成贸易整体的整个国家之间的关系,它们就不可避免地成为国际之间不和与猜忌的根源。

哈耶克从其经济自由主义的观点出发,极力反对实行国际经济的计划化或对国际经济的调节。他认为,在若干个国家之间实行计划,不仅技术上十分困难,潜在的危险更大。因为,任何计划的推行都需要有一个有强制力的权力机构,但在国际范围内,这种超国家的权力机构是很难建立起来的。即使建立起来,它也不能强制各个国家的公民服从它。而且,一旦建立了这样的组织,就会有人企图控制它,把自己的意志或某个国家的意志强加于它,然后通过它来控制其他国家。所以,国际性的计划只可能比全国性的计划更加是一个赤裸裸的强力的统治。这样的国际组织不再是消除国际冲突的组织,而只会是加剧国际冲突的组织,是一个国家统治其他国家的工具。因此,只要各个国家都不采取干预私人经济活动的政策,都不为本民族的利益去损害其他民族的利益,那么各种国际冲突就可以避免。

第三节　新奥地利学派和伦敦学派的政策主张

一、货币政策

新奥地利学派和伦敦学派在货币政策上总的倾向是“货币非国有化”,但同时也认为货币是控制通货膨胀的一个重要因素,主张通过控制货币来控制通货膨胀。

“货币非国有化”的政策主张是哈耶克根据其失业和通货膨胀理论提出来的,并成为反对凯恩斯主义的一个重要内容。这一政策主张是要对现行的货币制度进行根本性变革,废除国家货币制度,取消政府发行货币的垄断权,而由私营银行发行竞争性的货币。他认为,这种自由货币制度并不是所有的银行都能发行货币,激烈的市场竞争将使市场上只流通几种主要的信誉好、实力强的货币,其他大多数银行会选择其中的一种或几种货币来开展自己的业务活动。因此,自由货币制度并不会出现货币混乱的结果。

哈耶克进一步指出,这一政策可以收到两方面的效果:其一,废除政府对货币发行权的垄断,国家就不能再利用这一权力来任意扩大财政赤字,从而能够从根本上消除产生失业和通货膨胀的根源。其二,实行私营银行发行竞争性的货币,由于私营银行自身要承担过多发行货币的严重后果,所以,它们会自行限制货币的发行数量,维持货币的价值,以取得社会的信任。这就像企业有了自由经营权以后，就能够有效地配置经济资源，提高经济活动的效率一样，私营银行有了发行货币的自主权以后，就能够促使它去努力提供一个健全的、稳定的货币制度，为社会经济的运行创造良好的条件。

伦敦学派的主要代表人物罗宾斯在货币政策上认为，货币因素是产生通货膨胀的一个重要原因，而货币供给又是一个易于控制的工具，所以实行货币政策对于解决通货膨胀问题是可行的，也是有用的。但他又认为，单靠采取货币政策来解决通货膨胀问题，尤其是对待严重的通货膨胀，其效果是不能令人满意的。因为只是采取控制货币供给的增长率来削减总需求，会使就业和产量损失过大。

二、收入政策

收入政策的内容实际上是关于如何处理经济发展过程中的公平与效率问题。在市场经济活动中，竞争是一个核心内容。它一方面可以提高经济活动的效率，另一方面也会造成人们收入差距和贫富差距的拉大。因此，在市场经济发展过程中，如何处理平等与效率的关系，是把平等放在优先位置，还是把效率放在优先位置，这是经济学家们讨论的一个世界性的问题。新奥地利学派和伦敦学派的主要代表人物哈耶克从自由主义立场出发，强调竞争和市场机制的作用，主张把效率放在优先位置。但是，这并不表明他不重视平等。他认为，平等应该成为争取的社会目标，应努力于去实现这一目标。不过，平等并非指社会成员收入的均等化。他承认，单纯依靠市场的力量是不能实现收入均等化的。因为市场是根据每个人提供的生产要素和对其贡献的评价来给予报酬的，由于每个人的贡献不一样，人们的收入也必然不一样。要使实际收入均等化，势必要依靠市场以外的力量，如用行政和立法的手段人为地把一部分社会成员的收入和财产分给另一部分社会成员，这就会使一些人处于与其他人不平等的地位，成为不平等的有权势者，就会引起新的不平等。因此，收入和财产均等化的实现是以另一种不平等为前提的，而且这种不平等是更大的不平等。所以，平等与效率相比较，效率是首位的，是与自由和市场机制不可分割的，自由会带来效率的提高。平等不能靠不平等来取得，也不能靠损害效率来取得。

哈耶克认为，平等应是机会的平等。机会平等是指每个人在市场竞争和其他场合下享有同样大小的参与机会、获胜机会、被挑选的机会。机会平等与收入和财富平等不同，它的意义是让人们在自由经济体制中有同等的竞争机会。所以，机会平等和自由竞争实际上是一回事，两者都会促进资源的合理配置和效率的提高。机会平等应成为一个社会目标，要采取适当的收入政策来实现这个目标，也就是要通过发展教育、取消职业限制等措施来创造机会平等。

三、反垄断政策

国家干预主义的经济学家主张扩大政府机构的权力，加强政府对经济活动的干预，增加国家的经济成分以控制垄断势力的发展，用反垄断的措施来消除通货膨胀。针对国家干预主义的这一主张，哈耶克认为，反对垄断是必要的，但是，不能增加国家垄断来反对私人垄断。如果用扩大政府权力的办法来制止垄断，会导致极权化，这样的后果比私人垄断更糟。反对垄断只能通过鼓励和加强市场竞争的途径来实现。因此，政府应该去保护私有财产和契约自由,这才是最有效的。

哈耶克认为,必须区分“竞争秩序”和“有序竞争”这两个概念。“竞争秩序”是指使竞争有效运作的秩序,而“有序竞争”在很大程度上是讲限制竞争的效力。因此,是建立“竞争秩序”还是要实行“有序竞争”,实际上是经济自由主义与国家干预主义的区别所在。所以,哈耶克始终主张的是要建立竞争秩序,即主张用建立竞争秩序的政策来反对垄断,而不是靠增加政府的权力来反对垄断,更不是以国家垄断来替代私人垄断。

第四节　简要评述

一、市场机制与国家干预

新奥地利学派和伦敦学派作为当代西方经济学中新自由主义学说的重要代表,是经济自由主义思想最坚决的主张者。推崇市场机制,强调自由竞争,反对国家干预,主张私有制,否定社会主义和计划,是他们的典型观点。尽管完全赞同他们观点的人并不多,同意其政策主张的人则更少,但这并不能完全否定他们思想中的合理成分。

首先,新奥地利学派和伦敦学派的经济学家推崇市场机制,强调自由竞争,反对国家干预,并非毫无道理,他们进行的分析和论证也有严密的逻辑性和较强的理论性。但是,他们不顾已经变化了的现实,还是用这些极端的观点去解释和分析问题,由此得出的结论当然是缺乏说服力的。例如,他们始终坚持自由竞争、自由放任的立场,反对国家干预,而不顾西方国家的经济已经发展到了20世纪的中叶,自由市场机制存在的问题已经充分暴露,传统理论已被实践证明有重大缺陷这一客观现实。在这种情况下,伦敦学派仍然坚持原有的理论和传统的观点,这当然难以令人信服。伦敦学派的主要代表人物之一罗宾斯最终承认了凯恩斯主义的主张,实际上也意味着他们的理论已开始失去影响力。

其次,新奥地利学派和伦敦学派作为极端的保守主义者,他们对其他学派理论观点的攻击也是极端的,对社会主义和公有制更是极端仇视。在20世纪30年代大危机以后,当凯恩斯的国家干预主义占据了主导地位,并在实践中被证明比传统的自由放任市场机制更能够发挥对经济发展的促进作用时,新奥地利学派和伦敦学派仍以极端的经济自由主义思想来极力反对凯恩斯主义对经济进行宏观调控和国家干预的主张。虽然凯恩斯主义的理论和政策主张有其一定的局限性,但是应该看到,它的兴起有其必然性。从根本上说,凯恩斯主义的理论是适应了资本主义制度由私人垄断向国家垄断转变的需要,在一定程度上适应了资本主义社会生产力发展的要求,使高度社会化的生产力能够在资本主义生产关系下得以进一步的发展,从而在一定程度上缓和了资本主义的固有矛盾。新奥地利学派和伦敦学派看不到这一社会经济发展的大趋势,明显地反映出他们的理论观点是不符合经济发展潮流的。

新奥地利学派和伦敦学派对社会主义的攻击和批判更是无视现实,竟把社会主义与法西斯主义混为一谈,把国家干预与集权主义混为一谈。他们从极端的经济自由主义思想出发,把私有制说成是最理想的制度,它能够给人们充分自由选择的权利,从而使经济发展具有最充分的动力。与此同时，他们把公有制看做是产生独裁的根源，以及导致经济活动低效率的根源，认为私有制所具有的优势公有制是不可能具备的。他们的这些观点是不符合资本主义经济发展现实的。在资本主义的发展过程中，尽管资本主义的私有制这一基本生产关系没有发生变化，但是，资本主义私有制的形式和基本经济关系并不是一成不变的，而是随着生产力的发展不断变化和调整的。股份资本的出现就是对资本个人私有的扬弃，使个人资本采取了社会化的形式。国家垄断资本的出现，更进一步提高了资本社会化的程度，它已经不再以个人所有的形式出现，而是以社会或国家所有的形式出现，相对于个人私有来说，它具有国有的性质。资本主义私有制的这些变化，是其自身发展的一个重要表现，也是现代资本主义与传统资本主义的重要差别所在。新奥地利学派和伦敦学派对社会主义的攻击说明他们看不到资本主义的这些变化，自然就不能对现实的经济发展产生大的影响。

当然，不能否认新奥地利学派和伦敦学派的理论主张也有一定的合理性，同时他们对问题所作的分析也具有一定启发性。例如，他们反对凯恩斯主义的国家干预政策，对国家干预带来的一些消极作用的分析是有一定的客观依据的。它至少告诉我们，国家干预并不是越多越好，而应该有一个度，超过一定的度，可能会使其消极作用占据主导地位。因此，必须把握好国家干预的度。

二、经济自由与经济计划

新奥地利学派和伦敦学派强调经济自由，反对经济计划，其实质是认为经济自由会带来最高效率，而计划必然会破坏自由，导致低效率。因此，在他们看来，这两个方面是完全对立的。但是，现代经济发展的现实说明，不应该把经济自由与经济计划看做是对立的，而应该把这两方面有机地结合起来，应该看到它们对资源配置和经济活动的调节各有自己的优势，也各有其不足，因而不能走极端，不能用一个方面去否定另一个方面。

在现实经济活动中，存在着多个经济主体，各个经济主体都具有各自独立的经济利益，各经济主体都会从各自的利益出发进行经济活动。个人、企业、国家是社会经济活动中的三大主体，由于他们各自的利益不完全相同，因而对问题的看法和判断也会不一样。不同的经济主体从不同的利益出发，为达到各自不同的目标，对自由与计划当然也就会有不同的判断标准。个人和企业为达到自己的目的，总希望有充分的自由，不愿意自己的经济行为受到其他经济主体的干预。而国家则从宏观经济的角度出发，考虑的不是单个经济主体的利益，而是把社会整体利益作为出发点，以此来制定经济计划。因此，从社会存在着多个经济主体的现实来看，客观上需要处理好经济自由和经济计划的关系。

此外，在社会化大生产和市场经济的条件下，社会经济关系越来越复杂，经济活动的各个方面必须保持协调的关系才能保证经济的顺利运行。从市场经济的发展要求来看，需要给各个经济主体以充分的自由，使它们能够有充分的经营自主权，从而使经济活动始终充满动力。从社会化大生产的发展要求来看，又需要社会经济活动能够协调地运行，并能够实现在经济发展基础上的社会全面进步，这就对经济计划提出了客观的需要。因此，从世界范围来看，各个国家在市场经济发展的基础上，围绕着自身的发展目标，都在不同程度上加强经济发展和社会发展的计划性。这是现代市场经济发展的基本趋势，因此需处理好经济自由和经济计划的关系。

新奥地利学派和伦敦学派对经济自由主义思想的分析和论证比较彻底和充分。他们从消费者主权论和信息分散论出发来论证经济自由和市场机制的客观性,是有理论深度的,由此主张自由竞争和反对国家干预在理论上也能够成立。这些思想和观点对于我们进一步认识市场机制的客观性和作用具有启发意义。但是,他们对经济计划的批判和彻底否定则缺乏理论依据,是其理论上走极端的表现,其根本原因在于他们看不到社会化大生产的客观要求和现代市场经济的发展趋势。所有这些都说明,新奥地利学派和伦敦学派的经济思想和理论观点是不能作为现代经济发展的理论基础的。

思考题

1. 新奥地利学派和伦敦学派的学术观点与理论本质是什么?和其他新自由主义思想相比较他们具有哪些特点?

2. 新奥地利学派和伦敦学派的基本政策主张有哪些?对这些政策主张应如何评价?

3. 在现代经济的发展过程中,应该怎样处理市场机制与国家干预、经济自由与经济计划的关系?

参考文献

1. 高鸿业,吴易风等. 现代西方经济理论与学派. 北京:中国经济出版社,1988
2. 丁冰. 现代西方经济学说. 北京:中国经济出版社,1995
3. 傅殷才. 新保守主义经济学. 北京:中国经济出版社,1994
4. 胡代光. 西方经济学说的演变及其影响. 北京:北京大学出版社,1998
5. 顾钰民,伍山林. 保守的理念——新自由主义经济学. 北京:当代中国出版社,2002
6. 谭力文. 伦敦学派. 武汉:武汉出版社,1996
7. 哈耶克. 个人主义与经济秩序. 北京:生活·读书·新知三联书店,2003

第12章 芝加哥学派

学习要点和要求

通过芝加哥学派形成和发展的历史过程，认识这个学派的新自由主义的学术传统，了解和把握芝加哥学派在西方经济学中的地位和作用，熟悉和评价它的主要经济理论。

第一节 芝加哥学派的形成和发展

芝加哥学派是指以美国芝加哥大学的经济学家为主体并因此而得名的一个经济学流派。它形成于20世纪20年代末，40年代以后，在西方经济学界的影响越来越大，并成为一个十分重要的经济学流派。其创始人是弗兰克·奈特、雅各布·瓦伊纳和亨利·西蒙斯，早期代表人物还有保罗·道格拉斯、亨利·舒尔茨、奥斯卡·兰格和弗里德里希·冯·哈耶克。1948年以后，米尔顿·弗里德曼等人的经济自由主义和货币主义成为该学派经济思想和经济政策的主导，这个时期的主要代表人物还有西奥多·舒尔茨、乔治·斯蒂格勒、罗纳德·科斯、加里·贝克尔和罗伯特·卢卡斯等。

一、芝加哥学派的形成

1930年以前，芝加哥学派的理论观点与其他信奉新古典经济学的经济学家并无二致。20世纪30年代前后的大萧条以及后来的罗斯福新政和凯恩斯《就业、利息与货币通论》的出版，使大部分经济学家离开了从亚当·斯密以来西方经济学界一直坚持的经济自由主义传统，也就是在这段时间，芝加哥学派的经济学家却反其道而行之，加强经济自由主义传统的教育和传播，发展新古典经济理论，并逐渐成为一种与当时的主流经济学在经济理论和经济政策上分庭抗礼的力量。

20 世纪 20 年代后期到 1945 年，是芝加哥学派的形成时期。弗兰克·奈特、亨利·西蒙斯、保罗·道格拉斯、亨利·舒尔茨和奥斯卡·兰格，对于该学派的形成起了决定性作用。

弗兰克·奈特是芝加哥学派的创始人之一，在他到来之前，芝加哥学派的学术特色还不十分明显。奈特从 1927 年开始在芝加哥大学经济系任教，在他的经济自由主义思想的影响下，他所指导的研究生自发地围绕在其周围并逐渐形成了一个颇具亲和力和影响力的学术圈，被人们称为“奈特圈”。他们在学术研究中坚持经济自由主义，其学术活动和研究成果为芝加哥大学的经济学研究抹上了一道浓重的经济自由主义色彩。这个“奈特圈”的主要成员有米尔顿·弗里德曼、乔治·斯蒂格勒、罗斯·弗里德曼、阿伦·瓦勒斯、艾伦·迪勒克特尔和亨利·西蒙斯等人。

芝加哥学派的另一位创始人是雅各布·瓦伊纳。瓦伊纳的兴趣不只限于校内，除了教学之外，他还忙于政府事务。与奈特不同，瓦伊纳对数理分析方法比较有兴趣，而“奈特圈”的学生们也偏爱于采用数学方法，在这一点上，他们与瓦伊纳更加接近。

对芝加哥学派早期形成发生重要影响的还有保罗·道格拉斯和亨利·舒尔茨，他们都比较注重经济学的数理分析。道格拉斯注重于劳动问题的研究，并注重于数理方法的运用，他所建立的生产函数即道格拉斯生产函数被广泛采用。亨利·舒尔茨则注重于需求理论的研究，并对数量分析方法有浓厚的兴趣，芝加哥大学的学生们正是在他的课堂上，较早地接触到了数量经济学的分析方法。相比之下，奈特则更注重于思辩性研究以及深刻的洞察力和批判精神的培养，他不认为数学方法能够用来解释纷繁复杂的社会现象。1938 年，奥斯卡·兰格就职于芝加哥大学经济系。在 20 世纪 30 年代关于社会主义的大论战中，兰格认为社会主义同样能够利用价格机制来配置经济资源并实现经济效率，这种论点不仅使他声名远播，而且客观上也使芝加哥大学成了论战的参与者。1950 年，哈耶克到芝加哥大学任教，在以后的 12 年里，他作为现代西方学术界经济自由主义思想最重要的代表人物之一，他的经济思想深深地影响了芝加哥大学的青年教师和学生，使他们中的一些人成为坚定的经济自由主义的信奉者和倡导者。

芝加哥学派的形成和发展既与它的学术研究密切相关，同时也是芝加哥大学经济系长期坚持从严治学的结果。20 世纪 30 年代以后，该系对研究生的教学要求严格得近于苛刻，教风学风世代相袭，考试和论文的淘汰率之高，绝非一般大学能比。在这种情况下，要想取得该系的博士学位，就必须以优异的成绩通过颇为困难的课程。正是通过这些课程的传授和学习，芝加哥学派特有的思想传统和研究方法便在不知不觉之中灌输给了学生，使他们执著地坚持经济自由主义原则和实证分析方法，并在以后的工作中仍然坚持这种传统和方法。他们在研究方法和学术取向上不同寻常的表现在知识界和政界产生了广泛的影响。

二、芝加哥学派的发展

20 世纪 50 年代和 60 年代是芝加哥学派的一个新的发展时期。这一时期的代表人物弗里德曼，于 1948 年开始担任芝加哥大学经济系教授，其学术观点曾一度在芝加哥学派内部和校外引起强烈的反响。在一段时间内，人们讨论的许多问题，无论是否赞成弗里德曼的观点，大都与他所提出的理论观点有关。从不同的角度论证或批判弗里德曼的学术观点,曾一度成为芝加哥大学经济系的教师和学生共有的特点。他们并不一定都赞成弗里德曼的观点,但是却同样会向外人说明或分析他的观点。他们会说:“米尔顿可能是错的,但是错误肯定不是出在外人所说的那些原因上。”

20 世纪 60 年代后期,国家作为经济调节工具的缺陷已经开始暴露出来,人们的认识又重新回到了新古典经济学的基本原理上。这时,弗里德曼的观点也不再被人看成是难以理解和逆于潮流的歧见,开始得到社会的广泛理解和普遍认可。与此同时,斯蒂格勒的信息理论、科斯的科斯定理、卢卡斯的理性预期理论、舒尔茨和贝克尔的人力资本理论也被视为西方经济学的重大学术成果,在理论界得到了广泛的传播、应用和发展。由于芝加哥学派在经济理论研究方面成绩突出,哈耶克、弗里德曼、舒尔茨、斯蒂格勒、米勒、科斯、贝克尔、福格尔、卢卡斯分别获得过诺贝尔经济学奖。

第二节 芝加哥学派的学术传统

一、坚持经济自由主义

坚持经济自由主义,反对国家干预和中央集权是芝加哥学派的灵魂。他们始终坚持自由放任的思想传统,恪守斯密“看不见的手”原理的有效性,极力反对政府对于经济生活的干预。

芝加哥学派实证分析的实质性原则是“严格假设的均衡”(Tight Prior Equilibrium),简称“TP”。作为西方经济学中的一个基本理论原则,“严格假设的均衡”与帕累托最优效率的实现是一致的。按照西方经济学的观点,在完全竞争市场条件下,无数单个生产者和消费者的竞争活动能够在最大限度上实现经济资源配置的经济效率,在完全竞争市场达到均衡时,资源配置就达到帕累托最优状态。这种能够实现帕累托最优状态的均衡是以完全竞争市场的存在为假设前提的,而西方经济学对于完全竞争市场又有一系列假设条件,一个市场要成为完全竞争市场,就必须满足这些假设条件。“TP”原则就是要对这种假设条件作更加严格的规定,在规定得更加严格的假设条件下达到的均衡就是“严格假设的均衡”或“TP”。与“TP”相对应的概念是“DP”,即“松散假设的均衡”(“Diffuse Prior Equilibrium”),“DP”原则不要求对完全竞争市场和帕累托效率的实现作更加严格的假设或规定。

按照“TP”原则的要求,更加严格的假设主要包括:①单个交易者将商品和劳务的价格看成是与它们的数量无关的变量;②在单个交易中成交的价格是决策者实现最优化的市场出清价格;③对于有关商品价格和数量的信息的获取,决策者按照边际收益等于边际成本的原则来确定所要获取的信息量;④不存在具有以下影响的市场垄断和政府活动:它们对价格和数量的影响大得足以妨碍任何单个资源的边际产品在该项资源的各项用途上相等。

在现实世界中,人们显然找不到能够完全符合这些假设条件的原型。但是芝加哥学派的经济学家认为,作为理论上的假设,这些假设条件对于贯彻经济自由主义的基本原则是必需的,并且他们坚信,按照这种原则性假设,不断地扩大研究的深度和广度,理论就能更加接近现实。另外,他们还认为,经济现实中即使出现对一般均衡的扰动和偏离,根据完全竞争市场模型也完全可以找到它们的对应物或模拟物,通过这种模拟,理论研究便能够找到价格、数量和扰动之间的某种比较稳定的关系。并且,除了这种关系之外,在现实的价格、数量和扰动之间不存在任何其他的、能够用实际经验数据进行验证的稳定关系。

在模拟过程中,坚持"TP"原则的理论家采用了"良好近似假设"。这个假设的内容是,在没有相反证据的条件下,人们可以将所观察到的商品价格和商品数量当做完全竞争条件下长期均衡时的商品价格和商品数量的良好近似值来对待。这个假设能够使研究人员从那种只是在短期中存在的不完全竞争中解脱出来,从而能够使他们更好地运用模型、变量和参数等工具以及实际经验数据,对完全竞争市场以及它的不规则变化进行系统的研究和对比性分析。按照"良好近似假设",实际经验数据与基本理论原则的任何明显的不一致,都将被解释为不规则。对于这种不规则的情况,通常可以采取以下 4 种处理办法:①重新对数据进行研究和调整,使这种不规则情况能够纳入到所采用的模型中;②重新定义和安排模型中的变量,特别是模型的选择目标和资源约束条件;③改变市场经济的基本原理,以消除经济现实与理论假设二者的不一致;④将新的发现作为反常情况,归入以后的研究课题中。"TP"原则意味着放弃上述的第③种办法。换言之,坚持"TP"原则的经济学家只将注意力集中在①和②两种处理办法上,而不会考虑改变自由竞争市场经济的基本原理。如果按照①和②两种办法,一时找不到解决问题的途径,那么他们就会直接转入第④种办法,即将问题暂时搁置,转而先去为问题的最终解决创造先期条件,或者等以后有了条件再作研究。与此不同,遵循"DP"原则的理论家则会利用以上所有办法提供的可能性,而不会表现出对于第③种办法不加考虑的研究取向。

"TP" 和"DP"的差别还表现在对待经验数据的态度上。在说明和使用有关价格—数量关系的经验数据上,两者的态度不同。与"DP"理论家相比,"TP"理论家不大愿意接受有关人们受票面数值迷惑的不合乎理性或无效率行为表现的说法,比如他们认为关于"货币幻觉"的说法,就不能令人接受。他们会极力驳斥或重新解释所谓的"反常"现象,以维护基本理论的正确性和有效性。

芝加哥学派经济学家把经济自由主义和"TP"原则作为学术成果的最终衡量标准,除非能够在论证竞争性市场机制的有效性方面真正有所建树或者对数量经济学方法真正有所发展,否则他们就不会轻易地接受新的观点。这种经济自由主义的思想原则和近于苛刻的学术风气,使得芝加哥学派的许多学术成果都集中在私有制条件下市场机制的有效性和数量经济分析领域。例如,斯蒂格勒的信息理论、科斯定理、卢卡斯的理性预期学说和贝克尔的人力资本理论都是如此。芝加哥学派在理论上所取得的一些成果大都是对新古典经济学基本原理的继承和发展,属于资产阶级意识形态的基础性建设。在实行私有制市场经济的发达国家里,芝加哥学派的理论成果能够得到学术界和政界的普遍赞同和高度评价,显然是题中应有之义。

二、倡导实证分析方法

(一)实证性分析

芝加哥学派的分析方法包括两个方面:实证性分析和规范性分析。

芝加哥学派对实证分析方法的积极倡导，主要源自于他们试图将经济学变成一种纯粹科学的想法。在倡导实证分析方面，西蒙斯的《自由放任的实证纲领》一书充分反映了20世纪30年代和40年代“奈特圈”年轻成员的普遍观念。这种观念对于芝加哥学派后来的学术发展有着重要的影响。

芝加哥学派坚持“TP”原则并注重数学方法在经济分析中的应用，从而使它更加偏重于经济学的实证性分析。“TP”原则的信奉者对于不符合完全竞争市场假说的理论持怀疑态度。如果一项研究的结论违反了“TP”原则，那么要想让芝加哥学派的学者们轻易地接受它，显然是不大可能的。要想得到他们的认可，理论推导所使用的论据就必须确凿无疑，论证的逻辑推理就必须十分严密。最可靠的论据当然莫过于实际的统计资料或经验数据，最严密的论证当然莫过于数理经济分析和经济计量方法。要想达到论据确凿、推理严谨、结论可信，就必须在论证中使用数量经济学方法。因此，在经济问题的论证中，对于实证分析方法的倡导往往是与数学方法的采用结合在一起的。由于这种原因，芝加哥学派的大多数理论家都具有偏重于数量分析的倾向。

在20世纪20年代和30年代，芝加哥大学经济系的早期代表人物道格拉斯和舒尔茨，就比较注重数学方法在经济学中的应用。道格拉斯建立了以他的名字命名的生产函数，并首先用数量分析方法来研究劳动经济学。半个多世纪以来，他所提倡的研究方法一直由他的助手格里格·刘易斯和他的学生们加以继承和发展。舒尔茨更加偏重于数学方法的应用，并首先把数理经济学和经济计量学的分析方法纳入他的教学内容。而弗里德曼等人，作为奈特、道格拉斯和舒尔茨的学生，则是在理论研究与政策建议两个方面双管齐下。一方面，他们强调实证分析，试图把经济学变成一门与自然科学类似的科学；另一方面，他们主张更多地依靠市场，脱离对政府的依赖，并按照这种思路提出了大量的改革性政策建议。例如，弗里德曼提出统一所得税率、倡导用政府鼓励和补贴私人办学来代替由政府直接办学、用志愿兵来代替征兵制、将公共服务私有化等等。在提出政策建议时，他们并不考虑政治家的政治需要和个人打算，比如政治家试图讨好选民以争取更多的选票、赢得政治上的支持等。他们只是以实证分析为基础，以经济效率的实现为准绳，提出自己认为是最好的建议。对此，斯蒂格勒则持有不同的观点。他认为，在经济政策的决策过程中，政治决策者的活动是政治经济决策过程的内生变量，选民对政治家所施加的压力能够使其决策发生明显的变化，政治家们只想连任或保住官位，不大可能接受经济学家的政策建议，因此，在向政治家提出政策建议时，必须考虑被采纳的可能性。弗里德曼对此则认为，按照斯蒂格勒的见解，将政治决策者的选择作为内生变量来对待，实证分析就会侵入到规范分析的领域，实证经济学和规范经济学之间的界线就会变得模糊不清。既然经济学是一门实证性科学，那么经济学家的任务就应该只限于对经济变量的关系和经济资源配置效率进行考察，而无需作有关“是或非”、“好或坏”的判断即规范性判断。并且，经济学家的政治判断力是有严重缺陷的，经济学家的责任只能是提出自己认为是最好的政策建议，而将最终的决策权留给政治家，由政治家作出他们所能作出的最好选择。半个多世纪以来，弗里德曼一直坚持这种观点，并用它来说服别人。在奈特和弗里德曼等人的影响下，芝加哥学派经济学家恪守实证分析的原则，坚持将规范性判断留给政治决策者。因此，多年来，芝加哥学派的许多经济学家对于政治，一直持冷淡和排斥的态度。

(二)规范性分析

芝加哥学派也有规范性分析。不过,其规范性见解与普通的规范性见解有着明显的区别。如上所述,芝加哥经济学的核心思想是反对中央集权,这将芝加哥经济学的实证性分析和规范性分析联结在一起。按照西方经济学界通常持有的看法,在经济资源的配置上,国家可以被看成是一个代理人,而且是一个十分难以监督和控制的代理人,政治家和政府官员所追求的同样是他们的个人目标,而不是资源配置的效率最大化。由于缺乏监督和控制,国家或政府对于资源的配置通常是低效率的,这必然会造成经济资源的严重浪费。因此,在实现某个经济目标时,应该尽量避免使用国家这个效率低下的工具。这就是西方经济学界普遍持有的规范性见解。与此不同,芝加哥学派的规范性见解则是,私有制市场制度所保护的不仅是经济上的自由,而且也是政治上的自由。无论政府官员所追求的目标怎样,以及他们作为代理人是否真诚和有效率,将资源的控制权委托给国家或政府官员去行使,这种做法本身就是错误的。即使资源所有人将资源配置的控制权委托给国家完全是出于他们的自愿,这种做法也同样是错误的和应该加以反对的,因为这样做的结果是导致中央集权。总之,他们认为,有助于中央集权形成的任何因素都是有害的,对于政府干预经济生活,任何时候都应该保持高度的警惕。

第三节 芝加哥学派的主要理论贡献

一、弗里德曼的经济理论

1912 年,米尔顿·弗里德曼出生于美国纽约布鲁克林的一个犹太移民家庭,1933 年和 1946 年分别在芝加哥大学和哥伦比亚大学获得硕士和博士学位。他先后任职于明尼苏达大学、威斯康星大学和国家经济研究所。1948 年起,他担任芝加哥大学经济学教授,直到 1977 年退休。他曾任美国经济学会会长,1976 年获诺贝尔经济学奖(有关弗里德曼生平的介绍可详见第 13 章第一节的有关内容)。其主要研究领域是货币理论、需求理论、统计学等。西方经济学界普遍认为,弗里德曼在倡导经济自由主义,增进人们对货币重要性的认识方面起到了决定性的作用。弗里德曼对美国经济学界的影响是公认的,正如萨缪尔森所说:“假如米尔顿·弗里德曼不存在,那么创造出他来也是有必要的。”①

(一)需求函数

弗里德曼在《一种消费函数理论》(1957)中提出了新的消费函数理论。按照该理论,一个家庭的消费决定于持久收入而不是现时收入。所谓持久收入,是指人们预期在数年时间里所得到的平均收入。人们总是试图在不同的年份保持一个大致稳定的生活标准,收入变化如果被认为是暂时的,那么这种变化就不会对现时消费发生明显地影响。增加或减少投

① Stanley L. Brue, 2000: *The Evolution of Economic Thought*. New York: the Dryden Press, pp. 531

资以及政府支出都会引起收入的变化，但是消费不会对因此而引起的每一个收入变化都作出反应，而只会对那些被认为是持久的和长期的收入变化作出反应。这就意味着，由现实收入变化所引起的边际消费倾向和投资乘数，比凯恩斯所设想的要小，因此，经济内在的不稳定性实际上被凯恩斯的理论夸大了。

（二）货币理论

在弗里德曼的所有理论中，他的货币理论对于西方经济学的影响最大。它包括货币需求理论、货币数量论、垂直的长期菲利普斯曲线和“货币法则”等内容。

1. 货币需求理论。弗里德曼将货币需求看成是对货币余额的需求。因为持有货币余额对人们具有效用，所以人们需要持有它。与凯恩斯不同，弗里德曼不区分货币余额的类型，既不区分它是闲散余额还是机动余额，也不区分它是交易余额还是投机余额。在他看来，在任何既定的时间，决定家庭和企业意欲持有的货币量主要取决于以下3个因素，并且它们与影响货币供给的因素无关：

（1）决定货币需求量的第一个主要因素是总财富。包括人力资本在内的总财富能够用持久收入来作最好的衡量。当总财富或持久收入增加时，人们意欲持有的货币量即现金余额便会增加。

（2）决定货币需求量的第二个主要因素是持有货币的成本。成本较高，货币持有量就会较少，反之就会较多。持有货币的成本随可持有的其他形式财富的直接利息率、预期的通货膨胀率和价格水平的变化而变化。

（3）决定货币需求量的第三个主要因素是个人偏好。他断言，个人偏好在时间较大的范围内使货币需求量保持相对稳定。

按照弗里德曼的理论，货币需求量与持久收入和价格水平按相同的方向变化，与预期通货膨胀率按相反的方向变化，而不太受利率变化的影响。

2. 现代货币数量论。按照弗里德曼的理论，货币需求在短期内是相对稳定的。货币供给由联邦储备系统控制。货币供给的增加必然使对人们手中持有的现金余额超过他们意欲持有的数量，于是，人们就会通过购买活动来摆脱多余的现金，但是整个社会的多余现金是无法摆脱的，买者手中现金的减少只会带来卖者手中现金的增加。人们希望摆脱手中现金的要求必然会对商品和劳务的需求增加，从而导致产出增加，价格上升。在经济按照产量和就业的自然率运行的情况下，在长期中，只有价格会上升。当价格水平提高时，由于社会需要持有更多的货币以便购买价格提高了的商品，因此对于货币的需求便会增加。最终，货币供给量和货币需求量会达到均衡，但这时的均衡是在更高的价格水平上的均衡。根据这种分析，弗里德曼放弃了旧的货币数量论关于货币流通速度不变的假设，而提出货币需求高度稳定的假设，即假设货币需求比消费函数更加稳定。他说，通货膨胀“无时无处不是一种货币现象，它首先是由货币数量增长过快造成的。”他和安娜·施瓦茨在《1867～1960年美国货币史》一书中用了大量的经验数据来证明这个观点，而且，他把这本书看成是其所有著作中最重要的著作。

3. 垂直的长期菲利普斯曲线。弗里德曼区分了实际失业率和自然失业率。他将自然失业率定义为实际通货膨胀率与预期通货膨胀率相等时出现的失业率。按照他的看法，只有依靠造成比预期通胀率更高的通胀率才有可能将实际失业率暂时降低到自然失业率以下。

但是,一旦人们将预期的通胀率调整到与新的更高的通胀率相等时,实际失业率就会重新恢复到自然失业率的水平。

假定经济最初处于 A 点,失业率是自然率 U^*,而通货膨胀率为 θ。这时,货币当局试图按照短期菲利普斯曲线所表明的关系,用较高的通胀率来换取较低的失业率,把实际失业率降低到一个较低的水平 U'。为此,货币当局增加货币供给量,从而使通胀率上升,失业率下降。最初,企业发现它们所生产的产品的价格上升了,由于劳动合同大部分尚未到期,因此劳动成本不变。物价上升,货币工资不变,从而实际工资下降,于是企业增雇工人。随着对劳动需求的增加,新增工人就会得到比以前高的货币工资,工人误以为这是实际工资的提高,他们缩短待业时间,从而使摩擦失业减少,于是,经济到达 B 点。这时,失业率从 U^* 下降到 U',而通胀率达到高于 θ 的 θ'。不过,失业率的下降只是暂时的,经济不会一直停留在 B 点。因为人们会调整他们对通货膨胀的预期,使它与 θ' 相一致,与这种调整并行发生的是短期菲利普斯曲线的向上移动,对于通胀率的预期的提高转化为位置上移的短期菲利普斯曲线。当旧的劳动合同全部到期以后,新的劳动合同就要按照上升的工资水平重新签订。实际劳动成本又恢复到原来的水平,企业开始减雇工人,失业率重新回到自然率 U^* 的水平上,从而使经济上升到 C 点。这时与自然失业率相伴随的则是一个更高的实际通胀率和预期的通胀率即 θ'。

如果货币当局试图再次把失业率 U^* 降到 U',那么经济就还会再次重复以前的过程,短期菲利普斯曲线便会继续向上移动,使经济到达与更高的通胀率 θ'' 相对应的 E 点,这时失业率仍然会回到自然率 U^* 的水平上。如果货币当局继续这样做,通胀率就会沿着 C,E 所表明的垂直方向不断上升,而失业率则会始终保持自然率的水平。在长期中,人们对于通货膨胀率的预期和实际通货膨胀率是一致的,因此,长期菲利普斯曲线是一条与自然失业率对应的垂直线。通货膨胀与失业之间暂时的交替关系不是来自于通货膨胀本身,而是来自于人们意料不到的通货膨胀。通货膨胀率出人意料的提高有可能降低失业率,但是高水平的通货膨胀率却不可能降低失业率。在长期中,通货膨胀率没有意料不到的,因此,通货膨胀和失业之间不存在交替关系。

4."货币法则"。弗里德曼认为,出于上述原因,凯恩斯的需求管理政策是无效的,政府只应采取单一的货币政策来保证经济的稳定增长。勒纳将经济比作一辆没有方向盘的汽车,为了使它避免不断地撞上路边的护栏,就需要给它装一个由熟练的驾驶员操纵的方向盘即功能财政。相反,弗里德曼则认为,市场经济这辆汽车是能够自行调整的,只要政府不破坏汽车行驶的稳定性,它就能够保持良好的行驶状况。联邦储备系统应该放弃使用相机抉择的货币政策,而应坚持单一货币法则,即保持货币供给量每年按照一个稳定的增长率增长,这个年增长率应该与生产能力的长期增长率大致相当。

二、卢卡斯的理性预期理论和总供给曲线

1837 年,罗伯特·卢卡斯出生于美国华盛顿州亚基马市,1959 年和 1964 年先后获芝加哥大学历史学学士和经济学博士学位。1970 ~ 1974 年任卡内基—梅隆大学教授;从 1975 年开始,任芝加哥大学教授;1995 年获诺贝尔经济学奖。他在读研究生期间,第一学年的"微观经济学"是弗里德曼讲授的,因此受到了弗里德曼的影响。同时他还深受萨缪尔森

《经济分析基础》一书的影响。他曾说过:“是萨缪尔森的书和弗里德曼的课二者的结合使我开始(经济学职业生涯)的。”

在论述通货膨胀与失业的关系时,弗里德曼把适应性预期作为假设前提,即假设人们根据过去和现在的通货膨胀而预期未来的通货膨胀,并且只有在新情况完全展现以后他们才会改变自己的预期。卢卡斯则提出,经济人能够对当前的经济政策进行理性预期,从而赋予预期概念以新的含义。理性预期概念在宏观经济学中的应用,使宏观经济学以及人们对经济政策效果的认识发生了根本性的转变。

卢卡斯认为,市场活动的参与者会对过去的错误进行反思,充分利用所能得到的全部信息,从而在预期未来价格变化时成功地消除带有规则性的错误。由于人们了解了扩张性财政政策和金融政策将会导致通货膨胀的结果,因此,当政府采取扩张性政策时,他们就会立刻向上调整其通货膨胀预期,生产要素市场和金融市场也就会随即作出相应的调整,以至于名义工资、资本品价格和贷款利息与企业产品的价格将同步上涨。对预期的通货膨胀所出现的这种反应,不可避免地会使扩张性财政政策和金融政策失效。代之以利润、产出和就业的暂时增加,扩张性的财政政策和金融政策必然会导致经济沿着长期菲利普斯曲线垂直地向上移动,从而导致通货膨胀率直线上升。

另外,卢卡斯对短期总供给曲线和长期总供给曲线作了区分,并对总供给与总需求的变化作了以下分析:假设一个社会的总产量最初处于与自然率对应的 Y 水平,一阵意料不到的投资热潮能够使总需求曲线向右上方移动,于是,生产者的产品价格随之上涨,生产者起初会认为这是本企业的产品价格相对于其他商品价格(包括工人工资)的上涨。由于预期能够得到更多的利润,因此企业便会增雇工人,增加产量,从而使整个社会的总产量增加。这也就是说,意料不到的物价上涨能够使总产量增加,价格上涨和总产量的增加导致短期总供给曲线向右上方倾斜。

但事实上,由于总需求的增加所导致的是包括工资在内的所有投入品和产品的价格的上涨,从而所有企业的成本都在上升,最后导致短期总供给曲线向左上方移动,直至总产量下降到原来的水平,即降至与自然率对应的 Y。在长期中,上升的只有价格,而总产量则保持不变。与此相同,当总需求出现意料不到的下降时,经济会按照相反的方向出现类似的变化,即价格下降而总产量不变。因此,长期总供给曲线是一条与 Y 的数量相对应的垂直线。总之,按照卢卡斯的说法,总需求的一个意料不到的变化的确有可能改变总产量的水平,但是这种改变只是暂时的。相反,总需求的一个意料之中的变化则不会对总产量和就业发生任何影响。根据以上情况,便可以得到市场经济能够进行自我矫正的结论。他的这个结论与新古典学派的基本原理是完全一致的。因此,包含理性预期的宏观经济学被称为新古典宏观经济学。

凭借着理性预期的逻辑,卢卡斯将完全竞争、理性行为和瓦尔拉斯一般均衡等微观经济学的基本原理延伸到了宏观经济学,从而为宏观经济学提供了微观经济学的理论基础。这种做法被认为是对西方经济学一项重要的理论贡献。不过,有许多宏观经济学家拒绝接受市场经济能够自行调节和经济政策无效的新古典见解,认为物价和工资的变动并非十分灵活,尤其是在向下变动时,因此,市场经济不能够依靠自行调整来消除衰退,财政政策和货币政策对于解决经济衰退仍然是必要的。

三、科斯的交易成本和厂商理论

1910年,罗纳德·科斯出生于英国伦敦郊区的威尔斯登,1932年获伦敦经济学院商学学士学位,后在利物浦大学和伦敦经济学院任教。1951年,科斯获伦敦大学经济学博士学位,同年迁居美国,任布法罗大学和弗吉尼亚大学教授。1964年,他开始任芝加哥大学教授,直到退休。1991年,科斯获诺贝尔经济学奖。他的《企业的性质》(1937)和《社会成本问题》(1960)两篇论文影响很大,已经成为新制度经济学的经典性作品。

在经济学说史上,科斯首先把交易费用的概念引入经济分析,否定了新古典经济学所暗含的市场交易无需交易费用的假设。在现实生活中,交易显然不是不需要费用的,参与市场交易的双方必须为交易的实施支付某些费用。为使交易得以实施所需付出的各种费用就是交易费用,它包括发现相对价格、谈判、协商、签约和保证契约履行等方面的费用。

科斯认为,庇古依靠政府干预来消除外差因素的办法是不可取的,因为这样做将会使市场经济中的个人选择发生混乱。在市场经济中,如果当事双方之中有一方拥有财产权,并且这种财产权受到另一方行动的不利影响,那么经济中便会存在促使双方达成协议的激励,如果交易费用为零,那么双方通过交易最终便能够达到均衡并实现经济效率。比如说,有一个牧场的牛经常踏坏邻居的庄稼地,并毁掉地里的庄稼。在这种情况下,首先假定农民的庄稼有权不受损害,即养牛人必须承担赔偿责任,于是,就会有一种激励,促使养牛人采取行动。当牛吃庄稼给养牛人带来的收益大于养牛人对农民损失的赔偿时,养牛人就会对农民进行赔偿或者向农民购买被牛吃掉的庄稼,同时进一步增加牛的饲养数量。当牛吃庄稼给养牛人带来的收益小于养牛人对农民损失的赔偿时,养牛人就会减少牛的饲养数量,以减少牛吃庄稼的数量。当牛吃庄稼给养牛人带来的收益等于养牛人对农民损失的赔偿时,养牛人就会保持牛群现有的规模,这时,农牧双方便达到均衡状态,双方的总产值达到最大。相反,如果养牛人对于牛吃庄稼有权不加赔偿,那么就会存在另一种激励,促使农民补偿养牛人并要求养牛人限制牛群的规模。当牛群对农民造成的庄稼损失大于农民对养牛人的补偿时,农民就会增加对养牛人的补偿以便要求对方减少牛的饲养数量。当牛群对农民造成的庄稼损失小于农民对养牛人的补偿时,农民就会减少对养牛人的补偿,放松对牛数量增加的限制,于是,牛群规模便会增大。当牛群给农民造成的庄稼损失与农民对养牛人的补偿相等时,农民对养牛人的补偿便不增不减,这时,牛群规模不变,农牧双方处于均衡状态,双方的总产值达到最大。

总之,通过以上分析可以得出的结论是,当交易费用为零时,只要产权归属是明确的,当事双方就会通过市场交易,使经济资源实现有效率的配置。这个结论就是科斯第一定理。按照这个定理,在交易费用为零时,即使经济中存在着外部性,无论初始的产权分配怎样,只要做到产权明晰,在市场机制的作用下,经济资源同样能够得到有效率的配置,并实现帕累托效率。这也就是说,在存在外部性的情况下,市场作为配置经济资源的调节机制仍然是有效的,人们通常所说的市场失败是能够消除的。

不过,这个定理的成立是有前提的,即交易费用必须等于零。但是在现实社会中,交易费用等于零的情况实际上是不存在的。科斯承认,在交易费用不等于零时,产权的初始分配将会影响资源配置的效率。这个推论被称为科斯第二定理。在交易费用为正时,不同的产权界定将会导致不同的资源配置效率。由此出发,人们很容易将不同的产权制度安排与不同的资源配置效率对应起来,通过实证分析,触及传统经济学的核心内容即资源配置效率问题。科斯定理的提出,为制度经济学找到了一种符合经济学传统精神的现代分析方法。

另外,科斯用交易费用的存在来解释企业存在的原因。传统的新古典经济学认为,市场作为经济调节机制是普遍有效的。科斯定理则表明,这种有效性是有前提的或有限度的,这个前提就是交易费用必须为零。由于现实世界中交易费用不等于零,市场机制的作用便具有局限性,作为克服这种局限性的组织制度,企业就是对市场的补充。企业,作为一种配置资源的方式,是市场的替代物,它在某些情况下能够节省交易费用。

按照科斯的见解,在交易费用为正的情况下,通过建立一个组织如企业,来代替市场交易,由于企业内部无需交易,因此能避免交易费用。不过,依靠企业对各种生产要素的投入进行组织和协调时,却需要承担另一种成本,即企业经营管理的成本和企业的层级管理所带来的效率损失。企业越大,管理成本就会越高,管理的层级越多,管理所带来的效率损失就会越大,因此,企业增长的规模同样受到企业管理成本不断增加的限制。当企业规模扩大到一定程度时,资源由企业组织配置就会得不偿失,这时,资源由市场配置就会变得更加经济,所以,企业规模也不能无限制地扩大。科斯从交易费用的角度揭示了企业存在的效率根源,并且认为,企业理论还可以应用于社会经济制度的分析,即把高度集中的计划经济看成是一个超大型企业,以说明它效率低下的制度根源。尽管他的这些见解并不全面,但是对于经济理论的发展却产生了十分深远的影响。

四、舒尔茨和贝克尔的人力资本理论及其他理论

西奥多·舒尔茨(1902~1998)生于美国南达科他州阿灵顿一个德国移民家庭,在南达科他州立大学完成了大学学业。1930 年,他在威斯康星大学获博士学位,并开始在依阿华州立学院从教,曾任该校经济、社会学系系主任。1943 年他开始任芝加哥大学经济学教授,从 1946~1961 年担任该校经济系系主任,1979 年获得诺贝尔经济学奖。其主要研究领域是农业经济学、经济增长和经济发展理论以及人力资本理论。

20 世纪 60 年代,舒尔茨在研究农业经济学和发展经济学的过程中提出了人力资本理论,成为西方经济学界最早提出人力资本理论的经济学家。他认为,人们在教育、在职培训、卫生保健、迁移等领域的投资,都是对人本身的投资即人力资本投资。这些投资能够提高个人的劳动生产率,从而能够使个人收入提高。他提出,依靠对具有经济价值的知识和技术的获取,劳动者最终能够变成拥有人力资本的资本家。他认为,这种知识和技术大半是投资的结果,从人力资本投资中,人们可以找到技术先进国家在生产力方面具有优势的主要原因。在忽略人力资本的情况下研究经济增长就像“撇开马克思来谈苏联的意识形态一样”。[①] 他认为,人力资本投资理论有助于揭开经济增长之谜。例如,人们曾一度认为美国五六十年代的经济增长有一部分是难以理解的,实际上,以往的经济学文献对于资本—收入之比所作的估计只涉及全部资本的一部分。“它们将人力资本完全排除在外。人力资本

① Schultz, T. W. (1961): Investment in Human Capital. *The American Economic Review*. Vol. LI(march 1961), pp. 3

则一直在确定无疑地按照一个大大高于可再生性(非人力)资本的比率增长着。”①他还认为,发展中国家传统农业中的农民同样是合乎理性的经济人,他们有向人力资本投资的迫切要求。只要存在正常的经济激励,他们同样会向人力资本进行大量的投资。其人力资本理论后来由贝克尔进一步加以发展。

1930 年,加里·贝克尔出生于美国宾夕法尼亚州波茨维尔,早年就读于普林斯顿大学经济系,继而在芝加哥大学读研究生,1955 年获芝加哥大学经济学博士学位,1957 ~ 1969 年任哥伦比亚大学教授,1970 年回芝加哥大学任教,曾任该校经济系系主任,现为经济学和社会学教授。1992 年,贝克尔获得诺贝尔经济学奖。贝克尔在广泛研究人力资本、歧视、时间配置和家庭问题的同时,还将争取最大化的行为假设、稳定的偏好、市场均衡等经济学的概念和方法应用到社会学、政治学、法律、人类学等领域的研究中,因而被称为“智力活动的帝国主义者”。

在《人力资本》(1964)一书中,贝克尔发展了舒尔茨的人力资本理论,赋予这一理论以现代的和一般的形式。他认为,一个人到学校上学、接受在职培训、医疗保健、转换工作岗位等都属于人力资本投资。例如,在一个人的某个时期,是否决定上学,一方面取决于他对于这项投资的预期收益;另一方面,上学还需要付出一定的成本,即需要承担学费和书本费等直接成本,以及在大学读书期间所放弃的挣钱机会即间接成本。是否上大学,取决于上学的成本和收益之间的比较。收益大于成本,便投资上学;否则,便不上学。这种分析不仅适用于学校的正规教育,而且也适用于在职培训、工作转换等。

另外,在《歧视经济学》(1957)一书中,他对把经济分析方法应用于传统经济学以外的领域进行了第一次尝试,这种尝试曾一度受到经济学界的冷遇。不过,在不到 20 年的时间里,贝克尔的歧视模型就变成了西方劳动经济学教科书中的一个重要内容。按照贝克尔给歧视所下的定义,歧视是带有歧视偏见的雇主愿意为之付出代价的一种偏好或“嗜好”。一个雇主对一个工人的歧视程度可以用歧视系数来衡量,歧视系数是一个雇主雇用一个工人的非货币成本值,它等于一个雇主支付给一个工人的货币工资率和他所支付的真实工资率之间的百分数比率。用 W 表示雇主支付给雇员的货币工资率即市场工资率,$W(1+d)$ 是真实工资率,那么 d 就是歧视系数。假设市场工资率是每小时 8 元,雇主的歧视系数 d 是0.5,那么对于带有歧视偏见的雇主来说,要他雇用他不歧视的雇员,所支付的真实工资率就是每小时 12 元,即 $W(1+d)=8(1+0.5)=12$(元)。这意味着,带有歧视偏见的雇主在每小时支付 8 元货币工资的基础上,宁肯每小时再增加数额不超出 4 元的货币工资来雇用他所不歧视的雇员也不愿意雇用他所歧视的雇员。d 的值越大(小),歧视程度就越高(低)。当 d 为零时,表示雇主不带有歧视偏见。

如果一个经济中的歧视系数为正,那么,对于不受歧视的雇员的需求就会大于不存在歧视时的水平,不受歧视者的市场工资率就会高于具有相同生产能力但却受到歧视的雇员的工资率。因此,与不带歧视偏见的雇主相比,带有歧视偏见的雇主将会付出较高的工资成本,而不带歧视偏见的雇主将付出相对较低的工资成本,因为他们能够按较低的工资来雇用别人不喜欢但却具有相同生产能力的雇员,从而会赚得一个利润差额。与此相反,带

① Schultz, T. W. (1961): Investment in Human Capital. *The American Economic Review*. Vol. LI (march 1961), pp. 5

有歧视偏见的雇主的平均成本则会超过市场决定的平均水平。按照适存法则,“自然选择,适者生存”,对于一个竞争性市场经济来说,在长期中,只有成本最低的生产者才能存活下来,带有歧视偏见的雇主最终会被淘汰出局。

贝克尔关于歧视的理论与新古典经济学的基本精神相一致,它将竞争性市场经济的优越性作了进一步的引申,也就是说,按照贝克尔的理论,在长期中,竞争性市场机制将会把带有歧视偏见的雇主淘汰出局,从而会削弱社会上存在的性别、种族、宗教信仰等各种歧视。

任何消费活动都需要耗费时间,但是,新古典经济学的消费理论从不考虑这一点,这等于假设消费是瞬时的。针对这种情况,贝克尔提出,消费需要耗费时间,而且时间是稀缺的并具有价值。消费一项物品所耗费的时间不能再作他用,比如不能再用它来挣取收入。而且,消费不同的商品所需要的时间是不相等的,因此,人们对于一个商品的消费,实际上是对于一个由商品本身和消费它所需要的时间二者结合而成的“结合商品”的消费,商品的市场价格和消费它所需要的时间二者相加构成“结合商品”的“完全价格”。在购买商品时,人们所考虑的实际上是商品的“完全价格”。根据这个见解,他提出有必要重新构建消费选择理论。

家庭,作为进行决策的基本单位,不仅是“结合商品”的消费者,而且也是“结合商品”的生产者。在市场上花费时间购买商品时便会出现“结合商品”的生产。为了得到购买商品所需要的收入,家庭必须花费时间挣取收入。为了生产和消费商品,家庭同样需要花费另外一种生产时间以及消费时间。例如,一餐饭,作为一种“结合商品”,必须通过将物品(如鸡蛋、面包、果汁和烤肉)和生产时间(即做饭的时间)以及消费时间(即吃饭的时间)结合在一起来生产和消费。

家庭必须决定它究竟打算消费什么样的商品以及如何生产这些商品。对于一个家庭来说,这些决定几乎每天都要做。影响家庭消费决定的一个重要因素就是生产和消费商品所需要的时间,有些商品需要比较少的物品和比较多的时间来生产,而有些商品则需要比较多的物品和比较少的时间来生产。例如,必须在海滩上经过几天阳光曝晒才能得到“阳光晒黑”就是一种时间密集型商品,而一顿快餐则是一种物品密集型商品。贝克尔认为,从这些概念出发,能够建立起新的消费模型,它将时间因素作为内生变量包括在内,许多社会现象都需要使用这样的模型来说明。

另外,贝克尔还用经济分析方法来分析家庭问题,以揭示结婚、离婚、生养子女以及家庭内部利他主义等现象存在的经济根源。

五、斯蒂格勒的不对称信息理论

乔治·斯蒂格勒(1911~1992)出生于美国华盛顿州西雅图市郊的伦顿,1938年获芝加哥大学经济学博士学位。1936~1946年,他在依阿华州立大学、明尼苏达大学任教,1947~1958年分别任布朗大学和哥伦比亚大学教授,1958年以后,在芝加哥大学任教授,1982年获诺贝尔经济学奖。其研究领域主要是微观经济学,特别是生产组织理论。

斯蒂格勒在20世纪60年代早期提出,信息是一种经济物品,消费者按照边际收益等于边际成本的原则来决定获取信息的数量或限度。例如,消费者在汽车市场上购买一辆新车，只有占有信息，他才能作出正确的决策并买到符合自己需要的汽车，信息能够给他带来好处或收益，因此他需要在汽车的品牌、型号和价格等方面获取更多的信息。不过，虽然信息获取得越多，总收益就越大，但是获取信息需要费用支出，而且追加信息的边际收益是不断递减的。获取信息需要花费的支出包括交通费用以及搜索信息的其他费用、所费时间的机会成本和推迟购买的效用损失等。并且，随着信息搜索范围的扩大，进一步获取信息的难度加大，增加信息的获取，就需要花费更多的费用，因此，追加信息的边际成本是递增的。

当信息的边际收益大于边际成本时，消费者就会扩大信息的搜索范围；当获取信息的边际收益与边际成本相等时，消费者就会停止信息的进一步搜集。品牌和型号都相同的新车不是只有一个价格，而是存在着由一系列价格所形成的一种价格分布。在其他条件相同时，信息的边际成本越高，同一商品的市场价格分布所涉及的范围就会越大。1970 年，斯蒂格勒的这些理论由加州大学伯克利分校的乔治·阿克洛夫作了进一步的发展。阿克洛夫提出次品市场理论，用信息理论分析了二手车市场中的信息不对称逆向选择问题。经过 30 多年的发展，信息经济学已经成为一个重要的经济学分支。除此之外，斯蒂格勒还在产业组织、政府管制以及法律和经济学方面提出了一些新的见解。

思考题

1. 芝加哥学派是怎样形成和发展起来的？
2. 芝加哥学派的经济理论和研究方法有哪些特点？
3. 芝加哥学派有哪些重要的经济理论？它们的主要内容是什么？

参考文献

1. Reder, M. W. Chicago Economics: Permanence and Change. *Journal of Economic Literature*, Vol. XX (March 1982), pp. 1 ~ 38

2. Stanley L. Brue, *The Evolution of Economic Thought*. Sixth Edition. New York: the Dryden Press, 2000

3.〔美〕丹尼尔·R·福斯菲尔德. 现代经济思想的渊源与演进. 第 12 版. 杨培雷，聂文星，吴琼译，杨培雷校. 上海：上海财经大学出版社，2003

4. 胡代光，高鸿业. 西方经济学大词典. 第 1 版. 北京：经济科学出版社，2000

5. 王宏昌，林少宫. 诺贝尔经济学奖金获得者讲演集. 第 1 版. 北京：中国社会科学出版社，1997

第 13 章

货币主义

学习要点和要求

了解货币主义产生的经济背景、代表人物和基本观点;熟悉货币主义的主要理论——现代货币数量理论、名义国民收入的货币理论和通货膨胀理论及其相互之间的关系;掌握货币主义的政策主张及其理论依据,对货币主义作出科学的评价。

第一节　货币主义的产生和基本特征

20 世纪 50 年代,在美国出现了一个重要的经济学流派——货币主义(Monetarism)。货币主义亦被称为货币学派或现代货币主义。该学派自 20 世纪 60 年代以来逐步发展成为西方新自由主义经济学中具有深远影响的一个学派。

一、货币主义的产生

1929 ~ 1933 年西方世界爆发了严重的经济危机,凯恩斯主义的经济理论和经济政策被认为在克服经济危机中发挥了重要的作用。自第二次世界大战以来,凯恩斯主义国家干预的思想和经济政策在西方社会盛行,而且,在现实经济生活中,西方主要资本主义国家在爬出大危机的泥潭以后,又经历了一段较低的通货膨胀率和失业率的“繁荣”时期。于是,凯恩斯主义在当时西方的经济理论界占据了统治地位,它的政策主张也被西方各国政府奉为是摆脱经济萧条和刺激经济增长的“灵丹妙药”。

然而,自 20 世纪 60 年代末期起,西方各主要资本主义国家的经济衰退日益加重。随着经济形势的恶化,西方世界的通货膨胀愈加严重,失业率不断上升。面对高通货膨胀率和高失业率并存的"滞胀"现象,凯恩斯主义一筹莫展,它既不能从经济理论上对"滞胀"现象作出解释,也拿不出应对的经济政策以摆脱"滞胀"阴影。在这种经济现实和经济理论的困境中,以美国经济学家米尔顿·弗里德曼(Milton Friedman)为代表的货币主义,以反对凯恩斯主义革命的姿态出现,指出正是长期以来凯恩斯的国家干预主义和积极财政政策的作用,才导致了经济社会出现"滞胀"现象。因而,货币主义反对国家干预主义,主张经济自由主义;极力抨击凯恩斯主义的财政政策,重新强调货币政策的重要性;主张执行"单一规则"的货币供给等政策,来达到抑制通货膨胀和增进经济增长的目的。

自20世纪70年代以来,西方主要资本主义国家开始先后实践货币主义的经济思想和经济政策。例如,以撒切尔夫人为首的英国政府为了医治长期推行"福利国家"所导致的"英国病"和摆脱经济衰退,制定并执行了旨在稳定货币供应量的货币主义政策。美国里根政府为了"复兴"美国经济,也推行了货币主义所主张的以控制货币供应量为主要内容的经济政策。英、美及其他一些主要资本主义国家所执行的货币主义政策,对抑制、缓解严重的通货膨胀和复苏经济起到了一定的作用。

正是在以上的社会经济状况和经济理论背景下,货币主义产生和发展起来,并产生了重大的影响。

二、货币主义的代表人物和基本特征

(一)货币主义的代表人物

货币主义的创始人和主要代表人物是当代著名的经济学家、美国芝加哥大学教授米尔顿·弗里德曼。"身材矮小的弗里德曼是20世纪经济学的智慧巨匠之一。他是思想、论文和书籍——它们是非常丰富多彩、富于创见和(几乎总是!)引起争论的——不断涌现的源泉。"①1976年10月14日,弗里德曼由于"消费的分析和在货币的历史与理论等方面的成就,以及他论证了稳定经济政策的复杂性",而被瑞典皇家科学院授予诺贝尔经济学奖。

1912年7月31日,弗里德曼生于美国纽约。其父母是来自奥匈帝国的移民。弗里德曼从小家境贫寒,15岁时其父去世。他依靠争取奖学金和打工,完成罗格斯大学的本科学业,于1932年获学士学位。大学毕业后,弗里德曼幸运地获得了两所大学提供的奖学金,它们分别是布朗大学应用数学系和芝加哥大学经济学系。当时弗里德曼"几乎是到了要用掷铜板来决定"这两者之间选择的地步,最后,他选择了"决定往后的一生"的经济学。对于这一关键的选择,弗里德曼在1985年"我成为经济学者的演化之路"的演讲中回忆道:"我在1932年大学毕业时,正逢美国有史以来最严重的经济大恐慌的谷底,当时最受瞩目的问题就是经济。如何走出衰退?如何降低失业水准?如何解释一方面是需求强劲,但另一方面却有广大资源闲置的矛盾现象?在这样的大环境下,要解决当前燃眉之急的问题,作为一个经济学家,应该比应用数学家或精算师更能发挥作用吧!"②

在强调理论的芝加哥大学学习期间,弗里德曼又获得了哥伦比亚大学的奖学金,并在强调制度影响与实证研究的哥伦比亚大学学习一年后又返回芝加哥大学。这种学习环境

① 〔英〕沙克尔顿,落克斯利.当代十二位经济学家.北京:商务印书馆,1999.60

② 〔美〕伯烈特,史宾斯.诺贝尔之路.成都:西南财经大学出版社,1999.102~103

的组合对弗里德曼以后学术风格的形式影响深远,正如弗里德曼50年后所说:"受到芝加哥以及哥伦比亚两校学风的综合影响——前者重理论,后者重统计与实证研究,我的科学工作也大都兼顾理论与实务,也就是包括理论以及对理论内涵的验证。"①

1933年弗里德曼获芝加哥大学硕士学位,1946年获哥伦比亚大学博士学位,1948年起任芝加哥大学教授,自1962年起是该校罗素(Paul Snowden Russell)讲座的杰出经济学教授,他还兼任剑桥大学、加利福尼亚大学洛杉矶分校等数所著名大学的客座教授。1951年,弗里德曼获美国经济学会克拉克经济学奖。他是美国经济学会、蒙特·佩莱林学会、计量经济学学会、数理经济学学会的会员,并于1967年任美国经济学会会长,于1970年任蒙特·佩莱林学会会长。1966~1984年间,他一直是《新闻周刊》的专栏作者。此外,1935~1937年他还任美国国家资源委员会副研究员,1941~1943年任美国财政部租税研究部首席经济顾问,1937~1945年和1948~1981年期间与美国国家经济研究局一直保持交往,1969~1971年任尼克松总统经济顾问委员会委员,退休后又出任斯坦福大学胡佛研究所高级研究员。他分别在1980年、1988年和1993年访问过中国。

弗里德曼的著述丰富,仅截止1976年他获诺贝尔经济学奖时,已有245种出版物,其中包括26本著作。② 主要著述有:《实证经济学论文集》(1953)、《消费函数理论》(1957)、《资本主义与自由》(1962)、《价格理论》(1962年初稿、1967年再版)、《美国货币史:1867~1960年》(1963)、《通货膨胀:原因与后果》(1963)、《货币分析的理论结构》(1972)等。

追随弗里德曼货币主义的其他主要代表人物有:美国的卡尔· 布朗纳、艾伦·梅尔泽、奥纳尔· 安德逊等,英国的艾伦·沃尔特斯、戴维·莱特勒、迈克尔·帕金等,奥地利的赫尔姆特·费里希等。

(二)货币主义的基本观点

据称,"货币主义"一词是由美国罗切斯特大学经济学教授卡尔· 布朗纳在1968年发表的论文《货币与货币政策的作用》中首次提出的。③ 以弗里德曼为代表的货币主义在继承早期货币数量论的基础上,提出了恒久性收入假说,并分别从短期与长期两个角度分析了货币供给量变化对价格和产量的影响。据弗里德曼的研究与总结,货币主义的基本观点可以归纳如下:④

1. 货币数量的增长率和名义收入增长率之间保持着一致的关系。也就是说,如果货币数量增长很快,则名义收入也会很快增长;反之亦然。至于货币流通速度,虽然会发生变化,但却是完全可以预测的。

2. 货币数量增长的变化对收入的影响需要一段时间。平均说来,货币数量增长率的变化需要在6~9个月以后才会引起名义收入增长率及实物产量增长率的变化,在这之后的6~9个月才对价格产生影响。因此,货币增长的变化和通货膨胀率的变化二者相隔的总时间平均为12~18个月。

---

① 〔美〕伯烈特,史宾斯. 诺贝尔之路. 成都:西南财经大学出版社,1999. 104

② Thygessen, Niels(1977):The Scientific Contribution of Milton Friedman. *Scandinavian Journal of Economics*. No. 79, 56~98

③ 〔美〕布朗纳. 货币与货币政策的作用. 载圣路易斯联邦储备银行评论,1968(7)

④ 〔美〕弗里德曼. 论货币. 世界经济译丛. 1981(5):29~30

3. 货币数量的变化只在短期内影响产量和价格。在长期,货币数量的变化只影响价格,而产量则取决于一系列的“实际”因素,如人的事业心、独创性和勤奋程度,节俭的程度,产业结构和政府结构,国与国之间的关系,等等。

4. 通货膨胀随时随地都是一种货币现象。也就是说,如果货币数量的增长不快于产量的增长,则通货膨胀就不可能发生。当政府通过印发通货或建立银行存款取得资金,且货币增长率快于产量的增长率时,则政府的财政政策就会导致通货膨胀。

5. 货币供给量的变化最初影响的不是收入。在货币供给量增加的开始阶段,人们会将手中持有的多余的现金部分用来购买其他的资产(如债券、股票、房产、其他实物资产),以扭转所拥有的现金与其他各种资产之间的不平衡状态。这样的调整会使得其他资产的价格上升而利率下降,从而鼓励人们扩大生产,最后使得产量与收入发生变化。

6. 虽然在货币供给量增加的开始阶段,利率会下降,但随着货币需求的增加,利率又会上升。所以,货币量和利率之间存在步调不一致的关系,这意味着利息率不是货币政策的一个好的导向。

7. 对于制定政策而言,货币政策实属重要。明智的货币政策就是让货币量在一定时期内稳定增长,以促进经济增长,而不至于使货币模式本身成为不稳定和混乱的根源。

(三)经济自由主义

以弗里德曼为代表的货币主义继承了芝加哥学派的传统,强调经济自由主义的思想与主张,极力抨击凯恩斯学派的国家干预主义。货币主义的经济自由主义也被称为“新自由主义”。

弗里德曼在他的两本代表著作《资本主义与自由》和《自由选择》中阐述了经济自由主义的基本思想。他认为,自由主义者把个人自由作为社会安排的最终目标。在经济活动中,个人的本性都是利己的,应该允许每个人在利己的动机下按照自愿的原则从事各种经济活动,并从中获得个人利益。社会经济组织的基本任务就是如何协调千百万人的经济活动,以使个人利益之间,以及个人利益与社会利益之间能够相互协调。资本主义经济体系选择的协调方式就是自由的私有企业的交换经济,即自由市场经济的自发调节机制。[①] 他认为,“价格制度就是这个机制”。“价格在组织经济活动方面起三个作用:第一,传递情报;第二,提供一种刺激,促使人们采取最节省成本的生产方法,把可得到的资源用于最有价值的目的;第三,决定谁可以得到多少产品——即收入的分配。这三个作用是密切关联的。”[②]

同时,他还指出,自由的市场经济并不等于无政府主义。“自由市场的存在当然并不排除对政府的需要。相反,政府的必要性在于:它是‘竞争规则’的制定者,又是解释和强制执行这些已被决定的规则的裁判者。”[③]但是,他指出政府的职能必须受到限制,政府的权力应该分散。

作为经济自由主义思想的政策体现,他主张执行“单一规则”的货币政策,执行旨在促进自由贸易和自由竞争的“浮动汇率制度”,取消进口关税与出口限制,取消农业支持价格,并提出一种固定税率的所得税及相应的“负所得税”的税收制度等一系列政策主张。

---

① 〔美〕弗里德曼. 资本主义与自由. 北京:商务印书馆,1986. 13 ~ 14

② 〔美〕弗里德曼. 自由选择. 北京:商务印书馆,1999. 18

③ 〔美〕弗里德曼. 资本主义与自由. 北京:商务印书馆,1986. 18

第二节　现代货币数量论

以弗里德曼为代表的货币主义的理论基础是现代货币数量论。现代货币数量论的思想渊源是传统的货币数量论。所以,在此先对传统的货币数量论作一介绍。

一、传统的货币数量论

“货币这个东西充满了神秘和离奇的内容……货币,以及货币能买到什么东西,这两者之间的关系问题一向是货币理论的中心问题。”对于这一中心问题,货币数量论的基本观点是:在其他条件不变的情况下,一国的“价格水平由货币的数量决定”。[①] 或者说,在其他条件不变的情况下,一国的价格水平与该国的货币数量呈同方向的变化。

货币数量论有着悠久的理论渊源。早在公元200年前后,古罗马便产生了货币价值是由货币数量左右的思想萌芽。一般认为,货币数量论产生于16世纪末。法国的重商主义者让·波丹(1530～1596)指出,从南美洲流入西欧的金属量的增加是当时西欧物价上涨的主要原因。因为,与一般商品的价值一样,金银的价值也取决于本身的数量。这就是说,金银数量的增加,会引起金银价值的低估,从而导致与之所交换的物品的价格上升。之后的英国经济学家洛克(1632～1704)和休谟(1711～1776)进一步从当时西欧的商品价格随着从南美洲输入的金银数量的增加而上升这一事实出发,建立了以货币数量的变化来解释物价水平变化的早期货币数量理论。英国古典经济学家李嘉图(1772～1823)和18,19世纪的大多数古典经济学家也都持有货币数量论的观点。而且,李嘉图的追随者扩展了他所考察的经济变量,从货币数量、商品数、货币流通速度和物价水平相互关系的研究中丰富了早期的货币数量理论。

20世纪初,英、美等国经济学家进一步发展了货币数量论,其中最具有代表性的是美国经济学家凯默尔和费雪的“现金交易数量说”,以及英国经济学家马歇尔和庇古的“现金余额数量说”。

在凯默尔研究的基础上,美国耶鲁大学经济学教授欧文·费雪在1911年出版的《货币的购买力》一书中提出了著名的“交易方程式”,并据此阐述了他的货币数量说。费雪的“交易方程式”为:

$$P=\frac{MV}{T}\quad \text{或者}, MV=PT \tag{1}$$

其中,P表示商品(含劳务)的平均价格水平;M表示货币供应量或现金交易量;V表示货币流通速度;T表示商品(含劳务)的总供给量。

费雪认为,仅从等式的意义而言,“交易方程式”中所涉及的四个变量不分孰轻孰重,但是,就商品(含劳务)的平均价格水平P而言,它将受其他三个因素M,V和T的影响。而在其他三个影响因素中,最值得关注的是货币供给量M的变动。费雪进一步指出,他的货币

① 〔美〕弗里德曼.论货币.世界经济译丛.1981(5):17

数量论的主要意义和贡献在于:在假定货币流通速度和社会总交易量稳定的情况下,平均价格水平将直接随流通货币数量的变化而变化。

显然,费雪方程式研究的是流通中的货币量即现金交易量与价格水平之间的关系,它涉及的是货币的流通手段和支付手段,因此,费雪方程式所表述的货币数量理论也被称为“现金交易数量说”。

英国剑桥学派的创始人、著名经济学家阿尔弗雷德·马歇尔也是一位货币数量理论者,他从货币需求的角度,研究了一国居民所愿意持有的货币量与价格水平之间的关系,并由此创立了“现金余额数量说”。他的学生、剑桥大学经济学教授庇古在1917年发表的《货币的价值》一文中进一步用数学公式表述了“现金余额数量说”的基本思想。庇古提出的“剑桥方程式”为:

$$P=\frac{KR}{M}\quad \text{或者},M=\frac{KR}{P} \tag{2}$$

其中,R 为以小麦表示的社会实物总量;K 表示人们手中愿意持有的现金余额与实物总量的比例;M 表示货币量;P 表示以实物(即小麦)计量的单位货币价值。

庇古指出,假定金本位制下的货币量 M 和一定时期内的社会实物总量 R 是稳定的,则单位货币价值 P 与 K 呈同方向的变动,进而使得以单位货币价值计量的物价水平与 K 呈反方向变化。可见,剑桥方程式强调的是现金余额量,并以此说明货币价值及价格水平的问题。

稍加分析不难看出,费雪方程式中 V 和庇古方程式中的 K 互为倒数,即 $V=\frac{1}{K}$。应该说,虽然费雪方程式和庇古方程式的具体形式有所区别,但实际上两者都表达了货币数量论的基本观点:在其他条件不变的前提下,货币数量的变化会影响价格水平。尽管费雪的货币数量指的是现金交易数量,而庇古更关注的是人们所愿意持有的现金余额数量。

最后,需要提及的是,尽管在传统的货币数量论者的方程式中都没有出现利息率这一变量,但他们的研究已经开始涉及利息率的变化对方程式中若干变量的影响。马歇尔的另一个学生、英国著名经济学家凯恩斯在20世纪30年代以前曾经是“现金余额数量说”的重要代表人物之一,他在当时的研究中就涉及了利息率这一变量。但是,30年代以后,凯恩斯的货币数量论的观点发生了变化。他在《就业、利息和货币通论》一书中,鲜明地抨击货币数量说,并明确引入利息率这一变量和与此相联系的流动性偏好假说,建立了他的货币需求函数:

$$\frac{M}{P}=L_1(Y)+L_2(r) \tag{3}$$

即

$$\frac{M}{p}=L(Y,r) \tag{4}$$

其中,M 表示名义的货币需求量;P 表示一般物价水平;M/P 表示实际的货币需求量;L_1 表示产生于交易和预防动机的实际货币需求量;L_2 表示产生于投机动机的实际货币需求量;Y 表示实际国民收入水平;r 表示利息率。而且,$L_1(Y)$ 是实际国民收入的增函数,$L_2(r)$ 是利息率的减函数。可以说,凯恩斯的货币需求函数的基本框架形式以及对利息率的考虑,对以后弗里德曼货币需求函数的构造产生了一定的影响。

二、现代货币数量论

现代货币数量论是货币主义的理论基础。弗里德曼在 1956 年发表的《货币数量论——一个重新表述》一文中提出了他的货币需求函数,并以此建立和阐述了现代货币数量论的基本思想。

弗里德曼指出,他的这篇文章的"目的更在于创立一种特殊的数量理论'模型'"。而"数量理论首先是一种货币需求理论。这不是一种产出理论、货币收入理论或价格水平理论。关于这些变量的任何表述都需要与对货币供给状况或许还有其他变量所做的某些限定结合起来才得以进行。"①正是出于这样的考虑,弗里德曼对于影响货币需求量的一系列因素进行了研究,由此构建了他的多元货币需求函数。他在 1970 年的《货币分析的理论结构》一文中将货币需求函数的形式最终简化为:②

$$\frac{M}{P}=f\left(y,w;r_m,r_b,r_e,\frac{1}{P}\frac{dP}{dt};u\right) \tag{5}$$

他指出:"在这种形式里,该方程表示对实际货币余额的需求"。③ 在他看来,研究实际货币余额需求量$\frac{M}{P}$(其中 M 表示财富持有者所持有的货币量,P 表示一般物价水平)时,应该考虑这样一些自变量因素,它们分别是:

y:实际收入;

w:非人力财富占总财富的比例(即来自财产的收入占总收入的比例);

r_m:货币的预期名义收益率;

r_b:定值债券的预期名义收益率(包括债券价格的预期变动);

r_e:股票的预期名义收益率(包括股票价格的预期变动);

$\frac{1}{P}\frac{dP}{dt}$:商品价格的预期变动率(即实物资产的预期名义收益率);

u:非收入方面的因素。

依据弗里德曼对以上货币需求函数的分析,他的现代货币数量论的基本观点可以概括如下:

第一,在一个经济社会中,货币是一种资产,是人们持有财富的一种形式。人们对货币的需求量主要取决于三种因素,它们分别是:以各种形式持有的总财富量,各种形式财富的预期报酬以及财富所有者的兴趣与偏好。

第二,关于以各种形式持有的总财富量,弗里德曼认为,个人总财富量的变化会影响其对货币的需求量。个人的总财富不仅包括各种物质财富即非人力财富,还应该包括人力财富。由于人力财富是难以估计的,所以,他利用实际收入量 y 来充当总财富量的代表。对此,他指出:"着重强调收入作为财富的替代物所发挥的作用……这从概念上说可能是近期的货币数量理论与早期的货币数量理论之间的主要差别所在。"④

① 〔美〕弗里德曼. 货币数量论研究. 北京:中国社会科学出版社,2001. 2

② 〔美〕弗里德曼等. 弗里德曼的货币理论结构. 北京:中国财政经济出版社,1989. 32

③ 〔美〕弗里德曼. 货币数量论研究. 北京:中国社会科学出版社,2001. 11

④ 〔美〕弗里德曼等. 弗里德曼的货币理论结构. 北京:中国财政经济出版社,1989. 30

进一步地，弗里德曼又将个人收入区分为暂时性收入和恒久性收入。暂时性收入是指人们暂时得到的、带有偶然性的、非持续性的收入。恒久性收入是指人们依靠自己所拥有的人力财富和非人力财富在长期内可以得到的稳定的、持续性的收入。更重要的是，他认为，实际上影响个人货币需求量的收入是稳定的恒久性收入。

此外，弗里德曼认为，人力财富和非人力财富各自在总财富量中所占的比重，也会影响货币需求量。其理由是，人力财富和非人力财富之间是可以相互转换的，但是它们的转换都受到范围窄小的限制。因此，当个人考虑到未来可能发生的人力财富向非人力财富转换的困难时，便产生了对持有货币的需求。通常，人力财富在总财富中占的比例越大，由此产生的货币需求也就越大。一般说来，总财富的结构比例在一定的时期内是稳定的。

第三，关于各种形式财富的预期报酬，弗里德曼认为，在一个经济社会中，人们是以不同的形式来持有总财富的。总财富有五种不同的持有形式，它们是货币、债券、股票、非人力实物商品和人力资本。显然，货币仅仅是人们持有财富的一种形式。因此，持有货币的预期收益 r_m 和持有货币的机会成本都会影响货币需求量。在这里，持有货币的机会成本是指由于持有货币所放弃的以其他形式持有财富（包括金融资产和实物资产）所能得到的收益，即 r_b，r_e 和$\frac{1}{P}\frac{dP}{dt}$。弗里德曼指出，r_m，r_b 和 r_e 可以统一用一个市场利息率来表示，而货币需求量的利率弹性是比较小的。在一般情况下，商品价格的变化$\frac{1}{P}\frac{dP}{dt}$对货币需求量的直接影响较小，除非商品价格的变化幅度很大且持续时间很长。

第四，关于财富所有者的兴趣与偏好，弗里德曼认为，财富所有者对由不同形式的财富量所带来的利益流的兴趣与偏好，也会影响货币的需求。这种兴趣与偏好可以用效用水平 u 来表示。尽管在特殊的情况如战争期间等，这种兴趣与偏好会发生变化，但在一般的情况下仍假定：在一定的空间和时间范围之内，人们的偏好保持不变。

第五，弗里德曼指出，在对以上函数的自变量作一定的说明之后，该函数不仅可以表示最终财富所有者的货币需求，也可以表示企业的货币需求，因此，该函数也是社会对货币的总需求函数。

综上所述，在弗里德曼看来，在一个经济社会中，货币需求量与决定货币需求量的各因素之间是一种稳定的关系，或者说，弗里德曼的货币需求函数是一个稳定的函数。由此，现代货币数量论的一个主要结论是：由于货币需求数量是基本稳定的，所以，商品价格变动的主要原因应归结于货币供给数量的变化。至于货币供给量的变化是如何影响价格水平、产量以及名义国民收入的，弗里德曼在他的名义国民收入的货币理论中展开了进一步的研究。此外，在以上理论分析的基础上，他又进行了大量的实证研究，以支持其观点。例如，他根据美国 1867 ~ 1960 年的统计资料研究得出：货币需求的利率弹性很小，仅为 0.15。

第三节　名义国民收入的货币理论

弗里德曼在 1971 年发表的《货币分析的理论结构》一文中，建立了一个宏观经济总量模型——名义国民收入的货币理论模型，以阐述在宏观经济运行中货币供给数量变化对名义国民收入的影响。由于名义国民收入等于价格水平乘以实际产量，所以，也可以说，该理论模型是具体研究货币供给数量的变化对于价格水平、实际产量以及名义国民收入的影响。

一、共同的简单模型及分歧

弗里德曼认为，一般说来，一个简化的宏观经济模型可以由以下 6 个方程构成：

$$\frac{C}{P}=f\left(\frac{Y}{P},r\right) \tag{6}$$

$$\frac{I}{P}=g(r) \tag{7}$$

$$\frac{Y}{P}=\frac{C}{P}+\frac{I}{P} \quad \text{或者，} \frac{S}{P}=\frac{Y-C}{P}=\frac{I}{P} \tag{8}$$

$$M^D=P\cdot L\left(\frac{Y}{P},r\right) \tag{9}$$

$$M^S=h(r) \tag{10}$$

$$M^D=M^S \tag{11}$$

其中，Y 表示名义国民收入；P 表示一般价格水平；r 表示利息率；C 表示消费；I 表示投资；S 表示储蓄；M^S 表示货币供给量；M^D 表示货币需求量。于是，前三个方程描述的是产品市场上储蓄量与投资量之间的相互作用：(6)式表示实际消费是实际收入与利率的函数；(7)式表示实际投资是利率的函数；(8)式是建立在(6)和(7)两式基础上的产品市场的均衡条件，即实际国民收入等于实际消费与实际投资之和，或者，实际储蓄等于实际投资。后三个方程描述的是货币市场上货币供给量与货币需求量之间的相互作用：(9)式表示名义货币需求函数，而变换以后便可得到实际货币需求量$\frac{M^0}{P}$是实际收入与利率的函数。(10)式表示名义货币供给量是利率的函数。实际上，在分析中通常假设货币供给量是由货币当局所决定的一个外生变量。(11)式是建立在(9)和(10)两式基础上的货币市场的均衡条件，即名义货币供给量等于名义货币需求量。

弗里德曼指出，无论是传统的简单货币数量论者，还是凯恩斯的收入—支出理论的支持者，以及现代货币数量论者，在关于以上构成宏观经济分析的 6 个方程的抽象形式方面，都不存在任何的分歧。但是，关键的问题是，在以上 6 个方程中却有 7 个未知数，它们是 C，I，Y，P，r，M^D 和 M^S。这就意味着，这 7 个未知数中必须有一个未知数需要由模型以外的因素来决定，即它应该是一个由模型以外的其他因素所决定的外生变量。

面对这一共同的简单模型所需要解决的问题，传统的简单货币数量论者、凯恩斯的收入—支出理论的支持者和现代货币数量论者产生了分歧。为了解决这一问题，传统的简单货币数量论者假定实际产量是外生给定的，而凯恩斯的收入—支出理论却假定物价水平是外生给定的，于是，二者都从 7 个未知数中消去了一个未知数。然而，正是由于二者所规定的外生变量不同，所以，在分析由货币供给量增加所导致的名义国民收入（=物价水平×实际产量）增加这一问题时所得出的重要结论也就完全不相同：简单的货币数量论者认为，在实际产量外生给定的条件下，货币供给量增加的效应全部表现为物价水平的提高；而凯恩斯的收入—支出理论认为，在一般物价水平给定的条件下，货币供给量增加的效应全部表现为实际产量的提高。显然,在传统的简单的货币数量论者与凯恩斯的收入—支出理论的支持者那里,注重的都是短期分析。弗里德曼注重的是长期分析,他在以上6个方程所构成的宏观经济模型的基础上,发展并建立了自己的宏观经济模型即名义国民收入的货币理论模型,得出了不同于前述两派论者的结论。

二、名义国民收入的货币理论

弗里德曼的名义国民收入的货币理论的基本假设是:①

- 货币需求的实际国民收入弹性为1;
- 名义市场利率等于预期的实际利率加预期的价格变化率;
- 预期的实际利率与长期实际增长率之差额是由体系以外的因素决定的;
- 货币需求量相对于货币供给量所作的调整是充分的、即刻的。

由于假定货币需求的实际国民收入弹性为1,于是,方程(9)可以改写为:

$$M^D = Y \cdot L(r) \tag{12}$$

由于假定名义市场利率 r 等于预期的实际利率 ρ^* 加预期的价格变化率 $\left(\frac{1}{P}\frac{dP}{dt}\right)$,②于是有

$$r = \rho^* + \left(\frac{1}{P}\frac{dP}{dt}\right)^* \tag{13}$$

由于预期的价格变化率 $\left(\frac{1}{P}\frac{dP}{dt}\right)^*$ 等于预期的名义国民收入变化率 $\left(\frac{1}{Y}\frac{dY}{dt}\right)^*$ 减去预期的实际产量变化率 $\left(\frac{1}{y}\frac{dy}{dt}\right)^*$,于是(13)式可以写成

$$r = \rho^* + \left(\frac{1}{Y}\frac{dY}{dt}\right)^* - \left(\frac{1}{y}\frac{dy}{dt}\right)^* \tag{14}$$

由于假定预期的实际利率 ρ^* 与长期实际增长率 g 之差额是由体系以外的因素决定的,即是一个常数,且令 $\rho^* - g = k_0$,于是(14)式又可写成

$$\begin{aligned} r &= \rho^* - g + \left(\frac{1}{Y}\frac{dY}{dt}\right)^* \\ &= k_0 + \left(\frac{1}{Y}\frac{dY}{dt}\right)^* \end{aligned} \tag{15}$$

综合以上的分析,弗里德曼将他的名义国民收入的货币理论模型表示为:

$$M^D = P \cdot L(r) \tag{12}$$

$$M^S = h(r) \tag{10}$$

$$M^D = M^S \tag{11}$$

$$r = k_0 + \left(\frac{1}{Y}\frac{dY}{dt}\right)^* \tag{15}$$

① 〔美〕弗里德曼等. 弗里德曼的货币理论结构. 北京:中国财政经济出版社,1989. 78

② 在弗里德曼的名义的国民收入的货币理论模型中,预期变量均标有星号*

弗里德曼指出，以上的模型中，任何时点上的预期的名义国民收入增长率$\left(\frac{1}{Y}\frac{dY}{dt}\right)^*$都是外生给定的，因此，以上4个方程中刚好只有4个未知数r，Y，M^D和M^S。

他进一步指出，实际上，货币供给量是一个外生变量，即是由货币当局控制的；如果再引入时间变量，且考虑到货币需求量相对于货币供给量所作的调整是充分和即刻的（即$M^D=M^S$），那么，便可将以上模型中的前3个方程统一考虑为：

$$Y(t)=\frac{M(t)}{L(r)}\quad 或者，Y(t)=V(r)\cdot M(t) \tag{16}$$

其中，$Y(t)$表示t期的名义收入量；$M(t)$表示t期的货币数量；$V(t)$表示t期的货币流通速度。

再将方程(16)和(15)联立在一起，便得到名义国民收入货币理论模型的简化形式：

$$Y(t)=V(r)\cdot M(t) \tag{16}$$

$$r=k_0+\left(\frac{1}{Y}\frac{dY}{dt}\right)^* \tag{15}$$

弗里德曼从以上模型中得出的一个重要结论是：根据对历史统计资料分析可知，货币流通速度$V(r)$是长期稳定的，即货币流通速度对于利率的长期反应是很小的，所以，货币数量$M(t)$的增加将直接导致名义国民收入$Y(t)$的增加。换言之，货币数量的增加将会刺激生产，使实际产量y增加，同时，也会使物价水平P提高。也正因为如此，弗里德曼把这一宏观经济模型称为名义国民收入的货币理论模型。

结合上一节关于货币需求函数的分析，我们知道，在弗里德曼看来，货币的需求函数是相对稳定的，而货币供给量是由货币当局所决定的，它是可以改变且往往是不稳定的，所以，货币供给量的变化必然会引起名义国民收入的变化。而且，根据(16)式，在货币流通速度相对稳定的前提下，货币供给量的增加将导致名义国民收入成比例的增加。但是，与此相联系的另一个问题是，货币供给量的增加对名义国民收入影响的传导机制到底是什么呢？关于这一问题，弗里德曼指出，货币供给量的变化对经济的冲击是通过人们对资产的调整而实现的。这里的资产指的是广义的资产，既包括各种金融资产（如货币、债券和股票），也包括各种实物资产（如厂房、住宅和各种耐用消费品）。具体地说，人们对于各种金融资产和实物资产的持有比例是长期稳定的。当货币供给量增加而货币需求量不变时，人们会发现手中持有的货币与其他各种资产的比例结构发生了变化，人们持有的货币数量会超过人们实际愿意持有的货币数量。于是，人们便会进行资产结构的调整，也就是说，会利用手中多余的现金持有量去购买其他各种资产，以实现新的资产组合的结构平衡。其结果是，其他各种金融资产和实物资产的价格水平上升，这会刺激投资和生产，最终使整个经济中的名义国民收入增加。

至于货币供给量的增加对名义国民收入动态调整过程的影响，或者说，货币供给量的增加对于实际产量和物价水平的短期和长期的影响，弗里德曼展开了进一步的分析，并在此基础上建立了货币主义通货膨胀理论。

第四节　通货膨胀理论

1976 年,弗里德曼获诺贝尔经济学奖,他的获奖演讲是《通货膨胀与失业:经济学的新领域》。在该文中,他将自第二次世界大战以来经济学界对通货膨胀与失业率之间关系的研究过程归纳为三个阶段。

一、菲利普斯曲线

菲利普斯曲线被经济学家用来表示通货膨胀与失业率之间的相互关系。弗里德曼所归纳的关于菲利普斯曲线研究的三个阶段为:斜率为负的菲利普斯曲线、垂直的菲利普斯曲线和斜率为正的菲利普斯曲线。为了说明三条不同特征的菲利普斯曲线所描述的三种不同经济现象及其原因,弗里德曼提出了“自然失业率”的概念。

(一)自然失业率

弗里德曼说:“‘自然失业率’是我所引入的、旨在与 K·威克塞尔的‘自然利息率’相对应的一个称谓。它不是一个数量常值。相反,它取决于与货币因素相对立的‘实际’因素,如劳动力市场的有效性,竞争或垄断程度,阻碍或促进到各种职业部门去工作的因素,等等。”①由此可见,在具有实际特征的劳动力市场和商品市场的供求机制的自发作用下,一个经济社会实现一般均衡态状时的失业率便是“自然失业率”。因此,在弗里德曼所描述的经济社会中,不存在“非自愿失业”,他的“自然失业率”实际上指的就是传统经济学家所说的“正常”的摩擦性失业和自愿失业。

(二)菲利普斯曲线的三个阶段

弗里德曼认为,如果政府通过货币政策或财政政策来扩张名义总需求,以使失业率降低到“正常”的自然失业率以下,那么,这种做法只可能在短期内的一定条件下奏效,而在长期,此做法不仅无效,相反还会导致高通货膨胀率,甚至会导致高通货膨胀率与高失业率并存的滞胀现象。弗里德曼归纳的菲利普斯曲线的三个阶段为:

第一阶段:斜率为负的菲利普斯曲线。

在早期的研究中,经济学家根据对英国 1861 ~ 1957 年近一个世纪的经济统计资料的分析发现,通货膨胀率与失业率之间存在着一种相互替代的关系,即高失业率往往伴随着低通货膨胀率,而高通货膨胀率又往往伴随着低失业率,这便构成了斜率为负的菲利普斯曲线。“这一关系被广泛地理解为这样一种因果关系,它为政策的制定者提供了一种稳定的交替选择。”②也就是说,政策的制定者可以选择低失业率作为政策目标,那么,他们就不得不接受较高的通货膨胀率的代价;或者,政策制定者也可以选择低通货膨胀率作为政策目标,那么,他们就不得不接受较高的失业率的代价。

正当经济学家忙于从不同的国度、不同时期的证据中概括出这一替代特征时,“不幸的

---

① 〔美〕弗里德曼. 弗里德曼文萃. 北京:北京经济学院出版社,1991. 454

② 〔美〕弗里德曼. 弗里德曼文萃. 北京:北京经济学院出版社,1991. 449

是，新增的证据未能和这一假说相一致。这一菲利普斯曲线的实证估计并非令人满意。”①事实上，当各国政府在实现某一特定的较低失业率的政策目标时，与这一特定失业率相联系的通货膨胀率并不是固定不变的，它始终有一种上升的趋势。换言之，当经济学家对斜率为负的菲利普斯曲线投以关注与研究热情时，现实经济生活却表明：在长期，斜率为负的菲利普斯曲线已经发展成为垂直的菲利普斯曲线。

第二阶段：垂直的菲利普斯曲。

为了解释菲利普斯曲线所发生的特征变化，弗里德曼引入了“自然失业率”的概念，分别从短期与长期两个不同的角度，阐述了通货膨胀理论与失业率之间关系的不同特征及其形成原因。

首先，弗里德曼引入“自然失业率”的概念，说明了短期内通货膨胀理论与失业率之间的替代关系。弗里德曼认为，假定政府追求充分就业的经济目标，并将失业率盯住在低于自然失业率的某一水平。此时，在扩张性的财政政策、货币政策或其他力量的作用下，名义总需求的增加通常伴随着物价水平的上升。开始，由于人们关于价格上升的预期并没有形成，或者，人们最初关于价格上升的预期通常会低于实际的价格上升水平，所以，在工人要求增加货币工资时，工人所要求的货币工资的增长率会低于实际发生的价格上升比例。在这样的情况下，工人的实际工资水平下降了，雇主愿意增雇工人，增加产量，于是就业水平得到提高。也就是说，在短期内，政府可以以一定的通货膨胀率为代价，来刺激经济、增加就业，将失业率降低到自然失业率以下，即短期内通货膨胀率与失业率之间可以存在此长彼消的替代关系。

在以上分析的基础上，弗里德曼进一步指出，虽然在短期内菲利普斯曲线斜率为负，即在短期内政府可以将失业率降低到自然失业率以下，同时接受价格水平的上升。然而，长期的情况却会发生变化。在长期，工人会发现货币工资的增长率低于物价的增长率，于是，工人便会对价格上升的预期作出调整，最终使得货币工资的增长率接近或等于价格的增长率，使实际工资水平回到原来的实际水平。在这样的情况下，由货币工资水平上升所导致的生产成本上升必然会使雇主减少工人的雇用量和产量，从而使失业率又回到原有的自然失业率水平，但此时伴随的却是较高的物价水平。如果政府仍然坚持要将失业率再次降低到自然失业率以下，并且继续实行新一轮的以一定的物价水平上升为代价的措施来刺激经济、增加就业，那么，毫无疑问，一方面物价水平将会进一步持续上升，而另一方面，人们的价格预期最终会与实际发生的价格水平相一致，失业率最终也将会再一次回到自然失业率水平。

简言之，在长期，政府这种降低失业率做法的最终结果只能使失业率回复到“正常”的自然失业率水平，并且导致加速的通货膨胀率。正因为如此，菲利普斯曲线成为与一个特定的自然失业率水平相对应的垂直线。

第三阶段：斜率为正的菲利普斯曲线。

自20世纪70年代中期开始，西方大多数资本主义国家都出现了通货膨胀率与失业率同时持续高涨的现象，即滞胀现象。正如弗里德曼所说的那样，“尽管对第二阶段的研究还

---

① 〔美〕弗里德曼．弗里德曼文萃．北京：北京经济学院出版社，1991．450

远远没有穷尽，更不用说将这些研究成果完全地吸收到经济学著作中来，但事情的发展却已经产生了向第三阶段的迈进。近些年来，较高的通货膨胀率时常伴随着较高的失业率……这个时期的简单的、统计性的菲利普斯曲线的斜率为正，而不是呈垂直状态”①。

弗里德曼认为，为了分析第三阶段的菲利普斯曲线，“必须将经济经历与政治发展之间的相互依存关系包括到该分析中来……而不应该将某些政治现象当做独立变量来对待”。② 某些独立的经济因素虽然可以解释物价水平的上升，但它们并不能说明通货膨胀率的增长与失业率的增长相结合的明显趋势。例如，远在1973年石油价格上涨4倍以前，大多数国家就已经出现了这种相结合的明显趋势。

他指出，滞胀现象产生的根本原因是由于二战以来所有西方国家政府均采取了不恰当的经济政策。长期以来，西方各国政府纷纷采用充分就业和福利国家的政策目标，高通货膨胀率和高失业率的相互结合正是各国政府为了实现这些政策目标而长期采取不恰当的扩张性政策的结果。

他又指出，建立在实际经济资料基础上的实证研究表明，“高通货膨胀率不可能是稳定的。相反，通货膨胀率越高，它的可变性可能就越大”。③ 进一步地，“实际通货膨胀率或预期通货膨胀率的可变性的增大，可能会以通过下述两种截然不同的途径而提高自然失业率”。④ 途径之一是，在通货膨胀反复无常地加重前提下，由于工资等契约调整的缓慢性和价格指数化的不完善，整个社会的经济效率明显降低，更多的人们为寻找工作而奔波，这样会提高失业率。途径之二是，在通货膨胀反复无常地加重的前提下，使价格机制协调经济活动和配置经济资源的效率下降，所有市场之间的相互摩擦加大，相对价格体系发生扭曲，这样会导致更高的失业率。于是，不稳定的高通货膨胀率会提高自然失业率水平，这样就强化了加速的通货膨胀率与高失业率之间的相互促进作用。

二、货币供给量的过度增长与通货膨胀

弗里德曼在他的另一本代表著作《自由选择》(1979)中，专门以“通货膨胀的医治”作为其中的一章，再次对通货膨胀问题展开研究。

(一)通货膨胀的直接原因：货币供给量的过度增长

弗里德曼指出，通货膨胀是一种危险的甚至是致命的疾病，如果不及时制止，它会摧毁整个社会。那么，造成通货膨胀的原因是什么呢？他认为，经济中的一些因素，例如，企业家的贪得无厌、工会的得寸进尺、消费者的挥霍浪费、阿拉伯酋长们提高石油价格，以及经常性的气候恶化等等，都可以使某些商品的价格上升，但是，它们不可能使整个经济社会一般物价水平上升，更不可能造成持续性的通货膨胀。因为，以上的任何一个因素都不拥有印钞机。他明确指出，通货膨胀产生的直接原因是货币供给量的过度增长。“通货膨胀随时随地都是一种货币现象……只有在货币数量比产量增长更快时才能出现。”⑤事实上，从长

① 〔美〕弗里德曼.弗里德曼文萃.北京:北京经济学院出版社,1991.456
② 〔美〕弗里德曼.弗里德曼文萃.北京:北京经济学院出版社,1991.456
③ 〔美〕弗里德曼.弗里德曼文萃.北京:北京经济学院出版社,1991.464
④ 〔美〕弗里德曼.弗里德曼文萃.北京:北京经济学院出版社,1991.465
⑤ 〔美〕弗里德曼.通货膨胀理论.北京:商务印书馆,1992.12

期或者从整个经济周期性运行的动态过程看，货币供给量的变动通常都会导致一般物价水平的波动。为此，弗里德曼列举了一系列数据，说明在近代经济史上一些国家由于货币供给量过度增加导致恶性通货膨胀发生，以支持自己的观点。

据此，弗里德曼的结论是："通货膨胀起因于经济脸盆里的货币溢出太多……关住货币水龙头，就可以制止在浴室中流溢满地的通货膨胀。"①

（二）货币供给量过度增长的原因

为了医治通货膨胀，仅仅知道货币供给量的过度增长是导致通货膨胀的直接原因是不够的，还应该进一步了解导致货币供给量过度增长的原因。关于这一问题，弗里德曼的回答是明确的："就今天的纸币而言，货币的过度增加，从而通货膨胀，是政府制造的。"②"政府，也只有政府，应对货币量的迅速增加负责。"③

具体而言，弗里德曼将政府过度增加货币供给量的原因概括为以下三点：

1. 迅速增加的政府开支。因为庞大的政府机构以及一个国家各方面的支出要求，使政府经常处于一种需要不断扩大支出的境地。当然，政府可以用增加税收和向公众借款的方法来增加支出。这两种做法使得政府支出的增加量完全来源于经济中的私人部门，且刚好等于私人的消费支出和投资支出的减少量，这当然不会提高货币增长率，因此也不会带来通货膨胀。但是，这两种做法在政治上往往得不到公众的支持，甚至会遭到公众的反对。因为，增税会加重公众的经济负担，而政府向公众借款则会提高利率。

鉴于以上的考虑，政治增加支出的惟一途径就只能是增加货币数量。其具体做法是：政府让中央银行向财政部购买公债，中央银行可以用印发的钞票或者通过为财政部记入一笔存款的方法来支付公债的购买支出，财政部便因此得到了一笔出售公债的收入。于是，财政部就可以用这笔现钞或者账户下的支票来满足政府各种支出的需要。值得注意的是，当这些新增的高效货币被最初的接收者存入商业银行以后，就会在商业银行的借贷活动中以更大的规模创造货币的供给数量，从而形成通货膨胀的压力。

2. 政府的充分就业政策。政府执行充分就业的经济政策，通常会受到选民的欢迎。但是，充分就业是一个复杂的甚至含糊的概念，因为在当今世界的多变经济活动中，确定各国充分就业的人口标准是有困难的。而且，货币主义者始终认为自然失业率是一个比充分就业更合理的概念。

政府要实现充分就业的政策目标，就需要增加政府支出、降低税收，以刺激经济，增加就业。显然，上面所提到的增税和向公众借款的做法是行不通的。因此，政府就会使用增加货币供给量的方法来扩大支出，以刺激经济和就业。但是，这种试图克服经济衰退和实现充分就业的做法，即中央银行增加货币供给量的政策，和政府的财政政策一样，不但没有实现充分就业，而且还付出了通货膨胀的沉重代价。

3. 联邦储备系统执行的错误政策。我们已经知道，中央银行在公众要求实现充分就业目标的压力下扩大货币供给量会造成通货膨胀的倾向。实际上，这种通货膨胀倾向又由于中央银行对政策目标的错误认同而表现得更加严重。中央银行可以追求两个不同的货币

---

① 胡代光. 米尔顿·弗里德曼和他的货币主义. 北京：商务印书馆，1980. 32

② 〔美〕弗里德曼. 自由选择. 北京：商务印书馆，1979. 275

③ 〔美〕弗里德曼. 自由选择. 北京：商务印书馆，1979. 265

政策目标,一个是货币供给量,中央银行有能力控制这一目标;另一个是利息率,这个目标中央银行是无能力控制的。但事实上,中央银行的货币政策往往是去追求无能力控制的利息率,而不是追求有能力控制的货币供给量。正是由于这种政策的错误定位,结果造成货币增长率和利息率都大幅度波动,导致更严重的通货膨胀倾向。

弗里德曼概括说:"政府开支增长、充分就业政策和联邦储备系统着迷于利率的后果,就像处在上坡道上的滑行车一样。通货膨胀率升升降降,每次上升都使通货膨胀率达到一个较前次顶峰更高的水平,每一次下降都使通货膨胀率保持高于前一次低点的水平。"①

三、开放经济条件下的通货膨胀理论

在弗里德曼研究的基础上,货币主义的通货膨胀理论的另一个代表人物 H·G·约翰逊从 1972 年开始将研究范围由封闭经济扩展到开放经济。从那时起,货币主义者建立了一系列开放经济条件下的通货膨胀理论模型。

(一)开放经济条件下的通货膨胀理论模型

从 1972 年开始,货币主义者约翰逊与他的合作者一起先后建立了小国开放经济的货币主义模型和货币主义的世界通货膨胀理论。前者也被称为狭义的货币主义方法,后者也被称为世界范围的数量学说。②

小国开放经济的货币主义模型的主要假定是:假定在开放经济条件下,小国不可能通过调整进出口数量来影响世界价格水平,小国是世界价格水平的接受者。此外,假定汇率固定,因此,商品的国内价格与世界市场的价格成比例变化,国内外的通货膨胀率是相等的。小国开放经济货币主义模型的主要结论是:对小国来说,通货膨胀率是外生变量。在世界通货膨胀率既定和国内收入迅速增长的前提下,国内货币供给量的增加,不但不会导致国内通货膨胀率上升,反而会使外汇储备或国际收支顺差不断积累。

货币主义的世界通货膨胀理论的主要假定是:假定只有一种世界货币,并且不存在不同国家之间的信用。假定各国的价格和工资都具有完全的伸缩性,故各国都存在充分就业。货币主义的世界通货膨胀理论模型有三个主要结论:首先,世界价格水平是该模型的内生变量,它取决于世界货币供给量。其次,世界货币供给量在各个国家之间的分配也是该模型的内生变量。最后,世界货币供给量的增加会影响世界的价格水平,但与货币供给量的增加发源于哪一个国家无关。

(二)开放经济条件下通货膨胀的国际传导

货币主义认为,在开放经济条件下,从世界通货膨胀的角度分析,通货膨胀是可以在国与国之间传递的。根据他们的分析,通货膨胀的国际传导机制主要是:

1. 通货膨胀的国际贸易传导机制:价格效应。货币主义认为,通货膨胀可以通过不同国家之间的国际贸易活动,从一个国家输入到另一个国家。

莱德勒在《货币和通货膨胀理论文集》(1975)一书中指出,一个国家的所有商品可以分为两类,即"进入国际市场的商品"和"不进入国际市场的商品"。在开放经济条件下的世界

---

① 〔美〕弗里德曼. 自由选择. 北京:商务印书馆,1979. 278

② 〔美〕弗里德曼. 通货膨胀理论. 北京:商务出版社,1992. 133

市场上,一个国家"进入国际市场的商品"的价格受到该商品的世界市场的供求及其价格影响,而且,不少国家的"进入国际市场的商品"的供求也可能在一定的程度上影响该商品的世界市场的价格。当一个国家的"进入国际市场的商品"的价格受到世界市场价格的影响而发生波动后,会进一步使该国其他"不进入国际市场的商品"的价格水平发生波动。很清楚,正是由于国内市场和国际市场各种商品之间价格的相互影响,使通货膨胀通过国际贸易的传导机制在不同的国家之间传递。这种基于价格作用的通货膨胀传递机制,也被称为"价格效应"。

2. 通货膨胀的国际资本流动传导机制:流动效应。货币主义认为,通货膨胀不仅可以通过国际贸易从一个国家输入到另一个国家,还可以通过国家之间的国际资本流动,在不同的国家之间传递。

按照货币主义的世界通货膨胀理论,世界市场上资本供求力量的相互作用会影响国际金融市场的利率水平,世界范围内的通货膨胀也会影响国际金融市场的利率水平。国际金融市场利率水平的变化,会导致各国资本的流入与流出。于是,在开放经济条件下,在一个国家资本市场的利息率适应国际金融市场利息率的过程中,通过国际间的资本流动,通货膨胀在各国之间传递。这种基于国际资本流动作用的通货膨胀传递机制,也被称为"流动效应"。①

第五节 货币主义的政策主张

以弗里德曼为代表的货币主义,坚持经济自由主义的思想,反对国家干预主义,相信自由经济的市场效率。它以现代货币数量论、名义国民收入的货币理论以及通货膨胀理论等基本理论,作为其政策主张的理论依据。货币主义的经济政策主张表现为以下几个主要方面:

一、"单一规则"的货币政策

货币主义所谓"单一规则"的货币政策是指,货币当局公开宣布将货币供给量的增长率长期稳定在某一个水平,以此来保持经济中一般价格水平的稳定。

弗里德曼将货币比喻成"一台极为有效的机器"。并且他认为,货币政策主要有两个作用:第一个作用是防止货币本身成为经济波动的主要根源。他认为,这种提法并不完全是一种消极的观点。因为,货币当局担负着一项积极、重大的任务,它应该对货币"这台机器"的设计进行改进,以减少其出现失调的可能性,并使其发挥良好的经济作用。货币政策的第二个作用是为经济运行提供一个稳定的环境。这也可以比喻为使货币这台机器能够润滑运行。②

应该用一种什么思想去引导货币政策,以使货币政策发挥以上的作用呢?

关于这一问题,货币主义对货币政策的导向提出了两点要求。第一个要求是:货币当

① 〔美〕赫尔姆特·弗里希. 通货膨胀理论1963~1975年:"第二代"概述. 载经济学文献杂志. 1977(12)

② 〔美〕弗里德曼. 弗里德曼文萃. 北京:北京经济学院出版社,1991

局在可供选择的货币政策变量中，应该选择可以控制的变量，而不应该选择不能控制的变量。货币供给数量是货币当局目前能够选择的最好的控制变量。倘若不是这样，"如果货币当局以利率或者目前的失业百分率作为评判政策的直接标准，那么，它将像一艘错误地选择了星球方位的宇宙飞船一样，无论它的导航仪器多么灵敏、多么精密，它终究都将驶入迷途"。①

第二个要求是：货币当局应该避免政策方面的大起大落。弗里德曼指出，货币当局有时会沿着错误的方向前进，但更多的情况是尽管沿着正确的方向前进，却由于走得太远而犯了错误。货币当局这种过度反应的原因是明显的，这是因为货币当局未能考虑到政策对经济活动产生影响的时滞问题。根据统计资料，货币当局依据当时的情况所采取的政策行为一般要经过6个月、9个月、12个月、15个月之后才能对经济活动产生影响。由于货币当局对这种时滞估计不足，所以，它们经常感到非紧急刹车不可，或者感到非立即加速不可。这种经济政策方面的大起大落对经济冲击的危害性是巨大的。②

综合以上对货币政策的要求与分析，货币主义认为执行稳定的货币增长率政策是十分重要的。而且，许多国家的经济事实表明，货币增长相对稳定的时期也是经济活动相对稳定的时期，货币增长大幅度波动的时期也是经济活动大幅度波动的时期。"与遭受那些我们业已经历过的、广泛的、且变化无常的骚乱相比，拥有一种大致说来将会导致温和的通货膨胀或者温和的通货紧缩的固定增长率，则要可取得多。"③那么，一个合适稳定的货币增长率应该是多少呢？按弗里德曼的估计，要达到最终产品价格大致稳定的目的，货币当局应该采取通货加所有的商业银行存款之和的大约3% ~5%的年增长率，并向公众宣布这一稳定的货币增长率。这就是"单一规则"的货币政策。

弗里德曼说："通过为自己确立一条稳定的航线并始终保持这一航线，货币当局可以在稳定经济方面作出重大贡献。通过以稳定的然而却是温和的货币数量增长为航线，货币当局可以在避免价格膨胀或价格紧缩方面作出重大贡献……稳定的货币增长将创造出一个有利于下述基本力量有效运转的货币环境：进取心、独创性、创造力、勤奋及节俭。而这些基本力量才是经济增长的基本动力所在。"④

二、就业政策与负所得税方案

前面在阐述自然失业率的概念时提到，自然失业率取决于一系列实际因素，如劳动力市场的有效性、竞争或垄断程度、阻碍或促进到各种职业部门去工作的因素，等等。这就是说，自然失业率的高低取决于劳动力市场和商品市场的一些基本结构特征，所以，政府可以采取一些措施来改善市场的某些结构，以降低自然失业率。

此外，货币主义还发现，自然失业率有一定的上升趋势。原因之一是，妇女、青少年及非全日制工人在劳动大军中所占的比重日益增加，而他们的失业率通常高于平均失业率水平。原因之二是，更多行业的工人有机会享受到失业保险及其他形式的援助，而且其数额

---

① 〔美〕弗里德曼. 弗里德曼文萃. 北京：北京经济学院出版社，1991. 513

② 〔美〕弗里德曼. 弗里德曼文萃. 北京：北京经济学院出版社，1991. 515

③ 〔美〕弗里德曼. 弗里德曼文萃. 北京：北京经济学院出版社，1991. 515

④ 〔美〕弗里德曼. 弗里德曼文萃. 北京：北京经济学院出版社，1991. 516

和期限都使得失去工作的人们在重新寻找工作机会时的积极性减弱。①

根据以上分析,货币主义认为可以采取一些措施来提高就业率。这些措施包括:减少或消除劳工市场的流动障碍,使工人能够比较容易地进入一些行业和企业就业,其中包括限制工会在某些行业的垄断力量,增加行业外部人员的就业机会;举办各种类型的技术培训班,提高失业人员的技能水平和被雇用的机会;成立一些机构和出版一些刊物,为失业人员提供更多的就业信息与就业渠道;等等。

此外,为了提高就业率,货币主义特别强调了负所得税方案。

弗里德曼说:"我将这种帮助穷人的方法称之为'负所得税',目的是要强调它与现行的所得税之间,在概念上与方法上的一致性。这种方法的实质是想通过补贴穷人的收入来扩展所得税,补贴的数额就是穷人未曾使用的所得税的减免份额。"②举例来说,按照原有税法,一个四口之家有资格享受不低于3 000美元的税收减免。如果这个家庭的总收入是3 000美元,那么,它不用交一分钱的税。如果这个家庭的总收入是4 000美元,那么,它有1 000美元的应纳税收入,在14%的税率之下,它一年应交税140美元,总共得3 860美元的税后收入。如果这个家庭的总收入是2 000美元,那么,它有 -1 000美元的应纳税收入。但在原先的税法下,它无法从这些未曾使用的税收减免中得到任何的好处,也就是说,它没有得到税收减免的好处。而在货币主义的负所得税方案下,它将有资格得到一笔补偿。弗里德曼假定正所得税税率仍为14%,负所得税税率为50%,并专门设计了一张表格来说明负所得税的含义及其在促进就业方面的作用(参见表13-1)。③

表13-1 负所得税

税前总收入(美元)	税收减免(美元)	应纳税收入(美元)	税率(%)	税收(美元)	税后收入(美元)
0	3 000	-3 000	50	-1 500	1 500
1 000	3 000	-2 000	50	-1 000	2 000
2 000	3 000	-1 000	50	- 500	2 500
3 000	3 000	0			3 000
4 000	3 000	+1 000	14	+140	3 860

通过分析表13-1,可以了解负所得税方案的作用。在原有的所得税法律下,年收入低于3 000美元的家庭虽然不用交税,但并没有得到3 000美元税收减免的全部好处。而在负所得税的方案下,由于将其应享受到的全部税收减免的好处以负税收的形式加到他们的收入中,从而增加了这些低收入家庭的总收入。更重要的是,对于低收入家庭而言,税前收入越高,负所得税给予他们的税后总收入也就越高。这意味着:负所得税的做法将有利于激励失业者寻找工作的积极性,对于提高就业率有着积极的作用。而且,很显然,负所得税的做法也避免了以往政府按照统一的标准发放补助金的某些不良后果,因为那种将穷人收入统一拉平的补助方法,客观上起到了鼓励懒汉不工作的消极作用。

---

① 〔美〕弗里德曼.弗里德曼文萃.北京:北京经济学院出版社,1991.454

② 〔美〕弗里德曼.弗里德曼文萃.北京:北京经济学院出版社,1991.71

③ 〔美〕弗里德曼.弗里德曼文萃.北京:北京经济学院出版社,1991.70~73

三、实行浮动汇率制度

弗里德曼从经济自由主义的立场出发,一贯主张执行浮动汇率制度。早在1950年,弗里德曼就在他的《浮动汇率论》①一文中阐述了他在这一问题上的主要观点。他认为,对于所要实现的一个基本经济目标,即实现并且保持一个各国之间能够从事不受限制的多边贸易的、自由的、繁荣的世界来说,固定汇率制度是非常不合适的,而且还会给经济运行造成一些不必要的严重困难。相反,浮动汇率制度却是非常必要的。这是因为,一方面,浮动汇率制度及其必然结果——通货的自由兑换,将有利于促进不受限制的多边贸易的实现;另一方面,由于浮动汇率本身就是一种自发的市场价格调节机制,所以,它将有利于各国实现国际贸易和国际收支的平衡调节,从而有利于各国能够自由地按照自己的意愿来追求国内价格稳定的目标。

作为《浮动汇率论》一文的结论,他指出,没有什么严重的经济困难会阻止各国——各国分别地或联合地迅速地建立浮动汇率制度,在这种制度下,汇率在公开市场上主要由私人的交易所决定;同时,没有什么严重的经济困难会阻止各国——各国分别地或联合地迅速放弃对外汇交易的直接控制。而所有这些努力,都是实现经济全球化的根本性先决条件。

此外,弗里德曼认为,"提倡浮动汇率并不等于提倡不稳定的汇率。我们的最终目标是这样一个世界:在这一世界中,汇率在自由变动的同时,事实上是高度稳定的"。② 他进一步指出,汇率不稳定的根本原因在于作为基础的经济结构本身不稳定,所以,对汇率的冻结管制手段并不能从根本上消除经济不稳定的因素,反而会使为克服不稳定所作的调整更加困难。

自20世纪70年代以来,在西方世界经济形势不断恶化的情况下,西方各国先后开始执行了不同程度的浮动汇率制度,弗里德曼和他的货币主义的浮动汇率政策主张得到普遍的肯定和执行。弗里德曼一贯主张浮动汇率制度,这也是他于1976年荣获诺贝尔经济学奖的主要原因之一。

第六节　简要评述

弗里德曼和他的货币主义在继承和发展传统的货币数量论的基础上,建立了现代货币数量论,构建了分析宏观经济的名义国民收入的货币模型,并以此进一步研究了货币供给量的变化对于经济的短期与长期影响,提出了解释失业和通货膨胀相互关系的理论。

弗里德曼和他的货币主义坚持经济自由主义,反对凯恩斯学派的国家干预主义,极力抨击凯恩斯主义的经济政策。他们认为,西方各主要资本主义国家在20世纪70年代出现的严重"滞胀"现象正是各国长期执行凯恩斯主义的"相机抉择" 的财政政策和货币政策所造成的严重恶果。

---

① 〔美〕弗里德曼. 浮动汇率论. 弗里德曼文萃. 北京:北京经济学院出版社,1991. 591

② 〔美〕弗里德曼. 浮动汇率论. 弗里德曼文萃. 北京:北京经济学院出版社,1991. 592

在他们看来，通货膨胀完全是一种货币现象，是由货币的过度供给引起的。所以，实行一种"单一规则"的稳定的货币供给政策是至关重要的。此外，他们还提出了相应的就业政策、浮动汇率政策等一系列的政策主张，以稳定和促进一国的经济发展，并促进经济全球化的进程。

尽管弗里德曼和他的货币主义建立了一套完整的理论体系，也提出了一系列的政策主张，而且，他们的一些政策主张也在不少国家得到实现，但是，我们应该清醒地认识到，一个国家的经济状况取决于一国经济的基本结构和基本运行特征。资本主义国家在经济运行过程中所发生的严重的失业、通货膨胀、"滞胀"等现象，绝不可能仅仅从货币供给数量分析的角度就能给予完全的解释，甚至给予解决。货币主义的经济政策也许在个别国家的某段时期内能收到一些成效，但是，它不可能从根本上消除失业和通货膨胀。事实上，西方不少国家在20世纪80年代初期所发生的持续性的经济衰退，以及其后又数次周期性发生的严重失业与通货膨胀现象，都恰好证明了这一点。所以，弗里德曼和他的货币主义是有其局限性的。

思考题

1. 请说明现代货币数量论的货币需求函数的基本形式和分析的基本结论。
2. 请说明名义国民收入的货币理论的渊源、基本假设条件、模型的基本框架和分析的基本结论。
3. 请说明货币主义的通货膨胀理论的主要内容。
4. 请说明货币主义的经济政策主张的主要内容。

参考文献

1.〔美〕弗里德曼. 资本主义与自由. 北京：商务印书馆，1986
2.〔美〕弗里德曼. 弗里德曼的货币理论结构. 北京：中国财政经济出版社，1989
3.〔美〕弗里德曼. 弗里德曼文萃. 北京：北京经济学院出版社，1991
4.〔美〕弗里德曼. 通货膨胀理论. 北京：商务印书馆，1992
5.〔美〕弗里德曼. 自由选择. 北京：商务印书馆，1999
6.〔美〕弗里德曼. 货币数量论研究. 北京：中国社会科学出版社，2001
7. 胡代光. 米尔顿·弗里德曼和他的货币主义. 北京：商务印书馆，1980
8. 丁冰. 现代西方经济学说. 北京：中国经济出版社，1995
9. 蒋自强，史晋川等. 当代西方经济学流派. 上海：复旦大学出版社，2001

第14章

供给学派

学习要点和要求

了解供给学派产生的时代背景和理论渊源，认识该学派的实质和特点是反对凯恩斯主义，强调经济的供给方面，其属于经济自由主义思潮；熟悉供给学派的基本理论——供给与生产率理论、拉弗曲线、通胀理论、费尔德斯坦曲线以及其政策主张——减税、削减社会福利开支、精简规章制度，并对供给学派作出正确评价。

第一节　供给学派的形成

一、供给学派及其主要代表人物

供给学派(Supply-side School)是20世纪70年代在美国兴起的一个与凯恩斯主义相对立的经济学流派，属于经济自由主义思潮。之所以称之为供给学派，是因为该学派的思想是一种强调生产和供给的供给经济学。“供给经济学”的称呼首先由弗吉尼亚大学的赫伯特·斯坦(Herbert Stein)教授于1976年提出。如果说凯恩斯主义把注意力放在需求方面(Demand Side)，那么，供给学派则强调把注意力放在供给方面(Supply Side)。供给方面的含义不仅包括商品和劳务的供给，还包括要素的供给以及供给的效率，即劳动生产率。反对凯恩斯主义的需求管理，注重供给，主张刺激储蓄、投资和工作积极性，主张让市场机制更多自行调节经济，是供给学派的本质特征。该学派在美国里根政府政策制定中曾有过很大影响，并在英国撒切尔夫人当政期间受到重视。

供给学派的主要代表人物有罗伯特·蒙代尔、阿瑟·拉弗、裘德·万尼斯基、保罗·克雷·罗伯茨、乔治·吉尔德和马丁·费尔德斯坦等人。

罗伯特·蒙代尔(Robert Mundell)是最早提出供给经济学基本思想的学者,他主张减税以刺激经济增长,紧缩通货以抑制通胀。尽管曾被称为“供给学派的先驱”,但由于他在某些地方还有凯恩斯经济学的因素,因而并不是供给学派中最引人注目的代表人物。

供给学派中最引人注目的代表人物是南加利福尼亚大学的阿瑟·拉弗(Arthur B. Laffer)。他曾任里根政府经济顾问委员会委员,因提出说明税率和税收关系的“拉弗曲线”而闻名。

裘德·万尼斯基(Jndd Wanniski)曾任《华尔街日报》副主编,他在该报上大力宣传和倡导供给学派的主张,扩大了该学派的影响,代表作有《世界活动方式》(1977)等。

保罗·克雷·罗伯茨(P. C. Roberts)曾任《华尔街日报》副主编和专栏作家,在里根政府中供过职,写成《供给学派革命》一书。该书系统论述了供给学派的理论和实践。

乔治·吉尔德(George Gilder),本来是一个社会学家,因其名著《财富与贫困》(1985)而成为供给学派的重要成员。该书是供给学派的经典之作。

马丁·费尔德斯坦(Martin S. Feldstein)曾任哈佛大学教授,原持凯恩斯主义观点,20世纪70年代后转向经济自由主义,是比较温和的供给经济学家,曾获克拉克经济学奖,担任过美国经济研究局主席。他1982年起任里根政府经济顾问委员会委员,后又去哈佛大学任教。著作有《转变中的美国经济》(1990)、《供给经济学:老原理和新论断》(1986)等。

二、供给学派产生的背景

20世纪70年代,美国经济经历了一个“滞胀”阶段:1970~1973年,经济年增长率为4.7%,但1974~1975年连续两年呈负增长状态,GNP以-1.3%的比率下降,1976~1979年,虽有所恢复,但增长率在1979年仍只有2.3%。增长率如此低,通胀率却居高不下:从1970~1979年,美国物价指数上涨了90.2%,其中1974年和1979年通胀率分别是10.9%和13.3%,整个70年代的年均物价上涨率为7.4%。

一方面是经济停滞,一方面是通货膨胀,这种“滞胀”局面的出现,显示出凯恩斯主义不再灵验。按正统凯恩斯主义的观点,经济停滞是衰退的标志,通胀则是高涨或繁荣的标志。对付前者宜用扩张政策,对付后者宜用紧缩政策。事实上,美国70年代的历届政府正是不断交替使用反衰退和反通胀的政策。但是,当衰退与通胀相伴而生时,一些经济学家开始对凯恩斯主义的需求管理思想和国家干预经济的政策产生怀疑,并力求从供给角度探寻“滞胀”形成的原因,以期找到摆脱困境的出路。

一些供给学派的经济学家认为,个人和企业的决策都比较理性,而政府的需求管理政策常常会产生预料不到的后果。例如,利用扩张性财政政策和货币政策本来希望降低失业率,结果却导致通胀;政府本来为了改善失业人员生活,提高失业待遇,结果却助长了失业。他们还指出,政府之所以偏好实行需求管理政策,是因为它在选举制度下行为短视,需求管理在短期内就能见效。但这种需求管理的政策往往会使经济效率低下,形成经济“滞胀”。要解决“滞胀”问题,就要放弃凯恩斯主义的需求管理,转向重视供给——劳动、储蓄、投资和生产。这种充分注意对供给研究的新思想,就是供给经济学。可见,供给学派也是适应时代需要而产生的。

三、供给学派的理论渊源

尽管供给学派在理论、方法和政策主张诸方面都是对凯恩斯主义的否定，但它也不是什么崭新的理论。说穿了，它只是古典宏观经济分析尤其是“萨伊法则”在新形势下的翻版，或者说，供给经济学不过是穿上了现代服装的古典经济学。

众所周知，古典经济理论体系的奠基人亚当·斯密在论述国民财富来源及增长时，强调的正是劳动和资本的使用量及其效率的决定性作用，强调要使经济顺利发展，经济必须自由，这就是供给至上的思想。

萨伊继承和发展了斯密的这一思想，提出了“单单一种产品的生产，就给其他产品开辟了销路”[①]的所谓“萨伊法则”。也就是说，供给本身会创造需求。大卫·李嘉图也坚信，产品总是用产品或劳动购买的，不用愁产品没有销路，只需愁能否把东西生产出来，或者用他的话说是“所欠的只是资财，但是，除了增加生产以外再没有其他方法可以提供这种资财”[②]。后来，约翰·穆勒也有同样看法，认为一切卖主必然是、而且最终都是买主，生产增加一倍，需求也一定会增加一倍。[③] 这些说法，今天看来很幼稚，对此马克思早有透彻批判，但在他们那个时代，这种思想的出现却毫不奇怪，因为那时生产全面过剩的危机并未出现，摆在古典经济学家面前的任务主要是发展生产，只要能增加供给，需求总不成问题。

20 世纪 30 年代初的经济大萧条，催生了凯恩斯主义。按理说，凯恩斯主义产生后，建立在萨伊法则基础上的古典教条已成为历史，总需求管理成了主流经济思想和政策指南。然而，当凯恩斯主义政策推行多年带来了“滞胀”局面且对此难以对付时，人们对“有效需求不足”及“需求创造供给”的凯恩斯主义，对政府干预经济的政策思想便产生了怀疑，主张仍旧要回到重视供给的一边，寻求摆脱经济困境的出路，并认为只有回到经济自由的轨道才会使经济走上振兴之路。

第二节　供给学派的基本理论

一、经济发展的决定性因素：供给与生产率

供给学派并没有一套完整的具有严密内在逻辑的理论体系，只是通过一些相互有一定联系的论述来表现出自己的基本理论观点和政策主张。这些理论观点首先是关于经济发展和增长由什么决定的观点。经济的发展究竟决定于供给还是需求，是供给学派和凯恩斯学派在理论上的根本分歧所在。尽管供给学派的一些代表人物在一些具体观点上存在这样那样的区别，但是，在供给决定需求这一点上，却有着共同的看法。正如乔治·吉尔德在《财富与贫困》一书中所说的：“在经济学中，当需求在优先次序上取代供给时，必然造成经

① 萨伊.政治经济学概论.北京：商务印书馆，1982.148

② 大卫·李嘉图.政治经济学及赋税原理.北京：商务印书馆，1976.248～249

③ 约翰·穆勒.政治经济学原理.北京：商务印书馆，1991.95

济的呆滞和缺乏创造力、通货膨胀以及生产力下降①。”为什么需求不应优先于供给，而应当是供给优先于需求并决定需求呢？他认为，需求并不是非常明确地可以认知和辨别地存在着，它是欲望和情绪的不断变化，而这种欲望和情绪不过是对供给的流量所作出的反应②。这就是说，需求只是人们的欲望和情绪，这种欲望和情绪的变化是对供给所作出的一种反应。因此，是供给决定需求，而不是相反。

但现实经济生活中，似乎是需求在创造供给，尤其是出现生产全面过剩的危机时，更显出是需求在决定一切。对此吉尔德认为，事实完全不是这样，即使在20世纪30年代资本主义经济大危机时期，情况也并非完全归因于“有效需求不足”，还有如斯穆特—霍利关税法导致了国际贸易体系的崩溃，银行倒闭和中央银行的错误导致货币供给量严重紧缩，实际利率的猛烈上升以及一系列不健全的税率的增加等因素③，而这些其实都可归结为供给方的因素，是供给方出了问题才导致了那一次的大萧条。

吉尔德还从以下几个方面来解释生产过剩的危机之所以会经常出现的原因。一是生产过剩是“劣等货”的过剩；二是在资源稀缺的世界中，货物过剩的深刻原因并非需求不足，而是由于缺乏创造性生产，缺乏新的供给引起的需求；三是以需求为导向的经济会造成需求萎缩，因为以需求为主导时，企业很少创造新产品（因为对于不熟悉的东西，需求无法加以衡量），市场充塞着旧商品时，消费者需求会下降（消费者对同样商品消费的边际效用会递减）。通过政府干预刺激需求，只会使矛盾积累，造成经济恶性循环。

供给学派认为，经济增长决定于供给，这就要求生产要素有一个稳定的数量增加以及生产效率不断提高，而美国从1968年以来，劳动生产率的增长率大幅度下降，每个工时的产量增长率已从1948～1968年的年均3.1%下降到1968～1973年的年均2.1%。1973～1980年，私人企业劳动生产率的增长率平均数为0.6%，只相当于1968年前20年的增长率平均数的1/5，原因是什么？保罗·克雷·罗伯茨在《供给学派革命》一书中认为，原因在于资本和劳动力的比例（即平均分配给每个工人的厂房和设备的数量）一直在下降，这说明资本形成不足。资本形成不足的原因是政府政策失当：政府刺激需求引起了通胀，加上累进所得税，减少了储蓄，降低了私人资本形成率，而边际税率居高不下，又损害了人们的工作积极性以及提高技术的兴趣。资源转向非生产目的和地下经济，技术创新从而受阻。总之，供给学派认为，导致生产率下降的原因是政府按凯恩斯主义实行了需求管理的政策，要增加供给，必须放弃凯恩斯主义。

二、拉弗曲线

拉弗曲线是描述税收与税率关系的曲线，由阿瑟·拉弗提出。关于拉弗曲线产生，还有一个故事：一次，拉弗与切尼、万尼斯基三人来到华盛顿的宾夕法尼亚大街和15号街之间的一家饭店饮鸡尾酒，席间，拉弗大谈其构想的减税主张及其依据的理论。对这些理论和主张，切尼似乎有些困惑，拉弗随手拿起一张餐巾纸，用笔在上面辟出一方天地（平面直角坐标体系的第一象限），画出一座小山形状的曲线，用以表明税率和政府税收收入之间的关

① 乔治·吉尔德.财富与贫困.上海：上海译文出版社，1985.45
② 乔治·吉尔德.财富与贫困.上海：上海译文出版社，1985.45
③ 乔治·吉尔德.财富与贫困.上海：上海译文出版社，1985.51

系。拉弗曲线是对供给学派所有理论中所作的最简要的说明。

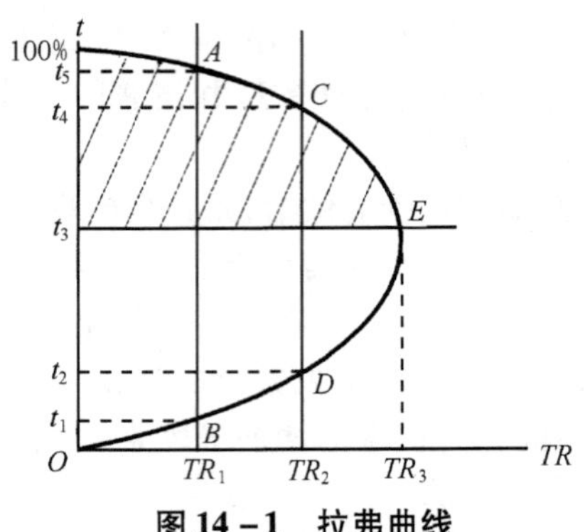

图 14－1　拉弗曲线

从拉弗曲线中可以看到,高税率的 A 点和 C 点(税率分别为 t_5 和 t_4)分别与低税率的 B 点和 D 点(税率分别为 t_1 和 t_2),能为政府提供相同的税收收入。因此,严格地说,拉弗曲线是用来指出一个命题,即总是存在产生相同收益(税收收入)的两种税率。

这个图形说明,随着税率(t)的提高(在纵轴上表现),起初政府的税收(TR)也会增加(在横轴上表现),但税率(边际税率,即增加的税收在增加的收入中的比率)超过一定高度(如图中 E 点即 t_3 高度)后,税收收入会随着税率的增高而减少。当税率为 100% 时,税收收入又降为零税收。这一曲线表明,税率提高有限度,如果政府只想提高税率以增加税收,税收收益可能非但不能增加,反而可能减少,因此,图中上半个有斜线的区域即为"禁区",税率进入这一禁区的高度,税收收入反而会减少。当税率为 E 点高度(即 TR_3)时,税收最大,即 TR_3 是最大税收额。

拉弗曲线表明,政府税率可能与税收量同方向变动,也可能反方向变动。

同方向变动容易理解。为什么会出现反方向变动呢?供给学派的观点是:

第一,税率会影响人们工作的积极性。对于工作人员来说,高税率降低了他们税后的实际工资,从而改变了劳动对闲暇的相对价格,也就是在闲暇价格不变时(他们并没有认为休息的成本变得更贵或更便宜时),降低了劳动价格,这就促使他们更愿意用闲暇替代劳动,就是说,高税率降低了劳动工作的积极性。反之,降低边际税率,就会提高人们的工作积极性。人们努力工作了,工资收入就更多了。尽管所得税率低了,但由于税基更大了,因而政府所能征得的所得税还是增加了。

第二,边际税率的高低还会影响人们投资的积极性。无论从人们对厂房、设备的实物投资,还是从人力资本方面的投资看,高的边际税率都会降低人们纳税后的实际投资收益。正如人们的时间可划为工作和闲暇两部分,人们的可支配收入也可划分为用于消费支出和投资支出两部分。在消费价格不变时,对投资收益的税率提高,就是提高了投资的成本或者说价格,这种投资和消费之间相对价格的变化,会使企业减少在厂房、设备方面的投资,使个人减少在教育和职业培训等方面的投资,使人力资本和非人力资本存量下降,从而降低生产率提高速度,降低收入水平的提高速度。反之,低税率会鼓励人们的投资积极性,刺激劳动生产率上升。

第三，高税率还挫伤人们的储蓄积极性，并会引起资本流向国外，这都不利于本国资本积累。只有削减税率，才会鼓励人们储蓄，并把资本留在国内，转化为投资，生产才会发展，国民收入才会增长。这样，政府的税收收入不但不会下降，反而会增加。

第四，税率高低，还直接影响人们纳税的积极性。高税率会促使人们千方百计偷税、漏税。他们可能转入地下经济中工作。地下经济的收入，不论合法不合法，都不向税务机构申报，结果是减少了政府税收。高税率还会诱使人们把可观的资金用于寻找税收漏洞，并诱发在纳税领域中的寻租活动，贿赂税务人员，这些方面的资源消耗都降低了经济效率。相反，在低税率情况下，人们逃税避税的动机较弱，从事地下经济工作的意愿也削弱了，人们更愿意申报自己的实际收入，这样，税率虽小了，但税基扩大了，政府的税收非但未少，反而会更多。在极端情况下，当税率为100%时，货币经济（与主要是为了逃税而存在的物物交换不同）中的全部生产都停止了，如果人们的所有劳动成果都被政府所征收，他们就不愿在货币经济中工作。由于生产中断，没有什么可供征100%的税，因此，政府的收益等于零。这是供给学派代表人物之一裘德·万尼斯基给拉弗曲线的极端情形所作的扼要描绘和解释。

三、通货膨胀理论

关于通货膨胀理论，供给学派也是从供给角度加以阐发的。吉尔德提出，税收会更直接地引起通胀，税收在打击劳动生产率之前，就有提高直接成本的通货膨胀的趋势，这样引起的通胀，可称为“税收推动”的通货膨胀。① 税收虽不直接是成本，但它所导致的成本增加，会使企业利润率下降，从而使边际企业（即本来利润率较低的企业）退出市场，未退出市场的企业的产品成本上升从而供给价格就会上升。另一位供给学派代表人物保罗·克雷·罗伯茨也提出，高税率是生产的一种制动器，税收在减少商品供给的同时，没有限制住货币的供给，结果出现了过多的货币追逐过少商品的典型的通货膨胀。

通货膨胀会造成什么样的后果？按费尔德斯坦的看法，通货膨胀对经济的不良影响有三：首先，通胀使社会不能制定长期经济计划，个人和公司宁愿选择短期和较可靠的报酬活动来代替长期的和更有价值的项目决策。就个人而言，会降低私人储蓄率，个人的投资会投向黄金和其他保值性储存；就企业而言，将倾向于在设备上投资或从事在眼前就能获利的短期性投资。其次，通胀最直接的影响是降低了在工厂和设备上投资的收益率，提高了企业的所得税率，降低了企业投资的税后净收益率。最后，由于通胀降低了税后的投资收益率，因而投资会下降，股本增长率放慢，从而使长期生产能力下降。

如何走出通货膨胀？供给学派认为，通货膨胀的成因既然是税收和税制，是高税收造成了通胀，而高税收又源自政府规模不断扩张所导致的非生产费用上升，因此，解决通货膨胀的办法应当是：①削减政府规模，提高政府这一生产要素的经济效益。②鼓励革新，刺激供给，提高生产率。③减税。减税后只要储蓄率、投资率以及生产率上升，生产增长，那么，通货膨胀会自然消失。④为了防止减税带来的通胀代价，要注意调整税收结构，在所得税和投资税之间，政府应该使削弱投资和资本收益的课税比削弱所得税来得更多些，以更多

① 乔治·吉尔德. 财富与贫困. 上海：上海译文出版社，1985. 36

地鼓励企业的投资。

四、费尔德斯坦曲线

马丁·费尔德斯坦是温和供给学派的代表人物。他认为,20 世纪 80 年代初美国经济的主要问题是供给方面的问题,应大力提高供给能力。他特别强调增加储蓄的重要性,也赞成减少政府对市场的干预,充分发挥个人的积极性,但在政策主张上,他和拉弗等激进供给学派人士的观点有明显区别。他批评拉弗等人的方法过于简单化,以为减税就会自动产生政府收入、消除通胀和实现经济快速增长。他认为,美国当时宏观经济政策的首要任务是要平衡预算,降低赤字和通胀,以创造出一个刺激储蓄和投资的环境,提高资本形成率。美国经济的问题不仅在于边际税率高,也在于赤字财政、通货膨胀、税收结构和社会保险制度共同作用的并发症。为了表达自己的理论观点和政策主张,他提出了一个说明财政赤字对通胀、资本形成的影响及其相互关系的分析模型,这就是著名的“费尔德斯坦曲线”。

这一分析模型假定,经济中存在三种金融资产:货币、政府债券和作为实际表征的私人有价证券(包括股票、企业债券等)。货币、政府债券是私人有价证券的替代物(即人们持有货币或购买政府债券就不能买私人有价证券)。在充分就业和经济增长的情况下,财政赤字增加,无非靠增加货币供给或发行政府债券来解决。增加货币供给会造成通货膨胀,增加政府债券发行会造成对私人有价证券的替代(因为政府债券要能卖出,债券利率必须提高,造成债券利率和私人有价证券利率间相对水平的变化),私人有价证券需求会下降,从而降低资本形成比率。费尔德斯坦认为,美国政府一直推行赤字财政政策,并混合发行货币和债券,既形成了通胀,又抑制了资本形成。

能否找到一条在财政赤字稳定或增长条件下,消除赤字对通胀的加速作用和对资本形成的抑制效应的有效途径?首先,费尔斯坦因分析了赤字增加不影响通货膨胀率的情况。要使通胀率不变,必须靠政府发行债券来消除赤字,这样,不扩大货币供给量也可以平衡预算。但如果这样,政府债券利率必然提高,造成对私人有价证券的替代,从而降低资本形成率和实际国民收入。

然后,他再分析赤字增加不影响资本形成的情况。如果要不影响私人资本形成,即不减少私人有价证券需求,则赤字的弥补只有靠扩大货币供给来实现。这势必产生通货膨胀。通胀会引起名义利率上升,进而使资本实际收益率下降。为了不影响投资,有必要降低边际税率,使新增货币中一部分为私人有价证券投资所吸收,这样就可能使资本形成水平不下降,但通胀率还是上升了。可见,财政赤字增加时,要使资本形成水平不下降,代价是通胀压力加大。

把上面两种情况综合起来分析可以看到,在充分就业情况下,财政赤字使通胀和资本形成率二者之间存在一种正相关关系,或者说“互补”关系。这种关系反映在坐标系中就形成一条所谓的“费尔德斯坦曲线”。

如图 14-2 所示,在一定赤字水平下(Ⅰ),要使资本形成率稳定不变或提高(从 R_1 到 R_2),通货膨胀率就会上升(从 π_1 到 π_2);反之,要使通胀率下降(从 π_2 到 π_1),则会对资本形成率造成负面影响(从 R_2 到 R_1)。

假定财政状况进一步恶化,赤字水平从Ⅰ上升到Ⅱ。为了保持原有资本形成率(R_1),

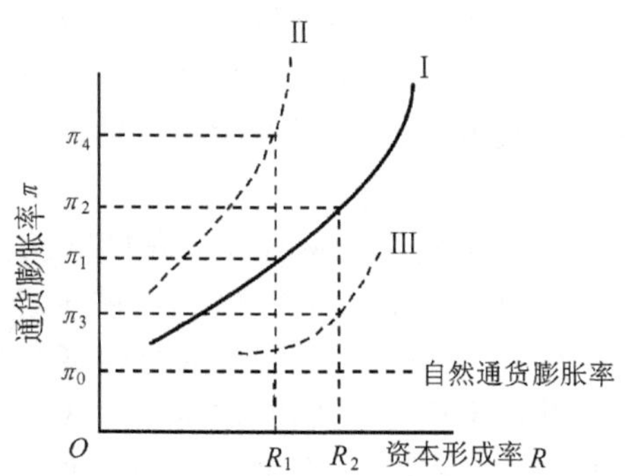

图 14－2　费尔德斯坦曲线

通胀率就要从 π_1 上升到 π_4。相反，财政状况好转（曲线从Ⅰ右移到Ⅲ），则在原有资本形成水平（R_1）时，通胀率可下降（从 π_1 到 π_3）。如果财政赤字为零，即预算平衡时，费尔德斯坦曲线就下移为一条和自然通货膨胀率相重合的水平线。这种通胀率对储蓄和投资的影响是中性的。因此，资本形成率的弹性无限大，即这种自然通胀率不会影响资本形成率。

费尔德斯坦根据这样一个理论模型，认为凯恩斯主义的菲利普斯曲线所反映的通胀和失业之间的替代关系已不能正确说明当时美国的现实。他认为，菲利普斯曲线反映的通胀和失业间这种替代关系是经济在非充分就业条件下短期内才会存在的，因为在这种条件下，提高有效需求，适当存在一些通胀，可能会使闲置资源多利用些，生产增加，失业下降。但在充分就业条件下，这种替代关系就消失了，菲利普斯曲线就会被费尔德斯坦曲线所取代。这时候，经济问题主要是供给方面的了，如果再推行赤字财政政策，就会使费尔德斯坦曲线向上移动，不仅产生通胀进一步加剧的压力，还会给资本形成水平提高带来困难。所以，在充分就业条件下，凯恩斯传统的经济政策失效了。20 世纪 80 年代美国的经济局势已不是凯恩斯创立萧条经济学时的非充分就业的情况，而是处在自然失业率水平上的充分就业的形势。这时，政府宏观经济政策应当从需求转向供给方面，主要任务是要平衡财政预算，逐步降低和消除财政赤字，使费尔德斯坦曲线向下移动而转化为一条水平线，达到自然通胀率水平。

第三节　供给学派的政策主张

一、注重宏观经济政策的供给效应

由于供给学派是打着反凯恩斯主义的旗号出现的，因此，其政策主张也和凯恩斯主义相反。

从表面上看，供给学派和凯恩斯主义一样，都讲财政政策和货币政策，然而，他们对政策效应关注的角度完全不一样。例如，就减税而言，凯恩斯主义认为，减税可增加人们的可支配收入，增加消费需求和投资需求，因而是一种增加有效需求的扩张性财政政策；而供给学派认为,减税可提高人们的工作积极性,增加税后储蓄和投资收益,因而可刺激储蓄和投资,从而会增加供给。可见,尽管二者都认为减税会增加国民收入,但凯恩斯学派从增加有效需求的角度说明,是一种短期政策效应;而供给学派从增加有效供给的角度说明,是一种长期政策效应。

对于政府转移支付的作用,凯恩斯主义从总需求角度认识,认为增加失业救济金之类的转移支付,可增加人们的可支配收入,提高消费需求,减少经济衰退时消费下降的负效应,因而有自动稳定经济的作用;供给学派则从供给管理角度考察这一问题,认为政府过高的转移支付水平,不但增加了政府预算支出负担,加剧了财政赤字局面,最终减少了私人资本,而且降低了失业人员寻找工作的积极性,降低了人们努力工作、自己克服经济困难的主动性,因此无助于增加有效供给。

对于货币政策,凯恩斯学派从需求管理的角度出发,认为增加货币供给可降低利率,刺激投资,增加生产和收入;而供给学派则认为,增加货币供给造成了通货膨胀。通货膨胀不但使价格变动无法正确传递市场信息,即价格信号失真,引起资源配置不当,使人们对长期投资失去兴趣和信心,从而热衷于短期炒买炒卖,而且使纳税人进入更高税率档次,增加了纳税负担,影响了人们工作、储蓄和投资的积极性,降低了供给能力。

总之,供给学派对一切政策的考虑,都是从供给力着眼的,是为了更好地增加供给。

二、减税是供给学派政策主张的核心内容

供给学派认为,降低边际税率不但可以从根本上提高劳动生产率,增加供给能力,还能最终解决财政赤字和通货膨胀问题,因而,减税成为他们政策主张的核心内容。

供给学派除了分析减税效应,还分析了减税的原则、时机、规模与方式等。在减税原则方面,他们主张,减税并不是削减平均税率,而是削减边际税率,在此前提下,对所有税收等级的减税百分比都相同,税收的累进性质并未改变。在主张全面削减边际税率问题上,供给学派成员对于不同税率削减对经济所造成的刺激作用的看法并不一致。有些人认为,削减公司所得税比削减个人所得税对经济有更大的效应①,因而主张削弱税率要注重于资本方面,即公司所得方面。

在减税时机、规模与方式方面,供给学派也都有所论述。有些人认为赤字严重的时刻如果减税,会使赤字更严重,而供给学派认为,减税带来的经济增长会扩大税基,从而会使赤字容易弥补,因而减税宜早不宜迟。同时,为了避免减税有较长的时间滞后效应而给经济带来问题,可采取相应配套措施。例如,在减税同时,应尽量有步骤地减少预算支出,达到预算平衡,为此,减税还需要相应支出政策和货币政策的配合。

三、就业和社会福利支出方面的政策思想

供给学派反对凯恩斯主义以拯救就业为目的的公共部门的扩张,认为这种扩张看似要增加就业,实际上只会带来就业量进一步萎缩,原因是公共部门扩张所需的费用不外乎通过增税、扩大联邦借债或直接的通货膨胀创造货币而获得,不管何种渠道,都是从生产部门

---

① 外国经济学说研究会编. 现代外国经济学论文选. 北京:商务印书馆,1984. 74

的产品得来，从而造成对私人生产部门的挤占，因而减少了就业机会。可见，由政府创造就业不过是一种似是而非的蛊惑人心的幻想。他们主张依靠减税来刺激经济增长，由此产生经济运行对劳动力的内在需求。罗伯茨说："真正的就业要靠对储蓄和投资的刺激，然而，在强调政府开支的凯恩斯主义模型中，这种刺激却被排斥在外。"①

关于社会福利支出，供给学派主张一定要削减。按他们的看法，二次大战后发展起来的福利制度，一方面增加了政府支出，从而增加了税收，产生了不利的供给效应；另一方面助长了困难家庭对政府的依赖思想，从而增加了自愿性失业，减少了劳动供给。

四、精简规章制度，促进经济自由

供给学派认为，政府行为的过度扩张，会造成对私人经济活动的排挤，而私人经济部门的效率要比公共部门活动的效率高得多。因而，缩减政府活动水平，限制政府不适当干预是必要的。当然，这不是说经济要完全自由放任，政府应当无所作为，而是说应当规范政府的行为，给私人部门的经济活动提供更广阔的空间，以带来经济自由。减税，减少政府干预，可焕发企业的创造精神和活力，而"在一定的资源和技术条件下，决定经济成就的最重要因素是心理力量、雄心壮志和决心，是促进经济增长、企业精神和进步的动力"②。

供给学派对于政府的各项规章制度，并不主张完全取消，只是主张要精简那些束缚企业主动性和积极性的规章制度。他们认为，第二次世界大战以后，美国政府所制定的许多法令、规章，例如，关于价格、工资、生产安全、环境卫生、商品检验、贸易及证券交易等方面的法令条例，其中不少内容阻碍了企业的经营积极性和创造性，限制了生产发展，加重了企业负担，增加了产品成本，削弱了产品在国际市场上的竞争力，应予撤销或放宽。可见，供给学派和凯恩斯主义的分歧，不仅是供给和需求谁决定谁的问题，也是经济自由和国家干预之争。

五、稳定、适度和可测的货币增长以稳定币值

供给学派追求无通胀或低通胀的增长。但在财政政策和货币政策问题上，他们绝对是把减税的财政政策放在首位，因为他们认为，通胀的重要原因是高税收。但他们也主张重视货币政策。他们的货币政策是一种稳定的、适度的和可测的货币增长政策，从货币供应量来说，既不能多，也不能过分紧缩。货币过少，可能导致经济衰退。他们强调的是货币供应量的稳定性。

供给学派还认为，要同时达到降低通胀和经济高速增长这两大目标，除了大规模减税，还应恢复金本位制，以保证美元的购买力，稳定美元币值。在他们看来，在纸币制度下，货币价值贮藏功能受阻，高通货膨胀使纸币的未来购买力变得捉摸不定，人们就不肯多储蓄；而实行金本位制，能使公众对美元产生信心，良好的价值预期会使人们停止对不动产的投机活动，从而对工厂设备等实际投资产生兴趣。不仅如此，黄金本位制还能使货币当局真正找到实施货币控制的客观依据，使币值的稳定有坚实的基础。

---

① 保罗·克雷·罗伯茨.供给学派的革命.上海:上海译文出版社,1987.38

② 乔治·吉尔德.财富与贫困.上海:上海译文出版社,1984.279

第四节　简要评述

一、谁是正确的

供给学派和凯恩斯学派在一系列问题上展开争论，究竟谁是正确的？

第一，供给与需求哪个更重要？凯恩斯主义认为，有效需求不足，阻碍了生产，是需求决定供给；供给学派认为，“滞胀”在于供给不足，是过分刺激需求的结果，供给决定需求。实际上，正如马克思主义所认为的，生产和消费，供给和需求，是相互影响的，没有生产和供给，就没有消费和需求；反过来，没有消费和需求，也不会有生产和供给。只是要看在某一时期矛盾的主要方面在哪里。

第二，储蓄是抑制还是保障经济增长？凯恩斯主义把储蓄当成总需求力量中的“漏出”，是对消费需求和收入增长的制约。供给学派则认为，没有高的储蓄率，就没有强劲的资本形成能力，也就没有较高的投资率和较快的经济增长。储蓄的功过是非究竟如何？看来各个学派各有自己的看法。实际上，储蓄确实是资本积累的源泉，但也确实形成对消费的制约。储蓄率应当多高为宜，还要由各国和各人的经济实力决定。收入分配制度、社会保障制度、社会年龄结构等都会对储蓄率产生影响。

第三，税收和税率的影响该怎样认识？凯恩斯主义主张累进所得税制，因为高收入者边际消费倾向低，实行累进所得税，不仅可使高收入者的边际消费倾向下降不至太多，又可从高收入者那里取得税收用做转移支付，提高低收入者的消费支出水平，从而有利于提高整个社会的消费需求。不仅如此，大量政府财政支出也需要高额累进所得税来支撑。供给学派则认为，税率的提高会抑制经济的内在活力，阻碍资本形成和经济增长。显然，他们双方的看法都从某一方面反映了市场经济运行的规律。实际上，边际税率的高低也应当有个正确的“度”，这个“度”对不同经济发展水平的国家以及各个国家在不同经济发展时期都应当有所区别，应当是个动态的概念，服从各个国家在不同时期经济发展的需要。

第四，转移支付和就业该怎样安排？凯恩斯主义主张应由国家担负起提供就业和转移支付的责任，这就需要扩张政府的功能。供给学派则反对这样做。显然，这是两个学派对市场和政府的作用有不同认识的结果。从实际情况看，如果经济完全让市场决定，恐怕不少社会问题确实难以解决。拿就业来说，许多失业的劳动者，不是不想工作，而是找不到工作，并不是救济金促使他们不肯劳动，而是社会难以给他们提供就业机会。在这种情况下，政府不出场，不提供必要的就业机会，不提供起码的生活费用，是不行的。当然，政府转移支付的水平应当适当，要把失业和贫困救济与增强就业意愿适当结合起来。

第五，政府干预规章制度是多些好，还是少些好？凯恩斯主义强调政府对经济的干预，包括制定制约经济行为的规章制度；而供给学派反对国家对经济的过多干预，主张经济自由些 ，规章制度精简些，让企业手脚放开些。实际上，市场经济发展到今天，自由资本主义发展到国家垄断资本主义阶段，政府不干预经济是不可能的，必要的规章制度也绝不可少。否则，市场中的经济主体将缺乏统一的行为规范和行为规则，市场秩序势必混乱。当然，规章制度的制定也要有利于生产力发展，规章制度不在数量多少，而在于是否合理。

二、供给学派的实践

供给学派的经济政策影响了里根政府，这主要表现在里根就任总统不久以后的“经济复兴计划”中。例如，“经济复兴计划”中规定：全面降低个人所得税，削减政府预算支出，撤销或放宽政府颁行的有关各种规章制度条例等。这一计划旨在通过减税刺激投资和储蓄，放松政府对经济的干预和管理，以激发经济活力，通过压缩预算支出以减少财政赤字，同时通过管住货币“笼头”以遏制通胀，从而实现经济低通胀条件下的“快乐”增长。

应当说，里根上台后几年，美国经济形势确实一度好转。尽管造成这种结果的因素是多方面的，但政策功效不可抹杀，至少是它改善了美国经济运行的宏观环境。但是，令里根政府头痛的是，经济增长并未能解决严重的赤字问题。里根上台时，赤字是 597 亿美元，1982 年猛增至1 107亿美元，1983 年高达1 954亿美元，1984 年虽稍有下降，也达1 753亿美元，1985 年又猛升至2 119亿美元。事实不能证明供给学派所说的减税自然会带来经济增长从而实现预算平衡的神话。

在这种情况下，里根在第二届总统任期内，不得不对政策有所调整，包括将过去一些未纳税项目列入征税范围，取消一些税收优惠，同时，开始频繁使用赤字弥补手段——国债等等。随着这些政策的调整，供给经济学的影响也就日益缩小了。

三、供给经济学对我国经济发展的作用

供给学派重视供给在经济增长与发展中的决定性作用，这应引起我们注意。尽管我们不能接受早已被马克思所批判的“萨伊法则”，但供给学派关于生产的真实扩张来源于生产率提高的观点，从总体来看，是正确的。供给经济学，对现代市场经济运行的科学性认识还包括：适当缩小政府对经济干预的范围，减少社会纳税负担，提高人们的工作积极性以及储蓄与投资热情；供给对需求的导向和诱发作用；企业在经济发展中所发挥的创新作用和解决就业压力的独特机能；就业问题的真正解决在于生产的增长；对货币供应量的适度控制；财政赤字对通胀率和资本形成能力的影响程度等。对这些观点我们都应引起重视。

目前，我国非常重视需求对经济增长的作用，这是完全必要的。但是，如何焕发企业活力，提高企业的创新能力和劳动生产率，改善供给结构，增强供给能力，同样是非常重要的。实际上，目前我国经济运行中既存在有效需求不足问题，也存在有效供给不足的问题。因此，供给经济学中的有些观点，是值得我们结合国情加以借鉴的。

思考题

1. 供给学派是在什么时代背景中产生的？
2. 供给学派有哪些主要理论观点和政策主张？
3. 费尔德斯坦曲线和菲利普斯曲线的前提条件有何区别？这两条曲线各要说明什么问题？
4. 你认为供给经济学中有哪些可供借鉴的重要观点？

参考文献

1. 保罗·克雷·罗伯茨. 供给学派革命. 上海:上海译文出版社,1987
2. 乔治·吉尔德. 财富与贫困. 上海:上海译文出版社,1985
3. 马丁·费尔德斯坦. 转变中的美国经济. 北京:商务印书馆,1990
4. 外国经济学说研究会. 现代外国经济学论文选. 北京:商务印书馆,1984
5. 尹伯成,华桂宏. 供给学派. 武汉:武汉出版社,1996

第 15 章

新古典宏观经济学

学习要点和要求

了解新古典宏观经济学产生的背景和主要的发展线索，把握新古典宏观经济学的基本假设，理解货币经济周期理论和实际经济周期理论的基本思想和框架，掌握新古典宏观经济学对宏观经济政策理论的影响，对新古典宏观经济学作出正确评价。

第一节　新古典宏观经济学的产生与发展

一、新古典宏观经济学的产生

新古典宏观经济学是由20世纪70年代出现的理性预期学派发展而来的。由于理性预期学派进入20世纪80年代以来有了重要发展，原来的名称已不足以体现该学派的全部特色，所以被西方学者冠以"新古典宏观经济学"(New Classical Economics)这一内涵更丰富的名称。

新古典宏观经济学派的壮大固然是通过对凯恩斯主义的批判而实现的，但是在一开始，这种批判并不是自觉的。20世纪60年代，凯恩斯主义经济学在宏观经济学的总体框架上获得了广泛共识，西方学者认为经济周期等宏观经济问题大体上可由该理论得到很好的解释，剩下要做的不过是对各部分的细化。理性预期学派的创始人罗伯特·卢卡斯承认，他一开始想做的也无非是这类修修补补的工作。他个人对经济周期问题特别关注，因此所做的第一项修补工作是为凯恩斯主义宏观计量经济学模型中的工资—价格部分提供微观基础。但是随后展开的研究却促使他朝着一般均衡方向发展，从本质上背离了凯恩斯主义，而与“古典”经济学一致。于是，卢卡斯从试图完善凯恩斯宏观经济学转向了对它的严厉批判。

（一）从局部均衡转向一般均衡

卢卡斯关于经济周期的第一篇论文是与列昂纳德·拉平合写的《实际工资、就业和通货膨胀》，研究的是美国经济中就业和工资的决定问题。文章的思路是“理性化”单个家庭和企业的就业决策。这里的“理性化”，是指将观察到的宏观经验事实与单个经济人的理智选择统一起来。具体说，他们希望用对经济人行为的微观假设，解释总的就业水平在1929至1933年间的大量下降和在第二次世界大战中的迅速上升。卢卡斯和拉平在研究中发现，如果闲暇被看做是正常商品，在价格、工资和财富三个因素中，由财富引起的就业下降是与富足相关而不是与萧条相关。因此，为了解释萧条，价格和工资必须能够变化。于是，对就业波动的惟一解释是：家庭随着现时和未来的工资和价格改变它们提供的劳动量。他们还认为，社会习俗和制度也会影响劳动供给模式，但是它们不是简单地迫使个人作出选择，而是通过使偏好和社会条件相适应来发生作用。他们主张任何企图解释就业现象的模型，应该建立在劳动的跨时替代效应基础上。因而失业应该被顺理成章的看做是某种“活动”，而不含有被迫的意味。这种观点已经开始背离凯恩斯主义，但他们在构造模型时用的是与凯恩斯主义宏观经济模型一致的适应性预期机制，故该论文仍带有明显的凯恩斯主义烙印。卢卡斯和拉平对自己的工作产生怀疑源自于1968年听了米尔顿·弗里德曼就任美国经济学会会长时发表的一个重要讲话，他第一次明确地对菲利普斯曲线的可靠性提出了怀疑。此后，在卢卡斯和著名货币主义者埃德蒙·费尔普斯的接触中，使他开始考虑适应性预期是否合理、预期错误在宏观经济波动中的作用，以及一般均衡等问题。这一转变导致他发表了早期著名论文《预期和货币中性》。该论文的基本观点是货币供给会受到随机的冲击，而且这种冲击是经济中惟一的不确定因素。他还使用了著名经济学家约翰·穆思（John F. Muth）1961年提出的理性预期假说，将其引入到自己的货币模型中，并得出新的发现：无论是预期到的还是没预期到的货币冲击，都是中性的，因为个人完全可以迅速纠正冲击造成的暂时扭曲。

理性预期概念的引入，带来了卢卡斯研究思路上的重大变化。他彻底放弃了将局部均衡模型与IS—LM模型连接起来的想法，意识到再也不能把研究局限于一个部门而不涉及它与整个经济系统的联系了。

（二）寻求宏观经济学的微观基础

如上所述，卢卡斯与凯恩斯主义分道扬镳始于他为后者的局部模型寻找微观基础。他试图将凯恩斯关于劳动市场的观点与“古典”的分析方法结合在一起。当两者发生冲突时，他站到了古典主义的一边，并进一步转向一般均衡。

西方经济学著作早就指出，对未来经济变量的预期是决定当前经济行为的重要因素。20世纪50年代末被广泛接受的适应性预期认为，人们在对经济中的某个变量进行预测时，只以该变量的过去值为依据，而不关心其他变量。穆思认为，适应性预期与人们的实际思维方式相去甚远，人们在实际中的预期行为要理性得多。他提出了所谓的理性预期的思想，即经济人在估计某个经济变量的未来值时，不仅参考这个变量本身的过去值，还考虑经济系统提供的所有信息。这个观点最初并没有得到重视，直到20世纪70年代末才慢慢被接受。原因主要有两个，一是计算机技术得到了长足的发展，求解理性预期模型变得容易了;二是凯恩斯主义解释“滞胀”乏力,为新理论的出现提供了合适的氛围。这个主张后来被卢卡斯等人发掘出来,引起了人们的极大兴趣,甚至把这一思想的传播视为“理性预期革命”。这场革命的意义并不在于提出了一个新的预期机制,而在于对传统的宏观经济学进行彻底的清算,并在西方经济学界倡导了所谓寻找宏观经济学的微观基础的思潮。理性预期学派所指的微观基础,是凯恩斯以前的“古典”经济理论。当凯恩斯主义理论与“古典”理论冲突时,卢卡斯等学者保留了对后者的敬意,抛弃了凯恩斯主义。无论是使用一般均衡分析方法,还是提出理性预期假说,都反映了他们的这一取舍。

二、新古典宏观经济学的发展

理性预期学派从一开始就对经济周期问题给予了特别关注。卢卡斯在20世纪70年代提出了货币周期模型,并引申出货币政策无效性命题,在当时引起了很大的震动。进入80年代后,由于缺乏证据支持,该理论逐渐失去了吸引力。但是理性预期革命的影响仍然存在,一批同样信奉理性预期思想的学者从学派内部对卢卡斯的理论进行了批评,提出了实际经济模型,并且对财政政策、政府的决策行为等一系列宏观经济问题提出了新的见解,使理性预期学派的面貌大为改观。正是他们内容更广泛的研究,促使人们用“新古典宏观经济学派”来代替“理性预期学派”的称呼。但是这批学者希望和卢卡斯等人的早期理论划清界限,因而称自己为新古典宏观经济学“第二代”。他们中的代表人物有罗伯特·巴罗、爱德华·普雷斯特和芬恩·基德兰德等。

新古典宏观经济学这个名称既概括了该学派在基本思想上的古典主义本色,又表明它并不是简单的复古。“古典”经济学有两个基本假设:经济人是理性人,它在经济活动中追求个人利益;所有市场都是出清的。凯恩斯对这两点都有所违反。首先,在他的宏观经济模型中很少考虑对个人的微观假设,从而出现了经济人在宏观经济过程中并不追求利益最大化的现象。其次,凯恩斯认为各种市场不总是出清的,劳动市场上有“非自愿失业”。这两点都受到了不符合微观假设的指责,导致了凯恩斯主义在理论上的失败。新古典宏观经济学则完全接受了这两个“古典”假设,并进一步细化第一个假设,提出理性人是理性预期者。“第二代”学者从这三点出发得出的具体结论与卢卡斯是大相径庭的,这突出表现在周期理论上。卢卡斯用货币因素解释经济周期,认为货币供给冲击是波动的根源;“第二代”学者则认为,波动根源是技术变动等实际因素。前者从需求角度,后者从供给角度,对经济周期的根源提出了截然不同的解释。但是两种模型本质上都是“古典”主义的:波动被描绘成竞争性的均衡现象,所以市场都是出清的;经济人的代表是具有无限期界、理性预期的、追求利益最大化的家庭。实际经济周期模型的生产函数也是古典的,受到随机的技术冲击。更重要的是两者都反对政府对经济的干预,断言市场自由运行的结果是最优的。

从回到“古典”主义的角度来看,“第二代”学者的理论更为彻底,更加强调经济自由主义,反对任何形式的政府干预。

第二节 新古典宏观经济学的基本假设

大致地讲,新古典宏观经济学前后一贯使用的假设或假说包括:最优化行为假设、理性预期假说以及市场出清假设。但是,这三者的地位并不平等。最优化假设是"古典"经济学中最根本、最少有歧义的命题,而理性预期和市场出清却是有很大争议的。西方学者为了突出新古典宏观经济学的特色,通常把理性预期和市场出清看做它的两个基本假设。

一、理性预期

在经济学中,预期(Expection)是指参与经济生活的人对经济变量在未来某一时期的数值作出的估计。理性预期概念的提出者美国经济学家穆思认为,在理性预期概念产生之前,经济理论研究中所涉及的预期理论,可以根据经济学家们所设想的预期形成机制分成四类。

(一)静态预期

静态预期是假定经济活动的主体(企业或个人)完全按照过去已经发生过的情况来估计和判断未来的经济形势。在传统的蛛网理论中,生产者必须对未来市场的产品价格进行预期,以决定其供给数量。蛛网理论假定,生产者通常都以当前的市场价格作为对下一期市场价格的预期,这就是静态预期。如果以 P_t 表示第 t 期的实际价格;P_{t-1} 表示第 t 期前一期的实际价格水平;P_t^* 表示在 $t-1$ 期所预期的第 t 期的价格水平,则静态预期模型为:

$$P_t^* = P_{t-1}$$

由此可见,"静态的预期形成最为单纯,它把前期的实际价格完全当成现期的预期价格"。①

(二)非理性预期

非理性预期,或称为外插型预期,是凯恩斯在其《通论》中提出来的。凯恩斯认为,经济形势是变幻不定的,人们无法确知经济的前景。所以,这种预期是非理性的,缺乏可靠的基础,容易发生突然而剧烈的变化。如果以 α 表示预期中的调整系数,P_{t-2} 为第 $t-1$ 期前一期的实际价格水平,非理性预期的模型为:

$$\overline{P_t} = P_{t-1} + \alpha(P_{t-1} - P_{t-2})$$

根据这一模型可以分析出,如果 α 等于零,该模型就转化为静态预期模型。假定市场实际价格从 $t-2$ 期到 $t-1$ 期是上涨的,即 $P_{t-1} > P_{t-2}$,根据非理性预期理论,乐观的人预期价格上涨趋势将继续下去($\alpha = 1$),悲观的人则预期价格上涨趋势不会持续,反而会大幅度下降($\alpha = -1$),因为乐观与悲观两种情绪的支配,预期价格出现正好相反的结果(如图15-1所示)。

概括地说,非理性预期理论有三个特征:①预期的形成缺乏可靠的基础,易受情绪的支配;②预期被作为一个外生变量对待,从而被排除在模型的分析范围之外,即"把预期主要看做外部变量,因而同任何模式中的现行变量无关"②;③预期不受有关经济变量与政策变量的影响。③

---

① 伊贺隆.关于合理预期形成的理论.现代国外经济学论文选.第7辑.北京:商务印书馆,1983.101

② 约翰·斯特拉瑟.合理预期是有前途的研究大纲,还是货币学派的原教旨主义理论.经济学译丛.1986(8):71

③ 李任初.论预期在现代宏观经济学中的地位.南京大学学报(哲学社会科学版).1986(2):59

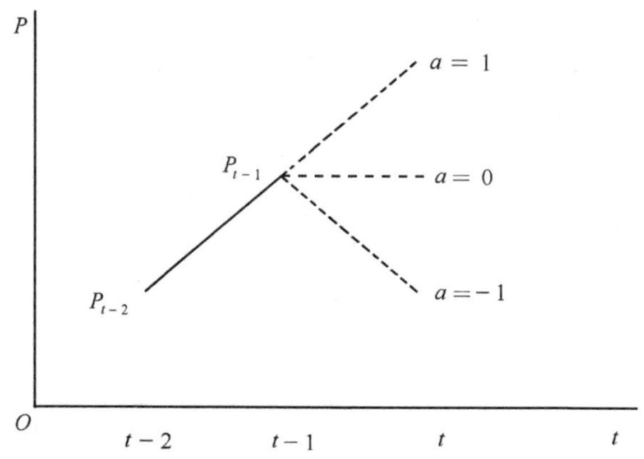

图15－1　非理性预期

（三）适应性预期

适应性预期最初是由菲利普·卡根在1956年发表的《超通货膨胀的货币动态理论》一文中提出来的。后来，弗里德曼在分析通货膨胀和“自然失业率”时运用和推广了适应性预期。如果以β表示适应性预期的调整系数，而且$0<\beta<1$，适应性预期的模型就可以写为：

$$\overline{P_t}=P_{t-1}-\beta(P_{t-1}-\overline{P}_{t-1})$$

或者

$$\overline{P_t}=(1-\beta)\overline{P}_{t-1}+\beta\overline{P}_{t-1}$$

适应性预期形成的一个特点，就是考虑到前期实际价格与预期价格的差距，进行现期的价格预期，形成反馈预期机制。如图15－2所示，前期价格高于实际价格时，现期预期价格下降；反之，前期预期价格低于实际价格时，现期预期价格上升。①

适应性预期理论强调，经济活动主体的预期并不是独立于其他经济变量之外的某种心理状态，而是以过去的经验和客观的经济活动变化为基础的，人们可以利用过去的预期误差来修正其现在的预期。弗里德曼在以这种预期分析通货膨胀问题时说，“各种预期应根据现时通货膨胀与预期通货膨胀之间的差额进行调整。比如，预期通胀率是5%，现时通胀率是10%，预期通胀率就将调整到10与5之间的某个位置上”。② 尽管适应性预期认为经济主体总是能够一步一步地纠正自己过去的错误，但其形成机制有一个很大的不足之处，即它在讨论预期形成时，只注意人们受过去经济和经济变化的影响，而忽略了其他方面的信息来源，尤其是没有考虑到政府的经济政策因素对预期的影响。因此，适应性预期在政府经济政策变化时，便会失去其预期的准确性。这就是说，如果人们不去利用政府所遵循的那些与自己有关的制定经济政策的规划，就会在纠正自己过去的错误时，不断地犯新错

① 关于用递归法建立的更详细的适应性预期模型可参阅伊贺隆. 关于合理预期形成的理论. 现代国外经济学论文选. 第7辑. 商务印书馆，1983. 101～103

② M·弗里德曼. 失业还是通货膨胀？——对菲利普斯曲线的评价. 北京：商务印书馆，1982. 25

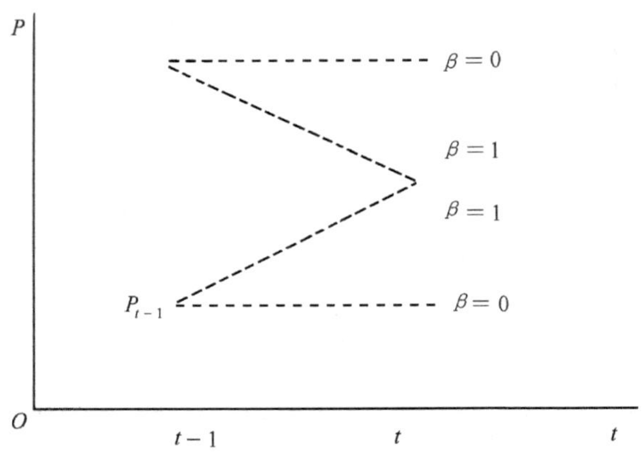

图 15－2　适应性预期

误，或者说，系统地犯错误。

在适应性预期理论中，人们只能处于被动的地位，只是随客观的经济变化和政府经济政策的变化来调整自己的预期。所以，该理论受到了一些经济学家的批评，并由此产生了理性预期的理论。

（四）理性预期

理性预期“假定单个经济单位在形成预期时使用了一切有关的、可以获得的信息，并且对这些信息进行理智的整理”。[①] 在此基础上，经济主体对经济变化的预期是有充分根据的和明智的，在很大程度上是可以实现的，并且不会轻易为经济主体所改变。穆思说：“由于预期是对未来事件有根据的预测，所以它们与有关的经济理论的预测本质上是一样的。我们把这种预期叫做‘合理的’预期。”[②]

理性预期理论最显著的两个特点是：

其一，理性预期总是尽可能最有效地利用现在全部可以被利用的信息，而不是仅依靠过去的经验和经济变化；而且“在用理性预期来代替适应性预期的结构里，模型中的经济主体会注意到政策的变化……经济主体将改变他们的决策，以便充分利用一项新的政策产生出来的任何有利机会”。[③] 理性预期理论并不认为每个经济主体的预期（主观的后果的概率分布）与经济理论的预测（客观的后果的概率分布）是趋向一致的。

其二，理性预期理论并不排除现实经济生活中的不确定因素，也不排除不确定因素的随机变化会干扰人们预期的形成，使人们的预期值偏离其预测变量的实际值。它只是强

① 贝尔特·T·麦卡勒姆. 合理预期理论的意义. 载“现代国外经济学论文选”. 第 7 辑. 北京：商务印书馆，1983. 40

② 转引自布赖恩·坎特. 合理预期理论和经济思想. 载“现代国外经济学论文选”. 第 7 辑. 北京：商务印书馆，1983. 13

③ 马克·威尔斯. “理性预期”：反凯恩斯革命的革命. 见：丹尼尔·贝尔. 经济理论的危机. 上海：上海译文出版社，1985. 120

调,人们一旦发现错误就会立即作出正确的反应,对预期中的失误加以纠正。所以,人们在预测未来时绝不会犯系统性错误。

二、市场出清

市场出清假设是,无论劳动市场上的工资还是产品市场上的价格都具有充分的灵活性,可以根据供需情况迅速进行调整。有了这种灵活性,产品市场和劳动市场都不存在超额供给。因为一旦产品市场出现超额供给,价格就会下降,直至商品价格低到使买者愿意购买为止;如果劳动市场出现超额供给,工资就会下降,直至工资低到使雇主愿意为所有想工作的失业者提供工作为止。因此,每一个市场都处于或趋于供需相抵的情况。

显然,市场出清假设是与价格和工资能灵活调整的条件紧密联系的。这个条件为什么会成立?据称这符合经济人的本性。经济人从事经济活动的目的是追求个人利益的最大化,但是他不能为所欲为,因为许许多多跟他怀有相同动机的人使社会中出现了竞争。竞争就仿佛是润滑剂,可防止个人私欲的无限膨胀。如果某人让他的利己之心越出常规,其他竞争者将乘虚而入夺走他的生意。比如,如果某人对自己的商品要价过高,或对自己的工人拒绝支付同别的雇主一样多的工资,他就会在前一种情况下发现找不到买主,在后一种情况下发现找不到工人。这就好像市场上有一个拍卖者,帮助人们寻找成交的价格,从而剥夺了潜在的获利机会。结果,社会按照它所期望的数量和它所准备支付的价格,获得所需要的商品的供给。简单说来,追求个人利益最大化的经济人使市场非常有效率以至能很快出清。这是亚当·斯密描绘的理想图景。萨伊更直截了当地说"供给会创造自己的需求",一种产品一经生产出来,就会立即为其他产品提供一个与它自身价格完全相等的市场。有一个供给量就会产生相应的需求量,因此经济社会的生产活动能够创造出足够的需求来吸收所供给的商品和劳务。这个观点经穆勒、马歇尔等人不断强化,成了"整个经典学派理论之骨干;没有它,整个经典学派理论就要崩溃"。[①]

如果说斯密和萨伊还仅限于对市场出清作含糊的猜测,那么受到工程师训练的瓦尔拉斯则用数学把这个思想精确化了,称之为一般均衡。均衡是指市场上供求两种相反的力量处于平衡的状态,瓦尔拉斯用一般均衡说明完全竞争条件下所有市场都供求相等且同时相等的状态,也就是全部市场同时出清的状态。他的方法是用一系列条件或关系方程,决定所有产品和要素的均衡价格及均衡数量。

第三节　新古典宏观经济学的经济周期理论

新古典宏观经济学的经济周期理论包括货币周期模型和实际周期模型。货币周期理论认为货币冲击是经济波动的根源;而实际周期理论则认为经济波动的根源是技术变动等实际因素。下面分别介绍这两种模型。

---

① 凯恩斯.就业、利息和货币通论.北京:商务印书馆,1993.21

一、货币经济周期理论

货币周期模型的基本思想是：对货币量和一般价格水平的不完全信息怎样导致了货币的非中性，也就是货币量的变化怎样导致了对一般价格和相对价格变化的短期混淆，从而带来了产出和就业的波动。该模型引申出的政策含义是：系统的货币政策无效，随机的货币政策有害。

货币周期模型最初是以相当复杂的形式出现的，在后来的文献中才出现了较为简洁的表述，下面就来说明一个简化的货币周期模型。

设经济的总需求函数为：

$$y_t^d = \alpha_t + \beta(m_t - p_t), \beta > 0 \tag{1}$$

式中，α 代表除货币供给以外所有能引起总需求变化的因素。为了简化推导，m 和 p 是货币供给和价格水平取了对数以后的值，因而 $(m-p)$ 等价于实际货币供给量 (M/P)。参数 β 是货币供给量对总需求的乘数。

附加了预期的总供给函数（卢卡斯供给函数）为：

$$y_t^s = y_n + \gamma(p_t - p_t^e), \gamma > 0 \tag{2}$$

这一函数的意思是：如果价格水平等于人们预期的值 $(p_t = p_t^e)$，则总供给等于自然率的产出水平 y_n。否则，随着现实价格水平超出预期的价格水平，产出增加到自然率水平上。

当总供给等于总需求时，均衡产生了，此时现实的产出等于总供给和总需求。即

$$y_t = y_t^d = y_t^s \tag{3}$$

首先在给定 α 和 m 的条件下，计算理性预期的均衡产出和价格。为此，对(1)式和(2)式的两端取数学期望，然后将(3)式分别代入两式，得到：

$$y_t^e = \alpha_t^e + \beta(m_t^e - p_t^e) \tag{4}$$

$$y_t^e = y_n \tag{5}$$

式中，上标 e 代表变量的期望值。(5)式表明理性预期的均衡产出等于自然率的产出水平。利用两式可以解得理性预期的均衡价格水平：

$$p_t^e = m_t^e - \frac{1}{\beta}(y_n - \alpha_t^e) \tag{6}$$

现在再来计算经济处于均衡态、但预期不是理性时的价格和产出水平，它是经济更经常呈现的状态。用(1)式和(2)式分别去减(4)式和(5)式，得到：

$$y_t - y_n = (\alpha_t - \alpha_t^e) + \beta(m_t - m_t^e) - \beta(p_t - p_t^e) \tag{7}$$

$$y_t - y_n = \gamma(p_t - p_t^e) \tag{8}$$

等式(7)表示总需求中未预期到的部分，等式(8)表示产出对自然率水平的偏离。从以上两式可以解得现实的产出和价格：

$$y_t = y_n + \frac{\gamma}{\gamma + \beta}[(\alpha_t - \alpha_t^e) + \beta(m_t - m_t^e)] \tag{9}$$

$$p_t = m_t^e - \frac{1}{\beta}(y_n - \alpha_t^e) + \frac{1}{\gamma + \beta}[(\alpha_t - \alpha_t^e) + \beta(m_t - m_t^e)] \tag{10}$$

(9)式说明,只有未预期到的货币供给量(总需求)的变化才能使产出水平偏离其长期增长路径,(10)式说明,预期到的和未预期到的总需求变化都能影响其长期增长路径。把两者结合起来可知,完全预期到的总需求增加只会使价格水平上升。

根据货币周期模型,货币冲击首先影响到一般价格水平,经济人得经过一段时间才能看清楚这种变化不是相对价格变化而是总需求变化,在短时期里货币冲击的确能够影响产出,但是理性预期的经济当事人能够利用有关货币政策规则的知识,很快形成对未来价格的正确预期,纠正错误的产量决策,使社会总产量恢复到自然率水平。这就是说,只要货币当局的政策具有系统性,它就不能改变产出增长的长期路径。如果要长期影响产量,货币当局只能随机地改变货币政策,不让经济当事人掌握其规律,其代价是产出的剧烈波动。货币主义者虽然对货币政策也有类似的分析,但是不少西方学者认为理性预期学派对货币政策的否定更加彻底。

二、实际经济周期理论

货币周期模型虽然得出了反凯恩斯主义的结论,但到20世纪80年代初,该模型同时陷入了理论上和经验上的困境。在理论上,人们认识到信息障碍在实际中似乎并不特别重要,货币经济周期模型对经济周期没有作出令人能够接受的解释。在经验方面,尽管在早期该模型取得了一些成功,但支持预期到的货币是中性的这一主张的证据并非那么有力。在这种情况下,从20世纪80年代初期开始,对总产量不稳定的新古典解释主要集中在实际冲击,这就是所谓的实际经济周期理论。

新古典宏观经济学的实际周期理论认为,宏观经济经常受到一些实际因素的冲击,明显的两个例子是石油危机和农业歉收,还有诸如战争、人口增减、技术革新等。虽然冲击的具体原因可以列出很长的单子,但是它们引起经济波动的途径是有限的:要么改变技术状况(生产率),要么使可利用的资源发生变动等。实际周期理论认为,在各种实际因素中,最常见、最值得分析的是技术冲击,因此,该理论有代表性的论文都把技术冲击作为波动源。

"古典"经济学在解释周期的扩张阶段时,也提到技术变化对产出和就业的正向影响,但是在那里技术专指机器设备的革新。现代西方学者所提出的理论与之有别,他们不仅用技术变化解释经济增长,还用它解释劳动生产率的变动。为此,实际周期理论接受了新古典增长理论对技术变化的定义,即技术变化包括任何使生产函数发生移动而不涉及投入要素数量变化的因素。根据这个宽松的定义,诸如管理的成功与失败也构成技术冲击,也会带来技术变化。下面用较通俗的方式来说明实际周期的基本理论。

在人口和劳动力固定的情况下,一个经济中所生产的实际收入便取决于技术和资本存量,从而总量生产函数可以表示为:

$$y = z f(k)$$

式中,y 为实际收入,k 为资本存量,z 为技术状况。假定资本折旧率为 δ,于是没有被折旧的资本存量为 $(1-\delta)k$。那么在所考察时期的期末,经济中可利用的资源为当期的产量加上没有折旧的资本存量,即 $z f(k) + (1-\delta)k$。

实际周期理论假定经济当中的每个人都具有相同的偏好,这相当于经济中存在着反映所有人利益的代表。该理论进一步假定，这个代表的偏好仅依赖于可延续未来无限期的每年的消费，他每年对更多消费的偏好在减少，即从消费获得的边际效用递减。这样，这个代表最好的做法是在整个生命期内均匀地消费。

图 15－3 给出了生产函数和资源函数。图中，横轴 k 为资本存量；纵轴 J 表示这样几个变量，即实际收入、消费、下期的资本存量和投资；总资源函数为 $zf(k)+(1-\delta)k$。图中向右下方倾斜的直线为经济中的约束线（又称消费和资本积累可能线），它反映消费和积累的关系。当期供消费的最大量为当期收入加上没折旧的资本量，如果这个量被消费掉，则下一时期将没有资本存量。已知约束线的斜率为 －1，因为下一期一单位额外资本存量的增加正好来自于当期一单位消费量的减少。约束线上的每一点可供经济社会选择。假定约束线上的 A 点代表经济的稳定状态，这时，下期资本存量为 k_0，投资为 i_0，消费为 c_0（为简单起见，忽略政府购买和净出口），实际收入为 y_0，如果资本存量 k_0 保持不变以及生产函数（从而总资源曲线）不发生变动，则消费、投资和实际收入将会重复下去。

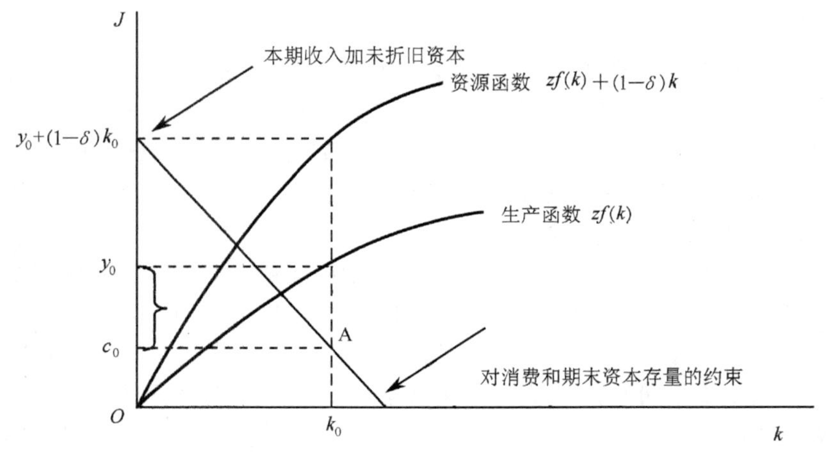

图 15－3　生产函数和资源函数

下面用图 15－4 来说明实际经济周期理论对宏观经济波动的解释。

经济原有的稳定状态为图中 A_1 点，现在假定由于技术进步，使 z 值从 z_0 增加到 z_1，则生产函数和总资源函数向上移动。对原有的资本存量 k_0，产量增加到 y_1，总资源增加到 $y_1+(1-\delta)k_0$，从而使下期的消费和资本积累相应地增加，这表现为约束线向右移动。如果新约束线上的 A' 是被经济社会所选择之点，则资本存量增加到 k_1，消费上升到 c_1。

如果没有进一步的技术变化，在 k_1 水平的资本存量之下，实际收入在下一个时期进一步增加到 y_2，相应地，经济的总资源也增加，在下一个时期，关于消费和资本存量的约束线又往右移动。这些进一步的变动在图中并没有表示出来，但可以想像，资源约束线的向右移动会在接下来的时期相继发生，但向右移动的幅度会越来越小，经济会向新的稳定状态收敛。最终，资本存量、收入、消费和投资都将增加到各自新的稳定水平上。这种由于技术变化所导致的收入变动的路径可用图 15－5 描述。

在图 15－5 中，反映技术进步的 z 值在时期1末的提高，使投资和收入相应地增加。随

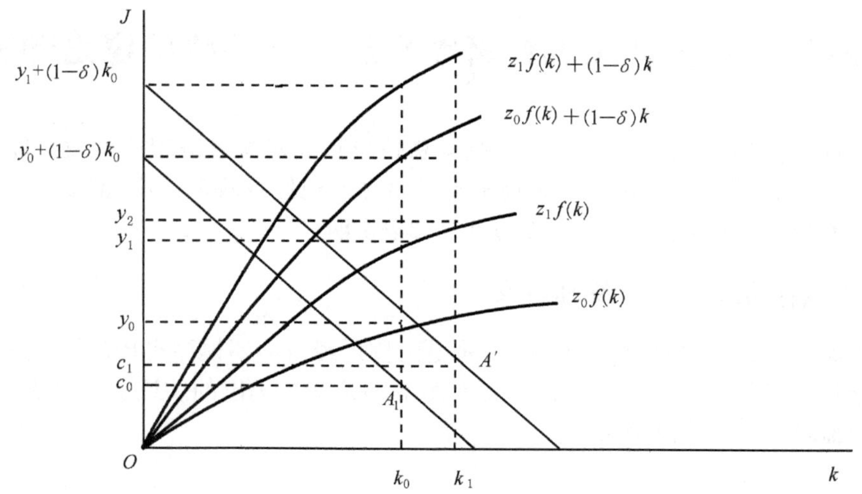

图 15－4　实际经济周期理论对宏观经济波动的解释

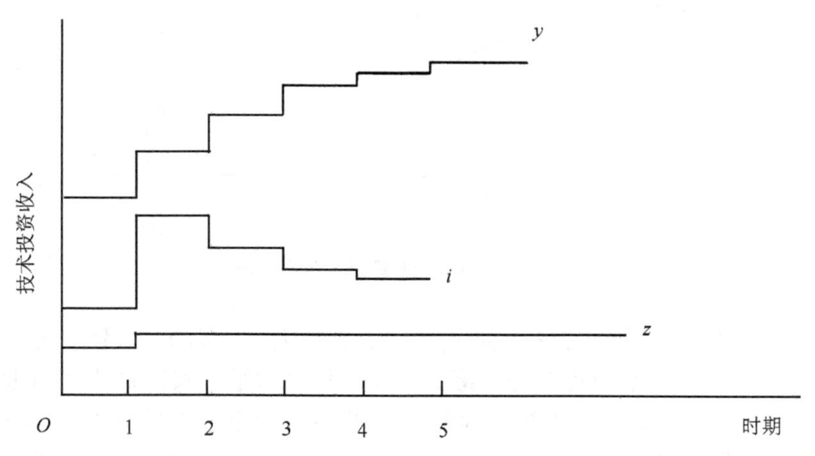

图 15－5　技术变化引起的投资、收入变动

着经济向新的稳定状态运动，投资增量渐近下降，但收入继续增加，只是增加的幅度越来越小，直到达到新的稳定状态。

类似地，也可以说明随着 z 值减少，生产函数向下移动，减少了可用资源，紧接着便是投资、资本存量、消费和收入下降的相反方向的情形。总之，实际周期理论在这里强调的是，技术的变化是收入和投资变动的根源。

第四节 新古典宏观经济学与宏观经济政策理论的发展

众所周知,宏观经济政策的制定和执行总是与有关宏观经济理论的发展联系在一起的。应该说,新古典宏观经济学极大地丰富了西方宏观经济政策理论,推动了宏观经济政策理论的发展。下面主要围绕着四个方面来加以说明。

一、"政策无效"主张及其意义

新古典宏观经济学的"政策无效"主张是由货币经济周期模型得出的。这一主张最初是在萨金特(1975)和华莱士(1976)两篇有影响的论文中提出的。该主张可以用图 15 - 6 所示的总需求—总供给模型来阐述。

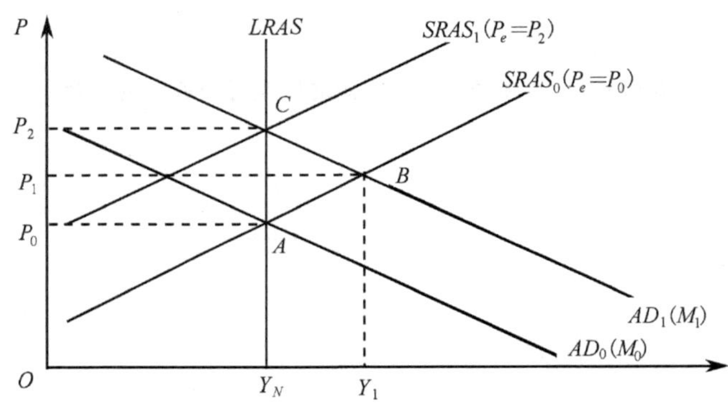

图 15 - 6 "政策无效性"主张

在图 15 - 6 中,经济起初在 A 点处运行,该点是 AD_0,$SRAS_0$ 和 $LRAS$ 三条线的交点。在 A 点,价格水平 P_0 被完全预见到(即实际和预期的价格水平一致),产出和就业在其长期均衡的水平上。假设当局宣布打算提高货币供给,理性的当事人在形成他们的预期时会考虑这个信息并完全预见到货币供给的提高对一般价格水平的影响,结果,产量和就业会停留在自然率水平上不发生变动。当货币工资在一个向上的价格预期之下提高时,总需求曲线从 AD_0 向右移到 AD_1 的效果就被总供给曲线从 $SRAS_0$ 到 $SRAS_1$ 的向左移动所抵消。在这种情况下,经济将从 A 点直接移动到 C 点,停留在垂直的长期供给曲线 $LRAS$ 上,即使在短期,产量和就业也没有变化,即货币是超中性的。

另一方面,设想当局出乎当事人的意料,在未宣布其打算的情况下增加货币供给。这时,拥有不完全信息的厂商和工人把一般价格水平上升的结果错误地当成相对价格的上升,他们作出的反应是提高产量和增加劳动供给。换句话说,工人和厂商错误地把这些看做是对他们劳务和产品需求的实际增长,从而增加劳动和产品的供给。根据所给图形,总需求曲线将从 AD_0 移动到 AD_1,在 B 点与 $SRAS_0$ 相交。从图中可以看出,这时经济的产量为 Y_1,它偏离了产出的自然率水平 Y_N,这被认为是当事人预期误差的结果。按照新古典宏观经济学的说法，产量和就业的任何偏离自然水平的变化都只被看做是暂时的。一旦当事人意识到相对价格并没有变化，产量和就业就又回到长期均衡(自然)水平。根据图 15-6，一旦当事人充分调整了他们的价格预期，总供给曲线就会从 $SRAS_0$ 向左移动到 $SRAS_1$，与 AD_1 在 C 点相交。

总之，新古典宏观经济学的观点是：首先，能预期到的货币供给的变化将只改变价格水平，而对实际产量和就业没有影响；其次，只有未预期到的货币供给的变化才影响实际产量。

新古典宏观经济学的上述"政策无效"主张对关于宏观经济稳定政策的作用及实施的争论有重要意义。如果货币供给是由政府依照一些"已知"的规则决定的，那么即使在短期，政府也不可能通过系统性货币政策影响产量和就业，因为这可能被当事人预见到。在另外一种情况下，政府可能通过反馈规则(例如，对失业和产出变化的反应)来决定货币供给。同样，众所周知的反馈政策规则引起的货币增长率的变化也会被当事人预见到，这使反馈政策规则失效。只有对货币规则的未被预见的偏离才影响产量。换句话说，宏观经济政策要想有效，必须具有欺骗性质。另一方面，按照新古典宏观经济学的说法，具有理性预期的当事人已不会在长期中系统地和持续地犯认识上的错误，因此，宏观经济政策的有效性值得怀疑。

二、政策评价的"卢卡斯批评"

凯恩斯主义模型评价政策效果的一般做法是，先估计出消费函数、货币需求函数等经济计量关系式，然后加进不同的政策规则，预测它们的效果。卢卡斯在 1976 年发表的《对经济计量学政策评价的批评》一文中抨击了使用大规模的宏观经济计量模型来评价不同政策方案效果的做法。他认为，凯恩斯主义的这种做法建立在这种假定之上，即当政策变化时，模型的参数保持不变。他认为，面对政策的变化，大规模的宏观经济计量模型的参数可能不会保持不变，因为经济当事人会随着经济环境的变化而调整他们的行为。由于模型中的参数因政策规则的不同而发生变化，故无法比较不同政策产生的效果。总之，卢卡斯认为凯恩斯主义宏观经济模型对于政策评价没有用处。

"卢卡斯批评"对制定宏观经济政策意义深远。由于政策制定者预期不到新的和不同的经济政策对其模型参数的影响，因而利用原有模型的模拟就不能用于预测其他政策体系的后果。不仅如此，建立在理性预期基础上的"卢卡斯批评"，使人们重新反思曾流行一时的用最优控制理论制定和评价政策的做法。现在许多西方学者已经意识到政府运用政策调控经济完全不同于控制一部机器。事实上，经济的运行依赖于有头脑有思想的经济主体的行为。根据"卢卡斯批评"，如果经济主体具有理性预期，那种认为政府用经济政策来调控经济就像控制一部机器那样简单的想法是完全错误的。有鉴于此，用最优控制理论来设计和评价政策的做法便逐渐失去了支持者。

"卢卡斯批评"对宏观经济政策理论的意义在于：其一，在所考虑的特定的政策发生变化时，它强调了模型参数稳定性的重要性，从而对政策模型和模拟产生了较为深远的影响；其二，它强调了政策问题在本质上不是一个控制问题，而是一个对策问题。关于这一点，下面还将作进一步的说明。

三、关于公债的分析

新古典宏观经济学的早期理论只涉及货币政策,对财政政策并未予以考虑。以巴罗为代表的学者转而对财政政策作了分析,不仅填补了早期的新古典宏观经济学的空白,而且在更广泛的领域里建立起新古典宏观经济学的声望。限于篇幅,下面只对影响较大的新古典宏观经济学关于公债的分析加以介绍。

公债与税收有共同之处,它们都是从公众手中抽取一部分收入,然后把这些资金转交给政府,供公共计划开支之用。但两者也有重要区别,其中一点便是,税收是由政府分派下来强制执行的,而债券的购买则是人们自愿地把资金以私人交换的形式转让给政府,旨在获得以后附带的利息的分期偿还。而更深层次的区别在于公债将公共开支的负担推迟到了未来,这一点对人们的行为(最终对宏观经济)会产生什么影响,正是公债理论存在的特殊之处。

凯恩斯主义经济学家不仅把公债作为弥补财政赤字的一个重要手段,而且也把它看做是政府实施财政政策的一个重要工具。为此,他们还提出了所谓的"公债哲学",其要点是:其一,公债的债务人是国家,债权人是公众。国家与公众的根本利益是一致的,政府欠公众的债也就是自己欠自己的债。其二,政府的政权是稳定的,这就表明了债务的偿还是有保证的,不会引起信用危机。其三,公债不会对子孙后代构成负担,因为发行公债可以促使资本更多地形成,加快经济增长的速度,从而给子孙后代带来更多的财富和消费。由此,凯恩斯主义经济学家把预算赤字看做是经济萧条时期刺激总需求的重要途径。

总之,在凯恩斯主义经济学家看来,公债的效果是非中性的,债务负担不会在以后的时期转移到纳税人的头上。

巴罗利用新古典宏观经济学发展了的理性人假说,复兴了大卫·李嘉图曾经提出的一个重要观点,即认为征税与举债等价,因而公债的效果是中性的。

李嘉图在《政治经济学及赋税原因》一书中提出了这样一种推测:在某些条件下,政府无论用债券还是用税收筹资,其效果等价。布坎南把它称做"李嘉图等价定理"。表面上看,以税收筹资和以债务筹资是不同的:政府的税收减少了一个人的财富,而出售相当于税收额的债券给同一个人,然后在以后连同利息偿还,似乎没有改变这个人的财富。但是,政府的任何债券发行均体现着将来的偿还义务,由赤字支持的减税导致未来更高的税收。如果人们意识到这一点,他们会把相当于未来额外税收的一部分财富积蓄起来,此时人们可支配的财富数量与征税的情况一样。李嘉图本人并不认为上述推测在现实中行得通,但是巴罗却认为按理性预期行事的人们恰是如此做的,因此,无论是税收融资还是债务融资,其效果等价。

1974 年巴罗在《政府债券是净财富吗?》一文中指出,当政府出售债券以弥补减税损失时,敏感的人就会同时意识到将来政府还本付息时,他会面临更高的赋税。政府借债只是推迟了纳税。为了应付将来的税收负担,人们将目前的减税收入储蓄起来而不是花掉。

早在巴罗的这篇文章发表之前,一些经济学家已经认识到对将来赋税的预期会促使消费者更多储蓄,但他们认为这种抵消作用只是部分地发生。人们不可能永远活着,有些人在债券需要兑付以前会死去。如果偿付公债的更高的赋税负担部分地落在后代身上,今天的纳税人确实感到日子更好些，因此花费也会多一些。

针对这种想法，巴罗认为，假定今天的纳税人通过遗产与后代有联系，那么“李嘉图等价定理”最终还是成立的。理由是：消费者是关心后代的，他们不仅从自己的消费中获得满足，而且从其孩子的消费（成长）中得到快乐；继而，他们的孩子又关心自己的孩子，如此延续下去……由于这种代与代之间的联系，今天的纳税人就会像他们能永远活着一样地行动。如果政府增加财政预算赤字，纳税人知道他们的孩子可能面临更重的纳税负担，因此，他们就会打算留给后代更多的遗产。为此，他们就需要更多地储蓄，而不会增加其目前的消费。

巴罗所复兴的“李嘉图等价定理”有很强的政策含义。如果人人都认识到他们的纳税只是被推迟了，那么政府收入的任何增加都将被私人储蓄的等额增加所抵消，结果，既不存在消费扩张，也没有收入增加的乘数效应，因而，政府用减税的办法来刺激经济的财政政策是无效的。

四、“时间不一致性”的理论及意义

在宏观经济政策理论发展过程中，单一规则与相机抉择的争论由来已久。相机抉择的经济政策理论是在20世纪50年代和60年代发展起来的，包含三个关键的步骤：首先，政策制定者应当确定经济政策的目标；其次，在政策制定者努力使其最大化的社会福利函数确定后，选择用于达到这些目标的若干政策工具；最后，政策制定者利用经济模型，运用最优控制理论找出使福利函数最大化的最优政策。

以弗里德曼为代表的货币主义反对凯恩斯主义所主张的相机抉择政策的论点。弗里德曼从政策制定者面对的信息约束、时间滞后和预测有关问题以及政策乘数大小的不确定性等方面出发，认为相机抉择的政策并不能达到政策制定者所追求的目标。上面所论述的“政策无效性”主张对预期到的货币政策影响实际变量的可能性提出了疑问，从而进一步增强了货币主义对相机抉择政策的攻击。1977年，基德兰德和普雷斯科特提出了一个新的模型，重新表述了反对相机抉择政策的论点。

基德兰德和普雷斯科特认为，如果预期是理性的，最优控制理论是无法用于经济计划的，尽管最优控制理论被证明在自然科学领域是非常有用的。在社会经济系统中，存在着那些试图预期政策行为的有智慧的当事人。在这种情况下，政策制定者在一定时期内以一系列行动介入的动态经济系统中的相机抉择政策，在当时情况给定的条件下，不会导致社会目标函数的最大化。基德兰德和普雷斯科特的基本观点是，如果经济当事人是前瞻的，政策问题就以理智局中人——政府与私人部门间的一个动态对策的形式出现。假设政府制定了它所认为的最优政策，然后将其宣布给私人部门，如果该项政策被相信，那么在随后的时期，它也许不再是最优的，因为在新的情况下，政府发现存在着背弃诺言或在以前所宣布的政策上做手脚的激励。事先和事后最优计划的差异就是所谓的“时间的不一致”。如果在T时期得出一项最优政策，而在$T+N$时期得到另一个不同的最优政策，那么在时期T的最优政策就是时间不一致的。基德兰德和普雷斯科特证明了具有“时间不一致性”的政策将极大地损害政府所宣布的政策的信誉。

基德兰德和普雷斯科特的研究对于宏观经济政策理论的发展具有重要意义。首先，他们几乎使人们放弃了建立在最优控制理论基础上的政策设计和政策评价方法。如果说政策评价的"卢卡斯批评"只是从模型参数变化的角度对传统的政策理论提出疑问的话,那么,基德兰德和普雷斯科特的研究更明确地表明,社会经济系统完全不同于物理系统,因而对后者有效的最优控制理论并不一定对前者有效。其次,他们明确地把经济政策问题强调为是一个理性当事人——政府与公众的对策问题。因此,宏观经济政策理论的基本工具不是最优控制理论而是对策论。再次,他们进一步深化了人们对于宏观经济政策的认识。他们的研究表明,如果政府能改变它的政策(即规则没有约束力),那么规则本身也会成为"时间不一致";建立对规则的信誉比具体的规则本身更为重要。最后,他们对政府信誉的分析被引入到宏观经济政策的研究之中。西方学者认为,信誉是对政府如何避免"时间不一致性"的最重要和最有说服力的解释,于是新古典宏观经济学家又在此基础上建立了不少信誉模型,讨论政府信誉对政策施加约束的可能性,这在一定程度上也丰富了宏观经济政策理论。

第五节 简要评述

新古典宏观经济学新在什么地方呢？一方面新在它对古典理论没有涉及的许多问题发表了看法，将古典主义原理极大地加以推广；另一方面新在它吸收了计量经济学领域最新的研究成果，以之为分析工具和表述手段，给古典理论换上了现代包装。不过，这是有代价的，新古典宏观经济学文献被认为特别晦涩难懂。但卢卡斯认为，抽象而简洁的计量经济学模型对于激发新思路、建立更实用的模型都是必不可少的。卢卡斯对计量经济学模型的偏爱，在新古典宏观经济学后来的发展中得到了继承和发扬。"第二代"学者热衷于用计量经济学方法检验其理论，并在大多数情况下得到了正面证据。但是这种结果不能被简单理解为被检验的理论都是正确的。事实上，在如何使用数据和如何估计参数等问题上，人为因素发挥作用的余地相当大，因此计量经济学检验本身并不意味着客观性。

与凯恩斯主义的观点相对照，新古典宏观经济学认为：首先，所有人（不管是雇主还是工人）都作关于价格（通货膨胀）的预期，生产者预期其产品的价格，工人预期其工资的价格。其次，追求最大化的经济人很擅长作预期，会有效利用一切可获得的信息，得出的主观预期与用模型精确计算出的实际数学期望值基本相符。最后，凯恩斯主义者（甚至货币主义者）使用适应性预期机制的结果表明，对预期的修正是需要较长时间的。而理性预期假说认为，经济人如果因信息障碍发生预期错误，那么修正起来就非常快。在这三点区别中，核心是第二点，即预期形成的机制是什么。新古典宏观经济学与凯恩斯本人，都不约而同地把预期的形成归结于人的本能，只是前者赋予这种本能以令人难以置信的精确性。

理性预期假说并没有得到有力的证据支持,而且一旦应用起来在技术上还存在一些问题。比如,理性预期模型往往得出多个均衡解,而不是惟一解。更根本性的问题是,只有在对什么是理性预期形成了一致看法的情况下,模型才是有意义的。可是,人们在现实中,对环境的认识是有分歧的,因此他们的"理性"标准也不一样,能说谁的预期更"理性"呢？尽管如此,多数西方经济学家却倾向于接受理性预期假说。为什么呢？首先,理性预期假说更符合多数西方经济学家信奉的社会哲学——人们总是不遗余力地追求个人利益最大化，即使是凯恩斯主义经济学，主观上也不想否认这一点。若谁声称反对这一基本假设，反而会招致众多的批评。巴罗开玩笑说，“理性预期革命”最高明的地方是恰当地使用了“理性”一词，这将反对者置于一个非常被动的处境：要么承认自己是非理性的，要么证明其他人是非理性的——无论哪一种情形都不会令人感觉舒服。① 其次，对西方经济学家来说，理性预期假说不仅意味着在宏观经济模型中用较复杂的预期表达式代替原来较简单的表达式，更意味着最大化假设最终被贯彻到了经济人行为的方方面面，从而促使经济理论朝着逻辑一致的方向迈进了一大步。这后一点的影响十分深远，改变了整个宏观的经济学思维。从根本上说，宏观经济现象无非是无数微观个体从事各自的经济活动带来的总体后果。既然西方经济学假定每个个体都是一样的利益最大化者，那么任何一个试图解释宏观经济现象的理论，都不应该在涉及经济人的行为方式方面得出与此矛盾的结论。也就是说，宏观经济理论要与微观经济假设一致，否则是不能令人信服的。新古典经济理论要与微观经济假设一致，否则是不能令人信服的。新古典宏观经济学抓住凯恩斯主义经济学在这个问题上的不足，一举推翻了它的整个理论体系。

理性预期假说不仅使宏观经济理论的研究发生了根本性的变化，而且对政府制定宏观经济政策的指导思想也施加了重大影响。由于理性预期假说在模型技术上存在着种种困难，它在实际中的应用受到了很大限制，所以，如果说理性预期假说已为人们广泛接受，它更多的是作为一种观念被接受的。它传达的信息是：普通人远比职业经济学家和政府想像的聪明，在给定信息的条件下能够更理性地形成预期。这一认识，重新突出了预期在经济生活中的重要地位（就这一点来说，新古典宏观经济学与凯恩斯本人所见略同），从而提请政府在出台宏观经济政策时，应更仔细地考虑公众可能作出的理性反应。比起“斟酌类政策还是规划类政策”的具体争论，理性预期假说对政府决策思想的这种影响更为深刻，并且对于世界各国现实的宏观经济管理都有一定的启发作用。

在新古典宏观经济学产生的影响中，除了理性预期假说被大多数学者接受成为西方经济学的新教义以外，另一引人注目的方面是它所使用的研究方法。

西方经济学传统的分析方法忽视人的社会属性，仅把人看做是以追求利益最大化为惟一动机的个体，并且由这些个体的总和构成了社会。在这样的社会中，只有平等的竞争，没有根本的利益冲突，经济自然运行的结果可以达到最优状态。20 世纪 30 年代的大萧条打破了这种信念，凯恩斯认为虽然每个个体是有理性的，但是整个社会却未必如此；资本主义市场经济有一些固有的缺陷，需要政府加以矫正。这种认识虽然远没有触及资本主义的本质，但是已经引起了轩然大波，几十年来西方学者努力证明它与“古典”经济学并没有根本的冲突。而新古典宏观经济学派学者鄙视这种做法，认为凯恩斯革命根本就是错误的。他们要彻底恢复“古典”经济学所描述的和谐的社会图景，并利用自然科学学科发展所提供的分析工具，将这种描述变得十分精确，使其接近自然科学。在卢卡斯看来，经济思想的历史就是技术方法发展的历史，现代经济学家对于前辈的优势主要在于掌握了更先进的技术方法。他表示，如果凯恩斯前的经济学家能够获得这些技术方法，那么他的成就就不会是

① Robert J. Barro. Rational Expectations and Macroeconomics in 1984. *American Economic Review* V.

什么新鲜的了。①

再来看看计量经济学检验的意义，它是新古典宏观经济学者最经常用来证明其理论客观性的工具。计量经济学在建立之初是希望能够帮助政府、企业及个人将复杂的决策问题变为一些简单的技术处理，并在凯恩斯主义盛行的时代一度十分受到重视。随着凯恩斯主义宏观经济理论的失败，计量经济学赖以建立的基础也受到了怀疑。英国经济学家乔治·沙克尔认为：经济决策是有关过去和现在的已知信息与人的心理活动相互作用的产物，完全是主观的；除非事物有规律地重复它自己，我们不可能预测人们将怎样行动。如果决定未来的主要因素不遵循某种可靠的分布，那么在判断具有这类因素的事件的未来结果时，每一个人将作自己独特的判断，而他们若没有有关此人心理的完全知识，是不可能知道他将如何行事的。②

对新古典宏观经济学派（理性预期学派）的观点和政策主张提出批评的经济学家认为，该学派的经济理论有以下缺点：

第一，该学派进行理论分析的基础是市场随时处于“出清”状态。因此，货币工资刚性这个现实经济生活中常见的现象就构成了对理性预期理论分析的挑战。一些经济学家认为，如果名义工资确实是刚性的话，凯恩斯主义的“积极行动主义政策”就可能仍然是有用的。

第二，理性预期的假定是十分值得怀疑的。因为：首先，无法保证人们有能力及时掌握足够的有用信息；其次，任何信息都是有成本的，这就会使人们斟酌取得信息的成本与运用信息的效率，以决定其购买信息的最佳数量。这样，认为人们会像理性预期学派理论所设想的那样能够得到充分的信息，明智地处理信息，是不现实的。

第三，新古典宏观经济学派（理性预期学派）在分析经济问题时借用了现代货币主义学派的“自然率”假定。但是，他们对于“自然率”是如何决定的问题，却没有给出明确的答复。

第四，新古典宏观经济学派（理性预期学派）批评凯恩斯主义“积极行动主义政策”中假定的政府的主动权和个人与企业的被动地位。事实上，新古典宏观经济学派（理性预期学派）自己也犯了同样的错误。他们只强调个人和企业对于政府政策后果的明智判断和反应，但没有注意到政府也会对个人和企业的行为和他们对政策的反应作出明智判断和反应。事实上，不管是否存在理性预期，政府积极的宏观经济政策都是能够影响经济的实际变量的。

总之，持反对意见的经济学家认为，新古典宏观经济学派（理性预期学派）的理性预期理论排斥了经济中的不确定性，导致了对预期的不现实的看法和对积极的稳定性经济政策的放弃。新古典宏观经济学是当代西方宏观经济学的重要组成部分，与这一学派有关的学术争论仍在继续，其动向值得人们关注。

思考题

1. 新古典宏观经济学是怎样形成的？其主要代表人物有哪些？

---

① Robert E. Lucas. *Studies in Business-Cycle Theory*. The MIT Press, Cambridge, Massachusetts, 1987, pp. 9

② Patrick Minford and David Peel. *Rational Expectations and the New Macroeconomics*. Martin Robertson, Oxford, 1983, pp. 1 ~4

2. 试比较货币经济周期理论和实际经济周期理论。

3. 举例说明新古典宏观经济学对宏观经济政策理论的影响。

4. 你认为新古典宏观经济学新在哪些地方?

参考文献

1. 吴易风,王健,方松英. 市场经济和政府干预——新古典宏观经济学和新凯恩斯主义经济学研究. 北京:商务印书馆,1998

2. 王志伟. 现代西方经济学流派. 北京:北京大学出版社,2002

3. 高鸿业. 西方经济学. 北京:中国人民大学出版社,2000

4. 高鸿业,吴易风:现代西方经济学. 北京:经济科学出版社,2000

5. 〔英〕斯诺登,彼得,温纳齐克. 现代宏观经济学指南. 北京:商务印书馆,1998

6. S. Rao Aiyagari. On the Contribution of Technology Shocks to Business Cycles. *Federal Reserve Bank of Minneapolis Quarterly Review*, Winter 1994

7. John H. Cochrane. Shocks. Carnegie-Rochester Conferece Series On public Policy, Spring 1994

8. Mark W. Watson. Measures of Fit for Calibrated Models. *Journal of Political Economy*, December 1993

9. Lawrence Summers. Some Skeptical Observations, on Real Business Cycle Theory. *Federal Reserve Bank of Minneapolis Quarterly Review*, Fall 1986

第16章 公共选择学派

学习要点和要求

公共选择学派产生的背景；与其他西方经济学流派相比，公共选择学派有什么特色；公共选择学派的理论体系主要包括哪些内容；公共选择学派提出了什么样的改革主张。通过本章的学习，要求掌握公共选择学派的基本观点和主要特色。

公共选择理论产生于20世纪40年代末，公共选择学派则形成于20世纪60年代末70年代初。这个学派力图运用新古典经济学的基本原理和方法来研究集体选择问题和政府行为。由于它研究的主题与西方主流经济学研究的主题不同，所以它在西方经济学界被归入非主流派的阵营。

第一节　公共选择学派形成的背景

公共选择理论是由于第二次世界大战以后经济学领域尤其是福利经济学领域中的一些争论和需要而产生和发展起来的。公共选择学派的形成则与20世纪50～60年代发达国家长期推行凯恩斯主义国家干预政策有关。

1938年，当时还在哈佛大学做研究生、年仅24岁的伯格森(Abram Bergson)发表了《福利经济学某些方面的重新系统论述》一文(载《经济学季刊》,1938年2月)，提出把社会福利函数表述为社会所有个人的效用水平的函数。但是，如何解决效用的测量和人际比较呢？伯格森主张用序数来表示效用的“较多”或“较少”，同时求出每个人的福利权数。由于每个人的福利权数不是通过市场机制而是通过集体选择机制形成的，也就是一个社会的收入分配机制决定了每个人的福利权数。所以,伯格森认为,社会福利最大化,不仅要满足帕累托效率的三个边际条件,还要取决于收入分配状况。由于收入分配问题是一个规范问题,各个人的偏好次序不同对收入分配的判断标准就不同。因此,只有从各个人的偏好次序推导出社会偏好次序,才能确定社会最大化的福利。

能否从各个人的偏好次序推导出全社会一致的偏好次序呢?1951年,阿罗(Kenneth J. Arrow)出版了《社会选择和个人价值》一书,试图回答这个问题。根据阿罗的研究,由于信息获取的差别和利益的矛盾,每个人的偏好是不同的,因此,试图在任何条件下从个人偏好次序推导出社会偏好次序是不可能的。阿罗论证了不能依靠多数票规则产生出一种协调一致的社会决策方案,达成社会一致同意的收入分配方案。这就是阿罗的"不可能性定理"。

阿罗"不可能性定理"的提出,推动了一批经济学家研究这样的问题:如何将个人偏好进行加总来实现社会福利函数的最大化,或满足某种规范的标准体系,也就是集中研究在单个投票者的偏好既定的情况下,应当选择怎样的一种社会形态的问题。这种对最优加总偏好的实际程序特点的研究,很自然地使人们对在不同的投票规则下相对于给定的一组偏好将会选择出怎样的结果这一问题产生了兴趣。因为找出一个满足某种规范标准的社会选择函数的问题与在不同的投票规则下建立一种均衡的问题非常类似。詹姆斯·布坎南(James M. Buchanan)等人就是直接受到阿罗定理的刺激才想到要研究公共选择问题的。

从伯格森开始的新福利经济学都致力于揭露市场机制的缺陷。凯恩斯主义的出现,从理论上打破了市场神话。新福利经济学和凯恩斯主义都认为,市场机制并不像古典经济学所说的那样,是一架运转良好、能够自动调节、完美无缺的机器,市场的解决办法并不总是最优的解决办法。集体(或政府)干预应该插手纠正市场机制的缺陷。这些缺陷是由于经济生活中存在的垄断、外部性、公共物品、信息不完全和规模经济造成的,完全竞争模型并没有把这些情况纳入它的分析框架。因此,他们提出国家应当更多地担负起纠正市场机制的缺陷、使资源得到最优配置的责任。

20世纪50~60年代,凯恩斯主义无可争议地成为西方经济学的正统,成为发达国家政府制定经济政策和进行宏观经济管理的指导思想。长期推行凯恩斯主义政策使得资本主义经济结构和经济生活发生了一系列变化:政府在经济生活中的作用越来越强,公共部门在经济结构中的比重上升,政府支出规模不断扩大,政府债务和财政赤字不断增加,60年代后期开始出现通货膨胀。在此背景下,公共选择学派是作为反凯恩斯主义的一个学派出现的。

公共选择学派的主要代表人物有美国著名经济学家、1986年度诺贝尔经济学奖获得者詹姆斯·布坎南,美国著名经济学家戈登·塔洛克(Gordon Tullock)、丹尼斯·C·缪勒(Dennis C. Mueller)、查利斯·罗利(Charles K. Rowley)等人。

公共选择理论的学术大本营是设在美国弗吉尼亚州的乔治·梅森(George Mason)大学的"公共选择研究中心"。公共选择理论的学术阵地是由塔洛克于1966年创办的《公共选择》杂志。

第二节　公共选择学派的特色

公共选择学派不同于20世纪70年代的西方经济学主流派,它是西方经济学的非主流派,但是它与其他的非主流派又有很大差别。

一、与西方主流经济学的分歧

公共选择学派认为,人类社会由两个市场组成,一个是经济市场,另一个是政治市场。在经济市场上活动的主体是消费者(需求者)和厂商(供给者);在政治市场上活动的主体是选民、利益集团(需求者)和政治家、官员(供给者)。在经济市场上,人们通过货币选票来选择能给自己带来最大满足的私人物品;在政治市场上,人们通过民主选票来选择能给自己带来最大利益的政治家、政策法案和法律制度。前一类行为是经济决策,后一类行为是政治决策,个人在社会活动中主要是要作出这两类决策。

西方主流经济学主要研究经济市场上的供求行为及其相应的经济决策,而把政治决策视为经济决策的外生因素或既定因素。西方主流经济学的传统是以完全不同的假定来讨论个人在经济市场和政治市场中的活动以及相应的决策过程。它认为:在经济市场上,个人受利己心支配追求自身利益最大化;而在政治市场上,个人的动机和目标是利他主义的、超个人利益的。

公共选择学派认为,在经济市场和政治市场上活动的是同一个人,没有理由认为同一个人会根据两种完全不同的行为动机进行活动;同一个人在两种场合受不同的动机支配并追求不同的目标,是不可理解的,在逻辑上是自相矛盾的;这种政治、经济截然对立的"善恶二元论"是不能成立的。"经济"和"政治"是相互依从、相互影响的,正确地理解"经济"必须对"政治"有一定的了解;同样,理解"政治"必须能够理解"经济"。经济市场上存在供求双方力量的相互作用,政治市场上也同样存在供求双方力量的相互作用。公共选择学派试图把人的行为的这两个方面重新纳入一个统一的分析框架或理论模式中,用经济学的方法和基本假设来统一分析人的行为的这两个方面,从而拆除传统的西方经济学在经济学和政治学这两个学科之间竖起的隔墙,创立使二者融为一体的新政治经济学体系。

二、公共选择学派的方法论特色

公共选择学派的特色体现在他们的方法论上。具体来说,主要有:

(一)认为经济学是一门交易科学

西方主流经济学把经济学界定为一门选择科学。根据罗宾斯(L. Robbins)的定义,经济学是研究在各种可供选择的或有竞争性的目标中怎样配置稀缺资源的科学。根据这个定义,人们的选择行为和选择结果似乎与制度结构和宪政秩序无关,或者说,制度结构和宪政秩序不会影响人们的选择行为和选择结果,人们在进行市场选择时似乎并不关心选择环境的宪政问题。

公共选择学派则认为,经济学不是一门选择科学或资源配置理论,而是一门交易科学

(the science of exchange)或市场理论。他们特别推崇亚当·斯密在《国民财富的性质和原因的研究》第二章中所说的一段话。斯密在谈到人们从分工中获得更多的利益，并进而分析产生分工的缘由时说道：分工不是人类智慧的结果，而是一种人类倾向缓慢而逐渐造成的结果，“这种倾向就是互通有无，物物交易，互相交易”。① 公共选择学派认为，斯密的这句话就是他对什么是经济学或政治经济学这一问题的回答。经济学的主题本来是研究个人的交易倾向、交易过程和个人在自由交易中自发产生的秩序的。经济学的基本命题是个人之间的交易。经济学是关于交易的契约的科学。

政治市场上的基本活动也是交易，政治是个人、集团之间出于自利动机而进行的一系列交易过程。政治过程和经济过程一样，其基础是交易动机、交易行为，是利益的交换。集体行动是以个人行为为基础的，集体行动可以看做是一个集团(或组织)全体成员之间的复杂交易或契约。市场是自动交易过程的制度体现，个人是按照各自的交易能力进入自动交易过程的。经济学就是研究具有不同利益的个人之间的交易或协商的关系，人们在不同的社会组织下通过交易来谋取相互利益，而不同的社会组织就是人们进行合作行动的结果。因此，集体选择应当列为交易经济学的研究对象。

(二)方法论上的个人主义

方法论上的个人主义(Methodological Individulism)是说，一切社会现象都应追溯到它们的个人行为基础上，都必须从个人的角度来分析阐发；个人的目的或偏好是经济学分析的出发点和基石，必须把个人的目的性放在首位。因为，个人根据自己的利益采取行动，个人的目的性乃是一切社会行为的起因。

公共选择理论把个人作为分析的基本单位，把社会存在看做是个人(而不是集团或阶级)之间的相互作用，认为应当根据个人来解释社会和政治，而不是根据社会来解释个人。布坎南曾经把他的公共选择理论看做是“政治过程的个人主义理论”。

公共选择学派方法论上的个人主义，体现在他们对社会秩序和个人行为的看法上，以及对政府和政治的见解上。在公共选择理论家看来，个人是社会秩序的基本组成单位，而政府只是个人相互作用的制度复合体，个人通过制度复合体作出集体决策，去实现他们相互期望的集体目标，同时他们也通过制度复合体开展与私人活动相对立的集体活动。政治就是在这类制度范围内的个人活动。

(三)经济人范式

西方主流经济学的传统是在经济分析中坚持经济人范式：无论是单个消费者还是单个厂商，他们都是具有利己心的，都要追求自身利益的最大化。

公共选择理论模型的基点是把经济人范式扩大到个人在面临“非商品”选择时所采取的行为和态度：个人参与政治活动的目的也是追求个人利益最大化，也以成本—收益分析为根据。贯彻在这些模型中的原则是：人就是人，人并不因占有一个总经理职位，或拥有一个部长头衔就会使“人性”有一点点改变。一个人不管是在私营企业里领薪水，还是由政府机关发给工资，或在其他什么地方，他还是他，假如有可能，他宁可选择能为自己带来更大个人满足的决策、公共物品和政治家，这些满足包括物质上的满足和纯粹心理上的满足。

① 〔英〕亚当·斯密. 国民财富的性质和原因的研究. 上卷. 北京：商务印书馆，1972. 12

公共选择学派把政治制度看做是一个普通的市场——政治市场。在政治市场上，人们建立起契约交易关系，一切活动都以个人的成本—收益计算为基础。在公共选择理论看来，没有理由认为单个选民在投票箱前的动机与单个消费者在超级市场上的动机有本质上的不同：在其他条件相同的情况下，他一般宁愿投票赞成这样的政治家，其行动将给他个人带来“更多的东西”，而不愿投票赞成另一类政治家，其纲领将使他付出的成本高于给他带来的利益。政治家的基本行为动机也是追求个人利益最大化。政治家的效用函数中包括的变量有权力、地位、名声、威望等。虽然增进公共利益也可能是政治家目标函数中的一个变量，但是这个变量不是他的目标函数中的首要变量或权重最大的变量。因此，政治家追求他的个人目标时未必符合公共利益或社会目标。塔洛克认为，在政治市场上，在日益膨胀的政府机构中，选民仍然是一个有理性的经济人。他写道：“人绝不会因为处于森严的等级制度之中而放弃生存。他仍然是具有个人的动机、刺激和愿望的人。”①“人们追寻的权利、福利，不是来自官员的恩惠，不是来自他对公共利益的考虑，而是出于他自利的打算。”②布坎南认为：“如果把参与市场关系的个人当做是效用最大化者，那么，当个人在非市场内行事时，似乎没有理由假定个人的动机发生了变化。至少存在一个有力的假定，即当人由市场中的买者或卖者转变为政治过程中的投票人、纳税人、受益人、政治家或官员时，他的品行不会发生变化。”③公共选择学派认为，使用经济人范式，不但有助于解释市场失灵，而且可以直接论证政府失灵或政治失败。

第三节 公共选择学派的主要理论

公共选择学派的理论主要包括公共物品理论、投票（选举）理论、党派经济学、利益集团理论、寻租理论、政府失灵理论和宪政经济学等。限于篇幅，本章主要讨论公共选择学派的以下几种理论。

一、投票理论

投票理论主要研究在直接民主制下，现行的集体选择规则（投票规则）是如何运行的，及其效果如何。

在西方发达国家，投票规则通常有两种：一致同意规则和多数票（通过）规则。

在一致同意规则下，一项议案只有获得全体投票人的一致赞成才能通过，这种规则实行的是一票否决制。根据这种规则作出的集体决策可以满足所有投票人的偏好。如果一项决策使其中的任何一个人的利益受到损害，它便不能获得通过。因此，从理论上说，按照一致同意规则作出的集体选择可以达到帕累托最优状态。维克塞尔早在19世纪末就论述过这一点。

但是，在实际生活中，除了像联合国常任理事国会议决议、欧盟成员国首脑会议作出财

① 转引自〔美〕布坎南.经济学家应该做什么.成都：西南财经大学出版社，1988.142～143

② 〔美〕布坎南.宪政经济学.转引自经济学动态.1992(4).68～69

③ 〔美〕布坎南.经济学家应该做什么.成都：西南财经大学出版社，1988.94

政预算等重大问题的决议等这些少数场合以外，一致同意规则很少被使用。为什么理论上有效率的选择机制却不被经常使用呢？这是因为：首先，使用这种规则进行决策的成本太高。在一致同意规则下，任何一项议案要获得有关各方的一致赞成，就需要大量的协商、磨合和讨价还价。有人证明，一致性在 3 个人以上的场合就难以达成，不用说在成千上万人的大社会了。因为人们的偏好千差万别，光是这些人共同寻找交易契约曲线上的一点所花费的时间就可能是无穷大。其次，这种规则会刺激人们的机会主义行为，甚至会引起威胁和敲诈。如果一个人认识到某项决策他不点头就不能获得通过的话，那么他就可能敲诈那些想使这项决策获得通过的人。最后，这种规则往往使得多数人拥护的议案不能获得通过，很多公共选择有过程而没有结果，由此造成资源的浪费。

多数票规则是民主国家经常使用的投票规则，这种决策规则就是少数服从多数。这里的“多数”可以是简单多数（1/2 以上）或特定多数（如 3/4 多数、4/5 多数等）。多数票规则也不是一种理想的公共选择规则。

第一，按照多数票规则进行选择往往难以获得均衡的结果。这就是 18 世纪的孔多塞和博尔达（Jean-Charles de Borda）所观察到的“投票悖论”或“投票循环”现象。投票悖论证明，当每个人的偏好不同时，加总这些偏好所获得的结果可能是不相容的。阿罗的不可能性定理也说明：如果排除效用人际比较的可能性，那么把个人偏好总合成表达各种各样的个人偏好次序的社会偏好是不可能的。

阿罗的不可能性定理向传统的政治理论提出了严峻的挑战。传统的政治学认为，政府的存在是为了向社会成员提供“社会需要”的公共物品和服务。但是，现在根据阿罗的理论，“社会需要什么”这个问题本身就没有答案。因此，人们有理由对政府干预经济活动的必要性和合理性提出疑问。

第二，多数票规则没有如实反映每个人的偏好强度。在私人物品市场上，个人可以通过多买或出高价购买来显示他的偏好强度。一个偏好抽烟的人经常整条整条购买香烟；如果他喜欢抽的那种牌子的香烟短缺，他可能愿意出高价来购得这种香烟，而一个没有抽烟嗜好的人根本就不会去买香烟。但是，在公共物品市场上，民主制度赋予人们的选择权是“一人一票”。无论一个人对某种议案的偏好有多么强烈，他也只能投一票，没有机会表达他的偏好强度。并且，按照多数票规则作出选择虽然可以满足多数人的偏好，但是却无视少数人的偏好或利益，即便少数人所偏好的议案可以带来更多的社会净收益。这又会导致另一个结果：处于少数派的投票人为了使得自己偏好的议案获得通过将进行选票交易或互投赞成票。选票交易的结果可能是否决有效率的议案，而通过那些有利于少数利益集团的议案。

第三，采用多数票规则进行集体选择有可能导致对选择程序控制权的争夺。因为在多数票规则下，如果首先确定一个表决程序，按照多数票规则进行选择会产生一个均衡的结果；表决程序安排不同，选择的结果就可能不同。因此，在多数票规则下，最终的选择结果往往取决于表决程序安排，谁控制了投票程序，谁就可以控制投票结果。

第四，多数票规则会导致选民对公共选择活动的冷漠。在多数票规则下，选择的结果取决于多数人的偏好，单个人的偏好对选择结果影响很小，“一票定乾坤”的情况绝少出现。并且，选择结果所产生的收益或成本是在投票人中间广泛分摊的，他所投的一票对于他的福利所产生的影响是微不足道的。比如,在一个有100万人口的城市投票选举一个市长,每个选民对选择结果的影响力只有一百万分之一,无论是选出了一位杰出的市长还是选出了一位无能的市长,单个市民有理由把他所获得的好处或所遭受的损害想像为无穷小或零。但是,对于参与集体选择的个人来说,他参加集体选择活动是要耗费或付出的——他需要事先获取待表决议案或候选人的有关信息,需要了解投票程序和投票日期,需要去投票站投票或寻找一位委托人代替他去投票……这就使得个人参加公共选择所付出的成本往往大于选择结果给他所带来的收益(更不用说是损害了)。这种成本—收益的不对称会刺激众多选民对公共选择保持一种冷漠态度。这就可以解释为什么投票选举活动的参与率往往只有60% ~70%。

二、政党(政治家)理论

政党(政治家)和选民是政治市场上的两个行为主体,他们是政治市场上的供给者和需求者。在公共选择理论中,政党是指通过合法的方式在大选中获得政权进而领导政府的人的联合体,政治家是他所在的那个政党的领袖或代表(议员、总统或首相等),政治家的动机和行为与他所代表的那个政党的动机和行为是一致的。那么,政党的动机和目标是什么呢?

1957年,唐斯(Anthony Downs)在他的《民主的经济理论》一书中提出了这样的假说:政治家或政党也是理性的经济人,他和消费者、生产者具有同样的行为动机。"民主政治中的政党与追求利润经济中的企业家是类似的。为了达到他们的个人目的,他们制定他们相信将能获得最多选票的政策,正像企业家生产将能获得最多利润的产品一样……"①这就是说,政党从事活动是为了使政治支持最大化,这种政治支持最大化具体体现为获得选票最大化。作为执政党,它追求的目标是再次当选,连选连任;作为在野党,它所追求的目标是在选举中击败执政党而夺得政权。

唐斯认为,政党所追求的目标不是某种真理或理想,而是当选执政,"政党是为了赢得选举而制定政策,而不是为了制定政策而赢得选举"②。

为了实现它所追求的目标,政党必须在许多方面和不确定性作斗争。一个政党不能确定特定的政策选择将如何影响政治支持率。因为它事先不但很难确定哪些集团、哪些个人从它的纲领和政策中获得利益,而且也很难了解在野党的纲领和政策有多大的政治支持率。

唐斯得出的结论是,政党在其政策决策中一般将遵循多数原则(Majority Principle),政党所追求的只是能给他赢得更多选票而不是失去更多选票的那些政策。而且,他推行这些政策直至达到这样一点,在这一点,由这项政策获益的那些人的选票的边际收益等于由这项政策而遭受损害的那些人的选票的边际损失。政治支持最大化和利润最大化服从同样的原则。

三、利益集团理论

在西方政治学中,利益集团(Interest Group),又称压力集团(Pressure Group),通常被定

---

① Downs, A. (1957): *An Economic Theory of Democracy*. New York: Harper & Row, pp. 295

② Downs, A. (1957): *An Economic Theory of Democracy*. New York: Harper & Row, pp. 28

义为“那些有某种共同的目标并试图对公共政策施加影响的个人的有组织的实体”①。在公共选择文献中,利益集团既包括由自愿成员构成的组织,也包括由非自愿成员构成的组织,前者如美国的青年人俱乐部,后者如禁止非工会会员雇用的工会组织。利益集团可以由普通公民、非营利性组织、公共部门组成,也可以由寻利的厂商组成。不同的利益集团在其规模、资源、权力和政治倾向等方面存在明显的差别。

为什么会存在利益集团?特别是,当公民或厂商可以“逃票乘车”(Free Rider)时,为什么还需要有利益集团呢?对于这个问题主要有三种解释,这三种解释分别形成三种不同的利益集团理论。

(一)传统的利益集团理论

传统的利益集团理论以大卫·特鲁曼(David Truman)和罗伯特·道尔(Robert A. Dahl)等人为代表。特鲁曼和道尔分别在《政府的过程》(1951)和《谁是统治者》(1961)这两本书中认为,集团(或组织)的存在是为了增进其成员的利益,有共同利益的个人或企业组成的集团通常总是具有进一步增进这种共同利益的倾向,个人可以通过代表其利益的集团来实现或增进他的个人利益。工会的目的是为了给工会会员争取更高的工资和更好的工作条件;农场主协会谋求的是对农产品价格进行保护的法律和政策;卡特尔的目标被认为是为其成员企业争取更高的价格;股份公司的存在是为了增进股东的利益;国家的目标则被认为是为了增进全体国民的共同利益。

这种有共同利益的个人所组成的集团谋求的是集团的共同利益的理论,实际上是“个人行动的目的是追求他自身利益最大化”这一命题的推广。在这种理论看来,理性的经济人可以通过纯粹个人的、没有组织的行动来有效地增进他的个人利益,但是,如果仅仅依靠没有组织的个人行动,要么根本无法增进共同利益,要么不能有效地增进共同利益。尤其当社会变得更复杂、更动态和当政府经常干预经济时,更提高了人们对集体行动的需要。于是,理性的经济人便通过结成利益集团来追求和实现他的共同利益。集团或组织的存在是为了谋求个人不能通过他的纯粹个人行动来增进的那一部分利益。

这种理论认为,社会中的每一个人总是归属于某一个或几个利益集团,这些利益集团的目的是各不相同的,而这些相互竞争的集团所施加的压力汇总起来就决定了社会政治活动的进程。

持这种传统观点的人一般假定,社会决策或公共选择是通过许多强大的特殊利益集团的相互作用作出的。这些集团可能通过竞选捐款、友情、对特殊议题的较多知识,或者通过直接的贿赂手段,对政治家产生影响。无论通过什么手段,这些压力集团被假定是立法制度的主要铸造者。这种观点又被称做多元论或复数论(Pluralism)。

有些公共选择理论家积极评价西方民主政治的多元性质,认为在某种意义上,数量众多的压力集团的相互作用,将会产生一种社会满意的结果,最终被通过的法律和政策表现为在数量众多的压力集团中间的一种均衡。因为没有哪一个单独的集团有足够大的或有效的力量来影响所有的备选议案,所以,最终的均衡一般是代表全社会利益的。

多元论在政治哲学上强调各种私人社团的自发性、自由性和自愿性,主张各种社团在

① Berry, Jeffrey M. (1989): *The Interest Group Society*. 2nd ed. Glenview, Ⅲ: Scott, Foresman, pp. 4.

社会中都应有合法的地位,反对国家对这些社团的干预和强制。

(二)奥尔森的集体行动理论

首先对传统的利益集团理论提出强有力挑战的是美国马里兰大学的经济学教授奥尔森。奥尔森在他 1965 年出版的《集体行动的逻辑》一书中提出,从理性的和寻求自身利益的这一前提可以逻辑地推出集团会从自身利益出发采取行动,这种观念事实上是不正确的。如果一个集团中的所有个人在实现了集团目标后都能够获利,由此也不能推论出他们会采取行动来实现这一目标,即便他们都是有理性的和寻求自身利益的。“实际上,除非一个集团中人数很少,或者除非存在强制或其他某些特殊手段以使个人按照他们的共同利益行事,有理性的、寻求自身利益的个人不会采取行动来实现他们共同的或集团的利益。换句话说,即使一个大集团中的所有个人都是有理性的和寻求自身利益的,而且作为一个集团,他们采取行动实现他们共同的利益或目标后都能获益,他们仍然不会自愿地采取行动来实现共同的或集团的利益。”

之所以这样,奥尔森认为,是因为集团或组织的基本功能是向其全体成员提供不可分的、普遍的利益,这种利益是一种具有非排他性的公共物品或集体物品。这种集团利益的共有性意味着,任何单个成员为这种共同利益作出的贡献或牺牲,其收益必然由集团中的所有成员所分享。正是由于这个原因,集团的规模大小与其成员的个人行为和集团行动的效果密切相关。

奥尔森认为,就集团行动的效果——提供的公共物品数量接近最优水平或增进集团利益来说,小集团比大集团更有效。

奥尔森是根据获取集体物品所需的成本与分配给集团成员的利益的关系以及集团成员对这种关系的认知程度来分析集团规模与其行动效果的。

对于小集团来说,每个成员不难发现他从集体物品中获得的个人收益会超过他为这种集体物品所付出的总成本,即便有些成员要承担提供集体物品的全部成本,他们得到的利益也比不提供集体物品时要多。所以,在一个小集团中,由于成员人数很少,每个成员都可以得到总收益中相当大的一部分。在这种场合,集体物品可以通过集团成员自发、自利的行为来提供。

但是,奥尔森认为,这不意味着小集团提供的集体物品总是可以达到最优水平;相反,小集团提供的公共物品通常会低于最优水平。这是因为公共物品的非排他性导致集团成员的“逃票乘车”。

奥尔森认为,由于以下三个因素,大集团提供的集体物品离最优水平更远;集团越大,就越不可能去增进它的共同利益。首先,集团越大,增进集团利益的个人在集团总收益中占有的利益份额就越小,增进集团利益的行动所获得的报酬就越少,这样即使集团能够获得一定量的集体物品,其数量也会大大低于其最优水平。其次,集团越大,任何一个成员在集团总收益中占有的利益份额就越小,他们从集体物品中获得的收益就越不足以补偿他们为集体物品所付出的成本。再次,集团成员的数量越大,组织成本就越高,因而为获得集体物品所需要跨越的障碍就越大。①

① 〔美〕奥尔森. 集体行动的逻辑. 上海:上海三联书店和上海人民出版社,1995. 40 ~ 41

根据以上分析,奥尔森得出结论说:“大集团或‘潜在’集团不会受到激励为获取集体物品而采取行动,因为不管集体物品对集团整体来说是多么珍贵,它不能给个体成员任何激励,使他们承担实现潜在集团利益所需的组织成本,或以任何其他方式承担必要的集体行动的成本。”①

因此,大集团的行动一般都不是依靠它所提供的集体利益来取得其成员的支持,而是通过采用“选择性的刺激手段”来驱使单个成员采取有利于集团的行动。这里的选择性的刺激手段是指集团或组织有权根据其成员有无贡献来决定是否向他提供集体利益。选择性的刺激手段既可以是积极的,也可以是消极的。积极的刺激手段是指通过正面的奖励来诱导个人对集体利益作出贡献,例如,加入工会的会员与非工会会员相比,在就业机会和工资待遇等方面都享有更多的好处。消极的刺激手段是指通过反面的惩罚来对没有或不愿意承担集团行动成本的个人进行惩处或停止其权利。国家税收就是一种反面的选择性刺激手段,逃税的个人将受到补税和罚款的双重惩罚。

由上又得到一个推论:有选择性刺激手段的集团比没有这种手段的集团容易更有效地组织集体行动。

根据奥尔森的上述分析,在一个多元社会里往往存在几类压力集团操纵国家权力的局面,尤其是会出现代表狭隘的特殊利益的压力集团,而代表“公共利益”的压力集团要么是力量弱小,要么就根本不可能存在。存在这种情况的原因,在于压力集团向其成员提供集体物品的性质。在一个组织严密的集团内,每个成员都能认识到集团行动的利益所在,而且存在一种强有力的约束来阻止其成员成为逃票乘车者,因而这类集团会获得相当大的成功。因为这类集团的每个成员将从参与压力集团活动中看到他或她的利益所在。另一方面,松散的公共利益集团获得成功的可能性极小,因为这类集团的单个成员不能指望获得他们活动的大部分利益,如果对其成员没有一种有效的约束的话,这类集团的集体行动往往不可能发生。

(三)政治企业家理论

根据奥尔森的理论,大集团获得集体利益相当困难,但是现实情况有时候并非如此。许多人经常做的恰恰是奥尔森模型认为不可能做的事情,如人们去投票,人们愿意作出牺牲,人们愿意参加集体行动,甚至当可以逃票乘车时人们还愿意为集体行动作出贡献。继奥尔森以后,罗伯特·萨利兹伯里(Robert Salisbury)等人提出政治企业家模型②,用来弥补奥尔森理论的不足。

萨利兹伯里等人把利益集团的组织者看做政治企业家,这种政治企业家一方面愿意为集体行动负担所必要的成本,另一方面期望从集体行动中获得利润和利益。他们强调这种政治企业家在集团形成和集团有效行动方面的重要性,强调政治企业家在集体行动中战胜其单个成员逃票乘车问题的能力。

萨利兹伯里等人把集团提供给成员的利益区分为三种类型:一种是物质利益(material benefit)。这是一些有形的、看得见的并且具有排他性的利益,如环保组织定期向其成员提供印刷精美的出版物;退休人员协会会员可以享受全费医疗保障、半费乘车旅游等。另一种是观念利益(Purposive Benefit)。这是一种无形的、看不见的、与意识形态目标或价值取

---

① 〔美〕奥尔森.集体行动的逻辑.上海:上海三联书店和上海人民出版社,1995.40~41

② Salisbury, Robert H.(1969): An Exchange Theory of Interest Groups, *Midwest Journal of Political Science*, Vol. 13, February, pp.1~32

向联系在一起的利益。第三种是团结一致的利益(Solidary Benefit)。参加集体行动可以使人获得一种归属感,享受社会化的利益。这种利益与集团行动获得的社会报酬联系在一起,只有献身集体行动的人才能获得这种利益。萨利兹伯里认为,奥尔森模型强调的是物质利益,而忽视了后两种利益,但是,只向成员提供一种利益的集团毕竟很少,大多数集团同时提供的是多种利益。萨利兹伯里认为,这些利益大多是与参与集体行动联系在一起的,因此,大集团可以通过利益诱导有效地行动,并不一定需要采取刺激性的手段或强制性的措施。

在萨利兹伯里看来,政治企业家之所以愿意作为集团行动的组织者,是因为政治企业家不但可以从集体行动中获得物质利益,而且可以在集体行动过程中获得非物质利益。政治企业家既可以向其成员收费和征收其他资源,也可以通过集团的有效行动从政府那里获得利益(例如,通过游说使政府制定对本集团有利的政策),还可以通过组织集团行动获得成就感、名声和荣誉等非物质利益。

这样,政治企业家也好,集团成员也好,在集团行动过程中,都有一个承担成本和分享利益的关系问题,集团的绩效和发展方向就取决于集团成员和政治企业家对这种成本分摊和利益分配关系的认可程度。如果双方对这种关系不满意,这种关系将会发生调整。

四、官员理论

政府由不同部门的官员(Bureaucracy,也可以译做“官僚”)组成。官员和政治家构成政治市场上的供给方,他们向选民和利益集团提供公共物品。官员的动机和目标是什么?尼斯卡兰(William A. Jr Niskanen)提出的官员预算最大化模型对这个问题给出了解释。

尼斯卡兰认为,官员具有以下两个特征:①官员是一个非营利性组织或机构,它的资金主要来自一次性拨款,而不是它的产出销售(它所提供的服务);②官员机构中的主管和雇员不会将预算拨款扣除支出费用后的余额私分装入腰包。[①]

官员的目标是什么?马克斯·韦伯(Max Weber)在1947年出版的《社会和经济组织理论》一书中谈到,官员的目标是权力,这如同经济人的目标是利润一样。尼斯卡兰则认为,官员追求的目标是在他的任期内获得最大化预算。官员的效用函数包括薪金、机构或职员的规模、社会名望、额外所得、权力或地位。尼斯卡兰列举说,一个官员可能追求下列目标:“薪金、职务津贴、公共声誉、权力、任免权、机构的产出、容易改变事物、容易管理机构。”[②]除了最后两项外,其余的目标都与政府预算规模有单调正相关关系。因此,作为效用最大化者的官员将也是预算最大化者。

在尼斯卡兰模型中,官员和政府之间的关系被看做是一种双边垄断。官员只把他的服务“卖给”政府(政治家),而政府只从官员那里“购买”服务。不过,在这个市场上,发生的是用某种产出来交换预算:官员每年从财政部或国家预算局获得一次性拨款,同时允诺提供一定量的总产出来交换预算。与经济市场上的交换不同,政治家与官员之间的交换不是按照产出的单位价格来进行的。

官员的预算是由政治家确定的。那么,政治家又根据什么来决定这个预算规模呢?政治家主要是根据预期官员提供的产出量的大小来决定他所偏好的预算额。也就是说,政治

① Niskanen, Jr., William. A. (1971): *Bureaucracy and Representative Government*. Chicago: Aline-Atherton, Inc., pp. 15

② Niskanen, Jr., William. A. (1971): *Bureaucracy and Representative Government*. Chicago: Aline-Atherton, Inc., pp. 38

家批准给官员的预算额(B)是官员产出预期数量(Q)的函数:

$$B = aQ - bQ^2 \qquad (1)$$

其中,$0 \leqslant Q < \frac{a}{2b}$;$a,b$ 是参数,$b>0$。

这个预算—产出函数可以用图 16-1 来表示。

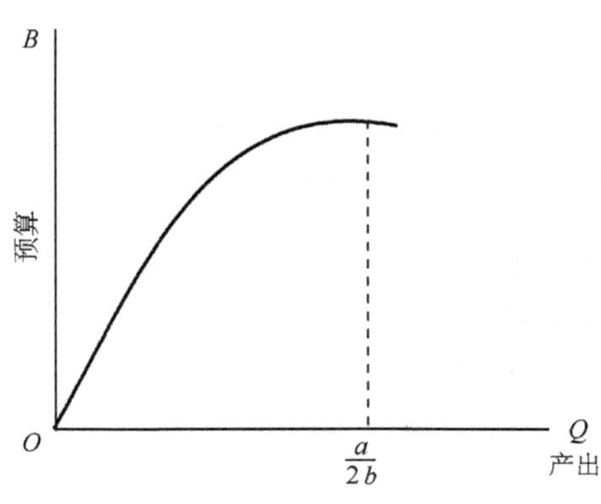

图 16-1 预算—产出函数

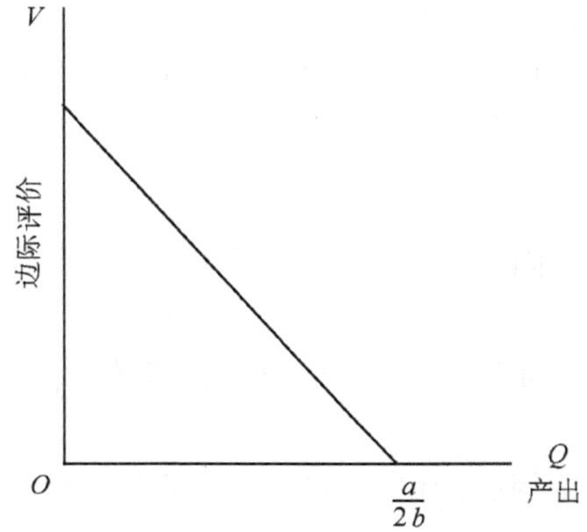

图 16-2 边际评价函数

增加一单位产出所增加的预算称做政治家对产出价值的“边际评价”(V),它也是预期产出量的函数:

$$V = \frac{\mathrm{d}B}{\mathrm{d}Q} = a - 2bQ \qquad (2)$$

如图 16-2 所示,边际评价与产出成反比,即产出愈低,政治家的边际评价愈高;产出愈高,政治家的边际评价愈低;边际评价曲线也服从收益递减规律。

假定官员面临的是下列线性需求曲线和供给曲线:

$$\begin{aligned} P &= a - bQ \\ AC &= c + dQ \end{aligned} \qquad (3)$$

其中,P 表示单位价格;AC 表示单位成本;c 和 d 是参数,$d>0$。

政治家批准给官员的预算额构成官员的总收入:

预算额(B) = 总收益(TR) $= PQ = aQ - bQ^2$

边际收益(MR) $= \frac{\mathrm{d}B}{\mathrm{d}Q} = a - 2bQ$

即政治家的边际评价等于官员的边际收益;

总成本(C) $= AC \times Q = cQ + dQ^2$

边际成本(MC) $= \frac{\mathrm{d}C}{\mathrm{d}Q} = c + 2\mathrm{d}Q$。

预算最大化的官员最大化的是 B,其约束条件是 B 必须至少等于 C,即 $C \leqslant B$。因此,B 最大化的一阶条件是 $\mathrm{d}B/\mathrm{d}Q = 0$,即 $a - 2bQ = 0$。最大化的二阶条件得到满足,因为,

$d^2B/dQ^2 = -2b < 0(b > 0)$。

如果不考虑约束条件，根据预算最大化的一阶条件

$$Q = \frac{a}{2b} \tag{4}$$

如果考虑约束条件，$B = C$，则

$$aQ - bQ^2 = cQ + dQ^2 \text{ 或 } Q = \frac{a-c}{b+d} \tag{5}$$

根据式(4)和式(5)，如果$\frac{a}{2b} = \frac{a-c}{b+d}$，那么

$$a = \frac{2bc}{b-d} \tag{6}$$

因此，如果 $a < 2bc(b-d)$（预算约束范围），官员生产的产量为

$$Q = (a-c)(b+d)$$

如果 $a \geqslant 2bc(b-d)$（需求约束范围），官员生产的产量为

$$Q = a/2b$$

相反，追求利润最大化的厂商是使利润 π 最大化，

$$\pi = B - C$$

为了使 π 最大化，令 $d\pi/dQ = 0$（一阶条件），即

$$\frac{dB}{dQ} - \frac{dC}{dQ} = 0$$

即

$$a - 2bQ = c + 2dQ$$

$$Q = \frac{a-c}{2(b+d)} \tag{7}$$

利润最大化的二阶条件得到满足，因为

$$\frac{d^2\pi}{dQ^2} = -2(b+d) < 0(b > 0, d > 0)$$

比较式(5)和式(7)，不难发现，预算约束下官员生产的产量恰好是完全竞争下厂商生产的均衡产量的2倍。

这意味着，在多数票规则下，官员提供的产出量将比中间投票人（消费者）所愿意消费的数量大得多。因此，在给定预算的情况下，官员将过多供给这种物品，由此造成福利损失。在这种情况下，消费者（选民）倾向于削减预算规模。

另一方面，如果政治家提供给官员的预算小于官员生产的总成本，那么官员的产出水平将低于消费者所需要的产出水平。在这种情况下，政府将处于消费者（选民）要求增加预算规模以满足需求的压力之下。

这样，在官员、政治家和选民之间形成了三角博弈：官员为了自身利益的最大化，将从政治家那里寻求预算规模最大化；而政治家为了获得政治支持或选票最大化，将尽可能扩大预算规模以便满足选民的需求，只要这种预算规模不是大到把选民闹翻。

在官员与政治家的博弈中，最终的结果取决于权力分配和两方在交易中的影响。虽然政治家拥有立法权和法律赋予的其他职权，但是他们常常在很大程度上要依靠官员提供与

服务供给有关的信息。这些信息包括:有关服务供给状况、各种投入的价格、对公共服务需求的趋势等。由于存在信息不对称(Asymmetric Information),因此,实际上是这些官员通过他们的政治上司来提出预算请求,而政治家往往没有充分的信息对官员的预算请求提出异议。

这就出现了这样的结果:政治家对拨出使产量最大化的预算感兴趣,因为这将有助于保证他再次当选。而官员则希望最大化他的预算规模,因为这为他提供了使他的效用最大化的资源。

由于与政治家相比,官员对公共物品的生产函数和成本函数具有更多的知识,因此,在对预算进行讨价还价谈判时,官员能够榨取消费者剩余并把这种剩余转化为更多的产出以及由此而来的更大的预算。既然官员的效用是预算规模的增函数,那么官员就有扩大预算规模的刺激。

五、政府失灵理论

公共选择学派把政府失灵(Government Failure)又称做官员政治的无效率(Bureaucratic Inefficiency)或政治失灵,它表现为浪费、冗员和低生产率。官员制度不是在生产可能性边界上运行,而是在生产可能性边界以内运行。重要的政府失灵理论有以下四种。

(一)没有代表性的政府

在现代民主社会,民主应当是"一人一票",但事实上往往是金钱赢得选举。政治家需要金钱来资助选举,因而能够在政治上说话的是金钱而不是选民的偏好。因此,在西方民主制度下,通过政治程序作出的公共选择,如立法、政策方案,往往体现的是财力雄厚的极少数人的利益和偏好,并不能代表广大选民的利益和愿望。

(二)政府目光短浅和行为短期化

在西方民主制下,当选的政治领袖们必须经常面临着选举——每隔2年、4年或6年就要进行一次选举,而且他们是在竞争十分激烈的选区争取再度当选的。而且,政治竞争与市场竞争不同,市场竞争是延续的,私人厂商只要没有关门或退出这个市场,它在市场竞争中就会存续下去,它在这一轮竞争中是失败者,在下一轮竞争中可能会反败为胜。但是,政治竞争是间断的,某种政策只适用于某个政治家当政的那个时期,台上的主角换了,所唱的内容也就随之改变;政治家即便可以连选连任,他也不可以终身当政,他要受法律规定的最高连任次数的限制。竞选的压力和政治竞争的间断性必然导致政治决策上的近视眼或目光短浅,政治家往往重视的是眼前的地位和未来的选票,很少看重国民的未来利益。

政治家把目光盯在下一届选举上的倾向会产生一种"政治的经济周期"(Political Business Cycle):政治家为了赢得选举往往在竞选中向选民承诺,当选后将降低失业率,扩大社会福利;但是一旦当选,面临庞大的政府开支、大量的财政赤字、巨额政府债务和通货膨胀压力,政治家往往用削减政府开支、提高失业率为代价来换取通货膨胀率的降低,抑制通货膨胀预期。当下一届大选临近时,政治家又故伎重演:通过扩大政府开支来降低失业率,以便赢得更多的选票,而这又潜伏着新一轮的通货膨胀。在这种周期性的失业和通货膨胀交替过程中,由于预期的作用,长期的通货膨胀率提高了。也就是说,短期的菲利普斯曲线是向右下方倾斜的,而长期的菲利普斯曲线则是垂直的。

目光短浅的倾向会导致政府施政方案中的超前消费偏向。就是说,那些促进现在消费而不是未来消费的方案将得到拥护，而那些长期投资（基础研究、水土保持、环境保护）在临近政治选举的阶段会经历磨难。因此，政府的政策方案往往只体现今日公民的要求，而无视未来公民的需要。

（三）政府规模不断膨胀

政府规模不断膨胀表现在政府规模增长上。政府规模增长既可以表现为绝对规模增长，也可以表现为相对规模增长，前者用税收和政府支出绝对量的扩大来表示，后者用人均纳税额和人均公共支出额或税收和公共支出分别在 GDP 中所占的比例来表示。

翻开发达国家的经济史，我们不难看到，自 20 世纪以来尤其是第二次世界大战结束以来，发达国家的税收和政府支出有了令人瞩目的增长。在 18 世纪和 19 世纪，一般美国人所缴纳的税收不到他的收入的 5%，20 世纪初这个比例也不到 10%，但是今天这个比例已经上升到 35% 左右。

在第一次世界大战前的 1913 年，美国政府（联邦、州和地方政府）支出不到国民产出的 1/10，1946 年为 13%，而到 1998 年财政年度，美国联邦政府支出高达16 875亿美元，约占国内生产总值（GDP）的 21%；英国政府支出早在 1960 年就占 GDP 的 35%（按 1980 年的价格水平计算为5 000万英镑），1975 年达到高峰，占 GDP 的 48%，20 世纪 80 年代这个比率下降到 45% 左右。

除了第一、第二次世界大战期间政府支出有超常增长外，整个 20 世纪，美国的税收和政府开支在 GDP 中的比例都是持续走高的。

美国政府支出在 GDP 中所占的比例还不算最高。英国、德国、法国、瑞典和意大利等其他发达国家的政府支出在 GDP 中所占的比例都高于美国。

（四）政府活动的低效率

政府介入经济活动的理由是市场失灵，但是事实说明，政府干预往往并不能矫正市场失灵。例如，失业、经济波动、通货膨胀、环境污染、生态破坏、收入和财富分配不平等，市场不能解决，政府也不能解决。有些问题虽然政府可以解决，但是要么成本很高，要么副作用很大，使政府在解决此类问题上表现为效率低下。

政治家为了扩大其权力范围和政府开支，往往有意夸大市场失灵，甚至创造市场不完全，这就使得“看不见的手”的作用和政府规模呈此消彼长的变化，其结果是政府干预愈多，效率损失愈大。

公共选择理论通过对政府行为和政府失灵的分析，旨在说明西方政治民主制度中的公共选择总是短视、受金钱支配和违反社会利益的。在这种民主制度下，政治竞争的结果有可能是无效率的甚至是有害的。在政治市场上，没有一种选择机制可以称得上是最优选择机制或有效率的选择机制。布坎南认为：“在政治市场上不存在亚当·斯密所说的‘看不见的手’的对应物。”①“民主制度中的公共选择不是由一只总是导致最优或有效率结果的看不见的手来支配。民主制度选出了林肯、丘吉尔和肯尼迪，也选出了希特勒、墨索里尼和庇隆。”②

① Buchanan, James M. (1987): The Constitution of Economic Policy. *The American Economic Review*, June, Volume 77, Number 3, pp. 244

② Samuelson, P. A. and Nordhaus. W. D. (1989): *Economics. 13th Edition.* McGraw-Hill Book Company, pp. 770

第四节　宪政经济学

公共选择学派认为，解决政府失灵的根本出路是进行宪政改革，对政府权力施加宪法约束，重新确立一套经济和政治活动的宪法规则。这个思路的内容就构成了宪政经济学（Constitutional Economics，或译做"宪法经济学"）。

什么是宪政经济学？它的主要特色是什么？在《宪政经济学的范围》一文中，布坎南对这些问题给出了答案。他写道："宪政经济学是这样一种研究计划：直接研究规则的运行性质，个人在其中相互作用的制度，以及这些规则和制度被选择的过程或规则和制度的产生。这个研究计划与主流经济学的不同之处在于强调约束条件的选择，它与传统的政治科学的区别在于强调个人相互作用的合作而不是对抗。方法论上的个人主义和理性选择被看做是这个研究计划的核心内容。"①

宪政经济学的要点可以概括如下：

第一，经济学或政治经济学不是研究稀缺的资源在不同用途中的选择，而是研究约束人们行为的不同规则的选择；不是研究在规则约束内的选择，而是研究在不同的规则之间的选择。由于规则决定选择的结果，所以规则本身成为宪政经济学的研究对象。主流经济学试图在现存的政治—法律—制度规则下解释经济行为人的选择，并根据外在的效率标准对这种选择进行评价。宪政经济学则试图对约束经济行为人和政治行为人选择与活动的不同政治—法律—制度规则的运行性质作出解释。所以，布坎南认为，宪政经济学的研究层次要高于主流经济学的研究层次。

第二，规则决定政策。任何一项政策都是在一定的决策规则下制定的，政策本身的好坏和好的政策能否出台取决于决策规则。不同的决策规则会带来不同的决策结果和性质不同的政策。经济政策的好坏不取决于经济学家的建议和政治家的行为，而取决于制定政策的规则。就货币政策与货币制度来说，货币制度重要，因为一定的货币政策是在相应的货币制度下制定的。同理，就税收政策与税收制度来说，税收制度重要。对于一个国家或一个社会来说，关键不是要选择出好的政策和好的领导人，而是要建立一套公平的决策规则。人们不能把他的希望和命运寄托在精英贤哲以及他们所作的英明决策上，而应当寄托在宪法制度上。所以布坎南认为，经济学家的任务不是向政治家们提供政策建议，而是关注进行政治决策的结构。

第三，政府失灵的根源是宪政约束失灵。西方现行的宪政制度是在19世纪根据适合产业革命初期的政治技术条件设计的，现在已经不能对政府行为形成有效的约束，因而导致政府失灵。掌握政府权力的人凌驾于他人之上，掠夺他人；政府活动排挤了个人的自由交易；平等关系变成了主仆关系，自由变成了奴役。结果是社会总产量减少了，分配状况恶化了。

第四，改革的重点是改革规则，是宪政改革。政治活动和经济活动都是在一定的规则

① Buchanan, James M. (1990): The Domain of Constitutional Economics, *Constitutional Political Economy*, Vol. 1, No. 1, pp. 1

下进行的，政治腐败、效率低下和不平等都能从制度规则上找到原因。因此，要改善政治和经济，必须改革规则。宪政经济学认为，改革的努力应当放在那些约束决策或政策制定的规则上，而不是放在通过对行为人的行为施加影响来改变预期结果上。由于宪法是根本性的规则，因此改革的最高阶段是宪法改革。是制定政策的宪法而不是政策本身成为改革的对象。宪法的目的是制约政府与个人，防止各种形式的掠夺行为。宪法约束可以形成一种宪政秩序，出现有秩序的社会、组织和活动，从而为自由交易和个人自由提供保证。

第五，对政府权力施加宪法约束。宪政经济学认为，人们在立宪阶段根据一致同意原则缔结的宪法契约应受到后立宪阶段政府的遵守，并用来制约政府行为和政治过程。政府的任务是保护每一个社会成员的自由和权利不受侵犯，防止任何人通过使用暴力、偷窃或诈骗手段获取财富和权利，消除各种形式的掠夺和强制。布坎南根据大卫·休谟（David Hume）和约翰·斯图亚特·穆勒（J. S. Mill）的观点①，认为政治家和官员有一种"自然的"倾向和动力去扩张政府行动的范围和规模，去追求自身的利益和利益集团的特殊目标，现行的宪法不能有效地控制政治家和官员利用决策程序来对他人进行掠夺。于是，布坎南等人提出，改变这种宪法约束失灵和限制这种超过公众需要的政府扩张的根本途径是宪法改革，通过这种改革来对政府权力施加宪法约束。

第六，宪政改革的目标：宪政民主。布坎南主张用一种宪政民主（Constitutional Democracy）政治来取代美国等西方发达国家现行的民主政治。之所以要在"民主"前面加上"宪政"一词，是因为，"民主"一词可以用来描述结构、目的和作用十分不同的政治；而"宪政民主"是在一些特定的环境中，作为独一无二的合乎理想的人们相互交易的政治秩序而出现的。具体地说，他的观点是："只有在个人自由本身具有价值，同时在有效的政治平等（这是民主发挥作用的原则）得到保证的前提下，'民主'才能具有评价的重大意义，而只有宪法的条文规定能约束或限制集体政治行动的规模和程度，政治平等才能得到保证。""政治的基本任务在于提供法律框架，在框架内个人可以从事一般事业，从中寻求他们想要寻求的更大价值而不会产生公开冲突。"②

为了实现他的宪政民主目标，布坎南提出的宪法设计的基本思路是：在维持秩序（保护国家）方面，政府的行动是合法的；在规定和控制纯私人的行为和私人选择方面，政府的行动是非法的；而介于二者之间的活动，由于市场的作用不能理想地处理它们，政府必须介入，但这方面的政府行动必须根据其预期成本和预期收益来加以慎重选择。

第五节　简要评述

公共选择学派是一个具有独特理论、在西方经济学和政治学中占有独特地位的流派，

① 休谟曾经认为，立法的前提是假定每一个人都是无赖，都是唯利是图者。J·S·穆勒则认为，宪制政府的绝对原则需要把政治权力假设为完全用于促进统治者特殊目标的实现。——参见：新帕尔格雷夫经济学大辞典. 第1卷. 北京：经济科学出版社，1992. 636

② 〔美〕布坎南. 自由、市场和国家. 北京：北京经济学院出版社，1989. 244～245

对它的观点和改革方案,对它的学科归属,西方学术界还存在颇多争议,但是它的发展势头似乎是有增无减。

公共选择理论与西方主流经济学不同,它以揭露资本主义矛盾和批判资本主义制度为其特色。公共选择学派根据他们的分析得出的结论是:现代西方资本主义社会的种种矛盾和困难,与其说是反映了市场经济的破产,不如说是反映了现行资本主义制度结构的失败。现行的资本主义制度结构是在 19 世纪根据适合产业革命初期条件的政治技术设计的,现在它已经过时了。

诚然,公共选择理论对资本主义制度和政治的批判,其目的是要发明一种新的政治技术和新的表现民主的方式,来改良资本主义,从而保证资本主义制度的长治久安。但是,与正统派相比,公共选择理论毕竟敢于对资本主义进行制度分析。他们对资本主义政治过程的矛盾性、投票制度的虚伪性、少数利益集团对决策过程的操纵性的揭露和分析,都是有一定深度的,也是有一定价值的。通过公共选择理论的分析,我们可以窥视到现代西方民主政治生活的种种弊端和虚伪,从而可以帮助我们进一步了解西方民主的本来面目。

公共选择理论提出了许多有价值、有启发性的思想和观点。例如,他们对政治与经济的相互关系的论述;用经济学的方法和假设来研究政治;认为"制定政策的程序和宪法而不是政策本身成为改革的重点","要改善政治,首先必须改革规则","政府失灵的原因不应当从政治家和政府官员品质上去寻找,而应当从宪法规则上去寻找";纠正市场失灵不是要用政府来取代市场,而是需要另一套规则来纠正市场失灵,因为市场失灵的根源是现行的法律—政治规则的失灵;等等。

不过,公共选择学派的一些理论和主张是有片面性的,有些观点过于极端。公共选择理论否认政府干预的必要性是不合时宜的。如今的社会已不同于 18 世纪的亚当·斯密时代,垄断早已取代自由竞争,外部性和公共物品在社会生产和社会生活中占有相当大的比例,社会再生产各个环节和行业间的联系日益密切,关系越来越复杂,经济日益全球化。在这种背景下,要返回到 18 世纪的完全自由放任的时代,只能是一厢情愿而难以成为实现的梦想。

在现代市场经济中,政府已成为不可或缺的经济主体,问题已经不是要不要政府干预,而是政府如何进行干预,这种干预是否符合经济运行的客观要求。事实上,市场经济离开政府干预已经无法正常运行。20 世纪 30 年代资本主义经济大萧条,70 年代西方国家发生的石油危机以及 20 世纪 90 年代泰国爆发的金融危机,都说明要保证经济的正常运行,不但需要政府干预,有时还需要多国政府的联合干预和协调行动。美国著名经济学家保罗·克鲁格曼(Paul Krugman)在 1997 年 7 月泰国爆发金融危机后提醒世人注意:"现在应该重新认识自由市场主义,特别是全球化的兴起对人类的作用。在这种情况下,我们还能在多大程度上保留和扩大自由市场的好处……只是通过不停地重复坚持自由市场政策,是无法捍卫经济全球化的。"①

在当今世界上,发达经济和发展中经济成为世界经济的两极,在这两者之间存在着不平等竞争和不平等交换,不要政府干预,不要国家保护,而让各国市场一律对外开放进行自

① 〔美〕保罗·克鲁格曼. 萧条经济学的回归. 北京:中国人民大学出版社,1999. 217 ~218

由竞争,其结果无疑将使发展中国家的经济面临灭顶之灾。因此,我们认为,公共选择理论的自由主义思想表达的是发达国家在国际舞台上的一种愿望。

至于公共选择学派的宪政改革设想,似乎有些过于天真。因为包括宪法在内的任何法律都是统治阶级意志的体现。古往今来,没有哪一个阶级会制定出一个束缚自己手脚的法律。统治阶级可以制定法律,当然也就可以修改甚至废除某种法律,因此,宪法约束能否达到公共选择理论所企求的目的,是值得怀疑的。让政府行动受政策规则约束的设想也是靠不住的。一个明显的事实是,当失业率或通货膨胀率上升为两位数时,没有哪一国政府会坐视不管而信守既定的政策规则。在 20 世纪 30 年代经济大衰退期间,富兰克林·罗斯福一就任美国总统,就要求美国国会授予他以"紧急全权",进而推行"新政"。随后,《紧急银行法》、《紧急救济法》、《全国产业复兴法》等 70 多个"新政"法令被国会批准实施。在一套新的法律、政策规则下,美国濒临绝境的经济得到治理和复苏。如果罗斯福政府信守他的前任胡佛政府所遵从的政策规则,美国经济的前景是不堪设想的。

布坎南的理想社会是一种宪政民主下的无政府社会——在一套公正的宪法规则下,人们能够一起生活于和平、繁荣与和谐之中,而保留作为能够和必须创造人们自己价值的自主的个人自由,政府则退回到亚当·斯密所说的"守夜人"的位置上①。这种社会可以看做是布坎南为人类遥远的未来所设计的一种蓝图,至少在眼下很难成为一种社会工程或社会现实。

思考题

1. 简述公共选择学派的方法论特色。
2. 多数票规则有哪些优点和缺点?
3. 公共选择理论得出的主要结论是什么?
4. 简述宪政经济学的要点。

参考文献

1. Rowley, C. K. ,ed. *Democracy and Public Choice*. Oxford: Basil Blackwell,1987
2. Stevens, Joe B. *The Economics of Collective Choice*. Boulder: Westview Press,1993
3. 〔美〕J·M·布坎南,戈登·塔洛克. 同意的计算. 北京:中国社会科学出版社,2000
4. 〔美〕丹尼斯·C·缪勒. 公共选择理论. 第 2 版. 北京:中国社会科学出版社,1999
5. 方福前. 公共选择理论:政治的经济学. 北京:中国人民大学出版社,2000

① Buchanan, J. M. (1987): Constitution of Economic Policy, *American Economic Reveiew*, June, pp. 673

第17章 新制度学派

学习要点和要求

新制度学派是西方经济学中的反正统学派，学习中要注意它与其他正统学派的区别。新制度学派的理论比较庞杂，除了掌握这一学派代表人物的核心理论外，还要掌握其他制度主义者的学说。本章重点是新制度学派的理论核心凡勃伦—艾尔斯传统的三个重要理论："凡勃伦二分法"、制度调整理论和社会价值原则。

第一节　新制度学派概述

一、经济学中的制度主义

通常称为"新制度主义"(Neoinstitutionalism)或者"新制度经济学"(Neoinstitutional Economics)的新制度学派是西方经济学中一个重要的反正统学派，起源于以凡勃伦(Thorstein B. Veblen)、康芒斯(John R. Commons)等美国制度主义者为代表的"老制度经济学"(Old Institutional Economics, OIE)。作为一种分析范式，新制度学派的核心是"采用整体的(holistic)和有机的方法，认为个人的信仰、价值和行为是内含于文化之中的。它的任务是描述组织的复杂性，以及组织在历史进化中对社会供应的控制，其核心是理解制度变迁和调整的过程。它强调权力关系、法律体系和技术是制度形成中关键的解释因子。它对现有的制度持怀疑和批评观点。经济学被视为以通过制度调整来改善经济功能为目标的、实用主义的、进化的和政策的科学"。①

① Philip A. O'Hara (ed.) *Encyclopedia of Political Economy*, Vol. 1, pp. 533. London: Routledge, 1999

随着20世纪70年代后遵循新古典传统发展起来的“新制度经济学”(New Institutional Economics)的兴起,制度经济学和制度主义这两个词的含义出现了混乱。为了区分这两个学派,我们将本章叙述的这个反正统学派称为“新制度学派”(或新制度主义)。

二、新制度学派的学术渊源

新制度学派的理论来源于老制度学派。凡勃伦(1857~1929)的理论是老制度学派的源头,在他的影响下,许多经济学家对当时美国社会经济中存在的垄断、不平等、贫困、经济周期和劳工问题进行了细致的分析,表达了对现实的不满,提出了各种各样的社会变革主张。其中具有代表性的人物是康芒斯、米切尔(Wesley C. Mitchell)和J·M·克拉克(John Maurice Clark)。在这些人的带动下,一大批经济学家聚集到制度主义的旗帜下。汉弥尔顿(Walton H. Hamilton)1915年将老制度学派所坚持的学说命名为“制度主义”(Institutionalism)或“制度经济学”(Institutional Economics)。老制度学派在20世纪前40年的美国经济学界处于支配地位,对美国经济学和经济政策都产生了巨大的影响,经济思想史上把这一时期称为美国经济学的“制度主义运动”(Institutionalist Movement)。

进入20世纪40年代后,老制度学派的支配地位逐渐被新古典经济学取代,制度主义进入其发展史上最困难的时期,几近消亡。在这一时期,艾尔斯(Clarence E. Ayres)始终坚持凡勃伦确立的分析方法,延续了制度主义的学术薪火。经艾尔斯发展的制度主义理论主体被称为“凡勃伦—艾尔斯传统”(Veblen-Ayres Tradition)。此后,凡勃伦—艾尔斯传统一直是制度主义的核心,新制度学派就是在修正和发扬凡勃伦—艾尔斯传统的基础上发展起来的一个学派。

三、新制度学派的形成

制度主义者于1966年成立了进化经济学学会(Association for Evolutionary Economics, AFEE),并于1967年开始编辑出版《经济问题杂志》(Journal of Economic Issues, JEI),还设立了制度主义者的最高成就奖——凡勃伦—康芒斯奖(Veblen-Commons Award)。20世纪60年代后,制度主义者在理论上也取得了重要的进展,形成了称为“新制度主义”或“新制度经济学”的新制度学派,制度主义因此得以复兴。

新制度学派的代表人物有:福斯特(J. Fagg Foster)、图尔(Marc R. Tool)、布什(Paul D. Bush)、杜格(William M. Dugger)、加尔布雷思(John K. Galbraith)、缪尔达尔(Gunnar Myrdal)、海尔布洛纳(Robert N. Heilbroner)、瑟罗(Laster Thurow)、鲍尔丁(Kenneth E. Boulding)等。经过福斯特、图尔和布什等人的发展,制度主义完善了核心理论——“凡勃伦二分法”、制度调整理论和社会价值原则;杜格在权力理论方面的成就丰富了新制度主义的理论;加尔布雷思、缪尔达尔等其他新制度主义者的学说尽管难以融合到凡勃伦—艾尔斯传统中,但从其他角度为新制度学派作出了贡献,得到了制度主义者的认同和尊敬。

四、新制度学派的分析方法和特点

新制度学派继承了凡勃伦等老制度主义者使用的分析方法,但不是简单的照搬。新制度主义者把社会视为一个整体,这个整体的各组成部分——经济、政治、法律、文化等是有机地联系在一起的。在这种整体主义(holism)的方法中,个人被视为社会的产物,同时又塑造着社会。新制度主义者认为整体的各组成部分之间存在着循环累积的因果关系,特定的原因产生特定的结果,而这个结果可能又是其他结果的原因。要把握这种因果关系,必须对现象进行历史的分析,从历史进化中去寻找现实问题的答案。

新制度学派脱胎于老制度经济学,尽管理论上有一定差别,但仍然不难发现制度主义的共同特点:一是批判性。作为西方经济学中的一个反正统学派,制度主义对资本主义社会持批评态度,同时也对维护资本主义体系的正统经济学提出了严厉的批评。二是改良主义。制度主义尽管对社会持批判态度,但并不想彻底推翻现行体制,只是希望对社会作适当的调整,使现行体制更趋完美。三是反制度的制度主义。制度主义者把制度定义为人类行为的规定模式,认为理解社会进化的关键是理解制度调整过程。但制度主义者把制度视为技术进步的障碍,他们分析制度不是为了维护它,而是为了研究如何对其进行调整,使其更能适应技术进步的要求,从而实现社会进步。四是松散的学派。无论老制度学派还是新制度学派,都缺乏理论上的统一。新制度学派诞生后,学派的松散状况仍然存在。很多著名的新制度主义者的理论都很难融合到凡勃伦—艾尔斯传统中去。

第二节　新制度学派的理论体系

一、"凡勃伦二分法"

(一)"凡勃伦二分法"的起源

凡勃伦将现代资本主义社会划分成两个组成部分:一个是"金钱部门",一个是"工业部门"。前者代表着既得利益集团的利益,后者体现普通大众的利益;前者来自于过去的习惯,是保守的、阻碍性的,后者面向未来,是进步的。整个社会分为两个体系,一个是由金钱部门及其维护者构成的制度(仪式,Ceremonial)体系,一个是由工业部门及其维护者构成的技术(工具,Instrumental)体系。社会就是在这两个体系长期持续的冲突中进化的。这种对技术—制度或工具—仪式两个体系的划分被称为"凡勃伦二分法"(Veblenian Dichotomy)。

(二)艾尔斯对"凡勃伦二分法"的发展

美国经济学家克莱伦斯·艾尔斯(1891～1972)是第二次世界大战后制度主义的领袖,在制度主义的发展中起到了关键作用。其代表作是《经济进步理论》(1944)和《通向合理社会:工业文明的价值》(1961)。

艾尔斯认为,美国经济是"价格经济"和"工业经济"的混合。价格经济是一种以"仪式行为"为基础的制度混合体,它的行为准则是保护那些由习俗和道德观念所维系的权威和特权。这种制度混合体是一种以财产、身份和阶级差异为基础的权力体系。工业经济是以"工具行为"为基础的技术的经济。它关注的是产品和服务的生产中所运用的科学知识、工具和技艺。工业经济是一个生产体系而不是权力体系,它使技术成为经济体系中惟一真实的创造性力量。工业经济中的技术行为是发展的,价格经济中的仪式行为是保守的。现实中价格经济支配着技术经济,仪式行为和工具行为构成了一对相抗衡的力量。由于它们是社会过程的本质特征，因此社会和经济过程始终处于冲突之中。

艾尔斯尽管把技术与制度严格地割裂开来，忽视了它们之间相互缠绕的关系，但他对制度主义的贡献是突出的。首先，他使作为一个学派的制度主义具备了一种单一的而且成体系的哲学基础，即实用主义哲学。其次，他把“凡勃伦二分法”视为制度主义分析社会经济现实的基本方法。艾尔斯的这些工作不仅使凡勃伦的思想得以延续，而且拓展了凡勃伦的理论体系，使凡勃伦创立的学说成为制度主义的主体，形成了制度主义中的“凡勃伦—艾尔斯传统”。

（三）新制度学派对“凡勃伦二分法”的修正

新制度学派保留了“凡勃伦二分法”这一制度主义的理论核心，但对“凡勃伦二分法”中的某些缺陷，尤其是对艾尔斯理论中的缺陷进行了修正，形成了更符合实际的“凡勃伦二分法”。

1. 福斯特的修正。J·法格·福斯特（1907～1985）是艾尔斯的学生，也是新制度学派的奠基人。福斯特没有留下多少著作，其思想大多是由他的学生加以传播的。

遵循凡勃伦—艾尔斯传统，福斯特认为经济学研究的是实际收入的生产过程，实际收入的生产是通过制度来组织的。经济学所考察的过程被福斯特分成了两个范畴：一个是职能范畴（生产实际收入），另一个是结构范畴（制度）。这是对凡勃伦—艾尔斯传统的技术（工具）—制度（仪式）二分法的继承。职能范畴在人类活动中无所不在，而且保证着人类的生命与经验得以延续，是持续的、发展的；制度范畴则是来自于过去习惯的产物，它并不必定有助于人类生命与经验的连续性，是非连续的、多变的。

制度同时也执行着两个不同的职能：一个是工具职能，即促进技术和知识的运用；另一个是仪式职能，即制造和维护身份差别、权力体系、等级差异和种族等方面的歧视。现实中经济问题的产生是因为制度的仪式职能支配了工具职能，从而损害或者扰乱了经济职能的履行。

福斯特抛弃了艾尔斯绝对地割裂技术与制度的观点，将制度视为经济过程中的结构范畴，将技术视为功能范畴，消除了二者的根本性对立。但是他并未完全否认它们之间的对立，他通过对制度执行的工具职能和仪式职能的划分坚持并修正了“凡勃伦二分法”。

2. 布什的综合。保罗·布什（1933～　）是福斯特的学生。布什的代表作是他的三篇论文：《对凡勃伦—艾尔斯—福斯特制度理论的结构性特征的解释》（1983）、《论仪式锁闭概念》（1986）和《制度变迁理论》（1987）。

布什认为，制度是行为模式的社会规定。行为模式有相应的价值标准，行为间的相互关系随价值体系的变化而变化。他区分了价值体系中的工具价值与仪式价值。仪式价值为相互关联的行为提供歧视性差别的判断标准，表现为对传统的依赖和维护，并赋予体现在传统习惯中的思想和行为模式以正当性。人们在仪式价值体系中发生相互关系时的行为模式被称为“仪式正当的行为模式”（Ceremonially Warranted Patterns of Behavior）。工具价值则是解决问题的过程中工具和技能的运用情况的判断标准，它通过问题解决过程中知识的系统性运用而取得自己的合理性，与科学考察和技术革新相联系。人们在工具价值体系中发生相互关系时的行为模式被称为“工具正当的行为模式”（Instrumentally Warranted Patterns of Behavior）。

行为模式与价值结构之间存在一致关系或者支配关系。一致关系是仪式(工具)价值结构中的行为模式都表现为仪式(工具)正当行为模式。如果行为模式与价值结构不一致,就发生了支配关系,这种支配关系反映为仪式价值结构中仪式正当行为模式支配了工具正当行为模式,或者工具价值结构中工具正当行为模式支配仪式正当行为模式。在这些行为模式的相互关系中,布什特别强调的是仪式价值结构中仪式正当行为模式对工具正当行为模式的支配,他把这种形式的行为模式关系称为"仪式支配"(Ceremonial Dominance),并用"仪式支配指数"(Index of Ceremonial Dominance)来衡量仪式支配的程度。仪式支配指数反映了制度对技术革新的许可程度,仪式支配指数越大,社会中技术革新的可能性就越小;反之则反是。

二、制度调整理论

制度主义者认为在仪式体系支配着工具体系的社会中,要解决社会经济问题,推动社会进步,必须对现行制度进行调整。凡勃伦的理论中已经提出了制度调整的基本思路,新制度学派根据凡勃伦的思路,充实和完善了制度主义的制度调整理论。

(一)福斯特的制度调整原则

福斯特认为,组织实际收入的生产的制度同时执行着工具职能和仪式职能。当制度的仪式职能支配了工具职能,现实经济中的各种问题就会产生。要解决这些问题,惟一的办法就是进行制度调整。在制度调整过程中,面临着选择什么样的制度的问题,这就要求有一个选择标准。这个标准是"工具效率"(Instrumental Efficiency)。工具效率标准作为一个价值原则,其根本条件是:这个标准不能在具有歧视性差别的情况下产生。这个价值原则产生效率的条件是要把从科学考察中获得的可靠知识添加到制度的工具职能中去。

任何一次制度调整都意味着或多或少的社会或经济变革,为了不让这些变革打断人类生命和经验的连续性,福斯特提出了制度调整的三个原则:①"技术决定原则"(the Principle of Technological Determination),即必须运用可靠知识来进行制度调整,因为工具效率的大小是由科学考察过程中获得的可靠知识的运用程度来决定的;②"承认相互依存原则"(the Principle of Recognized Interdependence),要让相互依存的大众普遍地、无歧视地参与到制度调整中去,才能成功地改变原来的行为规定模式,说明了只有自下而上的制度调整才可能成功;③"最小扰乱原则"(the Principle of Minimal Dislocation),要求制度调整对生命连续性的扰乱必须是最小的,同时要求制度调整对原有制度执行的工具职能的扰乱程度最小化。

福斯特根据凡勃伦的理论,为新制度学派的理论主体凡勃伦—艾尔斯传统确定了制度调整理论的基调。

(二)图尔对福斯特制度调整理论的深化

马克·R·图尔(1921～　)也是福斯特的学生。他对新制度学派的贡献非常大:一方面完善了制度主义的社会价值原则(后述),另一方面利用自己出色的组织才能扩大了新制度学派的影响。图尔的代表作是他的博士论文《自主的经济:政治经济学的规范理论》(完成于1953年,1979年出版)。图尔的代表性论文收录于他的两部文集中:《社会价值理论文集:新制度主义的贡献》(1986)、《定价、评价和体系:新制度经济学文集》(1995)。图尔1981年出任《经济问题杂志》主编,注重鼓励年轻学者,选题偏向于对制度经济学思想的基础性贡献,但又不失多样性。他曾两次将《经济问题杂志》中的文献选编成册,分别以《经济学与公共政策的制度主义指南》(1984)和《进化经济学》(1988,两卷本)为题出版。前者被布什称为"制度主义最好的教科书"①。

图尔完全遵循了福斯特的制度调整理论,但对这一理论的阐述更为深入。图尔强调了制度的强制性。制度是主动行为的结果,是人们在社会结构的创建过程中有意识、故意决定的。人们引入制度,是要对他们供应实际收入的活动进行组织。当制度执行这种职能的时候,它所执行的就是工具职能。但是,制度仍然是由习惯组成的,它还执行着歧视职能(仪式职能),即创造和维护等级地位和权力差别,损害人类的认知能力,维护现存制度,用歧视性的标准来衡量人的价值。当制度歧视职能的执行程度太大,而工具职能的执行程度太小时,经济问题也就产生了。在现实中,制度导致的经济和社会问题反映在生产力、政治参与、种族和性别、环境这四个方面。解决这些问题的途径是制度调整,也就是增加制度的工具效果的程度和数量,减少制度的歧视效果的程度和数量。

(三)布什的"仪式锁闭"理论与"进步的制度变迁"

布什将制度调整过程划分为两个阶段。第一个阶段称为"仪式锁闭"(Ceremonial Encapsulation),第二个阶段称为"进步的制度变迁"(Progressive Institutional Change)。

社会变迁和制度变迁是由工具正当行为模式来推动的,而工具正当行为模式的基础又是社会一定时期内已获得的可靠知识,这被布什称为知识储备。知识储备的扩大并不总是能引起制度变迁,这是因为存在着"仪式锁闭"现象。所谓"仪式锁闭",指的是只有在不扰乱现存仪式支配程度的情况下,新知识才能成功地结合到制度结构中去。也就是说,只有在不改变现存的仪式支配指数水平的情况下,现存制度中的既得利益者才会允许运用新知识。在仪式锁闭的情况下,共同体追求的是能维护现有价值结构的制度。

布什又区分了在仪式支配指数不变的情况下,知识储备与仪式支配之间可能出现的三种形式:①后向形式(Post-Binding),是严格的仪式锁闭。在这种形式中,共同体依靠从过去遗传下来的仪式惯例将未预料到的科学和技术进步对现存价值体系的影响减小到最低限度,其特征是共同体被动地应对技术革新。②前向形式(Future-Binding)。在这种形式中,现存价值体系中的精英主动选择符合现存价值体系的技术变革。③以苏联生物学家的名字命名的"李森科形式"(Lysenko),即行为的仪式模式已经完全替代了工具模式,只会产生退步的制度变迁。

在制度变迁阶段(除了"李森科形式"),尽管可靠知识的增加被仪式所"锁闭",但它毕竟在增加,被不断结合到现存的制度结构中,所带来的工具效率标准也不断为共同体所理解。新的工具评价标准的扩展腐蚀着仪式惯例的意识形态基础,工具判断标准最终会替代仪式判断标准,"进步的制度变迁"由此而发生。进步的制度变迁与可靠知识的增长是一个反馈关系。一方面,社会的仪式支配指数降低,技术革新更容易被吸收、更容易扩散;另一方面,这个过程又加速了可靠知识的增长。这样,可靠知识的增长既是进步的制度变迁的原因,又是其结果。

---

① Bush, Paul D. (1995): Marc R. Tool's Contributions to Institutional Economics, in Clark M. A. Clark (ed.) *Institutional Economics and the Theory of Social Value: Essays in Honor of Marc R. Tool*. Kluwer Academic Publishers (Boston), pp. 17

三、社会价值原则

新制度学派对制度调整的分析必然要包含价值判断,因为必须用一定的标准来衡量制度调整的成败。制度主义的整体观决定了这个价值判断标准不是个体价值,而是社会价值。制度主义的价值标准与技术过程的连续性、社会过程的连续性进而生命过程的连续性联系在一起。

(一)图尔的社会价值原则

新制度学派的价值理论集中体现在图尔的社会价值原则中。图尔认为,判断制度调整有效性的标准是社会价值原则。图尔的社会价值原则是"通过知识的工具性运用来满足人类生命的连续性以及实现共同体的非歧视性重构"①。

这个原则包含了四个关键元素:一是"连续性"(Continuity)。生命的连续性是保证人类和人类文化进化发展的必要前提。人类所有的经验和社会过程都只有在作为整体的人类生命不发生中断的条件下才能进步和发展。二是"共同体重构"(Re-creation of Community)。人是社会的产物,因此人的生命就与各种各样的共同体相联系。图尔通过共同体来强调人类生命要依赖于文化传承。共同体必然要在制度调整过程中重新组织,也就是"重构"。重新组织的需要说明了现存社会秩序或结构存在问题。三是"非歧视性"(Noninvidious)。这个元素说明了制度调整过程,或者共同体重构过程的特征,也就是必须排除歧视性标准,因为任何歧视性标准的运用都是对工具效率的损害。四是"知识的工具性运用"(the Instrumental Use of Knowledge)。制度调整所运用的知识必须是可靠知识,而且可靠知识要用于工具的目的,而不是用于歧视的目的。

图尔认为这个社会价值原则具有如下一些特征:这个原则是工具价值原则,它不是资本主义、社会主义等规范的意识形态,它不包含一个特定的制度结构;社会价值原则与个人的欲望、品位和偏好无关,因为这些因素本身就是社会决定的,人们要做的只是对这些因素进行判断;这个原则不服务于任何特定的阶级或利益集团;这个原则所提供的"不是乌托邦式的解决办法,它也不是万应灵药"②。

(二)社会价值原则的应用

图尔将社会价值原则对应到四类社会问题中,并针对这些问题提出了具体的判断标准。首先,在经济领域,由社会价值原则所推导出来的判断标准是"工具效率"标准。判断知识和技术是否被有效地利用,要从长期的、社会的基础出发,看它们是否有利于人类生命的连续性和共同体的重构,而不是从"金钱的"基础出发来判断。其次,政治领域的判断标准是"民主"。图尔所说的民主是大众对政治事务连续的、普遍的、非歧视的参与。再次,对于种族和性别问题,判断的标准就是"非歧视性"。最后,在环境问题上,图尔推导出的标准是"环境兼容"(Environment Compatibility),指的是社会共同体和生物共同体之间的兼容。生物共同体是社会共同体存在和运行的前提,因此保护生物共同体就是保护社会共同体。

---

① Tool, Marc R. (1979): *The Discretionary Economy: A Normative Theory of Political Economy*. California: Goodyear Publishing Company, Inc., pp. 293

② Tool, Marc R. *The Discretionary Economy*, pp. 299

图尔还用社会价值原则批评了西方正统经济学家宣称的价值中立和实证分析。他认为,正统经济学所推崇的自由市场机制本身就是一个规范性的标准。根据这一标准,向自由市场靠拢就是"好的"。但他认为,把市场机制作为一种规范性标准来使用存在以下一些问题:①历史上没有任何国家彻底地实施了自由市场机制;②对自由市场的信仰中仍然保留着陈旧的自然法则观念;③自由市场的信仰会表现出狂热的民族优越感;④将自由市场机制作为规范性标准来使用,不但不会扩展"自由选择",反而会限制自由选择,因为它已经被看成了惟一的标准。图尔认为,萨克斯(Jeffrey Sachs)在正统经济学价值标准的基础上为东欧改革设计的方案,就是规范性地使用自由市场机制的典型事例。

四、新制度学派的权力理论

在新制度学派中,有一个分支特别强调权力关系在制度的形成和职能中的作用。这一分支在新制度学派中被称为"激进制度主义"(Radical Institutionalism)。杜格(William M. Dugger)是激进制度主义的代表人物。权力理论是激进制度主义对新制度学派作出的主要贡献。

(一)新制度学派权力理论的渊源

激进制度主义者强调权力(power)就是控制和支配能力,存在权力的社会或经济不可能是和谐的。具体到经济领域,激进制度主义者认为当代资本主义经济中最明显的权力就是公司权力。

新制度学派的权力理论主要来自凡勃伦的思想。凡勃伦将他的二分法运用到社会体系的分析中时,区分了金钱的缺位所有者、既得利益者和工业的普通大众、工程师这两个不同的集团。前者是现存制度的维护者,利用现存制度控制和支配着劳作本能体现得更充分的阶级或者阶层。金钱的阶层所拥有的控制和支配能力就是权力。另一方面,由于制度主义者强调现代资本主义经济的主要权力是公司权力,因此权力理论的发展就与制度主义者对资本主义经济和社会体系的认识与理解分不开,这方面的源头仍然是凡勃伦。凡勃伦在《企业论》和《缺位所有权》等著作中已经发现了资本主义的企业出现了所有权和控制权相分离的现象。在他之后,伯利(Adolph A. Berle)和米恩斯(Gardiner C. Means)的名著《现代公司与私有财产》证明了现代资本主义公司的特征就是所有权与控制权发生分离。

(二)杜格的公司霸权理论

杜格认为权力源于制度结构。特定的制度总是履行着特定的功能,在制度履行的不同功能中,总有一个支配性的功能。其他的功能通过各种方式与支配性功能相联系,或者服务于支配性功能。他认为,当代美国社会由六种制度构成:经济制度、教育制度、军事制度、血缘关系制度、政治制度和宗教制度。在这六种制度中,经济制度是支配性的,而支配性的经济制度具体化为公司,所有非经济制度都与公司发生着联系,或为公司服务。杜格将公司这一制度支配社会的现象称为"公司霸权"(Corporate Hegemony)①,并认为它是现阶段发达资本主义经济的典型特征,也是公司权力极度膨胀的表现。

---

① Dugger, William M. (1980): Power: An Institutionalist Framework of Analysis, *Journal of Economic Issues* Vol. 14, No.4 (Dec.), pp.901

作为支配性制度的公司霸权以及产生这种权力的制度结构通过歪曲(Subreption)、玷污(Contamination)、仿效(Emulation)和神秘化(Mystification)四种方式实现并巩固公司霸权。"歪曲"指的是一个制度本来的功能成为另一个制度的手段。在多元社会中,不同制度的功能是相对独立的或者"自治的",但是一元社会却将每一个非支配制度的功能都歪曲为支配性制度可供利用的手段。"玷污"使一个制度发挥的作用扩展到了另一个制度中,取代了被"玷污"的这个制度本应发挥的作用,最典型的是对价值观的"玷污"。"仿效"是实现公司霸权最重要的工具,指的是一个制度成功地否定了其他制度中的权威的地位,并使自己的权威、价值观、行为和思想模式成为其他制度模仿的对象。"神秘化"指的是当一个社会产生了最重要的、最有价值的社会象征时,其他制度试图模仿或者支持这个象征。也就是说,这个象征性符号被赋予了神圣的地位,比如自由企业、企业家精神、私有产权这些象征性符号。

这样,属于仪式范畴的权力和公司霸权,通过这四个严重违背工具价值原则的手段或过程,将(美国)多元的社会制度结构变成了单一的公司霸权文化,而且使其成为了一个普遍性的仪式价值标准。杜格的这一逻辑中包含了凡勃伦—艾尔斯传统的理论要素,将权力理论融入了凡勃伦—艾尔斯传统,丰富了这一传统的内容,增强了它对现实的解释力。

五、其他新制度主义者的学说

新制度学派是一个庞杂的学派,除了其理论主体凡勃伦—艾尔斯传统的构建外,还有一些杰出的新制度主义者提出了许多颇有价值的理论,这些人中包括加尔布雷思、缪尔达尔、海尔布洛纳、瑟罗、鲍尔丁等。下面我们主要分析加尔布雷思和缪尔达尔这两位影响最大的新制度主义者的理论。

(一)加尔布雷思的经济理论

约翰·肯尼斯·加尔布雷思(1908～)是美国著名的制度经济学家和社会批评家。加尔布雷思并没有对凡勃伦—艾尔斯传统的基本理论框架的形成作出过突出贡献,但他作为制度主义者却有着极高的社会声誉和广泛的影响。其代表作有:《美国的资本主义:抗衡力量概念》(1952)、《丰裕社会》(1958)、《新工业国》(1967)和《经济学和公共目标》(1973)等。

加尔布雷思把经济体系分成两个组成部分:一个是以大型"成熟公司"为代表的计划体系,一个是由小型企业构成的市场体系,认为当代资本主义经济中,权力已经从市场转移到了公司,计划体系支配着市场体系,两个体系在权力上是不均等的。

在成熟公司内部,权力从所有者手中转移到了企业的经理人员和技术人员手里。加尔布雷思把这些人称为"技术结构阶层"(Technostructure)。技术结构阶层的目标不是正统经济学所假定的利润最大化。技术结构阶层的目标有两种:一种是保护性目标(Protective Purpose),另一种是积极性目标(Affirmative Purpose)。保护性目标是求取生存和防止他人的排挤,积极性目标是求得企业的发展。保护性目标的实现要求保证企业的所有者(股东)至少有一个最低水平的、不间断的收益,这就要求公司要将价格置于自己的控制之下。积极性目标的实现同样要求企业控制价格,同时还要控制成本。成熟公司利用其对经济的支配力,将企业发展这一积极性目标转变成社会的主要目标。

但是,与公司权力同时存在的还有另一股力量,即来自工会、政府和消费者的"抗衡力量”(Countervailing Power)。加尔布雷思的抗衡力量思想将现代资本主义社会的经济关系定义为集团之间的关系,而且抗衡力量之间的关系不是完全对立的,它们可能因为利益的一致而结合,比如技术结构阶层与政府官僚就可能结合成一种“官僚的共生关系”(Bureaucratic Symbiosis)。

计划体系和市场体系权力上的悬殊决定了社会经济体系的不平衡。不平衡的一个重要结果是,由于计划体系支配了整个经济体系,它的目标就成为了公共目标,而被社会当做公共目标的这个目标其实是计划体系的私人目标,公共服务和公共产品的生产严重不足,“丰裕社会”的秩序因而受到破坏,经济绩效也被削弱。正因为计划体系支配的经济社会不能从人的需要的角度提供足够的公共服务,所以重新恢复公共目标、打破计划体系的支配就成为经济结构变革的主要任务。

(二)缪尔达尔的“整体经济学”

瑞典经济学家冈纳·缪尔达尔(1898~1987)在制度经济学方面的代表作有《美国的两难处境:黑人问题和现代民主》(1944)、《社会理论中的价值:方法论论文集》(1958)、《亚洲的戏剧:南亚国家贫困问题研究》(1968)和《反潮流:经济学批评文集》(1972)等。缪尔达尔的经济学说被格鲁奇称为“整体经济学”(Economics of Integration)[①]。

缪尔达尔提出的“循环累积因果”(Circular Cumulative Causation)方法是他的理论核心。缪尔达尔认为,初始的变化将导致相关因素发生进一步的变化,这些因素的变化又会以循环的方式强化初始变化,进而导致社会过程向着与初始变化相同的方向发生累积的改进或者退化。比如,低收入劳动者如果健康状况恶化将使其劳动生产率下降(初始变化),这将导致他的工资下降,进而使生活条件恶化;生活条件的恶化又会进一步使工人的健康恶化(对初始变化的循环强化),并累积地导致劳动生产率进一步下降(与初始变化按同一方向发生累积的退化)。

这种循环累积因果过程在世界上有两种截然不同的表现。西方富裕国家的发达是因为技术和工业的变迁,这种初始变化导致实际产出的增长和生活水平的提高,由此带来了人类不断增强的理性、社会的民主、群众教育的普及、政治参与范围的扩大以及更多的平等,强化了初始变化,使西方国家走上了一条向进步的方向发展的道路。但是在广大发展中国家,情况则与西方福利国家相反。缪尔达尔以南亚国家(包括东南亚国家)为例说明了循环累积因果过程。南亚国家普遍存在一种“现代化意识形态”,每一个国家都在追求提高劳动生产率、提高生活水平、实现社会和经济平等的目标。但在这些国家,有六个互相关联的因素将决定社会过程的变化是趋向于进步还是退化,它们是:产出和收入、生产条件、生活水平、生活和工作的态度、制度和政策。在发展水平很低的南亚国家,市场的力量使导致经济退化的因素毫无阻碍地发挥作用,经过以上六个因素的强化,把这些国家推向一个退化的累积过程。

社会过程的循环累积因果特征并不意味着人们只能服从命中注定的因果关系。缪尔达尔认为,人是创造价值的主体,他们可以确定自己的目标和理想,也可以自由地对政策进

① Gruchy, Allan G. (1972): *Contemporary Economic Thought: The Contribution of Neo-Institutional Economics*. New York: Sentry Press.

行调整,扭转或者改变社会过程的变化趋势。

第三节　新制度学派的政策主张

制度主义经济学是一种问题导向的学说,制度主义者在不同时期都提出了各种政策主张。在"制度主义运动"期间,老制度学派的诸多政策主张对美国的经济政策产生过重大影响,比如康芒斯起草的几项劳动法案是当时美国劳动立法的样本,制度主义者特格韦尔(Rexford Tugwell)和伯利是罗斯福新政智囊团的主要成员。艾尔斯是最早提出最低收入保障计划和负所得税计划的经济学家。"制度主义运动"结束后,制度主义者对美国政府的影响仍然存在,比如第二次世界大战后制度主义者伯恩斯(Arthur Burns)曾出任美国经济顾问委员会主席,并于1970年担任了美国联邦储备委员会主席。制度主义的政策主张强调经济计划和社会计划的重要性,主张通过计划消除资本主义体制中的权力不平等和贫困等问题。第二次世界大战后,制度主义在学界的支配地位被新古典经济学取代,所以新制度学派的政策建议多数都没有付诸实施。

一、杜格的"民主的经济计划"

新制度学派继承了老制度主义者的经济计划思想。福斯特、图尔、布什等新制度学派的代表人物都强调计划的重要性。在新制度学派的理论主体凡勃伦—艾尔斯传统中,杜格的"民主的经济计划"思想较系统地体现了新制度主义者的经济政策主张。

杜格指出,世界上存在着三种经济计划方式:资本主义国家公司内部的公司计划、社会主义国家实行的经济计划以及民主的计划。民主的计划的特征是新制度主义者强调的普遍参与的民主。民主的计划既然强调普遍参与,就要导向工人地位的问题,也就是工人在什么情况下才能自由地参与到计划过程中去?杜格建议通过工人所有权(Worker Ownership)来实现工人的普遍参与,也就是让工人参与公司决策,通过分散权力的方式来削弱并最终消除公司霸权,实现参与民主。杜格认为在员工持股计划(Employee Stock Ownership Plans, ESOPs)、工人合作社运动(Worker Co-op Movement)和产权分散(Unbundling of the Property Rights)这三种工人参与的形式中,产权分散是最适宜的形式。所谓产权分散,指的是将公司产权分割后分派给大众,由大众(工人)来决定公司财产的运用。

二、其他新制度主义者的政策主张

(一)加尔布雷思的"新社会主义"

加尔布雷思将当代资本主义社会称为"丰裕社会",但他认为这种丰裕只是私人产品的丰裕,而公共产品则严重缺乏。成熟公司支配着这个高度商业化的二元社会,忽略了生活水平的提高,根据大公司的目标设计的商业化生活排斥了人们对美的追求和其他非商业的生活内容,大公司不仅把它们的价值体系强加给消费者,而且还寻求对国家施加影响。尽管如此,加尔布雷思并未对未来丧失信心。

加尔布雷思把社会变革的希望放在教育上,称其为"信念的解放"。教育能增强人们的理解能力，让人们对事物产生怀疑，同时通过教育可以使消费者丰富他们的欲望，从而追求更高质量的、非商业化的生活。通过教育，让人们在大公司控制的经济体系之外建立一种关于生活质量的标准。

信念解放后，就需要消除大公司的霸权，要实现这一目的，必须借助国家计划。国家计划要把重点放在以下几方面：①改变公司与政府之间的联系，尤其是改变公司与政府军费开支方面的联系；②要把重点放在增加人们在生活中美的享受上，让人们的生活充满艺术的成就和美学的成就；③最重要的是大学和学院应该获得国家预算的支持，从而让高等教育独立于公司体系，这也是加尔布雷思的社会控制计划的核心。另一方面，在市场系统内部也要采取行动，加大市场体系的权力，从而消除计划体系和市场体系之间的不均衡。加尔布雷思把他设想的未来社会称为“新社会主义”。

要实现这种设想，需要知识界去说服立法者，让他们接受公共目标和理想。加尔布雷思身体力行，作为主流社会的上层精英，他经常在各种主流媒体上阐述自己的主张，深受民众欢迎。他的这些社会活动不仅在民众中普及了制度主义的主张，也在一定程度上影响了美国政府的政策。

（二）缪尔达尔的“世界福利国家”

缪尔达尔认为，西方国家在历史上经历了重商主义国家、自由国家和福利国家三个阶段。现代福利国家是组织化的国家，19 世纪小规模的经济已经被大规模的整体经济体系所取代。在这种经济体系中，国家计划是必然的。缪尔达尔认为，国家经济计划是西方国家发展演变的累积因果过程的逻辑结果。因为现代工业经济中存在着广泛的干预，为了协调这种干预，需要引入国家经济计划加以协助。

缪尔达尔认为，福利国家的下一个阶段是“世界福利国家”，即福利国家模式在世界范围内的普及。但“世界福利国家”还遥不可及，原因是现实世界分成了两个部分：少数富裕国家和大量贫困国家。在富裕国家，有两个因素阻碍着“世界福利国家”的发展，一个是制度因素：富裕国家存在许多保护国内的商人、农民和工人的反国际主义的经济利益集团，但没有为世界福利国家而奋斗的集团；另一个是心理因素：富裕国家的部分民众有着强烈的国家团结的情感，这种情感与国际团结格格不入。

在富国与穷国之间的贸易中，穷国被市场的力量推向一个不断退化的累积发展过程，导致经济停滞和生活水平下降。因为在国际贸易中，富国以大规模工业为基础向穷国出口制成品，穷国的小规模工业和手工业无法与之抗衡。缪尔达尔把这种现象称为国际贸易的“逆流效应”（Backwash Effects）。要消除这种效应，提高穷国的工业化程度，缩小穷国与富国之间的差距，从而实现世界福利国家，穷国必须通过国家经济计划对经济进行严格的控制，采用关税保护和其他保护措施。但缪尔达尔也指出，穷国的国家经济计划能否成功，很大程度上要取决于富国是否合作，是否强迫穷国开放市场。

第四节　简要评述

作为一个反正统学派，制度主义一直被西方正统经济学教科书和思想史著作所排斥，这不是因为它没有价值，而是因为它反正统。我们可以从新老制度学派的理论和政策主张中发现一些科学的成分。首先，制度主义者正视资本主义世界存在的各种问题，对现存体制持批评而不是辩护的态度，把资本主义制度视为历史发展的一个阶段，这种批判性和历史感都是值得赞扬的。其次，制度主义采取整体的方法来研究社会经济现实，将经济视为社会整体的一部分，从而能够更准确地把握经济问题的实质。再次，制度主义者把资本主义看成一种对抗而不是和谐的体制，强调技术在社会进步中的主导作用，同时指出制度对社会进步可能的阻碍，这种认识论在西方经济学流派中是比较难得的。最后，制度主义者结合政治、法律、伦理等因素对制度进行分析，这种分析方法与西方经济学中其他学派的制度分析相比更为系统，因此制度主义形成了一个较完整的制度起源、制度演化和制度调整的理论。

当然，制度主义的缺陷也是很明显的。首先，制度主义者普遍持改良主义主张，他们希望变革现存体制，但又找不到切实可行的办法，这是改良主义不可避免的缺陷。其次，新制度学派尽管完善了制度主义的主体理论，但没有产生很好的分析工具，这也是它始终难以和西方正统经济学相抗衡的主要原因。再次，制度主义的理论缺陷也是明显的：制度主义是一种致力于改造社会结构的理论体系，但却没有提出一个行动理论；制度主义是一套价值理论，但它却没有明确地定义价值，对价值构成的阐述也是抽象和含糊的，它的价值理论其实只是一个价值判断标准，而且它提出的价值判断标准是一个超阶级的标准，这是不现实的；制度主义的制度调整理论把社会的经济体系视为制度结构特征的体现，把制度调整看成社会进步的条件，从而颠倒了经济基础和上层建筑之间的关系，因此也是不科学的。

思考题

1. 什么是经济学中的制度主义范式？
2. 新制度学派的理论核心凡勃伦—艾尔斯传统是如何发展成熟的？
3. 新制度学派的权力理论有哪些主要内容？
4. 加尔布雷思和缪尔达尔的理论与政策主张的主要内容是什么？

参考文献

1. 埃克伦德，赫伯特. 经济理论和方法史. 第四版. 北京：中国人民大学出版社，2001

2. 卢瑟福. 经济学中的制度：老制度主义和新制度主义. 北京：中国社会科学出版社，1999

3. Gruchy, Allan G. *Contemporary Economic Thought: The Contribution of Neo-Institutional Economics*. New York: Sentry Press, 1972

4. O'Hara, Philip Anthony (ed.) *Encyclopedia of Political Economy*, Vols. 1 ~ 2. London: Routledge, 1999

5. Rutherford, Malcom, and Warren J. Samuels (ed.). *Classics in Institutional Economics* Ⅰ ~ Ⅳ. London: Pickering & Chatto, 1998

6. Tool, Marc R. (ed.) *An Institutionalist Guide to Economics and Public Policy*. New York: M. E. Sharpe, 1984

7. Tool, Marc R. (ed.) *Evolutionary Economics* (Vols. Ⅰ ~ Ⅱ). New York: M. E. Sharpe, 1988

第18章 新制度经济学

学习要点和要求

了解新制度经济学的成因、学术渊源和主要特点；重点掌握产权理论和交易费用理论、企业理论、制度理论等核心内容，并认识该学派的学术进展与理论误区。

第一节　新制度经济学的形成和学术特点

一、新制度经济学的成因

新制度经济学(New Institutional Economics)是怎么产生的？其学术背景和时代背景又是怎样的？这是人们首先关心的问题。

（一）新制度经济学的形成与西方主流经济学忽视制度分析的严重弊端有关

在模仿科学方面，新古典经济学做得比较突出。它按照科学的规范建立了自己的语言和分析工具，在一系列严格的假设前提下构筑起看似严谨的理论框架。其精品范例是瓦尔拉斯的一般均衡模型。在那个模型中，市场是完全的，交易费用为零，价格机制的作用会将资源配置调整到帕累托最优状态，但事实上，那个广为流传的主流经济学所描述的世界，与人们生活于其中的经济社会并不存在太多的真实联系。在很大程度上，它只是新古典经济学家头脑中产生的乌托邦世界，具有突出的非现实特征。他们努力使经济学成为一门“技艺”和“黑板经济学”，而不全然是“科学”。

科斯和诺斯等认识到传统主流经济学家在大学的象牙塔中

构思出来的“逻辑精品”难以成为真正的经济学，他们从产权、交易费用和制度的新视角来分析经济社会，试图使西方经济学重新获得对现实经济世界的“解释力”，为处境尴尬的现代西方经济学恢复某种“荣光”，以缓解西方主流经济学的范式危机。

（二）其形成与反凯恩斯主义有关

20 世纪 30 年代西方出现经济大危机以后，以强调国家干预为特征的凯恩斯主义盛行，对经济发展的影响日益增大，其主张混合经济的政策为许多西方国家的政府所采用。但随着 70 年代西方呈现经济“滞胀”等新危机和新问题，促使包括新制度经济学在内的形形色色的新自由主义经济思潮泛滥。以科斯和张五常等为代表的新制度经济学，主张国家干预越少越好，强调只要私有产权界定清晰，交易费用就会减少，资源配置的效率便会自动达到最大化。

（三）其形成与发展中国家和经济转型国家的改革有关

二战后，很多发展中国家摆脱了帝国主义国家的控制而先后独立，在社会主义国家经济蒸蒸日上的促动下，实行国有化和计划化，经济一度有较快发展。但由于这些国家仍然是以私有制为主体，因而多数国家长期的整体经济绩效并不十分突出。原来的社会主义国家在改革过程中大都转型为社会性质不同的市场经济国家，私有经济在这些国家有了不同程度的发展。在这种新的世界经济背景下，以宣扬私有化和自由市场化为核心观点之一的新制度经济学，有了大发展的机会。在前苏联和东欧社会主义国家，因为信奉新制度经济学的“私有产权的神化”（斯蒂格利茨语），导致经济转型和根本制度转向，在推行资本主义市场经济体制的“路径依赖”中全部出现严重的经济衰退。与在发达国家不同，新制度经济学在发展中国家，尤其是社会主义经济转型国家，其传播范围和影响力都更大。

1937 年，科斯发表了《企业的性质》一文，提出了关于企业组织的形成原因和规模扩张界限的新理论；1960 年 10 月，又在美国《法律经济学杂志》第 3 卷上发表了《社会成本问题》等文章，从而开创了产权等新制度经济学的研究。

二、新制度经济学的学术渊源与主要特点

众所周知，强调制度因素对于经济生活的重要性并非始于 20 世纪 60 年代，也非科斯和新制度经济学首创，而是有着悠久的历史。

（一）旧制度经济学提供了关于制度的重要研究视角和观点

首先应当看到，包括亚当・斯密在内的西方近代资产阶级古典经济学家，在一定程度上是重视阶级关系和经济制度的探讨的，是边际学派和马歇尔在综合中逐步抛弃了这一重要分析视角。后来，具有一定进步性的凡勃伦，正式开创了制度经济学的研究。

以凡勃伦、康芒斯等为主要代表人物的旧制度经济学认为，经济学研究的对象应该是人类经济生活中借以实现的各种制度以及这些制度的起源和发展。经济制度与人类的文化一样，经历了许多演变阶段，世界上并不存在一种普遍的经济制度，而是有许多形态的各种制度。凡勃伦从社会心理学角度来研究制度，将制度定义为大多数人所共有的一些固定的思维习惯。因此，从心理学的方面来说，可以概括地把制度看成是一种流行的生活理论。制度必须随环境的变化而变化，因为就制度的性质而言，它是对环境引起的刺激发生反应的一种习惯方式。

凡勃伦把生物进化的规律引进经济学的分析中，他认为，由于生物的进化是逐渐演变

的，因此，制度的进化也是逐渐演变的，而不是突变的。制度的演变是一个永不结束的过程，而且变化的趋向和进化的将来形态都是不能预期的。凡勃伦把人类经济生活中的制度分成两个主要制度：一个是满足人类物质生活的生产技术制度；一个是私有财产制度。在社会经济发展的不同阶段，这两个制度具有不同的具体形式。在资本主义社会，它们的具体形式是“工业技术制度”和“企业经营制度”。机器在工业生产中的利用是现代经济的决定性因素。机器利用的目的是无限制地生产商品。但是，私有制下的“企业经营制度”的目的是实现最大化的利润。因而这两者之间是存在矛盾的。在资本主义机器生产时期，由于市场不能随生产的扩大而按比例地扩大，于是生产和利润的矛盾就产生了，并且会不断地加剧。这就是资本主义经济危机发生的一个主要原因。

康芒斯以法律的观点来解释社会经济关系。他认为，经济关系的本质是交易，整个社会是由无数种交易所组成的一种有机组织。由于参加交易的任何一方都有自己的利益，所以在交易过程中会有双方利益的冲突，这种冲突只有依靠法律制度才能解决。康芒斯特别强调法律制度对于经济制度变化所起的作用，并以此为基础，构建起他的制度经济理论。他对后继者研究有启迪作用的核心观点体现在三个方面：首先，关于所有权的交易关系。康芒斯是以法律上所有权的交易关系作为其制度分析基础的，认为“所有权”是制度经济学的基础，物质和所有权的相互关系，体现在一种经济活动的单位——“交易”里，以及那种对有利的交易的预期里。他认为，冲突、依存和秩序构成人类所有活动的三项基本原则，能够同时体现这三项原则的人与人之间的关系只有“交易关系”。其次，关于集体行动控制个体行动。康芒斯认为，制度经济学的范围非常广泛，如果我们要找出一种普遍的原则，适用于一切所谓属于制度的行为，那就可以把制度解释为集体行动控制个体行动。集体行动的种类和范围甚广，从无组织的习俗到许多有组织的所谓运行中的机构，如家庭、公司、控股公司、同业协会、工会、联邦储备银行和国家等。最后，关于法律先于经济。康芒斯从对社会经济发展的法学解释出发，得出了法律先于经济的论断。也就是说，作为所有权转移的“交易关系”先于作为“物质移交”的交换关系而存在。他认为，资本主义制度的产生应首先归功于法院，是法院保证了资本主义制度的胜利和封建社会制度的破坏，为资本主义的长足发展扫清了道路。康芒斯认为，资本主义制度从产生到现在，经历了自由竞争资本主义、金融资本主义和管理的资本主义三个发展阶段，其中任何一个发展阶段都离不开法制的作用，是国家法律制度加强了对于私人企业活动干预的结果。

20 世纪初广泛发展起来的旧制度经济学，到了 30 年代以后走了一段下坡路。这一时期，制度经济学的代表人物有贝利、米恩斯、艾尔斯、克拉克等人，他们继承了凡勃伦的理论传统，进一步发展了凡勃伦的制度经济学。在这一时期，制度经济学之所以趋于衰落，一方面是由于凯恩斯主义对经济发展的影响日益增大，它所主张的国家干预经济的政策为许多西方国家的政府所采用，而这一时期制度经济学派并没有提出具体解决经济危机和失业的有效措施。另一方面，在旧制度经济学奠定了制度经济规范和基本方法的基础以后，没有花大的力气去分析现存的经济政治制度的性质和功能。这就大大降低了制度经济理论在这一时期经济发展实践中的影响。

（二）新制度学派关于制度的广泛探讨和学术批评具有启示作用

美国制度学派在 20 世纪三四十年代曾颇为消沉。在此期间，艾尔斯、贝利和米恩斯等人对制度学派的发展起到了承前启后的作用。艾尔斯根据技术进步和社会评价标准的变化分析了工业社会的演进趋势。他认为,进步就是技术价值取代制度价值的过程,技术进步创造出工业生活方式,带来了富裕、知识和理性,技术的误用则是在制度决定的目的的错误引导下发生的。技术行为与制度行为是相互矛盾的,科学和技术的冲击倾向于缩小制度行为的范围。贝利和米恩斯在较有影响的《现代公司与私有财产》(1932)一书中,从社会和企业结构的角度分析了资本主义社会的经济问题,着重分析了所有权和管理权的分离及其对资本主义权力结构的影响。

从20世纪50年代起,美国制度学派在加尔布雷思的倡导下重整旗鼓,并命名为新制度经济学(Neoinstitutional Economics)。需要注意的是,它与以科斯为代表的新制度经济学有着明显的区别,具有较多的学术和历史进步性。前者强烈批评社会现实和新古典方法,是凡勃伦传统的新发展,后者则热衷于考察制度非中性环境下如何实现制度分析与新古典理论的耦合。加尔布雷思沿着凡勃伦—艾尔斯传统,在其内容广泛、数量众多的著作中,提出了一系列引人注目的术语:"抗衡力量"、"丰裕社会"、"新工业国"、"二元系统"、"专家组合"、"传统智慧"、"信念解放"等等,分析了市场与社会组织制度和权力结构的整合,社会经济组织中抗衡力量的存在和种种表现及国家对协调双方力量的作用,反映了应用政治模式处理解决问题的尝试。此外,在劳动经济学、产业组织、经济发展、农业和资源经济学等领域,加尔布雷思等人引入权力结构和信仰体系,也发表了许多有价值的关于社会控制和变化的言论。

但是,对于西方传统的制度分析,科斯(1994)曾尖刻地指出,新制度经济学与美国制度学派没有任何理论上的渊源关系,在某种程度上二者在理论上还是对立的。制度学派不是理论性的,而是反理论的。他们没有提出一个实证的理论学说,除了一堆需要理论来整理不然就只能用一把火烧掉的描述性材料外,没有任何东西流传下来。这种说法显然有失公允。事实上,以科斯和威廉姆森等人为代表的新制度经济学在相当程度上继承了康芒斯的理论传统。

此外,诺斯关于制度及其变迁的理论,还明显地受到马克思经济学的影响(诺斯青年时曾信奉马克思主义),如强调产权制度、国家和意识形态这三者对经济发展的重大作用等。

(三)新制度经济学派的若干特点

1. 新制度经济学十分强调制度及其功能。新制度经济学派的经济学家关于制度范畴的定义和理解,虽然不完全一致,但还是可以从中概括出他们具有的共性认识。其中,诺斯的理解较有典型性和普遍意义,为大家所认同。他对制度的特征和内涵的理解可以概括为以下几点:一是制度是社会的游戏规则,它们能够约束人们的行为;二是制度包括外在的带有强制和惩罚性的规则,也包括内在的带有自我约束性的规则;三是制度的功能在于它可以将人们的行为导入可合理预期的轨道。他对制度的理解包括法律和道德两个层面,把前者看成是"正规约束",把后者看成是"非正规约束"。这两个层面的制度从外部和内部两个方面来约束人们的行为。

2. 新制度经济学对新古典经济学的方法是批评与运用并存。以科斯、威廉姆森、艾尔奇安、德姆塞茨和诺斯等为主要代表的新制度经济学,既批评新古典经济学忽视制度因素的不切实际的做法,又部分地利用新古典理论和方法去分析制度的构成和运行,因而能较快地被西方主流经济学所接受。如关于企业规模扩张的边界使用了均衡分析方法,制度变迁的动因使用了成本与收益分析方法,等等。由此,新制度经济学主张利用新古典经济学的某些方法去分析、解释制度的构成和运行,并发现制度因素在经济体系运行中的地位和作用,寻求制度分析与新古典经济学分析的耦合,以建立一个涵盖资源、技术、偏好和制度等各种重要经济变量的经济学分析体系。

3. 新制度经济学主要是在一般意义上研究制度。他们把制度与劳动、土地、资本一起视为影响生产与交易成本的稀缺资源,比较重视制度与人们利益的关系,并认为生产要素私有制和市场制度是永恒优越的,把所有制的具体表现——产权制度作为核心制度,强调其他制度的性质与特征主要是取决于产权制度。他们没有科学揭示技术(生产力)与经济制度(生产关系)以及经济制度与国家制度和意识形态(上层建筑)的辩证关系,没有揭示阶级社会中各种根本制度背后的阶级关系及其利益。

4. 新制度经济学家在学术严谨性和方法科学性上有重大差别。例如,诺斯理论和方法的客观性相对较大,他强调是产权、国家和意识形态三个制度变量对经济增长起影响作用,并确认马克思经济学在制度的长期动态变动分析上作出了最有说服力的贡献;威廉姆森关于企业变动是由生产技术费用和交易费用两种费用构成的总费用状况决定的理论,比科斯只从交易费用来说明企业的起源和扩展规模要科学些。

第二节 新制度经济学的基本理论

一、产权和交易费用理论

产权和交易费用理论是新制度经济学的首要组成部分,因而要先阐述以科斯为代表的西方产权问题的一些经典理论。1937 年科斯发表了《企业的性质》一文,1960 年发表了《社会成本问题》一文,1980 年又发表了《〈社会成本问题〉的注释》以及《生产的制度结构》等文章。其主要观点可归纳如下:

第一,权利的初始界定先于权利转让和重新组合的市场交易。科斯认为,对某工厂的烟尘给邻近的财产所有者带来的有害影响这类情况,经济学的分析通常是从工厂的私人产品与社会产品之间的矛盾方面展开的,并因袭庇古在《福利经济学》中提出的观点,要求工厂主对烟尘所引起的损害加以赔偿,或者根据工厂排出烟尘的不同容量及其所致损害的相应金额标准对工厂主征税,或者最终责令该厂迁移。以科斯之见,这些解决办法并不合适,因为它们所导致的结果不是人们所需要的,甚至通常也不是人们所满意的。应当看到问题具有相互性,即避免对乙的损害将会使甲遭受损害,必须决定的真正问题是:是允许甲损害乙,还是允许乙损害甲?关键在于避免较严重的损害。如果我们假定污染的有害后果是鱼类的死亡,要决定的问题则是:鱼类损失的价值究竟大于还是小于污染河流的产品的价值。必须从总体的和边际的角度来看待此问题。科斯在具体分析对损害负有责任的定价制度和对损害不负有责任的定价制度后指出:有必要知道损害方是否对引起的损失负责,因为没有这种权利的初始界定,就不存在权利转让和重新组合的市场交易。但是,如果定价制度的运行毫无成本,最终的结果(产值最大化)是不受法律状况影响的。

第二,市场、企业和政府的运行机制都有各自的成本。有关市场交易的成本,科斯强调:为了进行市场交易,有必要发现谁希望进行交易,有必要告诉人们交易的愿望和方式,以及通过讨价还价的谈判缔结契约,督促契约条款的严格履行,等等。这些工作常常是花费成本的,而任何一定比率的成本都足以使许多在无需成本的定价制度中可以进行的交易化为泡影。一旦考虑到进行市场交易的成本,那么显然只有这种调整后的产值增长多于它所带来的成本时,权利的调整才能进行。合法权利的初始界定会对经济制度运行的效率产生影响。权利的一种调整会比其他安排产生更多的产值。但除非这是法律制度确认的权利的调整,否则通过转移和合并权利达到同样后果的市场费用如此之高,以至于最佳的权利配置以及由此带来的更高的产值也许永远也不会实现。

有关企业组织的行政成本,科斯认为,企业就是作为通过市场交易来组织生产的替代物而出现的。在企业内部,生产要素不同组合中的讨价还价被取消了,行政指令替代了市场交易。那时,无需通过生产要素所有者之间的讨价还价,就可以对生产进行重新安排。换句话说,就是企业要获得各方面的合法权利,活动的重新安排不是用契约对权利进行调整,而是作为如何使用权利的行政决定的结果。当然,这并不意味着通过企业组织交易的行政成本必定低于被取代的市场交易的成本。

有关政府行政机制的成本,科斯指出,政府是一个超级企业,因为它能通过行政决定来影响生产要素的使用。政府如果需要的话,就能完全避开市场,而企业却做不到。政府有能力以低于私人组织的成本(或以没有特别的政府力量存在的任何一定比例的成本)进行某些活动,但政府行政机制本身并非不要成本。实际上,有时它的成本大得惊人。

科斯的结论是:问题在于如何选择合适的社会安排来解决有害的效应。所有解决的办法都需要一定成本,而且没有理由认为由于市场和企业不能很好地解决问题,因此政府管制就是有必要的。实际上,对政策问题要得出令人满意的观点,就得进行耐心的研究,以确定市场、企业和政府是如何解决有害效应问题的。

第三,权利的法律界定和法院直接影响着经济行为。依科斯之见,如果市场交易是无成本的,则所有问题就是对各当事人的权利的充分界定和对法律行为后果的预测。但是,当市场交易成本如此之高以至于难以改变法律已确定的权利安排时,法院就直接影响着经济行为。因此,法院得了解其判决的经济后果,并在判决时考虑这些后果,只要这不会给法律本身带来过多的不确定性。我们在处理有害后果的行为时所面临的问题,并不简单的是限制那些有责任者。必须决定的是,防止妨害的收益是否大于作为停止产生该损害行为的结果在其他方面遭受的损失。在由法律制度调整权利需要成本的世界上,法院在有关妨害的案件中,实际上做的是有关经济问题的判决,并决定各种资源如何利用。科斯强调,权利的界定也是法律制定的结果。真正的危险是,政府对经济制度的全面干预会导致对有害后果负有责任的人的保护。

第四,应提倡设计和选择社会格局时考虑总效果的方法。这是科斯认识问题方法的核心。他认为,庇古关于福利经济学的方法存在基本缺陷,需要在三个方面改变认识有害效果问题的方法。其一,私人产品是来自特定商业活动的追加产品的价值,社会产品等于私人产品加无赔偿的其他地方的产品价值的下跌。就私人产品与社会产品之间的差异而言,把分析集中在制度中的具体不足之处,常常产生这样一种观念:任何消除缺陷的方法肯定是人们所需要的。这种分析的注意力脱离了那些势必与正确方法相联系的制度的变化,而这些变化也许将产生更多的损害。当比较不同社会安排时,适当的做法是比较这些不同的安排产生的总社会产品,而私人产品与社会产品之间的比较则是题外之话。应当使用机会成本概念和通过比较各种要素在不同的使用或安排中产生的产品价值来研究问题。其二,通过对自由放任状态和一些理想世界的比较来进行分析,这种方法最终导致了思维的松散,因为所比较的替代对象的性质从来就不清楚。较好的方法是,将我们分析的出发点定在实际存在的情况上来审视政策变化的效果,以决定新情况比原来的情况好或坏。其三,未能提出足以解决有害效果问题的最后一个原因来自于生产要素的错误概念。人们通常认为,商人得到和使用的是实物(一块土地或一吨化肥),而不是一定(实在)行为的权利。我们会说某人拥有土地,并把它当做生产要素,但土地所有者实际上拥有的是实施一定行为的权利。土地所有者的权利并不是无限的。对个人权利无限制的制度实际上就是无权利的制度。如果将生产要素视为权利,就更容易理解了,做产生有害效果的事的权利(如排放烟尘、噪声、气味等)也是生产要素。行使一种权利(使用一种生产要素)的成本,正是该权利的行使使别人所蒙受的损失——不能穿越、停车、盖房、观赏风景、享受安谧和呼吸新鲜空气等。

由此,科斯得出结论:只有得大于失的行为才是人们所追求的。我们必须考虑各种社会格局的运行成本(不论它是市场机制还是政府管理机制),以及转成一种新制度的成本。在设计和选择社会格局时,我们应考虑总的效果。这就是方法的改变。

第五,"科斯定理"是通向分析具有正交易费用的经济之路上的阶石。科斯自己总结"科斯定理"的实质为:在交易费用为零的假设下,权利的界定是市场交易的基本前提,最终结果(促进产值极大化)与法律判决无关。这里所说的是产值极大化,并没有说到私人成本与社会成本不一致的问题。在零交易费用的情况下,资源配置不受法律规定影响的观点也表明:在正交易费用的情况下,法律在决定资源如何利用方面起着极为重要的作用。但是,问题并非到此为止。在零交易费用的情况下,当事人可以达成各种契约安排,修正当事人的权利和义务,以便按照他们的利益要求,采取实现产值最大化的行动。在正交易费用的情况下,部分或所有契约安排因成本过高而无法达成,于是人们就失去了采取实现产值最大化行动的动机。法律规定将决定今后会缺少哪些动力,因为这将决定应该达成什么样的契约安排,以便采取实现产值最大化的行动。不同法律规则所带来的结果并不是很明显的,这取决于每一个特定情况的事实。如果产生有害效应的一方对受害者的损失不负赔偿责任,结果可能是产值的最大化。当然,当交易费用为正时,政府行动(诸如政府经营、管制或包括补贴的征税)不能产生比依赖于个人之间在市场中的谈判得到的更好的结果。

科斯强调,在交易费用为零的世界中(标准经济理论的一个假设),各方之间的谈判将会带来最大财富的安排,并且这与权利的初始分配无关,这一"科斯定理"是通向分析具有正交易费用的经济之路上的阶石。如果我们从零交易费用的王国走向正交易费用的王国,在这个新世界中的法律体系的至关紧要的性质立刻便清晰可见。在市场中交易的东西不是物理实体,而是采取确定行动的权利和个人拥有的、由法律体系创立的权利。在假设的交易费用为零的世界中,交换的双方可以通过谈判改变任何阻碍他们采取增加产值所需的任何步骤的法律条款;而在交易费用为正的现实世界中,这种过程会极端昂贵,并且即使是被允许的,也会使大量有关法律的建立变得无利可图。作为法律体系的一个结果,将会对经济体系的运行产生深远的影响,而这些权利应该配置给那些能够最富有生产性地使用它们的人。

第六,产权的初始界定不同对需求变化和资源配置的影响很小。按照科斯的观点,在事先未得到承认权利的情况下,法律上的不同是否影响资源配置,并不是件简单的事。在此情形下,赋予对这些权利的拥有的不同标准势必会产生不同的财富分配。同时不可否认,赋予以前未曾得到承认的权利的所有权的标准的变化可能引起需求的变化,反过来它又引起不同的资源配置,但是,除了诸如废除农奴制此类社会大变动的事件,这些影响通常是很小的,以至于可以放心地忽略不计。同样,在有交易费用,并且因费用过高而不可能签订包括所有意外事件的契约时,法律的变化会带来财富分配的变化。然而,这对需求不会产生任何明显的效应。科斯在另一处分析权利赋予和财富分配关系的事例时还说,因为责任规则的变化并不引起任何财富分配的变化,因而对所考虑的需求也没有任何相应的效应。

二、企业理论

从宽泛的意义上说,新制度经济学的企业理论内容较多,有交易费用学说、产权学说和委托—代理学说等。这些学说是相互联系和交织在一起的。这里,我们仅对科斯、阿尔钦和德姆塞茨及威廉姆森的主要企业理论进行阐述。

(一)科斯关于企业组织的成因和界限的理论

科斯在《企业的性质》一文中提出了关于企业组织的形成原因和规模扩张界限的新理论。该理论的基本观点如下:

1. 前人有关企业组织的分析是不充分的。在科斯看来,马歇尔把组织作为与土地、劳动和资本并列的第四种生产要素引入经济学体系,克拉克赋予企业家以统筹的职能,奈特强调经理的协调作用,他们都没有忽视"组织"这一事实。但既然人们通常认为统筹协调能通过价格机制来实现,那么,为什么这样的企业组织是必需的呢? 科斯指出,在企业之外,价格变动决定生产,这是通过一系列市场交易来协调的。在企业之内,市场交易被取消,伴随着交易的复杂的市场结构被企业家所替代,是企业家指挥生产。显然,存在着协调生产的替代方法。然而,假如生产是由价格机制协调的,生产就能在根本不存在任何组织的情况下进行。面对这一事实,必须探索企业组织为什么存在的根本原因。

2. 利用价格机制或市场的运行组织生产是有成本的。科斯认为,通过价格机制"组织"生产的最明显成本就是所有发现相对价格的工作。随着出卖这类信息的专门人员的出现,这种成本有可能减少,但不可能消除。市场上发生的每一笔交易的谈判和签约的费用也必须考虑在内。再者,在某些市场中(如农产品交易)可以设计出一种技术使契约的成本最小化,但不可能消除这种成本。

3. 企业存在的根本原因是能够减少市场交易成本。科斯发现,当存在企业时,契约不会被取消,却大大减少了。某一生产要素(或它的所有者)不必与企业内部同他合作的一些生产要素签订一系列的契约。当然,如果这种合作是价格机制起作用的一个直接结果,签订一系列的契约就是必需的。企业的出现,可使一系列的契约被一个契约所替代。科斯总结说,市场的运行是有成本的,通过形成一个组织,并允许某个权威(一个"企业家")来支配资源,就能节约某些市场运行成本。企业家不得不在低成本状态下行使他的职能，这是鉴于如下的事实：他可以以低于他所替代的市场交易的价格得到生产要素，因为如果他做不到这一点，通常也能够再回到公开市场。

4. 企业规模的大小，取决于扩张或收缩的内部组织的交易成本与公开市场的交易成本之比较。科斯具体列举了企业在如下三种情况下将趋于扩大（当其他条件相同时）：①组织成本相对越少，随着被组织的交易的增多，成本上升得越慢。②企业家犯错误的可能性相对越小，随着被组织的交易的增多，失误增加得越少。③企业规模越大，生产要素的供给价格下降得越大（或上升得越小）。科斯认为，倾向于使生产要素结合得更紧和分布空间更小的创新，倾向于降低空间组织成本的电话和电报的技术变革，以及一切有助于提高管理技术的变革，都将导致企业规模的扩大；然而，企业替代市场而采取的规模扩张会受到限制，也就是说，企业的扩大必须达到这一点，即在企业内部组织一笔额外交易的成本等于在公开市场上完成这笔交易所需的成本，或者等于由另一个企业家来组织这笔交易的成本。这一点便是企业规模扩大的极限。

在《企业的性质》发表半个世纪之后，科斯曾将该文的核心思想表述如下：虽然个人之间可以通过契约的途径，以完全非中央化的方式从事生产活动，但是，交易需要成本这一事实意味着企业将要出现。人们将以企业的方式组织原先以市场交易的方式所进行的生产活动，只要组织企业性生产的成本少于通过市场交易生产的成本。企业规模的限度在于：利用企业方式组织交易的成本等于通过市场交易的成本。这个限度决定了企业的购买、生产和销售。

（二）阿尔钦和德姆塞茨关于团队生产的理论

1972 年，阿尔钦和德姆塞茨在《美国经济评论》上发表了《生产、信息费用与经济组织》一文，提出团队生产的新理论。这一理论的主要观点如下。

1. 经济组织存在计量投入的生产率和计量报酬的问题。阿尔钦和德姆塞茨批评说，在以往经济学的从边际生产率到收入分配的经典关系中，贯穿着的一个内在假定是，存在一种组织（它或是市场，或是企业），能使从报酬到资源的分配与它们的生产率相一致。经济组织以及计量生产率与报酬的经济方式问题，在生产与交换的经典分析中并没有得到正视。相反，这种分析倾向于假定存在一种充分的或零成本的经济方式，好像生产率能自动地创造出它的报酬似的。他们认为，如果经济组织的计量能力很差，报酬与生产率之间只有松散的联系，生产率将较低，甚至如果报酬与生产率负相关，这种组织就是具有破坏性的，但如果经济组织的计量能力很强，生产率就较高。因此，在经济组织问题上有两个至关重要的因素——计量投入的生产率以及对报酬的计量。

2. 团队生产存在成员偷懒和需要监督两种情形。阿尔钦和德姆塞茨把团队生产界定为这样一种生产：①使用几种类型的资源；②其产品不是每一参与合作的分产出之和；③所使用的含劳动力在内的资源不属于一个人。他们强调，在团队生产的条件下，如果仅仅观察总产出，则很难确定单个人对一些人联合投入的产出所作出的贡献。团队中现有的成员有可能偷懒，尽管也恐于被那些只需支付较低报酬的外来者或团队中其他成员在支付较高报酬时就提供服务的人所代替。但是，由于通过观察团队产出来监督偷懒需要费用等缘故，因而期望单个的市场竞争能实现完全有效的控制是不可能的。减少偷懒的一种方法是，由企业内部某人专门作为监督者来检查队员的投入绩效。

3. 古典企业的监督者拥有企业的整个权利束。在阿尔钦和德姆塞茨看来，监督的专门化加上监督者对他作为一个残余权利者（可理解为拥有剩余索取权利的人）身份的依赖，能使监督者自己不再偷懒，并使队员偷懒减少。而这里所说的“监督”，意指除它所含的纪律以外的一些活动，包括对产出绩效的衡量，按比例地分配报酬，以及作为监察与估计投入的边际生产率的方式来观察投入者的投入行为，并给出应该做什么和怎么做的分派与指令。这就是说，监督者拥有整个“权利束”：①他是一个享有残余权利的人；②观察投入行为；③这个集权的团体对于所有投入合约是共同的；④改变团队的成员资格；⑤出售这些用来定义古典企业（即资本主义的自由企业）的所有制（或雇主）的权利。

4. 古典企业的实质是一个合约结构和合约组织。按照阿尔钦和登姆塞茨的说法，企业的形成有两个必要条件：其一，通过团队导向的生产可能提高生产率。它所使用的生产技术，在直接衡量合作性投入的边际产品时是有费用的。它使得合作性投入之间通过简单的市场交换更难对偷懒予以限制。其二，通过观察或确定投入的行为来估计边际生产率是经济的。而这两个前提条件的同时存在，导致了古典资本主义企业就是一个合约组织。

5. 非古典式企业类型具有不同的“偷懒—监察”机制。阿尔钦和登姆塞茨具体分析了以下几种企业类型：一是利润分享企业；二是社会主义企业；三是公司；四是合伙制。不同企业有着不同的工作特征和团队成员偷懒倾向。

6. 企业是一种私人所有的市场。据阿尔钦和德姆塞茨的分析，企业作为一种专门收集、整理和出售信息的市场制度，是一种私有市场。其缘由在于：雇主利用监督许多投入的优点，获得了关于他们生产技能的特别优良的信息，这有助于提高他的指令（即市场雇佣）的效率。当他确定了对团队活动的良好的投入组合时，他就向雇员——投入“出售”了信息。那些作为雇员的人，将以此识别优良的投入组合。可见，企业和传统的市场是两种竞争性的市场形式。

三、制度理论

（一）关于制度起源

一般说来，新制度经济学家们认为，制度是一系列正式和非正式规则及其实施机制的结合，它的起源在于资源的稀缺性。他们关于制度起源的学说主要有以下两种。

1. 合作起源说。“囚徒困境”告诉我们，强调个体理性的非合作博弈往往可能是无效率的，相反，重视团体理性的合作博弈一般可以带来“合作剩余”。合作博弈和非合作博弈的区别就在于在人们的行为相互作用时，当事人能否达成一个具有约束力的协议。这个协议的达成过程，其实就是制度起源的过程。纳什均衡说明的是理性人的个体理性行为可能导致集体的非理性。解决个体理性和集体理性的冲突，不是否认个人理性，而是设计一种机制，在满足个人理性的前提下达到集体理性，因而可以说个人理性和集体理性的冲突是制度起源的重要原因。

2. 减少交易费用起源说。这种理论源自科斯。按照科斯的理论，如果没有交易费用，那么，亚当·斯密的“看不见的手”就会指引社会资源发挥最佳效率。事实上，社会交易是有成本的，如果不对资源的利用设置一定的规则，那么，“看不见的手”引导的就不会是繁荣，而是混乱。只要交易费用存在，制度就会发生作用，制度的设立就是为了减少交易的成本。

国家的起源就是减少交易费用的结果,国家界定一系列的有效产权也是本着这一目的的。科斯认为,企业取代市场的过程,也是降低由于市场交易产生的交易费用的过程。

(二)关于制度的均衡与非均衡

简单地说,所谓制度均衡,就是人们对既定制度安排和制度结构的一种满足状态或满意状态,因而无意也无力改变现行制度。具体来说,制度均衡是指,在既定的制度安排下,已经获取各种资源所产生的所有潜在收入,或者潜在利润仍然存在,但改变现有制度安排的预期成本超过潜在收入。因而,制度均衡是指现有制度结构处于帕累托最优状态之中,在这种状态下,现存制度安排的任何改变都不能给经济中的任何个人或团体带来额外的收入。

与此相对应,制度非均衡是指人们对现存制度的一种不满意或不满足,意欲改变而又尚未改变的状态。之所以出现不满意或不满足,显然是由于现行制度安排和制度结构的净收益小于另一种可供选择的制度安排和制度结构,也就是出现了改变制度安排的赢利机会。

(三)关于制度的需求与供给

诺斯曾通过对美国经济史的考察指出,在美国经济史上,有三方面因素对新制度安排的需求产生过重大影响,并可能在将来继续起主导作用:一是市场规模的变化能改变特定制度安排的利益和费用,搜集信息和排除参与者的成本都体现了递减的特征。二是技术对改变制度安排的利益有着普遍的影响。这是因为:首先,技术变迁使产出具有规模报酬递增的特征;其次,技术本身还具有内在的制度效应;再次,一个社会中各种团体对收入预期的改变会导致对建立新制度安排的收益和成本的重新评价。

同时,诺斯通过考察也指出了对制度安排的供给具有显著影响的四方面因素:一是如果一个其组织费用因某种意图已有人愿意承付的安排能够用于实现另一个这样的安排,那么安排革新的成本可以显著地降低;二是技术革新,特别是使信息成本迅速降低的技术发展(如电报、电话及计算机);三是知识的积累,教育体制的发展导致了社会和技术信息的广泛传播,以及与工商业和政府机构的发展密切相关的统计资料储备的增长,都减少了与某种安排革新相联系的成本;四是联邦政府权力的稳步上升和它对美国生活多方面的渗透,明显减少了政府安排革新的成本。

显然,在诺斯看来,制度的供给主要取决于政治秩序或政治系统提供新的制度安排的能力和意愿。其中,对制度安排的供给影响最大的是制度安排的革新和操作成本。影响制度安排供给的成本分为以下几类:①规划设计、组织实施的费用;②清除旧制度的费用;③清除制度变革阻力的费用;④制度变革及变迁造成的损失;⑤实施成本;⑥不确定性带来的随机成本。

(四)制度变迁有无主体

针对哈耶克关于社会制度是在人们相互交往的行动过程中,经由"试错过程"和"适者生存"的实践而逐渐生成,并经由一个演进过程而自发扩展的观点,诺斯在 1990 年出版的《制度、制度变迁与经济实绩》一书中明确指出,制度是人们创造出来的东西,制度演进着,亦为人们改变着。也就是说,在诺斯看来,制度是人们发明、设计和创造出来亦能为人们有意识的行动所任意改变的约束人们行为的规则。他认为,制度变迁有个人、团体和政府三个层次的变迁主体,这三个层次的制度变迁主体都是追求利润最大化的企业家。这样,他把政府也等同于其他主体,将政府在制度变迁方式、动力、组织实施方面的复杂性、差异性高度简化为企业家的经济行为。

(五)关于制度变迁的动因

对制度变迁动因的分析,也是诺斯等新制度经济学家制度变迁理论的核心内容。新制度经济学是以现代微观经济学的框架来研究制度变迁的,因而,它从制度变迁的主体的行为动机或追求来解释制度变迁的原因。按照一般理论,制度变迁的主体都是财富最大化或效用最大化者。他们从事制度创新与变迁都是为了最大化自己的利益,无论政府、团体、个人,其制度变迁行为的最终目的都是如此。也就是说,制度变迁的内在动因是主体期望获取最大的"潜在利润"即"外部利润"。正是获利能力无法在现在的制度安排内实现,才导致了新的制度安排的形成。因而,只有当制度创新与变迁有利可图时,人们才会进行制度创新与变迁。如果没有潜在利润,就不可能有制度变迁。只有当通过制度创新与变迁所获取的收益大于为此而支付的成本时,制度创新与变迁才有可能发生。正如诺斯所说的,如果预期的收益超过预期的成本,一项制度安排才会被创新。只有当这一条件得到满足时,我们才有希望发现在一个社会内改变现有制度和产权结构的企图。总之,在新制度经济学家看来,"经济人"是制度变迁主体人格结构中的基本构成因素。

(六)关于制度变迁的方式

关于制度变迁的方式,从各种不同角度可以作出多种划分。其中,诺斯对渐进式变迁与激进式变迁这两种制度变迁方式有过较为详细的论述。他指出,渐进式变迁是指交易双方为从交易中获取某些潜在收益而再签约,它是连续的变迁,没有大起大落或中断,是一个演进过程,它是相对于革命式变迁或激进式变迁而言的。革命式变迁是非连续的。所谓非连续性变迁,是指正式规则的一种根本变迁,它常常是武力征服和革命的结果。他说,战争、革命、武力征服以及自然灾害都是非连续性制度变迁的源泉。但是,他同时指出,革命式变迁是非连续的,但很少是完全非连续的,这是因为意识形态或非正式规则不会因为革命而中断联系,发生革命式变迁。非正式规则总是连续的、演进的。

(七)关于制度变迁的过程

1. 一般过程。迄今为止,在制度变迁的过程上,为新制度经济学界较为广泛接受的是诺斯的观点。他认为,完整的制度变迁的一般过程包括五个阶段:①形成制度变迁的初级行动集团或第一行动集团。他们是对制度变迁起主导作用的集团。也就是说,某些社会成员首先认识到变迁的条件、发现变迁机会或通过变迁而获利的机会,从而组织起来,发动变迁。②制定有关制度变迁的方案,包括确定变迁的目标,确定选择集合。这是制度发明或借鉴的过程。③确定变迁方案,即作出菜单选择。根据制度变迁的原则对各种变迁方案进行评估,并作出选择。④形成次级行动团体,即制度变迁的第二行动集团。⑤最后阶段是两个集团共同努力去建立新的制度安排,实现制度变迁。诺斯指出,经过上述过程,制度安排会达到均衡,但由于供求因素的变化,制度安排又会出现非均衡,为此又要进行制度创新,进入一个新的制度变迁周期。

2. 制度变迁的时滞。一般认为,诺斯的制度变迁模型是一种"滞后供给"模型,即制度创新滞后于潜在利润的出现,潜在利润的出现和使利润内部化的制度安排建立之间存在着一定的时间间隔,这就是所谓制度变迁的时滞。结合制度变迁的过程,诺斯等人将制度变迁的时滞分为四部分:①认识和组织时滞,即从辨识外部利润到组织初级行动团体所需要的时间；②发明时滞，即发明新的制度安排的时间，也就是方案设计的时间；③“菜单选择”时滞，即在制度选择集合中选定一个能满足初级行动团体利润最大化所需要的时间；④“启动”时滞，即可选择的最佳制度安排和开始旨在获取外部利润的实际操作之间存在的时滞。影响制度变迁时滞长短的因素有很多，如人的有限理性、信息成本、意识形态因素等，但最重要的因素是现存法律和制度安排的状态。

3. 制度变迁的路径依赖。诺斯指出，路径依赖是对长期经济变化作出分析性理解的关键。这是因为，一方面，制度变迁中时滞的产生与路径依赖有很大关系；另一方面，一个社会制度演变的路径是以前制度变迁的轨迹，它在很大程度上也就制约了制度变迁今后的发展。因此可以说，路径依赖理论是制度变迁分析中的一个极其重要的理论。在诺斯看来，正是由于路径依赖的存在才导致了一些经济社会制度安排的高效率和另一些经济社会低效率制度安排的存在。

正是基于制度变迁的这种特性，诺斯总结了两条路径依赖：其一，一旦某种独特的发展轨迹建立以后，一系列的外在性、组织学习过程、主观模型都会加强这一轨迹。其二，一旦在起始阶段带来报酬递增的制度安排，在市场不完全、组织无效的情况下，就会阻碍生产活动的发展，但由于产生了一些与现有制度共存共荣的组织和利益集团，这些集团不会进一步投资，而只会加强现有制度，由此产生维持现有制度的政治组织，从而使这种无效的制度变迁的轨迹持续下去。

第三节　新制度经济学评述

在大体了解西方新制度经济学经典性的主要理论之后，我们来进一步分析和评价产权和交易费用以及制度理论的学术进展，探讨其学术局限和错误所在。

一、产权和交易费用理论的学术意义与误区

（一）产权和交易费用理论的意义与贡献

1. 科斯等人把“产权”引入经济活动和经济行为的分析，是对当代西方正统经济学的批判，具有重要的学术贡献。传统西方微观经济学忽略了生产和交换过程中的产权问题，在决策者的效用函数分析里没有产权的应有地位。西方产权学派以反现行潮流的勇气，“复活”人类经济学说史上重视财产权利的科学精神，并在剖析企业、经济的外部效应、土地租约等问题上有些理论发展和创新，这是值得肯定的。科斯关于权利的初始界定先于权利转让和重组的市场交易的观点，关于权利的法律界定和法院直接影响着经济行为的观点；登姆塞茨关于产权包括受益或受损的权利的观点，关于产权的主要功能是引导人们实现将外部性较大地内在化的激励的观点，关于新的产权的形成是人们对新的收益—成本的可能渴望进行调整和回应的观点；阿尔钦关于产权是一个社会所强制实施的选择一种经济品的使用权利的观点；张五常关于合约的选择是由风险分散所带来的收益与不同合约相关联的交易费用的加权来决定的观点；菲吕博腾和配杰威齐关于产权学说拓展了传统的生产与交换理论的观点等。从一般的意义上看，这些论述都是较为客观的，丰富了人们对产权内涵和功能的认识。

例如，科斯定理反对庇古理论通过政府强制征税或补偿来解决外部损害问题，提出了通过调整产权制度和产权交易来处理上述问题的新方法。从更一般的意义上说，科斯定理强调通过设计和推行交易费用较低的产权制度，来实现资源配置的最优化。这一观点无疑富有认识上的启迪作用。

2. 科斯和阿尔钦从产权角度重新阐释和界定经济学，对于过度数学化的当代西方主流经济理论来说，具有合理的修正意义。科斯指出，亚当·斯密和约翰·斯图亚特·穆勒两人都很注意经济制度，而现代主流经济学却在黑板上实施为实现理想状态所必需的操作步骤，但它们在现实生活中并不存在。例如，谈企业而不考虑其实体，论市场却不涉及法律，也不具体考虑买的和卖的是什么东西。这种情形正如一个人研究了没有人体的血液循环。当代制度经济学应该从人的实际出发来研究人，实际的人在由现实制度所赋予的制约条件中活动。当代制度经济学是“经济学”本来就应该是的那种经济学。科斯讽刺性地写道：听说傻得难以启齿的话可以唱，在现代经济学中，这样的话可以放在数学之中。

3. 科斯等人提出“交易费用”范畴，拓展了康芒斯的理论，对深化产权等问题的分析具有创新的价值。康芒斯曾对“交易”及其类型作了独创性的界定，为后人的拓展研究奠定了学术基础。科斯实际上发扬了美国制度学派的某些学术精神（不过，他和斯蒂格勒有失公允地全盘否认这一点），把交易费用看成是西方产权经济学的核心范畴和理论基础。比如：科斯和威廉姆森运用交易费用的概念，解析企业的产生和规模变动，论证交易费用、产权安排与资源配置效率之间的相关性；德姆塞茨运用交易费用的概念，解析产权的功能和变动，研究所有制作为外生现象和内生现象的状况；诺思和托马斯运用交易费用的概念，解析经济史中的产权制度变迁、制度创新和经济增长；等等。他们在这些方面的探讨均取得了不少成果。尽管在交易费用这一范畴的科学界定和运用上还有许多重大缺陷和错误，但它毕竟继承和扩展了一种合理的经济分析视角，并提供了相当可观的思想素材和实例，这些是值得肯定的。

（二）产权和交易费用理论的缺陷与误区

在国际学术界，科斯等人的产权理论受到萨缪尔森、布坎南、库特、舒尔茨等一些著名经济学家的批评。在中国，一些学术造诣很深的学者对此也持不同程度的批评意见。

1. 有关“科斯第一定理”的主要缺陷。被学术界公认的，用科斯自己的语言所表述的“科斯第一定理”是这样的：如果定价制度的运行毫无成本，最终的结果（产值最大化）是不受法律状况影响的。威廉姆森等人将这一定理改述为：只要交易成本为零，那么初始的合法的权利配置对于资源配置的有效性是无关的。颇具权威的《新帕尔格雷夫经济学辞典》将其表述为：只要交易成本为零，财产的法定所有权的分配不影响经济运行的效率。

“科斯第一定理”存在的问题是：其一，逻辑上的同义反复。科斯的效率观是“帕累托最优”，而这一最优状态原本就是在没有交易摩擦的假定下得出的。现在，“科斯第一定理”强调，零交易费用中的市场交易可以实现资源最优配置。这在逻辑上表现为循环论证，缺乏新意。该定理实际上是帕累托最优的同义反复。其二，零交易费用的假设不现实。其三，忽略收入分配的效应。“科斯第一定理”试图表明的是，在零交易费用的假设下，任何产权分配方式都会导致帕累托最优。事实上，即使在该假设下，产权的初始界定通过影响财富分配状况（甚至如许多西方经济学家所指出的，进一步影响对物品和服务的需求变化），也必然会影响资源配置效率。由产权分配方式所带来的不合理的财富分配不公,导致经济活动中的行为主体在不同程度上的效率下降,这是人所公认的常识。其四,忽视机会主义行为和信息不充分的存在。即使交易费用为零,当人们在谈判等交易活动中采取利己的机会主义策略或信息不充分时,也很可能出现谈判破裂或出现各自采取行动等某些不利于资源最优配置的现象,从而无法实现科斯定理所预期的最佳状态。其五,混淆权利的最佳初始配置与资源的最佳配置的关系。产权的初始界定和配置可能是由法律规定的,也可能不是,但不管怎样,即使在零交易费用的情况下,由于某种缘故,最佳的权利初始分配并不等于最佳的资源配置。自由交换会不会最终都能使社会总产值达到最大化?萨缪尔森针对科斯定理说过,对此没有一条定理可以证明,一只"看不见的手"会把两个或多个谈判者引导到污染的帕累托效率水平。

2. 有关"科斯第二定理"的主要缺陷。被学术界公认的,用科斯自己的语言来表述的"科斯第二定理"如下:当交易费用为正时,权利的初始界定和调整会影响资源配置的效率。从字面上看,"科斯第二定理"讲的话难以否定。这是因为,它提到合法权利的初始界定和调整会对制度效率和产值最大化发生影响,自然是客观的。但重视权利、制度或法律对资源配置的影响,并非科斯首创,包括亚当·斯密、马克思和康芒斯在内的不少经济学家和法学家,早就从多方面无数次地阐述过了这一观点。如果撇开"科斯第一定理",单把这一常识性的道理拔高为发现了一个伟大的"定理",似乎显得当代人的思维太过贫乏了。另外,倘若"科斯第二定理"仅仅要表明,可从交易费用最小化出发,任意选择市场交易、企业组织和政府管制三种方式,来解决外部效应和资源配置的问题,那么,这显然与科斯重点强调的精神实质相矛盾。这是由于,科斯心目中的理想境界和真正的信念,在于将产权清楚地界定为私有,并通过自由交换达到资源最优配置。不过,这意味着科斯自己否定了他自己的主旨,即私有产权条件下自由交易有效性的基本论点。

3. 有关交易费用理论的主要缺陷。交易费用范畴是西方产权理论的核心和支柱。几十年来,这一概念被许多产权学派的经济学家和同行界定过,但至今仍有重要疑点或误区。其一,交易费用的定义和范围不清晰。例如,张五常曾估计交易费用占香港国民生产总值的80%。这似乎包括了全部第三产业以及第一、第二产业的量度和监管费用。其疑点在于,交易费用是否应当作如此宽泛的解释,给人以不着边际的感觉。还有,交易费用是否包括运输费用,也是该学派没有解释清楚的问题。其二,交易费用的作用被夸大了。科斯单纯从交易费用角度阐释企业的起源和规模,显然是将其作用夸大了。应当看到,在有些经济活动和经济行为中,交易费用是主要因素,但在很多情况下交易费用并不是主要或主导因素,因此,不能一概而论,将交易费用始终放在经济分析重要性的首位。如果把交易费用的概念延伸到不适当的范围和部门,它的作用好像是大了,其实滥用概念反而糟蹋了概念内涵的科学精神,并不能圆满地解释经济现实。其三,交易费用尚未得到定量分析。虽然威廉姆森等个别学者也试图将交易费用作数学处理,但由于交易费用概念及其范围至今歧见甚多,也由于作为制度意义上的费用本身难以计量(有的费用可用货币度量,而谈判等交易过程中的努力程度和心理能量消耗就很难准确度量),因而该学派还没有在交易费用这一概念的精确化上获得成功。

4. 有关产权其他理论方面的主要缺陷。其一,主张只有私有制才是产权明晰和高效率的观点,违背了分析逻辑和实践经验。其实,在逻辑上,只要产权的界定或分割是明确而无争议的,那就属于产权清晰之列,而不是一定非要界定给个人才算清晰。对于集体所有制和国家所有制及其他公共所有制,完全可以通过多种产权配置和界定的方法,包括完善各种管理规则,来细化和明晰它的权利。至于私有制能否都达到高效率,公有制是否都属于低效率,各国经济发展的历史和业绩已经提供了经验,任何正直和客观的学者均可以轻而易举地用事实去证伪这一论断。其二,主张只要产权明晰就会自动实现资源最优配置的观点,违背了经济发展的本质趋势。由于人的机会主义动机和信息障碍等,即使私有产权清晰,市场机制也未必能调节到帕累托最优状态。当出现外部经济效应时,必须视具体情况采用国家的或市场的具体处理办法,而不应该固执地坚持某一种思维方式和解决方案。在许多情况下,包括处理外部经济效应在内的国家的各种管理和干预,反映了经济社会化和国际化的必要进程和本质趋势。

二、企业理论的学术意义与误区

(一)企业理论的意义与贡献

1. 科斯关于企业组织的成因和规模界限的理论,是对西方主流微观经济学的一种批评性补充,具有积极的理论和现实意义。的确,从西方经济学说的发展史和社会生产的实际状况来说,利用价格机制或市场的运行是有成本的,企业的存在与减少市场交易成本有关,企业规模的大小同内部组织的交易成本与公开市场的交易成本也有关,尽管科斯提出的这些论点较为粗糙,但他首次明确把交易费用纳入经济学分析领域,却体现出一种创新精神。

2. 阿尔钦和德姆塞茨关于古典资本主义企业的团队分析,充实了科斯的理论,具有常识性的意义。他们写道:"我们所提出的古典企业理论是逐渐退出科斯所指引的路径来达到这一目标的。在我们的解释中,对队生产、队组织计量产出的困难,以及偷懒问题的考虑都是很重要的。但至此我们可以肯定的是,这些方面都是科斯理论所没有的。"①如果同威廉姆森相比,阿尔钦和德姆塞茨退出科斯路径而作的分析,就其主要思想来说是常识性的。例如,任何组织形式的企业都需要计量或测量投入与产出;团队成员的劳动投入有时难以观察和准确测量;组织成员有可能偷懒而需要监督,监督者也可能偷懒;等等。

3. 威廉姆森关于现代公司组织和治理结构的理论,大大地深化了科斯的企业理论,形成了一种独特的有价值的分析体系。科斯只是提出了传统微观经济学所忽视的交易费用问题,分析经济资源配置的二元机制,并得出企业存在的原因或起源是由于内部组织协调比公开市场协调更为有效或交易费用更低,而没有提出企业存在的总费用的结构及其比较问题。威廉姆森明确区分了企业的生产费用与组织管理费用,通过给出的经济模型来说明企业成长边界或效率边界取决于总费用的大小,而非单纯计量生产费用或单纯计量组织管理费用。这就比科斯的单角度论述显得相对全面和精确一点。此外,威廉姆森有关资产专用性与企业治理结构的界说,撇开名牌商标资产的专用性,其实质是要说明生产力中物的要素和人的要素的特性在客观上如何影响或决定企业内部和市场的组织行为和交易行为,即生产力如何决定生产方式和生产关系,这无疑具有理论意义。

① 〔美〕阿尔钦,德姆塞茨.生产、信息费用与经济组织.见:论生产的制度结构.上海:上海三联书店,1994.70

(二)企业理论的局限与误区

1. 单纯从交易费用的存在和大小来说明企业的存在,不免具有片面性。对于企业的形成和规模界限,科斯等人仅仅从交易费用的存在和节约的角度去阐述,就难以全面解析。试问:假如交易费用为零,企业还可能产生吗?事实上,企业与市场的根本区别,在于企业具有生产的功能,而这一功能是市场无法取代的。企业可以把公开市场交易内部化,从而可能节约交易费用,但交易费用的存在与否及其大小,并不一定是企业存在的根本原因。

2. 忽略具有垄断因素的市场结构可以导致企业界限变化这一事实,是缺乏现实性的表现。科斯等人的"企业替代市场说"是以新古典经济学的纯粹竞争假设为前提条件的,而现实经济生活中的市场往往偏离纯粹竞争。假定交易费用为零,市场的垄断结构仍可导致企业的生死存亡和扩张收缩。即使交易费用为零,在类似垄断结构中的各种企业依然可以赚钱并扩大生产经营规模;反之,垄断结构被竞争逐渐冲销,该种垄断企业也可能亏损甚至破产。可见,在阐释企业的存在和界限时,把交易费用作为最主要的动因或根源来看待,是有条件的,而不能适用于任何场合。

3. 忽视和淡化从总体上追求长期利润极大化这一企业起源和成长的内在动力或深层动因。节省交易费用只是企业决策的一个重要层面,只有假定由技术和市场等因素决定的生产费用为零或不变时,交易费用才是惟一的决定因素,而现实经济中生产费用与交易费用是交叉在一起的,哪种费用的变化占主要地位或成为主导因素,完全要视技术、市场和组织等不同的组合状况而定。况且,节省交易费用和生产费用的最终目的,都是为了从总体上获取长期利润极大化。脱离了预付资本与总利润的分析,企业起源和成长的根基发掘就显得不很深刻、不很充分。

4. 强调雇主监督雇员并应拥有剩余索取权是天经地义的,这完全是出于阶级偏见。如果说其他西方学者只是隐含着或稍带着说明这一观点,那么,阿尔钦和德姆塞茨的企业理论则最明显地突出了这一资产阶级的立场和学术观点。明明是资本家凭借生产资料的所有权或资本的所有权(收益权或剩余索取权是终极所有权的一种实现和完整所有权的一项权能),无偿占有雇佣劳动者的剩余劳动及其价值。但在西方企业理论中,这一生产资料与劳动者的特殊结合方式却被歪曲为团队生产或协作群生产的一般和必然的结合方式,而且是雇员向雇主"分派"剩余索取权。可见,经济学的分析方法和社会立场不同,得出的企业理论自然有很大的差别。

5. 模糊私有企业资本与雇佣劳动的本质关系,缺乏深层分析的科学精神。一个事物可以从不同的角度被认识,企业和私有企业也是如此。可是,在检索和研究了西方企业理论的主要经典文献后,发现私有企业最本质的契约关系并没有被揭示,反而被"科学地"歪曲和掩盖了。资本家不付费用而占有雇佣劳动者创造的剩余财富,是一种有别于奴隶制和封建制的新型契约关系,不过,这种"自由"、"平等"的契约关系的实质是一种新型的"剥削—被剥削"关系。西方学者大量描述过的"偷懒—监督"、"委托—代理"、"组织—市场"和"交易费用高低"等一系列机制和关系,有程度不一的意义,但并未完整地、深刻地勾画出私有企业的全貌。

此外,科斯及其后继者只看到企业组织协调部分替代市场协调的成本优势,而没有进一步看到和引申出国家的组织协调也可以部分替代市场协调,若运用得恰当,其效率优势和成本优势将十分明显。事实上,现代大企业和国家组织协调的出现,在许多情况下都与克服“市场失灵”现象有某种联系，否认这一点是不客观的。

三、制度理论的学术意义与误区

（一）制度理论的意义与贡献

1. 新制度经济学关于制度的起源在于资源的稀缺性的见解，有一定的道理。因为在一个资源稀缺的世界上，如果不存在对于人力资本、非人力资本和自然资源的自由使用进行约束的制度安排，任何社会都不能够生存。为了生存，为了更好地使资源发挥效率，便产生了约束人们行为的各种制度安排。从这个意义上说，制度是内生的。

2. 新制度经济学关于制度均衡与非均衡的分析，合乎辩证法的思想。显然，在社会经济发展过程中，制度均衡只是一种理想状态或瞬时状态，而制度非均衡才是一种“常态”，制度变迁也就是对制度非均衡的一种反应。但是，需要注意，制度非均衡是制度变迁的必要条件，却非充分条件。制度变迁只可能在制度非均衡状态下发生，而制度非均衡却不一定导致更不等于制度变迁。

3. 新制度经济学关于路径依赖的概念，具有积极的学术意义和现实意义。路径依赖理论在某种程度上有助于我们理解长期的社会经济变化，理解不同地区、不同国家的发展差异。诺斯通过对一些贫困国家的分析认为，正是由于缺少进入现代法律约束和其他制度化社会的机会，才造成了现今发展中国家的经济长期停滞不前。尽管这种解释并不全面，甚至并不关键，但仍值得重视。因此，对于发达国家、发展中国家和转轨国家，摆脱不良的路径依赖显然是十分重要的。渐进式制度变迁和突变式制度变迁，也都有如何摆脱妨碍进一步实现高公平与高效率的路径依赖问题。

（二）制度理论的局限与误区

1. 新制度经济学关于制度的定义不很准确。他们对制度的理解不仅包括“正规约束”的法律规范，而且还包括“非正规约束”的伦理道德规范。而事实上，应当只把制度界定为社会经济关系的法律规范，并不应包括属于意识形态的伦理道德规范。在这一点上，马克思主义关于制度的界定更明确，也更准确。

2. 新制度经济学关于制度变迁主体的理论有一定的片面性。客观地说，制度变迁是有主体的，并不完全取决于主体的偏好，而是取决于客观因素。这是因为，任何制度都是由人设计或选择的，即使非正式规则，也是由人加以选择并内化到人们的意识中的。制度变迁无非是人否定、扬弃某些规则，制定或选择新的规则，所以，制度变迁总是有主体的。但是，任何主体的制度变迁行为和变迁方案，最终都不是由主体的意志而是由客观条件决定的。在这方面，马克思既强调客观因素——生产力对制度变迁的决定作用，也强调人的主观能动作用，强调人民群众创造历史和伟人决策的重大作用。

3. 新制度经济学缺乏关于制度本质的阶级分析理论与方法。马克思侧重于从不同的社会经济形态和阶级关系上揭示制度的特征，而新制度经济学只是在抽象意义上界定制度，认为制度与劳动、土地、资本一样，是一种影响生产与交易成本的稀缺资源，只关注制度与人们利益的关系，不研究制度的社会性质，没有揭示制度背后支配人们的思想和行为并进而决定制度的特殊性质的阶级关系。

4. 新制度经济学没有科学揭示制度的层次性及其相互关系。马克思主义制度经济理论研究的重点是经济制度，并且认为这种经济制度是有层次的。反映社会基本经济关系的制度是第一层次的制度，它规定着社会中人与人之间最基本的经济关系，决定着社会的基本经济性质，对社会经济发展发挥着最根本的作用。反映社会经济运行关系的制度是第二层次的制度，它规定着资源配置和经济运行的基本关系，决定和影响着生产力的发展和经济效率的提高，对社会经济发展发挥着直接的作用。反映社会微观层次经济运行关系的制度是第三层次的制度，它规定着微观经济主体的基本利益关系，决定和影响着微观经济主体从事经济活动的效率，对社会经济发展发挥着基础的作用。从不同的层次来揭示制度范畴的内涵并进行深入地研究，这就使马克思主义制度经济理论具有显著的深刻性。西方制度经济学对制度的研究虽在许多方面也是比较深入的，如对企业制度、产权制度的研究包含着众多深刻的思想，但在制度研究中没有明确的层次性，更多的只是从社会经济运行和微观层次来研究制度问题，以及从经济活动的效率方面来研究经济行为。因此，西方学者只能从某些制度安排已经到位的状态出发，通过一些真实的或虚构的案例，在理性世界中构想制度的源流，而这难以真正逼近历史的真实。况且，仅从一般意义上分析制度，对于各类制度没有作出本质性的划分，也不能正确揭示出社会经济制度大系统中各子系统之间的内在关系。

思考题

1. 新制度经济学产生的学术和时代背景是什么？
2. 如何准确地看待新制度经济学的理论贡献？
3. 联系前苏联东欧国家和中国的经济改革分析新制度经济学的理论误区。

参考文献

1.〔美〕科斯. 论生产的制度结构. 上海：上海三联书店，1994

2.〔美〕科斯，诺斯等. 财产权利与制度变迁——产权学派与新制度学派译文集. 上海：上海三联书店，1991

3.〔美〕康芒斯. 制度经济学. 北京：商务印书馆，1962

4. Wiliamson, O. E. (1975): *Markets and Hierarchies: Analysis and Antitrust Implication*. New York, The Free Press, 1981; *The Modern Corporation: Origins, Evplution, Attributes*, 1985; *The Economic Institutions of Capitalism: Firms, Markets, Relational Contracting*. New York: The Free Press.

5.〔美〕诺斯. 制度、制度变迁与经济绩效. 上海：上海三联书店，1994

6.〔美〕诺斯. 经济史中的结构与变迁. 上海：上海三联书店，1991

7. 程恩富. 西方产权理论评析. 北京：当代中国出版社，1997

8. 程恩富. 11 位知名教授批评张五常. 北京：中国经济出版社，2003

9. 胡乐明，张建伟，朱富强. 真实世界的经济学——新制度经济学纵览. 北京：当代中国出版社，2002

10. 吴宣恭. 产权理论比较——马克思主义与西方现代产权学派. 北京：经济科学出版社，2000

第 19 章

新经济史学

学习要点和要求

掌握新经济史学和传统经济史学在研究方法上的区别，了解新古典经济学、新制度经济学和计量经济学与新经济史学的关系，熟悉并评论新经济史学的基本理论架构以及从制度方面对西方世界经济增长的重新解释和计量研究，讨论新经济史学的意义。

第一节　新经济史学的形成、学术渊源与现状

一、新经济史学的形成

新经济史学（或新经济史）是与西方传统的经济史学相对应而言的。西方传统的经济史学采用历史学的分析方法研究历史中的经济现象，很少使用西方经济理论和计量经济学方法对历史中的经济现象进行解释。但从 20 世纪 50 年代末期起，一些经济学家开始将西方经济学理论运用到历史研究中去，不只是研究历史上经济方面的问题，也研究非经济问题。这种研究方法被称为新经济史学（New Economic History）。因此，新经济史学更应该被看成是经济学的一个分支。

开创这一思潮的是道格拉斯·诺斯（Douglas North）。20 世纪 50 年代末和 60 年代初，诺斯利用国民收入核算、经济增长的要素分析方法和经济计量学方法研究了美国在 1790～1860 年间的经济增长，并于 1961 年出版了《1790～1860 年美国经济的增长》一书。在这段时间，罗伯特·福格尔也在开展类似的工作。他应用经济学理论和经济计量学方法研究了美国历史上铁路对经济增

长的影响，并于1964年发表了《铁路与美国经济增长》一书。在这本书中，福格尔认为铁路对美国经济发展所起的作用并非不可替代，传统的观点夸大了其作用。整个20世纪60年代，是新经济史学发展的第一阶段，是新古典经济理论和计量经济学方法在经济史上应用的开始。

从20世纪70年代开始，新经济史学越来越强调制度因素对历史事件的决定作用，进入了它的新阶段——新制度经济史学（The New Institutional Economic History）阶段。这一阶段的活跃人物还是诺斯。诺斯开始意识到，历史上经济增长的决定性因素是制度，尤其是有效的产权制度，而不是技术性因素如工业革命、资本积累等。1971年，诺斯与戴维斯（Lance Davis）合作发表了《制度变革与美国经济增长》一书，力图找出在美国经济成长过程中，新的制度及组织是如何演化形成的。1973年，他又与罗伯特·托马斯（Robert Thomas）合作发表了《西方世界的兴起：新经济史》一书，探寻了欧洲历史上经济增长的制度原因，尤其是探讨了产权在荷兰和英国以及法国和西班牙这两组国家的演化过程。1981年，诺斯出版了《经济史上的结构与变革》一书，探讨了历史上不同形态的经济组织的交易成本，研究了意识形态的改变如何影响政治及经济的决策。该书是对经济史的高度概括和重新诠释。1990年，诺斯出版了《制度、制度变迁与经济绩效》一书，进一步提出了制度变迁理论。

二、新经济史学的研究方法与学术渊源

新经济史学强调理论分析和数据分析，利用理论解释事实，利用数据说明理论。

第一，利用现代西方经济理论指导经济史研究。从更一般的角度来说，也就是使用演绎法：先给出一组假设，然后据此提出假说，最后用历史事实进行验证。他们主要是利用了新古典经济理论和研究方法，强调市场的作用，强调个人对激励所作的反应。诺斯等人认为，历史上经济事件的演变并没有脱离新古典经济学所描述的模式，因此，可以部分地用新古典理论解释历史上的经济增长。

第二，强调制度性因素对历史上经济增长所起的作用。诺斯认为，新古典经济理论在解释经济增长时有其缺陷。"它所涉及的社会是一个没有摩擦的社会，在这种社会中，制度不存在，一切变化都通过完善运转的市场发生。总之，获得信息的成本、不确定性和交易成本都不存在。"①既然没有制度运行的成本，那么新古典经济理论也就没有必要把制度因素当做解释经济表现——增长或停滞的主要变量。实际上，新古典理论暗含着制度有效的假定。换言之，新古典模型中只考虑了市场，而没有考虑其他制度或组织，因此也不涉及制度的变迁，在它们那里，经济的变化是由相对价格变化引起的。

显然，这样的理论无法解释为什么历史上西方世界在实现经济增长之前经历了持久的经济停滞。因此，诺斯指出，应该将新古典经济理论和制度经济学的方法结合起来研究历史上的经济增长，这种新经济史有三个支柱：①对个人和集团产生激励作用的产权或制度理论，它能够解释为何制度所导致的结果不能在长期内产生经济成长；②实施或实现产权的国家理论，借此来解释制度的基本来源；③影响人们对变化作出不同反应的意识形态理论。这样，新经济史学既建立在新古典经济理论的基础上，又超越新古典经济理论，避免了

① 〔美〕道格拉斯·诺斯．经济史上的结构和变革．第1版．北京：商务印书馆，2002.7

它的缺陷。

第三，将计量经济学的方法应用在历史数据的分析中。新经济史学利用了历史上有限的统计数据，并用计量经济学的方法进行分析，从中得出令人信服的结论。由于历史上的数据非常缺乏，而且前后统计口径不同，现成的统计数据往往不能直接比较。为此，福格尔创造了“间接度量”的方法，把不同口径的数据加以换算，使之成为可比的数据。

第四，进行“非现实假设”研究。本来，历史不容假设，传统的历史研究非常尊重事实，但新经济史学却反其道而行之，提出与事实相反的假设，并推测其有可能带来的种种变化。计量经济学的发展为这种研究开了方便之门。例如，福格尔在研究美国铁路的作用时就假定，如果没有铁路，美国经济发展会是什么样。他建立了两个计量模型：一个是铁路成本估算模型；另一个是假设没有铁路时兴建运河的水运成本估算模型。

一方面，新经济史学的主要理论基础是新古典经济理论和新制度经济学，这可以看成是其最主要的学术渊源；同时新经济史学还大量应用了计量经济学的方法。另一方面，如诺斯所承认的，他在一定程度上也受到马克思主义的影响，尤其是马克思主义对制度因素的分析。但诺斯又认为，马克思主义分析制度的缺点是把阶级作为基本的分析单位，没有考虑人口的变化对制度变迁的影响。而且，阶级包括面太广，同一个阶级的成员并不具有统一的意志和目标，并不能协调一致，在决策时会遭遇搭便车动机的困扰。由此，诺斯认为新古典理论以个人作为基本的分析单位更为可取。

三、新经济史学的现状与代表人物

按照布坎南的看法，新经济史学是“新政治经济学”运动的五个分支之一，另外四个分支分别是：新制度经济学、公共选择学派、管制经济学和产权经济学。新政治经济学是对新古典经济学的超越。在新古典经济学体系里，制度因素被假定为既定的，而且也是有效率的，经济学要分析的就是既定制度下的个人行为及其结果。而新政治经济学则认为，制度因素是经济活动的内生变量，应该将其重新纳入到经济学分析中去。新经济史学与新制度经济学和产权经济学有很多的交叉重合的地方。从某种意义上说，新经济史学也就是新制度经济学在历史研究上的应用。

新经济史学的研究成果早已取得西方经济学界认可。1993 年，诺贝尔经济学奖颁给了新经济史学的两个最主要代表人物诺斯和福格尔，以奖励他们在经济史研究上所作的开创性贡献。诺斯出生于 1920 年，1942 年和 1952 年分别获得伯克利加利福尼亚大学经济学学士和博士学位，随后在华盛顿大学任教至 1983 年，从 1983 年开始转至圣路易大学任教至今。他的主要理论贡献是利用新古典经济理论和新制度经济学方法研究美国和欧洲历史上的经济增长，其主要著述在前面已有介绍。福格尔于 1926 年出生于美国纽约，1948 年获得康乃尔大学学士、1960 年获哥伦比亚大学硕士、1963 年获约翰·霍普金斯大学博士学位，他曾先后任罗彻斯特大学、芝加哥大学和哈佛大学教授，1981 年后再度担任芝加哥大学教授至今。他的主要贡献体现在对美国 19 世纪运输问题、南北战争前奴隶制所作的“非现实假设”研究上。他的重要著述除了前面提到的《铁路与美国经济增长》以外，还有 1974 年与斯坦利·恩格尔曼合著的《十字架上的时代》。

第二节　新经济史学的一般制度理论基础

一、经济史上的交易成本与制度变革过程

诺斯等人研究西方经济史时,关注的重心是西方世界历史上的经济增长,即人均产量的长期增长,并将经济增长的终极原因归结为能够提供个人激励的制度结构。

传统的西方经济理论或者认为资本积累是经济增长的主要原因,或者认为技术进步是主要原因,或者认为人力资本是关键因素。问题在于,为什么有些国家具备了这些条件,而另一些国家却没有。诺斯认为,创新、规模经济、教育和资本积累并不是经济增长的原因,它们本身就是经济增长的一部分,是经济增长的表现。促使经济增长的终极原因是制度因素。一个好的制度结构可以提供有益的激励,促使个人去从事合乎社会需要的活动。

诺斯所说的制度指的是社会的游戏规则,这些游戏规则对个人行为加以约束和限制。他指出:"制度是为约束在谋求财富或本人效用最大化中个人行为而制定的一组规章、依循程序和伦理道德行为准则。"①制度或游戏规则包括两个方面:一个方面是各种具体的规则,包括了正式规则(宪法、法律、规定)与非正式的约束(惯例、行事准则、行为规范);另一个方面是规则的执行。

在这些制度中,最重要的是产权制度。明晰的产权使个人的私人收益和社会收益趋向于一致,从而鼓励个人从事有益于社会的经济活动。一般而言,个人的行动只依赖于对私人收益和成本的比较。即使一项经济活动从社会的角度看是有利的,其边际社会收益超过边际社会成本,但是,如果其边际私人收益低于边际私人成本,这种经济活动也不会发生,相应地,经济增长也就受到制约。如果产权明晰,个人可以从自己的经济活动中得到充分的好处,当然也要支付全部的成本,从而使个人收益和成本同社会收益和成本一致起来。此时,只要是于社会有利的活动人们都愿意去从事。例如,股份公司、企业制度促使经济单位实现了规模经济,悬赏和专利法鼓励了创新,圈地运动、汇票制度和解放农奴提高了要素市场的效率,保险公司的出现减少了市场的不完善等。

历史上产权起作用的一个例证是用于计时的高精度天文钟对海洋运输和贸易的巨大促进作用。天文时钟有助于远洋船只测量所在位置,从而保证航海的安全。为了促使私人发明这种计时钟,西班牙、荷兰和英国都提供了巨额悬赏,最终到18世纪由约翰·哈里森发明。哈里森花费了半生的精力来设计这种时钟,并最终获得悬赏。正是由于他的发明,减少了运输中的损失,推动了海洋运输和贸易的发展。历史上产权起作用的另一个重要例证是在海洋运输上实施产权。中世纪的海洋运输和贸易曾长期受到海盗的威胁。海盗肆虐提高了贸易成本,缩小了贸易范围。为解决这个问题,英国采取了行贿的办法,在当时,这种办法的费用比提供海上武装保护要低廉。

但是,为什么包括产权体系在内的诸种制度架构没有早些出现?具体一点说,为什么

---

① 〔美〕道格拉斯·诺斯,罗伯特·托马斯.西方世界的兴起.第2版.北京:华夏出版社,1999.195~196

历史上不早点发明保护知识产权的制度？为什么会听任海盗的横行？诺斯认为，经济史必须对这些问题进行解释，解释制度变革的过程，解释在什么情况下制度演进会顺利进行，在什么情况下制度变革会受到阻碍。

诺斯利用科斯的交易成本理论，认为交易成本是阻碍制度变革的关键因素。历史上的制度变革受到阻碍，可能在于这样两个原因："可能缺乏技术阻止'搭便车'或强迫第三方承担他对交易成本的份额……对任何团体和个人来说，创造和实施所有权的费用可能超过收益。"①一方面，如果制度创新的好处惠及所有的社会成员，而受惠的成员不需要为此付出费用，这样就会产生"搭便车"行为，则制度创新的动力会大大减弱。另一方面，制度创新固然能够带来好处，但也需要消耗各种资源。除非创建新的制度安排所带来的私人收益超过成本，否则不会有制度变迁。例如，在火药或火枪发明以前，要防止城堡里领主的抢劫是很困难的，因此实施所有权要付出很高的代价。只有在火枪发明之后，对城堡进行攻击变得容易起来，从而能够保护过路商旅的私有财产不受侵犯。同样，海盗虽然使船队造成亏损，但对海上船队护航则成本更高，这些费用阻止了相关产权制度的建立。

诺斯等人认为，制度在变革过程中存在路径依赖（Path Dependency）现象。也就是说，一个制度一旦建立，随后的制度变迁就会在先前的制度基础上发展下去，而很难出现突破性的改变。换言之，最初确立的制度已经为以后的制度变迁定下了方向。这是因为，建立一个制度是需要耗费巨额成本的，制度一旦建立，已经耗费的资源就变成了沉没成本。循此制度进行变迁、调整，只需要追加少量成本；而另起炉灶则需要再次投入巨额初期成本，是不经济的。因此，替代性制度安排即使更有效率，也难以被实施，而原来的制度变迁轨迹就得以延续。历史上各国的经济增长表现不同源于制度不同，而制度不同又在于制度变迁过程的路径依赖。

二、国家在制度变迁中的作用

国家是实施产权制度的主体，在对经济史的研究中，必须讨论国家的形成及其影响。"国家理论之所以不可缺少，原因在于，国家规定着所有权结构。国家最终对所有权结构的效率负责，而所有权结构的效率则导致经济增长、停滞或经济衰退。因此，国家理论不仅要为产生低效率所有权的政治经济单位的国有趋势提供解释，而且必须说明历史上国家的非稳定性。"②

诺斯的国家模型要解释"对经济史说来是基本的两个方面：国家的普遍趋势是产生低效率的所有权，从而不能达到持续增长；各国所固有的不稳定性导致经济变革，结果，最后引起经济衰退。"③

国家提供的服务是一些基本的比赛规则或产权结构，它要满足两个子目标：一方面尽可能地增进国家税收；另一方面尽量减少交易费用，以促成社会产出最大化，这样也就有助于前一个目标的实现。交易费用包括统治者与其代理人（官僚集团）之间的代理费用（监督等费用）及用于测定和征收税金的费用等。显然，满足第二个目标的产权结构是有效率的。

① 〔美〕道格拉斯·诺斯. 经济史上的结构和变革. 第1版. 北京：商务印书馆，2002. 9

② 〔美〕道格拉斯·诺斯. 经济史上的结构和变革. 第1版. 北京：商务印书馆，2002. 18

③ 〔美〕道格拉斯·诺斯. 经济史上的结构和变革. 第1版. 北京：商务印书馆，2002. 23～24

在历史上,这两种目标之间一直存在着紧张关系,推迟了经济增长的发生。

国家的统治者追逐自身利益最大化,谋求尽可能大的租金收入,具有暴利潜能,但是也要受到约束:竞争约束和交易成本约束。这两种约束都会产生无效率的产权制度。在竞争约束下,如果利益受到损害,选民有投靠潜在竞争者的动机:或者会迁移到其他国家,或者是在国内支持在野的反对派以替代当权者。这就促使统治者向一部分有权势的团体妥协,或者改变产权体系,作出不利于另外一些团体的制度变迁,或者维持不合理的产权体系,例如,维持其不合理的税收安排,而全然不顾这样做对效率会产生什么样的影响。而在交易成本的约束下,统治者倾向于加强自身的垄断地位,并沿着这个方向设计产权,而不是朝扩大总产出的方向进行产权设计;或者是代理人维护其自身的利益,发展有利于个别团体而不利于整个社会的制度体系。这样一来,低效率的产权体系便得以广泛传播。

诺斯进一步指出,国家所提供和实施的制度具有内在的不稳定性,这些不稳定性来自于相对价格的变化,相对价格的变化改变了选民的机会成本和谈判能力,使选民对原有的产权制度不再满意;相对价格的变化也造就了新的利益集团,而新的利益集团也就需要新的产权制度。尤其是当一个国家处于和其他国家的竞争之中时,增长更加不稳定,增长慢的国家必须对自己低效率的产权体系进行改革或替换。

但是,不稳定是一回事,能不能实现变迁则是另一回事。即使是无效率的国家,历史上也具有相对的稳定性,国家的制度变迁并不是轻而易举就发生的。阻碍制度变迁的主要因素还是交易成本的存在和“搭便车”的动机。“调整只发生在个人收益超过个人成本的场合;反之,搭便车将会阻止调整。”①

三、作为制度的意识形态

尽管个人因为搭便车的动机不会去启动制度变迁,但是一个大集团愿意去改变产权结构,从而推动制度变迁。历史上的许多制度变迁也正是大集团行动的结果。问题是,前面基于个人理性的纯经济理论无法对此作出解释,这就需要引入意识形态分析。个人行动是同时由利己主义和意识形态两种动机驱使的。意识形态包含了人们对公正和正义的看法,引导着人们的决策,它能使人们超越功利的经济计算,追求精神的或情感上的崇高感受,从而变得充满热情和具有献身精神。出于个人损益计算而不会去做的事情会在意识形态的驱动下完成。

意识形态就是一种价值观念。而在诺斯看来,意识形态是“使个人和集团行为范式合乎理性的智力成果……意识形态是一种节省的方法,个人用它来与外界协调,并靠它提供一种世界观,使决策过程简化”。② 在意识形态中,也包括对现行制度的看法,并且存在着各种相互冲突的意识形态。例如,马克思主义对资本主义制度的观点;新古典经济学对市场的观点。

如果关于现行制度的意识形态能够克服搭便车问题,那么这种意识形态才是成功的,足以引导个人克服狭隘的功利性经济计算,去维护现存制度,或者去改革现存制度。也就

① 〔美〕道格拉斯·诺斯.经济史上的结构和变革.第1版.北京:商务印书馆,2002.31

② 〔美〕道格拉斯·诺斯.经济史上的结构和变革.第1版.北京:商务印书馆,2002.49,50

是说，当人们对现行制度的合理性相信到这种程度，即使违反该制度从个人私人成本或收益的角度考虑是合算的，人们也会谨遵该制度，这种意识形态就是成功的。这样的意识形态能够创造、维护和实施产权体系。所以诺斯说："对立法选举行为最好的预测，不是任何明显的利益集团，而是美国人用来衡量民主活动的思想信念和其他评价体系。"①例如，即使夜不闭户，也没有人去偷盗，产权制度就能得到充分的保护。同时，"强有力的思想信念可以并确实经常使政治决策者作出与已经形成的利益集团压力相违背的决定。"②例如，独立的司法制度也是意识形态起作用的一个例证。一个终身任职的大法官也许最初是由利益集团推上去的，但是其后来的立场和作为都反映了他自己对事物的独立看法，这种看法事实上就是一种意识形态。

第三节　对西方历史的重新解释

一、西方世界是如何兴起的

结合新古典经济模式和制度经济学的方法，诺斯对历史上的经济演进进行了高度概括性的分析，并说明了西方世界是如何兴起和发展的。

他认为，人类的历史经历了两次经济大革命。第一次经济革命发生在1万年以前，是人类从狩猎和采集向固定农业的转变，这一转变大大扩大了人类所能利用的资源基础，加快了人类的进步速度。这一转变由两个相互联系的原因促成。

首先，劳动力规模的大幅度增长。这种增长带来了狩猎劳动生产率相对下降和农业劳动生产率相对上升。狩猎和采集对自然资源是只取不予，不断消耗资源而没有增加或者维持现存的资源。"在一个竞争的环境，没有群伙会要求保护资源，因为留下再生产的动物可能被其对手利用。动物的存量因而处于灭绝的危险。造成这种无效率的重要原因，是缺乏一种机制来约束对共同所有的资源基础的利用。"③结果，当人口不断增加时，人类所能获得的食物就越来越紧缺。慢慢地，狩猎和采集劳动生产率下降，而从事生产农业的劳动生产率提高。"一旦人口增长到资源基础被完全利用的地步，那么，人口的任何进一步增长，便会引起狩猎、采集劳动边际产品的下降。"④既然如此，一个部落为什么不限制人口的增长？原因很简单，因为在部落竞争中，人口规模是非常有利的因素。"在史前人类社会，试图调整其人口以适应当地资源基础规模的那些群伙，最后都输给了那些鼓励人口大量增殖的群伙。"⑤

其次，从共有所有权到专一公社所有权的变化。上述两种劳动生产率的相对变化只是促成从狩猎和采集向农业转变的必要条件。真正促使生产活动内容转变的是制度从共有

---

① 〔美〕道格拉斯·诺斯.经济史上的结构和变革.第1版.北京:商务印书馆,2002.57
② 〔美〕道格拉斯·诺斯.经济史上的结构和变革.第1版.北京:商务印书馆,2002.57
③ 〔美〕道格拉斯·诺斯.经济史上的结构和变革.第1版.北京:商务印书馆,2002.80
④ 〔美〕道格拉斯·诺斯.经济史上的结构和变革.第1版.北京:商务印书馆,2002.85
⑤ 〔美〕道格拉斯·诺斯.经济史上的结构和变革.第1版.北京:商务印书馆,2002.83

所有权到专一公社所有权的变化。如前所述,共有产权的困境导致自然资源逐渐被耗尽,而人口却在不断增长。解决困境的办法是发展专一的公社所有权。相对于共有产权而言,专一的公社所有权近似于私有制,可以保存生产的成果,排斥局外人对成果的享用,限制局内人对资源的利用,以达到保护资源、长期发展的目的。在专一的公社所有权下,从事农业生产所得到的好处就能够排除局外人享受。事实上,产权的变化改变了激励。"如果存在资源的共同所有权,那么,掌握优良技术和学识的刺激便很小。反之,专一所有权给所有者以报偿,为增进效率和生产率,或者在更基本的意义上为获取更多知识和新技术提供直接刺激。"①在共有产权下,进行农业生产保护了资源,但是这种好处不能够排他,因而存在着搭便车的动机,结果没有哪个部落愿意从事农业生产。

因此,从狩猎和采集过渡到农业,是制度变迁的结果,而制度变迁又是由人口增长所促成的。那么这个过程是怎么发生的呢?在狩猎和采集业下,当人口逐渐增加时,资源越来越紧缺,但由于不能限制人口以适应环境,日益扩大的部落不得不化整为零,并迁到新的地区,开拓新的疆域,于是逐渐派生出新的群体。新的群体越来越小,社会也就越来越接近于公社,专一的公社所有权才得以建立。有两个原因导致制度发生变迁:其一,资源越来越稀缺,从而使得人们愿意为制度变迁付出必要的成本;其二,当团体变小时,实施产权的交易成本也就变小了。不过,向专一的公社所有权转变可能不是有计划的,而是碰巧发生的。有些团体设法或碰巧完成了这一转变,从而生存并发展壮大;另一些团体没能完成这一转变,从而渐渐消亡。

第二次经济革命发生在19世纪,一直持续到现在,是以知识革命为内容的,表现为知识存量的增加。第二次经济革命包括三个阶段:第一阶段是发生在工业革命前的各学科广泛发展;第二阶段是工业革命期间科学家和发明家之间的知识交易;第三阶段是形成和完善了私有产权,使得私人收益率接近于社会收益率。第二次经济革命在技术上的突破表现为发明了自动机械、创造出新能源和改变了生活和工业中广泛应用的物质材料。新的技术大大降低了运输成本和信息费用,从而带来专业化和分工程度的不断扩大,进而引起市场扩展和交易量增大,这种专业化大大提高了西方世界的生活标准。但另一方面,随着专业化程度的提高和分工的日益细化,交易成本自然也就提高了。结果,为了降低交易成本,制度变迁也在加速进行,例如,完善产权制度,改进管理方式等。在诺斯看来,我们现在正处于第二次经济革命中。

二、对西方历史上经济增长的重新解释:法国和西班牙同荷兰和英国的对比

诺斯还考察了欧洲历史上的经济增长,并将增长的原因归结为制度,即在欧洲首先出现了有效率的经济组织和经济制度。但是,诺斯指出,历史上的经济增长不是从工业革命开始的,而是始于17世纪,比工业革命要早得多,工业革命只是经济增长的一个形式。而且,经济增长也不是普遍的,现代意义上的经济增长是从17世纪的英国和荷兰首先出现的,而当时的法国和西班牙则落后了。当时的英国和荷兰人口持续增加,而生活水平仍然在不

① 〔美〕道格拉斯·诺斯.经济史上的结构和变革.第1版.北京:商务印书馆,2002.88

断提高;而在西班牙和法国,人口减少了,但生活水平却没有增加,反而在倒退。17 世纪英国和荷兰的经济增长在欧洲历史上乃至人类历史上都是史无前例的,两个国家第一次能够持续地向不断增加的人口提供不断提高的生活水平。

但是,为什么首先实现经济增长的是英国和荷兰,而不是法国和西班牙? 诺斯解释到:"因为荷兰(前西班牙省份)和英国是当时在确定制度和所有权体系——可以有效地发挥个人积极性,保证把资本和精力都用于对社会最有益的活动——方面走在最前面的两个欧洲国家。"①

法国的问题是没有形成一套能够促进经济增长的高效的所有权体系。由于经济的原因,法国发展起君主政体,王权建立了庞大的官僚结构作为自己的代理人,因而王权和作为其代理人的官吏阶层在利益上一致,不存在一个独立的敢于冒险的阶级。结果,在法国没能发展起独立的政治力量来制约王权,从而使王权占据着绝对的统治地位。这种制度的影响是:首先,在安排税收预算时,法国的君主可以不受约束地选择能够最大化自己财产的财政收入方案,而这一方案很可能伤害到工商业阶层的利益,阻碍经济增长。其次,为了给官僚施以恩惠,王权维持行会和产品销售的垄断权,将征税作为特权委托给官僚,结果导致国内市场被严重分割,税关林立,阻碍了统一市场的形成。总之,法国君主政体在获取财政税收上不是通过扩大税基——即促进经济活动——来完成,而是通过提高税率来完成。

西班牙和法国类似,两者在政治发展上有惊人的相似之处。两个地区代议制度都没有建立起来,王权日益强大,能单方面改变税收结构;国内战乱不断,花费了很长时间才完成政治统一;部分地区的地方自治仍然存在,限制了国内贸易,阻碍了国内市场的统一。更严重的是,西班牙没能建立起有效的产权制度,尤其是土地所有权制度。西班牙力图统治西方社会,并试图通过外部岁入来做到这一点。西班牙的岁入主要来自三个方面:羊主团的税收;低地国家和其他领地的款项;新大陆的财富。这些收入有两个是来自外部的。但是,后来低地国家开始反叛,北方七省独立,帝国的外部收入来源锐减。为了维持收入,国家不得不在国内单方面提高税收比例,甚至是巧取豪夺,没收私人财产,从而挫伤了工商业阶层的积极性。同时,它更加依赖羊主团的税金,为此允许羊主团能够在任何土地上放牧,这种法令阻挠了有效的土地所有权的发展。

荷兰则大不相同。历史上荷兰的统治者一直就倡导自由贸易,竭力减少行会的垄断,在政权上也是统一的。由于工商业阶层的推动,政府变革了制度或支持了新的制度,以降低交易成本。如,政府公证人制度、标准的会计惯例、政府对存款的担保、法院保证交易合同的实施和资本市场的发展(有息贷款、汇票交易、延期偿付)等。制度方面的进展使得荷兰最先成为欧洲的经济领袖。

就英国而言,尽管既缺乏法国的规模,又缺乏西班牙的外部资源,还缺乏有效率的联省制度,但仍然通过仿效荷兰的制度安排和所有权制度而后来居上。在英国一直存在着一个有独立利益的工商业阶层。在 14 世纪出现人口危机时,市场不能有效扩大,工商业阶层只能借助于行会垄断来防止外来的竞争,因而并不寻求扩大市场和进行贸易自由化。但是,到了 16 世纪,英国人口又开始增长,消除贸易障碍对商人和生产者是有利的,因此他们要求

① 〔法〕亨利·勒帕日. 美国新自由主义经济学. 第 1 版. 北京:北京大学出版社,1985. 100

缩小国家建立的垄断,减少国家对经济的干预,这就需要再次变动所有权。由于新兴工商业阶层的存在,英国的王权受到限制,在长期的斗争中,议会力量战胜了王权,减弱了其对经济的严格控制。代议制的实施为新兴工商业阶层提供了政治保障,而工商业阶层的利益是与长期经济增长相一致的。在工商业阶层的推动下,在荷兰成功的启示下,英国发展起一套有效率的所有制结构,例如,制定专利法、建立中央银行、开展保险事业、创造股份公司等。在英国经济增长中,最初是由交易成本大幅度降低推动的,而交易成本的降低又是市场范围扩大和运输费用降低的结果。到了后来,由于英国在全欧洲最先建立起保护发明创新的专利保护制度,保护了创新活动的个人收益,结果大大提高了生产率,再次推动了经济增长。这样,到 19 世纪初,英国取代了荷兰成为世界上最有效率、发展最快的国家。

三、反事实研究

与诺斯相比,福格尔的新经济史更强调利用计量经济学的方法,对历史上的数据进行重新处理。计量经济学的工具使得他能够对历史进行反事实的研究,即根据推理的需要,不以历史事实为依据,做出与事实不符的"非现实假设",然后分析,如果历史上的条件变化了,会是什么结果。这里的"非现实假设"是指,假定历史上不存在的现象存在过,或者历史上存在过的事实不曾存在,然后据此估算其经济影响。利用这种方法,他对美国历史上的两个事件——奴隶制经济和铁路的作用进行了新的分析,并得出了与传统观点迥异的结论。

(一)美国在 19 世纪兴建铁路的经济意义

关于 19 世纪铁路在美国经济中的作用,传统理论一直是认可的,认为铁路在美国经济发展中起到了独一无二和不可替代的作用。这种作用在于:"铁路降低了统一的运费,这使开发大面积农田'在经济方面'变得切实可行,没有这一条,人们是到不了这些地域的。修筑铁路引起对制成品的巨大需求,所以美国工业化的真正起步即始于庞大的大陆铁路网的建设。铁路的飞速发展导致一些重要革新(如酸性转炉炼钢、电报机)的出现和传播。"①

但是,福格尔通过复原当时的工业统计资料,利用计量经济学方法进行分析,得出了相反的结论,认为铁路并没有起到上面所说的三个作用。首先,对比铁路运费和水路运费的研究发现,前者固然要便宜一些,但是优势并不显著。只要对水路运输网稍加改善扩大,就可以降低费用。而且,数据分析表明,即使没有铁路,能源和矿产的供应也不会受到任何影响。其次,修筑铁路也没有引起工业需求。建筑铁路所用铸铁在 1840 ~ 1860 年间从未超过美国铸铁生产的 5%。福格尔进一步推测,如果没有铁路,1890 年美国的 GDP 最多减少 3%。换言之,没有铁路最多会使美国经济增长落后两年。最后,就算没有铁路的发展,一些重要革新仍然会发生,将会由别的因素引起。

事实上,福格尔的结论是,促进经济增长的更为根本的推动力量是人口增长、人类潜在能力的发展、资本的积累和更有效制度的出现。19 世纪美国的铁路发展是在国家支持铁路投资的前提下完成的,因为当时的美国金融市场还远远不能承担如此庞大的投资计划。但是,这种国家干预对经济的推动作用是非常次要的,国家的努力仅仅是转移了资源,改变了

① 〔法〕亨利・勒帕日. 美国新自由主义经济学. 第 1 版. 北京:北京大学出版社,1985. 41

资源的再分配。如果没有国家，也许是另外一种结局，一种更好的结局。没有铁路，也许布局会发生变化，但经济增长不会停滞。

(二)美国历史上奴隶制的效率研究

福格尔利用"非现实假定"对南北战争前美国奴隶制度的研究更是激起强烈的反响。传统的经济史学基本上都认同美国南部奴隶制度已经腐朽这一结论，正是因为其腐朽而导致了其瓦解。但是，福格尔从考察种植棉花的收益、奴隶的平均寿命以及投入产出的价格方面入手，分析了南方奴隶制种植园的赢利性，指出在种植园中利用奴隶进行生产有非常高的利润，这种制度是有效率的。在大规模种植园中，可以利用大量劳动力，实现规模经济，产生效率。因此，没有证据表明美国的奴隶制在 19 世纪灭亡已具有必然性，其解体并不是从内部开始的，而是只有像南北战争那样的超经济力量才有可能促成。

第四节 简要评述

新经济史学被认为是经济学家的经济史学，是关于经济史的一般经济理论，这一理论建立在新古典经济理论、新制度经济学和计量经济学基础之上。

新经济史学的意义在其研究方法上。在研究经济史时利用经济学和计量经济学的成果，这对经济史研究带来新的突破。这种研究方法的意义在于：首先，以一般经济学分析为工具，用演绎法去研究历史上的经济事件，从中找出一般性规律，舍弃细枝末节，把握大的方向，观察长期趋势。其次，将计量经济学方法应用到历史计量分析中去，弥补了传统经济史定量分析不足的缺陷。用事实说话需要依赖可信的数据，但由于历史数据缺乏，口径也不统一，就必须利用科学的统计技术对数据进行处理，因此计量经济学的方法在历史数据的研究中非常重要。利用计量经济学技术可以对历史事件进行"间接度量"，弥补数据匮乏的不足；同时也可以进行"非现实假设"的研究。再次，"非现实假设"的研究方法尽管受到一些历史学家的非议，但它的目的不是要观察历史，而是为未来的经济增长从历史中找到答案。其中最重要的答案就是，长期的经济增长是建立在制度变迁的基础上的。

新经济史学是对经济史学科的探索，使用了与传统经济史完全不同的方法，但绝不是要否定传统的经济史学，而是对经济史提供了又一个研究视角。应该说，新经济史学是传统经济史学的有益补充而不是替代。传统经济史学更关注历史的细节和真实，而新经济史学则更多强调经济事件之间的实质联系和社会经济大的发展方向。将经济学家的经济史学和历史学家的经济史学结合在一起，我们就可以看到各个社会经济演变的完整过程。

思考题

1. 为什么说新经济史学是经济学家的经济史学，它更应该被看成是经济学的一个分支？

2. 怎样看待"非现实假设"的研究方法？福格尔关于美国历史上铁路的作用和奴隶制效率的观点是什么？他的研究结论是否可信？

3. 诺斯是怎样从制度变革的层面重新解释西方世界的两次经济革命的？

参考文献

1.〔美〕道格拉斯·诺斯,罗伯特·托马斯.西方世界的兴起.第2版.北京:华夏出版社,1999

2.〔美〕道格拉斯·诺斯.经济史上的结构和变革.第1版.北京:商务印书馆,2002

3.〔法〕亨利·勒帕日.美国新自由主义经济学.第1版.北京:北京大学出版社,1985

4. Fogel, Robert W. and Engerman, Stanley L. A Model for the Explanation of Industrial Expansion during the Nineteenth Century: With an Application to the American Iron Industry. *Journal of Political Economy*. May/June 1969. pp. 306 ~ 328

5. Fogel, Robert W. and Fishlow, Albert. Quantitative Economic History: An Interim Evaluation Past Trends and Present Tendencies. *Journal of Economic History*. March 1971. pp. 15 ~ 42

6. Robert William Fogel and Engerman, Stanley L. *Time on the Cross: The Economics of American Negro Slavery*. Boston: Little Brown and Company, 1974

第20章 当代西方经济学流派与思潮

新经济地理学

学习要点和要求

新经济地理学采用了收益递增—不完全竞争模型的建模技巧对空间经济结构与变化过程进行重新考察,其目的在于将经济地理分析纳入主流经济学的范畴之中。

本章要求了解新经济地理学产生的学术背景,掌握新经济地理学的基本理论模型,并应用该理论模型对典型的经济地理案例进行实证分析。

20世纪70年代以来,以著名经济学家迪克西特和斯蒂格利茨(A. Dixit and J. Stiglitz,1977)所创建的收益递增—不完全竞争模型即迪克西特—斯蒂格利茨模型(Dixit-Stiglitz Model,D-S Model)为基础,出现了一系列具有突破性理论贡献的"新经济学"研究浪潮。美国著名经济学家保罗·克鲁格曼将这一系列"新经济学"研究浪潮划分为四大阶段:第一次浪潮是20世纪70年代后期出现的新产业组织理论,构建出了分析产业组织与结构的收益递增—不完全竞争模型;第二次浪潮是80年代初期以来出现的新贸易理论,构建了收益递增情形下的国际贸易理论模型;第三次浪潮是80年代中期以来出现的新增长理论,构建了收益递增情形下的经济增长理论模型;第四次浪潮则是80年代末期以来出现的新经济地理学,试图根据收益递增—不完全竞争模型对经济的空间结构作出新的解释①。不过,在克鲁格曼看来,新经济地理学应该被看做是新贸易理论研究的进一步深化,甚至可以认为,新贸易理论将在某种程度上包容于新经济地理学之中。而他本人

① Krugman, Paul(1998): Space: The Final Frontier. *Journal of Economic Perspectives* 12(2):164

则既是新贸易理论的主要缔造者，又是新经济地理学的重要领军人物。

第一节　新经济地理学产生的背景

新经济地理学有别于传统经济地理学的地方主要在于，它采用了收益递增—不完全竞争模型的建模技巧对空间经济结构与变化过程进行重新考察。其目的在于将经济地理分析纳入主流经济学的范畴之中。

一、主流经济学对空间问题的忽视

尽管生产活动的空间区位是经济社会的一个明显特征，然而，在新经济地理学创始人克鲁格曼看来，以往只有地理学家和区域经济学家以及部分城市经济学家在从事空间经济问题研究。即使到现在，也没有哪本畅销的初级经济学教科书含有“区位”、“空间”或“区域”甚至“城市”等条目的索引。克鲁格曼曾举例说：斯蒂格利茨的《经济学》教科书“是一本受到广泛好评的教材，要是有点美中不足的话就是它尽管无所不包……然而索引中却根本没有出现‘区位’或‘空间经济学’这样的词，仅仅在一处提到‘城市’，那还是在讨论欠发达国家中农村人口向城市迁移时出现的。”①

那么，为什么主流经济学会忽视空间问题呢？克鲁格曼认为，这主要是由空间经济学本身的某些特征造成的。他指出，经济活动最突出的地理特征是集中。例如，在美国，大部分人口居住在东西海岸的部分地带以及五大湖地区。在这些地带内，人口又进一步集中在几个人口相对密集的少数城镇。这些城镇分工很细，因此，许多产业的生产在空间上相当集中。这无疑表明，这种生产在地理上的集中正是某种收益递增的普遍影响的明证。

克鲁格曼接着指出，收益递增比规模收益不变或收益递减更难模型化。如果收益递增是完全外在于厂商的，我们还可以继续使用竞争性的分析工具，但是外部经济被证明不仅难于分析，在实证中也让人难以捉摸。如果收益递增是内在于厂商的，我们将不得不把不完全竞争模型化。因此，“从本质上来讲，对于经济活动在空间的区位，任何讨论都必须偏离规模报酬不变、完全竞争的方法。因此，只要经济学家缺乏分析工具来严谨地思考收益递增和不完全竞争，对经济地理的研究就会仍然徘徊在主流之外”。②

二、对经济地理学传统的若干反思

克鲁格曼认为，经济地理学或空间经济学具有五大传统：德国区位理论、社会物理学、累积因果理论、地方外部经济以及地租和土地利用理论。他对这些传统逐一进行了分析，并提出了自己独特的见解。③

---

① 〔美〕克鲁格曼. 发展、地理学与经济理论. 北京：北京大学出版社，中国人民大学出版社，2000. 35～36

② 〔美〕克鲁格曼. 地理和贸易. 北京：北京大学出版社，中国人民大学出版社，2000. 4

③ 详细参见：〔美〕克鲁格曼. 发展、地理学与经济理论. 北京：北京大学出版社，中国人民大学出版社，2000. 39～62

（一）德国区位论

克鲁格曼认为，20 世纪上半叶在德国兴盛一时的区位论传统通常被划分为两个部分。一个是韦伯（A. Weber）及其追随者提出的工业区位论，它分析了一家厂商的区位决策，该厂商靠一个或多个供应商提供投入品，为一个或多个市场提供产品。另一个是克里斯塔勒（W. Christaller）和廖什（A. Løsch）等人提出的“中心地”理论，它分析了制造业中心或市场营销中心的区位及其作用，这些中心服务于假想的均匀分布的农业人口。

在克鲁格曼看来，德国区位论传统的问题主要是，在逐步居于主流地位的英美学派看来，它似乎是关于几何学的理论，而与经济学无关。事实上，德国区位论传统与 18 世纪的力学分析方法类似：区位问题被直接作为平衡几种彼此无联系的吸引力的东西。因此，这一区位论传统又被称为“在一个两维平面上的区位几何学”。然而，这个传统对于谁作出什么决策的问题却含糊其辞，在个体的决策如何相互影响的问题上也几乎只字未提。

（二）社会物理学

继 18 世纪的力学分析方法之后，物理学家在 19 世纪考虑问题的方式已越来越多地从直接研究几种不同的机械因素的交互影响，变为间接地求解某些“作用力”系统的最大化或最小化问题。第二次世界大战后，沿着这个物理学思路发展起来的社会物理学派经济地理理论在美国出现了。

从社会物理学的角度来看待空间经济学，可以发现一些显著的实证规律，为实证研究奠定了基础，甚至可以作为某些特定均衡模型的基础。比如，美国地理学家曾提出了一种“市场潜力”理论，认为在其他条件相同的情况下，厂商倾向于选择拥有最大“市场潜力”的区位，区位 i 的市场潜力通常用指数 $P_i = \sum_i k \frac{Y_j}{D_{ij}^b}$ 来表示，其中 Y 指的是一个特定市场的收入或购买力。该指数表示市场进入状况，包括厂商可能在其中销售的所有市场的购买力，以及与那些市场的距离。

在克鲁格曼看来，市场潜力方法的缺点是：在厂商选择市场潜力最大的区位时，根本不清楚它究竟最大化什么变量。事实上，计算市场潜力的想法肯定隐含了一些有关市场结构的很强的假设，并且，厂商不可能表现出规模报酬不变。因此，在市场潜力方法的背后似乎隐含着一个垄断竞争的情况。

（三）累积因果关系

从市场潜力分析的角度看，厂商往往希望选择市场潜力大的区位，即靠近大市场，而许多厂商聚集的地区才会有大市场。因此，区域的增长或衰落过程中存在着自我增强的可能性，或者说累积因果（Cumulative Causation）关系。

发展经济学家缪尔达尔首先从区域的角度对“累积因果关系”原理进行了阐述，赫希曼有关区域不平衡发展的论述也体现了这一思想。不过，克鲁格曼认为，将累积因果关系原理明确地应用于区域增长问题的是普雷德（A. Pred）。普雷德曾假设，当一个地区的经济增长到了关键时刻，从而使得以当地产品替代生产中具有规模经济的进口产品变得有利可图时，这种进口替代就会增加该地区的就业，吸引其他地区的工人；这样又会进一步扩大当地市场，而市场的扩张反过来又会提供第二轮进口替代必需的市场规模。或者说，市场规模和一个地区所拥有的产业范围之间存在着一种循环关系。对于普雷德等人有关累积因果关系的讨论,在克鲁格曼看来,它明显地避开了市场结构问题,并且缺乏严谨的模型分析。

(四)当地外部经济

有关当地外部经济的分析是一个与主流经济学关系更为紧密的传统。生产者聚集在一个特定区位有许多优势,而这些优势反过来又可以解释这种聚集现象。

著名经济学家阿尔弗雷德·马歇尔最早对外部性思想进行过系统的阐述。他将外部经济区分为三种类型:由本地市场支持的中间投入品供应商的发展;劳动力资源共享的市场;不同厂商聚集在一起时所进行的信息和技术交流。后来,经济学家们又进一步将外部经济区分为技术性外部经济(即纯粹的溢出效应)和以市场为媒介的金融性外部经济(Pecuniary Externalities),它们分别对应于马歇尔所提到的第三类外部经济和前两类外部经济。

在克鲁格曼看来,虽然马歇尔的讨论并不拘泥于"纯粹"的外部经济,人们也可以用马歇尔的方法对这种纯粹的外部经济进行分析,同时在分析的过程中可以利用个体最大化和竞争均衡这些经济学家常用的分析工具。不过,从可信度和可研究性来看,纯粹的外部性假设的代价十分高昂,它把外部经济效应都放进了一个黑箱里,使人们无法进一步研究。

(五)地租和土地利用

关于地租和土地利用分析的传统与其他方法差别很大,并且也是主流经济学最能接受的传统。它直接来源于冯·屠能(von Thünen)在其《孤立国》(1826)中所提出的农业区位论思想。屠能设想了一个农业平原向一个孤立的中心城市供应各类产品的情形。可以想像到,从中心到最外围的可耕地其地租是不断下降的,同时会有一簇圆环,在这些圆环内种植不同的庄稼或采用不同的种植方法,这两者是同时被决定的。因此靠近中心、地租高的土地会种植运输成本大或每英亩产值高的作物,而最外围的土地则种植土地密集型或运输成本小的作物。

地租和土地利用模型以一种出人意料的方式阐述了新古典经济学中的许多关键概念:均衡的思想,商品和要素价格的同时决定,市场产生有效结果的能力,等等。但在克鲁格曼看来,屠能模型着墨不多的正是空间经济学的核心问题,即它把中心城市市场的存在放进了假定之中,模型的重心在于理解使经济活动远离中心的力量即"离心力",对于使经济活动集中、创造中心的"向心力"没有也不可能提供任何解释。

克鲁格曼除讨论了经济地理学的五大传统外,还进一步分析了战后以来学术界尝试将空间纳入经济学主流的两次重大努力。他所得出的结论是,将空间纳入经济学主流的两次重大努力的结果均不理想。

第一次把空间纳入经济学的重大努力发生在20世纪50年代,代表人物为著名的区域科学家艾萨德(W. Isard)。他在其巨著《区位和空间经济学》(1956)中给自己定下的目标是:把空间问题带入经济理论的核心。克鲁格曼认为,艾萨德的开创性贡献是把区位问题重新表述为一个标准的替代问题,即厂商是在权衡运输成本和生产成本后作出决策的。但他不同意艾萨德据此所推断的结论,即仅仅将区位视为竞争性一般均衡模型中的一个选择变量。在克鲁格曼看来,为了理解艾萨德所讨论的区位观点,必须考虑到收益递增与不完全竞争。

第二次把空间纳入经济学的重大努力发生在20世纪60年代末和70年代初,代表性理论为曾风光一时的"新城市经济学"。这方面的文献研究的是城市的内部空间结构。

经典模型是一个单中心城市，在这个城市，至少一部分人不得不每天乘车去一个外生给定的中心商业区。这个模型的问题是同时决定中心商业区周围的土地使用情况和地租。新城市经济学无疑是冯·屠能模型的翻版，因此，该模型也具有屠能模型的基本缺点：模型只提到有一个中心，但没有解释为什么存在一个中心商业区，并在它的周围形成了城市。他们之所以不回答这些问题是因为这些问题不可避免地与收益递增有着密不可分的关系。

克鲁格曼在评述空间经济学五大传统以及其战后发展的基础上认为，这些主要研究传统中，有一些提供了十分有意义的思想，但却不能进行模型分析；有一些提供了可以进行模型化的观点，但这些观点又不切中要害。

三、经济地理学的复兴

根据以上分析可以看出，传统经济地理学文献往往忽略了市场结构模型化问题，甚至还留恋于平面几何学的构建。而主流经济学家又不愿意思考他们不能模型化的内容，致使他们忽略了经济地理学中许多非常出色的思想。不过，克鲁格曼乐观地相信，将会有一个大团圆的结局："最终，我们会借助巧妙的模型……把空间问题纳入到经济学中来，这些模型既使地理学家们的观点言之成理，同时又达到了经济学家们要求的标准。"①

20 世纪 70 年代产业组织理论获得了突飞猛进的发展，这为经济学家们提供了一系列分析收益递增—不完全竞争的理论模型。尽管这些理论模型可能不尽完善，但它们使经济学家有可能做出在收益递增—不完全竞争条件下条理清晰、严谨、精致的理论模型。事实上，这次理论革命已经从产业组织领域传播到了其他一系列领域，出现了新贸易理论、新增长理论甚至新商业周期理论等"新经济学"理论。新贸易理论家认为：大部分贸易代表的是基于收益递增的任意的分工，而不是为了利用资源和生产率等方面的外生的差异。新增长理论家认为，持续的增长可能来源于收益递增。因此，在克鲁格曼看来，"用这些新工具来复兴经济地理学，将其作为经济学的一个重要领域的时代已经到来了。现在，将收益递增模型化的要求再也不能使得一个领域让人望而却步。相反，至少从目前来看，收益递增事实上正风行一时。因此，我们现在可以承认空间确实很重要，应该努力将地理带回经济分析"。②

自 20 世纪 80 年代末期以来，以克鲁格曼为首，包括藤田（M. Fujita）、维纳布尔斯（A. Venables）等在内的一大批新经济地理学家，开始致力于以迪克西特—斯蒂格利茨的收益递增—不完全竞争模型为基础，逐步构建一个不完全竞争的空间经济模型，从而以主流经济学家们可以接受的方式对传统经济地理学进行改造，以便将其纳入主流经济学的研究范畴。

自克鲁格曼 1991 年在《政治经济杂志》上发表《报酬递增和经济地理》这一新经济地理学研究的开山之作以来，学术界已发表了大量有关新经济地理学的研究著作和论文，并于 2000 年创办了新经济地理学的专业性期刊《经济地理学杂志》。其中，克鲁格曼本人先后发表了《地理学与贸易》（1991）、《发展、地理学和经济理论》（1995）、《自组织理论》（1996）等

---

① 〔美〕克鲁格曼. 发展、地理学与经济理论. 北京：北京大学出版社，中国人民大学出版社，2000. 93

② 〔美〕克鲁格曼. 地理和贸易. 北京：北京大学出版社，中国人民大学出版社，2000. 7

几部新经济地理学著作和一系列论文。尤其是他与藤田和维纳布斯于1999年合作发表的《空间经济:城市、区域和国际贸易》是综合近十多年来新经济地理学研究成果的集大成之作。

第二节　新经济地理学的基本理论模型

收益递增对生产活动空间分布的影响一般可以划分为高中低三个层次:在最高层次上,一国内部主要区域之间的不平衡发展过程是由累积过程驱动的,这些过程又是根植于收益递增的。在中等层次上,城市本身的存在明显是一种收益递增现象。在最低层次上,一些特定产业的地方化现象,明显地受到了历史和偶然事件累积过程的影响。不过,鉴于人们对城市化问题的研究比较多,并且它与国际贸易的联系也较少,因此,新经济地理学主要集中讨论了最高层次和最低层次的收益递增,即区域核心—外围之间的不平衡发展过程和特定产业的地方化过程。

一、区域核心—外围模型分析

为了分析一国内部的区域差异是如何内生地出现的,克鲁格曼以迪克西特—斯蒂格利茨模型为基础,在空间分析中引入了规模经济和不完全竞争因素,构建了一个地理集中的核心—外围模型。鉴于完整形式的核心—外围模型比较复杂,在此,仅介绍经克鲁格曼加以简化了的核心—外围模型的梗概。①

(一)收益递增、运输成本与需求的相互作用

克鲁格曼认为，地理集中依赖于收益递增、运输成本和需求的相互作用。如果规模经济足够大，每个制造商就都想在一个地方生产，为整个国家的市场提供产品。为了最小化运输成本，他会选择当地需求大的地方，但当地需求大的地方也正是大多数制造商选择的地方。因此，有一种循环关系，使得一个制造业带一旦建立起来以后，就一直存在下去。

设想一个国家,生产只可能位于两个地区:东部和西部,分别生产两种产品。生产农产品使用一种地区特有的要素(土地),因此,农业人口在这两个地区之间外生地划分。为简化起见,假设两个地区各占有一半的农业人口。制造品(有许多对称的种类)可以在其中的一个地区生产,也可以在两个地区都生产。如果某种制造品只在一个地区生产,为其他市场服务就有运输成本;另一方面,如果两个地区都生产该产品,又会有额外的固定开办费用。在每个地区,假定在制造业就业的劳动力与该地区制造品的产量成比例。最后,假设每个地区对每种制造品的需求与该地区的人口严格成比例。

假设用 π 来表示从事制造业的人口在总人口中的比例,同时,用 S_M 来表示西部制造业

---

① 资料来源:克鲁格曼.地理和贸易.北京:北京大学出版社,中国人民大学出版社,2000.14~31.严谨的推导过程可参见该书附录A和B,或参见论文:Krugman, Paul.(1991): Increasing Returns and Economic Geography. *Journal of Political Economy* 99(3):483~499.和Krugman, Paul.(1991): History versus Expectations. *Quarterly Journal of Economics*, 106:651~667

劳动力所占的份额；用 S_N 来表示西部人口占总人口的比例。因为有一半的农民居住在西部，所以西部的人口比例至少是 $(1-\pi)/2$。西部的制造业越多，那么，这个比例越大：$S_N = (1-\pi)/2 + \pi S_M$。假设西部人口所占份额很小，那么，厂商就不值得承担在西部建厂的固定成本，而在东部建厂，向市场提供服务比较便宜。相反，如果西部人口所占的份额很大，就不值得在东部生产制造品。如果固定成本相对于运输成本不太大，只要人口的分布在两地足够平均，就会使制造商在两地都生产，并在当地市场销售。

进一步假设用 x 来表示一个典型制造厂商的销售量，F 表示开办一个工厂的固定成本，t 表示将一单位制造品从东部运到西部或从西部运到东部的运输成本。如果固定成本相对于运输成本不太高，那么，只要 $S_N xt < F$，即 $S_N < F/tx$，则 $S_M = 0$，或者说，东部建厂生产并向西部的市场提供服务就比在西部另外开办一个工厂便宜；如果 $(1 - S_N)\ xt < F$，即 $S_N > 1 - F/tx$，则 $S_M = 1$，或者说，在西部建厂生产并向东部的市场提供服务就比较便宜；如果 $F/tx < S_N < 1 - F/tx$，则 $S_M = S_N$，即在每个地区各开办一个工厂较为便宜。在此值得一提的是，如果固定成本相对于运输成本太高，比如，如果 $F > tx/2$，那么，即使人口在这两个地区平均分布，在一个工厂生产，向两个市场提供服务总是比较便宜的。在这种情况下，制造业在两个地区平均分布的均衡就不可能存在了。

据此，可以很容易导出制造业集中在一个地方的必要条件。如果所有的制造业都在东部，西部人口在总人口中的比例是 $(1-\pi)/2$。因此，一个典型的制造商在东部生产并向西部市场提供服务的运输成本是 $tx(1-\pi)/2$。在西部开办一个工厂的成本是 F，因此，只要 $F > tx(1-\pi)/2$，生产的集中一旦在东部建立起来就会持续下去。如果这个条件不满足，制造业的地理分布就会与农业一样分散。从中我们可以看出，制造业的地理集中取决于三个系数：F 较大，即规模经济足够强大；t 较小，即运输成本足够低；π 较大，即不受自然资源的影响、"游离的"产品所占份额足够大。

（二）突变、历史与预期

由于需求的区位决定了生产的区位，生产的区位又决定了需求的区位，这种循环关系也可能是股非常保守的力量，它会将任何业已形成的核心—外围模式锁定。然而，克鲁格曼认为，没有什么是永恒的。首先，虽然生产的地理结构可能在很长的时间内没有变化，但当它发生变化的时候，可能非常迅速。事实上，潜在条件的逐渐变化有时可能导致爆炸性的，或者说灾难性的变化。其次，当变化发生的时候，不仅会受到客观条件的强烈影响，也会受到预期的影响，尤其是往往可能受自我完成的预言（Self - Fulfilling Prophecy）的影响。

为了研究生产的地理有时是如何突然发生变化的，克鲁格曼进一步假设农业劳动力不是平均地分布在两个地区，而是不均匀地分布在两个地区，刚开始时西部人口较少，并假设由于东部开始有突出优势，此时西部不再生产制造品。现在假设，农业劳动力从东向西逐渐重新分配，从而使东部逐渐丧失制造业优势。当西部的人口达到某一个临界值，制造商就值得在西部生产了；随着西部制造业生产的增加，人口进一步增加，这会刺激制造业生产进一步增加。因此，农业基础的一个微小增加，可能会导致一个进口替代和增长的累积过程。引入突变因素的核心—外围模型不仅帮助我们解释了为什么历史很重要，而且它还告诉我们当变化发生的时候，通常很突然。

除突变因素以外，克鲁格曼还将预期因素引入到核心—外围模型之中，以便对模型作出进一步扩展。假设农业劳动力从东向西逐渐重新分配，从而使东部逐渐丧失制造业优势。那么，制造业的工人和厂商能否意识到西部人口即将会突然增加？当预期到这种变化以后，他们是否可能不会向西部流动，因而使变化的过程变得较为平缓？克鲁格曼认为，如果工人和厂商有充足的信息，对这些问题的回答是肯定的。

在核心—外围基本模型中，假设相对于运输成本，规模经济非常强大，因而长期内只有两个均衡。制造业要么完全集中在东部，要么完全集中在西部。但是假设工人不能立刻全部流动，有某种调整成本限制了制造业转移的速度。因此，一旦工人选择在一个地区就业，至少在一段时间内他们不能改变选择。可以看出，在这种情况下，工人关心的就不光是他们目前的工资了，他们在作出流动决策时还要考虑未来工资的贴现值。但是，在任何时候，每个地区的实际工资率取决于制造业工人的分布，因此，这意味着每个工人目前决定在何处就业取决于他预期其他工人未来的决策。

自我完成预言的可能性现在就变得很明显了。假设东部和西部农民的人数相同，刚开始的时候东部制造业稍多，因此，由于优越的前向关联和后向关联，东部制造业的工人实际工资较高。人们可能预期制造业从西部转移到东部。但是，假设由于某种原因，公众认为西部将会是转移的目的地，而不是东部，结果，西部的实际工资最终会超过东部。这种信念会导致看似反常的转移：从实际工资高的地方转移到实际工资低的地方，这种转移最终会将实际工资的差异倒转过来。如果这种倒转迅速发生，从西部迁移到东部的工人就会发现他们事实上作出了正确的决策。西部是“乐土”的信念因此成了自我完成的预言。当然，如果每个人都对东部有信心，工业就会转移到东部。

什么时候自我完成的预言会超过最初的优势？有几个因素显然很重要。首先，相对于未来工资差异的贴现速度，工人和厂商流动的速度一定要相当快，使得一个地区未来的优势比另一个地区目前的优势更突出。其次，收益递增一定要足够强大，使得预期未来人口分布的转移使实际工资差异迅速发生变化。最后，起点一定不能太不平均：如果有足够多的制造业集中在一个地区，这种最初的优势可能太大，即使对另一个地区最乐观的预期也不能战胜该优势。克鲁格曼根据对自我完成的预期进行模型化后得出结论：最初制造业工人的分布，存在一个范围，在该范围内，两个地区最终都可能成为制造业的集中地（取决于预期）。是否存在这样一个范围，如果存在，将会有多大，这取决于调整的速度；只有调整的速度较慢，才能确保最初的优势逐渐积累起来，而不被自我完成的预期所取代。

二、产业地方化现象分析

产业高度地方化现象是工业化过程中一个非常引人注目的特征，在19世纪末就引起了人们广泛的注意。其中，马歇尔对这个现象进行了经典分析。他认为，产业地方化有三种不同的原因：首先，通过将一个产业一定数量的厂商集中在一个地方，产业集中形成了一个专业技术工人共享的劳动力市场，这个共享市场对工人和厂商都有利。其次，一个产业中心可以提供该产业专用的多种类、低成本的非贸易投入品。最后，因为信息在当地的流动较远距离的流动更容易，一个产业中心可以产生我们现在所谓的技术外溢。克鲁格曼有关产业地方化的论述即建立在马歇尔的思想之上，并通过构建正式模型对马歇尔的思想进行了重新解释。

（一）劳动力市场共享与地方化

关于马歇尔所论述的产业集中有利于形成劳动力共享市场的观点，克鲁格曼运用一个简单的两地区模型进行了系统阐述。①

假设一个产业仅包括两个厂商，只有两个地区，每个厂商都可以选择在其中一个地区进行生产，这两个厂商都使用某种相同的特殊熟练劳动力。然而，由于它们可能生产有差别的产品，或可能面临不确定的需求，或可能受到针对特定厂商的生产冲击等原因，这两个厂商对劳动力的需求是不确定的，而且不是完全相关的。假设每个厂商可能会经历一段"好时光"，此时它愿意以当时的工资雇用更多的专业工人；假设每个厂商可能会经历一段"坏时光"，此时它只愿意雇用较少的工人。但厂商对劳动力的平均需求等于供给。如果两个厂商选择不同的地区生产，它们将各拥有一半的劳动力；如果这两个厂商选择相同的地区生产，所有劳动力都可以为这两个厂商工作。

假设工资固定在一个预期市场出清的水平上，那么，可以看到，厂商和工人在一个地区对双方都有利。一方面，从厂商的角度来看，如果每个厂商选择不同的地区生产，那么，当对劳动力需求高的时候，厂商就不能雇用到更多的劳动力。然而，如果两个厂商是在一个地方，那么，一个厂商的"好时光"有时会与另一个厂商的"坏时光"相伴而来，此时就会有额外的工人可以雇用。另一方面，从工人的角度来看，如果他们分别居住在两个地区，那么，厂商的"坏时光"也是他们的"坏时光"。只要厂商对劳动力的需求低，就会有工人被解雇。如果两个厂商在同一个地区，那么，至少有时一个厂商的"坏时光"会被另一个厂商的"好时光"所抵消，因此平均失业率相应地会较低。

克鲁格曼认为这一简单的模型分析可以澄清一些经常被误解的问题。首先，它澄清了从劳动力市场共享中得到的收益的性质。人们可能认为，创造一个劳动力共享市场的激励可能仅与工人的规避风险有关。但是，即使工人是完全风险中性的，创造一个劳动力市场共享的地方化的产业，也会提高效率，带来收益。其次，只有风险是不会产生地方化的，还需要收益递增。因为，为了使共享的劳动力市场有优势，就需要假设每个厂商必须选择此地或彼地，而不能同时选择两个地方。如果每个厂商都可以在两个地方同时生产，或者如果每个厂商都可分裂成两个相同的厂商，一个地方一个，那么，厂商和工人完全的"组合"就可以在两个地方复制，地方化的动机就不复存在了。但是，对于厂商不在两个地方同时设厂的假设，最自然的解释是存在足够的规模经济，使得厂商只能选择一个生产地点。因此，正是收益递增和不确定性的相互作用，使马歇尔地方化的劳动力市场共享论言之有理。

（二）中间投入品与地方化

马歇尔提出的第二个聚集的理由是可以得到专业化的投入品和服务。这一观点似乎非常直观：因为一个地方性的产业可以支持当地更多专业化的供应商，这些供应商反过来又使该产业更有效率，因而强化了地方化。克鲁格曼认为，同样可以构造一个与核心—外围基本模型十分相似的中间产品和产业地方化的模型来对中间产品的聚集条件进行分析，

① 参见：克鲁格曼. 地理和贸易. 北京：北京大学出版社，中国人民大学出版社，2000. 37～47.（严谨的推导过程可参见该书附录C）

只需要将核心—外围模型中的制造品和农产品份额分别替换为中间产品和最终产品份额即可。根据克鲁格曼核心—外围基本模型,产业地理集中与运输成本成反比,与"游离的"制造品需求的比例成正比,与规模经济的重要性成正比。与此类似,运输成本的下降,工业化进程的加快,规模经济的增强,将会导致制造业带内的产业日益地方化。

克鲁格曼根据上述模型,认为有关中间投入品与地方化关系的分析有两点内容需要澄清:首先,中间投入品的生产在很大程度上取决于一定程度的规模经济。如果中间投入品的生产中没有规模经济,那么,较小的生产中心就可以小规模地模仿较大的生产中心,并且获得同样的效率。只有存在收益递增时,才使得一个大的生产中心能够比一个小的生产中心更有效率,有更多的供应商。其次,并非只有在中间产品较之于最终产品运输成本非常高这一特殊的情形下才会发生由供应商云集而形成的地方化。事实上,除非运输中间产品的成本比运输最终产品的成本低很多,否则就会发生地方化。中间产品和最终产品运输成本的普遍下降,一般来讲,会鼓励而不是阻碍地方化。

(三)技术外溢与地方化

马歇尔所谈到的地方化的最后一个原因是相邻厂商之间的知识外溢。但对政策讨论中对高技术领域技术溢出效应的过分强调,克鲁格曼却持谨慎态度。在他看来,虽然在一些产业的地方化过程中,真正的技术外溢确实发挥了重要作用,但不应该假设它是主要的原因。

第一,现在或过去美国许多高度地方化的产业根本不是高技术部门。虽然像加利福尼亚的硅谷和波士顿的128号公路这些聚集区声名远扬,但同样显著的集中例子还有佐治亚州多尔顿附近的地毯制造商,罗德岛普罗维登斯附近的珠宝制造商,纽约的金融服务业,历史上还有马萨诸塞州的制鞋业,阿克伦的橡胶业等。因此,在形成地方化的力量中,除了与高技术有关的力量外,还有一些力量也非常强大。

第二,应该首先集中研究可以被模型化的那种外部经济。从原理上讲,只要知道一个产业的技术,就可以直接对劳动力共享或中间产品供应进行研究和预测。另一方面,形成地方化的这些力量非常具体,因此对经济学家能作哪些假设有所限制。比较而言,知识的流动是不可见的,知识的流动没有留下书面的痕迹可供度量和跟踪,也没有什么可以阻止理论家随心所欲地作出任何假设。社会学家所用的调查方法可能对经济学家有所帮助,但在求助于其他学科之前,应该尽可能地进行实事求是的经济分析。

第三节　新经济地理学实证研究分析

新经济地理学除了构建反映经济活动地理集中现象的理论模型外,还特别强调运用所构建的新经济地理模型对典型案例进行实证分析。克鲁格曼曾运用其所构建的核心—外围理论模型对美国制造业带的兴起案例、产业地方化案例进行过实证分析,并通过对欧洲与美国之间地方化程度差异的研究,对欧洲一体化的经济地理前景进行了预测。

一、美国制造业带兴起的案例分析

克鲁格曼以核心—外围理论模型为基础，对美国制造业带兴起的案例进行了实证分析。① 20世纪初，地理学家注意到美国大部分制造业集中在东北部相对较小的地方以及中西部的东面，大致来讲分布在由格林湾—圣路易斯—巴尔的摩—波特兰所组成的一个近似平行四边形的区域内，这一地带最早被美国地理学家德格尔（S. DeGeer，1927）命名为“制造业带”。当然，这种制造业带并不受国界限制，比如，加拿大工业集中在安大略省的一部分，事实上它也是美国制造业带的一部分。并且，这种制造业带也不是独一无二的，在欧洲大陆上，由德国的鲁尔区、法国的北部区以及比利时所构成的“制造业三角”即与美国制造业带相类似。

美国制造业带在19世纪的下半叶成形，后来一直久盛不衰。据有关学者估计，到1957年，在美国制造业带就业的人数仍然占美国制造业就业人数的64%，只比20世纪初的74%略有下降。② 并且，这一数字也还是低估了制造业在这个区域的支配地位，因为在美国制造业带的鼎盛时期，制造业带之外的大部分制造业要么只加工原材料，要么生产的产品只供应当地非常小的市场。

为什么美国制造业带能长期居于支配地位呢？很明显，这并非是由于自然资源方面持续的优势：即使农业和矿产生产的中心已经转移到了美国西部，制造业带仍然欣欣向荣。1870年，美国东北部、中区东北部（新崛起的制造业带所在地）占美国“资源采掘业”（农业、采矿、森林、渔业）就业人数的44%。到1910年，这个比例已经下降到了27%，然而，这些地区制造业的就业人数仍然占70%。③

为什么有这么多的美国制造业落户在制造业带呢？问题的答案大致可归纳为：一个制造商在制造业带内落户是因为有接近其他制造商的优势。制造商聚集在一起的明显激励解释了为什么即使美国大部分初级产品生产已经转移到了其他地区，制造业带仍然久盛不衰。制造业带一旦被建立起来以后，对任何一个生产者来讲，搬出这个制造业带就不是他的利益所在了。

那么，美国制造业带又是如何形成的呢？这个问题涉及历史细节。在美国建国之初，人口主要是农业人口，制造业几乎没有规模经济，运输成本非常高，因此不会发生地理集中。随着美国开始产业转换，制造业在北部农业人口众多的地方发展起来，南部则由于仍实行独有的奴隶制而不适合制造业的发展。然而，在19世纪后半叶，制造业的规模经济增加，运输成本下降，在非农业部门就业的人口增加，结果导致了制造业带最初的优势被锁定。尽管在制造业带的西部开发了新的土地和资源，奴隶制也结束了，但是，已经建立起来的制造业地区的吸引力如此之大，使得这个制造业中心事实上并未受到影响。

美国制造业带兴起的历史说明：收益递增和累积过程无所不在，通常是历史上的偶然事件发挥了一种决定性的作用。尤其是，美国制造业带的形成可以追溯到19世纪中叶，说明美国制造业的地理集中早在信息时代来临之前就已经发生了。因此，传统的收益不变的

① 克鲁格曼. 地理和贸易. 北京：北京大学出版社，中国人民大学出版社，2000. 11～14，21～22

② 克鲁格曼. 地理和贸易. 北京：北京大学出版社，中国人民大学出版社，2000. 11

③ 克鲁格曼. 地理和贸易. 北京：北京大学出版社，中国人民大学出版社，2000. 12

模型没有很好地描述我们的经济。

二、制造业地方化典型案例分析

美国制造业非常地方化。通过典型案例分析可以发现，一些历史上的偶然事件和累积过程在创造地方化方面起到了重要作用。为此，克鲁格曼曾分析了美国“地毯之都”兴起的典型案例。①

1895年，一个居住在多尔顿市佐治亚小城的名叫凯瑟琳·伊万斯(Catherine Evans)的小女孩做了一件经过植毛制成的床罩作为婚礼礼物。植毛或植纱的手工艺品在18世纪和19世纪初期很常见，但到了19世纪末它已经过时。因此，收到礼物的人和他们的邻居对这件礼物非常有兴趣。在以后的几年里，伊万斯小姐又做了许多植毛的东西，并在1900年发明了一种将丛毛镶嵌在衬垫里的方法。然后，她开始出售床罩，并和朋友们、邻居们在当地创办了一个手工艺工厂，开始向很远的地方出售手工艺品。

20世纪20年代，随着植毛工艺品被用来满足对绳绒毛线衫日益高涨的需求，手工艺产业变得半机械化了，但仍然是由家庭作坊生产。然而，第二次世界大战结束后不久，人们发明了一种机器来生产植毛地毯。那时，已经开始用机器编织地毯了，而植毛被证明非常便宜。40年代末至50年代初，在多尔顿及其周围出现了许多小的地毯厂商，还有许多辅助性厂商，向地毯厂商提供衬垫、染色等。其他地方已有的一些地毯制造商刚开始只从事纺织，但他们最终不是遭到多尔顿后起之秀的驱逐而歇业，就是将他们的业务从传统的东北地区转移到了多尔顿。因此，这个佐治亚小城成为美国的地毯之都。美国前20名地毯制造厂商中有6个位于多尔顿，另外14个除了一个之外都位于多尔顿附近。

伊万斯和床罩的故事非常典型：一次偶然的事件导致了在某个地区建立了一个产业，在此之后，累积过程便开始发挥作用。对于经济学家来讲，重要的并不是最初的偶然事件，而是使此类偶然事件有如此大且持久影响的累积过程。

三、欧洲经济一体化的经济地理前景

在新经济地理学看来，随着经济全球化的发展，国际经济学和区域经济学之间的界线已经变得越来越模糊了。比如，随着欧洲成为一个统一的市场，资本和劳动可以自由流动，用标准的国际贸易的范式来谈论欧盟成员国之间的关系就变得越来越没有意义了。相反，对欧盟的经济关系分析将越来越成为区域经济学的研究对象。为此，有必要采用新经济地理学的研究方法来分析经济一体化问题。

欧盟的最终目标是消除所有阻碍欧盟内部贸易、资本流动和劳动力迁移的障碍，如果这一目标达到，欧盟最终就会成为一个像美国那样一体化的经济区。那么，欧盟的地方化和专业化程度发展前景将会如何？克鲁格曼首先对比分析了目前美国与欧洲在地方化程度上的差别，并以此为基础对欧盟的经济地理前景进行了预测。②

克鲁格曼所采用的分析指标是根据欧美国家(大致)两位数产业的就业统计数据所构

① 克鲁格曼．地理和贸易．北京：北京大学出版社，中国人民大学出版社，2000．58～60

② 克鲁格曼．地理和贸易．北京：北京大学出版社，中国人民大学出版社，2000．72～80

造的区域/国家差异指数。① 他所采用的分析样本是美国的四大区——东北部(新英格兰与大西洋中部)、中西部(中区东北部与中区西北部)、南部和西部与欧洲的经济四强——德国、法国、意大利和英国。在他看来,美国这四个大区在人口和经济规模上都可以与欧洲四强相媲美。克鲁格曼根据其所构造的区域/国家就业差异指数,首先对美国的四大区域和欧洲的四个大国进行了相互比较。其次,对美国中西部和南部、德国和意大利进行了比较,即对传统重工业生产地和传统轻工业生产地进行了比较。最后,对欧美之间的汽车产业地方化程度进行了比较。克鲁格曼据此所得出的结论是:美国产业的地方化程度比欧洲产业的地方化程度高,或者说,欧洲国家之间的专业化程度低于美国各区域之间的专业化程度。

那么,为什么美国各区域之间的经济差异比欧洲国家之间的经济差异大?克鲁格曼根据其核心—外围模型对比进行了理论解释。他认为,国家与区域之间的差别是,国家有政府,政府的政策会影响产品和要素的流动。尤其是,国界通常阻碍贸易和要素流动。比如,当代的所有国家都限制劳动流动,许多国家还限制资本的流动,并且国际贸易中也存在着事实上的或潜在的限制。

根据核心—外围模型,当运输成本下降,规模经济上升的时候,就会产生集中。尽管从19世纪起,随着运输成本的下降,规模经济的重要性加强,无论在美国还是在欧洲,地方化的逻辑变得越来越强。但是,在欧洲,运输成本的下降通常被关税的提高所抵消,以后又被汇兑管制所抵消,而两次世界大战又把欧洲弄得四分五裂。即使欧盟成立后,国界仍然是阻碍贸易发展的一个重要的障碍,再加上各国五花八门的管制,以及难以捉摸的优待本国产品的政策,其结果是欧洲的经济地方化程度较之于美国相差很远。

据此,克鲁格曼认为,欧洲经济一体化将加剧其地方化和专业化程度。或者说,欧洲一体化道路肯定意味着要解散至少一部分欧洲产业中心。比如,随着欧洲经济的一体化,德国应该将其纺织业和服装业解散,将这些产业搬迁到南欧;作为补偿,德国应该发展一些关键性的重工业和高技术产业,而南欧应该使这些产业衰落下去,事实上这对双方都是有利的。

第四节 简要评述

新经济地理学更多的是运用主流经济学的观点来解释区域经济问题,以便将经济地理分析纳入主流经济学的研究范畴。这对于西方经济学而言,其重要意义是不言而喻的。西方主流经济学长期忽略空间因素,在空间上的研究一直是一个薄弱环节,所以新经济地理学丰富了主流经济学的研究内容。

新经济地理学与传统的经济地理学相比,其特点是将收入递增—不完全竞争模型引入

① 克鲁格曼构造区域/国家差异指数的方法如下:让 S_i 代表某个地区/国家产业 i 在所有制造业就业中的份额;用 S_i^* 代表另一区域/国家产业 i 在所有制造业就业中的份额。那么,区域/国家差异指数即可根据公式 $\sum_i |S_i - S_i^*|$ 进行测度。假设两个地区有相同的产业结构,也就是说,对所有的 i,产业就业份额是一样的。那么,这个指数当然就为0。如果两个地区的产业结构毫不相干,指数将为2。因此,这个指数可以大致定量地衡量经济结构差异,并进而衡量区域分工的程度。

空间分析之中，对传统经济地理学家提出的某些问题的直观表述进行了比较严格的论证和说明。规模经济、不完全竞争、多重均衡、历史、预期、突变等因素的相互作用是新经济地理学研究空间经济活动的基本视角，从而丰富和发展了经济地理学的理论内涵。

新经济地理学是新贸易理论研究的进一步深化。随着经济全球化的推进，经济的竞争主体在很大程度上不再是国家之间的竞争，而是区域之间的竞争。国际经济学和区域经济学之间的界线已经变得越来越模糊了。新经济地理学为我们研究国际经济问题提供了另外一个新视角。

新经济地理学的倡导者们作为主流的数理经济学家，倾向于认为只有那些能够用数学符号表示的经济思想才是严格意义上的经济理论，克鲁格曼将其称之为“希腊字母经济学”。然而，由于过分强调数学建模，因而排除了无法进行模型化的社会、文化、政治和制度等因素，从而使其无法对经济活动在特定空间聚集的原因进行全面的分析。

思考题

1. 主流经济学为何忽视空间问题研究？
2. 影响经济活动地理集中的主要因素是什么？
3. 试析欧洲经济一体化的经济地理前景。

参考文献

1.〔美〕克鲁格曼. 地理和贸易. 北京：北京大学出版社，中国人民大学出版社，2000

2.〔美〕克鲁格曼. 发展、地理学与经济理论. 北京：北京大学出版社，中国人民大学出版社，2000

3. Krugman, Paul. (1991): Increasing Returns and Economic Geography. *Journal of Political Economy* 99 (3): 483 ~ 499

4. Krugman, Paul. (1991): History versus Expectations. *Quarterly Journal of Economics* 106: 651 ~ 667

5. Krugman, Paul. (1998): Space: The Final Frontier. *Journal of Economic Perspectives* 12(2): 161 ~ 174

6. Fujita, Masahisa, Paul Krugman, and Anthony Venables. *The Spatial Economy: Cities, Regions, and International Trade.* Cambridge, MA: The MIT Press, 1999

第21章

当代西方经济学流派与思潮

演化经济学

学习要点和要求

了解演化经济学的学术渊源和特点，熟悉、掌握和评论演化经济学的基本理论——企业演化理论和制度演化理论，研究演化经济学的主要政策主张，讨论演化经济学的学术意义。

第一节　演化经济学的形成、学术渊源和特点

一、演化经济学的形成

经济学演化的思想早已存在，但由于它一度与臭名昭著的社会达尔文主义、种族主义、精英主义和殖民主义相联系，所以在20世纪初曾遭到人们的唾弃。1950～1960年经济学的演化思想经过短暂的复兴后，由于方法论的原因，又再度陷入沉寂。然而，20世纪80年代以来，演化的思想在经济学界又逐渐兴盛起来，其中主要的原因包括：

首先，主流经济学的理论危机。居主流地位的新古典经济学方法论和认识论长期受古典力学的影响，借用力学原理来解释经济现象。认为正像物体受合成力的作用最后达成平衡一样，所有经济人的理性行为，经过市场各种力量的调节，最后都能使经济系统达到平衡。经济人是完全理性的，是精于计算的。新古典经济学的基础——均衡论和理性选择理论难以解释现实中的许多经济现象。许多经济学家认为理性选择依赖的是经验学习，而不是计算能力，至于这种学习行为能进行到何种地步，还得受制于社会价值、常规、信仰、习惯和实践。他们同时也认为参与经济活

动的人毕竟是活生生的生命，而不是无生命的粒子和星体，经济系统从内部性质和结构到外部形式都处在不断变化之中，研究这样的由生命组成的动态系统更应该在生物学中寻找类比物。

其次，随着生物学的发展，人们发现人类文化的产生、传播、扩散和变迁与基因产生变化的过程非常相似，将演化理论应用于人类文化和社会演化过程的研究取得了丰硕成果。1982 年，纳尔逊(R. Nelson)和温特(S. Winter)的著作《经济变迁的演化理论》一石激起千层浪，使演化的思想再度受到关注①。经过 20 多年的发展，演化经济学逐步形成了一些系统的理论。

演化经济学内部门派庞杂，新制度学派(Neo-institutional Economics)、新熊彼特学派、新奥地利学派、法国调节学派等都自称是演化经济学派，还有一些使用演化博弈理论、非线性力学理论为经济分析工具的经济学家也自认为属于演化经济学派。演化经济学主要的研究领域是：①企业组织的演进；②经济制度的变迁；③经济增长；④组织生态学。演化经济学中最有代表性的经济学家是纳尔逊、温特、多西(G. Dosi)和霍奇逊(G. Hodgson)。除了实证分析和规范分析外，演化经济学所用的分析方法还有演化博弈论、非线性分析方法(包括超循环论、耗散结构论等自组织理论)、计算机模拟技术、实验经济学等多种方法。

二、演化经济学的学术渊源

由于达尔文进化论的影响力很大，人们一般会以为社会科学的演化思想源于达尔文，但实际上演化思想早已存在于社会科学中，并影响了达尔文。哈耶克(F. Hayek, 1982)说："文化演化的思想无疑久远于生物概念的演化，查尔斯·达尔文是通过其祖父伊拉斯莫将贝尔拉德、曼德维尔和休谟的文化演化概念运用到生物学的。"②马尔萨斯的有限资源竞争的经济模式以及斯密的劳动分工理论也都曾深深影响过达尔文。1859 年出版的《物种起源》成为人类思想的催化剂，对自然科学和社会科学的影响至深至广。马克思给恩格斯的信中提到，"进化论为我们的观点提供了自然史的基础"③，但马克思的制度变迁理论不是达尔文式的"渐进主义"，而是强调社会制度的革命式突变。制度经济学创始人凡勃伦曾想建立后达尔文主义经济学，运用生物进化论的概念和隐喻来构建经济理论。他于 1919 年发表了《经济学为什么不是演化的科学》一文，认为经济发展过程应该用进化论的思想来解释。凡勃伦认为，由于制度和惯例具有相对稳定性和惰性，在社会的演进过程中具有类似于生物学基因的作用，社会结构的演进是制度上一个自然淘汰过程，"制度的自然选择"和"思维习惯的自然选择"类似于达尔文的物种的自然选择。受斯宾塞的影响，马歇尔认为："经济学家的圣地在经济生物学而不在经济力学。"④对演化经济学影响最直接的熊彼特认为，资本主义在本质上是一种动态演进的过程，企业家创新是经济增长的源泉和推动经济系统演进的直接动因。"熊彼特给'创新'定义的概念是一个经济范畴而非技术范畴，它不仅是指

---

① 据 Dachs(2001)等对经济学发表期刊最全面的数据库"Econlit"的统计，从 1969 年到 1990 年，在总数为 510 320篇文章的索引中，有8 568个关于"演化"的记录，索引记录在 20 世纪 80 年代中期开始陡然增加。

② F. Hayek(1982)：*Law, Legislation and Liberty*, *Volume* 3. Combined edn. London：Routledge and Kegan Paul. pp. 154

③ 马克思恩格斯全集. 第一版，第 30 卷. 北京：人民出版社，1974. 130 ~ 131

④ 〔英〕马歇尔. 经济学原理. 北京：商务印书馆，1964. 18

科学技术上的发明创造，而更是指把已发明的科学技术引入企业之中，形成一种新的生产能力。这里定义的‘企业家’也不是指一种职业或工作，而是指创造性的运用资源组合的独创性能力[①]。”“人类社会的演化也是根植于过去的经验、传统和习惯模式，通过企业家对有效技术的选择(这种选择根植于日常生活)，从而带动人类的新价值体系和理念的形成，进而推动社会的向前演化。这种技术的创新过程内生于人类的演化发展过程之中。熊彼特认为，企业家的创新活动是引起经济周期的一个内生因素，创新类似于生物学的‘突变’，经济创新的过程就是不断破坏旧结构、创造新结构的经济发展过程。资本主义的发展进程不是渐进的，而是创造性的毁灭过程[②]。”奥地利学派的创始人门格尔认为，社会制度并不一定是经济活动个体有意识行为的结果，而是社会群体的非意识性行为的结果。哈耶克继承了他的思想，其“自发秩序”理论认为社会秩序自然进化的结果是最后达到完美境界。

霍奇逊(1994)将经济学历史上的演化理论作了类似生物学的分类：

第一，发育型。最具代表性的是马克思对历史运动的研究，他将历史从低级到高级划分为五个阶段：原始社会、奴隶社会、封建社会、资本主义社会、社会主义社会最后到达共产主义社会。这种演化的阶段论就像生物按照某种规律生长发育一样(从出生、成长、成熟到死亡)，注定要通过不同阶段，最后必然到达一个无阶级的平衡状态，但这不是达尔文意义上的进化。达尔文认为，进化的结果是不可能预知的，未来社会变化的性质和形式不可能确定，进化不具有任何预先决定的目标。

第二，基因型。这是根据基因来解释经济系统的演化。基因不仅指生物基因，还指人的习惯、经济个体、组织规则、社会制度甚至整个经济系统。基因型又细分为：个体演化和系统演化。个体演化是研究一个特定的有机体，如何从一套给定的和不变的基因发展而来。大部分的方法论个体主义的研究是个体演化，如斯密是以性格、动机和情操都假设不变的个体经济活动者为出发点来分析一个经济体系的发展，这些个体可被视为社会基因。马歇尔和熊彼特虽然关于动态的类型不一样，但按其分析方法也都属个体演化。斯密和马歇尔的“演化观”是连续的、渐进的，而熊彼特认为创新能使演化产生飞跃。系统演化是研究一个群种如何不断进行演化，其组成部分和基因群都在变化。如马尔萨斯演化分析的主体是一个种群，由个体组成的基因库(人口)是在不断变化的，一些个体得以繁殖并繁荣，而另一些个体却消失。凡勃伦将具有惰性的习惯、本能和常规视为基因，认为演化是积累因果的过程，其中所有的成分都在改变，他反对演化可以达到最高点和最终阶段的观点，认为演化是盲目的，没有最终也没有完美。

三、演化经济学的特点

演化经济学具有如下特点[③]：首先，主要研究经济系统的动态过程，如经济组织的产生

---

① 靳涛. 关于演化经济学思想的比较：凡勃伦、熊彼特、哈耶克. 经济科学，2002(4)：124

② 靳涛. 关于演化经济学思想的比较：凡勃伦、熊彼特、哈耶克. 经济科学，2002(4)：124

③ 英国经济学家霍奇逊认为应按以下四个标准来划分演化经济学，这就是：a. 本体论标准，是否强调演化过程中的新奇性和创造力，是否强调不确定性、路径依赖和时间不可逆。b. 方法论标准，是否采用简化论的做法。由于方法论个体主义是简化论的主要表现，所以，是否采用简化论也就是是否强调在个体之上存在着突现的制度等结构特征。c. 时间标准，在承认渐变的同时，是否考虑突变的重要作用。d. 隐喻标准，是否广泛使用生物学隐喻，或者是否反对主流经济学的机械隐喻(贾根良，2002)。

和演化、演化中的淘汰机制、经济组织通过淘汰机制的内在力，以及随机因素对经济组织演化的影响等。他们承认均衡的存在，但认为均衡是暂时的，并不是经济系统的本质形态，经济系统的本质是充满冲突的，是不稳定的和不断进化的。其次，普遍借用生物学的术语、概念和理论（如使用基因、突变、自然选择等术语）。演化经济学反对主流经济学将经济活动的系统视为机械的力学系统，认为以人为主体的经济系统更像一个生物圈，经济系统同样存在“基因”的保存机制、传导机制、变异机制以及选择机制，其演化过程也受不确定因素的影响。但他们的演化观是拉马克式的①，因为基因类比物（惯例、制度）随环境变化而发生的变异会通过文化机制或学习机制传给下一代。再次，反对完全理性的“经济人”假设②。演化经济学反对“经济人”假设的理由主要有两条：一是非理性行为在人的行为中不仅存在而且占据重要地位。人的认识和思维过程是一种复杂的、多层次的结构，而行为本身又是根据不同思维层次发生的，有时行为是经过深思熟虑后的理性行为，有时则是在无意识、潜意识状态下所产生的非理性行为。此外，习惯也存在着不同类型，可以分为条件反射行为和本能行为。由于社会的复杂性、未来的不确定性和人的计算能力的有限性，人们的行为更多表现为遵从习惯、服从规则（Rule-Following），而并不是连续的理性计算。习惯和规则对人的行为的影响是重要的，因为每个人生命的大部分时间是适应历史传递下来的模式和标准。他们并不排除理性，只是认为理性仅是认知结构的一个层次，并且理性也是由思维习惯所指导和形成的。二是人的偏好不是固定的，个体存在于一个进化的社会文化中，文化不仅同义于社会制度整体的结构，而且文化塑造人们的偏好，偏好既不是自然的，也不是不可改变的，而是处于一个不断变化和适应的过程。偏好由学习形成，通过学习文化塑造人的行为和偏好，只有一些基本的偏好（如饥饿、饥渴）是固有的。最后，强调时间不可逆。新古典经济学的均衡没有时间的因素，因为新古典经济学认为只要市场能充分发挥调节作用，经济系统的变动最终将回到均衡，所以经济变动的过程无足轻重，经济的调整被假定为瞬间完成。但演化经济学认为个人与社会是随时间运动的，且不可能回到原始状态，个人或组织目前的行动和决策将对经济系统的未来结构及其变化路径产生影响。他们认为新古典经济学均衡概念非常空洞，过去已经过去，并肯定是已知的，但未来都是未知的，社会发展的道路并没有明确的目标。

第二节　演化经济学的理论体系

一、企业演化理论

（一）企业的性质

演化经济学认为，企业在竞争环境中存活的条件是有正的利润，企业能否通过选择而

① 与达尔文相反，拉马克认为生物的变异可能是对环境适应的表现，这种变异可以遗传给后代，如长颈鹿的脖子是由于要吃树上的叶子而逐渐拉长的，这样的适应环境的特性会遗传给后代。拉马克主义在生物学中缺乏科学的证明。

② “经济人”假设是新古典经济学的逻辑起点和理论基石，“经济人”假说可以表述为具有固定偏好函数的经济活动者是完全理性的，他根据约束条件最大化自身的利益。

生存依赖于它的能力。作为生产单位,企业进行投入和产出的组织和决策是在一定的知识状态下完成的。知识状态表现为做事的办法。新古典经济学假设企业在知识状态给定的情况下进行生产和经营,而演进经济学认为如果不解释知识状态就无法了解企业的能力。知识状态在个体层面表现为企业成员的技巧(Skill)。技巧有四类:①企业成员在接受培训时获得的操作性知识,如专业的技术知识;②由于训练而形成的熟练的技巧;③职业生涯中获得的各种经验;④默示知识(Tacit Knowledge)。与系统知识相反,默示知识是没有符号化的知识,不容易被传播、复制和储存。对企业成员而言,技巧已经内生化,他们在工作中自动运用技巧,不涉及深思熟虑。技巧在一定程度上体现了企业成员的能力,企业成员的能力在企业内部的配置状况决定了企业的生产和组织的效率。企业的组织能力由企业成员的能力通过各种机制整合而成。这些机制包括:①组织结构。组织结构依据企业的目标和企业内部各成员的能力进行分工。如公司的最高权力机构是股东大会,股东大会授权给董事会,董事会控制总经理,总经理领导各职能部门。②资源获取和退出的渠道。如企业从资本市场获取或撤出资金,从劳动力市场聘用和解雇工人。③认知机制。企业的认知机制体现为惯例。惯例是演化经济学的重要分析概念,纳尔逊和温特(1982)将惯例定义为做事的程序和方式。他们认为,企业是由一套惯例(Routine)组成的。复杂的惯例可以分解为多个子惯例的组合。比如,做蛋糕的惯例包含很多子惯例,如涂抹、搅拌和烘烤。组织惯例等同于企业成员的技巧,是一套固定的程序。它包括很多内容,从生产的技术规则、雇用和解聘的程序、采购、存货到增产、投资、研发、广告等商业行动和战略。惯例在组织中的功能可以通过技巧对个体的作用来理解。组织的惯例是在企业的演化过程中获得的,并从一个时期到另一个时期被复制和发展。企业依据惯例行事能节约决策成本。惯例包括默示知识和系统知识。尽管组织惯例涉及一些独特的因素,但在相同的情况下,它的核心是相似的,大多数企业采用的惯例实际差别不大,不同的是在对它们发挥和运用的技巧上。如在同样的蛋糕配方下,有些人用手搅拌,有些人用搅拌器具搅拌;有些人用人造黄油,有些人用黄油;有些人的烹饪技巧和经验高超些,但他们都采用同样的配方。为了使惯例的操作更有效,组织的成员需要有共同的文化认同。企业能否在竞争的市场环境中生存依赖于企业核心能力所产生的收益与所需要的成本之比。

(二)企业的演化

1. 企业的演化过程。企业的演化存在三个机制:变异机制、维持机制(Retention)和选择机制。任何企业都要经受市场的选择,同行业企业的数目和种类越多,市场选择的要求就越严格。企业根据核心能力和市场环境来进行收缩和扩张。在短期,企业的收缩和扩张由于信息不完全和机会主义行为,是由企业合约缔结者的信息成本决定的。在长期,企业的商业活动变成了惯例化活动,企业是遵循惯例行动的。惯例储存知识和个人的技巧,具有"记忆"功能,类似于生物的基因,是企业信息、默示知识和系统知识的载体。企业的特征通过惯例而被一代代继承。由于惯例的稳定性和惰性,企业一般是稳定的。然而,尽管具有惰性,惯例也可能发生变化,就像生物的突变。突变可能是有利的也可能是不利的,如由研发而产生的创新是有利于企业的一种突变,而企业关键人物的离开可能是对企业不利的突变。如果企业在一定的时期能获得满意的收益,它一般就会安于现状。如果企业对其业绩和现状不满意,它就会搜寻新的和更为有效的惯例。这种搜寻是对竞争环境作出的适应性调整,搜寻的结果是不确定的,不能保证搜寻最终会找到更有效的惯例。只有通过比较,发现所找到的惯例优于现在的惯例,企业才会采用新的惯例。惯例的搜寻过程主要是为了探究企业行为和生产方式的革新或发明。搜寻会带来企业核心能力的变化,能搜寻到好惯例的企业将能控制更多的资源和拥有更多的发展机会。

企业有两种搜寻方式:开发新的惯例,这就是创新;采用现存但已为其他企业使用的惯例,这就是模仿。创新比模仿更费时费力,但潜在的回报更高。两种情况都需要搜寻成本,尤其是研发费用。这些成本随着搜寻的难度增大而增加。发现更好的惯例依赖于企业在研发和其他搜寻上花费的成本。企业愿意在搜寻行为上投资多少费用依赖于所搜寻的惯例特征和企业投资的意愿和能力,投资的意愿和能力在很大程度上依赖于企业的赢利能力。由于大企业在研发费用上比小企业投入更多,所以它们更有可能发现好的惯例。由于产量大,大企业同样更可能从新的和更好的惯例中受益,所以它比小企业有更多的竞争优势。在改变原有的惯例时,企业的领导者必须对相关者进行劝说、协调和交流,以利于新的组织惯例的推行并形成新的组织能力。

除了搜寻行为外,学习也能使企业发生突变。学习首先影响个人的技巧,然后影响企业的惯例,最后企业间的惯例不断相互影响,使得最适应环境的惯例得以保留。企业竞争的条件、宏观经济结构、制度变迁也是企业发生突变的因素。各种因素对企业演化的影响程度是不一样的。除了变异机制外,企业的演化就像生物进化一样也存在淘汰机制。与自然选择不一样,企业演化的淘汰机制受内部条件和外部环境的影响,这些因素包括:企业的组织能力、研发的投入、创业的历史、激励机制、企业配置资源的方式、市场状况和对手竞争程度、科技的发展、宏观经济状况等。企业在组织技术上差异不大,但外部环境波动会带来快速的变异,采用适当的惯例的企业将存活。企业的演化是拉马克式的,企业因适应外部市场环境而发生的变异将被保留下来。

2. 企业演化的结果:最适者生存。关于企业演化最大的争论就是演化究竟能不能产生最优。弗里德曼(Friedman,1976)认为,企业在竞争的演化过程中,经过自然选择,最后存活的企业必定是最优的。阿尔钦(Alchain,1950)认为,企业虽然没有试图要最大化利润,但自然选择使得更有效率的企业得以生存,所以最优的不在于动机,而在于结果。演化经济学认为,企业演化并不能产生最优和效率,优胜劣汰和劣胜优汰同时存在,他们主要列举了以下几条理由:

第一,多样性和出错。选择需要许多种类,没有种类就没有选择,也就没有演化。同时,选择的过程也是一个不断出错的过程,没有效率的结构确实随时存在。例如,在同一种行业中可能同时存在着大量的具有不同生产能力和赢利率的企业。

第二,繁殖。自然选择总是有利于繁殖力强的物种,而这些物种并不是最优的。一些企业成为市场的主导,不是效率的原因,而是规模的结果。

第三,路径依赖。演化常常依赖于它通过的路径,特别是初始条件,它很可能将演化带入次优和异常的道路。阿瑟(Arthur,1999)认为,当出现递增收益、边干边学和网络效应时,发展初期处于劣势的企业往往容易被逐出市场,这样就不能保证市场选择出来的就是真正意义上的最优①。

---

① 如 QWERTY 键盘,最初的引进是为了降低打印速度而避免打字机卡纸。尽管在市场上有更有效的键盘,但 QWERTY 键盘仍然在市场上保留了很长的时期,这是路径依赖导致低劣技术被选择的最有名的例子。

第四，锁定。演化过程可能由于内因的驱动和导向被锁定在固定的轨道上，一些影响可能将系统推出轨道，但最后又会回到原来的路径上。埃弗里特和明克勒（Everett and Minkler，1991）的研究表明，西方工业体系的发展最初是受当时拿破仑战争和美国国内战争军事结构的影响，战争环境推动了工业组织普遍采用军队的科层形式来管理劳动力。虽然存在其他更有效率的组织结构，但由于“转换成本”的限制，直到现在，科层企业仍是工业组织的主要形式。

二、制度演化理论

（一）制度

纳尔逊和温特（1982）认为，制度是相关社会群体认同的规范或标准。新制度经济学认为制度是一个群体中被广泛接受的行为习惯、秩序、惯例或安排。演化博弈论经济学家（Shubik，1975）认为制度是博弈规则，制度的重要性在于：①它是人们相互交往的行为底线，是博弈参与人的共同知识，在同样的背景下，参与人可以预见他人的行为；②它能排除或阻碍成本高昂的行为，同时鼓励有效率的行为。现代奥地利学派认为，制度是一个社会中被广泛使用和认同的操作，是人类行为无计划的结果，是自发出现的。但有些学者（Schotter，1981）认为，制度就是纳什均衡，是被有意识选择的博弈规则，当出现多个博弈均衡时，制度是博弈进行的方式，信念、预期和路径依赖影响制度的演化。无论怎样定义制度，演化经济学认为制度具有以下特征：①大量的人去做；②存在使这些行为呈现反复、稳定和可预见的规则；③存在习俗来使这些行为与规则合理化并被普遍接受。制度的功能可以归结为两点：①创造选择和限制选择。制度隐含了“你可以”和“你不可以”，提供了机会又强加了限制。演化经济学的制度定义强调社会规定，尽管人的行为存在随意性，但在一个社会中所有行为最后都服从于社会规定或禁令，特别是对所有有目的行为，社会规定了允许的和禁止的，对的和错的，赞成的和反对的。②使人的行为可预见并使人从不断决策和选择中解放出来。制度对社会和文化的影响，就像人的自然本能一样。与非人类动物相比，人的行为是可变的或“具有弹性”的，对变化的环境是适应的。人的行为对变化多端的生活环境可作调整适应，但同时也产生一些问题，它导致了人的行为不确定和不断地为如何行动作决策。制度可以使他人行为可预见并缓解了不断决策和选择的问题，因为制度使人们可以确定其他人将如何回应他们的行为，并使其他人理解其行为并作出反应。制度的功能类似于语言，语言规范了人们的思想，也塑造了人们生活在其中的世界：人们相互交流、沟通、理解的过程，也就是一起规范思想、认同一个实在的世界的过程；语言允许思维的自由但不允许语法表达的任意发挥；语言也同样是一个历史的集体行动，是集体的历史结晶。

（二）制度的演化

1. 制度演化的特点。演化经济学强调对制度的研究不仅要分析制度是如何出现的，而且要解释它是如何演化的。演化经济学认为，制度具有稳定性，它是经济系统演化的基因。像生物的基因一样，制度会决定经济系统的表面特征（Phenotype）。演化经济学认为，制度的发展是缓慢的、连续的，但偶尔也会发生突变。在无突变的情况下，制度会在世代间不断传递，经济系统的演化进程可以被事前预测。但与生物进化相同，制度变迁也存在随机因素，制度的演化进程随时有可能被扰乱，从而产生变异。突变的产生使人们难以对经济系统的演化进行事前预测。使制度产生突变的因素有:①外部的冲击,如战争和外部竞争;②内部变异,如制度的创新和模仿(即制度移植)。突变使制度的演进过程间断。制度的演化没有最终和最后的阶段,其演化是复杂的、不确定的,变迁过程中充满不确定性因素,变迁的前景不可能完全被预测到,人们只能知道变迁的概率范围。制度最终向哪个方向演化依赖于许多具体的环境,不一定是朝着最优的方向演进。

制度有静态的一面,也有动态的一面。其静态的一面阻碍制度变迁并会使制度的演进锁定在某一个发展的路径上,意识形态、信仰体系或文化认知模式是制度静态的一面。制度朝进步的方向演化要受下面几个因素的限制:

第一,容纳技术的知识存量。社会积累的知识存量的宽度和广度形成了进步的制度变迁基础,知识存量越大,制度变迁的可能性越大。技术随着人类的发明累积而增加,而如何将知识存量中尚未加以利用的技术引入经济活动则依赖于创新。创新决定了制度变迁的速度。

第二,社会成员的理解力和适应力。社会成员的理解力和适应力影响新事物的吸收和扩散的速度。制度的创新和移植都要求社会成员的思维和行动作出积极的反应。如果进步制度变迁产生,那么就必须存在一些社会机制便利于思维和习惯的变迁,如文化教育体系就是这样的机制。

第三,最小破坏原则。要使进步的制度变迁方向和速度合理,必须考虑到最小破坏的原则。制度变迁中制度结构的破坏是不可避免的,制度要素间是相互依存的,制度变迁将会产生效率的损失。只有社会行为模式破坏程度最小的才是进步的制度变迁。

2. 制度变迁、技术和经济增长。纳尔逊和萨帕特(Nelson and Sampat,2001)认为,技术分为社会技术和物质技术,社会技术是涉及人们交往的模式,物质技术是资本和劳动力的配置方式。制度是规范化和标准化的社会技术,不是所有的社会技术都能成为制度。经济增长源于物质技术和社会技术的共同演化。不同的物质技术有不同的制度要求,不同的社会技术以不同的方式被制度化。社会技术被制度化是通过不同的机制,并通过不同的结构维持的。然而,一旦它们被制度化,就成为做事的方式。在这个概念下,制度就是约束。有效的制度和有效的物质技术,都规定了做事的路径。缺乏一个有效的制度化的社会技术,做事的成本将很高或者根本就没法做事。

在经济演化中,创新是演化的关键。因为创新越多,经济就越有活力。没有创新,经济将停滞,没有增长。技术创新包含物质技术创新和社会技术创新。新的制度化的社会技术需要新的法律、新的组织形式和新的预期。新的社会技术和它们支持结构的出现源于需要,新的物质技术需要新的社会技术,社会技术一旦流行并被广为接受就成为制度。纳尔逊用美国制造业的发展历史分析了制度变迁、技术和经济增长的关系。在 19 世纪和 20 世纪的前半叶,美国的制造业经历了快速的生产力增长,这是新的物质技术带来的结果。铁路和电信的发展使企业的市场扩大。新机器的出现和炼铁技术的提高,提高了生产技术,生产技术又提高了生产资本的规模以及促成了专业管理。新的物质技术导致了新的社会技术,为了充分利用规模经济和范围经济,新的商业组织模式出现了,所有权和经营权分离,职业经理阶层出现,新的融资机构和市场出现,培养专业经理的商学院出现,新的组织结构重新塑造了共同的经济信念,这就是现代资本主义的观念。制度变迁在相当的范围内是由物质技术引起的。如果社会技术能调整自身来充分利用它,那么技术变迁的扩散力和吸收力是巨大的。流行的社会技术决定了物质技术演化的方式,物质技术和社会技术是共同演化的。制度变迁的过程既是一个技术试错的过程,也是一个文化演化的过程。制度改革是为了鼓励采用优秀的物质技术,并为物质技术的应用和推广创造条件。

第三节　演化经济学的政策主张

演化经济学的政策主张可以归纳如下:

第一,强调技术创新对经济增长的重要性。技术创新来源于社会知识存量,社会知识存量越高,技术创新的能力越强,所以,政府应重视教育机构的发展和社会成员整体素质的提高,应在技术创新、教育和资源配置等方面加强干预;同时,为了保护创新,必须重视知识产权的保护。

第二,由于制度会对技术变迁的进程以及创新的出现和扩散有重要影响,所以政府要鼓励有利于技术创新和技术扩散的制度,进行制度改革和制定政策时应考虑改革和新政策对技术变迁和创新所带来的影响。

第三,主张渐进式的制度变迁。因为制度变迁的关键是传统的社会思维习惯和习俗的改变,而习惯、习俗是长期积淀下来的,具有历史的惰性,它们的改变需要一定的时间。在没有改变社会思维习惯和习俗的情况下,突变式制度变迁不仅会对社会造成巨大的破坏作用,而且会使传统的社会思维习惯和习俗产生反弹和抵制,这样的制度变迁难以彻底而且代价高昂。

第四,在对先进制度模仿或移植时,应注意在意识形态、信仰体系或文化等方面进行调整,以利于制度移植的吸收和扩散。

第五,由于市场环境不完善将导致高昂的搜寻成本并损害企业的核心能力,因此政府对各种市场的培育和完善对企业发展和经济增长是至关重要的。

第四节　简 要 评 述

演化经济学虽然还处在发展的初级阶段,但由于其理论思想、分析方法和研究工具的独特性而日益受到经济学界关注,很多西方经济学家认为它代表了经济学理论创新和发展的方向。演化经济学的学术意义主要体现在以下几个方面:

第一,与居于主流经济学地位的新古典经济学相比,它比较接近于真实地表现人类社会经济的若干特点。比如它强调时间对经济系统和经济活动的影响,用具有历史时间概念的演化模式替代了新古典经济学像钟摆来回摆动的均衡模式;用非最优理论代替最优理论;用有限理性代替完全理性。

第二,它扩展了经济学研究的边界。从研究范围来看,它将一些主流经济学不考虑的现象纳入经济研究中,如制度、文化、习惯等。从研究角度来看,新古典经济学是研究局部的个体，如某些企业或某个企业的状况，而演化经济学是研究整个的群种，如所有企业的演化状况。

第三，它加强了经济学与其他学科的交流。演化经济学的基本概念和思想来源于生物学，研究领域涉及社会学和文化人类学。

虽然演化经济学对经济学界的影响不容忽视，它以动态和演化的方法理解经济系统的思想也受到越来越多的经济学家的认可，但它还没有形成统一的流派和系统的分析框架，很多理论也还欠成熟和合理。比如，将无所不在的利益冲突和矛盾排除在研究之外，这就使它的企业理论难以解释企业内部和外部的各种复杂关系。目前对演化经济学最大的质疑是使用生物进化的类比方法是否合适，有批判者认为，演化经济学用生物演化的方法来分析技术创新有很大的问题，生物系统和经济系统是两个不同的系统，生物是有限生命，而技术是具有无限生命的；生物系统中突变是自发的，而创新可能是设计的，有必然因素也有偶然因素；生物系统中物种的发展是有规律的（形成、繁殖、灭亡），而技术的发展是无规则的和不确定的。此外，生物进化论也在不断地发展和完善，现代生物学的发展推翻了许多以前被认为是正确的理论，这也为将生物进化论作为思想源泉的演化经济学带来了争论，使其理论具有不确定性。

思考题

1. 演化经济学受哪些思想的影响？
2. 演化经济学有什么特点？
3. 惯例对企业有什么影响？演化经济学的企业演化的基本观点是什么？
4. 什么是制度？演化经济学对制度演进的主要观点是什么？
5. 演化经济学的政策主张及学术意义是什么？

参考文献

1. Alchian, A. Uncertainty, Evolution and Economic Theory. *Journal of Political Economy*, 1950(58)

2. Arthur, W. B. *On the Evolution of Complexity in Cowan, A. G. Complexity, Metaphors, Models and Reality*. Perseus Book, Cambridge, MA, 1999

3. Dachs, B., et. al. Mapping Evolutionary Economics: A Bibliometric Analysis. EMAEE 2001 Conference working paper.

4. Everett, M. and A. Minkler. *Evolution and Organizational Choice in 19th Century Britain*. Department of Economics University of Connecticut, mimeo, 1991

5. Friedman, M. The Methodology of Positive Economics, in M. Friedman, *Essays in Positive Economic*. Chicago: University of Chicago Press, 1976

6. Hayek, F. *Low, Legislation and Liberty*, *Volume* 3, Combined edn. London: Routledge and kegan Paul, 1982

7. Hodgson, G. *Economics and Evolution: Bringing Life Back into Economics*. Cambridge: Polity Press, 1994

8. Nelson, R. and S. Winter. *An Evolutionary Theory of Economic Change*. Harvard University Press, 1982

9. Nelson, R. and B. N. Sampat. Making sense of institutions as a factor shaping economic performance. *Journal of Economic Behaviour & Organization*. Vol. 44, 2001

10. Powell, J. and T. Wakeley. (2003): Evolutionary concepts and business economics towards a normative approach.

Journal of Business Research, 56

11. Schotter, A. (1986): The evolution of rules. In Langlois, R. (Ed.), *Economics as a Process: Essays in the New Institutional Economics*. Cambridge University Press, Cambridge MA.

12. Shubik, M. *The general equilibrium model is incomplete and not adequate for the reconciliation of micro and macroeconomic theory*. Kyklos, 1975

13. Witt U. *Evolutionary Economics*. Edward Elgar Press, 1993

14. 钱苹. 进化论与经济学. 经济评论. 1998(5)

15. 贾根良. 演化经济学:现代流派与创造性综合. 学术月刊. 2002(12)

16. 靳涛. 关于演化经济学思想的比较:凡勃伦、熊彼特、哈耶克. 经济科学. 2002(4)

17. 马克思恩格斯全集. 第 30 卷. 北京:人民出版社, 1974

18. 〔英〕马歇尔. 经济学原理. 北京:商务印书馆, 1964

第22章

行为经济学

学习要点和要求

掌握行为经济学的基本概念、基本内容、研究纲领和研究方法;重点理解决策模型——期望理论的分析前提、理论逻辑、主要观点以及相关拓展;了解行为经济学的主要政策观。

第一节　行为经济学的形成、理论渊源和学科特点

一、行为经济学的形成过程概述

行为经济学又称为"心理学的经济学"或"心理学和经济学",是在心理学的基础上研究经济行为和经济现象的经济学分支学科。其核心观点如下:对经济行为的研究必须建立在现实的心理特征基础上,而不能建立在抽象的行为假设基础上;从心理特征看,当事人是有限理性的,依靠心理账户、启发式代表性程序进行决策,关心相对损益,并常常有框架效应等;当事人在决策时偏好不是外生给定的,而是内生于当事人的决策过程中,不仅可能出现偏好逆转,而且会出现时间不一致等;当事人的这些决策模式和行为特征通过经济变量反映出来,结果市场有效性不再成立,各种经济政策需要重新考虑。从这些基本观点看,行为经济学是对新古典经济学的反叛。但大多数行为经济学家承认其研究是对新古典经济学的改进或修正,而不是革命。行为经济学的宗旨是让经济学更现实,更具解释力。

行为经济学仅仅是20世纪70年代才出现的,特别是近十年才被经济学界广泛关注。但和其他经济学流派一样,行为经济学

在思想上并非新鲜事物，早在亚当·斯密的《道德情操论》中，就已经论及诸如“损失厌恶”等个人心理，并注意到这些个人心理对观察经济现象的作用。在斯密之后，经济学一直号称是研究经济行为的科学，但通过杰文斯、帕雷托等人的努力，心理因素逐渐和行为分析相分离，特别是波普的证伪主义和弗里德曼提出的实证主义方法论被经济学界广泛接受后，行为研究所依赖的心理学基础已经消失，主流经济学仅仅建立在抽象的不现实的偏好公理基础上。科斯曾把西方20世纪初形成的主流经济学称为“黑板经济学”，这种经济学只注重抽象的演算，忽视现实的经济现象，如同闭门造车。行为经济学家和科斯一样，从反思和革新“黑板经济学”的过程中发现了自己的崭新道路。

真正把经济行为作为主要研究任务的经济学家中有两个代表性人物：一是乔治·卡托纳(George Katona)，二是郝伯特·西蒙。从20世纪40年代开始，卡托纳广泛研究了经济行为的心理基础，特别是预期的形成，提出了关于通货膨胀心理预期假说，为后来的通胀目标理论打下了基础①。西蒙的研究广为人知，他通过认知心理学的研究，提出了“有限理性”假说，指出经济活动当事人在决策时不仅面临复杂环境的约束，而且还面临自身认知能力的约束，即使一个当事人能够精确地计算每一次选择的成本收益，也很难精确地作出选择，因为当事人可能无法准确了解自己的偏好序。

继卡托纳和西蒙等人之后，许多具有探索精神的经济学家和心理学家开始联手研究经济行为的发生机制，并试图建立经济行为的心理基础。卡托纳等人尝试测度影响当事人决策的心理因素，并讨论其对各种具体经济变量的影响，但由于没有找到合理的方法，使得这类研究无法形成能刺激后续研究的开放体系。到了20世纪70年代，心理学家卡尼曼(Kahneman)和特维斯基(Tversky)发表了一系列震撼人心的研究成果，他们通过吸收实验心理学和认知心理学等领域的最新成果，以效用函数的构造为核心，把心理学和经济学有机结合起来，彻底改变了西方主流经济学(特别是新古典经济学)中的个体选择模型，并激发了其他行为经济学家把相关研究领域拓展到经济学的各主要分支中，从而形成了真正意义上的“行为经济学”流派②。

二、行为经济学的理论渊源

从上述发展历程可以看出，行为经济学是通过对西方主流经济学(特别是新古典经济学)的反思和批判而兴起的，它试图在心理学关于人的行为的研究基础上，讨论经济活动当事人的各种心理活动特征对其选择或决策模式的影响；不同的心理活动影响到相应的决策模式，从而表现出相应的行为特征，这些行为特征又通过决策后果反映到具体的经济变量当中。最直观和典型的例子就是证券市场，行为经济学家发现证券价格的波动很大程度上取决于投资者心理的变化，比如投资者过度乐观或过度悲观都会导致证券价格剧烈波动，

---

① 准确地说，卢卡斯等人引发的“理性预期革命”是建立在预期计算方法的创新基础上的，而卡托纳对预期研究的贡献则建立在预期的心理模型创新基础上。从现在来看，卡托纳对经济学的贡献不亚于卢卡斯等人。

② 对行为经济学发展历程的简单阐述也可参见 Colin F. Camerer 和 George Loewenstein (2002): Behavioral Economics: Past, Present, Future, California Institute of Thchnology, working paper。早期的行为经济学研究参见 Benjamin Gilad 和 Stanley Kaish (eds.) (1986): *Handbook of Behavioral Economics*, *Vol. A*, Connecticut, Greenwich and England, London: JAI PRESS INC.

纳斯达克网络股价格狂飙时代的产生就是投资者对网络企业前景过度乐观的结果,这被希勒称为"非理性繁荣"。

当然,行为经济学是不能用"非理性繁荣"来概括的,尽管许多人通过希勒的书接受了行为经济学的一些基本观点。从现有的研究成果看,行为经济学主要是通过提出更为现实的个人决策模型来有效解释各种经济现象,并且这种模型无需严格地区分当事人的各类专门行为。因此,一个近似的说法是行为经济学在新古典经济学研究的基础上,重新构建了这些模型的行为基础,进而改变了这些模型的逻辑本身。行为经济学通过建立更为现实的心理学基础,大大提高了经济学的解释力。

行为经济学的这种特殊处境来自其对新古典经济学传统的继承,一方面,它继承了新古典经济学赖以生存的两大基石——个体主义方法论、主观主义价值论;另一方面,它又不满新古典经济学对行为假定的不现实性,主张通过心理学打造一个现实的行为基础,其中西蒙的"有限理性"假说起到了先锋的作用。

应该说,行为经济学一开始是没有系统理论的,早期的探索不过是对新古典经济学不满而展开的反驳,比如卡托纳等人的研究就是如此。行为经济学家也不主张回到边沁的享乐主义传统,而是力求揭示行为的更广泛的心理基础。在这种前提下,行为经济学家一致同意,新古典经济学的个体主义方法论和主观价值论是无需怀疑的,需要改变的是关于行为研究的假定。这一点被西蒙在20世纪50年代所倡导。西蒙认为,新古典经济学的行为假定忽视了现实的人的真实行为特征,现实的人的决策面临有限理性的约束,这种约束表现在两个方面:一是当事人的计算能力是有限的,不可能像新古典经济学所假定的经济人那样全知全能;二是当事人进行理性计算是有成本的,不可能无休止的计算。在理性约束下,当事人就无法找到最优解。

西蒙的早期研究给后来的行为经济学家很大的启发,尽管两者之间仅仅存在"有限理性"这一概念上的关联。行为经济学的发展得益于心理学本身的进步,心理学从过去的享乐主义传统过渡到科学的实证主义研究,对大脑的看法也从过去的刺激—反应型行为观过渡到信息处理和配置机制观,心理学的研究深入到神经元的构造和有序性,这些研究对行为的理解大大加深了。正是在这种背景下,行为经济学家把心理学的研究方法和理论与经济学有机结合起来,才逐步形成了现有的理论构架。

三、行为经济学的研究纲领和方法论

绝大多数行为经济学家都同意下述基本观点:经济当事人进行理性决策,但理性是不完美的;经济学研究必须合理假定当事人的认知能力;经济模型的预测应该和决策的微观水平数据一致,包括实验数据;经济学家对当事人选择行为的讨论必须建立在心理学基础上①。和新古典经济学相对应,行为经济学的这些基本观点来自其对前者理论硬核的挑战,围绕这些挑战,行为经济学逐步形成了自己的研究纲领。

---

① 参见 Shira B. Lewin(1996): Economics and Psychology: Lessons for Our Own Day from the Early Twentieth Century. *Journal of Economic Literature Vol.* 34, pp. 1293 ~ 1323. Matthew Rabin(1998): Economics and Psychology. *Journal of Economic Literature Vol.* 36, pp. 11 ~ 46. Daniel J. Benjamin and David I. Laibson(2003): Good Policies for Bad Governments: Behavioral Political Economy. *Federal Reserve Bank of Boston Behavioral Economics Conference Paper*, June8 ~ 10.

行为经济学的核心观点在于:经济现象来自当事人的行为;当事人进行理性决策,但理性是有限的;在有限理性的约束下,当事人的决策不仅体现在目的上,而且体现在过程上;在决策过程当中,决策程序、决策情景都可以和当事人的心理产生互动,从而影响到决策的结果;个体决策结果的变化导致总量结果的变化,对经济总量的理解来自对个体行为的理解;有限理性和学习过程会导致决策的偏差以及结果演变路径的随机性,从而产生异常行为,这种异常行为增添了经济现象的复杂性,同时加剧了有限理性的约束。由此可见,在行为经济学当中,决策心理特征、行为模式和决策结果相互之间是互动的和关联的,存在许多决策反馈机制,一旦考虑到这点,新古典经济学关于偏好稳定的基本假定就被推翻了。在这些互动过程中,偏好在一些条件下被产生出来,并在和环境变化的互动中演化着,这就构成了当事人围绕偏好演化的学习过程。学习过程的存在使得行为经济学从一开始就是动态的分析,而不像新古典经济学那样重视静态和比较静态的分析。

行为经济学强调当事人认知能力的局限性和偏好的内生性,强调决策作为一个学习过程的动态变化,这种对人的基本假定构成了其与新古典经济学不同的硬核。尽管行为经济学坚持主观价值论,坚持理性假定,但通过对理性经济人本身的挑战,并通过利用心理学构造自己的行为基础,导致行为经济学逐渐成为一个独立的派别出现在当代经济学的丛林中。我们可以把行为经济学和新古典经济学的硬核进行对比,参见表 22 - 1。

表 22 - 1 行为经济学和新古典经济学比较

类 别	硬 核	保 护 带	研 究 方 法
新古典经济学	理性经济人假定;偏好和禀赋分布外生;主观价值论;交易关系为中心等	均衡;边际效用或产量递减;要素和产品自由流动;要素和产品同质;价格接受者等	方法论个体主义;边际分析方法;静态和比较静态分析为主;线性规划和动态规划
行为经济学	有限理性当事人假定;可能追求利他行为和非理性行为;偏好和禀赋内生;学习过程;主观价值论等	非均衡;非线性效用函数;要素和产品异质;随机性;路径依赖;现实市场和组织;有限套利等	方法论个体主义;演化分析;非线性规划;实验和微观计量为主

从表 22 - 1 中可以看出,通过假定有限理性和偏好、禀赋内生化,即使在主观价值论下,行为经济学仍然表现出和新古典经济学非常不同的理论硬核。首先,行为经济学彻底改变了新古典经济学中静止的理想化的理性经济人假定,代之以演化的有限理性的现实当事人假定,通过假定的改变,行为经济学家眼中的当事人不再仅仅自利,而且会考虑利他,也可能冲动,采取非理性行为等。在行为经济学中,偏好的内生和演化带来了异常行为及其相伴随的学习过程,按照阿克洛夫的说法,这会导致近似理性,或学习中的理性。在这些基本假定的指导下,行为经济学从选择及相应的决策行为出发来分析问题,这种分析能够单一针对某种具体行动,比如消费,也可同时分析某几个行动,比如消费和生产。而新古典经济学只能从交易出发来分析问题。其次,硬核的差异也会反映到保护带上,行为经济学不再需要假定要素产品同质,也不再需要假定市场充分流动或充分套利,有限理性的当事人本就不同,面临复杂环境不可能实现完美套利,也就不可能获得一种线性效用函数关系。在

行为经济学家看来，决策过程中可能出现路径依赖，可能出现随机选择，而不像新古典经济学那样假定均衡存在。

按照拉卡托斯等人的科学哲学观，硬核和保护带构成了科学研究相互区别的纲领。行为经济学的硬核和保护带都和新古典经济学不同，这就产生了一种特定的研究纲领，并且这种研究纲领会反映到研究方法上。为了使研究贯彻上述研究纲领，行为经济学家需要寻找恰当的方法及方法论来理解现实的当事人行为的心理基础。心理学在20世纪中叶的发展给经济行为的研究带来了契机。一些心理学家和经济学家开始在实验室中测试实验对象的动机、环境特征和行为之间的相互关系，以此来揭示当事人决策的规律。这些学者对新古典经济学把心理学和当事人决策行为人为割裂开非常不满，于是从重复检验新古典经济学理性经济人所需的各项假定入手，逐步反驳其理论硬核。这种早期的实验研究给经济学带来了很大的冲击，但行为经济学自身也很脆弱，因为实验数据能否在统计上显著反映总体的特征是存在争议的，并且实验数据也很容易被实验者操纵。借助于麦克法登等人对微观计量经济学技术的发展，以及随着各种计算机模拟和计算技术的出现，行为经济学家开始借助新的工具来研究行为问题，比如采用市场数据研究金融市场上当事人的行为，采用场分析(field data)研究特定类别当事人的经济行为等。

实验方法和微观计量方法的广泛应用使得行为经济学可以在放弃新古典经济学的边际分析方法的基础上，寻求各种非线性的和动态的求解方式和经验实证方式。即使在坚持方法论个人主义的基础上，行为经济学仍然能够有效地处理有限理性、偏好和禀赋内生等问题，比如演化分析和行为博弈分析等就能够很好地处理学习过程中的随机性、路径依赖性、角点解等问题。在行为经济学家看来，这种分析是更符合现实的，对现实也更有解释力。

第二节　行为经济学的基本理论

选择问题是新古典经济学的核心，也是行为经济学不可回避的中心问题。行为经济学的核心是重新模型化当事人的决策行为，并对当事人行为的心理基础进行充分地经验检验。这就决定了行为经济学的基本理论实际上就是关于决策的理论。考虑到现实世界的复杂性，同时假定当事人有限理性，行为经济学在基本理论上的研究工作就体现为当事人在不确定下的决策建模，从行为经济学的创立者卡尼曼等人的研究开始，一直到现在的后续研究，无不体现了行为经济学家对决策或选择行为的重新思考。在重新构造不确定下的决策理论的基础上，行为经济学家广泛地研究了微观、宏观、金融、公共政策等领域的具体行为，并形成了自己独特的理论体系和政策观。

因此，理解行为经济学的关键在于解释这些学者们拓展的不确定下的决策理论。从卡尼曼等人开始，就不满新古典经济学的预期效用理论。在预期效用理论中，通过把当事人对不确定下的环境的主观判断等价为客观的概率分布，偏好和禀赋的稳定性就被保持，确定条件下的效用最优化问题就被转换为不确定条件下的预期效用最优化问题。通过给出偏好的完备性、传递性等公理，当事人就可以把偏好序和客观的概率分布相结合，并通过一个预期效用函数来表达，当事人所做的仅仅是计算和比较预期效用函数的期望值而已。一个标准的预期效用函数表达式如下：$u(g)=\sum_{i=1}^{n}p_iu(a_i)$。其中 g 是一个赌局，表示当事人决策时所面临的不确定性；p_i 表示赋予每一结果 a_i 的概率。如果一个理性经济人的偏好是由这个预期效用函数定义的，那么该当事人就是一个预期效用最大化者。

但是，卡尼曼等人指出，预期效用理论的构造依赖以下理性假定：偏好的完备性公理和偏好的传递性公理。如果这两大公理不能得到满足，那么新古典的理性定义就会被推翻，预期效用理论也就不成立。行为经济学正是通过检验和反驳这两大定义理性的公理来构造自己的决策理论的①。行为经济学的这一新的决策理论框架是由卡尼曼和特维斯基在1979 年发表的《期望理论》中奠定的，在这篇经典论文中，他们全面反驳了新古典预期效用理论的构造基础，其后续的研究均是以此为基础展开的②。按照期望理论，新古典经济学的选择理论有两个致命弱点：一是它假定程序不变，即不同期望的偏好独立于判断和评价偏好的方法和程序；二是假定描述不变，即不同期望的偏好纯粹是相应期望后果的概率分布的函数，不依赖对这些给定分布的描述。如果这两个假定被放松，结果如何呢？

实验研究表明，如果选择程序发生变化，就可能出现偏好逆转。例如，让一个实验群体首先选择两种期望，一是可以一个小概率赢得大奖（即赌局 \$），二是以较大概率赢得小奖（即赌局 P）；然后让该实验群体模拟卖出这两个期望，即被实验者尝试报出愿意卖出这两个期望的最低价，相当于对这两个期望进行估价。结果是：在第一个选择中，大多数被实验者更偏好赌局 P（$P\succ\$$）；而在第二个选择中，大多数被实验者对赌局 \$ 评价更高 $M(\$)\succ M(P)$。因此，实际选择前的评价和选择时的评价不一致，这显然违背了新古典经济学关于偏好传递性的假定③。也就是说，偏好的传递性公理实际上依赖选择程序。

另一些实验表明，当事人决策时普遍存在的框架效应（framing）与描述不变假定矛盾。例如，卡尼曼等人曾经做的一个著名实验显示，告诉一个实验群体，让他们设想美国准备帮助亚洲应对一种不寻常的疾病，该病可能导致 600 人死亡。两种备选方案被提出。实验群体被分成两组，每组进行相应的选择。假设对方案实施结果的准确科学估算如下：

实验群体 1 选择：若方案 A 被采纳，能拯救200 人；若方案 B 被采纳，有 1/3 的可能性拯救 600 人，2/3 的可能性一个也救不了。

实验群体 2 选择：若方案 C 被采纳，400 人将死亡；若方案 D 被采纳，有 1/3 的可能性把人全部救活，2/3 的可能性 600 人全部死亡。

对两个实验群体来说，方案 A 和 C 等价，方案 B 和 D 等价。如果新古典经济学关于偏好完备性的公理是正确的，那么两组人的选择结果应该类似。但实验结果表明，在群体 1

---

① 经典文献参见 Daniel Kahneman and Amos Tversky（2000）：*Choices*, *Values and Frames*. Cambridge University Press. 比较全面的综述参见 Chris Starmer（2000）：Developments in Non-Expected Utility Theory：The Hunt for a Descriptive Theory of Choice under Risk. *Journal of Economic Literature* Vol. 38, pp. 332 ~ 382. George Wu, Jiao Zhang and Richard Gonzalez（2003）：*Decision under Risk*, *Graduate School of Business*, University of Chicago; Department of Psychology, University of Michigan, Ann Arbor, working paper, sep. 21.

② 英文中"expect"和"prospect"均有期望的意思，前者侧重期待、预期、盼望等含义，后者侧重前景、期望等含义，在语境和语义上均有差别。卡尼曼等人使用后者就是特意强调这种差别，即人们可以针对某个期望进行预期。但在使用过程中，两者之间可能存在差异。

③ 即这两个选择结果可表述为：$P\succ\$$ □$M(\$)\succ M(P)$□$P$。显然，传递性公理被违反了。

中,72%的人更偏好方案A;而在实验群体2中,68%的人更偏好方案D。并无证据表明两个群体的人有明显影响其选择的差异特征,剩下的只有一种解释,那就是对选择的描述的不同确实影响到人们的选择,此即"框架效应",即选择依赖于所给方案的描述本身。

通过一系列的心理学实验,卡尼曼等人在对实验结果科学处理的基础上,提出了自己的选择理论框架,试图以此取代新古典经济学的预期效用理论。为了和预期效用函数相区别,卡尼曼等人把其创立的效用函数称为"价值函数",见图22－1。在卡尼曼等人看来,任何选择和决策的作出都依赖一定的程序,现实的当事人常常采用的决策程序就是所谓"启发式"(heuristics)程序,这种程序不需要当事人完全理性,也不需要当事人完全计算后决策(像理性预期那样),启发式决策仅仅需要当事人按照经验规则进行决策,并存在一个决策的学习过程,比如典型的"拇指规则"就被经常运用。在启发式决策下,当事人的决策后果不仅依赖其计算能力和经验,而且依赖决策情景描述和个人的心理状态。在这些约束下,当事人很难找到最优解,但能够获得一个学习过程。

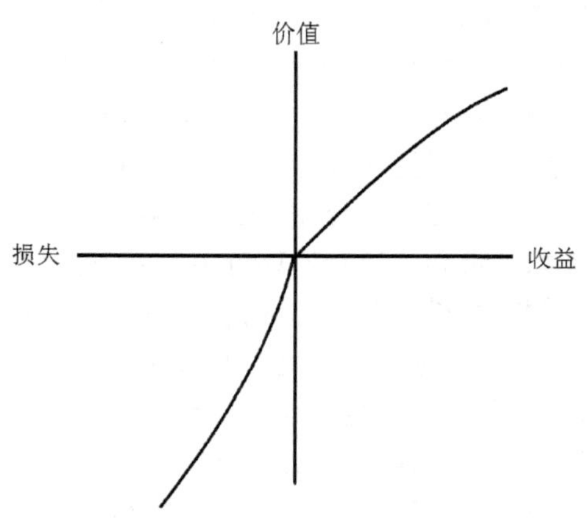

图22－1　期望理论假定的价值函数

不确定下的决策相当于当事人针对不同的期望进行选择,在期望理论中,选择通过两个过程被模型化:第一,当事人运用不同的决策启发程序对期望进行"编辑";第二,通过一个偏好函数(即价值函数)对被编辑的期望进行选择。编辑过程有两个含义:一是通过启发式程序对期望所包含的信息进行过滤,提炼出自己认为是有用的信息;二是有意识地忽略一些信息(即理性无知和理性非理性)①。经过编辑,当事人对精练的期望进行估价,这种估价通过一个价值函数来完成。

卡尼曼等人所创立的价值函数有如下特点:①和新古典经济学用效用评价结果不同,期望理论中的当事人更关心损益、现状等自然结果,即通过损益来评价决策结果。②当事

① 泰勒把编辑过程看做是"心理账户",即当事人通过该账户把复杂的计算通过心智捷径简化为一系列直观的行动,比如针对活期存款账户,当事人无需计算,经过心理账户就可把它转换为当前消费,即在心理账户中,活期存款账户等价于当期消费,消费者由此节约了理性。参见Richard H. Thaler(1999):Mental Accounting Matters. *Journal of Behavioral Decision Making* 12, pp. 183～206。

人对损益的评价依赖参考点的选择，参考点可被视为现有财富水平，也就是说，当事人仅仅在乎相对于参考点的损益水平，而不在意损益的绝对水平。③当事人对损益的评价是递减的，在图 22－1 中表现为收益曲线为凹状，损失曲线为凸状，这是因为随着损益水平的上升，当事人的心理感觉递减。比如，当事人对 10 元和 20 元之差别的评价明显高于对 110 元和 120 元之差别的评价①。④当事人明显表现为损失厌恶，在图 22－1 中表现为损失曲线比收益曲线更陡峭，这就是说损失给当事人带来的心理变化比收益要大，即在 100 元收益和 100 元损失之间，人们更在乎后者。

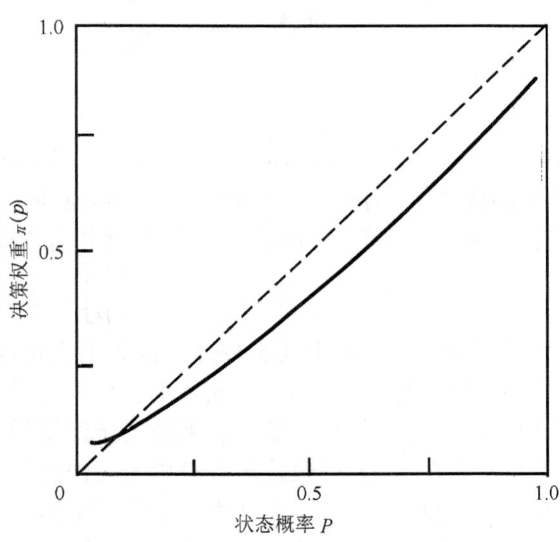

图 22－2　期望理论假定的权重函数

由于当事人进行决策时面临不确定性，其所需权衡的是期望损益，而不是确定的损益水平，因此，在期望理论中，也需要给每一确定损益结果分配概率。和新古典经济学假定客观概率分布和当事人主观概率评价一致不同，卡尼曼等人认为当事人在评价不确定性时，可能与实际的概率分布不一致②。为此，他们设置了一个权重函数 $\pi(P)$ 来表示当事人对不确定性的评价，如图 22－2，该函数有如下特征：①π 是 P 的增函数，且 $\pi(0)=0$；$\pi(1)=1$，前者是不可能事件，后者是确定事件。②对于 P 趋近 0 的小概率事件（即可能事件），当事人可能出现概率高估，即 $\pi(P)>P$。在图 22－2 中表现为权重函数曲线在靠近 0 的一端高于 45°线。③对小于 1 的概率事件［即次确定性事件（subcertainty）］，当事人可能出现风险厌恶特征，即 $\pi(P)+\pi(1-P)<1$。也就是说，当事人在不确定结果和确定结果之间更偏好后者。因此，和新古典经济学的偏好假定相比，期望理论中当事人偏好对概率的敏感度要低。在图 22－2 中，权重函数曲线在中间及接近 1 的部分低于 45°线。因此，期望理论中

① 这类似收益的边际效用递减，损失的边际负效用递减。

② 即新古典经济学假定 $\pi(P_i)=P_i$，而行为经济学认为该等式不一定成立。

的概率权重函数是非线性的，而新古典经济学中的概率权重函数是线性的。两者的区别反映出对偏好的各自理解，新古典经济学把决策行为和决策者的心理活动分割开来，使得偏好理论无法正确把握决策活动的本质。

考虑一个赌局$(p,x;q,y)$，其中$p+q<1$，且$x,y\in \mathrm{R}$，行为经济学认为当事人追求价值最大化$U(p,x;q,y)=\pi(p)v(x)+\pi(q)v(y)$。由于当事人的风险态度导致概率权重函数的非线性，以及当事人价值函数的非线性，因而导致其决策时面临多种可能组合，见表22－2。

表22－2　期望理论的风险态度和行为特征

	小概率	中等和大概率
收益	风险爱好	风险回避
损失	风险回避	风险爱好

如果在决策时考虑时间因素，行为经济学家发现，新古典经济学在跨期决策时所依赖的折现效用模型也缺乏科学基础。折现效用模型可通过萨缪尔森1937年发展的效用函数表现出来：$U^t(c_t,\cdots,c_T)=\sum_{k=0}^{T-t}D(k)u(c_{t+k})$，其中$D(k)=\left\{\frac{1}{1+\rho}\right\}^k$。在折现效用理论中，决策者对消费束$(c_t,\cdots,c_T)$的跨期偏好可以用上述折现效用函数来表达，决策者需要做的就是估计出未来每一期的效用流，然后通过一个统一的折现率ρ折算成现值，静态的效用最大化问题就转化为动态的效用现值最大化问题。尽管后来的主流经济学家对上述折现效用模型进行了改进，但其共同的问题在于：①折现效用模型中对新的选择计划和现有的计划的评价标准是相同的；②折现模型假定了一系列结果的总价值或总效用等于每一期效用的现值总和，因此，效用的跨期分配就毫无意义，即每一期效用是独立的；③折现模型中每一期消费也是独立的；④折现模型中即时效用$u(c_{t+k})$不随时间变化，任何活动带来的福利在每一期都相同；⑤折现函数$D(k)$不依赖消费形式，即它是独立于消费的；⑥跨期偏好时间一致，即折现率ρ在每一期相同；⑦边际效用递减和时间偏好为正假定。

从上述折现模型的诸多假定看，一个核心问题是决策者的偏好是否时间一致，如果时间不一致，那么折现效用函数就毫无意义。行为经济学家的确发现了偏好时间不一致的有利证据[①]，比如泰勒（Thaler）发现，被实验者要求回答和15元无差异的一个月后、一年后和10年后的收入，回答结果是20元、50元和100元，这意味着一个月期界的年折现率是345%，一年期界的是120%，10年期界的是19%。即被实验者明显表现出时间偏好的不一致，这个结果被后来的众多经验实证研究和实验研究所证实。除了偏好的时间不一致外，行为经济学还发现：收益的折现率高于损失的折现率；小额效用流的折现率高于大额效用流的折现率；对延期的事件折现更多；在选择结果序列时，人们更偏好递增序列而非递减序列；效用和消费的独立性不成立，跨期选择时不同时期的选择相互影响；等等。行为经济学在对新古典经济学跨期选择模型进行批评的基础上，发展了自己的一系列模型，比如莱伯

① 关于偏好时间不一致讨论的综述参见Shane Frederick，George Loewenstein，and Ted O'Donoghue（2002）：Time Discounting and Time Preference：A Critical Review. *Journal of Economic Literature*，Vol. 40，pp. 351～401. 在这篇文章中，弗里德里克等人全面评价了折现效用模型的优劣及行为经济学对其所进行的改进。

森(Laibson)的双曲线模型就非常著名①。

从表 22－2 中可以看出,当事人在不确定下决策时,不可能显示出偏好稳定。当进一步考虑时间因素时,当事人也出现了偏好的时间不一致等现象。因此,新古典经济学中的预期效用理论无论在静态还是在动态上都是不成立的。通过反驳后者,行为经济学建立了自己的决策理论,并在期望理论的基础上进一步拓展,比如引入累积权重函数并使其分别与收益和损失对应;考虑参考点的转换;效用函数的非传递性构造;引入习惯因素;考虑自我意识;等等。随着这些研究的深入,行为经济学的决策理论不仅得到进一步完善,而且越来越具备可实证的形式。众多的实验数据、场数据及微观计量结果均证实了期望理论等行为经济学决策模型的强大预见力,行为经济学的研究成果也正被越来越多的人接受,卡尼曼获得诺贝尔经济学奖就是一个例证。

第三节　行为经济学的政策观点

行为经济学挑战了新古典经济学赖以生存的选择模型,并建立了以期望理论为代表的行为决策模型。从上面的讨论可以清楚地看到,行为决策模型从两个方面重构了选择理论:一方面,行为经济学家发现了现实当事人决策时普遍存在的“框架”问题,即决策者在决策时,首先在和决策有关的行动、状态和结果中构造出一个“代表性”期望。比如,一个人长得方面大耳,这是好人的代表性特征,当事人就仅根据这一特征决定和其交往。反之,若一个人长得尖嘴猴腮,当事人多半不会与其交往。构造具体事件的表征就是启发式的编辑过程,通过该过程当事人作出了理性决策。另一方面,当事人对编辑后的期望进行评价,并进行选择。这种评价不同于新古典经济学的概率加权计算,行为决策模型要求当事人首先对不确定性(客观概率)本身作出估算,然后把估算结果(即决策权重)分配给相应的损益结果,并且损益结果是相对于参考点的值,而不是绝对的财富水平。

通过这种决策理论的构造,行为经济学模型化了新古典经济学所忽略的五个选择事实:①框架效应,即对期望的描述本身会影响到选择。②非线性偏好,即当事人对概率0.99和1.00的差异的偏好与对概率0.10和0.11的差异的偏好显然不同,此即著名的“阿莱悖论”。③来源依赖(Source Dependence)。不确定性的来源也会影响到当事人的选择。比如,在摸彩球游戏中,一个罐中是比例确定的红球和黑球,另一个罐中是比例不确定的红球和黑球,结果人们普遍偏好比例确定的赌局,即人们总是偏好力所能及的赌局,而不偏好纯粹的机会性赌局。④风险爱好。如表 22－2 所示,在一定区域内,当事人呈现出风险爱好特征,且在全部区域内出现偏好逆转。⑤损失厌恶。当事人在面对损益时偏好不对称,对损失的敏感度更高。这五个事实在当事人跨期决策时就表现出偏好时间不一致性、消费和效用跨期的非独立性、习惯性决策等。

行为经济学所揭示的以上选择事实在具体的经济领域中均有相应的表现,并且这些表

① 参见 Laibson, David I. (1998): Life-Cycle Consumption and Hyperbolic Discount Functions. *European Economic Review*, Vol. 42, 861～871. 弗里德里克等人把莱伯森的效用函数表述为:$D(k)=\begin{cases}1 & if\ h=0\\ \beta\delta^k & if\ k>0\end{cases}$。

现决定了经济变量的变化。行为经济学家为了获得更多的证据支持其决策理论，主要在宏观经济、劳动市场和金融学三个领域开展了大量的经验实证研究，这些研究对经济政策的制定产生了巨大的影响。

一、行为经济学和宏观经济政策分析[①]

在宏观经济学的发展史上，凯恩斯主义统治了前40余年，新古典主义则统治了后30余年，而且正是新古典主义把宏观经济学带入到一个崭新的时代。但作为现代宏观经济学各主要派别共同基础的理性预期假定却在近年来受到行为经济学的严峻挑战。诺贝尔经济学奖得主阿克洛夫在颁奖典礼上的演讲主题就是"行为宏观经济学与宏观经济行为"，在这篇演讲中，他列举了新古典宏观经济学难以解释的六大宏观现象：非自愿失业的存在；货币政策对产出和就业有实质性影响；失业率与自然失业率的偏离并未导致通货膨胀或通货紧缩加速；普遍存在的储蓄不足；股票市场的过度波动；社会底层阶级的身份认同和贫困问题[②]。而行为宏观经济学则能够有效解释这些现象。

行为经济学主要围绕两大主题来重新解释宏观经济问题，并提出自己的宏观经济理论和政策，其中一个主题就是总需求管理，另一个就是菲利普斯曲线（总供给问题）。首先，无论是新凯恩斯主义还是实际经济周期两个流派，在围绕总需求管理相互辩论时，都假定消费者和投资者的时间偏好一致，即消费者和投资者今天的偏好序在未来仍保持不变。如上所述，行为经济学的研究已经表明，实际上当事人的偏好是内生的，不仅不完备，而且会逆转，会出现框架效应等问题，在涉及跨期决策问题上，就相应出现了偏好的时间动态不一致性等"自我控制"问题。行为经济学的这些研究对宏观经济政策的制定有重要影响：①如果当事人是有限理性的，那么他（她）就不能准确预见未来的效用流变化，结果新古典宏观经济学提出的李嘉图等价原理就不成立，因为当事人无法正确预期未来税负给自己带来的效用流，并且按照双曲线折现理论，当事人对当期的消费变化和对未来的消费变化偏好不一致，这就导致当期增税带来的消费变化被过度折现，而国债融资带来的未来税负增加导致的消费下降被折现不足，所以消费者对增税和债务融资两种不同财政政策的评价也会不同，政府更多地会选择债务融资，或者债务融资和减税的组合政策，这些政策对消费者的冲击较小。②行为经济学中当事人理性不完美，并出现自我控制问题，导致当事人一方面可能挥霍手头的流动性财富，另一方面又通过非流动性财富的积累来约束自己的消费，结果造成当事人的财产几乎都是非流动性的，面临流动性约束。此时当事人会表现出对当前的流动性财富有较高的边际消费倾向，而对未来财富的边际消费倾向则较低。所以，刺激总需求的政策通过当期减税的方式能够实现〔较高的边际消费倾向（MPC）说明乘数效应大〕，而转移支付政策通过持续的小额方式能够保证降低不平等（较低的MPC说明家庭挥霍程度小）。③当事人的边际消费倾向还表现为资产依赖现象，即不同的财富来源导致不同的MPC，比如人们对一次性劳动收入普遍表现出较高的MPC，而对股票账户的财富增加则表

① 对行为经济学政策观的系统评论参见 Daniel J. Benjamin and David I. Laibson(2003): Good Policies for Bad Governments: Behavioral Political Economy. Federal Reserve Bank of Boston, Behavioral Economics Conference paper, June8 ~ 10.

② Akerlof, George A. (2002): Behavioral Macroeconomics and Macroeconomic Behavior. *American Economic Review*, Vol. 92, 411 ~ 433.

现出较低的 MPC,因而刺激总需求的政策在于增加人们的暂时性劳动收入。

其次,行为经济学对总供给问题的分析也别具一格。行为经济学家普遍赞同企业和工人都存在货币幻觉,这就导致双方的关注点是在名义值而不是在实际值上。结合损失厌恶的偏好特征,工人还出现了名义工资损失厌恶,这意味着如果名义工资下降,工人将表现出损失厌恶,则工人的道德水平就会下降,从而降低其生产率。因此,名义工资刚性是确保工人道德水平的重要举措。和主流经济学对工资刚性的信息不对称解释不同,行为经济学认为工资刚性来自效率工资。按照阿克洛夫和耶伦的说法,企业支付给工人高于市场出清工资的工资水平,目的是换回工人的忠诚和道德,效率工资就构成企业和工人之间的"礼物交换"行为,从而形成了企业和工人的合作①。企业和工人的互惠行动可能带来高离职率和高失业率问题,在应对危机时,企业为避免道德水平下降,不愿降低名义工资,而采取裁员的方式,这就会导致非自愿失业。

最后,行为经济学把总供给的讨论上升到菲利普斯曲线,借用认知科学中的"经验规则"。阿克洛夫等人认为,企业按照经验规则调整名义工资,而不是经过理性预期式的精确计算来调整。对于这些企业来说,货币冲击给生产率带来的影响远大于工资刚性带来的损失,因此企业宁可选择工资刚性,这种行为被阿克洛夫称为"近似理性"(Near-Rational)②。结合行为决策理论可以看到,由于工人仅仅关心名义工资,当通胀较低时,只要名义工资不下降,通胀就会被决策者忽视。即使人们作出通胀预期,这种预期也是不充分的。结果,适当的通胀水平减轻了企业面临的名义工资的压力,有利于企业采取提高生产率的措施。比如,在适度通胀的环境中,若通胀率是3%,即使企业提高名义工资1%,实际工资水平仍然下降了,但工人们却不会认识到实际工资水平的下降,而是看到名义工资水平的上升,从而提高生产率。所以,阿克洛夫等人提出了通胀目标管理的政策观,通过适当的通胀目标在不损害生产率的前提下来管理物价水平,这就避免了失业和通胀的权衡关系③。

二、行为经济学和劳动市场政策④

在主流经济学中,劳动市场起着理解微观厂商决策和宏观总供给的枢纽作用,但在完全竞争的要素市场假定下,现实的劳动市场行为只能通过垄断、信息不对称等条件的放松来说明,使得劳动决策和其他决策无甚差别。行为经济学对此提出了挑战,新的理论指出,劳动决策涉及当事人在动机和物质激励之间的权衡,而不仅仅是在劳动和闲暇间权衡;当

---

① Yellen, Janet L. (1984): Efficiency-Wage Models of Unemployment. *American Economic Review*, Vol. 74, 200 ~ 205. Akerlof, George A. (1982): Labor Contracts as Partial Gift Exchange. *Quarterly Journal of Economics*, Vol. 97, 543 ~ 569.

② Akerlof, George A. and Janet L. Yellen(1985): A Near Rational Model of the Business Cycle with Wage and Price Inertia. *Quarterly Journal of Economics*, Vol. 100 (Supplement), 823 ~ 838.

③ Akerlof, George A., William T. Dickens and George L. Perry (1996): The Macroeconomics of Low Inflation. *Brookings Papers on Economic Activity*, 1,1 ~ 76.

④ 关于行为经济学对劳动市场的看法,参见 Truman F. Bewley(2003): Labor Market Behavior. Department of Economics and Cowles, Yale University, working paper, May. 公平和互惠、动机等对经济行为的影响也可参见 Bruno S. Frey and Mattias Bena(2002): From Imperialism to Inspiration: A Survey of Economics and Psychology. *Institute for Empirical Research in Economics*, University of Zurich, working paper no. 118. 感情对经济行为的影响参见 Jon Elster(1998): Emotions and Economic Theory. *Journal of Economic Literature* Vol. 36, pp. 47 ~ 74.

事人在决策时会运用启发式，从而形成习惯等，这种习惯因素会影响到激励效果；当事人是损失厌恶的，会寻求组织内的安定和忠诚，过度的变化会降低道德水平。新的理论更注重当事人的偏好特征和习惯等对劳动市场的影响，注重劳动关系中的互惠、公平、平等和感情因素，注重决策情景的构造，这就使得行为经济学中的劳动市场政策是人性化的，而不像主流经济学那样只有货币和非货币激励和约束制度的调整。

第一，面对环境的变化，雇员会如何反应？行为经济学的研究发现，雇员是损失厌恶的，对同样一个任务，雇员接受时的报价和放弃时的报价不同，他们更在乎失去的东西。大量的实验经济学和场数据均证实了这一点。损失厌恶一方面说明雇员对现有工作和报酬的关注，解雇、降职及减薪对其构成有效约束，但另一方面也说明，如果过度采取约束政策会降低雇员的道德水平，因此，正向激励更重要。

第二，雇员经常拒绝对变化的认识，面对可能的变化会产生惰性。特别是雇员会在工作中养成各种习惯，进而扭曲其判断。这一点特别反映在激励中，如果一个雇员原先的报酬水平是1 000 元/月，现提高到2 000 元/月，那么一开始雇员积极性会很高，但时间一长，雇员习惯了这一收入水平，则提高收入的政策就失效了。也就是说，习惯和惰性的存在导致一次性激励政策仅仅具有暂时的效果。因此，行为经济学主张持续的相对小幅度的激励制度。

第三，“挤出效应”①。主流经济学仅仅注意到相对价格变化带来的挤出问题，比如政府支出可能通过利率变化挤出私人投资。但行为经济学则注意到当事人在决策时也面临挤出问题，即高强度货币激励或处罚过严会挤出当事人的动机，导致当事人工作的自觉性下降等，从而弱化了激励效果。这种挤出可能来自当事人对物质激励和处罚与内在动机之间的权衡，如果激励约束制度过严会压缩个人的自我控制范围，从而导致当事人的自觉和自尊心理受损，迫使人们弱化所控制的活动中的内在动机，结果降低了其生产率；反之，如果是对当事人进行正向精神激励，就可以使其感到大家的支持，从而强化其自尊心理，提高其行动自由，进而扩大其自觉心理感受，改进其生产率。所以，在劳动关系管理上，应更重视物质激励和约束的适度性，更多地采取精神激励和正向激励。

第四，在一个组织内部，报酬制度的设计要贯彻公平和互惠原则，如果内部报酬结构不公平、不透明，对于人力资本比较重要的雇员来说，其道德水平就会下降。进一步看，如前所述，企业会维持一个相对的名义工资刚性，以避免损失厌恶和货币幻觉的雇员降低其道德水平。因此，一个组织应该通过文化和公平的报酬制度来获得雇员的认同，并形成他们的组织自豪感，从而提高他们的自我满足水平。

三、行为经济学和金融政策②

行为经济学在应用研究领域最成功的范例就是行为金融学的兴起。从 20 世纪 80 年代

---

① 关于挤出效应的经验证据参见 Bruno S. Frey and Reto Jegen(2000)：Motivation Crowding Theory：A Survey of Empirical Evidence. CESifo working paper no. 245.

② 巴贝里斯和泰勒对近年来的行为金融的研究作了详细的综述，参见 Nicholas Barberis and Richard Thaler (2002)：*A Survey of Behavioral Finance*. University of Chicago, working paper. 一个简明的综述参见 Sendhil Mullainathan and Richard Thaler(2000)：Behavioral Economics. Massachusetts Institute of Technology, Department of Economics, working paper 00 ~ 27. 史莱佛围绕套利的限制问题作了较全面的论述，参见〔美〕安德瑞 · 史莱佛. 并非有效的市场—行为金融学导论. 北京：中国人民大学出版社，2003

开始，一些前卫的经济学家开始运用行为经济学尚不成熟的理论和方法来探讨金融市场问题，并取得了巨大的成绩，如芝加哥大学的泰勒、哈佛大学的史莱佛、耶鲁大学的希勒、桑塔克拉拉大学的斯特曼和谢甫林等都是极为活跃的人物。与行为经济学还在其他领域艰苦奋斗相对照，行为金融理论如今已成为金融研究领域的主流，并形成了比较成熟的学科体系。

行为金融学主要挑战了金融学的两大理论基石——有效资本市场假说和“MM”定理。在有效资本市场假说看来，“价格总是正确的”，因为它们由理解贝叶斯规则和一定偏好关系的当事人建立。在这种有效市场上，“没有免费的午餐”，也就是说，没有任何投资策略能够获取超过风险调整后的平均回报，或与其风险相匹配的回报。通过理性投资者的套利行动，市场必然实现均衡，任何证券的价格必须符合其基本价值。因此，新古典经济学的“一价原则”总是成立的。但是，行为金融学认为，当事人是有限理性的，面临套利的风险和成本。比如，交易者对金融产品基本面的风险判断多种多样；市场上总是存在“噪音交易者”，这些人可能盲从，可能过度悲观或过度乐观，也可能采取正反馈策略；套利本身存在较高的交易成本，如寻找替代品、规避制度约束、收集信息等，所有这些约束都导致完美套利不可能存在，现实的市场上都是不完美套利。套利限制说明市场不可能是有效的，“一价原则”不成立。大量的金融市场证据有力支持了行为金融学对有效资本市场的反驳。进一步看，如果有效资本市场假说不成立，那么“MM”定理肯定就不成立，即企业发售何种金融产品对其价值是有影响的，线性的证券供给曲线很难推出。

在批驳新古典金融理论的基础上，行为金融学提出了自己对金融市场行为的理解，一些代表性看法如下：

其一，股权溢价之谜，即从长期来看，股票的历史平均回报率要远高于债券。如果理性的投资者进行跨期决策，他们为什么还投资于债券呢？并且这些投资者都会考虑很长时期的决策问题，而在这么长的时期内，长期债券与股票相比，是不可能有吸引力的。因为，长期债券的固定利息支付会受到物价指数的影响，这也是一种风险，并不能说这种风险就比股票的风险低，那么这就不能用风险来解释股权溢价。而行为金融学能够很好地解释这种现象，按照新的理论，投资者短视而且厌恶损失，无法预见到长期的溢价问题，并偏好安全的债券。

其二，市场波动之谜。如果市场是有效的，就不可能出现价格的剧烈波动。行为金融学从后悔与认知偏差等角度解释了这个问题。按照这种理论，当股价下降时，投资者不愿卖出股票，而当股价上升时，他们加速卖出股票。投资者的这种行为并不是害怕错误，而是不愿意接受后悔。并且有限理性的投资者对证券的评价不同，在套利限制的情况下，这种观念差异就会反映到市场上，如果投资者事后检验自己的错误，那么一个不完全的学习和纠正过程就可能加剧市场的价格波动。此外，投资者决策时的锚定效应（Anchoring）和框架效应也会影响到价格走势，主流经济学用随机游走说明市场价格变化，但行为金融学认为，锚定和框架效应明显对股价水平起了重要作用，比如美国和日本市场 PE 值的差距就是如此。投资者的投资心态和策略也会影响到股价。一方面，投资者普遍存在过度信心，过度信心可能导致跟风或者从众心理；另一方面，投资者面对市场信息会出现过度反应或低度反应。前者是指股价的波动高于按照理性模型所预见的那样；后者是指股价的波动滞后于消息的发布，也就是说，股价对消息的反应是有时滞的。此外，公众的注意力、文化等也对股价有明显影响。

其三，季节效应和心智间隔(Mental Compartments)。与锚定和框架现象不同，人们趋向于按照一些特定事件的表征把他们置于相应的心智间隔。这就是说，面对一种复杂现象的时候，人们经常采取多种相对分离的小决策。比如，个人投资者经常把资产的投资分成两个部分：一部分是安全的，用来防范风险；一部分是风险的，用来获取致富的机会。心智间隔可以用于理解所谓的“一月效应(January Effect)”，这种效应已经在15个不同的国家被观察到。很明显，避税等客观因素无法解释这种效应。行为金融学认为，人们普遍接受新年新气象的祝福，因而在年份转换的时候愿意采取不同的行动策略。

诸如金融市场参与者观念的多元化、投资者有限理性和心态特征、投资者的正反馈策略、投资者的心理账户等都导致了金融市场的价格波动和不同金融产品的价格差异，这种波动和差异无法像新古典金融理论那样通过套利来消除，特别是投资者的从众心理等带来了金融“传染”问题，由此产生金融危机。金融市场的价格特征也表明预测的困难，不能通过标准的估价模型来加以测算。总的来看，行为金融学认为市场是并非有效的，市场参与者的心理通过其决策影响到证券的价格和交易，对金融市场的监管就是对市场参与者心态和预期的监管，而不是对具体风险和证券价格、数量的管制。

第四节 简要评述

行为经济学批评新古典经济学脱离实际，忽视当事人现实的决策模式，从而无法有效解释经济现象，但这不等于说行为经济学是新古典经济学的替代范式，至少现在还不具备这种影响。正如卡梅瑞(Camerer)和罗纹斯特恩(Loewenstein)所指出的，行为经济学并不全盘否定新古典经济学，因为新古典经济学通过效用最大化、均衡和效率建立了较完整的经济和非经济行为分析理论框架，并使得这种分析能够进行实证，这使得新古典经济学的分析仍然是有用的①。行为经济学接受了新古典经济学的理论基础和方法论基础，但否定了新古典经济学的个人行为假定，由此也就动摇了其理论逻辑。

行为经济学在其发展过程中，逐步建立了独具特色的决策理论，并把该理论广泛运用到政治、法律和经济领域，逐步形成了比较成型的行为决策理论、行为金融学、行为宏观经济学、行为劳动市场理论、行为法律和经济学、行为政治经济学等理论分支。特别是，行为经济学不满足于分析个体行为的局限，而把其理论扩展到博弈和社会行为范围，形成了行为博弈论，深入研究了博弈过程中的学习、互惠、公平等问题，并通过社会偏好的构造和引入，进入到经济学最抽象的领域——福利经济学，从现有的研究看，这很有可能形成行为福利经济学分支。

因此，通过回归现实的假定，行为经济学迄今应该说获得了巨大的成功，其中的重要人物相继获得了诺贝尔经济学奖和克拉克奖，这些奖项本身也代表社会对该领域研究的认

① 参见 Colin F. Camerer 和 George Loewenstein(2002): Behavioral Economics: Past, Present, Future. California Institute of Thchnology, working paper, pp. 1

可。不过，也应该看到，即使引入了社会偏好，仍然无法摆脱边沁当年的困境，即如果通过加入非自利追求就能够表达偏好的社会性，那么何时加入？加入的程度如何？两者的相互影响如何？自利和非自利动机存在的基础是什么？这些问题仍然无法解决。从20世纪初的工业心理学和组织心理学研究开始，管理学家们就非常关注组织和社会对个人的影响力，众多的研究表明，个人偏好依赖其社会情景，反映出社会特征。这实际上从一个角度证明了马克思关于人的社会性的看法。如果是社会决定了个人偏好，那么行为经济学的基础——行为决策理论就如同空中楼阁了。可惜大多数西方经济学家们都无法平等地对待管理学的思想，总是认为那些思想不过是经验之谈，而不是科学。但也有少数经济学家意识到行为经济学的脆弱性，比如斯密德就正确地看到，行为经济学可以在一个社会演化过程中通过行为—结构—绩效来研究各种社会经济现象，无需建立在个体主义方法论基础上①。个体行为是一个社会现象，需要从制度的角度来研究行为，而不是相反。可以预见，斯密德的思想将对行为经济学今后的研究产生重要影响。

思考题

1. 行为经济学的出现能构成对新古典经济学的革命吗？
2. 期望理论有何局限性？
3. 行为经济学的政策观对我国经济改革有何意义？

参考文献

1.〔美〕A·爱伦·斯密德. 制度与行为经济学. 北京：中国人民大学出版社，2004

2.〔美〕安德瑞·史莱佛. 并非有效的市场——行为金融学导论. 北京：中国人民大学出版社，2003

3. Akerlof, George A. Behavioral Macroeconomics and Macroeconomic Behavior. *American Economic Review*, Vol. 92, 2002

4. Barberis, Nicholas and Richard Thaler. A Survey of Behavioral Finance. University of Chicago, working paper, 2002

5. Benjamin, Daniel J. and David I. Laibson(2003): Good Policies for Bad Governments: Behavioral Political Economy. Federal Reserve Bank of Boston, Behavioral Economics Conference paper, June8 ~ 10.

6. Camerer, Colin F. and George Loewenste in 2002. Behavioral Economics: Past, Present, Future. California Institute of Thchnology, working paper.

7. Frederick, Shane, George Loewenstein, and Ted O' Donoghue. Time Discounting and Time Preference: A Critical Review. *Journal of Economic Literature*, Vol. 40, 2002

8. Kahneman, Daniel and Amos Tversky. *Choices, Values and Frames*. Cambridge University Press, 2000

9. Lewin, Shira B. Economics and Psychology: Lessons for Our Own Day from the Early Twentieth Century. *Journal of Economic Literature* Vol. 34, 1996

10. Rabin, Matthew. Economics and Psychology. *Journal of Economic Literature* Vol. 36, 1998

11. Starmer, Chris. Developments in Non-Expected Utility Theory: The Hunt for a Descriptive Theory of Choice under Risk. *Journal of Economic Literature* Vol. 38, 2000

① 参见：〔美〕A·爱伦·斯密德. 制度与行为经济学. 北京：中国人民大学出版社，2004

第23章 当代西方经济学流派与思潮

实验经济学

学习要点和要求

注意实验经济学的发展过程，把握实验经济学的主要实验成果，研究实验经济学代表人物的贡献，了解西方经济学家在实验经济学是不是科学、实验方法在经济学研究中是否有用问题上的争论，思考和论述如何正确看待实验经济学。

与其他社会科学一样，经济学明显受到人的社会活动的影响，造成了在自然科学中最有效的研究方法之一——通过实验来发现科学事实的方法在经济学中难以应用，这是经济学各种不同学派在观察社会经济现象时提出不同甚至彼此对立的假设、形成理论冲突的根本原因之一。但近几十年来，情况已发生了巨大改变，20世纪60年代以来，实验经济学在一批学者的推动下已形成了一个新的经济学研究分支，有关论文经常出现在主流经济学期刊上。

实验经济学分析的是实验环境下决策者的行为和结果，为我们提供了评估这些判断的重要数据，其判断方法为经济学提供了前所未有的复制性和可控程度。

实验经济学是经济学的一个分支，它在可控的实验环境下针对某一经济现象，通过控制某些条件、观察决策者行为和分析实验结果，以检验、比较和完善经济学理论并提供政策依据。

第一节 实验经济学的历程

一、实验经济学的萌芽

人类利用实验研究自然现象由来已久。实验作为发明创造的一种主要手段,对人类认识自然和改造自然起到了不可磨灭的作用。但是长期以来,人们认为经济现象繁杂多变,无法通过可控的实验加以研究,因此实验只是物理学、化学、医学和心理学等自然科学或行为科学的专利。

为什么经济学长期以来无法成为一门实验科学呢?其原因在于人们误认为实验不可能模拟现实经济,使许多人对在可控的条件下研究大规模的宏观经济现象望而却步。因为无论是从政治上还是从道德上看,进行通过旨在验证、修正或推翻各种宏观经济学理论的宏观经济学实验是十分困难的(即便是可能的话)。所以直到20世纪80年代,保罗·萨缪尔森、密尔顿·弗里德曼等经济学家仍认为经济学是不可实验的。

实验经济学的出现与博弈论息息相关。因为博弈论从一开始,就需要借助实验资料来决定相关的均衡概念以及在多个均衡中作出选择。20世纪50年代初,兰德公司的一些数学家和心理学家开始对尚处于雏形的决策论和博弈论进行实验。50年代实验经济学在市场论的研究方面首次引起人们的注意,爱德华·张伯伦在哈佛大学的课堂上通过对被实验者(学生)指定价值和成本参数,建立需求和供给曲线,进行了旨在检验市场理论的实验。然而由于这些实验没有用相关收益做诱因,还算不上严格意义上的经济学实验,但它是需求和供给原理研究上的重大突破。

二、实验经济学的诞生

上述实验启发了一位哈佛大学研究生和当时的被实验者沃伦·史密斯,几年后他在普度大学任教时经过重新思考,意识到将经济学理论的某些命题予以实验检验是个可行的想法。于是他将张伯伦的实验程序作了两大改进,以便对竞争均衡理论进行更贴切的检验。他把所有的出价和要价公开化,以便模拟完善信息的理论假设。这种被称为双向式拍卖的集中式市场机制,较好地近似了用于现代金融和商品市场的交易体制。

到20世纪60年代末,实验经济学经过20年的发展,逐渐科学化和规范化,成为一个有自己特色的经济学分支。

然而,20世纪五六十年代人们对实验经济学作用的两个理解成为其发展的障碍,也使其有效性和可信性受到了质疑:首先,人们一般认为,值得研究的经济是那些真实存在的经济,实验的惟一有效的方法是尽可能地模拟经济运行的自然过程。结果,经济学实验,作为模拟实验无法完全考虑所有细节,或者因为太过拘泥于细节而难于控制,从而遭到排挤。其次,人们认为,理论具有逻辑推导的形式,检验理论的适当方法是创造使理论的所有假设都满足的状况,然后进行实验看结果是否为逻辑的推导结果。如果没有观察到,理论就将被否定。但是,经济理论的假设很少被表述成严格的逻辑形式,以至于经济理论本身就无法进行上述检验。

以上两种原因,限制了实验经济学应用到许多经济问题上,使之有相当一段时期局限在对博弈论和一些市场均衡研究的小圈子里。实验经济学只有在这两方面有所突破,才能有发展的前景。

三、实验经济学的现状

经过近50年的发展,实验经济学对经济学以及其他社会科学学科的影响已日益广泛和深入。首先，实验方法为经济学家提供了前所未有的复制性和可控程度，使经济学更加科学和完善。其次，实验提供了一种经济理论和证据之间共生关系的可能性。当存在多种理论时，可以通过简单的实验，比较和评估各种相互竞争的理论在解释行为时的重要性；当仅存在一种理论时，可以找出该理论解释实验数据的条件，使之更加完善；当不存在任何理论时，可以发现某些实际规律。再次，实验提供了研究不同经济政策提议的经济可行的办法。实验可以帮助排除那些在实验室无效的建议，使得现实中只需考察那些在实验室里有预测价值的政策。

值得强调的是，实验经济学的影响并不仅限于经济学，其基本方法已被管理学家、政治学家、哲学家及其他社会科学的学者所借鉴。譬如，政治学家已广泛使用实验手段研究国际关系、竞选与选举、委员会的投票、公共政策以及法律和规则等。有些实验结果可以应用到现实中，以影响政府、消费者、选民以及管理者的决策。越来越多的借鉴实验经济学方法的文章被刊载于最有影响力的社会科学刊物上，诸如《美国经济评论》、《计量经济学》、《政治经济学杂志》、《经济文献杂志》、《经济学季刊》、《经济理论杂志》、《经济研究评论》、《公共经济学杂志》、《管理学杂志》、《财务杂志》、《美国政治学评论》、《法律和经济学杂志》、《法律研究杂志》以及《心理学评论》等等。

第二节　实验经济学的主要实验成果

一、人的行为的实验经济学

在微观经济学的教科书中，人的行为假定为符合主观期望效用最大化理论。但是，即使是在决策环境中只引进少量的复杂因素，人们的实际行为也是达不到效用最大化的，明显地出现了与理论的背离。拉宾对这类风险规避函数的实验情况作了全面的回顾。对期望效用最大化理论的批评以几个著名的悖论为代表，阿莱悖论和埃尔斯伯格悖论说明了真实的个体行为表现为系统地违反了期望效用理论和主观概率理论共同建筑的期望效用最大化理论。他们根据实验结果指出：在一些情况下，人们不重视先前的知识，差不多完全根据新的事实作出决策，而在另一些情况下，新的证据对人们的成见没有多少影响。主观期望效用理论似乎没有对真实行为作出好的预见，甚至没有作出好的近似的预见。

当然，对此意见存在分歧，一些经济学家认为这些悖论表明需要新的模型来描述人的行为，另一些人则认为这些悖论类似“视觉错误”。

二、产业组织理论的实验模拟

产业组织理论是现在实验经济学最活跃的理论之一。豪伊特全面回顾了这方面的实验工作。他主要就影响市场出清的因素，诸如串谋、契约、贸易规则等是如何影响市场的进行了分析。

实验经济学的先驱张伯伦早在20世纪三四十年代就在课堂上组织学生进行模拟市场的实验。他把学生分成两组，分别是买者和卖者，个人知道自己的真实信息，完全按照市场方法交易。他作了46组实验,发现多数实验最后成功的交易数量都超过市场出清的水平,而交易价格低于市场出清时的价格,市场并不总能出清。史密斯继承了张伯伦的思想,创造了"双边拍卖"的实验。在这项实验中,学生分为两组,一组是出售同样商品的零售商,一组是消费者。零售商在不停降价,消费者则自由地提高价格,所有人的价格都公开写在黑板上,当零售商与消费者的报价一致时交易成功。在双边拍卖中,因为价格都是公开的,从而更接近地模拟了完全竞争市场上的双方行为。

20世纪60年代,随着博弈论理论的完善,产业组织理论中实验经济学的发展大大加速。而80年代以后,随着博弈论成为分析产业组织问题的主要工具,实验用来检验产业组织理论的做法日益普遍化。根据对交易规则的区分,大致有以下几种实验设计,当然每一种实验又有很多变种。

第一,模拟伯川德博弈。每个零售商手中有一定数量的同质产品,在每一阶段他事先标价,把所有的价格都列出来,然后消费者随机选择交易对象和交易数量,每一阶段博弈结束以后,剩余产品可以放到下一阶段卖。

第二,模拟古诺博弈。零售商同时决定产量,价格是外生给定的,市场容量是有限的,许多人为了不同的目的都作了古诺博弈实验。值得注意的是,多数实验的结果和标准理论并不吻合。

第三,拍卖理论实验。它可以分为荷兰式拍卖和英格兰式拍卖两种情形。拍卖实验的结果显示:英式拍卖和二价拍卖之间具有等价性,但不支持四类拍卖都等价以及荷兰式拍卖和一价拍卖之间的等价性,否定了风险中性的假设。荷兰式拍卖难以达到其他三种拍卖形式的市场效率,但速度较快;密封拍卖机制比公开叫价机制更无效率,但售价会高一些,而且密封价格的做法能使价格更集中,避免谈判(交易费用)等。拍卖实验几乎已经成为一个专门的学科,无法在这里具体展开论述,可以参考卡吉尔为实验经济学手册撰写的综述。

尽管部分实验在产业组织领域内很成功,但要充分意识到实验经济学的局限。豪伊特指出,结构变量在产业组织的实验中有着举足轻重的影响。诸如产业集中度、需求弹性等指标的变动非常大,对实验结果会造成非常大的影响。张伯伦作实验时就将大范围的交易和小范围的交易区分开来。卧登在实验中指出,古诺模型只在小范围的实验中才勉强成立。宾格等人的实验表明,在给定标准环境(即市场出清价格和数量选择)的实验条件下,古诺博弈也几乎不成立,这也许是因为必要的价格决定机制不完善。更进一步,罗斯等人发现随着环境参数的变动,子博弈完美均衡与反向归纳法等一系列博弈论原理都不成立。因此,卡麦拉呼吁,应该创建一套一般性原则,使得其能够满足特殊目标的实验需要。

三、要约谈判的博弈实验

20世纪80年代,随着对要约博弈的深入研究和对标准控制条件下小团体中存在的交互行为的研究,经济学中关于人的行为是理性的观点开始受到怀疑。其中最著名的实验就是最后通牒博弈,古斯等人关于这个实验的论文堪称开创了实验经济学的新局面。

在最后通牒博弈中,两个实验参与人一次性地对一笔资金的分配达成协议。实验时,随机决定一人为提议者,另一人为接受者。提议者提出一种分配资金的方案,接受者可有两种选择。如果接受这种方案,则资金即这样分配;如果不接受,则双方什么也得不到。按照标准的博弈论分析方法，实验满足两个条件，即双方都是理性的，都只关心资金收益；信息是完全的，提议者知道接受者是理性人时，子博弈纳什均衡必然是接受人愿意接受任何比例的分配方案，因而提议人给对方一单位的收益，实验结果当然不是这样。无数学者将这个实验作了上百次，比较稳定的结果大致是，低于 20% 的要约有 40% ～60% 的概率被拒绝。有许多文献用追求公平的动机来解释这种拒绝正收益的行为。而且，许多游戏参与者也表示因为害怕过低要约被拒绝，因此主动提供一种较公平的要约。

最后通牒博弈因为其简单、深刻的特点而广受实验经济学家的欢迎。但许多人指出，这个实验同参与人的组成以及文化程度之间有着密切的联系。例如，图尔博格的最后通牒实验是由大学生作的。他比较了经济系与非经济系学生之间，低年级和高年级学生之间的行为差异。他总结说，不同教育背景的学生对“公平”的理解是不同的。一项影响更为深远的研究由博厄得等 10 余位人类学家和经济学家一起完成。他们调查了 15 个原始部落，让他们进行最后通牒博弈。最后要约的差异非常大，最自私的部落与最仁慈的部落之间，给予接受者的份额相差 30% 以上。甚至，他们发现有 2 个部落的成员平均给予接受方更多的份额。此外，还有许多实验指出性别在利他主义行为中的影响也非常大。这方面的研究可以参考安得里尼博尔顿等人的研究。这些出人意料的实证研究，有待实验经济学的发展来作进一步的解释。

与最后通牒博弈类似的另一个实验是由弗西斯最先作的“听话博弈”。在这个实验中，其他条件都与最后通牒博弈一样，只是取消了接受者最后拒绝要约的权力。也就是提议人提出任何比例的分配方案，接受人都必须接受。弗西斯将其结果与最后通牒博弈的结果进行了比较，发现最后通牒博弈中给接受方的平均份额要高得多，这也就意味着逆向归纳法真的起到了很大的作用。

另外，最重要的是公共品博弈实验。在典型的实验环境中，几个人为一组，组中有一个公共池。每个人收到一笔收益 y，他可以选择从 0 到 y 的一个数值 g 投入公共池。游戏最后，这个公共池会对组中每个成员产出报酬 m，其中 m 是边际回报率，$0<m<1$。最后每个人的收益由手中剩余的 y 和公共品的回报共同决定。如果我们把这个实验设计成一期的，那么一些实验表明约有 75% 的人对公共池毫无贡献，其他人也仅有一点贡献。显然，不向公共池中捐献，这是纳什均衡，但并不是帕累托最优。所以，多数研究公共品博弈的实验都设计成多期（如 10 期），这样可以观察参与人的学习过程。实验中，一些学者观察到多数人最初都选择将一半左右的收入捐献给公共池，以后各期随着他的实际收益而改变策略。事实上，公共池是逐渐枯竭的，但最终不会枯竭到 0。反向归纳法在这个重复博弈实验中也完全不成立。实验的证据是无可辩驳的，但重要的是如何解释影响行为的要素。例如，最常见的一种观点是实验真实的收益会影响行为，收益越大，参与人会表现得越自私，但这并没有得到实验的有力证明。

第三节　实验经济学的主要代表人物及其贡献

一、史密斯对实验经济学的贡献

实验经济学从无到有，从微小的课程教学辅助手段发展成为经济学的一个颇受关注的流派,历经了艰辛,正是因为有一批学者在其领域内默默耕耘,才有了这样的收获。

在这个领域,亚利桑那大学经济学教授沃伦·L·史密斯提出了一系列开创性研究方向并得出了富有革命性的研究结论。他是阐述实验经济学重要性和明确实验经济学研究对象的第一人。他在用实验方法检测价格理论中,首次提出真实市场不可能达到市场出清条件下均衡价格的结论;他努力捍卫实验经济学的科学性并具体提出实验设计的五项原则;他首次把实验经济学习法引入教学中;他还在许多经济学领域,包括产权理论、福利经济学、产业经济学等领域发表了大量的研究论文。

正如史密斯本人所强调的那样:一项未经实验过的理论仅仅是一种假设,而大部分经济理论可以适当地被称为"教士的理论",它被接受或拒绝的基础是权威、习惯或对于假设的看法,而不是一个可以重演的严格证明或证伪的过程。而实验经济学可以把可论证的知识引入经济学领域,使人们了解真实的市场运行模式。同时,实验中的可控过程作为生成科学数据的重要来源,其数据采集的严格标准也日益受到理论经济学家的重视。

史密斯不仅是最早洞察实验经济学重要性的学者,而且还主持和参与了许多经济实验,在研究市场运行机制领域有许多惊人的科学发现。1955 年史密斯从哈佛大学博士毕业后,在珀林大学开始其教学生涯,1956 年春季进行了他的第一次经济学实验,测定市场价格在供求双方的作用下是如何起作用的,并测试外界条件改变后其价格反应机制。由于微观经济学充斥着许多不验自明的假设,史密斯随后独立或者与其他人进行了数百次的实验,力图了解市场机制是如何起作用的。

1962 年,史密斯发表了他的第一篇实验经济学论文《竞争市场行为的实验研究》,这是一次具有奠基性质的工作。这篇论文思想的重要性不仅在于如何具体设计实验并改进以前实验方法的不足,更主要地在于是要用实验经济学方法对已有经济理论进行检验。史密斯在这篇文章中首次强调实验经济学应该"设计一系列实验博弈去研究新古典竞争市场理论",同时也给出了双向拍卖交易机制是如何运行的。

在史密斯一系列论文中,特别是在其代表作《作为一门实验科学的微观经济学体系》(Microeconomic System as an Experimental Science)中表明,市场经济或者说微观经济学是一组交换规则和行为人决策的混合物,可以通过模拟市场交易、改变市场交换制度来观察实验人员的决策行为。

(一)市场均衡价格的形成与市场出清的检验

在标准的经济学教科书中,认为自由竞争的市场能使市场达到出清和资源最优配置。许多经济学家一直对自由价格作用下的完全竞争市场极感兴趣,进行了一系列理论研究,其中阿罗—德布罗一般均衡理论是其经典结论。但是,现实中大量的经济波动现象表明,真实的市场交易与价格形成和现有理论是不同的。

史密斯是最早洞察上述不同的经济学者之一,其第一次经济学实验就是关于竞争价格的形成机制。当时他所教的经济学导论一班共有 22 名学生,他将其分为两组,一组被赋予需求方,另一组被赋予卖方。实验是被精心设计的:在模拟市场上进行虚拟商品交易,对每个买者提供一个"清偿价值表"以作为激励报偿,买者的利润或报偿取决于清偿价值与购买商品支出的差价。对每个卖者提供一个"成本表",卖者的利润或报偿取决于卖出商品的收入与成本的差价。显然,在利润最大化的动机支配下,供需双方都有强烈的交易动机,因为在实验完成后要按各人利润支付等比例的货币。

实验的过程是:一开始供需双方的实验参与者并不熟悉的双方购买意愿,导致价格形成较大波动,但随着实验参与者的模拟市场经验的积累,双方竞争性购买或出售会使价格回归竞争性均衡,但不能保证市场一定能出清。各人的清偿价值或成本价限制其是否买进或卖出商品,一旦市场成交价低于成本价则不出售,高于清偿价值则不购买。史密斯为此总结到:在严格的出清条件下,在任何时期市场从未达到过竞争均衡,当然,市场交易价格会逼近理论上的均衡价格或商品出清时的价格。他还进一步指出:经济学家关于竞争均衡及其形成过程就如同物理世界中无摩擦力的理想状况,表现为设定市场有"复式口头拍卖"功能。在这种情况下,任何买方可自由地向社会宣布一个约定的要价,而任何卖方也可以自由开出一个价格,社会成员都接收到其信息并决定自己的购买信息。这只是教科书上的分析,而不是真实市场的价格形成过程。

在随后一系列市场价格形成机制的模拟实验设计中,史密斯更加注重最大可能地接近实际。现实中人们更多的购买行为是在已给出标价且不能讨价还价的市场中进行的,卖者只是在一段时间后根据市场销售情况上下调整其出售价格。由于这样市场的广泛存在,在这种情况下能否达到市场出清的均衡价格,是亟待重点研究的。1984 年,史密斯与凯查敏和威廉姆斯共同设计了计算机模拟实验。在此实验中,买者利润和卖者利润与"复式口头拍卖"实验中的计算方法是一样的,但是实验发现:公开标价市场的成交价格高于均衡价格,表明卖者利用不对称信息欺骗买者,而商品总有剩余,没有低价出售完毕。

上述一系列实验表明,只有在双拍卖或"复式口头拍卖"机制中,由于信息公开化使成交价格接近于均衡价格,而其他价格机制都不能使成交价格达到理想的均衡价格,因此,价格的灵活调节作用被高估了,不符合现实。上述结论是史密斯及其他实验经济学研究者根据不同的供给与需求环境、不同的实验对象、单个或多组商品、实验参与者数量多或少,经过反复实验后得到的。从数百次实验——可重复性角度看,这个结论是正确的。如果考虑到由人的因素形成的勾结行为,市场价格决定机制将更为复杂。

(二)市场运行中人的行为理论实验检验

经济学的核心是人的行为,它是人在稀缺性条件下被迫作出一系列决策的学科。实验经济学所设计的许多实验用来解释现实的人,这对现实世界中所作的实际决策过程是大有作用的。20 世纪 60 ~ 80 年代,史密斯开始此方面的研究工作,这主要包括以下几个方面:

1. 公共财富的分配过程实验检验。由于公共产品存在搭便车问题,人类社会解决此类问题采取的是多数票决定原则,然后建立补偿机制,但是,这样的决策方式是否能做到激励兼容,保证公共产品的供给,一直是当代经济学家所研究的前沿问题。因为它关系到国家的福利政策制定、社区环境建设、医疗制度改革等一系列重大问题能否妥善解决。问题的关键在于能否诱导人们显露其真实的需求信息,进而测算出各自的收益与成本,在此基础上,私人应承担的义务与补偿机制便很容易确定了。

为此,史密斯与普拉特等人设计了诱导真实需求的实验,结果显示,每个参与实验者都积极显示各自的收益与成本之间的关系。

2. 对人的理性理论的实验检验。"理性人"是经济学的基本假设,它是个体决策的依据,从 20 世纪 60 年代开始,经济学家开始致力于决策理论的研究和实验性检验。其核心问题是在各种条件下，包括不确定条件下、个人在受集体行为影响下是否还能作出理性化的最优决策。史密斯在 1985 年的实验工作中主要讨论实验者参与重复性交易与参与一次性交易对价格的影响是否不同，实验发现两者形成的价格差别较大，一次性交易偏离均衡价格更远，说明人们在每一次决策时并不总是能做到最优。

3. 对产业组织结构理论的检验。产业组织结构理论涉及垄断与竞争等基本问题，企业之间的相互竞争和勾结有很多理论模型和结论，在此领域许多学者进行了大量研究，史密斯的实验检验工作主要是在自然垄断情况下企业采取的反竞争性的定价行为。

4. 史密斯的实验经济学研究还涉及股市研究（1994）。他在计算机系统中模拟股市交易，让实验参与者在计算机上进行虚拟股票买卖。他发现，买卖股票的交易双方只有几十人到 100 多人时，股票价格会保持平稳的、可预见性的变动。当参与者数量大于一定阀值时，如超过千人时，股市价格出现混沌现象，金融泡沫便出现了。

二、普洛特和罗思对实验经济学的贡献

（一）普洛特对实验经济学的贡献

普洛特教授的主要贡献在三个方面：对实验经济学方法的发展、经济学和政治科学理论的实验研究以及运用和发展实验方法对政策案例进行讨论。

1. 对实验经济学方法的贡献。经济学实验产生的数据与自然市场数据相比是否缺少真实性？实验数据是不是过于简单、特殊呢？以此作为检验和评价理论的实证基础已经遭到批评者们的质疑。普洛特认为，只要经济学实验中提供真实的激励，使参与人能够采取真实的行动，实验的数据就和实际发生的市场现象一样可信。因此，实验的简化不会影响数据的真实性，不应把简单性混同于非真实性。对于实验的简化和特殊性，普洛特认为，在简单和特殊的实验中都经不起检验的模型，根本不可能运用于复杂的经济系统，也根本不具备一般性。实验存在的简单、特殊的问题可以通过大量重复实验和变化实验环境加以克服。

普洛特的另外一个观点是实验可以为新理论的提出提供有启发的数据。或者说，实验中出现的新问题，可能成为经济学家研究的对象，这样又促进新理论的形成。普洛特提出了理论为先还是数据为先的问题，他认为这两种方式都是可以的。经济学实验既可以作为经济理论的验证方法，也可以作为新理论发现的工具。

2. 经济学和政治科学上的理论贡献。普洛特研究了存在外部性的市场是否依旧遵循供需法则的问题，实验证明，市场均衡的实现并未受到外部性的影响。公共物品和私人物品市场一样能够达到均衡。普洛特和波特等报告了他们对四种公共物品提供机制的考察结果，这四种机制分别是一致意见下的直接捐款、非一致意见下的直接捐款、一致意见下的公共物品拍卖过程、非一致意见下的公共物品拍卖过程。结果显示：公共物品拍卖过程要优于直接捐款，而一致意见对于这两种机制的效率都有降低作用。普洛特根据实验结果发现：在自愿付费体系下，公共物品的产出虽然不能达到理想的最优均衡数量，但也不至于为零。他还发现，自愿捐款体系在一阶段时间产出最大，最有效率。除此之外，他还开创性地分析了市场中的信息最大化问题、市场的稳定性、一般均衡系统以及国际贸易和国际金融中的问题。

3. 对政策实例的实验研究。普洛特等把实验方法运用于产业组织政策。他们通过实验

探索内河运输行业的一项运费申报政策可能带来的后果。这项政策是，雇主运费改变必须申报州际商业委员会，而运费改变又至少在15天后才能生效。他们设计了体现这个运输行业基本经济特征的实验市场，证明了运费申报政策导致了高成本、低产出，缺乏效率，特别是损害了小船主的利益。除此之外，在民用航空委员会就飞机降落权分派问题举行的全国范围的意见咨询会议上，普洛特等的实验结果受到了广泛的关注，遭受的批评意见也较少。普洛特等关于铁轨使用权分配的实验，也得出了一些有意义的结论。

（二）阿尔文·罗思对实验经济学的贡献

罗思教授在实验经济学的方法论、理论和利用实验方法使博弈论成为实证经济学的一部分这三个方面作出了突出的贡献。

1. 对实验经济学方法论的贡献。罗思教授对实验经济学的方法论问题有着深刻的见解。他在实验经济学高速发展的时刻清醒地意识到实验经济学在方法论上的问题。他指出，为了让实验经济学家之间更加有效地对话，必须解决怎样报告一个“实验”的问题。对于同一个问题，同时有许多具有不同知识背景的实验经济学家在研究。因此，他们之间的交流就显得非常重要。为了使对话更有效，必须解决应当怎样报告实验步骤，报告什么数据，为了报告的目的数据应该怎样汇总，数据应当如何分析等问题。这些问题都基于一个更基本的问题，即什么样的一个数据单位能够被称为一个“实验”。

罗思教授指出可以将“实验”方法分成两种。实验经济学家们应当了解各种实验方法的优点和缺点所在。第一种方法被罗思教授称为计划的实验设计。用这种方法进行的实验包含一系列单元，每个单元又包含一系列的试验，在每个试验中指出哪些条件是确定的。实验的中心是条件的改变。每个试验包含一个待定的组合条件，从而在这个组合条件下确定我们所要观察的变量。这些试验构成一个单元，反复进行，然后将所有单元的试验结果放在一起加以解释。这种方法一旦开始进行，人们主观因素的进入很少，一般是所有的数据都报告。但是进行什么实验，即确定什么条件变化，设定什么参数等方面还是人为的。另一种方法是独立试验，每个试验均被认为是一个实验。这种方法在经济学中很吸引人，这是因为经济学的每个试验本身已非常复杂了。

因此，罗思教授偏向于进行计划的实验设计。这一点也体现在他主编的《实验经济学手册》中。他在那里讲述实验的方法是利用一个实验“序列”，这时可以全面考虑实验的结果。

2. 实验经济学用途上的看法。罗思教授在实验经济学的用途问题上也有自己的看法。他指出，实验可以粗略地分为三类：“对理论家讲述”、“寻求事实”和“在国王耳边轻语”。

“对理论家讲述”是指为了验证已经得到了正式表达的理论的预言和为了观察没有预期到的规律而设计的实验。这些实验须在可控的条件下进行，使得观察的结果能根据理论得到清晰的说明，这些实验对理论文献的丰富起了重要作用。“寻求事实”是为了研究现有的理论还不了解的变量的效果，随着事实的增加，解释事实的理由就有了提出的土壤，并能得到检验。“在国王耳边轻语”是实验经济学家和政策制定者之间的对话，这些对话的目的是研究市场组织改变的效果等实际问题。因为这时的问题包含现有理论没有包含的变量，所以现有的理论只是一个导引，有许多困难要通过实验来解决。

3. 利用实验方法使博弈论成为实证经济学的一部分。博弈论不仅考察行为的策略，而且考察“博弈规则”的影响。后者对于经济制度的设计具有关键作用。罗思教授工作的主要目标是将博弈论变成实证经济学的一部分。

罗思教授指出,在他的工作中有两方面是与将博弈论变为实证经济学的一部分和市场设计的一个工具密切相关的。一方面是对“匹配”市场的研究,另一方面是处理学习和认知博弈。下面我们分开阐述罗思教授在这两方面的贡献。

第一,对“匹配”市场的研究。许多市场机制的一个主要功能是使一群人和另一群人相匹配,比如劳动力市场是为了使工人和公司相匹配。高耳和谢泼耐尔在1962年通过关注大学入学和婚姻市场引入了“双边匹配模型”。所谓双边,是指存在两群人,从一群人中寻找一个与另一群人中的一个相互匹配。在这种模型中,稳定角是指在匹配市场上没有剩下彼此愿意与对方组对但却没有被市场允许的一对人,同时,已组对的人对自己的队友应该是满意的。这里的满意可以作如下解释:设有两队人,A 队包括 a_1 和 a_2,B 队包括 b_1 和 b_2。如果匹配结果是 a_1b_1 和 a_2b_2,但这四个人认为 a_1b_2 和 a_2b_1 更好,这时就是存在不满意的情况,此时的解就是不稳定的。否则,解就是使被匹配的双方满意的。

第二,学习和认知博弈。在传统的博弈论中,行为人是理性人。这里的理性是指一种行为方式,这种行为方式的特点是人们在博弈开始的时候就知道了博弈的最终结果。但人们的行为显然不是如此。因为如果这样的话,人们在棋类游戏开始的时候就知道了这盘棋类游戏了。人们是在博弈过程中学习的。为了建立人们的学习和认知行为模型,罗思教授进行了实验。

罗思教授利用了三个博弈实验来观察人们的行为,从而建立了一个简单的学习模型来拟合这些数据。这三个实验都是两期序贯模型,它们是公共物品提供博弈、市场博弈和一个“最后通牒”讨价还价博弈。观察到的实验结果是不同的。公共物品提供博弈和市场博弈在许多条件下,比如不同的参与人和对于支付的不同信息,都会很快收敛于预期的均衡点。但是在“最后通牒”博弈中,在一系列的条件下,行为却远离预期的均衡点。这种情况即使在参与者获得了大量经验的情况下也还是如此。罗思教授检验了基本的学习模型。这个模型类似于演化博弈论中的“复制”子动态模型。然后他对这个模型进行了改正,进而引入了三个变形模型。罗思教授利用这三个模型进行模拟,也就是在各种初始条件下利用这三个模型计算。他发现,模拟的结果和试验的结果拟和得很好。这个模拟是在中间期,在这个时期,这三个模型很相似。但在长期中,这三个模型却不相同。这说明在长期中表现不同的模型在中间期可能表现相似。

第四节　实验经济学科学性的争论和方法创新

由于几百年来经济学研究习惯及人的意识的复杂性,导致了人们经常会问:实验经济学有用吗?其结论可靠吗?人们持有疑问的原因主要在于:首先,经济学实验中渗透了太多人为的因素,实验是人们自己设计的,不是大自然客观现象的直接反映,更主要的是被实验对象是人而不是物,有其主观能动性而使实验结果不真实。其次,经济学实验的设计舍去了很多真实环境,只有一个模似的市场或交易,导致被实验者在实验中所作的反应与真实场景中所作的反应不一致。其三,自然科学中的实验必须具备的可重复性在实验经济学中很难保证，因此他们不相信实验经济学是真正的科学，或者说不相信实验方法在经济研究中是有用的。

一、实验经济学方法论及其批评

对经济学实验最经常提出的疑问之一是，它们是人为的、过于简化的和不现实的，从而其科学性是值得怀疑的。

反对与怀疑实验经济学的一方指出：现实社会是复杂的，实验不可能完全模拟现实生活。而且，从理论上看，越是与现实接近，需要引入的变量就越多，实验就越难控制，最后的数据也就越难以处理。在西格尔、史密斯和普洛特等人的共同努力下，实验的有效性和可信性问题在某种程度上得到了解决，奠定了实验经济学的方法论基础，用实验的方法检验理论也开始得到认可。

一批从事实验经济学的学者对实验经济学的作用进行了有力论证，史密斯是其中最主要的代表人物之一。他们阐述的观点是：首先，任何自然科学实验也是在实验室中人为设计的，是大自然现象在实验室条件下的再现。但这种再现必须进行人为的设计并创造条件才能成功地再现，所以，经济学实验也必须人为设计才能真实再现经济行为。其次，至于实验对象是人而不是物，这虽不同于自然科学实验，但人在客观规律面前完全会作出符合事物本质特征的反应，加上物质或货币作为激励因子，会最大限度避免实验参与者的人为因素影响。其次，任何一个科学试验为了找到本质原理，必须对外部环境进行适当简化，以便突出被调查的事物之间的内在联系。因此，必须去伪存真，去粗存精，这不仅不会影响其主要客观规律，反而更便利寻找客观规律。再次，对于实验经济学是否可重复的问题，由于每个经济学派不同，导致对同一现象会有不同看法。所以重复性问题实际可细分为三种不同层次的意义，史密斯将其归纳为：①两者观察的现象和数据是否一致；同一实验中两人是否会观察到相同的现象，是否站在同一角度采用相同数据。②观察现象或数据是一致的，能否用同种理论解释。③对于这样的解释所得出的结论，是否被接受。

至于差异太大的人参与实验会使实验结果不一致，就如同使用不同物质作自然科学实验一样，结果或多或少是有差异的，这种情形也是允许存在的。

当然，作为实验经济学的创造者之一，史密斯提出了如下几个原则来确保经济实验的科学性、规范性，从而达到结论的可靠性：

第一，报酬的单调性。参与实验者愿意接受报酬激励作出真实的行为反应。

第二，显著性。在实验中，实验参与者的行为与其报酬变动有显著性关系，足以向外界传达其信息。

第三，支配性。在实验中，实验参与者支付自己作出任何决定的费用。

第四，隐私性。如同真实世界所作出的经济决策一样，在实验中每人仅获得自己决策的报酬。

第五，并行性。在一个实验室所作的实验也可以在另外同样的实验室重现，其设计实验的主要方法也可以在类似实验中应用。

二、实验经济学的要素

早期的经济学实验主要采取人工方式收集实验结果，使得实验次数少，精确度不高。

史密斯在普洛特、威廉姆斯、考克斯等人的帮助下,历史性地筹备了计算机实验经济学实验室。这样,就可以容纳更多的实验参与者进行交易,各个操作部分更为稳健,在每一个方面都超过了人工实验方法。

实验经济学的要素主要包括选取一个有趣和重要的课题、进行实验设计、确定被实验者、选择实验室设备、确定实验步骤、分析数据以及报告结果等。由于选题主要取决于研究者个人的兴趣和能力,而分析数据和报告结果与其他经济学分支的差别不大,下面仅简要地介绍以下几个要素。

(一)实验设计

实验设计的目的是为了减少次要变量的干扰,增强某一主要变量的作用,以及分辨不同变量的作用,即如何避免两个或多个变量的混合作用。控制变量的一个重要方法是当同时存在两个或多个自变量时,为了获得每个自变量对因变量作用最确切的证据,应独立地变动每个自变量。

因此,经济学实验也在采取一系列方法以减少次要自变量的干扰,增强某一主要因变量的作用。其一,支付给被实验者行为相关的收益,降低甚至排除随机行为带来的干扰。其二,精心筛选被实验者,一般随机选取被实验者可以避免因各种关系引起的被实验者无私或礼让行为,从而影响实验的效果。其三,随机分配被实验者的角色,减少实验中被实验者个人特性的影响。其四,尽量采用电脑化的实验设备,除了可以增加实验精确度外,还可以避免面对面交易带来的某些干扰。其五,避免长时间连续实验,以免因被实验者疲倦而影响实验结果。一般而言,三小时是一次实验的上限。可将实验讲解和练习阶段与正式实验分开以缩短实验时间。长时间的实验中为了避免重复行为引起厌倦而影响结果,可以变换实验参数或被实验者的角色。最后,尽可能使用同一经验水平的被实验者以控制经验使之成为一个常量。

(二)被实验者

实验经济学与其他经济学研究方法截然不同的是使用人作为被实验者。与其他经济学家从现实中抽象出经济模型相反,实验经济学家在这些模型中重新加入了千差万别的、有自由意志的和有血有肉的人,这种把基于理论上的实验设计与真实个人行为结合的研究方法,可以加深我们对经济理论及其适用性的认识。

本国货币是经济学实验最常用的激励媒介。另外,值得提倡的是在被实验者签到时马上付给他们准时参加费,这样可以减少拖延,建立信任,使被实验者不用担心在真正实验时因损失而自掏腰包。

实验的一个很重要的部分是实验讲解。实验讲解应涵盖实验目的,对被实验者初始资源和信息的清晰界定,对被实验者的可行的选择和行为集合,以及最重要的是决定每个被实验者报酬的规则。

(三)实验室设备

直到20世纪70年代中期,几乎所有的经济学实验都是在一般教室或会议室里借助纸张、铅笔、黑板和报表进行的。自从80年代初史密斯在亚利桑那大学建立了第一个电脑化的双向拍卖实验市场以来,越来越多的实验用电脑来输入数据、传递信息及保存记录。在电脑化实验中,终端从几个到几十个,分别和监测器相连。被实验者坐在各自的终端前输送和接收信息,而实验者则通过监测器观察被实验者发出的信息(例如,买价和卖价)以及作出的行为决策(如成交),控制实验参数(如被实验者的初始资源)以及实验的长短、开始和结束。

20世纪90年代以来,伴随着电脑公司的急剧增加,电脑化经济学实验迅速普及,相关的软件也日见标准化和普及化,实验经济学的三大重镇亚利桑那大学、加州理工学院以及德国波恩大学都拥有最现代化的电脑化实验室。现在通过电脑网络,人们就可以设计经济学实验,并"亲身"参加实验。

(四)实验步骤

实验步骤包括建立实验室记录、试验室实验、安排设备(如粉笔、铅笔、投影器、笔、空白幻灯片、计算器和电脑储存磁盘等)、测试仪器(电脑硬件和软件)、(被实验者)登记、确定实验主持者及监督者、讲解、提问与解答、练习实验、正式实验、记录数据、结束实验、计算所得及付款等。

思考题

1. 简述实验经济学的发展过程。
2. 试述并评论实验经济学的主要实验成果。
3. 介绍并评论实验经济学主要代表人物对实验经济学的贡献。
4. 评论西方学者在实验经济学是不是科学、实验方法在经济研究中是否有用问题上的意见分歧。

参考文献

1. 约翰·D·海. 微观经济学前沿问题. 北京:中国税务出版社、北京腾图电子出版社
2. 汤敏,茅于轼. 现代经济学前沿专题. 北京:商务印书馆
3. 张燕晖. 行为经济学和实验经济学的基础:丹尼尔·卡尼曼和弗农·史密斯. 国外社会科学,2003(1)
4. 朱庆. 实验经济学述评. 经济学家. 2003(1)
5. 胡怀国. 2002年度诺奖得主卡尼曼和史密斯及其对心理和实验经济学的贡献. 社会科学家. 2003
6. 高鸿桢. 实验经济学的理论与方法. 厦门大学学报(哲学社会科学版). 2003(1)
7. 杨志勇. 实验经济学的兴起与公共产品理论的发展. 财经问题研究. 2003(4)
8. 王军,覃俊波. 实验经济学的发展与应用. 前沿. 2003(9)
9. 蔡志明. 风险决策与个体偏好的实验研究——实验经济学的挑战与贡献. 复旦学报(社会科学版). 2000(1)
10. 盛昭瀚,肖条军,高洁. 实验经济学与2002年诺贝尔经济学奖. 管理科学学报. 2002(6)
11. 孙经纬. 行为经济学和实验经济学的奠基人——Daniel Kahneman 和 Vernon Smith(续). 外国经济与管理. 2002(12)
12. 温思美,姜凌. 实验经济学和行为经济学领域的开创性研究——2002年度诺贝尔经济学奖述评. 学术研究. 2002(11)
13. 叶泽方,方齐云. 实验经济学的方法论演进. 经济学动态. 2002(9)
14. 李彬. 实验经济学研究综述. 经济学动态. 2002(9)
15. 詹文杰,汪寿阳. 维农·史密斯与实验经济学——2002年度诺贝尔经济科学奖评论之二. 管理评论. 2002(10)
16. 张谷. 实验经济学研究思路及成果应用. 决策借鉴. 1994(3)

17. 张谷. 实验经济学简介. 外国经济与管理. 1994(5)

18. 郑士贵. 实验经济学的方法论问题. 管理科学文摘. 1998(8)

19. Becker, Gordon M., Morris H. DeGroot, and Jacob Marschak. (1963a): An Experimental Study of Some Stochastic Models for Wagers, *Behavioral Science*. 8, 199 ~ 202

20. Bower, Joseph L. (1965): The Role of Conflict in Economic Decision-Making Groups: Some Empirical Results. *Quarterly Journal of Economics*, 79, 263 ~ 277

21. Camerer, Colin (1995): Individual Decision Making, in J. Kagel and A. E. Roth (editors), *Handbook of Experimental Economics*. Princeton University Press, 587 ~ 703

22. Chamberlin, Edward H. (1948): An Experimental Imperfect Market. *Journal of Political Economy*, Vol. 56 (2), 95 ~ 108

23. Cummings, L. L. and D. L. Harnett. (1969): Bargaining Behaviour in a Symmetric Bargaining Triad: The Impact of Risk-Taking Propensity, Information, Communication and Terminal Bid. *Review of Economic Studies*, 36, 485 ~ 501

24. Dolbear, F. T., L. B. Lave, G. Bowman, A. Lieberman, E. Prescott, F. Rueter, and R. Sherman. (1968): Collusion in Oligopoly: An Experiment on the Effect of Numbers and Information. *Quarterly Journal of Economics*, 82, 240 ~ 259

25. Flood, Merrill M. (1952): Some Experimental Games. *Research Memorandum* RM-789, RAND Corporation, June

26. Flood, Merrill M. (1954a): On Game-Learning Theory and some Decision-Making Experiments. *Decision Processes*, edited by R. M. Thrall, C. H. Coombs, and R. L. Davis, Wiley, New York, 139 ~ 158

27. Fouraker, Lawrence E. and Sidney Siegel. (1963): *Bargaining Behavior*, McGraw-Hill. New York.

28. Friedman, James W. (1969): On Experimental Research in Oligopoly, *Review of Economic Studies*, 36, 399 ~ 415

29. Holt, Charles A. (1995): Industrial Organization: A Survey of Laboratory Research, in J. Kagel and A. E. Roth (editors), *Handbook of Experimental Economics*, Princeton University Press, 349 ~ 443

30. Holt, Charles. (1995): Industrial Organization: A Survey of Laboratory Research, *Handbook of Experimental Economics*, edited by John Kagel and Alvin E. Roth, Princeton University Press, 349 ~ 443

31. Kagel, John. (1987): Economics According to the Rats (and Pigeons Too): What Have We Learned and What Can We Hope to Learn? *Laboratory Experimentation in Economics: Six Points of View*, edited by Alvin E. Roth, Cambridge University Press, Cambridge, 155 ~ 192

32. Lave, Lester B. (1962): An Empirical Approach to the Prisoners' Dilemma Game. *Quarterly Journal of Economics*, 76, 424 ~ 436

33. Ledyard, John (1995): Public Goods: A Survey of Experimental Research. *Handbook of Experimental Economics*, edited by John Kagel and Alvin E. Roth, Princeton University Press, Princeton, 111 ~ 194

34. Roth, Alvin E. (1995a): Bargaining Experiments, in J. Kagel and A. E. Roth (editors), *Handbook of Experimental Economics*, Princeton University Press, 253 ~ 348

35. Roth, Alvin E. (1995b): Introduction to Experimental Economics, in J. Kagel and A. E. Roth (editors), *Handbook of Experimental Economics*, Princeton University Press, 3 ~ 109

36. Siegel Sidney and Lawrence E. Fouraker. (1960): *Bargaining and Group Decision Making: Experiments in Bilateral Monopoly*, McGraw-Hill, New York.

37. Simon, Herbert A. (1956): A Comparison of Game Theory and Learning Theory. *Psychometrika*, 21, 267 ~ 272

38. Smith, Vernon L. (1962): An Experimental Study of Competitive Market Behavior. *Journal of Political Economy*, 70, 111 ~ 137

39. Smith, Vernon L. (1964): Effect of Market Organization on Competitive Equilibrium. *Quarterly Journal of Economics*, 78, 181 ~ 201

40. Stone, Jeremy J. (1958): An Experiment in Bargaining Games. *Econometrica*, 26, 286 ~ 297

41. Straffin, Philip D., Jr. (1980): The Prisoner's Dilemma. *UMAP Journal*, 1, 102 ~ 103

42. Tucker, A. W. (1950): A Two-Person Dilemma. mimeo, Stanford University. Published under the heading "On Jargon: The Prisoner's Dilemma," *UMAP Journal*, 1, 1980, 101

第 24 章

当代西方经济学流派与思潮

激进政治经济学派

学习要点和要求

掌握激进政治经济学思想体系中对主流经济学和当代资本主义制度的批判内容；了解激进政治经济学的政策主张和对未来社会的构想；正确认识激进政治经济学的学术地位和社会影响以及对我国社会主义市场经济体制建设的启示和借鉴意义。

第一节　激进政治经济学派的形成、学术渊源和特点

一、激进政治经济学派的形成

激进政治经济学（Radical Political Economy）是西方国家现代经济学的一个流派。激进政治经济学有广义和狭义之分。从广义上看，西方经济学界把以“左”的姿态批判正统经济学，揭露现行资本主义制度弊端的较为系统的学术观点，均视为激进经济学，其中包括凯恩斯左派或后凯恩斯主义、新制度学派、斯拉法主义或新李嘉图主义，当然更包括马克思主义。狭义的激进政治经济学指产生于20 世纪 60 年代的西方和第三世界国家的批判西方正统经济学和当代资本主义制度，探索未来社会的经济理论体系。它们在西方被称为“新左派政治经济学”、“新马克思主义”、“激进的社会主义”。

激进政治经济学最早产生于美国。20 世纪 50 年代后期，美国黑人开展了反对种族歧视的“民权运动”。60 年代以来，美国各地发生了反对越南战争的群众运动，60 年代末受法国“五月风暴”的影响，出现了以美国大学生和青年知识分子为主体，要求改革

和进步的"新左派运动"。"新左派运动"的思想来源主要是巴兰、斯威齐、马格多夫、多布、曼德尔、马尔科斯、威廉姆斯、米尔斯等人的思想。美国"新左派运动"有一批左翼团体:学生争取社会民主协会(SDS)、新大学联合会(NUC)、教师争取社会民主协会(TDS)、社会主义学者联合会(SSC)、激进政治经济学联盟(URPE)。这些社会团体是一个包括自由主义者、社会民主主义者、马克思主义者、激进分子和无政府主义者在内的混合体。他们都提出了各种各样的理论观点和政策主张,但其存在的时间都非常短暂,70年代前后均相继解体。

在20世纪60年代,激进政治经济学并没有形成完整的理论体系,其成员在一些理论观点和政策主张上并不完全一致。他们中间既有马克思主义者,又有左派自由主义者、社会民主主义者、小资产阶级、激进分子、无政府主义者和乌托邦社会主义者。在经过七八十年代的低潮之后,80年代末90年代初激进政治经济学又再度复兴,并逐渐趋于成熟。激进主义者在对正统经济学和现代资本主义的批判中,形成了一套较为完整的思想体系。目前,激进经济学已发展成为一种国际性的思潮,北美、欧洲、日本这些发达的西方国家和地区都有其代表人物、刊物或组织。

二、激进政治经济学派的学术渊源

美国激进政治经济学家谢尔曼认为,现代激进政治经济学包括三个或四个老的传统:一是古典的传统,其中包括大卫·李嘉图的传统,尤其是受到皮罗·斯拉法著作的影响。二是马克思主义的传统,但将其作为一种有力的前提,而不是一种永恒不变的真理。三是左派凯恩斯主义的传统以及后凯恩斯主义作家(如,琼·罗宾逊)的传统。四是受到索尔斯坦·凡勃伦制度经济学的强烈影响。所有这些传统都在某种程度上汇集在现代激进经济学里,体现在不同的著作里,程度各有不同。①

美国"新左派运动"的主体是大学校园内的学生和青年知识分子,由此它又称为"校园马克思主义"、"左派学院马克思主义"或"北美马克思主义运动"。这一激进运动涉及西方文化和科技的基本领域,这些领域的教师和学生力图用马克思主义的观点对本学科的正统理论进行审视、批判和反思。为此,许多大学开设了马克思主义课。仅各大学哲学系就开设了400多门马克思主义哲学课程。全美创办了20多种激进的学术刊物或出版机构。他们将这一运动概括为"马克思主义的文化革命"。"美国激进政治经济学联盟"是从这场运动中涌现出来的典型,其成员主要是美国一些大学和研究机构的青年经济学者和大学生,最兴盛时会员达到2 500名。

欧洲激进经济学最典型的代表是英国激进经济学派。1970年,处于长期经济停滞局面的英国社会无法摆脱影响社会诸方面的"英国病",在这种背景下,以具有社会主义思想传统和信奉马克思主义理论的老左派为基础的英国社会主义经济学家联合会(The Conference of Socialist Economists)成立,并逐渐成为英国最大的激进派机构。社会主义经济学家联合会(CSE)拥有自己的杂志《社会主义经济学家联合会通讯》,该杂志1977年更名为《资本和阶级》(季刊)。另一家激进杂志是1960年英国伦敦新左派图书出版公司创办的《新左派评论》(New Left Review),其宗旨是力图提高英国马克思主义的理论水平,并促成与工人阶级

① 谢尔曼.激进政治经济学基础.北京:商务印书馆,1993.6

的革命联盟。1978 年,英国社会主义经济学家联合会、《资本和阶级》编辑部、《新左派评论》编辑部、《剑桥经济学派》杂志、维尔索出版公司、新左派图书公司共同发起了关于劳动价值理论的讨论会,并由维尔索出版公司和新左派图书公司结集出版了《价值问题的论战》。

多布(1890~1976)和米克(1917~1978)是英国激进经济学的先驱。多布长期致力于研究和阐释马克思劳动价值论和剩余价值论,力图以"正统"的马克思经济学理论为基础,研究资本主义经济发展的新特点,是最早研究不发达国家经济发展问题的激进经济学家之一。米克是多布的学生,他在《劳动价值学说的研究》中,以马克思的劳动价值论为核心,详尽地考察了劳动价值学说的发展史,有力地批判了马克思劳动价值论的批评家们对马克思价值学说的歪曲和非难,澄清了西方经济学界长期以来对马克思价值理论的误解,从而表明了"劳动价值学说不仅在马克思时代是真正的科学,就是在今天来讲也是真正的科学"。①

霍奇森是当代英国激进政治经济学的代表人物,其理论具有明显的斯拉法马克思主义的色彩。其代表著作《资本主义、价值和剥削》(1982)集中分析了资本主义的基础性理论,如对价值论、货币论、生产过程、剥削和利润论以及资本积累和危机理论进行了深入研究。霍奇森提出了否定劳动价值论的新价值理论和有关资本主义生产和剥削的新概念,并自称其思想为超越凯恩斯、新古典学派和马克思的新马克思主义或新激进政治经济学。

日本激进经济学其实就是马克思主义经济学。日本是最早传播马克思主义经济学的亚洲国家。1927~1933 年,日本出版了世界上第一部《马克思恩格斯全集》(27 卷本),20 世纪 20 年代末涌现了一大批从事马克思主义经济学研究的学者。他们从 1927 年起进行了长达 10 年的日本社会性质的大论战,形成了"讲座派"和"劳农派"。讲座派被称为正统马克思主义学派。第二次世界大战后,冷寂多年的日本马克思主义经济学再度复苏和繁荣。20 世纪 50 年代,马克思主义经济学研究组织——日本经济学会拥有1 000多名会员。讲座派和劳农派逐渐出现趋同,并分化出一些新的派别。其中最有影响的是"宇野学派"。宇野学派是非正统马克思主义经济学派。马克思主义经济学各流派 40 多年来出版马克思主义经济学著作 400 多种,论文4 000余篇。日本高校普遍开设马克思主义经济学课程,《资本论》始终被列为日本高校的必修课程。日本马克思主义经济学的主要代表人物有河上肇、都留重人和宇野弘藏。

三、激进政治经济学派的特点

第一,激进政治经济学与西方马克思主义经济学有天然的联系。一是它们都是与主流经济学相对立的西方经济学中的非主流派,对主流学派的学术思想和政策都持批评态度。二是它们对西方资本主义经济制度均持批评态度,对资本主义存在的一系列经济问题都从制度上去寻找原因。三是它们都是以大学为主要讲坛,都以青年经济学者为主,其观点与政府决策距离较远。然而,二者也有明显的区别。激进政治经济学并不强调马克思主义,而西方马克思主义经济学却用马克思主义的基本观点来分析现实;激进政治经济学主要是从批评的角度来促进资本主义制度改良,而西方马克思主义经济学基本否定现行制度,主张社会公平、财产公有,但它们并不主张用阶级斗争的手段实现社会变革,而是主张用合法的

① 米克. 劳动价值学说的研究. 北京:商务印书馆,1963. 3

手段、用生产力的发展和科技的进步来实现社会公平的公有化社会。从二者的关系可以看出，西方马克思主义经济学可以归结为激进政治经济学，而广义的激进政治经济学还包括西方马克思主义经济学以外的其他激进学派。

第二，激进政治经济学是西方非主流经济学。在西方经济学界，处于主流地位的是经济自由主义和凯恩斯主义。前者以亚当·斯密开创的古典经济学为线索，一直延续到新自由主义经济学、新古典综合派等，后者是在20世纪30年代凯恩斯主义出现后，以国家干预主义为特征的经济学派。二者轮流执经济学之牛耳。激进政治经济学则是诸多非主流经济学中的一个流派。

第三，激进政治经济学的起落与经济周期相关。在经济危机和萧条时期，正统经济学遇到难解的经济社会问题，激进政治经济学就会异常活跃。此时资本主义的弊端比较充分地暴露出来，面对失业和经济停滞，正统经济学别无良策，时代给予了激进政治经济学派对资本主义进行批评的权力。在经济繁荣时期，资本主义改良使得社会矛盾趋于缓和，社会问题不那么尖锐，激进政治经济学所批评的对象不那么明确，因而此时它们往往处于低潮，有的激进政治经济学者也出现了动摇。

第四，激进政治经济学以青年经济学家为主体。他们的构成较为复杂，有的人代表着对资本主义制度失去信心的社会改良者的立场，有的人主张在发达的资本主义内部寻找进行社会主义革命的主力军，有的代表由社会分配不公所造成的一些穷人要求改善福利的思想。在20世纪60年代末70年代初，一批年轻的经济学家从马克思主义者和老左派那里吸收营养，形成了激进政治经济学的早期思想体系。70～80年代中期，激进政治经济学在美国和欧洲已经成为一致性的团体，同时，在美国大学校园里也活跃着一批年轻的马克思主义者。

第二节　激进政治经济学派的理论体系

一、对当代资本主义的批判

（一）贫困的制度因素

现实资本主义社会总是表现出矛盾的两极：一极是经济的繁荣，另一极是社会贫困的加剧。主流经济学派提出了“人力资本论”（Human Capital Theory）决定“工资水平差异论”的观点，认为收入差异和贫困与资本主义制度无关。对此，激进政治经济学则提出了截然相反的观点。

1. 多元劳动力市场导致贫困。巴基（Bage）、克尔（Kerr）、邓洛普（Dunlop）、皮奥里（Peaoly）等人认为，人力资本理论是以劳动力“单一工作市场”（Single Work Market）、劳动力自由流动和劳动力过剩与短缺的自我补偿、自我均衡机制的假设为条件的，这是不符合市场实际的。现实劳动市场是一种不完全竞争和多元的被分割的市场。这种被分割的劳动力市场已经发展成为两大市场和三个层次的劳动力市场。第一市场包括两个层次，一是高收入的“上层”劳动力市场；二是高收入的“下层”劳动力市场；第二市场是低收入的劳动力市场。面对三个层次的劳动力市场鸿沟,劳动者失去了其自由流动性。

2. 产业分割与劳动力市场流动导致贫困。激进经济学家布卢斯通(Bluostone)、瓦赫特尔(Waheter)和霍德森(Hedersen)以产业分割为背景,对人力资本模型和"双元劳动市场"(Dual Labour Markets)作了对比研究。他们认为,单一的劳动市场是不现实的。他们构建的双元劳动市场模型有四个特征:工人不能从一个工作(市场)换到另一个工作(市场)去实现收入最大化;在分割的劳动市场中,即使人力资本相同也可能存在收入水平的差异;较多的人力资本不一定导致收入的增加,因为缺乏流动性,个人难以找到最充分实现其人力资本价值的工作;分割的多元劳动市场存在阻碍劳动力自由流动的机制或制度因素。

3. 导致贫困问题的三个制度因素。瓦赫特尔力图说明贫困的制度性因素。他认为,首先,社会结构是贫困的主要制度因素。社会阶级结构意味着资本家拥有生产资料而与贫困无缘,而工资劳动者则只能依赖他们的健康和技能,生病、怀孕、残疾、缺少流动等都会严重影响其就业,从而使其随时有可能陷入贫困的境地。其次,劳动市场结构的层次化又是一个贫困的制度因素。社会有六类贫困人员(老年人、城市工作穷人、失业者、病残患者、农村工作穷人、以妇女为主的单亲家庭),他们构成了以低工资和随时解雇为特征的第二市场的总和。他们不可能向具有高工资的第一市场转移。再次,政府对贫困的形成和加剧负有不可推卸的责任。政府资助有钱的企业家,有产者和低收入者之间仅规定很小的税收差别。有产者得到政府的更多实惠,而贫困者得到的政府帮助却非常有限。因而,三大社会制度因素使贫困根深蒂固,资本主义经济制度、政府机构和收入财产所有权体系是不断产生和复制贫困的根源。

(二)对历史资本主义的批判

美国学者华勒斯坦在《历史资本主义》一书中,将资本主义置于世界体系中加以考察,并在一定程度上对资本主义经济制度进行了批评,指出资本主义是个"荒谬的体系"。

第一,资本主义今不如昔。华勒斯坦认为,世界大多数人口在物质上和政治上都不如以前。在资本主义分配关系中,贫富两极分化是不可避免的。"不仅冲在前面的人得到高额报偿,而且,顶层和底层之间物质报偿的差异很大,并在整个世界体系的发展过程中日益扩大。"他甚至不同意马克思的历史资本主义体系与以前的社会历史体系相比是一个进步的看法,认为历史资本主义不是代表进步,而是代表了退步。

第二,资本主义国家对资本家阶级的维护和对工人阶级的镇压。华勒斯坦认为,国家还经常花费大量精力对不驯服者进行强化调节。工人们不能无视加在他们行动上的法律限制。工人造反总会招来国家机器的镇压。他认为,国家税收是直接推动对某些集团更有利的资本积累过程的最简捷的方式之一。税收作为一种再分配的机制,更多地用于使分配两极化而不是使实际收入趋同。

第三,政府帮助资本家获得巨额利润。政府通过三种途径为私人资本谋利:一是通过税收聚敛大量资本,通过政府补贴再分配给那些已经拥有大量资本的个人或团体。二是政府通过正式的法律和合法的税收渠道聚敛大量资本,这成了整个私人资本积累的主要来源。三是政府通过利润私有化而使风险社会化的原则,实行有利于富人的再分配。

第四,对资本主义文明的评价。他认为,历史资本主义至少在三个方面朝着与历史相反的方向活动。一是因为资本主义世界体系的扩大,交通运输业的技术进步使寄生物基因库产生杂交而导致毁灭性后果。在1 500～1 700年间横跨大洋进行贸易活动的时期，远超过1/3 的美洲本土动物在这个过程中灭绝了。二是过去 20 年的医学研究表明：与经济技术相联系的环境变化，使得疾病的数量增加了。三是全新的疾病格局可能出自全球人口的急剧增加。一些人认为这可能是新的艾滋病（以及其他身体免疫疾病）发生的主要因素。

（三）对社会歧视的批判

歧视（Discrimination）问题在西方由来已久，其中尤以种族歧视、性别歧视为甚。西方主流经济学对资本主义的种族歧视持辩护态度。激进政治经济学则认为，种族与性别歧视是资本主义社会的罪恶之一，资本主义社会的种族歧视有其深刻的制度性原因。

按照激进政治经济学的歧视概念，歧视可分为以下类型：一是工资歧视。这是指从事相同工作，由于性别或种族原因（如妇女和黑人工人），一部分工人获得的工资比另一部分工人少。二是职业或工作歧视。这是指妇女或黑人被武断地限制或禁止进入某些职业，同时，他（她）们被排挤到那些档次较低的职业中。三是人力资本投资歧视。这是指妇女或黑人劳动者较少获得能够提高生产率的教育和在职培训的机会。现实生活中最突出的是劳动市场的歧视。这是指那些具有相同能力、都接受过教育培训和有着相同经历的劳动者，由于一些非经济的个人特征，使其在就业、职业选择、晋升和工资水平等方面受到的不公正的待遇。此外，还有在接受正规教育、在职培训和学习等方面的不公正待遇等。

激进政治经济学认为，导致歧视的原因如下：一是社会反复灌输，其中包括教育、大众传播媒介和政治领导人的灌输。二是由于歧视在维持现状方面起重要作用，使资本主义体制直接地或间接地受益。种族主义的经济作用之一是制造一支可随时处置的劳动力队伍。黑人在美国既作为内部的侨民，又作为工人而受到剥削。如今，黑人已经构成全部工业劳动力的1/3，在低技术的体力劳动者中所占的比例更高。种族歧视使他们“安分守己”，作为缺少技术与经常失业的大型劳动力储备队，用于在劳动力需求高涨时压低工人的工资。种族偏见使这种歧视具有合法的根据。

二、激进主义的剥削论与危机论

（一）激进政治经济学家的剥削论

马克思的剥削观是建立在劳动价值论和剩余价值论基础之上的。马克思认为，剥削首先发生在产业资本上，通过价值向价格的转化，资本家无偿占有本企业劳动者创造的剩余价值，进而通过利润率平均化，在整个社会不同的产业部门之间由整个资本家阶级、大土地所有者共同瓜分剩余价值。工人阶级不仅受本企业资本家的剥削，而且进一步遭受整个剥削阶级的残酷剥削。而一些激进政治经济学家否定了马克思的剥削概念，提出了所谓“没有劳动价值论的剥削论”。

霍奇森提出的剥削论既不同于马克思以劳动价值论为基础的剩余价值剥削论，也不同于建立在边际生产力分配论基础上的新古典剥削论。他给剥削下的定义是：剥削是拥有生产资料的阶级对剩余产品（即在劳动者已经分配到了他们的那一部分产品和所有消耗掉的生产资料已经被补偿或者得到修补之后，剩下来的那部分物质纯产品）的占用，资本主义剥削是通过商品的生产资料的私人所有制对货币的剩余的占用。他明确宣称，他的剥削论并不仰仗劳动价值论。

霍奇森否定交换价值背后的人类抽象劳动，从而放弃了劳动价值论；他采用货币形式的剩余产品来取代剩余价值，从而放弃了剩余价值，抹杀了资本主义剥削的实质。但他又批评新古典的剥削概念——剥削就意味着生产要素的所有者或提供者所得到的报酬少于其边际产量。霍奇森认为，照此推理可得出两个荒谬的结论：一是资本家和工人都可能遭受剥削，二是通过适当的公平分配可以消除工资和利润的“不公平”，从而消除剥削。他指出，工人在资本主义制度下哪怕获得更多额外的边际产量也是被剥削者，资本家从来不是被剥削者而是剥削者。

另一个没有劳动价值论的剥削论代表人物是斯蒂德曼。他也主张脱离商品价值关系来说明资本家对工人的剥削，因而闭口不谈利润的实体、利润的来源，从而把剥削问题简单地归结为利润量的表述或决定问题。他提出负价值、负剩余价值等用语，认为在联合生产条件下既有可能正剩余价值和负利润并存，也有可能负剩余价值和正利润并存，从而否定正剩余价值（率）是正利润（率）的必要和充分条件这一“基本的马克思主义定理”。

斯蒂德曼的观点，遭到了日本激进经济学家伊藤诚、森岛通夫、置盐信雄等人的激烈批评。森岛通夫采用线性规划的方法来计算商品价值，他所讲的价值是指生产商品所需的最低限度的劳动耗费，并认为使用剩余劳动率比剩余价值率更能全面计量资本家对工人的剥削程度。正的剥削率即剩余劳动率是保证资本家得到正利润的充要条件。置盐信雄则用数学方法证明，即使在没有剩余价值的情况下，工人的生产只要有剩余产品也是一种剥削，用以说明马克思的这一定理在联合生产条件下也能成立。

（二）激进主义的危机论

激进主义的危机论强调阶级矛盾是危机的根本原因。戈登（Gordon）和曼德尔认为资本主义周期性的危机是由于阶级紧张关系的制度内部积累的僵化所致。他们认为，最终资本主义不能保持稳定，特别是劳工不能相安无事，因为资本主义不能提供商品，不能顺利发展，阻碍其发展的是低效率，资本主义公司生来效率低，浪费是资本主义固有的特点。

另一种危机论强调财政机制。其论点是资本主义生产的竞争性与无计划性会引起信贷需求不断增长，最终不能根据经济中实际生产性资产的增长维持其价值。这种观点拒绝片面强调劳动过程与生产问题是危机的来源，并为此争辩说，生产和流通是相互依存的，信贷的作用至少与资本家夺取工人剩余的能力同样重要，是发达资本主义实现增长的一种决定性因素。这种研究以德布吕诺夫（Debrunhoff）、福利（Foley）和利佩茨（Lipietz）为代表。

还有一位激进危机论者是斯威齐。他用消费不足危机论对马克思比例失调和消费不足引起的危机作了补充。[①] 斯威齐认为，消费不足危机论的真正任务，是要论证资本主义所固有的一种趋势，即消费品生产能力的扩大快于消费品需求的增长。消费品潜在供求关系的扭曲，可能出现两种情况：“一是生产能力实际上有所扩大……就有这么一个临界点存在，超过了这一点，在正常的有利可图的价格下，供给多于需求；当这一点过去以后，或是消费品的生产，或是新增能力的生产，或者更可能的是两者在一道，也会遭到削减。因此，在这

① 〔美〕保罗·斯威齐.资本主义发展史.北京：商务印书馆，1997.201

种情况下，所说的趋势就表现为一场危机。”①“二是有闲置的生产资源存在，它们没有被用来变成追加的生产能力，因为人们认识到，追加的生产能力同对他所能生产的商品的需求比起来，会成为多余的东西。在这种情况下，这个趋势就不是表现为一场危机，而宁可说是表现为生产的停滞。”②因此，消费不足的趋势既可以用来解释危机，又可以用来解释停滞。

三、激进主义的帝国主义论

激进主义的帝国主义论是20世纪70年代形成的一股重要的激进主义思潮。其主要代表人物有马格多夫、奥康纳和布雷弗曼等。

马格多夫在《帝国主义时代：美国对外政策的经济学》(1968)一书中以大量统计数据对帝国主义的新现象进行了实证分析。他认为，帝国主义的现代特征如下：一是主要的斗争已从分割世界的竞争转移到防止帝国主义体系缩小的斗争；二是美国充当了世界帝国主义体系的组织者和领导者的新角色；三是具有国际性的技术的出现。马格多夫还分析了美国对外政策的经济问题。一是金融业的国际化问题。世界金融中心从欧洲转移到美国，美元随之成为世界货币，这进一步扩大了不发达国家与发达国家政治经济关系的不平等。二是对外经济援助成为美国从政治和经济上控制国外尤其是不发达地区的手段。三是海外投资和军事活动与国内垄断资本的关系。海外投资是美国垄断资本家的摇钱树，而军事活动和军费开支对垄断资本经济也有特殊好处和重要影响。

奥康纳通过对20世纪50年代以来美国资本主义发展的实际情况的研究，从私人消费和国家消费之间的关系入手，着重分析了垄断资本主义社会经济的三大部门——政府、竞争部门和垄断部门之间的经济关系，阐述了当代国家垄断资本主义经济的实质、经济发展的趋势和特征，提出了关于当代国家垄断资本主义危机的原因和结果的新见解。其理论对巴兰和斯威齐的危机论作了重大补充。奥康纳界定了当代垄断资本主义条件下政府部门的基本职能，即维持或创造资本积累具有可能条件的经济功能，以及使社会安定的法律功能。

法国激进主义经济学家博卡拉、法布勒等人在《国家垄断资本主义》(1971)一书中以法国垄断资本主义的发展为主要背景，揭示了国家垄断资本主义的发展过程、基本特征、表现形式、运作机制、内在矛盾以及国家和垄断资本的辩证关系。该书对国家垄断资本主义及其特征作出了界定：“国家垄断资本主义是一个有机的整体，不仅包括经济因素和社会因素，而且包括政治、意识形态、军事等方面。国家投资、国营部门、国家消费以及垄断的计划性，固然都是国家垄断资本主义的明显特征，但是，经济的军事化、意识形态和政治上的强制性、反动势力的集结、政治专制主义的趋势，也都同样是国家垄断资本主义的基本特征。从这个意义上说，国家垄断资本主义是帝国主义阶段中真正独特的时期。”③一般垄断向国家垄断转化的必然性是该书分析的一个重点。该书指出，资本积累的一般规律和生产力的发展水平是转化的一般原因，但还应从社会经济、政治、军事、国际环境等各种矛盾的运动上综合加以分析。大萧条无疑是这种转化的催化剂，但应着重从生产过程的矛盾运动中来

① 〔美〕保罗·斯威齐. 资本主义发展史. 北京：商务印书馆，1997. 201

② 〔美〕保罗·斯威齐. 资本主义发展史. 北京：商务印书馆，1997. 201

③ 法共中央经济部. 国家垄断资本主义. 上册. 第25～26页。

加以说明。

博卡拉等人在对帝国主义批判的基础上，寻找实现民主社会主义的具体过渡形式。在他们看来，通过民主监督的形式或民主性质的国有化措施，促使国家干预经济的政策逐渐变得有利于工人阶级和中间阶级，使国家向反垄断资本的方向发展，即适应生产社会化的需要改造资本主义社会，最终使向社会主义过渡的主观条件和客观条件日趋成熟。

四、激进主义的未来社会构想

（一）新社会主义

新社会主义（New Socialism）是激进经济学家未来社会构想的重要理论。20 世纪 60 ~ 70 年代，在苏联、东欧和中国等进行社会主义实践的同时，西方马克思主义者也一直在探索社会主义的途径，形成了实践社会主义、工人自治的社会主义、生态社会主义等为标志的新社会主义。随着苏联解体和东欧剧变，西方一些理论家对当代资本主义和社会主义又有了新的认识，于是 20 世纪 90 年代产生了新社会主义思潮。目前最有影响的新社会主义思潮有下列三种：

1. 欧洲新社会主义思想。欧盟 11 国执政的社会党于 1998 年 11 月在布鲁塞尔通过了名为《欧洲新道路》的文件，倡导欧洲实行新社会主义，主张改变国家干预方式，国家只在市场作用发挥不佳的地方进行干预，公有事业也要私有化，但在供求价格严重偏离的地方，应实行国营。在整个社会树立自由、公正、团结互助的社会主义价值观。积极支持全球化进程，把“爱国主义与普济主义结合起来”，使社会主义与世界化齐头并进。他们着眼于调整具体政策，奉行改革资本主义的战略目标，走一条在现行资本主义基础上继续发展的道路。他们认为，苏联模式的现实社会主义是一个“经济上、生态上、政治上和伦理上彻底失败的制度”。

2. 左翼政党和西欧共产党所提倡的新社会主义。意大利共产党前书记奥凯托于 1993 年发表了题为《2000 年人类社会主义》的文章，将 21 世纪的社会主义称为“新社会主义”。他否定了马克思的科学社会主义基本纲领，主张对社会主义思想重新思考。他强调说，新社会主义不是力求从资本主义社会向社会主义社会过渡，而是要对资本主义进行改革，通过逐步的社会化和利用市场来实现社会经济发展，并在经济民主的范围内，扩大劳动者的参与、监督权利。法国共产党盛行的“超越资本主义”论，追求“人的新型发展”，主张通过超越资本主义，建立一个既不同于现成资本主义也不同于传统社会主义的一种新的社会制度。

3. 俄罗斯“争取社会主义运动”的新社会主义。1997 年底，俄罗斯“争取社会主义运动”第二次代表大会通过了《新社会主义宣言》。它阐述了争取社会主义运动的纲领，主张“中间道路”，反对复辟国家官僚主义的社会主义，主张将资本主义和社会主义的优点结合起来。宣言指出：要“用最符合 21 世纪要求的人道主义和民主主义思想解释社会主义”。该宣言提出，新社会主义的特点是：生产资料公有制占绝对统治地位，经济上不需要资本主义成分；通过按劳分配和自由劳动在发展劳动者个性和促进科技进步上的刺激作用，使劳动生产率不断提高，从而获得最大的经济和生态效益，逐步提高人民的生活水平；确立彻底民主的政治制度，实行分权制和多党制，各民族平等合作，全民投票解决重要的问题；与资本主义国家实行和平共处，互利合作。社会主义是代替资本主义的超前形式，人类社会最好的出路是新社会主义。

（二）市场社会主义

市场社会主义（Marketing Socialism）起源于19世纪末20世纪初，从早期英国的市场社会主义，到20世纪末的社会主义新模式，市场社会主义已经发展成为具有相当影响的学术流派。概括起来，市场社会主义主要有以下几种代表性的理论：

1. 中性机制和联姻理论。这一理论主张资源配置形式（计划机制或市场机制）是一种中性的东西，它可从社会制度中剥离出来，并可从一种经济环境或制度中移植到另一种经济环境或制度中去。市场机制或计划机制可以与资本主义结合，也可与社会主义联姻。联姻理论的宗旨是既批判社会主义思潮中由来已久的所谓市场与社会主义颇难相容而不能联姻的观点，也批判所谓市场与资本主义之间的联姻以及计划与社会主义之间的联姻不可分解的观点，强调要将市场与社会主义联姻在一起，力图证明市场能够用来实现社会主义的目的。

2. 市场主导机制论。20世纪80年代，市场社会主义把以往倡导的市场和计划二元机制论上升为市场主导机制论，强调主要依靠市场来实现社会主义，明确指出市场机制是社会主义经济运行的主导机制或资源配置的主要形式。这一理论的鼓吹者是英国市场社会主义学派。市场主导机制论详尽剖析了市场机制与计划机制的优劣。他们认为，计划机制和市场机制都是各有利弊的不完善的机制形式，因此，新古典学派崇尚纯粹自由放任的市场机制是不可取的，大多数激进经济学家对纯粹的计划机制持否定态度也是不可取的。正确的态度应该是：各种经济在或多或少的程度上既运用市场也运用计划。

3. 综合机制理论。市场社会主义在第三世界国家的代表人物是阿根廷的激进经济学家普雷维什（1901～1986）。其理论特点是在计划机制和市场机制的基础上构建市场社会主义体系。《外围资本主义》和《我的发展思想的五个阶段》等著作集中反映了他的市场社会主义思想。他一方面强调综合社会主义和经济自由主义的某些有益的要素，强调计划机制和市场机制的综合；另一方面又强调，经济体制的改革就是实现在政治上实行社会主义和在经济上实行自由主义的综合。

（三）社会主义新模式

20世纪90年代以来，西方经济学界对市场与社会主义关系的认识有了很大的转变。大多数人主张社会主义体制可以引入商品关系，保留市场，同时用计划弥补市场的各种缺陷。1993年初，美、英、法等国学者开展了关于社会主义新模式的国际讨论。讨论中的观点形成了对社会主义新模式的概括，一是新模式随着形势的变化和认识的更新而不断变化；二是体现社会主义基本原则，强调社会主义优于资本主义；三是其理论基础是现代经济理论、新古典学派理论和马克思主义；四是主张吸取社会主义和资本主义发展的经验。针对前苏联、东欧社会主义经济制度的失败，美国激进经济学家约翰·罗默提出了市场社会主义的新模式：一是在生产资料公有制前提下保留资本主义商品经济的运行机制；二是建立证券经济——某种形式的公有制，即全国所有企业的资产以证券形式平等地分配给所有的成年居民，这种证券可以在市场上交换，但不能与货币相交换；三是企业利润平等地分配，劳动者可以凭证券获得自己企业和其他企业的红利；四是计划体制通过差别利率对投资进行社会管理。但是，他认为社会主义的基础不是国家所有制，而是平均主义。

1999 年 7 月 12 日,法国巴黎第八大学教授安德烈阿尼来华访问,在中央编译局作了题为"关于市场社会主义"的报告。其主要观点有:其一,除资本主义外,市场也可以与其他制度兼容。但是市场不是万能的,市场本身也有缺陷。其二,社会主义要与国家资本主义严格区别。社会主义的目标是劳动者的收益最大化;国家资本主义的目标是资本利润最大化。社会主义应当满足集体的、公共的需要,提高劳动者的收入。最大限度地增加劳动者收入可以通过社会所有制来实现。其三,市场社会主义的计划应是国家宏观管理和宏观调控,是间接管理。国家不是通过补贴,而是通过差别税率和差别利率来实现间接管理。他认为,投资问题应由信贷来解决。其四,社会主义的优势远大于资本主义。社会主义经济就是市场社会主义,市场社会主义不追求资本利益,避免了资本主义的不平等;只有劳动者真正参与管理才是真正的社会主义;市场社会主义可以产生激励机制,可以防止过度投资和投资不足;市场社会主义是惟一可以实现真正的计划化的制度,可以真正控制经济使其不受金融市场左右。

第三节　激进政治经济学派的政策主张

一、对社会改良的政策主张

(一)新社会主义的社会改良

新社会主义是"以人为本"的社会,在社会各个领域实行工人自治和社会自治,公有化和经济增长并不是主要目的,人的自由、解放才是其惟一目的。新社会主义是从所谓"公共利益"出发,试图在市场系统、非垄断组织或中小企业与计划系统垄断组织、大企业之间建立一种恰如其分的比例和平等关系,并通过国家干预消除权利不平等和收入不均等,通过投资社会化,调整就业结构和方向,实现经济的稳定增长。其具体政策包括:①建立技术专家体制或社会工程体系;②通过累进所得税制消除收入不均等,保证一切有劳动能力的人有一定的收入,各民族工人的工资不受歧视;③反对通货膨胀,政府应实行对工资与物价直接管制的政策;④通过立法清除环境污染;⑤增加国家预算以增进社会福利;⑥保证各部门经济稳定协调发展;⑦实行最大公司的国有化,军事工业首先实现国有化;等等。

(二)民主社会主义的改良政策

民主社会主义(Democratic Socialism)是当代西欧发达国家的社会民主党、社会党和工党(通称社会党)的思想体系的总称。在前苏联、东欧剧变之后,新崛起的民主社会主义的要旨是:遵循议会民主道路,通过渐进的改良方法,逐步实现"自由、公正与团结一致"三个基本价值,为建立一个社会公正、生活美好、自由与世界和平的制度而奋斗。在实现上述目标的道路上采取渐进改良主义。

民主社会主义认为,现代资本主义实行了许多"积极的变革",新科技革命带来了经济的高速增长,建立了多元民主政治,推行了社会福利政策,人民生活水平有很大的提高。因此,用暴力革命解决资本主义矛盾已经"钝化",马克思的资本主义危机理论也已经过时,作为政治范畴的革命已经过时,社会惟有改良,才能发生变化。如对民主社会主义的实现途径,美国的谢尔曼提出了三个"怎么办"方案。首先,实施"当前怎么办"的方案,即举行有限的改革。如:在工人阶级的压力下通过一项旨在保证充分就业的法律,并使政府成为最终的雇主;或首先争取实现某一个部门的公有制,如争取使城市公用事业变为市政所有制以及石油工业的国有化;提供免费的公共保健;反对种族歧视。其次,实施"长期该怎么办"的方案,目的在于建立一个"民主的社会主义制度"。在美国只要把1 000家最大的公司收归国家,就可以在很大程度上实现社会主义。最后,实施"更长期怎么办"的方案。一切产品都是免费供应的,没有工资,每个人都为社会公益而贡献自己的力量。

二、对当代阶级关系的阐释与主张

20 世纪 90 年代以来,社会主义在东欧遭受重大挫折。一些激进经济学家重新用阶级的观点分析当代资本主义社会的阶级斗争问题。法国埃弗里大学教授彼尔迪罗(John Belldilor)的《当前企业中的阶级斗争》一文,对资本全球化条件下西方企业内部阶级斗争的表现形式作了分析,指出马克思当年在其著作中提出的阶级斗争在今天的西方企业仍然存在。当代社会,西方企业中的阶级斗争出现了许多新现象。

首先,阶级斗争复杂化。近半个世纪以来,西方企业不仅出现了两极分化,而且产生了人数众多的难以界定的中间阶层。工人群体的分层增多,各阶层之间也失去了明确的界限。雇佣劳动者的阶级意识难以形成,阶级斗争的形式变得复杂化。不同集团之间的联合和冲突,有时可以看做是劳资之间阶级斗争的折射,有时又可以看做是与劳资关系几乎无关的集团利益之间的冲突。20 世纪 70 年代以后,西方社会面临近 30 年繁荣后突然来临的深刻危机,企业主们针对操作工人改变了生产方法,把解决危机的部分负担转移到了工人阶级身上。

其次,企业管理复杂化。为了贯彻以上措施,西方国家的企业主们集中力量推出了一种新的生产模式——"满负荷模式"。第二次世界大战后,日本企业丰田公司首先提出了企业如何设法从小批量生产中获利的问题。企业主还提出了"全面质量管理"、"产量持久稳定保证"、"全社会技术改良体制"等一整套系列化管理办法,20 世纪 80 年代还开始了吸引工人"参与企业管理"的尝试。这一系列管理措施就是迫使工人在生产中付出更大的精力,并且要求工人发挥"自觉主动性",与企业融为一体。企业主诱使工人,为应付企业所面临的共同竞争,为了共同的生存而组成企业利益共同体,加强企业内部的凝聚力。

再次,工会的处境艰难。一是因为工会的组织功能普遍下降;二是因为第二次世界大战后西方国家多年普遍实施的工资统一集体谈判制度被废除,取而代之的是企业工资谈判制,甚至是个人工资谈判方式。今天,在西方企业中处于生产关键部位的是一批高素质的管理和技术人员。这批人受到企业资方的特殊待遇,工资稳定,工资收入高于平均收入,他们中参加工会的人较少。而在企业中占大多数的一般周边人员素质都比较低,他们一般都是有一定期限的合同工,或者是临时性的替代工。这些人员的工会组织力同样也不高。由于工会组织力不高,工资集体谈判制度又遭破坏,使得西方国家的工会地位日益低落。

最后,跨国公司的"血汗工厂"(Blood-Sweating Factories)现象。在经济全球化的今天,跨国公司在劳动力廉价的国家和地区建厂而不断获得丰厚利润,这与他们通过"血汗工厂"

对工人加强剥削有直接关系。1999 年 2 月 27 日,英国《经济学家》周刊发表的题为《血汗工厂里的斗争》一文对此作了披露。据设在香港九龙的亚洲监督中心报告:一些制造迪斯尼产品的工人每天被迫工作 16 个小时,一周工作 7 天,而且几乎拿不到加班费。在关于中国玩具市场的报告中,受到批判的 12 家工厂中有 4 家是世界上最大的玩具制造商玛特尔公司的下级分包商。以制作"血汗工厂的芭比"(美国绢人玩具)而闻名的生产线背着一长串的骂名:工人工作时间长、劳动报酬低、对工人违纪行为课以重罚等等。①

三、资源与环境问题的激进主张

激进经济学将与资本主义工业化相伴随的社会资源浪费和环境污染作为批判资本主义的主要"靶子",将资源浪费与环境污染视为资本主义经济制度的产物。巴兰、斯威齐、伊德尔、谢尔曼等对资本主义制度的资源浪费和环境污染作了激烈的批评。谢尔曼认为,资源浪费是指资本主义制度下完全滥用资源或利用人力与资源生产对人们的现时消费或未来增长无贡献的挥霍活动。资源浪费有 12 种主要表现形式:①广告泛滥成灾;②高度垄断造成的资源错误配置;③竞争可能造成一种变相浪费;④竞争鼓励急功近利的短期行为;⑤经济增长所伴随的物质环境的污染和社会环境的恶化;⑥污染环境的有害物品(如烟草等);⑦超级富翁的穷奢极欲,同时意味着其他人生活资源短缺;⑧人力资源和剩余产品浪费的典型表现是失业;⑨美国的种族与性别歧视意味着多数人的才能被浪费;⑩容许贫穷存在导致儿童得不到足够营养和住房,以及很差的医疗条件和很坏的儿童生存环境,造成对未来的人力资源的损害;⑪美国社会的普遍异化及其后果(如吸毒、酗酒、精神异常)是人力资源的浪费;⑫对资源大量浪费起巨大影响的是军事开支庞大。

华勒斯坦对资本主义造成的生态环境恶化现象也进行了批评。他认为,过去 20 年的医学研究报告表明,由于直接与经济技术相联系的环境变化,使得疾病的数量确实增加了。全新的疾病格局十分可能源自全球人口的急剧增加,这正可能是新的艾滋病以及其他身体免疫疾病发生的主要因素。华勒斯坦一方面承认资本主义的短期技术进步带来的社会进步,另一方面又对此造成的中期变化带来环境的恶化加以批评。他认为森林的大量砍伐,大草原区域的沙漠化都不断地危害人类和破坏人类的长期食品供应,对于 20 世纪里非常突出的由化学生物污染所造成的损害,我们还没有能力进行充分的评估。伴随着资本主义的技术进步,一方面,食品生产的总产量和生产率有了明显的增长,而另一方面,其分配体系却是极度扭曲。

对社会环境和物质环境的污染及其解决办法,是激进经济学研究的主要课题。他们把这一问题归结为资本主义社会的基本特征,如私人获利动机;扩大与推动私人(尤其是富人)的消费,但却忽视公共消费领域;既定利益集团的干涉等。因此他们主张:消除污染和保护资源的前提是消灭资本主义的私人利润制度,代之以一种社会拥有和指导的制度;不要把经济增长视为惟一的甚至最重要的政治经济目标。他们认为,主流经济学的主张——通过一些限制污染的法律、限制产量和技术、控制人口,尤其是在每个穷人和所有不发达国家中控制人口,是治标不治本。他们强调:防止和根除污染的根本解决办法"只能在

① 文英. 跨国公司的"血汗工厂"受到监督. 国外理论动态. 1999(5)

结束资本主义，建立一个美好的人道的社会之后”才能出现。①

第四节 简要评述

一、激进政治经济学派的时代意义

激进政治经济学是在当代社会为解决资本主义经济发展进程中所产生的问题和社会矛盾中应运而生的。该学派经济思想的产生打破了西方主流经济学一统天下的局面，它是西方意识形态营垒中的反叛势力，对西方经济和社会产生了巨大影响，今后，其对新时代的社会发展亦将产生不可低估的影响。激进政治经济学在西方经济学界竖起一面批判的旗帜，它突破了传统经济学对资本主义的一味维护，在许多方面较真实地反映了资本主义的制度缺陷，在一定程度上看到了无产阶级的艰难处境。有的激进经济学家还试图用马克思的分析方法来解剖资本主义的现状，因而它有许多积极意义。

第一，激进政治经济学影响了一代西方青年经济学子。从美国校园马克思主义开始，到激进政治经济学组织和学派的形成，大学生、研究生和青年教师构成了该学派的主体。激进经济学思想在西方青年中产生了极大的社会影响，促进了马克思主义在西方的传播。马克思主义经济学讲坛、校园马克思主义、马克思主义经济学组织和学术刊物在西方产生了很大的影响。

第二，激进政治经济学在其理论阐述中，揭示了资本主义制度的一系列矛盾。如对资本主义的剥削问题、危机问题、环境污染问题、社会分配不公问题的批判，客观反映了社会中下层劳动者的利益。同时，它对帝国主义在国际间的不平等行为，帝国主义与依附国的不平等关系进行的批判也是有积极意义的。

第三，激进政治经济学对资本主义的批判，在一定程度上反映了中下阶层的利益要求，这为协调社会矛盾，推动西方社会制度在一定程度上的改良起到了作用。激进政治经济学与西方马克思主义经济学对资本主义社会不平等现象的批评，实际形成了西方社会平等的舆论力量，有利于促进西方社会制度的改良，尤其是社会福利制度的完善。

第四，激进政治经济学用多层次劳动力市场假设推翻了正统学派劳动力“单一工作市场”的假设，看到了劳动力市场层次和结构与劳动者贫困的关系，从而把贫困的根源归为制度因素，这比正统学派较为客观公正。激进政治经济学还对美国政府应付贫困问题的政策进行了分析批判，强调要解决贫困问题，就必须改变社会制度或调整阶级关系以及工人阶级内部的“等级分化”。激进派关于贫困问题原因的分析有力地批判了主流经济学对资本主义制度的辩解，客观反映了资本主义社会的贫困现状。

二、激进政治经济学的局限

激进政治经济学高扬对西方主流经济学的反叛大旗，在对资本主义现存制度批判的基

① 谢尔曼. 激进政治经济学基础. 北京：商务印书馆，1993. 154

础上，提出了未来社会的积极构想。它在未来社会的劳资关系、社会公平、财产组织形式、国家架构等方面提出了新的设想，甚至提出了各种社会主义的设想，但它毕竟有自身的局限性。

第一，激进政治经济学不是科学的社会主义，它甚至模糊了社会主义的真正内涵。有的激进政治经济学家既否定传统资本主义，又反对现实社会主义。激进政治经济学的理论虽然对西方主流经济学及资本主义制度形成了极大的冲击，但它并不是真正的马克思主义，只是反映了一批对现实不满的青年知识分子的社会改革要求。激进政治经济学者并不主张否定整个资本主义制度，只是主张在资本主义制度范围内实行一定的社会改良。由于他们不是真正的和彻底的马克思主义者，其经济思想都很不稳定，具有较大的动摇性。

第二，激进政治经济学的新社会主义设想是行不通的。它对资本主义的弊端和苏联式集中模式社会主义缺陷的批判是客观的，其"以人为本"的社会主义构想也是积极的，它提出的消除不平等和实现公有化等思想也是有利于工人利益的主张，但总体来说，它不是科学社会主义。它对马克思主义的科学社会主义是持否定态度的，并把苏东剧变看做是科学社会主义的失败；它要建立超越资本主义和社会主义的新社会主义的设想是天真的。设想不消灭资本主义私有制就建立财产公平、分配公平的新社会主义，这只能是幻想。

第三，激进政治经济学的改良主义是空想的。民主社会主义强调资本主义的出路是社会主义，强调整个社会的公平分配，主张市场与计划调节相结合等，这些主张是有积极意义的。在民主社会主义的实现途径上，其政治制度的多元化实际根本未触动资本主义现存制度；其混合经济主张保留私有制作为主要经济成分，这显然不是真正的社会主义；他们试图通过社会改良的方式来实行社会变革，实现民主社会主义，这显然是空想。

三、激进政治经济学的启示

应当看到，激进政治经济学派的眼界比其他学派较为客观和开阔。激进政治经济学对社会经济问题的揭示和对西方制度缺陷的批判，对我们不无启示。

第一，激进政治经济学揭示的资本主义制度的一系列矛盾和社会问题，对我国的经济发展有所警示。如对资本主义的剥削问题、危机问题、环境污染问题、社会分配不公和财富不均问题的批判，提醒我们注意防范类似问题的出现。激进经济学家看到了经济全球化对不发达国家的负面影响，这对我们参与国际经济活动时保持清醒的头脑，制定正确的对外经济政策有直接的借鉴意义。

第二，激进政治经济学提出的一系列的激进政策也是有积极意义的。它的一些激进政策主张或多或少地被所在国家的决策者采纳。激进经济学的社会批判功能为协调社会矛盾，推动西方社会制度在一定程度上实行改良，改善劳动者的不良境况客观上起到了相当的作用。有些政策主张对于我国社会主义市场经济体制的建设也有借鉴意义。

第三，激进政治经济学对资本主义社会的不平等现象进行了批评，看到了社会财富悬殊和分配不公给下层劳动者带来的极大危害。这实际形成了西方社会经济平等的舆论力量，有利于限制资本主义制度的弊端，促进西方社会的改良，尤其是社会福利制度的完善，客观上有利于改善下层劳动者的境况。这些主张也为我们制定社会分配政策提供了借鉴。

第四，激进政治经济学对资本主义造成的生态环境恶化进行的批评也对我们有所启示。在当今时代,可持续发展战略已成为各国经济社会发展的首要选择,资本主义发达国家经济发展中的环境污染和资源浪费问题严重制约了其经济发展战略的实施,也破坏了人类赖以生存的环境。这个教训是值得我们吸取的。

第五,市场社会主义的理论对我国经济体制改革有所启示。中性机制论看到了市场经济的一般共性,将市场机制与计划机制从一般社会经济制度体系中抽象出来,是一种科学的研究和分析问题的方法;市场主导论突出了市场在资源配置中的基础性作用,通过比较计划与市场功能的优劣,从而得出发挥市场主导作用的结论,这是有道理的;综合机制论强调综合市场机制与计划机制的作用,这是正确的;社会主义新模式提出了许多改革设想,包括宏观制度、微观制度的改革措施,有些是值得借鉴的。

思考题

1. 如何正确把握激进政治经济学的历史渊源和学术特点?
2. 如何理解激进政治经济学的现实批判主义?
3. 激进政治经济学的哪些政策建议可以供我们借鉴?

参考文献

1. 何玉长,王宏伟,潘孟菊. 批判与超越——西方激进经济学述评. 北京:当代中国出版社,2002
2. 颜鹏飞. 激进政治经济学派. 武汉:武汉大学出版社,1994
3. 俞可平. 全球化时代的马克思主义. 北京:中央编译出版社,1998
4. 〔美〕伊曼努尔·华勒斯坦. 历史资本主义. 北京:社会科学文献出版社,1999

第 25 章 市场社会主义

学习要点和要求

本章要求掌握:市场社会主义的界定及其产生的历史背景和渊源;根据公有制权利把市场社会主义分为自我管理的市场社会主义和公共的市场社会主义;自我管理的市场社会主义的核心概念——"经济民主"、"劳动雇佣资本"和按劳分配;公共的市场社会主义用以解决委托代理问题的方案:"公有制局"、"主办银行"和"息票经济";公共的市场社会主义的平等分配社会红利方案。

最初在西方出现的市场社会主义思潮,产生于两次世界大战之间著名的"社会主义经济核算问题"的大论战,以兰格模式为代表。市场社会主义成为当时西方经济学研究和讨论的一个热点,并且吸引了众多具有不同立场和观点的经济学家参加到讨论中。西方经济学界对兰格市场社会主义模式的兴趣和讨论到 1948 年告一段落,其标志是阿伯拉姆·伯格森在其著名论文《社会主义经济学》中对市场社会主义所下的结论:理论上有意思,但在实践上没有前途。然而,到了 20 世纪 70 ~ 80 年代,特别是在苏东社会主义国家发生剧变的 90 年代,市场社会主义在西方主要资本主义国家(英、美、法、澳)再度复兴,又一次成为西方经济学界关注的焦点。

第一节 市场社会主义概述

索尔·埃斯特林和尤利安·勒·格兰德指出,20 世纪 80 年代之后复兴的市场社会主义的目标有两个:"第一个目标是要将市场与社会主义'联姻'在一起","第二个目标是要启动一种对社会主义思想进行激进的重新取向的工作。"①实际上,"市场社会主义"这一概念本身就意味着一场革命:社会主义在概念和思想上、在经济理论和实现形式上的革命。

一、市场社会主义的学术渊源和复兴的历史背景

西方市场社会主义经济思潮不是来自马克思主义社会主义的思想传统,而是来自所谓自由的或分权的社会主义思想传统。这种思想传统主要有:合作主义、无政府主义、工团主义和基尔特社会主义,其主要代表人物有欧文、傅立叶、布朗、蒲鲁东、拉萨尔、小穆勒、巴枯宁、科尔等人。自由的或分权的社会主义并没有明确地表达出社会主义应该而且必须利用市场这个基本观点。在自由的或分权的社会主义者所构想的社会主义方案中,同样也没有市场的位置。但是,它首先表达了"对官僚权贵的意图和政府干涉效率极不信任"以及"要对社会主义国家所特有的用集权手段干预经济的倾向加以抑制"②。这正是后来的西方市场社会主义者所构建的社会主义经济理论模式的核心内容。它所构想的未来社会主义体制大厦的两个基石是分权和自治。由于显而易见的原因,分权和自治是需要市场的。市场机制乃是协调业已分权的经济决策的最为有效的方式。只要是社会化的生产,只要是生产部门没有统一到集权经济的计划之中,除了市场之外,很难想像还有进行经济协调的其他工具。所以,尽管分权的社会主义者厌恶市场,但市场在分权的社会主义模式中应该而且必然发挥重要的作用。一些自由的社会主义者如蒲鲁东、小穆勒认识到了这一点并强调了市场竞争在社会主义经济中的必要性。

兰格在《论社会主义经济理论》(1936)中,系统地论述了社会主义经济中利用模拟市场机制的思想,并且提出了初期的市场社会主义经济理论模式,即"竞争的社会主义"模式。在西方,兰格被认为是"市场社会主义之父"。然而,长期以来,存在着这样两种截然相反但又被普遍接受的观点:一方面,资产阶级经济学家以"严密"的逻辑证明了,除非建立在生产资料私有制基础上,市场经济将不可能有效地运作;另一方面,社会主义的经典作家和市场本身的逻辑也有力地证明了,市场确实与社会主义的目标相矛盾。因此,当市场社会主义作为一种思潮最初出现时,它只能在两大思想体系的夹缝中生存,并且受到了两面夹击。这似乎注定了它必然是短命的,它确实也在西方沉寂了多年。

西方市场社会主义复兴的原因应该到20世纪下半叶社会历史的大环境中去寻找。在这一时期,大多数西方发达资本主义国家都遭遇了战后以来最严重的社会、政治和经济危机。也正是在这一时期,斯大林模式和欧洲社会民主党执政时期推行的"社会民主"模式也遭致破产。如果把市场社会主义理解为对现存经济体制的不满和抗议,代表着在现存经济体制之外寻找新的更加美好的社会经济制度的一种选择,那么,只有当现存的经济体制表现极差的时候,市场社会主义才会出现。20世纪的70~80年代正是属于这样的年代:市场资本主义的失败、计划社会主义的失败、社会民主主义的失败、斯大林主义的失败、凯恩斯主义的失败、混合经济的失败、前苏联东欧社会主义国家经济体制改革的失败,等等。市场

① 〔英〕埃斯特林和格兰德编. 市场社会主义. 北京:经济日报出版社,1993. 1

② 〔英〕埃斯特林和格兰德编. 市场社会主义. 北京:经济日报出版社,1993. 1,2

社会主义正是在这样的历史背景下再度复兴的。

二、什么是市场社会主义

米勒和埃斯特林指出:"'市场社会主义'这个术语并没有惟一的解释,它是一种总括性的词汇,这个词汇涵盖了所有的、已经出现的关于这样一种社会主义的构想,在这种社会主义中,市场起到非常重要的作用。"①许多西方市场社会主义者从不同的角度和许多方面来界定"市场社会主义"这一概念。

第一,从市场作为配置稀缺资源的一种手段与它服务于社会主义目的的关系上来定义市场社会主义。例如,埃斯特林和格兰特指出:"我们希望证明市场是能够用来实现社会主义的目的的,运用市场来实现社会主义的目的便是我们所指的市场社会主义。"②

第二,从公有制经济关系与市场经济关系的结合上来界定市场社会主义。例如,米勒指出:"没有一个关于市场社会主义的确切概念,它只是这样一个具有共同特征的范畴,即市场机制的广泛运用与生产性资本的社会所有制的相结合。"③普特曼说:"我把市场社会主义定义为这样一种经济制度,在这种经济制度下,对要素市场和商品市场的管理程度并不比资本主义混合经济严格,但资本为公众所有,收入是劳动报酬加上对资本报酬分配的平等分享。"④伯林纳对市场社会主义的定义是:"在公有企业之间(这并不意味着企业为国家所有)的交易在市场的引导下进行。"⑤罗兰德和塞卡特把市场社会主义定义为,"在生产资料公有制的关系下依靠利润刺激运转的市场经济"。⑥ 皮尔森的定义是:"市场社会主义是一种经济体制,在这种经济体制下,绝对多数商品继续靠市场来配置,但资本实行社会所有制和工人控制他们自己的生产过程。"⑦波兰经济学家布鲁斯为《新帕尔格雷夫经济学大辞典》撰写的关于市场社会主义的词条,为市场社会主义所下的定义是:"市场社会主义是一种经济体制的理论概念(或模式),在这种经济体制中,生产资料公有或集体所有,而资源配置则遵循市场(包括产品市场、劳动市场和资本市场)规律。"

第三,从与资本主义、国家社会主义和社会民主主义这三种基本经济体制之间的关系来定义市场社会主义。例如,韦斯科普夫对市场社会主义这一概念的描述是:"它在保留资本主义的市场这个主要特征的同时,去掉了资本主义的生产资料私有制这另一个主要特征。"⑧罗默和巴德汉在他们主编的《市场社会主义:当前的争论》一书导论中把市场社会主义定义为这样一种经济制度,"当这种经济制度被付诸实践时,它在若干方面是资本主义和

---

① Miller, David, and Estrin, Saul. (1994): A Case for Market Socialism: What Does It Mean? Why Should We Favor It? *Why Market Socialism: Voices from Dissent*, edited by Roosevelt, Frank and Belkin, David, New York : M. E. Sharpe , Inc. , pp. 225

② 〔英〕埃斯特林和格兰德编.市场社会主义.北京:经济日报出版社,1993.1

③ Miller, David. (1993): Equality and Market Socialism. *Market Socialism: The Current Debate*, edited by Pranab K. Bardhan and John E. Roemer, Oxford University Press, pp. 304

④ Putterman, Louis. *Incentive Problems Favoring Noncentralized Investment.* Ibid. , pp. 157

⑤ Berliner, Joseph, S. *Innovation, the Soviet Union, and Market Socialism*, Ibid. , pp. 191

⑥ Roland, Gerard and Sekkat, Khalid. *Market Socialism and the Managerial Labor Market.* Ibid. , pp. 205

⑦ Pierson, Christopher(1995): *Socialism after Communism: The New Market Socialism*, Polity Press, pp. 5

⑧ Weisskopf, Thomas E. (1994): Challenges to Market Socialism: A Response to Critics. *Why Market Socialism : Voices from Dissent*, edited by Frank Roosevelt and David Belkin, M. E. Sharpe, Inc. , pp. 297

社会主义的混合物”。① 米勒的定义是:“我所指的市场社会主义是我声明已经过时的自由主义和旧形式的社会主义的替代物”,“在坚持确定的社会主义核心思想的同时,市场社会主义代表着在国家社会主义和社会民主主义的缺陷之中寻求平衡的一种尝试。”②

三、市场社会主义的两大基本模式

如何把市场与社会主义结合起来?西方市场社会主义者不仅没有形成统一的认识,而且众说纷纭,甚至针锋相对。美国著名的激进经济学家托马斯·韦斯科普夫根据所有制权利(the Ownership Rights)的授予不同把西方市场社会主义者所主张的各种模式归纳为“公共的市场社会主义”(Public Market Socialism)和“自我管理的市场社会主义”(Self-managed Market Socialism)两大模式。

韦斯科普夫指出,所有制是一个非常复杂的概念,它包括各种各样的权利,这些权利可以潜在地授予各种不同的人。但他认为有两种最重要的所有制权利:一是对企业管理的控制权(Control Rights over Enterprise Management),包括在可供选择的各种可能性中决定如何获得和使用企业的生产性资产的决策权;二是对企业财产的收入权(Income Rights to Enterprise Assets),包括从生产性资产的使用中获得收入的权利和从这种资产的出售中获得收益的权利。所有的市场社会主义者都主张应当由社会而不是个人拥有所有制权利,即用社会财产权利(Social Property Rights)代替私有财产权利。但是,社会财产权利可以有各种不同的类型,这些类型可以由以下重要的两点来加以区分:一是企业所有制权利所授予的共同体的性质,即这种共同体是由政治上的全体选民(地方、地区或全国)所组成,还是由经济上的选民(那些在企业工作的人们)所组成;二是哪种企业所有制权利为相关的共同体成员所平等地拥有。

根据所有制权利授予的这两点区分,韦斯科普夫把各种各样的市场社会主义模式概括为这样两大类:“①公共的市场社会主义,在这里,政治上公民组成的共同体拥有企业的控制权和收入权这两种权利,企业由对政府机构(地方、地区或全国)负责的经理经营,政府机构对公民选民负责,企业的净剩余属于全体公民,并根据集体的需要分配。②自我管理的市场社会主义,在这里,企业的工人拥有控制权和收入权这两种权利,企业由对工人负责的经理(直接地或通过工人委员会)经营,企业的净收入(在支付劳动之外的投入要素后)属于企业的全体劳动者,并按他们的集体需要分配。”③

第二节 自我管理的市场社会主义

主张自我管理的市场社会主义模式的主要代表人物有:美国的雅罗斯拉夫·瓦内克,

① Pranab K. Bardhan and John E. Roemer, edited (1993): *Market Socialism: The Current Debate*, “*Introduction*”, New York: Oxford University Press, pp. 3

② David Miller. (1989): *Market, State and Community: A Theoretical Foundations of Market Socialism*, Oxford University Press, pp. 5,9

③ Weisskopf, Thomsa E. (1994): Challenges to Market Socialism: A Response to Critics. Frank Roosevelt and David Belkin ed., *Why Market Socialism: Voices from Dissent*, New York: M. E. Sharpe Inc., pp. 297 ~ 298

南斯拉夫的勃朗科·霍尔瓦特，英国的阿莱克·诺夫，大卫·米勒，澳大利亚的罗宾·阿切尔，比利时的雅克·德累兹，法国的马克·福莱贝等人。

一、经济民主

经济民主是自我管理的市场社会主义所倡导的最基本主张。所谓“经济民主”，是指这样一个经济组织的运行模式：在这个模式中，作为行为主体的决策，来自于每一个执行决策的人。根据这一原则，自我管理的市场社会主义模式下企业制度的一个最基本安排是：将企业的最高控制权和权威给予那些在本劳动组织中工作的人。

经济民主与传统的等级制截然相反，在前者，对企业的控制和管理来自于具有平等权利和同等重要性的全体劳动者，这种控制和管理将在一人一票制的基础上进行；在后者，决策和功能被权力结构分割，管理的特权属于管理者的独裁，工人只是决策的被动执行者，其地位只相当于一种被投入的生产要素。在西方国家，政治决策中的民主参与或政治民主被宣传舆论认为已经基本上实现了，但政治上的民主与经济上的独裁却形成鲜明的对照；等级森严的控制制度和政治舞台上的独裁，在西方国家政治领域虽受到了批判，但在企业中却被认为是理所当然的，这显然是不完全的、不充分的和形式上的民主，因为只要承认人们有权利参与同他们福利有关的一切决策，那就必须承认，对参与者的福利而言，人们对发生在他们周围的、日常的、经济事务方面的民主表决权，比政治事务的民主表决权显然具有更重要和更直接的相关性。因此，从逻辑上说，如果把民主视为人的一项基本权利，政治领域中的民主就必须被推广到经济领域中去，这将通过给予每一个劳动者在企业决策中以发表意见的同等权利，即在平等的基础上以一人一票制而将决策权力民主化。然而，逻辑的力量并不一定能胜过权力的力量。

澳大利亚经济学家阿切尔从自由和平等的价值观论证了经济民主的基本原则①。他认为，从“平等和自由原则”可以推导出两个基本的民主原则。第一个民主原则是“所有受影响者原则”，即所有受某一组织决策影响的有选择和行动能力的个人都应该分享对该组织决策过程的控制权。他又认为，某一组织的决策对所有受影响者的影响程度是不同的，因此，他又提出了第二个民主原则，即“所有隶属者原则”。这个原则规定，那些或只有那些受联合组织权力直接支配的人应该行使对联合组织决策过程的直接控制权，其他受影响的个人应该行使间接控制权。阿切尔把企业看做是一群个人为了达到共同的目的而进行合作的联合组织，这个共同的目的就是生产商品和劳务。在资本主义经济中，至少有6个集团或个人是受企业活动影响的，它们分别是：①雇员或工人；②消费者；③股票持有者或资本家；④原材料和生产性产品的提供者；⑤银行和其他金融机构；⑥当地居民。按照“所有受影响者原则”，这些利益相关者都应该分享对企业决策过程的控制权；按照“所有隶属者原则”，那些隶属于本企业的成员应该行使对企业的直接控制权，其他利益相关者行使对企业的间接控制权。

经济民主由于改变了资本主义企业的决策结构，也就改变了企业的治理结构和管理方

---

① 参见 Archer, Robin. (1995): *Economic Democracy: The Politics of Feasible Socialism*, Clarendon, Oxford University Press.

式。霍尔瓦特详尽地描述了这一点。① 他指出,一个自我管理的企业,不仅仅是一种经济组织,同时也是一种政治组织。这种组织的目标是,在实现效率的同时,实现决策上的民主最大化。为了证明民主最大化和效率最大化可以并行不悖,霍尔瓦特提出了著名的将政策决策和技术执行分离的沙漏模型。见图 25－1。

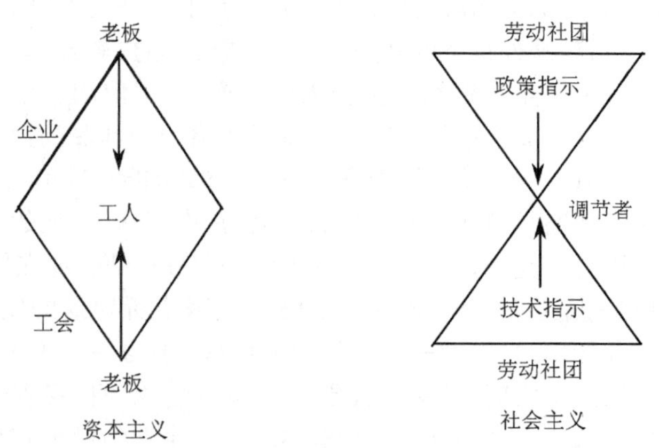

图 25－1　资本主义和社会主义的组织模型

资本主义企业产生了权力的双重金字塔结构。两个官僚组织——工会和企业——的老板为达成协议而讨价还价,而工人们被压在塔的底部。沙漏模型意味着分离了两个不同的活动领域:利益领域和专业领域。前者包括政策决策,后者包括专业工作和日常事务的行政管理;前者代表价值判断,后者代表技术执行。在利益领域,应用一人一票制;在专业领域,投票是按能力来加以权衡。根据这一原理,霍尔瓦特构建了自我管理的劳动共同体的组织结构。沙漏模型表明,自我管理企业并不是要废除由技术专家来进行管理的情形,或否认权威,而是要置专家和权威(企业经理)于全体劳动者的监督和管理之下,在后者的授权之下进行管理,并对其负责。同时,这个模型也有力地证明了,民主管理和专家管理可以并行不悖,从而在企业层面上,既保存了民主,又保证了效率。

二、劳动雇佣资本

资本主义性质的企业,是资本雇佣劳动;自我管理企业则恰恰相反,是劳动雇佣资本。因此,自我管理企业使用资本的基本原则是:自我管理企业并不赋予资本所有者企业的“控制权”,而仅赋予他们一种稀缺价格的享用权。

自我管理的企业从以下四种来源获得生产性资本:①根据达成的租借条件从其他企业租用或借贷资金;②从独立的、民主自治的银行或其他金融中介机构借贷资金以购买资产;③通过股份筹措资金;④将企业的纯经营剩余重新投资。至于哪一种融资形式更适合自我管理的企业,西方市场社会主义者的意见并不一致。这里,仅简单介绍瓦内克的“完全外部

① 详见〔克〕霍尔瓦特. 社会主义政治经济学:一种马克思主义的社会理论. 长春:吉林人民出版社,2001,第 6,8 章。

资金型模式”，德累兹的“直接融资”模式和福莱贝的“间接融资”模式。

瓦内克的模式强调参与制企业的所有资本来源必须是从外部租赁和借入的，这是为了克服南斯拉夫工人自治企业的投资饥渴问题和西方合作制企业的投资不足问题。上述问题虽然表现为两个极端，但瓦内克认为，它们都是因为在处理资本所有权方面有失妥当造成的。在南斯拉夫工人管理的自治形式中，劳动者认为，工厂是属于“国家或社会”的，他们并不承担向其所有者支付稀缺性价格的义务，从而造成资本的“软预算约束”问题。在完全外部资金型模式中，劳动者将生产资料视为他人的财产，为了使用房屋、土地和设备，他们必须支付一种稀缺性的租金，而且他们有责任保持所租借的资本品的原值。针对配杰维奇和弗鲁堡在1969年和1970年提出的因为投资计划的跨度可能超过工人在企业预期的工作年限，所以劳动合作制企业通常遭受投资不足的问题，瓦内克认为，他的完全外部资金型模式可以解决这个问题，因为它允许在长期中分期地和一部分一部分地支付债务。

德累兹的模式针对的是自我管理企业由于融资的困难所导致的生产规模小、投资不足、厌恶风险等问题。他指出，当资本—劳动的构成比率（平均每一个工人的投资率）很高时，当企业面临的投资风险很大时，筹集所需要的资金就会成为自我管理企业模式的严重问题。在资本主义经济中，股份公司这种现代资本主义的企业组织形式可以解决上述两个问题，但自我管理企业不具有筹集资金的机制和分散风险的机制，所以它的发展受到了极大的限制。从原则上讲，自我管理企业可以在资本市场上通过发行股票来筹集资金，但这样一来就会出现新的问题：如果由股票所有者最终承担企业的风险，很自然地就要授予他们控制风险的权利，从而授予他们干预企业管理的权利。这会与自我管理的理想——由工人自己管理相冲突。德累兹认为，这个矛盾可以通过工人管理者和股票持有者之间签订类似于资本主义企业劳资之间的契约加以解决。具体来说，有两类风险：一类属于“企业特有”的风险（“Firm-Specific” Risks），如对该企业的需求下降，这类风险可以通过证券组合的有效选择分散化，应主要由股票承购者承担。具体的做法是，在资金协议中规定一个固定的工人工资份额，而让股票持有者支配剩余部分。另一种风险属于市场风险（Market Risks）或总风险（Aggregate Risks），如总需求下降，这类风险是不能转移的，应该由劳资双方共同承担。具体的做法是，在资金协议中规定工人的一部分工资随企业的剩余（利润）变动而浮动。这样，资金协议规定工人的工资包括两个部分，固定部分和浮动部分。德累兹认为，这可以增强工人抵御风险的能力，并且可以提高工人从外部融资的主动性和刺激他们的工作积极性。

福莱贝的模式针对的是同样的问题，但他不允许资本市场的存在，因为这将会导致收入分配的两极分化。在他的模式中，银行网络扮演着资本市场在德累兹模式中的角色。银行至少执行三项职能：①它本身的信贷职能；②履行资本市场的分散风险的职能；③由于银行是企业资产的惟一投资者，所以它还履行资本所有者的监督职能。

自我管理企业使用资本的原则意味着企业控制权和资本所有权的分离。瓦内克特别强调这一点，并把它作为他的参与制经济与实际存在的两种经济体制的最主要的区别，见图25-2。

第一层次的区别是，企业由谁来控制和管理，是资本家，即资本所有者，还是工作社团？在传统的资本主义经济中，控制和管理企业的是资本家；而在参与制经济中，是工作社团。

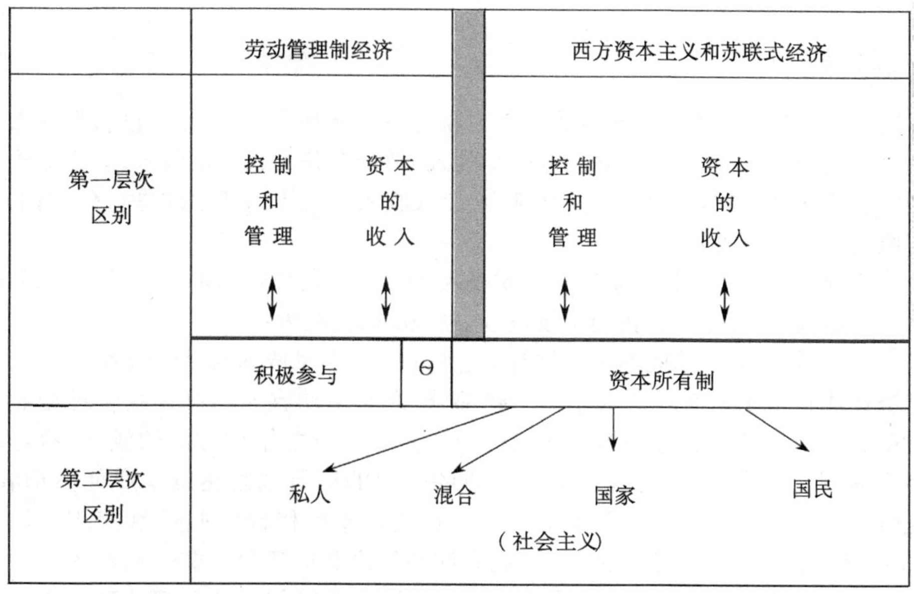

图 25－2　作为替代形式的劳动管理制①

这种区别区分了“人道”和“非人道”体制（Human and Dehumanized Systems，d 代表非人道体制）。瓦内克认为，虽然劳动者在“合伙制”或大公司里有一定的参与权力，但参与程度很小，因此包括在 d 的范围内。他认为，不能过分强调积极分享企业的所有权是保证参与管理的惟一和不变的手段，工人具有监督和管理公司活动的全部权力这一事实本身，并不意味着他们对所使用的生产资料具有充分的所有权，即工人不是由于他们是公司的股东才具有管理和监督公司的权力；不论积极参与管理者是否是公司资产的所有者，使他们享有监督和管理公司权力的原因并不在于他们对公司资产的实际形成所作出的贡献，而在于他们积极参与了对企业的监督和管理工作。在参与制经济中，实际管理工厂的权力不是来自所有制，而是来自参与本身，来自每个人在民主决策过程中具有的同等的重要性原则，即经济民主。第二层次的区别是，谁实际拥有资本？资本主义是私人实际拥有资本，在苏联是国家实际拥有资本。在自我管理的经济中，既然资本所有权不再是企业控制权和管理权的基础，而仅仅成为因提供资本或资金而获得一种收益权，那么，所有制就成为第二层次上的东西，它涉及生产资料所有制的四种基本形式。在 1975 年的《自我管理：人类的经济自由文选》一书中，瓦内克又进一步细分了资本所有制的 8 种形式，它们是：①国家（社会）；②国民；③(a)全体参与者的集体，(b)部分参与者的集体；④(a)全体参与者的个人，(b)部分参与者的个人；⑤消费者或用户；⑥工会；⑦原料供给者；⑧个人。其范围包括通过国有化实行国家所有和以股份制方式实行私人所有这样两个极端形式。这些形式各异的所有权形态和第一层次标准中要素的不同组合构成了若干种不同的模式设计。

① Vanek, Jaroslav. (1970): *The General Theory of Labor-Managed Market Economies*, Ithaca, N. Y.: Cornell University Press.

三、按劳分配

不同的企业决策制度的安排必然会表现在它的分配制度上。在这方面,自我管理企业的原则是:①在企业的总收入中扣除非劳动收入,剩余部分构成劳动收入;②根据民主制定的原则将企业的劳动收入在投资、储备基金、个人收入和集体消费之间进行分配;③根据按劳分配原则决定个人收入。

自我管理企业收入分配源泉来自劳动收入,因此,首先必须识别非劳动收入,并把它从总收入中扣除,这恰好等于企业的总收益减去总成本,公式为:

总收益 - 总成本 = 净收益 = 总收入 - 非劳动收入 = 劳动收入

工资构成资本主义企业总成本的主要部分,而非劳动收入构成自我管理企业总成本的主要部分。自我管理企业与资本主义性质的企业在分配结构方面的颠倒,恰好说明了这两种企业制度本身的颠倒:资本主义性质的企业的通行原则是资本雇佣劳动和土地,而自我管理企业则是劳动雇佣资本和土地。使用资本的代价(利息)和使用土地的代价(地租)对自我管理企业来说是成本,而利息和地租之和恰巧等于非劳动收入。通过把利息和地租打入成本,企业的净收入就是该企业全体劳动者创造的全部劳动收入。扣除了投资和集体消费,剩余的部分就成为该企业全体劳动者个人收入分配的源泉。这部分收入是根据按劳分配的原则进行分配的,即根据每一个劳动者的劳动时间长度、强度、熟练程度和复杂程度以及劳动的环境和工作本身的性质来进行分配。更困难、更有责任、更复杂的劳动,需要长期的训练和学习成本,所以也是更有价值的;体力的、单调的、枯燥的、危险的、不健康的和不愉快的劳动,被认为需要支付额外的成本,也会得到更高的评价。

在经济民主的制度环境下,决定按劳分配价值尺度的是具有同等社会地位和同等权力的劳动者,他们是为自己而不是为老板而工作,他们将亲身参与工资率的决定过程;而对劳动的亲身体验,有助于帮助他们形成对各种不同性质的劳动估算的正确尺度。霍尔瓦特描述了决定按劳分配的民主过程①:这是商议、谈判和互相说服过程的结果。在正常条件下,它是一个反复和集中的过程。作为一种规律,在开始阶段,人们认为他们的劳动更重要或更困难,因而比他们同事的工作更有价值,因此,不能以个人的意见形成分配的标准,需要形成一个社会的或集体的标准,这种标准将会得到大多数人的拥护。如果从事某一具体劳动的劳动者仍然认为他们的劳动及其价值被低估,他们可以选择离开。如果离开确实是因为对该类劳动价值的低估造成的,该类劳动供给的减少,将会使企业净收入下降。追求企业净收入最大化的劳动集体势必会提高该类劳动的收入,以校正评估的失误。根据民主评议而形成的按劳分配的价值尺度,既是公平的,又是有效率的。说它是公平的,是因为只要大多数人认为它是公平的,它就是公平的;说它是有效率的,是因为只要大多数人认为他们的工作得到了公平的对待,他们就会全力以赴地工作,这会提高集体的总收入。每一个具体的劳动者的个人收入除了他自己的个人贡献(工资)外,还包括分享他的企业集体努力的结果(分享剩余,或由创新活动而产生的利润)。决定后一部分收入分配的原则也是相

---

① 详见〔克〕霍尔瓦特.社会主义政治经济学:一种马克思主义的社会理论.长春:吉林人民出版社,2001,第9章。

同的。

四、国家的职能和作用

自我管理企业是在市场经济中运行的。这就是说，自我管理的经济是高度分散的经济，一切决策单位——公司、家庭、社团、公共部门都是根据它们的最大利益自由地决定它们应该采取的行动，不受外界的直接干预。各决策单位之间的经济关系都通过市场来结算。然而，这种经济并不是自由放任的市场经济，国家在自我管理的经济中发挥着重要的作用。国家的主要职能是为自我管理经济的运行提供必要的制度保证并确保它在市场经济中的效率。

在微观方面，国家的主要任务是：首先，防止产生垄断和消除整个市场的不完善性。垄断产生了资源配置的低效率，垄断会影响劳动收入。在出现了垄断倾向的情况下，政府必须出面干预，采取的做法是：确定最高或最低价格，最好是促成更具有竞争性的市场结构。其次，确保企业经营条件的均等化，以使所有的经济决策单位在相同的起始条件下获得收入。如果在收入上出现差别，那么，这些差别是劳动和经营的结果，而不是劳动集体不能控制的外部条件的结果。再次，当出现了能力分配（指人们在接受教育和医疗保健时的机会）和收入分配的两极分化时，国家必须干预分配的过程，以使经济服从广泛的平等目的。最后，负责提供福利等公益事业。

在宏观方面，国家的主要任务是：首先，国家通过各种经济调节手段达到经济的均衡和稳定。霍尔瓦特提出了经济调节机制的五种类型，它们分别是：①自由，即“看不见的手”；②中央计划，即“看得见的手”，但国家不能直接计划经济产出，它的功能是确定生产参数；③经济政策，即“间接的手”；④信息生产和提供，即“改善的看不见的手”，它主要包括为经济决策人提供全面、准确的信息和运用现代预测方法降低对未来的不确定性；⑤市场外的非行政性协调，即“改善的看得见的手”，包括各种大量的合同、咨询和仲裁，它们与国家行政指令有本质区别。社会主义经济应该最优利用所有类型的“手”，以使社会成员的福利达到最大化。其次，国家执行积极的投资政策，以确保经济增长。

第三节　公共的市场社会主义

公共的市场社会主义的基本模式是：①实行生产资料全社会所有制；②生产资料的果实即利润要在全体公民中平等地分配；③企业由作为雇佣劳动者的经理经营管理；④企业的目标是利润最大化。倡导这一模式的主要代表人物是美国西伊利诺斯大学经济学教授詹姆斯·杨克、加州大学伯克利分校经济学教授普拉纳·巴德汉、耶鲁大学的政治学和经济学教授约翰·罗默以及密执安大学经济学教授托马斯·韦斯科普夫等。

公共的市场社会主义的主要问题表现在两个层次的委托—代理关系上。第一个层次是国家—公有企业经理的委托—代理关系。国家将公有的生产资料授权给企业的经理经营，但国家既缺乏对企业经营情况的充分了解，也无法履行对企业经营实施所有者监督的权力,国家靠什么保证公有企业的经理不会像资本主义公司制下的经理偏离利润最大化而追求个人效用最大化或是其他什么目标呢?第二个层次是公众—国家的委托—代理关系。在民主制度下,公众授权国家对公有的生产资料进行管理和对利润进行分配,如何保证国家能正确地履行其职责而不至于为所欲为呢?公共的市场社会主义者的主要精力用于分析如何解决这两个层次的委托—代理关系上。在这方面,他们提出了以下主要模式。

一、杨克的“公有制局”

杨克指出:“任何利润导向的市场社会主义建议的核心是承担在资本主义下由私人资本所有者行使的法律和金融权利的一种公有制权力(a Public Ownership Authority)。”①在杨克的“实用的市场社会主义”模式中,这种公有制权力被具体化为“公有制局”(the Bureau of Public Ownership),一种代表行使公有制权力的政府机构,这个机构的主要任务是平等分配利润和监督经理使之按照效率原则经营。

杨克主张将当代资本主义国家中大规模经营的私人所有制转为公共所有制,实行生产资本的公有制,以消除当代资本主义社会中生息资本所有权收益分配的不平等现象。这个经济改造过程也称做“社会化”过程,改造的对象是为私人所有的、能够给私人带来非劳动收入的投资资金,如股票、证券、债券等,及其他生息收入,如银行的定期储蓄利息等。杨克主张将这些资金转为公有,目的是要消除一切“非劳动的财产收益”。杨克特别强调,应转为公有的是个人的资本性财富,而不是一般意义上的财富,富有的人仍然存在,人们可以储存大量的钱,只不过不再获得利息。总之,应消除的不是富有的生活方式,而是能够带来富有生活方式的非劳动的财产收入。

公有制局的第一个任务是代表生产资料公有制的所有者行使公有制权利中的收入权,即将公有企业的利润以社会红利的形式分配给社会全体成员。在杨克的模式中,公有企业是独立和自治的,为利润的目的进行生产,但要向公有制局缴纳所得的利润。杨克认为,按照较为适宜的估算,社会红利额应占企业利润的25%左右,其余的作为税收和企业自留资金。同时,公有制局也接受非公有的小型私有企业和企业家经营的企业所缴纳的资本使用税。公有制局要把其掌握的收入的绝大部分以社会红利的形式分配给社会全体成员,这部分至少要占公有制局全部收入的95%,剩下的小于5%的份额留作公有制局的运转经费。社会成员的劳动收入(工资和薪金)是分配社会红利的决定性依据,这就是说,个人所得的红利份额是与他挣得的劳动收入成比例的。退休的人则根据他们的退休金或其他形式的补偿薪金按比例分配社会红利。

公有制局的第二个任务是代表生产资料公有制行使对公有企业的监督权力,即按利润最大化原则监督和激励公有企业经理的工作,从而保证公有企业的经营效率。“公有制局将接管在资本主义下由董事会所执行的角色,但有所修正。在资本主义下,董事会有权对经理人员发布具体的经营指示,虽然这种权力在实际中很少使用。在实用的市场社会主义中,在有关企业各种微观决策方面,公有制局被明令禁止向经理人员发布具体的操作指示,

① Yunker, James. (1996): Capital Management under Profit-Oriented Market Socialism: An Explicit Function Approach. *Southern Economic Journal*, Vol. 63, July, pp. 18 ~ 35

如生产水平、价格、市场营销支出额、保留的收入额、投资额等。它的权力被局限于批准由管理人员为他们自己设计的补偿计划，批准公司高级管理层对主要管理负责人员提名，解聘那些按长期获利性标准来衡量是不合格的公司高级管理人员。”①

在公共的市场社会主义模式中，监督监督者这个问题是必须回答的。如果监督者不能正确地履行其监督职责，不管监督机制设计得如何完美，它都将失去作用。因此，必须设计出一种制度机制来迫使监督者正确地履行其监督责任。特别对杨克的模式来说，谁来监督监督者这个问题更需要得到解决，因为他设计的公有制局不是一种经济组织，而是一种政府的权力机构。如何保证政府机构正确地履行类似经济组织的职能，而不至于受官僚主义和长官意志的拖累，是杨克模式中的特殊问题。这正是我国建立社会主义市场经济体制要解决的一个中心问题，即政企分开问题。杨克对这个问题的解决方案是“分权化”和“代理化”。

分权化是指国家公有制局的权力将被分散到设置在各个城市和乡镇的几百个地方公有制局的几千个“公有制局代理人”手中。代理化是每一个地方的公有制局机构将由从企业经理位置上吸收的若干名代理人组成，每个公有制局的代理人将被赋予对若干个在不同工业部门经营的公有公司的惟一的监督权力，公有制局代理人的主要收入来自其负责监督企业向中央公有制局缴付的利润和利息中的一个很小的份额（少于5%）。具体地说，杨克的公有制局设三层机构。第一级是中央机构，设置在首都。它的责任是，一方面负责接管公有公司上缴的收入和分配社会红利，另一方面负责在各公有公司中收集各种统计信息，用以估计企业经营运作情况的好坏，以此来决定对企业经理的任免。国家公有制局一般不直接干预对公有企业经理的任免，后者是国家公有制局在地方的代理人的主要工作，国家公有制局的责任是规定一个任免公司经理的一般标准。公有制局的第二级机构分散在地方，大约设有200～300个地方公有制局机构，每一个地方机构由10～15个代理人组成，地方公有制局的主要责任是从有5～7年丰富企业管理经验的人员中选出代理人，并对这些代理人的工作进行监督。公有制局的最低层次是代理人，他们不能终身受雇，也没有固定的工资收入，他们的收入与其监督的公有公司向中央公有制局上缴的利润成正比。代理人的主要工作是仔细研究和监督所管企业的经营状况的好坏，但不能对企业进行具体的经营指导。如果企业的经营状况达不到国家公有制局规定的一般标准，他们有权决定企业经理的任免。

二、巴德汉的“主办银行”

巴德汉认为，在20世纪的所有者——企业家的资本主义中，同样存在着代理问题。因为在这种所有权与管理权分开的资本主义企业中，经理可能不使公司的股票价值最大化，而是营私自肥或简单制定愚蠢和浪费的决策。由于个人投资者既没有能力也没有监督企业的动力，大量的股东就好像是集体的委托人，面临着监督困难的问题，就像一个名义上归人人所有但实际上不归任何人所有的国有企业一样。资本主义公司制主要是通过资本市场和经理劳动市场来解决软预算约束问题的：经理劳动市场通过把经理的声誉和收入与他

① Yunker, James. (1995): Post-Lange Market Socialism: An Evaluation of Profit-Oriented Proposals. *Journal of Economic Issues*, No.3, September, pp. 683～717

们管理的业绩联系起来,解决经理的动力机制问题;而资本市场被认为是对经理的最有效的监督机制,因为对公司接管的威胁可以保证经理的忠诚和管理的效率,从而解决了承担风险者和管理风险者之间的利益冲突。巴德汉认为,经理劳动市场与资本主义财产制度之间没有必然的联系,因而可以在市场社会主义中复制一个有效率的经理市场;但重新复制一个没有私有制的资本市场是非常困难的,而且社会主义经济中通常不具备资本市场的机制。英美国家的经验表明,资本市场并不是一种最有效的监督机制,它不仅是一种滞后和浪费的机制,而且股票市场兴起的恶意收购之风会起到适得其反的效果。巴德汉注意到,在英美盛行的公司收购的游戏在欧洲大陆及日本的企业经营中并不是绝对必需的,特别是在日本。他指出:“战后日本(至少到 20 世纪 70 年代中期)在以一个主办银行(the Main Bank)为核心的金融系列(Keiretsu)内,各个私有公司的相互持股的主要实践,提供了一个有意义的当事人监督的替代模式。在我主张的关于市场社会主义监督金融体系的替代模式中,我吸收了日本体系中的某些特征。”①

在巴德汉的模式中,国家不直接拥有公有企业,企业的财产形式是一种联合股份公司,它的一部分股份由本企业的职工所拥有,但其主要的股份要由同一金融系列的其他公有企业(也包括它们的职工)、主办投资银行及其他的附属公司所拥有。巴德汉认为,同一金融系列的企业之间互相持股,将提供刺激同一金融系列的其他企业利润最大化行为的动机和某些手段。主办银行也持有该系列企业的大量股份,这提供了银行密切监视企业管理层经营状况和对经营状况较差的经理进行制裁的动机和手段。同时,某些股份将为金融系列之外的其他金融机构所拥有,如退休基金、地方政府等。

除向同系列的企业贷款外,主办银行更重要的角色是代表监督者。当企业的管理出现问题时,一是主办银行可以采取刺激或惩罚管理层的措施,可以与企业重新谈判债务契约,安排金融营救计划,通过延期支付利息和紧急贷款来帮助困难企业;二是银行可以安排对其附属企业的技术援助,或出售企业的部分股份以弥补其经营损失;三是因为银行持有大量的企业股份,它甚至有权暂时接管困难企业的管理;四是一旦破产不可避免,破产企业的资产将由主办银行处理给同一系列的其他企业。

巴德汉认为,他的模式可以在很大程度上缓解公有企业的所有者和经理之间的委托—代理问题,主办银行与系列企业成员之间要比以股票市场为中心的普通股东与公司之间更具有利害关系,更掌握企业的内部信息,因而可以比分散的股东更早地发现问题而采取行动。并且,银行在承担风险和创新方面,比分散的股东更注重长期的利益,更能容忍暂时的低收益的投资计划。而在股票市场的体系中,即使是最理性的投资者,在对企业行为的不完全信息情况下,也只对短期的获利性予以关注。在以银行为中心的金融体制中,作为代表监督者的主办银行通过向企业提供信息保证,可以使企业投资计划的跨度更长些,从而可以减轻企业投资的短期性。

当主办银行在公司集团中以主要监督者的身份行动时,必然会出现的一个主要问题是:谁来监督监督者?如果主办银行实质上依靠国家的资助,政治方面的软预算约束仍然会赫然显现出来。巴德汉认为,资本主义和社会主义都存在政治上的软预算约束问题,因

① Bardhan, Pranab. (1993): On Tackling the Soft Budget Constraint in Market Socialism. *Market Socialism: The Current Debate*, edited by Pranab K. Bardhan and John E. Roemer, New York: Oxford University Press, pp. 147.

为它们的政府都会面临着强大的政治压力,要求国家采取宽大政策以承担损失或提供财政援助予以补贴。因此这两种制度都会经常犯这样的毛病。在资本主义经济中,占统治地位的意识形态更能容忍解雇和破产,但在把稳定和安全看得比流动和改变更重要的社会主义经济中,资本主义市场经济的退出机制被认为太严酷。因此,在社会主义的监控机制下,克服社会主义政治上的软预算约束问题是非常困难的任务。但巴德汉认为,在他设计的模式中,有许多理由可以确信政治上软预算约束问题的程度得以减轻了许多。首先,在国家与作为独立的联合股份公司的公有企业之间有一个比较坚硬的和独立的中间层次,这个层次由技术上互相持股的公司和行使监督职能的银行组成,它对防止政府的干预起到了保险杠的作用。其次,银行之间争夺主办银行地位的竞争,以及主办银行经理对其声誉的关注,是对政治压力敏感性的抗敏剂。经理劳动市场是不会"忘记"经理们的经营纪录的。另外,银行经理们的收入是与他们的经营业绩挂钩的,经理个人收入的减少虽然远远赶不上因他们的经营失误而造成的损失,但个人收入的损失对经理不犯粗枝大叶的错误有足够的制约作用。再次,向国际市场开放是防止监督机制的纪律松弛和生产、投资决策的非政治化的重要保证。最后,在这个模式中,虽然国家直接拥有大部分银行的股份,但银行股份中的一个有意义的比例将被公共基金、保险公司和其他银行所拥有,这些投资机构对经济问题比对政治问题更为关心。

三、罗默的"息票经济"

巴德汉的模式是为股票市场尚未充分发展、相应的金融机构尚不健全的经济而设计的。然而对罗默来说,更现实的问题是,在像美国这样的资本市场非常发达并且它在监督经理方面发挥着比银行更重要作用的国家里,如何发挥资本市场的作用呢?问题还表现为,如果原样照搬资本主义的资本市场,就必然要把它所产生的非社会主义的恶果,诸如财富在少数富人的手中聚敛、收入分配不公、两极分化等一并吞下。因此,如果要在不违反社会主义平等原则的基础上发挥股票市场对经理的监督作用,就必须对资本市场加以改造。改造的途径就是去掉或者限制资本市场对收入分配的负面效应,而保留或者利用它的监督机制的外壳。罗默在他的市场社会主义模式中设计了一种改造过的股票市场经济,他将这种经济称之为"息票经济"(a Coupon Economy)。

罗默的"息票经济"的具体内容是这样的:"最初政府把固定数量的息票或凭证分配给所有的成年公民,公民用它购买企业的股票,这种股票不是以通常的现金而是以息票的形式来命名的。拥有一个企业的股份使公民有权分享那个企业的利润。更现实地,公民可以把他们的息票投资于共同基金的股份中,由后者购买企业的股份。人们不能用货币购买股份或息票,然而,在息票的价格下,人们可以用一个企业的股份交换另一个企业的股份。因此,息票市场的价格将波动,就像通常的股票市场一样。"①

为了防止股票市场使财产和财富日益集中在少数富人手中,罗默的一条根本措施就是使息票经济与货币经济脱钩,或者更准确地说,使息票和货币不能相互转化。这就是"息票经济"名称的由来。在罗默的模式中,不允许用货币购买股份,息票也不能现金化。所

① Roemer, John. (1994): *A Future for Socialism.* Cambridge, Massachusetts, Harvard University Press, pp. 49 ~ 50.

以，少数富有公民将不能拥有大多数的股份，企业所有权集中在少数人手里的现象可以避免。因此，息票制度是这样一种机制，即在利用股票市场所具有的承担风险和监督企业功能的同时，避免了它对财富和收入所产生的负面效应。罗默主张，在一个公民去世之后，他（她）持有的股票将会返还给公共财政部门，并且以新息票分配的形式移交给新的一代。

罗默认为，息票市场具有资本主义股票市场三个功能中的两个功能：一是企业的息票价格的波动对于银行和公民来说是这个企业经营状况的信号；二是息票市场允许公民选择承担何种风险。它不执行资本主义股票市场的第三个功能，即筹集资本功能。这个功能在他的模式中是由银行来承担的。罗默论证了息票经济的好处：首先，它能够像资本主义股票市场一样提供对企业经理的纪律刺激。如果企业的管理不善，共同基金中的这个企业的股份将被出售，企业息票价格就会下跌。当银行发现某一企业的息票价格下降，这就意味着这一企业的经营情况出现了问题，银行可以采取进一步行动紧密地监视企业的管理层。其次，可以避免企业所有权集中在少数人手里的现象。再次，可以保证企业的利润在人口中平等分配。这最后一点涉及罗默的平等分配社会红利的方案，这里简要加以介绍。

在罗默的模式中，经济总剩余或总利润不是被社会的一小部分人拿走，而是或多或少地以平等的形式在所有的公民中间进行分配。企业的利润归全体人民所享有并在全体人民中间平等地分配这一思想并不是罗默的发明，而是源于兰格所说的“社会红利”（social dividend）。但是罗默比兰格更系统地论证了，只有让全体人民共同分享总利润，才能充分体现公有产权关系中的收益权，才能实现社会主义的平等目标，也才能避免由于市场社会主义依赖市场配置资源而不可避免地导致与资本主义一样的财富和收入分配的不公平。罗默的利润平等分配方案是这样的：作为劳动者、储蓄者和生产资料的所有者，一个公民从三种源泉上获得收入，即①工资收入，随着劳动者的劳动熟练程度和劳动时间的变化而变化；②储蓄的利息收入，在公民之间的分配是不同的；③社会红利，在公民中间的分配是大致平等的。罗默认为，任何市场经济，无论有无资本家，都不会带来一个完全公平的社会。在市场社会主义中，每一个人的天生素质不同，家庭背景和社会环境不同，结果就会造成收入分配的相对不公平。市场社会主义的工资差别如果是合理的话，那原因仅仅在于，工资差别是利用市场配置劳动的副产品，而且目前还没有比利用劳动市场更为有效的配置劳动的手段。但是无论如何，市场社会主义将比资本主义公平得多。对于作为社会红利的利润，罗默则强调必须绝对地平等分配，因为只有这部分收入才能体现社会主义的平等权利，亦即每个人作为生产资料所有者分享经济剩余的平等的收益权利。

第四节　简要评述

第一，市场社会主义既是一种把市场配置资源的效率长处和社会主义公有制经济结合起来的主张，又是一种在现代资本主义市场经济条件下替代资本主义的社会主义新型经济体制的探索。市场社会主义突破了西方主流经济学关于市场经济等于私有制的理论传统，在探讨社会主义与市场经济相结合的理论建设方面作出了重要贡献。通过构建经济体制的理论模式，市场社会主义证明，市场的效率原则与社会主义公有制原则可以有机地结合在一起，从而实现高效率和无剥削、平等、团结、民主、自由的社会主义价值目标。

第二，市场社会主义的根本缺陷在于，由于它不能正确地说明如何实践和由谁来实践其理想，因而它所设计的关于未来美好社会的蓝图仍然具有空想社会主义的色彩。过渡论是市场社会主义理论中的最薄弱环节。西方市场社会主义者中间，有人对过渡论避而不谈，有人则长篇大论，对过渡论进行了详尽论述；有人认为过渡非常困难，有人则认为非常容易。他们找不到实现其理想的现实的物质力量，而是诉诸于理性，诉诸于善心和美好的愿望。

第三，我国在社会主义市场经济体制建设中出现的许多问题，遇到的许多难点，究其根本原因，恰恰在于缺乏处理平等与效率、公有制经济与市场经济矛盾的协调机制，结果往往是为了效率牺牲了平等，为了市场经济牺牲了公有制经济。西方市场社会主义在处理公有制经济与市场经济相结合出现的矛盾时设计的协调机制，对我国社会主义市场经济建设具有重要的借鉴意义。

思考题

1. 什么是市场社会主义？西方市场社会主义的两大基本模式的区别和联系是什么？

2. “经济民主”、“劳动雇佣资本”和“按劳分配”的主要内容是什么？

3. 公共的市场社会主义是如何解决公众—国家和国家—公有企业的委托—代理关系的？

4. 公共的市场社会主义平等分配社会红利方案的主要内容是什么？

5. 试分析西方的市场社会主义和中国的社会主义市场经济的区别。

参考文献

1. 〔克〕霍尔瓦特. 社会主义政治经济学：一种马克思主义的社会理论. 长春：吉林人民出版社，2001

2. 〔英〕埃斯特林和格兰德. 市场社会主义. 北京：经济日报出版社，1993

3. 吴宇晖. 市场社会主义：世纪之交的回眸. 北京：经济科学出版社，2000

4. Frank Roosevelt and David Belkin ed. , *Why Market Socialism*: *Voices from Dissent*. New York: M. E. Sharpe Inc.

5. Pranab K. Bardhan and John E. Roemer ed. *Market Socialism*: *The Current Debate*. New York: Oxford University Press, 1993

6. David Miller. *Market, State And Community*: *A Theoretical Foundation of Market Socialism.* Oxford University Press, 1989

7. Vanek, Jaroslav. *The General Theory of Labor-Managed Market Economies.* Ithaca, N. Y.: Cornell University Press, 1970

8. Roemer, John. *A Future for Socialism.* Cambridge, Massachusetts, Harvard University Press, 1994

第 26 章

当代西方经济学流派与思潮

转型经济学

学习要点和要求

了解转型经济学的形成过程、学术渊源和特点，熟悉转型经济学的主要范式，讨论和评议转型经济学对中国经验的不同解释，思考和评论转型经济学的贡献和局限，研究转型经济学的发展趋势。

第一节 转型经济学的形成、学术渊源和特点

一、转型经济学的形成

转型经济学又被称做转轨经济学或过渡经济学，它是以从计划经济向市场经济的过渡为研究对象的一门新的经济学科。

众所周知，社会主义制度的最初模式是高度集中的计划经济模式。这一模式在社会主义经济发展的初期曾经发挥过巨大的作用，有效集中和动员了有限的社会资源，加速了工业化的进程，并在生产力水平比较低下的情况下，实现了收入分配的高度平等。但是，随着经济和社会的发展，计划经济中动力不足、经济结构僵化、经济效率低下、官僚主义盛行等弊病日益明显，因此引入市场机制成了经济发展的必然趋势。在这种情况下，从 20 世纪 50 年代末 60 年代初开始，各个实行计划经济体制的国家都不同程度地对原有的体制进行了一些改革。改革的内容虽然各不相同，但都是围绕着如何在社会主义制度中发挥商品关系和市场的作用而展开的，这种以市场取向为目标的改革一度对于经济发展起到了积极推动作用。关于经济改革的理论出现了许多重要成

果，例如，波兰经济学家奥斯卡·兰格在20世纪30年代提出了计划模拟市场的著名的“兰格”模式；布鲁斯在60年代提出了集权与分权相结合的含有市场机制的计划经济模式；捷克经济学家奥塔·锡克提出了宏观收入分配计划指导下的自由市场理论；南斯拉夫自治理论家卡德尔提出了自治社会主义理论；等等。

但是，从总体上看，在20世纪90年代以前，绝大多数社会主义国家的经济改革基本上是在完善社会主义宪法制度和计划经济体制的框架内进行的，严格意义上的转型问题或过渡问题并没有产生。转型经济学和过渡经济学的出现是以80年代末前苏联和东欧各国政治上的剧变和90年代初其经济全面向市场经济过渡为标志的。90年代以前的改革与90年代以后的过渡在性质上有很大的不同。从实践上看，90年代以前计划经济国家的改革是在社会主义宪法制度的框架中进行的，而在90年代以后，社会主义宪法制度在原苏联、东欧国家被否定了，宪法制度的改革演变成了宪法制度的“革命”。从理论上看，90年代以前的改革是以市场社会主义理论为基础的，其核心思想是探索计划与市场、公有制与商品关系的兼容性，而在90年代以后，过渡经济学被纳入西方主流经济学及其他流行的经济学的分析框架之中。

20世纪80年代后期，前苏联、东欧的市场社会主义实践纷纷陷入困境，新自由主义思潮的影响日益增长。随着80年代末90年代初激进式改革的大规模实施，前苏联、东欧的改革理论全面转向，以完善社会主义为目标的改革理论与改革实践被新自由主义所替代。改革经济学转变成为过渡经济学。1989年以后，有相当一批经济学家投入到对转型过程的研究中，这批研究者包括了一些世界著名的经济学家，如斯蒂格利茨、布坎南、杰弗里·萨克斯、科尔内等；有关转型问题的学术文献大量涌现；各种以转型经济学为主要研究目标的研究机构也纷纷出现，如密执安大学的威廉·戴维森研究所，斯德哥尔摩经济学院的斯德哥尔摩转型经济学研究所（SITE），鲁汶天主教大学的LICOS，爱丁堡黑里约瓦大学的经济研究和转型中心（CERY），布拉格的经济研究中心及研究生教育—经济学研究所（CERGE-EI），莫斯科的俄罗斯—欧洲经济政策中心和新经济学会等等。此外，还出现了转型经济学的专门杂志（Economics of Transition）。许多大学和研究机构设立了转型经济学的研究项目和课程。[①] 对转型经济学的研究受到了广泛的重视。

二、转型经济学的学术渊源和特点

转型经济学并不是一种独立的经济学理论或流派，而是对既有的经济学基本理论的运用和扩展，不同理论流派的经济学家对于经济转型的目标、过程和前景等问题的认识也各不相同，不同的转型理论有着不同的理论或学术渊源。

苏东剧变刚发生时，在正统经济学家中间立刻达成了一种共识，即向市场经济的过渡必须实行以宏观经济的稳定化、价格的自由化和国有企业的私有化为核心的激进式改革，人们不可能两步跨越一道鸿沟，渐进式改革是难以成功的。在以上共识的基础上，形成了关于转型的一些基本命题：

- 社会主义与市场经济是不能兼容的，市场社会主义的试验已经失败了。
- 除非实现了宏观经济的稳定，否则体制的转型不可能成功。

① 参见热若尔·罗兰.转型与经济学.北京：北京大学出版社，2002.4

- 除非私有产权得到了确立，否则企业不会对市场信号作出有效的反应。
- 除非价格由市场来决定，否则企业追求利润的行为不会导致社会满意的结果。
- 除非彻底纳入世界经济体系，否则经济增长将受到严重的抑制。
- 从计划经济向市场经济的转型必须是快速的。
- 政治制度的民主化是经济改革获得成功的必要条件。

但是，实践的结果却出人意料：价格自由化和宏观经济稳定化之后产量大幅度下降；私有化的结果导致了"内部人"获益；有组织的犯罪活动引人注目的增长，俄罗斯的所谓黑手党现象严重；如此之多的国家分崩离析；最大的正面意外是中国经济改革的成功。所有这些都表明，经济学家们还没有作好面对转型的心理和思想准备，人们有关转型的知识和对转型的理解相当有限，并且大部分是"事后诸葛亮"（热若尔·罗兰，2002）。虽然推崇激进式改革的经济学家提出了许多理由来为前苏联、东欧经济转型的恶劣绩效辩护，比如，改革的绩效取决于改革的初始条件而与改革的政策和路径无关，宪政规则的彻底改变所造成的短期内的负面效应会带来长期的繁荣，就像持续了大约一个世纪的法国大革命最终带来法国的强盛一样（杰弗里·萨克斯等，2003）。但是，面对着激进式改革与渐进式改革在经济绩效上的鲜明对比，这样的辩护显得苍白无力，不同流派的经济学家纷纷起来对新古典经济的激进式改革理论和政策主张展开批评，并提出自己的理论主张。

总的看来，转型经济学理论具有以下几个显著特点：

第一，转型经济学是以从计划经济向市场经济的过渡为研究对象的，因而，具有明显的时效性。随着经济转型过程的完成，转型经济学的研究对象将不复存在。

第二，转型经济学是一门新学科，历史较短，因而并没有系统成熟的理论体系，不同的理论流派对于转型问题有着不同的认识，形成了转型经济学的若干不同理论范式。

第三，转型经济学研究的对象不是稳定成熟的市场和社会秩序，而是处在变化中的经济制度和运行规律，因而它侧重对变化过程的研究。

第四，在经济转型过程中，政治、法律、文化及其他社会因素发挥着十分重要的作用，因而转型经济学的研究还具有较强的综合性。

第二节　转型经济学的理论体系

一、主要的理论范式

转型经济学并不是某种独立的经济学流派或经济学理论体系，它是运用经济学基本理论研究经济转型过程的产物，不同的经济学流派有着不同的转型理论。其主要的理论范式可以概括为以下几种。

（一）新古典经济学的转型理论

在转型之初，以新古典经济学为基础的华盛顿共识在过渡经济理论和政策领域中占据了统治地位。华盛顿共识认为，严厉的需求紧缩，加上放松管制、贸易自由化和私有化，就可以推动经济增长。这一观点通过国际货币基金组织和世界银行等金融组织的大力推广和新古典经济学教科书的强势话语，在很大程度上成为转型国家的实际政策，结果就是所谓的"休克疗法"和"大爆炸"。激进式改革包括稳定化、私有化、自由化和制度化四个部分，它试图通过紧缩货币、放开价格、全面推进私有化，在短时期内实现计划经济向市场经济的过渡，推动经济的稳定增长。激进式改革的具体措施大体包括以下内容：大幅度缩减货币供应量，实行高利率，取消优惠贷款；消除预算赤字，减少对企业和价格的补贴；保留少数重要商品的国家定价，绝大多数商品的价格全面放开；取消对企业工资的限制；取消和减少政府对对外经济活动的各种限制，实行对外经济活动的自由化；全面改革财政税收体制，引入新的预算制度和税收制度；引入新的银行制度，实行银行的商业化；建立新的社会保障制度；更新民法体系，建立新的法规制度；分步实行国有企业的私有化。

对于中国渐进式改革成功所提出的挑战，新古典经济学家所作的反应是：一方面，他们把中国改革的成功当做一种例外，认为中国的成功主要得益于一系列有利的初始条件或内部条件，不具有普遍意义；另一方面，他们强调，中国渐进式改革的成功是十分有限的，中国的改革正在陷入困境，而这种困境正是由于没有实行彻底的自由化路线所导致的。

但是，一方面，由于这一理论所推崇的激进式改革的绩效使人们大失所望，另一方面，由于新古典经济学只是关心市场运作的理论，而不关心市场发展的理论，它抽象掉了时间、制度以及政治和文化等重要因素的作用，因而无法对制度变迁的复杂过程作出系统解释。新古典经济学的转型理论受到了众多来自各方面的批评，制度经济学、政治经济学和演进经济学的影响迅速扩大，至少在过渡经济学领域内，主流与非主流的界限变得模糊不清，理论的发展进入了"战国时代"。

（二）凯恩斯主义的转型理论[①]

新凯恩斯主义的代表人物斯蒂格利茨认为，不完全且代价很高的信息、不完全的资本市场、不完全的竞争，都是市场经济的现实。以完全竞争范式为基础的新古典经济学不仅在转型经济和制度选择中用处很小，即使在解释发达的市场经济方面也存在着根本的局限，经济转型的实践证明了华盛顿共识的局限和一种新的发展观的必要性。新的发展观认为，促进发展需要更广泛的目标和更多的手段，人们的目光不能只盯住 GDP 数值，而应当追求民主、平等与可持续发展；市场的有效运转不仅需要自由化、稳定化和减少政府干预，而且需要健全的金融规制、有效的竞争政策、促进技术的转化和鼓励透明化、维护社会组织并提高社会资本；发展要取得成功，就必须着眼于这样一个有机的整体，它必须包括公共部门、社区、家庭和个人的发展问题；等等。这种新的发展观就是所谓的后华盛顿共识。

在系统批判新古典理论的基础上，斯蒂格利茨对社会主义国家的经济转型问题提出了一系列值得重视的看法。例如，他认为，在经济转型过程中，竞争远比私有化重要得多，认为实行私有化就能提高效率的看法是一个危险的神话，头等重要的区别是竞争和垄断的区别，而不是私有制和国有制的区别。在转型经济中，由于没有正常运转的资本和劳动力市场，而且供给反应可能更为重要或不同，因而，紧缩需求可能会在减少供给的同时减少需求。他还认为，渐进方式的可取性有两个主要理由：首先，政府可以选择比较有希望成功的

① 这里所说的凯恩斯主义是从理论和观点的角度加以界定的，至于某个学者是否严格地归属于凯恩斯学派的问题，不属于本文讨论的范围，本文对其他观点的归纳也是如此。

领域进行改革,在合理的预期的影响下,投资者会考虑政府的举措。其次,从计划经济向市场经济转轨过程中,个人和组织都要学习,渐进过渡可以避免“信息超载”和因组织受到破坏而引起的信息损失,有助于这种学习过程。马克·奈尔等后凯恩斯主义者认为,激进式改革对于自由市场的崇拜是盲目的,市场化和私有化的方案忽视了这样一些重要事实:人们之间的经济关系并不是一种单纯的交易关系,而是一种生产关系;企业与市场是相互补充的,而不是相互替代的;价格机制不仅是资源配置的一种手段,它同时还具有金融、战略、生产等重要功能;私有化对于提高效率并不是必要的,在适当的环境下,国有企业也可以对市场作出积极反应;货币供给是金融制度的内生变量,宏观经济政策的制定受着严格的限制(Mark Knell and Christine Rider,1992)。阿姆斯旦和泰勒等认为,向资本主义的过渡更多需要的是“看得见的手”而不是新自由主义的“看不见的手”。资本主义的成功有赖于能够支持长期投资和承担风险的制度,而这种制度的建设,包括建立明确的产权和契约法律,创建能够执行宏观政策和贸易、竞争、技术和工业政策的私人及公共组织等,只有通过国家才能建立。彼德·诺兰认为,在经济转型过程的不确定环境下,私人行为更倾向于短期化,市场失败的范围更大,强有力的政府干预是解决市场失灵、顺利推进经济转型过程的有效手段(Peter Nolan,1995)。

(三)演进主义的转型理论

渐进式改革的成功和激进式改革的挫折为演进主义提供了有利的事实根据,演进主义的兴起及其影响的逐步扩大是过渡经济学发展的一个重要的趋势。演进主义理论主要由三个部分组成:演化经济学、保守主义政治学和哲学上的不可知论。其基本思想是:知识和信息是主观的,而且是以分散的个人状态存在的,因而,人们根本无力认识和控制社会生活,文明的进化只是对经验和传统不断适应的结果,自然而然的社会是最好的社会,通过理性设计而进行大规模的社会变革只能是一种乌托邦,必然会造成社会的灾难。因而它主张渐进主义,反对大规模变革。麦克米伦和诺顿认为,计划经济之所以缺乏效率,在于计划者不能获得充分而准确的必要信息,而在市场经济中,生产决策所必要的信息都集中体现在市场价格中了。在计划经济向市场经济的过渡中,根据一个预定的时间表进行一揽子改革时,设计人和执行人同样面临信息不足的难题。美国经济学家蒙勒根据演进经济学和保守主义的政治理论,对计划经济向市场经济过渡的两种改革方式的区别作了深入的分析。他认为,两种改革方式的根本区别在于:激进改革观把社会看成是一种资源配置手段,因此它设计了一个理想的资源配置体制并希望将其一步到位;渐进改革观则把社会看成是一种信息加工手段,认为社会的信息量有一个累积过程,任何改革方案最初都是以旧体制下获得的信息为基础的,对于未来,改革者只能走一步看一步。两种改革观的这种根本差异决定了其他的一些区别:如,激进改革是从预期的终点来规定自己的计划,强调立即实施成熟的市场经济,而渐进改革要解决的是目前最迫切需要改革的问题,其建立的基础是对目前需求的实际评价;激进方法强调破坏旧的体制,认为旧体制在最终状态中毫无价值,渐进方法则承认现存组织在持续运作中所掌握的信息和经济因素在持续相互作用中所掌握的信息;激进方法追求速度,实行坚持不变的既定方针,渐进方法则强调信息和知识的连续性,实行可逆转性政策;渐进改革可以是小规模的,可试验的;等等。他认为,最成功的改革将属于那些在一段较长的时间里不断进行变革的国家,而不是那些用激进战略在过去和未来之间造成突然断裂的国家(Mcnillan and Naughton, 1992;Peter Murrel ,1994)。青木昌颜等人认为,经济体制是一个复杂的进化系统，其内部具有自我强化的机制，不同制度之间存在着互补性，互补性越强，改革的成本越高。同时进行大规模经济改革时，即使总的方向已经确定，改革的结果和过程也会有很大的不确定性，制度发展过程中还必然会产生出形形色色的利益集团，给体制改革的推进带来政治上的困难，因此，渐进式改革方式更为可取（青木昌颜等，1999）。Gernot Grabber and David Stark 认为，从进化论观点看，没有多样性，就没有选择，制度和组织的快速变化，往往会牺牲长期效率。相反，旧体制的存在，制度变迁中的摩擦，会保留制度的多样性，为新制度的选择和产生提供广阔的空间，从而促进制度的成长（Gernot Grabber and David Stark，1998）。王辉认为，要使计划经济下形成的高度专门化的物质资产、制度资产特别是人力资产适应市场经济的要求，并提高它们的潜在价值，需要实践和时间。没有这种恰当的转化和再升值，实行市场经济时各种资产必然会发生贬值，造成资源的浪费，降低资源配置的效率。

（四）制度经济学和新政治经济学的转型理论

20 世纪 90 年代以来的经济学理论中，制度经济学是最大的赢家。“如果转型的经验给了我们任何启示的话，那便是，没有以适当的制度为基础的自由化、稳定化和私有化政策，不大可能产生成功的结果。随着合同理论、政治经济学、法律与经济学、规制理论、公司财务以及应用经济理论及其他领域的发展，重点向制度学派观点的转向已经在很大程度上发生着”（热若尔·罗兰，1994），这种状况在过渡时期的中国经济学界表现得尤为明显。80 年代，比较经济体制学曾经盛极一时，成为中国改革经济学的一个主要理论来源。90 年代以来，新制度经济学代替了比较经济体制学，成为过渡经济学特别是中国的过渡经济学的主流理论，影响日益增大，产权理论、企业理论、合约理论、制度变迁理论等受到了广泛的重视和运用，有关文献如雨后春笋般出现。一些学者认为，以科斯为代表的新制度经济学和以布坎南为首的公共选择理论，不仅自身具有很强的理论魅力，而且对中国的具体问题和过渡过程有着很强的解释力和指导意义。根据这些理论，当改革的成本与收益使制度的供给与制度的需求相等时，制度处于均衡状态；当改革的预期收益大于改革的成本时，制度变迁就会发生。因此，改革的过程实质上是追求利益最大化的理性人在一定的约束条件下寻求改革成本最小的最优改革路径问题。对科斯的理论加以推导，对科斯的交易费用理论与布坎南的公共选择理论加以综合，构成了支撑“计划权利交易”的理论方法的基础。改革的“实施成本”是改革的“激进程度”的减函数，改革的“摩擦成本”是改革“激进程度”的增函数，“实施成本”的存在使人们倾向于激进式改革，“摩擦成本”的存在使人们倾向于渐进式改革。

在过渡经济学领域，与制度经济学一起广受关注的还有新政治经济学①。新政治经济学的代表人物布坎南指出，市场制度是自由交易的制度，这种制度的有效运转依赖于能促进自由交易的制度结构和能适应并按照市场理念行动的个人，而这些制度结构和具有市场理念的个人又是长期历史发展的产物，认为市场经济可以在没有历史、没有制度结构和没有市场理念的条件下形成并发挥作用，是一种天真的想法。那些建议市场黑箱总是有效率

① 新政治经济学是关于公共决策的经济学分析，它着重研究的是政治与经济的相互作用，与传统政治经济学含义不同，传统的政治经济学与经济学是同一概念。

的西方经济学家们,只能增加而不是减少市场转型的困难。布坎南还认为,对于转型经济来说,以下一些理论是有益的,它们是:奥地利学派、交易经济学、制度经济学、博弈论、一般均衡理论、实验经济学、法经济学、新制度经济学、产权经济学、公共选择理论。而另外一些理论则用处很小,它们是:投入产出分析、工业政策学、最优控制理论、最优增长理论、最优税收理论、社会选择理论、社会福利函数和计划理论等(James M. Buchanan,1997)。科尔内的观点说得明白:"解决经济问题的一个基本条件是政治制度的根本变化。我是一个经济学家,但是,我不得不强调,首要的问题是政治而不是经济(Kornai,1995)"。杰弗里·萨克斯等人的观点也很具代表性,他们认为,转轨的核心是宪政规则的大规模改变,只有宪政制度的转轨才是衡量改革成败的最终标志,而经济转轨(即价格自由化和私有化)则只是转轨的一个部分(杰弗里·萨克斯等,2002)。

(五)市场社会主义的转型理论

市场社会主义是以实现社会主义与市场经济的结合为目标的一种理论和主张,市场社会主义理论庞杂,流派众多,但是它们的基本思想是一致的,即认为社会主义和市场机制不是对立的,而是可以统一起来的,市场机制可以成为实现社会主义目标的手段。按照罗默等人的概括,迄今为止市场社会主义理论经历了五个重要的发展阶段,有近百年的历史:第一个阶段认识到社会主义经济中的资源配置不能使用自然单位,而必须求助于某种价值符号;第二个阶段认识到社会主义经济需要通过计算方程式来达到一般均衡;第三阶段提出了用竞争的方法解决社会主义经济中的资源配置问题;第四阶段是社会主义国家市场化改革的理论和实践;目前市场社会主义理论的发展进入到第五个阶段,这一阶段的特点是认识到了必须把社会主义的目的和手段区别开,改革传统的公有制形式(John E. Romer,1994)。

在20世纪90年代以前,市场社会主义理论在社会主义国家的经济改革中一直处于核心地位。苏东剧变之后,新自由主义者普遍认为,市场社会主义的试验已经失败,社会主义与市场经济是水火不容的,向资本主义过渡是市场化改革的必然结果(Kornai,1995)。但是,中国经济改革的经验对这种观点提出了挑战。1992年以后,社会主义市场经济成为中国经济改革的目标,中国目前正在进行的国有大中型企业建立现代企业制度的改革试验,就是以实现公有制与市场机制的兼容,在市场经济条件下更好地发挥国有经济的主导作用为目标的。

经过近百年的探索和实践,市场社会主义的理论与实践获得了巨大的发展,社会主义理论和社会主义制度已经完成了从反市场向亲市场的转变。但是,实现社会主义与市场经济联姻的任务还远没有完成。社会主义国家经济改革的实践已经表明,实现公有制与市场经济的兼容是一个复杂的长期的任务,不可能一蹴而就,需要长期的努力和探索。

二、对中国经验的不同解释

1978年以来,中国的改革历经20多年,逐步形成了一条独具特色的渐进式改革道路,推动了经济的高速增长。虽然已有的改革试验获得了相当大的成功,但是,对于如何解释中国改革的经验,如何说明中国渐进式改革的内在逻辑和未来趋势,国内外的经济学家们却众说纷纭,对中国道路的研究成为过渡经济学中的焦点问题。

以萨克斯为代表的新古典经济学家一方面认为,中国的成功主要得益于一系列有利的初始条件,如半工业化的经济结构、传统体制的松散性等,与改革的政策和改革的道路无关;另一方面他们强调,中国渐进式改革的成功是十分有限的,中国的改革正面临着许多困境,而这种困境正是由于没有实行彻底的自由化路线所导致的(Jeffre Sachs, Wing Thye Woo, 1994)。

但是,多数学者不赞同这种观点,他们认为,经济转型的不同绩效与改革的道路和政策有着密切的联系,并试图揭示中国改革道路的内在逻辑。

双轨制是中国渐进式改革的典型形式,因此,对双轨制的分析就成了揭示中国渐进式改革经验的基本环节。20 世纪 80 年代,经济学界对于双轨制的分析集中到价格双轨制上,90 年代以后,对于价格双轨制理论的说明更加精细和专业化。例如,罗兰德等人运用微观经济学均衡模型证明:价格的完全自由化必然导致经济产出的下降,而中国的价格双轨制则可以避免这种结果(Geard Roland and Thierry Verdier, 1999)。有的学者认为,以价格双轨制为特征的"边界改革"的经验在于,国有部门在计划外边界上通过对价格信号作出反应去捕捉获利机会要比突然被私有化的国有部门对经济扭曲和短缺作出的反应更迅速。但是,与此同时,所有制双轨制逐步代替价格双轨制成为理论分析的重点。在 1992 年发表的《中国社会主义经济转型战略的经验》一文中,马克 · 内尔等人已经注意到,中国经济改革最重要的特点不是一步放开价格和对国有企业实行私有化,而是逐步放开价格并在经济转型过程中出现了大量的非国有经济,从而在经济生活中引入了竞争机制,产生了硬性预算约束和足够的供给反应,导致了短缺的逐步消失,并迫使国有企业改变其行为方式,推动了经济增长(Mark Knell and Wenyan Yang, 1992)。有的学者明确地把渐进式改革概括为增量改革。他们认为,渐进式改革的基本特征就是在旧体制因阻力较大还"改不动"的时候,先在旁边或周围发展起新体制,并随着新体制的逐步壮大逐步改革旧体制;而苏东激进式改革的基本特征在于从一开始就必须对旧体制进行改革,并以此来为新体制的成长铺平道路。布兰查德提出了一个将双轨制一般化的理论模型。他认为,经济转型的核心要素是私有企业的成长、国有企业的改革和失业之间的关系,私有经济的增长减少失业,国有企业的改革导致失业,两个因素结合起来使转型分为两个阶段:第一阶段,高失业阻止国有企业改革;第二阶段,经过一个较长时期,私有企业吸收国有企业调整中所释放的失业(Olivrer Blanchard, 1997)。因此,要先发展私有经济,然后再进行国有企业的私有化。科尔内把所有制改革的战略概括为两种:一种是有机发展战略(A 战略),一种是加速私有化战略(B 战略)。A 战略的设想是,新的私有经济的出现和私有经济在社会总产出中比重的扩大,同时通过出售和清理国有企业,缩小国有经济的比重。B 战略的设想是,通过转送的方法发展人民资本主义,快速消灭国有制企业。他认为,前一种战略是成功的,而后一种战略则是不成功的(Kornai, 2000)。

另外一些学者从其他的角度说明了中国渐进式改革的特征和经验。诺顿认为,中国改革的经验主要有以下五个特点:①在保留旧的行政体制的条件下开始进行宏观经济的稳定和工业结构的调整;②农村改革很快获得成功;③在政府垄断的部门逐步放松控制;④建立了价格双轨制;⑤在计划的规模绝对不变的同时,允许经济在计划外增长(Barry Naughton, 1994)。有的学者认为,经济改革的核心是经济发展战略的转轨,改革以前中国发展缓慢的根本原因在于推行了重工业优先发展的赶超战略,而改革以来中国经济迅速发展的关键则在于改革三位一体的传统经济体制,使中国的资源优势能发挥出来。同时,中国改革成功的一个重要保证是采取了一条代价小、风险小，又能及时带来收益的渐进式改革道路。世界银行在对中国经济的考察报告《90年代的改革和计划的作用》一书中，把中国改革具有普遍意义的经验概括为五个重要特征，即：以农业改革为突破口；强调市场化而不是私有化；采取渐进的改革方式；重视发展出口以及进入世界市场；国家在维护社会稳定方面的作用。

除了对中国渐进式改革的特点和经验的讨论外，学术界在对于中国渐进式改革经验意义的估价上也存在很大分歧，有的人持肯定态度，有的人持否定态度。持否定态度的人认为，中国的成功主要得益于一系列有利的初始条件，因而，中国的改革不具有普遍意义，而是一种特殊环境的产物。他们还强调，快速的自由化优于缓慢的自由化，中国的改革由于没有实行彻底的自由化而迟早会陷入困境（Jeffre Sachs, Thye Woo, 1994, 1997; Leszrk Balcero wicz, 1994）。持肯定态度的人认为，中国的改革道路是一条代价低、风险小，又能及时带来收益的成功道路，它最接近于"帕累托改进"或"卡尔多改进"。既然改革中国家的传统经济体制及其弊端都是相同的，改革的道路也应该是相同的。所以，中国改革的经验是普遍的而不是独特的。而这些关于中国经验的不同认识又直接影响着人们对改革的未来和走向的判断。

第三节　转型经济学的贡献、局限和发展趋势

一、转型经济学的意义

转型经济学的发展大大扩展了经济学研究的视野，深化了人们对市场经济和制度变迁过程的认识，并使经济学中的假设和命题受到了新的检验，主题、视角发生了新的转变，一些基本理论被重新检讨和反思，推动了一次新的理论综合。这主要包括：

● 经济制度的作用和制度经济学的观点受到了广泛的重视。

● 对宪法制度、利益集团和经济与政治相互关系的研究得到了加强。

● 对社会秩序和人类行为的复杂性、自发性和不确定性的理解有了很大提高。

● 对经济转型和市场演化过程的整体性（经济、政治和文化等多种因素的相互作用）的认识日益深刻。

●在主流经济学与制度主义、演进主义和新政治经济学之间出现了相互渗透和融合的趋势。

二、转型经济学的局限

转型经济学的各种理论存在着明显的局限和不足。新古典经济学对于理想状态下市场机制的运作问题提供了一套看似精确的理论和工具，反映了成熟市场经济运行的一些规律，这对于认识经济转型问题有着重要的参考意义。但是，新古典经济学是关于市场运作的理论，而不是关于市场生成的理论，它舍弃了时间，抽象掉了制度，又忽视了政治、文化和传统的作用，从而把复杂的制度变迁问题简化成了资源配置方式的转变问题，把向市场经

济过渡的核心简化成了"管住货币,放开价格"。这种过分简化的经济思维无法深刻理解制度变迁这一复杂的动态过程。新古典理论把渐进式改革的经验仅仅归结为有利的内部条件,这样它就不可能对实践提出的挑战作出真正回答,比如,既然国有企业与市场经济是对立的,那么为什么在国有企业占主导地位的条件下,改革与发展能够持续推进?既然行政管制与市场制度是对立的,那么为什么双轨制能够发挥积极作用?既然初始条件已经决定了改革的成败,那么制度的选择和人们的行动还有什么意义?在新古典经济学理想的市场王国中,这些问题不可能得到合理的解释。

与新古典主义理论相比,凯恩斯主义经济理论中的一些基本观点,如经济的不确定性、时间的不可逆性、市场的不完善和信息的不对称、货币供应的内生性等,更符合转型经济的实际,凯恩斯主义经济学家对于转型经济中产权改革、宏观经济、转轨速度和次序、政府与市场的关系等一系列重要问题的认识都很值得重视。但是,从总体上看,凯恩斯主义经济学是主流经济学范式的一个发展,因而,它不可能超越主流经济学的根本局限性。与新古典主义理论一样,它是关于市场机制运作的经济学理论,而不是关于市场机制生成的制度变迁理论;它脱离开了生产力和生产关系的相互作用和具体的历史环境,抽象地考察市场的运行,而没有对转型过程中经济、政治、文化和各种社会组织与社会集团在制度变迁过程中的相互作用给以应有的重视,因而,也就不可能对向市场经济过渡的制度变迁过程进行完整的说明。

演进主义在一定程度上揭示了社会变迁的复杂性、社会进化的不确定性和人类理性的局限性,对于人们克服激进式改革的简单思维有积极意义。但是,由于它否定了人类认识和控制社会的可能性,否定了社会理性和集体行动在制度变迁中的作用,否定了社会变迁中存在着客观的内在规律,从而把人类社会与自然进化完全等同起来,因而,不可能正确地认识经济发展和制度变迁的内在规律,也无法为人们有效地制定和实施正确的经济改革和经济发展战略提供理论上的指导。

新制度经济学把理性人的范式套用于制度分析中,把社会当做个人的简单加总,无法解决个人与社会的整合问题;把人与人的经济关系归结为抽象的交易关系或契约关系,把交易费用当做解释一切社会经济现象的万能钥匙,否认社会作为一个整体的独立性和客观性,否认生产过程在人类社会中的基础地位,最后只能把社会制度的变迁仅仅看做是个人心理的偏好或文化问题。

最重要的一点是,揭示中国改革的内在逻辑,说明中国渐进式改革的经验,不能脱离改革的性质、目标和宪法制度的约束,不能脱离经济、政治和文化之间的整体联系。只有把改革的目标和宪法制度的约束与改革的过程联系起来,把经济、政治和文化因素结合起来,才能比较完整地说明中国改革的内在逻辑。中国的渐进式改革与前苏联、东欧国家激进式改革的根本差异不是市场化的方式方法问题,是一步到位还是分步前进,是整体推进还是分部推进,是强制性变迁还是诱致性变迁,是经济改革为主还是政治改革为主,是增量改革还是存量改革,是先立后破还是先破后立,是从农村开始还是从城市开始等问题,而是改革的性质和目标问题。中国的渐进式改革是在工业化和社会主义宪法制度的基础上进行的市场化,而前苏联、东欧的激进式改革则是在根本否定社会主义宪法制度的基础上向西方式社会制度过渡。中国渐进式改革与前苏联、东欧国家激进式改革在性质和目标上存在的这种根本差异,决定了它们在具体的转型方式上存在着具体差别。

三、转型经济的未来

转型经济学的出现只不过是经济学悠久历史中短暂的一幕。经过十多年的经济转型，从计划经济向市场经济过渡的主要任务在大多数国家已经完成，后转型或后过渡时期已经到来。在这一时期，旧体制的束缚和新旧体制的摩擦已不再是经济生活的主要矛盾，代之而起的是市场经济的普遍化和与此相伴生的经济波动、失业、两极分化以及经济的全球化与民族国家之间的冲突。在中国，虽然改革的任务还很繁重，但是，在加入世界贸易组织以后，双重体制并存的局面已经从根本上被改变了，市场体制的主导作用已经牢牢确立。这一切都意味着，作为一门独立学科的转型经济学将逐步丧失其独立存在的价值。

然而，我们绝不可以由此而轻视转型经济学的发展在经济学历史中所具有的重要意义。转型经济学的价值并不因为转型问题的消失而消失，相反，却由于过渡问题的消失而更加普遍和持久。这不仅是因为转型经济学理论的发展大大扩展了经济学研究的视野，深化了人们对市场经济和制度演进过程的理解，也不仅是因为建立发达和完善的市场经济还需要很长的路要走，更重要的是因为，市场化的社会是这样一种社会，在那里，生产方式不断变革，社会关系持续变迁，社会生活日新月异，“创造性的毁灭”永不停息，过渡与转型不再是一种特殊的社会状态，而日益成为社会存在和社会发展的正常形式。从更广泛的意义上说，人类社会无时无刻不处在深刻的变化之中，农业化、工业化、信息化、市场化、民主化、全球化，历史潮流浩浩荡荡，永不停息。从这个意义上说，经济学本身就是一门研究转型和过渡的历史的科学，正如恩格斯所说，“政治经济学本质上是一门历史的科学……它首先涉及的是历史性的即经常变化的材料；它首先研究生产和交换的每个个别发展阶段的特殊规律，而且只有在完成这种研究以后，它才能确立为数不多的、适用于生产一般和交换一般的、完全普遍的规律”。[①] 也是在这个意义上我们可以说，转型经济学的意义是普遍的，持久的，它将在人类社会不停顿的变化中得到发扬光大。为了从转型经济学的发展中得到正确的启示，需要把经济学的一般理论与中国的特殊国情结合起来，需要一种整体的和历史的思维，经济学者们不应当沉溺在经济学帝国主义的傲慢王国中自我陶醉，而应当向古典政治经济学家们的优秀传统学习，从哲学、政治学、文化学、社会学和历史学以及自然科学中吸取智慧和营养。

思考题

1. 试述转型经济学形成的历史背景。
2. 简述转型经济学的基本命题和主要特点。
3. 论述转型经济学的主要范式。
4. 讨论和评议转型经济学对中国经济的不同解释。
5. 试论转型经济学的贡献、局限和发展前景。

① 马克思恩格斯选集. 第3卷. 北京：人民出版社，1995. 489 ~ 490

参考文献

1. 热若尔·罗兰. 转型与经济学. 北京:北京大学出版社,2002

2. 青木昌彦. 经济体制的比较制度分析. 北京:中国发展出版社,1999

3. 樊纲. 渐进改革的政治经济学分析. 上海:上海远东出版社,1997

4. 彼得·蒙勒. 论激进经济改革与渐进经济改革. 见李兴耕. 当代国外经济学家论市场经济. 北京:中共中央党校出版社,1994

5. 王辉. 渐进革命. 北京:中国计划出版社,1998

6. 张军. "双轨制"经济学:中国的经济改革(1978~1992). 上海:上海三联书店、上海人民出版社,1997

7. 杨瑞龙. 渐进式改革与供给主导型制度变迁方式. 载吴敬琏. 渐进与激进. 北京:经济科学出版社,1997

8. 林毅夫等. 中国的奇迹:发展战略与经济改革. 上海:上海三联书店、上海人民出版社,1994

9. 罗伯特·安格,崔之元. 以俄国为镜看中国. 载经济与社会体制比较. 1994(4)

10. 乔·萨托利. 自由民主可以移植吗. 见刘军宁. 民主与民主化. 北京:商务印书馆,1999

11. 弗里·萨克斯,胡永泰,杨小凯. 经济改革和宪政转轨. 北大中国经济研究中心网站

12. 周振华. 体制变革与经济增长——中国经验与范式分析. 上海:上海三联书店、上海人民出版社,1999

13. 张宇. 过渡之路. 北京:中国社会科学出版社,1997

14. 张宇. 过渡政治经济学导论. 北京:经济科学出版社,2001

15. 格泽戈尔兹·W·科勒德克. 从休克到治疗——后社会主义转轨的政治经济学. 上海:上海远东出版社,2000

16. 洪盛. 中国的过渡经济学. 上海:上海三联书店、上海人民出版社,1995

17. 世界银行. 90 年代的改革和计划的作用. 北京:中国财政经济出版社,1993

18. Allce. H. Amsden, Jacek Kochanowicz, Lance Taylor. *The Market Meets It's Match*. Harvard University Press, 1994

19. Barry Naughton. What Distinctive about China's Trendsition? State Enterprise Reform and Overall System Transformation. *Journal of Comparative Economic* 18, 1994

20. Davad Lipton, Jeffrey Sachs. Creating a Market Economy in Eastern Europe: The Case of Poland. *Brooking Papers on Economic Activity*, 1, 1990

21. Fedrico Sturzenegger and Mqriano Tommasi edtied. The Political Economy of Reform. *Massachusetts Institute of Technology*, 1998

22. Gernot Grabber and David Stark. Organising Diversity in *Theorising Tansition: the Political Economy of Post-Communist*, edited by Adrian Smith and John Pickles, Routledge, 1998

23. Jeffre Sachs and Wing Thye Woo. Structural Factor in the Economic Reforms of China, Eastern Europe and Former Soviet Union. *Economic Policy*18, April 1994

24. James M. Buchanan. *Post-socialist Political Economy*. Edward Elgar Press, 1997

25. Joseph. E. Stigliz. *Whither Socialism*. The MIT Press, 1994

26. Joseph. E. Stigliz. More Instruments and Broader Goals: Moving toward the Post-Washington Consensues. Presented as the WIDER Annual Lecture, at the World Institute for Development Economics Research in Helsinki (January).

27. John E. Roemer. *A Future for Socialism*, Harvard University Press, 1994

28. Kornai. *Highway and Byways*. MIT Press, 1995

29. Leszek Balcerowicz. Common Fallacies in the Debate on the Transition to a Market Economy. *Economic Policy*, December 1994

30. Peter Murrel. Evolution in Economics and in the Economic Reform of the Centrally Planned Economies, in Christopher Clague and Gordon C. Rausser edited, *The Emergence of Market Economies in Eastern Europe*. Basil Blackwell Press, 1992

31. Mark Knell and Christine Rider Edited. *Socialist Economies in Transition: Appraisals of Market Mechanism*. Edward Elgar Press, 1992

32. Ha-Joon Chang and Peter Nolan. *The Transformation of the Communism Economies*. Mst · Martin' Press, 1995

第 27 章 产业组织理论的新进展

学习要点和要求

了解西方产业组织理论的产生、发展和现状，熟悉和掌握各个时期不同产业组织理论派别的理论观点、政策主张及其内在联系，研究西方产业组织理论的发展和演化过程，探讨如何借鉴它来为我国的社会主义市场经济建设服务。

第一节 产业组织理论的学派划分和学术渊源

产业组织理论是 20 世纪 30 年代以来在西方国家产生和发展起来的，以特定产业内部的市场结构、市场行为和市场绩效及其内在联系为主要研究对象，以揭示产业组织活动的内在规律性、为现实经济活动的参与者提供决策依据、为政策的制定者提供政策建议为目标的一门微观应用经济学。该理论自产生以来一直对西方国家产业组织政策的制定产生着重要影响。近年来，随着世界经济全球化进程和国际经济贸易往来活动的加强，国际间产业经济活动准则也在不断发生变化，产业组织理论也随之发生了一系列新变化。

西方产业组织理论在发展过程中共出现过三个主要的派别：哈佛学派(Harvard School)、芝加哥学派(Chicago School)[由于这两个学派在理论基础和研究方法上基本相同，因此理论界通常又将它们归为传统产业组织理论(Traditional Industrial Organization)]及 20 世纪 80 年代以来，在交易费用理论影响下发展起来的新产业组织理论(New Industrial Organization)。

产业组织理论的学术渊源可以追溯到亚当·斯密"一只看不

见的手”的市场机制命题上，按照该命题，完全竞争市场条件下一切资源的流动都以均衡价格的高低为导向，在不受外界因素干扰的情况下，这一流动过程将持续到社会各部门的利润平均化时才会停止，此时资源的配置便达到了最佳均衡状态，厂商在均衡价格体系的调节下，只需按照边际成本等于边际收入的基本原则来进行投资和生产，便可以使成本达到最低，产量达到最佳，生产出来的产品刚好能够满足社会的需求，消费者也可以得到最多的剩余。这种古典理论所包含的政策含义是：在完全竞争条件下，市场是实现资源配置的最佳方式，任何人为干预市场的做法都是不必要的。19 世纪末期，以马歇尔为代表的新古典经济学家看到了现实经济活动中存在的垄断现象，指出垄断会带来垄断利润的产生或均衡价格的上升，妨碍资源的最优配置。但他们又认为垄断只不过是竞争过程中的暂时现象，长期中，垄断企业终将因技术进步受到阻碍而无法维持垄断地位，从而回复到完全竞争状态，所以长期当中调节市场均衡的决定力量仍然是市场机制“这只看不见的手”。直至 1936 年，张伯伦和罗宾逊才在他们颇具影响的垄断竞争理论中提出，由于存在产品的差异性，现实中典型的市场结构并非完全竞争，而是垄断竞争。在垄断竞争市场结构中，厂商具有一定的决定价格的“市场力量”，这种力量会使垄断利润长期大于零。因此，单靠市场机制的自发作用是不足以实现资源最优配置的，而必须由政府出面对垄断势力加以干预，才能确保市场的适度竞争。垄断竞争理论的提出引发了人们对一系列现实问题的深入思考，例如，政府应该用什么样的管制方法才能减少垄断势力对市场机制的逆向影响？什么样的市场结构才能保持适度竞争？市场结构合理化的评价标准是什么？正是在对这些问题的研究和解决过程中，产业组织理论才得以产生和发展。

第二节　产业组织理论的形成和发展

一、产业组织理论的形成——哈佛学派的建立

哈佛学派是最先出现的产业组织理论派别，由哈佛大学的梅森(E. Mason)教授和其弟子贝恩(J. Bain)建立。贝恩撰写的第一部系统阐述产业组织理论的教科书《产业组织》(Industrial Organization)于 1959 年出版，标志着哈佛学派(Harvard School)的正式形成。贝恩以实证截面的分析方法推导出了企业的市场结构、市场行为和市场绩效之间存在一种单向的因果联系，即集中度的高低决定了企业的市场行为方式，而企业的市场行为方式又决定了企业市场绩效的好坏。这便是产业组织理论特有的“结构—行为—绩效”(Structure - Conduct - Performance, SCP)分析范式。按照这一分析范式，行业集中度高的企业总是倾向于提高价格、设置障碍，以便谋取垄断利润，阻碍技术进步，造成资源的非效率配置。为此，要想获得理想的市场绩效，最重要的是要通过公共政策来调整和改善不合理的市场结构，限制垄断力量的发展，保持市场适度竞争。哈佛学派建立的 SCP 分析范式，为早期的产业组织理论研究提供了一套基本的分析框架，使该理论得以沿着一条大体规范的途径发展。不过在后来的发展中，SCP 分析范式的内涵发生了很大变化。

二、产业组织理论的发展——芝加哥学派的出现

20 世纪 60 ~ 70 年代，美国经济在国际上的竞争力趋于下降，经济中出现了“滞胀”现象，不少研究者和分析家将导致经济不景气的主要原因归咎于哈佛学派所主张的强硬的反垄断政策，于是从 70 年代后期开始，以施蒂格勒（J. Stigler）为代表的一些芝加哥大学学者对哈佛学派的观点展开了激烈抨击，并逐渐形成了产业组织理论中的“芝加哥学派”。

芝加哥学派对哈佛学派的批评主要包括四个方面：其一，认为垄断竞争理论中关于下降的需求曲线的分析在理论上不准确，因为如果说相互竞争的企业生产的产品是“相近的替代品”或“有差别的产品”的话，就意味着各个企业的平均成本是不一致的，它们的需求曲线的倾斜度也必将因替代程度的不同而不一致，但张伯伦却假设竞争企业的单位成本相同，这在逻辑上是讲不通的；其二，认为张伯伦引入“有差别的产品”这一概念，混淆了“产业”和“市场”的划分界线，使“产业”的范围变得无法定义；其三，认为垄断竞争理论将企业规模的扩大与垄断势力的提高视为等同是不对的，因为企业规模的扩大和集中度的提高完全可能是由技术因素或规模经济的内在要求决定的，并不单纯是为了获取垄断利润；其四，认为哈佛学派提出的 SCP 范式过于简单武断，事实上企业的市场结构、市场行为和市场绩效之间绝非是一种简单的、有其一必有其二的单向因果关系，而是双向的、相互影响的多重关系。

基于上述几方面的认识，芝加哥学派提出产业组织问题还是应该通过完全竞争理论而不是垄断竞争理论来加以说明，例如，他们用“规模经济”理论来为企业规模的扩大进行解释，认为由于企业的规模经济范围是随技术水平的不断提高而逐渐扩大的，因此企业规模的扩大不仅不会损害资源配置的效率，反而会因平均成本的下降带来资源配置效率的提高。他们认为，只要企业规模的扩大与技术水平提高的要求相一致，就是自然的和合理的，政府不应该加以干预和管制。对于企业规模与竞争度的关系问题，他们则用“可竞争市场理论”（Contestable Market Theory）来加以说明，认为只要潜在竞争者在进入和退出市场方面是完全无障碍的，市场上现有的厂商——不论是仅有一家企业还是有许多活跃的厂商，就总面临来自潜在进入者的竞争压力，而为了避免引来更多的竞争者，原有企业的定价和产量选择将总是被迫处于一种“无显著超额利润的均衡约束下”（Baumol，1988）。由此，并不像哈佛学派所言的那样，大厂商可以任意确定价格，获取高额垄断利润。“可竞争市场理论”说明，企业规模的扩大或集中度的提高并不意味着垄断程度的提高和竞争程度的下降。在上述两方面分析的基础上，芝加哥学派提出不能以集中度的高低和规模的大小来判断企业的垄断性，不应该毫无区别地对大企业实行强硬管制，主张应将企业绩效的好坏作为判断标准，放松对大企业的不必要管制。芝加哥学派放松管制的政策主张不仅极大地影响了同时期美国的产业组织政策，同时也对后来的新产业组织理论产生了重要影响。

第三节　新产业组织理论及其主要变化

进入 20 世纪 80 年代以来，随着各国经济向外向型发展，巨型跨国企业集团已成为现代

产业结构的一个重要特征,各西方国家的产业组织政策也日益向保护本国企业在国际竞争中的优势地位方面倾斜,产业组织理论必须有助于说明现代产业结构的变化,为政府放松干预的政策取向作出合理解释。正是在这样的背景下,产业组织理论发生了深刻的变化和发展。

一、理论基础的变化

产业组织理论的变化首先表现在交易费用理论的应用方面。如前所述,哈佛学派以垄断竞争理论为依据,认为行业集中度的提高和企业垄断势力的扩大是政府必须对市场加以干预的重要原因,强调对集中度的控制是保持适度竞争的关键。对于这一观点,以威廉姆森为主要代表人物的新产业组织论者同芝加哥学派一样持否定态度。但在有关企业规模问题的解释上,新产业组织论者却与芝加哥学派的观点相左,主要表现在三个方面:其一,新产业组织理论认为,芝加哥学派关于企业横向适度边界由平均成本最低的产出规模决定的分析缺乏说服力,因为已经有大量实证研究表明,平均成本最低的产出往往是一系列产出,而不是某一个确定的产量,因此企业的技术成本状况并不能清楚说明企业的适度规模边界(Stead,P. Curwen & K. Lawler1996);其二,如果说技术因素是决定企业规模的惟一因素,那么随着技术的不断进步,企业的规模必然会越来越大,小企业将无法生存,但现实情况是同行业中大小规模的企业同时并存,可见单纯以技术因素来解释企业规模的变化是不够充分的;其三,认为芝加哥学派用“可竞争市场理论”代替完全竞争市场理论,并由此证明市场机制的有用性和减少政府干预的必要性的分析未免过于简单机械,因为在现实经济活动中,企业进出市场不可能完全无障碍,就算技术性障碍可以被克服,但由于信息的不充分、外部性、寡头企业之间实施的各种策略等因素也足以影响到市场均衡的实现,对此,可竞争市场理论并不能作出解释。可见,芝加哥学派的理论观点并不能为政府的放松管制政策提供充分依据。

新产业组织论者提出,企业的适度边界不单纯由技术因素决定,而是由技术、交易费用和组织费用等因素共同决定,其分析要点如下:首先,威廉姆森认为,由于人类行为具有有限理性和机会主义倾向这两个特点,因而使得现实交易活动充满了复杂性和不确定性,而为了减少交易中的不确定性并确保交易的顺利进行,交易双方就必须起草和订立各种契约,并对契约进行修改、监督和执行……伴随着这一系列活动的展开,大量交易费用由此发生。当从事市场交易活动所花的交易费用过于高昂,以至超过了将供需环节纳入到同一企业内部进行统一管理和支配时,交易双方就会产生兼并、联合的意向和动机,企业的规模和边界也就由此发生横向扩张;而当企业规模扩张到一定程度,以至于某项经济活动通过外部市场交易比在企业内部进行更为节约管理费用时,企业规模就会缩小。因此,节约交易成本是企业规模变动的真正原因。其次,由于技术上的原因,现实经济活动中各生产环节间常常存在或强或弱的“资产专用性”关系,资产专用性越强,交易双方对市场波动的反应就越敏感。为了减少交易活动的不确定性,确保生产经营活动的顺利进行,企业间就需要通过订立契约或建立一定的组织关系,如扩大企业的生产经营范围,将资产专用性环节纳入到企业的内部环节中来,以避免各种可能出现的欺诈行为对交易带来的不利影响。所以,资产专用性是影响交易费用,导致企业纵向一体化的重要因素。再次,企业规模的变化不仅受外部交易费用高低的影响，同时也受到企业内部组织管理费用的影响。企业的适度规模应该是在企业和市场这两种治理结构之间寻找一种合理组合（威廉姆森，1999）。

二、研究方法的改变

传统产业组织理论以静态的实证分析方法为主要手段，以给定的产业结构为前提，将现实企业之间既存的各种差异看成是决定产业竞争状态的外生变量，对特定企业和产业的实际行为进行静态截面观察，然后再将分析结果与企业的市场绩效相联系，从而得出了集中度高的企业必然具有垄断厂商的行为特征，并占有非法垄断利润的SCP单向因果联系的分析范式，并由此提出了强硬的反托拉斯政策主张。新产业组织论者认为，传统产业组织理论所使用的静态分析方法存在许多不足：首先，它过分依赖经验性统计数据，缺乏理论依据和正式的市场分析模型，其结论并不具备一般规律性；其次，这种分析方法所依据的SCP框架，是对典型事实进行有意排列的结果，事实上各变量间的联系只具有某种相关性，而并非一定是因果关系；再次，该种研究方法顶多只能反映出一定时期既有行业结构下行为和绩效的特定联系，并不能说明该结构的形成原因及未来发展趋势。因此，传统的SCP分析范式只适合于短期静态分析。

新产业组织论者认为，市场结构由企业规模大小决定，而企业规模的大小取决于交易费用的高低，交易费用的高低则取决于交易活动所具有的复杂程度和不确定性，而所有这一切都源自于交易者的行为属性。因此，要想了解行业结构产生和变化的原因，就必须深入到经济活动参与者的行为属性中去进行研究，这样，新产业组织理论的研究重点就从结构环节转向了行为环节。由于行为属性具有很强的不确定性，很难再以实证的分析方法进行研究，因此新产业组织理论采用了推理演绎为主的研究方法。例如，为了预测和说明寡头厂商的各种策略行为对均衡结果产生的影响，他们采用博弈论方法将各种可能的对策模型化，并通过逻辑推理的方法来对寡头厂商的决策行为作出各种预见性推测，在此基础上，得出了"非合作博弈均衡"的重要结论，从一个方面说明，由于寡头市场结构下厂商行为具有不确定性，因此资源的配置往往只能达到一种"次优均衡"状态。在这种状态下，价格水平可能会高于完全竞争状态下的均衡价格水平，资源配置可能达不到完全竞争条件下"帕累托最优"，但这种结果却是寡头市场竞争的必然结果。这一结论说明，企业规模大小或价格水平的高低均不能作为判别企业是否具有垄断力的标志，而惟有企业的行为才是判断其是否具有垄断力的依据。这一结论也为新产业组织理论以反不正当竞争行为为目标，而不是以企业的规模或绩效为主要管制目标的政策主张提供了有力的支持。

新产业组织理论所采用的推理演绎法虽然比实证分析法更具理论逻辑性，但其最大的不足是缺乏实证数据的有力支持，例如，博弈论的许多推论都以严格的假定为前提条件，其结论也无法得到证实或证伪，正因为如此，该种方法在当代同样受到了来自理论界的许多批评和质疑。20世纪80～90年代以来，随着计算机和网络技术的进一步发展，各种统计数据的可得性增强，传统的实证分析方法也得以将截面分析和时间序列分析、行业数据与企业数据结合起来，较好地反映出产业结构的动态变化情况，这在一定程度上弥补了实证研究单纯从个别行业、个别年份的统计数据来分析产业结构的不足，使分析结果更具有说服力[①]。与此同时，新产业组织理论也开始寻求一种更具实证支持的理论研究方法。例如，在寡头定价问题上，已不再只是笼统抽象地讨论行业定价的博弈问题，而是更多地深入到具体行业的定价行为中去进行实证观察，并通过大量案例研究和分析来验证先前的各种推断（Bresnahan and Schmalensee 1987）。这些情况表明，过去那种实证归纳研究方法与推理演绎研究方法截然分开的局面正在改变（卡布尔 2000），以至有人将 20 世纪 80 年代称为“实证主义的复兴时代”。

三、企业内部组织与治理问题研究

将企业内部的组织与治理问题纳入到产业组织理论的研究范围中来，是产业组织理论的又一项重要发展。如前所述，传统产业组织理论视市场机制为资源配置的惟一方式，企业只被当做市场机制作用下由生产技术水平决定的一定规模的生产单位，完全忽略了它对资源配置产生的影响。因此，传统产业组织理论中并不包括对企业内部活动的研究，认为那应该属于管理学的研究范围（Bain，1958）。20 世纪 80 年代以来，科斯和威廉姆森等人以交易费用理论为基础，提出企业同市场一样参与了资源的配置过程，企业的内部活动是影响市场行为和产业结构的重要原因，因此，对企业内部活动的考察便构成了新产业组织理论中一个不可或缺的部分。

新产业组织理论关于现代企业内部组织问题的研究，主要集中于代理人目标偏离问题的影响及治理方面，核心是解决现代企业代理人的无效率问题。为此，研究者们提出了一系列新的理论和主张。例如，在 20 世纪 70 ~ 80 年代法马（Fama）、霍姆斯特龙（Holmstrom）和哈特（Hart）等人提出了“现代企业外部约束机制”理论，指出在外部经理人员市场上，管理者业绩的好坏是对他们声誉和身价的重要评价标准，经理们为了能够树立良好的声誉而不得不约束自己的行为，因此，健全完善的经理人员市场是约束管理者行为的一种有效机制。爱德华（Edwards）和汉南（Hannant）等人提出，若能保持在产品市场上的充分竞争，企业销售业绩的好坏将反映出企业经营状况的好坏，因此，产品在市场上的销售业绩是促使管理者精打细算，努力降低成本，提高产品质量，扩大市场份额的有效约束机制。尤金·菲莫（Eugene Fama）于 1980 年在《代理问题与企业理论》一文中指出，股票市场同样是代理人外部约束机制的一种有效形式，企业经营业绩的好与坏，可以通过股票市场上广大股东的选择来体现，因此，他认为，建立和发展有效的股票市场，就能有效地制约代理人的目标偏离行为。钱德勒和威廉姆森提出，通过企业的组织制度设计可以达到制约代理人目标偏离行为的目的，指出 M 型企业组织结构能够通过企业内部的计划控制较好地避免目标的偏离问题。詹森（Jensen）和麦克林（Meckling）于 20 世纪 70 年代末期在《企业理论：经营者行为、代理费用与产权结构》一文中提出了“企业融资约束机制”理论，证明在债权和股权两种不同融资方式间进行合理搭配，可以产生一种对管理者行为进行约束的机制，使管理者的目标利益与投资者趋于一致。克拉克（Clark）等人提出“产权制度设计”理论，如通过建立公司董事会，可以增强分散的股东在经营管理中的控制力，以抗衡“内部人”控制问题，确保股东利益与公司目标的一致；而通过分散持股者的数量，则可以减少决策层大股东的数量，

---

① 参见 J·D·叶贝斯和 D·A·皮尔. 经济时间序列的线性与非线性模型. 载于 J·卡布尔. 产业经济学前沿问题. 北京：中国税务出版社、北京腾图电子出版社，2000. 269 ~ 305

增强大股东的相对影响力和控制程度。为了激励管理者去冒一定风险、承担一定责任,可以在风险和激励之间寻找一种最佳平衡机制,让管理者获取确定的利益所得,如高额的薪金、奖金、养老金、退休金或股权,让他们有动机来关心企业的利益目标。自20世纪70年代以来,企业治理理论在美国得到了极大的发展和应用,在这套理论的指导下,美国建立了堪称世界上最严谨最科学的现代企业制约体系。

四、政策问题研究的进展

产业组织理论的发展还表现在政策问题研究的进展方面。哈佛学派在政府管制问题上因循了西方主流学派的观点,将政府政策看成是影响经济活动的外生变量,对政府管制的必要性和有效性深信不疑,因此他们更多地是对管制的方法和手段提出建议,例如,应该如何对高集中度的行业进行分割,如何对不正当的设置障碍活动进行管制等等,而并未对政府管制的实际效果、政府管制的动机和成本等问题作系统研究。

从20世纪60年代开始,芝加哥学派的主要代表人物斯蒂格勒在《管制者能管制什么》和《管制经济学》两篇代表性论著中分析了政府管制的成本和收益问题,提出了具有影响力的政府管制理论,指出行业中的厂商是政府管制政策的需求者,为了自身的利益,他们会向政策的提供者(政府官员)支付"价格",以获取政府政策的保护。因此,他认为政府管制政策是受行业集团的利益影响而形成的,而这些管制政策又反过来影响着行业的经济活动。这里他已将政府管制当成了影响经济活动的内生变量,看到了政策对产业结构的影响和作用。不过,斯蒂格勒虽然看到了政府管制对经济活动的影响,但在他看来,政治家的地位仍然是被动的,他们似乎只是在经济利益集团的游说下按照其利益和偏好进行立法和规制的"政策供给者",而并没有考虑自身的利益需求。

20世纪80年代以来,一些西方学者如麦克切斯内(Fred S. Mcchesney)和克鲁格等人提出,在政策的制定中,政治家是独立的行为者,也有自身的利益需求,他们会通过有意设立某些管制政策来向行业集团获取好处,以满足自身的利益需要。按照这类理论观点,任何一项政策规制都将引发一系列的寻租活动,因此政府管制应该受到限制,否则政治家就会为了自身的利益而制定大量不必要的政策规制,从而使经济活动产生扭曲。

第四节 简要评述

从以上各节内容的分析中可以看出,各个学派的产业组织理论所依据的理论基础、研究方法和政策主张均不相同,哈佛学派以垄断竞争理论为基础,以静态的实证研究方法为主,提出了以市场结构为研究重点、强烈的反托拉斯的"结构主义"政策主张;芝加哥学派以"规模经济"和"可竞争市场"理论为依据,重点分析企业的市场绩效问题,提出了相对放松的"绩效主义"的政策主张;新产业组织理论以交易费用理论为基础,采用演绎推理为主的研究方法,提出了"反不正当行为"为指向的"行为主义"政策主张。

比较而言,哈佛学派和芝加哥学派虽然在理论依据、研究方法和政策主张上都不尽相同，但它们在有关企业、市场和政府干预等问题的看法上都以传统理论为依据：在企业问题上，它们都只看到了决定企业规模的技术原因，而没有考虑到影响交易成本的制度原因，也没有认识到企业组织对市场机制的替代作用；在市场机制问题上，它们都没有考虑利用市场机制的代价问题；在政府干预问题上，虽然芝加哥学派谈到了政府"失灵"现象，但并没有真正考察政府制定和实施产业政策的动机问题。

新产业组织理论以交易费用理论、博弈论等新的理论和方法为基础，使产业组织理论在研究广度和深度上得到了拓展，在企业问题上，新产业组织理论用交易费用理论来说明企业的规模和企业的内部组织形式，揭示了企业的内部组织结构与外部市场的相互关系；在市场机制及其作用问题上，新产业组织理论指出，在现代市场经济条件下，市场机制的作用是有限的，它在很大程度上可以被企业的内部组织所取代，而且利用市场机制是有代价的；在政府干预问题上，新产业组织理论提出，政府的决策过程本身也是一种市场活动，作为决策主体的政府官员也受有限理性和机会主义倾向的支配和影响，因此政策的制定和实施同样需要考虑成本问题。

通过对西方产业组织理论的演化和发展动态的学习和了解，有助于我们更好地认识和了解这一理论，并从中汲取有用的成分，为我国社会主义市场经济建设服务。

思考题

1. 试述西方产业组织理论各主要学派的学术渊源。

2. 试述产业组织理论的哈佛学派和芝加哥学派的意见分歧。

3. 简述产业组织理论的理论基础、研究方法、企业内部组织与治理理论及其政策主张方面的新进展。

参考文献

1. 单伟建. 交易费用经济学的理论、应用及偏颇. 载现代经济学前沿专题. 第一集. 北京：商务印书馆，2002

2. 夏大慰. 产业组织与公共政策：哈佛学派. 载外国经济与管理，1999(8)

3.〔美〕彼得 · F · 德鲁克. 公司绩效测评. 北京：中国人民大学出版社，2000

4. 方福前. 公共选择理论——政治的经济学. 北京：中国人民大学出版社，2000

5.〔英〕卡布尔. 产业经济学前沿问题. 北京：中国税务出版社、北京腾图电子出版社，2000

6. 新帕尔格雷夫经济学大词典. 中文版第2卷. 北京：经济科学出版社，1996

7.〔美〕克拉克森，罗杰 · 勒鲁瓦 · 米勒. 产业组织——理论、证据和公共政策. 上海：上海三联书店，1989

8.〔英〕多纳德 · 海，德里克 · 莫瑞斯. 产业经济学与组织. 北京：经济科学出版社，1998

9.〔美〕丹尼斯 · 卡尔顿，杰弗里 · 佩罗夫. 现代产业组织理论. 上海：上海三联书店，1997

10.〔法〕泰勒尔. 产业组织理论. 北京：中国人民大学出版社，1997

11.〔美〕威廉姆森. 治理机制. 北京：中国社会科学出版社，1999

12.〔美〕威廉姆森. 反托拉斯经济学. 北京：经济科学出版社，1999

13.〔日〕植草益. 日本的产业组织. 北京：经济管理出版社，2000

14. Arrow, The Organization of Economic Activity: Issues Pertinent to the Choice of Market Versus Nonmarket Allocation, in *The Analysis and Evaluation of Public Expenditure: The PPB System*, Vol. 1, U. S. Joint Economic Committee, 91st Congress, 1st Session: U. S. Governmnt Printing Office, 1969

15. Aoki, M. and H. Takizawa, *Information, Incentives, and Option Value in the Sillicon Valley*, WW. rieti. go. jp/cgi-bin/publications. 2002

16. *Baumol, Contestable Markets and the Theory of Industry Structure*, Revised Edition, Harcourt Breace Jovanovich Inc, 1988

17. Buchan, David, Move towards Deregulation Comes Slowly. *Financial Times Survey: Energy & Utilities Review*, 2002

18. Bain. Relation of Profit Rate to Industry Concentration: American Manufacturing, 1936 ~ 1940. *Quarterly Journal of Economics* Vol. 65 (August 1951)

19. Bain. *Industrial Organization*, New York: Wiley. 1958

20. Ferguson. *Industrial Economics: Issues and Perspectives.* Macmillan Publisher, 1988

21. Milgrom, Paul. *Putting Auction Theory to Work.* Cambridge University Press, 2003

22. Stephen, Bruce with Huw, Paul. *Economics of Industrial Organization.* Longman Singapore Publishers (Pte) Ltd. 1988

23. Stead, Peter & Kevin, *Industrial Economics Theory Applications and Policy.* Mcgraw-Hill Book Company, 1996

24. Scherer. *Industrial Market Structure and Economic Performance, Third Edition.* Houghton Mifflin Company, 1990

25. Shepherd. *The Economics of Industrial Organization, Second Edition.* Prentice-Hall, Inc., Englewood, Cliffs, New Jersey, 1985

26. Williamson. Transaction Cost Economics, Chapter 3 of *Hand Book of Industrial Organization*, Volume 1, Elsevier Science Publishing Company, North-Holland, 1989

27. Williamson. *The Economic Institutions of Capitalism*, China Social Sciences Publishing House Cheng Books LTD. 1985

28. Williamson. Industrial Organization, An Elgar Critical Writings Reader, 1996

第 28 章

当代西方经济学流派与思潮

信息经济学的新进展

学习要点和要求

了解新古典经济学对市场功能和性质的认识；从信息的角度概述新古典经济学的基本观点；注意信息经济学对经济学研究内容的扩展；研究信息经济学对经济均衡意义和性质的认识；讨论信息经济学的理论意义。

2001 年诺贝尔经济学奖授予了在信息经济学发展中作出突出贡献的三位经济学家，乔治·阿克洛夫（George A. Akerlof）、迈克尔·斯彭斯（A. Michael Spence）和约瑟夫·斯蒂格利茨（Joseph E. Stiglitz）。斯蒂格利茨获奖后在斯德哥尔摩的演讲中（2002）指出，信息经济学重要的理论意义在于它导致了经济学研究范式的变化。信息经济学是在对 20 世纪占据统治地位的新古典经济学的批判中形成和发展起来的。因此，认识信息经济学理论意义的关键在于信息经济学和新古典经济学的区别何在？信息经济学如何导致了经济学研究范式的变化？本章也将在这个主题下介绍和分析信息经济学及其新发展的内容和理论意义。

第一节　新古典经济学对市场功能和性质的认识

20 世纪占据统治地位的微观经济学是建立在竞争均衡分析范式基础上的新古典经济学。其主要目的是证明亚当·斯密“看不见的手”的原理，认为市场的竞争性价格机制可以自动使资源达到最优配置状态。基本的证明方式是任何一个学习西方经济学微观理论的人都应该熟悉的。新古典经济学微观理论的核心内容是价格理论,以说明市场的均衡价格是如何决定的,以及由均衡价格所决定的资源配置效率又如何。

为了更好地理解信息经济学的理论意义,这里有必要对新古典经济学的基本观点进行简要的概述。

对新古典经济学的分析可以分为三个层面的问题。

第一个层面的问题是个体是如何决策的?西方经济学从资源稀缺性和理性假设出发,把个体行为构造成为一定约束条件下的目标函数的最大化。例如,消费者的效用最大化,以及厂商的利润最大化。在这种最大化的选择中,可以对价格的意义作出解释,如边际效用理论对价格意义的解释。

第二个层面的问题是社会是如何决策的?社会是一个由许多人构成的集体。这个集体如何作出选择,如何配置资源?新古典经济学分析的社会经济制度是市场经济,市场经济是分散决策的,经济社会的决策是在竞争的过程中完成的。

第三个层面的问题是个体决策和社会决策之间的关系是什么?这个问题实际上是任何社会科学都关心的核心问题:个人和社会的关系是如何构成的?这种关系具有什么样的性质?新古典经济学说明这种关系的方式大致如下:在市场竞争条件下将形成均衡价格,这个均衡价格将成为个体决策的约束因素。例如,它形成对消费者的约束因素,以及厂商追逐利润的约束因素。在这个约束因素下个体作出最优选择。新古典经济学试图说明:竞争均衡的价格是存在的、惟一的,个体在市场均衡价格的约束下作出选择,这些选择形成的社会资源的配置(社会的选择)具有"帕累托最优"的性质。总之,新古典经济学认为稀缺性资源的配置问题是基本的经济问题。市场制度就是解决稀缺性资源是如何配置的,市场制度的价格竞争机制可以有效率地配置资源。

但是,哈耶克认为,市场制度的主要功能与其说是配置稀缺性的资源,不如说是一种社会有效的使用分散经济知识的方式。因为经济知识是分散存在于社会成员中的,社会作为一个集体在配置资源时,其集体的决策奠定在社会成员知识使用的基础上。由于知识的分散性质,社会就必须解决这些分散在个人之中的知识如何转换成为集体决策的知识。哈耶克指出,经济学应该从知识的角度来分析个人与社会的关系问题,认为市场制度是一种有效率的利用分散知识的集体决策方式。

需要指出的是,虽然新古典经济学经典理论没有明确将分散存在的私人知识(信息)(或者按照信息经济学的说法,非对称信息)纳入到理论分析中,但是它蕴涵着关于个人与社会信息(或者知识)关系的认识。

第一,从个体决策的角度讲,当竞争市场达到均衡时,每个社会成员具有作出最优决策的完全信息。这些信息一方面来自社会成员的私人信息,例如,自身的初始禀赋的数量、偏好等信息;一方面来自于市场,例如,市场的均衡价格,这些是社会的共同信息。除此之外,关于社会中其他人的私人信息,当事人无须了解,只要了解市场传递给他的共同信息就足够了。因此,在竞争市场中,新古典经济学认为,个体具有进行最优决策的完全信息,除了自身的私人信息外,市场向其传递了最优决策的完全信息。

第二,从社会整体的角度讲,市场是一种使用分散存在于社会成员之中信息或者知识的完美方式,或者说市场对知识的使用是完全的。新古典经济学表明,市场建立的这种个人与社会的信息或者知识关系将使得社会资源的配置达到所谓的“帕累托最优”。

因此,我们可以看到,一方面,新古典经济学的理论蕴涵着市场具有哈耶克所说的利用分散知识的功能;另一方面,又蕴涵着市场对分散知识的利用是有效率的、是完善的这样的观点。这是新古典经济学对市场性质的判定。需要指出的是,在信息经济学形成之前,经济学家早就认识到价格具有信息传递的作用,是调整资源配置的信号。这种认识本身就蕴涵着社会的知识是分散存在的,否则就不需要价格这个信号了。

第二节 信息经济学对经济学研究内容的扩展

但是,新古典经济学对市场如何利用分散的信息以及是否能够有效率地利用信息的分析是正确的吗?信息经济学正是在对新古典经济学这种质疑中形成和发展的,并在相当程度上扩展了经济学的研究内容。

一、价格信息问题

价格是市场中传递经济信息最为重要的工具。按照新古典经济学的观点,价格一方面传递着消费者的偏好信息,一方面传递着资源稀缺性的信息,因此,价格反映了资源相对于偏好的稀缺性。这是新古典经济学对价格意义的基本解释。但是,市场价格是如何形成的?新古典经济学对这个问题的分析是有缺陷的。

例如,在瓦尔拉斯说明其均衡竞争的理论中有一个喊价者,通过这个喊价者来形成价格。但是,在新古典经济学中,这个喊价者只是虚拟的,而非实际的。观察现实不难发现,市场价格的形成并不是自动的,也是需要投入资源的。如果价格具有综合和显示经济信息的功能,那么为了价格形成而支付的代价就是为了信息的综合和显示而支付的代价。显然,与其说是新古典经济学认为价格具有综合和显示消费者偏好和资源稀缺性完全信息的功能,不如说是假设价格形成的成本为零。

价格是如何形成的?谁来为价格的形成支付代价?市场价格是在个体的活动中形成的,成本仍然是由个人承担的。1961 年,斯蒂格勒分析了搜寻问题,唯克瑞分析了拍卖问题。我们知道,在现实的交易中,人们总是要搜寻最佳的交易对象,这种搜寻活动是有代价的。同样,人类很早就进行拍卖活动,其目的就是为拍卖者发现更为有利的交易价格。

总之,斯蒂格勒和唯克瑞的工作使经济学家开始关心价格形成的真实过程,这个过程是一个信息交流和发现的过程,这个过程本身是需要支付代价的。

二、非价格信息问题

进一步讲,消费者的偏好和资源的稀缺性并不是市场中需要传递的惟一信息,因此,价格不能传递全部的经济信息。在市场中,所传递的信息种类是多样化的。我们只要观察一个简单的交易就会发现,在交易中不仅需要询价,而且还要了解商品的质量、数量、交易地点、时间、支付方式等信息。例如,我们考察一份交易契约或者合同,上述因素都是交易契约中需要详细加以规定和说明的内容。但是,在新古典经济学的经典理论中,例如,在德布鲁的《价值理论》中,除了数量,其他的品质、地点以及时间等因素都被市场化了。也就是说,品质不同的商品交易构成了不同的市场,交易地点不同的交易也构成了不同的市场等等。这样,新古典经济学实际上假设交易者具有市场分类的完全信息,因此在交易中也就只需要传递交易价格和数量的信息。

显然,交易者具有市场分类的完全信息这个假设和现实是很不相符的。我们在市场中需要了解这些信息,而这些信息的交流也不是无成本的。不难理解,这些信息如果不能进行有效率的交流,价格机制就会失灵。

1970 年,阿克罗夫发表了《次品市场:质量不确定性与市场机制》的论文,说明了当一方交易者不能区分所交易商品的品质时对交易效率的影响,市场因此会失灵,这种现象也被称为逆向选择。类似的问题还会导致所谓的道德风险问题。信息经济学通过逆向选择和道德风险问题说明市场竞争性价格机制会因为非价格信息的交流问题而失灵。

需要进一步说明的是,交易中信息的交流涉及商业道德的问题。从商业道德的角度讲,在一般情况下,交易者可以不告诉他人交易物的成本(稀缺性信息)或者价值(偏好信息),这并不构成商业欺诈。但交易契约常常会规定交易者必须如实地告诉另一方其他方面的信息,例如,品质、数量以及交易地点和时间等非价格信息,如果交易者有意隐瞒这些非价格信息就可能构成商业欺诈,因为这将影响他人对交易中自身利益的评估。交易者在交易中需要交流信息,但是并非所有信息都必须交流,交易者有权保留一定的信息不进行交流。欺诈问题是一个道德问题,怎样的行为构成欺诈是一个需要根据具体情况来加以界定的问题。由于信息经济学所分析的逆向选择和道德风险中的一些具体问题属于商业欺诈问题,并由于逆向选择和道德风险又是人们了解信息经济学最为通俗的内容,因此,国内外一些介绍信息经济学的通俗读物也把逆向选择和道德风险作为信息经济学的代名词,甚至把信息经济学看做是研究欺诈的学问。

三、机制设计问题

经济学家对搜寻、拍卖、逆向选择和道德风险等问题的分析构成了信息经济学的经典内容。这些工作表明了这样的观点:市场具有传递信息的功能,但是,这种功能的形成并不是无须任何代价的,它存在于交易者的交易活动中,并且也不是在竞争中就可以自发形成的。这样,经济学就必须对市场功能和性质重新加以分析。

更为一般地讲,市场是交易的集合。新古典经济学只是通过交易中货币的流向将交易者分为买者和卖者。因此,供给和需求分析是新古典经济学的基本分析方法。但是,在交易过程中交易者需要交流信息,这些信息大致可以分为价格信息和非价格信息。从信息的角度讲,交易者之间不仅仅是买者和卖者的关系,还存在着委托人—代理人的关系,占有信息优势的常被称为代理人,反之被称为委托人。

进一步,交易的过程就是签订契约以及执行契约的过程。交易者之间如何设计一份双方都接受并且能够自我执行或者履行的契约,这是一个需要解决的现实问题。而设计合同的关键是如何使得委托人相信代理人真实地传递了有关经济信息,并在此基础上优化了双方的利益。例如,委托人如何设计契约激励代理人保证实现他的利益,或者代理人如何通过一份契约来取信于委托人?因此,机制设计理论、合同理论、激励理论或者委托—代理理论成为信息经济学的重要内容。

机制设计理论成为信息经济学重要的分析工具,使得经济学家们对一些经济现象给出了不同于新古典经济学的认识。例如,斯彭斯对教育机构功能的分析就是如此。斯彭斯认为,教育机构的功能不仅仅是给予学生技能和知识,还有一个功能是甄别学生本身的能力,以及向学生提供显示自身能力的渠道。从这个角度,经济学家可以对银行业、保险业的一些特定的交易方式(例如,信贷配给等)以及其他许多特定的交易方式(例如,地主和农民的分成合同等)作出自己的解释。有关这些方面的内容近年来已经有了十分丰富的综述性的发展。

机制设计的观点不仅仅可以更好地分析具体的交易活动,还可以更为一般地分析整个经济制度的性质。经济制度配置资源的过程也可以看成全体社会成员签订契约和执行契约的过程。社会如何有效地完成这个过程呢?由此,赫维茨从信息的交流和激励的角度对整个市场制度的功能和性质进行了分析。

机制设计的思想使得信息经济学家能够更为真实地分析市场制度传递信息时是如何使用分散知识的功能加以进行的,使其对市场制度的性质得出了和新古典经济学不尽相同的看法。大致说来,市场制度是一种利用分散信息有效率的制度,但是由于信息成本以及激励方面的原因,这种利用效率不能达到最优,而是处于次优状态。

四、分配问题

分配问题是经济学的核心问题之一。信息经济学对这个问题的分析也和新古典经济学有所不同。

委托—代理关系不仅仅存在于私人交易之中,同样也存在于个人与社会之间。这种关系可以具体地表现为政府(或者国家)和社会成员之间的关系。一方面,国家领导人在一定程度上是社会成员公共利益的代理人,另一方面,国家领导人一旦获得这种公共权利,或者公共权利一经形成,社会成员又是社会利益的代理人。个体和公共权利之间的关系是社会政治生活的本质内容。为什么会形成这种关系,以及这种关系的委托人—代理人的性质,早在赫布斯和卢梭的著作中已有阐述。

在西方经济学的发展史上,萨伊曾试图将政治关系排除在经济学之外。但是,一方面,政治关系本质地决定着社会成员的经济利益,这不仅是经济学,也是政治学、法学的一个基本常识。另一方面,政治关系本身就是经典作家(例如,亚当·斯密、李嘉图、马克思等)分析的基本内容。西方经济学的现代发展无非是将这些内容重新纳入到其研究领域之中。

政治关系的研究可以从两个方面来进行,一个方面是公共权利的形成,这可以说是社会政治生活的主要内容,如选举等;一个方面是公共权利的行使,如政府政策以及国家法律的制定等。

假设公共权利已经形成,如国家形成,也假设国家的目的是最大化社会的福利,以及其目的得到社会认同。现在的问题是国家如何可以做到这一点。首先,国家本身并不能够带给社会成员任何福利,社会成员的福利都是社会成员自身努力的结果。因此,如何来"设计"每个社会成员的工作?其次,虽然社会成员观念上认可国家的目标,但是,在行动上未必自动执行这个目标,国家如何使社会成员履行其应尽的责任?国家将主要通过法律手段来解决这些问题。这同样是一个机制设计的问题,即如何利用其设计契约的优先权利来安排和激励每一个社会成员作出恰当的努力,使得社会的福利最大化。

假设国家的目的就是让每个社会成员各尽其能,各得其所。这个目标既是公平的,也是有效率的,因此,公平和效率是同一的而非分离的事物。但是,这个目标能够完全实现吗?现实告诉我们:不能。此时,国家需要在公平和效率之间进行权衡,结果形成了公平和效率的替代问题。在人类思想史上,这个观点并无新意。但是,对于新古典经济学而言,却十分重要。

我们知道,边际生产率分配论是新古典经济学的理论基础之一。信息经济学的发展在一定意义上对新古典经济学的这个理论基础提出了质疑。

大致说来,社会的总产品在劳动和资本之间分配,新古典经济学必须对两者获取收入的理由加以说明。新古典经济学认为,劳动和资本都是生产要素,按照生产要素边际效率分配是一个公平的分配原则,同时,由这种分配原则导致的资源配置的最终结果是最有效率的。因此,市场制度的分配既是公平的,又是有效率的。

对于劳动性收入,新古典经济学的基本观点是,劳动是需要支付代价的,但是,作为生产要素之一的劳动又是形成产出的。市场的竞争将使得劳动的供给和需求达到均衡,均衡的工资(劳动的边际生产率等于其边际成本)使得劳动的投入达到最优状态。

在一定意义上,信息经济学的效率工资理论否定了边际工资理论。假设每个社会成员接受保留工资,在保留工资条件下愿意接受一定数量的劳动。假设同样愿意接受保留工资的工人的劳动能力是不同的,进而每个工人的产出数量是不同的。这样,如果支付所有工人相同的工资,有能力的工人将会偷懒。为了激励这些工人更好地工作,就需要对他们进行额外的支付,这些支付被称为信息租金。这是对工人显示其真实能力的激励,这样就形成了多劳多得的分配原则,这就是信息经济学效率工资理论的基本观点。需要强调的是,效率工资理论的一个重要基础是认为人的能力是不同的,这使得多劳者支付的代价不一定就大,而新古典经济学实际上承认人的能力是同质的。异质性是信息经济学的一个重要内容。当然,效率工资将导致一定的后果,例如,部分工人的失业以及工人之间收入的差异。也许这是一个次优的状态。

对于资本性收入的决定,新古典经济学的基本解释是,一方面,资本的供给来自于储蓄行为,这是需要支付代价的;另一方面,储蓄可以通过投资转化为资本,并提高生产效率,这形成了资本的需求。同样,市场竞争的均衡将给支付代价的资本供给者支付恰当的回报。因此,资本的收入是公平的,付出者得到回报,同时市场的均衡将使得这种付出是有效率的。

但是,新古典经济学对资本性质的认识有很大的局限性。马克思早已明确指出了资本的本质是人与人的一种社会关系,具有历史特征。熊彼特指出,资本主义制度的本质是一种信用制度,使具有创新精神和能力的企业家能够有权利抽取社会剩余的生产能力,并为其创新活动提供风险担保。经济学的常识说明,货币制度本质上就是信用制度的产物。经济学需要解释的是,每个社会成员利用货币或者信用制度下获取收入的地位是平等的吗?观察现实不难看到,一些社会成员(如企业家)利用信用制度所能够支配的财富(资本)以及由此得到的收入和其对欲望的节制没有关系。经济学应该从信用制度本身来理解和解释资本的收入。当信用制度被少数人垄断的时候,信用制度下的分配是公平的吗?资本所代表的目的本身还是公正的吗?这些都是需要分析的问题。建立在不确定性分析基础上的信息经济学为真实地分析资本的性质提供了重要的工具。

最后,国家对社会成员利益的主要安排手段并不是直接的,而是赋予社会成员一定的权利,社会成员使用这些权利来获得收益。在社会成员使用权利为自己谋取利益的过程中,国家实现自己的目标。因此,国家需要解决的一个问题就是产权的设计,这是通过一系列的法律活动来完成的。如何设计产权?经济学可以使用委托—代理理论来分析这个问题。同样,在产权制度的设计中存在着公平和效率的置换问题。市场制度也许是有效率的,但未必是公平的。

五、组织问题

现实的市场经济具有复杂的组织结构。例如,在经济学教科书中,一般都会描述这样的组织结构:家庭、企业以及相互之间的交易构成的市场,构成了经济社会的私人部门;政府构成了所谓的公共部门,它可以看成是公共物品的生产者。最后,这些机构的活动都要在一定的法律约束下进行,国家是法律活动的主体。但是,这种组织结构是如何形成的?新古典经济学对此缺乏分析。这里可以以企业为例来说明这个问题。

在新古典经济学中,企业首要的性质是组织生产的机构,生产性资源通过企业转换为产品。但是,对于商业社会而言,任何一种产品的生产都不是单独在一个企业中完成的,实际上是在市场的一次次交易中完成的。例如,消费者可以在中关村的电子市场中通过一次次的交易攒出一台电脑,这台电脑不是哪一个企业生产的,而是市场生产的。观察现实不难看到,在市场交易中,本身就存在着从生产要素到产品的流向,这个流向就是商业社会生产的过程,也是商业社会的生产流程,市场中的交易本身就具有组织生产的功能。因此,在新古典经济学中,实际上只有生产函数,而没有作为一种组织机构的企业。

但是,在市场中确实存在着生产产品的企业,例如,以上文中提到的电脑为例,消费者也可以购买一台联想电脑。消费者为什么不通过市场得到一台攒机,而要购买一台联想电脑呢?不难理解,市场存在着局限性,例如,通过市场得到的攒机产品品质缺乏保证,因此,通过市场方式来组织电脑的生产未必是一种最有效率的生产方式。此时,企业的方式却可能是一种更有效率的方式。但是,我们知道,联想电脑中的绝大部分元件并不是联想生产的,也是在市场中采购的。同样,联想和在电子市场中雇人攒机器的消费者一样,也要雇用工人在厂房里攒机器。它也是在交易中完成了电脑的生产。那么,联想通过交易组织生产和消费者直接通过市场中的交易组织生产有何区别?不难看到,正如市场是交易的集合一样,联想实际上也是交易的集合。只是,在联想的这个交易集合中,有一些交易在性质上和市场中的交易不同。相对于市场中的交易,这些交易具有长期、不明确以及科层结构的性质。例如,被联想雇用的一位攒机的雇员实际上是和联想签订了一份相对长期的交易合同,这份合同并未完全明确规定雇员应该干什么工作,以及干多少工作,这些都要听从他的老板或者上级的指令。企业在利用交易组织生产时,具有一种不同于市场的生产流程,这就是企业自身的生产流程。市场中的生产流程是自发组织的,而企业的生产流程是通过企业的管理者组织的。

当企业以这种方式来组织生产时还引出了其他的问题。我们知道，市场本身就有经济计算的功能，这种计算是在交易中自发进行的，无需财务人员，也不存在账目和财务报表。但是，企业在组织生产时就需要专门的财务人员进行经济计算，有账目和财务报表。显然，企业的经济计算方式和市场的经济计算方式是不同的。企业作为一个特定的交易集合体，也必然面临着利益相关者之间的利益权衡。市场通过竞争自发地权衡卖者和买者的利益关系，企业对利益相关者之间的利益权衡方式必然和市场有所区别。企业如何权衡利益相关者之间的利益？这是公司治理的问题。总之，生产流程问题、财务问题和公司治理问题都是企业管理者必须面对的管理问题。信息经济学的发展使得这些现实问题纳入到经济分析的范围之中。显然，这些问题也都是约束企业规模的重要因素，在某些方面，虽然企业比市场更有效率，但是企业并不能无限制地替代市场。

由于企业是一种不同于市场交易组织生产的方式，企业的组织方式也有所区别，因此，市场经济中存在着形形色色的企业。不同的企业之间存在着竞争。新古典经济学只是看到了不同资源配置方案之间的竞争，忽视了不同组织方式之间的竞争，而这种竞争也是市场竞争中十分重要的内容。了解一点企业管理常识的人都知道，寻找更具有竞争能力的组织结构以及产业结构是企业管理中的重要内容，企业的组织方式以及产业组织结构都是在竞争中不断变动的。而这些内容在新古典经济学中是不可分析的。

市场经济可以看成是社会成员之间所形成的各种不同的契约，这些契约包括了各种社会契约以及各种私人契约，它们构成了社会成员之间复杂的关系。社会就是所有这些关系的集合。在这些关系中可以观察到复杂的组织结构。家庭、企业、市场、政府以及国家等无非是不同的组织结构，同样也是不同的社会关系，这些社会关系总是由特定形式的契约构成的。

六、经济学的研究内容

我们知道，新古典经济学的核心内容实际上是分析经济社会中价格集合是如何决定的？这个价格集合决定的稀缺性资源的配置效率如何？更为一般地讲，经济学分析的内容应该是：社会的组织方式是如何决定的？社会的组织方式决定的配置资源的效率如何？如果我们把社会的组织方式看成是契约的集合，经济学应该分析的内容是：社会的契约集合是如何决定的？社会的契约集合决定的配置资源的效率又如何？价格其实只是一部分契约的构成要素。因此，信息经济学实际上是扩展了新古典经济学的研究内容，可以更为一般地分析社会现象。

第三节　信息经济学对经济均衡意义和性质的认识

均衡分析是新古典经济学分析方法的基本特征，例如，对均衡价格的分析。当信息经济学将分析内容扩展到契约时，同样需要分析契约的均衡性质，例如，威尔逊（Charles Wilson）（1980）对逆向选择均衡性质的分析。当市场经济制度作为一种各种组织形态（契约）的混合体时，是否存在着均衡的组织方式（契约）集合可以使得社会有效率地解决稀缺性资源的配置问题？例如，市场和非市场的均衡等。这里均衡的含义应该是指某种意义上的稳定性和不变性。这是经济学需要进一步回答的问题，也是信息经济学发展的重要方向。我们下面对这个问题进行一些介绍。

一、经济学的行为分析与经济均衡的意义

经济学的一个基本观点是经济现象是社会成员行动的结果。因此，行为分析是经济分析的基本内容。社会成员的行动可以看成是选择的过程，选择也是一个决策的过程。

决策的过程实际上有两个阶段或者两个层面。一个是最终决策，一个是信息决策。例如，某个消费者想购买电视机，他首先要决定是否多跑几家商店搜寻价格、品牌，这种决策是信息决策；而当他最终决定购买哪个商店和哪个品牌的电视机时，进行的是最终决策。信息决策对于最终决策具有决定性的作用。新古典经济学实际上更多的是在最终决策的层面上分析问题，而信息经济学则更多的是从信息决策的层面上分析问题。

从决策的角度讲，社会成员之间的关系实际上就是社会成员决策之间的关系。正是由于这个原因，博弈论在现代经济分析中具有重要的地位。博弈论中的贝叶斯均衡很好地说明了博弈的这种性质。

需要指出的是，不仅决策过程是有阶段或者有层面的，而且决策中的选择对象也是具有层次的。例如，在博弈论中，参与人的选择对象可以是行动、策略、博弈规则、决策方式。当经济学通过研究人的决策来分析经济现象时，必须说明的一个问题是，经济学是在哪个层次的选择对象上分析问题，是行动、策略、博弈规则还是决策方式？这样才能明确经济学所要寻求的均衡解是行动、策略、规则还是决策方式。

例如，在新古典经济学对均衡价格的解释中就涉及这些内容。市场的均衡状态首先是交易者买卖行动的表现。例如，在一定的价格下对买卖数量的选择，此时买卖的数量就是交易者选择的行动。均衡价格是能够使买卖的数量相等的价格。但是在交易者买卖行动的背后是交易者的“交易策略”，也就是所谓的供给曲线和需求曲线，它们描述了在各种可能的价格下，交易者愿意并且能够采取的行动，这实际上就是交易者的交易策略。交易者的这种策略和博弈规则有关，在不同的博弈规则下，交易策略不同。例如，交易者的交易策略将取决于市场的竞争结构等因素。无论在何种条件下，经济学假设交易者的决策方式是完全理性的。

显然，市场的价格会变动，交易者的策略（供给和需求）和博弈规则也会变动，但是新古典经济学认为，交易者理性的决策方式不会变动。经济学的本质就是揭示最后起着支配作用的人类不变的决策方式是什么？正如密塞斯所说的那样，经济学的本质就是揭示人类行动的逻辑、形式或者方式。需要指出的是，这种人类行动的逻辑或者方式同样有两个层面：个体的和社会（集体）的。

问题的关键是，不变的人类行动的逻辑或者方式存在吗？它是惟一的吗？或者简单地讲，均衡存在吗？当信息经济学把人类的决策过程分为信息决策和最终决策两个层次时，对这个问题的回答显然不同于古典经济学的答案。

二、主观期望效用理论与行为的均衡性质

我们首先考察不确定条件下的个体决策的方式。实际上，信息问题和不确定问题是一

个问题的两个方面，信息经济学在一定意义上是不确定经济学的延伸。

冯·诺依曼和摩根斯滕(1944)建立了期望效用理论，简称为VNM理论。这个理论在三个基本假设的情况下，说明决策的形式或者方式具有期望效用的形式。这三个基本假设是完全性假设、独立性假设和连续性假设。

萨维齐(1954)通过人与自然的博弈方式描述了个体不确定条件下的决策。随后，安索莫泊(F. J. Ansombe)和奥曼(R. J. Aumann)(1963)对主观概率进行了描述。在这些人的努力下建立了主观期望效用理论，简称为SEU理论。其中，一个很重要的内容是逆序假设替代了独立性假设。SEU理论成为经典博弈论的基础。

雅克·德雷茨(J. Dreze)(1987)进一步扩展了主观期望效用理论。雅克·德雷茨的扩展揭示了SEU理论的信息性质。SEU理论的逆序假设相当于假设对于在一定层面上的选择，信息无价值。信息的时间价值对于理解信息经济学的现代发展具有重要意义。我们这里进行一些解释。

人们最基本的选择对象是行动，对于行动而言，具体事件的信息具有价值。例如，明天早晨天气状况的信息对于明天早晨出门是否带雨伞的行动选择是有价值的。但是，人们的选择还可以是策略。一个人可以作出这样的策略选择：在早晨观察到怎样的天气情况下选择怎样的行动(带雨伞还是不带雨伞)。易于理解，这个人的最优策略选择和明天早晨的天气状况无关，如果一个策略选择是最优的，无论明天早晨的天气如何，这个策略仍然是最优的。因此，天气的信息对决策者的策略选择无价值。进一步讲，一些信息可能对策略选择有价值，但是对博弈选择无价值，或者对博弈选择有价值，但是对最终决策方式选择无价值。因为，无论在何种情况下，理性的人总是以期望效用最大化的方式作出选择。这种决策方式形成的选择应该还具有一致性和完备的逻辑性质。

对于如上的人与自然博弈中这种关于信息价值性质的分析也可以扩展到人与人的博弈中，例如，经典的非合作博弈。对于一个博弈规则给定的博弈问题，求解参与人的策略选择。如果某个策略选择是均衡解，那么随着博弈的进行，参与人的均衡策略不会变动。因此，博弈过程中的信息显示对于参与人的均衡策略选择没有价值，如此等等。

三、对主观期望效用理论的批判

主观期望效用理论并不能解释所有现实的人类行为。2002年的诺贝尔经济学奖授予了对行为与实验经济学有突出贡献的卡民曼和史密斯。行为和实验经济学的十分重要的内容之一就是怀疑和批判SEU传统理论的正确性。这些批判的内容是十分广泛的，这里不详加介绍。在主观期望效用理论的决策形式上具有两个重要的因素，即效用函数和主观概率。这里我们从一些经济学家的工作来理解对主观期望效用理论决策方式的批判。

首先，我们考察由德雷茨等描绘的一类动态消费决策问题。如下的分析源于斯彭斯(1972)的一篇论文。

新古典经济学描述消费者的决策问题大致如下。给定消费者的收入(W)以及商品价格(P_X, P_Y)，形成了约束条件 $W = P_X X + P_Y Y$。进一步，给出消费者效用函数 $U(X, Y)$ 并假设是 VNM(von Neumann, Morgenstern)的效用函数。消费者在这个条件下决定最优的商品组合(X^*, Y^*)。假设价格不变，对于不同的 W 就有不同的最优的商品组合和最优的效用，因此，在

这个意义上有 $V = U^*(W)$，或者简记为 $V(W)$。这样，V 就是导出的关于 W 的效用函数了。

人们不仅要选择商品组合，还要选择收入，例如，选择工作机会等。不同的工作机会带给决策者的收入假设是不确定的，因此，每份工作相当于一个关于 W 的彩票。此时，工作选择是一个典型的不确定条件下的选择。选择工作相当于在彩票空间中抽取彩票。而 $V(W)$ 应该是作出这种选择时合理的效用函数。

现在假设决策者面临着这样的处境或者博弈规则，简称为博弈 A。首先，他面临着若干工作机会。选择工作带来的收益都是不确定的。他必须先选择工作 W，然后再选择消费 (X,Y)。

再考虑这样的不同处境或者博弈规则，简称为博弈 B。决策者需要先对 X 的消费数量进行选择，然后再选择工作 W，收入决定后，再选择 Y 的消费数量。

显然，博弈 A 和博弈 B 都是动态博弈，但是这两个博弈的信息结构有所不同。在博弈 A 中，决策者是先观察到了收入的信息，然后再决定消费。在博弈 B 中，决策者是在观察到收入信息之前，就必须对部分消费作出决策。

斯彭斯说明，不同的信息结构将使得关于 W 的效用函数的性质不同，在博弈 B 中，决策者更具有风险规避性质。也就是说，我们并不能一般性地从商品的效用函数中导出收入的效用函数。对于工作选择，并不存在着一种一般意义上的效用函数，决策者的效用函数依赖于信息结构。

如果我们把 A 和 B 作为两个选择对象让决策者选择，他会认为两者是无差异的吗？显然，一般的情况下是不会的，不同博弈的信息结构对于决策者而言是重要的。M. Spence (1972)的分析说明，对于决策者而言，并不存在着某个不变的期望效用的决策规则。SEU 理论实际上假设了个体的决策规则是不变的。这种不变性和 SEU 理论的假设有关，也和 SEU 理论对信息价值的判定有关。

其次，我们考察主观概率的性质。

在 SEU 理论中，决策者可以根据获得的信息修正其主观概率。修正的方式是贝叶斯决策。那么，为什么是贝叶斯决策，这种决策的动态性质是什么？按照控制理论的基本观点，预测和控制互为反问题。预测是给定现在求未来的结果，而控制是给定未来的结果求现在的行动。这样的话，从控制的角度讲，就可以采取逆推的方式从最终可能的结果开始求解现在的行动。当然，在时间无限的情况下，可以采用一定的技术来处理这个问题，将无限的问题转变成为有限的问题，但是逆推的性质不变。实际上，博弈论中子博弈精练的方法就是这种思想的体现。哈默德(P. J. Hammond)(1988)说明，主观概率的贝叶斯决策性质和逆推方法是一致的，一个通过逆推方法作出选择决策的人，在预测上是用贝叶斯方式的。

我们知道，控制论对现代文明的发展具有重要的贡献，但它是分析人类行为恰当的方法吗？当我们预测和追求未来时，所面对的问题和航天专家发射导弹时遇到的问题一样吗？逆推的方法是恰当的吗？

实际上，SEU 理论蕴涵着这样的观点。首先，决策相关变量的空间都是事先给定的，例如，现在和未来所有的行动空间以及策略空间都是事先给定的。其次，时间在逻辑上是可逆的，例如，在逻辑上可以用逆推的方式求出时间上的因果关系。SEU 理论关于人类决策中空间和时间性质的假设是值得怀疑的。这是因为：首先，很难想像现在和未来所有的行动和策略空间都是事先给定的,或者是先验决定的,我们如何知道未来50年后人们的行动空间是什么?其次,时间的基本性质是不可逆性,这种不可逆性不仅仅是经验事件的一个序关系,更应该有着人类行为逻辑上的性质。这种逻辑关系应该和关于未来空间性质的认识有关系,和信息有关系。信息的价值性应该和时间的性质密切相关。因此,人们质疑所谓期望效用理论的主观概率理论,例如,概率的性质可以是非可加性的,决策者也就未必是采用贝叶斯方式。

总之,无论是从效用函数的角度,还是从概率的角度,现代经济学正在不断地提出大量的新理论,试图能够更为合理地解释人类的行为方式。但是,从经济学的这些现代发展中可以提出这样的一个问题:存在着某种可以适用于任何状况的一般的人类决策方式吗?这种决策方式能够使得任何信息无价值。显然,对于这个问题,经济学还不能给出肯定的答案。

四、市场的均衡性质

求解均衡价格似乎是新古典经济学的目的,但是,这只是表面现象,经济学家当然知道价格是不断变化的。经济学家的本意无非是通过对均衡价格的求解来寻求价格现象背后不变的规律或者逻辑,例如,资源配置的规律或者逻辑。这个不变的规律或者逻辑才是均衡分析真正的目的。问题的关键是存在着惟一不变(换句话讲,均衡的)的规律或者逻辑吗?

前面我们说过,市场是一种集体决策的方式,它的本质是一种使用分散于社会成员之中知识的方法。新古典经济学认为,市场不仅仅是将个体的知识集合起来,作为一种决策方式,它还具有超越个体分散知识的性质。

人们的许多决策需要延伸到未来,关于未来的一些信息谁也不能确切知道,例如,明年的天气情况,某个人是否会在旅途中发生意外事故等,此时,人们面临着不确定条件下的决策。当然,决策者如果作出决策就相当于选择彩票,相当于赌博,他的最终结果是不确定的。这种不确定性以及由此导致的风险是任何个体决策都无法避免的。信息经济学在一定意义上就是对不确定条件下决策分析的发展。

但是,社会成员可以通过交易来克服这种不确定性,这种交易的本质就是风险交易。当然,在交易中,一些人需要支付代价,而另一些人则可以获得收入,因此,风险市场必然使得收入在社会成员之间进行重新分配。德布鲁将风险市场纳入了一般均衡理论。风险市场中的均衡价格一方面取决于参与者的风险偏好,一方面取决于参与者对未来不确定事件概率分布的判断。社会成员之间的风险交易具有这样的性质,随着时间的推移,也就是随着信息的显示,参与人无须重新谈判,或者重新进行交易。需要指出的是,随后时间过程中的信息对于参与人的起始风险契约形成也没有价值。这样,新古典经济学就从市场的角度进一步说明了市场具有超越时间或者超越信息的性质。社会通过风险交易的方式来解决个体无法解决的风险问题,并且和未来的信息无关。

但是,这里存在着一个问题。风险市场价格部分地取决于市场参与人对未来概率分布的判定,而价格在一定意义上又显示了市场参与人的这种判断。假如有人现在可以获得关于未来更为准确的信息,也就是比其他市场参与人具有信息优势,那么,他就可以赢得市场,并获得更多的利益。因此,为了赢得市场,或者说,在市场交易中得到更多的利益,投入一定的资源获取更多的信息是有利的。例如,股票市场是一个典型的规避投资风险的市场。股票市场中的交易形成了股票的价格,可以引导人们投资。但是,我们也知道股票市场中的投机活动对于市场价格的发现具有重要意义。而投机活动的本质就是试图通过信息优势来赢得市场。投机家投入资源发现了市场价格,而社会则可以利用市场价格进行真正的投资活动。这些真正的投资活动实际上是搭了投机者的便车。但是,如果市场价格一经发现,投机者就不可能再赢得市场,那么,他们将退出市场。因此,这里存在着一种矛盾:发现信息和享用信息的矛盾。

这个问题对于风险市场有意义,实际上也是一个一般性的问题。我们知道,社会成员在决策中需要信息,而市场的功能就是提供信息。因此,经济社会中同样存在着信息的需求与供给的问题。但是,市场对信息的供给不是无成本的,它来自于部分社会成员的信息搜寻活动或者信息决策活动,这些活动是有代价的。但是,这些私人投入形成的信息通过市场价格转变成为了公共信息。我们知道,在公共物品的生产上,市场失灵了,这是市场自身存在的一个矛盾。简单地讲,如果市场价格具有显示信息的功能,市场参与者将会相信市场而不进行具有私人成本的信息搜集和交流活动,但是,如果这样,市场的价格将不具有信息的显示功能了。斯蒂格利茨(1980)在其著名的论文《论信息有效市场的不可能性》中指出了这个问题。他认为,在信息支付的激励问题上,市场存在着深刻的矛盾,并认为这个矛盾使市场效率的实现是不可能的。

前面已经说过,从信息行为的角度讲,市场存在着局限性,这将导致其他的组织方式或者社会关系,例如,家庭、企业以及政府等。在现实社会中,我们可以观察到市场关系和非市场关系,以及相应的组织结构。我们也许可以通过斯蒂格利茨指出的矛盾来认识市场和非市场组织的形成。

但是,问题的关键是,存在着一种均衡的市场和非市场的组织状态吗?或者更为一般地均衡的组织结构形式吗?当组织结构具有信息的生产性质时,这个问题就必须从信息性质的角度来解释。我们知道,信息资源和一般的物质资源不同,例如,人们可以日复一日地吃着同样的早餐,但是,人们不可能日复一日地学着同样的知识。新的信息才有意义,信息一经获得就不再是信息。也许从这一点我们可以理解现代经济学中正在兴起的一门新兴学科——演化经济学的价值所在。正如熊彼特所说,创新是资本主义社会能够迅速发展的核心,创新包括了新的组织方式。什么是新生事物,如果现在就有,如果现在就可以预测和规划,这种东西就已经不是新生事物了。信息经济学的发展正在成为演化经济学的一个重要基础。

第四节　信息经济学的理论意义

经济学应该在研究个人行为方式的基础上研究社会行为(组织)方式,研究怎样的社会行为(组织)方式能够满足社会发展的需要。不同于一般生物,人的行为是受思维支配的,因此,经济学必须通过人的思维方式来说明人的行为方式。需要指出的是,在人类思想史上这并不是什么新观点。柏拉图在其著作《理想国》中就已经从知识的角度描述人与人的关系,并由此来解释社会的组织方式。信息经济学重要的理论意义在于明确地将认识论纳入西方经济学对经济行为的分析之中。

经济学还必须对市场制度的性质作出自己的判断,市场制度是合理的还是不合理的,或者是有效率的还是无效率的?这是经济学的哈姆雷特问题(To be or not to be,this is a question)。信息经济学从认识论的角度深化了经济学对这个问题的分析。

在人的思维中存在着一般与具体、逻辑与经验,或者形式与内容的矛盾。逻辑本身具有超越经验的性质,逻辑的真理性和经验的真实性无关,这是基本的逻辑常识。现代科学一方面承认对具体经验的超越是思维努力的方向,思维寻求具体事物背后的一般规律,或者存在于经验背后的逻辑;另一方面也否认终极逻辑的存在,至少不事先假设终极逻辑的存在,因为承认终极逻辑的存在等于承认上帝的存在。总之,一般和具体、逻辑和经验,或者形式和内容的矛盾本身就是推动思维和科学发展的基本动力。

在人类的行为中存在着相同的矛盾。新古典经济学假设个体是完全理性的,理性通常被解释为决策者的利己和优化性质。本章的内容表明,信息经济学揭示了完全理性的逻辑意义,完全理性的假设相当于假设个体具有超越一切具体经验的一般的行为方式,并且是先验存在的。新古典经济学实际上认为市场制度作为一种集体的行为方式也同样具有完全理性的特征。但是,经济学的现代发展使得经济学更为合理地考虑到了人类理性的有限性,这无疑是经济学的进步。存在于人类理性中的矛盾应该是推动社会发展的基本动力,人类理性的发展应该也是社会发展最核心和最本质的内容。

最后,建立在经济总量分析基础上的宏观经济学也是20世纪发展起来的经济学最为重要的内容之一,在宏观经济学的分析框架下,经济学家仍然思考着他们的哈姆雷特问题,市场是有效率的还是无效率的?凯恩斯认为,站在集体的角度看,个体在市场制度中的行为并非是理性的,这将导致有效需求不足;这种缺陷不是市场自身可以克服的,为此,应该由更有远见卓识的政府担当起克服市场局限性的重任。但是,哈耶克认为,任何个人或者少数人都不能超越社会的智慧,更不能以此为理由获取支配社会大众的权力,社会的发展不能是少数人计划和控制的产物。市场是无效率的还是有效率的?围绕这个问题,在宏观经济学的现代发展中形成了新凯恩斯宏观经济学和新古典宏观经济学之争。需要指出的是,在这种争论中,信息经济学所具有的重要理论意义越来越受到人们的关注。

思考题

1. 从信息的角度讲,新古典经济学认为市场的功能和性质是什么?

2. 市场制度仅仅是依靠价格机制来配置资源的吗?信息经济学是如何认识市场制度的资源配置机制的?

3. 社会是否存在着均衡的组织方式?你是如何看待这个问题的?

参考文献

1. Dreze, J. H. *Essays on Economic Decisions under Uncertainty*. Cambridge University Press, 1987

2. Dubois, D. and Prade, H. Moldelling Uncertainty and Inductive Inference: A Survey of Recent Non-Additive Probability Systems. In: Rohrmann, B. and others(eds), *Advances in Decision*. Amsterdam: North-Holland, 1989

3. Hammond, P. J. (1988): Consequentialist Foundations for Expected Utility. *Theory and Decision*, 25(1), 25 ~ 78

4. Hey, J. D. (eds). *The Economics of Uncertainty*. Edward Elger Pulishing Limited, 1997

5. Stiglitz, J. E. (2002): Information Economics and Paradigm Change. *The American Economic Review*. Vol. 92, No. 3.

6. Spence, M. and Zeckhauser, R. (1972): The Effect of the Timing of Consumption Decisions and the Resolution of Lotteries on the Choice of Lotteries. *Econometrica*, 40 (2), March, 401 ~ 403

7. Wilson, C. (1980): The Nature of Equilibrium in Markets with Adverse Selection. *Bell Journal of Economics*. Vol. 11.

8. 黄淳,何伟. 搜寻理论对不完全竞争市场效率的分析. 产业经济评论. 第一卷第 2 辑,2002

9. 杰克·赫什莱佛,约翰·G·赖利. 不确定性与信息分析. 北京:中国社会科学出版社,2000

10. 肯宾·默尔. 博弈论与社会契约. 第一卷. 公平博弈. 上海:上海财经大学出版社,2003

11. 让-雅克·拉丰,大卫·马赫蒂摩. 激励理论. 第一卷. 委托—代理模型. 北京:中国人民大学出版社,2002

12. 拉斯·沃因,汉斯·韦坎德. 契约经济学. 北京:经济科学出版社,1999

13. 谢康,乌家陪. 阿克洛夫、斯彭斯和斯蒂格利茨论文精选. 北京:商务印书馆,2002

第29章

当代西方经济学流派与思潮

福利经济学的新进展

学习要点和要求

福利经济学的核心内容是如何获得社会排序。西方经济学具有福利主义的传统,因此,西方福利经济学的发展历史远远早于旧福利经济学和新福利经济学。阿罗不可能性定理的提出标志着新福利经济学时期的结束。阿罗不可能性定理之后,西方福利经济学的发展分成了两个方向:一是社会选择理论,另一个是非福利主义的研究。上述发展同时带来了西方福利经济学对一些基本问题的重新思考。

什么是福利经济学?国内文献中常见的回答是,福利经济学是以一定的价值判断为基础,对市场经济的资源配置结果进行评价的一个经济学分支。这里的价值判断通常指帕累托标准。

其实,这只是20世纪40年代西方所流行的新福利经济学所给出的回答。

1951年,阿罗不可能性定理的提出在整个西方福利经济学界掀起了轩然大波。围绕阿罗不可能性定理而进行的研究贯穿了20世纪50年代及以后的几十年时间,西方福利经济学也因此而发生了非常重大的变化,包括对于什么是福利经济学的回答也发生了变化。

第一节　福利主义传统

福利经济学是西方经济学的一个重要分支,是西方经济学不可缺少的组成部分。那么,什么是福利经济学呢?

“福利经济学是试图明确地表达一些命题的研究分支,我们根据这些命题来判断一种经济状态对应的社会福利比另一种经济状态对应的社会福利是高还是低。"①所以，福利经济学的核心内容是根据一些命题来获得社会排序。那么，根据哪些命题来获得社会排序呢？

福利主义就是进行社会排序的一个重要命题。

所谓福利主义，简单地讲，就是社会福利的高低（社会排序）仅仅取决于社会成员的效用水平（个人排序）。如果在一种经济状态 x 下，社会成员的效用水平比较高，那么其相应的社会福利就高；或者，如果社会成员在状态 x 下的效用高于在状态 y 下的效用，那么状态 x 的社会福利就高于状态 y 的社会福利。因此，根据福利主义，可以判断不同经济状态下社会福利的高低，可以对不同的经济状态进行排序。

例如，福利主义认为，可以根据我国改革开放前后国内生产总值（GDP）的多少来判断改革开放前后社会福利的高低，以及改革开放后哪些变得更好而哪些则比较差。

一、旧福利经济学之前

阿玛蒂亚·森（Amartya Sen）认为，西方经济学的发展有两个来源，其中一个便是它的伦理学传统（Ethics-Related Tradition）②。伦理学传统关注个人和整个社会的福利，并以此作为行为的最初动机和最终目的。西方经济学的源头——亚当·斯密的"看不见的手"原理就是建立在伦理学和福利基础之上的。

亚当·斯密在《国富论》中所阐明的核心思想是：利己主义的个人会在市场经济的引导下促进社会利益，也就是说，有一只"看不见的手"能够自动增进整个社会的福利，因而200多年以来一直被西方经济学家们所推崇和信仰。而在《国富论》之前，亚当·斯密在《道德情操论》中就已经说明：利己主义的个人如何控制他自私的感情或行为，从而在市场经济社会中促进社会利益。对此，熊彼特指出："一些人批评他（指亚当·斯密——引者注）对道德力量的重要性注意不够，读者只要看一看这本书（指《道德情操论》——引者注），就不会相信这种胡言乱语了。而且，正是在这本书中而不是在《国富论》中，斯密提出了其有关财富和经济活动的哲学。"③

自19世纪20年代起逐渐流行起来的效用主义是另一个例子。效用主义本是哲学中的一个派别，由于很好地适应了当时社会、经济、政治等状况的需要而发展起来，并逐渐成为西方经济学中的一种主流观点。

效用主义的主要观点有：一切行为的好坏取决于它们能否增加人们的幸福；社会的利益以最大多数人的最大幸福来度量；个人是他自身福利水平及福利变化最佳的、惟一的判断者；个人福利可以用效用来度量；对于个人效用之间出现的冲突，没有什么好的解决办法。

19世纪末的边际主义革命则导致了福利主义的间断（1870~1920）。边际主义革命引入了边际概念，使它与原有的效用概念相结合，形成了边际效用价值理论。虽然边际主义革命将效用理论纳入了西方经济学的核心框架之中，但是，"实际上不难证明，效用价值理论与任何享乐主义的假定或哲学是毫无关系的。因为该理论并不解释或说明它的论证起

① Ng, Y-K. *Welfare Economics: Introduction and Development of Basic Concepts*, 2nd *edition*. Macmillan, 1983, pp. 2

② Sen, Amartya K. *On Ethics and Economics*. Basil Blackwell, 1987, pp. 2~7

③ 〔美〕约瑟夫·熊彼特. 经济分析史. 第一卷. 北京：商务印书馆，1996. 277

点即需要与欲望的性质。”①因此，从福利经济学的角度看，边际主义革命具有一定的消极影响：资源配置问题的解决使西方经济学完全变成了工程学，所有人都被假定为理性人，所有的西方经济学问题都成为在给定约束条件下的效用函数最大化。至于效用本身有什么性质、个人效用与其他人的效用以及与整个社会的效用有什么关系，几乎所有的西方经济学家都不去考虑，他们都成了地道的工程师。森将这一变化看做是经济学的另一个传统，即工程学传统的开始。这样，西方经济学的发展丢掉了伦理学的传统。

二、旧福利经济学(1920～1939)

1920年，英国经济学家A·C·庇古出版了其代表作《福利经济学》，标志着旧福利经济学体系的形成。此后，福利经济学重新受到重视，庇古也因此被称为“福利经济学之父”。

旧福利经济学继承了效用主义的传统，认为社会应该使整体福利总和达到最大。旧福利经济学的一个重要命题是，如果国民收入的分配有利于穷人，那么，在国民收入总量不变的情况下，社会福利就会增加；如果国民收入增加而穷人的绝对收入份额没有下降，那么，社会福利也会增加。

旧福利经济学以基数效用理论为基础，但当时的一些西方经济学家们认为，效用是人的主观感受，是不可以用基数来度量的；一个人的效用和另一个人的效用是不能够进行比较的；适用于所有人的基数效用的度量单位是不存在的；尤其是收入的边际效用递减意味着富人的收入应该转移一些给穷人；等等。这些是效用主义和旧福利经济学的主要观点，而且，许多人认为，这些同时也是效用主义和旧福利经济学的重要缺陷。

对此，一些西方学者提出了异议，并引发了20世纪30年代初的一场大争论。这场争论的焦点是：首先，作为一门科学，经济学的主要任务是什么？经济学是否可以提出类似“富人的收入应该转移一些给穷人”这样的规范性建议呢？其次，如果经济学要避免作出规范性的结论，那么，经济学的分析中要避免什么样的概念呢？

罗宾斯认为，首先，经济学作为一门科学不应该涉及伦理的或价值判断的问题，经济学的任务就是进行实证性的研究；其次，经济学不能够得出类似“富人的收入应该转移一些给穷人”这样的规范性建议，这些建议带有明显的价值判断倾向，经济学和伦理价值判断的结合在逻辑上是不可能的；最后，经济学中具有规范性质的结论都来自基数效用的使用，因此经济学应该避免使用基数效用概念。

罗宾斯的观点在这场大争论中产生了很大的影响。“……正是罗宾斯《论经济科学的性质和意义》(1932)的出版，引起了该问题(指福利问题——引者注)上的大飞跃，促进了微观经济学家们一种新的研究课题的产生，这就是习惯上所称的‘新福利经济学’。”②

三、新福利经济学(1939～1950)

森把新福利经济学的流行时期限定为1939～1950年③，是指从1939年希克斯的《价值

---

① 〔美〕约瑟夫·熊彼特. 经济分析史. 第三卷. 北京：商务印书馆，1995. 442

② Jackson, P. *Welfare Economics, in What's New in Economics?* Maloney, John (ed.). Manchester University Press, 1992. pp. 103

③ Sen, Amartya K. *Collective Choice and Social Welfare.* Holden-Day, Inc. 1970, pp. 56

与资本》出版，到1951年阿罗不可能性定理提出之前为止。

（一）“价值中立”的福利经济学

基于罗宾斯的观点，新福利经济学试图成为一种不带有任何价值判断色彩的所谓“价值中立”的福利经济学。为此，新福利经济学所做的是放弃基数效用转而采用序数效用，同时引入帕累托标准。

新福利经济学的效用概念源自新福利经济学的代表人物、意大利经济学家帕累托（Vilfredo Pareto）。和旧福利经济学一样，新福利经济学坚持福利主义，认为个人效用是研究社会福利的惟一基础。二者之间的一个主要区别在于他们赋予效用概念的意义是不同的。新福利经济学认为，效用是主观的，是对于愿望的满足；而且，效用是不可观察的。这样，效用就只能用序数来表示，只能表示愿望被满足的排列顺序，这就是序数效用。

为获得社会排序，新福利经济学采用了帕累托标准。帕累托标准（Pareto Criterion）指出：如果从一种社会状态到另一种社会状态的变化，使至少一个人的福利增加，而同时又没有使任何一个人的福利减少，那么，这种变化就是好的，就是人们所希望的。

（二）其他的福利标准

但是，帕累托标准有一个重要的缺陷，就是现实中的大多数变化往往都是使一部分人的福利增加而同时使另一部分人的福利减少，对于这些不同状态的判断，帕累托标准无能为力。那么，对于一部分人的福利增加而同时另一部分人的福利减少，如何判断其相应的社会排序呢？

1939年，卡尔多提出了一种方法来解决这一问题。如果受到损失的人可以被完全补偿，而其他人的福利仍然比原来有所提高，那么，这一政策就仍然是好的，是可取的。这就是卡尔多标准（Kaldor Criterion）。

希克斯于1941年在《消费者剩余的复兴》一文中也提出了类似的标准。希克斯标准（Hicks Criterion）指出，如果受到损失的人不能够贿赂或补偿得利的人反对该种变化，那么，这种变化就是一种改进。

但是，卡尔多和希克斯标准也有缺陷。“反对使用这一标准本身（指卡尔多—希克斯标准——引者注）是因为它是非对称的，它过分看重了所考虑变化以前的那种福利分配……所以，可以看到，使用相同的标准，两种状态都可以分别比另一种状态要好：这真是一个荒诞的结果，只有使用我们的双重标准才可以避免这种结果。”①

西托夫斯基标准（Scitovszky Criterion）认为：一种变化同时通过了卡尔多标准和希克斯标准，这才能是一种改进。但是，重复应用西托夫斯基标准将导致矛盾。

对此，李特尔认为：“不论卡尔多—希克斯或者西托夫斯基标准，单独地或共同地，都不能被认为是福利标准。随便哪一种标准，连同认为所涉及的再分配是适当的那种判断，都可以认为是经济福利增加的充分（但非必要的）标准。”②

李特尔提出的标准即李特尔标准（Little Criterion）是：

1. 如果通过卡尔多检验或希克斯检验中的某一个，并且再分配是好的，那么，变化就是

---

① Scitovszky, T. DE(1941): A Note on Welfare Propositions in Economics. *Review of Economic Studies*, pp. 88

② 〔英〕李特尔. 福利经济学评述. 北京：商务印书馆，1965：119

一种改进;

2. 如果没有通过卡尔多检验或希克斯检验中的某一个,并且再分配是不好的,那么,变化就不是一种改进;

3. 其他情况,无法判断。

从卡尔多—希克斯检验、西托夫斯基双重检验到李特尔检验等,新福利经济学家们没有能够最终解决帕累托标准的难题。"在可以被广泛接受的福利标准方面,我们仍没有超过帕累托。"①于是,新福利经济学家们试图借助另一种方法,即社会福利函数来解决这一问题。

(三)社会福利函数

最初提出的社会福利函数称为伯格森—萨缪尔森的社会福利函数(Bergson-Samuelson Social Welfare Function,SWF),它是一种实值的福利函数(Real-Valued Welfare Function)。该福利函数认为,社会福利值 W(用序数表示)取决于被认为影响福利的所有可能的实值变量 Z_i,即:$W=W(Z_1,Z_2,\cdots)$。

如果再赋予这一函数一些性质,例如,福利主义等,那么,最终的社会排序就可以得到了。

但遗憾的是,阿罗不可能性定理指出,这种方法是行不通的。

第二节　阿罗不可能性定理

一、阿罗不可能性定理

阿罗于 1951 年提出了一个一般可能性定理(General Possibility Theorem),指出:对于特殊的只有三种状态的选择情况,要从个人偏好推导出社会偏好,需要满足一些合理化的条件,而能够同时满足这些合理化条件的社会选择机制是不存在的。因而,阿罗的这一定理也被称为不可能性定理。

阿罗不可能性定理的条件包括两类:一类是关于个人和社会排序的合理化条件,这是讨论社会选择问题时的一些基本条件;另一类是关于制度的合理化条件。

首先,社会(或集体)由一个以上的人组成,社会排序必须基于个人对各种选择的排序,这实际上是福利主义的要求。

其次,个人和社会的排序需要满足两个公理:

公理 A:完全性,对于所有的选择 x 和 y,要么 $x\ R\ y$(x 不差于 y),要么 $y\ R\ x$(y 不差于 x)。R 表示"偏好或者无差异"。

公理 B:传递性,对于任意的 x,y 和 z,$x\ R\ y$ 和 $y\ R\ z$ 意味着 $x\ R\ z$。即如果 x 不差于 y,y 不差于 z,则 x 不差于 z。

所谓制度(Constitution),是指"一个过程或一项规则,对于所有个人关于社会状态的排

① Ng, Y. -K. (1990): Social Welfare and Economic Policy. Wheatsheaf. p. 160.

序集合 $R_1, \cdots, R_i$，这一过程或规则表明其相应的对于社会状态的社会排序为 R”。①

关于制度，需要满足以下五个合理化的条件：

第一，对于三种选择的自由排序(free triple)：在所有状态中至少有三种选择，关于这三种选择，所有逻辑上可能的个人排序都是可以接受的。

这一条件要求个人的排序集合不是单一的，关于至少三种选择的个人排序是存在各种可能性的，只要逻辑上合理即可。如果所有个人对所有选择的排序都是一样的，那么社会排序也一定是同样的排序。这种情况就根本不需要特别进行研究了。

第二，社会价值和个人价值的正相关关系(positive association of social and individual values)：“社会排序随着个人价值判断的变化而同方向变化，或者至少不是反方向变化。因此，如果在每个人的排序中某个社会状态的排序上升或保持不变，而在这些排序中没有发生其他的变化，那么，我们就可以预期，该社会状态在社会排序中的排序也上升或至少没有下降。”②

第三，非相关选择的独立性(the Independence of Irrelevant Alternatives, IIA)：“给定条件下社会所作出的选择只取决于该条件下个人对这些选择的排序。换言之，如果我们考虑这样的两个个人选择集合，对每一个个人而言，他对于给定条件下特定选择的排序在任何时候都一样，那么我们就可以要求，在该条件下，当个人的价值判断由第一个排序集合给出时，和当个人的价值判断由第二个排序集合给出时，社会所作出的选择应该是相同的。”③

这里，每一个社会选择是关于一种社会状态所有相关方面的完全的规定。

第四，公民的自主性(citizens' sovereignty)：即社会排序不能够是强加的。如果有一组选择 x 和 y，无论所有人的偏好是什么，社会都不会显示出 y 胜于 x，即使所有人都认为 y 胜于 x，社会的排序也仍然是 x 不差于 y，这样的社会排序就是强加的。该条件要求社会排序必须根据个人排序得出。

第五，非独裁性(nondictatorship)：如果对于每一组选择，某个人的偏好就是社会的偏好，而不管其他人的排序如何，这种制度就是独裁。第五个条件要求一种制度不能够是独裁的。

阿罗不可能性定理证明的关键是决定性组(decisive set)的概念。对于选择 x 和选择 y，一组人是决定性的，如果这组人一致认为 x 胜于 y，那么不管所有其他人的排序如何，社会的排序都是 x 胜于 y。也就是说，这组人关于 x 和 y 的一致排序就足以推导出社会对 x 和 y 的排序了。

第一，根据决定性组的定义，在阿罗定理的条件下，决定性组不可能由一个人组成。对于三种选择的自由排序，如果一个人关于任意的一种选择和另一选择的排序是决定性的，那么，他对于任意一对选择的排序也是决定性的。这样，他实际上就是一个独裁者。所以，单个人不可能是决定性组。

第二，对于三种选择的自由排序，至少存在一个决定性组。选择一个人数最少的决定性组 D，它对于 x 和 y 的选择是决定性的。将 D 分为 D_1 和 D_2，D_1 由一个人组成，D_2 由其他

---

① Arrow, Kenneth J. 1951, 1963. *Social Choice and Individual Values.* New York, Wiley. pp. 23

② Arrow, Kenneth J. 1951, 1963. *Social Choice and Individual Values.* New York, Wiley. pp. 25

③ Arrow, Kenneth J. 1951, 1963. *Social Choice and Individual Values.* New York, Wiley. pp. 27

人组成。同时,决定性组以外的人组成 E。假定个人的排序如下:

D_1:偏好 x 胜于 y,偏好 y 胜于 z;

D_2 中的所有人:偏好 z 胜于 x,偏好 x 胜于 y;

E 中的所有人:偏好 y 胜于 z,偏好 z 胜于 x。

由于 D 对于 x 和 y 是决定性的,所以,社会对于 x 和 y 的排序应该是 x 胜于 y。

关于 z 和 y。D_2 中的所有人偏好 z 胜于 y,而 E 中的所有人偏好 y 胜于 z。如果社会排序是 z 胜于 y,那么,D_2 对于 z 和 y 就是决定性的,这说明 D_2 是一个比 D 更小的决定性组。而这与 D 是一个最小的决定性组相矛盾。因此,社会的排序只能是 y 胜于 z,或者 y 和 z 无差异。

这样,根据传递性,社会排序应该是 x 胜于 z。

但是,从所有人的偏好来看,除了 D_1 中的一个人偏好 x 胜于 z 之外,社会中其他所有人都偏好 z 胜于 x。这样,关于 z 和 x,D_1 中的这个人也是决定性的了。而只有一个人的决定性组与非独裁性是相矛盾的。

因此,同时满足公理 A 和 B 以及五个合理化条件的制度是不存在的。

阿罗不可能性定理提出之后,整个西方福利经济学界受到了很大的震动。不可能性意味着:阿罗式的社会福利函数是不存在的,西方福利经济学试图根据个人偏好推导出社会偏好的努力是在做无用功。

因此,许多人开始设法克服阿罗的困难。但是,“只要他们坚持阿罗的基本框架,他们就会发现,他们所有的努力都只不过是遇到了一些新的困惑而已。”①这些新的困惑包括肯普—黄的不可能性命题、森关于帕累托自由的不可能性定理等其他的不可能性定理。

二、肯普—黄的不可能性命题

肯普和黄提出的第一个命题是:在一组很弱的假设条件下,仅仅根据个人排序是不可能推导出一个实值社会福利函数的。

肯普和黄提出的第二个命题是:给定偏好的弱多样性(Mild Diversity of Preferences),不存在能够同时满足强帕累托原则和匿名性且仅排序性(Anonymity plus Orderings Only)的社会排序。

偏好的弱多样性:“存在这样的三种社会选择 x,y 和 z,以及两个人 J 和 K。(a)这两个人对 x,y 和 z 严格排序(即没有无差异);(b)他们对 x,y 和 z 中的两对选择的排序是很不相同的,而对于剩下的一对选择的排序,意见是统一的;(c)其他人关于 x,y 和 z 是无差异的。”②

强帕累托原则(Strong Pareto Principle):对于任意两个选择 x 和 y,如果所有人认为 x 不差于 y,则对于社会而言 x 也不差于 y;如果所有人认为 x 不差于 y 并且一些人认为 x 胜于 y,则对于社会而言 x 也胜于 y。

匿名性且仅排序性:对于任意选择 x,y,z,w,如果所有人对 x 和 y 的某种排序意味着社

---

① Jha, Raghbendra (1998): *Modern Public Economics*. Routledge. pp. 57

② Ng, Y. K. (1983): *Welfare Economics: Introduction and Development of Basic Concepts*, 2nd *edition*. Macmillan. pp. 119

会同样的排序的话,那么,所有人对 z 和 w 的任何一种排序也都意味着社会同样的排序。

这一条件要求所有人都在同样的基础上被匿名地对待,这一要求比非独裁性要强。这一条件还要求任意两个选择的社会排序必须是而且也只能是根据个人对它们的排序而得出的。即只有个人的偏好是与问题相关的,只有个人偏好的排序或序数性与问题相关,偏好的强度与问题无关。

三、森关于帕累托自由的不可能性定理

满足下列条件的集体决策规则是不存在的,

第一,排序的理性条件:排序具有自反性(reflexive)、相关性(connected),而且偏好关系是不循环的。

自反性是指:对于任意一个选择 x,都有 $x\ R\ x$,即任何选择都至少和自身一样好。

相关性是指:对于任意两种选择,必有 $x\ R\ y$,或者 $y\ R\ x$,或者二者兼有。

第二,帕累托标准:对于任意的选择 x 和 y,如果所有人 i 都认为 $x\ P_i\ y$,那么对于社会而言也有 $x\ P\ y$。

第三,最低限度的自由主义(minimal liberalism):存在两个非空、不相交的子集 L_1 和 L_2,对于两组不同的选择(a ,b)和(c ,d),如果 L_1 中的所有人认为 a 好于 b,则对于社会而言也有 a 好于 b;如果 L_1 中的所有人认为 b 好于 a,则对于社会而言也有 b 好于 a。同样的,如果 L_2 中的所有人认为 c 好于 d,则对于社会而言也有 c 好于 d;如果 L_2 中的所有人认为 d 好于 c,则对于社会而言也有 d 好于 c。即两组人分别对两组选择具有决定性。任何人都有自由做他喜欢做的事,即有一些选择完全是个人的,个人的某些偏好不应该受其他人的影响。

"……有一些选择是纯粹个人性质的,比如,状态(x)指社会中其他所有的事情为 Ω,A 先生睡觉时仰卧,状态(y)指社会中其他所有的事情为 Ω,A 先生睡觉时伏卧。假如 A 先生偏好 y 胜于 x,而其他许多人的偏好却相反。那么,可以认为,x 和 y 之间的社会选择是纯粹个人的事情,因为 A 先生是仅有的一个'真正'涉及的人,其他的人都只是'爱管闲事的人'。也可以认为,可以选择一个这样的集体选择规则,在这个纯粹'个人性质的选择中,A 先生的偏好应当被社会偏好准确地反映出来。"①

四、不可能性的根源

那么,阿罗不可能性以及其他不可能性的根源到底是什么呢?

社会选择理论认为,阿罗不可能性定理的条件实际上限制使用关于效用的人际间比较方面的信息,结果是只有独裁性的集体决策规则才有可能满足所有的那些条件,因此,阿罗难题具有逻辑上的必然性。而森则认为,不可能性的根源在于福利主义,福利主义有严重的缺陷。

因此,解决不可能性,可以有两种思路。这将是以下两节的主要内容。

① Sen, Amartya K. (1970): *Collective Choice and Social Welfare*. Holden-Day, Inc. pp. 79

第三节 社会选择理论

社会选择理论,是研究在一定的合理化条件下,如何根据个人排序推导出社会排序的理论。该理论的发展以悲观的阿罗不可能性定理开始,“围绕阿罗的结论,福利经济学中一个全新的领域(社会选择理论)已经发展起来了”。① 本节仅介绍一种解决阿罗不可能性的途径,即把阿罗不可能性定理的一个条件——非可比性扩展为完全可比性,也就是说,同时满足福利主义、序数可度量性、完全可比性的社会选择机制是存在的。

序数可度量性是指个人效用水平可以转换为任何数值,只要保证高的效用水平仍然高即可,也就是说,只要是单调递增的转换就行。完全可比性是指个人的全部信息都可以用于进行人际间的比较。

第一步:假设关于某些状态的社会排序只与 A 和 B 这两个人有关,再根据福利主义,我们可以只考虑 A 和 B 两人的效用空间即可,如图 29 - 1 所示。设初始状态或被比较的状态为 u_0。

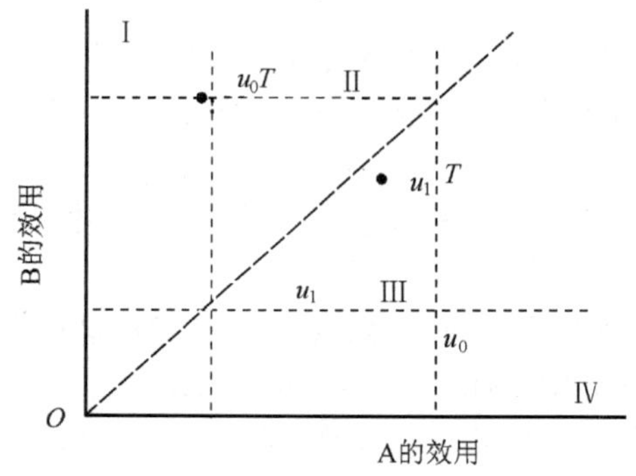

图 29 - 1

根据弱帕累托标准,即只有所有的人认为某状态好,社会才认为它好,我们可以得出:除了边缘点外,u_0 右上方所有点的排序都高于 u_0,u_0 左下方所有点的排序都低于 u_0。

第二步:根据匿名性要求,可以得出:u_0的转置点 $u_0{}^T$(A,B 效用水平相交换后)必然与 u_0 的排序相同;同样根据弱帕累托标准,$u_0{}^T$ 右上方所有点的排序都高于 $u_0{}^T$,$u_0{}^T$ 左下方所有点的排序都低于 $u_0{}^T$。现在将其他那些没有进行排序的状态划分为Ⅰ、Ⅱ、Ⅲ、Ⅳ四个区域,如图 29 - 1 所示。

第三步:在区域Ⅲ中进行单调转换:u_0 转换后为 $u_0{}^T$,任意点 u_1 转换后为 $u_1{}^T$(这种转换不能跨越 45 度线,因为转换后 A 应该仍然比 B 好),因此,Ⅲ中所有点关于 u_0 和 $u_0{}^T$ 的排序应该相同。关于区域Ⅱ也有同样的结论。

① Jha, Raghbendra (1998): *Modern Public Economics*. Routledge. pp. 57

因此,区域Ⅲ和Ⅱ中所有点相对于 u_0 的排序是相同的,要么都高于或无差异于 u_0,要么都低于或无差异于 u_0。关于区域Ⅲ和Ⅳ也有同样的结论。

第四步:四个区域关于 u_0 的社会排序可以有几种可能性。

一种可能性是:Ⅰ和Ⅳ区域中状态的社会排序都差于 u_0,Ⅱ和Ⅲ区域中状态的社会排序都高于 u_0。这样,加上第一、第二步所得的结果,我们实际上得到了一个如图 29 –2 的社会福利无差异曲线。这条曲线是相比某状态 u_0 而言,其他状态的社会排序高与低的分界线,它表示社会排序取决于效用较低的人(状态 u_0 时即 B)。

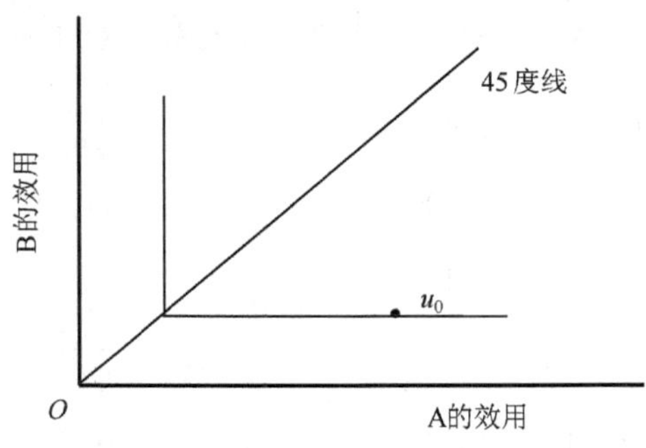

图 29 –2

这实际上是罗尔斯的社会福利函数:$W = \mathrm{Min}\ (U_1, U_2, \cdots, U_i)$,即社会福利水平取决于社会中效用最低的那部分人的福利水平。

另外一种可能是精英的社会福利无差异曲线,如图 29 –3 所示。它表示社会排序取决于效用较高的人(状态 u_0 时即 A)。其函数形式是:$W = \mathrm{Max}(U_1, U_2, \cdots, U_i)$,即社会福利水平取决于社会中效用最高或境况最好的那部分人的福利水平。

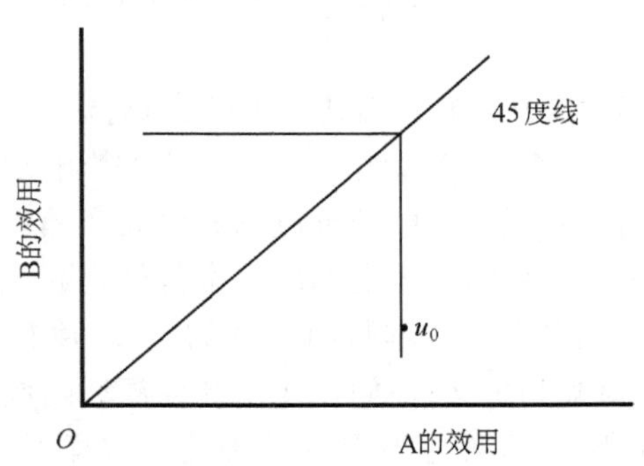

图 29 –3

第四节　非福利主义

解决不可能性,除了第三节所介绍的社会选择理论给出的方法之外,另一种方法就是森所提倡的放弃福利主义,坚持非福利主义。本节首先介绍森和黄有光之间关于福利主义是否有缺陷所存在的争议，然后介绍个人权利等非福利主义方面的一些研究。

一、森—黄之争

森认为，福利主义有局限性。福利主义者面对一个很大的困难，就是他们必须仅仅依赖“效用”信息。福利主义已经“对那些能用来作社会福利评价的信息类型，通过直接或间接地作严格的假设，而给传统的福利经济学加上了笨重的镣铐”。①

森举了一个例子。

假设 A 和 B 两个人，面对三种可能的状态 x，y 和 z，A 和 B 的福利水平在状态 x 下分别为(30，100)，在状态 y 下分别为(60，90)，在状态 z 下分别为(60，90)。如下所示。

	A 的福利	B 的福利
状态 x	30	100
状态 y	60	90
状态 z	60	90

在状态 x 下，B 很富而 A 很穷。以状态 x 为出发点，进行再分配得到了状态 y。在状态 y 下，B 的福利水平降低(为 10)较少，A 的福利水平增加(为 30)较多，所以整个社会的福利水平是增加的。按照福利主义的观点来判断，状态 y 比状态 x 好。

在状态 z 下，A 和 B 的财富状况与状态 y 的相同，只是 A 对 B 可以进行严刑折磨，所以与状态 x 相比，A 的福利水平增加了 30，B 的福利水平下降了 10，B 的痛苦小于 A 从折磨 B 中得到的快乐。状态 z 与状态 y 具有相同的福利状况。按照福利主义的观点，状态 z 与状态 y 无差异。

这样，按照福利主义的观点，状态 z 比状态 x 好。而森认为，这是绝大多数人不能够接受的。

黄有光则认为，“社会福利水平受个人福利水平的影响，这一主张似乎是没有争议的，争论的焦点在于社会福利水平是否‘只受到个人福利水平的影响这一点上”。②

那么，是否应该为了坚持禁止严刑折磨的价值判断而放弃福利主义的价值判断呢？黄有光认为，这要看对于个人而言究竟哪一个是他的基本价值判断。黄本人坚持福利主义是他的基本价值判断。而且，根据自己对基本价值判断的定义，黄有光认为，“即使有人同意森的说法而在哲学层次上否定福利主义，他们在使用社会福利函数时进行福利经济学以及经济政策的讨论时，还是可以坚持福利主义，因为像状态 z 这样可以想像但不可能的情形，在这些讨论中根本就不会出现”。③

森认为状态 z 不是“不可能”，而是“不普遍(Uncommon)”。当伦理原则相互冲突时，必须决定坚持什么，而这时，“许多人会和我一样放弃福利主义的第一位”；“对剥削、性别歧

① Sen, Amartya K. (1982): *Choice, Welfare and Measurement*. Basil Blackwell Publisher. pp. 327 ~ 328

② Ng, Y.-K. (1981): Welfarism: A Defence against Sen's Attack. *Economic Journal*, vol. 91(June), pp. 527

③ Ng, Y.-K. (1981): Welfarism: A Defence against Sen's Attack. *Economic Journal*, vol. 91(June), pp. 529

视、种族差异等的标准式抨击,都不是纯粹以效用为考虑基础(甚至完全没有考虑效用)。传统的福利经济学并不包含这些价值观,并且已经在他们所宣称的、现实上根本不存在的'共识'的基础上建立了自己的壁垒。"①

黄有光认为,所谓的非福利主义问题,例如,权利问题等,追溯到最后都只来源于快乐和痛苦。所以,他坚持福利主义。"人们可能会接受一个福利主义的社会福利函数来作为他的基本价值判断,但是,每次作决策时都要准确地进行福利计算是非常困难的。因此,为方便起见,就采用了一些普遍来说能提高社会福利水平(以福利主义者社会福利函数定义)的特定原则,比方说诚实、自由主义、禁止剥削、禁止严刑折磨等等。"②

不过,最后森承认,"所以我和黄有光一直在争论的许多议题都是难分胜负的"。③

放弃福利主义转而坚持非福利主义,需要研究个人权利等问题。

二、森的个人权利框架

森认为,个人在其私人生活范围内具有自由选择的权利,也就是说,个人对某些特殊状态的选择是不受其他个人所影响的。森对个人权利的正式定义为自由主义(liberalism,L)和最低限度的自由主义(Minimal Liberalism,ML)。在这样的权利框架中,某人A对不同的状态x和y是决策性的,意味着这两种状态仅仅在A的某些私人事情方面是不同的,除此而外,其他方面都是相同的。

森的帕累托自由悖论指出了ML和弱帕累托原则之间是相互冲突的。

三、诺齐克的个人权利框架

诺齐克对个人权利的理解不同于森。他认为,个人有权利选择居住在纽约还是麻省,其他人无权干涉。一旦此人作出了选择,那么就构成了对社会选择的约束。这里,诺齐克强调的是个人选择的自由,而不是个人对于社会状态的偏好。

举例来说,如果只有A和B两个人,他们都有权利选择居住地。假设其他条件不变而且对于A和B而言都是已知的。这样,一共有四种可能的社会选择状态,记为*NN*,*NM*,*MN*,*MM*。其中,*MN*表示A居住在麻省,B居住在纽约;其他依此类推。

在*ML*条件下,必然存在一组相互不同的状态x和y,使得A对于它是决策性的。也就是说,关于B的居住地方面,状态x和y是完全相同的,所不同之处仅仅在于A的居住地不同。假设A关于(*MM*,*NM*)是决策性的,A的偏好为:*MN*胜于*NM*胜于*MM*胜于*NN*;B的偏好为:*MM*胜于*NN*胜于*NM*胜于*MN*。对于森而言,由于A关于(*MM*,*NM*)是决策性的,而且A偏好*NM*胜于*MM*,所以,*MM*不是最佳选择。否则,A的个人权利被认为受到了侵犯。ML的情形与此相似。

诺齐克不关心A的偏好如何,而只是看*MM*是否是A和B自由选择*M*的结果。如果A

① Sen, Amartya K. (1981): A Reply to 'Welfarism: A Defence Against Sen's Attack'. *Economic Journal*, vol. 91 (June), pp. 532

② Ng, Y. -K. (1981): Welfarism: A Defence against Sen's Attack. *Economic Journal*, vol. 91(June),529

③ Sen, Amartya K. (1981): A Reply to 'Welfarism: A Defence Against Sen's Attack'. *Economic Journal*, vol. 91 (June), pp. 535

和 B 都自由地选择了 M,那么,MM 的结果就没有侵犯什么人的个人权利。而 A 和 B 都自由地选择了 M 的可能性是存在的。这里,诺齐克认为,个人权利并不与社会状态直接相关,而只是与社会状态某个方面的决定相关。

四、个人权利的标准对策模式

一些学者认为,对策模式可以是研究权利问题的合适框架。

例如,乘客 1 和 2 同在一列火车的同一车室。如果 2 不反对 1 抽烟的话,1 就有权利抽烟;但是,如果 1 在车室抽烟,2 有权阻止 1。这里,个人权利可以用标准对策模式表示如下。①

参与者的集合 $N=\{1,2\}$;

参与者 1 的策略为 $S_1=\{s_1, s_1'\}$,其中,s_1=(抽烟,以及如果 2 反对那么就停止抽烟),s_1'=(不抽烟),而且只涉及可允许的行为;

参与者 2 的策略为 $S_2=\{s_2, s_2'\}$,其中,s_2=(如果 1 抽烟,那么就反对),s_2'=(如果 1 抽烟,那么就不反对);

结果集合 $A=(x, y, z)$,其中,x=(1 抽烟,2 反对,然后 1 停止抽烟),y=(1 抽烟,2 不反对,1 继续抽烟),z=(1 根本没有抽烟);

结果函数是这样的:$h(s_1, s_2)=x$,$h(s_1, s_2')=y$,$h(s_1', s_2)=h(s_1', s_2')=z$。

这样,个人权利可以通过适当限定参与者可允许的策略集合而定义。

五、森的个人生活水平研究

生活水平也是一个非福利主义问题。生活水平包括单个人的生活水平和一组人的生活水平两类。森的研究主要是关于个人生活水平方面的问题。关于个人生活水平的定义和度量,有两种方法:基于结果的方法(outcome-based approaches)和基于资源的方法(resource-based approaches)。

(一)基于资源的方法

影响个人生活水平的因素可以从个人达到一定目的所需要的物品、资源或者投入等方面来考虑。所谓资源方面可以包括:个人可以获得的面包、汽油、住房等,或者蛋白质、舒适、温暖、儿童入学率等。例如,福利主义的基于资源的方法,即个人生活水平取决于他所拥有的一些产品组合,这些产品组合可以带来效用,而效用是个人所关心的惟一目的。

森不主张以个人所获得的产品组合来定义生活水平。因为个人所获得的产品,无论是私人物品还是公共物品,要达到个人直接的目的,还取决于其他的条件,诸如气候条件、人的个性特点、社会环境等。

(二)基于结果的方法

影响个人生活水平的因素也可以从个人所要达到的目的方面来考虑。例如,福利主义

---

① Pattanaik, Prasanta K. 1998: Some Non-Welfaristic Issues in Welfare Economics, *Welfare Economics*, Dutta ed., Oxford University Press, 226

的基于结果的方法,即获得效用是个人的惟一目的,除了获得效用以外,个人没有其他目的。所以,个人生活水平的高低完全取决于他所获得的效用的高低。

森不主张采用福利主义的基于结果的方法。因为,效用作为幸福或希望,它不可能只是个人的惟一目的。而且,不同的主观或者客观环境,会有不同的效用水平,同样的客观环境,不同的人会获得不同的效用水平。

第五节　影响及评价

第一,阿罗不可能性定理是针对社会福利函数概念提出的。以帕累托标准为基础的新福利经济学试图对各种经济状态给出社会排序,判断其好坏,但是结果却不理想——根据帕累托标准,只能获得部分排序,有许多经济状态无法判断其好坏。为此,新福利经济学提出了补偿检验,但问题仍然无法解决。而阿罗不可能性定理也说明了,社会福利函数概念也于事无补。

阿罗不可能性定理使福利经济学最终认识到,新福利经济学存在严重的缺陷:帕累托标准本身忽视社会成员之间存在效用冲突或者利益冲突,如果出现效用冲突,则无法作出判断,无法进行社会排序。因此,福利经济学要发展,就不能再走新福利经济学的老路,不能再依赖帕累托标准。这样,阿罗不可能性定理成为新福利经济学的终结者,同时也成为福利经济学发展的新起点。

第二,20 世纪 30 年代新福利经济学取代旧福利经济学被认为是一种理论上的进步。新福利经济学放弃了基数效用概念而采用了序数效用概念,同时还采用了基于序数效用概念的帕累托标准。基于序数效用概念,新福利经济学同样可以推导出负斜率的需求曲线,同样可以在理性经济人的假设下解释消费者的行为,这对于消费者行为理论而言或许可以说是一个进步。

然而,现代的福利经济学认识到,阿罗不可能性定理所带来的困惑恰恰是由于新福利经济学的那些"优点"造成的:使用序数效用概念以及帕累托标准,回避了效用的人际间比较,从而直接导致了各种的不可能性,"……这种新体系(指新福利经济学——引者注)不进行任何形式的人际间比较,从而进一步削弱了社会选择得以进行的信息基础。"①因此,从福利经济学的基本任务——进行社会排序方面来看,新福利经济学取代旧福利经济学不是进步而是一种退步。

第三,阿罗不可能性定理使福利经济学家们认识到,长期以来,整个西方经济学的发展一直以具有缺陷的福利主义作为重要的价值判断基础,这一福利主义的传统至少可以追溯到亚当·斯密。因此,福利经济学的历史远远早于以庇古为代表的旧福利经济学。

第四,认识到福利主义的缺陷并进而放弃福利主义转而坚持非福利主义,不仅是福利经济学体系本身发展的结果,而且也是现代西方社会对其社会发展取向上的严重缺陷进行反思的结果。单纯追求个人利益而忽视其他人以及整个社会的利益、人与人之间更多的是

① Sen, Amartya K. (1998): The Possibility of Social Choice. AER, June 1999, pp. 349 ~ 367

竞争而不是合作等,已经不可避免地导致了各种社会弊病,而非福利主义就是突破了这些旧的观念,更加强调人与人之间的合作关系并由此最终增进整个社会的利益。

思考题

1. 什么是阿罗不可能性定理?其不可能性的根源是什么?
2. 社会选择理论如何解决不可能性?
3. 什么是福利主义?为什么西方福利经济学的发展会从福利主义转向非福利主义?

参考文献

1. Boadway and Bruce. *Welfare Economics*. Basil Blackwell Publisher,1984
2. Dutta, Bhaskar (ed.). *Welfare Economics*. Oxford University Press, 1998
3. Jha, Raghbendra. *Modern Public Economics*. Routledge,1998
4. Ng, Y.-K. (1981): Welfarism: A Defence against Sen's Attack. *Economic Journal*,vol. 91(June).
5. Ng, Y.-K. *Welfare Economics: Introduction and Development of Basic Concepts*, 2nd edition. Macmillan, 1983
6. Sen, Amartya K. (1970): *Collective Choice and Social Welfare*. Holden-Day, Inc.
7. Sen, Amartya K. (1981): A Reply to 'Welfarism: A Defence Against Sen's Attack'. *Economic Journal*, vol. 91 (June).
8. Sen, Amartya K. *Choice, Welfare and Measurement*. Basil Blackwell Publisher,1982
9. Sen, Amartya K. *On Ethics and Economics*. Basil Blackwell,1987
10. Sen, Amartya K. The Possibility of Social Choice. AER, June 1999
11. 丁冰. 现代西方经济学说. 北京:中国经济出版社,1995
12. 蒋自强,史晋川. 当代西方经济学流派. 第二版. 上海:复旦大学出版社,2001
13. 厉以宁,吴易风,李懿. 西方福利经济学述评. 北京:商务印书馆,1984
14. 〔美〕约瑟夫·熊彼特. 经济分析史. 第一卷,第三卷. 北京:商务印书馆,1996,1995

第30章 货币经济学的新进展

学习要点和要求

了解新货币经济学的形成和学术渊源，熟悉并掌握新货币经济学的主要理论——法律限制理论和BFH系统理论，注意新货币经济学研究的中心问题是造成货币特殊性的原因、货币理论与一般经济理论矛盾的根源、如何使货币理论回归一般经济理论的问题，研究新货币经济学的政策主张。

第一节 新货币经济学的形成及学术渊源

一、西方传统货币理论面临的尴尬

当人们置身于21世纪的时光隧道，重新审视洋洋洒洒几个世纪的西方货币经济理论发展史时，会发现这部错综繁杂、浩瀚无垠的经济思想史原本是两个基本命题矛盾的论战史：一是货币系统是否存在市场出清机制；二是货币理论与一般经济理论（价格理论）能否相容。第一个命题矛盾引发了"传统货币数量论—凯恩斯革命—货币主义复兴"这样一条货币理论发展路径；第二个命题矛盾则引发出以"瓦尔拉—希克斯—帕廷金传统"为标志的另一条货币理论发展路径，它们构成了货币理论发展史的两条主线。然而，当人们细读这部货币理论发展史时，却发现传统货币理论框架下的这些理论学说无一逃出了它们与生俱来的矛盾逻辑误区。

沿着第一条货币理论发展主线，人们看到："萨伊定律"奠定了古典货币理论以市场能够自动出清为前提的假设，因此，货币被传统货币数量论描述成实际经济的一幅“面纱”。

面对资本主义日益走向垄断,市场机制失调,生产停滞,失业增加,经济危机频繁发生的现实,维克赛尔(Knut J. G. Wicksell)以“累积过程理论”对传统的货币数量论第一次提出了挑战。继而以《通论》为标志的“凯恩斯革命”从本质上否定了传统货币数量论关于市场出清的假设前提,建立起一套与传统货币数量论大相径庭的政策理论。这个基于理性预期的货币需求理论体系明确提出货币并非是“面纱”,它“与物价水平发生直接数量关系,并通过利率对生产发生实质性影响”。然而,这个曾经“法力无限”的凯恩斯理论却因20世纪六七十年代资本主义世界普遍发生的“滞胀”顽疾而遭到质疑。

1956年,弗里德曼(Milton Friedman)发表了《货币数量论——一种重新表述》,这便有了货币理论史上的“货币主义复兴”,也称“新货币数量论”。弗里德曼认为:由于恒久性收入具有高度的稳定性,所以货币需求是稳定的。因此,收入变动引起货币需求变动,进而引起货币供给变动的传导机制是不可靠的。货币需求的稳定性假设切断了收入影响货币供给的传导链,货币供给量因此在与收入(即实际经济变量)的关系中具有了自主的地位。由于“名义收入的变化都是货币供给变动的结果”,由此,货币数量也就显得重要了。不难理解,在弗里德曼的现代货币数量理论中,货币供给是一个由货币当局决定的外生名义变量,而货币需求则是一个由生产和收入等决定的内生实际变量。尽管弗里德曼导出了“单一规则”的货币政策,但事实证明,由外生决定的名义货币供应量最终完全会被内生实际货币需求量吸收,进而达到均衡,这是一个漫长、痛苦且具破坏性的过程。货币系统中那只“看不见的手”是否存在?它如何作用?几个世纪以来经济学家们的论战仍然难得其解。

沿着第二条货币理论发展主线,人们看到,在瓦尔拉斯均衡(一般经济理论)中,货币过度需求(交易媒介)函数被当成是第 $n+1$ 种物品的过度需求函数,因此,货币过度需求函数是绝对价格水平的一阶齐次函数,即货币过度需求与绝对价格水平同比例变动。而货币数量论中的货币过度需求函数不是绝对价格水平的一阶齐次函数,甚至不是它的任何一阶的齐次函数。这意味着尽管绝对价格的变动会引起货币过度需求的变动,但它们不是同比例变动,这样,瓦尔拉斯均衡就被打破了。值得注意的是,代表物物交换经济的瓦尔拉斯均衡理论,也称价格理论,视货币为一种有内在价值的物品。而货币数量论中的货币是一种纯粹的名义量。由此,统一的经济体被分割成产品和货币两个互相独立的市场,经济理论也因此被分为价格理论和货币理论两个独立的理论体系。

经济理论史上的“两分法”现象使货币理论的微观基础遭受质疑。因此,如何将两个市场联系起来,将两套理论统一起来,成为货币理论家们孜孜追求的目标。1937年,希克斯(John R. Hicks)发表了一篇名为《凯恩斯与古典学派》的论文,首倡IS—LL模型,后经汉森(Alvin H. Hansen)《货币理论与财政政策》一文的阐释,第一次以一种简化的数学模型将产品市场和货币市场联系起来(同时均衡)。这就是希克斯—汉森(IS—LM)模型,也称“希克斯综合”。

价格理论是研究产品市场相对价格决定机制的理论。货币理论站在货币市场的角度阐释绝对价格水平的决定问题,但却没有能够同时解释相对价格的决定问题。1965年,帕廷金(Don Patinkin)在《货币、利息与价格》一书中提出了“实际余额效应”理论。他提出,物品的需求不仅是相对价格和起初物品拥有量的函数,而且还是货币余额实际价值(备用购买力)的函数。这样,相对价格和绝对价格就被统一到同一个需求函数方程中了。

然而，哈恩(Frank Hahn)却对此提出了一个反诘：没有价值的纸币在与商品和劳务交换的时候为什么会具有正价值？如果纸币没有内在价值，那么用其他商品表示的货币价格就是零。因此，在瓦尔拉斯体系中加入货币等于没有加入任何东西。换言之，如果不能确定货币具有正价值，帕廷金模型中的均衡就不是真正意义上的货币均衡，而仍然是一种物物均衡。这就是著名的"哈恩难题"。

后来的学者试图从两条途径寻求货币存在内在价值的答案：一是暂时均衡理论；二是理性预期均衡理论。前者提出，只要经济行为主体预期在未来的交易中纸币的实际价值为正，则在当前的交易中纸币也就具有正价值。后者认为，只要持有货币的实际收益率与经济增长率大致相等，就有将货币当做价值储藏手段的需求，纸币的实际价值就为正。有关的代表性学说有：世代交叠理论、效用函数和生产函数中的货币理论、货币先行约束理论等。

针对这些回答，赫维格(Martin F. Hellwig)反问道：价值储藏手段很多，其中相当一部分具有比纸币更高的收益率。既然有高于纸币收益率的其他资产存在，为什么没有内在价值的纸币在与商品和劳务交换时还会具有正价值？这就是"修正的哈恩难题"。赫维格认为，没有一种传统的货币理论学说能解决这个问题。

二、新货币经济学的形成

20世纪80年代，一批货币经济学者一反传统货币理论"什么是'货币'不成问题"的思维惯性，以探讨"货币为什么会存在"的全新思路来求解"哈恩难题"。他们批评传统货币理论体系是一种建立在先验接受货币及其价值存在基础上，在没有把"货币"本身研究清楚之前，只是想当然地赋予"货币"某种性质，并在此基础上讨论"货币量"变动对经济影响的理论体系。新货币经济学的代表人物及理论有：以尼尔·华勒士(Neil Wallace)为代表的"法律限制"(Legal Restrictions)理论，以费希尔·布莱克(Fischer Black)、尤金·法马(Eugene Fama)和罗泊特·霍尔(Robert Hall)为代表的"BFH体系"理论。尽管这两种理论所研究的问题重点以及研究方法不尽相同，但因两者在"还货币一般物品属性"主张上的一致性而都被归入新货币经济学。这就是新货币经济学形成的理论原因。

金融业的飞速发展，特别是电子支付技术的发展为无现金经济提供了可能性。在20世纪80年代至本世纪初近20年的时间里，各国特别是发达国家的非现金交易额迅速增长，其中大量的交易是通过电子支付系统完成的。与此同时，各种金融创新为商业银行规避传统货币政策管制提供了技术保证。各国中央银行不得不放弃对商业银行的大量强制性规定。"技术上的变化埋葬了旧的货币理论，却没有托起一种新的理论。"越来越多的人开始谈论"无现金社会"的前景。而新货币经济的理论及观点顺应了历史发展的潮流，这就是新货币经济学形成的现实原因。

新货币经济学思潮萌芽于18世纪启蒙主义运动，历经19世纪的货币大论战，在20世纪二三十年代一度流行。20世纪80年代后，由于传统货币理论同时在实践和理论两方面陷入越来越深重的危机，因此，新货币经济学探讨货币和货币机制的全新思维方式受到越来越多的关注和认同。

《新帕尔格雷夫货币与金融大辞典》(The New Palgrave Dictionary of Money and Finance)将新货币经济学(New Monetary Economics)定义为："新货币经济学的基本理论包括三个方

面:①货币、货币制度和货币理论在实际经济和经济理论体系中的特殊地位是政府强制性规制或‘法律限制’(legal restrictions)造成的;②伴随不断下降的信息和交易服务成本,不同的制度设置可形成完全不同的金融和货币安排;③货币的记价符号功能可与交易媒介功能分离。"①

三、新货币经济学的学术渊源

(一)货币两大基本职能分离说

18世纪启蒙思想家孟德斯鸠(Charles Montesquieu)是最先提出分离货币两大基本职能货币制度思想的学者之一。他在1748年所著的《论法的精神》一书中描述了非洲人的"马居特"(Macute)。"马居特"是非洲人用来比较商品价值的抽象计价单位,它与任何现实存在的事物没有直接联系。例如,这头牛值10马居特,那个奴隶值15马居特……实际上,这些物品是直接交换的。

苏格兰重商主义者斯图亚特(Sir James Steuart)将这种与交易媒介分离的"计价货币"比喻成恒定的长度标尺。这种思想在后来以及现代的理论中经常被引用。②

苏格兰经济学家约翰·穆勒(John Stuart Mill)在其所著的《原理》(*Principles*)一书中也谈了到"马居特"。与穆勒同时代的经济学家约翰·格雷(John Gray)进一步阐述道,分离货币的计价单位和交易媒介功能,将会保证宏观经济系统的稳定,因为"萨伊定律"在物物经济中是成立的。

美国经济学家斯蒂芬·科尔韦尔(Stephen Colwell)从制度分析的角度提出了区分"计价货币"和"交易媒介"的货币理论。③ 他提出,在美国和加拿大殖民时期,尽管法国和英国的货币早就不再充当"交易媒介"了,但它们作为"计价货币"的功能却长久存在。这个被称做"账簿式以物易物"(Bookkeeping Barter System)的制度一直延续到19世纪初。殖民时期美洲的这段历史不失为货币两大职能分离货币制度的实例。④

据哈佛大学泰勒·寇文(Tyler Cowen)的考证,较成熟的新货币经济思想第一次出现在1891年4月4日的《解放》⑤(*Liberty*)刊物上。在一篇题为《法国革命》的文章中,作者谈到货币两种功能分离的进化趋势,认为只要这种进化被允许以自由形式出现,它们就会最终分离。

随后威廉·惠蒂克(William Whittick)、阿尔弗雷德·韦斯特拉普(Alfred Westrup)、亚瑟·基特森(Arthur Kitson)扩展和系统化了分离货币两大职能的思想,形成了惠蒂克—韦斯特拉普—基特森理论。

惠蒂克和韦斯特拉普是美国19世纪后期首先将货币职能分离和自由银行理论结合起

---

① *The New Palgrave Dictionary of Money and Finance*, *The Macmillan Press Limited*, 1992, pp. 28 ~ 31

② Greenfield, Robert L., and Yeager, Leland B. 1983: A Laissez-Fair Approach to Monetary Stability, *Journal of Money, Credit and Banking* 15, August, pp. 302 ~ 315

③ Colwell, Stephen A. 1859: *The Way and Means of Payment*, Philadelphia: Lippincott.

④ Baxter, W. T. 1956: Accounting in Colonial America, In *Studies in the History of Accounting*, edited by A. C. Littleton and Basil S. Yamey, London, Sweet & Maxwell.

⑤ Wittick, William A. 1896: *Value and an Invariable Unit of Value: An Important Discovery in Economics*, Philadephia: Lippincott.

来的学者。惠蒂克在他 1896 年所著的《价值和一个不变的价值单位》(*Value and an Invariable Unit of Value*)①中提出:货币应该只是单一的价值尺度。它的单位完全是主观臆定的,不是任何商品的代表,它的价值不随任何价值波动而改变。而交易媒介是从任何可交易财富的货币化形式里派生出来的。基特森1895 年所著的《货币问题的科学解决方法》(*A Scientific Solution of the Money Question*)②是早期新货币经济思想关于抽象计价单位思想形成的重要代表。基特森提出发行可代表所有财富形式的交易媒介,同时用一种抽象的计价单位计量经济和定价。这就是惠蒂克—韦斯特拉普—基特森纯抽象计价单位理论的主要思想。

(二)"法律限制"说

1."法律限制"说的提出。据泰勒·寇文考证,在《解放》期刊 1891 年 4 月 4 日刊登的一篇从《加尔维斯敦新闻》(Galveston News)上剪裁下来的题为《金融进化论》(Evolution in Finance)的文章里,第一次较明确地提出了关于"法律限制"的思想:"为什么自由进化论者认为金本位是自由进化的结果,但并不同样认为交易媒介是自由进化的结果呢?他们一定认识到是法律强加给了这些交易媒介某一百分比的含金量。法律阻碍了自由合同式进化进程。"1894 年,雨果·比尔格兰姆(Hugo Bilgram)出版了《货币问题研究》(*A Study of the Money Question*)③一书,标志着"法律限制"理论的重要发展。

2.缪纶的贡献。缪纶是早期"法律限制"理论最重要的代表人物之一。他于 1934 年出版的《自由银行》一书是迄今为止惟一一本系统论述新货币经济思想关于货币职能分离和废除"法律限制"的著作。他认为,用金属的价值作为价值尺度存在明显的缺陷,因为金属本身是人们的欲望物品,它构成金属价值波动的力量,而且能够被人为垄断。这就如同用马来树胶作丈量标尺,它有时可伸长到 40 英尺,有时又会缩短到 30 英尺。作为度量标准本身是绝对不应该变化的。缪纶指出,1765 年期权条款被法律禁止,苏格兰银行朝着自由银行制度方向发展的路径被中断。他认为,是英国银行法阻碍了苏格兰银行发展成为一个完全自由竞争的体系。

3.威廉姆斯和费雪的影响。威廉姆斯(Williams)提出的"每英镑所含黄金的重量应每天根据一组特定商品价格的变动作同比例调整"和费雪(Fisher)提出的美元含金量应该每两个月根据综合物价指数作相应调整的"补足货币方案"④与新货币经济学稳定计价单位的思想也有一定的亲缘关系。尽管"货币补足方案"中的计价单位是和固定购买力的黄金量相联系的,但它实质上强调的是商品篮子才是真正的"本位",黄金只是用来作为银行券购买力的物质保证。

(三)相关理论思潮的影响

1.对传统货币数量论的批判。传统货币数量论以黄金作为货币本位,认为一切货币问题的根源都在于纸币数量与黄金价值的背离。早期新货币经济理论则针锋相对地提出货币在经济系统中扮演着重要角色,然而是一种破坏性角色,其根源在于将货币供给与黄金

① *Liberty*, published from 1881 to 1908, was edited by Benjamin Tucker. It was devoted to the discussion of the political, social and economic issues of the day, primarily from an "individualist" point of view.

② Kitson, Arthur. (1895): A Scientific Solution of the Money Question, Boston: Arena.

③ Bilgram, Hugo. (1894): *A Study of the Money Question*, New York: Humboldt.

④ Scott Sumner. (1990): *The forerunners of "New Monetary Economics" Proposals to Stabilize the Unit of Account.*

或其他商品联系在一起。货币与作为货币本位的商品之间的兑现机制，将整个经济置于变化无常的本位商品供需状况之下。他们认为，货币问题完全是由于一种商品或政府发行的纸币在经济中的特殊地位所造成的。货币的这种特殊地位是其对经济系统巨大破坏力的原因所在。因此，早期新货币经济思想家们认为，传统货币数量理论对货币现象的分析忽略了引起经济系统失衡的最根本因素。

传统货币数量论认为，为了消除货币对经济系统的干扰，中央银行应实行某种形式的货币数量控制。早期新货币经济思想家们却提出，"法律限制"是经济系统稳定的一大障碍。因为它实际上维护和加强了"货币"的特殊地位。国家规制的结果是垄断、特权以及对经济变量进行与公众利益相悖的操纵。

传统货币数量论认为，货币是集交易媒介和价值尺度两大功能于一身的"一般等价物"。新货币经济思想家们却提出，分离货币两大基本职能是至关重要的。他们提倡实行一种抽象计价单位，市场上用做交易媒介的物品都以抽象计价单位定价，这种抽象计价单位不以任何现存的商品或交易媒介作为本位。

2. 对相近理论思想的借鉴。以门格尔(Menger)和米塞斯(Mises)为代表的奥地利学派认为，货币起源于分散的连续决策过程。货币的购买力产生于经济个体在市场上讨价还价的自然交易行为。对货币制度的信心形成了一种预期，这种预期赋予了交易媒介价值，即货币制度的自然进化论。

早期新货币经济思想的代表基特森和缪纶借鉴和扩展了这一理论。他们提出，抽象计价单位和货币职能的分离是货币制度未来演进的必然结果，并阐述了这种进化的路径。

以哈耶克为先驱的自由银行学派认为，实行对金融业不加任何管制的自由银行制度，不仅可以得到稳定的物价水平，还能够避免银行危机的出现。哈耶克在《货币非国家化》、《未来价值的货币尺度》、《自由宪章》中指出，"我们要拥有良好的货币，惟一的希望在于把货币的垄断发行权从政府手中夺回来，将它交给私人去做"。"就目前的情况看，完全剥夺政府的货币权力要比防止它们滥用这种权力容易得多。"新货币经济学关于危机的根源不在于自由竞争或监管不严，而在于政府对金融机构和金融市场的干预的思想与自由银行学派的观点非常相似。它们都认为，正是政府的监管，如准备金制度、最后贷款人角色、存款保险机构等，削弱了市场纪律，金融机构因此而敢于铤而走险。结果往往是一家银行出现危机，会迅速波及大量银行，直至整个金融系统崩溃。在自由放任的银行体系中，即使有银行破产也只是小范围事件，不会危及整个金融系统。1845 年以前的苏格兰实行的就是自由银行制度，各家私人银行竞相发行自己的银行券，银行破产事件很少发生。

第二节　新货币经济学的主要理论

一、"法律限制"理论

"法律限制"理论从分析现有货币制度存在的原因、条件和代价三个方面得出它是靠"法律限制"支撑的结论。

（一）资产收益悖论问题

一般经济理论中有一个基本定理——一价定理，即在自由竞争市场上，套利行为的结果必然使两个完全相同的物品（或完全替代物）的价格相等。然而，人们却无法解释“为什么存在带有利息或利润证券投资机会的同时，人们却仍然愿意持有不生息的纸币”。这种不同收益率金融资产共存于经济中的现象被称为“希克斯共存问题”（Hicks' Coexistence Problem）。

现实经济的情况是（以美国经济为例）：政府债券（无风险债券）主要以两种形式存在，一种是不可转让小面额储蓄债券，另一种是大面额可转让国库券。“法律限制”理论认为，正是这种人为设置的“不可转让”和“大面额”限制，构成了“共存悖论”的必要且充分的条件。

1.“法律限制”封杀了债券的“流动性”。如果政府发行如20元、50元、100元等小面额可转让债券，且都为一年期债券，那么这种债券是会折价发行（因此而生息），还是会按面值发行（因此不生息）呢？不难想像，如果债券在临近到期日时折价发售，人们会争相购买债券，放弃纸币。因为债券无疑会增值，而纸币却不能。如果每个人都选择持有债券，纸币将无人持有（纸币消失），债券和纸币不能同时存在。因此，纸币和债券并存的必要条件是债券在临近到期日时按面值发售。

再设想离到期日稍远一点的情景。由于债券在临近到期日时按面值发售，而这个稍远临近到期日与临近到期日的关系，如同临近到期日与到期日的关系，如果这时债券折价发售，也会出现临近到期日时折价发售的情景——人们争相抢购折价发售的债券。如果我们不断重复上述推理过程，即让债券发售时点不断向最初发行日推进（即离到期日越来越远），显然，在持有期内任何时点的债券都只能按面值发售。

因此，结论是如果小面额可转让债券折价发行，经济中就不会存在纸币。然而，如果这些小面额可转让债券都以面值发售，就不存在任何激励因素使这些债券在到期日时得到兑付。它们会继续滞留在流通领域，同化成货币，即经济中只存在货币。这就是为什么现实中小额政府债券几乎都不可转让（禁止其交易媒介功能）的原因。“法律限制”保证了这些小额债券到期兑付和对纸币无冲击的折价发售。

2.“法律限制”阻断了债券的“拆零”性。借用一个通俗的例子：假设在初始市场上，以1磅为一个包装单位的黄油，售价为每磅1美元。同时以100磅为一个包装单位的黄油，售价为每磅25美分。那么只要零售商能够自由且有足够便宜的方式将大包装改成小包装，他就不会停止套利行为。同理，假设有一个金融中介机构专门从事购买大面额无风险债券，然后拆零发行持有期相同，可转让的小面额债券（一笔完全保值中介业务），从中赚取差价，这种套利行为的结果是使“大面额”债券变成“小面额”债券且可无限转让，即具备了和纸币一样的交易媒介功能，纸币消失。显然，保证纸币和生息债券共存的条件是：要么禁止金融机构自由进入“拆零”业务，要么大额无风险债券的均衡折价率足够小，以使这种“拆零”业务规模的任何扩大都无利可图，即大额无风险债券发行的折价率刚好等于“拆零”业务的成本（债券利息接近零）。这就是为什么现实中政府发行的可转让债券都是大面额且禁止金融机构将其“拆零”发售的原因。“法律限制”的意义由此可见一斑。

3.“法律限制”理论的结论。在自由竞争条件下，货币和无风险债券共存的条件是：要么使债券的利率接近零,这时金融资产收益悖论现象消失;要么靠"法律限制"支撑。萨缪尔森说,"在没有交易摩擦和不确定性的世界里,存在两种可能性:一种是因为任何两种资产间的收益差异都没有理由存在,债券将没有利息;另一种是货币会不断调节自身收益以保持与债券收益一致。在这样的世界里,债券本身会和货币一样流通,并在交易中和货币具有同样的普遍接受性。银行的活期存款会像美国(20 世纪)20 年代的情景一样有利息"。值得注意的是,萨缪尔森所指的不确定性(风险)在这里是不存在的,因为前面描述的金融中介"拆零"业务是完全保值性业务。因此,现实经济中生息债券和不生息货币的共存现象,只能归因于"交易摩擦"。而这里惟一重要的交易摩擦就是"法律限制"。

(二)货币政策有效性问题

新货币经济学认为,在自由竞争市场上,中央银行公开市场操作的效果只是将既定经济资源的分配从私有部门转移到政府,即由中央银行取代私有部门生产和发行"小面额不记名债券(货币)"。除此以外,对任何其他因素,如利率、物价、经济活动水平等都没有实质影响。换言之,在自由竞争市场上,中央银行从事的任何金融中介业务没有实质性政策效果。

然而,如果对金融中介设立法律限制,情况就会大不一样。假设法律规定了只有政府才有从事将大包装改成小包装的业务垄断权,那么政府对"拆零"业务规模的选择就变得至关重要。因此,要使中央银行政策产生既定效果,一个很重要的原则是,要么在自由竞争环境下中央银行从事成本高于收益的金融中介业务,这时其他金融中介不会进入这种自亏的"拆零"业务(如果中央银行可以在承受损失的情况下,以低于市场利率提供贷款,那么中央银行的贷款行为将产生重要效果,因为除中央银行外,市场上不可能另有这种利率的贷款资源);要么对金融中介实行法律限制。因此,在自由竞争环境中货币政策的有效性,取决于中央银行的"自亏"行为,否则只能是法律限制。事实上,几乎所有的货币当局都毫不犹豫地选择了后者——法律限制,这就是现实的货币系统。

(三)资源配置效率问题

如同贸易障碍造成资源的不合理配置一样,法律限制提高了金融中介的成本。政府限制金融中介发行债券,结果是借款者因此而要支付更高的借款利息。法律限制如同在借出者和借入者之间竖起了一道屏障,增加了交易"摩擦",阻碍了帕累托效率的实现。

布莱恩特(J. Bryant)和华勒士在 1984 年发表的《货币政策的价格歧视分析》一文中,用交叠世代理论对此观点作了较详细的论证。价格歧视理论认为,当卖者有某种独占力量时,如有在几个分市场销售产品的机会,那么差异化标价,即价格歧视,就能使其获得超额利润。

法律限制使政府成为储蓄机会的惟一供给人。在有法律限制的货币系统中,政府发行的债券是储蓄者面对的"惟一"选择(金融中介提供的其他金融产品因不是无风险或没有无风险资产支持,因此是一种投资而不是真正意义上的储蓄),这样政府就可以利用小面额通货和大面额债券构成一种储蓄的非线性回报安排(Nonlinear Rate of Return Schedule)。由于货币和债券之间的边际替代率和边际收益率发生偏离(两者呈非线性关系),在没有法律限制的条件下,人们会将所有的财富都以政府债券的形式持有,直至货币和政府债券的边际收益率相等。然而,法律限制阻碍了这个回复过程。法律在赋予政府发行大额债券权力的同时，禁止私人借贷行为，即禁止一个人买下一份债券，然后向其他人发行本票（IOU），使两个或两个以上的人分享一份债券的收益。因此，人们只好同时持有货币（为其流动功能）和债券（为其生息功能）。法律限制有效地维护了政府债券和货币之间边际收益率和边际替代率间的偏离关系。法律限制理论得出的结论可归纳为：

1. 政府通过法律，限制私人借贷，发行货币和大面额债券，并分割市场，造成替代品之间的套利机会消失，歧视定价条件成立。

2. 在此条件下，政府使无收益货币和生息债券共存，并获得了歧视价格下的额外收益。

3. 政府由此获得的这份额外收益，是以降低社会总效益为代价的。

正如沙金特（T. J. Sargent）和华勒士所说，“没有证据能够说明这种货币政策结果提高了社会福利总水平。恰恰相反，这种法律限制往往是以伤害一部分人的利益的方式带给了另一部分人更多的利益，同时，在某种意义上，是以社会总福利水平下降为结果的”。

二、“BFH 系统”理论

“BFH 系统”指的是一种以自由竞争式无现金支付系统（Cashless Competitive Payment System）为特征的金融系统。因该系统的主要特征由布莱特（Black）、法马（Fama）、霍尔（Hall）三人共同创立，故在格林菲尔德（Greenfield）和伊格尔（Yeager）在 1983 年发表的《货币稳定的自由竞争理论》[①]一文中，首次提出以三位学者的名字命名它。BFH 系统以无现金电子支付系统为中心，以自由竞争银行业为本质，构成货币与实际经济系统的一种全新关系，即法马所说的“高级以物易物经济”（a Sophisticated Barter Economy）。

（一）无现金支付转账系统

无现金支付转账系统中的电子符号取代传统货币体系中的纸币，构成 BFH 系统的中心。该系统有三大基本特征：

1. 外在货币消失。法马认为，在 BFH 系统中，银行的活期存款不再代表对现金的要求权，换言之，银行存款的最终偿付形式不是现金，而是“可转让的共同基金份额”。这种基金份额的价值是用任何可交易的财富形式表示的，如债券、股票，因此消除了对外在货币（政府发行的纸币）的需求。

BFH 系统的计价单位不再是外在货币，而是人为规定的固定价值量度单位。这种计价单位以“某些经济资源为内涵”，一般取自于原材料和初级产品，以使其和经济中的绝大多数产品发生联系。但这个计价单位没有其有形载体（如纸币），也不可还原（兑付）成原来的物质。

2. 货币两大基本职能分离。布莱克在 1970 年发表的《无货币世界里的银行业和利率》[②]一文中明确提出分离货币同时承担的交易媒介和价值尺度两大基本职能的观点。他提出：“为何二者必须统一，两者分离又如何？”霍尔、法马也相继提出了同样的观点。分离货币两大基本职能，涉及如何定义计价单位和如何认识交易媒介与计价单位的关系两个重要问题。

---

① Greenfield, Robert L., & Yeager, Leland B., 1983: A Laissez-Faire Approach to Monetary Stability, *Journal of Money, Credit and Banking*, 15, August, pp. 302 ~ 315

② Black, Fischer. (1970): *Banking and Interest Rates in a World Without Money: The Effects of Uncontrolled Banking*, Journal of Bank Research, Autumn, 1, pp. 9 ~ 20

(1)对计价单位的定义。BFH 计价单位具有两个重要特征:恒定性和抽象性。正如人类将长度单位定义为"米",商品价格也应该由一种价值不会任意波动的计价单位来表示。这种计价单位定义可以是人为规定的抽象单位,也可以取自某种商品篮子。罗伯特·霍尔提出一种"ANCAP"计价单位,即 1 个计价单位可等于 50 公斤硝酸铵(Ammonium Nitrate) + 40 公斤铜(Copper) + 35 公斤铝(Aluminum) + 80 平方米某种等级的合成板(Plywood)。此外,如同人们在使用"米"计量长度时不会要求将它还原成原来的实物一样,价值单位也是一个抽象概念。它没有任何商品"副本",即在被使用时不需还原成最初用于定义的那些商品。

(2)交易媒介和计价单位的关系。首先,交易系统中存在各种金融机构自由发行的多种交易媒介。布莱克列举了五种假设的交易媒介形式:商品、普通股票、公司债券、银行"担保"公司债券和银行债券。这些交易媒介用恒定计价单位换算,这就是说,一个单位交易媒介的价值并不是永远等于一个计价单位。例如,如果以"1 美元"为一个计价单位名称,那么一种交易媒介单位价值可等于"1 美元",另一种交易媒介单位价值可能是"2 美元",同一种交易媒介单位今天是"1 美元",明天可能是"2 美元"……

计价单位是交易者用来计算交易媒介所表示的商品价格的价值单位,但它本身并不被用来作为交易媒介流通。因此,在该系统中,商品价格与交易媒介数量不再联系在一起,传统的货币数量概念不复存在。

3. 电子转账支付系统。BFH 转账支付系统以电子转账支付方式为特征。在这个转账系统下,经济交易无需任何有形货币充当媒介。

(二)共同基金公司式银行业

BFH 系统强调银行业的自由竞争性。布莱克和约翰逊(Johnson)认为,"银行存款应该和其他投资组合资产一样按其资金投资风险度规定预期回报,惟一的区别只在于银行存款是风险低一些的组合资产"。托宾更直接地指出,"在自由竞争的环境中,银行家和其他基金账户管理者之间很难有明显的区别。尽管银行比其他金融机构更注重提供支付服务,但竞争会促使银行向它们的存款客户提供不同类型的投资账户,而其他金融机构,如共同基金管理公司,会更注重投资账户管理,但竞争也会促使它们向客户提供与银行联系的支付服务。这样一来,它们都被称做银行,因为,它们都提供不同回报的投资账户,都提供资金账户转移的支付服务"。

1. 共同基金银行业模式。银行账户的负债是存款人和其他投资人委托银行代为理财的"存款"。银行账户的资产是各种可交易资产,如:股权、债权、商业票据、政府负债、期权、期货以及商品所有权等,即基金的投资项。银行负债的名义价值,随对应资产价值的波动而不断变动。存款者可从众多投资机会中选择自己的资产组合账户。

2. 共同基金银行业的稳定机制。BFH 货币系统是兼具结算服务和基金管理双重功能的货币系统。在这个成本/收益机制起着举足轻重作用的系统中:其一,金融机构自由发行的信用券实际价值随基金市场收益波动。每个银行的基金管理水平直接影响其基金份额(所发行的信用券)的市场价值。市场竞争构成对银行自身行为的一种约束机制。其二,基金价值随市场波动,信用券数量的多少对实际经济系统不产生影响。其三,资本市场对资金的需求反映实际经济部门资本需求的真实水平。经济由于外生变量的作用,如技术进步、人口增加,对资本需求增加时,基金价值会因高回报而增值。同理,经济萧条时,基金价值将萎缩。因此,“名义”资本量随实际经济财富量同步增减。名义资本份额数量控制失去意义。其四,共同基金银行的负债与相应资产完全对应。资产价值的变化会实时反映为存款份额价值的变化。这种机制必然会及时警示存款人在某银行负债贬值到发行价(Par)之前兑回存款。因此,共同基金银行在其存款发行价以下清算的可能性不大。最后,由于这个系统中存在多种银行自由发行的信用券,即使一家银行倒闭,也不会波及整个金融系统。

第三节 新货币经济学的政策主张

一、取消法律限制,取消货币的特殊地位

在传统货币理论体系中,货币被视为实际财富的虚拟符号,其数量至关重要。因为,只有当名义财富量和实际财富量的相对数量关系稳定时,货币才是一个称职的实际财富的虚拟符号。如果两者数量背离,货币对实际经济活动产生干扰,货币就不再仅仅是一个实际财富的虚拟符号了。可见,在货币数量显得尤为重要的经济体系中,货币政策的中心任务是保持货币数量与实际经济活动发展相适应。

新货币经济学认为,货币在经济系统中的特殊地位是政府法律限制造成的,取消法律限制,货币在经济中的特殊地位也将随之消失。货币系统回归一般经济系统,货币理论回归一般经济理论。经济系统乃至经济理论的“两分法”问题不复存在,“哈恩难题”也就被巧妙且真正彻底地回避了。

现实似乎正在验证法律限制理论的观点。其一,支付技术的进步首先使现金形式的货币数量发生实质性萎缩。其二,活期存款、定期存款、储蓄存款,可以在不同账户间迅速转移,甚至以“一账通”(Sweep Account)形式存在,货币层次难辨。其三,金融业(包括传统的银行业和非银行金融机构)的融合使传统货币体系中的现金、各类存款和其他金融资产趋向一体,狭义的货币与其他形式的金融资产难以区分。其结果是以基础货币为核心的货币乘数扩张效应计量不再可靠,货币数量控制正在失去可操作性。

在无纸化电子货币系统中,各类资金账户之间的迅速流动乃至融合使货币作为稳定的“价值单位”属性被加强。稳定的价值单位是任何时点上按这个统一标准计算各种支付额价值的保证。电子信号形式的货币实质上充当了这样一个价值单位名称。因此,电子货币价值单位的稳定性是电子货币系统的基础特征。此外,货币作为“资产”属性被加强。无纸化货币系统中的货币在很大程度上是以各种金融资产形式存在的(而不是库存的纸币),如银行的各种投资基金账户“份额”,这就使虚拟价值总量与实际经济市场价值总量联系得更加紧密——货币总价值随实际财富总量迅速增减。因此,经济中的货币(虚拟财富符号)总价值与实际财富总价值的“联动”关系更为密切。

显然,基于支付技术革命出现的一系列金融创新,事实上正在摧毁着传统货币系统的法律限制。货币对一般经济系统的回归,将使其彻底摆脱由于特殊地位而形成的对经济系统的破坏作用。

二、分离货币两大职能，消除货币数量的“扰动”性

尤金·法马提出分离货币两大职能，解开了货币与实际经济财富的“背离性”、一般等价物的“物化性”和交易媒介的“惟一性”等传统货币系统矛盾的死结。

人们已经看到，以电子资金转账为特征的无纸化货币系统的发展正在引导着货币两大基本职能的自然分离。随着金融业自由竞争和金融市场的发展，收益/成本约束成为影响各种金融资产需求的重要因素。电子资金转账系统从技术上保证了各种金融资产间的迅速转换。各种金融资产迅速转移的一个必要条件，就是有一个通用的恒定计价单位用于换算各种金融资产，包括其收益的兑换关系。这时货币就自然演化成这样一个恒定价值单位名称，如：一元钱。传统货币的另一项职能——交易媒介，则被多种金融资产取代。在交易活动中，电子符号计算出以“货币”为单位价值的任何其他金融资产的价值，然后通过其在账户间的转移完成相应价值金融资产所有权的转移，即支付。显然，这时的“货币”只是价值单位的名称，而实际用于交割的是多种金融资产。因此，银行存款“份额”的数量与“计价单位”的数量正在走向分离。在这个机制下，银行存款份额数量——货币数量对经济体系均衡的影响不再重要。

三、自由竞争货币系统是内在稳定机制的保证

新货币经济学认为，在自由竞争的环境中，银行系统的理财策略是一种纯金融资产组合管理决策，即法马所说的那样，假如银行从筹资人那里购买某种证券，和向投资人出售这些证券时，没有比其他个人、公司、金融中介机构拥有更多的特权，即所有的经济行为主体有着相同的资本市场准入权，那么“不相关”定理就意味着银行系统向存款人提供的任何资产组合账户都可被存款人或他们的金融中介机构重新融资（Refinanced）行为所抵消。在自由竞争环境中，银行体系的任何金融策略及行为都不会改变经济体系原来的均衡状态。

托宾（1963）指出，如果银行要生存，就意味着它会以尽可能提供满足存款人需求的各种资产组合产品来吸引顾客。假设所有单个银行的市场准入权是相同的，那就意味着每家银行有着相同的市场机会，各家银行的组合资产就形成完全替代品。假设有一家银行调整自己的组合资产策略，使之能够提供更高的回报，从而打破原来市场对各种组合资产的供给需求均衡状态，那么其他银行必然也会采取相应调整措施，其结果是抵消初始的变化，使市场又回到原来的均衡状态。因此，单个银行的资产组合管理决策对于存款人来说也是不相关的，因为单个银行不能独自改变存款人选择组合资产的市场机会。

“不相关”原理的价值在于，由于银行行为只是组合资产需求偏好和供给机会的反映，因此，自由竞争机制决定了银行业在一般均衡系统中的作用是被动的。自由竞争的货币体系保证了那只“看不见的手”有效维护货币系统的稳定。

第四节　简 要 评 述

人类社会经济经历过三次货币形态的更迭：第一次是从多种商品“等价物”向金属货币

的变革；第二次是从金属货币向纸币信用货币的发展；第三次是从纸币信用货币向支票账户和信用卡的演变。以电子资金转账系统（EFTS）为特征的无纸化货币将成为货币发展史上第四次货币形态的重大变革。

发生在20世纪末的这次货币形态变迁，是一次不仅波及西方经济发达国家，而且同样影响着广大发展中国家的世界性货币革命。它以支付技术革命引发货币形态变迁为开端，直逼延续了几个世纪的传统货币形式，致使传统货币体系摇摇欲坠。这场革命的广度和深度对货币历史进程的影响是划时代的。新货币经济学带给人们的启示在于以下几点。

一、对货币形态定式的反思

传统的货币形态表现为某种形式的实物（金属或纸张）。因此，货币当局通过垄断货币实物的铸造和发行权，就能够控制货币在经济系统中的作用。然而，电子支付技术普及的直接结果是使货币变成了一种电子信号。由于这种电子信号形态的货币寄居于电子支付系统中，商业银行通过电子资金账户在支付和投资过程中的信用扩张（或收缩）行为回归为一种受收益驱使的自由市场经营行为。中央银行也就正在丧失货币发行的垄断权。事实上，由于电子支付货币系统中基础货币概念的模糊，使中央银行连计量货币数量的工具都几乎丧失。因此，货币的数量扩张或收缩不再是中央银行靠垄断货币发行权所能控制的。由此，“货币是什么”不再是传统货币理论所能回答的问题。

二、对货币理论特殊性的反思

新货币经济学认为，现有的货币、金融体系是靠法律限制支撑的。货币当局之所以能够实现货币供给量控制目标，是因为存在一个对银行系统的法律限制。如果传统货币政策赖以生存的这个非市场因素被取消，传统货币政策理论的逻辑基础也将随之丧失。随着金融机构向一般企业属性的回归，货币将逐渐失去在经济系统中的特殊地位，成为众多一般金融资产的一种，货币理论也将最终回归为一般经济理论。

三、对货币政策操作基础的反思

对货币层次的准确划分是货币当局通过基础货币的操作，控制银行系统货币信用扩张乘数，进而控制货币数量，最终实现货币政策目标的基础。这就是说，以货币数量目标为特征的传统货币政策的有效性是建立在一个可控的基础货币条件上的。

然而，电子支付系统引起货币形态的改变，导致了货币层次划分模糊，基础货币界定困难。失去一个能够被准确定量的基础货币，货币乘数效应变得不再可靠。中央银行的货币数量控制目标也就不再是一个有效率的货币政策。货币数量政策目标赖以成立的乘数范式受到挑战。事实上，1996年后，世界上主要发达国家的中央银行几乎都被迫放弃了对法定存款准备金的规定。

尽管新货币经济学仍是一个带有浓厚“思想实验”色彩的理论体系，但其全新的思路给面对货币体系迅速变化的人们以宝贵的启示。当西方传统货币理论体系在各种金融创新面前不攻自破时，西方传统货币政策也就失去了曾经有过的效率。货币系统正在演绎着由技术创新到制度创新再到理论创新的发展路径。

思考题

1. 试述新货币经济学的全新思维方式及主要观点。
2. 分析货币无纸化对传统货币政策的冲击。
3. 谈谈货币系统中技术革命、金融创新、制度改革三者之间的关系。

参考文献

1. *The New Palgrave Dictionary of Money and Finance.* London: The Macmillan Press Limited, 1992

2. Cowen, Tyler and Kroszner, Randall. (1987): The Development of the New Monetary Economics. *Journal of Political Economy.* vol. 95, no. 3

3. Hoover, Kevin D. (1988): Money, Prices and Finance in the New Monetary Economics. *Oxford Economic Papers.* 40

4. Sumner, Scott. (1990): Note, Comments, Replies — The Forerunners of "New Monetary Economics", Proposals to Stabilize the Unit of Account. *Journal of Money, Credit, and Banking*, Vol. 22, No. 1, February.

5. Wallace, Neil. (1983): A Legal Restrictions Theory of the Demand for "Money" and the Role of Monetary Policy. *Federal Reserve Bank of Minneapolis Quarterly Review*, Winter.

6. Warneryd, Karl. (1990): Legal Restrictions and Monetary Evolution. *Journal of Economic Behavior and Organization*, 13.

第 31 章

当代西方经济学流派与思潮

增长经济学的新进展

学习要点和要求

通过本章学习，了解在不同历史阶段西方增长经济学的重要理论；理解新古典增长模型的假设条件、基本结论，分析其存在的缺陷；说明新经济增长理论的发展思路和主要发展的内容，并能对不同的理论进行初步的比较分析。

二战以后，经济增长一直处于西方经济理论研究和政策制定的中心。通常认为，现代西方增长经济学是在凯恩斯理论之后发展起来的。但是，在西方经济学中对经济增长的论述却由来已久。本章在考察西方增长经济学发展和演变的基础上，着重分析20世纪中期以后增长经济学发展中的一些重要的新进展。

第一节　增长经济学的学术渊源

西方经济学有关经济增长的理论和论述至少应该追溯到亚当·斯密。自斯密创建西方政治经济学的理论体系以来，西方经济学家就不乏对经济增长理论的探索。依照于西方主流经济学的发展线索和时间先后，我们以19世纪70年代和20世纪30年代末为标志，把斯密以来的西方经济学大致划分为古典时期、新古典时期和现代三个阶段，以说明不同时期增长经济学的发展。

一、古典时期的经济增长理论

在古典时期，西方一些重要的经济学家就对经济增长问题进行了深入的研究，其中，亚当·斯密和大卫·李嘉图的理论最具代表性。

（一）斯密的经济增长理论

斯密非常关注财富的增加，即经济增长，他在1776年出版的《国民财富的性质和原因的研究》（以下简称《国富论》）就是一本重要的增长经济学的著作。在《国富论》中斯密认为，促进经济增长有两种途径：一为增加生产性劳动的数目；二为提高受雇劳动者的生产率①。

斯密尤其强调劳动生产率水平提高对经济增长的作用。对于如何促进劳动生产率水平的提高，他着重分析了劳动分工的作用。在《国富论》第一篇，斯密就明确指出："劳动生产力上最大的增进，以及运用劳动时所表现出的更大的熟练、技巧和判断力，似乎都是分工的结果。"②对于分工何以能促进劳动生产率水平提高，他列举的理由是：①分工提高了劳动者劳动的熟练程度，从而增加了他所完成的工作量；②分工减少了由一种工作到另一种工作所造成的时间浪费；③分工使得工作趋向于单一，从而缩短了新机器发明所需要的时间。分工节约了单位产品的劳动，提高了劳动生产率，促进了经济增长。

除了分工促进增长以外，斯密也注重资本积累对经济增长的影响。在他看来，资本积累可以通过增加生产性劳动的数量和提高劳动生产率而促进经济增长。首先，随着资本积累使资本存量扩大，与之相联系的劳动者即生产性劳动的数量增加，从而促进经济增长。其次，由于资本积累与专业化和分工密不可分，从而也就会借助于分工间接地促使经济增长。斯密认为，资本积累的规模扩大导致生产性劳动相对集中，从而为分工创造条件。资本越充分，劳动分工就越细致。伴随着资本积累，劳动分工在技术变革和生产方法变革过程中的作用充分显示出来，并最终促进经济增长。

由此可见，斯密对经济增长源泉的分析可以归结为生产性劳动量的增加、分工和资本积累。至于这些因素的相互作用能否保证社会经济实现稳定的增长，斯密的观点与他"看不见的手"原理相一致。在他看来，由于生产过程中所使用的劳动投入量、劳动分工程度和资本积累都有赖于投资，而投资又受到利润的驱动，因而经济增长将会在个人追逐自身利益的过程中实现。由此引申出来的政府政策也就简化为维持和促进自由竞争。

（二）李嘉图的经济增长理论

承袭斯密的基本思路，李嘉图从收入分配的角度探讨了经济增长的源泉。在《政治经济学与赋税原理》（1817）一书中，李嘉图考察了工资、利润和地租的关系、变动规律以及影响这些分配比例变量的外部因素，并进而分析了经济增长的过程。在李嘉图看来，经济增长过程中，收益（或报酬）递减规律起了重要作用。他认为，土地的数量是有限的，而土地上生产的产品也是有限的。随着人口的增加，人们对土地上生产产品的需求增加，将导致生产向肥力较低的土地上扩展。这就意味着，随着土地上投入的增加，土地上产出的增加越来越小，从而出现边际收益递减现象。收益递减趋势使得土地上生产的谷物的价值提高，进而又导致劳动的工资率上涨，使得资本家的生产成本提高，利润降低。由于利润是投资的引导器，因而投资下降，最终导致资本积累减少。同时，由于土地数量是有限的，因而随着生产的扩大，对土地的需求扩大，地租也将增加。但地主只进行非生产性消费而不进行投资，所以上述过程必将导致资本积累停止。因此，李嘉图对资本主义经济增长的前景是悲

① 〔英〕斯密. 国民财富的性质和原因的研究. 上册. 北京：商务印书馆，1972. 315

② 〔英〕斯密. 国民财富的性质和原因的研究. 上册. 北京：商务印书馆，1972. 7

观的。

不难看出,李嘉图更注重斯密增长分析中的劳动量增加和资本积累的作用。但由于土地上的边际报酬递减规律的作用,这两个因素对增长的贡献越来越小,因而资本主义的增长是有极限的。

除了斯密和李嘉图之外,这一时期马尔萨斯等人也从不同的角度分析了经济增长问题。

不难看出,古典时期的经济学家已经认识到了资本积累、分工和劳动生产率水平提高对经济增长的作用。不过,他们对经济增长的分析是以农业生产占主导地位的经济社会为对象的,肥力递减等边际收益递减规律被过分强化了,而技术进步的连续性问题则没有得到应有的重视。

二、新古典时期的经济增长理论

19 世纪 70 年代之后,以边际分析为基本特征的新古典经济学成为西方经济学的正统。从总体上来看,新古典经济学使用静态方法,侧重于分析资源配置,而经济增长问题并没有占据非常显要的地位。但我们也需要指出,新古典理论不仅为现代增长经济学提供了边际分析工具和一般均衡的理论框架,而且其某些理论观点也为后来的增长理论奠定了基础。其中代表性的观点包括马歇尔对规模收益递增的分析、扬(A. Young)的分工理论和熊彼特的经济发展理论。

(一)马歇尔的分工与增长理论

作为新古典经济学的代表人物,马歇尔也为后来增长经济学的发展提供了具有启发性的研究思路。

首先,与斯密等古典经济学家一样,马歇尔认为分工可以促进生产效率的提高。其次,马歇尔用规模收益递增来解释经济的增长。在他看来,经济系统中导致收益递增与收益递减的因素是同时发挥作用的。与既定的投入量相联系,边际收益递减规律起作用,而与生产能力相联系,则可以存在规模收益递增。随着人口数量的增加、财富(在马歇尔那里有时与资本混用)的增加、智力水平提高、工业组织(如分工协作)的引入等,工业生产效率得到提高,表现为收益递增,从而促使经济增长。再次,马歇尔明确区分了厂商的收益递减与行业的收益递增。在他对完全竞争条件下代表性厂商和行业的均衡所进行的分析中,厂商主要表现为收益递减,其成本曲线呈 U 型,而行业产出的变动则可以使得代表性厂商的生产呈现收益递增,进而使得长期供给曲线向右下方倾斜。

马歇尔的上述分析对现代西方经济增长理论的意义在于,代表性厂商的收益递减与整个社会的收益递增可以在一个模型中出现。现代增长经济学家从不同的侧重点建立的经济增长模型都或多或少与此有关。

(二)扬的分工与增长理论

在《收益递增和经济进步》(1928)一文中,阿林·扬以动态分析方法重新解释了规模收益递增、分工和经济增长之间的关系,对收益递增提出了另外一种解释。

扬认为,首先,经济的增长过程应该是动态的而不是静态的。其次,收益递增有赖于持续的劳动分工。扬的观点是收益递增取决于劳动分工的发展。劳动分工最重要的形式是迂回生产方式，分工越充分，迂回生产链就越长；迂回生产链越长，分工就越充分。正是分工与生产链之间的相互影响，使得收益递增可以维持。再次，劳动分工取决于市场容量，而市场容量又取决于劳动分工。至于什么因素决定分工，扬借用了斯密的观点，认为市场容量是决定劳动分工的主要因素：市场容量越大，分工就越充分。但同时扬也认为，市场容量也取决于购买能力，购买能力取决于生产能力，而生产能力又取决于分工状况。因此，市场容量与分工因而与收益递增之间存在着相互促进的机制，正是这种相互作用促使经济增长。

马歇尔和阿林·扬提出了两种规模收益递增，也为解释持续的经济增长提供了两种可能的方向。

（三）熊彼特的创新与经济增长理论

约瑟夫·熊彼特是这一时期第三位对增长经济学产生过重要影响的经济学家。熊彼特理论中的破坏性创新过程推动经济发展的理论也被现代增长经济学所借用。由于创新的出现，使得单个厂商因具有垄断优势而处于规模收益递增，同时不断的创新又使得这种收益递增得以维持，从而使经济实现持续增长。

除了上述三位著名的经济学家外，在这一时期另一位对现代增长经济学产生重要影响的学者是拉姆齐（F. Ramsey），他在 1928 年发表的《储蓄的数学理论》①一文为现代增长经济学提供了基本的方法。但由于这一方法首先被新古典增长理论用于扩展其基本模型，因而为了行文的方便，我们把这一部分内容纳入到新古典增长理论之中。

三、哈罗德—多马模型

尽管在不同时期有许多经济学家对经济增长问题作出了开拓性的分析，但这些论述大都停留在一些思想观点上。一般认为，现代西方增长经济学是在凯恩斯理论基础上发展起来的。哈罗德（Roy Harrod）和多马（Evsey Domar）分别在 1939 年和 1946 年独立地提出了建立在凯恩斯理论基础上的经济增长理论。由于基本思想一致，因而他们的理论也被称为哈罗德—多马模型。

哈罗德—多马模型中有许多明显的和隐含的假设，主要包括：经济使用劳动和资本两种生产要素生产一种产品；生产过程中所使用的劳动和资本不能相互替代，即总量生产函数是固定比例的生产函数，资本的产出比保持不变；经济中的储蓄率不变；不存在技术进步和资本折旧；劳动按固定不变的比率增长。

在这些假定条件下，哈罗德—多马模型可以简单地表示为：

$$g=\frac{\Delta Y}{Y}=\frac{s}{v} \tag{1}$$

式中，Y 为经济的总产出；$s=S/Y$，为储蓄率；$v=K/Y$，是经济中的资本—产出比。（1）式表明了经济增长率与储蓄率以及资本—产出比之间的关系：经济中储蓄率越高，经济增长速度就越快；资本—产出比越高，经济增长速度就越低。

进一步，哈罗德—多马模型借助于（1）式说明了经济实现稳定增长的条件。按哈罗德

① Ramsey, F. P. (1928): A Mathematical Theory of Saving, *Economic Journal*, Dec. pp. 543 ~ 559

的说法,经济实现充分就业条件下的稳定增长,要求实际经济增长率 g_A、有保证的经济增长率 g_W 和人口增长率 g_N 相等,即

$$g_A = g_W = g_N \tag{2}$$

式中,在经济中的储蓄率 s 给定的条件下,g_A 是按实际资本—产出比计算的经济增长率;g_W 则是按投资者意愿的资本—产出比计算的经济增长率;而人口增长率 g_N 是外生给定的。上述三个增长率相等可以保证经济在充分就业条件下实现持续的增长。

但问题在于,这一条件并不能自发实现。首先,由于资本—产出比是固定不变的,产出增长需要一定数量的资本,也就要求有一定数量的劳动,但人口增长按自然规律变动,因而也就不存在一个自发的机制来保证经济增长能在充分就业下实现。其次,实际经济增长率与有保证的经济增长率之间相等的条件是不稳定的。按哈罗德的解释,g_A 与 g_W 的差异来自于实际和投资者意愿的资本—产出比之间存在的差异,但这种差异并不能依照经济体系本身自发地加以调节并趋向于稳定。如果 $g_A > g_W$,则实际资本—产出比低于投资者意愿的资本—产出比,从而投资者会进一步投资以便增加实际的资本存量,结果会促进实际经济增长率进一步提高。增长率提高只有受到来自于劳动量的制约时才会停止。相反,$g_A < g_N$ 将导致实际增长率的进一步下降,并导致经济中出现失业。因此,哈罗德—多马模型给出的经济增长路径是不稳定的。

四、新古典增长模型

鉴于哈罗德—多马模型得出的结论过于悲观,而且所得到的不稳定性的结论与二战后西方国家实际经济波动也不完全相符,因而许多西方学者尝试建立新的模型。其中 20 世纪 50 年代由索洛(Robert Solow)(1956)和斯旺(Trever Swan)(1956)建立的模型奠定了新古典经济增长理论的基础,并在很长时期内处于增长经济学的正统地位。

索洛—斯旺模型对哈罗德—多马模型最根本的修正是假定总量生产中资本与劳动之间存在不完全的替代关系,从而使得增长理论具备了新古典的特征。利用资本与劳动可平滑地替代的特性以及资本边际产量递减规律,索洛—斯旺模型有效地解决了哈罗德—多马模型中经济增长率与人口增长率之间不能自发相等的困难。由于劳动与资本存在替代关系,因而劳动与资本之间的搭配可以由资本积累的数量加以调节。此外,在特定的劳动数量下,随着资本存量的增加,资本的边际收益递减规律保证经济增长稳定在一个特定的数值上。这样,索洛—斯旺模型就得出了资本主义经济可以实现稳定增长的结论。

之后,在 1965 年,凯斯(David Cass)和库普曼斯(Tjalling Koopmans)分别在《资本积累总量模型中的最优增长》①和《论最优经济增长概念》②的论文中使用了拉姆齐(Frank Ramsey,1928)方法,将消费者最优化分析引入到新古典经济增长模型中,从而建立了一个更为一般的经济增长模型。这一模型经常被称为拉姆齐—凯斯—库普曼斯模型,也被简称为拉姆齐模型。

---

① Cass, D. (1965): Optimum Growth in an Aggregative Model of Capital Accumulation. *Review of Economic Studies*, 32 (July), pp. 233 ~ 240

② Koopmans, T. C. On the Concept of Optimal Economic Growth, in *The Econometric Approach to Development Planning*, Amsterdam, North Holland, 1965

在随后的很长时期内，新古典增长模型成为分析增长理论的基本方式。然而，无论索洛模型还是拉姆齐模型，得出的结论都是长期增长率取决于外生的人口增长率和技术进步率，这极大地限制了新古典增长理论对稳定状态下的经济增长特别是技术推动经济增长机制的解释。但同时，由于解释经济增长方法上的欠缺，也使得经济增长理论的研究趋于沉寂。

这种状态在 20 世纪 80 年代中期被打破。以 1986 年罗默(Paul Romer)《报酬递增和长期增长》和 1988 年卢卡斯《论经济发展的机制》两篇论文为先导，西方经济学界出现了增长经济学研究的热潮，并取得了一些重要突破，形成了“新经济增长理论”。在这些理论中，技术进步具有内生决定形式，因而新经济增长理论也被称为“内生经济增长理论”。它强调知识积累、人力资本投资、技术创新等对经济增长持续不断的效应，因而在更大程度上说明了经济增长的动因，而且更符合经济增长的事实。这些理论所提供的政策建议也在很大程度上改善了政府对如何保持长期经济增长缺乏对策的状况。

由于新增长理论是在新古典增长模型基础上发展起来的，因而我们下面的分析也从新古典增长理论体系出发。

第二节　增长经济学的新进展

增长经济学的新进展既包含对新古典增长模型的扩展，也包含对这一理论的修正。本节简要说明这些新的扩展。

一、新古典增长理论及其扩展

(一)索洛—斯旺模型

以索洛—斯旺模型为代表的新古典增长理论的基本假定主要包括以下几个方面：

1. 全社会只生产一种产品，其生产技术由外生因素所决定，通常假定为不变。这样，经济社会的生产函数可以表示为：

$$Y(t)=F[K(t),L(t)] \tag{3}$$

2. 生产函数具有新古典的特性。这要求生产函数至少满足如下三个条件：产出数量随着一种生产要素数量的增加而增加，但又服从边际收益递减规律；生产函数规模收益不变；生产函数满足稻田(Inada)条件，即边际产量在要素投入量趋向于 0 时为无穷大，而在要素投入量趋向于无穷大时为 0。

3. 储蓄率为常数。以 s 表示储蓄率，即收入中储蓄所占的份额。在最简单的新古典增长模型中，储蓄率 s 外生给定。于是，储蓄函数可以表示为：

$$S=s(Y) \tag{4}$$

式中，$0<s<1$。

4. 不存在资本折旧。此时，所有的投资都被用于新增资本。

5. 劳动数量按一个不变的比率 n 增长。为了简单，通常假定劳动的初始数量为 1。

在上述假定下,索洛等人推导出来的新古典增长模型的基本方程是:

$$\dot{k}=sf(k)-nk \tag{5}$$

式中,$k=K/L$ 为人均资本数量;$\dot{k}$ 表示单位时间内人均资本量的改变量;$y=Y/L=f(k)$ 为按人口(或劳动力)平均的产量。(5)式表明,一个经济社会的人均储蓄量 $sf(k)$ 被用于两个方面,一部分是为新增加的人口配备资本,即资本的广化;另一部分是为每个人增加 $\dot{k}$,即资本的深化。

在经济实现稳定增长时,人均资本量保持不变时的状态,于是,根据(5)式得到的稳定增长的条件为:

$$sf(k)=n \tag{6}$$

在生产函数符合新古典假设而储蓄率 s 和人口增长率 n 保持不变的条件下,(6)式惟一地决定一个人均资本量 k^*。围绕着这一人均资本量,例如,在人均资本量低于 k^* 时,人均资本量所对应的储蓄大于新增人口所需要占用的资本,因而人均资本量会相应地增加。但由于生产技术服从边际收益递减规律,因而由此造成的资本积累必然在 k^* 处停止。这意味着,经济可以实现长期的稳定增长,而且经济的长期稳定增长率为 n。

这样,根据索洛—斯旺模型,经济社会所具有的增长速度恰好可以吸收人口的增加量,从而可以在充分就业下长期保持稳定增长。这一结论同时也表明,生产技术、储蓄率和人口增长率的变动可以使得均衡时的资本量发生变动,但长期稳定的经济增长率只与人口增长率有关系,与储蓄率和生产的特征无关。因此,长期的经济增长由外生因素决定,任何旨在通过增加积累来提高长期经济增长率的努力都是无效的。

(二)索洛—斯旺模型的简单扩展

在以索洛模型为代表的新古典增长模型中,存在若干假设条件。不过,对这些条件的简单扩展并不影响模型的基本结论。

以索洛模型为代表的新古典增长理论可以很容易地扩展到包含资本折旧的情况。假定经济中资本存量的折旧率为 δ,这时,(5)式改写为:

$$\dot{k}=sf(k)-(n+\delta)k \tag{7}$$

上式意味着只有在扣除了人口增长和资本折旧之后,储蓄才形成资本的增加。这一改变显然并不影响新古典增长模型稳定增长的条件,也就不改变其基本的含义和结论。

索洛模型也可以扩展到包含外生技术不变的情况。假定生产技术水平以一个不变的速度 x 提高,则技术水平 $A(t)$ 可以表示为:

$$A(t)=e^{xt} \tag{8}$$

技术进步导致有效劳动时间增加。令 $\hat{L}=A(t)L=e^{xt}L$,用来表示有效劳动时间,则 $\hat{y}=Y/\hat{L}$ 表示以有效劳动平均的产出,$\hat{k}=K/\hat{L}$ 表示单位有效劳动平均的资本,则(7)式可以改写为:

$$\dot{\hat{k}}=sf(\hat{k})-(n+\delta+x)\hat{k} \tag{9}$$

于是,运用新古典增长理论的基本模型可以知道,按有效劳动平均的资本 $\hat{k}$ 和产出 $\hat{y}$ 的增长率均为0。这样,由 $\hat{y}$ 的定义新古典增长理论得出结论,在技术水平按外生增长率 x 增长时,经济在稳定状态下的增长率等于$(n+x)$。

由此可见,在增加了资本折旧率和外生的技术进步率之后,以索洛模型为代表的新古典增长理论的结论并没有实质性改变。

（三）索洛—斯旺模型的动态低效率问题

在索洛—斯旺模型中，经济在长期稳定状态下的人均资本量取决于既定不变的储蓄率，即 $k^*=k^*(s)$。如果考虑到经济社会的福利特征，那么对于既定的社会目标而言，特定储蓄率这一稳定状态下的资本量未必是社会最优的。这就是增长理论中经常提及的动态低效率问题。

例如，以人均消费为社会福利目标，则适当的储蓄率 s 应该使得稳定状态下的人均资本量 k^* 所对应的人均消费量为最大。满足这一条件的人均资本量 k_g 被称为资本积累率。但是，对于特定的 s 而言，稳定状态下的人均资本量未必等于黄金人均资本量 k_g。特别是，如果稳定状态的人均资本高于 k_g，则提高储蓄率反而导致人均消费量减少。这就使得新古典增长理论缺乏微观基础。

（四）拉姆齐模型

为了解决索洛模型的动态低效率问题，新古典增长理论利用动态最优化方法，引入了消费者对储蓄率的选择，从而使得新古典增长理论建立在一般均衡的分析框架上。新古典增长理论的这一模型被简称为拉姆齐模型。

在拉姆齐模型中，存在代表性的家庭和厂商，完全竞争的市场把它们联系在一起。首先，从家庭的角度来看，一个无限存续的家庭部门决定消费商品数量和储蓄，这一家庭通过选择在每个时期的消费数量，以便使得长期效用为最大。以 $c(t)$ 表示第 t 期经济中人均消费的数量，则家庭中每个人在第 t 期的效用为 $u[c(t)]$。假定最初规模为 1 的家庭按不变的数值 n 增长，即家庭的规模为 $L(t)=e^{nt}$，则家庭在第 t 期的总效用为 $u[c(t)]L(t)=u[c(t)]e^{nt}$。如果家庭的时间偏好率为 $\rho(>0)$，则无限存续家庭的总效用为：

$$U=\int_0^\infty u[c(t)]e^{nt}e^{-\rho t}dt \tag{10}$$

在追逐效用最大化的过程中，家庭要面临着收入的限制。为了简单起见，假定家庭的收入来源只有劳动的工资和资本的利息。以 $w(t)$ 表示在时间 t 时的工资率；$r(t)$ 表示利息率；$a(t)$ 表示家庭的人均资产拥有量，则家庭面临的收入约束条件为：

$$\dot{a}=w+ra-c-na \tag{11}$$

（11）式表明，家庭中人均资产总额的改变量等于工资和利息收入扣除了消费和新增人口所占用资产之后的余额。

由于家庭是无限存续的，因而通过借新债来偿还旧债是可能的。为了防止债务增长无限大，通常要求家庭在未来时间里所拥有的人均资产的贴现值是非负的，即

$$\lim_{t\to\infty}\{a(t)\exp-\int_0^t[r(v)-n]dv\}\geqslant 0 \tag{12}$$

这样，代表性家庭的行为表现为在（11）和（12）式的约束条件下实现效用最大化。

其次，从厂商的角度来看，为了实现利润最大化，厂商根据边际产量等于要素价格原则选择要素投入量，即

$$[f(k)-kf'(k)]=w \tag{13}$$

$$f'(k)=r \tag{14}$$

最后，当经济处于一般均衡状态时，家庭部门的人均资产 a 等于厂商部门的人均资本 k。这样，（11）和（12）式可以表示为：

$$\dot{k}=f(k)-c-nk \tag{15}$$

$$\lim_{t\to\infty}\{k(t)\exp-\int_0^t[f'k(v)-n]dv\}\geqslant 0 \tag{16}$$

(15)式实际上就是索洛模型的基本公式,它给出了资本积累的变动轨迹。(16)式则表明,资本收益率要超过人口增长率,以便使综括号中所得到的数值为负。

于是,经济社会的最优增长路径可以借助于家庭部门在(18)式和(19)式的约束条件下实现(13)式的效用最大化过程得到。借助于庞特里亚金极大值原理,拉姆齐模型得到:

$$\frac{\dot{c}}{c}=\sigma[r-\rho] \tag{17}$$

式中,σ 是消费者的跨时替代弹性;$r=f'(k)$ 是资本的收益率;ρ 为家庭的时间偏好率。

(17)式给出了消费增长率的动态轨迹。假定家庭的时间偏好率 ρ 为常数,在稳定状态下,资本的边际收益率 $r=f'(k)$ 和消费者的跨时替代弹性 σ 均为常数,则(17)式给出了稳定增长率的表达式。

利用(15)、(16)和(17)式可以考察整个经济的动态变动过程。用 g_k 和 g_c 分别表示稳定状态下的人均资本和人均消费的增长率。如果人均资本的增长率 $g_k>0$,则对应于最初大于0的资本量,在经过若干时期的变动以后,人均资本趋向于无穷大。但是根据新古典增长理论的基本假设,此时有资本的边际产量为0。但是,在 $g_k>0$ 时,边际产量 $f'(k)$ 不能总小于 n,否则将有(16)式被违反。因此,只有 $g_k\leqslant 0$ 才能满足条件。但是,若 $g_k<0$,则人均资本趋向于0,从而使得边际产量为 $+\infty$。这将导致人均消费的增长率 g_c 无限大。这说明,只有当人均资本增长率 $g_k=0$ 时,经济才能达到稳定的状态。

既然人均资本的增长率为0,那么经济中人均产出增长率 g_y 以及人均消费增长率 g_c 也必然为0。所以,经济中资本 K、总产出 Y 和消费 C 都以人口增长率 n 的增速增长。很显然,这些经济变量的长期增长率与生产函数的性质以及时间偏好率无关,只由外生人口增长所决定。这些结论与储蓄为外生给定的索洛模型完全一致,并且消除了原有模型的动态低效率问题。

(五)新古典增长理论的主要缺陷

新古典增长理论存在一些明显的缺陷,主要包括:

第一,新古典增长理论的结论与不同国家广泛存在的增长差异不一致。依照新古典增长模型,在经济处于稳定状态时,经济的增长率等于人口增长率。但是,由于人口增长率是由外生因素决定的,所以新古典增长理论对稳定状态的增长率缺乏必要的解释。

这一结论不可能对不同国家在经济增长率方面存在的显著差异给出解释。在新古典增长理论中,不同国家在经济增长方面存在的差异主要来源于人均生产能力的不同,只有劳动才对长期稳定的经济增长率产生影响。但是世界范围内的有效劳动差异并不足以说明不同国家的增长率。类似地,如果借助于人均资本向稳定状态的调整来解释增长率的差异,那么直接的结论将是经济的趋同。这是因为,在贫穷国家,人均资本量往往较发达国家更低,但是按照新古典增长理论,由于边际收益递减规律的作用,贫穷国家的经济增长率会比富裕国家更高。然而,这种增长的趋同现象并没有得到经验的支持,相反,却是各国在增长率方面普遍存在着差距。

第二,新古典增长理论也难以对不同国家在人均收入上存在的差异作出解释。由于稳定状态的增长率由外生因素所决定,所以稳定状态的人均收入差异只能借助于稳定状态的人均资本量来解释。但是,如果借助于资本差异来解释各国存在的收入差异至少会遇到下面两个问题。首先,按照新古典增长理论,较小的收入差距需要巨大的资本差异加以说明,但事实并非如此。其次,收入上的差距要求资本的收益率差距更大,这一点也没有得到经验的支持。

第三,新古典增长理论对技术进步的原因缺乏解释。尽管新古典增长模型中可以引入技术进步率,但这一技术进步被认为是“上帝赐予的财富”,由外生的因素所决定,这极大地限制了新古典增长理论对技术进步的解释。

正是由于这些缺陷,为新增长理论的发展提供了突破口。

二、新增长理论

(一)新增长理论的基本思想

20 世纪五六十年代形成的新增长理论极大地改进了新古典增长理论存在的缺陷。正如上面说明的那样,新古典增长理论存在较为严重的缺陷。出现这些问题的原因可以归结为两个方面:一是假设经济中的生产具有规模收益不变特征,每种生产要素的边际收益服从递减规律;二是假定技术进步是由外生因素决定的。这导致增长经济学对于经济现实特别是对技术进步缺乏解释。围绕着这两个问题,新经济增长理论的基本观点包括以下几个方面:①经济增长是经济系统内部诸多因素相互作用而不是外部力量推动的结果;②在这些众多的因素中,技术进步是决定因素;③技术进步是经济当事人最优选择的结果,因而是经济系统中内生决定的;④技术进步使得生产呈现规模收益递增,并使得经济实现持续增长;⑤技术、知识积累和人力资本投资等都具有外部效应,从而使得经济在处于均衡增长状态时不能达到社会最优状态。因此,影响经济当事人最优选择行为的政策可以影响经济的长期增长率。

为了构造内生增长模型,新经济增长理论采用了两种“技术路线”。第一种构造模型的方式倾向于认为导致经济长期增长的因素有多种,而这些因素对收益递增作用的大小又是不明确的,从而规模收益递增是理论分析的出发点。另外一种模型则可以从导致收益递增的一种或几种因素出发,从而为收益递增提供一个“基础”,并进而解释持续增长。

新经济增长理论尽管放弃了新古典增长理论中规模收益不变的基本假设,而采用规模收益递增来解释经济增长,但在早期的理论分析中,新增长理论仍以完全竞争为基本的分析框架。在那里,单个经济当事人仍是完全竞争市场中的行为人,只是技术进步所表现出来的外在性使内生增长得以维持。这种情况在 20 世纪 90 年代得到改变,一些经济学家抛弃了完全竞争假设,开始在垄断竞争的框架下分析产品品种和质量提高对经济增长的影响。由于分析框架是垄断竞争式的,因而诸如模仿和创新等行为也被纳入到了经济增长模型之中。此外,新增长理论不仅考察封闭经济中的内生经济增长问题,也分析国际贸易对经济增长的影响,并利用新增长模型的分析框架对各国经济增长作经验分析。

新增长理论的研究涉及大量文献,有关分类也不尽相同。下文仅就其简单的方面说明新增长理论的发展线索。

(二)凸性内生增长模型

具有凸性的生产技术是新古典分析中不可或缺的特征,但与生产技术凸性假设相联系的资本边际收益递减又导致经济的长期增长停止。为了既消除新古典增长模型的缺陷,又保留生产技术的凸性特征,新增长理论进行了大量的研究。

早在1957年,索洛就已指出,如果资本的边际收益不小于一个正数值,那么即使不存在技术进步,持续增长也是可能的。① 或许受到索洛这一思想的影响,新增长经济学家建立了各种旨在说明单个要素边际收益趋于正常数的模型。尽管这些模型有很大的差异,但它们都可以看成是 AK 模型的扩展。

AK 模型的有关经济社会的基本假设类似于新古典模型,只是总量生产函数具有下面的 AK 形式:

$$Y = AK \tag{18}$$

式中,A 是正的常数,反映了生产的技术水平。这里给出的 AK 生产函数与新古典增长模型中的生产函数关键性的区别在于,这里资本的边际收益不再具有递减特征。

AK 模型不仅说明了技术进步的变动机制,而且给出了经济可以实现持续增长的可能性。将(18)式给出的生产函数应用于新古典增长模型(5)式,则可以得到:

$$\frac{\dot{k}}{k} = sA - n \tag{19}$$

(19)式意味着,人均资本量按不变的增长率($sA - n$)增长。这表明,即使经济中的人口增长率为0,资本从而收入也会按照 sA 的速度持续增长。

AK 模型说明,由 AK 生产技术表示的经济在没有技术进步的条件下也可以实现稳定持续增长。经济中的增长率由 s,A 和 n 三个参数所决定。特别地,较高的储蓄率将导致较高的长期人均收入增长率,而且,如果技术水平得以提高并保持下来,那么长期增长率也会提高。AK 模型也表明,资本的边际收益不会因为初始资本量的不同而不同,因而也就不会出现收入的趋同现象,除非经济所有技术和制度参数都相同。

这一模型的政策含义也是明显的,由于经济增长率不仅取决于人口增长率,而且也与储蓄率和技术进步有关,因而政府采取促进积累和提高技术水平的政策对经济增长也将起到重要的作用。因此,新经济增长理论建议政府对物质资本、设备投资和基础设施增加投资,同时鼓励对人力资本的积累,加大科技投入。例如,通过减少预算赤字对私人投资的挤出效应和提供税收激励来增加投资;鼓励对人力资本的投资,即在教育和培训上花费更多的资源;增加基础设施的投资;为研究与开发支出提供税收激励等。

(三)具有外在性的内生增长模型

1986年,罗默把 AK 模型的基本思想扩展到了具有外在性的内生经济增长模型之中。早在1962年,阿罗通过引入资本积累过程中的"干中学"来解释技术进步。沿着阿罗的思路,罗默假定知识是追逐利润的厂商进行投资决策的副产品,而知识在全经济范围内存在溢出效应。正是这种溢出效应使得资本的边际生产率不会因为某种固定生产要素的存在而趋近于0,从而保证内生增长的条件得以成立。同时,由于内生增长的惟一原因是资本溢出的外在性,因而经济自发实现的长期稳定状态并不是帕累托最优的。在这种情况下,政府干预成为必要的选择。

---

① Solow, R. M. (1956): A Contribution to the Theory of Economic Growth. *The Quarterly Journal of Economics*. pp. 65 ~ 94

如果把资本扩展到包含人力资本，那么 1988 年卢卡斯对人力资本与内生增长的分析可以看成是上述分析的一个自然扩展。卢卡斯的分析强调人力资本与其他要素的差异，人力所拥有的知识更容易被他人所效仿。此外，卢卡斯把人力资本的生产与其他部门的生产区分开来，因而卢卡斯模型又可以看成是具有外在性的两部门内生增长模型。由于罗默模型与卢卡斯模型之间存在相似的特征，在这里我们着重分析强调物质资本外在性的模型。

罗默模型假定经济中存在若干个厂商，代表性厂商 i 的人均生产函数为：

$$y=f(k,A_i) \tag{20}$$

式中，A_i 是代表性厂商所使用技术的知识水平，它对单个厂商而言是固定不变的。

具有外在性的内生增长模型中最为关键的假定是，由于存在着“干中学”，因而知识存量 Ai 随着资本存量的增加而增加。同时，这一模型也假定每个厂商所拥有的知识是公共物品，因而这种资本的增加所导致的知识存量的增加（或者说技术水平的提高）具有典型的外在性特征。

假定代表性厂商所使用的技术与整个经济中的资本存量呈同方向变动：

$$A_i=\phi(k) \tag{21}$$

在分散决策的条件下，代表性厂商把 $A_i=\phi(k)$ 视为常数，因而与新古典增长理论一样，经济的增长率为：

$$g(\text{分散})=\sigma(f'_k-\rho) \tag{22}$$

如果经济受到中央计划的控制，上述分析则有所不同。从整个经济计划者的角度来看，知识溢出对技术进步的影响可以被视为决策变量。那么，经济的增长率为：

$$g(\text{计划})=\sigma(f'_k+f'_\phi\phi'-\rho) \tag{23}$$

由于(21)式给出的技术函数与人均资本呈同方向变动，因而 $\phi'>0$。比较(23)式与(22)式后发现，中央计划条件下得到的增长率要高于分散决策条件下得到的增长率。

从以上分析可以得出三点结论：其一，在考虑到边干边学或知识溢出效应之后，经济可以实现持续的内生增长。之所以如此，原因在于知识溢出效应导致平均的技术水平 ϕ 不再是常数，它随着资本的不断积累而逐渐增加，从而抵消了生产过程中的（人均）资本的收益递减。其二，由于溢出效应对单个厂商和计划部门所产生的影响不尽相同，因而分散经济中的经济增长率与集中决策条件下的经济增长率不同。这预示着，分散经济条件下的均衡状态并不是帕累托最优的。其三，由于分散决策低效率，因而旨在促进外部效应内生化的政策可以增进社会福利。

（四）创新与内生经济增长

上述模型直接从技术进步抵消资本边际收益递减倾向的角度说明了经济持续增长问题，但它们并没有对与技术进步本身相联系的经济活动进行分析。这就是说，技术进步还缺少相应的“微观基础”。20 世纪 90 年代以后，新增长理论通过引入创新奠定了这一微观基础。

具有技术创新的内生增长模型有两个值得注意的方面：一是生产技术的构造，二是具有垄断竞争的市场结构。首先考虑在生产函数中引入中间品的方式。假定现有的中间品种类为 N，第 i 种中间品的投入量为 $X(i)$，$i\in[0,N]$。这样，生产函数可以表示为：

$$Y=AL^\alpha\int_0^N[X(i)]^\beta di \tag{24}$$

其中，$\alpha+\beta=1$，即在 N 给定的条件下，上述生产函数是规模收益不变的，而且相应于每一种中间投入而言，边际收益都是递减的。为了简化分析，并把注意力集中于中间品种类的扩大，假定厂商使用的每种中间产品的数量都相等，即 $X(i)=X$，则(24)式可表示为：

$$Y=ANL^{\alpha}X^{\beta} \tag{25}$$

由以上函数可以看出，尽管产出关于劳动 L 和中间投入 X 是规模收益不变的，但如果中间品的种类数 N 也是一个变量，那么产出关于 N,L 和 X 则是规模收益递增的，从而使内生增长成为可能。

为了实现创新，经济中必然存在研发部门。假设经济中投入一定的成本可以使得中间产品的数量增加，忽略中间产品研发所存在的不确定性，同时假定以产出作为衡量单位，每增加一种新的中间投入需要的成本为 η，则整个经济的总产出与中间投入和新产品研发部门的总收入之间的关系为：

$$Y=C+NX+\eta\dot{N}=ANL^{\alpha}X^{\beta} \tag{26}$$

如果决策是在社会意义下进行的，那么类似于拉姆齐模型的分析，经济社会的最优增长率为：

$$g(\text{计划})=\sigma[\alpha(L/\eta)\beta^{\beta/\alpha}A^{1/\alpha}-\rho] \tag{27}$$

与 AK 模型类似，上述模型得出的最优计划增长率是一个常数，并且与参数 θ,ρ 以及 α(或 β)，A,L 有关。

具有创新的内生增长模型的意义还在于它给出的微观基础是“垄断竞争”式的。长期以来，经济增长是以一般均衡为基本分析框架的，这一框架是与垄断因素不相容的。但新产品创新必须具有利润动机，而获取利润又必须以创新厂商获得垄断地位为特征。

从经济社会对创新产品的需求来看，使用这种产品的厂商将按该中间投入的边际产量价值等于其价格的条件决定使用量，这构成了创新企业所面对的需求。在这一需求下，创新厂商按利润最大化原则确定该中间产品的价格和生产数量，并获得最大利润。但是，从另一方面来看，厂商创新新产品的利润必须能够弥补初始的投入 η，否则，厂商就不会创新。但一旦利润超过了 η，那么所有的资源都会被用于新产品的创新。因此，均衡状态是 $V=\eta$。与这一结果对应的均衡利息率为：

$$r=(L/\eta)(\alpha/\beta)\beta^{2/\alpha}A^{1/\alpha} \tag{28}$$

于是，企业自主创新所实现的经济增长率为：

$$g(\text{分散})=\sigma[r-\rho]=\sigma[\alpha(L/\eta)][\beta^{(1+\beta)/\alpha}A^{1/\alpha}-\rho] \tag{29}$$

比较(29)式与(27)式给出的两个增长率后不难发现，分散决策与社会计划条件下的经济增长率有所不同：由于 $\beta<1$，所以分散决策条件下的增长率低于计划决策。与具有外在性的内生增长模型一样，这一结论具有两方面的含义。首先，分散决策经济的均衡状态是非帕累托最优的。其次，通常对付垄断的措施是消除垄断，但在这里，消除垄断并不可行，因为这里的垄断权是创新得以补偿的保障。维持研发部门的垄断利益成为实现持续增长的条件。因此，对新产品的发明创造给予鼓励是设计政策思想的基本原则。这具体包括：对购买中间产品给予补贴；对最终产品给予补贴；对研发部门给予补贴等。

第三节 简要评述

20 世纪 80 年代中期以前，西方增长经济学的正统是新古典增长理论，拉姆齐模型被认为是具有一般均衡基础的增长理论框架。其理论缺陷我们已经在第二节中给出说明。在经济增长理论沉寂了很长一段时期之后，新增长理论对已有理论进行了扩展，取得了一些突破性成果，从而引起了经济学界的广泛注意。

第一，新增长理论的分析框架是对新古典增长理论的进一步发展。新古典增长理论的分析框架建立在完全竞争的一般均衡基础之上，尽管这一框架可以很好地建立竞争性均衡与帕累托最优状态之间的对应关系，但它对现实的解释力有限。而新增长理论的分析框架却包含导致市场失灵的诸多因素。知识溢出效应以及总量生产函数规模收益递增是新增长理论模型的典型特征，而正是由于这种溢出和收益递增，才致使经济实现持续增长。尽管从马歇尔的《经济学原理》开始，新古典的分析中已经包含了完全竞争与行业的规模收益递增兼容的分析，但是利用其关于“外部经济效果”的概念说明生产的规模收益递增，并把这种递增结合进了完全竞争市场模型则是新增长理论的贡献。这一贡献已被西方经济学界誉为“很可能成为主导的思想”。

第二，新增长理论修正了新古典增长理论存在的两个问题。经济增长率取决于外生给定的劳动增长率以及对技术进步的解释被认为是新古典增长理论存在的两个严重理论问题。通过技术进步内生化，新增长理论在很大程度上修正了这些缺憾。在新增长理论中，生产具有规模收益递增特征，从而使得经济可以在无人口增长的条件下实现增长。同时，由于经济的增长率并不是取决于人口增长率，而是取决于表示技术状况的参数，因而经济并不存在绝对的趋同现象。这表明新增长理论超越了新古典增长理论。

第三，新增长理论具有丰富的政策内涵。在新古典增长理论中，经济稳定增长的条件是与帕累托最优状态相一致的，因此，其模型并不具有鼓励政府政策干预以促进经济增长的含义。新增长理论却有所不同。在存在外在性的条件下，市场自发运行的结果是非帕累托最优的，而社会最优只有在计划决策时才能实现。这就意味着，促进经济增长的政策是增进社会福利所必需的。

尽管与新古典增长理论相比，新经济增长理论取得了重要的进展，但也应该看到，这一理论目前还存在着一些显而易见的问题。首先，这一模型基本上继承了新古典增长理论中有关总量生产函数的设定，从而也就必然继承了原有理论中生产函数所存在的缺陷，例如，资本的加总问题。其次，新增长理论与正统的经济理论之间存在着矛盾。这一矛盾主要体现在规模收益递增的生产函数与新古典理论不相融合。新古典理论静态分析的基础是规模收益不变，边际要素分配论、一般均衡与帕累托最优的一致性等重要的结论都是建立在规模收益不变基础之上的。新增长理论突破了这一假设，解决了经济内生增长问题，却带来了理论的不一致性。此外，目前新增长理论还没有一个统一的模型框架，而且实证研究的结果也存在很大的差异。正因为如此，新增长理论还处在不断的探索之中。

思考题

1. 简述增长经济学的历史渊源。
2. 评述新古典增长理论。
3. 何谓动态低效率,这一问题为什么在拉姆齐模型中不会出现?
4. 评述新经济增长理论的贡献和缺陷。

参考文献

1.〔英〕琼斯. 现代经济增长理论导引. 北京:商务印书馆,1994

2. 舒元,谢识予,孔爱国,李翔. 现代经济增长模型. 上海:复旦大学出版社,1998

3.〔美〕索洛. 经济增长论文集. 北京:北京经济学院出版社,1989

4. 朱保华. 新经济增长理论. 上海:上海财经大学出版社,1999

5. 朱勇. 新增长理论. 北京:商务印书馆,1999

6. Aghion, P. and Howitt P. *Endogenous Growth Theory*. Cambridge Mass, The MIT Press,1998

7. Barro, R. and Sala-i-Martin, X. *Economic Growth*. McGraw-Hill, 1995

8. Jones, C. L. (1995): R&D-Based Models of Economic Growth. *Journal of Political Economy*. Vol. 103

9. Jones, L. E. and Manuelli R. E. (1997): The Sources of Growth. *Journal of Economic Dynamics and Control*. Vol. 21

10. Lucas, R. E., Jr. (1988): On the Mechanics of Economic Development. *Journal of Monetary Economics*. Vol. 22

11. Lucas, R. E., Jr. (1990): Why doesn't Capital Flow from Rich to Poor Countries? *American Economic Review*. Vol. 80(May), No. 2

12. Ramsey, F. (1928): A Mathematical Theory of Saving. *Economic Journal*. Vol. 38

13. Romer, P. M. (1986): Increasing Returns and Long-Run Growth. *Journal of Political Economy*. Vol. 94

14. Romer, P. M. (1987): Growth Based on Increasing Due to Specialization. *American Economic Review*. Vol. 77 (May), No. 2

15. Romer, P. M. (1990): Endogenous Technological Change. *Journal of Political Economy*. Vol. 98

16. Romer, P. M. (1994): The Origins of Endogenous Growth. *Journal of Economic Perspectives*. Vol. 8

17. Solow, R. M. (1988): Growth Theory and After. *American Economic Review*. Vol. 78

18. Solow, R. M. (1994): Perspectives on Growth Theory. *Journal of Economic Perspectives*. Vol. 8

第32章

发展经济学的新进展

学习要点和要求

了解并评论发展经济学中发展观的新观点，熟悉、研究并评论发展理论中的新古典政治经济学、新增长理论、可持续发展理论、社会资本理论的新思路，研讨发展经济学新进展的意义。

发展经济学兴起于20世纪40年代，形成和繁荣于20世纪50年代。其发展已历经了强调工业化、计划化和资本积累的第一阶段和新古典主义复兴的第二阶段，在20世纪80年代又进入了一个新的发展时期。在探索经济发展意义和经济增长源泉的过程中，发展经济学的研究视野日益拓宽和深入：在对传统发展观批判的基础上拓宽了发展概念的内涵；在对经济增长源泉的探索中逐渐形成了新制度主义的发展思路；新增长理论的兴起促进了增长理论与发展理论的融合；对资源耗竭和环境退化的担忧使可持续发展问题成为发展经济学家研究的热点；在市场自由主义和个人主义盛行的当代社会中，国家的权力在下降，人际关系变得越来越重要了，于是，社会资本理论研究悄然兴起。总之，20世纪80年代以来的发展经济学研究超越了传统的经济学领域，它的研究范围涉及社会学、政治学、法学、伦理学等多个学科，反映了经济学中一度削弱和低沉的人文精神的复兴。

第一节　发展观的新观点

一、发展经济学中发展观的演变

发展经济学是研究后进国家的经济增长与经济发展问题的

学科，因而发展观构成其核心内容之一。近半个世纪以来，发展观基本上形成了三种模式，其基本态势是：物的要素——人的要素——综合的要素，从而使经济发展内容越来越遵循事物发展的内在要求，形成一个不断递进的发展趋势：惟经济增长论——基本需要论——人、经济、社会与环境相协调的发展观。

在发展理论的早期阶段，人们普遍对经济增长寄予更多的关注，发展经济学自觉不自觉地在恪守“增长能解决一切”信条的基础上构建其理论体系。这一传统的发展观聚焦于经济数量上的扩张，迷恋 GDP 和工业化。在诸多文献中，经济发展与经济增长这两个概念被不加区分地使用。因而，在实践中出现了一个较为极端的现象——丰裕中的贫困：片面追求经济增长并不一定能保证社会政治和经济生活的进步，相反，却出现了一系列负面效应，比如在市场经济国家中两极分化严重、贫困悬殊、社会问题丛生；在计划经济国家中，产业结构失衡、消费品短缺、社会关系紧张、浪费严重。

针对这些情况，20 世纪 60 年代末 70 年代初，出现了一股重新解释发展意义和界定发展目标的新潮流。很多学者严厉地指责经济增长至上论，认为经济发展的意义和目的在于提高全体人民的生活水平，发展的目标应是多维的，除了收入增加之外还应包括就业增加、贫困减轻、分配公平和乡村发展。联合国国际劳工组织制定了“基本人类需要”战略，即以人民的基本生活要求普遍满足为目标的发展战略。

这种发展观比前者有明显的进步，但是把发展仅仅定位于满足人类的基本需要是远远不够的。人、经济、社会与环境仍然处于脱节的状态，从而需要一种新的发展观来加以整合。在以弗朗索瓦·佩鲁、帕金斯和阿马蒂亚·森等人为代表的学者以及联合国等世界组织的努力下，新的发展观逐渐深入人心，人们对发展的含义已有基本的共识：经济发展除了经济增长之外，还应该包括社会经济结构诸方面的变化，如投入结构、产出结构、产业结构、分配状况、消费模式、社会福利、文教卫生、自然环境与生态平衡、群众参与等。在这里，生活质量、改善收入分配、消除贫困和饥饿、提高人力资本等问题，对于发展中国家尤为重要。

二、新发展观理论概述

在新发展观的理论研究上，弗朗索瓦·佩鲁和阿马蒂亚·森进行了不懈的努力，其观点也最富有代表意义。1982 年，法国经济学家弗朗索瓦·佩鲁在其专著《新发展观》中，从发展中国家的角度论证了“新发展观”。在他看来，人的全面发展不是指少数人或少数国家中的一部分人的发展，而是指所有国家的人民，无论是发达国家的人民还是发展中国家的人民，都应该得到公平的发展。人的发展也不仅仅是指当代人的发展，而是指包括后代人的发展；同时，它不仅仅包括满足人们物质生活的需要，还包括满足人们在社会生活、精神生活上的各种价值需要，实现人的全面发展，使人的体力和智力上的各种潜能都得到充分的展现。在以人为本的这种新发展观看来，经济增长只不过是实现人的发展的手段，经济、政治、社会的各种制度的演变和改进也是为了给人的发展创造一种更好的社会环境。

在《资本论》中，马克思将未来社会称为“自由人的联合体”，可见自由是社会发展的基本目标。在其发表 100 多年之后，1998 年诺贝尔经济学奖得主阿马蒂亚·森再次将自由与发展的目标与手段联系起来。他用大量的证据证明，自由是如何促进发展的，而缺乏自由、压制自由又是如何阻碍发展的。因此，自由是发展的首要目标，也是促进发展的不可或缺的重要手段。依据森的解释,自由的含义是指"个人拥有的按其价值标准去生活的机会与能力"。其中包括法定的自由权利和获取某种福利的法定资格,例如,失业者有资格得到救济。作为发展手段的自由,按照森的分类有以下五种:①政治自由,如同人们能够读书写字和拥有健康的体魄一样,对于人类发展十分重要。真正的民主政治要求公民权与政治权利,以便为有效的平等参与提供空间。如果没有诸如参加社团或者表达意见等政治自由,人们的生活选择将会大大减少。②经济机会,是指个人享有的、运用其经济资源于消费、生产和交换的机会。市场经济为这种自由提供了充分的机会。③社会机会,是指在保健、教育等方面的社会安排。它们影响个人赖以享受更好生活的实质自由。就教育来说,它不仅仅是人力资本投资,而且培养人作为人的能力,培养自由的能力。④透明性保证,是指人们在交往过程中需要的公开性、对信息分享和信息准确性的保证。⑤保护性保障,是指为那些遭受灾难或其他突发性困难的人,收入处于贫困线以下的人以及失去劳动能力的人提供社会安全网。

将自由作为发展的手段提出来意味着自由不仅仅理解为最终实现的目标,而且要求在发展过程中实现以上五个方面的自由,从自由中产生出发展的能力。森认为,经济发展最终应该归结为人们"是什么"和"做什么",例如,人们是否健康长寿,能否读书写字、相互沟通等。这些是直接与他们的权利而不是与经济的总供给和总产出相关联的。经济发展过程应该被看做是人们权利扩展的过程。

三、人类发展概念与人类发展指数

在上述思想的基础上,联合国发展计划署(UNDP)在1990年首次提出了"人类发展"(Human Development)的概念。人类发展是一个不断扩大人们选择的过程,发展的进程应该为人们创造一种有益的环境,使他们能够独立地和集体地去发展他们的全部潜力,并有恰当的机会去实现与其需要和兴趣相吻合的值得珍视的和富于创造性的生活。具体而言,它包含五个方面的内容。

(一)充分就业和生活安全

对于个人而言,工作意味着生活有可靠的保障,失去了工作就等于剥夺了一个人的生活能力和发展自我的能力。除了造成收入损失之外,还包括对心理等多方面的负面影响,如损害了他的尊严和自信,使他失去工作动机、技能和自信心,增加身心失调和发病的可能,扰乱家庭关系和社会生活,加剧社会关系的紧张和性别歧视,助长对某些社会群体的"社会排斥",导致对人们心理与生理健康的损害。

(二)人民自由和权利的增加

通过民主治理促进参与,有助于发挥个体和集体的能动作用,这已成为保护环境、推动性别平等和促进人权等人类发展关键问题取得进步的动力。民主的优越性还表现在它可以通过协商的方式而不是对抗的方式去处理冲突、解决问题,有助于推动稳定和平等的经济社会发展。另外,参与和人类发展的其他方面可以相互增进。政治自由赋予人民要求保障自身经济社会权利的能力,而教育则增强了他们要求经济社会政策符合他们需要的能力。

(三)公平分配

收入分配不公之所以在有些国家和地区如此加剧,很大程度上是由于诸多不合理制度安排的存在。因为无效制度的最大受害者通常是穷人和弱势群体，他们的利益在政策制定过程中没有得到充分的考虑。保障人们的尊严也要求他们享有自由，能够参与制定管理他们的规则与制度，并参与管理工作。具有参与性、包容性的治理有助于消除贫困和促进更加普遍的增长，也会使经济和社会更加公平。

（四）促进社会凝聚力和合作

生活在一个复杂的社会结构网络中，从家庭到国家、从地方团体到跨国公司，人们都是珍视参与自己社区生活的社会人。这种归属感是人类福祉的一种重要的源泉，人类发展必须同文化联系起来，文化是人们生活在一起的方式，植根于共同的价值观和信仰的社会凝聚力塑造着人类发展。如果人们能够很好地生活在一起，如果人们能够互惠地进行合作，那么就会扩展他们的个人选择。因而，人类发展不仅只涉及单独的个体，而且也涉及人们在社区中如何相互影响和合作。

（五）维护人类未来的发展

可持续的人类发展在满足当代人的需要时，不应削弱未来人类满足其需要的能力，这是一种代际公平。可持续的问题不仅仅涉及环境，还涉及灵活而适应性强的社会和经济体制，它能够应对震荡和危机，维护未来人们之福利。保护未来发展的可能性意味着不致让未来的人们背上沉重的债务负担，不留给他们一个不稳定、不民主的社会。这需要当今的政策制定者们具有远见和领导才能，因为未来的人们对当今的决策没有投票权。

在1996年的《人类发展报告》中，UNDP列举了五种有增长而无发展的情况，进一步丰富了对人类发展概念的阐述。

第一，无工作的增长（Jobless Growth）。一个令人不安的趋势是经济增长并没有创造出足够多的就业机会，即便是在那些经济增长较快的国家也常常如此。在发展中国家，失业群体的扩大正危及其自身和子女的人力资本投资的能力，由此陷入一个贫困的恶性循环中。

第二，无声的增长（Voiceless Growth）。在经济增长的同时，作为人类发展的基本组成部分即人的民主与自由权利并没有得到相应的扩展，人们对政治、经济事物的参与程度还很不广泛。一个典型的现象是，对增长的追求已经异化：人们在危险的状态下从事艰辛的劳动，被要求长时间地加班，没有独立的工会组织或代表去维护他们正当、合法的权益。

第三，无情的增长（Ruthless Growth）。在很多发展中国家，虽然经济增长较快，但收入分配的不公反而进一步加剧了，增长的利益大部分落入了富人的腰包，社会的公共支出也偏向于富人，而穷人的状况并没有得到多少改善，有的甚至更加恶化了，穷人的数量从相对上和绝对上都有所增加。

第四，无根的增长（Rootless Growth）。一种具有包容性和参与性的增长模式能够培育和增强文化传统，从而能够为人们以相对丰富的方式享受他们的文化提供无限的机会；一种具有排外性和歧视性的增长模式却能够毁灭文化的多样性，从而大大降低人们的生活质量。据称，世界上有近万种不同的文化，但其中许多正日趋边缘化或正在消失，有些国家的领导人甚至认为传统文化是现代化和发展的累赘。

第五，无未来的增长（Futureless Growth）。不顾自然资源的耗竭与人类居住环境的恶化而换来的增长，可能正在破坏着发展的基础，是不可能持续下去的，也是不值得持续下去的。它不仅造成了当代人生活条件和健康的损害，而且更严重的是对后代子孙的发展造成了巨大的、乃至是毁灭性的损害。现在不少的国家,甚至包括那些因把经济增长与人类发展的进步结合得很好而得到称赞的国家,在经济增长过程中,也在毁坏森林、污染河流、毁灭生物多样性和耗竭自然资源。

为了衡量和比较各国的人类发展水平,UNDP 设计了一个易于量化和可操作的指标——人类发展指数(Human Development Index, HDI)。人类发展最为基本的目标是能过上健康长寿的生活,接受教育,可以获得体面生活所必需的资源,能够参与到其所在社区中。因此,人类发展指数是对这三个维度的一种简单而又概括性的测度。健康长寿的生活,用出生时预期寿命表示;教育,用成人识字率(占 2/3)以及小学、中学和大学综合毛入学率(占 1/3)表示;体面的生活水准,用人均 GDP(PPP 美元)表示。在计算 HDI 之前,需先算出以上三方面相应的指数。首先选定每个基本指标的最大值与最小值,然后通过下面的计算公式,把每一指标表示成 0 到 1 之间的数值:分项指数 =(实际值 - 最小值)/(最大值 - 最小值)。最后将这三个子指标进行简单平均后,即得到 HDI 的数值。

HDI 将预期寿命、入学率和收入水平等衡量指标结合起来,表明一个国家或地区在人类发展三个基本方面的平均绩效。尽管它不免遭致过于简单化的批评,并没有像人类发展那样内容丰富,无法涵盖政治、经济和社会的各个方面;但与单一的收入指标相比,它能使人们用更加开阔的视野来观察一个国家或地区的发展。自 1990 年设立人类发展指数以来,联合国发展计划署又创立了三个相互补充的指标体系来突出人类发展的三个较为特殊的方面,即人类贫困指数(HPI)、性别发展指数(GDI)和性别赋权尺度(GEM),从而使人类发展指标体系日臻完善。

四、简要评价

从早期追求 GDP 的增长到现在强调以人为本的全面发展,反映了发展中国家经济发展历史进程的变化和发展经济学研究领域的拓宽。在贫穷阶段,首先要解决的问题是温饱问题,因此,特别强调 GDP 和人均收入的增长,而民主、自由、社会公平和资源环境可持续利用等问题都是次要的。在经济发展到一定阶段以后,收入水平提高了,收入分配越来越不均了,资源耗竭和环境退化问题也变得越来越严重了,于是,发展经济学开始更多地关注经济增长之外的社会问题,而且开始重视收入分配、民主、自由和资源环境对经济发展的影响问题,于是发展概念的内涵拓宽了。今天,发展经济学把研究扩展到经济学之外的政治、社会和文化等其他社会科学领域,本章将要介绍的新古典政治经济学思路、新增长理论、可持续发展理论和社会资本理论,都可以说是发展经济学研究从纯粹的经济学领域扩展到其他社会科学领域的具体表现,也是发展观扩展的具体表现。

第二节 发展理论中的新古典政治经济学思路

一、新古典政治经济学的主要思想与分析框架

如何解开经济发展之谜?有的学者认为,技术进步是根本动力,有的则归结为资本积

累,还有的学者对于资本、技术等要素在经济增长中的贡献率作了详尽的定量测度。但是,20 世纪 80 年代以来,发展经济学家强调制度在经济发展中的决定性作用,从此,经济发展理论研究进入新古典政治经济学时期,同时对于经济发展源泉的探索也走向一个新的阶段。

新古典政治经济学是对古典经济学和新古典经济学的扬弃与发展。一方面,它恢复了古典经济学的传统,批评新古典经济学把政治、法律、制度等视为经济运行的既定因素或外生变量,相反,认为这些因素具有深刻的、决定性的影响;另一方面,它在对制度等的研究过程中,既延续了新古典经济学的基本范畴,如效率、均衡、最优化等,同时也采用了新古典的分析方法,如收益—成本分析、均衡分析等。

在发展经济学发展的前两个阶段,曾经把经济增长与经济发展归结为资本积累或技术进步,或把资本范畴扩大到人力资本和知识积累。新古典政治经济学认为,与其说高储蓄率、高教育程度或活跃的技术创新是经济增长和经济发展的原因,不如说它们是经济增长和经济发展的表征或结果。从根本上说,除非现行经济组织或制度是有效率的,否则经济发展不会产生,更不可能持续。新古典经济学倾向于把制度看成是外生的,既定的;新古典政治经济学则认为制度是内生的,发展所最需要的(特别是初始阶段)是努力推动它的制度变迁。总之,新古典政治经济学十分强调制度对经济发展的决定性作用,如他们所说,"制度至关重要"(Institutions Do Matter)。

新古典经济学隐含地假定零交易成本,这意味着人们可以毫无成本地运用他们的资源以达到最优配置。但是,现实的世界是正交易成本的世界,政治、经济、法律等制度结构对于资源配置和经济增长的影响非常显著,人们的经济活动总是在一定制度、组织与行为规范下进行的。因此,要提高经济绩效,就不能单纯依靠新古典经济学的理论核心:市场—价格机制,而必须在不同的制度结构中作出比较和选择,根据交易成本、产权、契约的规定,实现经济的最大绩效。

新古典政治经济学认为,在指出新古典完全竞争模式缺乏现实意义的同时,还需注意到在市场经济中拥有垄断地位的集团或个人可以凭借所掌握的权力攫取特殊利益或租金,他们所进行的活动给自身带来了利益,却给社会造成损失,因此是"直接非生产性寻利活动"。由于这种寻租活动的存在,使得在市场经济中绝不只有一只"看不见的手"在引导人们从事自身利益与社会利益相一致的活动,还有一只"看不见的脚"在市场中肆意践踏,致使"看不见的手"无法发挥出预期的作用。与发达国家相比,发展中国家的市场很不完善,信息很不对称,法制很不健全,因而寻租现象往往比发达国家更为显著,成为经济健康发展的巨大威胁。

新古典政治经济学的兴起,显示了对现实的强劲解释力,它将制度分析、寻租分析与新古典分析紧密结合,使人们更深刻地认识到不发达社会经济结构呈僵化和刚性的实质和原因,丰富了经济发展与经济增长理论。

二、新制度经济学的分析思路与应用

新制度经济学是在修正新古典理性经济人假设的基础上构筑自己的理论体系的。这种修正主要来自两个方面:一是对行动者动机的考察。他们不仅主张用效用最大化代替经济利益最大化的传统观点，个人所获得的效用满足既来自经济因素，又来自非经济因素，而且假定在强烈而复杂的自利动机支配下，人类有机会主义的倾向，即人们会随机应变，借助于不正当手段来谋取自身利益。这种投机取巧包括：有目的、有策略地利用信息，按个人目标加以筛选和扭曲；背信弃义，违背对未来行动的承诺。另一个是对解释环境的主观模型的考察。现实世界是一个信息不完全和信息不对称的世界，人的理性是有限的，即人们处理信息和决策的能力是有限的，他们不可能知道全部备选方案，不可能把所有的价值考虑统一到单一的综合性效用函数中去，也无力精确地预计所有备选方案的实施后果，所以经济人只能追求满意的结果，而非十全十美的最优解。

综上，新制度经济学通过对理性经济人假设的修正，揭示了两个矛盾：个体理性与整体理性之间的矛盾，环境复杂性与人类有限理性之间的矛盾。二者的存在给人们的相互交往带来了种种不确定的因素。制度的存在就是为了降低这种不确定性。一方面，以制度规范个体的行为，有助于更好地协调人们的利益冲突；另一方面，个体通过学习和遵守制度，能够有效地减少搜寻和处理信息的巨额成本。因此，制度提供了保障人们互相合作的秩序，以此来增进人类的福利。新制度经济学这一有机体系主要由以下内容所组成。

（一）交易成本思路

新制度经济学基本上继承了康芒斯对交易的定义，但更强调交易的普遍性。新制度经济学的产生与发展是以交易成本概念为基石的。科斯在《企业的性质》这篇经典性论文里，开创性地提出了“交易成本”的概念。交易成本被定义为运用市场机制的费用，具体表现为人们在市场上搜寻有关的价格信息，为了达成交易进行谈判和签约，以及监督合约执行等活动所花费的成本。科斯开创了交易成本的理论先河，而威廉姆森是交易成本的集大成者。交易成本理论的基本思想可概括如下：

交易被认为是经济活动的最小单位，并被作为制度分析的基本单位，继而交易可以分为三种：买卖的交易、管理的交易和限额的交易。交易成本理论以交易成本为基本范畴，以节约交易成本为中心。交易的性质是决定选择何种治理机制来组织交易的关键，威廉姆森采用资产专用性、交易的不确定性和交易频率三个维度来刻画交易的性质。

交易成本理论是以人类机会主义倾向和有限理性的假定作为出发点的。由于人的理性能力有限，所以他不可能对复杂的、不确定的环境作出正确的判断，不可能获得关于现在与将来的全部信息。在这种情况下，投机取巧行为就有了生存空间。为保护自身利益不受损害，需要投入时间、精力和金钱等资源，也就是说，要支付成本。并且存在这样的趋势：环境的不确定性与复杂性，会加剧人的有限理性，助长机会主义倾向；而机会主义倾向又会导致歪曲信息或信息阻隔，进一步加大环境的不确定性与复杂性。

（二）制度和产权思路

交易成本就如同物理学世界中的摩擦力，新制度经济学将没有摩擦力的世界引入到有摩擦力的世界。只有在有交易成本的经济中，才会出现各种用于节约交易成本的不同组织和制度安排。换言之，有效的制度就是交易成本低的制度。

什么是制度？诺斯认为，制度是一个社会的游戏规则，或者更规范地说，制度是构建人类相互行为的人为设定的约束。这些规则涉及社会、政治与经济行为，由正式规则、非正式规则以及它们的实施特征三个方面的内容所组成。其中最为重要的是正式规则，它包括：

政治规则(即政治体制)、经济规则(即产权)和具体的单个合同。新制度经济学认为,交易成本是制度的源泉,交易成本如果过高,将阻碍交易的实现,制度的"使命"就是要促成有序的交易。制度的功能就是降低环境的不确定性和约束人的机会主义行为倾向,以此来减少经济活动的交易成本和他人机会主义对当事人利益的损害,或使得潜在的交易能够进行。博弈论的引入丰富了对制度的研究。制度被认为是人们在社会分工与协作过程中经过多次博弈而达成的一系列契约的总和,它为人们在广泛的社会分工中的合作提供了一个基本的框架。这一框架规范人们之间的相互关系,为实现合作创造条件,保证合作的顺利进行,减少信息成本和不确定性,最低限度地减少阻碍合作的因素。

经济规则也就是通常所谓的产权。产权制度是一个经济运行的根本基础,有什么样的产权制度就有什么样的组织、什么样的技术、什么样的效率。按阿尔钦的定义,产权是"一个社会强制实施对于某种经济物品的多种用途进行选择的权利"。它用来界定人们在经济活动中如何受益、如何受损,以及在他们之间如何进行补偿的规则。产权包括使用权、转让权、收益权等多项权能。产权是否完整,主要从产权的拥有者所具有的排他权和可转让权来衡量。当产权明确界定之后,经济活动的当事人会自发地进行谈判,将外部效应内部化,从而改善资源的配置效率,这就是科斯的另一篇经典论文《社会成本问题》的寓意。明晰的产权能帮助一个人在同他人的交易中形成合理、稳定的预期,激励产权主体为了自己的利益而努力行使产权。这种激励,可以规范经营者和生产者的行为,提高投入产出率,进而形成资源的优化配置。任何一种产权与其他产权之间,如果没有清晰的界限,那么权能的行使就无法有效地进行,利益也就无法实现。

(三)制度变迁与制度创新思路

制度变迁是一个不断演进的过程,包括制度的替代、转换和交易过程。在制度变迁中存在着路径依赖,即如诺斯所说,"人们过去作出的选择决定了他们现在的选择",它具有一种报酬递增和自我强化的机制。因为循着原有制度变迁的路径与既定方向前进,总比另辟蹊径要更便利。这种机制使制度变迁一旦步入某一路径,其既定方向会在以后的发展中得以强化。假若初始选择的方向是正确的,制度的演化就可能进入良性循环,加以优化;假若初始选择的方向是错误的,制度的演化就可能锁定在一种低效率的状态中,导致长期的经济停滞。

在新制度经济学看来,有效组织是制度变迁的关键。制度变迁的来源是相对价格和偏好的改变。当组织经过成本—收益分析,决定投资于正式制度的改革时,这项事业便可称为制度创新。诱致性制度变迁是一群人在响应由制度不均衡引致的获利机会时所进行的自发性制度变迁;强制性制度变迁指的是由政府法令引起的变迁。由于诱致性制度变迁是一种自发行为,其制度设计很难确立为一种正式的制度安排,因而它的效率会受到极大的影响。而强制性制度变迁的优势在于,它能以最短的时间和最快的速度推进制度变迁,降低制度变迁的成本;但它同时又会面临统治者的有限理性、意识形态刚性、官僚政治、集团利益冲突和社会科学知识局限等问题的困扰。国家是制度最大的供给者,在有效的制度形成中起着至关重要的作用。需要指出的是,制度是公共品,其供给过程中不可避免地会遇到搭便车的问题,因而有利的制度安排并不一定产生。当它不再合理时,由于种种原因,有利的制度安排并不马上产生。

从历史和现实的角度出发，把制度作为经济分析的一个内生变量来处理是非常必要的。经济绩效、经济发展是由制度内生决定的，土地、资本、劳动等生产要素的配置总是在一定的制度框架内进行的。如果制度安排不合理，它将成为经济发展的瓶颈和最大的制约因素。有效率的制度促进经济增长和发展；反之，无效率的制度抑制甚至阻碍经济增长与发展。制度的建立是为了减少交易成本，减少个人收益与社会收益之间的差异，激励个人和组织从事生产性活动，促使经济增长。制度在经济发展中的作用，在发展中国家和转轨国家经济增长中体现得尤为明显。

三、寻租理论及其发展

在努力发掘促进经济发展的积极因素的同时，发展经济学家也在探寻那些阻碍经济发展的不利因素。在当代经济运行与发展中，普遍而影响深远的非生产性经济活动，是那些涉及权力与金钱交易的活动，即个人或利益集团为了谋取自身的经济利益而对政府决策或政府官员施加影响的活动。这一被称为寻租的活动扭曲了市场运行机制，直接或间接地造成了社会效率的损失。美国经济学家塔洛克在 1967 年发表的论文中，就已涉及寻租的基本理论与思想。但一直到克鲁格在 1974 年发表了《寻租社会的政治经济学》一文后，寻租问题才引起学术界广泛的关注。在该文中，她集中讨论了政府对经济活动的数量限制可能会导致社会福利的损失。其后，公共选择学派、国际贸易理论与新经济史学派的一大批学者从不同的角度对这一问题展开研究，取得了丰硕的成果。目前，关于寻租的形成、种类以及它对经济发展的负面效应的理论研究日趋深入。

租金是在支付给资源所有者的款项中超过那些资源的机会成本的部分。值得指出的是，它的外延较宽，既包括由自然赋予有限性的土地所形成的租金，也包括由政府干预所形成的租金。我们把前者定义为自然型租金，把后者称为社会型租金。在社会经济生活中，并非任何租金都会引起寻租行为，能产生寻租行为的仅限于由政府干预导致稀缺所形成的租金。由于自然型租金不具备可变动性，因此不会产生寻租行为。但是社会型租金却具有很大的可伸缩性，因此造成了寻租者通过寻租活动来改变形成租金的要素，使自己获得租金的可能性变为现实。

所谓寻租活动，是指那些维护既得利益，设法取得或维护垄断利益，或是对既得利益进行再分配的非生产性活动。巴格瓦蒂把其称为“直接非生产性寻利活动”，这更像一个广义上的寻租定义。狭义的定义是利用行政、法律的手段来阻碍生产要素在不同产业之间自由流动、自由竞争，以此来维护或攫取既得利益。

寻租有两种分类方法。第一种分类有三种形式：一种是为了取得垄断地位而进行的寻租，例如，争取政府对还未管制的行业施加管制；一种是为了维护已有的垄断地位而进行的寻租，例如，寻求政府部门对行业内的经济活动施行许可证制度或其他数量限制，防止他人对自己业已获得的租金进行侵蚀，因而这种寻租又被称为“护租”；还有一种是为了防止他人寻租从而可能对自己的利益造成损失而进行的寻租，这实际上是一种“避租”。

另一种分类方法是布坎南以出租车行业为例来说明寻租活动的三个层次：如果政府对其实行数量限制，此时市场竞争是不充分的，出租车主可以获得超额利润（即租）。假若执照的发放很大程度上取决于主管官员的个人意志，寻求执照的人们就会争相贿赂讨好官员,从而产生第一层次的寻租活动。在此基础上,又会吸引人们争夺主管官员的肥缺而诱发第二层次的寻租活动。假若部分或全部的出租车超额收入以执照费的形式转化为财政收入,那么各个社会利益集团又有可能对此收入的再分配展开第三层次的寻租活动。在布坎南看来,在这三个层次上,只要政府行为创造了稀缺,寻租活动就能产生。

寻租所带来的负面效应可以归结为两个方面:一方面是寻租活动引发的直接损失,即寻租活动中浪费的资源和由经济寻租引起政治寻租而浪费掉的资源;另一方面是寻租成功后形成垄断所损失掉的经济效率,即传统理论所谓的净社会福利损失。这种扭曲市场机制、破坏正常的价格信号、导致资源配置不当的情况,被马基形容为"看不见的脚"对市场的肆意践踏。

虽然寻租现象也存在于发达国家,但是由于发展中国家制度不完善、市场体系不发达,因而寻租现象更为突出和严重。尤其是在经济转轨国家,由于计划与市场在一个时期同时存在,所以个人与公司都有很高的积极性去寻租。收入再分配向非生产性领域集中,从而形成了一种错误的激励和导向,使原本稀缺的资本更加稀缺。寻租活动就像一个巨大的黑洞,吞噬着有限的资本,严重地阻碍了发展中国家的经济增长和经济发展。

四、简要评价

在发展经济学的发展过程中,新古典政治经济学是继结构主义、新古典主义和激进主义之后的一个新阶段。其中,新制度主义不仅借助于产权理论、国家理论和意识形态理论揭示了制度与经济增长的关系,而且还说明了制度本身演化或变迁的内在规律和机制。制度变迁理论把一种新的研究思路引入到主流经济学,将历史和制度的定性分析方法与新古典经济学计量、数量方法分析整合,对历史上许多经济现象作出了更有说服力的解释。但是,由于制度因素的不可测度性,新制度主义的大量研究仍只能采用经验分析,许多理论很难进行定量分析和模型化。不仅如此,在一个制度相对稳定、成熟的社会中,很难想像制度分析的重要地位;相反,在制度正在发生变迁的国家或地区,制度分析就显得格外重要。同时,相对于短期的经济运行而言,在分析长期的经济增长和发展的时候,制度因素则因其不可或缺而更需要纳入新古典经济学的理论体系。

寻租理论把经济学研究的眼界从生产性的寻利活动扩展到了非生产性的寻租活动。寻租理论把人们追求新增经济利益的行为与追求既得经济利益的行为区分开来,不仅仅是一种概念上的明晰,而且更有利于深化人们对制度、体制及产权等问题的认识。人们作出这种选择而不是那种选择,这除了根源于人们对自身利益最大化的追求外,还与制度、体制及产权等外在环境有关。但寻租理论还不是很成熟,其基本定义和范畴仍存在分歧,在对寻租成本的测度上尚需进一步发展,特别是对寻租问题的解决方法上,几乎没有多少富有说服力的分析。

第三节　新增长理论——现代分析方法与传统发展理论的融合

一、新增长理论的兴起

经济增长理论产生于20世纪40年代末，以哈罗德—多马模型为标志，繁荣于20世纪五六十年代，以新古典增长模型最为流行，该模型把长期的经济增长归因于外生的技术进步。由于该模型离现实越来越远，经济增长理论研究逐渐沉寂下来。20世纪80年代中期以来，对经济增长的研究又开始热火起来，成为经济学家研究的一大热点。以罗默、卢卡斯为代表的一批经济学家放松了新古典增长模型中一个关键的假定——资本报酬递减的假定，相继提出了各种各样的增长思路和增长模型。他们寻着两条路线展开研究：一是在新古典增长模型的框架下修正和发展了新古典增长模型，例如，继续坚持报酬递减的假设和增长趋同的观点；另一种路线是完全放弃新古典增长模型的基本假定和结论，如放弃报酬递减、完全竞争假定和增长趋同假说，建造不同于新古典增长模型的模型，被称为新增长理论。新增长理论的一个突出特点是把技术进步内生化，因此，它也被称为是内生增长理论。

二、新增长理论与传统发展理论的融合

在发展经济学与经济增长理论早期的发展中，二者所关注的问题不同，在研究方法上也有所不同，因而它们的分离趋势越来越强。但是，新增长理论的出现则戏剧性地改变了这种学科分离的状态，一方面，新增长理论显然从发展理论中吸收了越来越多的有价值的思想，超越了新古典经济增长理论，完成了对新古典增长理论的修正和改造；另一方面，新增长理论的形式化的贡献也可以用来澄清发展理论中的还没有解决的问题。从而，它的出现也标志着经济增长理论与经济发展理论的融合。这种融合主要体现在以下两个方面：

首先，在研究主题上，新增长理论也努力试图回答发展理论早已有的核心问题。

发展经济学和增长理论单就其名称而言应该是同一概念，至少，它们应该是紧密地交织在一起的。“为什么有的国家比其他国家贫穷，为什么有的国家的经济增长比其他国家要快得多”这样的问题应该是它们理论研究共同关心的焦点。但事实并非如此。很长时期以来，这两门学科只是“远房堂兄弟”，甚至它们有时还是对立的。

二战以后，在大批殖民地纷纷独立的时代背景下，发展经济学诞生了，它一开始就是以发展中国家的经济发展为研究对象的。与此同时，西方经济学界掀起了如火如荼地研究发展与增长问题的热潮。作为经济增长模型源头的哈罗德—多马模型以凯恩斯的收入决定论为基础，将其理论动态化和长期化，最初目的是要说明发达国家经济增长的均衡条件。而20世纪50年代出现的新古典增长模型即索洛—斯旺模型及其类似模型最初也是为了解决增长理论中的某些困难，即是对哈罗德—多马模型中有保证的增长率加以调整，它仍然只关注发达国家的经济增长，极少涉足发展中国家的经济增长问题。相反，新增长理论是在一个统一的框架内把发达国家与发展中国家看做同一个经济发展过程来研究。它不仅

关注发达国家的经济增长,而且更关注发展中国家的经济增长问题。"为什么有的国家比其他国家贫穷,为什么有的国家的经济增长比其他国家要快得多"这样的问题已经成为现代经济增长理论研究的中心主题。一国的经济增长主要取决于它的知识积累、技术进步以及人力资本的水平,知识、技术和人力资本高的国家和地区其经济增长率就高,相反就低。进而,新增长理论提出了维持并促进长期增长的富有建设性的政策建议。就这个意义而言,新增长理论成为发展经济学的一个重要组成部分,并把发展经济学推向了一个新的阶段。

其次,在研究思路上,采用现代分析方法的新增长理论也继承了一度沉寂的传统发展理论中重要的假定。

由于二者在研究主题上存在偏离,因而它们在理论研究中渐行渐远。增长理论集中关注稳态的分析,在这个稳态中,全部经济变量的扩展速度是相同的。相反,发展经济学则关注非均衡状态以及从一个稳态向另一稳态的动态转型过程。但这并不意味着发展理论对稳态不关心,实际上它关注一种与传统增长理论不同的特殊的稳态形式,即低水平均衡陷阱。这种低水平均衡陷阱其实是一种局部的均衡,一个小小的偏离就会导致经济回到原来的均衡点;而在整体上,它又是不稳定的,因而一个较大的冲击会导致这种偏离的累积远离起初的均衡而达到索洛的稳态均衡。这种思路便产生了一个多均衡的增长模型,它与早期的新古典增长理论不同。最明显的差异是它们从亚当·斯密和阿林·杨等那里吸收营养,强调规模报酬递增及与之相关的技术、经济上的外部性。罗森斯坦·罗丹的"大推进"理论、利本斯坦的"临界最小努力"理论、纳克斯的"贫困恶性循环"理论和赫尔希曼的"联系效应"理论都是在规模报酬递增条件下展开的。在50多年前,他们把发展经济学建立在不完全竞争、收益递增、劳动剩余等这些今天广泛使用的假定上,只不过他们没有能够很好地利用数学模型将它们整合在一起。

增长理论关注稳态的分析,在这个稳态中大多数或全部经济变量的扩展速度是相同的。随着研究视角向发展中国家扩展,这一分析在实证上与发展中国家的经验是不相符的,要解释收入水平、增长率跨国间的差异,显然需要补充新的假设条件。20世纪80年代中期迄今,以罗默和卢卡斯为代表的一批经济学家在坚持要素自由替代、自由流动的同时,放松了新古典增长模型的报酬递减的关键假定,引入了不完全竞争和外部性,相继提出了各种各样的增长模型。收益递增、不完全竞争及外部性等早期发展经济学家的思想在内生增长模型中复活了,并且以规范化、形式化的数学模型出现。

三、简要评价

新增长理论放弃了新古典增长理论的关键假定,从而突破了新古典增长模式的局限性,得出了更为符合历史事实的结论。新增长理论不只是把发达国家经济增长作为研究对象,而是把世界作为一个整体,即把发达国家和发展中国家都包括在内,研究经济增长的一般规律,从而使新增长理论能够包括到发展经济学理论体系中。新增长理论把发展经济学家早期提出的发展观点通过现代方法表述出来,使发展经济学融合到现代经济学的理论框架中,成为主流经济学的一个分支学科，而不是作为一个游离于现代经济学之外的非主流学科。

第四节　可持续发展理论——资源与环境融入发展经济学

一、可持续发展理论研究简述

早期发展经济学家并不十分关心资源与环境问题，这主要是因为他们很少认识到资源和环境对经济发展的重要性，即使有人提到了，也并没有引起主流发展经济学家足够的重视。进入20世纪80年代以来，世界各国特别是发展中国家的资源耗竭和环境退化问题越来越严重，不仅使居民的生活质量下降，而且还直接地制约着经济的长期可持续增长。在这种情况下，经济学家包括发展经济学家开始重视资源和环境与可持续发展问题的研究。20世纪90年代出版和修订的发展经济学教科书都毫无例外地增加了新的一章，专门论述环境与可持续发展问题。这表明环境和可持续发展问题已成为发展经济学一个重要的研究主题。美国著名发展经济学家托达罗在1994年发展经济学教科书修订版中指出："在过去的40年中，经济学家已日益认识到环境问题对发展努力成功的重要意义……因为对各种环境问题的解决涉及增加资源的生产率和改善穷人的生活条件，因此，在环境上获得可持续增长就与我们对经济发展的定义成为同一语了。"①

对可持续发展的研究在几十年以前就开始了。雷切尔·卡森在1962年出版了一本书，名为《寂静的春天》，该书被认为是较早研究资源环境的有影响的著作。1972年以梅多斯为首的17人专家小组向罗马俱乐部提交了《增长的极限》的研究报告，它的公开出版引起了国际社会和学术界空前的轰动，影响巨大。在该报告中，他们在指出人类面临的一系列全球问题的同时，提出了"世界系统有机增长"的概念，即增长的极限论。美国著名环境学者布朗1981年提出"建设一个持续发展的社会"，法国学者弗朗索瓦·佩鲁1982年从发展中国家的角度论证了"新发展观"。与此同时，各国政府和联合国有关组织很快也加入进来。1972年，联合国人类环境与发展的斯德哥尔摩会议形成了正式文件，可持续发展的思想初见端倪。尽管存在明显的分歧，但都认为环境与发展之间有着基本的联系，保护与改善环境已成为关系到人类幸福和经济发展的重要问题。

"可持续发展"的概念于1980年首次出现在世界自然保护联盟（IUCU）的文件《世界自然保护战略》中，该文件从生物资源保护角度出发，提出"可持续发展强调人类利用生物圈的管理，使生物圈既能满足当代人的最大持续利益，又能保护其后代人需求与欲望的潜力"。1987年，挪威前首相布伦特兰夫人领导的世界环境与发展委员会，在对世界重大的经济、社会、资源与环境问题进行系统调查研究的基础上，提交了长篇报告《我们共同的未来》，指出发展与环境之间的影响是相互的，为了促进人类之间及人与自然间的和谐，必须实行可持续发展战略，其所定义的可持续发展的概念现在已被学术界普遍认同：既能满足当代人的需要，又不对后代满足其自身需要的能力构成危害的发展，并且给出了可持续发

---

① M. Todaro. *Economic Development*, 5th edition, Longman, 1994, pp. 325 ~ 326

展的原则、要求、目标与策略。

世界银行在《1992年世界发展报告》中，在赞同上述定义的同时，又对其内涵进行了更明确的界定，认为可持续发展"把发展与环境政策建立在成本与收益相比较的基础之上，建立在审慎的宏观经济分析之上，将能加强环境保护工作，并能导致福利水平的提高和持续性"。进而，世界银行在1995年发展了新的国家财富及发展能力的评价系统。1992年召开的世界环境与发展会议通过了《21世纪行动议程》和《里约宣言》等重要文件。同年，联合国成立了可持续发展委员会，负责评审环境与发展大会及其后续工作。所有这些，不仅标志着人们的社会经济发展观有了重大转变，而且标志着追求人类社会与自然界的和谐日益成为人类的自觉行动。

二、可持续发展经济学的基本观点

到20世纪90年代，可持续发展问题已成为学术界一个热门课题，并形成了一门涵盖经济学、社会学、伦理学、哲学、环境学、生态学的跨领域的交叉学科——可持续发展经济学，其研究对象是人类社会的人口、资源、环境与经济社会发展的持续协调发展问题。一般经济学是在资源的稀缺性约束下研究资源在当代人之间的有效配置问题，而可持续发展经济学是面对资源的枯竭及不可再生性，研究资源的代际有效配置问题。可持续发展的研究至今仍然如火如荼。

可持续发展反对以追求最大利润或利益为导向，以贫困悬殊和资源掠夺性开发为代价的经济增长。它所鼓励的经济增长应该是适度和高质量的，以无损于生态环境为前提，以可持续性为特征，以改善人民的生活水平为目的。通过资源替代、技术进步、结构变革、制度创新等手段，从总体的成本收益分析出发，使有限的资源得到公平、合理、有效、综合和循环的利用，从而使传统的经济增长方式向可持续发展模式转变。

可持续发展必须以自然资源为基础，同环境承载能力相匹配。可持续发展的实现，要运用资源保育原理，增强资源的再生能力，引导技术变革使可再生资源替代非再生资源成为可能。同时，运用经济手段和制定可操作性的政策，利用与保护并重，限制非再生资源的利用，使其利用趋于合理，包括改变人们不适当的以牺牲环境为代价的生产、生活方式，控制环境污染，改善环境质量，保护生命支持系统，保持地球生态的完整性。

可持续发展以提高生活质量为目标，同社会进步相适应。经济增长不同于经济发展已成共识，经济发展并不只意味着GNP的增长，还意味着贫困、失业、收入不均等社会经济结构的改善，可持续发展正是追求这些方面的持续进步与发展。贫困与不发达正是造成资源与环境恶化的基本原因之一，因而对发展中国家而言，实现经济发展是第一位的。只有消除了贫困，才能形成保护和建设环境的能力。虽然各国的发展阶段不同，发展的具体目标各异，但发展的内涵均应包括改善人类生活质量，保障人类基本需求，并创造一个自由、平等、和谐的社会。

可持续发展必须坚持自己的行动原则。首先，可持续性原则。可持续性是指维持人类发展的长久过程和状态，它是可持续发展的核心原则，也是与惟经济增长论的发展观相区别的关键所在。其中，生态可持续性是人类持续发展的首要条件，经济可持续性是实现可持续发展的主导，社会可持续性是可持续发展的动力和目标，三者是统一的有机整体，共同构成可持续发展的内容。其次，公平性原则。这里说的公平性是指人类分配资源和占有财富上的“时空公平”，它有三层含义：①国家范围内同代人的公平；②公平地分配有限资源；③代际间的公平，即世代间的纵向公平，当代人应该意识到人类赖以生存的自然资源的有限性，不能因为自己的发展与需求而忽视后代对资源、环境要求的权利；上一代利用各种机会和资源发展起来的发达国家也应对当代的资源环境问题承担更多的责任，为解决当代的不公平尽更多的义务。再次，共同性原则。尽管各国由于历史、文化和发展水平的差异，使可持续发展的具体目标、政策和实施步骤不可能完全相同，但是地球的整体资源有限性和相互依存性要求我们必须采取共同的联合行动，实现可持续发展的总目标。最后，系统性原则。可持续发展是把人类赖以生存的地球看成一个以人为中心、以自然环境为基础的系统，系统内自然、经济、社会和政治因素是相互联系的。

三、简要评议

可持续发展理论是20世纪80年代以来在认真总结、反思人类发展的历史进程中，重新审视人类自己的社会经济活动与发展行为而提出的一种新的发展思想与战略，这对于发展中国家有着极其重要的意义，它已成为发展经济学研究的一个重要方面。但是，目前的可持续理论研究的重点仍放在社会发展与自然资源、环境的关系上，明显地忽视了社会文化、社会体制等因素对可持续发展的制约，有关这方面的研究有待进一步加强。

第五节　社会资本理论：发展经济学研究的一个新思路

一、发展经济学家对社会资本的关注

发展经济学产生50多年来，经历了三个阶段的重大转折，从20世纪50年代初结构主义思路和内向型发展战略的创立到70年代初新古典主义复兴和外向型发展战略的转变，再到90年代初新制度主义思路的兴起和计划经济国家体制改革浪潮的出现，使发展经济学理论研究的思路随着经济发展形势的变化而不断得到扩充和完善，使人们对增长和发展之谜的认识越来越深刻和全面。在过去50多年中，发展经济学的演进从“计划至关重要”到“市场至关重要”，再到“制度至关重要”。最近几年来，发展经济学家又进入了一个新的前沿研究领域——社会资本理论，因而把发展经济学又推到一个新的发展阶段——“社会关系至关重要”。

在理论发展史上，有时一个新概念的提出会导致理论体系和研究方法的重大创新和突破，甚至会带来一场革命。“社会资本”（Social Capital）这个概念最先是由法国社会学家布尔迪厄（P. Bourdieu）在1980年发表的一篇法文论文中提出来的，但只是在美国社会学家科尔曼（J. S. Coleman）于1988年发表了一篇可称为经典的社会资本论文之后，社会资本理论才开始成为社会科学各个领域研究的焦点和热点。

20世纪90年代以来，它成了多学科交叉研究的交汇点和纽带，它不仅使社会学家、政治学家、人类学家更加关注传统上经济学家所关注的经济增长和市场运行效率问题，而且

使经济学家把研究的视野扩大到传统上社会学家、政治学家所研究的人际网络、共同规范、信任和公民社会制度等问题上。

到了90年代后期,越来越多的经济学家和发展经济学家加入了社会学家和政治学家发起的社会资本理论研究的大合唱,一些世界著名经济学家(如阿罗、索洛、斯蒂格利茨等)对社会资本理论发表了自己的评论和看法,世界银行近几年对社会资本理论也表现出了浓厚的兴趣,在一份研究报告中指出:"……另一个能够对高质量增长起到积极作用的力量来自于强化一个国家的非正式制度,即所谓的'社会资本'。"①2000/2001年的《世界发展报告》对社会资本在经济发展中的作用作了更为详尽的阐述。在1997年,世界银行组织了一次专题国际学术研讨会,邀请社会学家、政治学家和经济学家就社会资本理论进行了多学科多角度的讨论②。美国著名发展经济学家、斯坦福大学教授迈耶在《新老两代发展经济学家》一文中指出:"在相继强调物质资本、人力资本、知识资本之后,一些经济学家现在又把'社会资本'加到增长的源泉中。""当社会相互交往产生外部效应和促进为获取市场之外的共同利益而采取集体行动时,社会资本就会产生经济收益。信任、互惠、人际网络、合作和协调可以被看做是调节人们的交往和产生外部性的'民间社会资本'。"③日本著名发展经济学家速水佑次郎在1997年出版的《发展经济学》著作中,把国家、市场和社区作为经济发展制度中三个组织的有机结合,这里所说的社区组织就是指社会资本。他指出,市场是在价格参数变化的信号下协调在竞争中追逐利润的个人的组织,国家是通过政府命令强制人们调整他们的资源配置的组织,社区是在加强人际关系和相互信任基础上引导社区成员自愿合作的组织,简言之,竞争、命令、合作构成了一个社会经济有效运行以促进发展的不可或缺的三大机制。④ 这无疑是对传统经济学只重视国家与市场两个组织而忽视社区组织即忽视社会资本的缺陷的一个重大补充和发展。速水的观点为扩展、发展经济学的研究视野和理论框架提供了有益的思路。

二、社会资本在经济发展中的作用

经济学家把社会学领域的社会资本概念引入经济学领域,主要是强调社会资本对资源配置和经济增长的重大促进作用。从微观经济层面来看,社会资本能够减少经济运行中的交易成本和信息成本,从宏观经济层面来看,社会资本能够改善法律、法规的执行效率和政府政策的宏观经济绩效。对社会资本的批评主要集中在三个方面:资本的隐喻(即人际网络、规范和信任是否具有资本的属性)、与经济理论的融合(能否融合到现代经济学理论框架中),以及社会资本的度量(如何对社会资本进行度量和加总)。著名经济学家阿罗就反对使用社会资本这个概念,虽然他早在20世纪70年代就注意到了类似于社会资本的东西对经济增长的影响。

虽然定义和度量社会资本还存在着困难,但还有不少经济学家和社会学家就社会资本对经济增长的贡献进行了实证研究。在这方面比较有影响的是纳克和基弗(S. Q. Knack

① 世界银行. 增长的质量. 北京:中国财政经济出版社,2001. 30

② P. Dasgupta, I. Serageldin(ed.):Social Capital:A Multifaceted Perspective. World Bank,2000

③ G. M. Meier, J. E. Stiglitz(ed.):Frontiers of Development Economics. World Bank,2001. pp. 29

④ 速水佑次郎. 发展经济学. 北京:社会科学文献出版社,2003

and P. Keefer,1997)的研究。他们利用1980~1994年间的世界价值观数据,从实证的角度考察社会资本对经济绩效的影响,考察的指标是信任、共同规范和协会。他们对整个国家层面的诚信进行了计量,结果是诚信值上升1个标准差,就会带来超过0.5个标准差的经济增长。还有不少实证研究支持了较高的社会资本有助于减少政府的腐败、司法效率的改善、居民生活福利的提高和投资率的增加等。

三、简要评议

社会资本理论研究社会网络、共同规范和规则以及在此基础上建立的人际关系即社会关系对经济活动所产生的持久而重要的影响。以往经济学家在探索经济发展的动因时并没有完全忽视人际信任、规范、网络、信念等非经济因素,但由于没有提出一个恰当的概念把这些属于社会学范畴的东西包括进来,因而很难综合到经济学理论体系中。社会资本概念的提出恰好起到了这种黏合剂的作用,把经济学和社会学巧妙而又自然地结合起来了。把社会资本引入经济学框架,无疑是一个重大理论创新,它将会扩大经济学家和发展经济学家的研究视野,突破传统分析的局限性,推进经济学和发展经济学的更深入发展。

当然,社会资本理论的研究还处在初创阶段,作为一个理论体系还非常不完善。最重要的问题是概念的界定和度量。到目前为止,社会资本概念还没有一个公认的权威性定义,社会学家的定义与经济学家的定义往往相差甚远,就是在社会学或经济学领域内,其观点也千差万别。概念的界定不统一,度量就更不容易。概念的界定和度量问题是社会资本研究的核心问题,解决这一问题需要社会科学家进一步的努力。

思考题

1. 简述并评论发展经济学中的发展观的新观点。
2. 简述并评论发展经济学中的新古典政治经济学思路。
3. 简述并评论新增长理论与发展经济学的融合。
4. 简述并评论可持续发展理论。
5. 简述并评论发展经济学中的社会资本理论思路。

参考文献

1. 弗朗索瓦·佩鲁. 新发展观. 北京:华夏出版社,1987
2. 联合国开发计划署. 2002人类发展报告——在碎裂的世界中深化民主. 北京:中国财政经济出版社,2002
3. 世界银行. 增长的质量. 北京:中国财政经济出版社,2001
4. 迈克尔·托达罗. 经济发展. 北京:中国经济出版社,1999
5. 谭崇台. 发展经济学的新发展. 武汉:武汉大学出版社,1999
6. 郭熙保. 经济发展:理论与政策. 北京:中国社会科学出版社,2000
7. 郭熙保. 发展经济学理论与应用问题研究. 太原:山西经济出版社,2003
8. 速水佑次郎. 发展经济学. 北京:社会科学文献出版社,2003
9. 阿马蒂亚·森. 以自由看待发展. 北京:中国人民大学出版社,2002
10. 卢现祥. 西方新制度经济学. 北京:中国发展出版社,2003

11. 毕世杰. 发展经济学. 北京:高等教育出版社,1999
12. 齐良书. 发展经济学. 北京:中国发展出版社,2002
13. United Nations Development Programme. *Human Development Report*. Oxford University Press,1996
14. Jaime Ros. *Development Theory and the Economics of Growth*. The University of Michigan Press,2000
15. P. Dasgupta, I. Serageldin(ed.). Social Capital: A Multifaceted Perspective. World Bank,2000
16. G. M. Meier, J. E. Stiglitz(ed.). Frontiers of Development Economics. World Bank,2001

第33章 当代西方经济学流派与思潮

国际贸易理论的新进展

学习要点和要求

了解比较优势理论和要素禀赋理论,着重了解产业内贸易理论、产品生命周期理论、规模经济和垄断竞争理论,研究自由贸易论与贸易保护主义之间的争论及其理由,研讨国际贸易政策。

第一节　国际贸易基本理论

西方经济学家们一般认为,现代西方的国际贸易理论是以亚当·斯密和大卫·李嘉图提出的"比较成本说"为起点的。在此以前的重商主义属于早期的贸易理论。

重商主义产生于15世纪,16~18世纪中期流行于西欧的英国、法国、西班牙和荷兰等国。反映其核心观点的是它的一句话:"一国要想致富,就要获得更多的黄金,就只能出口,不能进口,否则就会导致黄金的流出。"早期的重商主义主张采取行政手段,严禁本国金银和贵金属的出口。晚期的重商主义者则主张"钱生钱",认为也可以进口,但无论如何不能超过出口。显然,按照重商主义的观点,任何一国福利的增长,都是以其他国家福利的损失作为代价的。这就是所谓的"零和博弈"。

第一个对重商主义发起挑战的是古典经济学家大卫·休谟(D. Hume)。他在1752年出版的《政治论丛》一书中认为,以贸易顺差的途径来增加一国黄金的数量,必然会导致一国货币供给的增加,从而促使价格和工资水平的上涨,这将会降低该国的竞争力。因此,从长期看,该国并不能持续保持其贸易顺差的地位。

然而,彻底摧毁重商主义的是亚当·斯密。他在1776年出版的《国富论》一书中,全面、激烈地批判了重商主义,提出了"绝对优势”(Absolute Advantage)的概念,认为参与贸易的各国只要存在着在某种产品的生产上对其他国家具有绝对优势的情况,则贸易可以使双方同时获益。基于这种理论,亚当·斯密的贸易政策观是主张自由贸易的,即各国都要根据本国的优势进行专业化生产,然后通过贸易使大家都获益。

大卫·李嘉图同意亚当·斯密的基本观点,但是他进一步认为,即使一国不具备绝对优势的条件,只要在某种产品的生产上具有“相对优势”(Comparative Advantage),通过贸易仍然可以使贸易的各方同时获益。

斯密和李嘉图奠定了现代西方国际贸易理论的基础。但是他们却没有能够解释以下两个与比较优势理论相关的问题:一是一国为何具有比较优势?即决定贸易基础的基础究竟是什么?另一个问题是,当贸易开展以后,以前各国比较优势的状况是否将发生变化?

这两个问题被后来的经济学家赫克谢尔、奥林、斯托尔珀和萨缪尔森先后解决了。

解决前一个问题的主要是瑞典经济学家赫克谢尔(E. F. Heckscher)和他的学生奥林(B. Ohlin)。他们提出了“要素禀赋”(Factor Endowments)理论。赫克谢尔在1919年发表的《国际贸易对收入分配的影响》一文中,提出了“要素比例”(Factor Proportion)的概念。奥林在1933年出版的国际贸易经典著作《区际贸易和国际贸易》一书中,对此提出了完整的说明。要素禀赋理论认为,决定各国商品在贸易前相对价格不同的主要原因是各国的要素禀赋不同,即拥有的资源状况不同以及要素的组合不同。在不考虑要素组合的条件下,就一般情况而言,一种商品价格的高低取决于在其生产过程中密集地使用某种生产要素价格的高低。一国拥有的某种生产要素越多,其价格就越便宜;反之则相反。一国应当出口本国相对丰富和便宜的要素密集型产品,进口本国相对稀缺和昂贵的要素密集型产品。

对解决后一个问题作出重大贡献的主要是美国经济学家斯托尔珀(W. F. Stolper)和萨缪尔森。他们在1941年发表的论文中,论证了“要素价格均等定理”。这篇文章开始主要是研究关税对收入分配的影响。后来,这一理论被用于解释国际贸易对收入分配所产生的总效应。该定理认为,在贸易前各国都处于充分就业的前提下,国际贸易将会提高一个国家丰富要素的相对价格,而降低稀缺要素的相对价格。随着贸易的充分开展,最终贸易国之间要素的相对价格将是均等的。要素价格均等定理的前提是假定要素在国与国之间不能流动。如果解除这一限制条件,那么,在不考虑“移民代价”的情况下,各国要素不仅相对价格均等,最终绝对价格也相等。

由于赫克谢尔、奥林和萨缪尔森等人丰富和完善了国际贸易理论,因此他们提出的理论被称为“H-O-S定理”。对一国出口该国丰富要素密集型产品以及进口该国稀缺要素密集型产品的这一理论,人们一般从常理上都是能够接受的。至于后来出现的“里昂惕夫之谜”(Leontief Paradox)以及经济学家们对出现“谜”这一反常现象的解释,通常被认为是一种例外。对“要素价格均等定理”,斯托尔珀和萨缪尔森进行了严格的证明。传统经典的证明方法是采用“埃奇沃斯方盒图”证明法。按照2×2×2的模型,假设两国都使用劳动和资本生产并交换劳动密集型产品和资本密集型产品,则人口多的国家主要生产和出口劳动密集型产品,而人口少的国家主要生产和出口资本密集型产品。为什么人口多的国家会多生产劳动密集型产品?这是因为在贸易前,这两种产品的资本对劳动的比例,人口多的国家都要小于人口少的国家(要素价格均等定理的重要假设前提是两国同时生产两种相同的产品并且两国的技术水平相同)。因此,人口多的国家劳动的生产效率较低,货币工资率也较低,从而形成比较优势。在贸易过程中,随着人口多的国家生产劳动密集型产品数量的增多,每单位劳动密集型产品所使用的资本对劳动的比率也逐渐上升,说明单位劳动的边际生产率将会提高。按照 $MP_K/MP_L=P_K/P_L$(MP_K,MP_L 分别代表资本和劳动的边际产量;P_K,P_L 分别代表资本和劳动的价格)这一生产者均衡条件,显然可以看出,劳动的相对价格将会随着劳动边际产量的提高而上升,而资本的相对价格则下降。

H-O-S 模型是一个完整的国际贸易理论体系,至今仍然是国际贸易活动以及贸易自由化趋势的理论依据。

第二节 当代国际贸易理论新发展

20 世纪中期以后,国际贸易迅猛发展,同时也出现了大量的传统国际贸易理论不能解释的新现象。例如,两国之间为什么会同时进口或出口相同的产品?像日本这样自然资源匮乏的国家为什么能够大量出口钢铁、汽车和电子产品?实践在发展,国际贸易理论也必须发展,于是出现了许多国际贸易新理论,其中最具有代表性的就是产业内贸易理论、产品生命周期理论和规模经济理论等。

一、产业内贸易理论

产业内贸易(intra-industry trade)指的是各国之间相互交换同一生产部门生产的相同产品。1958 年,当时的欧共体成员国之间相互取消了关税和其他贸易壁垒,极大地促进了欧共体内部各国间的贸易增长。经济学家们发现,在贸易增量中,大多数都属于产业内贸易的性质。例如,德国与法国、意大利相互交换汽车,法国与德国之间相互出口洗衣机,意大利、德国与法国相互进口打字机,等等。这种现象显然是不能够用传统的"要素禀赋理论"来加以解释的。

产业内贸易理论产生于 20 世纪六七十年代,其代表人物是瑞典经济学家林德(S. B. Linder)和美国经济学家格鲁贝尔(H. Grubel)。此外,还有赫尔普曼(E. Helpman)、克鲁格曼(P. Krugman)、兰开斯特(Lancaster)和劳埃德(P. J. Lioyd)等。

产业内贸易理论与要素禀赋理论截然不同,要素禀赋理论是从要素的供给出发来研究贸易行为的,它反映了一国的比较优势;而产业内贸易理论则是从产品的需求角度来解释贸易行为的,它并不反映一国的比较优势。林德在 1961 年发表的论文中认为,决定贸易基础的主要是消费偏好,而一国的消费偏好是由该国的人均收入水平决定的。日后一国生产的商品都可以按照质量或复杂程度从高到低加以排列。不同的国家由于收入水平不同,其商品排列也不同。但是将两国放在一起加以比较,可以发现其中有一部分商品是相同的。比如,甲国的人均收入水平低于乙国,而乙国的人均收入水平又低于丙国。这时,乙国的中、低质产品可能会与甲国的高、中质产品相同,乙国由于人均收入水平比甲国高,因此不会生产和消费甲国的低质产品。但乙国产品可能又与丙国的中、低质产品相同,乙国也不会购买丙国所生产的高质产品,其原因如同甲、乙两国的关系一样。这样,各国之间的生产和消费就出现了“重叠现象”。林德认为，各国相互贸易的产品就是上述这些具有“重叠需求”(Overlapping Demand)性质的商品。其理由是，一国重叠需求的商品是反映该国人均收入水平的代表性产品，一国生产者首先是面对本国多数居民的需求进行生产的。由于这些重叠产品又是其他一些国家居民所消费的产品，因而具有出口的可能性。林德特别强调，制成品的国际贸易在人均收入水平相似的国家间要比在人均收入水平不同的国家间更加频繁。

经济学家们对林德的理论进行了大量的实证研究，发现除少数例外，两国间人均收入差别越大，其贸易的频率就越小。这一结果印证了林德的理论。

一国产业内贸易的程度通常用“产业内贸易指数”(Intra-industry Trade Index)来衡量。用公式表示为：

$$T = 1 - \frac{\sum(X_i - M_i)}{\sum(X_i + M_i)}$$

式中，T 代表产业内贸易指数；Xi 和 Mi 分别表示某一特定产业商品的出口额和进口额。

产业内贸易指数值 T 位于 0 和 1 之间。当一国没有产业内贸易时，某特定产业的产品只有进口或只有出口，则 $T=0$；当产业内贸易最大化时，同类产品的进出口量相等，则$T=1$。

格鲁贝尔等经济学家对产业内贸易的原因作了进一步的说明，认为主要是由于产品的差异性造成的。至于为什么会形成产品的差异性，主要有以下一些解释：

第一，由商品质量、功能特性以及品牌等形成的差异。比如，同类产品的质量不同；即使质量相同，但某些消费者偏好于某一特定商品的品牌；同类商品存在着不同的功能特征，如汽车有大、小之分，有省油和耗油之分，在外观造型上也不尽相同；等等。

第二，由商品成本的不同而形成的差异。造成商品成本不同的原因可能是出于运输距离的长短，如美国东北部缅因州的消费者宁可购买加拿大的产品，也不购买本土加利福尼亚州生产的同类产品。同样，储存、销售和包装等也会形成商品的差异。

第三，由各国收入分配的不同而形成的差异。格鲁贝尔在 1970 年提出，即使两国的人均收入水平相同，但收入分配状况也可能不同。本国厂商生产的产品主要考虑满足大多数消费者的需求。因此，对因收入分配不同造成的特殊消费者，如收入极高者或收入极低者，由于不能在本国购买到满意的商品，只能购买别国的产品。

第四，由对进出口商品的分类不同而形成的差异。例如，一国出口饮料而进口烟草。假如该国采用“联合国标准国际贸易分类——SITC 体系”，就会出现产业内贸易的现象。因为该体系是将饮料和烟草作为同类商品加以分类的。假如一国采用更细的分类标准，将饮料和烟草分开，则不会产生产业内贸易的现象。

从以上我们可以看出产业内贸易理论对传统的要素禀赋理论的创新之处。它不仅证明了一国在不具备比较优势的前提下也能开展国际贸易，而且还说明了与比较优势相比，它可以获得更多的额外收益。

二、产品生命周期理论

产品生命周期模型(Product Cycle Model)最早是由著名经济学家、美国哈佛大学教授弗农(R. Vernon)于 1966 年提出来的。该模型是把市场营销中产品发展的规律用于国际贸易中，解释传统的要素禀赋理论所不能解释的国际贸易新现象。

在此之前，波斯奈（M. V. Posner）于1961年提出了技术差距模型（Technological Gap Model）。该模型认为，各国间技术发展水平各不相同，先进国的技术传输到另一个国家时，有一个滞后的过程。在这一过程中，先进国的商品生产暂时处于垄断地位，向其他国家出口产品。滞后过程的产生是由于其他国家对先进国出口的产品需要一个模仿、学习的过程。当这一过程完成后，先进国的垄断地位被打破。因此，一国要对其他国家占有优势，就必须不断创新。

弗农的理论进一步分析了先进国出口商品变化的全过程。当一种新产品刚诞生时，处于生命周期的第一阶段——新产品阶段。这时，该产品仅在发明或创造出这种产品的先进国进行生产和消费，这时尚没有贸易。当该产品进入生命周期的第二阶段——产品成长阶段时，这种产品便可以使用先进技术进行大批量生产，从而形成规模经济。这时，该产品除了能够满足本国需求外，还能因满足其他发达国家高收入者的需求而出口。由于其他国家还不能生产这种产品，所以先进国在国内外市场上都处于垄断地位。当该产品进入生命周期的第三阶段——产品成熟阶段时，随着国外需求量的增加，国外生产成本又小于本国包括运输在内的成本，则先进国的厂商可能在其他国家投资建厂。与此同时，其他国家也开始模仿生产该产品。产品不仅能在该国销售，而且还可能向第三国出口。于是，原先生产这种产品的先进国的出口开始下降。当该产品进入生命周期的第四阶段——产品衰退期时，模仿国不仅能向第三国出口产品，而且还能向最早生产该产品的发明国低价出口。因为这时模仿国对该产品的生产已经定型，并且可能具有其他优势，如劳动等生产要素便宜等。而这时，该产品的发明国又会投入另一种新产品的生产。最后，发明国完全停止出口该产品。

弗农、格鲁伯（W. Gruber）、梅塔（D. Mehta）和基辛（D. Keesing）等经济学家在1967年进行的研究中发现，一国的出口与该国研发（R&D）经费的支出之间存在着明显的相关性。新产品的开发通常是研发投入的结果，因此，一国研发经费的投入是生产新产品的决定性因素。后来的经济学家也验证了这一现象，如克拉维斯（I. Kravis）和利普西（R. Lipsey）在1992年发现，研发投入越多的美国跨国公司，其出口比例也越大。同时，在跨国公司的出口中，在海外生产的产品所占比重越来越大。这一现象与上述产品生命周期所描述的现象是完全吻合的。关于发明国出口的新产品的结构，赫夫鲍尔（G. Hufbauer）在1966年的研究中证实，美国等发达国家出口的产品基本上是技术含量较高的新产品，而发展中国家出口的则是传统产品。

弗农在1979年认为，产品生命周期理论可能需要加以修改。主要是新产品最初被开发出来时是否一定在新产品开发国的国内生产。他认为，随着跨国公司在全球活动的普遍开展，跨国公司的子公司或分厂遍布世界各地，它们都具有丰富的知识和优良的生产条件，对生产外部环境的认识也较充分。因此，当一种新产品开始生产时，其初始生产地不一定在发明国本土，而很可能一开始就在海外。另外，美国的人均收入与其他发达国家相比也没有1966年他提出产品生命周期理论时那么高。因此，满足高收入者的需求不再仅仅只是满足美国高收入者的需求。这是为了解释为什么一种新产品在一开始就可能在其他国家生产的原因。

产品生命周期理论是一种新的贸易理论，它也是对“里昂惕夫之谜”的一种解释。该理论提出后，一些经济学家并不认为它与传统的要素禀赋理论有本质上的不同。他们认为，产品生命周期理论与要素禀赋理论是互补的关系，而不是替代的关系。两国之间要素禀赋差异越大（如美国与墨西哥），它们之间的贸易就越有可能是“产业间贸易”（inter-industry trade）；反之，差异越小（如美国和加拿大），则它们之间的贸易就越有可能是产业内贸易。也就是说，如同要素禀赋理论一样，产品生命周期理论的基础也是比较优势，只不过是一种“动态比较优势”（Dynamic Comparative Advantage）。换言之，具有比较优势的国家是不断变化的，最初是新产品的发明国，到后来则会转移到其他国家。在国际市场中，很多现代工业制成品的发展变化过程，都证实了这一现象。

持这种观点的代表人物有迪诺波洛斯（E. Dinopoulos）、奥姆克（J. Oehmke）和西格斯特罗姆（P. Segerstrom）等，他们在 1993 年提出了一个模型，认为产生产品生命周期理论所解释的贸易现象的原因仍然是各国间要素禀赋不同的结果。该模型的假定条件与 H－O－S 模型相同，仍然为 2×2×2 的模型，并且各国的生产函数相同，规模报酬不变。该模型研究了一个国家的三个部门：一是进行创新的高技术部门；二是不从事产品创新的“外部商品”部门；三是为高技术部门提供研发服务的部门。他们认为，一个资本丰富的国家一定能够提供大量的研发，所以研发部门就是资本密集度最高的部门。它会使该国高技术部门的厂商能够在新产品的生产上保持暂时的垄断地位，因为新产品总是受到专利的保护。然后，该国出口这种新产品。当专利过期以后，其他国家便可以生产并逐渐出口这种产品。

此外，马库森（J. Markusen）、梅尔文（J. Melvin）、肯普弗（W. Kaempfer）和马斯卡斯（K. Maskus）等人在 1995 年还提出了“新技术生命周期”的观点，认为不仅产品会有生命周期的规律，而且任何一种新技术也有类似的规律。该理论强调技术在一国贸易中的重要性，指出，当发达国家开发的新技术和新机器最终传入劳动力丰富的发展中国家时，生产技术和机器设备也会呈现出类似产品生命周期的规律。

三、规模经济和垄断竞争理论

这是由当代著名国际经济学家克鲁格曼（P. R. Krugman）于 1979 年提出来的，因此被称为“克鲁格曼模型”。他认为，相当多的国际贸易特别是现代的国际贸易，并不是产生于国与国之间要素禀赋的差异，而主要是由于报酬递增所形成的国际分工。产生报酬递增的原因在于规模经济。规模经济指的是规模报酬递增（Increasing Returns to Scale），指产量增加的比例高于投入要素增加的比例这样一种生产状态。

克鲁格曼模型的假定前提与李嘉图模型是相同的，即两个国家只使用一个生产要素——劳动生产两种产品，并且两国的技术相同，没有运输成本。

克鲁格曼对他的理论进行了严格的数学证明。他首先证明了封闭国家生产的均衡过程，即最终达到边际收益与边际成本相等，同时平均收益与平均成本也相等。在此基础上如果有两个这样的国家，按上述假定，两国的技术水平相同，则在要素禀赋上已不存在差异（单要素模型）。那么，按照传统的 H—O—S 理论，这时两国之间不可能进行贸易。然而，克鲁格曼指出，在这种情况下，两国不仅仍有可能进行贸易，而且通过贸易还可以获益。克鲁格曼对此也进行了严格的证明。简单地说，如果不考虑运输成本，则两国的货币工资率是相同的，两国产品的价格也相等，两国劳动要素增长所起的作用也相同。劳动力增长会使两国生产规模扩大,生产的产品品种增加,两国的福利都增加。但是,假如两国中有一个国家在生产规模扩大的过程中是属于规模经济的性质,即产量增长率大于劳动要素投入的增长率,于是就产生了贸易的基础。

克鲁格曼举例说明如下:

假定A,B两国同时生产芯片和鱼。A国生产芯片,其产业是按报酬递增的条件生产,而生产鱼则为规模报酬不变。这时,两国生产鱼会使两国的货币工资率相等。但由于A国生产芯片的成本较低,从而导致A国产业的相对规模进一步扩大,成本也进一步降低。在这种情况下,两国之间的差异会不断扩大,一直到A国专门生产芯片为止。据此,克鲁格曼得出如下结论:只要有一个国家实现了专业分工,国际贸易就会出现。从上述例子中还可以看出,A,B两国的生产存在着三种分工的可能性:一是A国同时生产芯片和鱼,B国只生产鱼;二是A,B两国分工,A国只生产芯片,B国只生产鱼;三是A国专门生产芯片,B国既生产芯片又生产鱼。如果将A,B两国调换,则会获得六种均衡的分工状态。

至于贸易的地理方向,即究竟哪一个国家向其他国家出口何种产品,克鲁格曼认为是不确定的。

克鲁格曼用这样的话来概括他的观点:“我们能够说的第一件事,就是规模经济导致国际分工。其原因在于:每个报酬递增的产业都向一个国家集聚,所以即使各国之间要素禀赋相同,仍然还会形成国际分工,而且规模经济一定会导致贸易产生。尽管每个报酬递增的产业必须向一个国家集聚,但是集聚到哪一个国家却是不能确定的。”①

显然,克鲁格曼模型的结果与林德模型相似,但林德的模型没有提到规模经济的作用。

除了规模经济以外,克鲁格曼还认为,垄断竞争也是形成贸易的一个原因。他认为,由于各个行业中不同厂商的产品在质量上是不同的,即存在着产品的差异性,因此,每一个厂商的产品都能够拥有一定数量的、忠于其品牌的消费者。同时,厂商还会通过广告和其他促销活动来推销自己的产品。在垄断竞争状态下,其他厂商很容易进入市场参与竞争。同时,垄断竞争厂商生产的产品也很容易找到替代品,因此,垄断竞争厂商面临的市场需求曲线弹性很大。从长期看,其结果与完全竞争相同,都是处于“零利润均衡状态”。

第三节　国际贸易政策

在国际贸易活动中,存在着两大根本对立的贸易政策——自由贸易政策和保护贸易政策。从亚当·斯密时代起,它们之间的争论就从来没有停止过。双方都拥有许多著名的经济学家。例如,凯恩斯就是反对自由贸易的代表,他主张在因总需求不足而导致大量失业时应实施贸易保护主义。希克斯(J. R. Hickas)则反击了对自由贸易的批评。克鲁格曼也曾经向贸易保护主义妥协过,后来才坚决地回到自由贸易的立场上来,并且认为,从某种角度上讲它是绝对真理。

在当代,自由贸易已成为国际贸易的总趋势,但是在实践中,自由贸易和保护贸易的争

① 〔美〕保罗·克鲁格曼. 克鲁格曼国际贸易新理论. 北京:中国社会科学出版社,2001. 63

论从来都没有停止过。

主张自由贸易的根据主要有以下几个方面：

第一，自由贸易可以使一国更有效地配置资源，通过交换，能够获得封闭经济达不到的社会福利水平。无论传统的贸易理论还是现代国际贸易新理论，都是支撑自由贸易的理论基础。

第二，自由贸易可以产生额外的收益，其中最重要的就是规模经济产生的收益。这是因为，如果一个市场被加以保护，不仅生产会被分割，而且还由于竞争减少，垄断利润增加，从而吸引很多厂商进入被保护的行业，使得狭小的国内市场拥有大量的厂商，因而不可能产生规模经济。许多封闭的发展中国家拥有大量汽车生产厂家，就被认为是这种情况的典型表现。

第三，限制自由贸易的成本很大。其中最典型的就是采用一般均衡分析法和局部均衡分析法分析关税效应所得出的结论。从一般均衡角度看，一国对其他国家进口的产品征税，会产生两种截然相反的效应：一是因贸易条件改善而带来的正效应；二是因贸易量下降而带来的负效应。当然，一国通常不会将关税提高到负效应超过正效应的情况。但问题是其他国家也会采取相应的关税措施。这样一来，即使可以维持两国原来的贸易条件，那么两国的贸易量必然下降，从而贸易利益也下降。从局部均衡的角度看，一国征收关税可以产生四种效应：①消费效应；②生产效应；③政府收益效应；④再分配效应。其中②和③是正效应；①是负效应；④是指②和③的增加源于①的减少，不仅如此，定量分析结果表明，②和③的增加小于①的减少，两者之间的差就是"无谓损失"即净损失。哈伯格—约翰逊（Harberger-Johnson）还对"无谓损失"（即所谓"哈伯格三角"）进行了定量测算，认为一般为一国GDP的2%～3%。也有的经济学家认为这个比率还要提高。因此，关税产生的总效应是负值。

第四，任何一种非自由贸易政策的出台，不管其最初动机是否正确，也不管该政策设计得如何周全，最终都会被某种利益集团所控制和利用。这是因为，在现实生活中，一国的贸易政策通常被具有特殊关系的利益集团所操纵，而并不是真正出于对国家成本和收益的考虑。例如，克鲁格（A. Krueger）在1974年发表文章，论述了配额会引起寻租活动，增加了贸易保护的代价。他以土耳其为例进行了估算，认为其代价为GDP的40%。

贸易保护政策有两种：一种是传统的贸易保护政策，另一种是新贸易保护政策。两者的区别在于保护对象以及保护手段不同。传统贸易保护主义的主要代表人物是19世纪末20世纪上半期的德国经济学家李斯特（F. List）以及美国第一任财长汉密尔顿。作为后起资本主义国家利益的维护者，传统贸易保护主义产生于这两个国家是不足为怪的。传统贸易保护主义的保护对象主要是本国相对弱小的幼稚工业，保护的手段主要是依靠关税。

新贸易保护主义是20世纪70年代以后在西方发达国家开始兴起的。当时，由于科学技术的发展使世界经济和国际贸易的相对优势发生变化，从而导致新的国际分工，产生新的贸易结构。新贸易保护主义保护的是本国相对落后的产业，其中包括高科技产业，保护的手段主要是非关税壁垒。

主张保护贸易的理由主要有：

第一，关税能改善贸易条件。对一个能够影响出口产品价格的大国，关税可以降低进口产品的交换价格,从而改善该国的贸易条件。当然,关税也会造成资源配置的扭曲,给征收关税国带来损失。但只要关税适度,总体结果还是有利的。大国实行低关税税率政策所产生的社会福利要比自由贸易政策的效果大。因此,一国完全可以通过征收"最优关税税率"的办法使收益最大化。

第二,当国内市场失灵时,关税可以产生超过消费和生产损失的社会收益。保护主义者认为,自由贸易的前提是市场竞争的完全性,如劳动力充分就业、资本和劳动要素的充分流动性、不考虑技术外溢条件等,在这种情况下,"看不见的手"可以有效地配置资源,从而自由贸易就是最优的贸易方式。假如市场不能有效地运作,那么政府对特定产业的保护可能会提高全社会的收益。例如,某种产品生产所积累的经验有助于提高全社会的技术水平,可是该产业本身并不能因此而获得好处。那么政府采取关税或其他手段对该产业加以保护,如果保护措施得当,其产生的社会收益完全可能超过自由贸易论者所说的"无谓损失"。再如,假如劳动力市场没有充分就业,那么政府对特定劳动密集型产业所进行的补贴有可能促进就业,也就是说,当市场不能满足资源充分配置条件下的最优状态时,可以通过政府的作用而达到次优状态。

第三,保护政策还可以有其他一些好处。例如,有利于改善一国的国际收支状况,有利于防止其他国家的产品倾销,有利于保护本国的幼稚工业和军事工业。此外,还有利于促进公平竞争(如通过征收关税的办法使进口产品的生产成本与本国成本相同)等。

第四节　简要评述

当代国际贸易理论的新发展,反映了人类经济活动的新发展。20 世纪后半期,人类经济活动发展很快,在自由贸易力量的推动下,全球经济活动从 90 年代初逐步出现经济全球化的趋势。经济全球化在改变全球经济活动基本格局的同时,也促使了当代国际贸易理论的新发展。

国际贸易新理论与传统理论之间的关系,是继承和发展的关系,并不是否定或相互排斥的关系。传统理论是在特定历史阶段中对国际贸易活动理论的概括和总结,它不可能对事物发展的所有方面都提供完美无缺的证明,更不可能对事物未来的发展提供充分的证明。没有新贸易理论,传统的贸易理论在现实面前显得有些无力。但是,如果没有传统的贸易理论,新贸易理论也显得有些脆弱,难以有存在的基础。其实,国际贸易新理论的提出者们也从来不否认前人的贡献。例如,克鲁格曼就说过:"显然,我们现在已有两个渠道能够使贸易带来利益:一是利用要素禀赋的差异实行国际分工;一是利用更大规模的生产来实现国际分工。"[①]他还说:"报酬递增和比较优势都是贸易产生的原因。"[②]"尽管存在着这种不确定性,但从整体上讲,在要素禀赋以及生产和贸易模式之间肯定会有一种联系。一个资本要素相对丰富的国家虽然可以生产某些劳动密集型产品,但肯定会多生产资本密集型产品。也就是说,一国生产的要素比重必须与它的要素禀赋相吻合。另一方面,如果所有国

① 〔美〕保罗·克鲁格曼.克鲁格曼国际贸易新理论.北京:中国社会科学出版社,2001.63

② 〔美〕保罗·克鲁格曼.克鲁格曼国际贸易新理论.北京:中国社会科学出版社,2001.5

家都按同一种方式来花费他们的收入,那么所有的国家将消费同样的要素比例的产品和物化在这些产品中的同样比例的要素服务。由此我们可以看出,哪个国家要素丰富,哪个国家就是要素服务的净出口国。因此,从整体上讲,要素比例的贸易理论是有依据的。"①

由此,我们既要了解和熟悉传统贸易理论,又要了解和熟悉新贸易理论,这样才能全面地、正确地理解、认识和研究当代的国际经济活动。

思考题

1. 产业内贸易理论是如何解释国际贸易新现象的?与传统的国际贸易理论相比,其研究方法有何不同?

2. 产品生命周期理论与要素禀赋理论之间是什么关系?

3. 克鲁格曼模型的基本内容是什么?

4. 简述自由贸易和保护贸易理论各自的依据并对二者作出评价。

参考文献

1.〔美〕保罗·克鲁格曼,茅瑞斯·奥伯斯法尔德.国际经济学.第四版.北京:中国人民大学出版社,1998

2.〔美〕丹尼斯·R·阿普尔亚德,小艾尔佛雷德·J·菲尔德.国际经济学.第四版.北京:机械工业出版社,2003

3.〔美〕多米尼克·萨尔瓦多.国际经济学.第五版.北京:清华大学出版社,1998

4.〔美〕保罗·克鲁格曼.克鲁格曼国际贸易新理论.北京:中国社会科学出版社,2001

5.〔美〕大卫·格林纳韦.国际贸易前沿问题.北京:中国税务出版社、北京腾图电子出版社,2000

6.〔美〕贾格迪什·巴格瓦蒂.现代自由贸易.北京:中信出版社,2003

① 〔美〕保罗·克鲁格曼.克鲁格曼国际贸易新理论.北京:中国社会科学出版社,2001.63

第34章 比较经济学的新进展

当代西方经济学流派与思潮

学习要点和要求

比较经济学是一门研究世界各种经济体制特殊性及其效果的新兴学科。新比较经济学抛弃了传统比较经济学的“主义”比较法,呈现出多元化状态。新“主义”学派、“组织”学派、“比较制度分析”学派各具特色,在方法论、理论观点和内容方面已经取得了一些新进展,但仍属于一门不够成熟的学科,还需要在吸收新比较经济学各个流派最新成果的基础上,进行整合与创新。本章要求熟悉比较经济学特殊的对象和方法,了解其发展脉络,掌握新比较经济学各流派的特点和发展趋势。

第一节 比较经济学的形成与传统方法论

一、比较经济学的形成

比较经济学是一门采用比较方法、以世界各国现实经济体制特征为研究对象的科学。它的理论渊源可以追溯到马克思和空想社会主义者,但其作为一门学科真正形成,是在20世纪30年代。

20世纪30年代,前苏联经济渡过困难时期,取得了令人瞩目的成就,而资本主义世界却遭受普遍、严重的经济危机。在这种现实的经济绩效对比和刺激面前,西方某些经济学家开始进行比较制度分析,并由于不同观点和立场而展开激烈论战。

早在十月革命前,意大利经济学家帕累托(V. Bareto)及其学生巴罗内(E. Barone)就曾经对资本主义经济制度和社会主义经济制度进行过对比，并且提出社会主义“计划”不仅不排除市场，而且可以同资本主义自由市场经济达到同样的最优效果的观点。十月革命后，新奥地利学派著名代表米塞斯（Mises, Ludwig Von）瞄准现实社会主义这个靶子，从理论上对其运行机制的弊端发起猛烈攻击。他在1920年发表的《社会主义的经济计算》一文中指出，社会主义的存在是不合理的，因为在这里不存在市场，从而缺乏经济计算的标准，而“没有计算，就不可能有合乎经济的活动”。[①] 如果说帕累托和巴罗内试图证明社会主义的合理性，或至少证明它同资本主义一样合理，那么，米塞斯则第一次在理论上向人们证明社会主义的不合理性。他的这一理论观点在西方经济学界产生了极大的影响，导致支持与反对的双方争论日渐激烈，终于形成20世纪30年代关于社会主义经济问题的一场大论战。以米塞斯、哈耶克、罗宾斯（L. C. Robbins）等为一方坚持认为，社会主义没有私有制和市场，不可能有经济上的合理性。以奥斯卡·兰格、勒纳等人为另一方，在理论上为社会主义经济进行辩解。兰格在《社会主义经济理论》这篇著名论文中，以新古典的一般均衡理论为武器，力图证明社会主义经济不仅是合理的，而且是优于资本主义制度的。

20世纪30年代关于社会主义经济的大论战为促进比较经济学的产生提供了强大刺激，并且在研究的核心内容上为这门学科的兴起奠定了基础。但是，论战毕竟不同于学科的形成。真正有意识地以论战为背景创立这门学科的是一批西方制度经济学家（如J·康芒斯）和福利经济学家（如庇古）。他们开始全面地对世界上资本主义和社会主义经济体制，以及其他各种经济体制展开研究，并逐步使这一研究系统化。然而，真正把这一领域的研究成果系统整理为一门学科体系的是美国经济学家劳克斯（William. N. Loucks）和胡特（J. W. Hoot），他们于1938年正式以《比较经济制度》为书名，出版了世界上第一本比较经济学教科书。该书摆脱了对具体对象进行比较研究的局限性，把世界上的经济制度分为资本主义、法西斯主义、社会主义（指欧洲国家所谓的“民主社会主义”）和共产主义四种类型，并对其系统地进行比较分析。这本书的出版可以看做是比较经济学作为一门学科正式诞生的标志。

二战后，大批发展中国家崛起并自己选择经济制度，走上独立发展的道路。世界上的经济制度开始多样化，特别是20世纪60年代以后，随着社会主义国家纷纷开展经济体制改革，世界上的经济体制变得更加丰富多彩。于是，对经济制度的比较研究引起许多学者的广泛兴趣，大批比较经济学家涌现出来，他们的著作传遍世界各地。西方特别是美国各大学的经济系都开设了比较经济学课程，经济学界出版了大量的比较经济学教材和专著。20世纪60～80年代是比较经济学的繁荣时期，除美国学者外，西方其他国家的经济学家也纷纷加入这一研究，如瑞典的林德贝克在其《新左派政治经济学》一书中，提出了著名的经济体制“八面体”的分析方法，艾登姆出版了比较经济学简明读本《经济体制》。与此同时，由于经济体制改革的需要，东欧一些改革经济学家，如匈牙利经济学家科尔内（Janos Kor nai）、捷克经济学家奥塔·锡克（Ota. Êik）、波兰经济学家布鲁斯（W. Brus）等也纷纷介入这一领域，并且出版了一批很有价值的比较经济学论著。此外，在公开发表的著作中，还有大量探讨某个国家经济体制的，如J·范尼克、B·沃德对南斯拉夫模式的研究，A·诺夫、G·格罗斯曼对前苏联体制的研究等。

20世纪60年代以后，比较经济学理论已较成熟，在内容上不仅限于选择若干经济模式进

---

① 现代国外经济论文选. 第九辑. 北京：商务印书馆，1986. 60

行分析和比较,而且在学科结构上已经颇成体系。它力图从理论上剖析经济体制的内涵和构成要素,阐明经济体制在整个社会大系统中的地位,探讨影响经济体制形成与发展的环境,确立经济体制绩效的评价标准以及经济体制与其绩效之间的函数关系,考察各种经济体制之间的相互影响及未来发展趋势等。20 世纪 70 年代末,比较经济学传入我国,并在 80 年代得到迅速发展。

二、比较经济学的特点

比较经济学之所以能够成为一门独立的经济学科,是同它所具有的某些独有的特点分不开的。

第一,它的研究对象具有特殊性。一般来说,一门学科的研究对象就是一个。比较经济学的研究对象则不然,它的研究对象是两个或两个以上的制度。否则,比较研究就无从谈起。当然,它们是具有可比性的对象,不是若干风马牛不相及的对象。比较经济学以国别为单位,把若干个现实的经济制度(或体制)作为研究对象,并且着眼于它们的特征或差异。因此,它研究经济制度,但它又不同于研究一般制度的制度经济学,不同于研究一般资本主义经济制度的政治经济学。

第二,它所采用的基本研究方法是比较法。比较经济学的研究方法有多个,如规范分析与实证分析法、演绎法与归纳法等,但其基本的研究方法是比较法。比较法在任何一门学科中都在自觉或不自觉地被使用着,但都不及其对于比较经济学所具有的重大意义。比较法在其他学科中可以使用,也可以不使用,就是说,它并不是完全必需的研究方法。但对于比较经济学它却是绝对不可缺少的方法,并且贯穿这一研究的始终和全部,可以说,没有比较法,就没有比较经济学这门学科,比较法对于比较经济学的创立和独立化具有决定性的意义。比较经济学中所有重要结论,如各种经济制度的特征、经济绩效和原因等,都是进行比较研究的结果,当然,并不排除同时采用了其他研究方法。

第三,比较经济学是介于理论经济学与应用经济学之间的一门学科。它不像理论经济学那样由一系列纯抽象的范畴、模型和严密的逻辑推理构成一个理论体系,也不同于许多应用经济学,如区域经济学、产业经济学、金融学等,以服务于某个特定经济领域的实际运作为目的,对其实际操作层面的问题作出理论解释和研究。它是在大量系统的经验材料或数据的基础上,运用某些理论工具进行分析所构成的学科体系,其目的是提高整个国民经济的效益。

三、比较经济学传统的方法论

比较经济学必须首先解决它的研究对象的分类问题,否则,将无法进行比较研究。在这个问题上,比较经济学家一开始大都采用"主义(ism)比较法",即把世界上的经济体制分成若干个"主义"进行比较研究。对于这种方法,在 20 世纪 60 年代就有人表示过怀疑,后来的实践越来越证明其不够科学,已经落后于时代发展的状态,被称为"传统的研究方法"。比较经济学之所以一开始就把"主义"放到核心的位置,是同当时两大营垒的"冷战"背景相联系的。如上所述,比较经济学的产生本身就同一场意识形态大论战的背景相联系,这一背景对比较经济学中"主义比较法"的采用有决定性影响。

早期众多比较经济学家，如劳克斯、胡特、格鲁奇、格莱尼克、保罗·格雷戈里、斯图尔特等，都是典型的"主义比较法"的采用者。可以说，比较经济学一产生就是根据主义分类法进行研究的。劳克斯和胡特在1938年《比较经济制度》教科书中把世界各国的经济制度分为四种"主义"，并且按照这样的体系结构进行研究。这是对老制度经济学家康芒斯的直接继承，同康芒斯三种"主义"类型划分相比，他们增加了一种"主义"类型，即"社会主义"类型。格鲁奇在其所著的《比较经济制度》一书中，根据二战后世界经济制度的变化，抛弃了"法西斯主义"，增加了"不发达经济"的新类型，结果变成了"成熟的资本主义"、"成熟的民主社会主义"、"发达的独裁社会主义或共产主义"以及"不发达经济"之间的比较研究。劳埃德·雷诺兹则把世界经济分成"社会主义"、"资本主义"以及"既非社会主义、又非资本主义"的"欠发达经济"，他在《经济学中的三个世界》一书中从经济体制、经济政策和经济理论三个方面对这三种类型的经济进行了系统分析。

有些比较经济学家力图摆脱"意识形态"色彩，寻求一种"纯经济"的比较方法来研究经济体制，但运用他们所设定的经济标准进行分类，其结果依然是几种"主义"类型。美国马萨诸塞大学维克拉夫·霍列索夫斯基教授强调所有制是经济体制分类的基础，他以生产资料所有制和劳动者在所有制中的地位为标准，在这双因素相交的各个节点就形成了复杂的各种所有制类型。他所划分的各种经济体制类型仍然是各种"主义"：原始共产主义（部落经济）、封建主义、家庭资本主义、资本主义合伙制、股份资本主义、私人垄断资本主义、国家资本主义、集中制社会主义（强制劳动集中营）、自治社会主义（南斯拉夫自治）、完全共产主义。其他类型，如公社、合作社、市政公共企业，事实上也都可以归入某类"主义"之中。[①] 不过，他所说的"主义"类型是独具特色的，不完全是以国家为单位来划分的，就是说，一个国家可以同时存在几种"主义"类型。这里所说的"主义"，可以是宏观的，也可以是微观的体制类型。而且，"主义"类型不一定同所有制相对应。例如，公有制也可以同资本主义（家庭资本主义、股份资本主义等）相对应。

保罗·格雷戈里和罗伯特·斯图尔特也对传统的"主义"方法提出批评，但又不同意完全撇开"主义"另搞一套。因为"读者倾向于对'主义'感兴趣，完全撇开'主义'的新定义由于固有兴趣的缘故而失去吸引力。而且，当今世界已被分成不同的经济和政治集团，它们被称为资本主义制度、社会主义制度和共产主义制度"。[②] 于是，他们采用"折中的解决办法"，即"把传统的和现代的方法结合在一起"，对资本主义和社会主义进行现代多元结构的考察。其结果是把世界现实的经济体制划分为"资本主义经济体制、市场社会主义经济体制和中央计划社会主义经济体制"三种类型。不言而喻，其本质仍然是"主义"的研究方法。

真正跳出"主义"框框的是蒙泰斯、威廉·达菲、纽伯格和艾登姆。他们可以称为非主义学派的代表。早在1967年和1968年，就有一些学者在比较经济学对象与方法研讨会上呼吁抛弃"主义"方法，代之以现代方法。因为几个"主义"原型内部已经发生变化，世界上的经济体制也更加丰富多彩，原来的传统方法已经成为比较经济学的研究障碍。

1971年，J·E·蒙泰斯和J·E·库普曼合作写出了第一篇冲破"主义"方法的论

① 〔美〕维克拉夫·霍尔索夫斯基. 经济体制分析和比较. 北京：经济科学出版社，1988. 51

② 〔美〕保罗·格雷戈里和罗伯特·斯图尔特. 比较经济体制学. 上海：上海三联书店，1988. 5～6

文——《论经济体制的描述与比较:理论与方法的研究》,随后蒙泰斯又出版了《经济体制的结构》一书。在他们的论著中,竭力避免先验地按"主义"对体制进行分类,"而代之以对具有特殊功能的组织安排的比较为开端"。1976 年,E·纽伯格和 W·达菲出版的《比较经济体制学》是一部极有影响的比较经济学专著。这本书在批判传统"主义"方法论的基础上,力图"开拓一种分析经济体制的统一方法",并将其贯彻到分析的始终。这种新方法名为"DIM"方法,即"决策、信息、激励"(Decision-Making, Information, Motivation)三因素分析法。其中主要是"决策"方法,所以这本书的副标题为"从决策角度进行的比较"。但是,他们的试验并未取得预期效果,也没有得到同行完全的认可。

总之,在 20 世纪 30 ~ 80 年代的比较经济学研究中,现代学派终究是少数。从整体上看,比较经济学界并未摆脱传统的"主义"比较研究。

第二节　比较经济学的危机和复兴

一、新的制度变迁与比较经济学面临的危机

20 世纪 80 年代末 90 年代初,世界上发生了大规模的制度性剧变,涉及欧亚 10 余个国家,占地球表面近 1/5 的面积和世界 1/4 的人口。前苏联、东欧社会主义国家纷纷宣布放弃社会主义和共产主义。就是说,随着德国"柏林墙"的倒塌,前苏联、东欧国家与西方国家之间已经不存在两大"主义"的界限。

世界上所发生的这一制度变迁,对于西方主流经济学也许没有任何影响,但对比较经济学的研究所造成的影响却非同小可。如前所述,比较经济学家大都是在"主义"的大框框下来研究经济体制的。如今,世界上的某个"主义"的制度突然消失,这对比较经济学来说是一个巨大的挑战:比较经济学向何处去,甚至它还能否存在下去都成为问题。

比较经济学在世界和时代巨大的变迁面前,遭遇了重挫和危机。就连当年著名比较经济学权威、美国比较经济学会会长艾德·希威特(Ed-hewett)对这门学科的发展前景也失去了信心,他在 1989 年 12 月一次比较经济学协会执行委员会会议上说:"我们(指比较经济学家)如今都已成为历史学家了。"他认为,由于前苏联、东欧国家社会主义制度的崩溃,"该领域(比较经济学领域)已失去了落脚点——苏联型的集中计划体制"。① 我国学者韦森也认为:随着 20 世纪 80 年代末前苏联的解体、东欧各国社会制度的突变,以及中国经济体制改革的深层推进,90 年代之后,"行政控制经济的古典模式已成了经济学家们(尤其是比较经济学家们)研究的历史标本了"。他认为,随着这一人类世界历史格局的转变,比较经济体制学已经难能或者说已没有多大理论和现实意义进行任何"制度范型"比较了。② 上述观点可以用一句话来概括,即随着苏东国家的制度剧变,比较经济学已经失去比较对象,从而走向"消亡"了。这绝不是个别人的观点,相当多的学者都有类似看法。

---

① 转引自:John P. Bonin, The "Transition" in Comparative Economics, *Journal of Comparative Economics*. No. 1 1998

② 韦森. 社会秩序的经济分析导论. 上海:上海三联书店,2001. 16

二、比较经济学的复兴

比较经济学遇到了挫折，但绝不会消亡，它仍然有着广阔的发展前景。20 世纪 80 年代末的制度性剧变，对于比较经济学来说，不仅仅是挑战，同时又是发展的机遇。美国现任《比较经济学》杂志主编伯宁曾引用查尔斯·狄更斯的一句名言："当今既是最好的也是最坏的时代。"比较经济学今后究竟何去何从？如何发展？它作为一门新兴的年轻学科仍然面临着重新"寻求自我定义"的任务。

比较经济学确实遇到了严重的挑战。关键是比较经济学究竟把什么作为它的研究对象：是研究"主义"，还是研究"制度安排"？既然 20 世纪 90 年代以来"制度安排"还存在，并且还在产生新的制度，既然比较经济制度的现实基础还存在，就没有理由认为比较经济学作为一门学科从此消亡。时代变迁对比较经济学提出挑战的实质在于，尽快改变该学科研究方法和对象的定位，抛弃"主义"比较法，而不是迫使该学科退出历史舞台。正如伯宁所说："柏林墙的倒塌更加急迫地催促比较经济学家们跨越理论上的一切按'主义'划分的方法，并代之以相互依存的制度和对像前苏联那样的国家经济体制的真实描写。"①

前苏联、东欧国家所发生的制度性剧变对比较经济学提出的另一个大的挑战是必须动态地研究经济体制。以往的比较经济研究大多是对两个以上的经济体制从结构和效果上作静态地比较分析，基本上没有对新旧经济体制的变化和更替过程进行比较研究。当然，有些教材和著作也设有专章对经济体制的发展和前景以及"趋同假设"进行讨论。但这里讨论的真实内容通常是两大"主义"未来发展变化的一般条件（如政策、意识形态和自然环境等），以及会否"趋同"等，根本不涉及对现实经济体制变革过程的解释、分析和比较。苏东各国发生政治剧变后，接着便是经济体制的根本转轨，即从计划体制到市场体制的转轨。而它们的转轨纲领、具体目标、路径、方式，以及所建立的特殊制度及其效果各不相同，对于这种制度变迁过程的描述和比较分析，在原有的比较经济学中没有也不可能有这样的内容。这种对过渡经济的比较分析是绝对必要的，它对于解释不同国家形成不同制度、采取不同路径和方式的根源，寻求新的制度安排及其运行的经验具有重要意义，而由比较经济学来完成这一重大使命是责无旁贷的，它应当在自己的学科中填补这一空白。

比较经济学家们，特别是在比较经济学的发源地——美国，经济学家们在总结原有学科经验的基础上，采用不同研究方法，把世界经济体制和经济发展新的变化纳入自己的视野，并且利用世纪之交经济学新的研究成果，重新活跃在学术舞台，对比较经济学进行新的探索，显示出比较经济学正在复兴的强大活力。

第三节　新比较经济学的出现和多元化发展

在新的制度变迁面前，比较经济学取得了从未有过的崭新进展。原有的比较经济学家并没有完全退出这一研究领域，还有些经济学家又新加入这一队伍，以极其浓厚的兴趣为

① John P. Bonin, The "Transition" in Comparative Economics, *Journal of Comparative Economics*, No. 1 1998

比较经济学的创新作出了巨大贡献。

一、新比较经济学的出现

近十多年来,比较经济学新作不断涌现。少数作者仍然采用老的"主义"方法,研究现代世界经济体制。如美国的 Alan Ebenstein, William Ebenstein、Edwin Fogelman 在2000 年出版的《今日之主义》一书中,系统研究和比较了当代各种所谓的"主义",即社会主义、资本主义、法西斯主义、自由主义等。不过,这样的研究并不多见。

在新的形势下,更多的比较经济学家鲜明地打出了"新比较经济学"这面大旗。世界银行专家 S·詹科夫、哈佛大学的学者 R·拉·波塔和 A·施莱佛、耶鲁大学的 F·洛佩兹·德-西拉内斯等联合著文,他们声明:"从传统比较经济学的废墟上又浮现出了一个崭新的领域,我们称之为新比较经济学,它继承了传统比较经济学的基本理念,即通过比较不同的经济体制,我们能够更好地理解各种经济制度是如何运行的。"①他们所谓的"新比较经济学"就是"对各个国家所实行的不同的资本主义制度进行比较分析",而不再是对社会主义与资本主义的比较。

还有些比较经济学家虽然没有使用"新比较经济学"这个名称,但是,他们在苏东剧变后的近十多年出版的比较经济学新著,也都在方法、理论、内容和观点甚至体系等各个方面作了很大或根本性改进。因此,这些著述也应当属于"新比较经济学"的范畴。例如,R. C. Mascarenhas 在 2002 年出版的《产业资本主义的比较政治经济学》一书中,在批判新古典经济学的基础上,吸收新政治经济学理论,采用制度主义的分析方法,对产业资本主义在第二次技术革命后和全球化影响下的新变化进行了分析,然后,对现代资本主义的三种典型的制度模式作了详细的比较研究,这三种模式为:盎格鲁—美国模式、德国社会市场模式以及日本—东亚模式。James Angresano 于 1996 年出版的专著《比较经济学》,也很有特色。他运用演化经济学的方法,对世界上各种经济体制形成的历史根源进行了深入挖掘。该书以历史递进的方式研究各种体制的生成和特征,首先,以古代罗马和中世纪英国为典型来分析前现代经济,在此基础上来研究自由市场经济的形成和演化;然后,阐明和比较各种经济体制的类型,其中包括战前和二战期间德国的"统制经济",凯恩斯模型或有指导的市场经济(日本、法国),民主控制下的社会经济(瑞典、欧盟),以及国家控制下的、转轨中的社会经济(前苏联、东欧、匈牙利和中国)等。对每一种体制都力图从理论、哲学、历史、政治多种维度进行分析,并且比较其绩效,得出结论。Steven Rosefielde 于 2002 年撰写了《比较经济体制:21 世纪的文化、财富和权力》一书,该书的书名集中体现了作者的方法论、观点和主要想阐明的内容。他强调文化因素对经济体制差异性的决定性影响,并且对权力和贫富差距给予较大关注。作者运用自己独特的方法论,对两个体制原型,即完全自由经济和完全管制经济进行研究,并且描述了五个国家的市场体制,在此基础上,比较和评价不同的体制,最后对体制的发展趋势及国际关系进行展望。此外,从 20 世纪 60 年代就倡导比较经济学改革的著名经济学家、美国耶鲁大学教授 J. M. Montias 和 E·纽伯格合作,于 1994 年发表并在 2002 年再版的《比较经济学》一书,在吸收信息经济学和新制度经济学某些研究成果的基础

① S·詹科夫. 新比较经济学的新视角. 比较. 2002(4)

上，以组织为核心范畴对各种经济组织形式（从家庭到政府）进行比较研究，并对经济体制的绩效以及体制变迁作出分析。最后，还应特别提到美国斯坦福大学教授青木昌彦等人的“比较制度分析”研究。他们在1996年出版的《经济体制的比较制度分析》和2001年出版的《比较制度分析》这两本著作中，提供了比较经济学领域的全新内容和方法。

总之，新的比较经济学已经立于众多经济学科之林，这是一个有目共睹的事实。

二、新比较经济学的各种流派

根据我们的研究，新比较经济学大体上可以分为三个学派，即新“主义”学派（或称“资本主义”学派）、“组织”学派和“比较制度分析”学派。

（一）新“主义”学派

可以归入这个学派的学者比较多，其主要代表人物是S·詹科夫、R. C. Mascarenhas, James Angresano等。我们之所以称他们为新“主义”学派，是因为他们抛弃了旧的“主义”方法，但又宣布他们的研究对象仍然是“主义”。他们所谓的新比较经济学将“侧重于对各个国家所实行的不同资本主义制度进行比较分析”。①

在新“主义”学派看来，支配资本主义经济资源配置的各种制度中，最主要的是市场监管制度和政治监管制度。各国经济制度的差异不在于“主义”不同，而在于市场和政治制度安排的不同。首先，在市场监管制度领域，各国的差异主要表现在对产权保护和自由竞争的监管制度存在巨大差异。在一个相对安定的社会，地方司法体系可以较少受到破坏和威胁，而在有些国家它却被利益集团所左右，“法院无法有效抵御新兴起的强大经济利益集团——‘强盗资本家’的破坏行为”。这是市场监管制度是否能够取得成功的主要原因。其次，在政治监管制度领域，各国的差异主要表现在对行政、司法和立法三者制衡状态的选择。这一选择取决于一国政治制度的设计，而政治家们总是要自己设计和改变制度来“保证自己及其政治联盟者大权在握”。就政治监管制度来说，明显地存在着三种模式：①英国模式，即法律一经国会批准，就由法院执行而不受政治干预。②美国模式，即法院有权审查国会通过的法律和决定其是否违反宪法，法院在很大程度上能够干预立法选择。③法国模式，即大陆法系模式。在这里，法官受国家雇用，上级对下级司法判决进行多方面的控制和干预。显然，“影响许多国家制度形成的一个重要因素就是该国的法律起源”。这一因素也可以用来说明某些发展中国家的制度差异。最后，制度安排不同，绩效也不同。一国制度的形成不是任意选择的，取决于内因和外因。内因包括经济发展水平、地理、种族等，外因主要指制度的移植。但制度移植必须服从于内因才能有效。

2003年6月，A·施莱佛以会长身份在一次比较经济学研讨会上，对新比较经济学的研究内容作出进一步理论化的说明。首先，他提出比较经济学的两个基本概念，即“无序和专制”。他认为，各资本主义国家之间的制度差异实际就是在控制无序和限制专制之间作出“相机选择”的差异。其次，制度的功能就是对无序和专制这两个危害的控制。无序和专制都会导致出现巨大的社会成本，制度的设计就是要尽可能减少这些成本。对无序和专制的控制通常会采取四个战略，即私人订货、私人诉讼、政府管制和政府所有制。这四种战略都

① S·詹科夫等. 新比较经济学的新视角. 比较. 2002(4)

有正负两面性，这就需要相机抉择。再次，三个历史时期的不同制度选择。12～13世纪之间，法国相对于英国更为混乱，地方势力常常冲击法律体系，而英国政局平稳。因此，法国采取专制色彩更浓的法律体系，虽然执行成本高，但还是合理的。美国在1900年前后制度选择的变化也是同经济无序程度的扩展相联系的。1900年以后，随着工业化和商业化的发展，美国大公司欺瞒员工和顾客、以不正当手段击垮竞争者的现象增加，从而使经济无序行为扩大。于是，在进步主义改革中逐步形成管理型国家。20世纪90年代，前苏联和东欧国家向资本主义制度转轨。这一时期破坏了专制，但又带来了无序和混乱。各国的制度选择就是在这两者之间寻求均衡的。

（二）组织学派

这个学派以蒙泰斯、本奈和纽伯格为代表。他们在其《比较经济学》新著中充分表达了自己对比较经济学的革新思想，其突出的特征是把对组织的分析与比较置于比较经济学的核心地位。所以，我们称他们为“组织学派”。

在方法论方面，除了静态的方法外，还加进了动态的方法，即在对组织进行描述或者比较的时候假设构成体制的规则、法律、风俗以及正式程序是不变的，在探讨体制变迁时，探讨了体制对于环境变化以及公共和私人组织演进的反应。同时，作者除了继续使用决策理论来进行组织功能分析以外，还吸收了信息经济学、产权理论的研究成果，并将“有限理性”、“机会主义”、“信息不对称”等理论作为比较体制分析的出发点。

在研究内容方面，作者力图将比较经济学微观化。蒙泰斯等人认为，经济体制虽然由各种经济规则所构成，但却是由各种组织来体现的。离开组织就无法理解体制。因此，他们把重点放在对组织的研究和分析上。在一定意义上可以说，他们把制度等同于组织。

他们指出，组织是由下列元素构成的三位一体：①一群相互影响的个人；②一组制约这群人决策的规则（其中一些规则是组织内生的，另一些则是外生的）和正式程序；③与经济组织息息相关的环境。[①] 所谓环境，是指现实的或潜在的对经济运行会产生影响的外部世界的状态。组织之间可以通过市场进行协调，而在组织内部的协调则是通过自上而下传递的命令和建议实现的。作者按照三个标准对组织的类型进行了划分，这三个标准是：①谁拥有、控制或者赞助这些组织以及组织追求的目标是什么；②组织成员所享有的行政、财务或者金融自治的程度；③组织内部的治理方式。根据上述标准，经济中的组织被分为五种基本类型：ⓐ产权私有的组织；ⓑ雇员所有的组织；ⓒ资源联合的组织；ⓓ用户导向的组织；ⓔ政府所有的组织。产权私有的组织是指所有者将企业家才能或资本等生产要素作为投入品投入到企业中；如果所有者投入企业的生产要素主要是劳动力，则这类企业被划入雇员所有的组织；资源联合的组织建立在各个所有者将一种或多种投入品或产出品（例如，土地、零售业务等）共同使用的基础上。在产权私有的组织、雇员所有的组织和资源联合的组织中，企业的收益主要按照所有者对要素的投入比例进行分配。在用户导向的组织中，企业所有者更关注的是这个组织生产或提供产品或服务，因为他们的效用能够直接从这些产品或服务中获得，或者通过其他人对这些产品或服务的消费中获得。这类组织包括合作性组织、受托组织、家族企业等。政府所有的组织，顾名思义，就是由国际、国家或者地方政府

① J. M. Montias. *Economic Systems and Comparative Economics* II. London: Routledge, 2002. pp. 14

所有和控制的组织。这个学派对组织的分析详尽而细致,不仅描述了各种组织不同的运行机制,而且研究了协调上述基本组织行为的各种超级组织,如政府组织、企业集团、卡特尔、特许经营企业、工会等。

他们始终认为,比较经济体制的最终目的是提高体制的绩效。因此,必须"将经济体制(更准确地说是体制规则、法律、习俗、一般程序)对基本的经济运行结果(比如,人均收入水平及其增长、收入分配、经济稳定、国家竞争力等)的影响加以识别和度量,并且将这种影响与环境变量的影响以及经济参与者的决策和政策区别开来"。① 在他们的著作中,对各种组织或一个组织不同时期绩效差别的一般原因,用公式推导的方法作了概括。关于体制变迁和转轨,他们特别强调体制内的各种规则必须配套,单纯从外部移植是不能达到预期目标的。

(三)比较制度分析学派

以青木昌彦为首的比较制度分析学派独树一帜,他们并不把自己的理论归入比较经济学或新比较经济学的范畴,但是,由于他们宣称"比较制度分析是对现行各种制度进行比较分析"②,因此,我们仍然可以把他们作为新比较经济学的一个学派来研究。

就其研究方法来看,他们使用了最广泛的、跨学科的研究工具,如博弈论、信息经济学、社会学的分析工具等,特别是博弈论已成为他们进行比较制度分析的主要工具。这是该学派不同于其他学派的一个显著特征。制度是比较制度分析中的一个最基本的范畴,青木昌彦等人不是一般地给制度范畴下定义,而是借助于博弈论的语言来界定制度的内涵。他们提出:制度可以"概括为关于博弈重复进行的主要方式的共有信念的自我维系系统"。③ 他们关于制度形成与变迁的许多理论分析都是采用博弈论和信息经济学的方法来进行的。他们还从社会学的前沿成果中吸取营养,如把"社会嵌入性"和"社会资本"等概念引入经济制度的分析之中。

比较制度分析学派另一个重要特征是它深刻的理论性。他们提出并创立了一系列新的理论范畴,如"共有信念"、"博弈形式"、"域"(共有资源域、交易域、组织域、组织场、政治域、社会交换域)、共时性、历时性、元制度、制度互补、层级分解、信息同化、信息包裹等,并且通过这些范畴对制度的形成和演化,制度的关联和结构以及制度多样性等给予了深刻的理论解释。

他们关于制度的一系列分析有其独到的观点和见解:其一,关于制度的定义。马克思把制度看做是人与人之间某种稳定的关系;老制度主义者康芒斯认为制度是多数人对少数人的控制。青木昌彦的制度观不仅不同于上述观点,也不同于某些采用博弈论解释制度的观点:如诺斯认为"制度是社会的博弈规则";赫维茨把制度视为博弈规则的实施;格雷夫等人则从博弈均衡的角度,把制度看做是子博弈精炼均衡。青木昌彦指出,诺斯和赫维茨的制度观是制度设计论,格雷夫等人的制度规则假定博弈参与人具有完备的演绎推理能力,因而,他们的子博弈精炼均衡是一种与现实不符的"超理性均衡"。青木昌彦把制度定义为博弈参与人"共有信念的自我维系系统",而博弈规则不过是"博弈不断重复进行的方式"。

① J. M. Montias. *Economic Systems and Comparative Economics* II. London: Routledge, 2002. pp. 22

② 〔日〕青木昌彦,奥野正宽. 经济体制的比较制度分析. 北京:中国发展出版社,1999. 301

③ 〔日〕青木昌彦. 比较制度分析. 上海:上海远东出版社,2001. 11

正是在这种重复博弈中,参与人的行为策略达到某种均衡,从而形成一定的"概要表征",这就是制度。参与人的共有信念又是受"概要表征"调节的。其二,制度的性质。青木昌彦强调,制度具有双重性,即内生性与客观性。制度是内生的,不是人为设计出来的,也不是由外部环境决定的。参与人的博弈必须遵循博弈规则,但博弈规则不是外部给定和人为设计的,而是在参与人重复博弈中建立起来的。当然,制度的内生性并不排斥外生因素对制度形成的影响,相反,在共有信念引导下,参与人的策略行为也有多重均衡,究竟哪一重均衡最后占据上风?这又取决于历史因素和邻近"域"的状态。制度在本体上虽然是主观的,但它又必须客观化。制度作为一种均衡现象,其均衡的显著特征必须客观化,这样才凝结为一种制度,如表现为成文法、协议、某种社会结构和组织等。其三,制度的关联与互补性。制度之间必须是相互关联的,经济体可以看做是制度间相互关联的整体性安排。如果经济体内的各种制度不一致,它就不能有效运转。制度关联可以分为共时关联和历时关联。前者为同一时间不同制度间的关联,如在一种"域"内形成某种决策均衡时,这种均衡会作为参数对另一"域"内的参与人决策均衡产生影响。后者是指现在的新制度同历史上已有的制度相互关联,就是说,制度的演进不能脱离历史,这就是所谓"路径依赖"。制度的共时关联和历时关联,表明制度间存在着互补性。其四,体制的多样性。体制是由多种相互关联的制度构成的一个系统。如果说一个体制内各种制度的相互关联和互补表明这些制度间的同质性,那么,恰恰是由于制度间的这种同质性才造成了体制间的异质性。因为一种体制内同另一个体制内单个的制度差异所造成的体制异质性是很微弱的,并且也易于同化,但是,一种体制内一系列制度的关联和互补就会大大强化这种体制的特殊性和异质性,从而拉大同其他体制之间的距离。如日本的企业年功序列制、终身雇佣制和内部工会制度之间的关联和互补造成日本企业体制同其他国家企业体制之间的极大差异。体制的多样性是比较经济体制的基础,没有这种多样性,体制间就不可能也没有必要进行比较分析。最后,制度多样性分析。该学派以公司治理结构、融资制度、硅谷模式等为例,对多样性制度进行了比较分析。

第四节 简要评述

比较经济学从20世纪30年代后期产生至今已经60多年,其中经过半个世纪的发展,以及若干年的沉寂和落寞,最近几年又开始复兴,走上新比较经济学建设的道路。但是,在这条新的道路上,还有一系列新问题需要解决。

一、比较经济学已经取得新的学科进展

首先,它在学科发展方面一个最突出的新成就是彻底摆脱了"主义"比较方法。在美国,除个别比较经济学者(如 Alan Ebenstein, William Ebenstein, Edwin Fogelman)外,大多数学者不再采用这种研究方法。在国际政治经济大变动的背景下,比较经济学者彻底抛弃了这种与生俱来的比较经济学的旧方法,这是一种根本性的变革。赖有这种变革,才有了今天新比较经济学的出现。虽然新比较经济学中也有一种新"主义"学派,但这只是一种"借

喻性”的说法，其本质已经抛弃“主义”之间的比较方法，而是主张“主义内”（即资本主义内）的各种体制进行比较。其次，新比较经济学各流派都吸收了现代西方经济学甚至是跨学科的最新研究成果和方法。最明显的是各流派都把新制度经济学（如企业与组织理论、制度变迁理论等）的成果作为自己研究的理论基础，比较制度分析学派还大量使用博弈论和社会学理论与方法。这些新的理论和方法的吸收大大推进了新比较经济学的探索和研究。再次，从研究对象来说，新比较经济学各流派都定位于制度或体制的比较，但又各具特色。新“主义”学派的研究角度是宏观经济体制，其基本的比较研究单位是各个国家；“组织”学派则着重研究微观经济体制，其基本的比较研究单位是各种“组织”（小企业、大公司、政府、工会等）；比较制度分析学派则主要研究体制或制度的理论与模型，如什么是制度或体制？制度怎样形成？制度为什么是多样性的？等等。各个学派多多少少都已形成自己新的比较经济学研究的逻辑体系与结构。

二、比较经济学仍然是一门不成熟的学科

从比较经济学产生和发展的历史中，我们还是可以发现，比较经济学至今仍然是一门不成熟的学科，或者如莫里斯·博恩斯坦所说的那样，它仍然是“一个在寻求自我定义的领域”。首先，一门成熟的学科必须有一个统一、完整和稳定的基本内容，然而，比较经济学家至今仍然没有就此达成共识。比较经济学最初一直把“主义”的比较作为基本的研究方法和研究的基本内容。这一研究内容在几十年里虽然大体稳定，但许多比较经济学者一直对其持有疑义。及至最近几年，这一研究内容已被抛弃，许多学者力图创立新比较经济学，并且都提供了全新的研究内容，但我们看到，虽然某些内容是共同的，如对制度的深入揭示，增加转轨国家体制比较等，但从整体来看，他们的新比较经济学在内容上极不统一，差别极大，更谈不上完整与稳定。当人们在读完各家各派的比较经济学新著后，立即就会发出疑问：比较经济学究竟是研究什么的？如果新比较经济学只研究一般体制或制度，或者只研究各国一般的宏观制度差异，或者只研究一般的微观制度差异，显然内容是不完整的，从而无法完整阐释比较经济学的研究对象。比较经济学作为一门学科不够成熟的另一表现是，其内容安排还未能构成一个严密的体系。当今的新比较经济学还处于创立和探索阶段，各家各派只能抓住比较经济学的核心问题即制度差异的原因、表现及效果进行研究，还无法顾及其研究的严密体系，而且，各个流派的研究角度、方法、重点各不相同，没有形成统一的学科体系。

三、比较经济学与制度经济学

新比较经济学各个流派都大量吸收了新制度经济学的方法和理论，这是因为它们在研究对象方面有重合之处，即都以经济制度为研究对象。但它们的差异也是很明显的：比较经济学着眼于制度的特殊性，研究各种不同制度的差别；而制度经济学则着眼于制度的一般性，探讨制度变迁和发展的一般规律。如此看来，是否运用比较方法并不是两个学科的主要区别，关键在研究对象方面，即是研究众多制度的特殊性还是它们的一般性？

新“主义”学派和“组织”学派都是研究制度的特殊性，前者着重于宏观，后者着重于微观。它们的问题在于对制度特殊性的研究不够完整。比较制度分析学派则有些不同，它虽

然运用比较方法从理论上深入探讨了制度的多样性,但并没有对现实各种类型制度的特征展开比较研究。就其研究对象和内容来看,它更接近于制度经济学,更少属于比较经济学。大概正是由于这一原因,该学派从来没有把自己的研究成果同比较经济学相联系,而宁可称为"新经济学",取名为"比较制度分析",同新制度经济学一样,被人们视为新古典经济学的发展。

四、比较经济学的理论发展方向

以往比较经济学学科发展中的一个重要缺陷是理论性薄弱。比较经济学往往成为一门对现实体制中的材料进行整理和描述的学科。

新比较经济学一方面注意到了世界上现实经济体制的历史变迁,另一方面也力图朝着加强理论化的方向发展。但是,就新比较经济学探索的总体情况来看,关于体制特殊性的理论研究与体制多样性的现实比较没有得到全面展开,更谈不上有机结合。新"主义"学派重视从宏观上划分体制类型,为此提出了"专制"、"无序"和"控制",或者"市场监管"、"政府监管"等理论范畴,但是,它相对于庞大的体制分析和纷繁复杂的体制特殊性的比较,这些范畴还是显得简单、稀少、不成体系。"组织"学派也只是围绕组织的构成要素及组织分类标准提出少量简单的理论,基本上还是思想材料的整理和描述。在理论上作出较多贡献的是比较制度分析学派。但是,它较少对现实的体制进行分析和比较。

比较经济学,就其性质来说,不能是一门以制度为对象的纯理论性的经济科学,否则,它就变成了制度经济学或政治经济学。比较经济学类似于植物学或动物学,它需要收集大量的实际材料,其中包括具有代表性的典型材料和涵盖面广泛的统计材料,它注重现实材料的整理、归纳与分类,但是,必须上升为理性认识,具有理论性,这样才能科学地揭示现实的规律性并指导人类的实践活动。就是说,它不能仅仅是现实材料的整理和描述,否则,就不能成为一门名副其实的科学。显然,要使新比较经济学成为一门成熟的科学,还需要对目前新比较经济学各个流派的成果进行认真研究,吸收众家之长,将已有的用比较方法探索体制的理论、宏观体制比较和微观体制比较,以及体制转轨比较领域出现的最新成果进行整合与创新。当然,这是一个需要众多比较经济学家共同努力和艰苦工作的过程。

思考题

1. 比较经济学是怎样一门学科?它是如何产生的?

2. 20 世纪 80 年代末的苏联、东欧剧变给比较经济学发展带来了怎样的影响?为什么说比较经济学不会消亡?

3. 新比较经济学与传统比较经济学有何区别和联系?新比较经济学各流派的主要内容和主张是什么?

参考文献

1. 奥斯卡·兰格. 社会主义经济理论. 北京:中国社会科学出版社,1981

2.〔美〕E·纽伯格和 W·达菲. 比较经济体制学. 北京:商务印书馆,1984

3.〔美〕阿兰·G·格鲁奇. 比较经济制度. 北京:中国社会科学出版社,1985

4. S·詹科夫等. 新比较经济学的新视角. 比较. 第4辑. 北京:中信出版社,2002

5.〔日〕青木昌彦. 比较制度分析. 上海:上海远东出版社,2001

6. J. M. Montias. *Economic Systems and Comparative Economics* II. London: Routledge, 2002

7. Mascarenhas, R. C. *A Comparative Political Economy of Industrial Capitalism*. New York: Palgrave Macmillan, 2002

8. Schnitzer, Martin Cave. *Comparative Economic Systems*. South-Western College Pub., 1997

9. Ebenstein, Alan. Today's isms: *socialism, capitalism, fascism, communism, libertarianism.* Upper Saddle River, N. J.: Prentice Hall, 2000

10. Steven Rosefielde. *Comparative Economic Systems: Culture, Wealth, and Power in the 21st Century*. Malden, Mass. Blackwell Publishers, 2002

图书在版编目(CIP)数据

当代西方经济学流派与思潮/吴易风主编. --北京:首都经济贸易大学出版社,2005.1
(2020.7 重印)

ISBN 978-7-5638-1141-0

Ⅰ.①当… Ⅱ.①吴… Ⅲ.①现代资产阶级经济学-经济学派-高等学校-教材
Ⅳ.①F091.3

中国版本图书馆 CIP 数据核字(2004)第 084542 号

当代西方经济学流派与思潮
吴易风　主编

出版发行	首都经济贸易大学出版社
地　　址	北京市朝阳区红庙(邮编 100026)
电　　话	(010)65976483　65065761　65071505(传真)
网　　址	http://www.sjmcb.com
E-mail	publish@cueb.edu.cn
经　　销	全国新华书店
照　　排	北京砚祥志远激光照排技术有限公司
印　　刷	北京建宏印刷有限公司
开　　本	787 毫米×980 毫米　1/16
字　　数	770 千字
印　　张	32.5
版　　次	2005 年 1 月第 1 版　2020 年 7 月第 1 版第 3 次印刷
书　　号	ISBN 978-7-5638-1141-0
定　　价	52.00 元

河南省高等学校哲学社会科学创新团队“生命与价值教育”（2013-CXTD-04）支持计划成果

Research on Value Education for Youth in the New Era

From the Perspective of Network Media

新时期青少年价值观教育

基于网络传媒的思考

刘济良 等 著

科学出版社
北 京

内 容 简 介

本书主要从大众传媒、影视文化、电视大型婚恋交友节目、英雄型动画片、网络歌曲、自媒体等不同视角对青少年价值观教育进行深入的系统研究，全面、客观地分析其对青少年价值观和社会主义核心价值观的影响，并从不同视角构建实施青少年价值观教育的实践策略。本书进一步拓展了青少年价值观教育的研究领域，丰富了青少年价值观教育相关理论成果；对进一步深化青少年价值观教育内容、方法、手段等方面的改革，不断提高青少年价值观教育的实效性具有重要意义。

本书可供广大从事青少年价值观教育的理论工作者和实践工作者参阅，也可供青少年自身学习阅读。

图书在版编目（CIP）数据

新时期青少年价值观教育．基于网络传媒的思考 / 刘济良等著 .—北京：科学出版社，2018.3

ISBN 978-7-03-056406-1

I. ①新… II. ①刘… III. ①互联网络－传播媒介－影响－青少年－思想政治教育－研究－中国 IV. ① D432.62

中国版本图书馆 CIP 数据核字（2018）第 012860 号

责任编辑：付 艳 崔文燕 刘巧巧 / 责任校对：何艳萍

责任印制：张克忠 / 封面设计：铭轩堂

编辑部电话：010-64033934

E-mail：edu_psy@mail.sciencep.com

科学出版社 出版

北京东黄城根北街 16 号

邮政编码：100717

http://www.sciencep.com

北京凌奇印刷有限责任公司 印刷

科学出版社发行 各地新华书店经销

*

2018年3月第 一 版 开本： 720×1000 1/16

2018年3月第一次印刷 印张： 18 3/4

字数：320 000

POD定价： 89.00元

（如有印装质量问题，我社负责调换）

前　言

人是一个价值的存在。人无时无刻不处于价值的规范和指引之中，价值构成了人生存世界的一个无形的场。它促成我们在与生活世界的种种互动关系中对客观世界和自我存在的意义的不同的认知和行为方式。在哲学中，价值意味着主客体的一种关系，在教育学和伦理学中，价值则是主体将一定的规范、规则和目的整合而纳入自己的知识和分析后，客体所呈现给主体的属性和意义。

人的实践活动总是对象性的活动，是主体在对象的某种价值欲望的激励下产生和进行的价值追求活动。价值观是主体对客观对象的价值的总的观点和看法，是由价值目标、价值取向和价值评价等要素构成的系统化的、相对稳定的价值选择结构体系。无论是个人还是团体，价值观帮助我们在处理具体情势时发挥人性的创造力，使我们有能力作决定而不仅仅是顺应环境。

从生命个体来讲，价值观是一个人对人生意义及自我存在的行为目标的认识，它直指人的精神世界和内心生活，关照一个人的心灵幸福、灵魂的饱满。它是一个人在纷繁世界中安身立命的基石，是我们在人生路上踯躅前行的方向指引。价值观在很大程度上决定着主体的精神世界和行为状况，以及人以什么样的活动在个体生命和人类历史上留下痕迹。一定的价值观念可以持久地触发人们对某种价值目标的强烈感情和欲望，是个体从事实践活动的内在驱动力。就民族和国家而言，传递并发展价值观历来是任何社会文明的一项首要任务。

价值观以鲜明的感召力和强烈的凝聚力，有效地协调、组织和规范社会生活各个领域，调节社会生活，支配和影响历史主体的实践活动。正是在此意义上，价值观被称作一个人和国家生存与发展的精神支柱。青少年是国家和民族的未来和希望，青少年的价值观状况反映着国家的前途和未来。

价值观的形成往往受到社会环境等诸多因素的影响，一定的价值观无不与特定的时代和特定的文化发展状况密切相关。因此，研究青少年的价值观教育时，其置身的独特社会文化环境无疑将是我们无法绕开的话题。美国著名社会学家戴维·波普诺在他的《社会学》一书中指出："社会现实不仅影响着我们追求的目标，而且最终会影响我们走向这个目标……社会学关注的焦点并不是个人的行为，而是行为所赖以发生的社会环境和氛围。"[①] 青少年价值观的产生、发展、变化无不与他们所置身的社会生活、文化、教育环境密切相关。

本书是在新的时代背景下基于网络传媒的思考，旨在探讨新时期青少年价值观在网络传媒的影响下形成与发展的特点、规律及其教育对策。

刘济良

① 戴维·波普诺. 社会学. 李强，等译. 北京：中国人民大学出版社，1999：导言3.

目　录

绪 论

习近平同志指出:“青年是标志时代的最灵敏的晴雨表。”[①] 同样，青少年的价值观也是时代发展的晴雨表。任何时代的社会变革与进步、经济发展与繁荣、科技更新与创新、文化革新与昌盛等都会迅速地在青少年的价值观上反映出来。自我国改革开放以来，时代发展与社会转型，政治、经济、文化、科技等领域都发生了巨大而深刻的变化，这些变化时刻影响着青少年价值观念的形成与发展的同时，也呼唤在传统价值观教育的基础上，现代青少年价值观教育的快速转型。“因为青年的价值取向决定了未来整个社会的价值取向，而青年又处在价值观形成和确立的时期，抓好这一时期的价值观养成十分重要。”[①]学校是青少年身体成长、人格发展、道德养成、精神丰富、境界提升、信仰坚定的主要场所，因此，学校对青少年的价值观教育有着义不容辞的责任。

改革开放以来，我国社会发生了巨大的变化，主要表现在以下几个方面。

1）社会结构的变化。改革开放以来，随着我国改革开放的逐步深入和经济建设的飞速发展，我国的社会组织结构也发生了巨大的变化。多元化的经济所有制结构取代了单一的公有制经济形式，市场经济取代传统的计划经济体制形式，收入分配制度的改革使劳动就业的形式和收入分配方式多样化，这些社会组织结构的变化都在无形中影响着我国精神文明建设的进程，以及青少年一代价值观的形成与发展。

① 习近平．青年要自觉践行社会主义核心价值观——在北京大学师生座谈会上的讲话．人民日报，2014-05-05（02）．

2）政治与法制的变化。为了保障经济建设的顺利进行，我国的政治与法制建设也迅速实现了各种调整，当代政治体制已经突破了党政不分、政企不分的传统社会组织形式，新时期形成的社会政治体制与法律制度正逐渐适应社会转型期表现出的意识形态特征。因此，一个多元化、开放式的社会组织形态正时刻关注并影响着青少年价值观的形成与发展。

3）价值观视角的变化。随着政治、经济、文化、科技的发展与变迁，人们看待价值含义的观点也变得多样化，衡量社会发展的标准也发生了重大转变。在经济建设的大潮中，人们将以新的标准取代旧的标准，以国际化的眼光评价当下社会组织结构的效率和发展前景，以多元化的视角来分析自身生活与社会制度之间的关系与发展程度。其间，不可避免地会出现一些价值观上的无序与冲突，可能影响每个人的生活，尤其对于初入社会的青少年，他们更易对价值观的无序与冲突表现出无奈和迷茫。

4）利益结构的变化。政治制度和收入分配制度的变化带来了社会利益结构的改变，社会利益结构直接影响了集体与个人、个人与个人之间利益分配的各个环节。社会利益结构是促进社会发展的重要力量，利益的分配方式是促进与影响个人对价值观理解的重要因素，对青少年价值观的形成产生重要的影响作用。

5）主体意识的变化。随着青少年接受外界信息渠道的拓展，他们对自我的价值意识也在不断增强，社会本位的价值观逐渐被个人本位的价值观所替代，自我价值判断的能力和分析过程的逐渐复杂化使青少年追求个人价值的实现与责任感逐渐增强。同时，价值评价标准呈现多元化的特征，并产生理想价值观向世俗价值观的转变，精神价值观向物质价值观倾斜等趋势。这些内容的变化对青少年价值观教育提出了严峻的挑战。

本书正是在上述背景下，对影响青少年价值观形成和发展的大众传媒、影视文化、电视大型婚恋交友节目、英雄型动画片、网络歌曲、自媒体等文化现象进行研究与反思，企图揭示这些文化现象与青少年价值观之间的内在联系，从而找出规律，以便更好地、更有针对性地增强各级政府对教育的重视，净化社会风气，规范相关传播媒体，争取社会和家庭对学校的支持，改革学校价值观教育，提高青少年自身的媒体素养，确保青少年形成正确的价值观和健康地成长与发展，使其成为社会主义事业的合格建设者和接班人。

第一章大众传媒影响下的青少年价值观教育，主要分析了大众传媒对青少年所产生的积极影响和消极影响，为青少年价值观教育带来的巨大机遇和前所未有的挑战，以及在此基础上构建青少年价值观教育的策略。该章第一节从大众传媒的缘起和对其的相关研究入手，阐述了大众传媒的特点和功能。第二节对青少年价值观教育的大众传媒环境的现状从积极影响和消极影响两个方面进行了阐述。第三节从大众传媒本身、青少年自身、学校和文化多元化多个角度，对大众传媒负面影响的成因做出了具体分析。第四节提出了构建青少年价值观教育的大众传媒环境的策略，分别从政府、传媒、学校、家庭及青少年自身几个方面探讨了大众传媒环境下青少年价值观教育的策略。

第二章影视文化影响下的青少年价值观教育，主要分析了作为当代文化生态环境的一部分，影视文化深深地介入了青少年的社会化和成长过程。影视文化正以其巨大的影响力和无所不及的触角对青少年的价值观产生着魔力般的影响。这些被称为“屏幕育成的”一代青少年，他们很多的价值观直接来自长期耳濡目染的影视文化。在吸收影视文化积极影响的同时，青少年也受到影视文化中的消极因素对其价值观念的误导。从某种意义上说，影视文化正在校园之外对当代青少年实施着另一种价值观教育。而且这种价值观教育由于影视所先天具有的传播优势在一定程度上对青少年价值观的引导和塑造甚至超出了学校的影响力。影视文化中的影视暴力、广告霸权、戏说历史剧、虚构的都市剧、青春偶像剧及泛滥的综艺节目等负面现象对青少年的价值观产生令人担忧的消极影响。影视文化自身价值取向的偏离和价值观的迷失，带来的是青少年的世界观、人生观、生命观、道德观、审美观、历史观等价值观念的整体异化。大量不容忽视的负面影响正在一定程度上消解着学校的正面价值观教育，已经成为一个日益凸显的问题浮出水面，亟须引起教育者和所有关注青少年成长的有识之士的充分关注和深入研究。该章第一节一方面从影视文化大众化的传播取向、人性化的表现形式和人文化的传播内容三个方面论述了影视文化的丰富意蕴。正是这些丰富的意蕴使得影视文化极具亲和力地介入了青少年的生活；另一方面从一些调查数据入手，进一步论述了影视文化通过对青少年生活的介入，在一种交融关系中对青少年的价值观的影响。第二节主要分析了影视文化对青少年价值观的消极影响。在市场经济条件下，商品逻辑主宰影视运作，精英文化的式微与大众文化的泛滥逐渐导致影视文化发展的异化，使影视文化呈现出

越来越多的商业化、媚俗化、平面化等异化表现。这些异化表现以各种不同形式渗透进影视文化中，进而对青少年价值观产生消极的影响。第三节主要解读了影视文化对青少年价值观异化的原因。正是学校价值观教育的低实效性使其无法先入为主地掌握对青少年价值观教育的主动权，从而造成青少年在影视文化的负面信息面前既没有坚定的正面价值观的扶持，也没有应对负面信息的免疫力，更没有理性的价值判断和价值选择能力。第四节是在问题的呈现、反思、分析的基础上对解决途径的思考。我们相信在学校、家庭、政府和传媒的共同思考和应对下，影视文化能够更好地扬优去弊、转劣为优，赋予自身更多的精神价值、道德品位与思想蕴意，青少年也能够更多地汲取影视文化的丰富营养来建构他们的价值世界和精神家园。

第三章电视大型婚恋交友节目影响下的青少年价值观教育，主要论述了以某节目为代表的电视大型婚恋交友节目影响下的电视相亲热潮，给青少年带来的积极影响和消极影响。一方面，缤纷多彩的舞台，时尚动感的音效，精心的策划和包装，嘉宾的时尚装扮，惊世骇俗的言辞，非传统的互动方式，大胆出位的嘉宾表现，娱乐性的节目内容及现代感的节奏，都受到追求时尚、新鲜、刺激的青少年的追捧。另一方面，节目中所传递的一些非主流甚至不正确的价值观念也令人担忧。该章以电视大型婚恋交友节目为视角，分析其对青少年价值观的影响，探求如何利用青少年价值观形成的有利时期，充分发挥该类节目对青少年价值观的积极影响，避免其消极影响，以使青少年在该类节目的影响下健康发展。该章第一节主要从电视大型婚恋交友节目的三次发展浪潮、电视大型婚恋交友节目备受欢迎的原因，以及与青少年价值观形成的关系和青年嘉宾的价值观嬗变几个方面阐释电视大型婚恋交友节目与青少年价值观的关系。第二节主要从积极和消极两个方面阐述电视大型婚恋交友节目对青少年价值观的影响，分析了节目对青少年价值观造成消极影响的原因。第三节针对电视大型婚恋交友节目对青少年产生的影响提出了教育对策。主要有优化社会传播环境，发挥学校在青少年价值观教育中的重要作用，提高学校对青少年价值观教育的实效性，发挥家庭对青少年价值观的正面引导及提高青少年自我教育意识，增强青少年自身的批判意识和抗污染能力，为青少年正确价值观的形成创造良好的外部环境和内部条件。

第四章英雄型动画片影响下的青少年价值观教育，以日本动画片《奥特曼》

为例，采取问卷调查的形式，总结出青少年喜欢英雄型动画片的原因，以及其对青少年价值观的影响：英雄型动画片中所表达的主体人物的真、善、美的品格决定了其所传达的文化主流是好的，但由于客观因素和主观因素，英雄型动画片对青少年的价值观产生了负面影响。该章重点论述英雄型动画片对青少年价值观的消极影响并对其归因分析。以此为基础从社会、学校、家庭三个方面加强英雄型动画片的管理、教育工作，发挥英雄型动画片的积极作用，规避其对青少年价值观的消极影响。该章第一节从英雄型动画片、青少年价值观的内涵和特征，以及二者之间的相互作用的关系进行论述。第二节从积极和消极两方面阐述英雄型动画片对青少年价值观的影响。英雄人物真、善、美的品格，动画艺术视觉，故事情节设置对青少年的道德价值观、审美价值观、创造价值观产生的积极影响；同时二元对立的善恶模式、以暴制暴的惩恶方式、男权神话的高扬对青少年的道德价值观、人生价值观、性别价值观方面产生的消极影响。第三节从客观因素和主观因素两个方面分析其对青少年价值观产生消极影响的原因。第四节从两大方面对英雄型动画片影响下的青少年价值观教育予以建构：一方面，学校利用英雄型动画片的榜样力量、文化价值，发挥这些积极因素对青少年进行价值观教育；另一方面，通过社会、学校和家庭消解英雄型动画片的负面影响对青少年进行价值观教育。

第五章网络歌曲影响下的青少年价值观教育，主要分析了网络歌曲由于具有平民性、开放性、互动性、超时空性的特点，得到广大网民的认可，从而红极一时，尤其受到好奇心强、接受能力强的青少年的青睐，迅速成为青少年生活的一部分。一些积极向上、意蕴丰富、清新温润的网络歌曲对青少年产生积极的影响，引导其追求自我，传承道德，提升对美的感悟能力；一些低迷消极、思想庸俗、趣味低下的网络歌曲却导致青少年迷失自我、道德失范、审美庸俗化。针对网络歌曲对青少年价值观的影响，学校、家庭、社会应形成合力，以更好地发挥网络歌曲对青少年价值观产生的积极影响，采取措施降低网络歌曲对青少年价值观的消极影响，使青少年形成求真、向善、尚美的正确价值观，就成了当前青少年价值观教育面临的主要问题。该章第一节分别从识读网络歌曲、识读青少年价值观，以及网络歌曲与青少年价值观的关系三个方面，分析了网络歌曲与青少年价值观的相互作用。第二节分别从网络歌曲对青少年价值观的积极影响和消极影响两个方面进行分析，主要从人生价值观、道德价值观

和审美价值观三个方面予以研究。第三节分析了青少年价值观的可塑性和易动性、网络歌曲的开放性与过度自由性是网络歌曲对青少年产生积极影响和消极影响的主要原因。第四节论述了建构网络歌曲影响下青少年价值观教育的策略，首先应充分发挥网络歌曲对青少年价值观的积极影响；其次要进行有针对性、有实效的价值观教育和媒介素养教育，增强青少年对不健康网络歌曲的抵抗力；最后要加强对网络歌曲创作和传播的监督。

第六章自媒体影响下的青少年价值观教育，主要论述了自媒体信息形态的多元化裂变、受众与传播者之间模糊的角色定位、公民信息发布权的空前拥有等特点，吹响了媒介形态变革的号角，也改变了信息传播生态。以微博为代表的自媒体作为一种新兴网络传播工具，其碎片化的语言表达、个性化的信息资源、裂变式的信息传播和社会化的媒体平台等深受广大学生喜爱，成为影响青少年生活的重要媒介。自媒体这一新事物在改变着青少年的信息获取、传播方式、人际交往方式和业余文化生活的同时，也影响着青少年的价值观念和思想状态，对青少年价值观的引导和形成产生一定的冲击，给青少年价值观教育带来新的挑战与机遇。该章第一节主要分析了自媒体的内涵、产生的技术和社会背景，以及自媒体和自媒体时代的特点，并对青少年生活中常见的自媒体——博客和微博、社交性网络服务等分别进行了介绍，对自媒体受青少年青睐的原因进行了分析。第二节分别论述了自媒体对青少年价值观的积极影响和消极影响。一方面，从有利于青少年张扬个性、体现价值，促进自我认同；帮助青少年社会化，增加价值选择内容，拓宽价值认知空间；满足青少年多样化社交需要，加深归属感；为青少年价值观教育提供了新的平台和载体四个方面论述了其积极影响。另一方面，从传播失控加剧青少年信仰迷失，弱化青少年道德意识；娱乐化造成青少年审美观偏离，导致精神家园贫瘠；不良信息造成青少年价值认知消极、偏差，导致价值选择困惑；虚拟社交弱化青少年社交能力，造成人际关系冷漠四个方面论述了其消极影响。第三节是自媒体影响下的青少年价值观教育建构，主要从发挥价值观教育的正向引导作用、利用各方合力规避自媒体对青少年价值观的消极影响、形成自媒体与青少年价值观教育的良性互动格局三个方面进行阐述。

第一章
大众传媒影响下的青少年价值观教育

第一节 大众传媒与青少年价值观解读

一、识读大众传媒

（一）大众传媒的含义

媒介一词的英文单词 media 单数为 medium，复数为 media。大众传播媒介简称传媒，是职业化的信息传播机构，它是在 20 世纪 20 年代广播电台出现后才有的一个名词，指的是在传播途径上用来复制和传播信息符号的机械和有编辑人员的报刊、电台之类的传播组织之间的传播渠道，具体分为印刷媒介（报纸、杂志、书籍）和电子媒介（电影、广播和电视）。目前，围绕数字技术发展的新媒介以互联网为代表，但互联网只是一个信息交流的平台，具体的网站才是一个个的传播机构。新媒介还包括唱片、影碟，有学者把新兴的手机短信、微信也看作新媒介之一。

（二）大众传媒的发展

准确地讲，大众传媒的起源要追溯到1456年。在这一年，德国人约翰•根斯弗莱施发明了第一台手摇金属活字印刷机，并印出了许多份宗教文件。有人把这一年称为“大众传播元年”。后来机械印刷机的发明使作为大众传媒的报纸得以大量印刷，这真正拉开了大众传播的序幕。西方最早出现的报纸是罗马凯撒大帝执政时期发行的政府公报——《每日纪闻》。而真正现代意义上的报纸之一是1660年在德意志创刊的《莱比锡新闻》。在印刷媒体兴起的同时，电波媒体也开始诞生。继电报、电话、无线通信之后，1920年，美国匹兹堡的KDKA电台开始定期广播，这标志着声音广播正式登上了历史舞台。20世纪二三十年代，欧美各国陆续进行电视的实验。1941年，世界上第一家电视台——WNBT电视台在美国成立。第二次世界大战后，电视事业空前发展和繁荣。1946年，世界上出现了第一台电子计算机；1969年，美国国防部的研究人员把四台计算机（俗称电脑）连在一起，没想到网络的诞生带来了一次伟大的传媒革命。随后，互联网以惊人的速度在本地网络的基础上互联形成了Internet。我国在1994年正式接入互联网，上网用户也由1997年的62万人迅速增长到2016年的7.10亿人，互联网普及率达到51.7%，超过全球平均水平3.1个百分点①。网络的发展不仅让人们认识到一种前所未有的新媒体，也为报纸、广播和电视等传统媒体带来了新的冲击和变化。

大众传媒的不断发展，使当今的青少年进入了一个全新的信息化时代，很大程度上影响和改变了他们的学习方式、生活方式和交往方式，对他们的个体发展起到了不可估量的作用。

（三）大众传媒的类别

大众传媒主要有两大类：印刷类和电子类。这两类媒介都有各自的特点。

1. 印刷类大众传媒

印刷类大众传媒主要包括报纸和杂志。

① 中国互联网络信息中心. 第38次中国互联网络发展状况统计报告.

1）报纸的发行量较大，因而是受众面最大的印刷类大众传媒，报纸的特点表现在：①信息较为详细。同电视比较而言，报纸所载信息比较深入、细致、详细、全面，读者可以获得比较系统的信息。②信息具有可选择性。现代生活节奏快、时间紧，报纸虽刊载信息量较大，但读者可以根据自己的需要和爱好，在众多信息中选择自己有兴趣的加以阅读，而不必像看电视和听广播那样，不管喜欢与否，都得照看照听不误。③信息具有可保留性。遇到好的信息，读者可以长期保留下来，以备索用。广播、电视虽画面生动，但转瞬即逝，难以在记忆中长期保留。④信息成本低廉。报纸价格相对较低，不必一次性投入大量资金。电子设备投入较高，且需要特定接收设备，电脑还需要一定的操作技术。

2）杂志和其他媒体相比较而言，其特点在于：①它的读者群比较稳定。每个杂志都有比较固定的读者群。②内容安排比较灵活，有各类版面，可以满足不同读者的需要。③杂志便于携带，可随时阅读，不必占用读者大块时间。④对一个问题报道的信息量大，讨论的问题视角多，研究问题的程度深，这是报纸难以媲美的。

2. 电子类大众传媒

电子类大众传媒主要包括广播、电视和电影、互联网络。

1）广播的信息覆盖面较广，历史也较长。它的特点是：①信息反应快。现代通信技术发达，可以当天播出千里之外发生的事情。②收听者广泛，老幼皆宜，群众基础较好。③不受环境限制。听众可以一边做其他事情一边听广播。收听广播的随意性是广播赖以生存的宝贵生命力。

2）电视是当代最时兴的大众传媒之一。其特点主要有：①生动形象，现场感、真实感强。电视集音响、图像、动作、色彩于一身，能同时通过视觉和听觉来抓住人们的注意力，引发人们的兴趣，这是报纸、杂志和广播不可比拟的。②覆盖面大，电视在现今已基本普及。③时效性强，可进行现场直播。

电影的视觉性和逼真性要优于电视和其他媒体。

3）互联网络作为大众传媒，在当下的信息时代已经成为最广泛的和不可替代的传播形态。①互联网络的开放性。知识获得的渠道变得显而易见，尤其近些年来移动网络和通信设备的飞速发展，任何阶级、阶层都可自由地成为受众。②互联网络的互动性。网络本身就是相对隐蔽的点对点之间的信息交互方式，

不受空间、时间、身份的限制，减小了受众的心理压力，信息的传递和反馈变得轻而易举，极大地提高了受众的话语权。所以，随着科技发展对互联网的推动，它必定成为最海量的信息载体、最广阔的交互平台，同时也会成为最便捷和低成本的发展渠道。但是，互联网络的飞速发展也给人们带来了亟待解决的问题，比如，信息的处理——海量信息的分类和检索，尤其是垃圾信息的处理、不确定信息的甄别；网络安全——网络病毒的存在日益严重、网络犯罪的日益猖獗等，尤其是针对隐私泄露、财产损失的触目惊心。

（四）大众传媒的功能

1. 大众传媒的正面功能

（1）大众传媒舆论监督的功能，促进了正确导向价值观的形成

公共舆论一向被视为现代民主社会的重要基础，社会的高度民主是公民主流价值观形成的重要条件。包括网络在内的多元传媒的涌现，是人类社会信息化不断发展的结果。而作为公共舆论承载的大众传媒，在现代社会中日益发挥着重要的作用。大众传媒在形成和引导舆论时要坚持正确的导向，它绝不是单纯的发泄不满的工具，绝不能为了达到某种目的而一味地迎合受众，特别是作为社会主义的大众传播媒体，它要担负起一定的社会责任，它所进行的舆论引导，“要有利于而不是不利于贯彻执行党的基本路线和方针政策，要有利于而不是不利于中国人民的人心凝聚、团结奋斗和文化、道德、修养的提高，要有利于而不是不利于正确认识什么是社会主义、怎样建设社会主义的这个核心问题”①。

大众传媒的社会监督功能主要体现在以下三方面：①大众传媒通过设置公共话题的方式，发掘社会问题，制造公共问题焦点，引导公众从多个角度关注政府的重大公共决策。在公共管理过程中，要使人们的公共要求能够得到表达，首先必须保证公众对公共问题的知情权。如果公众对公共问题一知半解甚至不了解，也就无法提出有针对性的意见和建议，公众利益保护也就无从谈起。②大众传媒通过舆论表达的方式搭建起人们表达个人观点，呼唤社会正义，构

---

① 顾明珠 . 社会转型期教育报刊的政治自觉 . 新闻战线，2016（23）：104-106.

筑社会伦理道德和价值观念，甚至个人权利救助的重要平台。③大众传媒作为政府与公众的“传声筒”，建构起政府与公众之间交流的通道，促进了主流价值观的传播。众所周知，政府在人们的价值观形成和发展方面是起到引导作用的，并为达到政权的统一服务。政府制定出对人民负责的公共政策，让人民共同规范自己的行为。法制以德治为基础，并以德治为最终目标，这就需要人民具有主流的、统一的价值观，达到社会的和谐发展。长期以来，传统大众传播媒介对于社会舆论的影响一直是人们关注的重点之一。“议程设置”“沉默的螺旋”等理论或假说，都试图揭示大众传媒在形成或引导舆论方面所起的作用，以及舆论的形成机制。

（2）大众传媒的服务社会功能，促进了价值观的变革

报纸、电台、电视台等大众传媒受不受欢迎，关键是看服务如何。因此，服务社会这一点对于每个媒体来讲都很重要。服务社会、服务受众是办好媒体的根本出发点，也是媒体不断发展壮大的基础。例如，我们每天都会多次看到、听到天气预报，这就是服务受众的最好体现。因为受众需要，现在连报纸也多在报头下刊登天气预报，有的还加入出行参考等内容。

大众传媒中服务作用最突出的一种传播方式就是广告。广告不仅向人们介绍商品的作用，更凸显了商品的迷人魅力，是“新生活方式展现新价值观的预告”，在这方面，“广告所起的作用不只是单纯地刺激需要，它更为微妙的任务在于鼓励人们接受新事物，改变人们的旧的习俗”[①]。现代广告不仅适应人们显现的和隐含的需求，还改变了人们对消费的观念与价值取向，形成了非理性的、以相互攀比和模仿为行为特征的消费时尚。而情况严重的话，则会出现疯狂追求时尚的社会心理现象，通常称为“时狂”。从这个意义上讲，不只是广告，整个大众传媒都引起人们生活方式和价值观念的变革。

（3）大众传媒的传递信息功能，丰富了价值观内涵

现代社会是信息社会，它的每一个角落都充斥着信息。传播信息是所有大众媒介最基本的、最首要的功能。世界上任何事情要公之于世，传播得快、传播得广，非依靠大众传媒不可；要引起人们的关注，首先必须让人们知道，让人们了解。而要做到这一点，就必须借助报纸、广播、电视、网络等大众传媒

① 丹尼尔•贝尔．资本主义文化矛盾．赵一凡，等译．上海：上海三联书店，1989：5.

来传播。传媒与人们的日常生活息息相关，人们已离不开传媒。各种大众传媒的融合，特别是互联网的应用，使信息能更快地在全球传播，整个世界在各种媒介的作用下，不折不扣地成为一个“地球村”。“洛阳纸贵”的古代，知识是统治阶级的专属品，受教育也是统治阶级的特权。知识不但促进人自身的提升，也促进了社会的变革。如今，人们可以极大地参与社会生活，知识的作用是不言而喻的，在大众传媒极度发达的今天，人民获得知识的途径如此简单，信息内容如此丰富，再也不用“求先生一字之育，跪青苔三阶之高”。青少年有更加强烈的好奇心和求知欲，在自身认识能力和实践机会有限的情况下，他们就会转向信息丰富的传媒，而传媒正是通过生动的案例或优秀的作品来教育青少年树立正确的世界观、人生观、价值观，弘扬爱国主义、集体主义，培育社会公德、职业道德和家庭美德。

电影、广播、电视、网络等大众传媒的革命，与交通运输革命一起消除了社会的隔离状态，导致了大众社会的形成和大众文化的出现。大众传媒开阔了人们的视野，扩大了相互的影响并增加了彼此的联系，同时“造成对变化和新奇的渴望，促进了对轰动的追求，导致了文化的融合”[①]，更是极大地丰富了青少年对世界的认知，从而丰富了其价值观的内涵。

（4）大众传媒的娱乐功能，提升了人民的生活价值观

威廉•斯蒂芬森在《传播的游戏理论》中提出大众传播媒介的一个显著功能是娱乐。娱乐就是享受生活，是人类生存发展的重要动力和内容。传媒是人类传播交流的载体，本身就有各种娱乐的天性。娱乐与传媒的正式联姻，成规模的要数美国的黄色新闻浪潮，接着是 20 世纪 20 年代以图画为特色的“小报”热。电视出现后，其以声情并茂传播的广泛性、冲击力赢得了亿万观众。首先是在美国，大多数人把大众传媒用以放松心情、缓解精神压力和转移注意力——娱乐。娱乐的实现有两种基本方式：一种是传播，从小孩的“嬉戏”到成人的“玩笑”，从原始歌舞到现代文艺，都是为了满足娱乐的需要；另一种是活动，通过游戏、体育比赛等活动来满足娱乐。例如，把这些活动制成作品呈现在电视上，则成为传播的组成部分。可见大多数娱乐本身就是传播活动，通过传媒则更是传播活动。这显然改变了整个社会的生活方式，从中人们体验到

① 王本朝．传播学教程．重庆：重庆大学出版社，2007：147.

了生活的价值：不仅是为五斗米而活，不仅是为奉献而活，也可以为自己而活。在强调以人为本的今天，自我提升和满足就像滴水之于大海，是和谐社会构成的基本要素，这正是传媒的娱乐性所带来的人们重新定位自己、认识自己的机遇，并随之提高了人们对生活价值的认识。从心理学的角度看，青少年正处于暴风骤雨式的“心理动荡期”，情感丰富、活跃，富有感染力，他们对娱乐的追求是天性使然，传媒的娱乐功能恰恰满足了他们的心理需求，成为他们自我实现和自我评价的平台，娱乐不仅改变了他们青春期成长的苦恼现状，更改变了他们对生活的期待，这种快乐、朝气蓬勃的生活方式逐步改变了他们对生活及周遭一切的扁平认识，价值观念趋向积极。在这里，我们强调的正是大众传媒的娱乐功能对青少年价值观的提升。

2. 大众传媒的负面影响

当然，大众传媒给人们带来便利的同时，也不可避免地带来了消极影响。

（1）增大了青少年的价值观选择难度

大众传媒高速发展的今天，人们已经习惯从报纸、广播、电视、网络等渠道获得信息、交流情感、认识社会，并且大众十分信任和依赖这些途径。

各种传播媒介建构着今日的社会、传递着现实，但这种“传递”都或多或少地存在着扭曲、掩盖甚至虚构的成分。因而，大众传媒并不是完全可以信赖的。汹涌如潮的传媒资讯，尤其对甄别、选择能力都比较差的青少年而言只能被动地接受，这在一定程度上缩小了他们的思想空间。青少年正处在价值观形成的阶段，面对“从大众传媒和未成年人崇尚隐隐约约具有强制性的小玩意中所获得的数百万个日常信息，他们的日常交易不再是同类人的交易，而是接受、控制财富与信息……我们生活在物的时代：我是说，我们根据它们的节奏和不断替代的现实而生活着”①。后现代理论认为，全球化的特征就是信息通过传媒的传播达到共享，那些有益于和无益于价值观形成的信息都让青少年手足无措，茫然无知。选择有利自我发展的价值观是如此之难，“少年维特之烦恼”已经不仅仅是情感的烦恼了。

（2）削弱了价值观在自我发展中的主体作用

科学技术的发展使人们的生活水平得到了很大的提高。在物质生活得到满

① 鲍德里亚．消费社会．刘成富，译．南京：南京大学出版社，2001：2.

足的同时，人们对精神生活也提出了更高的要求。但大量时间投入工作，闲暇时间的减少与对精神生活要求的提高形成了矛盾。在这样的矛盾下，满足人们需要的快餐性大众传媒应运而生，在满足人们生活需要的同时，大众传媒自身得到迅猛的发展和普及。原来的阅读、书写等休闲方式被抛弃了。一切都随之简化，文字简化为图片，小说简化为电影，事件简化为图标。拿以往的书信和今天的电子邮件相比，前者存在字迹的差异，后者完全是统一的字体、格式，甚至祝福语也千篇一律。大众传媒营造的"拟态环境"客观上消解了人们的社会个性，蒙蔽了人们的部分理性，同时也加大了与真理的距离。在"社会是媒体的反映"已成为一种无奈的现实面前，人们其实都是柏拉图理论中的"洞穴人"。人们的审美能力被削弱了，也丧失了个性，大众素养变得平庸化了。

价值观在个体发展中体现为自我认同和自我满足感。主观和客观是相辅相成、相互促进的动态关系，个体的存在是价值观的物质基础，价值观体现个体发展的外部特征。"洞中人"的个体发展异化某种程度上就是价值观弱化的表现。那么，自我抵御能力较弱的青少年，尤其更应该明晰大众传媒带来的冲击，要在这种"拟态环境"里完善自己的个性，在强化自我价值观念的同时，得到自我提升。

（3）弱化了青少年的主体精神

大众传媒在新旧信息的交替中成为控制者，形成了由传媒到接受者的单向信息传递结构。这样，在过多过滥的传媒信息面前，受众丧失了辨别力，成为单纯接受信息的人。"大众传媒经常以最直接的感官刺激器物的面目出现，越来越多的人沉浸在其营造的拟态环境中了解或沟通外部世界抑或是与外部世界日益梳理，这个过程也是使用者自身主体性建构与消解的博弈。"①

大众传媒不断地发展，以其单向的控制力改变了人们原有的生活方式，并引导人们思考同样的问题，而青少年的独立思考在"拟态环境"介入现实环境之后，难度更大。作为本质上乃是为人类更好地认识世界和探索世界而设的传媒，却事与愿违地在我们与现实世界之间竖了一道被我们的观念环境化的信息墙，我们的思维也因对传播的依赖而被改造。青少年在完成自己的价值选择和社会认同上，不能没有理性。但传媒营造的时常是理性缺失的环境，青少年在自身的社会化历程中，常常毫无知觉地弱化甚至是放弃了对环境和世界的分析

① 刘胜君．大众传媒的思想政治教育功能研究．北京：北京交通大学博士学位论文，2014．

和批评，不由自主地习惯于被动接受和消极逃离，这导致了作为个体发展过程中的人不同程度地渐渐失去主体精神。青少年的认识、情感、行为乃至思维自然而然地被理性缺失的“拟态环境”浸染、蚕食、吞并乃至同化，他们正是在这样的“拟态环境”里接受着世界，认知着世界，并逐步形成着令人担忧的各种价值观念。

由此可见，大众传媒既有正面作用，也有负面作用。一些传媒在商业利益驱使下产生的庸俗化、媚俗化倾向，与社会主义核心价值观的要求格格不入，引起了人们的忧虑。对此，正确的态度是：任何事物都包含着矛盾，传媒本身是一个工具，其作用的发挥在于掌握它的人。大众传媒是科学技术发展的产物，具有科学技术“双刃剑”的特性，我们应该掌握规律，合理利用，使其发挥最佳效用，尽量避免或减小其负面影响。而这一切，通过建立有效的监督约束机制是可以实现的。

二、识读青少年价值观

（一）青少年价值观的含义

关于价值观的含义，国内外学界的研究成果颇丰。姜雪凤和关锋认为，“价值观是关于价值和价值关系一般的、根本的观点，是人们处理各种价值问题时所持的立场、观点和态度的总和”①。石勇和刘燕认为，“价值观是个体评判是非、荣耻、优劣的尺度与准则并指导个体的行为实践”②。文萍等认为，“价值观是个体以自己的需要为基础而形成的、对客体的重要性做出判断时所持的内在尺度，是个体关于客体的价值的观点和看法的观念系统的总和，它对个体或群体的行为具有指导作用”③。英国学者莫尼卡·泰勒同意 Halstead 提出的“价值观”的定义，认为，“价值观是对行为提供普遍指导和作为制定决策，或是对信念、行动进行评价……的参照点，是使人据此而采取行动的一些原则、基本信念、理想、

① 姜雪凤，关锋．当代国外青少年价值观教育及启示．青少年学刊，2007，（1）：23-25.

② 石勇，刘燕．20世纪90年代中期以来我国青少年价值观研究统计与分析．山东青年政治学院学报，2007，（2）：24.

③ 文萍，李红，马宽斌．1987—2004我国青少年价值观纵深研究及教育建议．社会科学家，2005，（2）：65-70.

标准或生活态度”[①]。

上述学者分别从价值观本质、作用等角度对价值观进行了概念界定。本书也从描述价值观本质的角度进行界定，认为价值观是人们关于价值和价值关系一般的、根本的看法，是人们处理各种价值问题时所持的立场、观点和态度的总和。青少年价值观即青少年关于价值和价值关系的一般的、根本的观点，是青少年处理各种价值问题时所持的立场、观点和态度的总和。

（二）青少年价值观的特点

“任何一个时代、任何一个社会、任何一个个人的生活都是在其价值观的指导下进行的，失去价值观指导的生活，就是没有意义的生活，也就不是真正的生活。不管人们是否意识到，价值观总在人们的思想中、在人们的观念中，它影响着人们的思想、评价、选择和行动。”[②]价值观是人行动的导向和动力，它在不知不觉中决定了人们选择以什么样的方式度过一生。青少年价值观是青少年判断是非、荣辱、优劣的尺度与准则，并指导他们的行动实践。

价值观不是与生俱来的，而是人们在后天生活中获得的，是对一定社会生产关系和社会关系的反映，是个体在参与客观实践的过程中逐步生成的，是个体在适应外部环境与满足自身需要之间不断进行思考、提炼、整合与选择的结果。青少年时期是价值观形成的重要时期，尤其在当前社会快速发展过程中，通信便捷、信息流通，网络虚拟生活成为一部分人的生活模式，社会价值观多元化，享乐主义、金钱至上、个人主义等思想渗透到社会生活中，影响青少年价值观的形成。当前社会中，受内外各种因素影响、逐渐形成中的青少年价值观呈现以下特点。

1）独立性与从众性并存。当代青少年获取信息的渠道增多，能力和信心不断增强，自我意识迅速发展，主体意识和独立意识增强，对世界和周围的一切开始有了自己的独立见解，主张用自己的眼光去观察世界，用自己的思想、能力去解决问题，逐渐形成独立的价值标准。他们崇尚自由、自立、自强，强烈要求自己成为自己命运的主人，要求父母、社会少给他们限制，要求摆脱心理

① 莫尼卡·泰勒．价值观教育与教育中的价值观（上）．杨韶刚，万明，译．教育研究，2003，(5)：35.

② 刘济良．价值观教育．北京：教育科学出版社，2007：1.

和行为上的依附性，要求有自己独立的人格、个性、价值和尊严，有自己的人生目的和追求。但由于青少年知识经验和认知能力有限，他们对一些事物和现象的认识还不够深刻、透彻，他们的价值评价又往往表现出一定的从众性，随大流、赶时髦，没有形成稳定、成熟的价值取向，把他人的价值评价标准当成自己的评价标准，人云亦云。

2）理智性与情感性并存。随着视野的开阔，思维能力、自制力的增强，青少年对事物的认识日益深刻，他们对事物的看法、对价值的认知显示出较强的理智性，能够客观、理智地评价社会现象，逐渐形成正确的价值认知和价值评价标准，价值取向更具合理性，价值实现途径的可行性增强。但青少年的好奇心强、易冲动、情感体验敏感等又使其容易受情感的左右，表现出明显的情感色彩。

3）理想主义与务实性并存。当代青少年处在经济比较发达、信息丰富的时代，他们思维敏捷，创新能力强，对自己未来的生活有较明确的规划，他们乐于奉献，勇于追求，敢于为自己的理想去拼搏和努力。但同时，青少年价值观具有很强的务实性。当面对现实问题，需要做出价值判断和选择时，他们更多的是从个人的情感和利益的角度来理解"价值行为"，注重个人的自我价值，轻个人的社会价值；重视和强调对个人需要和利益的尊重，不重视个人对社会、对他人应尽的责任、义务和贡献。例如，南京地区 3362 名研究生"在回答'你择业时考虑的首要因素是'的调查中，有 48.75% 的研究生把'自身发展'列首位，有 29.63% 的研究生选择了'工资待遇'，其余依次是工作单位地理位置、社会地位、工作轻松、其他，所占比重分别是 11.78%、7.41%、1.81%、0.62%"。这组数据说明，作为青少年的研究生在择业时把个人的发展和工资待遇放在首位，主要考虑的是个人利益。①

4）集时代性、开放性和多元性于一体。青少年大都对社会变革具有敏锐的感受力，喜欢求奇猎新、标新立异，富于创新精神和开放意识，勇于开拓、探索，追逐时髦和潮流。青少年不只是满足于被动地接受传统价值观，而是随着时代发展不断追求新的价值标准、价值取向和价值目标，以开放的心态面对迅速发展的社会和科技进步，最快、最集中地反映新时代价值观念的变化和特点。

---

① 张晓琴，华江峰. 当代研究生价值观现状与矫正——基于对南京地区 3362 名研究生的调查. 思想教育研究，2016，(5)：121-124.

然而，社会上多种价值观念并存，青少年价值观尚不稳定，易受其影响，青少年价值观又呈现多元性，各种价值观念经过青少年不同程度的价值认同，此消彼长，逐渐形成了集发展新时代价值观与继承传统价值观、追求理想与享受现实的多元价值取向。青少年在人生价值目标上，既追求索取，也注重奉献；在职业选择上，既希望适合个人发展，又能用经济眼光评价和选择职业；在对待知识、学习的态度方面，既注重真才实学，又在物欲横流面前显得急功近利；在爱情婚姻观上，既注重潜能和精神因素，又要求经济上的充裕。

青少年价值观正处于形成时期，既具有很强的可塑性，在社会、学校、家庭的共同引导下易于形成正确的价值观，又表现出极大的易变性，易受外界一些陈腐价值观的影响。因此，如何根据青少年价值观的当前特点、针对影响青少年价值观形成的各种外部因素对青少年进行价值观教育，帮助其正确地认识事物及其联系，形成正确的价值认知，做出正确的价值选择，铸就正确的价值观，以促使青少年健康成长，是整个社会、学校、家庭的责任和义务。

第二节　大众传媒对青少年价值观的影响

一、大众传媒对青少年价值观的积极影响

大众传媒是对青少年有积极影响的第二课堂。特别是网络传媒，能有助于青少年民主观念、平等意识、多元知识与全球视角的形成，有助于更新他们的价值观念、改变他们的生活方式，给青少年价值观带来很多积极的影响。

（一）全方位的信息强化了青少年价值选择和认同

1）大众传媒为青少年提供关于现实的图景，促使其进行价值认知和选择。青少年时期是人类自我强化的成长时期，是对“自我同一性”的探索时期。在这一时期，他们开始从与别人对比的意义上理解自我。大众传媒恰恰为青少年提供

了自由选择、模仿和比较的机会，它所传递的全方位信息使得青少年自主进行价值选择的需求增强。“大众传媒是社会个体了解世界、获取知识、接受新鲜事物、明晰真理的重要渠道。大众传媒是人们思维方式和行动的指南，它对人的信仰、认知、倾向、情感、判断等具有很大的影响。”① 大众传媒反映各个阶层的生活状态，反映他们所从事的工作的社会价值。青少年根据从大众传媒传播中所得到的各种社会认知，在现实生活中寻找原型，并进行自己的价值选择。

2）青少年不断接收一定的规范和价值观，进行新的价值选择和强化。在传递知识和信息的过程中，发展和促进了多种复杂的社会行为。而这些行为和知识对传统价值观念具有重新选择和认可的作用，对于正处于接受能力最活跃的青少年来讲，新知识和新行为的出现将促使他们对自身的传统价值观做出新的认识和选择。在大众传媒极度影响下成长的青少年，他们在包罗万象的信息的传递中表现了更大的自由和开放，传统价值规范的固定性已不复存在，价值多元随着信息和知识多元越来越成为现实。大众传媒使青少年能够更有效地了解社会、分享社会经验，从而影响他们对世界的理解和思考，促使他们接受社会的各种价值观和行为方式。

3）大众传媒是实现青少年个体认同社会价值观与社会主导价值观整合的重要途径。现代社会中，大众传媒信息的密集化使青少年与社会加强了相互了解。尤其是在跨文化传播的新时代，异质文化之间的交流将更加直接、更加频繁、更加广泛，世界各地的文化通过密集的传递呈现在他们面前，有助于他们广泛地获取信息。大众传媒信息的组织化促进了青少年价值观与社会价值观产生共识意识，并有助于强化价值归属感，有利于社会价值整合。大众传媒的沟通与交流使处在不同的身份背景、交往背景下的不同价值观得以整合，使青少年建立起基本一致的价值观，从而维持社会的发展。

（二）社会教育内容激励了青少年自我价值的实现

大众传媒的社会教育信息是以政治、思想、伦理和科学文化知识为主要传播内容，以促进社会主义精神文明建设和弘扬社会主义核心价值观为主要目的的信息类型，国外又称之为“公共利益服务信息”或“公共教育信息”。这类大

① 刘鑫．大众传媒政治导向功能研究．重庆：西南大学硕士学位论文，2014．

众传媒信息旨在丰富人们的文化知识，陶冶人们的道德情操，提高人们的审美情趣，丰富人们的精神世界，帮助人们更好地生活。近几年，一些社会教育类大众传媒信息备受青少年青睐，原因是它符合了青少年对丰富知识的渴求、对多样人生的向往，满足了当代青少年的多种心理需求。这些大众传媒信息产生了强大的青少年群体效应，必然对青少年的个体发展产生多方面的推动作用，特别是对青少年自我价值的实现更起到了强烈的激励作用。

青少年时期出现了特殊心理行为反应，出现了内心世界的复合心理状态。一方面，青少年与成人生活在两个不同的精神世界，常缺乏表达思想、表露自我的机会，更没有机会与成人进行平等竞争。强烈的成人欲望、繁重的学习和青少年时期必然出现的心理需求使青少年容易感觉生活的压抑和单调。另一方面，现实生活中，自我确认和表现是青少年共同的心理特征。他们希望通过对他人进行观察和类比、借鉴和比较，对自我形象、能力有进一步的相对客观的认知。更重要的是由于成长在多元化的社会当中，他们虽然身处学校，但目光不再局限于学校；他们厌恶枯燥、乏味、单调的学习生活；和父辈相比，他们身边的环境更丰富多彩，他们的眼界更开阔，思想更活跃，他们也敢于打破规范的约束；他们喜欢求新、求奇、求异，有自己的观念，敢想敢做，勇于实践，想以自己的方式追逐自我价值。而一些定位恰当的社会教育大众传媒信息直接或间接地符合了青少年群体的心理特征而具有了非凡的魅力，使青少年主体意识越来越强烈，自我价值实现的愿望加深，并激励他们采取追求自我价值的行动。

（三）正面榜样报道丰富了青少年的人生价值取向

榜样指的是某一类型的思想、行为模式成为他人学习模仿的楷模。美国心理学家班杜拉的社会学理论观点认为："人的一切社会行为都是在社会环境影响下，通过对示范性行为的观察学习而得以形成、提高或加以改变的。"[①]榜样的力量在于向他人提供现成的活动方式、模式或途径，成为影响、改变或激励他人行为的一种力量，是一种无声的教育。从心理学的角度看，学习榜样的过程就是模仿的过程。模仿是有意或无意地对某种刺激做出类似反应的行为方式。亚里士多德认为，"模仿是人的一种自然倾向"，是人的本能之一。意大利社会学

① 班杜拉．思想与行动的社会基础——社会认知论．林颖，等译．上海：华东师范大学出版社，2001：47.

家塔德认为模仿是社会发展和社会存在的基本原则，由于模仿而产生了群体的规范和价值，模仿是社会进步的根源。

从青少年受众的接受心理来讲，相对于外界强加给他们的思想，他们更愿意主动接受一个他们认为对自己有益的榜样的引导。言语的力量、灌输的力量总是有限的，正面的榜样引导作用却可以潜移默化地发挥巨大的影响。青少年很容易从榜样身上找到自己缺乏的东西和正在追求的东西，也很容易在这种“互补”过程中产生认同感。具体来讲，榜样对青少年的影响主要体现在：一方面，榜样为青少年提供了效仿的示范性行为。榜样有带动群体趋向自身行为的力量，青少年对媒介的观察学习则是一个认知榜样的过程。好的榜样会重塑灵魂，坏的榜样则会毁掉人生。榜样的力量还在于可以迁移。青少年可通过抽取媒体示范者行为的基本精神，将之迁移到新的情境中；也可通过榜样行为后面的思想或规范形成新的行为。另一方面，榜样具有强化受众行为的作用。强化是指采用适当的强化物来增加行为反映的强度、概率或频度的过程。强化对人的社会化的形成具有非常重要的作用，它可以使人们凭借观察学习、借助示范作用建立新行为。榜样对青少年的强化作用除了影响的深远性外，还有受众数量的广泛性。这种榜样的强化可以同时让成千上万的青少年起到相同的效应，激发他们学习榜样的热情。

（四）丰富的外来文化带给了青少年多元价值观念

在全球化的背景下，规模宏大、影响深远的跨文化传播正为越来越多的各国政要、学者和民众所认同，成为21世纪人类信息沟通和文化交流发展的亮丽景观。跨文化传播显示了日益增加的吸引力和亲和力，对广大青少年的价值观念产生了深远的影响。大众传媒是跨文化传播的重要载体之一。中国的大众传媒的信息有很多是由外国传媒制作机构制作和提供的。这些主要由西方发达国家生产的大众传媒的信息，特别受到青少年的青睐，成为主导青少年消费的“风向标”。调查显示，青少年对外来文化产品特别关注，是外来文化产品的消费主体，成为外来文化时尚的“领潮人”和“风向标”。

大众传媒作为一种文化形态，具有明显的区域性特点。不同的文化圈往往赋予大众传媒不同的文化特性。这种区域性首先来自本民族的文化传统，来自

那种长期积累形成的文化背景、伦理道德、价值观念与精神品格。大众传媒以直接的信息形式最形象地反映了人们的价值观念。

对于青少年来讲，接受大众传媒信息不可避免地要受到其中所反映的世界各地的文化样式和价值观念的影响，这对于他们了解不同文化形态，促使自己形成多元文化价值观是有益的。

二、大众传媒对青少年价值观的消极影响

（一）商业广告渗透扭曲了青少年的消费价值观

在市场经济条件下，大众传媒获取经济效益的途径之一是播出大量的商业广告。我们已经深切地感受到，如今的商业广告已成为我们生活的一部分。它无孔不入，凭借着各种令人目眩神迷的形象影响人的潜在感情，渗透于人的无意识中，按照商品化逻辑操纵人的心理和行为，同时塑造和改变着青少年的消费价值观。目前的大众传媒广告至少存在着以下不良倾向。

1）虚假广告对青少年认知和消费行为产生不良的引导。商业广告本来理所当然地应该向人们真实地传递商品信息，诚恳地推销商品，树立企业信誉形象。但是近年来，有些传媒只看到眼前的经济效益，发布了一些虚假广告。受众对广告的信任实际上是对媒体的信任，对权威的信任。但是，受众对传媒权威盲目的信任中隐含着极大的危险。有些传媒正是利用了受众对媒体的无条件信任，从而毫不费力地使自己的形象无条件地被观众认同和接受，并总能成功地调动起人们对幸福的人生、尊贵的地位、成功的生活、梦想的身材等的联想。正是这种联想掩盖了一些广告在事实上的欺骗性，刺激了人们消费的欲望，而实际的商品与广告中的宣传相距甚远。例如，增高产品广告声称“几个疗程使身高增加几厘米到十几厘米”；保健品广告宣扬孩子用了某口服液“连成绩也上去了”；复读机和学习机广告更是声称“一个月突破英语听力”“轻松学英语”。青少年对自己现有状况不满时，便会在广告的蛊惑下发展出一种急于改善的强烈愿望，有些广告也就顺理成章地在一种近乎幻觉的体验中实现了它对青少年欺骗性的消费误导。同时，有些广告中出现的违背科学知识的内容，也对青少年科学素养的形成产生误导。

2）有些广告对高消费和享乐至上的推崇，导致青少年“炫耀性消费”等价值观和行为的产生。有些广告从占有物质的意义上来解释幸福和生活的意义，冲击着青少年的幸福观、人生观。一些明星代言人大谈特谈某一品牌的精致，某一去处的品位，似乎消费这些就是拥有了优雅的生活、不俗的品位等。“如今很多媒体习惯于把豪宅、名车和各种奢侈品作为噱头，对其进行大肆炒作。这样的报道屡见不鲜，‘女明星豪宅、名车大比拼’、‘揭秘当红主持人的奢侈生活’、‘明星买私人飞机，豪华阔气大 PK’、‘明星宝贝奢侈生日宴大比拼’。不仅新闻如此，小说影视剧更是比比皆是。一些小说作者为了迎合读者和市场的需要，以越来越物化的内容，展示对奢侈消费、奢华生活、奢侈文化的诉求和趣味。一些作品中，众多奢侈品品牌充斥其中。流行的网络文学中，一些描写白领生活的作品很喜欢‘植入’国际奢侈品并大肆宣扬。”[①] 而判断力不强的青少年很容易受到这些眩目外表的影响，渴求金钱，追求名牌，引起对财富、消费的过度尊崇。它所表达的高消费和占有观念与我们今天所倡导的主流价值标准和道德标准存在严重的偏差，使青少年小小年纪就产生了拜金主义和享乐主义的人生价值观。当今的青少年在幸福观上出现重时尚消费的倾向，也导致物质消费与精神追求的失衡。个人本位主义、务实主义及世俗化倾向正在成为当代青少年人生价值观的主要特征。因此，广告用其浮夸的外壳诱导青少年消费，青少年所表现出来的“炫耀消费”“攀比消费”等消费心理无不与商业广告中的消费主义有着密切的关系。

（二）不恰当的传媒舆论模糊了青少年的道德价值观

大众传媒有时是通过引导社会舆论来帮助人们获得正确的道德价值观的。而且，目前在社会转型时期更需要成熟的社会舆论，更需要正确的社会导向，以引导人们做出正确的道德选择，帮助人们形成正确的道德价值观。

舆论导向是指用正确来抨击错误，用高雅来抵制庸俗，对周围事物形成某种共识和正确的价值判断。但是，在尚不完善的市场经济的影响下，大众传媒在日常的信息中，也存在着一些不健康甚至错误的舆论导向，直接或间接忽略正确舆论导向的实例还是很多的。例如，有些大众传媒信息鼓吹“及时行乐”“玩

---

① 霍莎莎．大众传媒低俗化对青少年价值观的影响及其对策．武汉：华中师范大学硕士学位论文，2014．

世不恭”的思想道德观念，将人们引入萎靡、颓废的精神状态；宣传对私欲的渴求，对享乐的追求，对消费至上的崇尚，对实用主义的信奉，对金钱的贪欲，对粗俗的欣赏，片面强调个人自由、个人利益，不讲对社会的奉献和责任等。社会新闻信息的婚姻、恋爱、家庭、人伦关系等方面直接牵动人们的视线，但媒体在报道内容上和舆论立场上有时自身还处于迷惘、困惑的状态，因此，难以正确地引导大众的思想道德。娱乐新闻是影响社会风气的一环，健康的娱乐新闻能提高人们的审美情趣和道德情操，任何不健康的娱乐资讯都是对社会伦理道德的挑战，都会影响人们思想信念、道德情操和精神状态，特别是会模糊青少年的道德价值观。

有些广告推行的浓厚的物质主义价值观念助长了青少年消费价值观的物质主义倾向，使青少年沦为消费的奴隶。“媒体对挥金如土、奢侈浪费、纸醉金迷的生活方式的如此推崇，对豪宅、盛宴、名车和各种奢侈品的炒作不遗余力，对斗富摆派头、盲目攀比、声色犬马的畸形消费行为偏爱有加，实际上是变相地鼓动人们‘时尚’消费，使人们沦为消费的奴隶。”[①] 在某些格调庸俗、趣味低下的广告文化的熏染下，青少年的道德价值观被扭曲了。广告除了是一种商业行为以外，还是一种社会行为。然而，我们所目睹的大量广告往往以推销商品为唯一目的，甚至不惜以不良的道德形象达到促销商品和影响消费者心理的目的。例如，在大量以青少年为消费对象的广告中，有引发其早熟的，有助长其唯我独尊倾向的，有塑造霸王形象影响其尊重长辈的，有利用青少年给家长施加购买压力的，有让他们以拥有某商品而感到优越的，等等，这些都极不利于青少年的正确道德观念的形成。

（三）大众传媒的暴力内容淡漠了青少年的生命价值观

早在 100 多年前，“近代犯罪学之父”切萨雷·龙勃罗梭就谈到传媒对犯罪的影响，解释这其中的“恶性循环规律”时他描述道：“报刊对犯罪的报道扩大了它们的发行量，而报刊发行量的扩大，又使更多的人进行犯罪模仿，导致更多的犯罪产生；不断的模仿最终会导致一种成熟的价值观的形成；受众不再是简单的模仿，而是将原本属于媒介人物的思想转化为自己的意识，自觉不自觉

① 霍莎莎．大众传媒低俗化对青少年价值观的影响及其对策．武汉：华中师范大学硕士学位论文，2014．

地用这种意识来指导自己的行为。”[①] 这一解释同样适用于整个大众传媒。

当前，有些大众传媒充斥着各种各样不同程度的暴力信息，出现了暴力内容剧增、暴力情节渗透面广、暴力传播和接受心理的娱乐化、游戏化倾向。显然，青少年有限的社会阅历决定了他们在虚构和真实之间分辨能力较弱，传媒对暴力和犯罪细节的详尽描述，再加上渲染、夸张和虚构，很大程度上改变了青少年内心对真实世界的认知和建构。长期观看暴力作品的青少年会对现实生活中暴力受害者日渐麻木，以致容忍社会暴力的存在，从而逐渐造成青少年同情心和体会他人伤痛能力的丧失。“有些消极、色情、暴力的内容会在传播媒介上出现，严重毒害青少年的心理生理健康。这些低俗化的信息不仅仅混淆了大众的视线，而且对处于思想不确定的中学生来说更是伤害巨大，有可能会在好奇心的驱使下去尝试这些大众传媒乱播滥播的坏内容，走上犯罪之路。”[②] 例如，网络暴力游戏往往带给青少年一种幻觉，使他们认为无论什么问题都可以借助暴力来解决，因而产生暴力崇拜，促成“暴力价值判断”，严重者则诱发攻击性行为和暴力犯罪。暴力崇拜的直接后果是对暴力的恐惧上升，增加对他人和社会的不信任度，导致社会道德意识淡漠、极端个人中心主义盛行。

因此，大众传媒中的暴力信息所传达的对社会、人生、生命等方面的态度和价值观渗入青少年内心世界，对青少年价值观产生了极其严重的负面影响。大众传媒信息暴力不仅意味着一种行为，也包含了一种价值观念，这种价值观念往往是反社会倾向的。大众传媒信息在呈现暴力时不可避免地要涉及其中的价值观，即暴力是解决问题的有效手段。久而久之，“暴力价值判断”也会作为一种价值观念渗透到青少年的品质中并定形，使其尚不成熟的人生观、价值观沉溺于通过侵害他人以显示自身力量的错误观念中。重要的是，大众传媒信息中的暴力使一些青少年变得麻木不仁，折射出他们对生命的冷漠与残酷，以及不正常的猎奇心理。暴力文化所传递的生命意识，“是一种对生命感觉的逃避，是对不可逆生命过程的否定，时间呈现出某种停滞的麻醉感，时间感觉已经不复存在，生命本身在这里无所谓开始、展开、完成，生命意识因此而消解。这样，生命的节奏感就不复存在，充溢其中的是一种令人眼花缭乱无机性节奏，

---

① 转引自：李爱芹．传媒暴力与青少年社会化．山西青年管理干部学院学报，2002，15（4）：14.

② 曹艺．大众传媒对中学生思想政治教育的影响．开封：河南大学硕士学位论文，2013.

没有内在的统一性”[①]。

（四）低俗娱乐内容降低了青少年的审美价值观

与文字相比，声音和图像更为清晰、直观、形象、生动，读声音和图像时，人们无须进入意识的深度，感性取代了理性，一次性的感官享乐取代了思考。部分娱乐信息就是一种纯粹刺激感官的平面游戏。近十年来，我国大众传媒相继推出不少娱乐节目，其中一些在全国掀起了一股强劲的娱乐浪潮，像是不断在提醒人们一个游戏与狂欢的时代已经到来。虽然各类休闲娱乐信息有助于生活在快节奏之中的人们实现某种精神调整和心理恢复，但同时部分低俗娱乐信息所呈现的不良倾向对青少年价值观也造成不良影响。

大众传媒的商业化，使大众传媒信息更多的是为了消费而进行的生产。大众传媒信息浓郁的商业化，可能会造成青少年功利主义和拜金主义价值观。

更重要的是，一些娱乐信息只热衷于对受众的感官刺激和对娱乐功能的过分张扬，导致其艺术水平异常低下。许多大众传媒节目格调不高，以低俗为幽默，以媚俗为神圣。这些大众传媒娱乐信息“都有一个共同点：对崇高感、悲剧感、使命感、责任感的放弃和疏离，过去文化中那些引以为豪的东西，如深度、焦虑、恐惧、永恒的情感等日益淡化”[②]。大众传媒娱乐信息所具有的形象性、直观性使今天的青少年习惯于“看”而怠惰于“想”,“眼球文化”造成他们思想的浅薄和思考力、审美力的下降。一些大众传媒娱乐信息中的游戏化、媚俗化倾向等，无不以不同的形式渗透在青少年的价值观念中，不能不承认在大众传媒娱乐信息繁荣表象的背后隐藏着巨大的对青少年价值观念的异化力量。

大众传媒娱乐信息的商业化和低俗化倾向直接造成青少年审美价值观的庸俗化。这些大众传媒娱乐信息以嬉闹取代娱乐，又以对娱乐的误用排斥了审美，这种娱乐文化的低俗化的品位正在造成青少年审美价值观的庸俗化。青少年从一些大众传媒娱乐中学到的只是一些无厘头式的调侃和嬉闹，将什么都拿来做游戏的大众传媒娱乐正在以一副什么都无所谓的后现代姿态，教会青少年以同样的方式游戏人生。本来，适度的、合理的娱乐并不意味着逃避和放纵，娱乐

① 潘知常，孔德明 . 讲“好故事”与“讲好”故事：从电视叙事看电视节目的策划 . 北京：中国广播电视出版社，2006：17.

② 尹鸿 . 世纪转折时期的历史见证——论 90 年代中国影视文化 . 天津社会科学，1998，（1）：82.

信息追求的就是要给受众轻松愉悦的精神享受。但大众传媒的娱乐性并不意味着可以随意地调侃与发泄，并不意味着对审美的放逐，不应放弃对观众的审美提升。当下的媒体狂欢更多提供的似乎是一种形而下的自娱快感，从而崇高的价值理念被漠视。青少年群体容易在嘻嘻哈哈中消解对理想的追求，逃避对社会责任的担当，从而走向消费主义与享乐主义。

第三节　大众传媒影响下的青少年价值观异化的归因分析

一、一些大众传媒的错误导向

概括起来说，一些大众传媒的错误导向主要体现在以下一些方面。

（一）一些大众传媒放弃了正确导向作用

随着现代社会全球化趋势的加速进行，世界各地文化、道德甚至意识形态方面的融合不断加剧，不断走向开放的中国也不可能再像过去那样封闭、独立。这种世界文化的互相交融，加深了我国与国外先进技术和文化交流的进程，无疑具有积极进步的一面，但我们同样应当清醒地认识到，在吸收国外先进经验的同时，我们同样面临着严峻的挑战。西方资本主义国家大量腐朽的思想观念也同时会涌入敞开的国门。传媒作为传播精神文化的工具，本身具有舆论引导、思想教育的功能，但我们有些媒体，淡化舆论宣传工具的观念，淡化意识形态思想的指导，大肆鼓吹传媒超脱于政治党派、远离社会理想的经营理念。

某些传媒脱离中国社会现实，肆意夸大某些阴暗面和社会不安定因素的存在，甚至不惜丑化国家的正面形象，产生极其恶劣的影响。另外，某些西方国家近年来不断攻击我国，其中涉及人权、台湾问题，以及邪教组织等问题，他们利用报纸、广播、网络等宣传手段，进行意识形态渗透，手法不断翻新，且

越来越隐蔽。某些西方国家将充满西方价值观念的文化产品制成游戏软件，向我国广大青少年出售，发起文化攻势。这些事实对社会大众，尤其是对涉世未深的青少年而言，其负面效果是显而易见的。

（二）一些大众传媒传播内容的错误导向

1. 一些大众传媒的错误人生观导向

现代社会生活节奏加快，竞争日趋激烈，青少年学生的学业负担日渐加重，承受的心理压力不断加大。为了调节紧张情绪，缓解心理压力，一些青少年在选择媒体内容时更愿意选择娱乐、休闲、消费时尚类的作品，并乐此不疲。而我们的传媒往往从功利目的出发，吸引大众，盲目迎合青少年的某些需求，宣传错误的人生观。例如，某些小报打着娱乐的幌子，满篇尽是庸俗不堪的花边新闻，有些甚至是不健康的、反动的言论；某些大众传媒为了自身商业性目的，不惜迎合大众的庸俗文化需求，利用商业性、娱乐性极强的商业文化，大肆宣扬享乐主义、个人主义的人生观。

2. 一些大众传媒盲目宣扬物质高消费思想

我国大众传媒正处在社会转型及市场化发展的探索时期，面对外来信息和国外媒体运作理念的冲击，尤其是市场经济追求利润最大化的刺激，片面强调经济利益至上的媒体经营理念，不可避免地出现某些违背传统道德观念的做法；有些传媒为了达到自身赢利的目的，不惜放弃社会职责，大肆宣扬物质高消费思想，对广大青少年的生活方式、价值取向存在不同程度的误导。例如，我国某些传媒热衷于介绍、描述国外高收入阶层消费生活的细节，使追逐西方消费时尚的青少年趋之若鹜，对我国传统的消费文化形成强大的冲击。一部分青少年不再以勤俭节约为美德，他们为了彰显个性不惜抛弃传统观念，狂热追求品牌消费，放弃精神追求。大众传媒的这种做法，在无形中给青少年营造出这样一种文化氛围，那就是将拥有金钱的多寡作为衡量一个人是否成功的主要标志。这对还不完全具备独立经济支配能力的广大青少年学生来说，无疑是一种盲目攀比的畸形生活模式，助长其拜金主义、享乐主义思想的泛滥。

3．一些大众传媒的媚俗化倾向

有一种观点认为，媚俗是几乎所有的传媒都不愿意承认，但是都要面对的问题：如果你不媚俗，你就不会有足够多的读者、听众或观众；而如果你只是以媚俗作为媒体的方向或目的，你生存的政治环境和社会环境就不允许。更有媒体认为，所谓的通过大众传播的文化，其本身的文化涵盖并不高雅，通俗化是其生存的另一种形式。因此，在大众传媒的这个层次上，大众文化并不是一个审美的领域，而是一个满足欲望的领域。

媚俗也许对于媒体来说是不得已而为之的事情，然而，我们也必须清醒地看到，大众传媒的媚俗往往是因为市场过分的功利目的决定的，媚俗是传媒为了迎合一些人的低级趣味，从而使媒体成为娱乐和花边新闻的集锦。某些传媒大量登载所谓猎奇的内容，虚假广告、小道消息满天飞；有些甚至以传播低级趣味的内容为其主流，如一些所谓娱乐性质的街头小报，大肆刊登影视明星的绯闻逸事，追逐名人的花边新闻，大谈个人隐秘，有些甚至专门以“性”为话题；由于网络传媒自由度更大，其传播的内容更是五花八门。大众传媒的这种媚俗化倾向，给当代青少年造成的负面影响极其恶劣。

二、大众传媒的不可完全控制导致其消极影响增大

大众传媒已经大大不同于传统传媒掌握在某些政治团体的手中。尤其是以互联网络和现代通信技术为重要传媒方式的新兴媒体的崛起后，传媒的可控性早已不可同日而语。

对大众传媒的不可完全控制首先体现在对信息传播的有限控制上。大众传媒的开放程度日趋增高，尤其是互联网络的开放性是任何一种传统媒体都无法想象的，正是这种开放性特征使得对其控制程度大大减弱，不管人们使用何种方式，要想对一个完全开放的系统实施控制，毕竟从技术到操作上都难以实现。目前对网络信息的控制主要是采取信息过滤技术，但是最先进的信息过滤技术，也不是万能的，对信息进行处理的比例可能只达到80%～90%。而对于技术水平并不高的普通社会信息网络来说，对信息传播的控制更是难以实现真正有效的监控。这直接导致我们经常会发现网络上不时出现一些政治类负面信息，以及一些不道德、不健康的诸如人身攻击、谩骂信息等。

大众传媒的难以控制还体现在信息安全性方面，这一点在互联网络中表现得尤为突出。可以说，自计算机发明以来，安全性问题就已经被提上议事日程，而网络的飞速发展，更是把这一问题推向极致。互联网络的脆弱集中体现在其易受攻击上。从电子计算机诞生的那一天起，它就没有中断过遭受侵犯。与计算机时代伴随而来的是另一个让人无时无刻不感到头疼的话题，那就是网络的易受攻击性。计算机病毒和“黑客”几乎是与计算机同时诞生，与计算机同时发展的。网络的发达，让电脑病毒的传播随着网络的延伸而迅速蔓延，其攻击力遍及全球计算机网络。现在，“黑客”的组织性、技术含量、攻击范围和强度，以及病毒所造成的破坏性，已经远远超出一般人的想象。

此外，我们又不能不面对这样一个事实：大众传媒传播的信息量在不断增加。大众传媒的一个重要特征就是其传播的信息量巨大，每天都有大量的新的信息涌入我们所生活的社会，随着信息量的增加，某些消极信息也乘虚而入，而且其传播的范围、影响的广度，伴随着持续增长的新的信息在不断扩大。因此，我们必须看到，一方面许多消极信息的传播现在还难以控制，另一方面新的信息又在源源不断地增加，必然造成传媒的消极影响增大。

三、青少年自身原因

（一）青少年个体差异会导致不同传播效果

青少年作为个体接触媒介时，其社会差异和心理差异也会起作用，并产生不同的传播效果。社会学研究者将个人差异、社会类型、社会关系归类为影响接收媒介传播的因素，将选择性因素归类为如何影响媒介传播效果的因素。

1）个人差异。研究表明，人们在需要、感受、习惯、信念、态度、价值观、智力、技能、理性和情感特征等方面有较大差异，这些差异成为影响接收者媒介注意及后来发生的特定行为的重要因素。

2）社会类型。社会学研究表明，社会分化产生了独特的行为方式，即相同社会类型的人常常行为类似，处于不同社会类型的人行为常有较大的差异。因此，处于不同社会类型的人，对影视作品有着不同的兴趣，因而有不同的接触效果。根据社会阶层、城乡、年龄、受教育程度、性别等不同标准可将青少年分为不同的社会类型。比如，关于传播行为的文献显示，人们受教育程度越高，信息就越容易传递给这些人。从长期看，受教育程度高的人比低的人更快地获得经常被宣传的信息内容。

3）社会关系。社会关系比大众传媒更能经常、有效地影响个人的选择决策。大众传媒传播效果不仅取决于个人和社会的特征，也取决于个人与他人或群体的关系的相互影响。个人并不是与社会相隔的，媒介传播的信息及对信息的看法在家庭成员之间、伙伴或朋友之间等的流动，影响个人的态度和行为。比如，家庭关系不好的青少年，就可能比较倾向看打斗、凶杀的影视剧。

4）选择性因素。受众的媒介选择活动一般有三种：①选择性注意。当青少年面临众多的信息时，他们会注意感兴趣的内容。②选择性理解。理解是指青少年对媒介信息做出有意义的解释的心理活动。不同背景的信息接收者对同一信息赋予不同的意义和做出不同解释。③选择性记忆。人们容易记住自己感兴趣的和有实际用处的信息。[①]

研究表明，受众的年龄、性别、个性特征、兴趣爱好等都可能影响其媒介接触，进而通过媒介接触影响他们的观念和行为。

（二）青少年对大众传媒的过分依赖

可以说，当代青少年自幼年起就开始接触大众传媒，每天都与大众传媒接触，它成了当前几乎每一个青少年成长环境的一部分。与童年时期相比，青少年时期也是一个家庭的影响正在减弱的时期，青少年所需要的理解、娱乐，尤其是教师、父母、同学不能提供的那部分理解、娱乐，需要通过大众传媒传递的信息来达到。因此，现代社会中的青少年成长和发展越来越依赖于大众传媒。

在有关媒体的利用和满足研究中，媒体所带来的“效果”之一就是“对媒体的依赖性”。对这个变量，专家有几种不同说法（依赖性、相依性、亲密性等）。在任何情况下，对媒体的依赖性都与接触媒体的一些动机有关。人们越是渴望从媒体那里获得满足或是认为他们获得了满足，他们就会越依赖这个媒体。随着大众传媒的进一步发展，信息量的剧增，“电子多媒体时代”的青少年更习惯于对信息的短、平、快的接收和处理方式，青少年从而变得浮躁、肤浅，不

---

① 朱步楼，陈章龙．论主导价值观．南京：江苏人民出版社，2006：147.

能深入理解事物的本质，缺乏理性，当遇到问题时也会容易不知所措，对自己产生怀疑，造成混乱。事物的发展、变化存在着多种可能性，人们对此不能做出明确的判断，就表现为认识的不确定性，事物的可能性越多，不确定性就越大，人就会产生焦虑和畏惧。根据媒介依赖理论，当不确定性增多时，青少年会依赖于大众传媒，从中模仿与学习，以减少不确定性，解决冲突。但当青少年把信息需要指向大众传媒并获得极大的满足时，他们的心理往往也可能不知不觉地受到扭曲和戕害，其成长过程很可能会因为当代大众传媒内容的矛盾、冲突及虚拟性而变得更加具有不确定性。

第四节　大众传媒影响下青少年价值观教育的建构

大众传媒对青少年价值观所带来的不良影响已经引起人们的焦虑和关注。青少年在大量与媒体为伴的课余生活里，渐渐地淹没在媒体制造的种种五花八门、良莠不齐的情景、信息和观念中，终究会迷失方向，丧失思考和判断的能力，丧失对人生价值和生命意义的求索，因此，我们不得不对此做出清醒的认识和深刻的反思。如何有效地避免大众传媒对青少年成长的不利影响，并不是简单的问题。严格限制青少年接触大众传媒的做法是无效的，因为大众传媒已经成为现代社会生活不可缺少的组成部分。因此，我们应该从多方面出发，寻找相应的对策。

面对21世纪的青少年价值观教育策略，必须坚持及时、准确、全面地宣传党的路线、方针和政策，坚持以正确的舆论引导青少年，发挥社会主义核心价值观凝聚力量、振奋精神、鼓舞士气的重要社会作用，以高度的政治责任感和历史使命感，不断增强大众传媒对青少年的价值观正面渗透和引导。同时，全社会应齐抓共建，真正构建以政府、传媒、学校、家庭、青少年为主体的面向21世纪的青少年价值观教育策略体系，努力形成健康向上的传媒文化环境。

一、政府应加强对媒体的管理

（一）创造良好的媒介条件

在经济、社会发展的带动下，青少年媒体普及率、媒体接触率得到了进一步的提高。但是，不同青少年群体的媒介接触和使用状况尚不均衡，尤其是农村地区青少年媒介资源相对不足，青少年媒介产品的质量也有待进一步提高，影响了青少年的媒介接触。这就需要政府制定有关政策，鼓励社会各部门为青少年创造更加完善、合理的媒介接触条件，同时提高管理和服务水平，以促进青少年更好地利用媒介进行生活、学习或开展有益于身心健康的业余活动。可以说，我国政府及各组织、社会团体等一直都关注青少年媒介的发展，并对青少年媒介发展采取了鼓励和重点扶持的政策。2008 年中国青少年发展基金会在实施“希望工程”的基础上，积极向农村贫困地区推动“希望书库”，并与北京三辰文化发展有限责任公司合作启动“三辰影库”项目，计划若干年内将电影录像带或光盘附带播放设备送到所有具备通电条件的希望小学，以增加农村贫困地区青少年的媒介接触机会，帮助他们健康成长。

第四媒体——网络的普及率也有待进一步提高。受经济条件的限制，一些地区特别是贫困地区的青少年不能充分应用这一新兴媒介。政府应针对青少年的具体情况采取必要措施，解决青少年网络使用问题，特别是应利用社区这一有利环境，由政府倡导或者直接投入，为社区青少年提供接触新兴传媒的条件。

（二）建立健全媒介法规

20 世纪 80 年代以来，我国政府已制定了若干相应法规、政策以保护青少年的权利。这些法规政策主要分为两类：一类是鼓励创作出版有益于青少年健康成长的媒介作品。《中华人民共和国未成年人保护法》第三十二条规定：“国家鼓励新闻、出版、信息产业、广播、电影、电视、文艺等单位和作家、艺术家、科学家以及其他公民，创作或者提供有利于未成年人健康成长的作品。”《音像制品内容审查办法》第十四条规定有益于青少年健康成长的音像制品可出版、复制、进口。另一类是严禁传播损害青少年身心健康的媒介作品，如《未成年

人保护法》第三十四条规定："禁止任何组织、个人制作或者向未成年人出售、出租或者以其他方式传播淫秽、暴力、凶杀、恐怖、赌博等毒害未成年人的图书、报刊、音像制品、电子出版物以及网络信息等。"

信息网络的高速发展，以及伴随网络发生的一系列新的问题，也需要法律法规来规范网络世界的行为。青少年网络道德失范行为给网络的管理带来了新的课题，加大立法和管理是迫在眉睫的事情。"我国急需制定符合当今大众传媒发展特点的专项法律法规，提高媒介立法的科学性。一方面，我们要从控制大众传媒影响和促进青少年发展出发，尽早有针对性地建立青少年专项法律法规；另一方面，我们还要增加大众传媒有关青少年方面的内容，不断健全目前的青少年法律法规，发挥法律的权威性和强制性。"① 政府应加强对青少年使用互联网的有效引导和环境优化，为青少年成长提供良好的文化生态环境。为了保护网络的正常运行和规范网上行为，我国先后制定了一系列的网络法律法规，如《计算机信息网络的国际互联网管理暂行规定》《计算机信息系统安全保护条例》《互联网信息服务管理办法》等，这对于防止有害信息危害社会和保护网络正常运行起到了一定的作用。

此外，网络自身也成为一些人进行高科技犯罪的手段。从国际范围来看，高科技犯罪往往成为青年人的"专利"。这同他们尚未成熟的心理特征、尚未确立的社会经济地位及他们接受新技术的积极姿态有很大的关系。越来越多的网络"黑客"对全球社会经济的现实危害和潜在危险都在不断增大，而青少年对高科技犯罪却表现出相当程度的幼稚态度。在这种情况下，政府应当见微知著、防微杜渐，以法律、行政等手段预防、遏制青少年网络犯罪。在加快立法步骤的同时，政府、社会都应加大相关的宣传力度，培养青少年在接触和使用传媒方面的法制观念。

（三）完善制度，加强管理

随着改革开放的深入，传媒的产业性质日渐凸显。大众传媒作为经济上自主经营的实体直接参与社会的经济活动，其行为方式必然受到经济规律的支配。

---

① 郑玮. 大众传媒泛娱乐化现象对青少年人生观的影响及其对策研究. 武汉：华中师范大学硕士学位论文，2014.

中国媒介数量急剧增加，媒介走向产业化，媒介的行为日趋市场化。各种媒介之间的竞争日趋激烈。极少数媒介为追求经济效益，不惜做出违法行为。因此，完善制度，加强媒介的管理成了亟待解决的问题。

1）政府应制定相应制度，规范媒介的经营和管理行为。避免竞争无序、管理混乱的现象，使传媒的商业活动在政府允许和规定的范围内进行。宣传、文化、音像主管部门应该严格执法把关，加强对社会传媒的管理，把“扫黄打非”落到实处，防止外来或国内过分渲染暴力、色情、迷信等不良文化影响和不健康文艺作品的出笼，对于违反规定的单位和个人要依法惩处，清除不利于青少年成长的精神垃圾。在支持和鼓励青少年运用网络的同时，政府应进一步加大网络的信息管理和技术防范力度，依靠科技手段，严格审查上网信息，一旦发现网上的色情、暴力等有害信息，就要及时清除、过滤，坚决遏制有害信息的蔓延和传播。

2）应积极推进大众传媒向规模化方向发展，增强其经济实力，引导大众传媒多生产符合青少年身心发展特点的文化产品。政府每年应有专项资金投入青少年作品的制作，并采用专款专用、考核拨付等办法予以保证落实，利用宣传文化事业的财税优惠政策，增加对青少年文化作品的投入。

二、大众传媒要完善自身

大众传媒在培养青少年健康正确的价值观方面有着不可推卸的责任。因此，大众传媒信息既需要寓教于乐，实现娱乐化，也不能放弃其所承担的社会责任。大众传媒应更多地倡导行业自律、提升文化品位、体现人文关怀。

（一）提升大众传媒的品位

真正的文化以透视人性深度、实现人文关怀为宗旨，起到慰藉大众心灵的效果。大众传媒必须有着人性的深度、人文的关怀及文化的张力。对此，应当秉持人文关怀的理念，重新定位大众传媒的服务对象和舆论导向。“真正的娱乐文化应该不止旨在满足人的娱乐需要，也要启发人的思考、慰藉人的心灵。”①

① 郑玮．大众传媒泛娱乐化现象对青少年人生观的影响及其对策研究．武汉：华中师范大学硕士学位论文，2014．

“大众传媒娱乐功能应该符合人的特性。符合人性的娱乐才是真正的娱乐。”[①] 特别是以青少年为服务对象的大众传媒作品，当前不仅数量少而且内容单一，国外大众传媒作品的大量引进又对中国文化市场造成了有力冲击。因此，大众传媒的人文关怀应树立青少年意识，为庞大的青少年群体开辟丰富多彩、寓教于乐的特色作品；充分发掘更有利于培育青少年健康价值观和更好地促进其社会化的优秀题材；为他们精心选择融知识性、趣味性和教育性为一体的作品，给他们提供选择的可能性，吸引他们到更健康的内容中。面对青少年价值观受到的负面影响，应积极地考虑如何有效地扬优去弊、转劣为优，如何在大众传媒中更多地关注人文关怀和人文提升，赋予自身更多的精神价值、道德品味、文明素质与思想蕴意，逐步让那些可能对青少年价值观产生不良影响的作品失去市场，从而最大可能地保护青少年的价值观不受不良文化的污染。

总之，大众传媒应积极参与到引导和塑造青少年价值观的系统工程中。大众传媒工作者要有强烈的社会责任感，以严格的行业自律精神，坚守职业操守和艺术良知，承担起“以正确的舆论引导人、以优秀作品鼓舞人、以高尚的情操塑造人”的职责，努力实现大众传媒作品教育价值、娱乐价值、审美价值的完美结合，发挥大众传媒对青少年价值观的无形而巨大的塑造力量。

（二）净化大众传媒内容

目前，从传媒中完全消除暴力、色情等不良内容似乎还不太现实。因此，完善传媒内容的管理机制就显得十分重要。

1）要严格内容审查。传媒内容应该强化精品意识，强化社会责任感，以求严格控制大众传媒对不良信息内容及场面的描写或表演。凡是有害青少年身心健康的内容，必须经过修改或删除后方可播放、出版或发行。

2）要对传媒内容进行分级管理。青少年的健康成长面临着不良媒体内容的威胁。因此，很有必要建立以年龄为基础的内容分级制，即限定青少年不宜接触的内容。分级制的实质是将成人世界与青少年世界分开。在大众媒介面前，青少年不可能与成人一样很好地理解和接受媒介信息，而传媒也没有权力将成人节目降低为青少年所理解的水平，成人有必要也有能力享受比青少年更多的

① 王君．大众传媒娱乐化的伦理反思．长春：东北师范大学硕士学位论文，2014.

媒介资源，所以，为了保护青少年不受大众传媒的不良影响，可以采取内容分级制度。

这一点可以借鉴西方国家对电视内容的分级管理。为了尽量控制电视节目中不宜少儿观看的内容，西方一些国家采取了对电视节目分级的措施。例如，美国电视界对所有电视节目按内容采取分级措施，具体办法是按照不同年龄把节目分为六个等级，所有电视屏幕的左上角都将显示正在播放节目的级别。其中M级节目中有明显的暴力和色情内容，只适合成年人观看。这一做法虽不能根治电视传播中的暴力、色情问题，却不失为一种有效的解决办法，这对正处于社会转型期的中国电视传播具有借鉴意义。

3）要加强技术的监管。如今，美国的一些反电视暴力主义者寄希望于一种被称为“V芯片”（反暴力芯片）的技术，它可以有效地控制青少年收看电视暴力节目。严格地讲，V芯片是一种计算机芯片，它可以装到电视机或解码器中判读每一个被播出的节目的暴力、进攻性行为、黄色镜头的等级码。电视节目按暴力场面出现的频率与时间分成四个等级，从一级到四级。如果父母把V芯片调到三级的位置，则所有三级或高于三级的电视节目将会被自动切换，这样父母就等于给电视上了一把锁，使自己的孩子不受电视暴力的影响。当然，就目前而言，这项技术的真正实施还有一定难度，但它至少让人们看到了一线曙光。

三、学校要改进价值观教育

（一）加强青少年传媒素养教育

“面对大众传媒对青少年产生的双重影响，加强青少年的媒介教育，提高他们的媒介素养，是从主体角度增强青少年免疫力的有效措施。”[①] 所谓传媒素养教育或媒介教育（media education），是指向受众传授有关广播、电视、电影、报刊、国际互联网等大众传媒的特性、制作技术及其产品的美学欣赏和社会学评析等知识，其目的是增强人们对大众传媒信息的辨别能力、过滤能力、承受能力和抗干扰能力，学会合理、有效地驾驭和使用大众传媒。

我国学校教育中还较少开展媒介素养教育，即使是有所涉及的诸如信息技

① 郑玮．大众传媒泛娱乐化现象对青少年人生观的影响及其对策研究．武汉：华中师范大学硕士学位论文，2014．

术教育课程或校本课程中，也普遍存在着所编制的课程跨学科研究不够，特别是吸收传播学和心理学的研究成果太少；在课程目标上，偏重现代技术的技能掌握，忽视传媒素养的提升等现状。我们应该在借鉴国外经验的基础上，结合我国的国情和教育实际，从提高青少年认识、利用媒体和促进青少年形成健康价值观的角度，进行青少年媒介素养教育。

1）设定明确的教学目标。①了解媒体的基础知识以及如何使用媒体；②学习判断媒体信息的意义和价值；③学习创造、传播信息与知识的技巧；④了解如何建设性地利用媒体来发展自我。

2）运用针对性的教学方法。根据不同年龄阶段的青少年设计不同的媒介素养课程，注重阶梯化养成训练。正如“网络疾病”的形成不是一次上网就会产生的一样，对媒体建立科学的态度也不是一次劝导就有效果。由于网络的普及，我们需要建立阶段式推进计划。阶梯化的根本目的在于因人施教，有的放矢，促进青少年形成健康价值观。需要针对低、中、高年级青少年的不同特点设立不同的媒介素养教育的内容：①针对低年级学生。重点是帮助他们理解媒体内容不等于现实内容，比如，卡通形象是人类艺术化创作出来的东西，我们生活的世界是不同于卡通形象的真实的世界，要满足他们的好奇心，驱除他们的恐惧感。②针对中年级学生。他们面临自我认同的困惑，害怕被同龄人孤立，因此，要针对他们面临自我认同的困惑，重点帮助他们直接辨识、评价媒体的有关内容，帮助他们抵制媒体可能带来的侵害，帮助青少年形成正确的价值观，引导青少年往健康的方向成长。③针对高年级学生。他们渴望展示自我，思考和交流的能力强，改造世界的愿望也越来越强烈。此阶段的媒介素养教育要帮助他们巩固已形成的健康的价值观，改造不好的价值观，引导他们自觉利用有利于自己发展的网络信息，并自觉遵守网络道德，维护网络安全。

3）选择合理的课程模式。由于国家和社会的不断投入，我国基础教育改革初现成效，但是依然存在着教学资源的不均衡问题，城市和农村、东部和西部的明显差异，都将制约着青少年传媒素养教育的普及和开展。因此，我国的传媒素养教育应从实际出发，在经济较发达、教育教学资源相对丰富的地区可以先行实施，设置独立的必修课程。在经济较为落后、教育教学资源相对薄弱的地区设为选修课程，逐步向必修课程过渡。同时，建立完整的评价体系，不同的课程模式应采取不同的评价体系，这样才能不挫伤教师和学生对传媒素养课程的积极性，促进传媒素养教育的因地制宜、因人而异的良性发展。课程评价应重在传媒应用能力、传媒信息的审美评判能力、传媒世界的自我防护能力等，以达到传媒素养教育对青少年的道德观、审美观、人生观的塑造。

4）以教育部门为主导，从多种机构借力，形成一个健全的媒介素养教育网络。世界范围内对于如何开展青少年媒介素养教育的模式并不统一，因此，我国更需要有一个主导部门，即由教育行政部门负责确立媒介素养教育的地位，使其成为学校教育的重要组成部分。媒介素养教育不同于传统教育中的课程设置，它是现代社会科技、经济发展到一定阶段的产物，离开一定的经济条件便无从谈起。在我国教育投入总量有限的情况下，应当采取网格化设置方式，由社会各有关方面共同筹建一个有利于青少年价值观教育的成长环境。这种由政府引导、教育部门牵头，有关非政府组织和非营利组织等多方协作的实施机制，使企业的资金优势和政府的决策优势相对接，以学校的科研优势吸引更多的社会资助，使全社会共同推动青少年媒介素养教育和少年价值观教育的开展。

从某种意义上说，指导青少年科学合理地利用媒介，帮助他们理性地处理好人与媒介、人与媒介信息的关系，就是指导他们科学合理地安排时间、珍惜生命、提升生命价值。面对大众传媒文化对青少年价值观的巨大渗透和影响，我们除了要对不良影响源加以控制之外，更为重要的还在于给青少年科学地识读传媒和利用传媒来发展自己的价值认知、价值判断和价值选择的能力。现代化的价值观教育必须主动适应社会现实，必须获得传媒素养教育的支持，只有这样才能取得较好的价值观教育环境和效果，这是信息社会对学校价值观教育赋予的新的任务。

（二）更新价值观教育理念

作为价值观教育的“主体”，广大教育工作者必须充分了解大众传媒的特点和威力，积极转变观念，树立现代信息观念，推进价值观教育工作的改革和创新，努力提高自身的素质和运用传媒手段开展工作的能力。

要使我们的青少年价值观教育能够尽快实现与大众传媒的结合，先要解决教育工作者观念上的问题。具体讲：①要充分重视大众传媒的社会效应和思想效应，要有强烈的开发利用大众传媒进行价值观教育的意识。②要学习必要的

传媒理论和知识，要善于利用大众传媒信息资源来丰富价值观教育的内容，也要重视对大众传媒带来的某些难于避免的消极影响，并对其进行必要的约束和清理。③要积极探索在媒介日益发达的条件下，传统的价值观教育方式如何改革创新，使之与大众传媒形成一种相辅相成的关系。

在实施上，教育工作者要主动了解和学习掌握各种现代科学技术，利用科技进步成果，以计算机、多媒体、模拟现实、激光技术为手段，将枯燥的理论陈述与文字、图像、声音等有机结合，构成立体化、交互性的信息传播形态，提供互动的教学方式和声形互现、图文并茂的教学环境，有效地调动学生的各种感官，吸引学生的注意力，调动学生的兴趣，使学生在寓教于乐中受到良好的价值观教育。

总之，现代信息传播技术日新月异，为价值观教育方法的现代化提供了充分的条件。教育工作者应积极跟踪现代信息科技的发展，有效地探索新的教学手段和教育方法，提高价值观教育方法的现代性、有效性。

四、家庭要重视价值观教育

家庭在整个社会结构中占据着独特的地位，迄今为止，还没有任何事物可以完全替代家庭对孩子的社会化功能，家庭通过各种方式和途径对青少年价值观的形成和发展起着关键性的作用。家庭是青少年身心健康成长的重要生活场所，也是青少年接受大众传媒传播的主要场所，家庭教育是青少年价值观教育中肩负“启蒙”重任的关键环节。与学校教育、社会教育相比，家庭教育具有日常性、权威性和感染性的特点。

（一）在家庭中构建良好的媒体环境

信息技能是青少年的必备技能。在家庭中构建必要的现代化媒体环境，不仅有利于青少年对信息技能的掌握，还能方便家长对子女的教育和管理。同时，在家庭中构建一定的现代化媒体环境，还能有利于延长家庭共处时间，以及为家庭情感交流提供更多的共同话题，从而起到家庭沟通的桥梁作用。家长与子女一起看电视时，可教给青少年一些知识，共同讨论电视的内容，帮助他们提高对电视节目的理解能力和批判能力。

（二）加强对青少年的关心和培养

青少年过分亲近某些媒体可能会引起生理或心理上的不健康状况。对此，家长要予以足够的重视和关怀。尤其是对于某些青少年过分接触网络而产生的人格分离等问题，要引起足够的重视，并努力帮助子女复苏情感、匡正角色和增强责任感，引导子女的社会化进程。青少年在媒体的消费中容易缺乏主见，难以把握自己，所以，家长要注重在日常生活中引导子女增强自主、自律意识。

（三）以正确的方式进行家庭的建设

现有的家庭教育存在着随意性太大、口头说教太多、长辈教育不一致等误区，这些都不利于对孩子的正确价值观教育。信息时代丰富的信息来源，会使掌握信息技能的青少年一代在知识能力上赶超父辈的速度大大加快，继而导致传统家庭教育权威的较早消退。由此，以传统家长制的形式来教育和影响青年已经越来越与时代的特征及青年的特点格格不入。这提醒家长需要重新考虑家庭建设的方式，尤其是要考虑子女在家庭当中的平等地位和权利，以民主的做法引导青年一代的成长。

（四）父母自身要提高媒介素养

随着互联网的普及，当今社会的媒体状况变得越来越复杂，媒体内容的更新速度越来越快。如果父母不及时学习新的媒体知识，没有相应的网络素养，他们就没有能力教育自己的孩子。家长应该是孩子的最佳保护者，因为家长最了解自己的孩子。家长关注、指导孩子使用各种媒体，是保证孩子媒介安全的最有效方法。

五、青少年要不断进行自我完善

大众传媒可以使人们获得很多的信息，但是如果青少年处理信息、鉴别信息、选择信息和使用信息的能力没有提高，就会造成他们对大众传媒信息的消化不良。因此，我们必须加强青少年使用媒体的能力，提高他们对大众传媒信息及其含有的价值取向的选择和鉴别能力，以促使健康价值观的形成。

（一）树立正确的世界观、人生观和价值观

大众传媒发展变化的过程是一个迈向开放、多元的过程，是一个高科技对全球辐射的过程，在这一过程中进步性与矛盾性并存，表现出一种西方中心主义、价值一元化和单一发展模式的倾向。西方的意识形态和价值观念见缝插针、无孔不入，对发展中国家的政治、经济、文化和社会发展带来诸多挑战和不利的影响。青少年社会阅历尚浅，思想活跃，其世界观、人生观、价值观尚处于构建期，明辨是非的能力还不强，他们在网络中接触到的多是西方发达国家的宣传论调、文化思想等。这些网络和错误信息往往与青少年头脑中积淀的中国传统文化形成冲突，这使他们的世界观、人生观、价值观产生倾斜。对此，青少年自身必须用马克思主义的世界观、人生观和价值观来武装自己的头脑，运用科学的武器去分析和对待西方的价值观念，明辨是非、分清良莠，增强辨别和抵制诱惑的能力；青少年要坚定正确的理想和信念，树立正确的世界观、人生观和价值观，确立科学的思维方式，进一步提高抵御西方错误意识形态入侵的自觉性。

（二）增强自身选择、鉴别和使用媒体的能力

在信息社会，青少年不再是被动的教育客体，而是教育的主体。在传媒环境中，青少年应十分重视对自身媒介意识的培养，也就是媒介素质的自我教育。媒介素养是“公民所应该具有的获取、分析、评价和传播各种形式信息的能力”，是人们正确判断和估价媒介信息意义和作用、有效地创造和传播信息的素养。一方面，它使人们在接受信息时成为具有自我保护意识的人，建立对信息批判的反应模式；另一方面，青少年在使用媒介时要知道怎样有效地利用媒介休闲娱乐、获取知识、建立与社会的联系和沟通，不断地充实自我，扩大自己利用信息进行社会活动的范围。

第二章 影视文化影响下的青少年价值观教育

影视文化是当代人无处不在、无时不有、无法逃避的“社会空气”。影视文化为青少年营造了一个全方位的空间，已在事实上构成他们生活和文化环境的一部分。也因此，影视文化为我们研究当今青少年的价值观问题呈现了一个重要的研究向度与问题探究思路。沿此，我们尝试着去把握在与影视文化的互动中青少年价值观跳动的脉搏，去分析他们价值观呈现的问题，审慎地探究问题所在及解决问题的出路。

第一节 影视文化与青少年生活的交融

一、影视文化的意蕴

影视文化是指以电影和电视为载体和媒介的多媒体综合性文化，包括电影文化和电视文化。它是一种建立在建筑、音乐、绘画、雕塑、诗歌、舞蹈等艺术门类，融入了哲学、文学等多种社会科学内容而创造出来的综合性文化。目前大量的电影也已经越来越多地通过电视媒体、网络媒体的传播而走向大众。因此，本章除了在传统意义上使用影视文化这一概念以外，还拓宽了对电影播放渠道的限制，把通过电视媒介、计算机网络及家用 VCD/DVD 等渠道播放的影视产品同时包括进影视文化的概念中来。

2012 年电视观众抽样调查数据显示："2012 年，我国 4 岁及以上的电视观众总人数为 12.82 亿人。其中 13 岁及以上的电视观众为 11. 56 亿人，4 至 12 岁电视观众为 1. 26 亿人。"① 这表明，电视仍是当前人们接触的最主要媒介。2012 年，电视的深度渗透率为 88.76%，我国电视电影的受众已达到 12 亿人，影视传媒已经普及并覆盖了全国。

今天的青少年已经伴随着电子时代走向"地球村"。电影、电视为渴望了解世界、认知社会的青少年打开了一扇神奇的窗户。对青少年观众而言，影视文化迎合了他们在成长过程中渴望了解人生、社会和世界的愿望，影视媒体向他们展现的世界成为他们生活的延伸。电影、电视自诞生以来，对整个人类社会都产生了深刻的影响。它不仅充当着人们超越有限生活空间的信息媒介、交流渠道，还是大众的文化载体和教育载体。如果我们试图理清为什么影视文化会对青少年产生魅力甚至"魔力"，就让我们首先来感触影视的独特意蕴。

（一）大众化的传播取向

1）影视文化是一种影像文化、视听文化。视听文化的直观性、形象性、生动性决定了它是当今拥有着最大数量受众群体的主流文化之一。影视文化为无以数计的观众构建了一个屏幕社会，搭建了一个共享的窗口。它以自身的开放性和包容性一定程度上打破了中国传统文化意识的封闭性和狭隘性，创造出一种可资大众实现文化共享的广阔空间。

2）影视文化作为一种服务于大众的文化样式，最突出的特征便是它的平民意识和世俗精神。它关注普通人的生活和情感，关注现实社会和人生。影视文化的世俗精神就是把大众自己融入世俗社会并热爱它。"对大众而言，世俗精神就是现世精神，就是不用老作沉思、忧虑状，只需酣畅淋漓地生活，无拘无束，无牵无挂，享受人生。痛苦时且抱头大哭，欢乐时且朗朗大笑，动情时就投入

① 徐立军，王京．2012 年全国电视观众抽样调查分析报告．电视研究，2013，(2)：13-17.

地爱一次。当然也会低头含羞，也会扭扭捏捏；当然也会生活艰辛，物质上难免捉襟见肘……但这就是生活，实实在在的现实生活。”[①] 世俗精神充分注重对现实生活的关心与参与，充分地肯定现实生活、肯定感官享受、肯定大众在社会生活中的地位和作用。它最令人感喟也最值得赞美的便是对每一个体的深层生命意识的呼唤与张扬，最大限度地激发个体追求实现自我潜能与价值。

3）影视文化表现出与大众生活和大众心理的亲和性，它与受众的关系不是一种居高临下的“俯视”，更不是一种生硬无情的“灌输”。相反，影视文化对社会、生活和人生多采取一种“平视”的视角，拉近了影视文化与观众的情感距离，以平易近人的叙事手法达到真切感人的艺术效果。影视文化从平民化的视角，关注平凡生命的价值，关注人的生存状态和心理状态，把芸芸众生的喜怒哀乐作为艺术的表现对象。这种大众化、平民化的传播取向充分体现了在影视与受众之间的互动关系中可贵的“人本”取向。

（二）人性化的表现形式

1）影视文化的人性化表现在它使人超越个体的局限性而通向更丰满的人生。影视作为当今社会的主流媒体，已经成为大众信息共享与沟通的最大平台，通过这个平台可以使人获得认同感，扩大与他人交流和分享信息的机会。从这个角度来说，影视文化满足了人们交往的需要。当千家万户争看《焦点访谈》或者是热播的影视剧、谈话节目、综艺晚会、直播赛事的时候，影视所创造的这种奇观只能用“神话”来比拟。在这种观看中，观众不但与节目交流，而且还知道，此时此刻有千万人与其同时观看，正是这种普遍的观看仪式和共同的节目把观众连接在一起，互相沟通。“神话”是大众的梦，它使人超越自身，突破个人的狭小圈子，超越个体生命的局限性，最大限度地增加了个体的认知和体验。视野的开阔带来的是生命维度的扩展和有限人生的丰满。影视文化中蕴含着丰富的生命意识，它引导个体超越自我，把个体生命引向对他人生命乃至普遍生命的关怀。它拓宽人的生命情怀，丰富人的生命情感，净化人的心灵，提升人的精神世界。

2）人性化的影视文化表现在它对观众娱乐和心理代偿需求的满足。娱乐

① 高鑫．跨世纪的北京影视文化．北京：北京师范大学出版社，2000：59.

精神浓缩的是人类的一种原始生命状态，人类天性中的娱乐成分是影视娱乐元素生命力的来源与支柱，关注娱乐功能，正是影视文化最为人性化的特质之一。现代社会生活节奏的急剧加速，知识更新的速度加快，科学主义和工具理性的肆虐，导致青少年比以往任何时代都更处于一种压抑、焦虑和紧张的心理状态之中。在这种情况下，影视文化的娱乐功能很好地充当了他们的心理抚慰剂，平静并疏导他们紧张的神经，使他们从紧张逼仄的精神空间中走出来，去认识人生的宽广、丰盈的另一面。精神分析学家弗洛伊德认为，人们可以把生活中的否定性情绪在审美中变为肯定性情绪。影视文化就具有这种强大的心理宣泄和转化功能。在影视提供的场景中，观众不会受到来自生活的挫折和打击，紧张的心理就会松懈下来。这样，通过“宣泄”，人们从影视获得了一种“替代性满足”。青少年就可以把由于生活学习的沉重压力而产生的心理应激，在影视欣赏中加以转移。因此，影视文化满足了青少年寻求宣泄和代偿的心理需要，它使青少年在现实生活中焦虑、恐惧、压抑的心理得到升华和转移。

3）影视文化的人性化还体现为它丰厚的情感性。情感性是影视文化的人性化的又一个重要方面，也是影视文化感动受众、产生预期社会效果的积极性因素。影视文化综合调动了文学、音乐、绘画等各艺术门类的功能，其情感的勃发力、冲击力是影视文化独特魅力的有机组成部分。今天，已经没有人再把电视当成一台没有思维、没有感情的冰冷的机器了。“电视在小小的方寸荧屏中所营造出来的一个个虚拟空间，将人类的思想与灵魂一一扮演。它在不经意间就将整个人类世界征服于它的光影之中。人们向它投射感情，向它吐露心声。”[①] 影视文化传达一种很感性化的生活方式，它通常带有很强烈的情感倾向，表现出多样化的生命感觉。它不仅张扬人性，而且从一定层面上为人性的充分发展提供了技术和物质手段，极大地改善和丰富了人们的生存状况，有效地实现了人性的自然性和社会性的结合。无疑，影视文化对提高人的生活质量和实现人的全面发展具有积极意义。青少年在观看的过程中情感不断地被激发和沉淀，从而形成他们内心世界超强的震撼力。列夫•托尔斯泰对这种情感性有过精辟的论述：“人们用语言互相传达自己的思想，而人们用艺术互相传达自己的感情。”“艺术活动是以下面这一事实为基础的：一个用听觉和视觉接受他人所表

① 赵凤翔，吴炜华，薛华．电视艺术文化学．北京：中国广播电视出版社，2002：182.

达感情的人，能够体验到那个表达自己的感情的人所体验过的同样感情。”① 如果我们承认影视蕴藏着巨大的教育功能的话，那么，这种教育功能的实现并不是通过抽象的说教或政治化的宣传，而是通过艺术化的情感的激发、感染和传递来使观众在情感的震荡中提升认知、陶冶情操，在潜移默化中实现它的教育价值。

（三）人文化的传播内容

影视文化可以展现从宏观世界到微观世界，从历史到现实，从自然到人文等各种各样的场景。青少年通过影视这个窗口，能够领略多种多样的画卷、人物、事件，能够汲取知识、感受审美、思考世界和人生。影视文化将人文性贯穿在所有这些传播内容中，引导青少年去体验和思考人与人、人与自然、人与社会及世界的关系，理解人复杂的生存境遇，从而更好地关注自然世界和精神世界的和谐与丰富。青少年在接受影视文化过程中情感会受到感染，观看后还会利用存储的认识成果对留存的影像进行分析、综合，并积极发挥已有的认知功能实现积极迁移，不断深化认知功能。影视文化中孕育的深刻生命意识引导个体超越自我，把个体生命引向对他人生命乃至普遍生命的关怀。在与影视文化的交融关系中，青少年的个体生命情怀得以拓宽，生命情感得以丰富，心灵得以净化，精神得以提升。优秀的影视文化能够在内容上、精神上完成对人的塑造：引导他们追求永恒智慧、内化道德信念、树立人生理想、珍视有限生命、追求美好生活。影视文化中流淌着的真诚、勇敢、正直、善良、温馨、愉悦的人性元素使得影视文化蕴含着人性的深度、人文的关怀及文化的张力。

二、影视文化与青少年价值观的关系

我们处在一个被影视文化包围的时代。20 世纪 80 年代出生的青少年基本是在电视的陪伴下长大的。有关调查资料显示：美国儿童每天看电视 4 小时，英国儿童每天看电视 3 小时，我国城市儿童每天看电视 2 ～ 3 小时。日本 NHK 协会的调查更为具体：儿童从小学到高中毕业的上课时间为 15 000 小时，而他

---

① 转引自：汪正煜．影视画廊．上海：上海人民出版社，2002：2.

们从小学到高中毕业看电视的时间却高达18 000～24 000小时[①]。北京师范大学彭聃龄教授调查研究后认为，目前我国儿童从幼儿园到初中毕业，耗费在电视机面前的时间至少有5000小时，平均每天1.43个小时，远远超过学习任何一门课程的时间。[②] 美国未来学家阿尔文•托夫勒在《力量转移》一书中提到：美国大学电视公司总经理莫里茨把当今的青少年称作“荧光屏育成”的一代，美国人则干脆把他们叫作“电视人”。随着信息网络技术的高速发展，各种以电影电视为主体的网络播放平台和应用也走进家庭，并大有成为主流媒体的趋势。海量的视频点播网站和应用已经作为新的家庭娱乐形式迅速普及。

这一切无不宣示了影视文化在当今所有文化产业中的“巨无霸”地位。如今的青少年通过影视的多维视野，从影视荧屏上学到的东西并不亚于家庭和学校的教育，从一定意义上讲，影视是青少年的另一种生活、另一种课堂。影视文化与青少年生活的交融关系同时体现在影视作为一种休闲文化和休闲方式极具亲和性地介入青少年的生活。随着社会文明程度的增强，休闲的重要性也逐渐受到人们的认同。休闲已成为一种体现生命价值、实现创造性生活的行为。课业负担沉重的青少年对影视这一富于亲和力的，充满人性化、人文化、通俗化的文化样式显现出格外的青睐。关注青少年生命价值的实现，需要我们站在人类“终极命运”与人文关怀的角度，对影视这一休闲文化和它的休闲主体予以足够的关注。

价值观是主体对客观对象的价值的总的观点和看法，亦即人们对主客体之间的满足与被满足关系或客体所呈现给主体的意义的认识，是由价值目标、价值取向和价值评价等要素构成的系统化的、相对稳定的价值选择结构体系。一定的价值观决定着我们与生活世界的种种互动关系中，对客观世界和自我存在的意义不同的认知和行为方式。无论是个人还是团体，价值观帮助我们在处理具体情势时发挥人性的创造力，使我们有能力作决定而不仅仅是顺应环境。从青少年的生命个体来讲，价值观是他们对人生意义及自我存在的行为目标的认识，一定的价值观可以持久地触发他们对某种价值目标的强烈感情和欲望，是个体从事实践活动的内在驱动力。价值观在很大程度上规定着青少年的精神世界和行为状况，决定着他们以什么样的活动在个体生命和人类历史上留下痕迹。

---

① 陈舒平．电视节目与青少年健康成长关系浅析．中国广播电视学刊，2000，(11)：36-38.

② 路长伟．大众传媒与青少年社会公德的形成．青少年导刊，2001，(4)：55-58.

就民族和国家而言，价值观以鲜明的感召力和强烈的凝聚力，有效地协调、组织和规范社会生活各个领域，调节社会生活，支配和影响历史主体的实践活动，是一个民族和国家生存与发展的精神支柱。青少年是国家和民族的未来和希望，青少年的价值观状况反映着国家的前途和未来。作为当代人的生态环境的重要组成部分，影视文化建构着青少年几乎所有的常识，例如，真实与虚假、善良与罪恶、美好与丑陋，建构着青少年对于国家、民族、阶级、阶层、社群的所有认识。就像一双巨大而看不见的手，影视文化时时刻刻暗示、控制着我们精神和物质双重意义上的日常生活。因此，影视文化的作用已经不仅仅是提供娱乐和信息，在某种意义上甚至可以说是在“塑造”社会。影视文化已经从根本上改变了人类的生活方式和行为方式，在成为人们一种不可或缺的生活方式的同时，也对青少年的价值观和社会化产生着潜移默化且十分深刻的影响。这些被称作“荧光屏育成”的一代，他们很多的价值观念直接来自长期耳濡目染的影视文化。全国教育科学“九五”规划青年专项课题“传媒文化对青少年思想品德影响的调查研究”课题组2000年的调查结果显示：大众传媒对青少年的影响在所有影响因素中排列第一，其排列情况为大众传媒、同辈群体、学校和家庭。大众传媒成了青少年信息来源最广，对思想品德影响最深刻的第一影响源。[①] 而影视媒介作为大众传媒主流媒介的地位决定了影视文化在当今的文化环境中的主流文化地位。因此，影视文化对青少年的影响也就很值得引起人们充分的关注与研究。

青少年是一个特殊的社会群体，正处于儿童向成人的过渡时期，社会化过程尚未完成，世界观、人生观、价值观尚未定型，学习社会的各种价值规范和行为模式是其主要任务。理想与现实、依赖与独立、封闭与开放的种种矛盾在他们身上表现非常突出。他们有自己特殊的利益与需求，可塑性强。影视传播从内容到形式上的优势更好地契合了青少年接受心理和心理发展特征。对青少年观众而言，影视文化向他们展现的世界成为他们生活的延伸，给青少年价值观带来了很多积极的影响。影视文化有助于他们民主观念、平等意识、多元知识与全球眼光的形成，有助于更新他们的价值观念、改变他们的生活方式和与社会的互动。一方面，影视文化所传递的信息往往包含情感，具有感染性，会

① 詹万生．整体构建德育体系总论．北京：教育科学出版社，2001：409.

使青少年产生情绪的共鸣和移情，这种情绪上的共鸣和震荡进而会提高青少年对各种价值观念的认知和感受性。与传统的强制性灌输相比，影视文化的非强制性和情感性更能渗透进青少年价值认知、价值判断、价值选择和行为中。青少年在观看影视作品时往往会通过自居作用和移情作用接受其作品背后价值观的影响，也往往会在无意识中把自己作为作品的主人公，模仿他们的思想、行为和感情。这种模仿既有表层的对剧中人物外表服饰和举止的模仿，也有深层次的对生活方式和价值观念的认同。一方面，影视文化常常能够比抽象的说教更有说服力，更能从情感上打动人，使他们去做什么或者不去做什么，形成他们一定的价值观。另一方面，影视文化的平等性、互动性、无约束性、彰显个性等特点给青少年带来的某种满足，使青少年无论从认知上还是从行为上都愿意接受并自觉内化。在现实生活中学校和家长所施加的影响和教育，青少年往往处于被动接受状态，甚至会产生逆反心理。而影视传播以其丰富鲜活的形式施加对青少年的影响和教育，是他们主动和自愿接受的。这种乐于接受的方式就在客观上造成了它对青少年价值观影响效果的无可比拟的优势。影视文化的大众化、人性化、人文化的文化意蕴极大地满足了他们在娱乐、审美、教育等方面的心理需求，引领青少年去认识世界、感受人生、体验生命、触摸历史、领悟道德、内化价值，塑造和生成他们的世界观、人生观、生命观、历史观、审美观、道德观等价值观念。

第二节　影视文化对青少年价值观的消极影响

影视自诞生以来，在满足观众认知需求、娱乐需求、审美需求、心理宣泄需求等方面出色地向人们显示了其无可辩驳的工具价值。影视文化在我们的生活中扮演着越来越重要的角色，它使一些人心甘情愿地在其面前画地为牢、欲罢不能，人们在影视产生的美妙境界里如醉如痴。然而，也有人责备它使无数人变成了面对屏幕呆坐的傻瓜，抱怨那些让人目不暇接的图像堵塞我们的视野、剥夺我们的思维能力、遮蔽我们的心灵、消解传统价值观念，使我们的灵魂变得支离破碎、无枝可依。法国社会学家布尔迪厄在《关于电视》中讲道，电视改变了人们传统的思维和认知习惯，使人们原有的审美和判断标准在如今快速的思维引导下，表现出混乱和随性的状态。激烈的市场竞争使越来越多的节目在内涵上失去创新动力，更加注重形式。大众传播的宣传教育功能在其娱乐功能面前越来越微不足道。收视率成为一档电视节目制作的至高无上的追求。①

从某种意义上说，当代影视文化更像是希腊神话中蕴藏着希望与灾难的福祸并存的"潘多拉魔盒"。对于青少年来说，由于其在心理上对影视信息的全开放状态和高信任度，在与影视文化的互动关系中，他们更多地处于被动的角色。影视文化的种种负面现象带来的消极影响在他们身上也就比任何群体都更加深刻和突出。影视文化作为青少年课余文化生活的主要内容，其中所突现的影视暴力、广告霸权、戏说类历史剧、虚构的都市剧、偶像剧及泛滥的游艺节目等负面现象对青少年的价值观产生着广泛而深远的影响。影视文化自身价值取向的偏离和价值观的迷失，给青少年的世界观、人生观、生命观、道德观、审美观、历史观等价值观念带来了一系列不得不正视和解决的严峻问题。

一、影视暴力：生命意义与价值的误读

今天，当全球的人都在为远离毒品而疾呼呐喊时，人们却忽视了另一种"毒品"正在不知不觉地侵蚀着我们的灵魂，如"潘多拉魔盒"般如影随形，这就是愈演愈烈的影视暴力。青少年时期是青少年生理和心理发展的时期。在这一时期，他们对外部世界充满好奇，迫切希望获得新知识，了解新信息，也就成为诸多大众传媒中最大的受众群体，充当所有媒体最热心的读者、听众和观众。影视传媒通过对暴力和犯罪细节的详尽描述，极尽渲染、夸张和虚构，很大程度上改变了青少年在内心对真实世界的认知和建构。青少年有限的社会阅历决定了他们在虚构和真实之间较弱的分辨能力，暴力节目所传达的对生命、情感、社会、人生及交往等方面的态度和价值观直驱青少年内心世界，介入青少年的社会化过程，对青少年的价值观产生着极其严重的负面影响。影视暴力主要呈现出以下特征。

1）暴力内容剧增。传播学家格伯纳在其经典著作《暴力与媒介》中，把电

① 布尔迪厄．关于电视．许钧，译．沈阳：辽宁教育出版社，2000：24.

视暴力定义为“有意伤害或杀害的公然武力表现”。在商业利益和收视率的驱动下，当前的电视和电影以暴力为噱头和看点取悦观众，作品中体现暴力的内容越来越多。美国耶鲁大学家庭电视中心主席杰罗姆•辛格曾针对美国电视暴力泛滥的情况讲过一段发人深省的话。他说：如果你回家发现有一个陌生人教你的孩子如何破门而入、如何打架、如何杀人和如何花钱的话，你肯定会把这个陌生人赶出去。但是，美国电视确确实实充当了这样一个陌生人，你却难以把它赶走。影视作品以明显和非明显的方式大量体现暴力内容。概括而言，这些暴力内容往往表现为以现实生活为场景的打斗、枪战、强暴等身体冲突，展现流血、伤口、武器、人类受伤害和死亡的场景和情节。此外，更有幻想类的动作暴力把残酷的暴力事件和情节安排进虚构幻想的科幻影片和动画片中，展现人类和非人类之间殊死的搏斗或为夺取宝物和霸权而进行的血战冲突。

2）暴力情节渗透面广。除了恐怖片、警匪片、武打片、帮派片、社会写实片等我们能觉察到的影视类型外，暴力作品也逐渐以巧妙的包装隐含在动画片和科幻片等青少年节目里，渗透面越来越广。在国产影视作品中的侦探片、武打片、战争片、儿童节目动画片和大量的进口电视节目中我们都能够看到很多的暴力事件和程度严重的暴力信息，是典型的暴力节目。

3）暴力传播、接受心理的娱乐化和游戏化。有些影视创作者往往借助于高科技制作手段和表现手法使暴力达到一种虚假的“美学化”效果，即所谓的“暴力美学”，以造成观众对于暴力和虐待的“麻痹状态”。进而从暴力伤害行为中榨取欢笑和游戏的元素，于谈笑间阉割观众的反省和反抗意识，使观众在面对暴力和被虐待的情况时竟一笑置之。生与死在暴力影片中成了编剧和导演把玩于股掌之间的一场场游戏。观众对生死的自然感情和对生命的常识判断被剥夺，取而代之的是一种游戏逻辑。于是大量暴力影视作品酷似一局局设计好程序的电玩游戏，观众不断地期待着主要人物随剧情的发展不断地“过关”和“升级”。在这种“过关”和“升级”的期待中，体验着暴力游戏化的快感。

影视暴力就像无形的毒品在日益侵蚀着青少年的灵魂，像影子杀手一样在时刻威胁着青少年的身心健康。关于电影电视、音像制品等文化产品中的暴力内容，国外已经产生了大量的研究，近年来也逐渐引起国内众多学者的关注。笔者认为影视暴力至少在以下几个方面对青少年价值观的影响至为突出。

1）影视暴力造成青少年对生命价值的漠视、同情心和体会他人伤痛能力的丧失。研究表明，长期观赏暴力节目的观众会对现实生活中暴力受害者日渐麻木，以致容忍社会暴力的层次逐日剧增，因而逐渐失去感受同情和伤痛的能力。美国著名学者希拉姆等于 1961 年进行了“电视暴力与孩子们”的大规模调查，他们的著作《我们孩子们生活中的电视》记叙了许多触目惊心的事例：在洛杉矶，一个女仆抓住一个正在这家的羊草中撒玻璃屑的 7 岁男孩，这个男孩这样做只是想试试羊吃了这种草是否会像电视里演的那样死去。[①]影视中日渐加重的暴力口味，对日积月累地遭受暴力影视的观众已造成“麻痹效果”，唯有日渐加重暴力的口味，才能使其体验、感受到在暴力观赏中的快感。观察一下你会发现，其实暴力的触角早已深入儿童节目中。

近年来，少年儿童盲目模仿影视作品悲剧的报道不断出现。深受我国小朋友喜爱的两部动画片被《新闻联播》点名批评。它们被指暴力失度、语言不文明，个别暴力行为被未成年人效仿，造成人身伤害。有一个未成年人在模仿动画片中的情景时，点燃了脚下的杂草，造成两名儿童严重烧伤。

这些事件让人感到惊叹和痛心，暴露出影视中的暴力元素正塑造着青少年受众对生命的冷漠与残酷，以及不正常的猎奇心理。

暴力作品漠视生命的意义、降低生命的价值。“当某一个卡通人物被杀死时，其他人物并不在意甚至会笑。电视使得暴力和死亡成为好玩的、不真实的事情。暴力电视使他们变得麻木不仁，他们不知道应该尊重生命。”[②]

的确，暴力文化所传递的生命意识，“是一种对生命感觉的逃避，是对不可逆生命过程的否定，时间呈现出某种停滞的麻醉感，时间感觉已经不复存在，生命本身在这里无所谓开始、展开、完成，生命意识因此而消解。就像一千零一夜的故事永远是‘后来……后来……’，可以任意终止，可以任意增加，可长可短，可激烈可平缓，一切视需要而定”[③]。暴力影视片对痛苦和死亡轻描淡写，青少年在刀光剑影、枪炮轰鸣的幻境中，看到的是血流如注和死尸遍地，感觉到的却不是痛苦和悲愤而是麻木或快感。久而久之，青少年会错误地认为死亡没什么了不起，随着演员在其他暴力影片中的重现，死者又会死而复生。

2）过多接触媒介暴力会促成青少年“暴力价值判断”，强化并诱发攻击性

---

① 于鹏. 电视传播：身担重任需自知——媒介的社会责任与青少年的价值观构筑 . 思想 • 理论 • 教育，2002，(7)：63-65

② 新馨. 电视暴力的历史和影响. 国外社会科学，2002，(6)：116-117.

③ 潘知常，林玮. 大众传媒与大众文化. 上海：上海人民出版社，2002：330.

行为和暴力犯罪。许多研究者检查了青少年看电视暴力节目的时间与他们侵犯性行为之间的关系，发现长期持续收看电视暴力节目可能会引发或强化儿童、青少年的侵犯性行为。美国心理学协会 1993 年抽查了 1955 ～ 1991 年发表的 1000 份研究，得出结论："收看暴力和攻击性行为有正面联系。就是说，看得多的人比看得少的人更具攻击性。"① 美国传播学界一项由 300 多位研究者合作完成的对于电视暴力的大型研究——"国家电视暴力研究"（National Television Violence Study），共研究分析了近 1 万小时的电视节目，1600 多人参与实验。该报告根据连续 3 年的调查研究发现，有持续 60% 的电视节目包含着暴力，研究者指出：观看电视暴力过程会产生三类有害的影响：模仿和学习攻击性的态度和行为、对暴力的脱敏、逐渐恐惧成为受害者。② 影视暴力让青少年觉得暴力行为在社会上是普遍存在的，我们生活的世界充满了危险，为了生存或解决问题人们必须使用暴力，暴力是解决冲突及达到个人目标的有效方法。同时，在电影电视中，暴力行为很少受到惩罚，相反倒是男子汉的英雄表现。这就使青少年更愿意认同和采取暴力，并将此同某种幻想的英雄行为联系在一起。久而久之，"暴力价值判断"会作为一种价值观念渗透到青少年的品质中并定型。影视暴力在一定程度上刺激了青少年争强好胜、动辄诉诸暴力的心理，使其尚不成熟的人生观、价值观沉溺于通过侵害他人以显示自身力量的错误观念中。在不知不觉中，沉迷于暴力影视作品的青少年就成了暴力文化的牺牲品。许多青少年的暴力犯罪直接原因就是发泄由影视文化所滋生的暴力欲望。

3）暴力崇拜的直接后果是青少年社会道德价值观的淡漠，极端个人中心主义盛行。媒体对暴力的崇拜，导致青少年受众普遍有一种脆弱感、依赖感和不安全感。青少年观看暴力作品越多，越是倾向于认为人是自私自利的、不可信任的。他们对暴力的态度也从开始的憎恶、反感到默认和接纳，对暴力受害者也缺乏最起码的关心和帮助。公共场合发生暴力事件时大多数人视而不见甚至围观取乐的新闻报道屡见不鲜。研究表明，暴力电视、电影看得多的青少年把社会看得比实际上更危险，导致对暴力的恐惧上升，增加对他人和社会的不信任度，进而形成极端的自我中心主义，自闭与自私的倾向更加严重。青少年道

---

① 转引自：俞燕敏，鄢利群．无冕之王与金钱——美国媒体与美国社会．北京：中国社会科学出版社，2000：40.

② 关于该报告的简介可参见加利福尼亚大学圣塔芭芭拉分校传播与社会政策研究中心官方网站。

德价值观淡漠化的另一突出表现在于社会公德意识的缺乏和个人中心主义。一份对北京青少年社会公德的报告得出的结论让人感到担忧。该报告如此总结北京青少年的社会公德现状："公共卫生不卫生""公共秩序无秩序""公共财产遭劫难"。① 人生活于社会之中，这决定了任何人都不能忽略对道德品质的追求和对共同价值规范的遵从。而今，中学生却将其视为无足轻重之物，将其置为关注点的倒数位置。暴力影视已经在人生观、世界观、生命观、道德观等方面对青少年的价值观产生着强烈的冲击，如果任由暴力影视去引导和塑造青少年一代的价值观，那么，他们终将会不知什么是信仰，不知什么是仁爱道德，除了极端的自私自利和享乐主义外，他们将没有任何别的价值可以依附。

二、广告霸权：自由精神的束缚与桎梏

不管我们是否意识到，我们的日常生活中无处不浮动着广告的魅影，广告已如空气一般成为我们生活的一部分。广告以巧妙的构思、时尚的表演、逼真的动画设计、夸张的解说、悦耳动听的音乐极大地吸引着青少年的兴趣和注意力。凭借着各种令人目眩神迷的形象，影视广告渗透进人的无意识中，影响着人的潜在思维和行动。在洪水般的灌输中，广告按照商品化逻辑操纵人的心理和行为，塑造和改变着青少年的价值观。笔者认为，目前的电视广告至少在以下几个方面对青少年价值观产生着消极的影响。

1）广告无一例外地从占有物质的意义上来解释幸福和生活的意义，冲击着青少年的幸福观、人生观。广告所张扬的消费主义观念与我们所倡导的主流价值标准和道德标准呈现出严重的偏差，以至于强有力地在青少年的内心植入了消费主义、拜金主义、享乐主义的人生价值观。消费文化能够崛起，媒介为其提供了第一推动力。人们消费的不再是商品的使用价值，而是自己的欲望和感受。无论是中国还是欧美日韩，大部分青春偶像剧都由香车、美女、名流编织而成。凡是涉及都市题材和爱情题材，大多是豪华的住宅、奢侈的装饰、时尚的衣着等带有梦幻色彩的画面。这在客观上诱导并开发人们对于物质享受的欲望，以及在享受物质的同时对人生意义和价值的肤浅化理解。

① 余逸群，纪秋发．盛世隐忧：关于北京青少年社会公德的报告．中国青年政治学院学报，2001，(2)：16-17.

从幸福观来看，当今的青少年在幸福观上出现重时尚消费的倾向，导致物质消费与精神追求的失衡。传统的幸福观强调人在其精神上的满足，这一概念在今天青少年一代的词典里则被界定为对实际生活条件的体验。一项调查结果显示，在北京青少年最崇拜的6类职业者中，科学家是他们最崇拜的，而他们最愿意成为的是企业家，这一点鲜明地表现出了他们人生理想中更多的务实取向。①

2）广告对高消费和享乐至上的推崇，导致青少年"消费崇拜"和"炫耀性消费"等消费价值观的产生。不知从何时起，广告从"广而告之"的本真诉求异化为一种"广而导之""广而诱之"。"每个人都是本来'天下本无事'，但是看了广告之后才恍然大悟：原来自己的头发还有头皮屑、自己的皮肤还不够白、自己的衣服还不够时髦……作为消费梦想的蛊惑者，它提供的是一个虚幻的消费空间，它推销的也不是产品，而是对于产品的需要。"② 西方有句名言：商品的最后阶段是形象。随着广告形象的确立，人们的消费心理也从商品消费转向形象消费。"广告借助于广告形象为人类创造了一个'奇迹'，它通过广告形象统辖着人类。为人类创造了一个新上帝。这个上帝不同于昔日的上帝，他不是禁欲的，而是纵欲的。"③ 广告用其浮夸的外壳诱导青少年消费，当代青少年所表现出来的"炫耀消费""攀比消费"等价值观念无不与商业广告中的消费主义有着密切的关系。由欲望而催生的消费，使消费不再成为消费，而是一种浪费。有人说电视广告的普及把中国提前带进了一个消费时代。明星、名流、美女作为我们这个时代广告的主角，编织起商业时代和消费时代的完美梦幻。广告的美景并不是我们真实消费中的景象，观众却接受着广告浪漫化的梦境与憧憬。正如麦克卢汉所说："大众传媒派生出一些心灵的习惯，我们自身变成了我们观察的东西。我们塑造了工具，此后是工具塑造了我们。"④ 对青少年价值观的消费主义、拜金主义、享乐主义倾向，广告可以说难辞其咎。一位语文老师在谈到他的经历时不无感慨：语文课上讲鲁迅的小说《孔乙己》，当讲到孔乙己"排"出四文钱买酒时，老师提问：谁还能用更恰当的动词来表达主人公的拮据状态，

① 中国百姓蓝皮书之六：价值观和心态. 北京青年报，2002-08-05（02）.
② 潘知常，林玮. 大众传媒与大众文化. 上海：上海人民出版社，2002：440-441.
③ 潘知常，林玮. 大众传媒与大众文化. 上海：上海人民出版社，2002：446.
④ 马歇尔·麦克卢汉. 理解媒介. 何道宽，译. 北京：商务印书馆，2000：17.

谁知竟有学生在下面悄声说道："甩"出一大沓票子，"抖"出几张大团结。[①]我们可能会认为这是学生的玩笑，但是中学生中兴起的攀比消费、炫耀性消费是一种非常普遍的现象。一项对中学生生活用品的调查表明，当前学生用品的消费中存在着高档化、贵族化的倾向。学生用品、学生玩具及其他生活用品越来越高档，学生学习用书和课外读物也日趋豪华。学生用品的高档化倾向在群体中衍生出一种不良的攀比心理，对青少年的身心健康和传统价值观产生着不小的冲击。[②]广告推行的浓厚的物质主义价值观念助长了青少年消费价值观的物质主义倾向。

3）广告中不良道德形象和广告话语影响青少年的道德价值观。广告除了是一种商业行为以外，它还是一种社会行为。《国际广告法规》要求：所有电视广告除内容真实外，还应具有高尚风格。然而，我们所目睹的大量广告往往以推销商品为唯一目的，甚至不惜以不良的道德形象达到促销商品和影响消费者心理的目的。电视广告中树立的未成年人的形象应该是天真、活泼、健康向上的。一些广告中塑造出唯我独尊的青少年形象却不尽如人意。这种缺乏基本文明教养和道德意识的广告形象会对青少年产生很大的负效应。归纳一下，在大量以青少年为消费对象的广告中，有引发其早熟的，有助长他们唯我独尊倾向的，有塑造霸王形象影响其尊重长辈的，有利用青少年给家长施加购买压力的，有让他们以拥有某商品而感到优越的，凡此种种，都极不利于青少年的正确道德观念的形成。此外，广告词的用语也很值得引起关注。"彩霸""浴霸""词霸"等，越来越多的商品用"霸"来定位自己和引导消费者。可曾有人深思过用"霸"命名的正式含义？可曾有人想过简单的一个"霸"字背后张扬着一种什么样的价值观？广告不仅通过它的传播方式和传播规模，还通过一种被学者称之为"词语暴力"的运用在人们的生活中建构起它的霸权。这种词语暴力，"尤其是野性的词语暴力，媚态词语暴力，性词语暴力，肉欲词语暴力，对'家园'的排斥，对精神的排斥，对人的排斥的词语暴力，尤需加以警惕"[③]。

4）广告对青少年审美价值观的负面强化。广告作为一种文化传播行为，以其所提供的认知方式和认知内容影响并塑造着社会的整体知觉，影响青少年的

---

① 乐锋．理性与躁动——关于青年价值观的思考．上海：学林出版社，2002：96.
② 施扬汉，赵壮天，李海光．当前学生用品现状的调查、分析和对策．当代青年研究，1999，(3)：27-31
③ 戴元光，陆琼琼．弱势群体在中国电视中的"弱势"．中国新闻研究中心网，2004-1-14.

审美认知，塑造青少年的审美能力并形成他们的审美价值观。当今广告对青少年审美价值观的负面强化体现在两个方面。一方面，一些不适合青少年的广告内容容易对青少年产生审美误导并使他们产生不良嗜好。广告淡化商品的使用价值而强调其象征意义，同时广告多采用地毯式轰炸手法滚动播出，在一定的时间段内，不停地强化着它的受众，很轻易地使青少年接受和认同广告作为他们的审美权威。例如，广告往往将饮酒行为正常化甚至美化。酒产品广告往往把酒与“友好、显赫、有趣、性感、人缘好”等特征联系在一起。另外，某些品位低下的广告隐含淫秽暧昧内容，往往以挑逗、刺激和暴露过多的镜头来对观众造成某种视觉冲击。这种格调庸俗、趣味低下的广告直接造成青少年审美价值观的庸俗化。

5）虚假广告对青少年认知和消费行为的误导。有关调查表明，在我国虚假成分占很高比率的广告，却拥有高达60%多的信任度。美容和瘦身广告近乎令你产生幻觉：能够“像换一身皮肤一样”和“甩掉令人难堪的赘肉！”事实上，以复读机广告为例，学外语的人都知道，外语的听力关是最难过的。它需要外语环境的浸染，需要在时间保障下长期水滴石穿的练习，需要有铁杵磨成针的苦功。然而仅凭一台简单的具有复读功能的录放机就能实现“一个月突破英语听力”，只能被专家贻笑为困难中产生的自欺的幻想。青少年对自己现有状况的某些潜在的不满，在广告的蛊惑下便发展为一种急于改善的强烈愿望，甚至是一种联想。到此，广告也就顺理成章地在一种近乎幻觉的体验中实现了它对青少年群体的欺骗性误导。

概而言之，目前，我国的电视广告尚处于初级阶段，文化品位和价值诉求都有待提高。如果忽视了广告对青少年的负面效应，那么就只能对他们正在形成的一种顽固的“广告思维模式”束手无策，也就只能任由广告去塑造他们较低水平的审美、道德等素质和价值观念。也许人们该思考一下著名学者潘知常先生的一番发人深省的话：“对广告形象的抱怨，就是对商品对人性渗透的抱怨。它使人忧患着人性肆无忌惮的贬值，忧患着人类虚无主义时代的悄然降临。”①

---

① 潘知常，林玮．大众传媒与大众文化．上海：上海人民出版社，2002：448.

三、戏说历史剧：热闹背后的尴尬

近年来，以“戏说”系列为代表的所谓“新历史”题材的影视剧越来越热，其风光无限的势头把许多历史正剧逼到了边缘地带少人问津。随便搜索一下当今电视节目，一幅幅身着古装的人物或场景就会“唰”地一下跃入眼帘！这种情况每到寒暑假就表现得尤为突出。全国各地大大小小的电视台，极具戏剧性地轮番为各类“戏说”影视作品鸣锣让道，腾出地盘，上演一出异常热闹而时髦的媒体景观。

1）戏说的危害之处在于它使青少年异化对历史的理解，使其用想象的历史来代替真实的历史，造成青少年历史观的虚无主义倾向。“感官化的欲望追求，让历史成为一个被消费的符号，它本身所代表的时代意义被最大程度地消解，成为一个戏剧空壳。现代式的历史人物与思维模式在表象化的时代背景中，对观众进行着一场脱离历史的视觉冲击，历史与现实的关系越来越模糊。”[①]所谓的戏说，不过是对历史冲破创作规律而进行的“后现代”解读，放弃了历史的宏大叙事追求，历史碎化为一系列的剧烈冲突、好玩而不乏效果的戏说细节。这种戏说式的电视大众文化充斥着“一切皆可”“一切皆无所谓”的后现代主义倾向。有些历史人物或是被一些外表漂亮可爱、性格活泼机智、单纯盲动的少女所替代，或是被戏说得风流倜傥、正直英武的皇帝所替代。有些编剧随心所欲地发挥创造性，背离历史真实而肆意地将历史人物美化或丑化，将历史事件随意穿插，使“戏说”进一步走向了“歪说”。“既然乾隆皇帝都可以尽情戏说，那焚书坑儒的暴君也可以因披上一件‘统一中国大业’的外衣而遮了百丑；视死如归的荆轲都无法免俗而搞起了三角恋爱，原本情意绵绵的梁山伯与祝英台又为何不能变成武林高手？一身正气的武松被捏造出怀揣嫂子红鞋的情节；壮怀激烈的杨家将也未能逃脱今人‘大胆的创意’而被‘合理想象’得面目皆非；而关于成吉思汗，主创人员干脆就把他‘当作狼而不是人’来‘创作’。”[②]这些历史剧对众多历史人物混乱的甚至是截然不同的注解，造成中小学生对历史认知的困惑。某电视连续剧就出现了违背历史知识的常识性硬伤：“像火烧阿房宫明明是楚霸王项羽在荆轲死后燕国灭亡好几年干的事，现在电视剧却将人物和

---

① 孙丽．历史“戏说剧”的叙事变异与寓意偏差．创作与评论，2013，（6）：94-98.

② 伊夫．被蹂躏的历史剧．华人时刊，2002，（4）：49.

年代都作了‘嫁接’。”[①] 伴随着编剧对历史的游戏化解读，青少年也相应地形成了他们对历史的游戏化理解和接受，更奢谈去建构他们正确的历史观。“与传统正剧重点关注那些深的内涵不同，‘戏说剧’注重商业利益的出发点，使得它的意识形态传达试图在利润与内涵间找到一个平衡点，迎合受众心理召唤。从这一方面来说，‘戏说剧’因其的审美不纯粹性和商业屈从性，在诸多问题上出现了偏离原始意图的意义悖论，让作品处在一个尴尬的话语冲突位置。”[②] 大量的清宫戏宣扬封建主义、专制主义、好皇帝主义，充斥着愚昧和野蛮，异化青少年对封建皇帝和帝制的认识，弱化了对权力和封建制度应有的批判。在剧中，皇帝得到不同程度的美化，君臣关系被进行了理想化的现代解读，这种美化式的塑造，其流弊将更为深远。

2）戏说剧对游戏性和娱乐性的过分关注，使得游戏性取代了神圣性，消解了历史的崇高感、深邃感、厚重感和悲壮感，导致部分青少年历史观的虚无和淡漠。今天荧屏上的历史剧已经不再能承担起青少年了解历史、思索历史与现实的重任。为了制造看点和争得观众，在戏说观念指导下，大量的历史剧、古装剧、清宫剧失去了正确的历史观的指引，只能一味地引领观众越来越满足于情绪肤浅的表露，满足于感官的快乐，满足于思想逻辑的直接表达。“文学经典戏说化”、“影视作品穿越化”、“革命历史色戒化”、婚外恋、多角恋等泛滥。《人民日报》评论说：以低俗的流行元素颠覆了原作的艺术精神，这是艺术俯就和谄媚收视率的典型体现。

于是在这种游戏般的“戏说”中，有些青少年逐渐失去了对历史应有的深度感、崇高感、神圣感，导致他们民族意识和历史使命感的淡化和缺失，成为只活在当下的无根基的一代。历史在他们的意识中被片断化、零散化了。

在这种充满强烈后现代主义色彩的戏说剧充斥荧屏的情况下，电视台经典剧场的栏目口号“看经典剧场，学中国历史”就不仅让人怀疑，简直令人惊悸。“照此说法，看《三国》则可学古代史，看《雍正王朝》则可学近代史，看《北京人在纽约》则可学当代史（以上电视剧均在‘经典剧场’播出过）。如此推断，历史真的成了后现代主义所谓的‘最大的虚构’（supreme fiction）了。”[③] 戏说剧

---

① 俞良华.“戏说”也要好好说.电影评价，1998，(3)：14.

② 孙丽.历史“戏说剧”的叙事变异与寓意偏差.创作与评论，2013，(6)：94-98.

③ 隋岩.电视大众文化的后现代表征.西华师范大学学报（哲学社会科学版），2002，(6)：121-123.

对民族历史资源的破坏性开掘，终将以更恶劣的形式反映到青少年的价值观中。今天，当我们面对在课堂上称孤道寡、封妃称后的中学生，会不会在苦笑之余留一些反思呢？人们是否应该静下来想一想：在戏说的路上，我们是不是已经走得太远？电影也好，电视也罢，特别是一些反映历史的影视题材剧，其本质应该是现实的还原，其所反映的也应该是来源于生活而又高于生活的东西。"艺术真实也必须从认知上合乎人类社会发展的逻辑，让观众信服。通过这个可信的基础传达和表达的世界观、人生观、价值观，才是真实的可信服的人生观和价值观。离开了对这个本质的坚守，故事不可信，人物不可信，其他附加的魅力和装饰也只能是杂耍活儿，终不能长久。"①

四、都市剧、偶像剧：华丽的梦中之梦

影视文化被称作"大众的梦"。如今，越来越类型化的都市剧、偶像剧成为畅行于影视屏幕的流行元素，成为青少年收视行为的重点。剧中虚拟的城市环境、完美的情节设置和理想化的男女形象和生活场景为青少年提供了一个精神世界的世外桃源，成为他们心灵的抚慰剂。影视文化脱离开了平淡无奇的日常生活，在不同程度的夸张和虚构中，引导观众进入一个缥缈而又引人入胜的梦幻世界。超越日常性、超越平淡的生活是人们观看影视作品永远的心理需求。然而，"改革开放以后，我们的报纸，我们的舆论总是给人一种'捉摸不定'的感觉……影视、银幕上不断出现比西方'阔佬'还要'阔佬'的生活方式……大众媒介的'倾斜'造成了社会热点的'倾斜'，大众媒介的'滑坡'造成了公民们道德上的'滑坡'，大众媒介的'失衡'造成了人们心理上的'失衡'"②。大量的影视作品虽脱离真实社会生活和整体国情甚远，但仍不断地被生产和播放着。这不能不是影视神化被错误的理解和运用的遗憾所在。在我国，许多的都市题材和爱情题材的影视片，都在不遗余力地制造着这种"现代神话"。这些影视作品中，大酒店、豪华别墅、高级轿车、俊男靓女比比皆是，通过镜头展现豪华住宅、典雅装饰、时髦衣着、高档消费更带有理想化的色彩，在客观上诱导青少年对于物质享受的欲望，以及在享受物质的同时对人生意义和价值的肤

① 刘琼．一部电影、一个课堂和一场战争——关于严肃电影的大众传播．人民日报，2013-11-1（24）．

② 邵道生．中国社会的困惑．北京：社会科学文献出版社，1996：232.

浅化理解。"一些青春偶像剧中，男女主角都年纪轻轻，不靠努力就过上挥金如土的生活，每天不用努力工作就能享受锦衣玉食，对物质极其挥霍浪费，对未来不用心规划，一切得来得轻而易举，让沉迷其中的大学生忽视了自身的条件差异和现实环境，好高骛远、缺乏脚踏实地的精神，对人生的精神境界追求肤浅，对人生终极意义理解有偏差，非常容易形成拜金主义、消费主义、享乐主义、个人主义等，这些不良主义的影响会对大学生的价值观形成产生误导，对他们形成正确的人生观价值观造成巨大的冲击和危害。"①

至今，我们尚能够感受到在青少年中掀起狂澜的某电视剧影响力的余波。2001 年，根据日本漫画改编的一部青春偶像剧一经引进便迅速席卷了各地的电视媒体。由于洋溢剧中的"眩晕的幸福感"迎合了青少年成长中的某些不成熟的唯美心理，该剧在青少年中十分流行。这部青春偶像剧在青少年中迅速传播，像剧中人物一样地嬉闹、玩乐、恋爱成了令他们向往的校园生活。连剧中人物的脏话也成了一种经典话语挂在他们嘴边！该剧的播放引起了学校、家长和众多有识之士的批评与担忧。正如有评论家所言："电视剧是用金钱堆砌出来的，一堆养生的血汗钱可以让很多需要帮助的孩子重归课堂，可以给灾区的群众解决饥寒，然而，这堆钱堆砌出来的却是一部让中国老百姓自认为不属于他们的戏，甚至戏中的富丽堂皇和缠绵悱恻非但不能激活他们生存的意志，甚至会引起一种人生无奈，抱怨自身命运的悲凉哀叹。"② 由于学习的压力、应试教育的压力，当今的青少年在心理上产生着压抑也产生着对轻松、浪漫、愉悦生活的向往，而强烈渴望寻求解脱的出口。充斥着灌输和说教的教育加重了青少年本来就有的逆反心理，使得他们对影视世界里充满幻想、超越现实、轻松浪漫、开心恣肆的虚构故事格外青睐。于是，活泼的女演员形象一夜之间就飞进了他们的心中，花一般的男孩组合也以其恣肆夸张的叛逆行为和对现实生活的想象性逃离以骄傲的姿态盛开在无数青少年的青春之梦里，形成成人世界难以理解的强烈而疯狂的偶像效应。因此，大批的港台影视演员成为青少年崇拜的偶像，成为一大批"追星族"学习、仿效和成长的目标。在都市剧、偶像剧特定生活的表象之下，隐含着的是其对于现实生活的一种逃避。不过它逃避的不是现实

① 危灿晶．当前影视文化对大学生思想政治教育的影响及对策研究．重庆：重庆师范大学硕士学位论文，2015.

② 于鹏．电视传播：身担重任需自知——媒介的社会责任与青少年的价值观构筑．思想•理论•教育，2002，(7-8)：63-65.

生活的表面，而是现实生活的实质。该电视剧的播出产生了大量的影迷，一时间，不断有青少年模仿剧中人物而引发闹剧的报道见诸媒体。在中学生乃至一些大学生中，不知道该剧的人，简直就是落伍。各种由此引发的社会现象不断地增加。由于该剧引发的追星热潮在全社会产生的负面影响，国家新闻出版广播电影电视总局向各地电视台发出禁播令，各地电视台不再播放，但该剧所带来的影响还将继续下去。

该剧遭到了禁播，但诸如此类脱离生活的所谓“都市剧”、“偶像剧”、无厘头搞笑作品仍然活跃于影视屏幕，如日韩偶像剧。在今天的偶像剧里我们已经很难找寻《东京爱情故事》这样的经典作品所蕴含的启蒙和励志精神，也找不到那种具有强烈的现实性和时代性、激励青年奋斗和追求理想生活方式的经典之作。有的只是对现实生活的漠然、远离现实的幻想和“个性”标榜下的追求“酷”和“另类”感觉的个人中心主义。青少年视“酷”为一种卓然独立、与众不同的特征。“酷”满足了青少年彰显个性的心理需求，但极端的“酷”使他们容易迷失自我，感性能力畸形增强而理性能力日趋萎缩，使他们形成玩世不恭的生活方式，放弃理想和道德追求，“跟着感觉走”，“过把瘾就死”，丧失现实的责任感。在无理性的潜意识和生命意识凸显的同时，认知理性和道德理性被湮没。在偶像剧的影响下，不少青少年越来越趋于早熟，盲目崇拜、追随一些不符合现实生活的思维方式和行为方式，甚至对真实现实生活失去兴趣和信心。这些都市剧、偶像剧逃避对真实生活的挖掘和生活中真、善、美的追求，在作品中崇高和理想遭受失落，对人生的思考受到调侃。一些青少年在虚构的生活场景和故事情节中，淡化了对人生意义的思考和追求，逐渐失去了信仰的有力支撑，出现了人生观、价值观的颓废和迷失的倾向。这种脱离生活的偶像剧正在造成青少年真正人生偶像的缺失，青少年正在被这样的偶像剧塑造成为失去偶像和榜样的一代。因此，都市剧和偶像剧不是不可以造梦和塑造偶像，问题在于偶像剧和都市剧同样需要现实的生活色彩，需要朝气蓬勃的生活气息，需要强烈的励志精神。

五、游艺节目：放逐审美的娱乐狂欢

电影、电视的迅猛发展改变了人们的认知、思维乃至存在方式。电影、电

视正把我们从传统阅读时代带入了一个轻松的“读图时代”。图像的泛滥使人们对知识的获取、艺术的鉴赏直接过渡为观看，与文字相比，图像更为清晰、直观、形象、生动，人们无须进入深度的意识，感性取代了理性，一次性的感官享乐取代了思考，放逐了审美。

从 1998 年某电视台推出一档娱乐节目以来，由于其极高的收视率引来了大批的模仿者，在全国掀起了一股强劲的娱乐浪潮。各地电视台相继推出一系列游艺娱乐节目。2004 年，某卫视大型歌曲表演选秀节目在国内迅速掀起了一股选秀的热潮。该节目一夜成名的造星模式在青少年群体中引起巨大轰动，受到青少年的热议和追捧。很多青少年幻想只要参加类似的选秀节目赢得冠军，就可以一夜成名，过上明星的风光生活。2006 ～ 2009 年，该节目报名人数成倍增长。与此同时，2010 年以来，在婚恋类节目呈现蓬勃之势继续热映时，各种选秀风也接踵而至。在该节目引爆了当初平民偶像的狂欢之后，一些代表平民梦想类的节目也出现在一些电视台灯光绚丽的舞台。

近几年出现了越来越多的选秀节目，由这种选秀节目诞生的新生代偶像也越来越多。长期沉浸在这样的文化中，青少年对于成功的认知就会在无形中发生异化，认为成功是一件容易的事情，不再认同成功需要付出汗水和劳动，理想追求越来越功利化。现代社会生活节奏加快，竞争的激烈与生活学习的压力激发了人们游戏和狂欢的需要。各类休闲娱乐节目有助于在快节奏之中的人们实现某种精神调整和心理恢复，但同时娱乐节目所呈现的不良倾向对青少年价值观也造成不良影响。

1）娱乐节目的低俗化倾向直接造成青少年价值观的庸俗化。“没有节制的、走进误区的娱乐节目会成为社会毒瘤，也使电视这一媒介沦落为小丑般的、人们打发无聊时间的新奇工具。”①娱乐节目热衷于对观众的感官刺激和对娱乐功能的过分张扬，导致娱乐节目的艺术水平异常粗糙。许多节目格调不高，以低俗为幽默，以媚俗为神圣。这些娱乐节目如尹鸿先生所讲，“都有一个共同点：对崇高感、悲剧感、使命感、责任感的放弃和疏离，过去文化中那些引以为自豪的东西，如深度、焦虑、恐惧、永恒的情感被淡化，取而代之的是一个一个世俗梦想、儿童乐园和文化游戏，它不需要我们殚思竭虑，不会让我们痛不欲生，

① 鲁婧．电视节目的娱乐化流变及思考．传媒观察，2012，（7）：16-18.

它甚至可以把我们的智力消耗降低到几近于零”[①]。

为了轻松就以让嘉宾难堪、出丑为乐，只要能逗趣取乐媚俗，可以随心所欲、洋相百出，甚至于导致有的嘉宾在参加游戏时受伤。一些电视娱乐节目的低俗化现象，已经引起有识之士的不满。例如，某电视台举办的“形象小姐大赛”中，一名靓丽的小姐在回答“你最喜欢的人物是谁”时，竟然公开宣称自己最喜欢的人是希特勒，实在令人啼笑皆非。在某省电视台播出的一档以爱情为主题的娱乐节目中，女主持人问女嘉宾：“你男朋友最吸引你的是他身上的哪一个地方？”“你有没有遇到过情敌？”观众希望从节目中获得快乐，然而快乐应当是由衷的，发自内心的快乐和愉悦须承载一定意义的内涵。游戏娱乐节目以嬉闹取代娱乐，又以对娱乐的误用排斥了审美，这种娱乐文化的低俗化品位正在造成青少年审美价值观的庸俗化。青少年从游艺节目中学到的是“帅哥”“靓妹”“你好酷啊”“有没有搞错”之类的表达和一些无厘头式的调侃和嬉闹。娱乐宗旨放弃深度、亵渎神圣、远离崇高，可以毫不夸张地说，将什么都拿来做游戏的游艺节目正在以一副什么都无所谓的后现代姿态教会青少年以同样的方式游戏人生。这种对低俗娱乐功能的误置将消解以理性为基础的社会理想、道德反思和审美判断，最终将使意义丧失，个性被淹没，人成为单面人。

2）游艺节目浓郁的商业气息，造成青少年功利主义和拜金主义价值观。“电视节目庸俗化使得社会公民只重视物质价值，个人主义、享乐主义盛行，社会责任感缺失等等倾向越来越严重，也导致了社会风气腐化堕落、道德规范约束机制弱化、社会不稳定因素越发明显。”[②]娱乐是人的天性。真正的娱乐是没有外在的功利性目的的，它所要满足的是人的内在需要，是人身心放松、精神愉悦的需要。它使人原本紧张的身心得以缓解和松弛，是对人的生存中的强制性劳动的一种调剂和补充，是保持人身心平衡的重要途径。然而如今，泛滥的游艺节目往往以高额的奖金或奖品来招徕观众，提高收视率并为商家做隐形的广告。对青少年观众来说，这种轻而易举就唾手可得的高额奖金和奖品难免会产生很大的负面影响。游艺节目浓厚的商业气息及其自身所携带的功利的、拜金的价值观念在轻松愉悦的表象下渗透进青少年的深层意识中，青少年对待人生中的机遇和成功时不自觉地会产生投机思想和功利观念。这种价值取向上的功利主

① 尹鸿．世纪转折时期的历史见证——论 90 年代中国影视文化．天津社会科学，1998，(1)：78-85.

② 鲁婧．电视节目的娱乐化流变及思考．传媒观察，2012，(7)：16-18.

义甚至也渗透进一些青少年的人生理想中，使得青少年对理想的理解走向世俗化，走向一种纯粹的个人主义和相对主义。“我的理想？比如通过某个投机性极强的电视游戏节目为老爸赢回一台电脑，为自己赢一个 CD 机，为妈妈要一套健身器等等，这比其他人的摘金夺银为国争光也差不到哪去。”①娱乐节目追求的就是要给观众轻松愉悦的精神享受，但游艺节目的娱乐性并不意味着可以随意地调侃与发泄，并不意味着对审美的放逐，不应放弃对观众的审美提升。娱乐性需要建立在民族文化传统、社会生活现状和艺术审美规律的基础之上，用艺术再现人们的心理需要和精神需要。审美作为具有高度智能的、人类所特有的高级精神活动，绝不止于感觉，而是要使人的审美冲破感觉的束缚，达到审美的高峰体验，这也是人性最高境界的体现。追求情理融合、美善相兼，使表层的感觉经过理性的净化、道德的锤炼、情操的陶冶而转化为感动人心的艺术魅力，应当是影视作品不懈追求的终极目标。

3）娱乐中的反文化、反知识化倾向也不可小视。娱乐节目中有一种特殊的类型便是电视中益智类节目，参与者答对题目，就可以赢取奖品或奖金。同时，伴随着益智游戏节目的泛滥，各种市场嗅觉灵敏的相关“题库书”也异常走俏，《开心辞典抢答》《E 时代开心辞典》《幸运 52 大比拼》也快速占据各书店销售排行榜前列。世界著名的媒体文化研究者和批评家尼尔•波兹曼在他的著作《娱乐至死》中曾深刻地批评道：“我们的问题不在于电视为我们展示具有娱乐性的内容，而在于所有的内容都以娱乐的方式表现出来，这就完全是另一回事了。”②

影视文化通过全球屏幕把“孤寂的人群”联合起来，凭借它的艺术想象力与创造力，使人们获得感官的愉悦，实现着心灵的释放，也建立起感情依托和精神支柱，寻找着超越现实走向理想的回家之路。作为一种拥有最多受众的文化样式，影视文化最积极的内涵无疑应当是在不断分化的社会生活中为人们营建起一个“精神家园”。然而，穿行于市场经济丛林中的影视文化，逐渐淡忘了为“孤寂的人群”营造精神家园的价值诉求。商品逻辑制约下的传媒价值观隐藏在影视文化背后，间接操纵着大众的观念和行为。影视价值观自身出现的消费主义、物质主义倾向、游戏化、媚俗化倾向、暴力化倾向等，无不以不同的形式体现在今天青少年一代的价值观念中。法兰克福学派的代表人物马尔库塞

① 乐锋．理性与躁动——关于青年价值观的思考．上海：学林出版社，2002：105.

② 尼尔•波兹曼．娱乐至死．章艳，译．桂林：广西师范大学出版社，2004：114.

曾经把西方资本主义制度和科学技术统治下的人称为“单面人”。在这些人的精神和思想中，一切对抗、矛盾和超越性的向度都在消失，取而代之的是一种整合和同化的趋势。社会正在变成只有肯定性维度的单面社会，人正在变成只有肯定性向度的“单面人”。与此相同，今天的影视文化正在造成青少年价值思维、价值判断和价值选择上的“单面人”特征。影视文化作为电子传媒所具有的形象性、直观性使今天的青少年习惯于“看”而怠惰于“想”，“眼球文化”造成他们思想的浅薄和思考力的下降。西方学者把这种处于封闭的视听享受之中的状态形象地称为“蛋壳文化”。因为蛋壳里形成的文化氛围既封闭又脆弱。美国学者的研究表明，“‘蛋壳文化’造就了2000万行为粗暴、孤僻古怪、缺乏社会责任感的现代美国青年”[①]。越来越多的青少年在影视文化强大而无所不在的影响下日益失去思考力和判断力，成为纯粹被动的文化受众和消费者。影视文化将过分物质化的、成人化的、商业化的、庸俗化的、游戏化的、后现代化的种种价值观念一览无余地展示在青少年面前。有些青少年的世界已不再纯真，他们过于早熟和市俗化起来。他们的世界也已不再烂漫，多元的文化信息使他们焦虑而无所适从，难以建树起科学合理的价值观。不得不承认，在影视文化繁荣表象的背后隐藏着巨大的对青少年价值世界和价值观念的异化力量。

第三节　影视文化对青少年价值观消极影响的归因分析

影视文化之所以会对青少年的价值观产生如此强势的影响，除了它先天具有的传播优势契合了青少年群体独特的身心发展特征和接受心理以外，当我们去探究它给青少年价值观所带来的一系列负面影响时，恐怕我们更需要通过影视文化自身的反观来探究问题的症结所在。随着市场经济的全面实施，影视文化越来越表现出了许多曾经被西方学者所深刻批判的大众文化特性。这些特征诸如商品性、消费性、游戏性、媚俗性、平面性等，已经作为传媒自身的价值

① 毕一鸣．全球化浪潮促成的现代媒介环境．现代传播，2003，(2)：9-11.

观渗透进影视文化中从而影响着受众的价值观念。影视文化自身价值取向的偏离和价值观的迷失，对青少年的价值观产生着深刻的影响。毋庸讳言，影视文化在其自身异化的同时变本加厉地异化它的受众。与此同时，我们探究的眼光仍不免要回落到校园中来。作为青少年价值观教育重镇，学校价值观教育的低实效性既无法使青少年在面临影视文化的强势冲击时拥有健康的理性意识和批判精神，也没能教会青少年如何利用影视文化来建构自己美好的价值世界和精神家园。正是学校价值观教育的误区和盲区凸显了影视文化对青少年价值观的强势影响。

一、自身反观：影视文化的异化

20世纪80年代中期以来，随着改革开放进程的加快，大众文化在我国也开始浮出水面。20世纪90年代市场经济的导入使得大众文化呈现出一派繁荣的景象。当《泰坦尼克号》风靡全球并收获十几亿美元时，当全球观众从高龄的老妇到妙龄的少女都被《泰坦尼克号》的惊世爱情感动时，当全国的观众都凝神屏气地坐在电视机前共看同一电视节目，第二天津津乐道地对节目品头论足时，当青少年唯恐被同伴歧视或被当作“老土”而热烈地追星时，当“哈日”或“哈韩”一族以某种穿着来标志自己时，当大学生争先恐后以《大话西游》的语言网上聊天时，再或者当人们越来越依据广告和时尚频道的推荐来影响自己的审美和消费时，谁也无法否认影视的大众文化性质。20世纪90年代，中国大众文化开始全面登堂入室，呈现出鲜明的特点：“在功能上，它成为了一种游戏性的娱乐文化；在生产方式上，它成为了一种由文化工业生产的商品；在文本上，它成为了一种无深度的平面文化；在传播方式上，它成为了一种全民性的泛大众文化。”[①]于是，在影视文化中，快餐式的文化消费模式、“跟着感觉走”的消费时尚、单调平庸的媒介产品……万花筒一样地展示在人们的面前。正是在这样的文化境遇中，中国影视文化开始从对高雅艺术的孜孜追求中走了出来，走向了平民化和商业化。影视文化作为当代影响最广的文化样式，义无反顾地充当了大众文化代言人的角色。

对于大众文化对人存在的消极影响和负面功能，法兰克福学派的阿道尔诺、

① 尹鸿. 90年代的中国影视文化. 新华文摘，1998，(6)：154.

霍克海默和马尔库塞等代表人物着眼于大众文化的异化层面，就商品性、消费性、标准化、技术化、齐一化、虚幻性、操纵性等方面对其进行了深刻的批判。法兰克福学派对大众文化的批判触及大众文化的消极面和某些致命的弱点，是对西方文化价值危机的深刻反思。而这些曾经被西方学者批判的大众文化特征，今天我们同样感觉到它们在影视文化中的存在。面对影视大众文化的重重包围，我们应对其消极作用保持必要的警觉。影视文化如果失去了提高民族素质、促进社会文明、提升人文精神、营造精神家园的文化尺度与价值理想，将会导致文化价值和民族价值观的危机，这也是法兰克福学派对大众文化的批判给我们带来的启示。因此，在探究影视文化对青少年价值观的负面影响的时候，我们就非常有必要通过影视文化自身的反观来探究问题的症结所在。

（一）影视文化的商品性异化青少年的正确价值观念

法兰克福学派的代表人物阿道尔诺索性把大众文化称作“文化工业”，这足以说明了商品性是其最首要的特征。商品性是一切大众文化的共同特征，因而影视文化作为一种大众文化，它的所有产品生产和接受也就具有了商品的形式和特性。判断一件大众文化作品成功与否的标准，首要的就是接受者的数量多寡。影视文化作为一种大众文化也难逃此窠臼。电影、电视的生产，从策划、选题到制作、发行、放映，无不遵循标准的现代化工业生产逻辑。这样，影视文化自身所携带和传达的信息内涵也就摆脱不了商业化幽灵的缠绕。收视率和上座率成为衡量影视传播效果的重要尺准，而隐藏其后的是广告的利益诱惑。其直接结果就是导致影视文化充斥着喧闹与浅表、价值探求淡化、深层思考游离、消解文化本身的价值意义诉求。置身商品时代，影视本身已成为商业化和工业化的化身。商品经济成为控制影视传播的看不见的手为影视文化烙下了商品的印痕。影视文化在生产和流通过程中所遵循的铁的规则就是价值规律、商品逻辑和利润最大化原则。这就是影视文化在表面多元化的盛况之下掩盖着的利益一元化实质。

对于商业化造成的文化物化现象及对人的精神与意义的销蚀，马尔库塞曾经有过深刻的论述：“人和物的关系颠倒了，人们把追求外在的物欲的满足作为生活的全部内容，好像就是为满足物质欲望的商品而生活……人不仅异化为物，

而且进一步异化为物的奴隶，成了彻头彻尾的拜物主义者、消费主义者。人过的不是真正人的生活，而是失去灵魂的没有目的的动物般的生活。于是，人的第一天性泯灭了，信息社会通过报纸、电台、电视、广告创造了人的第二天性，它把人与商品形式结合在一起，实际上这是在新的情况下人的商品化。”[①]不可否认在人类文明的演进过程中，商品性是人性的充分张扬和赞美，是推动文明社会发展的伟大动力，是对畸形的禁欲主义的嘲弄和鞭挞，有着进步的历史意义。然而，对商业化的无节制追求和挖掘将再一次由于其对人的异化而走向对人性的全面背叛和疏离。在导致人的商品化和物化的同时，商业化的操作模式导致影视文化的传播较多地远离对社会重大现实问题的关注。它会使成长中的青少年沉迷于琐碎事物，而失去对社会发展中心问题的基本感觉和必要关注，导致一部分青少年目光短浅、胸无大志，缺乏对于社会的责任意识。影视文化用浓厚的商业化油彩将人类的天性涂抹得面目全非，剥夺人的理性的思考能力和选择能力使人沉入商品拜物教的泥淖中不能自拔。于是，一切与人的存在有关的价值和意义问题都变得与商品性密切相关。物质主义、消费主义、享乐主义成为支撑人全部生存意义的价值观念。

（二）影视文化的批量化、复制化和齐一化单面地塑造青少年的价值观

艺术作品本须个性化，而文化工业按照一定的标准和程序，大规模生产各种复制品。在阿道尔诺看来，机械复制给文化产品带来的影响主要是使文化产品也成了一种标准化的工业零件，带来对作品丰富的多样化个性的扼杀。模式化的文化产品总是预先设计出固定的标准情节、人物和结构，然后毫不费力地进行批量生产。所以，阿道尔诺说：“文化工业的技术，只不过用于标准化和系列生产，而放弃了作品的逻辑与社会体系的区别。”[②]在大众文化的流水线上，模仿是绝对的，而个性化的努力最终被模仿的努力所取代。游走于大众文化之途的影视文化也概莫能外。从题材、内容到节目类型的类型化、模式化并大规模地复制和传播，致使艺术的创造性受到排斥，导致影视文化中经常重复生产无创造性的同类产品，文化生产和消费呈现出非个性化和伪个性化倾向。文化

① 李青宜．“西方马克思主义”的当代资本主义理论．重庆：重庆出版社，1990：66.

② 马克斯·霍克海默，西奥多·阿道尔诺．启蒙辩证法．洪佩郁，蔺月峰，译．重庆：重庆出版社，1990：113.

产品趋于一律化，剥夺了个人的创造能力。阿道尔诺认为，文化生产的标准化、齐一化，不仅扼杀了艺术创作的个性、自主性与创造性，也扼杀了艺术欣赏的自主性与想象力。

影视文化的普及将全世界缩小为一个“地球村”，各国观众犹如走家串户一样可以轻而易举地知道世界上任何地方每天发生的事情。人们处在一种共时性之中，可以说影视文化正是通过为大众提供共享的文化而成功地在全球范围内塑造了一股潮流、一种时髦、一种环境、一种氛围，成功地塑造着大众同一种兴趣、喜好和口味。这种批量化、标准化、齐一化已成为影视文化创作与发展的重要模式。正如阿尔文•托夫勒所形容的那样："所有这些传播媒介工具打上完全相同印记的信息，传入千百万人的脑际，正如同工厂铸造相同规格的产品，销售给千百万家庭去使用一样。大规模制造出来的标准化‘实事’，标准化的副本，大规模制造出来的成品，通过几个集中的思想工厂加工，源源不断地流向千百万消费者。"[①]文化失去了其应有的无限丰富性和多样性。大众的需求、思想和行为被“齐一化”和“同质化”了，法兰克福学派称这种现象为“个体的终结”。马尔库塞认为，“单向度的思想是由政策制定者和新闻信息的提供者系统地推进的”[②]。模式化以千篇一律、了无新意抹杀了文化的创新精神，抑制了人们的想象力，使文化成为维持现状、甘于平庸生活的保守力量，成功地把青少年塑造成一群依赖的、被动的价值认知和取向单一的文化接受者。文化本来是想象和价值理性的天地，这一领域一旦由工具理性所占领，不仅文化的生产者，而且文化的传播者和享用者都成了工具。批量化、复制化、齐一化的影视文化消灭了文化作品本应具有的思想的丰富性和价值的多样性，它力图通过对个性的扼杀消除了一切否定性、批判性和对立性等向度，造就受众思想和行为的“单面”特征。

（三）影视文化的平面性、表浅性和媚俗性塑造青少年庸俗化的价值观

影视文化以形象生动见长，但其平面性和表象性也同时并存。一旦商品时代把它全方位地复制，其表象与平面性的特征就越发突出。影视大众文化疏离

---

① 转引自：高鑫．跨世纪的北京影视文化．北京：北京师范大学出版社，2000：57.

② 赫伯特•马尔库塞．单向度的人——发达工业社会意识形态研究．刘继，译．上海：上海译文出版社，1989：14.

人文关怀、价值呵护、意义追求、悲剧精神、忧患意识等深度意义，放弃了对深度意义的追寻和探求，而过于热衷于向观众提供一种流行性、商品性、媚俗性、模式化的无深度的平面文化。影视文化被套上“收视率”和“上座率”的枷锁以后，原本对精英文化的高扬、对大众文化的提升逐渐沦为对大众化的追随、对受众无条件地迎合。于是，削减思想内涵、降低理解障碍、追求视听快感逐步发展为影视大众文化平面性、媚俗性的充分体现。青少年只是得到快餐式的宣泄和快感、身心短暂的放松和满足。这种视听快感是一种即时性的刺激和满足，当一堆堆的影像从观众眼前闪过之后，剩下的只是一种情绪和一些支离破碎的片段。在舒舒服服饕餮一番之后，回味少之又少。它为观众“提供的大多是一些无深度无景深却轻松流畅的故事、情节和场景，令人兴奋而又眩晕的视听时空，消除了时间感、历史意识与现实生存的真实性联系的自我封闭的文本游戏。在这些娱乐性节目中，文化的认知功能、教育功能，甚至审美功能都受到了抑制，而强化和突出了它的感官刺激功能、游戏功能和娱乐功能”①。

影视文化对崇高感、神圣感的消解，带来工具理性的猖獗、价值理性的式微和精神家园的丧失，其最直接的表现便是人的信仰危机。影视文化这种强烈的表浅性和媚俗性带来的是青少年价值观的平面化和庸俗化。它限制了青少年涉足更有深度感、神圣感、审美感的价值领域，囿于这种媚俗化的文化欣赏与接受状态，青少年很难实现对其所传达的庸俗化价值观的超越。

（四）影视文化的消费性造成青少年价值观的褊狭化

改革开放以来，市场经济的深入推进带来了社会经济的快速发展和物质的极大丰富。人们开始把目光从理想的天空转向世俗人生，重视物质享受和感官快乐，重新确立了感性价值在日常生活中的地位和功能。影视文化的消费性特征正是顺应和体现了时代文化的发展趋势和价值取向。消费性本身蕴含着时代的进步性，它在客观上释放人的欲望，体现了对于世俗人生和现实生活的关注，是对于此前物质贫乏、精神扭曲时代的一种反拨、一种进步，有其合理性。事实上，在现代社会，消费早已经入侵人们社会生活与精神生活的每一个角落。作为大众文化的主体，影视文化更是人们消费的对象。影视文化既然已经作为

① 尹鸿．霸权与多元：新世纪电视文化随想．电视研究，2000，（1）：16-17.

一项文化工业来生产，也就理所当然地进入社会消费行列。然而这种消费性带有一种隐蔽的强制性、欺骗性和遮蔽性。物质的诱惑和精神的放纵往往是大众文化用来诱导受众消费其商品的手段。影视文化的消费性不仅仅指它的经济因素，还在于它更是一种时间消费和精神消费。以近年来我国生产的大量的历史题材影视剧为例，在这些作品中，历史与文化本身已无关紧要，重要的是消费。人物形象、音乐、情节、故事所有这些都不过是消费的材料而已。此外，惊险、离奇、刺激、搞笑、喧闹的场面景观，也发展为影视文化非常重要的消费因素。因此，本书所探讨的暴力影视、广告、都市剧、偶像剧、戏说历史剧、游艺节目都演化为一种消费因素，于是，消费遮蔽了审美的、生命的、历史的、道德的等与价值和意义相关的一切维度代替了一切。

部分影视文化挥动消费主义的大旗遮蔽生命的完整意义，从日常消费的单面意义来理解生活与人生，以个体及其欲望为内在基础，将享受和娱乐视为生命价值的实现。当影视出于商业化的意图并作用于人时，人被裸露在消费性的诱导信息之下，被抛掷于温柔富裕的陷阱之中，于是观众也就在不自觉的状态中“消费”着文化，也“消费”着自我，销蚀着人的精神与意义。消费主义借助大众文化之翼而风靡，构成了现代文化的一个显著特征：享乐文化的彰显。它在合理化人的欲望的同时，消解了人对自身本真性的需求。消费主义推崇着本能的快乐原则，由此而衍生的幸福意识与生活方式也沦为物质文化的演绎品。消费性允诺给青少年的是不断膨胀增值的欲望，是对消费的无止境渴望，并在这种向往和渴望中失去对生命多极意义的探索和追问。“一些影视作品为了追求经济利益，掺杂有不少消费主义、色情暴力、拜金主义、享乐主义的内容，可能导致大学生的审美情趣低俗化、人生奋斗目标不明确、缺乏理想和创业热情、对生活抱持好高骛远的态度，偏离正确的生活轨迹。”[①] 当影视对消费的张扬演变为一种消费主义时，人们最终会在消费主义旗帜的遮蔽下一叶障目，不见泰山。一旦沦为消费主义的奴隶，青少年的价值观也就不可避免地表现出褊狭性和片面性。

---

① 危灿晶．当前影视文化对大学生思想政治教育的影响及对策研究．重庆：重庆师范大学硕士学位论文，2015.

二、聚焦校园：学校价值观教育的低实效性

青少年的价值观之所以会在影视文化的影响下产生诸多的消极表现，除了影视文化自身的原因以外，当我们对问题进行深刻的反思时，我们探究的眼光不免又回落到校园中来。正是学校价值观教育的低实效性使其无法先入为主地控制对青少年价值观教育的主动权，从而造成青少年在影视文化的负面信息面前既没有坚定价值观念的扶持，也没有对负面信息的免疫力，更没有理性的价值判断和价值选择能力。学校价值观教育是指对青少年学生的价值理论教育、价值观念引导、价值心理培育和价值活动调控的教育活动。与影视文化的强势影响相比，学校价值观教育呈现出较低的实效性。青少年从学校教育中得来的价值认知和感受并不能使他们应对快速发展中的影视文化带给他们的冲击和影响。

（一）脱离学生生活，知性色彩浓厚

学校教育赋有教授青少年各种知识并促进其社会化的重要功能，知识的传习固然重要，然而知识传授与习得并不是目的本身，而只能被视为是青少年社会化的一种手段，其终极的目的应当是使学生“学会过美好的生活”。一个人可以掌握许多知识，但这些知识可能完全不关涉他的兴趣，不能引起他情感的积极反应，或者说这些知识并不能消除他在生存中所遇到的彷徨、苦闷和痛苦。爱因斯坦曾尖锐地指出：“用专业知识教育人是不够的。通过专业学习，他可以成为一种有用的机器，但是不能成为一个和谐发展的人。要使学生对价值有所理解，并且产生热烈的感情，那是最基本的。他必须获得美和道德的善，有鲜明的辨别力。否则，他——连同他的专业知识——就更像一只受过很好训练的狗，而不是一个和谐发展的人。”[①]

1）知性的学校价值观教育在内容上时常脱离社会生活和学生实际。目前，我国学校德育过分注重对学生进行正面教育，习惯于照本宣科，往往给学生提供过分理想化、完美化的生活环境。课本中学生学习的榜样所体现的几乎都是德育目标的观念图解，他们不存在缺点，没有七情六欲，似乎也不食人间烟火。好心的教师企图用一元代替多元。但是他们忘记了他们面对的早已不是一个一

① 爱因斯坦．论教育．大学活页文选．第1辑．许良英，等，译．上海：华东师范大学出版社，1998：5.

无所知的幼童，而是具有较强烈的主体意识和初步的道德判断能力的信息时代多元文化环境下的青少年，他们对人、对事已经有着自己独特的见解、判断和选择。学校价值观教育的内容与影视文化向学生传递的大量价值观念之间存在着较大的偏差甚至冲突。由于忽视了影视文化这一学生价值观的重要影响源，学校价值观教育就越来越走向一种孤立的、刻板的、识记的、一意孤行的教育活动。这种落后于时代和社会现实的价值观教育与影视文化内容上的鲜活性、生动性、丰富性、时代性和现实性相比，其实效性之低也就可以想见了。学校价值观教育在内容上一味地追求“净化”，追求“正面效果”却回避多元、复杂社会现实，在客观上造成学生价值观的迷茫和困惑，常常使学生感到书本的空泛和不真实，从而本能地更倾向于影视文化向他们展示的多样化的更贴近实际生活的价值观。学生已有的价值观念是影响学校价值观教育的重要因素，但一些学校教育无视学生的从影视文化中得来的种种价值观的存在，总是把学生当成无知的教育对象。教育是一种导向，而生活本身就是教育，就是导向。所以，价值观教育如果不与社会生活接轨，不与学生的真实现实接轨，就很容易引起青少年的冷漠心态和逆反心理。学校理想的价值观教育与学生实际的思想严重脱节，容易使学生从小就开始说假话、空话，形成双重人格。从而“冷落崇高”“亵渎神圣”之类的价值观念与行为出现于青少年这一群体中也就并不鲜见了。

2）与影视文化在传播方式上的人性化不同，学校价值观教育过分诉诸“灌输”方法，忽略学生的主体需求和创造性，很难形成学生知行合一的健康人格。灌输的教育强调顺从和接受，排斥对话和民主。以现有的小学思想品德课课本为例，我们一直在教育学生在学校要听老师的教导，在家要听父母的话，与同学相处要谦让等，价值观教育的内容重顺从而非民主、重继承而非创造。以灌输、强制的方式给予受教育者顺从、继承、谦让等心理意识，难以培养学生的民主意识和积极进取的精神，不利于培养学生的创新精神和竞争意识。这与青少年本身渴望民主、平等、互动、参与、沟通等心理特点形成严重的偏离，因而难以对青少年产生“亲和性”，失去亲和性的结果便是学生容易对学校价值观教育表现出消极的冷漠或逆反，而更愿意接受至少在形式上充满民主和非强制色彩的影视文化的“价值观教育”。这给了我们很有价值的启迪和思考，学校价值观教育对灌输方法的过分依赖排斥了其他可能更具民主性、更有活力的教育

方法，消解了价值观教育应有的魅力。灌输的方法只能够造就无责任的人或者是只对外部负责而唯独不对自己负责的人，或者说一种知行脱节的人。“强制性的道德灌输与道德控制意味着个体不能充分运用自己的判断能力与思考能力，心智被迫为他者的工具。”[①] 强制和封闭充其量只能使他们学会一种“聪明的智慧”，从而越来越“知道”该说什么和不说什么，或者在试卷中该答什么和怎样答，却从根本上无法迫使他们去想什么和不想什么，去做什么和不做什么。每个人都具有价值认知、价值选择和价值实现的需要，这种需要在有效的价值观教育的促进下伴随着个体的身心健康发展而不断丰富。学校价值观教育忽视了学生现实的、积极的需要，排斥与学生的生动对话，结果，在实践中就沦为教育者对受教育者思想、观念的灌输和改造过程，因而也就无法解答身处活生生多重现实中的青少年的各种价值观的困惑。

3）学校价值观教育与影视文化相比所暴露出的另一较为突出的问题便是其缺乏情感性。影视文化丰富的情感性使其从价值观教育的意义上讲更容易走进青少年的心灵，从而更容易通过对他们价值情感的影响而影响到他们的价值观念。情感是促使学生由观念到行为转化的精神动力。从学生价值观形成的过程来看，情感的激发是形成学生价值观的不可缺少的一环。单有认知并不能使他们形成信念并外化为行为，价值认知只有建立在有效地激发学生的价值情感的基础上时，学生才会认可相应的价值观念并逐渐形成稳定而深刻的价值信念，进而指导他们的行为。中小学阶段是激发学生价值情感进行价值观教育的最佳时期，但是目前以课本为主要载体的价值观教育媒介，很难给学生创建一个形象、直观、生活化的情景，结果就是缺乏情感性的价值观教育造成学生价值情感的淡漠和麻木。缺乏情感的价值观教育在事实上造成了与学生心理世界的距离感，从而难以碰触学生的心灵。以爱国主义教育为例，歌德曾经说过：热爱自己的国家是理所当然的事情。爱国情感是一个人最自然、最真挚、最动人的情感，而最自然的情感理应当由最自然的方法来教育，用充满情感性的教育方式通过多种鲜活的途径如活动教育、历史教育、影视教育等来激发和培养，绝不是单纯地认知教育或者刮风式的“运动式”教育。这种极端的个案的出现不能不说是我们学校价值观教育缺乏情感性的阵痛和尴尬。

---

① 金生鈜．质疑建国以来的道德教育规训．教育理论与实践，2001，（8）：31-37.

（二）对学生身心发展规律和价值观教育内在规律性的双重忽视

学校价值观教育在实施上无视价值观教育的阶段性、层次性等特征，与学生的接受特征相脱节。这种脱节严重地表现为对学生身心特点的忽视和对价值观教育规律的无视。比如，小学生的身心尚未发育成熟，思维、记忆等侧重于形象、具体、浅显；大学生的身心发育接近成熟，思维和记忆特征侧重于抽象性、逻辑性和理论性；中学生的身心特征介于两者之间，这就要求价值观教育要遵从青少年不同发展阶段的特殊身心发展状况和接受特征。价值观的形成有一个由低到高的发展进程，由此决定了对道德修养与道德认识的培养也必然是从最低限度的人际关系和日常行为开始，诸如热爱父母、孝敬老人、关心同学、勤俭劳动、诚实守信，然后进到社会价值观，诸如公正、正义、爱国、公平、民主、自由等，最后发展为人类理想价值观，诸如社会主义道德、共产主义信念等。教育内容和方法严重倒置失衡，导致中小学品德分数随年龄而逐渐下降的奇怪现象的产生。青少年从小在课堂上没有学到作为一个合格的社会公民应遵循的基本规范，却要死记硬背那些高度理想化的超凡入圣的道德信条，这些未经他们思考和内化的道德理念很难真正被他们践履和恪守。因此，学校必须从教条、机械、呆板的僵滞现状中走出，去认识青少年的接受心理，去研究他们价值观发展的特殊规律和价值观教育自身的规律性。

（三）人文性与人性化的缺乏是价值观教育困窘乏力的深层原因

长期以来，学校价值观教育人文性与人性化的缺乏削减了它应有的丰厚意蕴，多少使其显得贫乏、苍白和单薄。人是一种卓然独立世间万物的精神性存在，这决定了人是在特定的人文精神或人文激情下行动的。人性和人文精神是价值世界本质的观念反映，因而它们也就反映了人之为人的本质规定，体现了对“人是目的”和对人的全面发展的终极关怀。它把人的存在活动引向对智慧的追求、对生命的珍爱、对人性的充分关注和完善。价值观教育的目的在于赋予青少年生命和人生的价值和意义，因此，人性化与人文精神应当被视为价值观教育的灵魂所在。然而我国教育长期存在着功利主义、科学主义的价值取向，学校更是盛行唯理性教学模式，偏重智力教育，重视培养训练记忆、概括、抽

象等智力因素，重视逻辑思维能力，而忽视情感、态度、意志、兴趣的培养。这种为知识而知识、为教授而教授的价值取向遮蔽了知识背后积淀的智慧、价值和意义，剥夺了人追求智慧、寻找价值和探索意义的深层权利。这种缺乏人文精神与人性化的教育在人才培育上已经导致了相当严重的后果，使学生知识结构单一，情感、志趣、眼界狭窄，对课本以外的社会、伦理、生态、文化传统、人类未来等问题缺乏应有的认识和关怀。学校价值观教育迷失于知性的、功利的路途失却了它的灵魂。没有了人文精神的关照，价值观教育也就失去了应有的激情、魅力和动力，如此的价值观教育实效性之差也就是不可避免的了。我们知道，价值观教育是在社会教化和个体内化的双重机制下得以完成的，而在我们传统的价值观教育中，教育者一味地向学生灌输一些枯燥、乏味的观念、原则、规范等，在本质上抽去了它的人性内涵。这样，原本具有丰厚人文意蕴和人性化色彩的价值观教育就被抽象化、空洞化了。

第四节　影视文化影响下青少年价值观教育的建构

今天的青少年就是明天的社会主体。在一个日益开放化、全球化的时代，影视文化对青少年的渗透和影响已是一个不争的事实。如何使青少年在影视文化的多元空间中建构起健康向上的价值观念是学校教育、家庭教育和社会教育都要认真面对的严肃问题。在探求消除影视文化对青少年的负面影响的有效对策之前，我们首先应当明确在以影视和青少年交融关系为核心的教育生态环境中的几个核心要素，那就是影视媒体、政府部门、学校教育和家庭。作为一个宏观目标，较大限度地消除影视文化对青少年的影响，需要通过以上几个因素的效能整合，在整个社会运行中系统地实现。当然，其前提首先应该是这几个系统要达成影视对青少年的消极影响、对影视文化改善的重要性及对青少年进行传媒素养教育的必要性等层面一致的社会共识，在此基础上在各自的职能范围内致力于价值观教育生态环境的治理和构建，为价值观教育提供环境保障和法律支持。除了学校教育以外，政府、家庭、传媒部门作为一种社会教育有责任也有义务对青少年的价值观实施影响，无论是直接的价值观教育还是通过制度上、法律上、伦理上的规约而间接为青少年价值观教育提供环境保障和法律支持，都应当被视为影视文化影响下青少年价值观教育的积极应对。价值观教育不是一个孤立的系统，任何一个机构都无力独自承担起价值观教育的重任。因此，必须综合考虑传媒、政府、学校和家庭等方面的综合影响，使之相互协调、克服冲突，避免由于各方面构成因素之间的相互矛盾和冲突而消解了学校价值观教育正常功能的发挥，从而造成价值观教育低效、无效甚至是负效状态。

一、学校：价值观教育理念的转型与实践的探索

青少年价值观产生的种种消极趋势不仅反映了影视文化影响的强势特征，而且暴露出学校价值观教育的问题所在。因此，本部分将围绕影视文化对青少年价值观的影响分别从理论和实践两方面，探讨学校价值观教育的应对之策。在理论层面上来讲，应当实现价值观教育理念与方法的转型，超越当前知性的价值观教育，实现价值观教育与生活的融合。从实践层面上，随着媒介社会的到来，孤立于时代、社会和学生生活世界的学校价值观教育已经日益陷入一种“孤岛”教育的困境之中。置身复杂的信息时代，对培育学生传媒素养的忽视凸显了今天学校价值观教育的尴尬，使得学校价值观教育显得力不从心和实效低下。学校是青少年接受社会化和价值观教育的重要场所，因此，学校应积极探索价值观教育在时代条件下更富实效性的实施途径，针对影视文化对青少年价值观的影响对学生实施媒体素养教育，切实提高价值观教育的实效性。影视文化已然成为青少年最受欢迎的文化样式，它对青少年的独特吸引力和影响是我们无法回避的事实。与影视文化交融关系中形成的青少年价值观带给我们的无尽的思考，在努力规避它的负面影响之外，它更为我们价值观教育的实施提供了可贵的启迪，即充分利用和发挥影视的教育优势，改变学校价值观教育的被动状态，利用影视文化教育拓展价值观教育更富有人文性、更具人性化、更能走进青少年心灵的新的途径。传媒素养教育和影视文化教育是在时代背景下着力于增强价值观教育生命力与实效性的崭新探索。学校价值观教育使青少年穿

透重重影响源的迷障，在人生的丛林中不失方向，营建起坚实的精神家园，这应当是青少年价值观教育最本真的追求。

（一）理念的转型：实现超越知性窠臼、走进生活的价值观教育

影视文化对青少年价值观的强势影响促使我们去反思学校价值观教育的低实效性的问题，并从理论上探究价值观教育的合理转型。价值观教育的终极目的是与学生的人生幸福相一致的。鲁洁教授针对德育“个体享用功能”的论述对我们很有启发意义。她指出，德育可使个体实现其某种需要、愿望，并从中体现满足、幸福，获得精神上的享受。只有道德教育的自我享用功能得到充分提升与发挥，才得以使受教育者对各种道德规范的遵从逐渐从他律转变为自律，使他们不把各种道德规范视为约束和限制而是当作自我肯定、自我发展的需要；使他们不是把道德教育视为一种异己的力量，而是自身的主动追求，一种与自我不断完善化、理想化相一致的力量。① 这种理念同样可以用来指导我们的学校价值观教育。它让我们领悟到在本质上价值观教育应该是一种超越外在的、功利的、知性色彩的更多地关涉学生生活世界的具有个体享用功能的教育。因此，笔者认为，超越知性窠臼、走进生活应当是价值观教育的应然追求，也是学校价值观教育转型的关键所在。

1. 价值观教育要走进生活

价值观教育走进生活，意味着对学生主体需要的尊重，意味着对学生主体精神的弘扬。因此，对他们的引导要有新的理念和新的方法，教育者不能再把他们仅仅当作被教育的对象，而要充分肯定他们的主体作用。由一个训导、监督学生的“警察”转变为真正帮助学生走向幸福之路的人生导师。在实施价值观教育的过程中，教育者应深入地了解学生，去接触、倾听和理解他们，去认识这代青少年的特征、优势和不足，去掌握他们的“话语”和“秘密”。在此基础上，用他们可理解和接受的方式，给予他们必要的指导和帮助。学生不是被动学习的客体，不是装载各种价值观念的容器和口袋，而是一座需要不断开启的宝库。价值观教育的过程实际上是主体将其主动性、能动性、创造性不断参

---

① 鲁洁．试论德育之个体享用功能．教育研究，1994，（6）：46-47.

与到学习过程中的一个内化和建构的过程。价值观教育本质上是一个促使学生的内在需要与社会规范对话的过程。只有体现学生的主体性，才能实现知、情、意、行的统一和学生的自我教育。因为任何时候价值观教育都不是目的，“而应当看成是通向美好生活的一种手段，无论对我们自己还是对他人而言都是一样的”[①]。

2. 价值观教育要实现话语权力的转变

所谓价值观教育话语权力的转变就是要由教师掌握话语权力的单项灌输转向一种引导和对话的价值观教育。卡西尔说过：“人之为人的特性就在于他的本性的丰富性、微妙性、多样性和多面性。”[②]传统学校价值观教育正是忽视了人本性的丰富性、微妙性、多样性和多面性，在将学生简单化的同时也将价值观教育简单化了。价值观教育的过程在本质上应当是一个引导、对话的过程。教育者和受教育者的关系是互动的，而不是由教师掌握话语权力的单向灌输。要克服这种教育状况，教育者应具备平等的对话意识，必须学会倾听，尊重他们的表达权和自主性，用平等对话意识来实现最大限度的良性沟通。要研究青少年的可接受性，用更富于人性化的对话和引导来重点培养学生的价值思维、价值情感和价值行为能力。这种对话在教育活动中表现为师生及学生之间的观点性交流和师生间行为的互动影响，以及教育环境与学生的相互影响。

3. 价值观教育应富于时代性、加强情感性

影视文化传播的即时性使迅速变化的现实与相对稳定的学校价值观教育内容之间呈现了矛盾，使青少年留下了许多认识上的空白，因此就容易被影视文化所蕴含的种种倾向所吸引。“儿童时期是个人成长过程中的关键时期，在影视作品纷呈的现代社会中，合理地选取与利用各种教育资源，尤为重要。”[③]所以，价值观教育的内容应注意时代性，围绕社会生活引导青少年进行讨论分析，把对社会生活的思考与形成正确的价值观念相融合。影视文化作为时代发展的一面镜子，正是因其鲜明的时代性对青少年构成极大的吸引力。相比之下，学校价值观教育在新事物、新情况不断出现的情况下呈现出明显的滞后性。面对信

① 克里夫·贝克．学会过美好生活——人的价值世界．詹万生，等译．北京：中央编译出版社，1997：7.
② 恩斯特·卡西尔．人论．甘阳，译．上海：上海译文出版社，1997：15.
③ 沈文青．关于动画片价值观的研究综述．教育现代化，2016，(19)：243.

息日趋全球化的情况，一味追求环境“净化”的努力已不完全奏效，学校价值观教育不应也不能回避各种消极信息，而应主动引导他们对体现着时代特征的各种价值观念进行思考和讨论，帮助他们从只知接受信息的消极客体转化为积极评价和支配信息的主体。价值观教育的过程不仅是认知参与的过程，更是情感介入的过程，甚至在相当程度上，情感的好恶亲疏直接影响着认知接受的程度。脱离情感的价值观教育是苍白的、空洞的、伪善的。有所感才会有所得，学校价值观教育应该为学生创设感悟和培养珍贵情感的机会。价值观教育的真义在于对真、善、美情感的呼唤，在于引导学生去感悟和体验，在于“引导学生去‘看’世界，去‘体验’世界、理解人生、‘体验’人生，理解人与世界的关联，在此‘理解’中领悟世界的意义，践行教育的意义，启发人生的意义”[①]。因此，加强情感性应该成为价值观教育实施的关键。此外，价值观教育还应富于时代性。

4. 价值观教育应加强渗透性和人文性

价值观教育的渗透性的实现可体现为对各种学科课程的渗透、对青少年活动的渗透，以及在此过程中对人文性的加强。以美国为例，美国的道德教育最大的特点在于它们没有专门的道德教育课，而是寓德育于各门课程的教学之中，融合于各种集体活动之中，各种教材中都渗透着道德教育，各科教师在课堂教学中也实践着道德教育的目标。每个教师都要有较强的德育意识，能够把知识传授、能力训练、价值观养成结合在一起。这些都对我们有着较大的借鉴意义。值得欣慰的是，我国在《基础教育课程改革纲要（试行）》中已经提出：“改变课程过于注重知识传授的倾向，强调形成积极主动的学习态度，使获得基础知识与基本技能的过程同时成为学会学习和形成正确价值观的过程。”强调课程的功能从单纯注重传授知识转变为引导学生学会学习、学会生存、学会做人。这一转变预示着价值观教育将作为基础性的教育目标渗透于每一门具体的课程中，长期以来的知性价值观教育将在新课程改革中得到纠正。对于加强价值观教育的人文性，笔者认为主要通过活动课程来实现。例如，可以通过游历活动让学生感受自然风光，引导学生感受人与自然界的关系，在此过程中形成他们健康和谐的世界观和自然的爱国情感；通过组织学生对历史名胜及德育基地的考察，

---

① 刘铁芳．人、世界、教育：意义的失落与追寻．教育研究，1997，(8)：23-28.

引发学生对沧桑悠久的民族历史与苦难抗争的近现代史的厚重感、崇高感和使命感，形成他们科学的历史观；通过开展志愿者服务等社会实践活动，培养学生良好的人际情感和公民意识；通过组织观影活动，让学生在人文影视的魅力世界中开拓人文视野、孕育人文精神，在优秀影视文化的多维视野中，使他们的世界观、人生观、生命观、道德观、审美观、历史观等价值观念在潜移默化中受到洗礼和感染。

（二）实践的探索：加强传媒素养教育和影视文化教育

事实上，影视文化之所以会对青少年的价值观产生负面影响，与学校传媒素养教育的缺失不无关系。影视传媒与青少年的交融关系日益紧密，这与他们传媒素养的滞后形成了巨大的落差。传媒素养教育的缺席，凸显了今天学校教育的尴尬。在大量与媒体为伴的课余生活里，青少年渐渐地淹没在媒体制造的种种五花八门、良莠混杂的观念、信息和话语中，终究迷失了方向，丧失了思考和判断的能力。当这一代青少年群体日益被“闪烁的屏幕”带进一种困惑和迷茫的境地，他们的理想越来越定格在对功利的拼命追逐丧失了对终极价值和生命意义的求索，他们的精神世界日趋荒芜，他们的灵魂日益被商业化、庸俗化的媒体传播挤压得平面和单调的时候，我们不得不对此做出清醒的认识和深刻的反思！对青少年进行传媒素养教育已成为时代摆在教育者面前的一个重要的课题。人的存在区别于动物生存的极富尊严之处在于人有理性。人成其为“人”，就要听凭“理性”的呼唤，而“理性”是需要培养的。因此，从某种意义上说，指导青少年科学合理地利用媒介，帮助他们理性地处理人与媒介、人与媒介信息的关系，就是指导他们科学合理地安排时间、珍惜生命、提升生命价值。面对影视文化的冲击和挑战，我们的应对措施中除了上述对不良影响源的堵截和封杀之外，更为根本的措施在于给予青少年科学地识读影视传媒并建设性地利用影视传媒来发展自己理性的价值思维、价值判断和价值选择的能力。而这种综合能力的培养有赖于一种目前在西方国家已经普遍盛行的“传媒素养教育”的实施。面对影视文化对青少年价值观的巨大渗透和影响，现代化的价值观教育必须主动适应社会现实，必须获得传媒素养教育的支持才能取得较好的价值观教育环境和效果。这是信息社会对学校价值观教育提出的新要求。

1. 传媒素养教育的基本内涵及其发展历史

传媒素养教育或称媒介教育，是在大众传媒时代针对包括电影、电视在内的多种媒介对人的影响而提出的一种教育思想和方法。尼尔·波兹曼早在20世纪80年代就对进入技术垄断阶段的美国社会进行过预见和洞察。这种洞察对于我们今天开展传媒素养教育仍不无裨益。“教育家们并不是没有注意到电视对学生产生的影响。由于电脑的到来，他们开始产生了某种媒介意识。但是，他们的这种意识往往集中在‘我们怎样利用电视或电脑来控制教育’这个问题上，而不是‘我们怎样利用教育来控制电视和电脑’上。……帮助年轻人学习解读文化中的象征是学校不可推卸的责任，要做到这一点，学生应该学会怎样疏远某些信息形式。我们希望学校应该把这样的任务纳入课程之中，甚至成为教育的中心。”①

传媒素养教育以培养人的传媒素养为核心，使人们具备正确使用传媒和有效地利用传媒发展自己的能力，并形成能够理解传媒信息意义及独立判断其价值的认知结构。此外，传媒素养教育还力图使未来信息社会的人具备有效地创造和传播信息的能力。根据美国传媒素养教育研究中心的研究，传媒素养（media literacy）具体包括：人们面对媒体各种信息时的选择能力（ability to choose）、理解能力（ability to understand）、质疑能力（ability to question）、评估能力（ability to evaluate）、创造和生产能力（ability to creat and produce）及思辨地反映能力（ability to respond thoughtfully）。②传媒素养是传统文化素养的延伸，它包括人们对各种信息的解读能力，除了现在拥有的听、说、读、写能力之外，还应具有批判性地接收和解码媒介信息的能力，以及使用计算机、电视等现代媒介工具及技术来制作、传播信息的能力。传媒素养既包括了受众的素养，也包括了传媒自身的素养。

截至目前，我国对传媒素养教育还没有形成一个较为成熟的概念，但人们已经意识到传媒素养是人类进入信息时代超越传统素养的一个全新的素质要求。概括而言，本书提出的传媒素养教育是指一种着眼于帮助青少年充分认识传媒的功能与局限性，获得对于传媒信息独立自主的批评能力和辨别能力，使他们

---

① 尼尔·波兹曼．娱乐至死．章艳，译．桂林：广西师范大学出版社，2004：210.

② Skill &Strategies for Media Education by Elizabeth Thoman from Center of Media Literacy of USA.

在无所不在的信息面前成为有主体意志和独立思考的优质公民的信息素养教育。我国有研究者提出，传媒素养教育应包括四个方面：①了解基础的媒体知识及如何使用媒体；②学习判断媒体信息的意义和价值；③学习创造和传播信息的知识和技巧；④了解如何利用大众传播媒体发展自己。①

发轫于西方的传媒素养教育，最初的目的是抵抗人们对媒体“低水平满足”而对人进行的对传媒抵制意识的教育。到了20世纪六七十年代，随着大众文化的崛起，人们的注意力逐渐地由对传媒的简单抵制转变到培养青年人的辨别能力上来，要求学生正确看待传媒的巨大力量。1982年，由于联合国教育、科学及文化组织（简称联合国教科文组织）的重视，学校传媒素养教育开始形成规模，许多国家都将传媒素养教育正式纳入学校教育的正规课程计划。如今，传媒素养教育在很多西方国家已经渗透进学校教育体系。在美国的大部分地区，传媒素养已经作为一门独立课程或作为英语语言课程的一部分进入了中小学生的课堂。20世纪80年代初，美国创办了《媒体与价值观》（*Media & Value*）杂志并发起成立了“媒体素养研究中心”。英国的传媒素养教育从20世纪80年代后期开始，尝试着进入部分地区的小学必修课程，1983年英国教育部规定：“学校必须考虑媒介教育的责任。目前媒介教育的课程严重不足，所有的教师都应该检查电视并与年轻人一起讨论电视。”② 截至2000年，英国的中学都开设传媒素养课程，从中小学毕业的全部中小学生都接受过如何分析解读媒体信息的教育。此外，在加拿大、芬兰、挪威等国，传媒素养也都作为独立课程进入了课堂。一些第三世界国家如印度也已开始开展传媒素养教育。这些国家都根据各自的国情制定了相应的传媒素养教育体系，传媒素养教育受到高度重视并得到迅速发展和普及。

2. 我国实施传媒素养教育的价值和意义

面对日益发达的媒介及媒介文化，有人宣称今天的文化日益“媒介化”。今天的文化，不论什么属性，假如同媒介、现代化的媒体“绝缘”，一定是不可想象的。我国拥有近四亿青少年，媒体的发展速度也相当惊人。影视文化是青少年文化生活的主要内容。从传播学的角度看，青少年接触媒介是出于满足社会

---

① 卜卫．面对铺天盖地的媒介传播，你是做主人还是做奴隶．中国青年报，1997-6-20.

② 卜卫．大众媒介对儿童的影响．北京：新华出版社，2002：447.

交往需要、缓解焦虑需要、娱乐需要、社会学习需要，这些需要有其存在的现实合理性。

青少年时期是价值观形成的关键时期，作为社会运行系统中可塑性最强而甄别能力最弱、感受力最敏锐而自控力最缺乏的一个群体，他们在接收电视传送的信息过程中，并不具有绝对的控制和批判权力，处于弱势地位。青少年对影视作品的认知程度大部分来源于自身体验，并不能有效区别哪些是对的、哪些是错的，而且青少年对于错的那部分保持高度的好奇心，容易误入歧途，从青少年对影视鉴赏力的现状来看，极易对青少年价值观产生消极影响。由于学校传媒素养教育的缺席，青少年迷失于传媒文化的信息洪流中，失去了对信息的分析和批判能力。他们更多地扮演了一个被动接收者的角色，一个对各种价值观念没有了思考和选择能力的容器，一个封闭自我的“容器人”。同时，学校教育对青少年的影视素养水平的培养长期以来几近缺位，功效甚微。

传播学研究告诉我们，人们同时吸收过多信息会陷入一种冷漠而被动的状态。由于过多地接触和依赖现代传播媒介，一些青少年已经变得懒于思考、疏于阅读和交流。就传媒信息而言，所有的传媒信息都具有两种层面，即表层信息和深层信息。当人们的知识结构处于低下水平时，只能接受其表面信息，因而就容易受控于媒体信息。目前，我们国家从小学到大学，绝大多数人尤其是青少年仍处于只能接受传媒的表层信息阶段。处于这一层面的青少年缺乏辨别信息及控制信息对自己产生影响的能力。就影视文化对青少年价值观的影响而言，只有接受一定的传媒素养教育，青少年才能拥有个人的自主能力去分析选择影视文化所传递的多元信息和价值观，才能超越对信息的表层理解阶段，才能不被良莠混杂的多元价值观念所左右，从而做出正确的判断和取舍，才能建立起自己健康、正确的价值观。因此，富于时代性的学校价值观教育理应把传媒素养教育作为信息时代学校价值观教育必须实施的内容。与此同时，传媒素养教育本身具有价值观教育的功能，能够为置身信息时代的学校价值观教育提供强有力的支撑。

3. 我国实施传媒素养教育的构想

我国的传媒素养教育正处于启动阶段，应当对青少年的传媒接触行为和观念展开深入广泛的调查，根据调查结果做出定性、定量的分析研究，提出传媒素养教育的政策，探讨适合中国传媒素养教育的内容和方法。借鉴西方的传媒素养教育的已有成果，研究开发出传媒素养教育的教学材料或参考资料，逐步开展传媒素养教育的实验，培养大批师资队伍，只有在这个基础上才能进行大规模的传媒素养教育。影视文化对青少年价值观的冲击和影响是通过影视传媒来实现的，如何发展青少年对影视这一主流媒体、主流文化的良好信息素养，笔者认为，有效的办法便是引进传媒素养教育。传媒素养是一种教育，这种教育的目的是增加学生对媒介如何运作、媒介如何传递意义、如何组织起来，以及如何构建现实的理解和享受。①

为此，学校传媒素养教育在内容和实施途径上应着重体现以下几方面。

1）从实施内容上讲，使学生了解影视传媒的历史发展情况、电影和电视节目的制作、发行和传播过程等。帮助学生形成对影视传媒性质和功能的正确认识，使其能较完整和较客观地评价影视传媒的积极与消极因素，从而避免青少年对影视传媒信息的盲从。媒介素养有多个层面：认知层面、情感层面、审美层面和道德层面。对青少年受众而言，就是正确地、建设性地享用媒介资源的能力。

2）使青少年受众真正提升审美自觉，善于批判性地分析、思考，养成批判的习惯和能力。教育学生认识到他们所接触的影视文化是经过传媒特殊建构的结果。世界上的任何媒体并不是单纯地反映世界，媒体呈现给受众的现实并不都是现实世界本身，而是经过少数人制作而成的媒体信息，是经过重重人为包装、修饰及裁剪过后的产品。影视文化也是如此，影视文化中各种信息的呈现，可能受到包括影视媒体记者、编导、影视媒体部门与组织负责人、商业团体等因素的影响，是经过有意识地选择、组织、再创造的过程而产生的。因此，对于影视文化所传达的各种信息，要教育青少年不应把它完全视为客观事实而全盘接受，要把媒介事实与客观事实区分开来。结合影视文化中出现的脱离现实的生活场景和生活方式、不合时宜的审美观念和消费观念、落后的道德观念和历史观念等，引导青少年进行热烈的讨论，形成学生对消极价值观念理性的批判意识。

3）认识媒体的操纵能力，理解媒体对社会和个人的影响。媒介信息自身往

① 党静萍．传媒教给我们什么？——青少年传媒素养教育研究．北京：法律出版社，2007：15.

往具有极深的价值取向和价值观念，并深深影响受众的价值取向和意识形态。因此，对青少年的传媒素养教育就要让学生明白传媒信息是通过特定的语言和美学形式表达出来的，只有懂得媒体特有的语言、语法、句法和修辞体系才能提高对媒体传播内容的鉴赏能力和取舍能力。无论是影视暴力还是都市剧、偶像剧，抑或是戏说历史剧和电视游艺节目，无不是通过各自的类型化的语言、语法和修辞体系来组织和表现一定的内容的。如果学生能够识别这种特定的话语和修辞体系，那么，他们对影视传播内容的鉴赏能力和取舍能力也就大大提高了。

4）教育学生充分认识影视传媒的商业属性。在某种意义上，影视传媒实际上是被利益驱使的商业，它的各种信息里渗透着无可回避的商业性。这种商业性体现在大量的影视现象中，为增强对受众的吸引力就需动用种种手段刺激观众的感官产生视觉冲击效果。广告通过浮夸的外壳、极具蛊惑性的话语和场景诱导及刺激观众的消费欲望，塑造着观众畸形的消费价值观。暴力影视通过不断加重的残酷画面制造视觉奇观。都市剧、偶像剧通过为观众提供远离真实生活的虚幻的梦控制了观众的注意力资源，而这种注意力资源的背后仍是丰厚的商业利润。正是受到这种商业性的驱使，影视文化中大量对观众刺激手段的运用已到了无以复加的地步。教育者如能够使青少年清醒地意识到影视的商业属性，从而对影视文化中的种种刺激与蛊惑的手段保持足够的警惕，那么影视文化对青少年价值观的异化也就能够降到最低限度。以上是传媒素养教育实施中规避影视文化负面影响的内容，传媒素养教育除了包括教会学生对传媒信息的反思意识和批判精神以外，还包括建设性地享用媒体资源并利用媒体来发展自己。笔者认为，这一层面的传媒素养教育需通过对学生影视文化活动的介入性引导来实现。为此，通过精心设计实施有组织、有步骤的影视文化教育，利用人类最优秀的影视文化实现对青少年传媒素养与价值观教育的结合，应当是传媒素养教育中的一项重要内容。

就实施途径而言，笔者认为传媒素养教育与价值观教育的最佳结合点无疑应当是对当代青少年进行影视文化教育。这里的影视文化教育是指教育者针对青少年不同的年龄和收视心理以优秀的影视文化成果为内容，采用以电影、电视为载体的电化教学手段，以培养青少年正确的阅听习惯、鉴赏能力，以及借助影像引导和塑造他们正确的世界观、人生观、道德观、审美观、生命观、历史观等价值观念的教育活动。今天，当我们以全面发展的视野和培养全面发展的人的教育观来规划和实施人才战略时，我们需要重新认识与反思影视这一普遍存在的文化现象，从而从根本上确立影视文化教育的价值。一方面当代影视文化对青少年的影响与日俱增，另一方面影视文化教育的价值未得到人们充分的认识。实际上，没有教育引导介入的影视文化已经大大削弱了学校价值观教育已有的成果，而借助优秀的影视文化赋予青少年一种基于良好传媒素养基础上的健康的价值认知、价值判断和价值选择能力，应当是时代背景下价值观教育的积极应对。

影视文化教育有助于价值观教育实现从抽象说教到形象生动的转变。例如，历史纪录片《客从何处来》通过“五位名人对家族谜团、荣耀、伤痛、灾难的追溯在屏幕内外激荡起深沉的家国情怀，观众盛赞其记录历史饱含人文精神”[①]。“因为与个体生命有关，纪录片所展现的历史细节更为生动，历史信息的传递也更为深刻，这是传统的教科书式的历史纪录片无法实现的。”[①]回忆一下课堂上经常会有的情况：教师费力地讲解，学生却无动于衷。由于教师的语言和教材中的文字同样属于抽象的信息载体，它所唤起的表象和想象不能直接作用于学生的大脑，仍需靠学生本身的想象起作用。

充分发挥影视视听结合的魅力来促进学生的价值观教育将会收到抽象说教难以比拟的效果。影视文化教育通过综合运用现代教育手段，用直观生动的形象给学生以丰富的认知、美的体验、情感的陶冶和精神的提升。它以潜移默化的方式滋润并催生青少年良好的素养和健康价值观，有着其他教育手段所无法替代的作用。因此，笔者认为将影视教育纳入中小学教育教学计划将是提高青少年价值观教育的有效途径之一。以历史题材影视片为例，在我国的影视文化宝库中，从1840年到1949年的民族历史都已被浓缩为经典影视作品搬上银幕。从《鸦片战争》《林则徐》《甲午风云》《火烧圆明园》到《孙中山》《非常大总统》《宋庆龄和她的姐妹们》；从《上海大风暴》《南昌起义》《百色起义》《红色娘子军》《洪湖赤卫队》到《七七事变》《西安事变》《平原游击队》《铁道游击队》《小兵张嘎》《长征》《万水千山》；从《重庆谈判》《挺进中原》《三大战役》《南征北战》到《走出西柏坡》《开国大典》等，这些影视片都生动展现了中华民族从屈辱到抗争再到辉煌的厚重的历史画卷。

---

① 杜静.《客从何处来》：亲情坐标中的历史追寻. 南方电视学刊，2015，(1)：63-65.

丰富的影视资源为我们提供了丰富的有教育价值的课程资源，等待教师发挥教育智慧去创造性地开发和利用，开拓学校价值观教育的途径和内容。鲁迅先生曾倡议“用活动电影来教学生”并预见其效果“一定比教员好，将来恐怕要成为这样的”。今天，鲁迅先生的预言正在被一些实践者变为现实。

自国家向全国中小学推荐百部爱国主义优秀影片以来，全国已陆续出现了一些试点学校（如上海市东中学、珠海香洲区小学、广州泰安中学、天津义兴里小学等）在影视教育方面取得了阶段性成果。这些实验学校长期探索出来的经验很值得其他学校借鉴和推广。在上海市东中学，根据名著改编的电影已经成为学校语文教学的最好辅助手段，收到了良好的教学效果；用影视作品来辅助“政治选修”课的教学，更使其成为开阔眼界、增长社会知识的、寓教于形象的充满趣味的课程；而借助于电影作品的音乐课、时政课和直接进入的影视漫谈活动，更是直接把影视教育和影视知识交给了学生。在广州泰安中学，学校专门为学生购置并精选影视作品，把影视课纳入必修课体系，设立专门的“影视欣赏”课。每周五下午播放一部影片，按照年级配备专门教授影视欣赏课的教师。根据不同年龄阶段的德育目标，安排播放不同的影片。此外，根据学科教学内容及学科特点在学科教学中适宜地运用电影资料，丰富教学手段，寻找影视教育的切入点。不同学科从不同的角度充分挖掘影视作品的人文内涵，历史课利用历史主题影片对学生进行爱国主义教育；音乐课通过对电影音乐的运用进行分析，对学生进行审美教育；语文课则利用影视作品从文学角度来分析人物特征、人物语言等。由此成功构建了从课内到课外、从活动课到学科影视课、从课程学习到特色活动的多方位、多角度的影视教育体系，充分地体现了学科教学的人文意蕴，培养了学生的人文意识和人文精神。影视教育具有潜在而强大的渗透力，能够调动起学生各种审美的、道德的、认知的、娱乐的各种情感体验，达到“润物细无声”的境界。学生在影视的和谐、自然的气氛中开阔眼界、思考人生、关注社会，提升人文素养，树立人文精神、培养良好的价值观念。

二、家庭：媒介指导和价值观教育的结合

1）家长应该在提高自身对影视文化的辨别力的同时，对孩子的收视行为

起到良好的监督和导向作用。研究发现，凡是孩子受传媒负面影响而出问题的，其父母往往缺乏媒介指导的意识或缺乏有关媒介知识。

《预防未成年人犯罪法》第十四条明确提出：未成年人的父母或其他监护人有责任教育未成年人不得观看、收听色情、淫秽的音像制品、读物等。在这方面我们也有资可鉴：一些国家通过技术手段或培训手段，让家长具有管理媒介使用的能力，从而对孩子的媒介使用能够进行有效的监督、指导、交流和建议。家长在自己不沉溺于消极影视文化的同时，为孩子选择具有社会价值和有利健康价值观发展的节目，尤其对节假日孩子的收视情况家长应予以充分重视。失去了监管和引导，各种负面影视影响就会长驱直入，长时间、高频度地占据青少年的假期生活，对他们价值观的负面影响不容小觑。同时，对孩子的收视时间和收视节目加以控制和引导。由于控制和改变整个影视传播环境来配合孩子的成长对于单个的家庭而言在客观上是不可能的，因此，唯一有效的办法就是家庭内部的收视控制。父母在孩子观看电视时适当地调整收视方式，对孩子进行控制和引导，这会对孩子的收视效果产生很大的影响。有研究者对这种收视控制概括为以下几点。①限制时间：限制孩子收看电视的时间；②限制内容：对孩子收看某些节目进行限制和鼓励；③计划收视：安排孩子收看有利于孩子社会行为的节目；④直接干预：父母可以提出批评或解释；⑤间接干预：父母可以在孩子面前讨论电视节目中的负面内容以防止孩子模仿；⑥跳板策略：父母可以对孩子显示如何将电视上的信息应用到日常生活之中。

2）家长要密切关注和守望孩子精神世界、价值观念的形成和发展，强化家庭价值观教育的功能。一个不容忽视的事实是，为应付日趋激烈的竞争压力，众多家庭对孩子不惜代价地投入，几乎全用在智力开发上，只关心孩子的身体和学习成绩。许多家长认为，家庭的任务在于为孩子提供充裕的物质基础，关心的是学知识、长技能、“学而优则仕”，而把价值观教育推向学校和社会。他们忽视了对孩子道德、精神、人格、信仰、理想等的培养，忽视了对孩子价值观的关注和引导。殊不知，引导孩子形成正确的价值观念、教会孩子如何“做人”，比单纯学习知识更让孩子受益终身。因此，家庭应当培育和引导孩子形成健康的价值观念。

3）注重与孩子一起讨论影视文化所传达的价值观念。正是缺少了父母的介入，影视文化中的负面现象才不予思考、不加选择地被社会经历和生活经验尚

不丰富的孩子天真地接受。父母的不介入，使得孩子越过了对消极的价值观念进行思考、碰撞和选择的过程，成了被动接受各种消极价值观念的令人担忧的“容器人”。据此，专家建议，父母应保障有一定的时间陪孩子一起观看电视，与孩子讨论影视作品所传达的价值观念和道德标准，并与孩子一起探讨遇到人际冲突时的正当解决办法。餐桌上的闲聊，卧室中的谈心，电视前的评论等，都是借助具体情境进行教育引导的好时机。

三、政府：宏观调控与微观治理的统一

观众对影视传播的信息深信不疑其实是出于对政府的高度信任，在这样一种背景下，作为公众资源的管理主体，政府更加有义务加强对媒体的制约和规范，对影视媒体的传播行为进行监督管理。笔者认为，政府的监管主要体现在加强宏观调控与微观治理两个方面上。在宏观调控方面，政府应从两个方面加强对影视传媒的管理：一方面着力于净化社会风气，为青少年营建良好的精神文化氛围。呼吁全社会关注青少年的文化生活和价值观问题，倡导对影视创作的社会文化批评，通过各种途径宣扬佳作，贬斥不良倾向，鼓励有助于青少年健康成长的先进影视文化作品的创作，并在资金和政策上予以大力支持。另一方面要规范文化市场、净化传播环境。受商业利益的驱使，各级电视台在市场竞争中急于争取受众，一些电视台购买廉价的、刺激性的海外电视剧乱播滥放，严重误导了青少年对现实社会的认识。同时，一些经营、租赁音像制品的场所也伺机播放暴力、色情影片，对青少年的身心发展造成了不良影响。对这些文化市场的规范和治理将有助于从源头上杜绝不良影响源对青少年造成侵蚀的机会。针对有些影视文化市场管理混乱的情况，各级政府及有关部门应定期进行整顿和治理，规范市场秩序，严把有关从业人员审核关和监督关。

在微观治理层面，首先是对影视传播行为的监督和规范，加强对影视作品内容的管理和审查。随着互联网技术的发展，人们对影视作品的需求也越来越大，进而推动影视作品的产生。但是，市场在提高影视作品产量的同时，也降低了影视作品的门槛，影视作品不同于以往的是只能通过电视机收看，如今在网络上流通的速度已经超过了电视机。因此，完善网络监管制度势在必行。政府应综合调动新闻、出版、文教、公安、工商行政管理、国家安全等有关部门，

在各自的职责范围内要依法对影视传媒信息内容实施监管。其次，完善影视传播法律法规建设，利用法律杠杆加大对违规的传媒制作者、发行者和传播者的惩罚力度。在这方面，新加坡政府为我们提供了很好的示范。为保证媒体在舆论引导方面发挥积极作用，防止西方各种消极生活方式和不良文化对青少年的腐蚀，新加坡政府借助法律杠杆对各种传媒进行严格监管。严格规定如果21岁以下的青少年观看R21级（21岁以上限制级）的影片，一经查出，该电影院将被处以高达两万元的罚款。[①]目前世界各国都十分重视对传媒的立法工作，都在加强对大众传媒违规和犯罪的打击力度。目前，我国法制还不十分健全，有关规定针对性不强、缺乏操作性、政策落实不到位。我国应进一步健全法制，做到有法可依，可以借鉴国外成功的经验，在现有法规的基础上，进一步加强影视传媒的立法，保护青少年身心的健康发展。

四、传媒：人文关怀与技术手段的融合

社会赋予媒介神圣的使命在于协调物质文明和精神文明的平衡发展，在于促进人的全面发展，影视传媒在培养青少年健康正确的价值观方面有着不可推卸的责任。无论怎样受制于价值规律和市场规律，现代传媒的一个重要功能不能改变，这就是舆论导向。一旦涉及舆论导向，传媒自身的社会责任便不可回避，即媒介对社会到底应肩负什么样的责任。诸如价值观、道德观、人生观等严肃问题就理所当然应成为媒介社会责任的核心内容。“媒介文化的精神守望，主要应关注素养的提升，而且从深层次上探讨，这种精神守望还包含着精神理想和精神追求。即媒介文化在向受众灌输什么层次的理想情操，表达什么样的文化关照……这里所说的精神守望应包括社会责任意识。这种责任意识主要指媒介文化制造者的社会责任，即媒介、媒体应以一种对社会负责的态度，关注文化产业对广大公众精神、情操的影响。”[②]

如果影视传媒的发展要以无视责任、告别崇高为代价，那么，其表面繁荣的背后必将隐藏着深刻的危机。为此，影视传媒部门亟待改善的问题便是在传播中实现人文关怀与技术手段的融合。

---

① 刘宏伟，孙艳艳．新加坡德育经验对我国的启示．教育科学，2001，(1)：60-62.

② 王琪．媒介素养与媒介文化．北方论丛，2007，(4)：55-58.

1. 影视传播应更多地倡导行业自律，提升文化品位，体现人文关怀

影视工作者要有强烈的社会责任感，以严格的行业自律精神，坚守职业操守和艺术良知，承担起“以正确的舆论引导人、以优秀作品鼓舞人、以高尚的情操塑造人”的职责，努力实现影视作品教育价值、娱乐价值、审美价值的完美结合。正如丁关根同志的饱含人文关怀的诘问：“电影工作者在投入创作的时候，应该认真考虑观众看了我们的影片将会得到什么：是使人更加热爱党、热爱社会主义祖国，还是产生疑虑和不满？是有利于陶冶情操、激励人们以饱满的热情创造美好的新生活，还是污染心灵、对人生感受迷惘？是为正义压倒邪恶、光明战胜黑暗的浩然正气所感染，还是对社会失去责任感，‘过把瘾就死’？是得到美的享受、带来欢乐，还是在胡编乱造、荒诞无聊的情节中耗费时光？”[①] 学术界就媒介文化负面效应的讨论涉及面比较宽泛，但最重要的则是“在不同层面、通过不同方式（如教育、引导等）培植媒介素养，并以素养促进媒介文化品位的提升。离开了素养，其他诉求都将成为无本之木，无源之水。”[②] 媒介从业者应具备文化精英的品格，应是先进文化的传播者；媒介人可以不是社会精英，但不能没有精英意识。真正的文化以透视人性深度、实现人文关怀为宗旨，起到慰藉大众心灵的效果。无论电影也好电视也好，真正的大众文化必须有着人性的深度、人文的关怀及文化的张力。当前的影视传播以不同的方式体现着对人文关怀的漠视，作品中充斥着媚俗的拜金主义、享乐主义和道德虚无主义。影视作品越来越向白领、大款、“成功人士”以至“新新人类”倾斜，而服务普通百姓特别是对下岗工人、社会边缘群体和弱势群体的作品越来越少；反映“强势人群”的价值观念、思想感情、生活方式的东西越来越多，而站在“弱势群体”的立场反映他们的愿望、呼声的东西却越来越少；在价值取向上鼓励超前消费，追求物质享受，互相攀比斗富，而提倡艰苦奋斗、勤劳致富、开拓进取的宣传却越来越少。我国正处于转型期，面临许多的问题，媒介可以深度发掘具有震撼力的题材来记录这个时代。例如，《感动中国》的年度人物评选，通过他们可以了解什么是责任、什么是奉献、看到人性中的美，通过这些正面形象的传播，可以对青少年的“三观”起到很好的教育作用。[③]

---

① 丁关根．在全国电影工作会议上的讲话．党建，1998，(6)：4-6.

② 王琪．媒介素养与媒介文化．北方论丛，2007，(4)：55-58.

③ 王婧如．影视文化对青少年“三观”教育的影响研．贵阳：贵州师范大学硕士学位论文，2014.

无疑，影视传播应当秉持人文关怀的理想，重新定位它的服务对象和舆论导向。以青少年为服务对象的国产影视作品不仅数量少而且内容单一，对国外影视节目的盲目引进又造成国外节目对中国的文化市场的有力冲击。影视传播的人文关怀应树立青少年意识，为庞大的青少年群体开辟丰富多彩、寓教于乐的特色频道。充分发掘更有利于培育青少年健康价值观和更好地促进其社会化的优秀题材。为他们精心选择和播放融知识性、趣味性和教育性为一体的影视节目，给他们提供选择的可能性，吸引他们到更健康的频道中来。这样，那些可能对青少年价值观产生不良影响的频道节目就会渐失阵地，从而最大可能地保护青少年的价值观不受不良文化的污染。电视节目的播放应充分考虑青少年收看电视的时间规律，对不同级别节目的播放做出科学调整，在时间的播放上有一个明确的归类。对青少年的收视时间做出广泛的调查和分析，在青少年比较集中的收视时间段，尤其在休息日和寒暑假为他们提供丰富多彩的、有益于丰富和扩展他们价值认知、价值情感、价值选择和价值行为能力的节目。只有这样也才能够把影视传播对青少年的影响降低到较低的限度。

2. 媒介控制技术手段应用

技术的负面影响还要靠另一种技术来遏制，在这方面，反暴力芯片的开发也许能够实现对暴力、色情信息的有效限制，在一定程度上保护青少年。通过把微型芯片塞入电视机或解码器中去辨别每一个被播出的节目的暴力、进攻性行为、黄色镜头的等级码。观众能将芯片编成程序，目的是阻止那些超出他们家庭认为可接受水平等级节目的信号。我国香港地区也已采取为电视机加装反暴力芯片的方法来控制青少年接触电视暴力信息。同时，采用影视分级制度。在大众媒介面前，青少年不可能与成人一样很好地理解和接受媒介信息，“分级制”的实质是将成人世界与青少年的世界区分开。在法国，电视屏幕的右下方通常会出现绿圆圈、橙三角和红方块三种标志，用来提示电视节目的暴力和色情程度，电视节目被分为五档，并明确规定各档的收视年龄和播放限制。我国香港地区的电视节目中也经常标明“此片适合 12 岁以上人观看”“此片适合 15 岁以上人观看，如果您不满 15 岁，请在家长陪同下观看”等对家长和孩子进行提醒。我国的影视传播应补上技术控制这一课，根据青少年的年龄和心理特征对影视节目划分出严格的等级，用技术来遏制同样是由技术而带来的负面影响。

作为一种强势文化，影视文化对青少年价值观有着无形而巨大的塑造力量。面对青少年价值观出现的异化，影视文化应积极地考虑如何有效地扬优去弊、转劣为优，如何在发展过程中更多地具有人文关怀，赋予自身更多的精神价值、道德品味、文明素质与思想蕴意，在不断地扬弃与升华中走向完美与成熟。同时，家庭、政府和传媒作为一种社会教育，有必要对影视文化中不利于青少年健康价值观念形成的种种负面现象拥有清醒的认识并采取有力的应对。必须承认所有传播效果都具有两重性，问题的关键在于我们能否正确地使用它，能否汲取它的精华来营造青少年健康的价值观和丰富的精神世界。美国传媒大师施拉姆说过：究竟人类能否享受电视文化的好处，主要取决于人类运用它的智慧能否与发明它的智慧并驾齐驱。愿这一代“荧光屏育成的”青少年在教育者的精心引导和关爱下更多地汲取影视文化的丰富营养去营建他们瑰丽多姿的价值世界和精神家园。

第三章 电视大型婚恋交友节目影响下的青少年价值观教育

第一节 电视大型婚恋交友节目与青少年生活的交融

一、电视大型婚恋交友节目的热播

（一）电视大型婚恋交友节目的产生、发展和盛行

1．电视大型婚恋交友节目的产生

我国最早的大型婚恋交友节目要追溯到1988年某电视台的一档栏目，这是中国所有电视大型婚恋交友节目的“鼻祖”。该电视台当年之所以敢成为“第一个吃螃蟹”的电视台，也有着深刻的社会背景：由于当时该地区的适婚单身男性比较多，该电视台的节目编导便想到了利用电视征婚，为广大老百姓服务。

作为电视大型婚恋交友节目“鼻祖”，该栏目虽然没有任何包装，主持人的表现只能说是尽到自己的本分，但是仍会出现不少笑料，如有些人因为紧张答错问题，这也使得其收视率颇高。不过，较高的收视率也引发了一些问题，如

有些参与征婚的人随意夸大自己的实力，或者是通过栏目找到对象收了彩礼便神秘失踪，加之当时社会上对其的种种争议，该栏目只维系了两年多的时间便停播了。

随后1991年由另一家电视台打造的另一档栏目也是中国较早的电视大型婚恋交友节目之一，在当时引起了极大的轰动，至今不少曾经看过的观众回忆起来依然感觉温馨美好。每期节目八男八女如约而至，相向而坐，简要地介绍之后各显才艺，其中还会穿插一些相互合作的小游戏。假若郎有情，妹有意，最终牵手速配。主持人介绍，在九年的播出里，该栏目曾经创下了30%多的收视率，促成佳偶千余对。

2. 电视大型婚恋交友节目的发展

继第一档大型婚恋交友节目创办10年之后，中国大陆又掀起了一股电视大型婚恋交友节目热潮。这一次最引人注目的是某卫视的一档栏目。据了解，在1995年，我国台湾地区便出现了电视大型婚恋交友节目，该节目一夜走红，成为大陆某电视台最佳的借鉴模板。1998年，大陆的这档栏目悄然开播。流光溢彩的方寸荧屏上，数位俊男靓女如同灿烂的玫瑰，正在进行一场青春的约会，或谈笑风生，美目盼兮；或妙语连珠，巧笑倩兮；或轻歌曼舞，如梦如幻。这便是该栏目定格在电视观众印象深处的经典画面。它的开播，似一股清风迎面拂来，令人耳目一新，迅速成为人们街谈巷议的热门话题。该栏目在开播的几年里，上千名各行各业的优秀男女在舞台亮相。他们在这片自由天空里展示自我，勇敢追求。

随着中国改革开放的逐步深入，以及人们生活水平的不断提高，同时，人们的思想观念也在逐渐的开放，这也就造成了在该栏目走红之后，各地的电视台纷纷效仿，创办各自的电视大型婚恋交友节目，如1998～2000年，全国总共有30多家电视台推出了自己的婚恋节目[①]。

3. 电视大型婚恋交友节目的盛行

2010年，由某卫视打造的一档栏目让沉寂多年的电视大型婚恋交友节目又一次回到人们的视线。与此同时，其他电视台也纷纷推出类似的栏目。这些节

① 周彩燕．论电视相亲节目的舆论引导．北京：中国人民大学硕士学位论文，2011.

目再次掀起大型婚恋交友节目的热潮。在这众多的大型婚恋交友节目中，某卫视的这档栏目最为火爆，开播以来仅仅几个月的时间，就成为一档家喻户晓的节目。如今的电视大型婚恋交友节目已经不再是单枪匹马地独闯江湖，互联网的加盟也极大地带动了节目的发展，形成了电视、网络新闻、贴吧、论坛、网络视频等联动的局面，迅速扩大了节目的影响力。索福瑞 34 城市全国平均收视率显示，2010 年 6 月 5 日（第 33 期）和 6 月 6 日（第 34 期）该栏目周六、周日两档节目分别以 4.4%、4.53% 的收视率连续 12 周夺得全国卫视周收视总冠军，再一次刷新了省级卫视的最高收视纪录，创下了收视奇迹。根据索福瑞 71 城市收视率统计，当时该栏目的收视率仅次于中央电视台综合频道的《新闻联播》（所有频道在内的所有节目），牢牢霸占着全国卫视所有节目每周收视第一的宝座，该栏目的收视率领先当周收视第二名将近 180%。和以往相对含蓄内敛的电视相亲相比，此次的电视相亲可谓赚足了眼球。光鲜亮丽的舞台，时尚动感的音效，精心的策划和包装，以及嘉宾的精致妆容和时尚装扮，出位的言辞，犀利的话题迅速吸引了观众的眼球，成为街头巷尾、荧屏内外及网友热议的话题。

（二）电视大型婚恋交友节目备受欢迎的原因

1. 参加节目青年嘉宾的真人秀

1998 年，美国派拉蒙等公司联合出品，推出了一部引起了强烈反响的影片《楚门的世界》（*Truman Show*）。电影的主人公楚门正如他的名字的英文原意一样，是一个“真人”（truman），但他的一生又是一个节目、一个“秀”（show）。从出生之日起，他日常生活中的每一年的 365 天，每一天的 24 小时，每一小时的 60 分钟，都被无所不在的摄像机如实记录下来，并向全世界进行直播。而楚门对自己“被观看”的生存状态完全不知道，他不知不觉地生活在被安排了蓝天白云、风雨雷电、家庭、学校和社会的巨大摄影棚中，成了只有他自己不知道的家喻户晓的明星。在这样生活了几乎 30 年以后，他才因为爱情而偶然发现自己原来一直生存在一个节目、一个无处不在的“谎言”中，他一直是一个“扮演”自己的演员。最后，从“节目”中明白过来的楚门，不顾一切，冲出了这个蒙蔽他 30 年的“虚拟世界”。这部影片用一种悲喜交加的方式隐喻了今天的

人类被媒介包围甚至在媒介中虚拟生存的现实状况。[①]这种好莱坞电影中的故事情节实际上正在成为现实，如今电视上已经出现了大量的真人秀，如正在热播的电视大型婚恋交友节目。

从20世纪末开始，电视真人秀浪潮就已经在全球范围兴起和蔓延，真人秀不断地将真人推上屏幕，让观众去观看、窥视、消费和娱乐。真人秀已经逐渐演绎为当下不容忽视的世界性电视文化奇观。真人秀的魅力吸引了众多眼球，使其成了电视节目的一种新宠。电视大型婚恋交友节目中的参与者不是演员，没有剧本（除了造假），一切都要临场发挥，这使节目更加生动开放，充满各种偶然、各种可能、各种结果，观众可以边看边猜，可以假定代入角色参与节目做出自己的判断、选择。电视大型婚恋交友节目虽然没有编剧，但情节往往引人入胜，出人意料。例如，大型婚恋交友节目抓住“配对”这个核心看点，以真人秀的方式来展现“配对”过程，使得电视大型婚恋交友节目展现出新的魅力。

1）独特的场景设置，有助于激发参与嘉宾的临场反应和选择，展现真实的人性魅力。某大型婚恋交友节目在电视大型婚恋交友节目中率先采用了1 ∶ 24的男女比例，让嘉宾在一种前所未有的状态下进行交友。这种比例对场上的男女生产生极强的心理冲击，他们以极高的注意力来判断和处理场上发生的各种状况[②]。

2）对嘉宾的筛选也增加了节目的看点。选择既适合节目风格又独具个性和人生经历的嘉宾，对于真人秀的“戏剧性”至关重要。并且对参与嘉宾的职业、性格和人生经历进行严格把关和分类，力求让不同职业、不同性格、不同经历的男女嘉宾能出现在舞台上追求自己的爱情，力求在有限的时间内见证更多类型嘉宾在舞台上的表现。另外，节目组还特别青睐那些具有特殊经历、具有独特个性或有“故事”的嘉宾。

3）持续制造悬念。首先经过面试和推荐的男嘉宾从电梯中缓缓下到舞台是节目的第一个悬念；等到男嘉宾走上舞台，开始自我介绍之后，场上女嘉宾即时灭灯，也是贯穿节目的重要悬念。场上每灭一盏灯，男嘉宾离退场也就近一步；男生进入“男生权利”环节时嘉宾对三位（或四位、两位）女嘉宾的选择就成了整段悬念的爆发点，成功、失败和放弃，他们在这个关键时刻的选择究

① 周晓珍．电视真人秀节目研究．厦门：厦门大学硕士学位论文，2009.

② 王刚，郭俊涛．《非诚勿扰》VS欧美真人秀．视听界，2010，（6）：68-70.

竟怎样，对观众具有最大的吸引力，随着悬念的揭晓，观众很容易产生一种“见证”的满足感。

4）主持人和特邀评论员的加入，增加了电视大型婚恋交友节目的曲折度和深度。节目组对主持人的角色定位和功能进行了详细的研究。除了主持人应有的流程掌控功能外，他们更倾向于主持人有自己的见解和参与感；这样，主持人就能对场面掌控自如，观点评论独到；而主持人对嘉宾的看法进行一定程度的评论和讨论，有助于场上嘉宾的自我认知，以及对感情的判断。另外，一些节目还会邀请心理学专业人士作为情感评论专家，他们的角色是对主持人功能的补充。他们的评论不仅为观众增添了思考点，也在一定程度上影响着男女嘉宾的选择，同时也让节目悬念不断，增加了真人秀的戏剧性和不确定性。

2. 相亲本身的私密性

相亲这个原本比较敏感甚至隐私的活动被搬上荧屏，这极大地满足了观众的好奇心和窥私欲。窥私欲是指人们偷窥别人隐私的欲望。电视大型婚恋交友节目很巧妙地迎合和满足了观众的这种欲望，将相亲这个极为私密的行为公开化同时又避免了道德上的压力。男女嘉宾自愿报名，自愿成为被观看者，自愿端出自己的隐私供观众评论。观众在满足了自己的窥私欲的同时，完全没有道德包袱。

3. 适婚单身男女青年的情感困境

伴随着我国市场经济的迅速发展，人们的生活水平也有了很大的提高，同时社会节奏也不断加快，个人价值追求的多元化、信息不对称等导致的“剩男剩女”问题日益突出。“剩男剩女”这个词汇也是随着社会发展而出现的新生词汇。“剩女”是教育部2007年8月公布的171个汉语新词之一。剩男剩女是指已经到社会一般所认为的适婚年龄，但仍未结婚的男女青年。这一现象出现的原因主要有以下几个：①青年接受教育的时间延长，加之学业繁忙与压力加大，很多青年考虑婚恋问题时已经处于“被剩下”的状态。②由于社会节奏的加快，青年的工作压力日益增加，加上社交圈的相对狭小，接触异性的机会减少，青年在交友上有了时间和空间的局限。③由于时代的发展及人们文化素质的提高，青年的择偶要求也越来越高、越来越多，总是在挑选，却始终没有找到合乎自

己理想要求的伴侣。2012 年 12 月 24 日，国家人口和计划生育委员会培训交流中心和某大型婚恋交友网站联合发布了《2012－2013 年中国男女婚恋观调研报告》。该报告显示：中国非婚人口数量巨大，中国 18 岁以上非婚人口已达 2.49 亿，占全部人口的 18.6%。适婚青年的大量涌现为社会上的婚介所、婚恋交友网站及如今如火如荼进行着的电视大型婚恋交友节目提供了土壤。近几年，电视屏幕上一系列关注“剩男剩女”题材的影视剧收视率飙升，牵动了社会的敏感神经，婚恋情感再次掀起浪花，电视大型婚恋交友节目正是在这样的情形下应运而生的。

二、电视大型婚恋交友节目与青少年价值观的关系

（一）电视大型婚恋交友节目本身折射出当代青年多元化价值观

如今的电视大型婚恋交友节目已经超出节目的本身，它是世间百态的大观园，是各种各样价值观的交汇地、辩论场，正是因为这些才一直能引起观众的注意，收视率居高不下，并引起了一系列的价值观讨论。

1. 拜金价值观

马某是一名平面模特，因其在某卫视中大胆、犀利的言论而迅速在网络上蹿红，被网友称作“拜金女”。尽管她的言论引发了广大观众及网友的口诛笔伐，但是，有人认为这样的她很直率，真实地表达了当下很多人对金钱和物质的渴望。她的炒作似乎也在告诉大家，她这样也能出名！电视台利用“这一点”抓住了观众的眼球，创造了收视率的奇迹，而马某也因此红遍大江南北，从一个名不见经传的之前被动找别人拍广告的模特到现在重金邀请她拍广告的“相亲名人”。尽管出名后马某的负面新闻不断，但丝毫不影响她成为各大卫视竞相争抢的“香饽饽”。虽然马某夸张地表达自己的拜金价值观及一些出位大胆的言论完全是一种炒作，引起的关注也证明是成功的营销，但其言论打破了中国人传统的价值观念，在挑战电视节目的宣传底线、引起社会巨大反响后，遭到了封杀。

如果留心一下中国和美国在报纸上的征婚启事，就会发现两者有很大的不

同。美国人要求的条件大多是关于兴趣爱好、价值观等方面的，例如，要求对方要和自己志趣相投、有幽默感、热爱运动等。这些要求在很多中国人看来并非首要条件，因为中国年轻人找对象，收入状况、家庭条件、学历、职业等是最先考虑的要素，金钱在择偶中的重要地位日益凸显。路透社与艾普索斯 2010 年 2 月有一个民意调查：二十几个国家的被调查者中，认同“金钱是个人成功最佳象征”的，中国人的比例最高，有 69% 的受访者认为金钱代表成功，而美国仅有 33%。或许有人认为中国人拜金是因为贫穷，认为发达国家的人富裕了所以不那么爱钱了。这种说法似是而非，因为即使在富裕的美国，普通人也必须辛勤劳作才能养家糊口，一般老百姓并没有多少余钱，奔驰和宝马对于他们来说同样是奢侈品①。

2. 人生价值观

安某，男，日裔美国人，在香港长大，在读博士，是婚恋交友节目嘉宾，因参加这个节目而在网络上广为人知。侧卧电梯，吐着舌头，坐着出场，还没等众人反应过来他又慢跑几步现场跳起了雷人舞蹈，随即反客为主向主持人说起了“欢迎你”。安某的出场方式令大家“皱眉”。安某曾先后就读于哈佛大学、牛津大学、加利福尼亚大学伯克利分校，如此的学历背景让全场不禁一阵惊呼。但安某毫不在意地做着各种搞怪表情幽默逗笑，堪称“表情帝”。场上的女嘉宾忍俊不禁地说道：“我本以为自己不属于地球，但是他简直就不在银河系。”安某在北京一家科研机构做研究员，生活中最大的爱好就是做饭、品酒。每当工作、生活中压力大的时候，他都喜欢用自创的一套减压舞蹈来释放压力，现场展示后笑翻全场。谈及理想的女生类型，他说道：“我喜欢的女孩子最重要的是要有幽默感，两个人互相开玩笑多开心！另外我希望能有一个大家庭，有很多的孩子，除了自己生的还要再收养一到两个。”他最终进入了“男生权利”环节，其中 11 号女嘉宾正是他的“心动女生”。在“男生权利”环节中，安某问了一个很有趣的问题：“如果，明天你中了 1000 万美元，你会怎么处理？”。来自台湾的 3 号女嘉宾的回答是：“我会让我妈妈不要干活了，我带她出去玩。”而 11 号女嘉宾王芳妮的回答则是：“我会和现在一样生活，不会有任何改变。”听到这两个回答之后，安某显得无比沮丧，他说：“因为这是一大笔钱，你有一次机

---

① 明亮．为我们的古典爱情招魂．新作文（高中版），2010，(9)：46.

会能花那么多钱，你可以建立一个基金，帮助孤儿或是贫穷的人。如果只有100万美元，不是很多，你可以去买车或者干吗，但1000万美元，这么多钱，应该成立一个基金，或是给一个学校，让它有更多的奖学金。你必须要有为人民服务的那种精神嘛！”主持人问安某“为人民服务”这个词是从哪学的，安某说“中国呗”。安某又说，但是在哈佛大学，他们就是这样的观念，你有这个机会上这么好的大学了，你应该好好利用这次机会，回馈社会。走进哈佛大学，迎面就是一堵墙，上面写了一句话："Enter to grow in wisdom，depart to serve better the country and the kind. ”（入学是为了知识的增长，毕业是为了更好地为国家和人民服务。）最后安某表示："我不能做选择……我只能自己走了。”下台后，在对安某的采访中，安某表示，那么一大笔钱，应该好好考虑如何使用。3号女嘉宾说带她妈妈去玩，这是很好的，但是思想范围太小了。安某还表示，真爱是一种无条件地爱，爱了就不应该要求对方为自己改变，要她成为你理想的女生。安某放弃心动女生后，他的选择和言论却在节目后成为热议的焦点。“我觉得他很像漫画版的周润发，就是特有劲儿，现在我周围的很多人都在谈论。在我看来，安某应该算是一位新的魅力人物。”《新玉观音》导演田有良向《华西都市报》记者表示，安某的观念可能如同当年的“宝马论”一样，将带来不一样的视角。“他认为如果是100万你当然可以买自己喜欢的东西，但是如果有1000万美元那么多，一定要想着回报社会，为人民服务。这是一个亚裔美国人的价值观，从他的嘴里说出了为人民服务五个字，让我震撼的是这背后，是我们国家的教育和美国教育之间的差异。”①

3. 相亲还是作秀

在某大型婚恋交友节目的舞台上，淳朴简单的女嘉宾张某并不突出。5•12汶川地震后，家在四川达州的她放弃当地旅游局的舒适工作，报名成为地震重灾区都江堰市的大学生村官，参与并见证了这个城市的灾后重建工作。在朋友的推荐下，她来到该节目，希望找到阳光帅气、性格善良的男生。她在节目中成功牵手心仪的美籍男嘉宾，牵手后两人也一直通过短信和微博联系，都感觉相见恨晚。随后，男嘉宾搬家来到了成都，两人开始了正式的交往。然而时间不长两人便出现了一些问题：外籍男嘉宾参加了成都一家电视台的节目，当主持人问他有没有女朋友时，正在和张某交往的他却说没有。这种欺骗让正沉浸

---

① 陈颖．怪博士1000万美元考问拜金女．郑州晚报，2011-3-30.

在甜蜜恋情中的张某非常气愤，一气之下便提出了分手，此时男嘉宾爽快地答应了。最后她面对记者说，大型婚恋交友节目虽然没有给她一段甜蜜的恋情，但是让她觉得收获了很多，认识了很多朋友，还觉得应该要学着去改变自己，开始另外一种新的生活。浪漫的异国情缘最终成了“水中月，镜中花”。真诚的交往换来的却是一而再再而三的欺骗，笔者不知道张某会怎样改变自己，但愿不是从此对生活失去信任，对情感失去热忱。

另外，该节目虽然收视火爆，但事实上能够成功的并不多。有嘉宾直言，其实在节目中存在很多像她一样的情况，多数人都是以分手而告终；大型婚恋交友节目的初衷是为单身男女提供婚恋平台，但是在收视率与牵手成功率的一高一低的对比中，不禁让人质疑此类节目存在的意义。

（二）参与节目的青年嘉宾的价值观的嬗变

中国电视相亲经历的三次浪潮也见证了我国青年男女嘉宾价值观的一系列变迁。从最初的电视版的征婚启事到电视版的婚介所，从相亲与娱乐的亲密接触到真人秀的狂欢，我们看到了电视大型婚恋交友节目从含蓄、内敛走向了娱乐化的道路。

1988年第一档电视大型婚恋交友节目的策划人回忆，在当时那个时代，敢于走上电视台相亲的人并不多，电视台足足做了三个月的广告，才终于等来了第一个参与节目的男士。在做了这期节目后，报名的人才陆陆续续多了起来。鉴于当时人们的思想比较保守，敢于参加该栏目的女性几乎为零，仅有的一个女性还为此受到亲人的“围攻”。而当时的节目形式仅仅是参与节目的男女青年在屏幕上宣读自己的征婚启事，主持人也不会有很多干预。

1990年某电视台的大型婚恋交友节目播出时不少国外媒体也对该节目相当关注，认为这档节目是了解中国改革开放的窗口。该节目在开办九年后被停播，该栏目的制片人说出了被停播的主要原因，她认为对于该节目来说，最致命的问题是男女嘉宾难找。对于这样一个婚恋谈话节目来说，嘉宾的形象、素质相当重要。可这一点一直是他们的弱项。制作每一期节目，都会把90%的时间都花在寻找节目嘉宾上，可还是找不到合适的人选。这可能与北京人的观念有关，南方城市的青年都把参加这类节目当作展现自己个人风采的机会，很多人并不是真正急着通过这种方式找对象，因此，不少年轻优秀的人愿意参加此类节目的制作。而该地区的人似乎觉得参加这类节目是丢人的事，优秀的人选不愿意

来，低素质的人选他们又不愿意要，最后请来的嘉宾难免不尽如人意。由此可见，当时的北方青年相对南方青年来说，情感表达方式还是相对含蓄内敛的。

1998年某卫视的大型婚恋交友节目则是一个集谈话和娱乐于一体的“爱情沙龙”。相比早期的电视大型婚恋交友节目而言，这一大型婚恋交友节目有了变化，首先在舞台形式上，采取了各种声光电效果，意图营造一种浪漫和谐的氛围；其次对于参与者的身份考核也逐渐严格起来。此外，主持人和嘉宾的风格也比之前的节目要活泼很多。该节目中加入了一些娱乐元素，更加符合当时人们的收视口味，同时说明了当时人们的思想观念正在逐步开放。

随着时代和传媒的发展，2010年以某卫视的一档节目为代表的电视大型婚恋交友节目以前所未有的节目形态重现荧屏。一场新的电视大型婚恋交友节目大战就此拉开序幕。与之前大型婚恋交友节目的羞涩、严格相比，这次的电视相亲浪潮时时刻刻在考验着观众的接受尺度。首先变化的是男女嘉宾的心态问题。纵观如今的电视大型婚恋交友节目，让观众印象最深刻的不是男女嘉宾能不能走到一起，而是出位的言语和图片。直到2010年6月，《广电总局关于进一步规范婚恋交友类电视节目的管理通知》颁布后，这些令人瞠目结舌的电视大型婚恋交友节目才有了很大改观。难道如今青年的道德真的已经失范到了这步田地？这是一个值得人们深思的问题，出现这种现象的原因也是复杂的，青年的价值观远远没有电视荧屏上呈现的那般失落。

第二节　电视大型婚恋交友节目对青少年价值观的影响

一、电视大型婚恋交友节目对青少年价值观的积极影响

（一）愉悦身心，缓解压力

时尚绚丽的舞台，恰到好处的音效，精心的策划和华丽的包装，多位女嘉宾的精致妆容和时尚装扮，犀利大胆的发言，以及主持人的诙谐幽默，情感评

论员的富于表现、尖锐新锐，情感专家的优雅知性、善解人意，这些吸引着追求时尚、新奇、刺激的青年男女。现在的大型婚恋交友节目已经摆脱旧有综艺节目的固定模式，轻松的节目话题，节目规则的巧妙设计，嘉宾才艺的适当穿插，场内场外观众的广泛参与，主持人及情感评论员的默契互动等节目因素综合营造出“乐字当头”的现场气氛和节目效果，使电视机前观众的情绪得到彻底放松。“很多调查发现，人们愿意将娱乐的时间留给电视相亲栏目，原因是题材的平民化、感人的故事情节、出乎意料的言语表达，使得它更有吸引力，人们也会在观看节目的过程中，对自己的价值观进行思考，同时在娱乐中，还可以使得自己的思想受到启迪。”[①] 而大型婚恋交友节目舞台上的男女嘉宾大部分都处于 20 ～ 30 岁，由于和参加节目嘉宾年龄相仿，这档大型婚恋交友节目受到很多青年关注。由于现代生活节奏加快，青年人在工作或学习中都承受着前所未有的压力，休闲的时候观看婚恋交友节目不失为一种很好的愉悦身心、释放压力的放松形式。与其他的综艺节目相比，它的综艺因素更活跃，嘉宾表现更真实，信息量更丰富，娱乐效果更加突出。其中，智慧的语言给他们以启迪，真实的情感故事把他们打动，嘉宾的才艺表演也可以使他们获得美的享受。因此，紧张工作之余观看婚恋交友节目给青少年带来了很多的快乐和心理满足，能让他们暂时忘却工作和生活中烦恼和忧愁。另外，节目的规则和环节也为节目增添了一种戏剧化的效果和悬念，所有这一切都使青少年观众如身临其境一般。他们甚至假定自己是男 / 女嘉宾，如果面对场上的随机问题和突发状况，自己会做出什么样的反应、做出怎样的判断和选择，这就调动了青少年观众的参与兴趣。这样，青少年在身心愉悦与舒缓压力的同时，还能以台上的青年男女嘉宾为“镜子”，不断地反思自我，思考自我，激励青少年更好地认识自我和超越自我。因此，电视大型婚恋交友节目在潜移默化中对青少年的人生价值观产生了影响。

（二）彰显自我，张扬个性

青少年的自我价值观是指青少年在认识和评价自己、周围事物及其关系时所持的观点和看法，是对自我的认同和接纳。青少年的行为及价值之所以能够得到确认，是因为他们能够对“自己是什么人”“自己要成为什么人”“自己能

① 李志恒 . 论电视相亲节目对大学生婚恋观的影响 . 海口：海南大学硕士学位论文，2015.

够成为什么人”“自己应该怎么做”等问题有一定的理解和把握、认识和评价，这是人类心理结构中的自我意识发展所致，也就形成了自我价值观。

梁漱溟先生曾经这样说过，中国文化的最大特点之一就是个人不受重视，神圣的事物总是作为大写的、先验性的存在，成为每一个中国人顶礼膜拜的对象，个人如同一个祭品，只能奉献于高居其上、巍巍高哉的神圣祭坛之前。[①]中国的这种传统文化，非常强调个人从家庭到社会再到国家的层层依附关系，反对彰显自我，张扬个性，从而使人的主体性受到了极大的压抑，人的个体生命意识没有得到充分的重视和发展，导致个体生命意识缺失，共性有余而个性不足，保守有余而开拓性不足，这在某种程度上限制了人的发展。这种对人的压制还表现在对个人利益和欲望采取漠视甚至否定的态度，这从根本上压制了个人的主体性、主体意识、个体生命意识的发展和发挥[②]。因而在社会主义现代化建设的新时期，我们一再呼吁和唤醒个体生命意识，发现自我，认识自我，超越自我。然而，在电视大型婚恋交友节目的舞台上，我们看到了青年从传统到现代的这种自我生命意识的觉醒。电视大型婚恋交友节目为青年男女嘉宾提供了表达的平台，他们在这里畅所欲言，表达自己的观点及各种价值观念，展示自己的独特风采，把真实的自己呈现给观众，让自己的个性得到充分的展现和发挥。

（三）开阔视野，思考人生

电视大型婚恋交友节目的舞台给观众呈现的是来自各行各业的男女嘉宾，他们与主持人、情感专家平等对话与交流，解决大众面临的婚恋问题。某卫视的大型婚恋交友节目就是一个爱情观表达和交流的盛宴。在节目中，专家对男女嘉宾的恋爱心理问题指点迷津，解开了台上台下无数人的心理谜团。同时，在节目中嘉宾讲述自己的生活方式、价值取向和情感体验，给观众一种心灵触动，引起人们对于生命和生存、爱情和婚姻的感悟，体会到真诚、理解与尊重在爱情中的重要。大型婚恋交友节目就像一个社会缩影，让人看到千姿百态的

---

① 转引自：张涛，王振存．论我国学生主体性缺失的文化背景及教育的应对策略．河南师范大学学报（哲学社会科学版），2006，（3）：195-197.

② 王振存．论生命教育的类生命走向．开封：河南大学硕士学位论文，2005.

人生，了解不同的爱情经历和爱情观，同时汲取自己需要的成分[①]。

某大型婚恋交友节目开播以来，不仅成为国内老少咸宜、收视率高居榜首的节目，也在全球范围内尤其是华人界产生广泛影响。从外籍嘉宾参加节目到澳大利亚专场、美国专场、英国专场、法国专场、加拿大专场、韩国专场及美国西部专场等海外专场陆续播出，再到节目登陆多国电视荧幕，受到全球观众尤其海外华人朋友的追捧，并得到很多赞誉。于是，某大型婚恋交友节目的节目嘉宾就有了国际化的趋势。恋爱结婚不单是中国人的问题，也是全世界的人们所关注的事情。剩男剩女也不仅仅只存于中国，各国都有单身男女尽管条件优秀却依然寻找不到自己的伴侣的现象。于是在中国的他们，共同踏入了大型婚恋交友节目的舞台，寻找着属于自己的爱情。先后有美国、英国、日本、韩国、俄罗斯、乌克兰、埃及、毛里求斯等国的嘉宾登上舞台。主持人也不禁打趣道："现在就剩下南北极的朋友还没来过了。"该节目不仅深受国人喜欢，也受到很多在中国工作学习的外国友人的追捧。在海外专场之前，前来报名的外国友人也越来越多。而海外报名需求的增加，也是后来开辟海外专场的重要原因。

大型婚恋交友节目现在不只是纯粹的"相亲"节目，而在于通过一个电视传媒平台，让人与人之间真实的思想情感、爱情观、婚姻观、价值观得到最大限度的交流。同时节目中，嘉宾、专家、主持人之间的对话，常常呈现出一种观念碰撞、思想交锋的态势。不同的视角、不同的价值观、不同的思维方式在节目中相交织，并引发国内外观众的思考。尤其海外专场引发了海外华人对中西文化和婚恋观念的深思。镜头的背后折射的是世界各地的文化风俗和生活习惯；男女嘉宾的对话展示了中外婚姻和恋爱观念的异同。电视大型婚恋交友节目为我们展现了海内外青年的生活方式和生活观念，呈现了他们各自的爱情观、婚恋观、价值观，以及他们的生活态度和思维方式，是当代青少年了解世界的一个窗口。从这个角度可以说，电视大型婚恋交友节目开阔了他们的视野，让青少年对自己当下的生活状态有了全新的审视和思考。

（四）在价值冲突与碰撞中进行价值澄清

价值澄清模式产生于20世纪60年代的美国。价值澄清学派认为，每个人

---

① 李磊.《非诚勿扰》的文化解读.文教资料，2011，(1)：59-61.

都有自己的价值观，都会按照自己的价值观行事，只有在遇到关涉价值选择问题的事情时，他们才能清醒地意识到自己的价值观。在价值观多样化的时代，成人不应该将自己的价值观强加给青少年，而是要帮助他们澄清、反省自己的价值观。成人要帮助青少年关注与他们生活密切相关的价值问题。尽管不同个体的价值观念会因社会经验、生活阅历的不同而不同，但在做出价值判断、价值评价和价值决策时，他们各有方法。所以，价值观教育旨在教给青少年进行价值决策的方法，增进他们的价值判断能力，引导他们对不同的价值观进行排序。通过这些方法，青少年就可能从形形色色的价值观中选出自己所信守的价值观并奉行到底。价值澄清模式认为价值观不是教导出来的，而是经过自由选择、反省、行动澄清出来的，所以，它反对形形色色的价值灌输，成人不能将现成的价值标准强加给青少年，而应培养他们独立的价值选择能力、评价能力和批判性思考能力，以提高青少年的道德行为，形成适合本人的价值观体系的能力。

电视大型婚恋交友节目为青少年形形色色的价值观的表达提供了空间，青少年各种各样的价值观在这里得到了充分的展示，不同的价值观在这里交汇、碰撞甚至冲突，他们就每一个话题展开讨论，从各自的角度发表见解并引发辩论，从而引发青少年对各种观点的思考。在这个过程中，主持人和情感专家应适时对青少年进行价值引导，帮助青少年进行价值澄清，从而走出价值多元化造成的困惑与迷茫，帮助青少年树立正确的价值观。

二、电视大型婚恋交友节目对青少年价值观的消极影响

（一）夸张渲染非主流价值观，主流价值观受到冲击

所谓主流价值观是指延承了宝贵的民族精神，体现了鲜明的时代气息，承载了人类真、善、美的价值取向，同时包容了人类乐观、进取、积极、健康的思想情怀与文化境界的价值观念。主流价值观是在一定历史时期被社会大多数成员所接受和认同，而且能对社会的发展产生重要影响的价值观。它既有益于社会，也有益于个人。主流价值观在社会诸多价值观念中居于主导地位，甚至影响着整个社会价值体系的建立。任何社会都有其主流价值观，它是社会文化

的精神脊梁和本质所在，具有政治引导和思想统摄作用。社会系统得以运转、社会秩序得以维系都离不开以社会主流价值观为精神依托。一个民族、一个国家倘若没有主流价值观，一个群体倘若没有向心力，那么，一切与判断、观念、体系、导向等有关的讨论都是空中楼阁。例如，我国现在大力推行的社会主义核心价值观就是中国的主流价值观。现阶段，我国正处于由计划经济体制向社会主义市场经济体制转变，由传统社会向现代社会、由农业社会向工业社会，从封闭型社会向开放型社会转变的特殊时期。随着社会结构的变动，人们的思想观念、行为方式和生活方式都发生了明显的变化，人们的价值观念随之丰富多彩，各种非主流的价值观念也层出不穷，同时也对社会的主流价值观造成了一定的冲击。这种价值观的变迁在电视大型婚恋交友节目的舞台上也表现得淋漓尽致。

两性情感本来是人间一切情感类型中最纯真、最圣洁和最美好，也是最私密的情感。然而，不知从何时起，婚姻致富甚至讨价还价或待价而沽的现实故事不绝于耳。相濡以沫、琴瑟相谐的传统爱情理想被放逐了。在电视大型婚恋交友节目的鼓动和刺激下，货币化和过浓的商业味让纯真的情感几近窒息和休克，同时，也调动起观众对别人婚礼和情感的窥探欲望。“与电影最大的不同就是，电视相亲类节目的参与者是实实在在的真实人类，发生在他们身上的故事也是真实的，极大地满足了观众的窥探欲望。”[①]“这种把人的欲望、隐私等内心情愫直接展现在观众面前的方法是相亲类节目娱乐化的一大体现。”[①]这样的例子在大型婚恋交友节目中屡次出现。爱情从来都是建立在两情相悦和情真意切的美好基础上，但绝不能挤占情感的中心位置，倘若物质取代真情而跃居首要地位，那么，这里就没有多少真情实感可言，剩下的唯有赤裸裸的讨价还价、挖空心思的利害算计和无情无义的名利较量，美好与圣洁的爱情被一些浮泛的时尚和物化的幸福装点成一种灯红酒绿且尔虞我诈的名利场。

美国学者伯纳德认为，“电视是人类社会化进程中极为重要的角色，传播内容具有特定的价值倾向，这些倾向通常会在潜移默化中形成人们的现实观与社会观”[②]。如今的一部分电视大型婚恋交友节目为追求节目刺激、提高收视率，往往不自觉地向娱乐化的方向发展，导致节目整体人文关怀、价值导向、教育功

① 梁春竹，杨鸾鹏．浅谈不同语境影响下的电视相亲类节目．西北广播电视，2014，(20)：98.

② 转引自：景鹏．从江苏卫视《非诚勿扰》看传播伦理．新闻爱好者，2010，(8)：61-62.

能等社会责任的严重缺失，打着多元价值观的幌子，纵容各种非主流的、不正确的价值观肆意横行，充斥荧屏。某制片人也承认，正是由于节目对收视无止境的追求，才放任了媒体责任和道德底线。

（二）对青少年道德价值观的影响：过分追逐名利，真诚缺失

在人们的心目中，爱情一直是象征着美好纯洁；婚恋，也是一件神圣而严肃的事情，然而在如今的电视大型婚恋交友节目上，却被一些别有用心者利用来达到自己的目的。大型婚恋交友节目自播出以来，尤其在改版之前，就饱受观众及网友的质疑、争议。明星是很多人羡慕的头衔，他们不仅为大众熟知，更有众多的仰慕者，甚至因此还能给自己带来丰厚的经济收益。明星的出场费、广告代言费动辄数百万元在当今社会司空见惯，于是一些青年人开始千方百计地让自己“一夜成名”。这个名气不再像从前那样人们追求的“名垂千古”，而是为了博得眼球，赚得点击率，不惜出卖自己的人格和灵魂，置社会伦理和道德于不顾，以反常的行为表现和出位的言辞话题来达到众人皆知的目的。庸俗、炒作这些负面的词汇成了他们的标签，无论是臭名昭著还是流芳百世，无论是正面的还是负面的，他们似乎全然不顾，为了达到“出名”的目的已经不在乎手段。这样的“怪相”在各种媒体上层出不穷，此起彼伏。而各大网站、报纸杂志甚至电视节目好像对此的报道也有争先恐后之势，热衷这些吸引眼球的素材，迎合一些人庸俗、低俗、恶俗的审美品位，以及窥视欲，从而提高关注度，赚得收视率，成了这些急于出名的青少年的“帮凶”，使得这些大众传媒和青少年各自从中有所“获益”，达到“双赢”的目的。正如橙天娱乐副总裁伊简梅所言，一个新人从出道到成名，最快也要 6 ～ 10 年的时间，正常情况下，新人的推广是件耗时、费力的事情，有一个漫长的再培养和创作的过程。而大型婚恋交友节目中的很多嘉宾把这个“漫长”过程省掉了。在某大型婚恋交友节目中，主持人一再强调，节目以相亲交友为本，拒绝某些前来报名的人借节目炒作。从大型婚恋交友节目上走下来的女嘉宾走红却也不在少数，甚至有的直接出道成了职业艺人。

一些电视大型婚恋交友节目的嘉宾通过造假迅速被观众所熟知，这似乎在告诉电视机前一些渴望“成名”的青年，通过这样的方式也可以“一夜成名”。于是，又有一些渴望迅速得到关注的青年，即使没有真正的征婚诉求，也掩盖自己的真实动机，上了节目。诸如此类想要通过参加电视台的各种节目而上位

出名的青年不在少数。这些都给青少年以“成名”走捷径的暗示，带给青少年的将是诚信缺失，道德危机，责任感的下降，不利于青年道德价值观的形成。

（三）对青少年择偶价值观的影响："以貌取人"倾向严重

在电视大型婚恋交友节目中，我们经常看到一个小伙子一出场，如果他的相貌英俊，衣着考究，那么灭灯的女嘉宾就少；如果他的长相一般，穿着上又不那么讲究，灯就会一盏一盏地灭掉。看到很多女生尽管说不在意男人的外表，实际上还是典型的“外貌协会”。而一些事业有成的青年才俊，他们选的心动女生往往是年轻、漂亮的，对于学识、才华、工作等不过多考虑。有的女生之前已经上过了几期节目，做什么工作、个性如何，男嘉宾已经大体了解，而他们选的是学识上与自己相去甚远但是相对漂亮的女生，这足以看出男嘉宾无形之中还是很在意女生的外表。由此会让我们有这样的认识，人的外表尤其是女生的外表还是相当重要的，其他方面的素质或许敌不过一个漂亮的外表。

然而在接下来男嘉宾自我介绍的视频展示里，如果他透露了自己的财力，比如，开着一辆上百万元的汽车，家中的房子摆设奢华，或者展示出男嘉宾的工作场景，表明他是外企的高管之类的，所有能够显示出这位男士是一名中产阶级或者金领的相关信息，都能为这位男嘉宾加分，我们就会看到，在这一关灭灯的女嘉宾会很少。而那种一上来就骑着自行车飞奔的阳光男孩，往往会遭到女嘉宾无情地集体灭灯。这些给观众传递的信息是，男生的经济实力和女生的外表似乎同样重要。

“以貌取人”已成为现代青年择偶过程中的一个重要问题。爱美之心，人皆有之，体态的美丽固然是男女青年之间爱情产生的重要因素，美丽的外表往往能给异性留下美好的印象，这些都无可厚非。但是，外貌的美丽所引起的好感并不一定就是爱情，因为在爱情的构成中，具有决定意义的是一个人的社会素质，即人生的价值理念、审美情趣、伦理观念等，外貌的美丽只是一个不起决定作用的因素。如果恋人之间单凭对方的外貌相爱，那这种“爱”并不比动物之间的“爱”高明多少，而且可能结不出爱情的甜果。[①]稳定的婚姻是两个人之间的理解和互相关爱，没有感情基础的婚姻不会幸福更不会长久。

然而，通过节目传递出来的这种过于重视外表的婚恋价值观将对电视机前

---

① 王丰昌．当代青年婚恋价值观存在的问题及对策——从《非诚勿扰》谈起．怀化学院学报，2011，(6)：117-119.

的青少年造成负面影响。女孩可能会认为美丽的外表就可以换来安定的婚姻、舒适的生活，从而过度关注外在形象，把过多的精力浪费在花样翻新的衣服及各种保养功能的化妆品等外在的包装上，从而忽视了内心的涵养，久而久之，会造成精神空虚、心灵干涸，滋生拜金主义及享乐主义等不正确的价值观念。

（四）对青少年审美价值观的影响：制造敏感话题，品味庸俗

在大型婚恋交友节目的舞台上，尖锐的话语与大胆的讨论从未停歇。从婚后财产到婆媳关系，从拜金无罪到青年创业，讨论的主题或琐碎或宏大。“80后”“90后”的特立独行，在舞台上表现得淋漓尽致。前一刻，歌声甜美的男生，可以让女生感动得泪眼迷离，后一刻，长相帅气的男生却因“你满足不了我住豪宅的愿望”被痛斥出局；前一刻，女生还在责问“没车没房凭什么娶我”，而后一刻，当展示跑车存款的“富二代”登台时，反遭女生集体围攻，“有什么好炫耀的？”。

当越来越多“拜金”言论毫不掩饰地出现在电视屏幕上时，观众及网民先是惊诧，而后愤怒。女生的拜金言论不断成为热门话题，并成为众矢之的。这种意外的关注度，让许多言论大胆的女生一夜成名。

网民开始怀疑节目的真实性，人肉搜索引擎不断启动。参与节目的一个火锅店女老板被曝出以前曾做过广告代言，散打男教练的个人简历上写着当过演员……那些语出惊人的嘉宾，动机也遭到了怀疑——是不是导演安排好的话题，女生是不是为了出名在表演？在“拜金”和“造假”的疑惑声中，纯洁的爱情在舞台上开始扭曲、变形。

大型婚恋交友节目选择现实问题在荧屏上公开讨论，提供了婚恋、家庭观念的交流平台，让处于现实社会面对种种生存和道德问题的人们分外关注。《南方都市报》评论说：“能把经济、民生、时尚、欲望、隐私、亲情等等元素一锅端……一个相亲节目之所以得到了大于一个相亲节目的关注效应，全因为后面有整个时代在衬底。”[①]然而这些话题有明显的策划和诱导痕迹，故意使舞台上产生争端，吸引眼球，有些话题甚至极其庸俗低俗，“一些节目在内容上存在着一

---

① 转引自：颜欢．探析电视相亲节目的社会认知价值——以《非诚勿扰》为例．剧影月报，2012，（5）：30-32.

些严重的问题，低俗、庸俗，甚至有违背社会道德的行为，都已严重影响了人们对于精神世界的追求和审美”[①]。这些都容易对青少年的审美情趣造成消极影响，造成青少年品位低下，忽视精神的追求。

三、电视大型婚恋交友节目对青少年价值观消极影响的归因分析

（一）追求“眼球效应”，娱乐过度

追溯到 1990 年某电视台推出的电视大型婚恋交友节目，该节目是一档完全服务性质的节目，目标就是为了帮助人们寻找到另一半，因此，在各个方式的处理上都是以此为第一前提的。随着时间的推移，即使是 1998 年另一卫视的电视大型婚恋交友节目为了增加可看性，吸引更多的观众，在节目中适当增加了娱乐元素，也丝毫不影响节目的本真目的、节目的服务性，200 多对男女嘉宾走进婚姻殿堂就是最好的例证。

而某些现在屏幕上热播的电视大型婚恋交友节目早已忘却了它的本真目的，沦为一场娱乐化的“真人秀”。随着社会主义市场经济的深入发展，大众传媒也不可避免地受到市场条件下商品原则的支配，在市场逻辑下，大众传媒也分别贴上经济的标签，以收视率论英雄。因为高收视率的背后是丰厚的广告收益。“此阶段的婚恋交友节目不纯粹是为男女双方提供一个交流的平台，而是为吸引观众的眼球，追求收视率，追求商业利润的最大化，这是市场资本深入、扩张的结果。婚恋交友节目的定位并不是单纯的交友，而是更深层次的利益最大化的推动。”[①]以某卫视节目为例，从 2010 年开播以来，随着节目收视率的升高，为了使电视台获得更多的利润，主办方某卫视和某手机品牌等企业联手打造品牌效应。这一场盛大的市场化运作的商业秀，为幕后推手带来了巨大的利益。某卫视宣传负责人曾透露，在开播伊始该节目的广告费用是按卫视 2010 年的刊例价格办理的，还给老客户打折。而随着节目收视率的提高，广告费就有了提升的资本。大型婚恋交友节目直接提升了该卫视的广告价位。从 2010 年 5 月 1 日起，该卫视 5 秒、10 秒、15 秒的底播广告价格不断上调而且招商更加顺利，

① 李志恒 . 论电视相亲节目对大学生婚恋观的影响 . 海口：海南大学硕士学位论文，2015.

冠名费涨价后一举达到几千万元。在 2010 年某卫视的广告招标会上，一大型婚恋交友节目以单季度4000万元冠名费的标底价，位居所有综艺节目之首。从《中国经济周刊》上获悉，2010 年该节目为该卫视带来了数亿元的收益。2011 年，该大型婚恋交友节目全年的广告更是超过 18 亿元，仅次于中央电视台的《新闻联播》和《焦点访谈》，位居第三位。广告费水涨船高，而一贯精明的商家乐于与大型婚恋交友节目“搭伙”，因为他们认为物有所值，正如大型婚恋交友节目的赞助商表示，大型婚恋交友节目的收视人群刚好是他们的主力消费群。而作为与各卫视大型婚恋交友节目的重要合作伙伴，著名的相亲网站如今已与多个大型婚恋交友节目有合作。

某大型婚恋交友节目自开播以来就宣称，希望打造一个展示社会价值观的舞台。它不同于以往的大型婚恋交友节目，它更加重视的是现在的青年人对自己生活方式及价值观的表达，这是一个为展示青年人多元化价值观提供价值观碰撞、价值观冲突的舞台，是为了让更多的观众了解当今社会年轻人的价值观，以便于他们更好地理解当代青年。然而该节目忘却了节目的本真，选取性格独特言论出位的男女嘉宾，刻意引导敏感热门话题，引起舞台上价值观的交锋甚至冲突，吸引眼球，把收视率和媒体自身的利益放在第一位，而不是真正地为有相亲需要的男女青年提供帮助。这种做法实际上是在误导观众，久而久之，会让荧幕前的青少年对电视媒体失去信任，会让他们觉得自己生活在一个充满着假象的世界里，从而不利于他们形成求真、趋善、臻美的正确的价值观。

清华大学尹鸿教授在谈论该大型婚恋交友节目时也说：“婚恋情感可以娱乐，但应该预防陷入同质竞争后的‘殊途同归’，蜕变为低俗的娱乐。过度的情感猎奇、缺乏控制的物质主义价值观、不加修饰的唯美主义男权意识、处心积虑的个人炫耀等等可能出现的价值趋向，对于一个负责任的媒体来说，永远是需要警惕的问题。”[①] 电视大型婚恋交友节目的本质属性不能被收视率牵着鼻子走得太远。真实性是电视大型婚恋交友节目的生命，如果人为编织和剪裁生活片段的痕迹过于露骨，甚至有意无意地增加某些生动的故事，那么，其最终的结果将改写和破坏真人秀节目的本质属性。这样的节目编排，编导主要是着眼于观众的眼球和收视率的提升，但是，收视率的指挥棒无形之中已将真人秀大型

---

① 王效萱．论中国电视相亲节目的发展及社会意义．保定：河北大学硕士学位论文，2011.

婚恋交友节目的本质属性拖出了很远。

（二）缺乏真正的人文关怀

“如果知道你来，我就让我妈代替我来了！”

“你穿的衣服太廉价，你对我们不尊重。”……

这些话让人很难想象是出自电视大型婚恋交友节目中两个素不相识的人的谈话。人与人之间最基本的尊重在这里荡然无存，有的只是无尽的嘲讽、挖苦、戏谑，无法想象站在台上的男嘉宾听到这些话时的内心感受。诸如此类惊世骇俗的言辞让大型婚恋交友节目一时成为大家关注的焦点。所有这一切的出现与节目组的责任意识淡薄和缺乏人文关怀是密切相关的，从节目组对嘉宾的甄选就可以窥豹一斑。一份被公开的某大型婚恋交友节目女嘉宾选择标准提供了参照：有特殊经历、情感故事者可优先考虑；职业类型比较特殊者可优先考虑；特别愿意表达自己、个性特殊、表现力超强者可优先考虑，应征者被简单地贴上了各类标签，按照节目组的要求呈现一定的节目效果。

正是这样的甄选标准使得一些青年男女很快上了节目，而朱某就是其中之一。她的赤裸裸的拜金主义言论广受争议。节目播出后，百度百科将其名字列为专属词条，她俨然已成了名人。然而，这样的名声对她来说显然是祸事，甚至危及她赖以养家的工作，她最终选择退出节目。这类电视节目，提供的只是邂逅，而不能包办爱情。如同一本小说，只有制造不断的矛盾冲突和悬念，才会让大家觉得精彩。在这个舞台上可以看到人性，可以了解社会，但终究逃脱不了娱乐大众的本质属性。可以想象她说这番话时的无奈，尽管要为自己的言论负责，但是所有的人都痛恨“被利用”的感觉。当单纯的青年被媒体利用，被节目组诱导甚至“洗脑”而说出出位的言辞时，大众传媒不仅没有以人为本，做到真正的人文关怀，反而是对青少年造成严重创伤的“元凶”。

第三节　电视大型婚恋交友节目影响下青少年价值观教育的建构

青少年身兼多重角色，他们是社会的公民、媒体的受众、学校的学生、家庭的孩子，还是他们自己。因此，在对青少年进行价值观教育时，要形成并发挥政府、大众传媒、学校、家庭及他们自身的合力，只有这样才能使青少年形成正确的价值观，真正促进他们的健康发展。

一、学校应加强对青少年的价值观教育

（一）发挥精英文化的引领作用

目前，我国正处于社会转型期，市场经济体制尚不完善，市场运作法规和秩序尚不健全，加上伴随着改革开放的不断深入，各种西方思潮蜂拥而至，使得我国青少年中出现了向“个人”倾斜，被“金钱”扭曲，被“娱乐”奴役的多元化的价值取向，主要表现为：重个人利益，轻国家集体利益；重金钱实惠，轻理想信念；重专业知识，轻道德品质；重安逸享乐，轻艰苦奋斗；重索取功利，轻责任奉献。全球化的浪潮、社会的变迁加之网络时代的到来，诸多因素导致当前我国青少年价值观的嬗变。青少年心理发展尚不成熟，生活经验缺乏、社会阅历浅，价值观处于形成时期，学校特有的社会职能和优势条件决定了它对青少年正确价值观的形成和发展起着重要作用。

当下的电视大型婚恋交友节目固然展现了目前中国社会价值观的多元化，但并不全是正确的价值观，更不是主流价值观。青少年已有的价值观念会左右他们对电视大型婚恋交友节目的看法。而精英文化是指体现知识分子的个体理性沉思、社会批判和美学探索旨趣的，具有独特的审美特质和内涵的文化形态。因此，在多元价值的社会文化氛围中，学校在对青少年进行价值观教育时要发挥精英文化的引领作用。

①精英文化的人文特性能够为青少年面临电视大型婚恋交友节目展现的多

元文化提供终极价值尺度。人是万物之灵长，宇宙之精华，人之为人的根本特质在于人是有意识的存在，人是意义的存在、价值的存在、文化的存在、道德的存在，这是人和动物的本质区别。②精英文化的形而上特性能够使青少年超越电视大型婚恋交友节目展现的多元文化。精英文化能够提升大众文化，以及大众媒介的人文精神和人文内涵，它蕴含着人文理想，体现着形而上价值，追问生命的向度和理想的意义，能够形成不断超越自身的内在动力。③精英文化的批判属性能够使青少年正确审视电视大型婚恋交友节目展现的多元文化。精英文化主张反思和批判现实中的多元化价值观，从而能够帮助青少年进行价值澄清、价值判断，做出价值选择。④精英文化的高雅属性能够提升青少年面临多元文化时的审美品位。精英文化是一种自觉的文化，担负着为社会大众营造精神家园的重任，是社会文化理想的重要载体，能够提升大众文化的格调。

（二）提高青少年价值观教育的实效性

在全球化时代和急速变迁的社会背景下，青少年价值观教育显得更加重要。学校应该培养青少年正确的价值观，这样才能在面对人生考验时做出适当的判断和应对。青少年作为电视大型婚恋交友节目的一个重要的受众群体，耳濡目染，其价值观也会受到一定影响，在彷徨迷茫中一些青少年逐渐变得崇尚自我，个人主义、物质主义、拜金主义和享乐主义倾向也逐渐明显。而当前，社会流行的道德观和价值观与学校价值观教育严重脱节，这是青少年价值观教育面临的最大问题。

我们可以从以下途径来提高青少年价值观教育的有效性。一方面，在课程设置上，加入终极关怀的通识课程。①学校要使学生都有机会接触哲学，讨论人生的意义及伦理道德问题——什么是善，如何择善，因为青少年渴望一种能真正指导他们走向更高层次的哲学，真正精辟深刻、启迪心智的哲学基础教育。②担任该学科的教师应具有高尚人格魅力，因为经验丰富的教师通过言传身教，与学生分享自己对生命的思考，能够触及学生的心灵深处，满足青少年剖析深层思想的需要，帮助他们摆脱价值迷茫，走出价值困境。③可设置专业伦理课程，如科技伦理、学术伦理等，对学生进行有关教育和引导。④设置一些针对人格发展的通识课程，可以和心理学结合起来，主要对青少年进行身心健康、

情绪管理及道德素养等方面的教育。⑤重视实践性的课程。例如，通过参与社会服务、公益组织等活动来增强社会关怀、培养奉献精神和公民意识。⑥注意价值观教育的渗透性。价值观教育可以寓于各门学科之中，增强各学科教师的价值观教育意识，使学生在潜移默化中接受价值观教育。另一方面，价值观教育要走进青少年的生活。①要充分发挥青少年学生的主体性，尊重学生主体需要，改变以往教师掌握话语权的单向灌输，形成教师引导和学生对话的新型价值观教育方式，比如，教师可根据教学需要把当前的热点事件、热门节目观点作为课堂问题进行分析讨论，其间对青少年的价值观进行适时引导，抵制低俗文化、个人主义、拜金主义、享乐主义对青少年的侵蚀，帮助他们树立正确的价值观。②进行价值观教育时要增强情感交流，走进学生内心深处，要研究他们的接受特性，使用更加富于人性化的方式来培养青少年的价值情感、价值思维、价值判断能力和价值行为。

（三）加强青少年媒介素养教育

早在 1982 年，联合国教科文组织就提出："我们必须让年轻人在一个充斥着图像、文字、声音的世界里学会生存。"[①] 伴随着传统的和新兴的媒介的发展与普及，媒体已经成为青少年乃至成年人的第二个教育课堂，甚至撼动着学校教育的权威地位。媒体对现代文化塑造和人们价值观念的形成和发展起着不可估量的作用。媒体正在以其前所未有的影响力教育着社会中的各个成员[②]。"媒介正以其强大的力量渗透于公民教育系统的每一个角落，它对公民的世界观、人生观、价值观都产生了深远的影响。"[③] 而青少年群体是大众传媒的主要消费群体，如何在多样化的媒介环境中免受其消极影响，这就需要青少年具有一定的媒介素养。

1992 年，美国媒体素养研究中心给媒介素养下了以下定义：媒介素养就是指人们对于媒介信息的选择、理解、质疑、评估的能力，以及制作和生产媒介

① 转引自：郛雪洁．媒体素养教育在高中语文阅读教学中的探索和实践．上海：华东师范大学硕士学位论文，2007.

② 张开．媒体素养教育在信息时代．现代传播，2003，(1)：116-118.

③ 陈晓慧，刘铁珊，赵鹏．公民教育与媒介素养教育的相关性研究．中国电化教育，2013，(4)：35-39.

信息的能力[①]。媒介素养教育的对象是媒介受众，旨在培养受众对各种媒介信息的解读和批判能力，以及使用媒介信息为个人生活、社会发展所用的能力。媒介素养不仅包括认知媒介产品的能力，而且包括对媒介所传递的信息和内容拥有独立的判断和思考，批判地解读并具有良好的使用媒介的能力。媒介素养应当成为现代社会公民素质的一部分。

媒介素养教育发端于英国。英国倡导媒介素养教育的目的是反对传媒中的不良文化价值观念，训练青少年抗拒大众媒介提供的“低水平的满足”。媒介素养教育目前已经成为英国中小学校的必修课程，加拿大、法国、澳大利亚和美国都在中小学乃至大学开设了这一类课程。联合国教科文组织也极力倡导媒介素养教育，从 20 世纪 60 年代开始，大约每 10 年便举行一次传媒教育的国际会议。

我国对媒介素养教育的关注开始于 1997 年中国社会科学院研究员卜卫发表的文章《论媒介教育的意义、内容和方法》[②]，此后媒介素养教育进入我国学者的研究视野。我国在媒介素养教育中，应做到以下几点：①将其尽快纳入正规教育体系，发挥学校在媒介素养教育中的独特功能以提高我国青少年的媒介素养，使他们成为拥有“媒体智慧”的人。②“媒介素养教育应以系统化的课程或训练，培养青少年的媒介批判意识，使其能够辨别和抵御大众传媒的不良影响。”[①]当前，我国一些学校虽然开设了媒体课程，但主要侧重于多媒体网络技术的掌握和应用，不注重培养学生面对形形色色信息的辨别能力和批判意识，存在着“重技术，轻能力”的问题。③教师可以向学生推荐一些能够提高学生媒介素养的课外读物，如暨南大学出版社出版的素质教育文库“媒介系列”丛书。

媒介素养教育的核心理念是要把媒体的权利交给青少年，帮助他们理性地辨别信息的意义，辨别媒体真实与社会真实，形成对媒体性质和功能的正确认识，提高负面信息的辨别能力，并学习如何使用传媒、如何利用传媒发展自我。也就是说，重要的不是告诉青少年反对什么，而是强调“人的能力的培养”，即教育应该培养青少年处理媒介信息的能力。因此，加强媒介素养教育，形成青少年的独立思考能力和批判精神，提高青少年的鉴赏、鉴别能力势在必行。

面对当前如火如荼进行着的电视大型婚恋交友节目时不时地向受众抛出一

---

① 谭泓．媒介素养教育．学习时报，2007-10-29（006）．

② 周大勇．媒介素养相关概念及内涵．吉林日报，2010-12-03（10）．

些消极的、庸俗的、虚假的信息，放大并渲染人的劣根性，还将其带上光环，误导观众“这就是真实的生活”的现状，如若青少年接受了良好的媒介素养教育，具备一定的媒介素养，就能够明白这些只是电视台为吸引眼球、提高收视而使用的手段，不会轻易被表象所迷惑，从而更加理智地对这些负面的信息进行甄别、选择，形成正确的判断和评价，青少年就可以减少或者免受其不良影响。而对于那些参加节目的一些青年嘉宾来说，如果具备一定的媒介素养，能够很好地预测到自己在公共节目中的言谈举止对自己、对他人及对社会将会产生怎样的影响，具有怎样的意义，也就不会像朱某那样轻易被电视媒体利用，从而能够更好地保护自己，免受伤害。

二、家庭应注重对青少年价值观的正面引导

（一）父母应强化学习意识，提高自身媒介素养

当今的媒体和传统相比发生了很大的变化，电视媒体不仅仅是政府的喉舌，在市场经济的支配下，电视节目的“泛娱乐化”倾向越来越明显，时不时还会有庸俗的负面内容出现，这就需要父母更新对电视媒体的观念，增加新的媒介知识，提高自身媒介素养，否则就没有能力对孩子进行恰当、合理的教育，使其免受不良信息和错误价值观的误导。在当前西方国家，很多社会机构承担了对家长的媒介素养教育，通过分发相关宣传册及开办家长学校等提升家长的媒介素养，从而更好地对孩子的价值观进行指导。

（二）适时对孩子的价值观进行引导

家庭是人生的第一所学校，父母是孩子的第一任老师。家庭对个体的发展有着终身的、持续的影响。父母和子女之间存在着天然的亲密关系，因此，父母对子女的教育作用也就发挥得更为深远。父母往往拥有更多的社会经验和更丰富的人生阅历，因此，在日常生活中父母要做好引航者，适时地对孩子进行合理的引导。收看电视是现代家庭生活中消遣、娱乐、减压的常见方式。孩子的电视识读能力随着年龄的增长而逐步提高，但是在价值观洞察、审美鉴赏等

方面却没有显著增长，多数孩子对待电视还是被动的、缺乏批判性的。而在孩子看电视时，如果有父母在旁边加以讲解，或者就电视节目内容和孩子展开讨论，这个时候就能够增加孩子对电视节目主题的理解，提高从暗含的信息中进行推理的能力，还可以帮助孩子辨别电视内容的真伪，并减轻电视节目对孩子的负面作用。比如，父母和孩子一起收看热播的电视大型婚恋交友节目时，可以就节目中的话题展开讨论，结合电视节目对孩子的价值观进行教育。

三、青少年应加强自身修养，形成正确的价值观

唯物辩证法告诉我们，事物的内部矛盾（内因）是事物自身运动的源泉和动力，是事物发展的根本原因。外因是事物发展、变化的第二位原因。内因是变化的根据，外因是变化的条件，外因通过内因起作用。著名教育家苏霍姆林斯基也曾说过，没有自我的教育就没有真正的教育。而青少年正确价值观的形成不仅要有健康向上的社会环境，需要学校、家庭、社会对青少年的引导和教育，还需要青少年自身的不懈努力。

（一）增强青少年自我教育的意识

教育的最高境界就是自我教育，教育目的必须通过受教育者的内化才能真正实现。而“内化”实际上就是自我教育的过程。只有当一个学生把教育者提出的教育要求变成自我的要求，并把它付诸实践的时候，教育目的才能真正达成。相反，没有自我教育的所谓教育，就会变成一种野蛮的灌输，甚至是一种精神的摧残。因此，我们应注意增强青少年的自我教育意识，使他们在自我教育中不断完善。电视大型婚恋交友节目受到青少年的青睐，青少年在看节目愉悦身心、释放压力的过程其实也可以是他们自我教育的过程。在2013年某大型婚恋交友节目美国西部专场中，来自洛杉矶的李某是该场节目的男嘉宾。他是一名研究癌症的医生，在个人基本情况介绍的视频中，他向观众讲述了他的一些人生经历和体悟。他说，之前当医生是为了赚钱，后来他发现自己当医生可以帮助到很多人。毕业前一年的一次非洲旅行改变了他的价值观念，也导致了他一段感情的结束。旅行回来后，他发现自己与女友在人生观、价值观完全不

一样。李某的经历引起了现场女嘉宾孟某的共鸣，孟某也一直致力于公益事业。后面的几个环节李某和孟某依旧无比合拍，最后男女嘉宾牵手成功，一直被观众视为“女神”的孟某表示，她终于找到了一个内心上有沟通的男生，她觉得有爱心的男生值得钦佩。他们在舞台上的对白引起了台上的很多嘉宾及台下观众的共鸣，在一定程度上也引起了青少年对价值观、婚恋观的思考和反思。两个人心灵上的契合和精神上的沟通是保证爱情长久的法宝，同时价值观的相似也是保证感情稳定的重要方面，因为人人都渴望理解和被理解，彼此价值观的认可和包容，顺畅的沟通起着至关重要的作用。因此，青年男女最需要的其实是灵魂上的伴侣，从而执子之手，与子偕老。另外，心地善良、有爱心的人往往更具人格魅力，更会得到大家的认可，因为古往今来求真、向善、尚美是人们追求的永恒价值观。青少年在观看节目的同时也是精神洗礼的过程，重新思考人生的过程，也是价值判断和自我教育的过程。

（二）提高青少年自身的抗污染能力

在市场规律和商品逻辑下，在日益激烈的竞争环境中，为了追求更高的收视率和更丰厚的广告收益，电视大型婚恋交友节目有时可能会放弃社会责任，僭越道德原则，把庸俗当脱俗，让低级趣味成为流行，随意贬低真、善、美的主流价值观，无视社会道德，使得拜金主义、享乐主义及极端个人主义价值观充斥荧屏。这个时候，青少年自身的媒介素养和辨别、抵抗污染的能力就显得十分重要。这就需要青少年自觉地学习大众传媒知识，接受媒介素养教育，提高对电视大型婚恋交友节目的批评和判断能力，抵制电视大型婚恋交友节目对青年造成的负面影响。媒介素养教育归根结底是培养青少年接受媒介信息时的批判意识和批判能力。青少年在接触电视大型婚恋交友节目的负面信息时，要在自己头脑里建立认知－批判的反应模式，成为具备自我保护能力的现代公民。只有具备了这种能力和素养，青少年才能在这个纷繁复杂的社会中，在价值观呈现良莠不齐的环境中增强自身的抗污染能力，不会轻易被不正确的价值观所影响、左右，才能够真正树立起正确的世界观、人生观、价值观。

四、社会应创设良好的环境促进青少年正确价值观的形成

（一）大众传媒的自律

随着网络化和信息技术的发展，现在的电视节目打破以往的单向传播，日益走上和观众双向互动的新局面。网络和手机越来越普及化，以广泛的触角深入人们的日常生活。中国互联网络信息中心（China Internet Network Information Center，CNNIC）于2017年1月发布的第39次《中国互联网发展状况统计报告》显示：截至2016年12月，我国网民规模已经达到7.31亿，互联网普及率为53.2%，其中我国手机网民规模为6.95亿，较上年底增加7550万人，网民中使用手机上网的人群所占百分比由上年的90.1%提升至95.1%；我国搜索引擎网民规模已达60 238万人，使用率达82.4%。人们在观看电视节目的同时也在通过手机、网络和节目进行充分的互动，这在一定程度上提高了受众对节目的参与程度，对播出的电视节目有了更多的了解。然而当下的大众传媒却多少有点令人失望，电视荧屏里的造假、作秀、炒作，网络上的不文明用语、虚假信息的泛滥、庸俗的爆料让人隐隐担忧。而电视节目主持人及情感评论专家对于这些熟视无睹，不仅没有进行必要的评论引导，甚至对不正确的价值观的传播在一定程度上起到了推波助澜的作用。而网络上不断出现的各种对参加节目嘉宾的“人肉搜索”及爆料青年嘉宾的隐私事件，不仅会伤害到参加节目的嘉宾，还会使电视机前的和互联网上的青少年的审美品位日益庸俗化、低俗化，对青少年价值观的形成具有负面影响。所有这些对心智尚不成熟、价值观正在形成中的青少年都将产生错误的导向，不利于他们形成正确的社会认知，以及树立健康向上的、积极正确的价值观。

青少年正确价值观的形成离不开良好的社会环境，因此，我们急需一个有担当、有责任的大众传媒，为他们正确价值观的形成营造一个健康向上的媒介环境。当主流价值观遭遇“恶意”挑衅，媒体却频频“失语”“不作为”“反击无力”，以致产生恶劣影响，本身就是严重失职的行为。[①] 因此，大众传媒应该进行反思，增强社会责任感和使命感，增强道德意识，倡导真、善、美的社会主

① 严英. 温情 理性 关爱——《非诚勿扰》改版后的新气象. 新闻世界，2010，（s2）：61-63.

流价值观，不能只追求经济利益，应把社会效益放在第一位，做到社会效益和经济收益二者兼顾。因此，加强大众传媒的自律意识，优化传播环境显得极为重要。

1. 电视媒体应增强职业道德责任感，提升节目品位

电视媒体从业者是职业道德品质的直接承担者、实践者，无论从哪些方面进行职业道德建设，最终总要由电视媒体从业者的具体行为体现出来。因此，电视媒体人的职业道德修养是最为基本的。职业道德品质的培养可以从以下几点入手：①明确职业道德基本知识。一个合格的电视媒体从业者应该清楚地了解自己职业道德规范的基本内容，有关电视媒体职业道德的基本知识应以多种方式使电视媒体从业者明了。特别是大学传媒教育，在大学传媒教育中开设职业道德课程及相关专业知识讲座。对已经从事电视媒体工作的工作者应不断巩固、加强职业道德基本知识的学习和了解，并继续补充相关的新知识。②塑造健全的人格。事实上，美德的养成是知、情、意、行四者的完美结合。媒体从业者要培养良好的职业道德，必须从培养自身健全的人格入手，这是最根本、最有效的方法。媒体从业者要有职业道德是指他们对职业道德内涵有理性上的深刻认识，在情感上要自我认同。健全人格的培养实际上是媒体从业者将外在的道德品质内化的过程。只有将道德准则内化为自身的价值观念，才能真正将美德转化为行为，认识到自己肩负的社会责任，做到真正的人文关怀，提升节目的品位。

2. 提高大众传媒从业人员的综合素质

一档电视大型婚恋交友节目的顺利播出通常离不开节目组的编导、导演、策划、主持人和情感专家等工作人员。而节目本身的价值取向和向公众传递的价值观也和这些电视媒体从业人员的价值观息息相关。因此，一档真实、积极、健康、高雅的电视大型婚恋交友节目就要求从业人员具备高尚的职业道德、积极正确的价值观、高雅的审美品位及以生命为本的深切的人文关怀意识，只有这样才能避免电视大型婚恋交友节目虚假、消极、低俗，才能使电视大型婚恋交友节目切实做到真诚地为人民服务，树立正确的价值导向意识，对受众尤其是价值观正在成型中的青少年负责。这就要求这些电视媒体从业人员不断提高

自身道德素养，提升自身的文化修养和审美品位，提高个人综合素质，从而为观众提供高雅健康的电视节目，为青少年价值观的形成创造良好的社会氛围。正如有学者所言，“媒体乃‘放大镜’，是社会公共资源，传播活动至少不能损害媒介形象，妨碍社会道德进步；为了吸引眼球，提高收视率，使媒体成为低俗价值观放大的公共空间的这种做法，有违媒体人的职业操守和起码的道德底线；作为社会公共资源，媒体要承担好社会责任，不能仅仅为了获取经济利益；要弘扬健康向上的主流价值观，这应该成为主流媒体的价值共识和时刻肩负的责任”[①]。

（二）政府部门加强对电视大型婚恋交友节目的监管

在我国，国家广播电影电视总局（简称广电总局）负责广播电影电视和信息网络视听节目服务的法律法规草案、宣传创作的方针政策、舆论导向和创作导向的把握、事业产业发展规划、节目的进口和收录管理、活动宣传交流监管等一系列与影视娱乐相关的活动。广电总局在对电视节目的监管上发挥着重要作用。针对2010年兴起的第三次大型婚恋交友节目中的异化现象，2010年6月9日，广电总局下发了《广电总局关于进一步规范婚恋交友类电视节目的管理通知》文件来整饬大型婚恋交友节目中的“炒作、造假、低俗”等现象。文件中规定“严禁伪造嘉宾身份、欺骗电视观众”“不得选择社会形象不佳或有争议的人物担当节目主持人”“不得以婚恋的名义对参与者进行羞辱或人身攻击，甚至讨论低俗性内容，不得展示和炒作拜金主义等不健康、不正确的婚恋观”等。文件下发后，各大卫视电视大型婚恋交友节目开始相继整改或者停播。随后，广电总局在2011年7月专门召开了“关于防止部分广播电视节目过度娱乐化的座谈会”，会上邀请各大卫视的相关负责人参与讨论关于限娱令的意见。2011年10月下旬，广电总局下发了《关于进一步加强电视上星综合频道节目管理的意见》，以防止过度娱乐化和低俗倾向。近年来，我国各地电视台为迎合时代潮流，走市场发展道路，不断增加娱乐类节目的播出场次和时间。这些娱乐类节目，在一定程度上丰富了人们的精神生活，然而一些节目在内容上仍然存在一些严重问题，存在低俗、庸俗甚至有违背社会道德的行为，已经严重影响了人

---

① 转引自：严英．温情 理性 关爱——《非诚勿扰》改版后的新气象．新闻世界，2010，（10）：61-63.

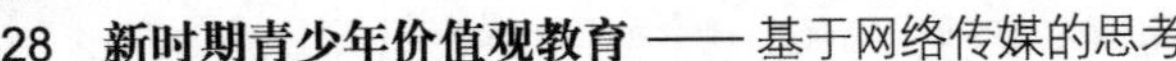

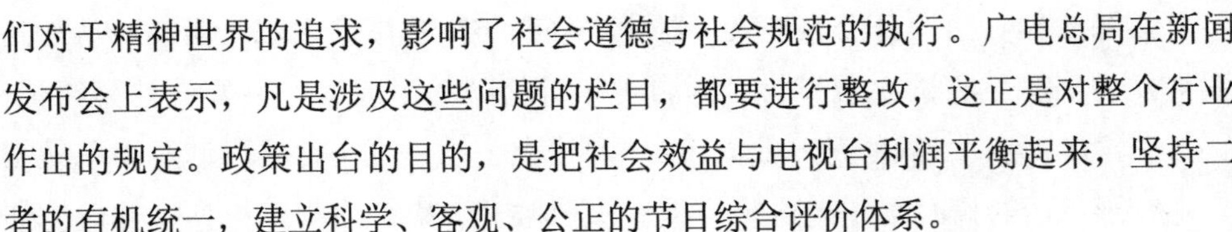

们对于精神世界的追求，影响了社会道德与社会规范的执行。广电总局在新闻发布会上表示，凡是涉及这些问题的栏目，都要进行整改，这正是对整个行业作出的规定。政策出台的目的，是把社会效益与电视台利润平衡起来，坚持二者的有机统一，建立科学、客观、公正的节目综合评价体系。

第四章 英雄型动画片影响下的青少年价值观教育——以日本动画片《奥特曼》为例

动画片作为大众文化的一种，1906 年诞生于美国，受众以青少年为主。青少年因其生理、心理的特点决定了他们喜欢看动画片。“北京师范大学黄会林教授等 2008 年对我国未成年人电视媒体收视行为的调研显示：只有 9.6% 的未成年人从来不看动画片，也就是说有 90% 以上的未成年人会收看动画片。”[①] 这一数字到了 2013 年又有所增加，据蒋万宇在其硕士论文中的调查，“问卷设计中的问题‘你看过动画片吗’一项中，205 份有效问卷均选择‘看过’，也就是说，动画片在儿童中间的普及率达到了 100%”[①]。动画片系列是各个电视台少儿频道必不可少的播出内容，其具有很强的娱乐价值和教育价值，它对青少年的教育更为自然，具有更大的主动性。英雄型动画片利用电视这一传播媒介，以及动画独特的艺术表达方式，吸引着广大的青少年。在这一类型动画片中，塑造的英雄人物不但外表美、行为美，而且心灵上、伦理道德上更完美。他们被塑造成真理的象征、真理的代表和追求者。处于青少年这一特殊的生理和心理发展阶段，更容易受到故事情节和人物的影响，动画英雄人物形象成为他们竞相追

① 蒋万宇．动画片对儿童社会化的影响．重庆：西南政法大学硕士学位论文，2013.

捧、崇拜、模仿的偶像。然而，大众传媒在利用动画英雄人物形象对青少年进行教育的同时，更应当注意其自身对英雄人物的塑造。动画片的英雄人物被过分神化，人物的高、大、全形象脱离了人的基本属性。英雄人物虽然是伟大的，但也应当是平凡的。英雄人物也应该有普通人的情感，英雄也应该有“气短”时。同时，他们以“暴”制“暴”的惩恶方式，借由暴力的动作、夸张的情节塑造的“打击罪犯、除暴安良”的英雄形象，使其暴力“合理化”了，从而给青少年的价值观产生错误的引导。著名的未来学家阿尔文•托夫勒在《第三次浪潮》(1996年出版）一书中写道：“第三次浪潮正在做的，并不是去创造某个理想的超人，某些高视阔步出入于人们之间的英雄人物。而是使分布于社会的普遍性格发生显著的变化，不是产生一个新人，而是产生一个新的社会性格。”① 目前，世界上主要动画片的产地为美国、日本和欧洲。“当今世界上唯一与美国动画帝国相抗衡的就是日本动画了。而若论及动画的普及程度、经济效益、对外输出及影响，日本早已超越美国，成为全球第一动画大国。”② 同时由于东亚文化的同根性，对于与之相邻的中国，日本的影响更是远远超过了美国，在我国动画片市场上，占了绝对的主导地位。日本英雄型动画片《奥特曼》于20世纪90年代引进中国，主人公为奥特曼，他身穿红色紧身衣，有着灯泡一样大的眼睛，是日本流行文化的超级偶像之一，受到青少年欢迎的《奥特曼》系列故事中沿用了美国超人动漫中的常用套路，奥特曼来自外星宇宙星云，在将怪兽押送到宇宙墓地过程中怪兽脱逃，奥特曼战士紧追不舍到地球，在追怪兽过程中发生了一系列的故事。每一集的开始，由五名地球人组织的特训队受命调查一些离奇的突发事件，在日常生活中他们化身为普通地球人，在危机时刻变身成为具有超能量的超人，从而帮助地球人打败怪兽，阻止它们的入侵。新一代动漫英雄——奥特曼更加先进，他们能变化3种形态——力量型、速度型和混合型，而且不同的外形拥有各自的绝招和武器。笔者对信阳市两所初中、两所小学发放300份问卷调查（见附录)，其中收回267份。问卷调查显示，63.5%的青少年看过动画片《奥特曼》。在中国，对于那些放学后看着动画片《奥特曼》长大的“90后”青少年来说，奥特曼战士形象已经嵌入他们成长的历程，成为这一代青少年成长的历史见证。本章正是在这样的背景下，以日本英雄型动画片《奥特曼》为主要分

① 廖龙辉. 网络：传统社会化模式的消解. 社会，2002，32（1）：11-13.

② 陈颖. 视觉时代的色情与暴力分析——以日本动画片为例. 上海：复旦大学硕士学位论文，2005.

析对象，分析其对青少年价值观产生的积极影响和消极影响，并寻找原因和构建对策。从理论上弥补目前关于英雄型动画片对青少年教育研究不足，在实践中更好地发挥英雄型动画片的正面影响，使之能真正地走进青少年的现实生活，反映青少年本真的生活，使青少年的价值观得到健康的发展。

第一节　英雄型动画片与青少年价值观

一、识读英雄型动画片

（一）动画片的分类

动画片不受现实逻辑规则的束缚，不受时间、地点的限制，天马行空地制造奇妙诡异的视觉效果，制作方法、艺术表现手法多样化，从而以其独特的魅力，通过电视这一传播媒介吸引着大众。其故事情节离奇化，画面色彩丰富，动作具有动感等特点，更受到广大青少年的青睐。动画产业是一个无国界的文化产品，因此，被公认为21世纪最有前途的绿色产业。动画片常常取材于民间传说、寓言故事、科幻故事、童话等，具有很强的离奇化、超现实特点。情节内容大都以探险、复仇、遭遇危机、解决冲突等为主要线索，基本上以亲情、友情、爱情、幽默、伦理道德为主题。“纷繁复杂的动画片从主题上大致分为三种类型：英雄型动画片、幽默型动画片、益智型动画片。这样的分类可能不太符合严格的分类学的标准，这三种类型之间会有交叉和重叠，但这种分类有它存在的依据和标准。”①

1）英雄型动画片是指以拯救、战斗、保卫、复仇为主题的动画片。其动画主角大都是力量超群、勇气过人、伦理道德完美的人物，如《魔神坛斗士》《奥特曼》《超人》《宝莲灯》等。

2）幽默型动画片情节比较简单，动画人物以轻松、搞笑的语言或行为表达

① 唐晓娟．关于幼儿与动画片关系的探寻．学前教育研究，2004，（4）：19-21.

故事情节，如《机器猫》《猫和老鼠》《唐老鸭和米老鼠》《喜洋洋与灰太狼》等。

3）益智型动画片情节简单，动画人物主要以动画演示或说教来说明某个道理，以达到一定的教育目的。这样的动画片受众主要是幼儿，如《新三字经》《中华传统美德故事》《知识老人》等。

20世纪80年代中期，国外的动画片大量涌入中国市场，在中国目前的动画片市场中，主要以中国、美国、日本三国动画片为主，随着国内要求加强发展本土化动画片的呼声的增高，国内动画片的制作水平也在逐年提高，内容和题材更为丰富，中国的动画市场正逐步形成规模。“我国的动画片在制作的时间和质量上也在不断提高，2003年共制作完成国产动画片14部12 755分钟，到2005年制作完成83部82 759分钟，而到了2012年全国制作完成的国产电视动画片共395部222 938分钟。国产动画生产数量不断增加，创作质量不断提高，产业规模不断扩大。”① 但是，相对于日本、美国而言，我国的动画生产质量和数量仍显不足。本章以日本动画片《奥特曼》为例，原因在于动画片《奥特曼》20世纪60年代由日本动画公司推出，画面华丽、情节曲折、善恶分明，主人公拥有超人的力量拯救地球，与恶势力做斗争，之后风靡世界。通过问卷调查发现，虽然随着时代的发展，动画片的种类越来越多，内容越来越丰富，但是这一代成长起来的青少年，基本上摆脱不了这部动画片的影响，作为英雄型这类动画片的代表作之一，具有一定的启示意义。

（二）英雄型动画片的内涵

动画是一门具有独特视觉魅力的艺术，它能够捕捉观众的兴趣爱好，激发观众的想象力。它的应用范围很广，从电影、广告到计算机游戏和平面艺术。动画又称“卡通片”，即“动画影像片”。“动画片是用图画表现某种情节和某一形体运动过程的一种形式。拍摄时采用逐格摄影的方式，将许多张有连贯性的图片，衬以所需要的背景，依次一张张地拍摄下来，连续放映时就在荧幕上产生出活动的影像。”② 动画是将本身没有生命的东西，根据设计者的想法进行拟人化的影像片。

---

① 倪瑞风. 动画片对儿童情感品质影响的研究. 南京：南京师范大学硕士学位论文，2013.

② 孙立. 动画中的儿童角色造型研究. 武汉：湖北工业大学硕士学位论文，2008.

《新华词典》将“英雄”分为三层意思：①有抱负、不畏艰险强暴，为民族或先进阶级的利益作出重大贡献的杰出人物，如民族英雄、劳动英雄。②旧指勇武过人的人，如英雄好汉。③具有英雄品质的人，如英雄的人民。[①]然而随着时代的变化和发展，人们根据自己的世界观、审美观对英雄的定义理解不同，有的人认为行侠仗义即为英雄；有的人认为识大体、顾大局，顺应历史潮流而去做事才是英雄，如蔺相如、电影《英雄》中的英雄；有的人认为一生坦坦荡荡、豪气冲天即为英雄，如项羽；有的人认为在生死关头能以死酬报知己、报答国家即为英雄，如荆轲等。本书由于从动画片的视角出发，从狭义上理解“英雄”的定义即为拥有善良、勇敢、牺牲、舍己为人的品质。而本书的英雄型动画片指以拯救、战斗、保卫、复仇为主题的动画片。其动画主角大都是力量超群、勇气过人、伦理道德完美的人物，他们都具有超强的能力和力量，同邪恶势力斗争，拯救人类的动画英雄形象。

（三）英雄型动画片的特征

1. 英雄人物拥有完美的道德品格

英雄型动画片的特点在于人物的角色基本上都是英雄般的完美形象，疾恶如仇的性格特点，与恶势力战斗到底。人物个性描写十分鲜明，情感色彩浓厚，具有明显的情感倾向性，故事情节相对而言较简单，主要是正义与邪恶力量的较量。例如，《奥特曼》《超人》《铁臂阿童木》中的英雄人物能拯救地球、拯救社会、拯救人类。动画人物具有舍生取义、品德高尚、重情重义的性格特点，这样的人物和情节设置，对处于心理和社会经验还不成熟的青少年来说具有很大的诱惑性。因为他们的情感体验往往比成年人更迅速、更强烈，也更容易沉溺于其中，再加上其内心深处对力量的渴望和崇拜，所以，很容易产生心理上的认同感。对于这一阶段的青少年来说，重要的是事物表达的内容对自己的意义，在他们的世界里，为了某种功能的获得可以不惜改变事物的真实结构。英雄型动画片正好迎合了青少年的这种心理需要，英雄人物惩恶扬善，他们往往具有超人的能量，或可以飞行，或拥有神奇的武器，这满足了他们心理上一种强烈的形式变化感和自由感，能从中获得无穷的乐趣。

① 韩作黎．新华词典．北京：商务印书馆，1983：1009．

2. 武打动作的视觉冲击

动画片属于视听艺术，趣味性主要来自画面、声音这些诉诸感官的形式，具体为动作、色彩、节奏、音乐等，是受众获得审美感受的通道。按照心理学家的研究，对比鲜亮色系更能带来视觉上的刺激性，冲击力更强，从而使受众产生愉快的审美反应。这类动画片以打斗为主，尤其是男孩子，思维活跃、性情好动，喜欢科幻、战斗、探险故事的片子。从心理学上来说，儿童处在生命发育的早期，他们的感官需要一定的刺激。英雄型动画片在艺术形式上能融视、听、动觉于一体，在较短的时期内以浓缩的方式给儿童以有效的感官刺激。儿童处在由具体形象思维模式向抽象思维发展进化的不稳定的时期，用动画这种艺术形式能调动他们视觉与听觉双重器官体验情感变化，从而达到提高艺术形象逼真性的效果。

3. 教育性与娱乐性相结合

动画片的首要特点就是娱乐性，因为其主要受众是青少年这个特殊的群体。他们在紧张的学习之余，可以在动画这样的一个神奇世界里自由的幻想。“风趣、幽默、可爱、奇幻是卡通片的娱乐性，最直接面对大众，尤其是儿童具有迅速量化的传播特点……无论是因新而生奇，或是因奇而出新，这种‘新而奇’最大限度地体现了时代特色，引领了时尚潮流，在这个意义上，卡通片能够充分满足儿童求新好奇感官需求。”① 奥特曼是不用吃饭、睡觉的，他们可以注射能量获得超人的能力，他们可以在天空中自由飞行。所以，这样的故事情节对于青少年来说具有很大的吸引力，在动画世界里他们获得极大的满足和快乐。英雄型动画片则与其他类型的动画片又有着很大的不同，它不但具有娱乐性特点，更兼具了教育的功能。它的主题就是正义与邪恶的对立，善与恶的交织，在无形之中就把人类最基本的是非情感传达给了青少年。奥特曼战士勇敢、正直、富有正义感，尤其是他们与怪兽打斗所表现出的英雄气概，以及保护人类家园与怪兽战斗到底的拼搏精神，对青少年起到了积极的引导作用。所以，英雄型动画片是集教育性和娱乐性于一体的。

① 彭智淑．小学生观赏动画片的现状及教育对策研究．长沙：湖南师范大学硕士学位论文，2014.

二、识读青少年价值观

（一）青少年价值观的内涵

价值观在人类的进步、社会发展和个人的生活中占据着非常重要的地位，青少年时期是价值观形成的重要时期。帮助青少年树立正确的价值观，选择正确的人生道路，不但是学校教育的责任，也是全社会的责任和义务。为此，学界对这一领域的研究取得了丰硕的成果，价值观的内涵有不同的界定。裴娣娜、文喆认为："价值观是人们对价值和价值关系的理解和追求，是价值判断的重要尺度和标准，是价值选择和价值行动的持久动力源泉。也就是说价值观是影响人们确定行为目标、选择行为方式，以及解释行为结果意义的核心因素，是人社会化的核心内容。价值观具有极强的辐射力和穿透力，从根本上影响人们的言与行。"① 英国学者莫尼卡·泰勒认为："价值观是对行为提供普遍指导和作为制定决策，或是对信念、行动进行评价……的参照点，是使人据此而采取行动的一些原则、基本信念、理想、标准或生活态度。"② 上述学者分别从价值观的不同角度对其进行概念界定。本书从价值观本质的角度进行界定，认为价值观是人们评价是非善恶的标准，对人的思想和行为具有导向和调节作用，树立了正确的价值观就能够引导人的行为向着正确的、符合社会道德的方向发展，决定个体的态度、意见与行为。青少年价值观是青少年评价是非善恶的标准，青少年树立正确的价值观，就能引导其行为向着正确的符合社会道德的方向发展。

（二）青少年价值观的特点

青少年价值观具有较强的时代性和变化性，因而价值观的研究也是一个不断变化的过程。青少年作为一个特定的群体，相对于儿童、成年人来讲，其价值观具有自己的特点。

1）自主性和从众性。随着青少年自我意识的发展，他们逐步具有了独立、自治的能力，"成人感"愈来愈强烈。他们要求享有与成年人同等的地位和权

---

① 裴娣娜，文喆．社会转型时期中学生价值观探析．教育研究，2006，（7）：3-10.

② 莫尼卡·泰勒．价值观教育与教育中的价值观（上）．杨韶刚，万明，译．教育研究，2003，（5）：35-40.

力，要求独立地处理自己学习、休息、娱乐等，这就使其价值观具有自主性特点。例如，在审美价值观上，青少年开始按照自己的审美标准安排生活；在政治价值观上，常常要求与成年人平等、民主、自由地探讨问题，反感空洞的说教，有时候更容易产生过激的行为。青少年在价值目标、价值手段和价值评价上普遍存在从众倾向。他们喜欢与青少年群体中的同伴在活动的内容和形式上保持一致。青少年中经常出现的这种热、那种热潮和时尚，实际上很多时候都是一种从众现象。所以，青少年在活动中所持有的价值观，显然具有从众性。

2）新异性和广泛性。青少年其身心发展具有阶段性，因此，他们更趋向于喜欢新异事物，追求新异时尚的社会思潮。一些流行的艺术流派、服饰打扮等，更容易受到他们的接受和肯定。这种新异性更多地体现在审美价值观上，如卡拉 OK、迪斯科、动漫文化等都是在青少年中开始流行的。同时，在青少年时期，价值观体系正处于形成之中，青少年所面对的社会化人物也日益广泛，其价值观的目标和内容也日益丰富，价值观的广泛甚至超过了成人期。例如，在学习、友谊、职业、成才、道德、消费、娱乐等方面，青少年都需要确立价值目标，选择价值手段，所以他们的价值观必然具有广泛性。

3）波动性和可塑性。青少年价值观正处于形成过程中，所以，其价值观的波动性比较大。这一方面是由于社会本身处于不断的变化之中，另一方面是由于青少年身心特点具有很大的不稳定性。例如，在青少年中时尚音乐、时尚服饰、时尚语言等方面的时尚热，常常维持不了很长的时间。所以，在研究青少年价值观的同时，必须注意这种易变性特点，对青少年价值观应做动态的理解。青少年价值观是逐步趋于稳定的，但是，相对于成人的价值观仍具有很大的可塑性。青少年的生理和心理还处于不成熟的过程中，加上现代社会的急剧变化，他们在人生的成长过程中必将遇到更多新的问题。所以，青少年的价值观可塑性大大高于成年人，这一特点就使我们引导、矫正、培养青少年的价值观成为可能。

三、英雄型动画片与青少年价值观的关系

在人类社会长期地历史发展过程中，人类的传播方式也发生了巨大的变化，大众传播的极大发展已经成为当今时代的一个鲜明特征。电视作为大众传媒的

一种，更成为大众接受讯息的一种主要方式。动画片作为影响青少年的一种艺术形式，以影像来反映现实与非现实空间，用音乐来渲染气氛，通过不断运动的画面塑造艺术形象，通过片中人物的语言阐释人物的性格。所以，其在一定程度上引导和塑造着青少年价值观的形成。

（一）英雄型动画片影响青少年价值观的形成和发展

青少年正处于身心发展的时期，也是自我意识形成、发展、定性的时期，更是价值观形成的关键时期。英雄型动画片最大的特点是教育性和娱乐性的结合，看动画片成长起来的这一代青少年，其价值观必然受到动画片中所表现的人物价值取向的影响。而英雄型动画片通过对英雄人物形象的塑造，以肯定的态度颂扬“善”的标准，以批判的态度否定“恶”的行为，使青少年在潜移默化中识别真与假、善与恶、美与丑的对立关系，在道德行为上懂得规范，达到思想教育和艺术教育的完美契合。“对英雄人物的崇拜、敬仰，是人类一种高尚的心理状态，它可以引导人们通过对英雄人物的熟悉、了解来净化心灵，提高精神境界。青少年正处于长知识阶段，他们的崇拜心理比成人更甚。”[①] 英雄型动画片中所塑造的人物大都是拥有超人的力量、过人的勇气。他们外表美、行为美，而且心灵上、道德伦理上更完美，是真理的象征者和代表者。英雄型动画片塑造的一个个值得崇拜的英雄人物形象受到青少年的喜爱和青睐，同时更成为他们争相模仿的对象。“例如《开心超人》中的动画形象开心超人……通过他一次次地运用聪明智慧，帮助星球居民击退入侵者，从而传递出他‘勇敢’、‘聪明’、‘正义’等信息，这些信息在有的儿童那里甚至产生了具体的影响，例如有的儿童长大后‘想成为开心超人那样的人，因为他可以保护大家。’”[②] 然而，大众传媒在利用动画英雄人物对青少年教育的同时，更应当注意其自身对英雄人物的塑造和理解。有些动画片的英雄人物形象被过分地神话、夸大，以至于脱离了基本的人的属性。他们以暴制暴的惩恶方式，借由暴力动作、夸张的情节塑造“打击罪犯、除暴安良”的英雄形象，使其暴力“合法化”，从而给青少年的价值观产生误导。英雄型动画片作为一个重要的文化形态，由于其本身的

---

① 赵海霞．论卡通文化与青少年价值观教育．开封：河南大学硕士学位论文，2006.

② 蒋万宇．动画片对儿童社会化的影响．重庆：西南政法大学硕士学位论文，2013.

特点和强大的影响力，给青少年带来的不仅是简单的武打动作的视觉享受、人物崇拜，更重要的是其背后所蕴含的价值取向。

（二）青少年价值观教育是英雄型动画片的应有之维

动画片作为社会媒介传播的一种形式，其受众主要是青少年。而青少年正是未来社会政治、经济、文化等领域的中坚力量，是社会中最活跃、最有生气的一部分力量。青少年正处于心理、生理发育不成熟的阶段，辨别是非能力和应变能力不足，很容易受到外界的影响，因此，对青少年的价值观教育和引导就显得尤其重要。对于动画片是否应该有教育功能，学界一直存在争议。一些学者认为动画片只是一种纯粹的娱乐形式，不要太执着于动画片的思想内涵、教育意义的挖掘。因为它本身是一种产业，它是迎合人的需要，而不像教育那样是使人解惑的。如果一味地强调动画片的教育功能，而忽视动画艺术作为文化产业的娱乐消费功能，难以促进中国动画事业的发展。然而，大部分学者认为，动画片作为一种传递文化的方式，作为新的艺术形式出现，其受众主要是青少年，应当具有这种社会责任，其思想性和教育性是动画片制作中所不可或缺的。从政府方面来说，对于动画片一直就很关注。2000 年，广电总局发布了《关于加强动画片引进和播放管理的通知》，指出今后引进境外动画片一律由广电总局指定或批准的机构进行，其他任何单位和个人不得从事引进动画片的业务，用于电视播出的境外动画片由广电总局统一审查。《国务院办公厅转发财政部等部门关于推动我国动漫产业发展的若干意见》（国发办〔2006〕32 号）指出，近年来国产动漫产品数量大幅增长，质量有所提高，但同时动漫产品在制作上要从内容健康、艺术性、创新性等几个方面入手，要把观赏性和教育性融为一体。同时，为了更好地扶持动画产业的发展，从学术研究方面来看，很多学者从动画片的内容、动画片的制作等角度，关注其对青少年的影响。无论是政府还是个人，都持有一样的观点：动画片应具有教育性。尤其是英雄类的动画片，主人公都被塑造成为人类的道德典范，对于陶冶青少年的道德情操，提升精神境界，引导人们追求真、善、美，鞭挞假、恶、丑，培养青少年树立正确的价值观，培养青少年的高尚情操、优秀品质，具有更重要的教育意义。

第二节　英雄型动画片对青少年价值观的影响

英雄型动画片自身包含的精神价值、道德内涵蕴藏着丰富的教化功能，影响青少年的价值世界和精神家园，对青少年价值观产生积极的作用。然而，这一类型动画片使青少年在追求感官刺激和心灵满足的同时，却使青少年的道德价值观、人生价值观、性别价值观产生偏差，使其价值观念异化，从而对青少年价值观产生消极的影响。因此，我们应充分利用英雄型动画片的精髓，有意识、有目的地引导青少年树立正确的价值观，矫正其消极的价值取向，使之成为青少年价值观教育的有效途径，引导青少年价值观得到健康的发展。

一、英雄型动画片对青少年价值观的积极影响

当代青少年生活在一个文化、价值多元的世界里，面临着各种各样的价值判断和价值选择。“动画片中塑造的动画角色，都是来源于生活，但是又超越了生活，动画角色的这些特点都是影响小学生价值观、人生观形成的重要因素。”[①] 英雄型动画片通过对动画英雄人物形象的塑造，从价值判断、价值取向等方面对青少年价值观产生很大的影响，实现对青少年的价值导向。它成为青少年心目中的另外一个神奇的世界。

（一）英雄人物的真、善、美品格能形成青少年正确的道德价值观

道德价值观“是指个体对事物作出是否具有道德价值判断时所持的内在尺度。它与其他价值观的明显区别在于：它所支配的价值判断具有道德的含义，而其他价值判断则不具有道德的含义，在实际社会生活中，个体追求何种道德生活、崇尚何种道德信条、接受何种道德规范、做出何种道德判断和道德评价、欣赏何种道德行为、选择何种道德行为、如何实施其道德行为以及产生何种道德情感体验等，这一切无不受到个体道德价值观的支配、调节、控制”[②]。

---

① 彭智淑．小学生观赏动画片的现状及教育对策研究．长沙：湖南师范大学硕士学位论文，2014．

② 李红．道德价值观的结构及其教育模式．教育研究，1994，(10)：36-40．

奥特曼的家族非常庞大。这个家族的主要职责是执行保卫地球和平的永恒任务。他们拥有超人的力量，保卫着自己的家园，防止怪兽的入侵。他们始终代表的是正义的力量，每次面对破坏力很强的怪兽，奥特曼都能无所畏惧，以惊险、刺激的方法战胜对手而最终获得胜利，保卫家园。虽然这个家族庞大，但他们兄弟之间团结合作，并非强调个人力量的超群，主要表现的是群体力量和群体的团结协作的精神，与宇宙恶魔及袭击地球的各种怪兽作战，保卫地球和平。因此，片中表现了他们与人类团结合作、互相帮助、共同保卫地球家园的精神内涵。在一集中，由于一直在保护地球和人类，奥特曼的体力消耗很大。而这时最强大的敌人出现了，眼看着奥特曼就要失败，感人的一幕出现了——所有的家族成员都驾驶着战斗机帮助奥特曼，而奥特曼也最终在他们的帮助下取得了胜利。奥特曼勇敢坚强，当面对外敌入侵，家园受到威胁时他们从不退缩，而是勇敢地面对怪兽，直至把敌人打败。在另一集中，怪兽使用计谋抓住了家族四兄弟，在这关键时刻，其他兄弟与怪兽继续作战，拼死保护地球，最终打败了怪兽，救出了自己的兄弟。很多青少年在看完奥特曼之后，常常被他们的勇敢精神折服。由于这部动画片不同于幽默型动画片《猫和老鼠》《米老鼠和唐老鸭》等，它给予观众的是现实生活中无法实现的英雄感、胜利感，给人以战胜一切艰难险阻的勇气和信心。在问卷调查中，笔者对“动画片《奥特曼》最吸引你的是什么”的调查结果显示，43.8% 的青少年认为奥特曼是英雄，有超人的力量，打败坏人；42.3% 的青少年认为武打场面好看；12.3% 的青少年认为里面的科幻、宇宙吸引他们。因此，在青少年的眼中，奥特曼就是正义和力量的象征，个个都是宇宙中的大英雄。青少年的情感随着故事情节的变化而不断变化，高兴与悲伤、宁静与激动、爱与憎紧紧地交织在一起。青少年时期，他们生理和心智发展不充分，所以，他们的情感体验往往比成年人来得更为迅速和强烈，也更容易沉溺于其中。因此，英雄型动画片的故事主题所表达的情感色彩更为浓厚，这样就能引导他们较早地体验别人的情感，同时更加深入地体会自己的内在体验，对于其早期道德价值观的形成产生了重要的影响。英雄型动画片不但为青少年课余生活带来了无穷的乐趣，而且像春雨般滋润了青少年的心灵。

（二）动画艺术视觉能形成青少年正确的审美价值观

认识美，欣赏美，并且按照美的尺度去创造美，是人与动物的主要区别，美是人最为普遍的价值。审美就是从美的角度、以美的眼光去观看、欣赏事物。审美价值观就是一个人在对客观对象做出审美价值判断时所依据的观念，其积极地影响着人的精神世界。青少年作为一个特殊的群体，他们的审美价值观不但能反映出其自身的审美趣味，也影响着整个社会精神文明发展的程度和趋势。因此，对青少年进行审美价值观教育是学校价值观教育的一项重要内容。

动画艺术属于视听艺术，趣味性主要来自画面、声音这些诉诸感官的形式，具体为形象造型、动作、变形、色彩、音响、节奏等，是文学、美术、音乐等多种艺术形式和科学制作手段的综合，具有独特的审美价值和儿童情趣，从而能极大地引发青少年的兴趣。随着科技的发展，动画片的制作方法和艺术表现手段也在不断地变化之中。动画片由最早的以笔墨纸张为载体发展到以电影电视、计算机软件为载体，实现了从单一的视觉刺激到全方位的感官刺激的转变。动画制作采用了计算机合成技术，它声画同步、时空合一，使青少年逐步从阅读式的文化转变为多媒体的文化。“随着技术的发达，越来越多的动画采用三维立体技术，人物的造型质感更强，画面更加精彩。唯美的画面给儿童以强烈的视觉冲击，使儿童在享受故事的同时，审美能力有所提高。”[①] 尤其是英雄型动画片，其画面节奏变幻快，色彩丰富，又富有动感，在艺术形式上能融视、听、动觉于一体，通过视听感官的传递，刺激大脑皮层，形成兴奋优势中心，使人产生积极的情感。动画片《奥特曼》在创作中大量使用不平衡构图和代表性的动态造型，数字技术给动画艺术带来了革命性的巨变，一切事物被虚拟成现实的图片加以展现，如面目狰狞的50米巨大怪兽、能环游于地球和太空的宇宙穿梭机，怪兽侵袭地球时整栋大楼全面坍塌的视觉奇观，隐藏于山谷中的巨型金字塔等。数字技术的动画片将奇观性、神幻性发展到一个新的创作高度，尤其受到青少年的接受和喜爱。动画片《奥特曼》的主要艺术特色在于人类与外星球人奥特曼互相帮助，共同作战，以现代高科技时空穿梭机、激光、原子、光年等现代氛围为特征，使得整部动画片有现代科技的新鲜感。动画主要是以动作来传情达意的，尤其是英雄型动画片绚丽的武打场面，更是以动作场面来表达故事的主题。奥特曼在与怪兽打斗过程中身体内会发出各种激光，最后把怪兽击得粉碎。

同时，动画角色的色彩设计也具有深远的艺术审美价值。动画片中的色彩大多是采用纯度、亮度和饱和度较高的红、橙和黄等色系，按照心理学家的研

① 倪瑞风．动画片对儿童情感品质影响的研究．南京：南京师范大学硕士学位论文，2013．

究，此类色系能带来视觉上的刺激性、安慰性和温暖性，令观众产生愉快的审美反应。动画片是用绘画语言讲述故事的影视表现艺术形式，所以，一个丰满、生动动画艺术形象，是以色彩、线条、情节、题材相搭配的结果。心理学的相关研究成果表明，刚出生不久的婴儿就已经表现出对于色彩和轻柔等由生物因素决定的“本能性”偏爱，到了幼儿期逐渐开始对美的事物表现出审美偏爱。动画形象不仅是一个纯粹的视觉符号，还具有深刻的内涵，包括人格魅力和气质因素，所以，在动画片中角色的色彩设定常常具有象征意义，在角色造型上，如果赋予清亮活泼的颜色与赋予灰暗神秘的深色给人的感觉是截然不同的，因为色彩会逐渐形成记号性的表情，从而建立起并表示出某种象征意义。在动画片《奥特曼》中，各个人物角色造型色彩丰富，通过色彩蕴含各个角色的性格特征，英雄人物奥特曼主要以红色为主，这样的色彩象征一种正义的力量，同时给人热情澎湃、妙趣横生及容易亲近的感觉，而反面人物怪兽的色彩风格却是以黑色的冷色调为主，这样就呈现出动画角色神秘冷酷、恐怖的感觉。青少年通过动画片角色的动作、表情、色彩所表达的感情和意义，会促使他们把这种个体的体验和情绪带入生活之中，从而促进青少年审美价值观的发展。

（三）故事情节设置启迪青少年的创造价值观

我国学者张进辅认为：“创造是主体综合各方面的信息，对客体进行加工，产生对主体来说是新颖的、前所未有的并且具有社会性价值或个体性社会价值的成果的活动过程。创造价值观，从心理学含义来说就是指人们在对创造的属性认识的基础上，从其自身的需要出发，形成对创造价值观的看法。”[①] 所以，个体的创造价值观不是与生俱来的，而是与其生活经历及认识水平紧密相连的。人的各个发展时期的结构和发展水平是不相同的，它一直处于变化发展之中，所以，青少年是创造价值观形成的重要时期。

英雄型动画片所涉及的内容十分丰富，从宇宙、地球、土地、河流到科技、军事，再到人伦、艺术等各领域的一些基本知识、原理，都以一种生动活泼的形式走入他们的心灵世界。动画片以这样一种寓教于乐的形式使青少年在不知不觉中进入他们的内心，掌握了信息，开阔了眼界，丰富了生活，同时也为他

---

① 张进辅．青少年价值观的特点：构想与分析．北京：新华出版社，2006：30.

们的思维发展积累了大量的感性素材，激发了他们的创造思维和想象的空间。在青少年时期，他们想象力更为丰富，思维更活跃，世界在他们的眼中是如此的新奇而美妙，充满着各种未知的神秘力量。日本动画片由漫画发展而来，因而具有漫画的优点，区别于文字单调的符号，它有变化丰富的表情，更重要的是具有可想象的空间，观众可以比较自由地发挥想象力，跟随其情节内容，进入另一个神奇的世界。动画片《奥特曼》通过独特的造型艺术手段与假定性的艺术特征，利用太空、外星球和地球这一系列的故事情节，很巧妙地向青少年展示了一个科幻的世界、一个充满幻想的神秘世界。故事情节赋予人物保护人类、拯救世界的正义感与使命感，在满足少年儿童丰富想象的同时，也实现了他们对自我能力的一种强烈认可与幻想，幻想着自己拥有与众不同的能力与力量。动画作为视听艺术的一种表现形式，能产生比单纯文字更强烈的感官刺激。这样传递知识的方式比青少年在课堂上接受知识的方式更为自然，也更容易被他们所接受，更能激发他们学习的兴趣。动画片《奥特曼》里出现了宇宙、光年、恒星、空间站、宇宙飞船、马赫、万吨、红外线等有关时间、空间、速度、质量、光线的概念。所以，这样一个虚拟的、神奇莫测的科幻世界，永远是青少年心目中最感兴趣的一方天地！这些富于科学幻想和创造精神的动画片以天马行空的想象展示了宇宙战士的神奇力量，在幻想与现实之间，为青少年搭起了一座想象的桥梁。奥特曼神通广大，行走于各个星球之间，为保卫星球与怪兽展开激烈的战斗，这在一定程度上满足了青少年对宇宙这一神秘领域的好奇与探索的欲望。他们在观赏一幕幕扣人心弦的争斗场面的同时，强烈地感受到地球以外的另一个神秘的世界。

有些学生能充分地发挥其想象力，把动画片《奥特曼》中的科幻故事与课内知识和生活中的发现融会贯通，更巧妙地指出了人类发展经济的同时，破坏自然环境，从而最终会破坏人类的生存环境。

二、英雄型动画片对青少年价值观的消极影响

卡通文化作为社会文化中的亚文化，完全融入青少年的生活之中，影响着他们的生活，潜移默化之中改变着青少年的价值观。“有着凶杀、暴力、恐怖、性爱等镜头和画面的影视剧对儿童的情感、认知、行为都会产生负面影响，使

儿童不仅产生恐惧、焦虑等情绪，而且会滋生崇尚强力、暴力等虚假认知，产生模仿惊险、刺激、残酷、血腥等攻击性行为，也降低了对侵犯他人等伤害行为、违法犯罪行为的抑制，导致其‘暴力去敏感化’，对亲历的攻击性行为熟视无睹、麻木不仁，消解了勇于制止之意愿，增加了本人受到暴力伤害的可能性，同时容易激化他人的攻击性行为。”[①]英雄型动画片作为一种集教育与娱乐于一体的卡通文化，在对青少年的价值观产生积极影响的同时，就像一把“双刃剑”不可避免地对青少年的道德价值观、人生价值观、性别价值观产生了消极的影响。

（一）二元对立的善恶模式对青少年道德价值观的影响

区分善与恶是人类在儿童时代认识世界的方法之一。“善”是好的，能保护、帮助到自己，而“恶”是坏的，能威胁、伤害到自己。邪恶与正义的对决永远是英雄型这类动画片永远的主题，这类动画片中角色通常个性鲜明，英雄人物人格完美，而反面人物坏到极点、无恶不作、人人痛恨之。好人与坏人势不两立，一直处于争斗之中，情节围绕这两方面的冲突而展开，最终邪不胜正，好人打败了坏人。这样的故事情节安排使得观众可以在动画中得到情感的宣泄，从而使人类的道德理想得以实现。然而，在现实生活中根本不存在绝对的是与非、善与恶，这样的二元对立的道德模式，对于看动画片成长的青少年会形成固定的思维模式。在这一时期，思维结构发展是儿童大脑发展的关键期，原始材料的积累尤为重要，如果在生命早期过多地接受一种狭隘的观念，接受一种文化，思维形成一种固定的模式，日后改变是很困难的，对青少年的道德价值观容易形成误导，正如黑格尔所言“唯有人是善的，只因为他也可能是恶的”[②]。

1. 英雄人物“德”的标准超越了普通人的道德

英雄型动画片所宣扬的向善的人性充满了生命的张力和神采，动画中的英雄人物形象拥有善良、勇敢、牺牲等美德，并且大都天生具有法力或是在意外中得到法力，最后使用这种超能力维护和平，保护家园。对看动画片这一代成长起来的青少年的道德价值观产生很大的影响，然而，作为影视动画片角色形

① 许亚绒．从影视分级传播谈儿童信息权的保护．新闻知识，2016，（6）：68-69.

② 黑格尔．小逻辑．贺麟，译．北京：商务印书馆，1980：144.

象，无论是正面还是反面，都必须具有可信的人性和魅力，但动画中的英雄人物形象“德”的标准超越了正常人的普通道德，脱离了人的基本属性，歪曲了真实、丰满的人性特点，忽视了人性固有的弱点。虽然英雄是伟大的，但也应该是平凡的。英雄也应该有“气短”时，但动画片中英雄人物的塑造，抛弃了常人成长的生活环境因素，以一种普通人只能仰视而不能真切达到的姿态自居。他们不食人间烟火，不为现实的条件所限制，具有超人的勇气和力量、完善的人格和高尚的“圣德”。在国产英雄型动画片中，从《大闹天宫》《哪吒闹海》到《宝莲灯》《勇者大冒险》《复仇者集结》，其动画主角都具有某种超能力。例如，孙悟空会七十二变，有金刚不坏之身；宝莲灯中的沉香靠着救母的信念勤学武功再借助神奇大斧打败了二郎神。动画片《奥特曼》中，奥特曼在关键时刻，总是能获取意外的超能打败怪兽，而怪兽面目总是狰狞、恐怖，张牙舞爪，这带给青少年强烈的视觉刺激，也更容易让他们印入记忆之中。奥特曼无怨无悔、保卫地球和平，他们身上没有人性的弱点，没有面对困难时内心的犹豫与挣扎的描写，他们愿意牺牲自己的生命来获取同伴的安全和地球的和平。这些都是传统意义上的英雄形象，虽然偶尔故事情节中会刻画他们身上的某些缺点，但是与普通人仍有着巨大的差别，青少年对其是一种崇拜、仰望的态度，有着巨大的距离感。而普通人身上的缺点，如自私、邪恶、惧怕、嫉妒等全部刻画到反面角色或配角上，即出现了好人高尚到极致，而坏人邪恶到极点的人物性格。人都是历史的、环境的、善恶合一的，这种非此即彼的人物性格塑造，歪曲了真实丰满的人性性格特点，对成长中的青少年产生错误的引导。同时更加重了受众的接受难度，这样的道德标准在普通人看来一生不懈地追求也是难以达到的境界，对青少年道德价值观教育的实效性是值得怀疑的。“人必然地、无可避免地存在于它所赖以生存的各种自然、社会条件之中。”[①] 对于真实的人性而言，人只有在与社会“恶”的斗争中，在道德上不断反思、坚持、抵抗之中，才能获得道德上的发展。因此，动画片中的英雄人物形象的塑造其“德”的标准应该更多地考虑社会的需要和个人需要，立足于普通人的生活，关注平凡人的心灵，在真实的人生经验中追求生命的提升。

2. 情节设置规避了英雄人物世俗化的生活体验

正如昆德拉所描述的，“人们对世界的认识早已不再仅依靠自己的亲身经历

① 鲁洁. 道德教育当代论域. 北京：人民出版社，2005：3.

或经验，更多的是对视听造成的拟态环境的依赖”[①]。一些儿童的课余生活都是在电视机前度过的，从这个小小的盒子里，他们看到了自己从未曾经历过的世界，动画世界成了他们主要的信息来源。儿童正是在这种潜移默化之中培养起来对这个世界的一些基本人性和生活模糊认知，但这个世界与真实的世界并不完全相同。虽然一些动画片的内容来源于生活，但作为一种艺术形式，它总是生活经验的夸大。青少年受理解力和经验所限，会错误地理解动画片所提供的信息。动画片的内容远远超出了青少年平时接触的生活经验，超出了他们所接触的时间、空间。

动画片的创作其实是人工化的生活，其造型、动作、情节是人想象的产物，但这种想象的产物必须依据一定的现实生活，天马行空的想象固然能开发儿童的思维，促进其想象力的发展。但如果这种想象脱离了正常人的真实生活体验，好人把坏人打败就是维护了社会的正义，在道德上这个人就是完美，就会被社会认同和接纳，这样的错误信息引导，对于儿童的心智发展会产生反面的影响。奥特曼拥有神奇的力量，即便他的能量出现问题，也可以被带回治愈。所以很明显，奥特曼是根本不会死去的。以这样一个开放式的结局，奥特曼的故事可以无休止地延续下去。然而在儿童的世界里，他们认为英雄人物奥特曼是打不死的，甚至有的儿童要求不吃饭，让父母给自己注射能量，这样就能永远不会死去。现在的时代是一个电子化的高科技时代，儿童的知识空间被大大地拓展，但同时他们真实的生活空间变得日益狭窄。他们在电视媒介里认识星空，知道了太阳、银河、宇宙，却不曾对他们头顶上真正的星空产生思索。儿童生活在一个卡通的世界，那么，他们还有多少时间和精力留给真实的生活呢？而缺少直接经验、真实体验的成长经历是不健全的。动画片《奥特曼》缺乏对平凡生活的细节挖掘和发现，每一集 25 分钟的故事情节，基本上都是在渲染奥特曼跟怪兽对打的场景，却很少描述奥特曼的内心世界，远离了受众的平凡的生活，缺乏行动上的可操作性，对日常生活问题的解决缺乏借鉴性。对于父爱、母爱、友情如何协调，如何在和谐中得到个性的张扬，如何在责任和义务中协调，如何克服自身的缺点，诸如这些造成日常生活中道德困惑的问题，青少年在动画片中却无法找到答案。

---

① 转引自：杨洁．影像暴力——落向大地的果实．成都：四川大学硕士学位论文，2004．

（二）以暴制暴的惩恶方式对青少年人生价值观的影响

“古希腊哲学家苏格拉底认为，未经省察的人生是不值得过的。对人生的省察也就是对人生意义、人生价值的探究和考察。人生价值观是个体价值观的核心，和每个人息息相关，它决定着一个人的人生方向和道路，处于个体价值观体系的主导地位。”[①]英雄型动画片中的主人公是正义的化身，扶弱济贫，除暴安良，以英雄人物形象作为一种道德典范的同时，却给青少年的人生价值观产生了错误的引导。当正义力量和邪恶力量进行较量之时，一方面通过英雄人物行为的正义性使暴力动作合理化了；另一方面通过动画制作使暴力动作的唯美化和喜剧化。所以，英雄型动画片的创作无论是从道德意义上还是从美学意义上来讲，对暴力的执着与痴迷都是不可取的。因此，在动画片创作中既要注重暴力这一视觉元素，又要采取合理的处理方式，便显得尤为重要。

1．狭义伦理掩盖下的暴力伦理

从根本上说，任何以杀戮为目的的暴力行为都是残忍的。但通过人为的艺术加工，经过道德的双重修辞后，对施暴一方做正义和邪恶的区分，使施暴主体合法化了，惩恶扬善、保卫家园、为民除害的暴力行为是合乎情理的，甚至给观众造成了对恶势力“不杀不足以平民愤”“除之而快”的心理感受。这样的“暴力英雄”在青少年的心目中不仅是除暴安良、匡扶正义的勇士，还是捍卫家园、保卫和平的捍卫者，他们实施暴力便有了合理的解释。尤其是对于孤立无援的弱势群体而言，一旦社会体系无法提供正义与公平，那么，使用暴力就成为解决社会争端，争取个人权利的唯一手段。在英雄型动画片中，为了更加突出暴力的合理性，其大多着力描述了自尊、义气、个人英雄主义等价值观念。“影像暴力中的‘暴力’模仿，一旦从影像中走出传播，直接就形成社会化的暴力文化，如同垃圾和麻醉剂，其负面价值是显而易见的。”[②]在很多有着打斗场面的英雄型动画片中，英雄人物形象往往被赋予正义的外衣，他们除暴安良、抱打不平。故事情节把人物分为好人和坏人，坏人欺负好人，好人在最后“不得已”而进行反击，最终用武力制服坏人，这样的情节设计和安排极大地满足了观众内心

---

① 刘济良．价值观教育．北京：教育科学出版社，2007：43．

② 袁智忠．基于青少年受众的影像暴力批判．电影艺术，2009，（3）：32-33．

的正义感，这类动画片多数都是以善有善报，恶有恶报为原则。善有善报可以鼓励儿童做好事、当好人，给他们以正面的引导，而当恶有恶报方面在以暴制暴的情节安排下，虽然满足了我们内心的正义感，但是在无形之中把暴力“合理化”了。

从调查结果（表 4-1）可以看出，在看过动画片《奥特曼》之后，有 52.4% 的被调查者经常模仿奥特曼的动作，25.1% 的被调查者偶尔会模仿，22.5% 的被调查者从不模仿。

表4-1　青少年模仿动画片《奥特曼》武打动作的调查

项目	经常模仿	偶尔模仿	从不模仿
选择人数/人	140	67	60
百分比/%	52.4	25.1	22.5

从发展心理学来说，3 ～ 10 岁年龄段孩子正处于动作、语言等技能及社会交往的发展期，他们对事物的理解是从表象到内部一步步深入而来的。所以，他们最初从故事中学会什么是好，什么是坏，什么该做，什么不该做。看英雄型动画片时，他们都会有自己心目中的英雄，并在潜意识中会去模仿他们的行为。但是并非所有的含有暴力内容的动画片都会导致儿童产生攻击性行为，只是动画片里以惩恶为目的的暴力行为，让儿童（尤其是男孩子）觉得是男孩子的英雄表现的机会，从而获得一种心灵上的极大满足感和成就感。几乎没有动画片告诉观众，英雄杀人有无法律依据或是否受到法律制裁，好像这些所谓的正义之士是活在一个没有法制的社会之中的。这样的思维逻辑传递给青少年，很容易使这样的动画世界移植到现实的生活之中。他们会觉得为了惩恶扬善，为了保卫家园、保卫和平，暴力的手段是一种正义的行为。这类动画片里确定的逻辑是“我该怎么做”而不是法律依据和社会准则，只强调个人的英雄主义、个人准则、情感准则。在这样的逻辑准则里，青少年的逻辑判断被误导，在儿童眼中这种行为是受到社会鼓励的，社会规范、法律意识更被消解。因此，在看了这种类型的动画片之后，这些所谓英雄人物的行为价值取向对于处于青春期的少年具有难以抗拒的诱惑力，青少年的思想中暴力倾向明显增多，在遇到矛盾和冲突的时候，尤其是男生，用“以暴制暴”解决问题成为其主要的选择方式。这对于其以后的人格发展，以及人生价值观的树立产生了极大的负面影响。“动画片中频繁的暴力镜头无疑会导致儿

童的模仿，即便儿童不进行行为上的模仿，经常性地观看这些暴力形象，当他们面对残忍时就不会再惊骇，会降低他们的同情心。动画片中所传递的价值观会对儿童以后的发展构成消极影响。”①

2．暴力动作的唯美化和游戏化

英雄型动画片更注重的是在空间形态内制造出奇异的视觉效果，此类动画片情节相对紧张，动画片中经常采用夸张、变形的手段来表现愤怒、挨打等暴力场景，从而达到喜剧化的效果。众多打斗场面与舞蹈相结合，使观众在受到视觉冲击的同时，又仿佛在观看一场优美的舞蹈表演，产生绚丽多彩的境界。在科技发达和数字时代的今天，这一类型动画片精彩的动作设计与计算机特技的完美结合，使动画武打效果更加神奇、唯美，将武打动作和场面中的形式美感发挥到炫目的程度。尤其是在打斗场面中，为了加强对观众的视觉冲击，动画片通常会对动作进行静态的处理。在一系列动作过程中，在双方决一胜负之际，打斗双方身形交错，有电光、石火闪现，身体呈现固定的姿势，色彩、线条、构图呈现最美的一面，刹那间，胜负已决，双方站立在风中，这一风格已成为这类动画片中的经典模式。而其在展现这一动作之时，忽视了或弱化了其中的社会功能，使恐怖暴力示威色彩被大大降低，舞蹈般的暴力表达本身就是对恐怖暴力的消解。

从表 4-2 中可以看出，有 44.2% 的被调查者有时幻想自己变成奥特曼，因为他们拥有超人的能量，能战胜怪兽；经常幻想和从不幻想所占的比例差不多，分别是 26.2% 和 24.0%。在调查中我们也发现，动画片《奥特曼》对低龄的儿童影响要更大一些。

表4-2　青少年幻想变成奥特曼的调查

选项	经常幻想	有时幻想	从不幻想	说不清
选择人数/人	70	118	64	15
百分比/%	26.2	44.2	24.0	5.6

（三）男权神化的高扬对青少年性别价值观的影响

性别作为人最基本的生理基础，其差异性导致两性个体在社会生活中的责

① 倪瑞凤．动画片对儿童情感品质影响的研究．南京：南京师范大学硕士学位论文，2013．

任、义务、行为表现各不相同。“性别价值观是个体依据自身需要，就性别在个体生存与发展，以及对他人和社会发展中存在意义的稳定态度和观念的总和。”[①]个体性别价值观的形成和发展是一个漫长的过程，同时受到自身因素和外部环境的双重影响。许多研究表明，大众传媒作为一种社会文化更重视男性的政治、经济权利，更重视他们的社会地位，而对女性则更多地关注其生物性别方面的特征。动画片作为大众传播媒体的一种，其通过图画、语言等方式对于青少年的性别价值观具有宣传和强化作用。英雄型动画片，以及一些国产动画片的主人公多以男性为主角，其表现的男权中心文化，即构成了男权文化的意识形态。斯图亚特•霍尔在《解构“大众”笔记》里说道：“文化公司——并没有占领我们的大脑，他们对我们发生的作用并不像对一张白屏。不过它们的确控制和改造了被统治阶级的情绪和见解内部存在的抵触因素；他们的确在受到影响人们心中发现和整理出一个认同的空间。”[②]英雄型动画片就是通过这种不断、反复传播的“狂轰”模式，造成一种视觉上的冲击，从而影响着青少年的性别价值观。

1．性别角色刻板化

“性别刻板主要指对男女两性的性格、形象、社会分工的定性化，社会性别差异及性别的刻板印象，并不是生理方面的必然结果，而是被社会文化赋予、培养的结果。”[③]英雄型动画片存在明显的性别刻板印象，正面主角几乎被男性形象包揽，他们拥有轮廓分明的外表、结实的胸膛、厚实的手臂，给予男性更多的关注、尊重和认同，对女性的贡献和体验却一再忽视，女性有时成了英雄的陪衬，英雄的强壮和阳刚之美是吸引女性最重要的因素。在这样一个不平等的文化世界中，女性通常只是作为一种视觉形象，贬低了女性本身的价值。在极少数以女性为题材的英雄型动画片中，一些比较成功的表现女性英雄的动画片中，内容情节也有诸多表现性别偏见。这样的情节设置与我们一直提倡的“男子汉”教育理念是相契合的，动画片《奥特曼》中的情节设置中由五名地球人组织的特训队，奥特曼需要通过地球人的变身，把能量输入地球人的体内，才能发挥出威力。而在奥特曼打斗以男性为变身的对象，而另外一名女性成员很少有这样的机会。在动画片《奥特曼》中就是特训队成员变身成奥特曼战士，

① 桂亚莉，张进辅．性别价值观浅述．重庆师范大学学报（哲学社会科学版），2005，（1）：109-114.

② 转引自：陆扬，王毅．大众文化研究．上海：上海三联书店，2001：48.

③ 卜卫．媒介与儿童教育．北京：新世纪出版社，2002：261.

每次在关键时刻就会变身，打败怪兽。怪兽的外形很恐怖，破坏力极强，每一次奥特曼都是以惊险、刺激战胜对手而最终获得胜利，这位宇宙英雄具有男子汉的象征，高大、勇敢、坚强、富有阳刚之美，所以，奥特曼成了男孩心目中的英雄就不足为怪了。这样把不公正的性别特征输入个体的早期经验之中，它直接影响着青少年的思考方式及观点，容易对他们形成一种心理暗示，但是这种影响是潜移默化的，不易被察觉的。英雄本色是这类动画片极力塑造的真男人形象，这种英雄人物形象一方面是在历史、文化的积淀潜意识中由性别规范与性别意识塑造出来的，而另一方面又是被现实的文化层面，尤其是大众的心理期待所造就的。看动画片成长起来的青少年，就会习惯于这种性别刻板的模式，长期以来就会影响其性别价值观。从以上的分析中，笔者认为英雄型动画片渗透的依然是性别刻板角色，男人是力量的象征和权力的象征，女性只是主要扮演女儿、妻子、母亲的角色，这样的角色都定位在家庭之中。人类智慧的滚滚车轮已经驶入后现代，人人都应当是社会的主体，我们应摒弃这种性别偏见的观念，培养青少年正确的性别价值观。

2. 性别角色模式化

“谎言重复一千遍就是真理。”电视媒介可以轻而易举地实现这一点。大量的影像来源是“复制”，这众多的复制造成了这样一个可怕的局面：在某个时刻，无数个一模一样的人物出现在全世界的电视屏幕上，做出相同的手势，表达相同的观点，有着相同的造型，这其实是一个人，却又是无数个人。在动画片中，角色造型模式化，正面形象设计得端庄、美丽、俊俏，而反面形象极度地丑化，例如，公主总是美的、善良的，王子总是英俊、勇敢的，坏人总是丑陋的、有阴谋的等。动画片《奥特曼》中，电视女主播被恶魔附身，突然之间面目狰狞，口中胡言乱语。为什么一定要让恶魔附在女性身体上？为什么女性一定得是美丽、温柔、赏心悦目的呢？在这样一个性别不平等的文化世界中，女性就经常作为一种视觉形象，而男性作为女性形象的观赏者，依据其观赏性的高低来决定女性的价值，这就是为什么美容、时尚杂志总是以美女作为封面的原因之一。这种角色形象的塑造包含了一种性别模式化，这样对男孩子很容易产生误导，使得他们认为美女配英雄，女性就一定要“赏心悦目”，从而致使女性外在形象的好坏在很大程度上决定了女性价值的高低，其智力、勇气等品质则是微不足

道的。这就可能对儿童形成不恰当的形象认知，使他们仅仅简单地通过外貌而形成对他人品行的直接判断，扩大了性别不平等，这对他们的形象认知能力的发展是极为不利的。

动画角色的人物形象设计是动画片创作的重要内容，其运用色彩、图像等手段被创造出来，同时还可以产生动作和表现生命。通过对动画艺术形象的设计，可以表现角色的个性和特点，从而传递出角色和故事情节所要表达的意义，具有很强的性格特征和人格魅力。然而，动画片的人物形象设计出现模式化、标准化的套路，大众传媒作为影响青少年性别角色的重要因素之一，应当有责任和义务消除性别角色歧视，塑造具有丰富个性和才能的性别角色，尤其在女性形象塑造上应多塑造成功的、坚强的、自信的女性形象，在人物的性别角色模式上刻画具备双性化性格模式的人物，为儿童良好性别角色的形成发挥积极的引导作用。

第三节　英雄型动画片对青少年价值观消极影响的归因分析

在当前社会变革时期，我国青少年的主体性越来越强，逐渐趋向进行自主价值选择。英雄型动画片是时代的产物，其本身好坏没有一个价值判断的标准。作为大众媒介的一种传播形式，它却对青少年价值观产生了消极和积极的影响，这不但与客观方面因素有关，而且与青少年自身主观因素密不可分。

一、客观方面因素

在今天这样一个信息开放的社会之中，青少年价值观的形成、发展和变化与他们所处的社会环境有着密切的关系。商业的炒作、学校价值观教育低效等一些客观因素对青少年的影响逐步扩大，成为英雄型动画片对青少年价值观产生消极影响不可忽视的重要原因。

（一）商业利润的追逐

从表 4-3 中可以看出，跟幽默、搞笑型动画片相比，喜欢战斗、保卫型动画片的青少年相对而言多 1.2 个百分点，所以，英雄型动画片更受到青少年的青睐。

表4-3　青少年最喜欢动画片类型的调查

选项	幽默、搞笑型	战斗、保卫型	智力教育型	其他
选择人数/人	101	104	41	21
百分比/%	37.9	39.1	15.5	7.5

黑格尔认为，在人的所有感官中唯有视觉和听觉是“认识性的感官”。“认识性感官是指视听与其他感官形态不同，可以理解和把握世界及其意义。在心理学上，视听被称为‘远距性感官’，但是从感官形态与文化上来思索，人的视觉优越于听觉。”[①] 视觉是我们生存不可缺少的重要因素，所以，对文化的思考就不能忽略其视觉层面。中西哲学史上有强烈的视觉主义倾向，如柏拉图著名的关于洞穴的寓言就是强调了视觉的重要性。所以，无论是从神经心理学层面上还是从文化社会学层面上来说，人的视觉需求是不可或缺的。随着社会化进程的不断加快，人类社会越来越现代化，人类的视觉经验也越来越复杂、敏锐，人的视觉需求也随着文化的发展而日益提高，人们已经不满足于那些单纯的、形式单一的视觉形象，英雄型动画片跟一般动画片相比，无论是从画面的逼真性上，还是从视觉冲击力方面上具有相对复杂的视觉冲击效果。问卷调查显示，在众多类型的动画片中，英雄型动画片更受到青少年的欢迎，主要是因为其动作武打场面较多，更符合青少年的视觉刺激。商家正是抓住了这一深层次原因，为了追求更丰厚的商业利润，暴力武打场面成了一个主要的卖点，带给受众的是一次次更为丰盛的视觉大餐，加大了视觉感受力。青少年是一个庞大的消费群体，巨大的经济利益的诱惑会导致商家极力宣传和炒作，利用青少年的这种审美情趣和时尚需求，不断推出与动画有关的流行风尚。青少年喜欢标新立异，追赶时尚，商家投其所好，开发出相关的服饰、玩具、文具等，以消费大众为“上帝”，以市场价值为生产取向，获取商业利润。以动画片《奥特

① 转引自：周宪．反抗人为的视觉暴力——关于一个视觉文化悖论的思考．文艺研究，2000，(5)：14-20.

曼》为例，其更是以一种成功的商业模式来攻城略地，在电视台热播动画片《奥特曼》的同时，已经有精明的商家将其制作成了光碟，有的推出了带有奥特曼标志的玩具、衣物等。青少年的衣食住行都可以找到奥特曼的元素。奥特曼商标充斥着市场，衣服、鞋袜、影碟、书籍、玩具与食品等。这样的奥特曼“轰炸”让一些不了解奥特曼的青少年也喜欢上了奥特曼。在这个过程中，发育不充分的中国动漫市场照单全收，成为儿童世界的一种流行。有的儿童不仅仅要看动画片《奥特曼》，还要穿与奥特曼相似的衣服，玩具也非奥特曼不选，就是穿鞋也要有奥特曼的标志才行。商家一味地追逐商业利润的同时，却忽视了其文化产品的人文意义和社会价值。

（二）电视的普及和动画片传播渠道的多样性

随着经济的发展，电视已经成为千家万户中最富有色彩的“第五堵墙”。电视以其独特的视觉魅力，以压倒性的优势取代了广播、小伙伴及父母，成为青少年首要的知识来源之一，因为相对于文字来说电视图像更感性、更形象、更具体，也更容易理解。尤其是随着现代科技的发展，英雄型动画片的武打场面利用电视这一媒介让人目不暇接。由图像展现出来的动作更易于少年儿童模仿。“电视的语言、构图、摄影、策划、编排，它们首先表现为声画兼备的时空传播形式，电视节目传播形式的良莠决定着频道的生死存亡。”[①] 电视若不能在光、色、声上给人以强大的视觉冲击力，观众就会寻找另外的节目。从这个意义上说，电视的形式大于内容，节目首先吸引观众的是节目形式。根据儿童的身心发展特点，儿童的注意力时间比较短，为了最快地抓住他们的注意力，就只能给他们视觉上最大的冲击力。在中国大多数家庭，每天看动画片几乎成了儿童主要的娱乐活动，寒暑假电视台播放动画片的时间更长，儿童看电视的时间也相应地增加。所以，现在的青少年完全是在电视的陪伴下长大的，电视动画片就是他们的第一个甚至是最亲密的伙伴。在20世纪60～70年代，世界上由于电视的普及，漫画和卡通画的题材被大量制作成电视动画片，之后又随着VCD、DVD等与家庭电视相关产业的兴起，使得动画片又被制作成录像和碟片，儿童更不受电视时间的约束和控制，逐渐形成一种“看碟文化”。而随着互联网技术

---

① 高兵．电视暴力及媒介教育探究．广州：暨南大学硕士学位论文，2003．

高速发展，平板电脑、智能手机也随之快速地发展与普及，这样就促使动画片的传播渠道越来越多样化，使得儿童收看动画片的途径更加多样化和便捷，儿童观看动画片的时间也越来越长。根据彭智淑对湖南株洲 140 名小学生观赏动画片现状的调查，每天收看动画片在半个小时以内的小学生有 50 人，有效百分比为 35.7%，每天收看 0.5 ～ 1 小时的小学生有 53 人，占 37.9%，每天收看 1 ～ 2 小时的小学生有 24 人，占 17.1%，每天收看 2 小时以上的小学生有 13 人，占 9.3%。[①] 动画片《奥特曼》是由日本动画公司制作并推向全世界的动画产品，在其国内却是黄金时段禁播的动画片，在中国却是没有任何限制的。

（三）英雄型动画片人物形象塑造理念的偏差

动画片通过影像来影响青少年的生活方式、情感方式和思维方式，进而影响他们的价值观。英雄型动画片的主题是弘扬正义，惩治邪恶，不断地建构着善良与丑恶、美好与丑陋，从而建构着青少年对于国家、民族、社会的认知，影响着青少年与社会的直接感知和互动。它像一双无形的手，在某种程度上“塑造”着这个社会的是与非、善与恶，在潜移默化中引导着青少年的价值判断。青少年缺乏对社会的一些直接感知和体验，在他们还没来得及接受家庭和学校的价值观教育时候，动画片通过电视这个媒介先入为主，用成人式的思维方式塑造的动画人物已经影响青少年最初的价值取向。在动画片《奥特曼》的情节设置上通常让奥特曼先输后赢，而在儿童的世界里他们的善恶含义是很模糊的，既然奥特曼很勇敢为什么最后能赢，而一开始就得输。他们显然不理解成人的这种情节安排。“所以，我们常常为了树立一个正面的榜样，在不知不觉中突出了它怎样打败敌人的暴力过程，但结果往往是儿童没有学习到榜样的美德，反而只记住了暴力。”[②] 英雄型动画片是社会文化领域的组成部分，属于意识形态范畴，它既要为经济服务，又要为现实的社会政治制度服务，所以，就具有了政治和经济双重属性，其本身带有一定的价值倾向。动画片传播的信息本身受到创作者的政治态度、个人体验和行为模式的影响，甚至支持什么、反对什么，都会不自觉地反映出一定的价值倾向。从动画片最初的主题设定、制作内容的

① 彭智淑．小学生观赏动画片的现状及教育对策研究．长沙：湖南师范大学硕士学位论文，2014．

② 唐晓娟．关于幼儿与动画片关系的探寻．学前教育研究，2004，（4）：19-21．

生产到传播模式的确立等，选择一定的反映现实状态的社会舆论和价值观念，把自己认为符合社会良性发展要求的价值观念，通过其认为是合理的形式和方法让青少年产生兴趣、认同感，都体现出一定政治立场和思想倾向。但同时必须考虑经济效益，利益导向决定其是否背离正确的价值取向。因此，动画片创作本身所具有的价值观倾向在很大程度上影响着青少年价值观的形成和发展，青少年的价值观是在和动画片传播信息的互动中形成与发展的。

（四）学校价值观教育的低实效性

价值观是人们以自身的需要为尺度对事物重要性的认识的观念系统，对人的思想和行为具有导向和调节作用。但价值观是随着人的社会化的历程逐步形成和发展的。青少年价值观具有很强的可塑性，它理应在主流价值观的引导下形成正确的价值观。但是，由于我们的学校价值观教育出现低实效性，青少年在价值观的形成与发展上容易受到不良的影响。“当代教育的沉疴在于它‘太忙碌于现实，太鹜驰于外界’……由于它放弃了‘为何而生’的教育，荒废了它在意义世界中导行的职责，不能让人们从人生的意义、生存的价值等根本问题上去认识和改变自己；也必然前提性地要抛弃塑造人自由心灵的那把神圣的尺度；把一切教育的无限目的都化解为谋取生存适应的有限目的。教育也就失却了它本真的意蕴。”[①] 教育目的的功利化趋向使教育更多地关注学生知识的获得、技能的训练，而忽视对青少年进行价值观引导，使得学校对青少年价值观教育实效性不强。

①价值观教育内容的异化。价值观教育的终极关怀是对人性的完善和人的幸福，而我们学校的价值观教育往往只停留在道德知识的灌输上。肯普•史密斯曾说：“知识的功能不是要提供一个形而上学，而是向我们提供实际生活指南。”[②] 而我们的价值观教育往往侧重于无限制地拔高“高、大、全”式的脱离人的基本属性的道德教育。长期接受这样的教育，动画片中的英雄人物形象受到青少年的崇拜和追捧也就不足为奇了。价值观教育应该给予学生在实践中提供切实的引导，我国学校当前的价值观教育却未能真正地触及学生的灵魂，而是

---

① 鲁洁．教育的返本归真——德育之根基所在．华东师范大学学报（教育科学版），2001，（4）：1-6.

② 崔振成．拯救孱弱的灵魂——我国当前青少年价值观教育的危机与救赎．教育理论与实践，2009，29（11）：47-50.

一种“纯粹知识构建”的价值观教育，忽视了学生的情感、意志和真实的体验，更漠视了学生的主体性、目的性、能动性的教育。②价值观教育方法“科学化”。由于现代社会科学主义泛化，在价值观教育中，将科学教育方法的实证性、客观性、普遍有效性移植到价值观教育方法上。这样的教育方法只是将学生当作“物”来对待，而忽视了其教育对象是一个个鲜活的“人”。这种对人进行“物化”的价值观教育方法最终会导致青少年的价值观畸形发展。③价值观教育人文理性的缺失。人文理性是和科技理性相对应的，二者是互为依存的关系。科技理性离不开人文精神的向导，人文理性需要借助科技理性的认知支持。然而在工业时代，科技理性明显占据了主导地位，人文知识的缺失为这个时代留下了不完美的一笔。在经济越强势渗透的时代，就越需要人文修养的陶冶。所以，学校价值观教育一直在强调“如何而生”的基础上，应该进一步关涉“为何而生”，赋予价值观教育以人文意蕴。

二、主观方面因素

青少年是大众传媒中较为特殊的一个群体，这一时期正处于儿童向成人的过渡时期，世界观、人生观、价值观尚未定型，学习社会各种价值规范和行为模式是青少年的主要任务。由于自我意识迅速发展，青少年在观念与行动上表现出强烈的自主性，却又容易依赖权威，可塑性强但极不稳定，而英雄型动画片以自己独特的人物形象和高超的制作技术，契合了这一时期青少年的发展特点。

（一）张扬个性：青少年自身成长发展的需要

随着社会和青少年心理的不断发展，青少年突破成规的观念越来越强烈。打破现有秩序、追求个人价值成为青少年青睐的一种时尚。对于那些涉世未深，尚未得到社会认同的青少年来说，表达不满的最直接方式就是颠覆现有的社会价值和生活方式。动画片中的英雄人物最能使长期处于家长和老师及社会规范束缚下的青少年获得认同感和崇拜感。从青少年看来，他们是幸运的，无须面对父辈经历过的苦；但他们又是孤单的，从他们开始上幼儿园开始，就要面对升学的压力和残酷的社会竞争，单调的学习生活使他们变得压抑，过剩的精力无处发泄，丰富的情感无处寄托。

从表 4-4 中可以看出，大部分青少年对于现在的生活、学习的态度是积极向上的，占 37.7%。但是，不容忽视的是，对于漫无目的和毫无意义这两项加起来已经超过了 40%，整体情况还是不容乐观的。从表 4-5 中得出的调查结果显示，青少年在看动画片《奥特曼》过程中能得到“有很大满足感”（占 46.4%）就不足为奇了。

表4-4　对现在的生活、学习的态度

选项	充满信心	马马虎虎	漫无目的	毫无意义
选择人数/人	100	58	64	43
百分比/%	37.7	21.9	24.2	16.2

表4-5　看动画片《奥特曼》得到的满足感

选项	有很大满足感	感觉一般	没感觉
选择人数/人	123	108	34
百分比/%	46.4	40.8	12.8

青少年在动画世界里可以暂时忘却他们的烦恼，因此，观看动画片是他们一种重要的娱乐方式。英雄型动画片中的人物形象由于鲜明的个性、超人的智慧、过人的胆量，让青少年暂时得到了某种替代性满足，让他们远离现实的压力，在情感与虚幻的世界里得到轻松和放纵。这些动画英雄人物赢得了众多青少年的心，这是社会文化发展的结果，反映了社会的要求。然而，更重要的是，它满足了青少年成长的心理需求，为青少年的成长和发展提供了源泉。在生理上，青少年体力充沛、精力旺盛、求知欲强；在心理上，他们的成就动机空前高涨，渴望出人头地、意气风发、勇往直前，同时善于模仿，更容易受外界影响。他们喜欢幻想，尝试新鲜的事物，张扬自己的个性。而英雄型动画片中的英雄人物形象恰恰迎合了青少年的好奇、好胜、爱想象，以及向往成为勇敢强者的心理，满足了他们的情感体验。青少年这种与众不同的冒险精神和个性冲动，使得他们成为这类动画片的主要受众。英雄型动画片基本情节就是设定一个强大而又凶暴的恶势力，与之相对应的是正义的主人公，其中不断重复的“惩恶的暴力场面”变成了主要卖点。在我国由于父母过多的保护和照顾，孩子自由活动的空间少、伙伴少，他们感到孤独和压抑，在学校虽然有较多的伙伴，

但许多教师为了保护学生的绝对安全，也过多地限制了他们的自由活动时间和地点。这使得孩子的精神和身体上受到压抑，需要一个发泄自己情绪的方式。而英雄型动画片，尤其是动画片《奥特曼》这类型动画片给他们提供了一个发泄的渠道。当青少年观看奥特曼与怪兽打斗之后模仿其打斗动作，可以释放他们内心深处的压抑情绪和紧张心理。

（二）偶像崇拜：同辈群体交流的需要

“交往是人们运用语言或非语言符号交换意见、传达思想、表达感情和需要等的交流过程。”[①] 同伴团体在青少年成长中起着重要的作用，担负着重要的角色。在青少年的世界里有很多时尚和潮流，人际交往更是以兴趣为主导。在互相交流和交往之中，青少年对于彼此感兴趣的事物会有更多的交流话题和共同的语言。而共同感兴趣的动画片给他们提供了一个交流沟通的平台，使得他们有共同的爱好和话题，增加了他们的交往机会。动画片影响了他们日常的认识、行为，而看动画片的人物和内容构成他们平时谈论的一个非常频繁的话题，如果同伴之间对这些时尚的事物或他们经常谈论的话题知之甚少，就可能被这个集体排除在外，甚至会遭到“耻笑”，没有人愿意和他说话。还有一些青少年由于没有独立判断能力，容易受他人的影响，这种跟随潮流和不甘落后的心理使青少年把对奥特曼的崇拜看作一种时尚，他们穿着印有奥特曼图像的衣服，摆弄着奥特曼的贴片，买与奥特曼相关的玩具，奥特曼成了他们社交的工具，一起交流看奥特曼的心得，一起研究奥特曼使用的武器，一起谈谈最可怕的野兽，使自己与周围的同伴有共同的语言，从共同话题中分享心灵的快乐与愉悦。它保护着青春心灵和想象，不再受沉闷、生硬、单调的“常规”的压制。凡加入这个超人世界中的同伴，都可以在这个空间中自由地相遇、交往、交流，找到真实世界中无法找到的真实感觉。所以，“一种同伴接纳的社会需要”成为他们喜欢奥特曼的间接原因。

（三）心理因素：人类暴力的本性

从心理学方面来分析，暴力冲动是内在于人类本性的一种冲动。西方现代行为学创始人康拉德·洛伦茨认为，人类的暴力行为具有先天性基因，在《论侵

---

① 王淑宁．动画片对儿童社会性发展的影响．内蒙古师范大学学报（教育科学版），2008，21（12）：42-44．

犯性》一书中，他写道："人类的好斗性是一种真正的无意识的本能。这种好斗性，即侵犯性，有其自身的释放机制，同其他人类本能一样，会引起极特殊的、极其强烈的快感。"①人类最基本的本能有两类：一类是生的本能，另一类是死亡本能或攻击与破坏本能。还有一种理论解释动画片与儿童暴力之间关系的宣泄理论称作净化理论，这种理论认为在观看暴力动作场面的时候能够宣泄观众的敌对情绪或满足他们的攻击欲望，从而减少其产生攻击行为的可能性，所以通过这种方式可以释放儿童内心受到压抑的暴力和攻击性情绪。从这个方面来说，观看动画片的暴力场面能够为青少年的攻击欲望提供一种发泄的渠道。卡通世界明显地区别于真实世界，他们在接受模式上可以更大限度地扩张自己的感官刺激，这种类型的动画片很容易被他们接受与推崇。在青少年成长过程中接受的是"女性化"的教育：在家中，被父母小心翼翼地照顾和保护，通常情况下，母亲与孩子接触时间更多一点；而在幼儿园中女教师占了绝大多数的比例，教师组织的活动显得大多数是跳舞、唱歌等柔和的活动，缺乏跑、跳、滚、扔等力量型、暴发型的运动项目。而奥特曼高大、勇敢、坚强，富有阳刚之美，所以，成为孩子心目中的英雄也就不足为怪了。英雄型动画片中的主人公大多是以男性形象出现，所以，对男孩的暴力性影响要比对女孩影响大。

第四节　英雄型动画片影响下青少年价值观教育的建构

一、发挥英雄型动画片积极影响之策略探寻

（一）利用动画片中英雄人物的榜样力量对青少年进行道德价值观教育

动画片中的英雄人物形象所传递的真、善、美品格往往具有很大的感染性，容易使青少年产生情绪的共鸣和移情，会提高青少年道德价值观的认知和

① 转引自：杨洁. 影像暴力——落向大地的果实. 成都：四川大学硕士学位论文，2004.

感受性，进而渗透到他们的价值选择和价值行为中，在接受作品背后的价值观影响的同时，也往往会在无意识中把自己作为作品的主人公，模仿他们的思想、行为。

大众传播学借鉴了心理学家艾伯特•班杜拉的模仿理论，认为儿童通过观察媒介所展现的内容，如果对某些角色行为认同，并意识到在某些情境下模仿会出现有益结果，那么，当这种情境出现时，儿童就会发生模仿行为，这种模仿行为可以通过媒介长期地不断被强化。所以，在观察学习中学习者不必直接做出反应，也不必事事经过亲身体验强化，只需要通过观察他人在一定的环境条件下的行为，接受一定的强化就直接可以完成学习。班杜拉把观察学习的心理过程分为四个相互联系的子过程：注意过程、保持过程、动作复现过程和动机过程。儿童时期正处于道德的“他律”阶段，儿童的行为模仿是道德发展的一种重要的途径，他们的认知能力还没有完全发育成熟，但模仿能力极强，其许多行为是通过观察榜样的行为就可获得学习的。所以，对青少年来说，不但父母、老师、同伴是重要的榜样来源，动画片中的英雄人物形象也起到了重要的榜样作用，使他们能够有效地了解社会所公认的价值观和行为方式，成为他们观察学习的一个重要来源。奥特曼作为艺术形象和榜样人物，自 20 世纪 90 年代某电视台播放动画片《奥特曼》后，中国掀起了奥特曼热潮，尤其是在少年儿童当中出现了奥特曼崇拜现象。一些儿童对奥特曼的崇拜基本上停留在模仿打斗场面和一些奥特曼的招牌动作上面，榜样人物的德育作用不是简单地停留在观看和模仿层面上，而是要做到知行合一，将榜样的精神内化到学习者的品质上。教师可在教学中集体组织观看动画片《奥特曼》，再组织谈话、讨论、帮助儿童对“奥特曼精神”的认同，使他们明白奥特曼是一群团结合作、乐于助人、勇敢坚强的勇士。他们与宇宙怪兽战斗，保护善良的人，保卫美好的家园，从而将儿童对超人的崇拜引导到道德精神层面上，赋予榜样崇拜更深刻的精神内涵，使奥特曼在儿童生活、学习、交往活动中发挥积极的影响，给他们的身心全面发展打下良好的情感基础和认知基础。

（二）利用英雄型动画片的民族文化对青少年进行文化价值观教育

文化价值观是影响青少年成长及其社会化的一个重要因素，教育和引导青少年树立科学的文化价值观现已被教育界所关注，成为许多我国教育界重要的研究课题。“文化价值观作为社会群体在长期的社会实践中形成的对文化价值的

根本观点和看法，包括文化的价值取向、价值标准、价值评价、价值创造、价值理想等内容。文化价值观从根本上规范和指导人的思想和行为，在人的社会化过程中具有极其重要的作用。”① 每个国家在制作自己的动画片时都是基于本民族的文化传统及文化习性的。所以，在动画片制作中将民族文化的精髓贯穿其中，既弘扬本民族的文化，又能够引导青少年一代学习和继承民族文化。

从美国来说，美国在资源丰富亟待开发的早期机会多，所以，必须奖励个人独立创造的性格和精神，凡是吞噬个性发展的各种因素都被视作当时拓荒精神的阻碍，从而形成了美国特殊的民族性格：对自己深信不疑，把依靠自己作为哲学信条。这就使得美国以男性个人英雄主义为主题的动画片受到格外的青睐。而冒险是美国文化的另一个显著特征，美国人所信奉的格言是：只有冒险才会有大的成功，胆小鬼永远不会有大作为。所以，在美国动画片中，富有冒险精神的动画片占了很大的比重，海盗、森林冒险都是美国动画的特色，在这样的情节中惊险刺激的打斗场面是必不可少的，这也正如美国一贯所主张的："坏人"就得打，不值得可怜。例如，《超人》《佐罗》《怪物史莱克》等都紧紧围绕着美国自己特有的文化特点，塑造故事情节和人物性格特点。

日本是一个资源贫瘠的岛国，由于生存不易，日本人的危机意识和忧患意识很强。整个民族非常善于学习，实用主义在日本民众的观念中根深蒂固，其显性的表现就是奉行利益至上的价值观念和日本传统的团结合作精神，因为只有团结合作才能使民族在这种贫瘠中生存下去。所以，在日本动画片中战争一直都是其偏爱的主题。与美国动画片中“好人打败坏人”不同，日本动画片中无论是人类与人类之间的战争还是与外星人之间的战争，发动战争的一方往往有着“不得已的苦衷”。动画片《奥特曼》具有典型的日本化特点，在这部动画片里并不是强调美国式的个人英雄主义，而更看重的是团体之间的合作和配合。“传播内容具有特定的价值和意识形态倾向，这些倾向通常不是以说教而是以‘报道事实’、‘提供娱乐’的形式传达给受众的，它们形成人们的现实观、社会观于潜移默化之中。”② 青少年是动画片的主要观众，他们在卡通世界里可以体会各国异彩缤纷的民族文化，感受到异域文化所带来的新奇与魅力，既在潜移默化之中学习到了日本动画片动画片《奥特曼》强调的团队精神，又感悟到了美

---

① 张发钦，王春江．多元文化背景下大学生文化价值观的培育．现代教育管理，2009，(10)：92-94．

② 肖珉，张世浩．国产动画片在跨文化传播中的失衡．今传媒，2006，(3)：27-28．

国动画片《怪物史莱克》中强调的自强不息奋斗精神。青少年在这种多元化的碰撞和融合中开拓了文化视野，这对培养青少年积极的文化心态，促进不同形态文化的接触，丰富和发展他们的文化知识体系，为其以后科学文化价值观的形成打下良好的基础。

二、规避英雄型动画片消极影响之路径选择

如何更好地规避英雄型动画片对青少年价值观的消极影响，单单依靠“围追堵截”的强硬办法是行不通的。只有调动各方面的积极因素，形成价值观教育合力，才能切实地消解和规避英雄型动画片的消极影响。

（一）社会：优化传播环境

在多元的社会文化空间中建构积极、健康的青少年价值观，不仅是学校教育的责任，也应该是社会教育和家庭教育都必须面对的问题。社会应该为价值观教育提供良好的外部环境和法律支持，致力于价值观教育生态环境的治理和构建。

1. 对动画片的播出分类分级

正确地引导儿童观看动画片，营造一个良好的卡通文化氛围，不仅是学校和家庭的责任，更是社会的责任，政府要发挥积极的调控作用。我国进口的动画片都要经过相关主管部门的审查，但是在审查的时候相关部门往往更为关注其政治因素。一些国外动画片都是以扬善抑恶为主题，有大量的动作武打场面，但其都是以“暴”制“暴”方式达到惩恶的目的，依靠暴力性的打斗、砍杀实现的，所以，其暴力的倾向性对我国青少年产生了消极影响。为了防止电视中的色情和暴力对青少年的影响，世界上很多国家和地区都采取了一定的措施。“比如法国，从1996年开始，法国电视屏幕的右下角出现了三种标记：绿圆圈、橙三角和红方块，以区别电视暴力和色情的程度。”[①] 在我国，还没有实施类似的办法。动画片《奥特曼》的播放在我国是不受任何约束和限制的，电视台可以在黄金

① 高兵. 电视暴力及媒介教育探究. 广州：暨南大学硕士学位论文，2003.

时间播出，市场上充斥着动画片《奥特曼》VCD 光碟。然而，在日本像动画片《奥特曼》这样的动画片，规定在黄金时间是不能播出的，而且要满一定的年龄并且必须有家长陪同才能收看。因此，我国的电视台、音像及图书出版部门，在引进国外发达国家的动画片时，应该注意其中的暴力因素，加强引进的管理工作。同时，我国应该致力于制作高质量的本土动画片，逐渐推行动画作品的分级制度，通过技术手段对各种媒体进行管理和监督，规范卡通文化的传播，加强传媒机构的相互监督和行业自律，从而营造良好的媒介教育大环境。

2．满足青少年多样化的文化需求

随着我国社会经济的迅速发展，以及信息科学技术的迅猛推进，出现了被大众所认知、接受的朋克文化（金属音乐、服饰和饰品、生活方式等）、爵士文化（爵士音乐、爵士酒吧）、网络文化（论坛、网游）等。动画片是卡通文化的一种，而卡通文化、流行文化等都是青少年亚文化的一种表现形式，它是随着社会的发展而客观存在的一种文化现象。依附于主流文化作为自己生存发展的基础，同时也带有为了突显自己的存在而产生的叛逆性和多变性。但其既然存在并得到极大的发展，就包含着主流文化所不能弥补的更为年轻、更有活力的社会心态和文化心态因素，很大程度上丰富了青少年的校园文化生活和课余生活，满足了以青少年为主体人群的追求时尚、寻求刺激的需求。但由于市场的过度炒作，商家正是利用青少年喜欢新鲜、刺激的特点，通过包装、宣传、炒作等手段吸引青少年的注意力和消费目光，利用丰富生动的表现形式满足青少年的需求。各国文化的民族差异性而带来的价值取向的差异性，给处在身心发展时期的青少年带来了道德判断和价值取向上的两难困境。动画片《奥特曼》产生于日本，日本是一个尚武的国家，其动画片大多是以战斗、保卫等为主题，给青少年留下的是行侠仗义、打抱不平的尚武精神，这样的文化传播对青少年具有巨大的文化冲击力。

所以，一方面，我国政府应积极宣传主流文化，引导它为社会主义先进文化服务，改变形式上的相对单一，注重创新。通过动画片中的英雄人物形象把社会主流价值观念传递给受众，从而可大力培育中华民族精神，大力弘扬社会主义核心价值观。政府应采取有效措施，鼓励国内动画制作者创作出更多的符合青少年特点和有现实意义的卡通片。另一方面，从青少年喜爱的动画英雄人物形象出发，正确引导当代卡通文化时尚需求，弘扬先进文化和校园文化，培植人文精神和科学精神，鼓励多样化的文化形式，从而在卡通文化和主流文化相互融通的基础之上，追求形式的生动和多样化，鼓励优秀的英雄型动画片的创作，使动画市场健康运行，为青少年提供丰富、健康的精神食粮，不断满足其多样化的精神文化需求，为青少年成长营造良好的社会环境。这就要求我国动画片的创作者要少考虑经济因素，多考虑社会效益，为青少年创作出更多、更好的动画作品。“儿童在动画片的观看过程中，本质上是一种情感的交流与接受，是对作品涵盖的情感的反刍过程，是情感的培养与提升的过程。这对动画创作者提出了极高的要求，‘请播种真正的种子，而不是砂子’。”①

（二）学校：发挥主要的教育作用

当前青少年价值观受到卡通文化影响而产生的消极影响，这与学校价值观教育的低实效性和学校媒介素养教育的缺失有很大的关系。

1. 开展媒介素养教育

由表 4-6 我们可以看出，我国的媒介素养教育是很滞后的，被调查者认为学校从不开展动画片相关教育的高达 82.4%，经常开展的只占到 2.2%。

表4-6　学校开展动画片讨论活动的调查

选项	经常开展	偶尔开展	从不开展
选择人数/人	6	41	220
百分比/%	2.2	15.4	82.4

“媒介素养教育或者媒介教育，是指向受众传授有关广播、电视、电影、报刊、国际互联网等大众传媒的特性、制作技术及其产品的美学欣赏和社会学评析等知识，其目的是增强人们对大众传播信息的辨别能力、过滤能力、承受能力和抗干扰能力，学会合理、有效地驾驭和使用大众传媒。这样使他们在学习和生活时能从大众传媒中获得许多有益的帮助，达到‘培养每个人的判断能力和据此采取行动的能力’。”② 当前市场逻辑和商业力量对于现代电视的影响越来

① 倪瑞风．动画片对儿童情感品质影响的研究．南京：南京师范大学硕士学位论文，2013．

② 卜卫．论媒介教育的意义、内容和方法．现代传播（中国传媒大学学报），1997，（1）：29-33．

越大，为了追求更高的收视率，电视媒体展开了“吸引眼球”的激烈竞争，电视几乎成了全球商业竞争最抢眼的“战场”，为了追求商业利润，大力渲染暴力武打场面，对人们产生视觉冲击和心理震荡。

大众传媒对青少年的影响日益加深，为了增强青少年对动画片的辨别能力、过滤能力、承受能力和抗干扰能力，提高青少年的媒体素养势在必行，因为“良好的媒介素养不仅是个人发展和营造良好社会环境的需要，也是维护社会稳定、促进社会和谐发展的需要”[①]。学校教育应当做到以下几点：①对教师进行培训，开设媒介素养教育课程。学校应该多渠道、多层次地进行相关教师的培训，对教师进行新闻、传播专业方面知识的培训，从而在最大限度的范围内提高教师的媒介素养，使他们能够将媒介素养教育的内容融合到各学科的教学之中。②培养青少年的媒介素养能力。影像媒介深刻影响着青少年对自己和这个世界的看法，我国学校教育只教给他们对印刷媒介的识读能力，却很少教他们正确看待视觉影像的能力。学校的媒介素养教育要培养青少年敏锐的观察力和批判思考能力，正确地了解媒介的影响和作用，避免传媒中的暴力符号、低俗信息对青少年的影响，从而提高其敏锐的观察能力，最终形成自主的批判精神，促进其人格的发展。③为青少年提供参与媒介实践的平台。学校可以利用校园的媒介环境，如广播站、校园网络等资源，鼓励师生之间、学生之间开展各种形式的媒介实践活动，组织各种形式的讨论和演讲活动，交流他们之间感兴趣的动画片、影视等。

2．提高青少年价值观教育的实效性

作为英雄型动画片的主要受众，青少年所崇拜的拯救世界的超级英雄，对其道德价值观、人生价值观、生命价值观、性别价值观产生了潜移默化的消极影响。为此，我们要通过学校教育对青少年价值观给予正确的引导。学校应该加强青少年价值观教育的实效性，根据时代发展和英雄型动画片本身的特点，丰富价值观的教育内容，采取有效的方法提高价值观教育的实效性。

1）要对青少年进行审美价值观教育。审美价值观教育是培养青少年对人性美、社会美、艺术美的欣赏能力和创造能力的教育。英雄型动画片带给青少年的不仅仅是视觉的刺激，更是一种梦想的延续。动画片美轮美奂的色彩设计，

---

① 刘胜君．大众传媒的思想政治教育功能研究．北京：北京交通大学博士学位论文，2014．

集视、听、动于一体的动感画面，把故事情节和人物形象演绎得淋漓尽致。所以，学校可以开展学生卡通作品欣赏会、卡通人物绘画作品展览、动画片歌曲演唱大赛等活动，在提高学生艺术欣赏水平的同时，培养他们感受美、鉴赏美、创造美的能力，提高他们的审美情趣；要教育、引导青少年在观看英雄型动画片时，不能仅仅欣赏眼花缭乱的武打场面，更要注重欣赏人物的心灵美、动画艺术之美，提高青少年的审美情趣和文化层次，从而使其形成正确的审美价值观。

2）进行社会主义核心价值观教育。人的存在与发展是在特定的社会之中进行的，如果一个社会无法提供一个共同的价值观念，那么，这个社会必然会出现价值混乱和信仰危机。“社会主义核心价值观是基于民族认同和理想、传统承续和延展、时代主流和融合、未来设计和规划等凝聚而成的共识性的价值观。”① 由于现代社会多元文化的发展，20 世纪 90 年代后成长起来的青少年对于我国的传统经典、历史文化了解很少，美国、日本英雄型动画片则急速地占据着中国的卡通文化市场，在很大程度上会造成我国青少年出现社会主义核心价值观认同危机。虽然我们倡导多元价值观，但如果没有对社会主义核心价值观的认同，就会出现信仰危机。所以，学校应正视现代社会多元文化对青少年价值观的冲击，加强社会主义核心价值观教育。教师可以通过介绍本国优秀的英雄型动画片，通过其卡通人物形象提升青少年对本国文化的认同感。

3）进行生命价值观教育。生命对于每个人来说都是珍贵的，对于英雄型动画片中的打斗情节，无论是“好人”打败“坏人”，还是“坏人”打败“好人”都是要付出生命的代价的。这种看似只是简单艺术的表现，却往往给青少年带来误导，使他们把死亡看得过于简单，更不懂得珍惜生命的价值。而我们学校和家长通常都是回避死亡的话题，从而更缺乏对生命意识的教育。所以，可以通过介绍一些优秀的英雄型动画片，教育学生珍惜、尊重、热爱生命，更要善待生命，引导学生正确认识人的生命价值，增强对生活的信心和社会责任感。

3．更新教育观念，采取正面引导

英雄型动画片作为卡通文化的一部分，其对青少年价值观产生的反面影响

① 崔振成．拯救孱弱的灵魂——我国当前青少年价值观教育的危机与救赎．教育理论与实践，2009，29（11）：47-50．

已不能令人忽视。简单的围追堵截、放任自流都不是最佳的处理方法。学校只有采取积极的态度，主动出击，正确地面对它、认识它才能真正地理解它，让英雄型动画片发挥健康、积极的社会功能。学校要改变对动画片的观念，不能仅仅将它看作洪水猛兽，禁止学生观看，也不能视其为简单的娱乐工具。学校可以将学生喜爱的经典动画英雄人物形象，纳入整个教育的过程。比如，针对学生喜爱的英雄人物奥特曼、变形金刚、孙悟空等，组织教师和学生讨论、分析人物的性格和故事情节，通过教学、专栏、广播、网络等形式，对人物的行为和性格进行解释和引导，从而帮助学生区分其中的精华与糟粕、合理性与局限性。又如，学校可以选择优秀的英雄型动画片，如《狮子王》《功夫熊猫》《千与千寻》等对故事中的人物、情感、态度、价值观进行引导，把作品中所蕴含的真、善、美，以及文化资源和生活元素真正地挖掘出来，从而激发他们的思考能力和自我责任感。“教师利用动画片进行教学，并和学生讨论动画片里面的人物形象能够引导学生树立积极正确的学习榜样，树立正确的人生观、价值观。”[①]同时，学校要进行心理健康教育，引导青少年因受卡通人物的影响而带来的心理和生理健康问题，培养他们健康的人格。这样经过筛选和引导，学校就会将英雄型动画片中所蕴藏的德育、美育因素充分地挖掘出来，并被积极地加以利用，从而“过滤”或“稀释”动画作品中对青少年的消极影响，提高青少年的鉴别能力和批判意识。

（三）家庭：发挥积极的引导作用

家庭是人类心灵的港湾，是社会的基本细胞，是社会文化的载体，具有传递社会文明的作用。1995 年，时任联合国秘书长加利在“国际家庭日”发表的纪念报告中指出：“家庭作为社会最活跃的社会细胞，把个人与社会联系在一起，它必须适应全球的变化，这些变化是深远的，它不仅影响人类的物质生活，还将影响人类的价值观念和信仰。”[②]家庭教育具有日常性、权威性和感染性的特点，在青少年的价值观的形成和发展中具有特殊的作用，它是学校教育的基础，又是学校教育的补充和延伸。所以，父母的价值观念和思想态度会对青少年的

---

① 彭智淑．小学生观赏动画片的现状及教育对策研究．长沙：湖南师范大学硕士学位论文，2014.

② 朱小蔓．重新理解家庭教育的意义．家教博览，2014，（11）：1.

行为方式、思想观念产生影响。在如何指导孩子观看动画片这个问题上也是如此。“家长为孩子选择动画节目，和孩子谈论动画内容，能够帮助孩子，引导孩子树立正确的榜样，知道该学习什么行为，什么行为不该学，从而形成正确的价值观和人生观。”[①]因此，消解英雄型动画片对青少年的消极影响，家庭教育是一个不可忽视的环节。

1. 正确引导儿童对动画英雄人物的崇拜

动画片中的英雄人物的行为为青少年树立了具体的榜样，家长可以积极利用这一点，正确引导他们对英雄人物的崇拜。有的家长担心孩子看动画片《奥特曼》上瘾或有害身体健康，于是换成其他的动画片，实行威严政策；而有的家长则认为孩子大了就不会看了，顺其自然即可。这两种做法都是不可取的。在儿童的成长过程中，尊重是很重要的。只有尊重他们的兴趣，才能对他们的行为和思想进行正确的引导。当儿童被尊重的时候，他们才会更有自信与你进行沟通，说出他们内心真实的想法，形成健康的个性和人格。家长可以利用奥特曼的正义、勇敢的一面，积极地引导他们进行思考，多问几个为什么。比如，“奥特曼为什么要去打怪兽呢”“你觉得奥特曼坚强吗”等这样的问题，让他从奥特曼身上学到做人要勇敢、有正义感，但同时要让他明白，有时仅仅单靠武力是解决不了问题的，特别是6岁以下的儿童，很容易把动画片的内容与暴力联系起来。他们经常会问“他们彼此撞到一起为什么不会受伤、不流血，他们感觉到疼痛吗？”“被汽车压扁了还可以活过来，从高楼被摔下来也不会死吗？”等问题，父母面对这些问题的时候，绝不能应付回答，应当引起足够的重视，向孩子解释动画片的真实性。抓住机会与孩子讨论动画片的设计、情节、所表达的思想，鼓励他们说出自己的想法并给予评价和引导，有的家长利用孩子对动画片《奥特曼》的兴趣，就让孩子讲述看过的奥特曼的故事，然后再引导其自己编奥特曼的故事情节，这样长期坚持，对锻炼儿童的记忆能力、语言表达能力和想象能力都有很大的帮助。

2. 加强沟通、科学安排青少年课余生活

从表4-7中可以看出，大部分的家长从来不陪孩子看动画片，其比例占到

---

① 彭智淑．小学生观赏动画片的现状及教育对策研究．长沙：湖南师范大学硕士学位论文，2014．

了 61.4%，偶尔陪同孩子看动画片占到了 22.1%，经常陪同孩子看动画片的只有 16.5%。

表4-7 父母陪同青少年看动画片的调查

选项	经常陪	偶尔陪	从来不陪
选择人数/人	44	59	164
百分比/%	16.5	22.1	61.4

动画片既是娱乐工具，又是学习的工具。和孩子一起看电视是很好的亲子活动，可借电视节目内容彼此沟通，交换意见。儿童心智上还没有发育成熟，再加上自己单独看电视，尤其是像动画片《奥特曼》这样的动画片故事情节较为简单，一集叙述一个完整的故事，语言口语化，不存在理解的障碍，人物动作比较容易模仿，正好适合孩子的需求。所以，对动画片中的内容正面和负面影响统统的不加选择的接收，使得他们越过了对消极的价值观念进行思考、碰撞和选择的过程，被动地接受节目所传递的消极价值观念的影响，如果长时间不加以引导，这种消极的价值观会慢慢地被他们接受、吸收甚至内化。在陪同他们看动画片的同时，家长要和他们交流看节目的感受，要引导他们分清是非、善恶，分析动画片所传递的价值观念，引导他们进行价值判断和价值选择。这样长期坚持下去，不但培养了青少年的主体意识，给予他们表达的权利，也会营造更为和谐的家庭氛围。所以，价值观教育并不是一味地说教和灌输，它同样可以在平等和对话之中就能进行的教育。同时，家长也应转移儿童的注意力，科学安排娱乐生活。家长可以用不同的方式转移儿童的注意力，防止其对动画片过分专注。例如，做游戏、讲故事、听音乐、多走出家门接近自然等。现代的家长生活是忙碌的，但不能以此为借口，减少与孩子相处的机会，在尽可能的条件下多抽出时间关注孩子的成长，多给他们安排一些户外的活动，加强身体锻炼，丰富他们的业余生活，以使其身心全面、健康地发展。

第五章
网络歌曲影响下的青少年价值观教育

“有了门，我们可以出去；有了窗，我们可以不必出去。窗子打通了大自然和人的隔膜，把风和太阳逗引进来，使屋子里也关着一部分春天，让我们安坐了享受，无需再到外面去找。”① 互联网这扇“窗”打通了人与人、人与社会、人与世界的隔膜，人们足不出户，坐在“屋子里”就可以跨越地域，获取信息，尽享外边丰富多彩的世界。随着时代的发展和科技的进步，互联网的应用边界还在不断扩展，并逐渐渗透到社会生活的各个角落，成为社会经济、文化活动和个人生活、学习、娱乐不可缺少的一部分。在日益壮大的网民队伍中，青少年成为一个引人瞩目的群体。

网络歌曲伴随着网络的发展和普及而产生，它一经在网络上出现，就以其平民化、草根化、娱乐性、可参与性的特点，反精英、反偶像、本土化等风格，成为网络新闻、网络音乐、网络视频、网络购物、网络游戏、网络文学、网上银行等众多网络应用中的一颗闪耀的明星。中国互联网络信息中心的统计数字显示，“截至 2016 年 6 月，网络音乐用户规模达到 5.02 亿，占网民总体的 70.8%。其中手机网络音乐用户规模达到 4.43 亿，占手机网民的 67.6%”②。从这些统计数字可以看出，网络歌曲已经成为青少年网民生活中不可或缺的一部分。

---

① 吴伯凡．孤独的狂欢：数字时代的交往．北京：中国人民大学出版社，1998：7.

② 中国互联网络信息中心．第 38 次中国互联网络发展状况统计报告．http：//www.cnnic.net.cn/2016.

无数喜欢音乐、好奇心强、渴望表达的青少年以无比的热情参与其中，上传、下载、倾听网络歌曲，尽情倾诉、发泄自己的情绪和情感，为其痴，为其狂。

从雪村的《东北人都是活雷锋》到郝雨的《大学生自习室》、杨臣刚的《老鼠爱大米》、香香的《猪之歌》、庞龙的《两只蝴蝶》、汤潮的《狼爱上羊》，再到如今形形色色的网络歌手；从三四家小范围的网络歌手比赛到中国网络音乐节暨全国网络音乐大奖赛；从自发的网络音乐上传行为到专业翻唱音乐网站出现、门户网站开辟音乐频道，再到如今专业音乐制作人及各大国内、国际唱片公司介入网络歌曲的制作和发展；从网络倾听到网络歌曲论坛，再到歌曲下载、MP4、MP5、平板电脑等音乐播放器的风行，网络音乐越来越真切地进入了青少年的视听范围。

网络歌曲的完全开放性，上传、下载随心所欲，导致网络歌曲出现鱼龙混杂的现象，既有一些优秀的网络歌曲不断产生，也有一些暴力、色情、庸俗、极端主义等不健康的网络歌曲同时出现。网络歌曲所蕴含的价值取向会潜移默化地对正在形成中的青少年价值观产生影响。有些网络歌曲或清新典雅，或针砭时弊，或幽默风趣，既使青少年受到美的熏陶，又表达了青少年的心声，使青少年的身心得到愉悦，对青少年价值观产生积极的影响。但同时，有些网络歌曲为追求商业效应不讲求质量，一时间泥沙俱下、鱼目混珠，歌曲中不文明词语频繁使用，对“性”的态度过度开放，以及歌词中所包含的颓废、无聊、暴力等，都对青少年价值观产生极为严重的消极影响。

网络歌曲对青少年价值观的影响主要体现在哪些方面，原因何在，如何趋利避害对青少年进行有针对性、实效性的价值观教育，使青少年既跟上科技发展的步伐，充分享受网络歌曲的轻松愉悦，又避免网络歌曲对青少年价值观带来的不利影响，是本章的主题所在。

第一节　网络歌曲与青少年生活的交融

一、识读网络歌曲

（一）网络歌曲的概念界定

对于网络歌曲，不同的研究者有不同的概念界定。有的认为“网络歌曲是指通过互联网络进行传播并得以流传的歌曲，主要分为三大类，即网友的原创、翻唱、改唱”[①]。有的则认为只要是通过互联网传播的歌曲都可称为网络歌曲，无论是网友原唱、翻唱或改唱，还是一些已经流行起来的歌曲重新上传到网络上，供网民下载欣赏。本书对网络歌曲的界定与前者相似，认为“网络歌曲是指由网友原创、翻唱或改唱，最先通过网络进行传播并得以流行的歌曲”。在此界定中，之所以加上“最先”二字，一是因为网络歌曲一旦在青少年中得到流行，并不一定只通过网络一种方式传播，也可能采取传统的发行唱片等方式传播；二是为了与通过传统方式（公司包装、推出唱片、大肆宣传等）得以传播和流行，然后又在网络上进行传播的歌曲进行区别。因为随着网络快速的发展，现在几乎所有通过传统方式已经传播和流行开来的流行歌曲、民族歌曲等都能够在网络上搜索到。

网络歌曲属于流行歌曲，是最先在网络上传播并得以流行的歌曲。但网络歌曲又不同于流行歌曲。①网络歌曲的创作、传播、欣赏离不开网络，而传统意义上的流行歌曲则并不依赖于网络。②网络歌曲的流行，不同于传统的音乐传播方式，需要经过唱片公司、经纪人、音乐人等层层把关，它们的成败全由网民的点击率决定，具有反精英化、本土化的特点，代表了平民的审美观，具有一种源于民间的生命力。③网络歌曲在音乐的欣赏上也不同于传统的只能欣赏、不能进行参与的单向收听方式，而是可以充分利用网络的互动性、交流性，以网络立体声语音聊天室、网络歌曲论坛等方式，进行多样性的、多人参与的、开放式的网上唱歌娱乐活动。

网络歌曲也不同于网络流行歌曲，网络歌曲属于网络流行歌曲，网络流行歌曲不但包括网络歌曲，还包括通过传统方式已经流行起来的歌曲上传到网络上，以供更多的人下载、欣赏。

（二）网络歌曲的产生与发展

网络歌曲伴随着计算机、网络的发展，以及人们对音乐的巨大需求应运而生。网络歌曲是音乐史上的一场革命，是音乐欣赏的一种转型。在旧媒介时代，人们通过收音机、电视机或录音机听歌，是以静观的方式欣赏，在时间性和选

① 李灵艺．浅谈网络歌曲．中共郑州市委党校学报，2005，（5）：59-60．

择性等方面比较被动。“而在新媒介时代，则非常强调视听结合，强调听者身体全方位的参与。在许多时候，你既是听歌者、观看者，也是自身的表演者。”[①]无论是在卡拉 OK 厅，还是在 KTV 包厢、酒吧中，男女老少都可以尽情高歌。唱歌、听歌成为人们表达、宣泄情绪的一种重要方式。网络更进一步拉近了网民与歌曲的距离，通过网络，网民按自己的兴趣点击歌曲，可以在线收听，也可以下载欣赏，可以在不同的地方、不同的时间听任何一首歌曲。这种自娱自乐、寄托情感、褒贬现实、自由畅吐的网络歌曲迎合了成千上万的人，并以越来越强劲的势头发展着。

“我国的网络音乐原创歌曲起步于上世纪末期，一两年后便形成大器。2001 年 8 月，雪村在网络上发表《东北人都是活雷锋》，一曲走红，被公认为开辟了我国网络原创歌曲的新时代，成为中国网络歌曲发展的里程碑。”[②]当“翠花，上酸菜”成为人们互相调侃的口头禅时，网络歌曲这种富有欣赏性、自娱性、可参与性的歌曲仿佛一夜之间闯入了人们的生活，成为青少年竞相追逐的时尚流行元素。

网民不仅可以便捷、自由地下载自己喜欢的歌曲，还可以参与其中，发表听后的感想、对歌曲的建议，或者干脆自己录制歌曲，成为网络歌曲的创作者、演唱者。因此，越来越多喜欢音乐、喜欢唱歌的年轻人参与其中，利用网络所提供的展示自我的舞台，依托网络带来的可参与性与巨大的包容性，把自己原唱或翻唱、改唱别人的歌曲，上传到网络上，展示自己的才华，吐露自己的心声。没有精良的制作，无须繁杂的发行，一个创意、一首歌曲、一位歌手、一张“网”，就是网络音乐的全部。因此，《东北人都是活雷锋》《大学自习室》《网络情缘》《特务小强》《老鼠爱大米》《狼爱上羊》《喝馄饨》《别说我的眼泪你无所谓》《秋天不回来》《在心里从此永远有个你》《等你等了那么久》《老公让我为你捶捶背》《小苹果》《恋习圆舞曲》等网络歌曲相继在网络上出现，并掀起了中国网络流行音乐的阵阵浪潮。

网络歌曲数目在不断增多的同时，其创造的点击率和由此而带来的经济价值也充分体现了网络歌曲的快速发展。“据雅虎中国的热门金曲排行榜，2004 年

---

① 陈弦章．新民风时代——网络歌曲特点及影响浅析．龙岩学院学报，2008，26（2）：44-48.

② 冯文双．自由洒脱的心灵之歌——论中国网络音乐原创歌曲．湖北师范学院学报（哲学社会科学版），2007，27（5）：26-28.

12 月 23 日的《老鼠爱大米》MP3 搜索量为 18.97 万人次，上榜 64 天的累计指数为 1013. 45 万人次，到 2005 年 5 月 14 日，用百度搜索《老鼠爱大米》MP3，音乐下载链接 4320 个，相关网页约 3 400 000 个。”[①]《小苹果》“自其在网络退出，仅仅 24 小时内，MV 在优酷视频的播放量就累计达 500 万，甚至于在 2014 年走出国门，登上了全美音乐奖的颁奖舞台”[②]。网络歌曲在点击率不断攀升、下载量持续增多的同时，也在直接为运营商创造经济价值。“《猪之歌》《老鼠爱大米》等九首华语网络歌曲挤进美国最大的数码音乐运营商 iTunes 全球音乐下载购买排行榜前 20 位，按照每首歌 0.99 美元的下载费标准，以当天平均下载 7000 次计算，这九首歌在入榜的当天就给音乐版权公司带来 6.2 万美元收入。”[③] 据文化部文化市场司行业数据监测点统计，2016 年上半年，我国网络音乐市场营收 25.4 亿元，市场同比增长 43.5%。[④]

网络歌曲的发展不仅体现在网络歌曲数目的增加上，其创造的高点击率及由此而带来的经济效益，一些网络音乐赛事的举行也促进了网络歌曲的发展。“中国网络音乐节” 2005 年首次举办，得到国家相关单位、网络歌手和广大歌迷网友的广泛关注。2006 年第二届中国网络音乐节在线参赛人数达到 40 万，2007 年，该赛事在全国设立 8 大赛区，到 2010 年更名为 “中国网络音乐之旅”，每年举办一次，是网络音乐的集结号，被称作“网络格莱美”。“中国网络音乐之旅”通过举办网络歌手、网络词作家、网络曲作家和网络音乐人的评选，给草根音乐人提供了一个更好地展示自我、提高自我的舞台，也为喜欢音乐的人们更好地了解网络歌曲、参与网络歌曲提供了机会。

但是，网络歌曲不断发展的同时，一些包含享乐主义、色情、暴力的网络歌曲也混杂其中，出现了一股恶俗之风，一些歌曲低俗无聊，对热衷于网络歌曲的青少年产生了不良影响。对此，音乐界和研究青少年成长的学者极为关注，不同的研究者对网络歌曲的发展持不同的观点。有研究者对网络歌曲的未来发展充满信心，并把网络歌曲与 20 世纪 80 年代的通俗唱法进行类比，认为通俗

---

① 冯文双．自由洒脱的心灵之歌——论中国网络音乐原创歌曲．湖北师范学院学报（哲学社会科学版），2007，27（5）：26-28．

② 吕靓．大众音乐审美热点分析——以歌曲《小苹果》走红为例．文化学刊，2016，（6）：148-149．

③ 熊晓萍，林安新．看好网络音乐：“钱”途无限的网络艺术产业．创业者，2006，（13）：26-28．

④ 杨倩．今年上半年我国网络文化市场营收破千亿元．http://www.mcprc.gov.cn/whzx/whyw/201608/t20160810_463035.html[2016-8-10]．

唱法在歌坛上崭露头角时，也曾差点被扼杀掉，如今却很流行。并预言，几年后，网络歌曲也可能成为歌坛上的“一条好汉”。① 也有学者对此表示担忧，认为有的网络歌曲淫言秽语、宣传色情，有的辱骂攻击、歪唱恶搞，像《月亮代表我的心》被篡改，《吉祥三宝》出了小偷版等20多个版本。② 也有人对此持中立态度，认为应该区别俗、低俗和恶俗的含义，“保持冷静，以平和的心态和科学的态度看待网络歌曲”③。

网络成了喜欢音乐的人们“狂欢节的广场”，在这个广场上，“支配一切的是人们之间不拘形迹地自由接触的特殊形式，而在日常生活中，即非狂欢节的生活中，人们被不可逾越的等级、财产、职位、家庭和年龄差异的屏障所分割开来……人们之间的等级关系的这种理想上和现实上的暂时取消，在狂欢节广场上形成一种在日常生活中不可能有的特殊类型的交往”④。狂欢的人们在创造、传播、影响着网络歌曲，同时受到网络歌曲的影响，而网络歌曲对青少年价值观所带来的影响正是我们价值观教育研究者所密切关注的。

（三）网络歌曲的特点

网络歌曲作为流行歌曲的一种，具有流行歌曲娱乐性、流行性的一般特点。网民可以自由地选择自己喜欢的网络歌曲，改变了过去一贯的被动听众角色，从简单、明快的曲调和浅显动人的歌词中，人们获得了最充分的轻松与享受。人们还可以主动参与创作，自娱自乐，增加了能动的空间和乐趣。一首歌曲一旦得到网民的认可，便会通过论坛、博客、微信等方式快速传播开来，在极短的时间以爆炸的方式迅速传遍全国乃至全球。网络的便捷性和数以亿计的网民加速了网络歌曲的传播，而且下载这些歌曲通常是免费的。大众不断追寻当下的快乐与时尚，促使许多网络歌曲虽然红极一时，但很快就会被更时尚、更新颖的音乐所替代。

网络歌曲除了具有流行歌曲的一般特性之外，还具有其自身所独有的特点。

---

① 柯秉刚．网络歌曲．北方音乐，2005，（5）：48．

② 刘畅．监管上传抵制歪唱　音乐前辈会诊网络歌曲．北方音乐，2007，（11）：52．

③ 金兆钧．关于网络歌曲的断想．人民音乐，2007，（12）：29．

④ 巴赫金．拉伯雷研究．李兆林，夏忠宪，等译．石家庄：河北教育出版社，1998：11-12．

1. 平民性

网民可以自由参与创作网络歌曲，网络歌曲的内容来自平常生活，网络歌曲的创作、下载简单、快捷，使得网络歌曲具有了平民性特点。

1）网络歌曲大多是年轻人的一种消遣性的自发行为，几乎没有什么功利色彩。他们大部分是网络音乐爱好者，而非专业音乐工作者，且常常兼创作和演唱于一身，如人气颇高的网络歌手唐磊、杨臣刚、香香、陈旭、东来东往、庞龙、段思思、筷子兄弟、祁隆、崔子格等。几乎所有热爱音乐的人们都可以参与到网络音乐的创作当中，寻找真正属于自己的音乐，展示自我独特的个性，激发内心潜藏已久的激情，做出最忠于内心的最真诚的音乐。这种自由创作的环境给网络歌曲的创作提供了巨大的自主空间，使演唱者和听众能够真实感受到前所未有的畅快和轻松，彰显了平实自然的生活观。虽然很多网络歌曲本身还稍显稚嫩，曲调也很简单，但是好听上口，一听就懂，一听就能记得住，所以，很快就在网民中流行开来。

2）网络歌曲的内容一般来自生活，比较直接地反映了平民生活中的苦辣酸甜。例如，《股民老张》描述了一个普通股民的炒股生活，“九点半上岗，十五点离场，星期一到星期五，天天都挺忙”，“股票一赚钱，心就有点慌，不知到底该了结还是该加仓；蒙生一匹大黑马，那叫一个爽，一天一个涨停板感觉忒膨胀”，“秋风吹又凉，大地一片黄，主力资金往外撤咧，年底要结账；飞流直下三千尺，一看是股指，挤泡沫的感觉就是心尖拧的慌”。歌曲以说唱的形式形象地描述了一个股民的生活，就如自己或邻家炒股者的生活，贴合大众，听起来十分直接、率直、亲和，容易引起网友的共鸣。《等你等得胡子都白了》中所唱到的“看到别的朋友都已经结婚啦，快三十的我却还没有个家”，“你说每天进进出出不知我在忙啥，还说别人都已住上了高楼大厦”，“我看着自己头上的点点白发，可我始终不知道你究竟在哪”用直白的语言描述了一个孤独的城市奋斗者而立之年的一些感慨，虽然一直很努力，但事业并不是很有成就，爱情依然没有着落，表达了对简单、温馨家庭生活的向往。网络歌曲简单、明了，没有沉重的内涵和厚重的感觉，并非“阳春白雪”，但它给许多孤寂的灵魂提供了一个表达、沟通、发泄的方式，也给许多热爱音乐而又苦于无处施展才华的人们提供了最快捷、最广阔的平台。这个平台是对所有网民开放的，任何喜欢

音乐的人都可以参与其中。

3）网络歌曲的创作门槛低，制作简单。网络歌曲一般有感而发，作曲、编曲、写曲可以由一人完成。网络歌曲制作技术简单，成本低廉，只要拥有一台计算机、一个话筒和简单的配套设备，无须更多花费，就可取得与专业制作相差无几的录音效果。作品上传几乎没有门槛限制，不受时间、地点的约束，想唱就唱，想传就传。与传统意义上流行歌曲需要经过音乐人、经纪人、唱片公司等层层选拔、包装、宣传等烦琐程序有很大不同。

4）网络歌曲收听便捷。在网络上，听众真正拥有了选择音乐的自主权，听众可以即时选择自己喜欢的音乐，音乐与听众之间的亲和力增强。“网络音乐的出现是‘庶民的胜利’，它使平民音乐爱好者有了话语权，使平民有了自我展示的舞台。”[①] 人们喜欢网络歌曲，也许正是觉得他们和自己更加接近而倍感亲切。原本都是普普通通的小老百姓，用大众化的旋律，唱出自己的情感，表达自己的感受，可能有些俗气却也有着真实的浪漫。

网络歌曲的平民性使得任何人都可以参与其中，也使其更接近人们的生活，更易于传播和流行。但是，网络歌曲虽然创作、传播门槛低，歌曲简单通俗，但歌曲创作绝不能违背社会的道德准则和标准，更不能包含某些色情、暴力因素。

2. 平等性

网络的诞生改变了传统的传播形式，同时为歌曲的自由创作、传播提供了平台，为每个网民提供了传播、编辑、制作、下载、评论音乐的可能，人们都可以成为音乐的接受者、制作者和传播者，可以自由、平等地上传、下载网络歌曲。

过去，发行歌曲唱片对普通人来说是可望而不可即的事情，歌手首先需要与唱片公司签约，歌曲需要包装、制作、发行、宣传等众多程序，而网络歌曲去除了所有这些门槛，无须专家的审核即可把作品挂在网络上发表，自由度很大。网络歌曲的平等开放性极大地激发了人们的创作热情，如唐磊的《丁香花》、刘嘉亮的《亲爱的不要离开我》、誓言的《求佛》、郑源的《一万个理由》、筷子兄弟的《小苹果》、祁隆的《等你等了那么久》、陈雅森的《我的快乐就是想你》

---

① 谢霜．网络音乐初探．文化学刊，2008，（4）：150-154．

等脍炙人口的歌曲相继产生，上传到网络上以后，经过时间和网民的“检验”很快在网络中流行开来，显示了很强的生命力。通过网络，这些网络歌手实现了自己的音乐梦想。相对于传统音乐创作方式，网络音乐体现了更强的平等性。

网络歌曲不但上传是平等的，而且下载也具有平等性。传统音乐在传播过程中会受到很多限制，网络歌曲则像一个全天候开放的书架，其所有的信息都是公开的，网民可以自由平等地选择自己喜欢的歌曲。网络音乐不仅可在线欣赏，亦可下载收听。它没有任何强制性的因素，人们不必考虑欣赏的顺序、时间，可以随时更新歌曲，可自由挑选不同的音乐风格。欣赏者的好恶受到了绝对的尊重，欣赏者的审美个性得到了充分释放。

3. 互动性

网络歌曲充分利用了网络技术的受众庞大、多向互动、平等参与等优势，使广大受众能够参与到对网络歌曲的讨论和评价中来，使歌曲的传播和反馈发生了革命性的变革。作为网络歌曲的受众，网民在接受音乐作品的过程中，不再是被动地欣赏、单纯地接受，他们可以主动地参与其中，积极讨论，发表不同的看法，同创作者和其他歌迷及时进行“面对面”的交流，评价作品的得与失；而歌曲创作和演唱者也不再仅仅是作品的施予者，他们可以及时快速地得到广大听众的信息反馈和意见，接受他们的评判，甚至可以邀请他们参与作品的创作和修改。另外，受众也可以通过一些软件对一些网络歌曲进行重新编辑、修改，将修改过的音乐作品发送给原来的创作者进行交流，或作为新的创作者传播给其他受众，并可以循环下去。网络交流没有阿谀奉承，不需要矫揉造作，创作者和接受者之间、创作者与创作者之间、接受者与接受者之间可以及时通过网络音乐论坛、博客、电子邮件、微信等及时地进行艺术或技术交流。“通过这种新的音乐行为方式，网络音乐不仅可以是欣赏对象，也可以变成制作修改的对象，同时也使传者和受众之间的关系可以相互转换，彻底改变了受众的被动接受的地位，使音乐的双向传播和多向传播成为现实。”[①]

4. 即时性

网络歌曲的创作者可以根据现实生活中发生的重要新闻事件、当前的社

---

① 胡斌. 网络音乐的多文化视角研究. 人民音乐，2002，(11)：37-40.

会热点事件、自己生活中发生的各种事情作为题材即时进行歌曲创作，表达对于时事的观点、态度，倾诉自己的情绪、感情。因此，网络歌曲具有即时性的特点。

网络歌曲往往带有创作者比较主观的态度和明显的倾向性评价，是个人情感、观点、态度的真实流露，虽是个人的意见，但也代表了社会上一部分人的舆论，传达的是公众的声音。2008年的大雪灾发生后，党和国家领导人迅速赶往灾区，不畏严寒艰险，指导救灾、看望受灾群众、鼓舞救援武警官兵，人们看在眼里，记在心上，为能有这样的好领导、好干部而骄傲，此时，有网友创作了《人民心疼你》一歌，表达了对温家宝同志的尊敬爱戴之情。“只要人民需要你，你就在第一时间出现。无论再大的危险，你都会义不容辞冲锋在前。”描绘了一个人民公仆的崇高形象，“总理啊总理，你太累了人民心疼你，每一刻我们都用心把你挂牵”表达了人民对他的爱戴之情。《爱上你等于爱上了错》《别说我的眼泪你无所谓》《亲爱的不要离开我》《等你等了那么久》《我的快乐就是想你》《又在梦里见到你》等歌曲则表达了青年人爱情遇到挫折时伤心、哀怨的情绪。

网络歌曲即时表达了创作者对社会各种事件、对现实生活的看法，这源自歌曲创作者强烈的现实意识，善于及时捕捉社会和时代的热点问题，把握社会大众的普遍心态，或是即时表达自己的情感、发泄自己的情绪，并快速地将其转化为歌曲形式。“在这个过程中，新闻的市民性契合了网络歌曲‘草根’性的定位；新闻的娱乐化契合了网络歌曲的搞乐目的；新闻的事件性契合了网络歌曲对故事性的需求。同时，网络歌曲无形中也为新闻事件和社会问题在社会中的再度流传创造了更大的传播面。”① 当然，与新闻事件更新速度快、个人情绪变化快相似，网络歌曲随着事件和情绪的不断发展变化，也会随之被即时产生的新歌曲所取代。

网络歌曲的平民性、平等性、互动性、即时性特点，使其能够更好地融入人们的生活中，反映人们的生活，表达人们的感情，发泄心中的情绪。但也正是由于这些特点，网络歌曲内容的健康程度和纯洁性难以保证。由于其创作门槛低，上传简易、下载方便，一些东拼西凑、与道德相违背、过度低俗甚至恶

① 陆金玉．新闻与网络歌曲的联姻．新闻与写作，2008，(5)：61．

俗的“歌曲”随之产生并得以传播。网络歌曲是一种文化现象，价值观是文化的核心内容。因此，网络歌曲在其主要受众——青少年中风靡流行的同时，其蕴含的价值取向也会对正在形成中的青少年价值观产生巨大影响。

二、网络歌曲与青少年价值观的关系

“文化是人类为了不断满足他们的需要而创造出来的所有社会的和精神的、物质的和技术的价值的精华。”[①]文化的核心内容是价值观。网络歌曲是一种文化现象，其创作目的风格、传播的方式方法都体现了其文化特质，蕴含丰富的价值观。作为青少年生活中的一部分，网络歌曲富含的价值取向对正在形成中的青少年价值观将不可避免地产生影响。同时，网络歌曲的创作者大多数来自青少年，其创作的目的也主要是满足青少年受众，因此，青少年的价值取向也会同样对网络歌曲的内容和形式产生影响。

（一）网络歌曲影响青少年价值观的形成和发展

“个体需要是反映个体生存和发展过程中自身内部的某种要求、意向、愿望等，是个体的各种活动的源泉，是形成个体价值观的客观前提。”[②]网络歌曲表现手法的大众性，符合青少年的强烈参与意识，歌词新鲜刺激，迎合青少年的猎奇心理，青少年能借助网络歌曲淋漓尽致地发泄心中的不同感情——喜悦、悲伤、愤怒、彷徨。青少年可以在线欣赏网络歌曲，也可以下载收听，还可以利用音乐制作软件和编辑工具软件对已有的曲调或歌词进行改编和创作，在网上发布，甚至可以在网上举行个人音乐会。网络歌曲正是以其平民性、平等性、互动性、即时性等特征，满足了青少年价值观形成过程中的各种心理需求，影响了青少年价值观的形成和发展。

1. 网络歌曲能够满足青少年求新求异的心理需要

麦克卢汉曾经说过，“媒介是人体感官的延伸”，电子技术、网络技术的发展“扩展了人类的感官，改变着人类认知世界的方式，激发了人类探索未知领

① 苏国勋，张旅平，夏光．全球化：文化冲突与共生．北京：社会科学文献出版社，2006：8.

② 陈章龙．价值观研究．南京：南京师范大学出版社，2004：58.

域的豪情，网络世界带给人们无穷的惊喜与刺激，将人类求新求异的心理预期推向了新的高度”[①]。网络为一些爱好音乐、爱好歌唱、渴望自我表现的年轻人提供了空前的自由和创作平台。人们通过音乐多角度、多视野地演绎着人间的真、善、美。很多歌曲打破传统的桎梏，给人以新颖别致之感，网络歌曲的这个特点正好与青少年的求新求异心理相吻合。例如，《猪之歌》就用轻松、调侃的风格表现了当今社会一些青年人衣食无忧的真实生活，用比较讨人喜欢，而又以懒惰著称的猪来形容是再贴切不过。筷子兄弟的《小苹果》用直抒胸臆的比拟、极具特色的节奏，在网络上红极一时。

这些歌曲随着事件的发生而出现，通过新鲜刺激、诙谐幽默的歌词表达了个人的看法和观点，在轻松的气氛中道出了大多数青少年的心声，符合青少年求新求异、不走寻常路的风格。这正“折射出今天的青少年正在形成一种趋新、求雅、尚异的社会心态，受这种心理的支配，青少年越来越不满足旧有的模式，喜欢创新，追求标新立异”[②]。

2．网络歌曲能够满足青少年自由平等的心理需要

尼采说上帝死了，福柯说作者死了、“人”死了。但是，听众还活着，青少年对歌曲的热情还在，他们要做上帝。“这种欲望大概与人类一样久远，但是，也只有到了今天，历史才为这无数上帝的诞生创造了条件。”[③]“网络的无中心结构、全球开放性等特点，消解了现实社会家庭、国家、民族、身份、等级等的限制，人成为一个彻底的虚拟的传播符号，一个真正的自己主宰自己的自由的精灵。”[④]

传统的流行音乐需要经过道道工序——策划、制作、包装、推广，经过唱片公司、出版公司、唱片或媒体等才能与听众见面。而网络歌曲则过滤掉了这些烦琐的程序，音乐通过网络直接面对广大听众。网络歌曲歌词一般内容通俗直白、感情真挚动人、旋律朗朗上口，强调交流，符合青少年强烈的平等参与意识。汉味说唱加嘻哈风格的网络歌曲《卖豆皮》表现的是人们日常生活中最琐碎、最无趣的一面。然而这些最琐碎、最无趣的东西恰恰是都市生活的常态，

① 钟瑛．网络传播伦理．北京：清华大学出版社，2005：191．

② 周晓虹，周怡．大过渡时代的中国青年．南京：南京大学出版社，2000：283．

③ 严锋．生活在网络中．北京：中国人民大学出版社，1997：84．

④ 钟瑛．网络传播伦理．北京：清华大学出版社，2005：191．

引起了有同样经历的都市人的共鸣。《股民老张》《斗地主》《光棍好苦》《大学生自习室》《大学生食堂》《兄弟情义》《追着公车的少年》《恋习圆舞曲》等都是记述普通人生活的歌曲，得到了广大青少年听众的认可。

青少年不仅可以自由、平等地参与创作，还可以自由、平等地欣赏网络歌曲、交流欣赏歌曲的感受。正如《孟子》中所言："独乐乐，与人乐乐，孰乐？曰：不若与人。"[①] 网络歌曲使青少年网民开始享受泛文化意义上的"交互性"，可以自由创作和参与其中。网络为每一位欣赏网络歌曲的网民提供了一个信息反馈的平台，可以及时与其他的欣赏者沟通欣赏后的感受，还可以把信息直接反馈给创作者。正如尼葛洛庞帝所说："在广大浩瀚的宇宙中，数字化生存能使每个人变得更容易接近，让弱小的孤寂者也能发出他们的声音"，"在网上每一个人都可以是一座没有执照的电视台"[②]。对自由、平等的追求与向往是人类与生俱来的天性，网络歌曲的可参与性、可制作性、可发表性等特点，满足了青少年平等交流的心理需求，使他们在参与中得到了最大的愉悦。

3. 网络歌曲能够满足青少年快捷、简易的心理需要

大多数网络歌曲的歌词通俗直白，词曲的编排、内容的表达也不复杂，旋律朗朗上口、结构简洁短小、曲风清新俏皮，通俗易唱，表现出浓厚的时代气息和清新自然的艺术风格，给青少年提供了一道可口的"娱乐快餐"。比如，唱遍大街小巷的《两只蝴蝶》《小苹果》既没有先锋的艺术追求，也没有高深的思想，旋律简单，谁都可以顺口唱下来，所以吸引了广泛的听众，赢得了社会各阶层尤其是青少年的喜爱。又如，描写年轻人情感生活的《丁香花》《别说你的眼泪我无所谓》《我想找个女朋友》《我的快乐就是想你》等歌曲，歌词朴实简单，旋律流畅动听，感情表达真挚，具有极强的感染力和传唱性。

网络歌曲不仅内容、旋律比较简单，其收听方式也快捷简单。网络歌曲大多免费下载，青少年几乎不需要花钱就可以听歌，可以随意下载、随意更新自己的歌曲收藏。各种网络播放器为网络歌曲的流行提供了载体，青少年可以及时搜索、下载自己喜爱的歌曲，也可以通过网络把自己喜欢的歌曲传递给朋友共同欣赏。在奉行"自由和免费"的网络社会，MP3、MP4、MP5、苹果等音乐

---

① 《孟子·梁惠王下》。

② 尼葛洛庞帝．数字化生存．胡泳，范海燕译．海口：海南出版社，1996：7，205．

播放工具的出现被认为是网络生存和娱乐方式的极大变革，在它的帮助下，网络歌曲以迅雷不及掩耳之势占据青少年的心灵，进入青少年的耳朵，“几乎一夜之间，网络音乐铺天盖地地进入了人们的生活，主宰了年轻人的灵魂”[①]。

4．网络歌曲能够满足青少年表达、发泄的心理需要

网络音乐受到青少年的欢迎，正是因为它迎合了成千上万人的需求和无数需要释放的心灵。青少年的学习任务繁重、压力大，成长过程中会遇到种种生理和心理的困惑、社会化过程的迷茫、人际关系的不知所措等，青少年在内心深处渴望表达自我、释放情绪，传统上的流行歌曲可以起到一定的抚慰和舒缓作用。但有限的流行歌曲，以及购买唱片、收听时间的限制等，总是很难满足青少年的需要。网络歌曲的出现，则为青少年表达、发泄提供了一个平等而自由的平台，使其在繁忙的学习之余得以娱乐和消遣。

“现实中，许多人都在用一个真实的载体承载着一个虚伪的内心，而在网络中，绝大多数人则在用一个虚拟的身份掩饰着一个相对真实的自我。在这没有实际利益的指使，一切都变得简单明了，纯而又纯。”[②] 也许正是因为网络缺少了现实的压力，网络歌曲才变得更加真诚。大多数网络歌手所创作的歌曲没有任何修饰，也没有任何的商业目的，而是创作者真情实感的表达，他们用幽默、调侃的语气表达心中对现实生活、理想、爱情的看法——赞成、不满或愤懑。作品来源于普通生活，所以，也更接近于人民大众的生活，容易引起青少年的共鸣。因此，这类“原生态”的网络歌曲一经产生就受到欢迎，支持率很高。一些表现失恋伤怀的情歌，如《别说我的眼泪你无所谓》《忘了怎么哭》《情深缘浅》《爱上你等于爱上了错》《用情最深的人》《又在梦里见到你》《醉相思》《我俩永隔一条水》等，则淋漓尽致地表达了年轻人感情遭受挫折时的心情，通过倾听或演唱网络歌曲，青年人内心情感得以表达，悲伤情绪得以舒缓，伤心情怀得以发泄和释放，有利于青年人调整自己，从而以积极乐观的心态面对生活。

正是由于网络歌曲满足了青少年成长过程中求新求异、简单快捷、自由平等等心理需求，网络歌曲受到青少年的欢迎，并潜移默化地对青少年价值观产生影响。网络歌曲作为一种娱乐的方式，好像与青少年价值观没有什么联系，

---

① 季向敏．浅谈网络音乐之走向．美与时代月刊，2007，(5)：35-37.

② 辛蓓．关于网络时代青少年道德价值观变化的研究．成都：电子科技大学硕士学位论文，2002.

听听音乐而已，并不是一定要学那歌曲中的人，也不一定就真的欣赏所听到的那个调，但是其长期对涉世不深的青少年潜移默化的影响是不可低估的。“网络给我们带来的最深刻的变化不仅仅提供了一个虚拟的生活社区，它的重要性还在于打开了一个更为重要的文化形态。”[①]网络歌曲作为一个重要的文化形态，由于本身的特点和强势影响力，它提供给青少年的不只是“资讯产品”，更多的是这些“产品”背后的价值观念，其所蕴含的价值取向也会在无形中影响正在形成中的青少年价值观。“正确的价值导向如果渗透在这些文化产品的内涵中，那么它们就在不知不觉中使青少年得到了教育提高。而且越是不知不觉，越能深入他们思想的深处。反之亦然，价值导向不健康的东西，越是搞得精巧，就越容易在不知不觉中腐蚀青少年的灵魂。”[②]

（二）青少年价值观影响网络歌曲的内容和形式

网络歌曲是依靠网民的点击率而存在和发展的，创作内容和形式迎合其主要受众——青少年的需求是其传播和流行的前提和基础。台湾艺人李宗盛对流行歌曲的创作曾有这样的阐释：“其实我们不是眼汪汪地写词作曲的，我们是在研究大众心理，确定一个可能流行的主题后，才投其所好进行创作的。”[③]青少年在身心成长过程中会遭遇种种的成功与失败、心灵的煎熬与解脱，正是在自身成长与外界矛盾、身心内在矛盾的交错作用下，青少年才不断成长和成熟。在成长的过程中，青少年需要倾诉、发泄，网络歌曲的平等、开放为青少年提供了这样一个平台。因此，作为网络歌曲的主要创作群体和传播群体，青少年的价值需求和价值取向对网络歌曲的内容和形式将产生深远的影响。

一方面，青少年的价值取向影响网络歌曲的内容。青少年是网络歌曲的创作主体和传播主体，通过网络这个平等、开放的平台可以更直接、无拘无束地创作歌曲，表达自己的观点、看法、愿望，歌唱生活的美好，倾诉心中的迷茫或苦闷，这样的歌曲容易引起青少年心灵的共鸣，赢得高支持率。因此，有些网络歌曲从关注国家发展和个人发展的角度出发，有些网络歌曲是人们日常生活的真实描述，有些则是对生活的丑化及心中愤懑的发泄。一些作品是用大胆

---

① 符马活．诗江湖：2001网络诗歌年选．西宁：青海人民出版社，2002：64．

② 苏颂兴，胡振平．分化与整合：当代中国青年价值观．上海：上海社会科学院出版社，2000：271．

③ 苏军．悸动的偶像．上海：上海三联书店，1995：39．

辛辣的手法来反映普通民众的生活，记录其斑斓世界。这些歌曲代表了青少年的观点，道出了青少年的心声，在网络上流传极广。

另一方面，青少年的价值取向影响网络歌曲的形式。网络歌曲是否流行主要由网友评判，其生命力如何也由网络世界决定，只有那些能够引起青少年情感的共鸣，符合青少年年龄特征和心理特征的歌曲，才会得以流行。说唱的形式既适合于青少年的快节奏要求，又能在固定的时间内表达较多的内容。改唱、翻唱一些经典歌曲是青少年对经典的创新，能充分展示新时代青少年的风格。网络歌曲既有古典音乐，也有现代音乐；既有民族音乐，也有流行音乐；既有电影、电视音乐，也有贺卡、邮件音乐；既有 MIDI 音乐，也有 MP3 音乐；既有 Flash 动画音乐，也有计算机游戏音乐。网络歌曲的多种形式是传统的音乐传播方式所无法比拟的，给青少年提供了更多的自主选择的空间，满足了青少年对音乐的多元需求。

网络歌曲与青少年价值观是相互影响的，只有健康向上、娱乐性与艺术性兼具的网络歌曲才会使青少年在身心得到放松和愉悦的同时，又潜移默化影响其形成正确的价值观。而积极进取的青少年价值观也会促使网络歌曲以更健康的内容和更恰当的形式不断产生并快速发展。

第二节　网络歌曲对青少年价值观的影响

科技发展史不断证明，科学技术是一把双刃剑，既存在有益于人类发展的一面，也存在不利于人类发展的一面。网络歌曲作为信息技术的新生儿，毫无例外也具有这种双面性。健康向上的网络歌曲能够更好地促进青少年的成长和发展，但不健康的网络歌曲则会对青少年一代产生消极的影响。青少年价值观是青少年对人生意义及自我存在价值的认识，可以持久地触发他们对某种价值目标的强烈感情和欲望，直接或间接影响青少年的精神世界和行为状况，是他们从事实践活动的内在驱动力。价值观内容丰富，包括人生价值观、道德价值观、审美价值观、政治价值观、经济价值观、环境价值观、宗教价值观等，本书仅选择对青少年成长密切的三种价值观——人生价值观、审美价值观和道德价值观研究网络歌曲对其产生的积极和消极影响。

一、网络歌曲对青少年价值观的积极影响

网络歌曲作为一种新的文化形式，给青少年提供了一个自我展示的平台，一种自我表达的方式，丰富了青少年的精神生活。一些积极健康的网络歌曲在表达青少年心声、发泄青少年情绪的同时，熏陶和感染了青少年，对他们正在形成中的价值观产生了积极的影响。

（一）积极向上的网络歌曲引导青少年正确地认识人生

“人生价值观即是人生价值的观念反映，是人们对人生价值的根本看法和态度，是人们在对自己的人生价值自觉或不自觉地进行评价的过程中形成的。”[①]人生价值观是人们对人生意义与价值的思考，是对人为什么活着以及如何生活才更有意义的根本看法，是对人生理想、人生追求，以及实现手段和途径的总体把握。人不仅是实体的存在，更是意义的存在，人们只有在追寻意义的过程中才能获得精神生命的愉悦和心灵的安顿。

网络歌曲充分利用其平民化风格、大众喜闻乐见的形式，用朗朗上口的歌词和中国式的民间小调满足了青少年的随意哼唱，具有很强的感染力。“无论是翻唱还是原创，网络歌手都是普普通通、热爱网络的年轻人，从词曲的编排到内容的表达，网络歌曲都能最大限度地体现青年一代对生活的感悟，这一切都远比那些高高在上的流行歌手显得更有亲和力。”[②]健康向上的网络歌曲能够激起青少年追求美好生活的愿望，鼓励青少年不断认识自我，追求自我。青少年之所以喜欢网络歌曲，是因为“网络流行歌曲歌词中所表达出的幸福、忧伤、苦闷等情感都能为其所理解，并产生共鸣，因此，他们在现实社会中无法得以抒发的情绪变会转向网络流行音乐，寻找归属感和宣泄处；许多歌词内容包涵爱国、爱家、励志等积极素材流行歌曲，能使青少年从中受到一定的启发，更加

① 刘济良．价值观教育．北京：教育科学出版社，2007：44．

② 黄李娜．中国网络歌曲流行原由之探．安徽文学，2006，(8)：80．

积极向上”[①]。《股民老张》虽然只是对一个“不涉抢和偷，也不沾毒赌黄，买进卖出两头纳税，拥护党中央”，“揣着一份梦想和九分坚强，六千万里有我一位股民老张”的生活描述，却浸透和传达了一种朴素、简单而又不断追求的生活哲理。网络歌曲《毕业了》唱出了即将毕业的青年人对学校时光、同学之情的美好回忆以及对彼此未来的深深祝福，“你的悲伤收起来”，“你的欢乐留下了，你的快乐身影在我脑海中徘徊”，“你的勇敢留下了，你的欢笑藏在我脑海，我的心为你而期待”，表达了对友情的珍惜、对未来的希望，透露出一种不懈努力、积极追求的人生价值观。唱遍大街小巷的网络歌曲《两只蝴蝶》以其简单的旋律和真实的感情打动了每一位听众，表达了当代青年人对于美好爱情、高尚生活的追求、渴望和珍惜。网络歌曲《有一种爱叫做放手》中唱到“有一种爱叫做放手，为爱结束天长地久；我的离去若让你拥有所有，让真爱带我走”。歌曲表达了对已逝爱情豁达释然的情怀，表达了青年人对爱情的理智对待和对生活的理性选择。

“对意义的追寻，对人的生命和世界的根本意义的理解和解释，是人的一切生命活动的基本出发点，是人类文化活动的本质。人在世界上的生存、活动、创造，都必须以对自己的价值意义的把握为前提。”[②]青少年时期是价值观形成的关键时期，他们从对人生的迷茫、思考到树立坚定目标，形成正确的人生价值观是一个循序渐进的过程。道理的讲述所起到的作用是表面的，只有经过价值认可和价值选择并内化整合的价值观才能被青少年接受。积极向上的网络歌曲所起到的作用就在于此，既满足了青少年娱乐、情感发泄的需求，又潜移默化地完善了青少年对人生价值和意义的认识，促使其追求一种有意义的生活。

（二）意蕴丰富的网络歌曲有利于青少年传承道德

道德价值观是人们对道德价值的看法和态度，具体说来，就是人们对个体的道德意识和道德实践活动对于社会、集体和个人所具有的意义的根本看法和态度。意蕴丰富的网络歌曲饱含优良的道德价值导向，有利于青少年形成正确的道德认知，做出正确的道德选择，有利于正确道德价值观的形成。

---

① 夏雄军，毛一．网络音乐对青少年价值观的影响探究．音乐大观，2013，(7)：56．

② 阮青．价值哲学．北京：中共中央党校出版社，2004：18．

网络歌曲《上帝保佑我的奶奶》通过回忆和奶奶共同生活的点点滴滴，表达了对已经过世的奶奶的深切怀念以及对奶奶的深深祝福。《老爸》这首歌从小时候爸爸买的胶皮糖开始，回忆自己成长过程中和爸爸发生的冲突与相互理解，纪念逝去的父亲，情真意切，很有感染力。这些歌曲传达了中华民族尊敬老人的优良传统，以及对骨肉亲情的深切缅怀，教导青少年珍惜身边的亲人，尊敬长辈，孝敬老人。“5·12”汶川大地震发生后，不顾余震危险立刻赶往灾区指导救灾、安抚灾民的国家领导干部，人们看在眼里，记在心上，一首《人民心疼你》唱出了人民对温家宝同志的热爱。“每当风雨来临，你就会来到我们中间，无论再大的风雨，都被你挡在了一边；只要人们需要，你总在第一时间出现；无论再大的危险，你都义不容辞冲锋在前”，表达了人民对一心为民的公仆的赞扬。这对于青少年树立集体主义道德观念，培养热爱祖国的感情和乐于奉献的精神具有重要的意义。我国神舟七号航天飞船遨游太空之际，网络上即时出现了歌曲《太空欢迎你》，是对轻松、欢快的歌曲《北京欢迎你》的翻唱，表达了网民对中国航天事业快速发展的喜悦和对遨游太空、探索太空的信心、决心和愿望。《东北人都是活雷锋》描述了一位豁达、幽默、助人为乐的东北人，表达了人们对助人为乐行为的赞扬和褒奖。

情歌是流行歌曲的主流，网络歌曲也不例外。《两只蝴蝶》《你是我的玫瑰花》《你是我今世最美的缘》等直接抒发对美好爱情、所爱之人的爱惜和珍惜。《有一种爱叫做放手》《爱你所以放开你》则表达了对逝去爱情的怀念和释然。“爱给了你我不后悔，只希望你给我一次机会”，“为什么，你总让我憔悴，别说我的眼泪你无所谓”（《别说我的眼泪你无所谓》）表达了对爱的悲伤；“我已经忘了怎么哭，怎么哭，独自收拾着爱情的包袱，这段情一开始就错误”（《忘了怎么哭》），“当你孤单你会想起谁，想不想找个人来陪”（《当你孤单你会想起谁》）等，则抒发了对不可得到的爱情的悲切、绝望之情。青年人通过网络歌曲或抒发对美好爱情的珍惜与期待，或表达失去爱情后苦涩、痛苦的心情，在网络歌曲的陪伴下青少年逐步学会用道德来约束自己，正确看待爱情，理智处理青春期的情感问题，逐步形成正确的爱情观、婚姻观。

（三）清新温润的网络歌曲提升青少年对美的感悟能力

美是一种体验，是一种追求，是一种境界。审美价值观是“人们从美学角

度对事物的认识和评价所反映出来的价值意识和价值判断”[①]，体现在个体对自然、艺术、人物的价值追求和价值评价中。个体的审美价值观一旦形成，就会对人的审美倾向和审美追求产生深远的影响，在欣赏和评价审美对象时，就会在情感和态度上明显地流露出喜欢或者不喜欢、满意或者不满意的价值倾向性。“审美价值观除了特定群体共有的一般性审美共识之外，更多的是个体融入情感的超验的体验，个性化倾向比较大，甚至只可意会而不可言传，产生美妙的精神享受。”[①]音乐是一种表达内心情感的艺术，从古典音乐到现代流行音乐，再到网络音乐，音乐的特点发生了巨大的变化，但从不脱离艺术的框架。它陶冶人的情操，净化人的灵魂，培养人的品格，提升人的修养。

青少年正处在审美标准的形成和审美情趣的培养阶段，韵味十足、内涵丰富、意境优美的网络歌曲，通过歌词和乐曲的完美结合，可以使青少年欣赏和体会到音乐所带来的想象美、意境美，使其在美的情景中得到陶冶和熏陶。《两只蝴蝶》让人们联想到中国经典爱情故事“梁祝化蝶”，两只蝴蝶永相随，与自然融为一体，不但给人以遐想的空间、愉悦的美感，还引导青少年珍惜感情，爱惜美好的事物。正如美学家蔡仪所说：“美感，是美的对象既引起我们的美感愉快，又引起我们感性的快感或其他精神的愉悦，对于全体来说，都是愉快的，一致的，调和的。”[②]《毕业了》通过毕业时对同窗生活的点滴回忆，抒发了对同学生活、学生时代美好时光的留恋之情，从而鼓励大家珍惜同学友谊，相互鼓励、自信地面对未来的生活，去创造更美好的未来。

不但乐观、欢快的音乐能给人以美的感受，一些伤感、忧郁的歌曲同样能引起人们心灵的共鸣，在“苦、辣、酸”中感受“美”之存在、“美”之伟大。《丁香花》一歌在忧伤的吉他声中描绘了一个丁香花吐蕊、清香四溢的淡雅画面，“你说你最爱丁香花，因为你的名字就是她。多么忧郁的花，多愁善感的人啊。花儿枯萎的时候，当画面定格的时候，多么娇嫩的花，却躲不过风吹雨打。飘啊摇啊的一生，多少美丽编制的梦啊，就这样匆匆你走了，留给我一生牵挂”。歌曲中男孩和女孩那种纯而又纯的感情，给人以脱俗、唯美的感觉，表现了青少年对纯洁感情的向往和珍惜，以及对已逝美好感情的无限眷恋。东来东往在歌曲《别说我的眼泪你无所谓》，用带着哭泣的嗓音唱出了“80 后”对于爱情的无奈，

---

① 陈章龙．价值观研究．南京：南京师范大学出版社，2004：31.

② 王纯菲，宋玉书．广告美学：广告与审美的理性把握．长沙：中南大学出版社，2005：67.

“看我流泪你头也不回，哭过了泪干了心变成灰。我想要的美你还不想给，伤了的我的心怎去面对。爱给了你我不后悔，只希望你给我一次机会，让我去追让我去飞，毕竟爱过的心需要安慰，需要你安慰”。这首歌在网络上一出现，就引起了很多青年人的共鸣，使人感到有一种似曾相识的味道，道出了青年人对得不到的爱情的悲伤和无奈。在低沉悲伤的网络歌曲中，青年人依然能够感觉到“美”的存在，并能体会到，“美”不在于其结果如何，而在于曾经拥有过以及为此所做的所有努力。

康德曾说：“美是沟通道德和知识的桥梁。”[①] 苏霍姆林斯基也说：“对周围世界的美感，能陶冶学生的情操，使他们变得高尚文雅，富有同情心，憎恶丑行。”[②] 清新温润的网络歌曲可以愉悦青少的身心、舒缓其压力，陶冶其情操，使其感受美的伟大和情趣，在生活中发现美、创造美，形成正确的审美价值观。

二、网络歌曲对青少年价值观的消极影响

一些清新流畅的网络歌曲受到青少年欢迎，对青少年价值观产生积极影响的同时，网络上也存在一些粗制滥造、格调恶俗、歌词怪异的网络歌曲，有些甚至以哗众取宠、打情色“擦边球”等做法来吸引青少年，玷污了音乐艺术，败坏了社会风气，毒害了青少年心灵，对青少年的人生价值观、道德价值观、审美价值观带来了消极的影响。

（一）低迷消极的网络歌曲导致青少年漠视人生意义

一些鱼目混珠的网络歌曲，在张扬个性的幌子掩盖下，暗含自我中心主义、金钱至上、暴力倾向等人生价值取向，把追求自我的进步和发展演变成了对自我人性的漠视和玷污，在过度的“张扬”中消解了自我，丧失了人生前进的动力。

1）一些网络歌曲暗含自我中心主义价值观。有些歌曲的歌词不但不管听众的感受，而且有不择手段之意，无限夸大了自己的能力。人正是由于自身的有限性，以及对此正确认识基础上的不放弃、不抛弃、勇于追求的精神使得人类不断进步和发展，在理想的指引下过着美好的生活；生活中也正是由于一些

① 转引自：刘礼元．“以人为本”理念在学生生命价值观教育中的体现．世纪桥，2008，（5）：82-83．

② 苏霍姆林斯基．和青年校长的谈话．赵玮，等译．上海：上海教育出版社，1983：102．

可遇而不可求的东西才使生活变得更加迷人，倘若为了自己的欲望而不择手段，只看到“我”，而看不到“你”，“我”也就会被异化和消解。

2）一些网络歌曲包含金钱至上的人生价值观。有些则篡改了原流行歌曲，不仅破坏了经典之作，无形之中使青少年对爱情失去神圣感、崇敬感，而且无形中向青少年灌输了“金钱至上”的道德观念。有些歌曲从头到尾体现着人生的目的就是挣钱、花钱，不用思考，无需精神，物质第一，金钱至上。

3）有些网络歌曲暗含消极自杀倾向。青少年在生活、学习的道路上遇到困难是必然的，当遇到问题时应当引导其积极应对，但是有些网络流行歌曲却暗含逃避问题甚至有消极的自杀倾向。人生的道路正是因为曲折与坎坷而变得精彩，遇到困难就消极逃避、一蹶不振是不对的。情绪是会感染人的，消极的情绪也一样，一些网络歌曲只在发泄牢骚，消极应对，却没有引导青少年采取积极的策略去应对困难，解决问题。

4）有些网络歌曲表现的是庸俗、享乐的价值取向。正如19世纪法国著名作家维多克·雨果所说：“人有了物质才能生存；人有了理想才谈得上生活。你要了解生存与生活的不同吗？动物生存，而人则生活。”①一些网络歌曲淡化了青少年的追求，把人的生存基础作为人的生活目标，抹去了人与动物的根本区别。可笑、荒唐的网络歌曲对青少年积极向上人生价值观的形成产生消极影响，可能导致其对庸俗、享乐生活的追求而忽略对人生意义的思考和追求。

（二）低俗的网络歌曲造成青少年道德失范

有些网络歌曲偏离了艺术本性，成为歌手“泄愤的工具”，歌词内容充斥着污言秽语、暴力和色情，缺乏最基本的道德意蕴和道德规范。“一些网络流行歌曲，不论是MV还是歌词都充斥着暴力、自私、情爱等，这些音乐的内容过多地宣泄一些不良的情绪，与我国传统价值观相左，更违背社会主义核心价值观的要求，如果青少年受到这些与我们主流文化相悖的音乐文化影响较多时，青少年价值观会带有消极色彩，使其荒废学业，阻碍他们健康成长。”②青少年的辨别能力较差，道德意识正处于形成过程中，接受性强，如果他们长期沉迷于这种低俗的网络歌曲中，很容易受其影响，漠视普遍的伦理道德，引起道德失范。

1）一些网络歌曲使用脏话、脏字或者生活中人们比较避讳的词语，漠视基

① 刘济良．青少年价值观教育研究．广州：广东教育出版社，2003：174．

② 夏雄军，毛一．网络音乐对青少年价值观的影响探究．音乐大观，2013，(7)：56．

本的社会公德。有的不文明词语是为了表达心中的愤懑，有的是对某个人或某些人的指责，有的好似口头禅直接在歌曲中表现，有的故意用一些人们生活避讳的词语来吸引网民的注意力，以换取高点击率。

2）有些网络歌曲具有明显的暴力倾向。恶搞《千里之外》的网络歌曲在原歌淳朴浓郁的中国风曲调的伴奏下，把歌词改成充满血腥、暴力、残忍的内容。这种歌曲对成长中的青少年造成极坏的影响。这样思想境界低下的网络歌曲会误导青少年的道德意识和道德行为，影响青少年正确价值观的形成，有些甚至会引起青少年犯罪。

3）一些网络歌曲充斥着赤裸裸的色情成分。一些歌曲以耻为美，以羞为荣，把霉变糜烂的生活写成一些青年人的追求，社会公德、家庭美德全然没有，责任感淡漠，只求个人享乐，并认为这就是流行的“另类生活”和英雄本色。有些歌曲含有明显的性暗示，对青少年纯真的心灵是一种亵渎和践踏。爱情是人类永恒而美丽的话题，青少年正值情窦初开，渴望更多的对爱情的理解和对性的了解。但是，传播极快、流行极广的网络歌曲对纯性欲的宣泄，是对传统道德观念、信仰和性观念的挑战及践踏，对身心正在成长中的青少年造成的心灵污染和伤害是极大的。

（三）趣味低下的网络歌曲造成青少年审美价值观庸俗化

健康向上的网络歌曲使青少年产生愉悦感，提高审美意识，促使青少年发现美、创造美，而趣味低下的网络歌曲则会误导青少年的审美意识和审美判断，造成青少年的审美庸俗化。

1）在网络上，一些歌曲趣味低俗，疏远主流文化、高雅音乐，盲目扮“酷”，以低俗为美，有的甚至还夹杂颓废情绪，以低俗的事物、人们厌恶的东西为美，以此来吸引缺乏辨别能力的青少年的关注。例如，一些网络歌曲用苍蝇、蟑螂比喻自己，这种对丑恶的宣传以及对以丑为美的宣扬，对正在形成中的青少年审美观念和审美能力造成极大的负面影响。

2）有些网络歌曲出现反叛的审美观念，尤其在一些表达爱情的网络歌曲中出现频繁。一些网络歌曲把人类美好的爱情当成了动物满足本能需要的关系，是对人类美好情感的亵渎，是时下一些年轻人对爱情的庸俗化理解。这些歌曲“没有了过去同类歌曲所呈现出来的对爱情刻骨铭心的倾诉，有的只是对情爱的

一种情绪上的吟唱”[①]，把人类对美好感情的追求表现得世俗、平庸而又急功近利，对正在形成中的青少年爱情观产生消极的影响。

网络歌曲作为青少年喜欢的一种大众文化，在走向大众生活、关注大众情感、表达大众心声的同时，一些消极、不健康的网络歌曲也在抵消青少年对经典文化、精英文化、高雅艺术的追求，导致青少年生活平面化，使青少年“成为没有记忆、没有深度、没有历史的平面人，犹如丧家之犬游离于都市荒原的每个可能的横切面，又犹如一个蒙太奇式的欲望分子，不断在拆解、组合、重叠、分离，极尽各种可能并行不悖地互动”[②]，没有了追求崇高理想、优良道德、超凡之美的渴望。

第三节　网络歌曲影响青少年价值观之归因

价值观决定着人们对客观世界和自我存在意义的不同认知和所采取的行为方式。“对于青少年的个体来讲，价值观是他们对人生意义及自我存在的行为目标的认识，一定的价值观可以持久地触发他们对某种价值目标的强烈感情和欲望，在很大程度上规定着青少年的精神世界和行为状况，是个体从事实践活动的内在驱动力。”[③]网络歌曲作为科技时代的产物，其本身是无所谓好或坏的。但是不同的网络歌曲对青少年价值观产生了积极或消极的影响，这既与青少年的身心特点有关，又与网络歌曲的特点密不可分。

一、青少年价值观的可塑性与易动性并存

青少年是网络歌曲的主要弄潮儿和狂热追逐者，网络歌曲的产生和发展都离不开青少年的支持。青少年时期是价值观形成的关键时期，青少年价值观具有极强的可塑性，一些优秀的网络歌曲能够满足青少年的求新求异需要、情感

① 陈弦章．新民风时代——网络歌曲特点及影响浅析．龙岩学院学报，2008，26（2）：44-48．

② 潘知常．反美学．上海：学林出版社，1995：197．

③ 周韵．电视传媒对青少年价值观影响探析．南京：南京师范大学硕士学位论文，2007．

发泄需要等，对青少年价值观的形成产生了积极的影响。但青少年价值观具有易变性，没有形成稳定的价值认同和合理的价值取向，因此，他们的网络素养不高，容易受到灰色、黄色、黑色等网络歌曲的影响。

（一）青少年价值观的可塑性

青少年思维活跃，勇于尝新，富有冒险精神，对新生事物有浓厚的兴趣，但其身心尚未成熟，正处于成长中，他们想摆脱依赖，放弃权威，追求独立人格，但缺乏辩证思维能力和独立判断能力。在理论与现实的冲突中，他们的思想活跃与混乱并存，既有追求美好未来的强烈愿望，又显得理想模糊；既想信奉科学的人生观，但实际上又自觉不自觉地顺应普遍较低的社会道德行为模式。

美国心理学家罗杰斯认为，青少年“价值观的形成和确立不是不变的，而是不断变化的”[①]。青少年价值观的形成是一个从社会认知到自我认知逐渐内化的过程，大致由三个层面组成。①青少年通过家庭、学校、社会有关价值知识的灌输，以及自己对周围人的观察，逐渐形成对人性的认识、对人生的认识、对快乐和痛苦的认识、对理想和现实的认识等。在此层面，外界的价值取向对青少年产生极大的影响，直接影响其对人和事物的价值认识。②青少年依据这些概念框架联系自己，形成对自己的评价，对生活意义的理解，以及对生活方式的选择，这时，青少年的“价值观是一种再造的价值观，‘他律’的成分大于‘自律’的成分”[②]。③现实生活的经历、实践的结果使青少年面临冲突，不得不反思自己的生活态度，青少年的价值观“也势必经历选择、重构甚至蜕变的痛苦历程，开始从再造的价值走向创造的价值，从瞬间的意图、奋斗的倾向到把概念转化成现实的一种相对持久和相对稳定的目标”[③]。从青少年价值观的内化过程可以看出，青少年价值观的形成是一个循序渐进、逐步发展的过程，是外在影响和内在选择、社会认知和自我认知相互影响、不断整合的过程，青少年价值观形成的三个层面均显示出其具有很强的可塑性。

青少年价值观不仅从整体形成过程来看具有可塑性，而且就价值观的理解、整合过程来看也具有可塑性。就青少年接触网络歌曲而言，青少年创作、欣赏、

---

① 黄希庭．当代中国青年价值观与教育．成都：四川教育出版社，1994．

② 苏颂兴．分化与整合：当代中国青年价值观．上海：上海社会科学院出版社，2000：212．

③ 苏颂兴．分化与整合：当代中国青年价值观．上海：上海社会科学院出版社，2000：213．

传播网络歌曲过程的同时也在对其所蕴含的价值观进行理解、认同、选择和整合，并最终接受或抛弃此种价值观的过程。

1）青少年收听网络歌曲是对网络歌曲传播信息的价值理解。“价值理解是个体通过自己的思想结构领会获取外来的价值信息，并转化为自己价值体系的有机组成部分，具有个性化特征。”①青少年欣赏网络歌曲的过程，是一个价值理解的过程，青少年“对感受到的信息加以整理、组织和解释，并凭以往的情感、经验等做出价值评判，明确传播信息中所包含的价值观念”②。青少年还是一个不成熟的群体，思维还不是很成熟，生活经验也不够丰富，对很多问题还缺乏判断力，难免会对网络歌曲价值理解产生偏差。

2）青少年会对网络歌曲传递信息产生价值认同。“认同是一种自觉或不自觉的赞许、遵从。”③价值认同主要是通过后天的各种教育学习，从而对社会价值规范内容与意义产生理性认识，从道理上赞同它，进而遵从它。理性思维还不成熟的青少年对于网络歌曲中的价值观会产生一个由不习惯到习惯、由习惯到自然的过程。在这种日积月累、潜移默化的过程中，价值认同的程度会不断地加深，以致青少年不再会觉察“要”去接受和遵从某种社会价值规范，而是自觉地就会去认同并那样去做。

3）对网络歌曲传播信息的价值选择。“价值选择是个体在对社会价值规范理解、认同的基础上，按照一定的目的，根据自己的内在尺度，自觉地对客体的属性、功能及其对主体可能产生的效应，进行多方面的分析、比较、权衡、取舍的行为过程，以求用最小的代价取得对主体最大的价值。”④当网络歌曲传播的信息与青少年自己的价值认知相符时，他不仅会确信这个信息，而且会选择并将其存入自己脑中，把他作为自己正确认识外界知识的一部分。青少年一旦认同了网络歌曲中传递的价值对象或规范，也就意味着他接受了其价值取向，进而据此进行价值选择和价值判断。

4）对网络歌曲传播信息的价值整合，青少年通过价值理解、价值认同、价值选择不断地将网络歌曲所蕴含的各种价值观念纳入个体价值体系中。由于青少年的认知不稳定，在不断地选择、强化、巩固过程中，也经历着价值内容的

---

① 陈章龙．价值观研究．南京：南京师范大学出版社，2004：76．

② 周韵．电视传媒对青少年价值观影响探析．南京：南京师范大学硕士学位论文，2007：13．

③ 王宏维．社会价值：统摄与驱动．北京：人民出版社，1995：93．

④ 兰久富．社会转型时期的价值观念．北京：北京师范大学出版社，1999：182-191．

更新和冲突，有时甚至不知所措，表现出整合能力的缺失。

有人称网络时代的青少年是“年轻的航海家”，健康向上的网络歌曲如一座灯塔，指引青少年更好地认识社会、思考人生、传承道德、欣赏并创造美，表达情感、舒缓压力、释放心灵，引导其认知不断发展，价值取向更符合社会进步和个人发展的要求。但是网络歌曲是一把“双刃剑”，其词曲一体化和娱乐性加大了青少年进行价值选择的难度。青少年正处于成长期，选择和鉴别能力还很差，价值观具有易变性，面对没有强迫性、相对自由的价值选择，在众多价值信息中就未必选择社会认可和倡导的价值观念。

（二）青少年价值观的易变性

青少年价值观的可塑性强使其能够在主流价值观的引导下，在社会、学校、家庭的教育引导和影响下形成正确的价值观，思考并追求生活的意义、人生的价值，学习并继承传统的美德，形成健康、向上的审美观念。但是，青少年价值观教育的时效性不强、认知不稳定、媒介素养不高等，导致青少年对色情、暴力、消极、庸俗等腐朽价值观的辨别能力不强，容易受不健康网络歌曲的影响，价值观形成过程中表现出明显的易动性。

1. 价值观教育的实效性不强

“当代教育的沉疴在于它‘太忙碌于现实，太骛驰于外界’……由于它放弃了‘为何而生’的教育，荒废了它在意义世界中导行的职责，不能让人们从人生的意义、生存的价值等根本问题上去认识和改变自己；也必然前提性地要抛弃塑造人自由心灵的那把神圣的尺度；把一切教育的无限目的都化解为谋取生存适应的有限目的。教育也就失却了它本真的意蕴。”[①] 教育目的的功利化使教育更多地关注学生知识的获得、技能的训练，而很少关注青少年的社会化和个性化，忽视对青少年进行价值引导的重要性，价值观教育内容缺乏时代感，价值观教育方法单一，使得青少年价值观教育实效性不强。

1）对价值观教育作用的重视性不够。“纵观历史，世界上的任何一个国家，都为教育树立了两个伟大的目标：使受教育者聪慧，使受教育者高尚。”[②]“使受

① 鲁洁．教育的返本归真——德育之根基所在．华东师范大学学报（教育科学版），2001，(4)：6.
② 托马斯·里克纳．美式课堂——品质教育学校方略．刘冰，等译．海口：海南出版社，2001：4.

教育者高尚"，引导青少年树立崇高的理想，探索人生的意义与价值，追求真、善、美是教育的两大使命之一。人性化与人文精神是价值观教育的灵魂所在，价值观教育可以启迪青少年的心灵，引导其对人生价值、意义的思考与追求。但是，当前衡量青少年的主要标准依然是考试成绩，教育关注的只是学生眼前的成绩，而漠视青少年非智力因素的培养和可持续发展的需求，很少关注青少年对人生价值、意义的看法和态度。

2）价值观教育的内容时代性不强。互联网的普及改变了人与人之间的空间距离。网络歌曲的出现，给青少年打开了一扇了解世界的窗户，提供了一个可以自由选择、自由展示的舞台。青少年极强的好奇心、适应性使其更乐意与网络为伴、徜徉其中。但是，网络内容参差不齐、网络歌曲鱼龙混杂，辨别能力不强的青少年迫切需要有针对性的教育引导。作为青少年价值观教育的主要阵地，学校价值观教育却滞后于青少年的生活实际，价值观教育的内容仅仅停留在对青少年政治价值观、道德价值观的灌注方面，而忽视了对青少年人生价值观、审美价值观、道德价值观等方面的培养和引导。

3）价值观教育的方法缺乏多样性。价值观教育要培养青少年对价值的认识和态度，培养青少年对事物的反思批判能力，使青少年有思想、有追求、会创新，而非人云亦云、墨守成规。但在传统的价值观教育中，教育者只是一味地向学生灌输一些乏味的概念，忽视青少年的真实情感体验，忽视青少年的价值内化作用，无法根据青少年的各种价值困惑给予有效引导。

"如今的信息化社会，后喻文化极大地动摇了前喻文化，从而使权威荡然无存，由此呈现出非权威化的发展态势。"[①] 学校、家庭、社会只有采取措施增强对价值观教育的重视，及时根据青少年的心理、年龄特点和时代发展步伐调整价值观教育的内容、采取切实可行的价值观教育方法，充分发挥教育对青少年价值观的引导作用，才能有效避免网络不良信息对青少年的侵害，消除价值危机，形成正确的价值观。

2. 青少年的认知不稳定

"认知是人们对客观事物的综合性的反映。"[②] 人脑接受外界输入的信息，经

① 刘济良．价值观教育．北京：教育科学出版社，2007：26.

② 丁德源．从费斯汀格的认知失调理论看当代大学生核心价值观教育．武汉生物工程学院学报，2007，(4)：227-230.

过大脑的加工处理，转换成内在的心理活动，再进而支配人的行为，这个过程就是信息加工的过程，也就是认知过程。它包括感觉、知觉、记忆、想象、思维和语言等。习惯上将认知与情感、意志相对应。认知对人的心理发展有重要的意义，人们通过感知觉等认知获取周围环境的信息并适应周围环境。但是，这一过程不是被动的，而是积极主动、有选择的，是对来自周围环境信息的察觉、组织、综合，以及对它的解释和接受的过程。认知往往受到个体知识经验、文化心理、社会状况的影响。青少年如何面对新的社会化途径，如何理解价值，做出价值选择和价值整合，都与他们已有的认知结构有关。随着时间的推移和个体阅历的增加，认知会发生相应的变化，在不同的人生阶段，个人的认知水平和认知能力是不一样的。

青少年时期是认知的发展期，是由儿童期转向成年期的过渡阶段，是充满独立性和依赖性、自觉性和幼稚性错综复杂的矛盾时期。这一时期，他们的生理发育即将完成，但心理尚未成熟。青少年的心理发展呈现显著的特点，自我意识增强，情绪体验加深，但又容易受周围环境变化的影响，易陶醉于低级情绪体验；善于独立思考，求知欲强，但也容易导致自以为是，成为“新知识”或“新思潮”的俘虏；生活阅历有限，与社会有一定的距离，社会实践能力不强。青少年的认知结构是在对学校、社会、家庭的客观反映的基础上形成的，直接指导、调节和支配他们的内在行为和外显行为，具有明显的不稳定性。当新的认知元素与原有认知元素一致时，青少年的认知结构处于平衡状态；而当青少年的认知元素与原有的认知元素相矛盾时，青少年的认知结构会出现失调。因此，青少年“对事物的认识，常会表现出片面性和幼稚性；不能深刻、准确、全面地认识问题。他们的价值观念尚不稳定，时常处于波动、迷惘、抉择之中”[①]。

网络给青少年打开了一个全新的、不同于现实社会的窗口，青少年面对网络可以自由地展示自己的个性，任意选择自己喜欢的歌曲，使得“选择性接触”成为一件轻而易举的事情。正如尼葛洛庞帝所言：“你不必再阅读别人心目中的新闻和别人认为值得占据版面的消息，你的兴趣将扮演更重要的角色。”[①]青少年的辨别能力较差，道德意识正处于形成的过程中，自我认知和社会认知不确定、

① 翁国华．网络与青少年认知——从传播学视角论网络对青少年认知发展的影响．中国青年研究，2003，(12)：16-18.

不完善，自我角色不明确，对社会的认识不充分，社会责任感不强。因此，青少年很难区别出不健康、不文明、不道德的价值取向，极易受到社会不良风气和行为的影响，也会把自己经常听、唱的网络歌曲中蕴含的价值观误作为社会认可的主流价值观去接受。青少年若长期沉迷于低俗的网络歌曲中，很容易受到其所传播的色情、金钱至上、享乐主义、个人主义等价值观的影响，使普遍的伦理道德遭到漠视与愚弄，形成消极、庸俗的价值观。

3. 青少年的网络素养不高

青少年有着强烈的求知欲、好奇心和极强的模仿性，互联网的便捷链接、海量内容正好满足了青少年了解世界、猎奇的心理需要。网络一方面给了未成年人前所未有的自由和新奇，另一方面也使得缺乏判断辨别能力的青少年有机会接触不利于其成长的内容。“信息的海量性不仅要求使用者具有较高的筛选能力，而且要求其具有较强的信息处理能力，而青少年大都在这方面存在缺陷。”[①]

网络是一种传播媒体，青少年接触网络，首先应了解网络、认识网络，才能更好地享受由网络带来的方便和快捷，更好地发挥网络促进个人的进步和发展的功能。在网络横扫青少年群体的过程中，社会、学校、家庭没有及时对青少年进行网络素养教育，没有及时加强教育以提高青少年的选择能力、理解能力、辨别能力和质疑能力。青少年不是通过科学的媒介理论指导及系统的训练获得媒介素养，而是在日常接触媒介的基础上，通过个人的自觉感悟形成对网络媒介的认识。这种自发状态最直接的后果就是青少年的媒介素养低。虽然青少年获取信息的速度加快了，内容增多了，但无法对媒介传播信息的方式及信息本身做出较为准确的判断和评价，无法将自身的信息需求与媒介所提供的内容有效地联系起来，不能有效地辨别信息的价值，不会充分有效地利用媒介资源。

网络对青少年的影响虽然看上去只是外在的、短暂的、临时的，但是久而久之，它会影响青少年的价值判断、价值选择和行为模式，无形中对青少年产生长久的影响。“大众传媒是通过自己对世界的‘理解’来影响受众对世界的感知和认识的，新闻媒介对事实的选择和解释就是这种理解的体现。媒介‘传播’的世界不是世界本身，而是已经被选择和解释过的世界。这个‘世界’很可能

① 张博．互联网对青少年价值观的负面影响及应对措施．河南教育，2002，(10)：14.

是扭曲的、变形的，但它总是作为真实的存在的世界传播给观众的。”[①] 网络歌曲创作者的政治态度、个人体验和行为模式，以及他们的喜好等都会不自觉地渗透在网络歌曲中，使网络歌曲具有一定的价值倾向。因此，当好奇心强但辨别和批判能力不强的青少年收听网络歌曲的时候，会在无形中受到网络歌曲潜移默化的影响。正如中国青少年研究中心副主任孙云晓所说：“没有媒体教育的信息时代，对于未成年人来说，媒体即便是天使也有可能变成魔鬼。”[②]

二、网络歌曲的开放性与过度自由性同在

网络是一个开放、平等、自由的平台，网络歌曲正是利用这个平台吸引了无数喜欢音乐创作、喜欢传播音乐的人们。网络歌曲对所有的网民都是公平、开放的，青少年可以自由地创作歌曲，表达自己的心声，发表个人的看法，发泄自己的情绪，可以随意把自己创作的歌曲上传到网上，可以随时随地地搜集自己喜欢的网络歌曲，也可以与自己的好友共享。但是，网络歌曲的过度自由性使创作目的各异的人们有机可乘，内容参差不齐的网络歌曲被随心所欲地创作和传播，对青少年价值观的形成造成不良影响。

（一）网络歌曲的开放性

正如本章第一部分“网络歌曲的特点”中谈到的，网络歌曲具有平民性、平等性、互动性等特点，网络歌曲对所有的网民都是平等、开放的。

网络歌曲的创作简单，作曲、编曲、写曲一个人就可以完成，加上简单的录音设备，一首歌曲就可以制成。网络歌曲的成本比较低，歌曲本身不需要包装、开销，网络歌手本身也不需要太多的付出，没有太大的压力。青少年作为网络歌曲的创作主体，能够更直接、自由地创作歌曲，通过网络表达自己的愿望，宣泄自己的情绪，把自创自唱的各种歌曲上传到网络上。这种情感表达通过歌曲传达给倾听歌曲的人们，容易在青少年的心灵中产生共鸣，能够满足青少年求新求异、自由平等、快捷简易、表达发泄等不同的情感需求，受到青少

① 居延安．信息•沟通•传播．上海：上海人民出版社，1986：60.

② 翟帆．信息时代，未成年人难抵信息轰炸．中国教育报，2004-12-14. 第三版．

年群体的青睐。

网络歌曲的欣赏和传播同样简单便捷，克服了传统媒体在传播音乐过程中的种种限制。网络歌曲的音乐品种齐全，只要轻敲键盘，各种歌曲应有尽有，可随意选择。一般情况下，网络音乐无需经过专门的音乐制作部门和媒体单位的过滤就可以被网络听众所接收。喜欢音乐的人们可以自由地选择音乐流派和音乐形式，实现了音乐选择的个性化。网络还具有巨大的存储功能，能使网络听众不用调整自己的生活作息时间，就可以随时从网络上点击收听或者下载音乐，为大众欣赏音乐提供了一个平等开放的平台。有的网络音乐网站在提供音乐信息给受众的同时，也可以接收受众对网络音乐的反馈信息，实现了网络歌曲的双向或多向互动，更有利于网络歌曲的传播和发展。

（二）网络歌曲的过度自由性

网络给人们提供了一个广阔而自由的创作舞台，给喜欢音乐的人们提供了一个平等实现音乐梦想的机会。但在网络社会中，道德相对主义也有了存在的空间，有些网民“否认道德的普遍性，将个人视为自己行为的唯一判断者，对历史上的优秀道德传统与他人的高尚道德持怀疑态度。‘你想如何干就如何干’，‘只要你自己肯定的什么都可以’便是道德相对主义的基本原则”①。与之相伴，某些网络歌曲往往倾向于表面化的个性标榜，而缺乏对生活内涵的发掘。更糟糕的是，为了哗众取宠，吸引青少年的眼球，一些歌曲还采用侮辱人格和打情色擦边球等“出位”的做法，导致格调恶俗之风在网络歌坛蔓延。网络歌曲的创作、传播不受限制，对创作者的素质也没有要求，这既是网络歌曲的平等性、开放性的特点，也是导致网络歌曲鱼龙混杂、良莠不齐的主要原因。青少年的网络素养不高，辨别能力不强，在不知不觉中很容易成为不良信息的“污染”对象。

1. 创作目的各异导致网络歌曲内容参差不齐

网络歌曲作为一种新兴的对所有网民开放的文化形态，所有喜欢音乐的人都可以参与创作，人们可以任意创作、翻唱、改唱歌曲，创作者多为普通网民而非专业歌曲创作者。尤其对于“那些生活在时代边缘的歌唱爱好者和词曲创

① 綦玉帅．网络文化对大学生价值观的影响及其对策．苏州：苏州大学硕士学位论文，2002：20．

作者，依托着网络带来的可参与性与巨大的包容性，开始在网络上实现对传统的文艺创作发表传播模式及词曲创作观念的反叛，他们为表现自己的情感，宣泄自己的情绪，随时随地可以把自创自唱的各种形形色色的歌曲挂上网络”[①]。网络歌曲的创作者具有不可否认的网民的“游走”本质，他们创作网络歌曲的目的也各不相同。

网络歌曲多是歌手完全按照自己的喜好和感悟创作演唱的歌曲，用来展示自己以引起别人的注意，或即时表达赞扬、感激、思念等情感，或发泄心中的愤懑、不满等情绪。网络歌曲创作者的创作和审美观不受媒体主流的约束，不受外来文化的影响，歌曲本土化、个性化非常明显，只要能够引起较多网友的共鸣就会被传唱并流行起来。但是，一些网络歌手为了显示自己的个性，难免会用一些黑色、灰色甚至黄色的歌词来表现自己对社会的不满和反叛，“不求精英只求点击率”。再加上网络歌曲的门槛较低，有些低素质、急功近利的创作者和歌手乘虚而入，他们通过博客、网络音乐、无线音乐等方式，千方百计地走低俗无聊、自我炒作的路子。与此同时，某些音乐网站唯利是图，扭曲歌曲的衡量标准，恶意炒作网络歌曲排行榜，煽动听众非理性、低层次的需求。在一些热门网络音乐网站上，许多歌曲极尽搞笑、搞怪之能事，内容庸俗不堪，但就因为稀奇古怪，所以点击率和下载量不低。有些网络歌曲歌词毫无文采可言，是不含技巧的“口水歌”“马路调”；有些网络歌曲急功近利，色情、暴力、享乐主义、金钱至上充斥其中；有些网络歌曲成为歌手泄愤的工具，粗话、脏话连篇。

低俗的网络歌曲缺少思想内涵，丧失了“文艺”特质，成为人们粗俗的“娱乐”工具。在网络歌曲的世界里，人们变成了狂欢的众神，不受等级限制，没有身份要求。网络歌曲的制作者只是靠自己对音乐的热情及有限的乐理知识来进行制作，目的各异，这样粗糙制作的歌曲影响了艺术的品质，干扰了青少年的视听，对青少年正确价值观的形成产生了消极的影响。

2. 网络平台的过度开放导致网络歌曲的传播随心所欲

网络社会打破了时间和空间的限制，人与人之间没有了绝对的时间与空间概念，无论两个人在现实社会中的时差与距离相差有多大，他们之间的信息传

① 陈弦章．新民风时代——网络歌曲特点及影响浅析．龙岩学院学报，2008，26（2）：44-48．

播都不会被阻隔。对网络歌曲的创作者来说，这是一个展示自我、发泄自我的好途径；对网站和网络运营商而言，这是大面积播撒社会娱乐的最可观的经济回报；对网民来说，收听网络歌曲是一种低廉的享受。

在网络音乐时代，传统音乐传播过程中的“把关人”消失了，歌曲的上传由创作者自己决定，收听由欣赏者个人决定。这一方面加快了网络歌曲的传播速度，使更多歌曲得以出现和传播，青少年有了更多选择的余地；但另一方面，没有了“把关人”，网络歌曲的传播变得随心所欲，各种消极、腐朽的网络歌曲充斥其中，对好奇心极强、辨别能力却不足的青少年极尽诱惑。不少无线音乐的营运商追求所谓曲库的歌曲数目和点击率，对上线的作品没有多大的限制。正如美国学者丹尼尔·贝尔所说，在后工业社会里，“追求放纵在一种自由主义文化中已获得了合法地位，而且被那些文化商人用来推广他们所标榜的‘时髦’生活方式（音乐行业中就是这样）”。“浪费的冲动代替了禁欲苦行，享乐主义的生活方式淹没了天职。”① 有些网络歌曲更是运用一些吸引人的名字来吸引收听者，以求得到支持，这就使网络歌曲鱼龙混杂，歌曲中蕴含的各种消极、腐朽的思想对正在成长中的青少年产生极坏的影响。同时，伴随着数字娱乐时代的到来，我国网络音乐市场也存在着许多不容忽视的问题，如侵权盗版、非法链接、非法上传和下载等侵犯知识产权、破坏市场秩序的行为。

青少年价值观的可塑性和易变性，使得青少年极易受到网络歌曲的影响，网络歌曲的开放性和过度自由性使得网络歌曲内容和形式参差不齐，青少年既容易受到优秀网络歌曲的影响形成正确的价值观，也极易受到不健康网络歌曲的消极影响。因此，如何针对青少年价值观的特点和网络歌曲的特点进行有针对性的价值观教育，以更好地发挥网络歌曲的积极影响，降低或消除网络歌曲的消极影响，是当务之急。

第四节　网络歌曲影响下青少年价值观教育的建构

网络歌曲是一把双刃剑，一些优秀的网络歌曲滋润青少年的心灵，传承优

---

① 丹尼尔·贝尔．资本主义文化矛盾．赵一凡，等译．北京：生活·读书·新知三联书店，1989：196．

良道德，陶冶青少年的审美情操，给青少年带来心情的愉悦、精神的放松和美的享受，但是，一些低俗甚至恶俗的网络歌曲也给青少年带来了不可忽视的负面影响。假如任由网络歌曲“自由”发展，那么，对辨别能力不强、网络素养不高的青少年造成的负面影响是很难弥补的。假如因为存在出现这些负面影响的可能性，就禁止网络歌曲的创作和流行，禁止青少年收听网络歌曲，那将无异于掩耳盗铃，既不能满足青少年的需要，又不符合科技发展的规律。解决这一问题的关键不在于“堵”，而在于“导”。如何发挥网络歌曲的优势，充分利用其对青少年价值观的积极影响，并采取切实有效的措施对网络歌曲进行必要的管理，培养青少年必备的素质，尽量避免或减少不健康网络歌曲对青少年造成的消极影响，引导青少年形成正确的价值观，是解决问题的关键所在。而解决这一问题学校教育有着义不容辞的责任。学校生活占据青少年每天生活的大部分时间，所以学校教育的引导显得尤为重要。老师可以在音乐课堂上，多选取一些优秀的网络音乐资源，在课堂上推荐学生多欣赏优秀音乐作品，如内容积极向上的流行歌曲、形式新颖的器乐重奏，抑或是青少年熟知的历史典故所编排的戏曲音乐等，还可以给青少年多制造上台表现的机会，让他们在实践中学习和了解平时不为人熟知的网络音乐文化，如本民族的戏曲音乐、西方的音乐剧等。这样，一方面，加深青少年对民族音乐文化的了解，增强他们的民族自信心和自豪感；另一方面，有助于了解西方优秀的音乐文化，拓宽青少年的知识面，提高青少年的审美观，使他们能自觉地远离低俗音乐。①

一、充分发挥网络歌曲对青少年价值观教育的积极影响

如果青少年迷恋网络歌曲，那么其价值观将不可避免地受到网络歌曲所蕴含的价值取向的影响。因此，应引导青少年欣赏健康向上、意蕴丰富的网络歌曲，利用网络歌曲蕴含的人生价值之真、道德之善、韵律之美对青少年进行价值引导，从“赢得青年才能赢得未来”的高度，引导青少年形成积极向上的价值观。

① 夏雄军，毛一．网络音乐对青少年价值观的影响探究．音乐大观，2013，(13)：56.

（一）利用网络歌曲蕴含的人生价值之真对青少年进行人生价值观教育

人的存在是一种意义的存在，人与动物的根本不同在于人的行为受到一定价值标准的引导。“人生价值观是关于人为什么生存、生活以及人如何生存、生活的问题。它要解决的是人的一生要走什么样的生活道路的问题。”[①] 人的价值理想、意义追问、精神探求是一个人、一个社会的灵魂，是个人对人生的本真把握，也是其选择生活道路、确定人生目标的根基。“人的意义世界也就是他们所把握的应有的存在方式。这个意义世界是他按照他所认同的应有的存在方式自己创造、积极建构起来的。为此，人的一切应然性表现都在他的意义世界中。”[②] 一个人没有正确的人生目标，没有对人生意义的深层思考，将会感到心灵深处的孤独、失落、寂寞、空虚，生活也就会感到茫然和无所适从。同时，人生价值观也并非静止不变的，其会随着时代的变迁和社会的发展而有所不同。因此，在网络歌曲时代，我们应充分发挥网络歌曲蕴含的价值之真对青少年进行人生价值观教育。

1）利用网络歌曲蕴含的人生价值之真引导青少年认识人生的价值，追求人生的意义。当今社会和平与发展是主题，我国社会主义建设取得了巨大的进步，经济快速发展，人们生活水平不断提高。但人们对人生价值的追问、对人生意义的追求并没有停止，而是随着社会的发展而与时俱进。这在网络歌曲中也有所反映，《太空欢迎你》《神七欢迎你》翻唱2008年欢迎世界各地的人们来北京参加奥运会的歌曲《北京欢迎你》，填词改唱后，在网络上人气一直飙升，既表达了当今青少年对国家航天事业成就的自豪感和对国家综合国力不断提高的欣喜之情，也表现了青少年热爱科学，渴望探索太空，积极努力，争取为社会发展做贡献的人生价值追求。对爱情的渴望和追求是青少年时期最美好的情愫，《有一种爱叫放手》唱出了青少年对爱情的理智态度。“如果两个人的天堂，像是温馨的墙，囚禁了你的梦想……如果你对天空向往，渴望一双翅膀，放手让你飞翔”唱出了年轻人对纯洁自由爱情的向往，以及追求平等、自由的理智选择。近年来，娱乐圈频繁曝出吸毒事件，于是就有网友依照《男儿当自强》的

① 刘济良．青少年价值观教育研究．广州：广东教育出版社，2003：36．

② 鲁洁．道德教育的当代论域．北京：人民出版社，2005：158．

节奏，创作了歌曲《明星当自强》，“剧场的才子，成名的导演，牵出一大帮。看明星逃亡，关注警方调查的真相……”。青少年崇拜明星，喜欢模仿明星，但一些明星不恰当的言行举止和行为也会对青少年造成负面的影响。《明星当自强》既唱出了对明星的规劝，也是对青少年的一种提醒和警示，告诉青少年不能盲目追星，更不能涉毒。

因此，应该充分利用网络歌曲中所蕴含的人生价值之真对青少年进行价值观教育，引导青少年积极思考人生的意义与价值，追求高尚的人生理想，追寻人类永恒的价值意义。“教育作为一种人类的生存方式，是属于‘生活世界’的，它的功能不仅仅在于‘文化复制’，而且还在于确立社会秩序和个人价值观念，并通过交往帮助学生建构社会角色，从而体现出强烈的生活意义，推动着人的价值生命的实现。”[①]

2）利用网络歌曲蕴含的人生价值之真引导青少年正确认识自我。“自我不是纯粹的精神，不是虚幻的幽灵，不是个人扮演的角色，不是单纯的血肉之躯，不是不可知的神秘之物，也不是孤独的敌视社会者。自我是这样的三位一体：生理基础——有血有肉的生命机体；机能和属性——自觉的意识；社会本质——受社会关系制约的实践活动。”[②] 自我是一个人肉体、精神与实践活动的统一体。“人如果想成为社会、自然界与自己本身的自觉地和真正的主人，就应通晓社会与人生的客观规律，并因而善于掌握自己的命运。而自由地支配自己，全面地发展自己，就应真正懂得人生和自我的价值。”[②]

网络歌曲《东北人都是活雷锋》《股民老张》《兄弟情义》《韭菜姑娘》《老婆你辛苦了》等是对自我或自我所生活群体的记述，是对自我的一种理性认识，是对自我理性生活的肯定。《光棍好苦》《等你等得胡子都长了》表达了青年人对自我感情生活的认识，流露出青年人对美好感情、美好生活真诚的渴望和热烈地追求。因此，通过了解网络歌曲中所描述的不同自我的生活，让青少年感受人生道路的多姿多彩，认识自我的独特性，引导青少年认识自我的优点和缺点，根据自己的实际情况选择自己理想的生活和有意义的人生道路，保持自己的独特性，不随波逐流、人云亦云。青少年正处于人生价值观的形成时期，正

① 郭元祥，胡修银．论教育的生活意义和生活的教育意义．西北师大学报（社会科学版），2000，37（6）：22-28.

② 李连科．价值哲学引论．北京：商务印书馆，1999：356.

确地认识自我，就可以“不为形形色色虚幻的东西所迷惑而自我欺骗；不因一得之功、一孔之见而自我陶醉；也不因人生的艰难而畏缩不前，自暴自弃。具有彻底唯物主义精神的勇敢者，是科学认识社会和自我的人”[①]。青少年能正确认识自我才会自动摒弃腐朽人生价值观的侵蚀，过一种真正潇洒的生活。“潇洒是通过生命意义的彻悟而达到的一种心灵自由，是一种脱开了世俗的繁文缛节而显出的超脱心境，是一种性情率真和豁达的人生态度。”[①] 真正潇洒的人不会人云亦云、不会随波逐流，他们有见解、有追求，可能不修边幅，可能拙于辞令，但他们懂得生活的意义与价值，懂得为之去努力和追求，他们在追求和创造中享受着幸福。这样的人就不会轻易受到不健康网络歌曲的影响。

（二）利用网络歌曲所包含的道德之善对青少年进行道德价值观教育

“道德价值观是人们对事物是否具有道德价值进行判断时所依据的内在标准和尺度，它所强调的是价值判断的道德意义。”[②] 人作为道德的存在，“是在向善、行善、修善、享善的追求中找到了自己的精神家园，找到了生活的真正的动力”[③]。青少年是社会发展进步的继承者和开拓者，也是社会道德的继承者和创新者。这就要求青少年要熟悉各种道德规范，形成正确的道德观念，能对各种行为做出正确的评判，并按照道德规范的要求付诸行动，做一个了解道德、遵守道德，并在社会进步的同时发展道德的人。

1）利用网络歌曲所包含的道德价值之善对青少年进行继承优秀传统价值观念的教育。青少年时期是道德价值观形成的关键时期，正如苏霍姆林斯基所说：“如果作为道德素养的最重要的真理在少年时期没有成为习惯，那么，所造成的损失是永远无法弥补的。”在互联网时代，众神狂欢，各种价值观——积极的、腐朽的充斥其中，各种现实的约束变得无力应对，但是网络中生活的人依然应该是道德的存在。因此，把青少年的道德意识唤醒，使其认识到道德之于人的意义就成为教育所面临的迫切的任务。面对浩瀚的网络音乐资源，应该选择优秀作品，引导青少年欣赏，让青少年感受优秀网络歌曲的魅力，并利用其

① 乐锋．理性与骚动：关于青年价值观的思考．上海：学林出版社，2002：126．
② 刘济良．青少年价值观教育研究．广州：广东教育出版社，2003：5．
③ 刘济良．青少年价值观教育研究．广州：广东教育出版社，2003：125．

蕴含的道德资源对青少年进行道德价值观的引导。例如，利用《老爸》《上帝保佑我奶奶》《孩子，别哭》等歌曲教育青少年继承尊敬老人、爱护儿童等传统美德；通过歌曲《人们心疼你》让青少年感受党的好干部、人民好公仆一心为公、为人民幸福鞠躬尽瘁的奉献精神，是对青少年进行爱国主义、集体主义教育的活教材；通过《一二三四五，上山拍老虎》《范跑跑之歌》等歌曲教育青少年从小养成诚实、敬业的道德习惯；通过《明星当自强》引导青少年不要盲目追星，更要远离毒品。

2）利用网络歌曲所包含的道德价值之善引导青少年根据时代的进步发展新的道德观念。通过《神七欢迎你》《太空欢迎你》《奥运中国》《我的南海》等歌曲，联系国内外时事，引导青少年认识新时代爱国主义的新内容，让青少年充分感受祖国的发展和进步，教育青少年热爱祖国、热爱科学，以祖国的发展为荣，以为祖国发展做贡献为荣，形成与时俱进的道德观念。通过青少年喜欢的爱情歌曲《你是我今世最美的缘》《有一种爱叫做放手》《享受寂寞》《醉相思》《等你等了那么久》等，引导青少年感受歌曲中青年人对感情真诚、自由的态度，引导青少年正确认识爱情，以平等的态度对待爱人，以自由而又真诚、珍惜的态度对待爱情和婚姻，形成正确的婚恋道德观。引导青少年欣赏《爱上网上的你》《网络情缘》《在心里从此永远有个你》等描写网络爱情虚拟性的歌曲，教育青少年正确看待网络的虚拟性，正确认识网络感情与现实的差距，珍惜时间，不要沉溺于网络，形成正确的网络道德观。

"道德是通向美好生活的一种手段，而人又都渴望过美好生活，因此，道德就是人的本性的一种体现。离开了道德，人无法过上幸福、美好的生活。"[①] 道德发展的过程是一个传承与创新相互作用的过程。教育的责任则是引导青少年在这美好的精神火花中既享受音乐带来的快乐，又获得道德价值营养；既继承优良的道德传统，又在新时代发展新道德，从而形成正确的道德意识和道德认知，产生高尚的道德情感，用坚强的道德意志指导自己的行动，不断走向更高的道德境界。

---

① 刘济良．青少年价值观教育研究．广州：广东教育出版社，2003：181．

（三）利用网络歌曲所蕴含的词韵之美对青少年进行审美价值观教育

人的审美追求在于提高人的精神境界，促进与实现人的和谐发展。审美可以帮助人们愉悦身心，使心灵在审美体验中得以净化和升华。这种愉悦感来自身心和谐而获得的一种舒适恬然、左右逢源、轻柔流畅、游刃有余的自由。在人类的多种体验当中，审美体验最能够充分展示人自身自由自觉的意识，以及对于理想境界的追寻。人在这种体验中获得的不仅是生命的高扬、生活的充实，而且还有对于自身价值的肯定，以及对于客体世界的认知和把握。网络歌曲中不乏歌词雅致、韵律优美的作品，教育应充分发挥网络歌曲的词韵之美对青少年进行审美价值观教育。

1）利用网络歌曲所蕴含的歌词之美对青少年进行审美价值观教育。网络歌曲《太空欢迎你》中这样唱道："火星土星和月球，都是旅游胜地。遨游太空不太容易，大家齐心协力。探寻宇宙天外奥秘，我们有勇气。快来看这美天地，我会等着你……宇宙之门常打开，这有无数传奇。大气层外并不神秘，有我们的足迹。孙悟空和天蓬元帅，都曾到这里。直上九霄到云天，嫦娥欢迎你。"歌词中把太空描述得神秘而美丽，把了解太空、探索太空描述得遥远而又现实。通过引导青少年感受太空的美妙，感知科学的魅力，唤起青少年对太空无限的遐想，激起他们对未知探求的欲望。歌曲《最后的枫叶》通过对深秋"最后的那一片枫叶，了断了尘缘空阙，坠落在缠绵的深渊，憔悴在风花雪月；最后的那一片枫叶，作别了西窗楼雪，消失在茫茫的荒野，沉睡在冰冷长夜"的唯美境界的描述，借"枫叶"抒发了歌者对已逝美好情感的追忆和怀念。饱含深情的歌词勾画了一幅凄美的深秋画面，增强了歌曲的感染力，有助于提高青少年对美的感悟能力，激起青少年创造美的渴望。因此，恰当利用一些优秀网络歌曲的歌词之美对青少年进行教育，可以提高青少年对网络歌曲的感悟能力，陶冶其情操，培养其审美判断能力，有助于青少年形成正确的审美价值观。

2）利用网络歌曲所蕴含的韵律之美对青少年进行审美价值观教育。"审美意识的培养和陶冶在青少年的价值观中属于高远境界，因为在真、善、美三者的关系中，美是对真与善的综合和超越，是人类追求的美好理想。"[①] 随着网络的

① 刘济良．青少年价值观教育研究．广州：广东教育出版社，2003：244.

普及，青少年的审美情趣发生了很大的变化，应充分利用网络歌曲所蕴含的韵致之美对青少年进行审美教育，能够提高青少年的审美意识，培养其审美情感，提高他们的审美能力。红极一时的网络歌曲《两只蝴蝶》中有“我和你缠缠绵绵翩翩飞，飞越这红尘永相随，追逐你一生，爱你无情悔，不辜负我的柔情你的美”，这首歌用双飞的蝴蝶来形容一对恋人，暗用了中国民间传说“梁山伯与祝英台”的故事，意蕴深厚，令人回味悠长。因此，可以《两只蝴蝶》为契机，向青少年讲述中国民间文学“梁山伯与祝英台”的故事，增加他们对古典文化的了解和热爱，用歌曲沟通了古典和当下，并进行纯洁爱情观的渗透。同时，还可以就势引导青少年欣赏小提琴协奏曲《梁祝》，逐步引导他们接近经典音乐，陶冶和提高他们的文化品位，提高艺术欣赏品位，增强他们对美与丑的分辨能力。通过引导青少年感受《丁香花》哀愁凄婉的旋律，引导青少年感受音乐创造的深远意境，感受旋律所带给人之心灵的震撼，让青少年领悟“美”的神奇和力量，在欣赏中提高审美品位和审美追求。

利用网络歌曲的歌词之美、韵律之美引导青少年感受美的意境，可以不断地提高青少年对美的感悟能力，激发青少年在生活中发现美、创造美的激情，促使青少年形成正确的审美价值观。

二、增强青少年对不健康网络歌曲的抵抗力

网络歌曲中一些消极、不健康歌曲的存在对青少年造成了消极的影响，但是，如果简单而粗暴地阻止青少年接触网络歌曲，以避免其受影响，这不但不符合时代的发展要求，也会产生“倒洗澡水把孩子也泼出去了”的后果。学校、家庭、社会形成合力，针对青少年的年龄特点和心理特点进行教育，提高青少年价值观教育的实效，提高青少年的认知能力和媒介素养，增强青少年对低俗网络歌曲的抵抗力，是优化网络歌曲对青少年价值观消极影响的根本策略。

（一）提高青少年价值观教育的实效性

青少年作为网络歌曲的主要受众，其所受到不健康网络歌曲的影响不可小视。青少年时期是价值观形成的重要时期，帮助青少年树立正确的价值观，选

择正确的人生道路是教育的重要任务之一。因此，应根据网络时代的特点和网络歌曲的特点，丰富价值观教育的内容，采取切实可行的教育方法，加强对青少年的价值观教育，不断提高青少年对网络歌曲的辨别力，增强对不健康网络歌曲的抵抗力。

1. 加强对青少年的价值观教育

青少年正处于身心成长的关键时期，是个人走向社会的准备时期，也是价值观形成发展的关键时期。苏联青年问题专家科恩曾指出："青年期最有价值的心理成果就是发现了自己的内部世界及价值，对于青年来说，这种发现与哥白尼当时的革命同等重要。"[①] 但青少年的心理不成熟，对事物的看法缺乏稳定性和分析批判能力，因此，青少年要实现个体健康成长和完成社会化就需要价值观教育。

美国波士顿大学伦理道德和品德教育发展中心主任凯文•瑞安说："社会将不会忍受无价值观色彩的教育。"[②]"真正的教育应当引导学生追求智慧，关注生命，理解价值，提升精神，培养信仰，从而养成一种人之为人的人文精神。"[③] 在网络时代，各种价值观充斥其中，对青少年的身心形成巨大的影响。因此，学校、家庭、社会应加强对青少年价值观教育的重视，使每个青少年拥有控制大量信息的能力，提高对健康和不健康网络歌曲的分辨力，尽情享受积极健康的网络歌曲，自觉抵制消极、庸俗的网络歌曲，"即有办法本着批判精神，对信息进行筛选，将其分出主次；它还应帮助人们与传媒和信息社会保持一定的距离"[④]。

2. 价值观教育的内容要体现时代性

价值观教育内容要体现时代性，要处理好继承和创新的关系。文化的核心是价值观，因此"从文化传承、文化教育的视角看，价值观教育是文化传承、文化教育的一种基本的、操作性的途径。我们要继承中华民族的优秀传统文化，

---

① 科恩．自我论．佟景韩，等译．北京：生活•读书•新知三联书店，1986：179．

② 陈立思．当代世界的思想政治教育．北京：中国人民大学出版社，1999：90．

③ 刘济良．青少年价值观教育研究．广州：广东教育出版社，2003：220．

④ 国际21世纪教育委员会．教育——财富蕴藏其中．联合国教科文组织中文科，译．北京：教育科学出版社，1996：51．

实际上就是要继承中华民族文化所承载的先进的核心价值观念”[①]。时代的变迁，社会的发展，实际上是价值观念的变革。受社会发展和网络时代各种价值观的影响，青少年的价值主体自我化，重个人选择、轻社会选择，重个人需要、轻社会需要，重个人自由独立、轻社会制约；价值取向务实化，一些青少年只图安逸，缺少对崇高理想、有意义生活的思考和追寻。

网络歌曲的开放性与过度自由性使得各种价值观在网络歌曲中都有了存在和传播的平台。网络歌曲中一些低俗、恶俗歌曲的存在使得享乐主义、自我主义、消极萎靡等价值观念产生。因此，价值观教育要结合网络歌曲的特点，根据新时期青少年价值观的发展趋势，有针对性地进行教育，应该突出时代特色、与时俱进，引导青少年正确认识信息时代的价值追求、人生意义、道德要求。以网络歌手成功所包含的必然因素、网络歌曲所包含的积极的价值内涵，以及新时代青少年的精神新风貌等鲜活的例子为素材，进行价值引导，提高价值观教育的实效性。

3. 价值观教育的方法实现多样性

切实有效的价值观教育方法是提高价值观教育实效性的重要途径。在当今的社会转型期，青少年受到社会各种价值观的影响，采用传统的简单说教的价值观教育方法是很难起到实效的。“正如哈佛大学前校长德里克•博克所说，对于当代青少年不要简单灌输，不要向他们直接说‘正确的答案’，而应该通过积极的引导，使其自己得出道德判断。”[②]

根据网络歌曲的特点和青少年价值观的新时代特征，价值观教育的方法应实现多样化，充分发挥价值澄清法、榜样示范法、熏陶感染法、实践锻炼法、比较鉴别法、自我教育法和心理咨询法等不同方法的优势。不同的方法功能侧重点不同，价值澄清法具有实践指引功能，榜样示范法具有典型教育功能，熏陶感染法具有情境教育功能，实践锻炼法具有行为教育功能，对青少年进行价值观教育要注意方法的协调统一。通过欣赏不同的网络歌曲，在比较过程中提高青少年对不健康网络歌曲的鉴别力和批判力，使青少年在优秀健康歌曲的熏陶感染中更好地追求自我、继承道德、提高审美观念，逐渐澄清各种价值观念，

---

① 辛志勇，姜琨．论青少年的价值观教育．人民教育，2005，(18)：5-9.

② 赵新泉．美国电影在其价值观输出中的作用．山东省团校学报，2008，(2)：32-34.

自觉抵制不良网络歌曲的影响，提高自身的媒介素养。

作为青少年价值观教育主要阵地的学校，应充分发挥各科教学实践、校园文化建设对青少年价值观教育所发挥的作用，如大力发展青少年教育网站，以生动、丰富的内容来吸引青少年；专门举办有关网络歌曲的讲座，使青少年了解网络歌曲，引导青少年正确认识网络歌曲；举行“我喜爱的网络歌曲”歌唱比赛或征文活动，引导青少年正确地认识网络歌曲，提高其鉴别力，并适时激发青少年自我修养的意识和欲望，及时促进价值观教育的内化。同时，价值观教育要体现宽容性，价值观教育的目的并不在于否定和排除一切非主流价值观，而在于教会学生如何选择。适当地引导才能更好地帮助青少年形成正确的价值观，否定、排斥的方法不会起到应有的效果。“宽容不仅意味着对现实主体和价值多元化的承认，意味着对不同主体之间平等地位的尊重，意味着对不同价值标准的客观理解，而且还意味着对自己选择的价值标准的执著，意味着对青少年的健康价值选择抱有坚定的信心。”①

（二）加强青少年媒介素养教育

大众媒介对青少年的影响是全方位的、立体的、潜移默化的。通过大众媒介，青少年既能全方位地了解社会、熟悉社会，又能不断地充实自己、丰富自己，改造自己的人生观、世界观和价值观，使智力、审美意识、社会责任感和精神价值等获得全面和谐的发展。

互联网作为“第四媒体”，以开放性、公平性著称，网络歌曲内容纷繁复杂、各种价值观并存，不同的歌曲的严肃性、真实性程度各不相同，对于青少年的智慧发展和价值观形成的影响也是不同的。因此，指导青少年正确地认识网络歌曲，提高青少年的认知能力和媒介素养，从而使青少年学会鉴别和选择网络歌曲所传播的信息，识别虚假信息、排除有害信息、剔除冗余信息，以避免青少年在网络歌曲中迷失人生方向，受到网络歌曲所蕴含的消极、腐朽甚至有害的价值取向的影响，就显得非常必要。“指导青少年对媒介传播信息予以鉴别和选择，实际上就是指导他们从无条件地接受转变为自动筛选，做信息的主人。”②

---

① 裴娣娜，文喆．社会转型时期中学生价值观探析．教育研究，2006，（7）：3-10．

② 王金团．论青少年媒介素养教育．东南传播，2007，（5）：83-84．

对青少年进行媒介素养教育，主要目的在于通过指导青少年正确认识和理解媒体运作模式，积极合理地运用大众传播媒体及其信息和文化资源，培养青少年正确看待媒介信息，形成健康的媒介评价能力，从而使青少年更好地了解社会、了解世界、完善自己。就当前网络歌曲对青少年价值观的影响而言，媒介素养教育的内容可以概括为三个层次。①增加青少年对网络和网络歌曲的了解，了解网络传播媒介的特征和歌曲制作、传播过程，能够自觉掌握个人接触网络的量和度。②能够辨别网络歌曲所传播的各种信息及其所蕴含的价值观，正确看待网络歌曲的平等性、开放性及由于过度自由性而引起的网络歌曲的参差不齐。③充分发挥网络歌曲的积极影响，陶冶自己的情操，不断提高审美修养，从中得到美的享受和精神愉悦，获取更多有益、有用的知识和信息提高、完善自己。

学校、社会、家庭应形成合力，针对网络歌曲影响下青少年媒介素养教育的内容采用灵活的方法，对青少年进行教育和引导。①学习国外媒介素养教育的先进方法，把媒介素养教育有效地融入人文素养类课程中，如通过音乐、语文、品德、科学课等学科，渗透媒介素养的内容，引导青少年正确认识网络和网络歌曲。②充分利用校园文化环境，如校园网络、电视、广播、宣传版面，或者校园电子布告栏系统（bulletin board system，BBS）论坛、微信等帮助青少年正确认识网络歌曲，能够自主选择、鉴别媒介信息，引导青少年在接受媒介信息的同时能较为充分地理解媒介信息传播者的意图，提高青少年对待某些特定的媒体信息时的批判性思维能力等。③创造实践机会，通过参观媒介产品的生产过程，切身体验媒介机构的运作流程，帮助青少年建构起全新的媒介知识结构，从而更形象地了解报刊、广播、电视、互联网的区别，正确判断媒介信息的意义和价值，形成自己独立的见解，并切实理解受众与媒介的关系，进而根据需要选择媒介，利用大众传媒发展自己。青少年只有认识网络歌曲，了解网络歌曲的风格，掌握网络搜索技术，批判地对待网络歌曲传播的各种信息，才能不被网络歌曲所左右，增强自身对不健康网络歌曲的“免疫力”，自觉追求真、善、美，摒弃假、恶、丑，更好地利用优秀网络歌曲资源，不断地提高自己。

三、加强对网络歌曲的监管

2007年1月23日，中共中央政治局就世界网络技术发展和中国网络文化建设与管理进行集体学习的会议上，胡锦涛同志强调，必须以积极的态度、创新的精神，大力发展和传播健康向上的网络文化，切实把互联网建设好、利用好、管理好。党的十八大报告也明确提出："加强和改进网络内容建设，唱响网上主旋律。加强网络社会管理，推进网络依法规范有序运行。"[①]党中央的一系列要求，为网络文化建设和管理工作指明了方向。

网络歌曲开创了一种全新的音乐创作模式和音乐传播模式，青少年被其内容的多样性、形式的开放性所折服，并沉迷其中，但一些网络歌曲的思想性、艺术性不高，有些甚至以色情、暴力吸引青少年的眼球，低俗至极。网络歌曲也如一个打开的"潘多拉魔盒"，留在盒里的希望来自网络歌曲创作者的自律、网络技术的监管和相关网络法律的约束。

（一）网络歌曲创作者的自律是网络歌曲繁荣的核心

网络歌曲作为"草根文化"，是一种"俗"文化，平等、开放、多元、个性是其重要元素。"俗文艺"虽然"俗"，但它依然要坚持艺术的基本原则，是对现实的艺术处理，从而创造出"美的艺术"。真正的"俗文艺"既有艺术的本质特征和功能，又有民间的朴实性和通俗易懂性。网络歌曲作为一种"草根文艺"，并没有"低俗"的原罪。过于鄙陋、低级趣味的网络歌曲是对网络歌曲平等开放性的亵渎，是对一些恶俗趣味所进行的低级模仿，是针对人性弱点的魅惑，"恶俗"只会把网络歌曲引向穷途末路。

"自由是网络的特色，但我们不应忘记，自由是相对的，自由与法律、自由与自律是统一的。人作为社会性的动物，在社会中必然受到法律的约束，因此，作为一个网络人，在网上生活，在享受网络自由的同时，不能违反法律和伦理道德，不能损害他人、集体和国家的利益。"[②]网络是一个自由的世界，但同时也是一个以自律为主的世界，网络世界中道德依然不可缺少。"网络比大多数环境

① 胡锦涛．坚定不移沿着中国特色社会主义道路前进 为全面建成小康社会而奋斗．光明日报，2012-11-18（001）．

② 马和民．网络社会与学校教育．上海：上海教育出版社，2002：47．

拥有较少的普遍规则，也较少需要这样的规则，它更多地依赖于每个公民良好的判断与积极参与。”[①]网络歌曲要得到发展，创作者的自律及对网络道德的遵从是基础和前提。“海德格尔有言，‘语言乃存在之家’。但这个存在之家并非空洞的外壳，而是思想的凭依和生活的内涵，因为它蕴藏我们祖祖辈辈的辛苦与智慧，潜存着生命的根基和热情。它不仅使我们得以栖身，给我们以安全与温暖，而且使我们感到自由自在。对这样的依归之处，每个人都有责任加以精心守护和保养。”[②]网络歌曲是通过语言来表达的，创作者要用道德、良知爱护这个“存在之家”。网络自主自律的价值观，是一种积极进取的高层次的道德要求，它需要人们在网络实践中自觉追求高尚的道德境界。网络歌曲创作者、网络音乐运营商应自觉遵守各个层面的道德规范，自觉自律，履行自己的道德责任。

网络歌曲创作者应自觉关注社会、关注生命、关注生活、关注心灵，把目光聚焦在社会人生的最远处、心灵的最深处，充分发挥网络歌曲的快捷、平等之类的优势，唱响社会主义核心价值观，弘扬真、善、美，反对假、丑、恶，创作出更多内容健康向上、青少年喜闻乐见的歌曲，使网络歌曲从青少年的“娱乐快餐”成为促进其成长的“精神食粮”。网络是开放的，也是公平的，我们坚信“网络是高尚者的通行证，也是卑鄙者的墓志铭”[③]。

（二）网络技术控制是网络歌曲存在的前提

网络技术控制是伴随着网络的平等开放性而来的新问题。网络传播中“把关人”的缺失，使得网络歌曲上传、下载几乎不受控制，鱼龙混杂，一时成为各种情绪情感倾诉、发泄的发散地和集结地，有的网络歌曲甚至“表现出一种极度的情绪化，这种情绪化由于网络的纵容而加倍地夸大”[④]，对青少年价值观的形成产生不良的影响。因此，加强对网络歌曲的技术控制迫在眉睫。如果网络歌曲在上传过程中需要经过技术的检测，保证其内容和质量，使质量不合格、内容低俗的网络歌曲无法上传到网络上，或者使用技术手段避免青少年接触不健康的网络歌曲，也就从源头上阻止了一些不健康网络歌曲对青少年价值观的

① 埃塞·戴森．2.0 版数字化时代的生活设计．胡泳，等译．海口：海南出版社，1998；347．

② 陈根法．人生哲学．上海：复旦大学出版社，2004：50．

③ 马和民．网络社会与学校教育．上海：上海教育出版社，2002：134．

④ 钟瑛．网络传播伦理．北京：清华大学出版社，2005：22．

消极影响。可以从以下三方面做起。

1）强化技术的研究和开发，有效封堵和杜绝不健康网络歌曲的上传，如逐步实行网络实名制等。网络实名制一直是一个有争议的话题，要在国内一步到位实行实名制并非一件容易的事，但是可以鼓励网民实名上网、诚信上网。这些措施可以对网络歌曲的过度自由创作和传播起到一定的控制作用，增强创作者的社会责任感，减少一些随心所欲或恶搞的网络歌曲的出现和传播，给青少年提供一个相对安全的上网环境，提高青少年的诚信意识和责任感。

2）对网络歌曲实行分级管理，推行过滤技术。“分级制度是国际上较为流行的一种防止未成年人接触网络色情的办法。将内容分成不同的级别，浏览器按分类系统所设定的类目进行限制。”[①]对网络歌曲进行严格的审核和分级，对于有色情、暴力倾向的网络歌曲予以限制，对于有教唆犯罪倾向的网络歌曲予以坚决取缔，可以有效净化青少年的视听空间，使青少年免受不健康网络歌曲的影响。过滤技术是根据一定的标准，运用一定的工具从动态的网络信息中选取用户需要的信息或剔除用户不需要的信息的方法和过程。“‘过滤技术’（filtering technology）是国外父母用来抵抗色情网站的基本武器，一般的过滤软体会有效地将与色情有关的网站或搜寻关键字自动封锁。”[②]在我国此项技术也得到有效运用。由于该业务简单易用，受到广大上网家庭的普遍欢迎。家长只需简单定义孩子绿色账户的过滤规则，就能过滤掉大部分成人网站、有害的网络游戏网站、具有暴力倾向的网站等，还能定义青少年的上网时间段，在技术上杜绝未成年人接触不良信息。

3）用更多优秀的网络歌曲来占领网络阵地。与中国网络歌曲的空前繁荣所不同，在发达的欧美音乐界，网络歌曲没有形成潮流，这主要是因为国外的主流音乐比较发达，音乐创作与生产都有着比较科学、完善的规则体系，使得不成熟、稚气的音乐很难找到市场。因此，网络歌曲的流行为传统音乐界的词曲创作敲响了警钟，网络音乐如此流行，正是由于主流音乐无法满足青少年的需求，与青少年的生活脱节。音乐工作者在抵制恶俗音乐的同时，应当积极深入青少年生活，了解新时期青少年的心理特点，创作出能够满足青少年健康需求、能够提升青少年品位、包含优秀价值观念的音乐作品来，使传统音乐和网络歌

① 王国良．漫谈网络音乐．洛阳师范学院学报，2007，（4）：192-194．

② 杨雄．网络对我国青年的影响评价．青年研究，2000，（4）：7-14．

曲共同繁荣，促进青少年的健康成长。

（三）网络法律监管是网络歌曲发展的保证

和谐社会需要法律的保障，网络歌曲的存在和发展也需要法律保障，对网络歌曲的制作、上传做一些必要的法律限制是大势所趋。著名乐评人士金兆钧就提出“国有国法，网也该有网规”，他认为网络歌曲“如果有了配套的法制法规，不仅清理芜杂，也还能激励好的创作，大大丰富人们的音乐生活”[①]。虽然在网络发展初期，曾经有人提出“网络不需要警察”的口号，认为网络应该在自发、自然、自由的状态下成长，但随着网络歌曲的发展，版权纠纷不断，法律的监管就显得十分必要。“从法律法规上对网络工作人员、网络运营商以及网络歌曲创作者的相关职责进行区分界定，对超出违法行为进行惩处，保障网络歌曲能够朝着正确和健康地方向前进，实现网络流行歌曲自由与制约协调发展。”[②]

在网络立法方面，国务院及其各部门做了不懈的努力，各种网络法律法规相继出台，规范了国内的网络市场。国务院于2000年9月20日颁布了《互联网信息服务管理办法》，对互联网服务提供者制作、复制、发布、传播信息的内容做了一个统一、明确的规定，要求不得制作、复制、发布、传播“反对宪法所确定的基本原则的；危害国家安全，泄露国家秘密，颠覆国家政权，破坏国家统一的；损害国家荣誉和利益的；煽动民族仇恨、民族歧视，破坏民族团结的；破坏国家宗教政策，宣扬邪教和封建迷信的；散布谣言，扰乱社会秩序，破坏社会稳定的；散布淫秽、色情、赌博、暴力、凶杀、恐怖或者教唆犯罪的；侮辱或者诽谤他人，侵害他人合法权益的”等内容，是对整个互联网传播信息内容的法律规定和限制。2013年8月，国务院发布《关于促进信息消费扩大内需的若干意见》，突出要“大力发展数字出版、互动新媒体、移动多媒体等新兴文化产业，促进动漫游戏、数字音乐、网络艺术品等数字文化内容的消费”[③]；要求在大力发展的同时也要加强监管，“加强基于互联网的新兴媒体建设，实施网络文化信息内容建设工程，推动优秀文化产品网络传播，鼓励各类网络文化企业生产提供健康向上的信息内容”[③]。

---

① 金兆钧．关于网络歌曲的断想．人民音乐，2007，（12）：29．

② 郑恩莉．网络流行歌曲中的爱情与婚恋观点及其影响研究．福建师范大学硕士学位论文，2015．

③ 国务院．关于促进信息消费扩大内需的若干意见．中国电子报，2013-8-16（003）．

对于网络歌曲的快速发展，教育部和信息产业部也先后出台了规范其发展的规定，2006 年 12 月 11 日，文化部出台了《文化部关于网络音乐发展和管理的若干意见》，对网络歌曲提出严格市场准入，加强内容监管；实施网络音乐产品的内容审查制度；加强行业和社会监督等意见，要求从事网络音乐产品经营活动的单位必须取得文化部核发的《网络文化经营许可证》。这些措施旨在建立优秀原创网络音乐产品评选、奖励和推广机制，奖励思想性强、艺术性高、音乐内容和网络技术完美结合的原创网络音乐产品，以不断提升我国原创网络音乐制作质量和水平。针对网络音乐中的“恶搞”“黄色”和“灰色”现象，《文化部关于网络音乐发展和管理的若干意见》指出：网络音乐须经批准备案；对网民模仿、编创表演的作品将加强审查。2007 年 12 月 29 日，信息产业部网站发布了《互联网视听节目服务管理规定》，对通过互联网向公众提供视音频节目，以及为他人提供上载传播视听节目服务的单位做出规定：“从事互联网视听节目服务，应当依照本规定取得广播电影电视主管部门颁发的《信息网络传播视听节目许可证》或履行备案手续。”未持有《信息网络传播视听节目许可证》的单位不得为个人提供上载传播视听节目服务，并对网络视听节目不得含有的内容做了明确规定。2015 年 11 月，文化部发布了《关于进一步加强和改进网络音乐内容管理工作的通知》，要求企业自主审核网络音乐内容并承担主体责任，文化行政部门在事中和事后加强监管。

除此以外，《互联网电子公告服务管理规定》《软件产品管理办法》《全国人民代表大会常务委员会关于维护互联网安全的决定》《关于网络游戏发展和管理的若干意见》等网络法律也相继出台，有效杜绝了不健康网络歌曲的传播，为青少年提供了一个安全的上网环境，为网络歌曲的健康发展提供了法律保障。

在各种法律规范、办法、意见相继发布实施的同时，关于青少年网络文明、互联网行业、博客服务的公约也相继出台。2001 年 11 月 22 日，共青团中央、教育部、文化部、国务院新闻办公室、中华全国青年联合会、中华全国学生联合会、中国少年先锋队全国工作委员会、中国青少年网络协会在人民大学联合召开网上发布大会，向社会正式发布《全国青少年网络文明公约》，号召青少年要善于网上学习，不浏览不良信息；要诚实友好交流，不侮辱欺诈他人；要增强自护意识，不随意约会网友；要维护网络安全，不破坏网络秩序；要有益身心健康，不沉溺虚拟时空。这标志着我国有了较为完备的网络行为道德规范，是青少年对网络言论的自律约定。2004年《中国互联网行业自律公约》、2007年8月《博客服务自律公约》（中国互联网协会发布）、2012年4月《中国互联网协会抵制网络谣言倡议书》也相继出台。

这些法律、办法、意见、公约为网络歌曲的繁荣和发展提供了法律保障，净化了网络环境，有利于健康网络歌曲的创作和传播，有效杜绝了不健康网络歌曲的出现，为青少年创造了健康的歌曲欣赏环境。但各种法律规范的真正落实还需要各级政府部门，网络歌曲服务商、创作者和传播者的共同遵守。同时，应加强网络监管部门的监督力度，对于伴随网络技术发展而出现的新问题，应进一步建立健全网络法律法规，从而真正做到有法可依、有法必依、执法必严、违法必究，促进网络歌曲的繁荣和发展，使青少年在优秀的网络歌曲陪伴下健康成长。

第六章 自媒体影响下的青少年价值观教育

第一节 识读自媒体

一、自媒体的意蕴

随着信息技术的发展与信息化程度的提高，BBS、播客（podcasting）、博客（blog）、微博（micro blog/weibo）、社会性网络服务（social networking services，SNS）、手机群发（group message）等普通大众提供与分享他们本身的事实、新闻的途径的“自媒体”平台大量涌现，私人化、平民化、自主化的传播者通过这些平台随时随地用文字、声音或图像在互联网上传播信息，信息被自由的传播者随意地传播，影响力迅速攀升，而将整个网络传播带入“自媒体时代”。

中国互联网络信息中心 2016 年发布的《第 38 次中国互联网络发展状况统计报告》显示，截至 2016 年 6 月底，我国网民规模达 7.10 亿，其中手机网民规模达 6.56 亿，手机上网主导地位进一步强化①。微博用户规模为 2.42 亿，使用率达 34%，而且有高达 65.6% 的微博用户使用手机终端访问微博，用户行为的移

① 中国互联网络信息中心．第 38 次中国互联网络发展状况调查统计报告.http：//www.cnnic.cn/gywm/xwzx/rdxw/2016/201608/t20160803_54389.htm.

动化让微博成为移动互联网时代最具发展潜力的产品之一。纵观中国互联网络信息中心发布的历次统计报告，我国 24 岁以下的青少年在网民中始终占有接近半数、半数以至超过半数的比例，是使用自媒体中最活跃的群体。微信朋友圈使用率为 78.7%、QQ 空间使用率为 67.4%。①

（一）自媒体的内涵

所谓媒体，通俗地说就是信息宣传的载体或平台。自媒体（We Media）是学者分析博客发展时引入的一个概念，意思是进入门槛低，可以自由选择。“自媒体”一词最早出现在美国新闻学会媒体中心 2003 年 7 月出版的一份研究报告中。在这份报告里，谢因波曼与克里斯威理斯两位作者提出了“自媒体”概念，并对自媒体下了一个定义：“自媒体是普通大众经由数字科技强化、与全球知识体系相连之后，一种开始理解普通大众如何提供与分享他们本身的事实、他们本身的新闻的途径。”② 这份报告认为，自媒体改变传统的新闻传播模式，在数字技术的推动下，人类社会开始由大众传播时代逐步跨入自媒体时代，大众从单纯的受众变成了媒介的主体。

有学者认为，自媒体是“为个体提供信息生产、积累、共享、传播的独立空间”，可以从事面向多数人的、内容兼具私密性和公开性信息传播的传播方式总称③。也有学者认为，自媒体可以叫作“自主媒体”，是私人化、平民化、普泛化、自主化的传播者，以现代化、电子化的手段，向不特定的大多数或者特定的单个人传递规范性及非规范性信息的新媒体总称，博客及微博是一种代表方式，还包括 E-mail、BBS、SNS，甚至手机群发等④。美国学者丹•吉尔默（Dan Gillmor）于 2004 年 8 月又将“We Media”的概念以出书的形式进行阐明，由专事计算机相关书籍出版的欧莱礼媒体公司出版。书名是 *We the Media：Grassroots Journalism by the People，for the People*，“民治民享”为副标题。因为

---

① 中国互联网络信息中心 . 第 38 次中国互联网络发展状况调查统计报告 .http：//www.cnnic.cn/gywm/xwzx/rdxw/2016/201608/t20160803_54389.htm.

② 罗杰斯 . 传播学史：一种传记式的方法 . 殷晓蓉，译 . 北京：上海译文出版社，2002：105，106. 原文为 We Media as a way to begin to understand how ordinary citizens，empowered by digital technologies that connect knowledge throughout the globe，are contributing to and participating in their own truths，their own kind of news.

③ 朱严峰 . 自媒体伦理浅析 . 科协论坛，2012，（6）：186-187.

④ 自媒体 . http：//wiki.mbalib.com/wiki/自媒体.

“We Media”这个标题在台湾被译为“草根媒体”，而在大陆则更多地被译为“自媒体”。自媒体是最具个人色彩的媒体形式，其核心是普通公众对信息的自主提供与分享。在互动百科中，自媒体被称为继 E-mail、BBS、IM（即时通讯）之后的第四种网络交流方式。

自媒体与其他媒体的区别在于：一方面，自媒体最大的特点应该是其“草根”的特质，即“自”。也就是书中反复提及的 grassroots 和 we。不同的是传播的主体发生了变化。此前的“一”是指传统的新闻机构，或者依托或控运作机构的个人。而以博客为代表的脱胎于新媒体的更新的媒体，是作为独立的传播主体的个体的人。正因为个体的人拥有了新闻发布的权利，所以，无数的“一”才变成了多，变成了“we”。这就是“自媒体”与“传统媒体”的联系与差异。另一方面，“自媒体”与之前的网络媒体相比，拥有了更大的话语空间与自主权。作为相对独立的个体，植入网络媒体的传统媒介机构，以及受经济因素影响组织化的网络媒介机构都相应地减小了影响。所以，从中文的字面意思来讲，“自媒体”的“自”还可以理解成“自由度”较之过去的“新媒体”有了明显的改善。①

（二）自媒体的特点

作为新媒体中目前最具代表性的成员，自媒体顺理成章地继承了网络媒体的所有长处，并在此基础上发扬光大。与此同时，“后现代主义”“解构主义”“碎片化”“去中心”这些标签在它身上也体现得更为光鲜和耀眼。充斥于我们日常生活中的手机短信及微信和其他一些传播方式，如微博、SNS、博客、维客、播客等，都具有自媒体的特性。下面，我们简单梳理一下自媒体的特点。

1. 传播速度的即时快捷，传播方式的开放交融

未来学家尼葛洛庞帝曾断言，以最快的速度回应大众并最聪明地运用比特的人，才能成为大众最好的服务者。自媒体正是利用其终端渠道的多样化和信息沟通的快捷性把“即时性”发挥到了最大功效。我们从许多微博网站的经营理念中可以看出，微博将人们带入一个更为即时动态、自由开放的世界，每个人随时记录自己在做什么，在想什么。自媒体大大提高了信息的传播速度，甚

① 张彬. 对“自媒体”的概念界定及思考. 今传媒，2008，（8）：76-77.

至在悄无声息中就实现了信息的“零时间”和跨时空传播。可以说，自媒体打破了地域、时间和计算机终端设备的限制，极大地提高了信息传递的针对性和信息接收的及时性。

同时，自媒体具有强大的交互性，每一个受众同时都兼具传者的身份。事实上，自媒体同时运用两个网络在传播，即看得见的互联网和看不见的人际网，在这两个网的共同作用下信息在人群中无孔不入地传播。自媒体的强大交互性融合了人和人之间的网状关联，使信息以 N 次幂的速度飞速传播和无限覆盖，这是任何一个受生产周期和到达率限制的大众传媒都无可比拟的[①]。正是由于自媒体与受众的零距离，个体集信息的接收者、发布者、传播者于一身，交互和反馈也更加迅速和及时。就河南大学百年校庆微博来说，在校庆晚会举办过程中，学生一方面可以通过微博及时发表对节目的评论和感想并与所有观众互动，另一方面他们的微博被其他微博客看到后又及时展开互动，充分体现了自媒体反馈迅速、交互融合的特点。

2. 传播主体的平等个性，传播内容的碎片化与低质性

自媒体传播者和受传者具有平等地位，向来由精英阶层和传统媒体掌握的话语权被瓦解，传播个体实现了从未有过的广阔话语权。大众媒介和文化工业一方面带来了大众的“集体无意识”和总体生活趣味的趋同性、标准化；但另一方面，备受压抑的个体总是要寻找各种途径竭力去实现自我的展示和解放。自媒体的出现就迎合了大众的这种需求，自媒体用户拥有极大的主权、个人性和自主性。以微博为例，微博中的大众完全可以以“我”为主，关注身边琐事，贴近“我”的日常生活。每个人在以“自我”为中心的同时，也可成为他人的中心，由此来获得一种自我展示、自我表演的满足，同时这种自我展示使个体的原创性和个性化表达也可以得到充分的呈现。自媒体的自主性也许可以用“3 Any”来诠释，即 Anytime、Anywhere、Anyway，如此，就完美地演绎了自媒体的核心及本质：自由、自发、自在[②]。它从个体化的角度出发，通过自己的方式和渠道，个性化地表达自己的观点，发布想要传播的信息，可谓是自娱自乐。至于能否博得“众乐”，传播者也表现得自在随意。无论是在 SNS 上发布日志、

---

① 韩丽. 自媒体发展及其文化问题——新世纪中国自媒体现象研究 . 长春：吉林大学硕士学位论文，2011.

② 杨圣娇 . 自媒体传播心理动因及个体角色重塑 . 现代视听，2012，(1)：32-36.

分享资源，还是在微博上“晒照片”“晒心情”，无疑都强调文本表达的个人化、私语化。正是通过这样原创性的自我表达，才能逐渐完成个人的形象构建，形成自身的个性与风格，展示个性的特点，这是自媒体精彩的原动力。自媒体以其个性化、随意性的特点迎合和适应了草根文化那种与生俱来的大众化、通俗化的特征。以“90后”“00后”青少年为例，相比老一辈，他们对事物有着更为广泛的涉猎和独到的见解，他们不再喜欢循规蹈矩地传播内容，而更欣赏具有个性色彩的新兴事物，自媒体正是迎合了他们的口味，从而迅速在青少年群体中普及。

自媒体的语言表达呈现碎片化。以微博为例，①微博发布时受特定字数限制，语言简短精练。这导致微博在语言表达上具有碎片化的特点，人们可以随时、随地、随性地记录琐碎的生活，表达个人的观点，并接触他人的想法。然而，面对众多的信息，在瞬间之内做出选择是很困难的，而且做出的选择也只是凭借着一时的情绪，过后对当事人的影响可谓微乎甚微。微博碎片化的语言是一个一个点，通过这些点，最终可以串起这个事件的完整性，但是没有人能够掌握无限的点，因为它过于琐碎，所以大众对整体真实、真相的分辨越来越难。②每个微博客都可以“信手涂鸦”，传播的信息缺乏严格的事实核对手段，也没有得到必要的编辑改进，加上信源的多样化、不连续和无处不在的噪音使传播的效率大大降低，因此，信息失真概率比传统媒介大许多。而且，由于微博的信息传播是病毒性扩散方式，虚假信息可能会在瞬间快速得以传播，这会加剧信息的真实度、信用度等方面问题。③微博打造了一个个关系的“小圈子”，但也正是因为“圈子”中人际关系过于亲密，当关系和情感替代了事实真相的时候，也容易带来信息的失实、失真。

自媒体对于中国媒体格局的最大影响就在于传播主体日益多元化，信息传播功能的不断增强。网络空间以不可估量的速度不断延伸，网络传播形式越来越多样化，极大地发展了公开的“显”传播及与其相对应的隐蔽的“隐”传播，自媒体的隐性传播渠道对于主流意识形态、价值观的构建，对于主流媒体的公信力，对于公众舆论引导的挑战应该得到重视。尤其是对于自媒体主要用户群的青少年，不良信息的传播及对舆论引导的影响更应该予以更多的关注。以微博为例，微博在某种程度上是由用户闲言碎语的唠叨构成的，由于个人的随意表达缺乏节制和主观色彩较浓，这种“私语化”的信息易产生大量无意义、不

具备价值的信息。其结果是信息量过多质不足，我们容易被淹没在浩瀚的信息烟尘之中，没有时间也没有能力进行梳理。而且，微博对文本的要求不高，缺乏深度，不具挑战性，容易滋生思想的惰性。此外，“去中心化”论给草根文化带来了蓬勃生机，不过也使大众的参与有些盲目。由于受到各种刺激“眼球”的内容诱导，一些不健康、不合法的消极信息不断被关注、跟帖、回复、放大并得以繁衍生息，最后导致网络行为的价值降低。

3. 人际化传播，社会性网络

自媒体传播尽管属于大众传播，但是它是以人际传播为基础，创造了一个社会性的网络，在这个社会性大网络中，人们又根据地域、兴趣、职业等不同话题形成若干个群体，呈现集群性。而这种社会性网络又与一般的网络虚拟社区不同，其最大的特点在于帮助人们建立真实、诚信、可靠的联络和评价体系，利用信任关系拓展自己的社会性小圈子，累积、使用并管理个人通过自媒体所建立起来的社会资本。“自媒体的兴起把媒体的发展提到更高的水平，因其便捷、即时通讯深受人们的青睐，现已成为人们重要的沟通交流方式。”[①]

同时，作为一个社会性网络，自媒体创造了一个不同阶层、不同职业、不同文化程度、不同社会背景的公民共同参与的众声喧哗的空间，真正地成了多元话语的集散地，它可以理解为公共领域的一部分。哈贝马斯研究公共领域时提出“理想的言语情景”概念，阿瑟•伯格引申出理想的传播情景。但是，自媒体用户在沟通过程中，既存在压迫性因素的扭曲，又存在交往主体的不理性，盲从、哗众取宠、唯恐天下不乱等心理因素进入传播过程，由此产生“系统扭曲交往”[②]。

二、自媒体时代的来临

随着信息技术的高速发展，传统大众传媒的许多功能被新兴媒体所取代。媒介形式的多元化和新媒体所具有的海量、交互、超时空等特性使新的传播范式中“人”本身成为传播的主体，个人表达得到充分的体现。此外，当前草根

---

① 张凤祥．自媒体的思想政治教育功能研究．西安：长安大学硕士学位论文，2015．

② 尹良润，阮璋琼．微博谣言与交往理性．东南传媒，2012，（2）：38-39.

文化展现出一场百花齐放的平民狂欢盛宴。人与人、人与社会之间的交流互动进入了一个崭新的时代，即通过新兴媒体达到自我表达这一目的的“自媒体时代”。

（一）自媒体发展的技术背景

1999年，IBM公司提出“普适计算”（pervasive computing）概念，即无所不在的、随时随地可以进行计算的一种方式，只要需要，就可以通过某种设备访问到所需信息。特别是无线网络的发展，如Wi-Fi、ZigBee、3G、4G、5G的出现，以及各种智能手机、平板电脑等移动终端设备和微博等软件的不断升级，使得访问互联网的门槛越来越低，人们可以在任何时间、任何地点，以任何方式访问网络，自媒体应运而生，诞生之初就呈现出爆炸式的发展态势。

互联网的全球覆盖，移动技术的发展，数字科技的突飞猛进，多媒体技术的飞跃，到现在4G技术的实现，每一次技术的发展都给自媒体的发展提供了强大的可能性和助推力。网页制作软件越来越智能、简便、易操作，个人主页制作的技术和资金壁垒遭到破除，不断降低自媒体的准入门槛，给自媒体提供了更广大的使用市场。总览人类传播史，语言的出现、文字的使用、印刷术的发明、电子媒体的涌现，每一次技术的突破都极大地改变了人类的传播方式和途径，尤其是数字技术和互联网的发展，更是对传统传播模式的重大革命。基于网络技术的自媒体工具建立了即时、直接的人与人沟通渠道，伴随自媒体形式的发展，网络中的人际传播经历了点对点、点对面、面对面三个阶段。E-mail是最早的自媒体，它能建立点对点的人际沟通，虽然在通信技术上达到了飞跃但并未实现即时通讯，后续发展起来的QQ、MSN等即时聊天软件是对网络上点对点交流的更进一步促进。BBS主要是点对面的传播，它能为多人的讨论和交流提供平台，但BBS的核心是话题的交流而非以人为核心的交流，大批的“潜水”用户为人际互动设置了难以逾越的屏障。而博客由于整个生产过程都自主完成，更加凸显用户的个性和自我价值，激发了大众的参与热情和互动频率。此外，博客上的信息会按照时间顺序一一保存，信息越多博主的真实面貌就会越清晰地展现出来，主客间的不断加深了解提供了人和人交往的基础，实现了网络中面对面的人际交流模式，此后出现的微博更是对博客的升级和完善。另

外，现在又出现了新型的综合型、社区型自媒体，这种新型自媒体大多实行实名制，利用SNS理念的网站进行网络中的人际关系社区建设，如人人网，它的传播模式融合了点对点、点对面、面对面多种方式，通过互动把人与人之间的弱关联不断强化，顺应了网络时代人与人渴望交流的需求，是人际传播的回归。

（二）自媒体发展的社会背景

在信息时代，生活节奏不断加快，来自工作、生活各方面的压力让现代人心力交瘁，越来越紧张的时间向我们的传统人际交往方式发起挑战。自媒体突破时间和地域上的限制，以其高效、便捷、省时省力的特性无疑成了新型交往工具的首选。它作为信息中介帮助我们完成身体缺场的信息传播，满足了现代人在人际交往中信息获取需求、自我展现需求、通信需求、学习分享需求等。自媒体在中国产生初期被作为一种个人信息发布工具，人们利用自媒体进行更便捷的信息搜索、即时交流和个性展示。此时自媒体更多的是一种通信手段和娱乐工具。然而，随着自媒体的不断发展成熟，其版图得到急速扩张，在新型信息环境中，自媒体以其微内容的强大合力成为可以和大众传媒抗衡的另一极。这种强大的影响力逐渐得到人们的重视和利用，自媒体能介入的领域也越来越宽泛，在政治、经济、文化各方面都崭露头角。

（三）自媒体发展的时代状况

自媒体的出现和日渐繁荣不仅是一种传播模式的革命，更是一种对信息环境的革命，对我们传统的社会交往和社会文化的革命，它对我们的经济、政治、文化生活都产生一定的积极影响。微博引领下的“自媒体时代”，个体表达豁然呈现在公共空间里，人们的瞬间欢娱、即刻感悟被展现出来，并广为传播。微博也越来越具有社会意义和媒介特性。于是，即使是很微小的传染源——谣言、小道消息，也足以在其中蔓延，导致舆论风向的改变。人类历史上每一次技术发展的飞跃，都毫无例外地会引发意识形态和上层建筑变革。自媒体的发展在给我们带来一个崭新的“媒介化”时代的同时，也给意识形态建设、社会治理、个人成长环境与私人权利保护等诸多方面带来了前所未有的挑战，也对与现实社会相适应的法律制度形成了冲击。

三、自媒体时代的特点

自媒体时代的到来，在给人类生活带来便利的同时，产生的负面影响也是巨大的，“以至于无论在整个人类的层面上，还是在个人的层面上都存在一种‘文化或者伦理迟滞’现象，即人类及其个体技术能力的加速扩展，而与之相匹配的精神力或道德力却停滞不前，导致人类迷失方向，处于危险境地”[①]。

（一）话语权释放、精英消解的个人发声时代

话语权有两层含义：第一层指话语权利（right），是公民运用媒体对其关心的国家事务与社会事务，以及各种社会现象提出意见和发表建议的权利；第二层指话语权力（power），指公民意见表达的有效性，是保障话语表达有效的社会环境和机制[②]。自媒体时代，任何人都可以把自己的所见、所闻、所感、所想通过各种自媒体上传到网络上，发出自己的呼声，加入某个话语场之中。彼此之间可以自由交换对社会问题的理解、看法，对问题或产生怀疑，或达成共识。“在微博、微信（朋友圈）等交流平台中，人们可以对日常生活中所见所闻作出描述或发表个人观点，你的好友在获知你的看法后可以选择是否跟帖、转发以及点‘赞’等，它更能体现出人们在现实生活中的情感。”[③]向来由精英阶层和传统媒体掌握的话语权被瓦解，个体话语权得到尊重，平民阶层和大众实现了从未有过的广阔的话语权，“庶民的狂欢”得以实现，社会进入了泛话语时代。

在自媒体时代，个体的优先价值才得以实现，普通公民、精英、政府机构可以在同一平台上进行面对面的交流。可以说，自媒体最大限度地凸显了平民的力量、个体的力量，促成传播的个人主义革命。

自媒体无疑为青少年提供了最好的平台，让青少年可以通过多种多样的形式表情达意，又无须顾忌太多，甚至可以利用网络宣泄不满、缓解压力，自媒体在帮助个体实现话语权的过程中，获得了青年群体更多的青睐。

---

① 高德胜．女性主义伦理学视野下道德教育的性别和谐．教育研究，2006（11）：58-63.

② 邓浩．从博客看个人话语权的解放．思茅师范高等专科学校学报，2008，（2）：83-86.

③ 张凤祥．自媒体的思想政治教育功能研究．西安：长安大学硕士学位论文，2015.

（二）去中心化、碎片化的多元文化时代

今天，“一切坚固的东西都烟消云散了”。乔治·齐美尔认为，“现代性的一个本质特征就是‘碎片化’”。社会的“零碎化”使人们成为彼此孤立、离散、毫不相干的原子式个体，人的感性与理性呈现分离，人的主体呈现“碎片化”状态。“在电子媒介的阶段，持续的不稳定性使自我去中心化、分散化和多元化。”①卡西尔说，“人是符号的动物”，“人只有在创造文化的活动中才成为真正意义上的人，也只有在文化活动中，人才能获得真正的‘自由’”②。我们正处在一个受传播控制的时代。文化的生命力在于传播。传播作为人与人、人与群体、群体与群体之间的社会信息交往，实质上是一种传递文化信息的符号互动过程。歌德曾说过：人类社会的基础是通信，人类文明和进步的每一个阶段都受到特定的通信媒介的支配，新的通信方式的兴起都会引起社会文化的大变革。大众在话语权的释放中大肆狂欢，形成了自媒体特有的草根文化，媚俗成风、人云亦云、信息日趋碎片化等文化问题给社会带来了很多消极影响。挑战社会诚信，冲击道德底线，频频引发侵权事件，不良信息误导受众……这些由自媒体滋生的问题不容忽视。

去中心化即社会成员对国家主流文化和价值观的疏离意识及由此产生的偏离或背离社会主流规范的行为。去中心化观念和行为的形成与主体对客体对象的认同有关。例如，自媒体催生的“恶搞”现象，即通过戏仿、滑稽改编、戏谑、讽刺等方式打破人们的传统思维、审美方式，使作品更加荒诞，使社会的权威和合理化的现象处在怀疑之中，摧毁并解构原来的中心、权威和叙述方式。在文明断裂、文化多元的时代，具有统摄性、包容性、开放性和引领性的价值观体系很难真正建构，也很难在价值观教育中获得认同、接纳和内化。多元文化已经成为现代社会的一个基本特征。我们在认同其积极意义的同时，必须看到，多元文化对“价值共识”的否定和解构。在“多”与“一”的博弈中，人们很容易接受“多”，因为“多”在某种意义上意味着自由、自主、解放、开放，而“一”在某种意义上意味着专制、统一、霸权、封闭。因此，人们普遍认为，现代社会应当是一个“多元主义”获得普遍承认和认同的社会，于是，“什么都

① 马克·波斯特．信息方式：后结构主义与社会语境．范静哗，译．北京：商务印书馆，2000：13.

② 庄锡昌．多维视野中的文化理论．杭州：浙江人民出版社，1987：253.

行”“存在即合理”便获得很大的存在空间。“多元”开始僭越“一元”，成为现代人的文化态度和价值取向[①]。

自媒体出现以后，信息的生产、加工、传播不再受到传统媒介生产周期的限制，大量信息碎片占据我们的时间和精力，传统的信息获取、知识积累方式受到前所未有的挑战，如果仅仅依靠或者过度依赖网络和自媒体来获取新闻、知识和经验是远远不够的，这对我们个人成长和整个传统文化精髓的传承都会带来威胁。特别是微博、微信的普及，加剧了信息的碎片化，这是否会进一步带来语言和思维的碎片化，也引发了专家的担忧。

（三）把关失效、公私混淆的全民狂欢时代

这里借用20世纪最有影响力的思想家之一——巴赫金在研究中世纪与文艺复兴时期的民间文化时提出的一个概念：“狂欢化”。这种源于中世纪欧洲民间的节日宴会和游行表演等的狂欢是全民的。它摆脱一切等级、权威、约束，表达一种疯狂的、恣情的生活，仿佛进入了一个与现实制度相隔离的第二世界。自媒体正是在这个价值层面的狂欢上显现出其独特光彩的[②]。

在自媒体所引领的Web2.0时代里，网络传播以空前的影响力介入人类社会的生活当中，并为草根阶层构建了无限可能的巨大平台，通过各种前所未有的形式，实现了心理的宣泄、人性的释放和独立意识的充分表达，在网络的虚拟世界里形成一种和谐、随意、率真的新型人际关系和精神交往。巴赫金虽然没有生活在当前这个时代，但他所阐释的“狂欢化”理论正好可以解释这一社会现象。全民娱乐时代的来临打破了只属于官方和业界名人自上而下的媒体话语权，平民在自媒体时代提供的百姓舞台上，彰显自身个性。平民明星的崛起意味着正统上层文化中的循规蹈矩趋于淡化，民众自我意识的张扬觉醒，在“游戏式”的狂欢中自由表达，以及从既定的社会阶层与身份秩序中的解脱，都充分体现了巴赫金狂欢化理论的精神实质。

经由自媒体传播的文化，以其先锋前卫正在改变着当代中国的现状，改变着人们的感觉方式、思维方式、表达方式。它吸引了人们的注意力，记录着当

---

① 田发银．文化多元时代境遇中的核心价值观教育．山东社会科学，2012，(3)：144-147.

② 王琦予．从巴赫金狂欢化理论看“自媒体时代”．石家庄铁道大学学报（社会科学版），2012，(3)：57-60.

代人的格调与内在的恐惧，批判式地解码着未来。以微博为例，在实践当中，微博一方面通过围观和行动，解决了诸多社会问题，产生了良好的社会效果。例如，官方微博迅速发展，成为政府与民众沟通的新渠道；微博监督正成为有效的舆论监督模式；在甬温动车相撞等突发事件中，微博成为有效的信息发布渠道，且成为有力的社会动员手段。另外，微博、微信传播的信息呈现为混乱与无序状态，其中未经核实的负面信息泛滥，众多微博、微信非理性情绪的发泄，不仅产生了不良社会影响，也损害了微博、微信的公信力。其中负面信息的泛滥，特别是许多未经核实的负面信息的泛滥，降低了社会公信力与聚合力，煽动、鼓动社会不良情绪，增强了公众的不安全感。“微媒体传播过程中对于个人隐私的保护、信息真假、谣言的辨别等方面弊端，导致了网络伦理失范现象，使社会正常秩序遭到破坏，在短时间内给社会安定带来了很大影响。”[①] 而许多信息与言论中包含的对于不同群体的偏见、倾向与情绪，正在引发各阶层间的裂痕，如微博中对于“官二代”“富二代”的行为与言语，不问青红皂白就展开谩骂与攻击，对于部分公共事件不问事实真相就站到了某一方，结果网民意见被利用从而成为部分人达到个人目的的工具和手段，最后也伤害了部分当事人，并导致了不同群体间的不信任甚至是对立的情绪。

此外，微博在众多事件之中往往借助网友力量进行人肉搜索等活动，对于事件当事人及其家人的私人空间进行粗暴侵犯，而且伴随而来的还有微博网友的批评、攻击，甚至谩骂。这些行动致使微博、微信对部分公民与组织展开了粗暴的窥视、野蛮的入侵和狂欢式的轰炸，有的甚至超越了法律、规定和道德的底线。这与网络的狂欢和传播者草根至上、个性张扬的反叛心理，受众娱乐至上、猎奇围观的娱乐消费心理，传播媒介发展、提供技术的支持，“眼球经济”的需求，以及社会转型时期的特殊环境都有千丝万缕的关系。

四、青少年生活中的自媒体

（一）博客、播客、拍客网站

互联网上的“客”文化众多，也值得我们关注。在中文中，“客”与“主”

① 张凤祥. 自媒体的思想政治教育功能研究. 西安：长安大学硕士学位论文，2015.

相对，称外来的人，外出或寄居者。《说文解字》中说："客，寄也。"比如，源于春秋时期的"门客"，以一技之长被主子豢养，各为其主。另外，也包括古代的侠客、剑客、服务行业的顾客等。在互联网上，非常有趣的是，"客"与中文内涵相反，反客为主。从20世纪60年代的"黑客"到21世纪今天的各种"客"，都是指在互联网上拥有某种共同行为的网民。互联网上早期的"客"，只是拥有某种共同行为的网民群体的称呼，博客、播客、拍客和影客这些自媒体形态都是随着Web2.0的推广而兴起的。可以想象的是，随着网络技术的发展，以及网民需求的升级，互联网上将会出现更多自媒体形态的"客"。

博客是最早出现的自媒体形态，也是目前最常见的一种自媒体形态。博客是由某个人或某个组织所单独拥有的使用RSS、TAG等Web2.0应用技术的网页。它通常是由以多媒体嵌入和超链接作为重要表达方式且经常更新的日志所构成的，这些张贴的日志在网页上依照逆时间顺序排列。博客主要有独立博客和托管博客两种。托管博客突破了早期个人主页的技术壁垒，直接促进了博客的大规模增长，是当前博客的主导形式。"博客"兼具英语blog和blogger的意思，所以，我们在说到博客时既可指博客空间，又可指博客作者。在华语世界，也有人把blog翻译成"网志"。博客空间是指由博客服务提供商（blog service provider，BSP）提供，网民通过注册获得使用资格的一种网络空间，网民可以在上面发表自己的言论、观点等供他人浏览。博客作者指在博客托管网站注册了博客空间的人，或者自建独立博客网站的人①。

播客是自由度极高的广播，人人可以制作、随时可以收听的一个以互联网为载体的个人电台和电视台。2004年底，中国第一个播客网站——土豆网诞生。从技术层面上来说，播客采用RSS2.0的文件格式来传送信息，这是与其他音频视频文件的重要区别，这种技术既允许用户订阅并自动接收文件，又允许个人进行音频的创建与发布，而且播放设备也没有特别局限，任何装有适当软件的终端都可以播放播客节目。所以说，播客是一种"网络个人电视台"②。国内的播客网站有土豆网、优酷网、酷6网、我乐网等。青少年好奇、好动、爱尝试新鲜事物的特点，使他们成为播客网站的一大用户。

快节奏的生活使人们对于图片和影像情有独钟，拍客的兴起为受众提供了

① 刘津．博客传播．北京：清华大学出版社，2008：4.

② 应蓉珊．新媒体对大学生群体的影响研究．重庆：重庆大学硕士学位论文，2010.

一个展现图片和影像的平台与空间。拍客的自我表达是一种隐性的自我表达，与以文字为中心符号的群体交流相比较，文字对个人观点及立场的表达更直接和尖锐化，而影像对于个人观点则是隐性表达，依赖于大众的领悟与认可，这种相对温和的表达方式，容易构建良好稳定的群体秩序。认同者可以积极参与评论、收藏和转贴，不认同者以沉默替代。拍客传递的不仅是信息，也是一种文化与思维方式，其作品表现了主流媒体不太关注的题材，用影像见证了正在发生的历史。

（二）微博

微博，全称“微型博客”，是自媒体最典型的代表。特别是个人微博更是自媒体的主要部分。

微博支持以自我表达、获取资讯、交流、分享等为目的的网民经由计算机、手机、平板电脑等多种客户端登录并发表文本、图片、音乐或视频信息。微博，微博的爆炸式增长态势奠基于名人效应，通过构建用户间的弱连接与其他 SNS 应用一道扩张现代人社会纽带，以此带来工作机会、伙伴关系等各方面利益及认同感的收获，但是我们不应将微博仅仅等同于粉丝聚集地或是交友平台、商务平台。微博带有独特的媒体属性——无论是运营方极力赋予的还是中国整体大环境所指向的，是一种新兴的自媒体。它集一对多、群发功能、转发功能、即时通讯功能、发帖功能、互动功能、即时通话（联络）功能等于一身，可以融文、图、视频、音频等于一身，是迄今为止最为强大的一种个人媒体。

有学者认为，微博可以很好地实现班主任、辅导员等对班级的管理工作，尤其适合辅导员对学生的管理。微博的优点是可以随时随地进行信息的交流，这将有利于信息的传播。在网络时代，学校各种事项的通知不再是由教师在课堂中主动传达给学生，而是学生通过自己浏览本学校的网站了解。如果辅导员可以开通自己的微博，并要求学生关注，那么辅导员就可以随时随地地在微博上发布学校的有关通知，学生也可以随时随地地通过手机等移动设备了解学校的各项要求。这样可以避免学生因为没有及时浏览学校网站，错过各种信息。微博中的微群功能更是为学生之间展开讨论提供了良好平台。微群，就是微博群的简称，能够聚合有相同爱好或者相同标签的朋友，将所有与之相应的话题全部聚拢在微群里面，让志趣相投的学生以微博的形式更加方便地进行参与和交流。学生可以将自己所学的专业加入标签之中，相同专业的学生可以加入微群，随时随地展开专业上的讨论。班级同样可以建立微群，学生可以在微群里畅所欲言，增强同班学生之间的交流。微群讨论克服了传统教学中讨论问题经常受到时间、地点、学生心理因素等的限制，使讨论进行得不深入、不彻底的问题。

以河南大学官方微博为例，2010 年 10 月 9 日，河南大学党委宣传部率先抢占新闻宣传阵地，河南大学官方微博正式亮相新浪网。在新浪网上搜索关键词——河南大学，符合条件的微群有 47 个，多为河南大学的学生团体及专业院系[①]。截至 2016 年 8 月，河南大学官方微博已经拥有粉丝 263 557 名，发布微博共 20 335 条，河南大学官方微博包括“焦点关注”“百年校庆”“学术动态”“名师风范”“明星学子”“校园速递”“精彩分享”“社会公益”8 个版块，后来还增加了“河大拍客”和“铁塔心语”等版块。学生可以用自己的镜头记录河南大学的美景，以及在河南大学的学习、生活，管理者还可以发布积极向上的哲理短句，启迪人们的心灵，传播正能量。用微博宣扬我们的传统文化、校园文化，对内及时发布新闻并同时进行线上线下的互动，对外展示校园魅力风采，宣传招生政策，微博已经走入了河南大学学子的生活。2012 年 9 月 25 日是河南大学建校 100 周年，微博上随时更新百年校庆的筹备动态，并获得了极大的社会关注度。在新浪网上以“河南大学百年校庆”为关键词搜索，共有 80 752 条相关微博，其中多为对河南大学百年校庆的祝福，以及对校庆晚会的评论。此外，河南大学官方网站中的“焦点关注”“学术动态”“校园速递”三大版块更是用最简洁的语言，及时发布包括校园新闻、学术报告会、研讨会、作品展览会、各类学术比赛细节、贷款发放、英语四六级、普通话等考试信息及招生信息等各类资讯。每天更新的校内新闻让来访者对河南大学的近况了如指掌。微博使用者同时拥有传者、受者的双重身份，在遇到困惑时只需回复或评论或以发私信的方式即可得到解答，从发出信息到接收反馈的周期大大缩短，确保了传播的及时性。2012 年 12 月 31 日晚，河南大学官方微博发布消息：河南大学新年晚会将于晚 10 点在明伦校区大礼堂举行，河南大学官方微博届时将以图片方式

① 李冰 . 高校开始进入微博时代——以河南大学新浪网官方微博为例. 新闻世界，2011，(2)：72-73.

进行直播，欢迎大家届时关注！并以“2013河大之夜”为标题在跨年晚会当晚进行同步直播，不断发布晚会现场的热闹景象，元旦放假回家的同学，虽然没能到晚会现场，但只需关注河南大学的官方微博关于学校跨年晚会的更新，就会有种身临其境的感觉。“名师风范”“明星学子”“精彩分享”三个版块拉近了师生之间的距离。以王立群教授为代表的优秀教师不仅扩大了河南大学的影响力，也培养出了一批批优秀学子。因为河南大学官方微博，智者的教诲、莘莘学子的金色年华皆在其中，老师和学生享有平等的话语权，没有高下尊卑，没有精英和草根之分。在这里，师生之间没有了上课时的距离感，取而代之的是网民之间的亲切交流。

（三）人人网、开心网等社交网络

社交网络源自“social network service”的翻译，中文直译为社会性网络服务或社会化网络服务，意译为社交网络服务。社交网络含义包括硬件、软件、服务及应用，由于四字构成的词组更符合中国人的构词习惯，人们习惯上用社交网络来代指SNS。在SNS网络中，以一个人作为网络结点，在人与人之间形成网状连接，并在网络中形成各种各样的小团体[①]。我国的SNS网站是借鉴了国外的Facebook网站而来的。2005年12月，校内网成立，成为中国最早的校园SNS社区。2009年8月，校内网更名为人人网，依旧在中国大学生市场中处于垄断地位。2008年2月，开心网成立，与以大学生群体为市场定位的校内网不同，开心网把市场定位于都市白领，并且很快受到白领的欢迎。目前国外比较流行的社交网站包括Facebook、MySpace、Twitter等，国内比较活跃的社交网站包括人人网、开心网、51网等。由哈佛大学学生马克·扎克伯格于2004年创建的社交网站Facebook，当期活跃用户人数已达9亿，在2012年年底已突破10亿大关。在我国，国内第一个校园交友网站人人网在大学生群体中的覆盖率超过90%；51网在80后、90后人群中也有较高的覆盖率；2008年迅速成长的开心网则成为都市年轻白领娱乐休闲和打发时间的新宠，近半年时间就发展了约1500万注册用户[②]。

---

① 应蓉珊．新媒体对大学生群体的影响研究．重庆：重庆大学硕士学位论文，2010.

② 刘天韵，孟庆红．浅谈社交网络下的教育教学活动．中国教育技术装备，2012，(15)：137-138.

（四）微信等无线手机媒体

无线网络技术和以3G、4G为代表的新型信息技术的发展，使手机成了自媒体的新型介质，手机的便携性和即时性又极大地促进了自媒体的蓬勃发展。手机媒体是指以手机为平台，以分众为传播目标，依托无线移动通信网络进行个性化海量多媒体信息（如语音、文字、图片、动画、视频等）传播的新兴大众传播媒介[①]。手机作为新兴自媒体工具带来的历史性革命，实现了信息传播的5W，即wherever（无论何时）、whenever（无论何地）、whoever（无论是谁）、whatever（无论什么内容）和whomever（联系任何人）[②]。

微信，作为自媒体的新生力量，代表一系列即时通信产品异军突起，成为未来传播技术的发展方向。微信，是国内网络巨头腾讯公司于2011年1月21日推出的一款专为智能手机免费提供的即时通讯应用程序。仅需要少量的流量，微信就能够实现跨通信运营商、跨操作系统平台的传播，通过网络发送免费语音短信、视频、图片和文字，还支持多人群聊[③]。2016年，微信注册用户已突破6亿，这也意味着它已覆盖90%以上的智能手机。微信可以说是介于手机QQ和微博之间的第三种社交工具。在累计经过40余个版本升级后，微信自身形成了一个三维沟通矩阵：*X*坐标——语音、文字、图片、视频；*Y*坐标——手机通讯录、智能手机客户端、QQ、微博、邮箱；*Z*坐标——LBS定位、漂流瓶、摇一摇、二维码识别。纵横交错立体化的社交链覆盖了工作、生活的多层次需求面，并且在这个三维空间里，各沟通链条完全交叉、各平台互通共享，这是其他任何即时通信工具都无法比拟的[④]。

微信的主要功能是类似于电话联系的语音对话，从用户的心理和习惯来讲，使用语音进行聊天的双方关系会更为亲密，在精确化的交际圈里，微信的传受双方以亲人、闺蜜、朋友、同事为主，这也就决定了双方通过媒介传递与反馈信息内容的特殊性。在微博上，粉丝可以看到所关注用户发布的相关信息，而微信信息停留在传受双方的移动终端上，只有传、受双方可以看到、听到，其他用户无法在自己界面获知。如果按远近亲疏来将人们现实生活中的社交关系

---

① 曾海．手机媒体对大学生道德价值观影响及对策研究．福州：福建师范大学硕士学位论文，2011.

② 匡文波．手机媒体的传播学思考．国际新闻界，2006，（7）：28-31.

③ 陈雅静．微信，还能红多久？——以经济学SWOT理论分析．新闻知识，2012，（6）：83-84.

④ 党昊祺．从传播学角度解构微信的信息传播模式．东南传播，2012，（7）：71-72.

归类的话，那么，虚拟社交模式可以通过实距将社交圈归为近距离、中距离和远距离三类。微信通过实现三个断面的全面覆盖，形成了全方位、立体化的社交网络，人们可以根据需要更加精确化地分配社交精力。上海外国语大学杨敏以上海部分高校为例，对微信在大学生中的使用情况做了调查，调查结果显示，大学生使用智能手机的占 67.75%，其中又有 58.06% 的学生使用微信[①]。

除了以上的自媒体形式，还有 BBS，最早被应用于公布股市价格等信息，现在被广译为网络论坛。BBS 是某些特定群体的信息交流平台，由站长创立，下设各级管理员、版主等。各级管理员对论坛有监督管理等权力，普通会员可以搜索信息、发布信息、提问、与其他成员相互交流，成员间互相帮助、各取所需。国内的 BBS 被广泛应用于各大高校，成为高校内部成员的信息交互平台，有些校园论坛允许校外成员申请加入，另外一些对不同身份设置不同权限。

五、自媒体受青少年青睐的原因

（一）青少年自身的原因

1. 记录心情，发泄情绪，收集传播信息

青少年时期是自我意识发展的关键期，需要对自我不断地进行审视和完善，他们强烈的自我实现意识一旦在现实环境中受挫就会倾向于到网络环境中去塑造一个新的“自我”来实现自己的想象，感受新的自我体验和自我设计，从而获得更大的“生理自我”的满足。同时，这一时期青少年对人生和未来也会感到茫然，现实生活中面临着各种各样的问题，理想和现实发生激烈的冲突，衍生出很多不良的情绪。当有些心结和情绪不想或羞于被熟悉的人知晓，这时候就需要一个平台、一种空间，在这个平台和空间中没有压力，可以自由地倾吐心结，宣泄情绪。微博正是提供了这种新型的平台和空间，因为内容短小，所以，写博者没有特别大的压力；使用方便，可以通过计算机或手机、平板电脑等移动终端进入页面。正因为找到了适合自己的表达方式，倾诉起来才会显得更顺畅。微博确实承担着心理疏导的功能。在写微博时，人们会有种对一个人

① 杨敏．微信对大学生思想政治教育的挑战及应对策略研究，思想理论教育，2012，(11)：72-76.

说话的感觉，而且不用考虑结果，甚至可以说微博部分地起到了心理医生的作用，每当自己心情有起伏的时候，会第一时间发微博。

聚集青少年的自媒体网络中，其成员有着相似的生活环境和生活习惯，容易沟通和理解彼此的价值观念，个体所收集和传播的信息极易得到其同类好友的共鸣从而得以快速的传播。青少年正处于人生观、价值观迅猛发展的阶段，且因其特有的年轻人的敏感性，对于各种事物或信息的接受和理解速度更快，且以原始信息为基础，更易演化出更多的新信息。比如，某一公共性事件在经过社交网络传播后，会衍生出许多新的信息版本，或用诙谐的幽默加以调侃讽刺，或以更形象的网络语言加以描述。自媒体中的信息传播不同于传统的网络传播，信息从诞生到被人们所接收只需短短的几分钟。更主要的是，人们对于信息的处理不再是简单的观望者，更多的是以参与者的身份出现的。青少年在自媒体网络中传播、转发、评论他们所感兴趣的话题，这个过程中可以折射出不同个体所持有的价值观。

但是我们应该看到，一方面，青少年的心理和生理都处在一个尚未完全成熟的发展时期，他们的价值观念还没有完全定型，因而他们对大量不良信息的抵御能力和辨别能力还非常有限。另一方面，由于可以在相对较短的时间内从自媒体上获取海量信息，青少年往往难以对垃圾信息在脑海里进行有效过滤，带有个性化和感情色彩的事件描述，以及其中蕴含的非理性的价值指向和映射力，容易导致青少年受到强烈的震撼。而且，即使是主流媒体也很难在较短的时间内拿出充分证据对网络信息加以判断、辨别，无法通过廓清和解释性的措施来还原事物的真实面貌。在这种情况下，部分青少年自媒体用户无论是在对事实关注还是在价值观的认知上，往往不可避免地出现错误和偏差。

2. 表达观点，期待“被关注”：满足自我实现的需要

传播学的“使用与满足”理论①说明，表达感情是一种社会需要，因此，每个人都希望自己的情感能得到恰当的表达，也希望别人能理解自己的感情。青少年因其所处的年龄阶段存在着自我概念的增强与认知能力发展不协调的问题。他们热衷于融入社会，但由于生活阅历有限而与现实产生了一定的距离。无论是 SNS 还是微博都以丰富的资讯见长，能够满足他们情感表达、自我实现的需

① “使用与满足”理论是传播学领域关于大众媒介的效果与使用的理论，用以研究媒介和受众的关系。

求。在心理学上，自我表达也可称为自我表露[①]，所谓自我表露就是我们常说的“敞开心扉”，即把有关自我的信息、自己内心的思想和情感表露给对方。良好的人际关系是在交往双方的自我表露逐渐增加的过程中发展起来的。明星“开博”热就可以说明这一点，如今的名人微博、名人通过这一真实且即时的自媒体将自我“表露”得淋漓尽致，通过微博发布自己的近照、心情、工作状态甚至是一顿晚餐，这种行为有力地拉近了“粉丝”和明星的距离，消除了陌生感，作用可谓好过传统媒体的专栏专访。自媒体是青少年表达自我的有效平台。青少年时期自我意识逐渐发展，对自我评价、社会评价更加敏感，渴望在所处环境中表现自我，吸引他人的注意力，成为关注的焦点。以微博为例，微博的信息传递是通过虚拟的“关注”模式实现的，将需要“关注”的对象添加到自己的微博中，这样可以接收到被“关注”对象所有的微博信息。青少年对于社会现象的评述、对于周遭际遇的记录，将以广播的形式向外辐射，同时又以同等速度得到反馈，这种无限传递的传播链将无限满足希望青少年被关注、希望被认同的心理。

微博等的使用，其实这就涉及了“被关注”的问题。“被关注”是人类正常的一种深层次的心理需求，因为“存在感”是人活在这个世界上更深层次的心理动因，为了获得更多的存在感，在我们的人生经历中，不停地通过各种各样的方式来引起别人的关注，让自己感觉到自己是存在着的。“被关注”是一种健康、正常的心理需求。青少年也需要寻求别人关注，在被关注中认可自己，同时被他人认可，这其实就是满足了马斯洛需要层次理论中“尊重的需要”，信心、成就、自由等的愿望可归属于自我尊重，获得信任、身份地位、威望可归属于得到他人的尊重。这对于青少年的成长是非常重要的。在校园生活中，青少年学生可以通过出色的学习成绩和实践能力来满足部分需要，但毕竟不是每个学生都具有这样的能力。竞争是现实和残酷的，现实的成功不易取得，而在写微博时，青少年可以写自己身边的新鲜事，或者是自己的见闻，或者是上传一张图片，通过这些得到他人的关注、认可和赞扬。这种方法直接、简单易行，而且还具有娱乐性，没有任何压力。当然，即使在现实生活中得到满足的青少年，也一样迫切需要在微博中吸引更多粉丝的关注，更大地满足自己的需要。因此，

① 沙莲香．社会心理学（第二版）．北京：中国人民大学出版社，2006.

从满足自尊和得到他人尊重方面，自媒体确实给青少年带来了极大的心理安慰。

“自我实现需要是高层次社会性成就需要中的一种，它反映了个体要求自我设计、自我完善，以充分发挥自己潜能，实现自我价值的强烈愿望。”[①]自我实现主要表现在两个方面：自我认同和社会认同。自我认同是指个人的行为与自己的思想一致，社会认同则是从价值认同和角色认同两个层面来说明的。社会中的个人因为需要得到自身的认同，所以会希望自身的一些价值观和思想得到承认，而人们为了确认和强化这种价值观，就会使用媒体来表达和强化自己的观点，来塑造自己的个人形象。当代青少年的自我意识日益凸显，他们尊重自我感受，关注自我体验，热衷自我完善，并强烈地追求自我价值的实现。

3. 与人交流：在交流与分享中认识自我，调整自我

随着独立意识的增强和自我意识的发展，青少年常常会产生与世隔绝、孤独寂寞的情绪体验。但在内心，他们又渴望周围人的关注和欣赏。根据马斯洛需要层次理论，交往、归属是个体的基本需要。人际疏离的社会现实使得个体的这些基本需要在现实生活中难以得到满足，从而产生强大的内驱力，促使个体转向网络的虚拟环境中寻求满足。

美国社会学家库利的“镜中我”（looking-glass self）理论认为，每个人都是另一个人的一面镜子，一个人的自我观念是在与其他人的交往中形成的，对自己的认识是其他人关于自己看法的反应，借别人对自己的评价形成了自我的观念。他人即我，我即他人，人格的一部分由他人组成[②]。现实生活中，熟人构成他人最重要的部分。而在微博中熟人屈指可数，陌生人对我的评价就上升为重要的他人，虚拟空间成为结交陌生人，将之转化成熟人的通道。以微博为例，微博能很好地实现库利的“镜中我”理论，微博的正常功能就是满足人们交流与分享信息的心理需要。青少年是独立意识不断形成的群体，在微博中青少年更愿意发表自己的独立见解或对他人的思想进行评论，因为网络的匿名性，发博者不需要对自己的言行负责任，不存在“自己的意见”与“公开的意见”矛盾的问题，所以，青少年在微博中展现的是自己真实的人格和最接近真实的自我。在这种真实不加掩饰的状态下，青少年与粉丝或其他人的互动交流、分享见解、

① 林崇德 . 发展心理学 . 杭州：浙江教育出版社，2002：463-464.

② 黄世华 .“镜中我”对自我认定的指导意义 . 经营管理者，2010，（6）：11.

评价信息，能逐步认识自己，同时认识到自己的认知偏差，从而进行自我调整。自媒体网络提供了一个具有选择性的自我表述空间，这种交流看不到对方下意识的表情或动作所传达的潜信息，因而不需要鼓足勇气面对，更契合青少年与人交流的需求。

4．从众猎奇心理

当今我国社会生活的各个层面发生了深刻的变化，各种思想观念相互影响，价值观念、利益诉求呈现明显差别，多样化的生存状态给他们的道德价值观念与行为选择带来了困惑，他们往往以同龄人作为导向，表现出趋同性或从众现象。从众心理是指个人受到外界人群行为的影响，而在自己的知觉、判断、认识上表现出符合公众舆论或多数人的行为方式[①]。在学校中，引发青少年从众心理的主要原因是班级效应和宿舍效应。以微博在青少年中的流行为例，微博以其独特的签名档、亦步亦趋的拍砖回帖和忽隐忽现的聊天，成为多对多的新互动平台，它符合了青少年追求新颖、时尚，喜欢快节奏的个性特征，在现实生活中不乏这样的学生。他们自身并未感觉到微博于自己有如此重要的作用，仅仅因为看到身边的同学、室友每天都把微博作为获取资讯、记录生活、抒发情绪、信息交流不可缺少的工具，担心别人笑话自己落伍，在从众心理作用下开始效仿，把大量时间和精力用在使用微博上，加入“微博控”的行列。

青少年时期是人从生理上和心理上由孩子转变为成人的特殊时期，他们对于社会文化生活经验缺乏一定的认识，对社会上出现的各种文化现象还不能完全独立地分析思考。他们的情感胜于理智，对社会各种思潮乐于体验，好奇心、好胜心特别强。麦克卢汉将“求新”本能和“好奇”情绪列为人类主要的本能和情绪之一。社会心理学家威廉•托马斯也认为“新鲜经验的欲望”是人的最主要的四大基本欲望之一[②]。青少年追随自媒体传播方式的改变，就某种程度而言就是一种追求另类或前卫的生活方式，是在一种自恋心理的作用下获得的心灵满足与荣耀。我们不能去否定这些，因为正是基于此，每个个体所创造的一隅天地才构建出如此丰富多彩而又自由开阔的世界。

---

① 马晓红．大学生“微博控”现象成因分析．新闻界，2012，(3)：5-7.

② 张露．大众传媒视角下的“开心农场”现象．新闻爱好者，2010，(11)：55-56.

（二）自媒体的原因

自媒体的传播方式和技术特点契合青少年需求。青少年的成人感和独立性要求逐渐增强，他们在心理上对自我满足及个性张扬的需求较大，渴望表现自己，张扬自己，实现自己。此外，好奇心强，对新鲜事物关注度高，倾诉欲、表达欲强烈，敏感度高，渴望被认同、被关注、被肯定。自媒体的出现，让每一个“小我”都有了展示自己的舞台。作为全新的社会化媒体，它是一种平民化、大众化、多元化的媒体。自媒体的无限性、多元化很容易与90后、00后青少年的自主性、独立性形成契合点，导致他们思想观念、思维方式和人生态度产生深刻的变化。研究表明，具有互动性特征的媒介系统更易被使用者接受，更能给人满足感，更易学习与掌握，而且能增加合作感，而这些正是自媒体的基本特征。媒体的力量在于其形式而非内容，用户的满足感更多地来自对技术本身掌控的成就感。

1）从技术特性和用户特性来看，自媒体具有大众化的特点，操作简单易行，不需要专业技术，能够快速掌握，且不需要投入任何成本，满足了青少年追求实用的学习需求。自媒体上的信息即时性强、更新快，而且内容丰富多彩。这些信息为青少年了解社会变化、感受时代发展、体验生活风貌提供了丰富的材料。以微博为例，微博的注册用户不仅有普通民众，还包括商界精英、知名学者、文体明星等。他们通过微博发表个人观点，抒发人生感悟，与其他用户展开互动。通过微博，青少年可以了解他们的成长经历，学习他们的思维方式，体会他们的成功经验，甚至与他们交流互动。在这种学习和互动中，青少年能够获取难能可贵的知识与经验。这些知识与经验也正是他们走向社会的宝贵财富。

2）从使用特性来看，自媒体具有自主性的特点。用户可以随自己的心情记录自己的生活；可以关注自己感兴趣的媒体、人物、事件、话题，构建自己的社交网络；可以自由地表达自己的观点、想法。自媒体成了青少年张扬个性、表现自我的最佳场所，与他们追求自由与个性、向往无拘无束的特点相契合。“自媒体作为一种时尚、快捷的信息传播方式，其平民化、大众化的零准入门槛，快速高效的实时互动，多元化、自主化的信息发布与接收的特点，无一不

迎合了大学生群体所具有的高素质、追逐潮流、参与性强等特点。”[①]

3）从传播特性来看，自媒体具有即时性和交互性的特点，自媒体融合了网络技术和移动通信技术，实现了互联网和通信网络的有效连接。用户可以利用网站、手机等多种方式，随时经营自己的“媒体”，不受时间和地点的限制，受众也可以迅速地对传播的信息进行反应，进行评论、转载等操作，其及时性和交互性最大限度地满足了他们对便捷生活的要求。从表达方式看，自媒体短小精悍的表达方式也更适合于网络时代青少年的生活阅读需要。

4）从信息来源上看，自媒体具有多元化的特性，自媒体涵盖了人们日常生活的所有领域，文化、教育、军事、经济、旅游、生活等各方面都能找到相关的知识和信息，传播的信息量非常大。发布信息的人来自各行各业，可以代表不同的利益群体，可以有不同的宗教信仰，这与青少年追求多样的信息需求相吻合。

此外，自媒体为青少年人际交往提供了一个对等、互动的平台。在自媒体平等的话语情境下，没有现实中地位的差别，只有观点的表达与交流、思想的碰撞与融汇。这种平等互动的氛围更容易使青少年找到群体归属感。

总之，作为新兴的网络一代，自媒体更能迎合年轻群体特别是青少年群体的消费理念、生活方式、接收信息的习惯和渠道，也更加符合他们多元化、个性化的需求。虽然传统媒体弘扬和彰显的是主流舆论和核心价值观，但由于技术条件、时空制约因素等所造成的大势所趋及时代潮流均倾向于新媒体一边，传统的主流媒体对于社会的主流舆论和核心价值观的弘扬和彰显功能必然会遭遇相当程度的削弱。自媒体呈现的大众化、自主性、交互性、即时性和多元化的特性与青少年求新、求变的生活方式，与求理解、求尊重的心理需求，与追求自由与个性的精神相契合，这也是自媒体深为广大青少年所推崇的根本原因。

（三）其他原因

后现代主义思潮的张扬，使追求“多元”、反对本质、解构基础乃至“什么都行”成了中国文化现实与理论中的关键词。至此，“主流文化”被“边缘化”，并呈现出“日落西山”的尴尬之境。在物质生活极大丰富的今天，人们对文化的

---

① 史珺．自媒体对大学生思想政治教育的影响及对策．太原：中北大学硕士学位论文，2015．

内心向往却在加速萎缩，伴随这种萎缩的还有对主流文化的拒斥和对核心价值观的抵触，以及对文化多元主义的坚持。这种坚持充满自负和不负责任，最终导致现代人价值观的迷惘与困惑。尤其是处于成长中的青少年，在充满种种诱惑的当下社会，其价值观呈现出无所适从的景象[①]。在后现代社会，个体的生活经验不再受制于一度强大的某种力量，如阶级、职业、场所、性别和家庭等。传统正在失去其控制，日常生活正在本土和全球的辩证作用中重新建构，个体正日益被迫在多样选择中商定自己的生活方式。同时，个体拥有更多自主权来决定是否、什么时候及如何采取特定的社会认同。青少年群体在全球化过程中扮演重要角色，与儿童不同，青少年群体较为成熟，拥有更多自主性以寻求家庭限制之外的信息和经验；与成人不同，青少年群体仍未形成固定的生活方式，也还未形成根深蒂固的信仰和行为习惯，他们对于新鲜和不同寻常的事物更为开放。

当前，青少年正处于一种权威价值缺失，传统与现代、后现代掺杂，多元价值兼收并蓄的社会转型期，同质、异质的价值观和行为规范考验着青少年的心理张力。人们原有的价值观受到挑战，处在新与旧、进步与落后的转换冲突中，人们对传统的社会有着本能的眷念，对新生的社会有着天然的抵触。这种冲突会使一部分人产生强烈的不适应感，使他们处于迷惘之中，对处于社会转型中的青少年更是如此。正如玛格丽特•米德在她的《文化与承诺》中所比喻的，青少年在现代社会转型过程中是“时间上的移民”[②]，他们对刚刚失去的世界没有老一辈的那份执着，对刚刚诞生的社会又有着太多的迷惑与失望，希望通过各种方式来表达对社会的见解和认识。同时，在社会转型期，各种社会问题和社会矛盾在短期内无法彻底解决，人们更需要一个可以发泄的渠道和路径，渴望自己的行动得到关注和认同。自媒体的应运而生恰好满足了青少年的这种需求。

当代青少年在行为方式、人际交往等方面正从传统封闭观念和单一思维模式向多维和开放转变。受各种因素的影响，他们更加注重个性的张扬，更加崇尚个人奋斗，价值选择开始功利化，价值取向呈现出多元化和分散化趋势，道德判断呈现出多维度、多标准的特点。传播学者韦伯的研究发现，中国年轻人呈现出多元的价值观，包括物质主义主导下对精神价值的艰难追求、嘲笑与自我否定式

① 田发银．文化多元时代境遇中的核心价值观教育．山东社会科学，2012，(3)：144-147.

② 玛格丽特•米德．文化与承诺．周晓虹，周怡，译．石家庄：河北人民出版社，1987：26.

的玩世不恭、沉迷于享乐主义的生活方式等[①]。在社会转型期，随着心智资本的改善与成熟、知识资本的积累、文化资本的形成，他们在公共问题上大胆展现自己的观点，不唯上、不唯书，有点舍我其谁的态势。如此种种的新变化及家庭学校教育跟不上自媒体时代的节奏等，都给我们的价值观教育带来严峻挑战。

第二节　自媒体对青少年价值观的影响

价值观是指“人们关于基本价值的信念、信仰、理想系统，是判断是非善恶的标准和信念体系”[②]。价值观是人们对价值和价值关系的理解和追求，是价值判断的重要尺度和标准，是价值选择和价值行动的持久动力源泉。也就是说，价值观是影响人们确定行为目标、选择行为方式，以及解释行为结果意义的核心因素，是人社会化的核心内容[③]。价值观具有极强的辐射力和穿透力，从根本上影响人们的言与行。青少年价值观是“青少年对生活中的各种事物和现象能否满足自身需要进行评价时所持的基本观点”[④]。青少年时期是价值观形成的关键时期，它决定着青少年对各种现象的判断选择、好恶取舍，支配着青少年的行为。同时，青少年价值观的形成也受到很多外部因素的影响，与所处社会的政治、经济、文化息息相关，自媒体作为一种新型的媒介工具和文化现象，正在影响着青少年的思维方式和生活方式，从而有力地冲击着青少年的价值观念。因此，正视这些冲击和挑战，积极地探讨应对策略，具有十分重要的理论和实践意义。

一、自媒体对青少年价值观的积极影响

（一）有利于青少年张扬个性、体现价值，促进自我认同

青少年处于自我认同感形成的关键时期，如果个体不能建立并保持自我认

---

① 杨银娟．研究综述：海外媒介对青少年价值观的影响．新闻界，2012，(17)：53-57.

② 吴新颖．当代青年价值观的构建．长沙：湖南人民出版社，2008：68.

③ 裴娣娜．社会转型时期中学生价值观探析．教育研究，2006（7）：3-10.

④ 叶松庆．当代未成年人价值观的演变与教育．合肥：安徽人民出版社，2007：11.

同感，将引发不同程度的自我认同危机，以至于无法确定自己的价值。“青少年也确实在进行着德性的创造，唯其创造结果未必都能为社会认可而已。”[①] 自媒体的应运而生，恰好解决了这一问题。以微博为例，微博为青少年提供了一个展示自己的平台，其篇幅缩短了草根与专业人士的距离；与社会精英在同一个舞台上交流，激发了他们的原创热情。“晒心情”是青少年日常发微博的主要目标，不少青少年热衷于随时拿出手机或平板电脑拍下欢乐和感动的瞬间，再用微博发送到网络上，让大家一同欣赏，他们认为顺手记录下身边发生的事，感受着生活带来的点滴，并且与他人分享着自己的故事，对自己就是一种乐趣。从目前的微博发布状况来看，青少年在微博上“晒”的内容可谓五花八门、种类丰富，他们不仅把军训、上课、体育、娱乐等日常生活内容发在微博上，还有人晒自己的开支、恋爱情感经历和感悟等。不少青少年的原创信息和观点被网友转载，这其中不乏社会各界的名人，他们的声音得到重视，这将有助于其获得心理上和情感上的满足，从而有利于自我认同并形成一定的理想和追求。同时，在社交网络中，青少年因话题而被分类，他们在分类交往中获得归属感。他们通过社交网络的互动，展示自己积极优秀的一面，寻找志同者，建立友谊；通过发表各类评论，展示才华，赢得尊重和认同。自媒体如同生活中必不可少的一个世界，他们会花费各种心力去经营构建自己理想的天地。这样有利于激活青少年的主体意识，使他们的自我价值得到体现，个性得到张扬。

青少年个性的张扬主要体现在两个方面：一是张扬“本我”，二是重塑“自我”。青少年在网络中既可以尽情地展示“本我”，把自己最内在、最本质的情感和个性发挥出来，这往往是对自己现实生活的真实写照，也可以塑造另外一个或多个完全不同的“自我”[②]。青少年可以借助自媒体平台发布原创文字和视频来张扬“本我”。这些文字和视频囊括他们的学校生活、身边故事、心情感悟等，全方位地展现了当前青少年在恋爱、消费、学习等方面的喜怒哀乐。青少年经由自媒体“重塑”自我可以体现在对传统经典的恶搞上。在有些恶搞文字、音乐或视频中，他们常常塑造出一些滑稽、搞笑的形象，通过犀利的恶搞来讽刺生活的苦闷和困顿，或者通过恶搞现实中的权威来表达对社会现实的不满。因

---

① 吴康宁．教会选择：面向21世纪的我国学校道德教育的必由之路——基于社会学的反思．华东师大学报（教育科学版），1999，(3)：10-18.

② 宋元林．网络文化与大学生思想政治教育．长沙：湖南人民出版社，2006：192.

此，自媒体恶搞现象其实是青少年通过塑造或改造权威和经典，借以抒发自己对理想“自我”的追求，是青少年在自媒体中“重塑”自我的表现。

（二）帮助青少年社会化，拓宽价值认知空间

社会化是个体在与社会的互动过程中，学习和内化社会的信仰、价值、规范与社会角色，由生物人变成社会人的过程。社会化既是个体适应社会的前提，也是社会和文化延续的需要。青少年时期的社会化是人的社会化过程中最基本、最重要的一个阶段，是人生观、价值观和自我意识形成发展的关键时期。媒介环境是青少年生活和成长的重要的信息环境、文化环境，是青少年社会化的最重要因素之一。媒介环境的变化不但会给青少年的生活带来冲击，也会对青少年的社会化产生重要影响。从传播的角度来看，青少年社会化是社会向青少年传播社会文化、道德观念和价值体系的过程，传播什么样的文化、道德和价值观，不但可能直接影响青少年的思想行为，而且可能影响青少年成长为什么样的人。自媒体之所以在青少年社会化过程中备受喜爱，不仅因为自媒体整合了其他诸多媒体的优势，使得信息更加便捷和通畅，更主要的是，自媒体是一个即时性交互性平台，满足了青少年社会化过程中“反向社会化的需求”[①]。

青少年把拓宽知识面、开阔视野、锻炼各种驾驭生活的能力这些社会化需求诉诸自媒体这个平台，是因为自媒体作为各种观点交汇之地，各方舆论带来大量信息和多种观念，为青少年提供了分析和选择的信息条件。青少年能从中体会到不同人的价值需要，帮助他们理清社会、人与事物的价值谱系，有利于拓宽青少年的价值认知的空间，增强他们关注个体、尊重平等的意识。另外，网络舆论中的主导性价值标准具有一定的牵引和强制作用，舆论压力和接受心理迫使青少年“从众”，即根据舆论导向进行价值选择，舆论导向与舆论压力也会进一步督促他们进行更优的价值选择。以微博为例，微博即时化的信息生产保证了新闻热点和社会焦点的实时更新，青少年通过评论、转发，有选择性地发表意见及与他人进行深入探讨，有利于增强价值内容的选择，提高对问题认识的深度和广度，使得价值目标更加清晰、准确。

---

① 洪明．自媒体对青少年社会化的影响及教育应对．中国广播电视学刊，2012，（6）：1-1.

（三）满足青少年多样化社交需要，增强归属感

青少年学生的交往涉及与同学的交往、与老师的交往、与朋友的交往、与家长的交往等多方面内容。从青少年交往的现实情况来看，相对于和老师、家长的交往，他们更看重与同学、朋友等同龄人的交往。因为同龄人的年纪相仿，经历相似，兴趣爱好相投，面对的问题相近，表达方式也相同。而在与老师、家长的交往中，由于双方年龄的差距、生活阅历的差别、兴趣爱好的差异等因素，给双方的沟通带来了不利的影响。此外，与老师、家长的交流中，对方的身份、辈分等现实因素也给青少年的心理带来了一定的负担。在与同龄人的交往中，由于没有这种身份的落差，消除了心理上的拘束感，双方的交流更加随意。因此，青少年更倾向于在与同龄人的交往中找到群体的归属感。自媒体有利于满足他们进行健康愉悦的社会交往需要，提升自我、学习求知的需要，以及归属同辈群体得到爱与尊重理解的需要。

自媒体开放、平等的交流方式为青少年营造了全新的人际交往环境和人际发展空间。由于没有面对面的尴尬，青少年容易表露内心深处真实的想法，方便快捷地与他人沟通，进行网络信息交换。“微信、微博等自媒体为人们提供了一个互动交流的平台，它们提高了注册用户之间社会交往效率，注册用户不仅可以在媒体上发布日志、分享音乐和视频，还可以寻觅老朋友、结识新朋友、入群组团等，无限地打破了时间、空间对人们社会交往的约束。”[①] 尤其是实名制的社交网络圈，增强了成员之间真实的互动，有效地降低了传统网络社交的风险，满足了青少年的社交需求。以国内拥有大批在校大学生用户的人人网为例，“因为真实，所以精彩”的网站宗旨是其最大的特点，用户在此网站可以利用搜索好友的真实姓名而找到长久未联系的朋友或同学。各类社交网站都拥有用户状态更新组件，这是用户现实生活在网络世界的延伸，远在千里之外的好友利用这一功能真实同步地了解彼此的现实生活状态，及时线上交流使得不同区域的大学生群拥有了更趋同的价值认同，并且因为来源于现实生活，这种价值认同感才更持久和深刻。同时，社交网络很好地将私人生活和公共生活结合起来，有利于青少年更积极主动地表达内心世界。含蓄是东方人的性格特质，短时间内和陌生人沟通总是易出现障碍，但是社交网络这种非面对面式的交流形式，

① 史珺．自媒体对大学生思想政治教育的影响及对策．太原：中北大学硕士学位论文，2015．

让人们更易大胆地去和他人交流，包括你尊敬的人、异性友人，交往不自觉地就变得更加主动、更加畅通，有限的社交方式就多样化起来，社交圈也随之扩大了，接触更广、更丰富的人群。

而微博的关注则更为主动，只要点击“关注”就表示你愿意接受某位用户的即时更新信息。“关注”他人是建立、维系、经营人际关系的一种重要方式，微博这种间接性的虚拟接触节省了不少时间和沟通成本。微博还有寻找“可能有兴趣的人”的功能，用户可以与不相识的人基于共同话题、兴趣成为好友，从而扩大交际圈。微博扩大人际圈子的高速性，比青少年在日常生活中认识新朋友的速度快好几倍，所以，这种交流方式很受青睐。六度分割理论就很好地说明了这一点，六度分割理论是指两个陌生人之间所间隔的人不会超过六个，也就是说最多通过六个人就能使两个陌生人相互认识。青少年通过微博随时随地将自己的感受和见闻发布出去。相比较于网页、BBS、博客等网络发布平台，微博的即时性、便捷性优势更加突出。他们可以通过微博的“关注”功能，获取自己感兴趣的人物、事件、话题的最新消息；可以通过“评论”功能实时发表自己的观点；可以通过“转发”功能与其他用户共享信息。在信息的发布、获取、共享过程中，青少年不仅将现实关系在微博中延续，也借助微博形成了新的交往群体。这种新的群体由于有共同兴趣、爱好的支撑，逐渐成为青少年情感交流中不可或缺的重要组成部分。

（四）为青少年价值观教育提供了新的平台和载体

网络的出现使普通学生都拥有了话语权，然而，由于种种原因，大部分学生更多的是处于“潜水”状态，并不积极发表观点，属于“沉默”的“大多数”，网络上活跃的只是少数学生。因此，学校并不能通过网络全面而深入地了解学生的网络舆情。微博的出现，标志着“人人能发声”的自媒体时代的到来。微博所具有的即时性、分享性、碎片化等特点，弥补了博客、QQ、BBS等的不足，使学生可以随时随地地获取最新的热点资讯，发布自己身边的点滴事情和所想所感，参与自己感兴趣的“话题”讨论，满足了学生获取信息、交友聊天、展示个性等需求。因此，青少年愿意通过微博充分表达自己的“话语权”，这为学校利用微博来准确了解和把握学生的网络舆情动态，以及因势利导开展价值观教育创造了有利的条件。广大德育工作者可以利用微博的即时传播功能，及时把握学生的思想困惑、心理诉求等问题，进行有效的交流和互动，从而提高德育工作的针对性和有效性。教师可以充分利用微博的开放性和随意性的特点，通过对学生加好友、加关注等方式，将主流的人生观、价值观和道德观凝练成简单而富有哲理、具有博文语言特点的文字发布到微博空间，力争赢得学生的共鸣。

二、自媒体对青少年价值观的消极影响

以微博为代表的自媒体被认为是民主的、非权威的，是多样化的、非同质的；是参与的、非被动的。它作为一种培养青少年情感和开发教育的工具媒体而受到称赞，又因其使青少年远离健康的或有价值的活动而受到指责。有人认为，自媒体多元化的价值观念导致青少年核心价值迷失；碎片化的语言表达造成青少年沉迷虚拟空间；个性化的信息选择限制青少年看待问题的视角。按照吉登斯的理解，在“晚期现代性背景下，个人的无意义感，即那种觉得生活没有提供任何有价值的东西的感受，成为根本性的心理问题”[①]。青少年是世界观、人生观、价值观形成的关键时期，媒介技术迅猛发展使人被“抽象化”“符号化”“非个性化”，自媒体时代的到来加剧了青少年的价值失落、精神迷失和信仰迷茫。

（一）传播失控加剧青少年信仰迷失，弱化青少年道德意识

自从自媒体诞生以来，公民的言论自由前所未有的解放，一时间所有的负面情感仿佛都找到了宣泄的出口，从最早的 QQ 和 BBS 上的谩骂、诽谤、色情的言论狂欢到性博客在中国的盛行，再到播客出现以后性爱视频的陆续曝光。普通人最私密的生活一次次通过自媒体的曝光进入公众视野，成为众人所知、众人所指的焦点，更有甚者肆意传播他人隐私，这是自媒体对人性的拷问和对道德底线的冲击。如果说传播者是不良信息和不良文化的发源地，那么，广大自媒体用户不怀好意地围观、评论、转发、扩大、散布的行为就是道德的集体

① 刘柳 . 网络流行文化发展视野中的青少年价值观教育研究 . 武汉：华中师范大学硕士学位论文，2012.

沦丧。自媒体与传统的报纸、广播、电视媒体相比最大的区别在于，除二三类法人和官方组织自媒体发布信息有管理环节外，其余大量的自发性个体自媒体信息发布，是自行随时发布，没有“把关”环节，具有“不可控”性。发布的信息呈现零散、失序、混乱状态，作为当前青少年重要的生活娱乐方式，其对弱化青少年思想道德意识起到了推波助澜的作用。

自媒体与以往媒介相比，最显著的优势是兼具的大众传媒的传播性和人际交往的亲和力，正是这种优势让我们接受自媒体信息时心理防线比较薄弱，极容易轻信。另外，每一个接收者都是一个二次传播的节点，很多人面对谣言时难以理性应对，简化了对信息的编码解码，直接把它当成结论进行再次传播，迅速助长了谣言的扩散。很多动机不纯的不法分子充分利用自媒体的这一特质欺诈行骗、散布谣言，严重危害了社会诚信。网络谣言是指通过互联网这个载体，以公开或非公开的渠道传播的缺乏事实根据或未经证实的信息。这些信息一般是公众感兴趣或与社会生活密切相关的，如中央和地方政府日常公共活动，公共突发事件的原因、伤亡情况、处理进展，公众人物的工作、家庭生活、人际交往等内容。目前来看，网络谣言的传播渠道主要是BBS、聊天软件（如QQ、微信等）、博客（含微博）等自媒体平台。有的网络谣言用虚假的信息歪曲事实、蛊惑人心、混淆视听，削弱了主流价值观念和科学理论的影响力。2012年4月16日，《人民日报》刊登了近年来在社会上产生严重后果的十起网络谣言案例，蛆橘事件、山西地震谣言、响水“爆炸谣言”、“皮革奶粉”传言、全国“抢盐风波”、伪造“47号公告”、重庆“针刺”谣言、滴血食物传播病毒、保定非典谣言、“军车进京、北京出事”谣言等虚假事件上榜。网络谣言因其基本特征及技术、管理等多方面因素而在自媒体上广泛传播，作为中国网民主力军的青少年群体，很容易成为网络谣言的受害者。2011年底，一份有600名在校大学生参与的调查显示：41.6%的大学生曾被微博上的虚假信息误导过①。而其中部分学生的传谣和造谣行为更加剧了问题的严重性，上述十起网络谣言案例中造谣者就不乏在校学生。一些在校学生涉世不深，政治鉴别力、道德判断力不强，容易成为谣言的信任和传播者。甚至还有的学生不能正确看待和处理社会生活、身边的矛盾，受谣言的蛊惑，丧失了理性。一些学生不能正确运用

---

① 黄宇弦．网络谣言在高校学生中的传播及应对策略研究．福建论坛（人文社会科学版），2012，(6)：171-174.

自媒体，轻信传言，以讹传讹。当他们看到一条比较耸人听闻的消息或收到别人的“是中国人就转”“有良心就转”等信息转发要求时，不管三七二十一，先转了再说，而没有意识到，如果这条信息是谣言，转发就等于传谣。这些转发网络谣言的学生大致可分为四类：一是看出了其中的不实之处或者发现了谣言中的笑点，转之与朋友同乐；二是纯习惯性地转发，对谣言内容一扫而过，不留印象；三是相信了谣言；四是借谣言发泄心中不满的情绪。网络谣言借助自媒体传播，自媒体的特点给网络谣言的应对者——德育工作者提出了更高要求。

自媒体中还充满相对主义和虚无主义的精神景观，以网络恶搞视频为例，它继承了网络文化所固有的价值多元的特点同时又将其放大。在这里，价值观已经被排挤到十分边缘的位置，人们可以利用视频或以视频的手段肆意地反对、颠覆和解构传统价值观，站在怀疑和相对的立场看待现实社会问题，渐渐地偏出价值观的范围，走向极端，即怀疑一切、否定一切，将非理性、绝对化滑向过度膨胀的相对主义。青少年受其影响往往容易叛逆一切主流，放弃信仰，其结果是既没有被传统的文化精神所感化，也没有形成新的价值观，只是“一无所有”地跟着感觉潇洒走一回，使道德信仰成为没有根基的存在，不可避免地陷入迷失之中。而青少年由于价值观、信仰的迷失又会造成“在心理上对价值意义和目标的迷茫，加之道德人格方面的不健全，最终导致其道德行为的放荡不羁”[①]。

（二）娱乐化造成青少年审美观偏离，导致精神家园贫瘠

自媒体时代网络的虚拟化、互动化的特点更加明显，也使受众产生了新的需求，网络恶搞应运而生。从 2005 年末开始，恶搞风在几年的时间里席卷网络，网友充分借助恶搞展示个性、反讽社会，争夺话语权。受众通过对恶搞的围观释放压力、宣泄情感。网络媒介借助恶搞抓住了受众的眼球，赚了盆满钵满。恶搞在网络上一度成就了大众的狂欢！正像一位 80 后所说：“因为世上有太多的道貌岸然在那里，有宏大想法的人想一统江湖，有精英意识的人想千秋万代。而野百合也有春天，一个草根也要发言，也想把自己的想象力发挥出来，把内心的感受发泄出来。所以，我们需要恶搞！”无疑，自媒体时代的来临给了

① 刘济良 . 青少年价值观教育研究 . 广州：广东教育出版社，2003：83.

他们这样的机会。然而，恶搞究竟是一场对话传统话语权、反抗文化霸权的青年亚文化革命还是一个瓦解社会伦理、影响价值观的毒瘤，还是值得我们反思的问题。总之，恶搞视频搞怪夸张的表现方式，迎合了青少年的“叛逆”情结。这无形中诱发了青少年对无厘头生活的向往和模仿，热衷于消遣、调侃、游戏，懒于对生活意义的思考。《西游记》《红楼梦》等经典名著被“恶搞”，造成青少年对文学价值精髓的误读及本质的误判，是非难辨，进而失去对社会发展等深层次问题的探究。例如，在一些网络视频中，历史人物和英雄人物被肆意“恶搞”，亵渎了大众情感，使得青少年对历史人物、民族英雄失去信任感和心灵的依托，造成了青少年独立精神家园的贫瘠，使急需滋养的心灵长期处于游离状态。在杂乱无章、低俗暧昧的视觉形象的影响下，青少年丧失了追求美丽人生的意念，成为“无厘头”、恶作剧等娱乐文化的牺牲品。处于这样的“大众集体狂欢”的社会文化氛围中，对于心智不成熟的青少年来说，无法抗击网络恶搞视频的视觉“侵袭”，势必对他们的审美素养培养产生负面效应。

有研究指出，从时空的角度来看，当代中国社会的发展具有“时空压缩”的特点，即在当代中国社会，传统、现代和后现代这三种不同的社会形态，已压缩到同一时空之中。自媒体的发展更是将这三位一体的矛盾无限地放大了。毋庸置疑，我国优秀的传统文化是整个中华民族的精神宝库，既注重内在的自我修养，又十分强调道德践履，蕴含着丰富的人生哲理。然而我们也必须深刻地认识到传统文化在形成过程中难免带有时代烙印，具有时代的局限性。随着时代的变迁，传统的东西在新的时空境遇下未必都是合理的、积极的。如何在现代语境下权衡传统，今天如何对昨天作出价值判断，是值得教育者深思的问题。而在当代，青少年在反叛和戏谑中抵制痛苦制造快乐，在低语和喧嚷中宣泄情感，将自身从正常秩序中解脱出来，当生活被泛审美化，艺术也就不再仅仅是审美，娱乐的魅力抢占了更大的市场。有人说微博是网络青年的泄愤工具与吐槽机器，恶搞就是泄愤和吐槽的集中体现。一方面他们通过恶搞争夺话语权获得了宣泄的快感；另一方面恶搞的群体在获得宣泄快感的同时也面临着精神家园丧失的危机。浮夸的话语和无厘头的表演方式，是恶搞的手段，这种浮夸和无厘头甚至成了青年的追求。有的恶搞作品为了达到“颠覆”的效果，把崇高的价值追求、无私的奉献精神、务实认真的生活态度当作调侃的对象。“躲避崇高并不是单纯缓解精神压力的有效方式，消解一切深度和价值最终可能导致没有什么价值是可信的和值得人们追求的，那势必造成人们的精神恐慌。”[①] 如果恶搞这种大众精神解放的狂欢变成了青少年没有价值标准的盲目狂欢，这势必会对青少年价值观造成严重的负面影响。

（三）不良信息造成青少年价值认知消极、偏差，导致价值选择困惑

自媒体的出现带来了信息的爆发式膨胀，也产生了大量的文化垃圾。在铺天盖地、良莠不齐、真假难辨、稍纵即逝的资讯汪洋中，受众需要的已不是单纯地获取信息，而是从信息中去粗取精、去伪存真的本领。如果不能快速地甄别信息、合理地利用信息，受众很容易受到虚假信息的欺骗、极端观点的煽动和误导，损害我们的切身利益。特别是伴随着网络一路成长起来的新时代青少年，还没有成熟的是非观念和完备的判断力，最易受到不良信息的误导。青少年学生通过微博等自媒体进行信息获取和社会交往时，很可能会接触到很多不合年龄的不良信息，沉迷于色情、暴力的刺激，对身心健康成长极为不利。由于可以在相对较短的时间内从自媒体上获取海量信息，青少年往往难以对垃圾信息在脑海里进行有效过滤，带有个性化和感情色彩的事件描述及其中蕴含的非理性的价值指向和映射力，容易导致信息接受者受到强烈的震撼。而且，即使是主流媒体也很难在较短的时间内拿出充分证据对网络信息加以判断辨别，无法通过廓清和解释性的措施来还原事物的真实面貌。在这种情况下，部分青少年无论是在对事实关注还是在价值观的认知上，往往不可避免地出现错误和偏差了。

除了事件性的信息外，情绪信息通常也是自媒体传递的主体内容之一。长期以来，情绪信息的传递一般存在于人内传播与人际传播中，随着以微博为代表的自媒体的兴起，个体情绪的表达与宣泄逐渐走入公共领域。用户在使用微博时，情绪的产生与现实生活中情绪的产生方式基本一致，微博情绪是在一个公共空间进行表达，而且这种情绪的表现形式因为微博内容的存在得以长时间保存，因此，个人情绪的影响将会加倍放大。就目前状况而言，微博中表达负面情绪的影响力大于正面情绪。其所呈现的负面情绪一般可分为两种：一种是

---

① 王笑楠．对网络恶搞现象的文化分析．河南师范大学学报（哲学社科版），2010，（3）：210-213.

直接在微博上宣泄负面情绪，另一种是发布的信息招致了大量的负面评价，并由此产生了负面情绪。相比较而言，第二种类型的负面情绪扩散力更强，也更值得关注。情绪具有极强的感染性，愤怒、悲伤、恐惧等负面情绪在微博中呈现出来并经过评论转发，传播的速度更快更广，很容易酝酿出类似于集合事件中的群体情绪。“××× 杀人案”是 2010 年 10 月至 2011 年 6 月（××× 被执行死刑）的舆论焦点事件，在新浪微博中以其名字为关键词搜索可得到 ××× 杀人微博热议话题” 1 464 952 条微博。在这些微博中，多数为表达对该事件的愤怒、对弱势群体受害的悲伤、对社会道德风尚的忧虑与恐惧、对家庭教育与学校教育的质疑与失望等[①]。这些情绪无疑都属于我们所探讨的负面情绪的范畴。微博通过不断地被关注和转发，负面情绪就如滚雪球般迅速膨胀，很容易影响到现实生活中的每一个人。微博虽然具有大众传播的功能，但绝大多数用户在使用微博时，仍然把它作为人际传播甚至是人内传播来看待，这种状况类似于内省式思考。微博中的负面情绪的宣泄很多时候仅仅是一种自我表达，并非主观上要影响他人。但微博是一个敞开的空间，任何人都可以随意围观；而围观的每个个体，个性、学识、生活体验都不相同，受负面情绪的影响程度也不同。近年来，社会矛盾渐趋增多，不公平问题屡次出现，人们普遍感到生活压力增大，微博中传播的负面情绪非常容易在用户中产生共鸣，也容易勾起他们自身潜在的负面情绪，最终使负面情绪叠加，构成不良的社会心理状态，也会对青少年的人生价值观产生消极影响。

青少年还缺乏价值选择的经验，价值认知与价值辨别的主体素质也有待于进一步地完善。加之青少年心理素质较差、缺乏稳定性，原有的价值标准在新的信息影响与冲击下极易发生扭曲、变形甚至错位，其本身的世界观、价值观、人生观也正处在形成的过程之中，所有这一切都给自媒体环境下青少年的价值选择带来很多困惑，使得青少年在价值选择过程中摇摆不定、充满迷茫，价值目标难以确定。丰富多彩但瞬息万变的自媒体时代使得他们总在追寻，但却常常不知道自己该做什么，不知道该怎样应付。“面对良莠不齐的信息，部分大学生由于理性的不成熟，对信息缺乏鉴别和判断的能力，使得身心受到不良思想的侵蚀。沉迷于使用自媒体，整天不停地刷微博、玩朋友圈，成了‘微博控’、‘微信控’。不停地刷屏使得理性思考的能力逐渐减弱，对网络上的评论也缺乏

① 叶璐．微博中的负面情绪传播分析．今传媒，2012，（2）：54-55.

冷静思考的能力，逐渐地对于网络上的信息也失去准确辨别的能力。”[①] 就价值评价的客观环境与标准而言，多样化的媒体环境给了青少年多样化的选择与接触外在世界的多种途径，带给他们对待同一事物时的不同认知与评价，在潜意识中强化了价值评价标准的多样性与不确定性。于是，在面对和处理自身的欲望、情感和现实需要之间，常常看到他们开放、容纳与自信的背后，所不时透露出的掩盖不住的失落、矛盾与不坚定，体现出自媒体时代青少年价值评价中的模糊性及自身的价值困惑。

（四）虚拟社交弱化青少年现实生活中的社交能力，造成人际关系冷漠

以微博为代表的自媒体会使青少年迷失方向，带来文化断裂、精神空虚及人际关系冷漠等问题。手机、平板电脑等移动终端设备使青少年使用社交网络变得极为方便，他们对虚拟社区中的诸项事宜的关心替代了对身边现实事务的关注，与同学之间的关系愈发疏离。当一种新技术的介入替代了以前的一些活动时就出现替代效应（displacement）。由于替代效应，学生在某种活动上花费的时间越少，他们在该活动领域的各种技能的发展水平也会较差[②]。青少年越来越偏好虚拟传播所提供的距离感与匿名性，而对现实生活中的人际真实互动不感兴趣。他们把自己封闭在媒介的“自我”之中，在未能有效实现客观现实和虚拟现实之间的角色转换时，极易造成心理上的错位，继而逃避真实的人际交往。有人对广州10余所高校使用微博的学生进行调查，其中超过半数的学生通过微博等自媒体与朋友和同学交流，有近10%的学生认为微博影响了他们的现实交流能力[③]。另据BBC报道，2009年美国著名汉堡连锁店Whopper曾做过一次活动：顾客只要能主动去掉10个Facebook上的朋友即可获得免费汉堡一个。不到两周的时间里，233 906个免费汉堡被领走，意味着2 339 060对虚拟朋友关系的终结。Facebook在英国有2300万个活跃账户，占总人口的1/3，一半以上

---

① 卢英．自媒体对大学生社会主义核心价值观教育的影响及对策．武汉：华中师范大学硕士学位论文，2015．

② 卡尔弗特．信息时代的儿童发展．张莉，译．北京：商务印书馆，2007：35．

③ 王亚煦，张育广，苏竞马，等．大学生使用微博的现状分析及对策研究——基于广州大学城10所高校的调查．长春师范学院学报，2012，(2)：132-135．

的用户每天登录，每次停留时间 1 小时左右。但通常人们真正每天保持互动的朋友只有 5 ～ 6 个。Facebook 的价值取决于其所联系的朋友的数量和质量。著名人类学家邓巴所创公式算出人类最多能拥有 150 个朋友。交往的符号化、匿名性使得诚实可信的人际交往在网络中益发稀缺[①]。

如果青少年习惯了网络社交方式，就会阻碍他们现实的社交表达。长期沉迷于自媒体的不断刷新、关注、转载等行为，让国外的不少青少年厌倦了使用 Facebook，但中国的青少年刚刚处于热衷于这些行为的时期，他们习惯于通过微博向外界传达自己的生活状态，通过状态述说的形式和好友留言等方式来和人们沟通，甚至因为长期同处于类似的网络社交圈，他们形成了他们自己所特有的网络圈语言。这些语言表达方式只被他们所处的小的网路社交圈所熟悉和使用，而对于现实生活中并不常混迹网络社交圈的人们而言，很难甚至几乎不能领会这些语言的含义。这种语言含义理解的错位，导致青少年在现实生活中常常会出现意欲表达失灵的状况，有很多青少年甚至表示，因为长期使用文字通过社交网络进行交流，他们在实际生活中出现了短暂的语言障碍。基本的语言沟通都出现了问题，更不用说完善人格了。

第三节　自媒体影响下青少年价值观教育的建构

一、重视价值观教育对青少年的正确引导

自媒体传播主体的“去中心化”，使青少年有了成为“新意见阶层”的可能。通过微博等自媒体，他们的“声音”不再是小范围地自娱自乐，自媒体的传播特点导致受众的广泛性，激发了青少年对学校传统价值观教育模式下教育者单方把控话语权的不满与抗争。青少年时期是人生观和价值观形成的关键时期，价值观教育的正确引导，对于规避自媒体的不良影响，使青少年确立积极和健康的人生观、价值观起重要作用。教育工作者应该引导青少年树立正确的

① 宋瑾．从微博看 SNS 对大学生社交的影响及对策分析．新闻知识，2012，(2)：62-66.

价值理念，培养理性的价值品质，大力提高他们的文化识别能力、文化抵制能力；引导他们用正确的价值标准看待社会、人生及自己的生活、生命，教育他们正确看待社会的作用和认识人生的意义，正确理解生命的价值，懂得关注自己的灵魂，形成自己坚定的信仰，具有健全的人文精神，养成自己的关爱情怀，学会过现代文明生活。

（一）尊重青少年生命个体，引导青少年自我认知

在这个自媒体引领的多元化时代，个体的价值观要靠个体的自主选择与判断，任何人的价值观都不能依靠别人来选择。因为每个生命个体都是独特的，每一个人都有自己的个性、兴趣、爱好、情感、特长，都有自己不同于别人的价值取向、精神追求、道德理想与灵魂家园，都有自己所归属的地域国家、政治团体与宗教信仰，都有自己祖先和文化传统印在自己身上的精神、文化、价值观念等方面的痕迹。所以，“每一个个体又都是作为‘他者’与‘自我’共同生活于这个世界上的，其中每一个个体对另一个来说也许都是不可或缺的，因为人和人的文化的生存与发展是需要有不同价值取向、异质因素之间的相互作用才能共同生存、共同发展和共同繁荣的”[①]。根据价值澄清学派的观点，在价值澄清过程中，教师对学生的尊重、热爱乃是保证学生获得自己清晰价值的重要条件[②]。这种观点在当今媒介技术具有强大的复制、转载功能，却缺乏主体性和创造性的社会中，无疑是值得肯定的。因此，只有以学生为本，充分考虑学生的感受，尊重学生的主体地位，才能培养学生自己的正确价值观，以应对自媒体多元价值的冲击。因此，教师要在“价值观教育过程中，在积极了解自媒体的基础上，借助自媒体为学生营造一个开放的学习交流氛围，以使他们在课堂的所学与课下的实践能够紧密地结合在一起，真正做到自觉践行社会主义核心价值观”[③]。

同时，青少年在自我建构的过程中需要不断地自我追问，通过不断地追问“我是谁”来明确自己的定位，意识到自己的生命价值。在多元文化社会中，当

① 刘济良．论后现代语境下的价值观教育．现代教育论丛，2003，(4)：21-24.

② 娄先革．多元文化背景下西方价值观教育的发展轨迹及对我国价值观教育的启示．文教资料，2011，(17)：117-118.

③ 卢英．自媒体对大学生社会主义核心价值观教育的影响及对策．武汉：华中师范大学硕士学位论文，2015.

人的价值附着在象征性的符号之上时，青少年必然丧失自我的价值主体地位和自我价值判断的主导权。苏格拉底在《申辩篇》中说："一种未经审视的生活还不如没有的好。"我们可以把人定义为：人是一个对理性问题能给予理性回答的存在物，人的知识和道德都包含在这种循环的回答活动中。正是依靠这种基本的能力——对自己和他人做出回答的能力，人成为一个"有责任"的存在物，成为一个道德主体不断地自我反思和追问，可以使青少年重新成为理性的、主动的、自主的价值评判者，学会自觉辨别、调整心灵需求与欲望，促进他们发挥自身特质，学会思考和辨别，确立内心稳定的价值观，抗拒自媒体中虚无缥缈的感官享受和颓废诱惑，在社会实践和现实生活中定位自我。卡西尔认为："认识自我乃是哲学研究的最高目标，这看来是众所公认的。在各种不同哲学流派之间的一切争论中，这个目标始终未被改变和动摇过。"[①] 自我认知不仅是一个知识体系，还是一个价值体系，对青少年自我认知的引导要教育他们具有对人类（包括社会和自然环境）命运的关切情怀和责任意识，对他人价值的尊重和协调沟通的热忱，对自我人生意义的透彻体悟和自我价值创造的毅力。

对处于人生特殊时期的青少年而言，他们在新奇的事物面前缺乏自制力，在新鲜刺激的事物面前缺乏理性的分析与判别，更容易受自媒体环境的影响。他们正处于人生的反叛期，往往表现为对权威的反抗、对警戒的背离。在这个阶段，教育者不应该一味地追求传统"权威"的满足感，而应该与青少年成为朋友，倾听他们的心声，帮助他们缓解不良情绪，引导他们学会自我选择、自我约束和自我教育，最终回到他们本真的个体性状态，使其正确认识"自我"的地位和价值。同时还要使他们建立对他人及社会的正确情感，把对个人与社会的情感统一起来，以饱满的热情融入现实的社会交往中去，从而克服社交障碍。

价值观教育作为一种对青少年价值观念引导和价值心理培育的活动，是一种更多地关涉学生的精神世界与心灵感悟的特殊的教育活动，因此，它的实施过程就更应当是一个引导、对话的过程。教师应充分尊重青少年的个性张扬和自我发展，利用自媒体及时了解和把握他们的关注热点、思想困惑和思考路径，并进行正确的价值引导，这样才能有的放矢地开展教育，提高工作的针对性和时效性。

---

① 恩斯特•卡西尔．人论．甘阳，译．上海：上海译文出版社，2004：9.

（二）以科学与人文引领精神，使青少年学会走向他人

有学者指出，最近我们已经认识到必须与自然界建立一种和谐的生态关系，可是我们也应该意识到，我们还需要一种内部的生态和谐，需要一种精神的生态学，而精神和谐的构建就需要科学与人文精神的共融。所谓科学精神是人们运用科学、研究科学、追求科学的过程中所表现出来的人的一种精神，如公正、客观、认真、严谨、开放、宽容、实事求是、锲而不舍等[①]。青少年之所以在自媒体环境下迷失在信息的海洋中，就是因为没有科学精神的指引，在繁杂的信息环境中缺乏科学的审视和判断。人文精神则是人安身立命之根本，是人的精神家园，人之所以为人就在于人有人文精神，就在于人是一个道德的存在、精神的存在和价值的存在。正是由于人的这种有意识、有思想、有精神的一面，才把人和动物区别开来。动物的存在仅仅在于满足吃、喝等物质层面的享受，而人作为宇宙中的高级动物，除了物质、生理层面的满足和享受之外，人还要追求价值，树立理想，享受幸福，提升精神，追求有意义的生活，追求有价值的人生，追求对自己灵魂的关注与拯救。正是对自己灵魂的关注和拯救才使得人有了自己的精神信仰，才把人和动物区别开来[②]。在媒介技术高速发展的自媒体时代，更需要人文精神的复归，教育青少年提升精神追求，以理性和道德应对自媒体的不良影响。

自媒体环境多元化和虚拟化的特点，使得现在的部分青少年越来越孤独、越来越隔离、越来越封闭，表现出对自己的强烈关注而对他人则是忽视的，并不善于和他人共处、与他人共同生活。为了克服这种状况，我们的价值观教育就应该培养学生具有一种生存的同一感，学会“走向他人”，学会与不同价值取向的人融于一体，在追求人类发展与进步的目标下，做到对他人的尊重、宽容、关怀、理解，学会通过对话、沟通等方式，克服狭隘的文化、价值偏见，从而能“各美其美，美人之美”。这种包括“共同”与“共容”的价值思维正成为教育学的一种时代性的思维[③]。因此，价值观教育就要注意培养学生关心他人。同时，在与他人的交往、沟通过程中，个体只有主动地捧出自己、开放自己，才能形成认识上的主动，才能建构起与别的主体相互交往、沟通的自主的认知结

---

① 刘济良．青少年价值观教育研究．广州：广东教育出版社，2003：240.

② 刘济良．论消费文化对青少年价值观的消极影响及其教育对策．信阳师范学院学报（哲学社会科学版），2002，（3）：46-48.

③ 鲁洁．走向世界历史的人——论人的转型与教育．教育研究，1999，（11）：4-10.

构，也才能赢得他人的信任和关怀，在与他人的交互作用中更加主动、自觉而准确地认识自己、把握自己。

此外，还要培育青少年的审美意识，哲学家海德格尔就把审美意识和审美能力看作人性完善和超越科学技术对人造成异化的一种重要手段，使青少年摆脱世俗的劳顿，美化自己的生活，净化自己的心灵，提升自己的精神境界，走向人性的超越和完美。因此，要加强青少年学生的审美培养，引导学生在自媒体使用过程中避开低俗的“耽美”文化、“迷”文化及对娱乐八卦的沉迷，提高自己的审美水平，多选择自媒体中富于知识性和艺术性的内容。

著名哲学家胡塞尔曾经说过，生活世界与科学世界的本质区别是生活世界中充满了目的、意义和价值，回归生活世界的个体才会不断地思索生命的意义，选择自主的道德行为。换句话说，只有来源于生活实践的体验，才能使个体产生强烈的责任感，进而去践行与责任相应的行为。自媒体作为现代性或后现代生活的表现形式，要应对其对青少年的不良影响，教育工作者应该把理性的逻辑建构与信仰的精神归宿作为青少年价值观教育的重要内容。在实际的教育过程中，既要重视对青少年价值知识的建构，又要重视对其终极价值与精神境界的反思、引导与提升，实现罗卡奇意义上的终极性价值观与工具性价值观的和谐生成与提高。

（三）重塑信仰，发挥主流价值观的统整作用

构成价值观的思想形式主要有信念、信仰和理想。“信念”产生于人们在实践中所获得的知识和经验，是以经验和记忆中的某些事实为根据的，它对未来事实的想象、预料和推断是以事实为前提的合乎逻辑的推论。“信仰”是人们关于最高（极高）价值的信念。信仰是信念的一种特殊的、强化的、高级的形式。人们信仰什么总是有所不同，并且会随着历史发展而演变。信仰的形成既受到社会历史条件的制约，也受到社会文明发展和传播的影响。“理想”以未来的实际形象为标志，它为人的思想和活动及其结果提供着自觉的典范或“样板”①。信仰不单是指对某种道德理论的信服与崇拜，也是对个人人生以及社会理想的信仰。个人人生信仰是指“个体对自己存在的意义和价值、生活的前途和命运以

① 谢晓娟．大众文化影响下的大学生价值观教育．教学与研究，2012，（1）：87-92.

及人生的状态和归宿等的超越性把握和持有”；而社会理想信仰则是指青少年对当前个体所处的社会环境的信仰，亦即对整个社会的发展前途和终极目标的信仰[①]。在当前自媒体中，青少年对经典权威的没有限制的恶搞，就是对其中所蕴含的价值信仰的怀疑。这种怀疑既包含对社会理想的怀疑，也包含对个人人生的怀疑。

有学者指出，中国在今后以至于更长的一段时间内，最大的、最根本的危机是与信仰与道德有关的精神危机。在自媒体环境下，这种危机表现得更为明显，自媒体中所体现的边缘价值观和无底线的道德及虚无的信仰，使青少年在其中迷失，无从进行价值选择。因此，加强主流价值观教育是重塑青少年道德信仰的必由之路。价值观念是人对客观事物的意义、重要性的总体评价和总体看法。单一个体的价值观有其自发性、盲目性，但社会的主流价值观必是通过对个体价值观的干预、规范、引导，最终形成统一意志的、体现该社会本质的、为该社会服务的思想的上层建筑。主流价值观是一个时代向上的力量，我国已把马克思主义指导思想、中国特色社会主义共同理想、以爱国主义为核心的民族精神、社会主义荣辱观作为社会主义核心价值体系的四个重要组成部分，当代中国需构建的主流价值观，应以社会主义核心价值体系为内核，坚持对真、善、美等普适性价值的不懈追求与民主、自由、人权等西方价值观的合理借鉴，对传统社会伦理价值观念的态度，则应扬弃而不泥古，传承而有创新，从而形成有中国特色的、能焕发民族生命力的、代表时代前进方向的社会主流价值[②]。在日常的价值教育中，教师可以尝试把这些价值内容运用其中。

自媒体加速了思想和文化的多元化，一方面这是社会进步的表现，在思想和文化多元化的社会环境中，人的思想和意识更开放，更有利于思想和文化等方面的发展和创新；但另一方面又容易让人感到价值、文化、思想和观念等方面的相对主义，“什么都行，什么都可以”。在思想和文化多元化的今天，如果没有主流价值观的统领，人很容易产生价值相对主义、文化虚无主义，从而影响健康而积极向上的价值观的形成。思想和文化的多元一方面给青少年价值观教育带来了契机，我们可以汲取不同文化资源作为价值观教育的内容，不断丰富价值观教育的内容，不断完善价值观教育的形式，不断提升价值观教育的效

① 荆学民．社会转型与信仰重建．太原：山西教育出版社，1999：285.

② 李文冰．全媒体语境下传统伦理价值的解构与主流价值观的重塑．浙江传媒学院学报，2012，(4)：32-36.

果；但另一方面，也给青少年价值观教育带来严峻的挑战，青少年毕竟是缺乏自制力、辨别力、选择力的一个相对脆弱的群体，在多元文化的大花园里，既有促进他们思想、精神健康发展的元素，也有妨碍甚至是毒害他们健康发展的成分，如何用主流的价值观念统领青少年价值观的发展，进而提升青少年对多元文化的甄别力和选择力，是我们应该深入思考的重要课题。

受人的存在方式的制约，每个人在不同的成长时期都会形成具有个性特点的价值观，也就是说，不同的主体有不同的价值尺度和不同的价值追求。它的意义就在于，这种个性化、独特性是社会发展的动力，也是创新的源泉。自媒体在一定意义上，其实是满足了人们多样性的选择和多样性的人生体验，因此，人的价值选择的多样性也会随着社会的发展获得更多的认同。但是，正如一定时期的媒体文化总要表现出一定的时代主题一样，一个社会总要有主流价值观从而凝聚社会力量，形成价值共识，推动社会稳定有序发展。因此，青少年的价值观教育既要做到倡导主流价值观，又要尊重个体价值观的选择，教育工作者可以选择在主流价值观层面上寻求和致力于统一和共识，而在非主流价值观方面允许青少年的多样性选择，如在国家利益方面、在社会责任方面达成共识，而在择业、个人生活方式等方面允许多样性存在。

二、多方合力规避自媒体对青少年价值观的消极影响

（一）学校应加强青少年媒介素养教育

青少年渴望认知和了解新事物，并对新事物有极强的感知能力和接受能力，在行为上，他们往往表现出对旧事物的排斥和对新体验的追求，然而青少年的心智相对还不太成熟，对信息辨析力还较弱，很容易迷失在海量信息中。他们无法对媒介传播信息的方式和信息本身做出更为准确的评价，无法将自身的信息需求与媒介所提供的内容有效联系起来，未能有效地辨别信息的价值，也因此不能充分有效地利用媒介资源。这就需要学校积极探讨自媒体时代青少年媒介素养教育的模式，有效加强媒介素养教育，提高青少年信息辨析能力，使他们在各种媒介信息包围的环境中做出正确的选择。

“媒介素养教育的研究始于 20 世纪 30 年代的英国和丹麦。1933 年，英国

文化研究学者 F. R. 利维斯和丹尼斯•汤普森出版了文化评论著作《文化与环境：培养批判的意识》，首先倡导媒介素养教育。”[①] 英国的媒介素养教育是从反对大众传媒中流行文化的角度提出的，是以培养学生在媒介素养方面的求知欲为最高追求，并成立专门的负责机构进行管理。所有的中小学校都开设有媒介素养教育课程，使之成为考试科目。其媒介素养教育制度经过半个多世纪的发展，不断增补和修改，已经相对完善。内容也从接触使用媒介，到认识了解媒介，到最后的对媒介保持独立思考和批判。它的出发点比较高，从保护高尚文化和主流价值观开始，比较主动，不是从媒介对青少年的负面影响开始，更加强调独立意识。美国侧重的是一种从培养被动防御媒介不良影响到主动变媒介为我所用的能力。它的主要内容都是具体的方法，就事论事，没有上升到培养青少年的品质上来[②]。

目前，我国青少年学生媒介素养的现状不容乐观，整体还是处于低层次阶段。学生媒介素养侧重在媒介的技术层面，相当一部分学生对媒介的道德规范认识比较模糊。我国从 1997 年引入媒介素养教育，不少学者致力于引进国外先进的传媒素养教育思想，并就开展教育实践做了规划和设想。不过当前媒介素养教育的主要价值走向仍然是沿袭早期西方媒介素养教育的保护主义价值走向，就是基于受众是媒介的被动接受者和受害者的立场出发，更多地强调追求受众“批判性评价”的素养，把媒介素养教育看作一种“保护手段”[③]。但随着自媒体时代的来临，信息传播发生的深远变革极大地冲击了媒介素养教育的培养目标及研究领域、研究思路。在自媒体信息传播种种变革中，其实有一个核心要点，那就是受众地位的变化。受众不再是被动的信息接受者，而是主动的信息接受者和传播者。传受双方之间关系的改变使得公众在信息传播中呈现出全新面貌。

基于这些改变，笔者认为加强青少年进行媒介素养教育应当做到以下几点。①提高教师自身的媒介技术运用能力。作为青少年价值观教育的实施者和引导者，教师必须具有熟练地运用自媒体的能力，只有这样才能时刻关注着青少年价值观变化的走向，才能与青少年保持密切地联系，才能有效地提高价值观教育的效果。“教师自身只有掌握了熟练使用自媒体技术的能力，善于从自媒体平

① 陈晓慧，刘铁珊，赵鹏 . 公民教育与媒介素养教育的相关性研究 . 中国电化教育，2013，(4)：35-39.

② 董烈波 . 西方媒介素养教育的比较及对我国的启示 . 阜阳师范学院学报（社会科学版），2011，(5)：135-139.

③ 仇加勉 . 超越保护主义：文化反哺视角的媒介素养教育 . 现代传播，2007，(4)：112-115.

台中提取有价值的信息，借助有价值的信息教育大学生，帮助他们明辨是非，同时针对存在的不良思想倾向因势利导，才能有效地开展大学生的核心价值观教育工作。”[①] ②培养学生适应自媒体特点的自主处理信息能力。教会学生从外界信息载体中高效提取自己所需要的有用信息，学会检测自媒体信息质量，比如，通过消息源、作者的各种细节判断信息的正确性、客观性、可信度等以提高识别网络信息的能力。此外，还要提高使用自媒体信息工具的能力，能够对获得的信息进行整理、鉴别、筛选、重组，提高信息的使用价值，培养青少年运用自媒体技术解决实际问题的能力及提高青少年的创新能力。③培养学生有效使用话语权的能力。福柯的话语理论认为，话语是受内在控制、外在控制及主体控制的。其理论也同样适用于对传媒话语生产的认识，包括自媒体。媒介素养教育要引导学生突破自媒体的外部制约因素，认清自身制约因素，才能有效实施话语权。能言善辩、表达力强的学生，在交流中话语就占据着优势，言辞笨拙的就显劣势。媒介素养教育要通过对文本分析提高学生语言组织能力和表达能力。话语权力的实施还受法律、政治、社会等外在因素的制约。媒介素养教育要教育学生认识权利与义务是同在的，获得通过自媒体向社会公众发表意见的权利，就必须对读者和社会承担相应的责任和义务，遵守法律、遵循基本的道德规范和伦理准则，尊重他人，才能实现更平等的个人话语权。④自媒体是公众进行社会交往的工具和平台，媒介素养教育要培养学生利用自媒体进行社会交往的能力。

（二）主流媒体应承担更多社会责任

在自媒体迅猛发展的同时，主流媒体更要意识到自己的社会使命和社会责任，在寻求真理和维护社会公平正义中发挥积极作用，为大众进行信息导航。对于主流媒体而言，自觉坚守社会责任、发挥社会职能更是其不可或缺的职业操守，具体表现为传递党的路线、方针政策；监测社会舆情动向；倡导社会主流价值观、主流意识形态、主流文化等。它应该是舆论中的意见领袖、公众议程的设置者、主流价值的诠释者、优质信息的提供者。在对待自媒体时也要保

---

① 卢英．自媒体对大学生社会主义核心价值观教育的影响及对策．武汉：华中师范大学硕士学位论文，2015．

持一种客观的心态，及时对自媒体形成的舆论进行积极引导和纠偏，遏制自媒体的偏差行为扩大化。尤其是提供自媒体托管服务的门户网站，更应该做好行业自律，积极承担起“把关人”和信息导航的责任。同时，随着自媒体影响力的日渐增强，还要重视利用官方组织和社会机构的自媒体平台，在社会舆论场中发布负责任的信息，及时沟通，畅达准确、权威的信息引导社会舆论。

（三）社会应加强制度规范与网民素养培育

英国作家萧伯纳说过，自由意味着责任。自媒体的出现打破了传统的信息垄断和舆论控制，实现了相当程度的传播自由，包括收集自由、编辑自由、发布自由、更新自由等。但是，正如哲学家哈耶克所说“对自由的限制正是来自自由本身”。自媒体如若不加以适当规制，其结果必然是个人主义蔓延并由此带来的一系列社会问题，如网络谣言、网络暴力、泛娱乐化、泛道德化等。

自媒体本身尚需完善，青少年学生对不良信息的鉴别力又相对有限，因此，主动介入极有必要。2011 年，面对自媒体虚假信息的横行，北京网络媒体积极应对，开展了卓有成效的工作。新浪微博为抑制谣言的传播成立了微博辟谣小组，24 小时不间断工作，负责微博中谣言的发现、甄别和处理，推出了“不实信息曝光专区”，专门曝光虚假信息，许多网民也加入辟谣的行列，“辟谣联盟”设在新浪的账户就是由资深网民自发组建而成，在成立不到两个月的时间里，已经发布辟谣微博 115 条。网易、搜狐、凤凰网、人人网、开心网、和讯、搜房网、移动微博等网站通过在网站显著位置设置举报入口、向社会公布举报电话、招聘网站自律专员等方式，发动网民参与清理虚假信息。在信息纠错尚没有完全成为组织化制度的时候，网民之间互为求证、去伪存真，成为自媒体自我净化的一条重要渠道。其中，有一定社会影响力的公众人物出面辨别和澄清则更有说服力。除此之外，还要全面完善社交网络的实名认证制度。在当前的社交网络中，尽管大部分都积极采用了实名认证制度，但其仍存在如下缺陷，即在认证过程中，缺乏对用户资料的合理验证和规范。如此一来，社交网络仍存较大的交往风险性。为有效规避这些风险，国家相关监管部门要进一步要求、指导社交网络平台加强对用户资料真实性的校验。唯有如此，才能帮助用户群（包括青少年）甄别信息的真实性，提高人际交往的质量，从而保证其人格健康

发展少受干扰。

作为一种媒介技术，自媒体本身是中性的，它所带来的负面效应反映了网民本身的道德素养问题。因此，对于自媒体环境所带来的负面效应，我们不应该只是单纯追求技术的进步与完善，而应该更为注重作为主体的人的素养培育。良好的公民素养是现代文明的象征，自省自律的内在压力、主动纠错的态度，才会逐渐积累自媒体的公信度。用“果壳网”创始人的话来说，我们的敌人并非谣言本身，而是人云亦云的思考方式，是不加反思的生活态度。比粉碎谣言更有价值的，是培养独立的思维能力。

（四）家长应培养青少年自我约束能力

网络社会所要求的道德，是一种以“慎独”为特征的自律性道德。“慎独”是儒家思想家提出的一种道德修养方法和道德境界。朱熹在《朱子语类》中也提及“君子慎其独，非特显明之处是如此，虽至微至隐，人所不知之地，亦常慎之。小处如此，大处亦如此，显明处如此，隐微处亦如此。表里内外，粗精隐显，无不慎之”①。它强调在个人独处时，在没有任何外在监督时，也能遵从道德规范，恪守道德准则。青少年畅游丰富多彩而又复杂的自媒体文化之时，就更需要自觉强化自律精神和责任意识，自觉主动地增强网络道德意识。因此，自主、自律性的道德规范教育就显得更为重要了。从自身层面来说，青少年要加强自我修养教育，提高心理调适能力，努力锻炼自己的意志品质，增强自我约束能力，保持健康的情绪，增强抵御自媒体环境负面影响的能力。

同时，青少年在进行价值选择的过程中是受到个体主观意识制约的，他们选择什么样的价值观念是以个体内部的意识为标准的。当青少年面对自媒体文化中各种各样的价值观念的时候，就具有了各种价值选择的可能性，然而“本质上在其中进行思考、权衡、取舍的过程，只能是自己意志决定的选择”②。所以，教育只能引导青少年形成正确认识，却不能代替他们去选择。只有在青少年根据自己意志选择价值观念的情况下，才能自愿地承担相应的道德责任，亦即，基于青少年自由选择基础上产生的道德责任，他们才能主动承担。因此，

---

① 范松仁，袁筱青．儒家“慎独”视阈中的大学生网络道德建设．高等农业教育，2005，(6)：22-25.

② 汪荣有．青年道德教育论．北京：中国社会科学出版社，2004：190.

家长要培养青少年的道德自觉性和责任意识，增强他们的自我约束力。

三、形成自媒体与青少年价值观教育的良性互动

（一）利用校园自媒体平台开展价值观教育

1. 搭建校园自媒体教育平台

自媒体通过“病毒式”的传播，将信息的传递速度和规模无限地放大，可以迅速在全校范围甚至一定的地区制造影响，能够打破现行价值观教育工作条块分割的局面，可以构建起一个强关系和弱关系并存的网络，从而同时满足了其多层次的教育需求。而且，自媒体的传播不受时间和空间限制，可以随时随地地挑起或参与话题，具有长时间的延续性，极大地扩大了价值观教育的时间。自媒体具有去中心化、交互性强、信息量大、资源丰富、传播迅速、覆盖面广、形式多元等优势，借助自媒体可以向学生展示形象、直观、图文并茂的信息，能够用轻松、活跃、愉悦的方式，感染和激发学生的求知欲和想象力，让学生在形象、生动、直观中升华思想，在图文并茂、声情融汇中接受教育，有利于增强学生的兴趣和主动性，使价值观教育工作更具吸引力和感染力。可以利用自媒体平台创作以青春励志为导向的视频短片，像在网络上大热的《老男孩》，就是通过无厘头的表现方式，呈现广大80后学生时代的梦想与成人后落魄的现实窘境，使观众深深地感受到梦想和现实的差距。但正因为不容易，才显示出青春的活力和梦想的可贵。正如《老男孩》的结尾语：“梦想这东西和经典一样，永远不会因为时间而褪色，反而更显珍贵。”借助画面的直观性，呈现精神层面的经验，引导青少年在灵魂精神上的深度思考，从而帮助青少年建设自己独立的精神家园。另外，自媒体作为网络社会的一种新型表现形式，也具有较强的虚拟性，自媒体背景下的沟通与交流也是在虚拟的环境下进行的，这种虚拟性和匿名性缩短了人际交往的心理距离，降低了心理防范程度，有利于学生发表自己的真实意见，进行真实的心理交流，增强价值观教育的吸引力。校园微博作为校园环境中更具活力的学生微博载体，是关注校园动态、参与校园事件和话题讨论的平台。但目前由于认识观念上的原因，校园微博中师生主体建设作用不明显，而官博的管理制度尚待完善、机构微博的管理人员也需要加强培训。

2．打造高效的自媒体教育团队

教育工作者要主动去了解和掌握网络上出现的自媒体等新事物，认真研究他们对学生生活、学习和思想的影响，进而掌握当代学生的生活规律和心理特点。另外，对信息要有高度的敏感性。自媒体传播具有非线性的特点，信息量极大，这就要求教育工作者能够快速地应对突发性和动态性的问题，具有比学生更高的信息处理能力。教师可利用自媒体的即时性，随时随地在自媒体发布观点、转载信息、上传视频、建立网络社区等方式，适时地加入信息评论和话题讨论，发挥对信息的处理、评价和导向作用，实现对学生思想的舆论引导。

价值观教育工作者要善于在学生的自媒体社区里，植入正面、积极向上、能带动健康情绪的社会新闻和榜样，甄别不良文化，善于去粗取精，用正确的价值观、积极的生活方式、智慧的处世哲学营造社区氛围。教育工作者还要通过各种校园自媒体形式，对社会现象主动发起讨论，扮演讨论的组织者角色，发挥导向作用。在潜移默化中引导学生树立正确的世界观、人生观和价值观，而对于学生中自发开展的讨论活动，教师要善于把握时机，参与到学生当中，深化与学生的互动交流，不仅能够与学生建立良好的信任关系，还能将不良情绪控制在萌芽状态。

3．成立校园自媒体协会

自清华大学学子刘若晴创立全国第一个微博协会后，目前全国已经有 100 多所高校创办校园微博协会①。高校微博协会作为学生社团组织，既是学生素质拓展和社会实践的重要载体，也是学校第二课堂的重要组成部分，理应在校园文化建设中发挥作用。因此，学校应正确引导像微博协会这样基于某种自媒体爱好的社团组织，指导并支持其开展积极向上的线上或线下校园文化活动，围绕某一特定主题或纪念日，开展诸如博客、播客、微博、微信大赛、个人网页的交流与评比等有益的活动，以“润物细无声”的教育方式，努力为学生创造展现自我、合理表达的机会，鼓励学生主动参与到信息的创制和传播过程中，激发学生的自我教育意识。

① 周映夏．从清华学子到“中国校园微博第一人”——被学校保送硕博连读用微博真实记录思想轨迹．中山日报，2011-8-18（A9）．

（二）发挥青少年意见领袖的正向引导作用

中国社会快速转型、利益群体不断分化、价值观念逐渐多元让意见表达成为必须，受众需要站在板凳上演讲的人。在一个人人都拥有麦克风、拥有话语权的自媒体时代，媒体个人的权威性和影响力削弱，一呼百应成为梦想。但同时，信息杂乱无章、浩如烟海，观点众说纷纭，又需要独具慧眼的意见领袖指点迷津，这些意见领袖具有掌握信息和透视信息的能力及鲜明的个人风格，并且能够营造氛围引导舆论。“自媒体这种传播迅速、交互性强、受众广泛的传播特点，恰好为意见领袖作用的发挥创造了条件，成为了教师开展教育时的得力助手。”① 在自媒体环境下，青少年能接触到各种各样的社会现象，感染到各种病态的情绪，在孰是孰非面前，他们还缺乏鉴别力，不良情绪容易像瘟疫一样，迅速传播开来，形成“一边倒”的态势，对青少年身心发展造成不良影响。这时候学生工作者就要在学生中发展“话语领袖”，掌握话语权，树立正确的话语导向，引导学生的积极情绪。由于网络意见领袖居于话语权力中心和自媒体信息传播核心，其网络发言具有很强的影响力和号召力，所以，学校要建立起“网络意见领袖队伍”，这支队伍应该由自媒体中已形成的学生意见领袖、学生工作和宣传部门老师、学生网络管理员、校园论坛版主、微博版主、学生党员、学生骨干等组成，平时积极活跃在校园各级微博、QQ 群、微信群和校园论坛上，采取“疏堵结合，重在沟通”的办法，用生动活泼的网络语言积极参与学生的讨论，以实现用正确、积极、健康的文化引导学生思想行为的目的。

在青少年成长过程中，同辈群体的影响力巨大。所以，意见领袖在同学中间选拔，往往更可信。学校可以以学生党员、学生干部、社团干部等学生骨干为依托，选拔与培养一批在学生中思想先进、学习优秀、道德高尚、态度端正并在各自领域内有影响力、号召力的骨干分子。这些学生骨干应具备以下几个特点：微博实名制用户；在学生中拥有一定数量的“粉丝”；在学生中具有较高的威信和人气；能够就某一问题发表自己的独特见解和看法。建立各自的自媒体信息平台，发挥他们在现实生活与网络环境中的模范带头作用，让他们用自己对问题的观点和看法去影响周围的同伴，净化自媒体言论，从而起到正面的

① 卢英．自媒体对大学生社会主义核心价值观教育的影响及对策．武汉：华中师范大学硕士学位论文，2015．

舆论引导作用。

对于“学生意见领袖”要通过专门的媒体言论素质培养课程，帮助他们树立政治大局意识、建立亲民言论观念、运用实事求是的态度和严谨科学的理念投入自媒体引导的工作中去。这样，通过对这部分学生意见领袖的正确引导，就能在很大程度上掌控自媒体舆论的主导权，有效地对青少年进行价值观教育。

（三）学生工作者应构建与融入师生共同参与的网络圈

圈子一般指具有相同爱好、兴趣或者为了某个特定目的而联系在一起的人群。现代社会，信息就是资源，而圈子就是一个功能强大的信息库，或生活，或工作，或娱乐，人们都需要聚集在某个圈子中，所谓“物以类聚，人以群分”，彼此之间甚至构成利益共同体，圈子化生存已成为这个时代人们的一种生活状态。有实证研究表明：几乎任何一个话题都能让自媒体用户形成圈子（或称社群）[①]。网络圈子顾名思义，即在网络中因为某种原因联系在一起的人群。网络圈子根据关系的强弱，分为强关系型和弱关系型两种。由同学、同事、家人、邻居等现实中比较近的人组成的网络圈子，表现为强关系型的圈子。这个圈子内的朋友获得较多同质信息，沟通互动更频繁。弱关系型则是相对于强关系型来说，沟通互动较少、关系较松散的圈子。除了 SNS 和微博最基本的用户朋友圈、关注圈之外，网络圈子还表现为 SNS 的网络群、网络小组、微博的微群等。例如，人人网的“事业单位招考”小组，提供全国各省市事业单位招考信息及探讨事业单位考试试题等；开心网的“我爱电子书”群，搜集和整理互联网上的免费电子书信息；新浪微博的“北京大学学生活动”微群主要发布北京大学校园活动、讲座等信息。网络圈子的内容、文化和氛围对青少年的影响很大。因为网络圈子并非都是一方净土，很多圈子充斥了一些不良内容，表现为有些交友网站色情内容泛滥，圈子里言语粗俗不堪，不乏网络暴力的存在；有些圈子的主导思想和言论偏激，主要表现在政治等问题上的偏激。所以，教育工作者要引导学生远离内容不良的圈子，尤其是远离涉及违法、色情、暴力的圈子，要有自律和慎独的意识，培养积极向上的网络圈子文化。同时，学生工作者可以以班级或专业为单位，开设微博群、微信群，并尽量让每个人都参与进来。

① 喻国明．微博：一种新传播形态的考察——影响力模型和社会性应用．北京：人民日报出版社，2011：21.

以辅导员、班主任为核心，以学生干部和广大学生为主，还要加入思想政治课教师和学校的相关教育工作者。这样，既可以充分体现学生的个性化特质，彰显他们的主体性和能动性，又可以全方位、多层次、多渠道地拓展和丰富积极向上的自媒体文化，为学生营造健康和谐的精神家园及价值观建构的良好环境。

目前，校园 BBS 等网络论坛逐渐式微，很多学生流到人人网、新浪微博等新兴媒体，学生工作者了解学生思想动态、获得学生信息的网络渠道也随之发生了改变。在校园 BBS 上“潜水”、与学生交流、发布信息等“传统”模式已经效果不佳，而通过人际关系型网络圈子进行网上沟通和交流是当前青少年学生最喜闻乐见的形式。所以，价值观教育工作者要走在媒体时尚前沿，使用 SNS、微博、微信等自媒体工具建立自己与学生的圈子，并主动融入青少年的交往圈，真实无阻碍地把握学生思想变化动态，高效率地开展价值观教育。

参考文献

阿尔温·托夫勒 . 1996. 第三次浪潮 . 朱志焱，等译 . 北京：新华出版社 .

白晋荣 . 2001. 青少年身心发展与社会化进程 . 石家庄：河北教育出版社 .

卜卫. 1997. 论媒介教育的意义、内容和方法. 现代广播学院学报，(1).

卜卫 . 1998. 电视 . 广州：暨南大学出版社 .

卜卫 . 1998. 广告 . 广州：暨南大学出版社 .

卜卫 . 2002. 大众媒介对儿童的影响 . 北京：新华出版社 .

卜玉华 . 2015. 事理意蕴——“生命·实践”教育学理据之争 . 上海：华东师范大学出版社 .

布莱恩特 . 2009. 媒介效果理论与研究前沿 . 石义彬，译 . 北京：华夏出版社 .

蔡音颖，叶亚玲 . 2007. 网络歌曲对青少年的影响及对策. 宁波大学学报(教育科学版)，29(4)：94-96.

曹清燕 . 2006. 论我国青少年道德教育的视域转换 . 武汉：华中师范大学硕士学位论文 .

岑国桢 . 2008. 新时期青少年学生价值观现状与特点 . 中国德育，(6)：87-88.

常昕 . 2011. 电视相亲节目中女性性别刻板形象分析 . 新闻传播，(5)：49.

陈刚 . 1996. 大众文化与当代乌托邦 . 北京：作家出版社 .

陈红利. 2008. 浅论当代青少年的国外动漫情节. 科技创新导报，(32)：229.

陈会昌 . 1999. 德育忧思——转型期学生个性心理研究 . 北京：华文出版社 .

陈建胜 . 2007. 新闻传媒：弱势群体的利益表达渠道 . 新闻大学，(3)：28-31.

陈思和 . 2001. 人文教育的位置 . 社会科学，(10)：67-70.

陈先元 . 2005. 大众传媒素养论 . 上海：上海交通大学出版社 .

陈晓平 . 2002. 面对道德冲突——关于素质教育的思考 . 北京：中央编译出版社 .

陈毅松 . 2006. 思想政治教育中同辈群体的作用分析与对策研究 . 求实，(9)：75-77.

陈渊. 2007. 网络文化对当代大学生价值观建构的影响析论. 武汉：武汉理工大学硕士学位论文 .

陈章龙 . 2006. 论主导价值观 . 南京 : 江苏人民出版社 .

陈自清 . 2006. 论大众传媒的德育功能 . 安徽广播电视大学学报，(1) : 66-70.

代玉梅 . 2011. 自媒体的传播学解读 . 新闻与传播研究，(5) : 4-11.

戴建英 . 2005. 大众传媒对青少年思想道德影响及对策 . 昆明 : 云南师范大学硕士学位论文 .

董步学，徐慧诠. 2008. 论大学生价值观的形成. 江西行政学院学报，10（1）: 78-80.

杜静. 2007. 我国教师教育课程存在的问题与改革路向探析. 教育研究，(9) : 77-80.

杜静. 2010. 英国教师在职教育的特点探析. 教育研究，(12) : 103-106.

杜静，赵艳芳. 2016. 中小学教师课堂提问策略探究——基于课堂的观察与反思. 教育探索，(4) : 20-23.

杜静，王晓芳 . 2016. 论基于社会互动理论的教师合作 . 教育研究，(11) : 113-118.

段成静，路晨. 2005. 大众媒介对幼儿社会化发展的影响. 重庆职业技术学院学报，14（3）: 157-158.

段怡萍 . 2004. 21 世纪中国青年人的价值观 . 中南民族大学学报（人文社会科学版），(s2) : 177-178.

冯建军 . 2006. 论教育学的生命立场 . 教育研究，(3) : 29-34.

冯建军 . 2010. 差异与共生 : 多元文化下学生生活方式与价值观教育 . 成都 : 四川教育出版社 .

冯建军 . 2014. 走向道德的生命教育 . 教育研究，(6) : 33-40.

冯建军 . 2015. 当代道德教育的人学论域 . 福州 : 福建教育出版社 .

冯建军 . 2015. 中国教育哲学研究 . 北京 : 北京师范大学出版社 .

冯一粟 . 2006. 大众传媒导论 . 北京 : 科学出版社 .

弗里德里希 • 尼采. 2012. 作为教育家的叔本华 . 周国平，译 . 南京 : 译林出版社 .

高德胜. 2008. 道德教育的时代遭遇. 北京 : 教育科学出版社 .

高德胜. 2013. 时代精神与道德教育. 北京 : 教育科学出版社 .

高欢，曹宣明 . 2011. 电视相亲节目对青年价值观的影响 . 当代青年研究，(4) : 18-20.

高如. 2009. 谈动画片音乐的功能. 辽宁师范大学学报，32（2）: 105-108.

高畑勋，支菲娜. 2004. 暴力、动画片及其渊源. 北京电影学院学报，(3) : 56-61.

高弋坤 . 2011. 新浪微博用户数再创新高 . 通信世界，(46) : 11.

葛建平，葛春. 2006. 美国公立学校价值观教育初探. 思想理论教育，(7) : 30-33.

葛进平，方建移，章洁，等. 2006. 浙江青少年价值观调查与思考 . 浙江社会科学，(4) : 214-218.

龚林林. 2008. 价值观教育的现实意义. 法制与社会，(11) : 5.

郭本禹 . 1999. 道德认知发展与道德教育 : 科尔伯格的理论与实践 . 福州 : 福建教育出版社 .

郭薇. 2007. 当代大学生价值观现状与教育研究. 长春 : 东北师范大学硕士学位论文 .

郭云芳. 2008. 闽台青少年价值观比较研究. 福建教育学院学报，9（4）: 14-16.

韩浩月. 2007. 十大恶俗网络歌曲恶心了谁？流行歌曲：e 乐族，2007，(5)：2.
韩庆祥，邹诗鹏. 2002. 人学——人的问题的当代阐释. 昆明：云南人民出版社.
郝清杰. 2010. 行进在哲学与生活之间. 北京：人民出版社.
何润 . 2011. 电视相亲节目对当代大学生恋爱观的影响及建设对策 . 西南农业大学学报（社会科学版），09（6）：181-184.
贺来 . 1998. 现实生活世界——乌托邦精神的真实根基 . 长春：吉林教育出版社 .
赫伯特•马尔库塞. 1989. 单向度的人. 刘继，译. 上海：上海译文出版社.
洪婷 . 2012. 电视相亲节目透视——以《非诚勿扰》为例 . 武汉：华中师范大学硕士学位论文 .
胡塞尔 . 2002. 伦理学与价值论的基本问题 . 艾四林，安仕侗，译 . 北京：中国城市出版社 .
胡正荣 . 2007.21 世纪初我国大众传媒发展战略研究 . 北京：中国广播电视出版社 .
扈海鹂 . 2003. 解读大众文化——在社会学的视野中 . 上海：上海人民出版社 .
怀特海 . 2002. 教育的目的 . 徐汝舟，译 . 北京：生活•读书•新知三联书店 .
黄成荣 . 1999. 青少年价值观及违规行为探索 . 香港：三联书店（香港）公司 .
黄会林 . 1998. 当代中国大众文化研究 . 北京：北京师范大学出版社 .
黄克琮. 2011. 世界上最美的哲学课. 北京：新世界出版社.
黄丽云. 2005. 网络文化对青少年心理健康的影响及其对策研究. 武汉：华中师范大学硕士学位论文.
黄平，崔健 . 2012. 对自媒体规范与引导的思考 . 新闻研究导刊，(6)：58-59.
黄希庭. 2005. 当代中国青年价值观研究. 北京：人民教育出版社.
黄盈盈 . 2001. 从数据看青少年的价值取向——20 世纪 90 年代价值观调查研究文献分析 . 青年研究，(10)：36-45.
黄忠敬 . 2016. 教育政策研究的多维视角 . 北京：教育科学出版社 .
基思•特斯特. 2010. 后现代性下的生命与多重时间. 李康，译. 北京：北京大学出版社.
贾东城，李云捷，王俊英. 2008. 当代大学生人生价值观探析. 山东省青年干部学院学报，(3)：45-47.
贾乐蓉 . 2007. 新世纪大众传媒的发展 . 北京：中国传媒大学出版社 .
蒋肖斌 . 2011. 从《电视红娘》到《非诚勿扰》——电视相亲节目的历史考察 . 现代视听 . (12)：46-48.
金生鈜 . 1997. 理解与教育——走向哲学解释学的教育哲学导论 . 北京：教育科学出版社 .
金生鈜 . 2003. 德性与教化——从苏格拉底到尼采西方道德教育哲学思想研究 . 湖南：湖南大学出版社 .
金一鸣 . 1998. 教育社会学 . 第 2 版 . 南京：江苏教育出版社 .
金一鸣 . 2007. 教育：求真留痕 . 北京：人民教育出版社 .

卡尔 • 雅斯贝尔斯 . 1991. 什么是教育 . 邹进，译 . 北京：生活 • 读书 • 新知三联书店 .
康德 . 2005. 论教育学 . 赵鹏，译 . 上海：上海人民出版社 .
科尔伯格 . 2004. 道德发展心理学：道德阶段的本质与确证 . 郭本禹，等译 . 上海：华东师范大学出版社 .
孔国庆 . 2012. 媒体文化对青少年生活方式的影响研究 . 中国青年研究，(1)：65-67.
卡尔 • 雅斯贝尔斯 . 2005. 时代的精神状况 . 王德峰，译 . 上海：上海译文出版社 .
拉瑞 • P • 纳希 . 2003. 道德领域中的教育 . 哈尔滨：黑龙江人民出版社 .
蓝鸿文 . 2001. 新闻伦理学简明教程 . 北京：中国人民大学出版社 .
李德顺. 2005. 道德价值论. 昆明：云南人民出版社 .
李家成. 2002. 论个体生命立场下的学校教育. 教育理论与实践，(5)：8-11.
李乔生. 2007. 流行文化对青少年价值观的消极影响及对策. 河北教育（综合版），(10)：13-14.
李太平 . 2001. 论信仰教育 . 教育评论，(1)：28-30.
李太平，刘亚敏. 2013. 学校德育的使命——重建中华民族共有精神家园. 武汉：湖北教育出版社 .
李政涛 . 2010. 做有生命感的教育者 . 北京：北京师范大学出版社 .
连福鑫 . 2008. 大学生价值观的变迁研究 . 当代青年研究，(3)：65-70.
联合国教科文组织国际教育发展委员会 . 1996. 学会生存——教育世界的今天和明天 . 北京：教育科学出版社 .
梁启超 . 2011. 德育鉴 . 北京：北京大学出版社 .
廖莎莎，韦毅嘉. 2005. 暴力文化对青少年价值观的影响及其预防措施. 四川理工学院学报(社会科学版)，20（1)：121-124.
林逢祺. 2009. 教师不可不知的哲学. 上海：华东师范大学出版社 .
林书兵，徐晓东 . 2010. 微博客及其教育应用探析 . 电化教育研究，(3)：16-20.
琳达 • 爱尔，理查 • 爱尔 . 2001. 教孩子正确的价值观 . 枳园，译 . 台北：大地出版社 .
利萨 • 泰勒，安德鲁 • 威利斯 . 2005. 媒介研究：文本、机构与受众 . 吴靖，等译 . 北京：北京大学出版社 .
刘宏 . 2010. 从《非诚勿扰》《为爱向前冲》《我们约会吧》等相亲节目——解读中国第二轮电视交友热 . 新闻与写作，(6)：25-27.
刘慧，朱小蔓 . 2001. 多元社会中学校道德教育：关注学生个体的生命世界 . 教育研究，(9):8-12.
刘济良 . 2002. 论消费文化对青少年价值观的消极影响及教育对策 . 信阳师范学院学报（哲学社会科学版)，22（3)：46-48.
刘济良. 2004. 生命教育论. 北京：中国社会科学出版社 .
刘济良 . 2006. 生命体验：道德教育的意蕴所在. 教育研究，(1)：27-30.

刘济良 . 2015. 学校德育 . 北京：北京师范大学出版社 .
刘济良 . 2016. 关注生命——生命教育的多维审视 . 北京：中国社会科学出版社 .
刘济良 . 2016. 呵护生命——生命教育的人文关怀 . 北京：中国社会科学出版社 .
刘济良 . 2016. 提升生命——生命教育的温情守望 . 北京：中国社会科学出版社 .
刘济良 . 2016. 哲学之思：教师成长与发展的新视野 . 北京：中国社会科学出版社 .
刘济良，刘燕楠 . 2008. 哲学之思：教师的智慧品性．教育研究，（10）：53-58.
刘济良，王洪席．2015.“慕课”之于大学教学变革：价值与限度．教育研究，（8）：61-64.
刘济良，王振存 . 2011. 美国大学教师发展的经验及启示．教育研究，（11）：104-107.
刘济良，赵荣 . 2013. 生命教育：道德教育的核心 . 课程 • 教材 • 教法，（9）：96-98.
刘建明 . 2002. 社会舆论原理 . 北京：华夏出版社 .
刘柳 . 2012. 网络流行文化发展视野中的青少年价值观教育研究 . 武汉：华中师范大学硕士学位论文 .
刘铁芳 . 2000. 教学：一个可能的价值世界——教育的价值关怀 . 教育理论与实践，（4）：7-11.
刘铁芳 . 2000. 生命情感与教育关怀 . 湖南师范大学社会科学学报，29（5）：26-30.
刘铁芳 . 2010. 为什么需要教育哲学——试论教育哲学的三重指向 . 教育研究，（6）：15-22.
刘铁芳．2014. 什么是好的教育——学校教育的哲学阐释．北京：高等教育出版社 .
刘铁芳，肖绍聪 . 2010. 教育哲学意识的开启与日常教育生活的价值自觉 . 高等教育研究，（3）：26-31.
刘文亮 . 2008. 我国青少年价值观研究综述 . 山西青年管理干部学院学报，21（1）：16-19.
刘心 . 2006. 中学生道德行为教育研究 . 兰州：西北师范大学硕士学位论文 .
刘亚男 . 2011. 多元文化背景下青少年社会主义核心价值观教育研究 . 沈阳：沈阳师范大学硕士学位论文 .
刘砚议 . 2004. 后现代传媒语境下的“道德恐慌”. 当代传播（汉文版），（3）：75-77.
刘永芳 . 1998. 价值观形成与发展的条件、过程、规律初探 . 山东师范大学学报（人文社会科学版），（1）：62-66.
刘志军．2004．生命的律动——生命教育实践探索．北京：中国社会科学出版社 .
鲁洁 . 2002. 超越与创新 . 北京：人民教育出版社 .
鲁道夫 • 奥伊肯．1997. 生活的意义与价值．万以，译．上海：上海译文出版社 .
陆有铨 . 2004. 皮亚杰理论与道德教育 . 济南：山东教育出版社 .
陆有铨 . 2012. 教育是合作的艺术 . 北京：北京大学出版社 .
路晨．2006. 动画片对幼儿交往能力影响的研究．重庆：西南大学硕士学位论文 .
路易斯 • 拉思斯 . 2003. 价值与教学 . 谭松贤，译 . 杭州：浙江教育出版社 .
罗明，胡运芳 . 1998. 中国电视观众现状报告 . 北京：社会科学文献出版社 .

罗素．2009. 罗素论教育．杨汉麟，译．北京：人民教育出版社．

罗永模．2003. 媒体接触与青少年道德发展．广西师范学院学报（哲学社会科学版），24（4）：101-104.

骆志伟．2010. 对相亲交友类电视节目的叙事认知．青年记者，（26）：49-50.

吕峰．2007. 诠释动画片的美术设计风格．美术大观，（1）：123．

马克•格兰诺维特．2007. 镶嵌：社会网与经济行动．罗家德，译．北京：社会科学文献出版社．

马晓红．2008. 国产动画片德育价值的实现障碍．中国教育学术月刊，（7）：47-49．

茅渝锋．2010. 守望地平线：新闻传播学视野与思维．上海：上海三联书店．

梅平乐，刘济良．2004. 迷失与复归：学校价值观教育实效性的反思．教育科学研究，（11）：45-48.

孟繁华．1997. 众神狂欢——当代中国的文化冲突问题．北京：今日中国出版社．

孟建，祁林．2002. 网络文化论纲．北京：新华出版社．

苗棣，范钟离．1997. 电视文化学．北京：北京广播学院出版社．

纳菲兹•摩萨迪克•艾哈迈德．2012. 文明的危机．谭春霞，译．北京：新华出版社．

牛春梅．2006. 网络歌曲小心前面带刺的玫瑰．北方音乐，（6）：48．

钮则诚．2010. 生命教育：人生启思录．台北：洪业文化事业股份有限公司．

钮则诚．2013. 观人生——自我生命教育．台北：扬智文化事业股份有限公司．

潘祥辉．2011. 对自媒体革命的媒介社会学解读．当代传播，（6）：25-27.

潘一禾．2003. 青少年“偶像崇拜”现象调查报告．中国青年研究，（2）：24-33.

潘知常．2002. 传媒批判理论．北京：新华出版社．

彭吉象．2002. 影视美学．北京：北京大学出版社．

彭兰．2000. 网络传播概论．北京：中国人民大学出版社．

彭蕾．2004. 中小学生道德判断与道德行为的发展现状及二者的相关研究．昆明：云南师范大学硕士学位论文．

戚万学．1995. 冲突与整合—— 20 世纪西方道德教育理论．济南：山东教育出版社．

戚万学．2010．道德教育的文化使命．北京：教育科学出版社．

秦光涛．1998. 意义世界．长春：吉林教育出版社．

让•保尔•萨特．2001. 自我的超越性——一种现象学描述初探．杜小真，译．北京：商务印书馆．

阮志斌．2005. 别说网络歌曲你无所谓．东方艺术，（6）：28-29．

山本章雄．2007. 日本大众传媒史．诸葛蔚东，译．桂林：广西师范大学出版社．

尚妍．2007. 大众传媒对青少年道德认知的影响研究．武汉：华中农业大学硕士学位论文．

沈杰．2002. 中国现代化进程中的大众文化与青年社会化．中国青年政治学院学报，21（1）：26-31

沈琪芳，夏雪梅．2012. 教师生命教育 7 讲．上海：华东师范大学出版社．

石海兵．2007. 青少年价值观研究．合肥：安徽人民出版社．

石兰月 . 2003. 论流行音乐对青少年价值观的影响. 郑州航空工业管理学院学报(社会科学版)，(4).
石娉娉，韩志荣 . 2011.《非诚勿扰》背后的当代审美文化问题 . 文学教育，(11)：85.
石中英 . 1999. 教育学的文化性格 . 太原：山西教育出版社 .
石中英 . 2001. 人文世界、人文知识与人文教育 . 教育理论与实践，(6)：12-14.
石中英 . 2001. 知识转型与教育改革. 北京：教育科学出版社 .
石中英 . 2002. 重塑教育知识中"人的形象". 教育研究，(6)：12-18.
石中英 . 2003. 人作为人的存在及其教育 . 北京大学教育评论，1（2)：19-23.
石中英 . 2007. 教育哲学 . 北京：北京师范大学出版社 .
孙娟 . 2006. 当代大学生价值观教育探析. 北京：中国人民大学硕士学位论文 .
孙抱弘 . 2003. 现代社会与青年伦理 . 上海：学林出版社 .
孙海亮. 2007. 青少年网络多重人格成因分析. 北京：北京林业大学硕士学位论文 .
孙宜君 . 2003. 电视娱乐节目亟待提高文化品位 . 现代传播，(3)：119-120.
孙正聿 . 2007. 探索真善美 . 长春：吉林人民出版社 .
谭兰 . 2006. 青少年道德行为养成教育问题研究 . 武汉：华中师范大学硕士学位论文 .
谭咏梅，赵婷，杨朔等 . 2008. 我国当代青少年价值观的旨趣与特点 . 辽宁教育行政学院学报,(7).
汤力峰，王学川 . 2012. 自媒体环境下高校思想政治工作的创新 . 中国青年研究，(3)：10-14.
唐昆雄，杨斌. 2008. 大众传播媒介与当代大学生道德价值观教育浅析. 贵州师范大学学报(社会科学版)，(2).
田天 . 2011. 浅析网络群体性事件中自媒体的表现 . 新闻世界，(12)：92-93.
瓦尔•西蒙诺维兹，彼得•皮尔斯 . 2006. 人格的发展 . 唐蕴玉，译 . 上海：上海社会科学院出版社 .
王芳，顾海根 . 2008. 青少年自我价值感及道德判断能力与价值观的关系 . 中国学校卫生，29（9)：847-848.
王健. 2007. 现代动漫电影中暴力美学. 电影评价，(10)：43-44.
王娟，金小红 . 2007. 从香港青少年服务看社会工作价值观的落实 . 法制与社会，(4)：582-583.
王丽，李昱瑾. 2008. 从动画片看中美文化差异. 长春师范学院学报（人文社会科学版)，(1).
王北群. 2008. 浅谈卡通影视对少儿的负面影响及对策. 科技与教育，(1).
王建平，赵云来 . 2001. 谁来教育中国 . 北京：中国青年出版社 .
王俊萍 . 2008. 时尚文化对青少年价值观的消极影响及其教育对策 . 文教资料，(8)：72-73.
王灵艳. 2006. 社会转型期青少年价值观教育的困境及对策研究. 文教资料，(25)：89-90.
王世永 . 2002. 电视信息传播对青少年的消极影响及对策分析 . 阴山学刊，(2)：100-104.

王小乐 . 2011. 论自媒体时代“拍客”的道德自律与人文关怀 . 黑龙江高教研究，(2)：147-148.

王啸 . 2001.“人是价值的存在”及其教育学意蕴 . 高等教育研究，(5)：7-11.

王治河. 2011. 第二次启蒙. 北京：北京大学出版社 .

威廉 • 斯潘诺斯. 2006. 教育的终结 . 王成兵，元校盛，译 . 南京：江苏人民出版社 .

韦尔伯 • 施拉姆 . 1990. 大众传播媒介与社会发展 . 金燕宁，等译 . 北京：华夏出版社 .

韦陀. 1996. 电视动画片与儿童教育. 中国电视，(6)：43-45.

魏秋玲 . 1992. 国外青少年价值观 . 北京：社会科学文献出版社 .

魏遂群. 2007. 试论网络不良文化对青少年的消极影响与防范对策. 焦作大学学报，21(1)：115-116.

温宽泽. 2009. 生命的质性定律. 哈尔滨：黑龙江人民出版社 .

文萍，李红，马宽斌. 2005. 不同时期我国青少年价值观变化特点的历史性研究. 青年研究，(12)：1-8.

吴飞，王学成 . 2006. 传媒 • 文化 • 社会 . 济南：山东人民出版社 .

吴广川. 2006. 从几首网络歌曲谈起. 词刊，(1)：45-46.

吴文虎 . 2000. 传播学概论 . 武汉：武汉大学出版社 .

吴新颖 . 2009. 当代青年价值观构建与培育 . 长沙：湖南师范大学博士学位论文 .

吴幼祥，陈禹安 . 2009. 小心媒体影响力变成破坏力——媒体营销策划的一条规律 . 新闻记者，(12)：90.

习涓，风笑天 . 2001. 从电视征婚看青年择偶——关于电视征婚节目的问卷调查及思考 . 青年研究，(2)：46-48.

向利，马刚 . 2011. 电视相亲节目的困境与出路 . 中国市场 .（31）：9-10.

项国雄，黄璜. 2005. 从网络流行歌曲看网络对青年文化价值的传递. 新闻与传播研究，(2)：72-77.

肖川 . 2002. 教育的理想与信念 . 长沙：岳麓书社 .

肖川 . 2009. 好教育，好人生——肖川教育美文精选 . 南京：江苏教育出版社 .

肖川 . 2014. 生命教育引论 . 天津：天津教育出版社 .

小原国芳 . 1993. 小原国芳教育论著选 . 刘剑乔，等译 . 北京：人民教育出版社 .

邢勇 . 2012. 微博的自媒体特征及社会责任建构 . 中国出版，(7)：30-33.

刑瑞清. 2008. 当代青少年的生命价值观思考. 现代教育科学，(2)：36.

徐东. 2007. 美、日动画片对我国青少年的文化影响. 长江大学学报（社会科学版），30（1）：138-140.

徐莉 . 2008. 从组织行为学视角论青少年价值观的塑造途径和方法 . 中国青年研究，(7)：

24-28.
徐文松．2008. 我国中小学生媒介素养教育的现状、问题与对策．教育学术月刊，（2）：47-49.
徐正军．2002. 当代动画片研究．南京：南京师范大学硕士学位论文．
薛晋文．2010. 电视相亲节目的“时代之潮”与“时代之惑”——从《非诚勿扰》和《我们约会吧》说开去．中国电视，（8）：25-28.
雅克·马里坦．2010. 教育在十字路口．高旭平，译．北京：首都师范大学出版社．
闫宁宁．2007. 新西兰重塑价值观教育．教师博览，(2)：8-9 杨鹏．2006. 网络文化与青年．北京：清华大学出版社．
杨春圃．2005. 网络音乐研究之检讨．兰州大学学报（社会科学版），33（4）：148-151.
杨飞云．2012. 美国学校价值观教育研究．开封：河南大学博士学位论文．
杨会飞，唐冰南．2004. 婚恋节目缘何衰落．视听界，（3）：89.
杨丽霞．2004. 论时尚文化对大学生价值观的负面影响与对策．扬州大学学报（高教研究版），8（2）：72-75.
杨深淅．2011. 自媒体下的自恋文化．新闻与传播研究，（20）．：38-39
杨一苗．2002. 大众传播时代的文化分析．西安：陕西师范大学硕士学位论文．
姚双喜，郭龙生．2007. 媒体语言对青少年价值观的影响．教育研究，（11）：16-18.
叶澜．1999.“新基础教育”探索性研究报告集．上海：上海三联书店．
叶华松．2011. 大学生生命教育．杭州：浙江大学出版社．
叶志良．2001. 小论当代影视文化的价值迷失．艺术百家，（1）：76-79.
易连云．2003. 重建学校精神家园．北京：教育科学出版社．
易连云．2014. 变革与发展：中小学德育专题研究．重庆：重庆大学出版社．
易连云．2015. 面向学校德育的言说．北京：人民出版社．
尹良润，阮璋琼．2012. 微博谣言与交往理性．东南传播，（2）：38-39.
余清臣．2015. 现代学校价值教育．北京：北京师范大学出版社．
俞虹．2010. 电视平民化与平民电视化之辨析——《非诚勿扰》之我见．现代传播（中国传媒大学学报），（5）：86-87.
俞可平．2012. 幸福与尊严——一种关于未来的设计．北京：中央编译出版社．
缘中源．2011. 哲学家讲故事大全集．北京：新世界出版社．
约翰·怀特．1997. 再论教育目的．李永宏，等译．北京：教育科学出版社．
约翰·密尔．2013. 密尔论大学．孙传钊，译．北京：商务印书馆．
约翰·杜威．2001. 民主主义与教育．王承绪，译．北京：人民教育出版社．
曾文莉．2011. 中国电视娱乐节目受众话语权力研究．成都：四川大学博士学位论文．

曾耀农 . 2002. 论影视的审美教育功能 . 武汉纺织大学学报，15（2）：19-21.
张晶. 2002. 论审美文化. 北京：北京广播学院出版社 .
张燕 . 2009. 悲天悯人：锱铢必较与包容大度——自媒体的伦理标尺 . 现代传播（中国传媒大学学报），（2）：116-118.
张佰明 . 2010. 嵌套性：网络微博发展的根本逻辑 . 国际新闻界，（6）：81-85.
张岱年. 2004. 文化与价值. 北京：新华出版社 .
张殿元 . 2001. 广告传播负面影响的文化解读 . 现代传播（中国传媒大学学报），（5）：99-103.
张华夏. 2010. 现代科学与伦理世界——道德哲学的探索与反思. 北京：中国人民大学出版社 .
张湘富 . 2011. 大学生生命教育教程 . 北京：高等教育出版社 .
赵海霞. 2005. 卡通文化对青少年价值观的影响. 中国青年研究，2（10）：50-51.
赵慧君，毋远珍. 2009. 卡通动画片在幼儿教育中的价值和教育策略. 现代教育科学，（6）：89-90.
赵津晶 . 2003. 警惕进口动画片的暴力倾向. 中国电视，（7）：76-78.
赵肖芳 . 2008. 网络媒体与青少年价值观教育 . 山西经济管理干部学院学报，16（1）：60-62.
郑刚 . 2006. 当前青少年价值观的研究及发展趋势 . 心理学动态，14（1）：1-7.
郑富兴 . 1999. 媒介教育和德育相结合是现代教育的新原则 . 现代中小学教育，（6）：13-14.
郑晓江 . 2012. 生命教育十三讲 . 广州：中山大学出版社 .
中国互联网络信息中心. 2016. 中国互联网络发展状况统计报告.
钟添贵. 2003. 成长的诱惑. 福州：海风出版社 .
周军，杨明然 . 2008. 人生观与人生价值观概论 . 天津：天津科学技术出版社 .
周蕾. 2013. 理想主义之后的伦理学 . 吴琼，译 . 开封：河南大学出版社 .
周颖 . 2008. 新时期以人为本的青少年价值观教育研究 . 教育与职业，（6）：112-114.
周保松. 2012. 走进生命的学问. 北京：生活•读书•新知三联书店 .
周国平. 2014. 幸福的哲学. 武汉：长江文艺出版社 .
周雪梅，张晶 . 2003. 在审美与娱乐之间——当代电视的价值取向 . 现代传播（中国传媒大学学报），（1）：71-74.
朱含 . 2010. 河南省高校 90 后大学生价值观教育研究 . 郑州：郑州大学硕士学位论文 .
Heath H . 2002. 给孩子正确的价值观 . 史锡龙，译 . 台北：新苗文化事业有限公司 .
Murphy M M. 2002. 美国“蓝带学校”的品性教育——应对挑战的最佳实践 . 周玲，张学文，译 . 北京：中国轻工业出版社 .

附录　英雄型动画片对青少年价值观影响调查问卷

亲爱的同学：

你好！为了解英雄型动画片对你的影响，我特编制以下问卷进行调查。答案没有对错之分，采用不记名方式填写，希望你能如实地填写这份问卷，结果只做学术研究之用。谢谢合作！

1. 你的年龄是多少？

A. 5～7岁　B. 8～10岁　C. 11～13岁　D. 13岁以上

2. 你的性别是什么？

A. 男孩　B. 女孩

3. 你喜欢看动画片吗？

A. 喜欢　B. 一般　C. 不喜欢

4. 你为什么喜欢看动画片？（可以多选）

A. 满足自己心灵的某种需要
B. 卡通人物完美，是学习的榜样
C. 充实自己课余生活，开心娱乐

5. 你喜欢哪个国家的动画片？（可以多选）

A. 中国　B. 美国　C. 日本　D. 其他

6. 你每星期看动画片的时间为多长？

A. 1～3 小时　B. 3～5 小时　C. 6～8 小时　D. 8 小时以上

7. 你最喜欢的动画片类型有哪些？（可以多选）

A. 搞笑、幽默型　B. 战斗、保卫型　C. 智力教育型　D. 其他

8. 你最喜欢下列哪个卡通人物有哪些？

A. 超人、变形金刚　B. 樱桃小丸子　C. 灰太狼　D. 机器猫　E. 奥特曼

9. 你是否崇拜动画片中的人物有哪些？

A. 经常　B. 偶尔　C. 没有

10. 你喜欢看动画片《奥特曼》吗？

A. 很喜欢看　B. 一般　C. 不喜欢看　D. 没看过

11. 你是否模仿《奥特曼》中的武打动作？

A. 经常模仿　B. 偶尔模仿　C. 从不模仿

12.《奥特曼》最吸引你的是什么？（可以多选）

A. 武打画面好看　B. 有科幻、宇宙　C. 英雄人物

13. 通常你看《奥特曼》的原因是什么？

A. 自己的兴趣　B. 为了同学间的交流　C. 消磨时间

14. 你认为看《奥特曼》对你的影响有哪些？

A. 增强社会正义感　B. 提高创造力、想象力　C. 学习成绩下降

15. 你认为《奥特曼》在生活中的作用是什么？

A. 教育作用　B. 消遣娱乐　C. 无益　D. 其他

16. 你曾经在《奥特曼》中是否得到一些在现实中得不到的满足？

A. 有很大满足感　B. 感觉一般　C. 没感觉

17. 你是否幻想过自己变成奥特曼战士？

A. 经常幻想　B. 有时幻想　C. 从不幻想　D. 说不清

18. 你是否会因为受到《奥特曼》中暴力形象的影响而伤害别人？

A. 会　B. 不会　C. 不确定

19. 你是否会要求父母买一些贴有《奥特曼》图标的学习、生活用品？

A. 经常要求　B. 偶尔要求　C. 从不要求

20. 你对自己现在的生活、学习的态度是什么？

A. 充满信心　B. 漫无目的　C. 马马虎虎　D. 毫无意义

21. 你认为痴迷于动画片是否影响你正常的学习、生活？

A. 影响很大　B. 有点影响　C. 不影响

22. 父母对你看《奥特曼》的态度是什么？

A. 赞成　B. 默许　C. 反对

23. 父母是否经常陪你一块看《奥特曼》？

A. 从来不陪　B. 经常陪　C. 偶尔陪

24. 你是否会和父母讨论《奥特曼》中的故事情节？

A. 经常讨论　B. 偶尔讨论　C. 从不讨论

25. 学校是否开展有关动画片的讨论活动？

A. 经常开展　B. 偶尔开展　C. 从不开展

后 记

青少年是祖国的未来，是民族的希望。他们的价值观的形成与发展直接关涉着我们国家的繁荣昌盛和民族的伟大复兴。帮助青少年形成正确的价值观，学校教育有着义不容辞的责任。因此，在信息化、全球化、网络化时代，如何能够迅速而有效地关注青少年价值观的发展变化，并教育和引导青少年形成正确的价值观是每一位教育工作者的历史责任和民族使命。本书就是在新形势下以新的视域来研究青少年价值观教育的一个有益的探索。

本书是集体智慧的结晶，它凝聚着所有笔者的辛勤劳动和默默耕耘，凝聚着笔者自己对这个时代的感悟和对青少年成长与发展的关注，凝聚着笔者对这个时代和社会的责任感与使命感，更凝聚着笔者对青少年价值观教育使命的守望与对青少年价值观教育真谛的追寻。

本书写作的具体分工为：绪论由刘济良、杨飞云撰写，第一章由沈建松撰写，第二章由梅平乐撰写，第三章由耿林佳撰写，第四章由丁小晶撰写，第五章由许淑芳撰写，第六章由耿淑撰写。全书由刘济良总体策划和负责统稿，并对全书进行了统一的编辑。

本书在编写过程中，参考并引用了许多专家、学者的有关著作、论文和相关资料，在此致以深深的谢意！

本书中许多内容与观点尚待进一步推敲与雕琢，需要深入研讨和探究。恳

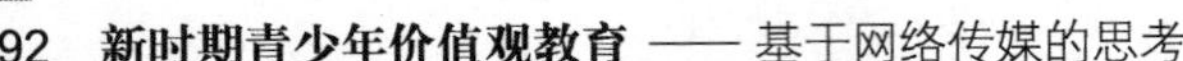

请读者提出宝贵的意见，以便我们对这些问题继续深入思考、研究。

最后，感谢科学出版社乔宇尚、崔文燕、刘巧巧编辑，感谢她们为本书出版付出的辛勤劳动，没有她们细致、认真的工作，本书难有机会与读者见面。

笔　者